AF741377

LE CONTENTIEUX ADMINISTRATIF MALIEN

Préfaces de Jean du Bois de Gaudusson
et Ismaïla Madior Fall

Kalilou DOUMBIA

LE CONTENTIEUX ADMINISTRATIF MALIEN

Préfaces de Jean du Bois de Gaudusson
et de Ismaïla Madior Fall

L'Harmattan
Sénégal

© L'HARMATTAN-SÉNÉGAL, 2020
10 VDN, Sicap Amitié 3, Lotissement Cité Police, DAKAR

http://www.harmattansenegal.com
senharmattan@gmail.com
senlibrairie@gmail.com

ISBN : 978-2-343-20428-4
EAN : 9782343204284

À ma mère, Mariam Samaké

Et à mes enfants, Nafissatou, Manténé et Mariama.

REMERCIEMENTS

C'est avec une très profonde gratitude que nous tenons à remercier le professeur Ismaila Madior Fall pour sa bienveillante sollicitude et son précieux accompagnement intellectuel. Le professeur Ismaïla Madior Fall n'a ménagé aucun effort pour toujours nous amener à nous surpasser et à rehausser la qualité de ce travail. Professeur, votre incroyable humilité et votre modestie ont été de véritables sources de motivation pour nous et nous serviront de référence.

Nous tenons également à adresser nos profonds et sincères remerciements aux professeurs qui ont bien voulu lire et apporter leurs précieuses critiques et suggestions à cette modeste étude, qui en constitue également la résultante. Il s'agit de : El Hadj M'Bodj, Jean du Bois de Gaudusson, N'Dèye Madjiguène Diagne, Abdou Aziz Kébé.

Nous remercions très respectueusement nos professeurs des Facultés de droit de Bamako, particulièrement le professeur Djibonding Dembélé pour avoir accompagné avec dextérité nos premiers pas en matière administrative et le professeur Bakary Camara pour ses habiles encouragements à la recherche scientifique.

À David Sagara, Président de la Section administrative de la Cour suprême du Mali (jusqu'à mi-2019), merci pour tout.

Toute notre gratitude aux parents, amis et collègues (au Mali, au Sénégal, en France et dans les autres pays d'Afrique que nous avons visités dans le cadre de nos recherches) qui ont de loin ou de près contribué à la réalisation de cette modeste contribution à l'étude de notre contentieux administratif.

À tous nos amis, parents et maîtres de Nièna Ganadougou (particulièrement monsieur Foumpé Bengaly et monsieur Sounkalo Koné, tous à la retraite aujourd'hui).

SIGLES ET ABRÉVIATIONS

AJDA : Actualité juridique Droit administratif

AJ : Actualité juridique

AOA-H.J. F : Association Ouest-Africaine des Hautes Juridictions francophones

Al. : Alinéa

An. af : Annales africaines

Art. : Article

BAJ : Bureau d'Assistance judiciaire

BCEAO : Banque centrale des États de l'Afrique de l'Ouest

C. Cass. Civ. : Cour de Cassation, Chambre civile

CAA : Cour administrative d'Appel

CC : Conseil constitutionnel

CCIM : Chambre de Commerce et d'Industrie du Mali

CEDH : Cour Européenne des Droits de l'Homme

CEEA : Communauté européenne de l'Énergie atomique

CGT : Confédération générale du Travail

CHR : Centre hospitalier régional

CJCE : Cour de Justice des Communautés européennes

CMDT : Compagnie malienne pour le Développement du Textile

CNRS : Centre national de Recherches scientifiques

CPCCS : Code de Procédure civile, commerciale et sociale

CREDILA : Centre de Recherches, d'Études et Documentation sur les Institutions et les Législations africaines

CS : Cour suprême

CS-SA : Cour suprême, Section administrative

CS-PSA : Cour suprême, Président de la Section administrative

CT : Collectivité territoriale

CURAPP : Centre universitaire de Recherches administratives et politiques de Picardie

c/ : Contre

Ch. réun. : Chambres réunies

Ch. ad. : Chambre administrative

Chron. : Chroniques
Col. : Collection
DGCE : Direction générale du Contentieux de l'État
DGCG : Direction générale du Contentieux du Gouvernement
DNDC : Direction nationale des Domaines et du Cadastre
EDCE : Études et Documents du Conseil d'État
EDJA : Édition juridique africaine
FSEG : Faculté des Sciences économiques et de Gestion
FSJP : Faculté des Sciences juridiques et politiques
GACA : Les Grands arrêts du Contentieux administratif
GAJA : Les Grands arrêts de la Jurisprudence administrative
Ibid. : Ibidem
IER : Institut d'Économie rurale
JCP : Semaine juridique, édition générale
JORF : Journal officiel de la République de France
JORM : Journal officiel de la République du Mali
Journ.: Journal
Km : Kilomètre(s)
LGDJ : Librairie générale de Droit et de Jurisprudence
Mél. : Mélanges
NEA : Nouvelles Éditions africaines
Obs. : Observations
Op. cit. : « Opus citatum » Ouvrage déjà cité
Ord. : Ordonnance
P. : Page
PFRLR : Principes fondamentaux reconnus par les Lois de la République
PUT : Presse universitaire de Toulouse 1 Capitole.
PP. : Pages
RA : Revue administrative
RASDP : Revue de l'Association sénégalaise de Droit pénal
RDP : Revue de Droit public
RFDA : Revue française de Droit administratif
RID : Revue ivoirienne de Droit
RISA : Revue internationale de Sciences administratives
Rec. : Recueil

RSD : Revue sénégalaise de Droit
RSDP : Revue sénégalaise de Droit pénal
RTD civ : Revue trimestrielle de Droit civil
RTDE : Revue trimestrielle de Droit européen
S. : Suivants
SA : Section administrative
SA-CS : Section administrative de la Cour suprême
CS-SR : Cour suprême, Sections réunies
SME : Société malienne d'Édition
SODEMA : Société des Détergents du Mali
SYNAG : Syndicat autonome des Greffiers et Secrétaires de greffe et parquet
T. : Tome
TA : Tribunal administratif
TAB : Tribunal administratif de Bamako
TAK. : Tribunal administratif de Kayes
TAM : Tribunal administratif de Mopti
TC : Tribunal des Conflits
TF : Titre foncier
TP : Travaux publics
Th. : Thèse

SOMMAIRE

« Tierno, dans la poursuite de mes recherches, si un jour je suis invité par un milieu initiatique traditionnel, puis-je accepter de le visiter ? (....) »

« (...) tu peux donc aller visiter les autres initiations à condition d'être solidement enraciné dans ta propre foi et ta propre identité, ton toi-même, et que rien ne puisse te troubler ni te perturber. Dans le cas contraire, ce serait dangereux » ; « (...) tu devras être capable de respecter les croyances et les initiations de tous ceux que tu visiteras, et de ne point les offenser ».

Amadou Hampâté Bâ, *Oui mon commandant !* Paris, éd. J'ai lu, 1994, pp. 473-478.

Préface du professeur Jean du Bois de Gaudusson

L'ouvrage de M. Kalilou Doumbia comble un vide : il n'existe pas d'étude d'ensemble de la justice administrative ni même du droit administratif au Mali ; il participe au développement que l'on observe dans les États d'Afrique francophone des travaux et publications en matière d'administration publique et de son contrôle, domaine trop souvent et longtemps délaissé par les universitaires. Ce n'est plus le cas et il convient de s'en réjouir eu égard à l'importance de cette discipline pour le renforcement de l'État de droit et de la démocratie et pour la mise en œuvre de valeurs aussi fondamentales que la solidarité et le respect des droits fondamentaux.

C'est dans cet état d'esprit que M. Doumbia se livre à un examen rigoureux, argumenté, fouillé du contentieux administratif ; son évaluation est sévère quand il n'hésite pas à qualifier la justice administrative d'étrange, d'inconnue, de mystérieuse, d'utiliser des procédures injustes et brutales..., mais il est lucide et surtout il s'inscrit dans une perspective prospective destinée à construire un « modèle malien *» fait de la rencontre de modèles éprouvés ailleurs, en d'autres temps, en d'autres lieux – qu'il connaît très bien – et d'une réalité historique, politique, sociale, celle du Mali et de ses populations. Il le fait en juriste, éprouvé qu'il est, s'attachant à analyser ce qui est finalement essentiel quand on expertise un système juridictionnel : la production jurisprudentielle du juge, ici celle du juge administratif qui est loin d'être mineure puisqu'elle représente plusieurs centaines d'arrêts par an. On aurait pu étudier aussi les jugements des tribunaux administratifs, nouveaux venus, écartés de la recherche au motif qu'étant susceptibles d'appel ils ne constitueraient pas* la *jurisprudence ; certes, mais ils sont pris par des juges du quotidien, de leur quotidien comme celui des populations qu'ils côtoient, reflétant les difficultés du terrain juridique et judiciaire, et on suppose que tous ne font pas l'objet d'appel ! Il y a là une piste pour les chercheurs et praticiens au Mali mais aussi ailleurs.*

Quoi qu'il en soit, M. Doumbia passe au crible de sa critique les méthodes de raisonnement du juge, s'interroge sur les fondements théoriques des solutions jurisprudentielles, mesure l'originalité de la jurisprudence qu'il compare aux autres droits et contentieux, ceux de l'Afrique de succession française mais aussi au droit français. Ce dernier champ de comparaison ne pouvait évidemment pas être évité. Ce n'est pas le lieu ni le moment d'approfondir la question de savoir quel statut la doctrine et le juge doivent ils conférer au droit français, à ses principes qui, que l'on le veuille ou non, constituent un patrimoine commun aux systèmes juridiques des pays francophones de succession française et plus concrètement aux solutions adoptées au fur et à mesure par les juges. De nombreux auteurs et nous-même se sont interrogés (voir par exemple : Quel statut pour la doctrine africaine francophone ? in : La doctrine dans l'espace africain francophone, *ouvrage collectif sous la direction de Fabrice Hourquebie, Bruylant, 2014) et l'on rejoindra la conclusion de M. Doumbia selon laquelle le droit français reste ou plutôt ne doit rester qu'une source d'inspiration et non une référence comme c'est encore le cas dans l'esprit de nombreux juges. Plus encore, nous sommes enclins à penser que le moment est venu de changer de paradigme et de tendre à considérer la référence au droit français sous la forme de l'argument de droit comparé, avec pour conséquence de modifier le statut de ce droit et... d'en faciliter la réception et l'acclimatation.*

Tous ceux qui se préoccupent du perfectionnement du contentieux administratif c'est-à-dire en définitive du contrôle de l'administration trouveront dans l'ouvrage de M. Doumbia matière à approfondir une réflexion à la recherche de ce qu'il appelle « un vrai juge administratif » *; ce qui signifie dans la démonstration qu'il développe non seulement un juge autonome et même indépendant de l'ordre judiciaire, choix qui peut être discuté notamment à la lumière de l'exemple sénégalais, mais aussi une justice qui ne soit plus indifférente aux populations elles-mêmes ignorantes de son existence... Des propositions sont faites ; dans les débats que celles-ci susciteront il conviendra de se souvenir que l'efficacité du droit et de son contentieux dépend des institutions, de l'organisation des juridictions et procédures, de la qualification des juges mais aussi de l'appareil administratif, des comportements des agents et responsables et enfin, c'est une perspective qui connaît une actualité plus forte, des possibilités offertes aux citoyens de participer aux processus de la décision de l'administration et des acteurs publics.*

On le constate, l'ouvrage de M. Doumbia est d'une incontestable utilité pour la cause du contentieux et du droit administratif au Mali mais aussi en Afrique et ailleurs... et pour tout dire pour la cause de la justice, simplement...

Jean du Bois de Gaudusson
Professeur émérite de droit public à l'Université de Bordeaux

Préface du professeur Ismaïla Madior Fall

Cet ouvrage de Monsieur Kalilou Doumbia, fruit de sa thèse de Doctorat soutenue publiquement à l'Université Cheikh Anta Diop de Dakar, est une importante Contribution à la connaissance du contentieux administratif malien.

L'engagement intellectuel souscrit par l'auteur est louable dans le contexte d'un pays caractérisé par une rareté de la production universitaire. Dans les pays africains en général et au Mali en particulier, le champ des thématiques du droit administratif à explorer par les chercheurs est vaste : bilan du système de la dualité de juridiction courageusement choisi par le pays ; impact de la réception du droit communautaire sur l'ordre juridique administratif ; l'état de l'option de l'externalisation des services publics administratifs ; le bilan de l'application de la Constitution par le juge administratif malien ; la mesure de la jurisprudence administrative locale consécutive à l'ambitieuse politique de décentralisation ; la réalité de la distribution du pouvoir réglementaire entre les autorités publiques ; l'émergence des décisions des autorités administratives indépendantes dans la passation des marchés publics ; les balbutiements de la réforme du droit de la domanialité publique.

Parce que le droit administratif malien est, à l'identique du droit administratif dans la plupart des pays africains, en profonde mutation. Les catégories fondamentales sur lesquelles il s'est construit connaissent des bouleversements significatifs. Ici, comme ailleurs, le droit administratif accepte de relativiser la signification du contrat administratif, du service public, du domaine public, les principes de la responsabilité pour faute, l'exorbitance du contentieux administratif, le caractère non suspensif du recours pour excès de pouvoir... En un mot, la certitude est acquise que le droit administratif, à la faveur de la mondialisation du droit, ne peut plus être appliqué comme au temps de l'arrêt Blanco.

Conscient de ses nouvelles tendances du droit administratif, Kalilou Doumbia a décidé de systématiser et de mettre en perspective la dynamique évolutive du droit administratif malien. L'angle d'attaque choisi est osé et révélateur de la lame de fond de la respiration de la discipline : le contentieux.

Son parti pris intellectuel est remarquable, la vocation heuristique de son option méthodologique certaine, le matériau de sa recherche riche, sa documentation luxuriante. L'auteur a, ainsi, habilement su contourner la rareté des travaux académiques sur le droit administratif malien par une mobilisation exhaustive de la jurisprudence qui imprime à son travail un caractère à la fois empirique et théorique admirable. Par cette démarche, l'auteur s'éloigne d'une habitude des candidats en thèse qui ont tendance à négliger les données jurisprudentielles et à se limiter à l'exégèse des textes juridiques, aux mieux éclairés par de la doctrine très éloignée du champ de leurs opérations intellectuelles. C'est le lieu de rappeler que la réalité juridique transcende le texte pour pénétrer le vécu du citoyen au prisme de la jurisprudence. Telle est l'approche qui traverse tout l'ouvrage de Monsieur Doumbia.

Il fait partie de cette génération des chercheurs tenaces et avides de savoir sur qui le droit administratif malien peut compter. Ayant compris très vite que toute recherche constitue une aventure, l'auteur ne s'est donné aucune limite dans l'énergie déployée pour découvrir la vérité scientifique.

La preuve est éclatante : plus d'un millier d'arrêts de la jurisprudence administrative malienne, 52 au Sénégal, 11 au Burkina, 19 au Bénin, 11 au Cameroun, 4 en Côte d'Ivoire et 6 dans la République du Congo. L'entreprise est difficile, courageuse et requiert de la patience et de la passion intellectuelles car il faut fouiller, classer, sélectionner, analyser les arrêts, indiquer les tendances jurisprudentielles et bien s'imprégner des techniques de raisonnement utilisées par le juge administratif. Dans ces conditions, l'ouvrage est une fausse monographie dans le sens où l'auteur ne rate pas les occasions pour faire du droit comparé africain en convoquant toujours, au besoin, le droit français.

En analysant le contentieux administratif malien, l'auteur sur la base de la jurisprudence dépouillée évoque deux limites majeures qui en freinent l'épanouissement.

La première est liée à l'organisation judiciaire reposant sur la doctrine d'une Cour suprême, caractéristique du modèle d'unité de juridiction, adopté par la majorité des États au lendemain de leur accession à la souveraineté internationale. À travers la Loi n° 65-2/AN-RM du 13 mars 1965, la Cour suprême regroupant les sections judiciaire, administrative, constitutionnelle et des comptes coiffe l'appareil juridictionnel.

Les réformes entreprises ultérieurement par la création des tribunaux administratifs tentent laborieusement de spécialiser le contentieux administratif ; elles n'ont pas permis l'enracinement d'un droit administratif malien viable. Au même moment, les citoyens sont confrontés comme en droit français, à la recherche du juge compétent. Il faut ajouter à cette liste de problèmes l'éloignement des tribunaux administratifs et le caractère coûteux de la procédure.

M. Doumbia affirme alors, à juste titre, que l'ordre juridictionnel malien est inachevé puisqu'il n'existe pas une juridiction suprême autonome à l'image d'un Conseil d'État. L'appareil juridictionnel est contraignant pour l'enracinement du droit administratif.

Ces arguments renouvellent les débats relativement au choix de modèle de justice administrative pour que le droit administratif puisse remplir la mission qui est la sienne. Il est vrai que dans la période moderne, les individus peuvent formuler directement des recours devant les juges constitutionnel et communautaire afin de protéger leurs droits individuels à la suite du mouvement de « fondamentalisation *» de l'ordre juridique. Cette sorte de subjectivation du droit n'inhibe en rien l'intérêt de la recherche du juge devant connaître les litiges dans lesquels, l'administration est partie. Dans un contexte de recul du critère organique d'application du droit administratif au profit du critère matériel, la problématique de l'identification du juge compétent devient déterminante. La théorie des droits fondamentaux n'a pas vraiment supplanté celle des libertés publiques en Afrique à tel point que le premier rempart contre les potentiels trépignements des libertés publiques au Mali demeure la juridiction devant connaître des affaires administratives.*

Les recours juridictionnels les plus connus devant le juge de l'administration demeurent encore les contentieux du droit (recours pour excès de pouvoir) et des droits (recours de plein contentieux). L'auteur montre d'ailleurs que le contentieux de l'excès de pouvoir, contrairement à la tendance générale, est en plein en essor au Mali.

Le deuxième facteur qui limite le développement qualitatif du contentieux administratif malien réside, selon l'auteur, dans la politique jurisprudentielle du juge. Kalilou Doumbia considère et démontre que le contentieux administratif malien est frappé d'incertitudes et de paradoxes. L'accès au juge est marqué par une restriction dans la mise en œuvre des règles de compétence et de procédure. Le juge malien est parcimonieux, comme ses homologues sénégalais ou béninois, à l'égard des règles de recevabilité du recours. Ce constat est bien regrettable puisqu'à chaque fois qu'une requête est déclarée irrecevable, le juge rate une occasion de participer à l'élaboration des règles de fond du droit administratif.

L'office du juge n'est pas constant dans l'analyse des moyens d'annulation (contrôle de légalité externe plus dense que le contrôle de la légalité interne) tandis que le droit de la responsabilité n'est pas suffisamment traité. Il en est ainsi de la faible conceptualisation des conditions d'engagement de la responsabilité administrative.

Au démurant, sil l'on s'accorde avec l'auteur que « le droit administratif ne dit rien au paysan de Nièna *», on est invité à prendre du recul face à la greffe juridique et à l'importation des normes. L'autonomie du droit administratif ne signifie plus exclusivement le principe de la liaison de la compétence et du fond. Il ne s'agit pas d'une reprise mécanique du droit de la matrice juridique mais plutôt d'une ingénierie administrative locale sous-tendue par une doctrine solide et une jurisprudence endogène éclairée capables de régir convenablement les relations entre l'administration et les citoyens.*

Cet ouvrage de Monsieur Kalilou Doumbia est une importante contribution à la connaissance du droit administratif malien qui sera d'une grande utilité pour les étudiants, les chercheurs, ainsi que les professionnels du droit.

Ismaïla Madior Fall
Agrégé de droit public et science politique
Professeur titulaire des Universités,
Ancien Garde des Sceaux, Ministre de la Justice du Sénégal.

INTRODUCTION

L'existence de l'État de droit *moderne* ou *substantiel* se manifeste surtout non seulement par l'édiction de règles de protection des droits des citoyens, mais aussi par la création de structures garantissant la soumission de l'Administration auxdites règles[1]. Cette *« soumission à la règle de droit doit être regardée à la fois comme la cause et la conséquence de toute société juridiquement organisée »*[2]. Selon Marc Gjidara, le véritable État de droit est celui dans lequel les violations de la légalité, quel qu'en soit l'auteur, peuvent être constatées et sanctionnées par un juge, dans la mesure où la liberté ne se conçoit pas sans une organisation destinée à protéger les citoyens contre les abus possibles de la puissance publique[3]. Les contestations individuelles aussi bien que collectives de l'action administrative doivent être organisées et clairement définies. Les citoyens doivent donc avoir la possibilité et la liberté de porter des recours devant un juge s'ils s'estiment être par un agissement de l'Administration.

L'Administration ainsi que le droit qui lui est applicable sont au cœur du contentieux administratif. Il convient alors de connaître la signification de l'Administration, les raisons de sa nécessaire soumission non seulement au droit, mais à un droit spécial appliqué par une structure juridictionnelle spéciale[4].

Le mot Administration renvoie à de nombreuses acceptions. Elle désigne tantôt une activité, exemple : le fait d'administrer, tantôt l'organe ou les organes qui exercent cette activité[5]. Ces deux acceptions sont dites *matérielle* pour la

---

1 Le Professeur Babacar Kanté soutient la même conception en ces termes : « l'existence d'un régime qui reconnait l'autorité et la suprématie de la loi c'est-à-dire de la règle de droit ; la reconnaissance de droits et libertés au profit des citoyens ; la garantie de l'effectivité de ces droits et libertés par un juge », Voir le rapport général des journées d'études internationales sur le deuxième centenaire du Conseil d'État français : « Conseil d'État et État de droit, la contribution des hautes juridictions administratives à l'édification de l'État de droit », RA, 1999, numéro spécial, p. 115.

2 O. Gohin, *Contentieux administratif,* Paris, Litec, 2e édit., 1999, p.1.

3 Voir M. Gjidara, *La fonction administrative contentieuse,* Paris, LGDJ, 1972, p. 15.

4 Cette question est en effet récurrente dans la doctrine. Elle a été posée par A. Bockel en ces termes : « Pourquoi un juge de l'Administration ? », *in le juge et l'Administration en Afrique noire francophone,* Paris, Pédone, Annales africaines, 1973, p. 9. Elle a été également posée par Ahmed Tidjani Ba selon la même formulation que le doyen Bockel, *Droit du contentieux administratif burkinabè,* PADEG, coll. Précis de droit burkinabè, 2007, p. 1.

5 Cette approche est identique à celle des professeurs Jean Waline et Jean Rivero, *Droit administratif,* Paris, Dalloz, 17e édit., 1998, p. 11. Elle rejoint aussi celle de Catsiapis qui la définit, « d'un point de vue fonctionnel ou matériel comme l'ensemble des activités visant à la

première et *organique* pour la seconde. La notion peut aussi être employée pour le secteur privé, exemple : l'administration d'une société privée[6]. Cependant, celle qui nous concerne ici est l'Administration publique. Nous entendons par là, les services par lesquels sont conduites, exécutées et contrôlées les affaires publiques. L'Administration est donc fondamentalement distincte de l'activité des particuliers et même aussi d'autres activités publiques telles que les activités législative, juridictionnelle et gouvernementale[7]. Selon Papa Mamour Sy, « l'Administration est un instrument chargé d'appliquer les décisions et les options du pouvoir politique (gouvernement et parlement), en exécutant les lois et règlements et en assurant le fonctionnement des différents services publics destinés à satisfaire des besoins d'intérêt général »[8]. Ces définitions nous permettent d'avoir une idée du rôle capital que joue cette personne morale capable de poser toutes sortes d'actes dans l'accomplissement de sa mission.

L'Administration étant chargée de l'exécution des décisions des pouvoirs publics (lois et règlements), elle peut être amenée à porter atteinte aux intérêts et aux droits des administrés. Elle dispose d'énormes pouvoirs qui n'ont pas de semblables dans les relations de particulier à particulier : il s'agit des prérogatives de puissance publique. Elle peut ainsi imposer sa volonté aux administrés sans que ces derniers aient la possibilité d'exprimer leur consentement. Il y a donc des risques qu'elle en abuse, sous couvert de la satisfaction de l'intérêt général, et surtout qu'elle est une personne morale de droit public en ce sens qu'elle agit par l'intermédiaire de ses agents qui peuvent être tentés d'user de ses prérogatives exorbitantes de droit commun à d'autres fins. Les autorités administratives peuvent ainsi être plus tentées à prendre quelques libertés avec la norme[9]. C'est pourquoi Georges Burdeau affirme que « l'arbitraire administratif est souvent plus redoutable que l'arbitraire politique. Plus secret, plus individualisé dans ses effets, il se prête moins à ces vastes mouvements de protestations qui parviennent parfois à arrêter le législateur »[10].

La possibilité d'un contrôle de l'action administrative s'avère donc nécessaire pour empêcher, voire sanctionner les manquements à la juridicité. Ce contrôle peut alors être effectué selon différentes modalités :

– il peut consister à laisser le soin au pouvoir politique « détenteur de l'exercice du pouvoir souverain, de contrôler l'Administration »[11] ;

---

satisfaction des besoins d'intérêt général ; d'un point de vue organique comme un ensemble d'institutions publiques ou privées ayant en charge une mission de service public », Jean Catsiapis, *Guide du droit administratif,* Paris, Ellipses, 2e édit., 2009, p. 15.

6 Voir J. Waline, J. Rivero, *Droit administratif, op. cit.*

7 Voir M. Lombard, G. Dumont, *Droit administratif,* Paris, Dalloz, 9e édit., 2011, p. 9.

8 P. M. Sy, « Entre l'unité et la dualité de juridiction : l'Afrique noire francophone à la quête d'un modèle d'organisation de la justice administrative », N.A.A., n° 2, 2011, p. 265.

9 Voir A. Bockel, « Le juge et l'Administration en Afrique noire francophone », *in* Annales africaines, Paris, Pédone, 1973, p. 9.

10 G. Burdeau, *Les libertés publiques,* Paris, LGDJ, 1966, p. 74.

11 Ch. Debbasch, J-C. Ricci, *Contentieux administratif,* Paris, Dalloz, 6e édit., 1994, p. 2.

– il peut aussi consister à confier à l'Administration elle-même de veiller à la conformité de ses propres règles aux normes supérieures ainsi qu'à ses propres actes ;

– il peut même être inorganisé. Dans ce cas, il s'exerce de manière impulsive sans obéir à de règles spécifiques. C'est un contrôle populaire, qui a lieu dans des États où les citoyens ont atteint un certain niveau socio-culturel et politique considérable.

Cependant, toutes ces modalités de contrôle peuvent s'avérer inefficaces en raison de l'étroitesse des liens entre le pouvoir politique et l'Administration ainsi que la « sourde oreille » des autorités face aux réclamations de la population. Elles peuvent aussi être inefficaces, pour des raisons dues à la difficile acceptation par certaines autorités administratives, de revenir sur leurs décisions ou celles de leurs subordonnés qui n'ont dans certains cas fait qu'exécuter les ordres[12].

Il faut alors trouver une solution, consistant à la mise en place d'une structure distincte et indépendante de l'Administration et du pouvoir politique, à laquelle sera confiée la délicate tâche de vérification de la juridicité de l'action administrative : c'est le contrôle confié à un organe juridictionnel appelé contrôle juridictionnel. Le contrôle juridictionnel se justifie à plus d'un titre par la garantie effective et impartiale de la protection des droits des citoyens, et ce, par l'institution d'un juge spécial parfaitement imprégné de la réalité de la vie administrative et qui en toute indépendance va statuer sur les conflits administratifs[13]. Aussi, Donnedieu de Vabres ne souligne-t-il pas que « la possibilité pour le citoyen de trouver un juge est la première des libertés parce qu'elle est la garantie de toutes les autres »[14]. Le contrôle juridictionnel constitue donc le bouclier protecteur d'un administré faible face à une Administration puissante disposant de pouvoirs de nuisance énormes, « le juge apparaît ainsi comme le dernier rempart ou le dernier recours de l'individu ;

---

12 La vérité est que « le contrôle politique, valable pour des domaines limités, peut donc difficilement être généralisé », et quant au contrôle administratif, « le risque d'un tel contrôle réside dans la tendance des administrateurs à la solidarité qui les entraîne à éviter de mettre en cause leur crainte qu'un jour ils ne soient eux-mêmes inquiétés. Le contrôle se trouve également de plus en plus difficile au fur et à mesure que l'on s'élève dans la hiérarchie avec, à la limite, au sommet de la pyramide administrative, l'insubordination », voir, Charles Debbasch, Jean-Claude Ricci, *Contentieux administratif, ibid.*

13 C'est ce qui fait affirmer Papa Mamour Sy que *« le contrôle juridictionnel a l'avantage d'être exercé par des instances spécialisée et externes à l'Administration »*, P. M. Sy, « Entre l'unité et la dualité de juridiction : l'Afrique noire francophone à la quête d'un modèle d'organisation de la justice administrative », *op. cit.*, pp. 265-266.

14 J. D. De Vabres, « La protection des droits de l'homme par les juridictions administratives en France », EDCE, 1949, p. 31.

sans lui, les droits subjectifs accordés aux particuliers resteraient constamment violés »[15].

La saisine du juge par les administrés, les règles ainsi que les techniques permettant lui de procéder à la résolution des conflits nés de l'action administrative, relèvent d'un domaine en réalité complexe mais accessible : le contentieux administratif, qui constitue à tout point de vue, l'épine dorsale de notre étude.

C'est pourquoi il nous paraît utile d'avoir une connaissance à la fois générale et intime de la notion, ce qui permettra de comprendre aisément notre sujet. C'est ainsi que la question suivante s'impose : qu'est-ce que le contentieux administratif ?

À première vue, la réponse à cette question peut sembler facile, mais tant s'en faut, elle a fait couler beaucoup d'encre tant dans la doctrine française qu'africaine[16]. Le terme même de contentieux administratif est source d'une certaine ambiguïté[17]. C'est dans ce même ordre d'idée que le Professeur Olivier Gohin estime qu'« on doit constater que la terminologie employée donne lieu à de nombreuses imprécisions en doctrine »[18].

---

15 F. M. Sawadogo, « L'accès à la justice en Afrique francophone : problèmes et perspectives : le cas du Burkina Faso », in *RJPIC*, 1995, p. 167.

16 C'est ainsi que, N'Gaïdé affirme que « si une question a incontestablement retenu l'attention de la doctrine, c'est bien celle du contentieux » et il continue en soulignant qu'« il s'agit de la phase critique d'une contestation ayant atteint un certain degré de gravité », voir Moustapha N'Gaïdé, « La notion de matière administrative : évolution de la jurisprudence sénégalaise », in *RSDP*, n° 5-6-7, 1997-1998, p. 147. Sur la question, voir (à titre indicatif) :

- A. T. Ba, *Droit du contentieux administratif burkinabè*, PADEG, coll. Précis de droit burkinabè, 2007, 527 p.
- B. Kanté, *« Unité de juridiction et droit administratif : l'exemple du Sénégal »,* thèse d'État, Orléans, 1983, 426 p.
- D. Turpin, *Contentieux administratif,* Paris, Hachette, coll. Les fondamentaux, 1994, 160 p.
- E. Laferrière, *Traité de la juridiction administrative et des recours contentieux,* Paris, Nancy, Berger, Levrault, 2 vol., 1ère édit., 1887, 2e édit., 1896.
- G. Peiser, *Contentieux administratif,* Paris, Dalloz, 10e édit., 1997, 246 p.
- CH. Debbasch, *Contentieux administratif,* Paris, Dalloz, 3e éd., 1981.
- J. Appleton, *Traité élémentaire du contentieux administratif,* Paris, Dalloz, 1927, 681 p., suppl. 1936.
- N. M. Diagne, « Les méthodes et les techniques du juge en droit administratif sénégalais », thèse, UCAD., 1995, 523 p.
- R. Chapus, *Droit du contentieux administratif,* Paris, Montchrestien, 4e éd., 1993, 1045 p., 11e éd., 2005

17 Voir G. Peiser, *Contentieux administratif,* Dalloz, 15e éd., 2009, p. 3.

18 O. Gohin, *Contentieux administratif, op. cit.* Il propose « pour plus de précision, à procéder aux réformations suivantes : il y a lieu de distinguer (...) deux sous hypothèses selon que le contentieux de l'action administrative ou contentieux de l'Administration au sens large ne relève pas ou relève, au contraire, de la compétence de la juridiction administrative : dans le premier cas, il s'agit du contentieux de l'Administration au sens strict, lequel est exclusivement juridictionnel et alors porté devant la juridiction judiciaire ou arbitrale ; dans le second cas, il s'agit du contentieux administratif au sens large lequel est soit non

Il peut être défini comme l'ensemble des questions liées à la résolution des litiges occasionnés par l'activité de l'Administration. C'est la définition *lato sensu*, c'est-à-dire la définition large. Elle est qualifiée de large et même de très large, car elle englobe tous les moyens de règlement des litiges administratifs. À côté de cette définition très large, une moins large, mais pourtant pas stricte, a été donnée par Roland Drago et Jean-Marie Auby en ces termes : « l'ensemble des règles juridiques qui régissent la solution par voie juridictionnelle des litiges administratifs »[19]. D'autres auteurs, comme Gérard Cornu et Laurent Pascal adoptent cette définition large. Pour le premier, c'est l'« ensemble des litiges susceptibles d'être soumis aux tribunaux soit globalement, soit dans un secteur déterminé »[20] et le second estime qu'il « est constitué de litiges impliquant les personnes publiques, plus précisément les activités administratives ; ils sont tranchés par les juridictions selon une procédure juridictionnelle »[21]. Ces définitions vont au-delà de l'acception la plus admise dans la doctrine : il s'agit de l'acception restrictive ou la définition stricte.

Partant de ce postulat (sens strict), le contentieux administratif peut être défini comme l'ensemble des mécanismes de résolution des litiges administratifs devant le juge administratif. Cette définition rejoint plusieurs définitions doctrinales. Selon Gustave Peiser, « il s'agit de présenter les procédés et les méthodes par lesquelles le juge administratif exerce sa mission »[22]. Le professeur Salif Yonaba y voit « la partie spécialisée de l'étude du droit applicable à l'Administration qui s'intéresse tout spécialement au mécanisme procédural de règlement des litiges mettant en cause la personne ou la puissance publique dans ses relations avec ses agents, et les administrés plus généralement, ou dans l'accomplissement de son activité »[23]. Charles Debbasch aborde dans le même sens et le conçoit comme « l'ensemble des règles applicables à la solution juridictionnelle des litiges soulevés par l'action administrative, lorsque celle-ci est portée devant le juge administratif »[24].

L'analyse qui peut ressortir de ces définitions est qu'elles sont restrictives. Ce qui fait comprendre, que sont non seulement exclus du contentieux

juridictionnel, soit juridictionnel et alors porté devant la juridiction administrative » ; et il fait aussi la distinction aussi au sein de ce qu'il appelle « le contentieux de l'action administrative ou contentieux de l'Administration au sens large » entre « le contentieux qui est situé hors juridiction administrative (…) et celui qui est situé au sein de la juridiction administrative ».

19 J. M. Jean-Marie Auby et R. Drago, *Traité de contentieux administratif*, Paris, *LGDJ*, 3e éd., 2 vol., 1984, pp. 9-26.

20 G. Cornu, *Vocabulaire juridique*, Paris, PUF, coll. Quadrige dicos poche, 8e éd., 2007, p. 226.

21 L. Pascal, *Décisions administratives : voies de recours et droits du citoyen*, Paris, Démos, 2001, p. 8.

22 G. Peiser, *Contentieux administratif*, *op. cit.*

23 S. Yonaba, *La pratique du contentieux administratif en droit burkinabè : de l'indépendance à nos jours*, Ouagadougou, imprimerie les presses africaines, 2e éd., 2008, p. 23.

24 Ch. Debbasch, J. C. Ricci, *Contentieux administratif*, Paris, Dalloz, 6e éd., 1994, p. 1.

administratif, les moyens de règlement non juridictionnels des litiges administratifs, mais aussi, la partie importante de ces litiges qui relève de la compétence d'un autre juge autre que le juge administratif : le juge judiciaire. À propos des moyens non juridictionnels, Salif Yonaba affirme que « le contentieux administratif se situe aux antipodes des procédés non juridictionnels de solution des litiges mettant en cause la personne publique ou l'activité administrative »[25].

S'agissant des litiges générés par l'activité administrative mais relevant de la sphère d'attributions du juge judiciaire, Charles Debbasch et Jean Claude Ricci confirment que « l'étude du contentieux administratif ne s'étend pas à l'examen de l'ensemble des règles applicables aux procès de l'Administration, mais seulement à celles relatives aux procès dont la connaissance appartient aux juridictions administratives. Une partie importante des procès de l'Administration relève du juge judiciaire »[26].

D'emblée, de ces affirmations, deux points peuvent directement attirer l'attention : l'existence de moyens non juridictionnels de résolution des litiges administratifs et la possibilité pour le juge du droit privé de statuer sur lesdits litiges. Ce qui soulève logiquement les interrogations suivantes : quels sont ces moyens non juridictionnels et quelle est cette partie des conflits administratifs qui relève de la compétence du juge judiciaire ?

Les procédés non juridictionnels se manifestent par les différents recours administratifs qui forment ce que l'on appelle « incohéremment » la procédure administrative non contentieuse. Il s'agit surtout, des demandes émanant des administrés, adressées aux autorités administratives, en vue d'obtenir des informations, l'annulation ou la réformation d'un acte administratif ou la réparation d'un préjudice ayant un lien avec l'Administration. Selon Jean Catsiapis, « ce sont des requêtes adressées par les administrés à l'Administration afin de contester pour des raisons de légalité ou d'opportunité une décision prise par celle-ci à leur encontre »[27]. Quant à Jean-Marie Auby et Roland Drago : « la notion comporte des éléments organiques et formels et des éléments matériels »[28] et « se caractérise par le fait qu'il est adressé à un administrateur actif statuant en tant que tel »[29]. C'est le fait que le recours soit adressé à une autorité administrative qui détermine les éléments organique et formel. En ce qui concerne l'élément matériel, la tentative de la doctrine de dégager une notion matérielle du recours administratif par rapport à celle du

---

[25] S. Yonaba, *op. cit.*, p. 23 et s.

[26] *Op. cit.*

[27] J. Catsiapis, *Guide du droit administratif, op. cit.*, p. 93.

[28] J. M. Jean-Marie Auby, R. Drago, *Traité des recours en matière administrative,* Paris, Litec, 1992, p. 17.

[29] *Ibid.*

recours contentieux en distinguant les litiges donnant lieu à l'un ou l'autre recours a abouti à un échec.[30]

Les recours administratifs se divisent en trois principaux types de recours : le recours gracieux, le recours hiérarchique et le recours devant une autorité de tutelle.

– Le recours gracieux est celui porté directement devant l'autorité administrative qui est l'auteur de l'acte querellé.

– Le recours hiérarchique est celui porté devant le supérieur hiérarchique de l'autorité administrative qui a pris l'acte.

– Enfin, le recours de tutelle ou de contrôle est celui porté devant l'autorité de tutelle de celle qui a pris l'acte.

À côté des recours administratifs, les litiges administratifs peuvent aussi trouver leur dénouement en dehors de toute action juridictionnelle à travers la conciliation, le recours au médiateur de la République, l'arbitrage et la transaction. Ces procédés méritent d'être définis :

– La conciliation est un procédé par lequel, les parties vont recourir à un conciliateur qui va leur soumettre une solution dont elles sont libres d'accepter.

– Quant au médiateur de la République, c'est une « autorité indépendante qui reçoit les réclamations concernant le fonctionnement des Administrations de l'État, des Collectivités territoriales, des établissements publics et de tout organisme investi d'une mission de service public dans leurs relations avec les administrés »[31]. Créé sur le modèle du Médiateur de la République française, lui-même inspiré de l'institution de « l'Ombudsman suédois », et nommé par décret du Président de la République pour sept ans[32], le Médiateur de la République ne reçoit d'instruction d'aucune autorité dans l'exercice de ses fonctions. Une réclamation devant le Médiateur de la République n'empêche pas le délai de recours devant les juridictions compétentes. Cependant, l'application de ses recommandations dépend du Président de la République.

– En ce qui concerne l'arbitrage, il ne s'agit « ni plus ni moins d'un procédé par lequel les parties en litiges conviennent de soumettre leurs différends à un arbitre et s'engagent à accepter la sentence arbitrale et à la considérer comme obligatoire »[33].

---

30 *Ibid.* Ils soutiennent que « cet échec était d'ailleurs inévitable pour cette raison essentielle que la plupart des litiges qui donnent lieu à ces recours administratifs peuvent justifier également un recours juridictionnel ».

31 Loi n° 97-022/AN-RM du 14 mars 1997 instituant le médiateur de la République au Mali, art. 1er.

32 *Ibid.*, art. 2.

33 S. Yonaba, *op. cit.*, p. 24.

– La transaction, telle que définie par le Code civil, est « la convention par laquelle les parties, au moyen de concessions réciproques, terminent une contestation née ou prévenir une contestation à naître »[34].

Quant à la partie du contentieux mettant en cause l'Administration qui relève du juge judiciaire, nous nous limiterons ici à une présentation indicative. C'est la théorie dite des « blocs de compétence » qui permet d'isoler les hypothèses dans lesquelles le juge de droit privé intervient en matière administrative. Ainsi, le juge judiciaire peut interpréter et même parfois apprécier la légalité des actes administratifs[35]. Sur la base de l'arrêt Septfonds du Conseil d'État français, le juge civil peut interpréter les actes réglementaires[36]. Il ne peut cependant apprécier la légalité d'un acte administratif sauf dans les hypothèses suivantes :

– l'appréciation de la légalité d'un acte administratif en matière fiscale[37] ;

– l'appréciation d'un acte administratif qui porte gravement atteinte au droit de la propriété ou à une liberté individuelle[38] ;

– l'appréciation de la légalité ainsi que l'interprétation des actes administratifs sont admis en matière pénale si la solution du procès pénal en dépend[39].

Après ces précisions liminaires, il faut comprendre que la complexité du contentieux administratif ne se résume pas seulement à son problème de définition, mais s'étend aussi à sa classification. C'est pour souligner que sa classification a fait l'objet d'approches doctrinales différentes comme le mentionne Serge Moukoko en ces termes : « la question de la structure du contentieux administratif général a donné et continue à donner lieu à des divergences doctrinales. Celles-ci tiennent à ce que les auteurs se placent à des points de vue différents pour étudier et discerner les critères permettant de diviser le contentieux administratif en branches. »[40]

On peut distinguer en droit du contentieux administratif quatre classifications possibles : celle axée sur l'étendue des pouvoirs du juge, celle basée sur la question posée au juge, celle qualifiée de synthétique et celle dite finaliste.

– **La classification selon l'étendue des pouvoirs du juge**

L'origine de cette classification se situe au milieu du XIXe siècle et constitue la première. Elle scinde le contentieux administratif en plusieurs branches en fonction des pouvoirs dont le juge dispose. C'est Léon Aucoc qui a été le

---

34 L'article 2204 du code civil français cité par S. Yonaba, *ibid.*

35 O. Gohin, *op. cit.*, p. 7.

36 T.C, 16 juin 1923, Septfonds. Cette jurisprudence repose sur l'assimilation matérielle de l'acte administratif à la loi.

37 Cour de Cass. française, 16 nov. 1982, Directeur général des impôts c/ sté Lacafrance.

38 T.C, 30 octobre 1947, Barinstein.

39 O. Gohin, *op. cit.*

40 S. Moukoko, « Le plein contentieux des installations classées », Thèse de doctorat d'État en Science juridique, Université Paul Verlaine de Metz, 2009, p. 32.

premier à enseigner que « la juridiction administrative peut être saisie dans trois conditions différentes. Tantôt elle juge du fond des contestations soulevées par un acte de l'Administration et elle peut substituer sa décision à celle qui est attaquée devant elle. Ainsi, elle fixe le chiffre de l'indemnité due à un particulier qui a souffert d'un préjudice par suite de l'exécution des travaux d'une route ou d'un chemin de fer au-devant de sa propriété. Elle prononce la réduction ou la décharge de la cote de contribution foncière imposée à un propriétaire, ou de la taxe établie à l'occasion du curage d'un cours d'eau non navigable (...). Tantôt elle est appelée à se prononcer, à l'occasion d'un procès qu'elle n'aura pas à juger, sur le sens et la portée d'actes administratifs dont les parties intéressées à ce procès prétendent faire découler des droits à leur profit ; elle donne l'interprétation des actes administratifs. Tantôt, enfin, elle est saisie de recours qui tendent uniquement à faire tomber un acte irrégulier, sans qu'elle puisse, après avoir annulé cet acte, y substituer une décision différente. Elle se prononce alors dans les mêmes conditions que la Cour de cassation, c'est à la Cour suprême, au C.E, ce qu'il appartient de statuer sur les recours pour excès de pouvoir »[41].

Ce qui nous fait savoir que c'est Léon Aucoc qui a en réalité posé les jalons de la classification fondée sur l'étendue des pouvoirs du juge. Son enseignement va ainsi servir de support à Édouard Laferrière, qui va lui aussi bâtir sa classification sur les pouvoirs du juge en procédant à une structuration quadripartite. Il affirme que « les pouvoirs des tribunaux administratifs n'ont pas la même nature et la même étendue dans toutes les matières contentieuses. Ce sont selon les cas : des pouvoirs de pleine juridiction, comportant l'exercice d'un arbitrage complet, de fait et de droit sur le litige ; ou des pouvoirs d'annulation limités au droit d'annuler les actes administratifs illégaux, sans que le juge administratif ait le pouvoir de les réformer et de leur substituer sa propre décision ; ou des pouvoirs d'interprétation, consistant uniquement à déterminer le sens et la portée d'un acte administratif ou à apprécier sa valeur légale, sans faire de répression consistant à réprimer les infractions commises aux lois et règlements qui protègent le domaine public et en assurent la destination légale »[42].

Cette classification basée sur l'étendue des pouvoirs dont dispose le juge, encore appelée *classification formelle*[43], a également inspiré le Professeur Salif Yonaba qui souligne que « le noyau dur du contentieux administratif peut être identifié par référence aux quatre grandes branches qui le composent, à savoir : le contentieux de l'interprétation (…) on parle aussi du contentieux d'appréciation de la légalité ; le contentieux de la répression (…) ; le

---

41 L. Aucoc, *Conférence sur l'Administration et le droit administratif*, Paris, Dunod, t. 1, 3e éd., 1885, pp. 471-472.

42 E. Laferrière, *Traité de la juridiction administrative et des recours contentieux*, Paris, *LGDJ*, t. 1, p. 8 (rééd. de celle de 1887, Paris Berget-Levrault et cie).

43 S. R. Moukoko, (thèse précitée), pp. 32-33.

contentieux de pleine juridiction (…) ; et le contentieux de l'annulation (…) »[44]. Cette classification a été cependant critiquée et nous trouvons que ces critiques d'alors tiennent encore aujourd'hui.

Gaston Jèze reprochait à cette classification la prise en considération d'un élément relativement secondaire, à savoir le caractère de la décision du juge et laissant de côté un élément très essentiel à savoir la constatation opérée par le juge à la suite de la question de droit qui lui est posée[45].

En effet, la valeur pratique de cette classification est également critiquable en raison des interpénétrations ou liaisons qui peuvent exister entre les différentes branches ci-dessus indiquées. Tel est le cas entre le contentieux de l'excès de pouvoir et le contentieux de l'appréciation de légalité ou encore entre le contentieux de pleine juridiction et le contentieux de l'excès de pouvoir. Ainsi, la théorie selon laquelle le contentieux de l'annulation vise tout simplement l'annulation de l'acte administratif illégal sans que le juge puisse le réformer ou lui substituer sa propre décision est peu fiable. Il peut bien arriver dans un contentieux de pleine juridiction, comme le souligne le Professeur René Chapus, que « le requérant se contente de demander une annulation : celle de la décision ayant refusé l'indemnité réclamée, sans conclure en outre à ce que par une condamnation expresse, le juge tire lui-même les conséquences de l'annulation ; ou bien celle ayant porté atteinte aux droits contractuels dans lesquels il demande à être rétabli. Et l'opposant au changement de nom ne conclura normalement à rien de plus qu'à l'annulation du décret »[46]. Il faut cependant préciser que dans ce cas, la décision d'annulation du juge n'aura que l'autorité relative de la chose jugée.

Sans que cette classification ne soit complètement abandonnée, la doctrine a élaboré une autre classification censée tenir compte des imperfections de la première : il s'agit de la classification fondée sur la nature de la question posée au juge.

– **La classification fondée sur la nature de la question posée au juge**

Elle repose sur l'idée selon laquelle, l'élément fondamental de la distinction des contentieux réside dans la nature de la question de droit que le requérant pose au juge. À la base de cette classification se trouve le doyen Léon Duguit. Pour lui, « si les décisions de justice apparaissent avec des aspects et des conséquences différents, cela dépend uniquement du caractère de la question qui est posée au juge, suivant qu'elle est une question de droit objectif ou une

[44] S. Yonaba, *op. cit.*, p. 25. Bien avant Yonaba, cette classification a bénéficié d'une grande adhésion de la doctrine classique. De nombreux auteurs y font référence (voir à titre indicatif Théophile Ducrocq, *Cours de droit administratif*, 7e éd., t. 2, 1897, p. 11 ; Henry Berthélemy, *Traité élémentaire de droit administratif*, 1ere éd., 1901, p. 873.

[45] Voir G. Jèze, *Exposé d'une théorie en faveur du CE sur la classification des recours en annulation et recours de pleine juridiction*, RDP, 1908, p. 671.

[46] R. Chapus, *Droit du contentieux administratif*, Paris, Montchrestien, 13e éd., 2008, p.237.

question de droit subjectif. Il ne faut pas opposer contentieux d'annulation et contentieux de pleine juridiction, mais contentieux de droit objectif et contentieux de droit subjectif »[47]. En fonction de cette classification, il a aussi distingué deux catégories de juridictions. Il y a d'abord juridiction objective toutes les fois que la question posée au juge est une question de droit objectif et il y a juridiction subjective lorsque le juge est appelé à résoudre une question de droit subjectif ou une situation juridique particulière et qu'il recherche si un acte ou un agissement a porté atteinte à ce droit ou à cette situation juridique.

Dans la même logique, Gaston Jèze soutenait qu'« on peut simplifier et distinguer seulement deux sortes de contentieux et de recours juridictionnels : le contentieux subjectif dans lequel le juge constate avec force de vérité légale des droits subjectifs ; le contentieux objectif dans lequel le juge constate des faits et des questions de droit objectif »[48].

Si cette classification binaire peut avoir le mérite d'être plus réaliste ou simpliste que la précédente, elle ne fait pas non plus l'unanimité, car elle « ne permet pas de classer tous les recours dans l'une ou l'autre catégorie »[49] et « ne recoupe pas la classification en fonction des pouvoirs du juge »[50]. Pour illustrer le bien-fondé de ces affirmations, le contentieux électoral classé dans le contentieux objectif est en réalité un exemple type de contentieux subjectif. Il faut toutefois souligner que le Professeur René Chapus fait une analyse dissidente de celle de Charles Debbasch en affirmant que les classifications se recoupent largement[51].

Cette classification n'ayant pas elle aussi pu faire l'unanimité dans la doctrine, d'autres ont été faites dans la seconde moitié du XXe siècle et au début du XXIe siècle.

– **La classification synthétique**

C'est une classification proposée par René Chapus et fondée sur la combinaison des deux précédentes. Ainsi, le contentieux administratif se divise en trois branches. Selon lui, « le contentieux administratif étant considéré de façon synthétique, il apparaît comme comportant deux grands volets. L'un peut être appelé le contentieux des recours : c'est le contentieux concrétisé par les recours exercés en principe contre une décision, en vue de son annulation, ainsi le cas échéant, en vue du prononcé des condamnations liées à l'annulation ; il comprend également les recours formés relativement à une décision, pour obtenir la déclaration de son sens ou celle de son illégalité. L'autre peut être appelé le contentieux des poursuites : c'est le contentieux auquel correspondent

---

[47] L. Duguit, *Traité de droit constitutionnel,* Paris, Boccard, 3e éd., 1928, p. 473.

[48] G. Jèze, *L'acte juridictionnel et la classification des recours contentieux*, *RDP*, 1909, p.695.

[49] Ch. Debbasch et F. Colin, *Droit administratif,* Paris, Economica, 7e éd., 2004, p. 709.

[50] *Ibid.*

[51] R. Chapus, *Droit du contentieux administratif, op. cit.*, p. 211.

les poursuites exercées, devant une juridiction administrative, contre une personne afin que la juridiction saisie inflige une sanction à cette personne. On pourrait rester à cette distinction »[52]. Il continue en ajoutant qu'« on peut trouver préférable d'aller plus loin, de façon à mettre en lumière une sous-distinction, que l'on doit faire à l'intérieur du contentieux des recours : celle du contentieux de pleine juridiction et du contentieux de l'annulation ou, plus exactement du contentieux de l'excès de pouvoir (...) »[53]. Et il déduit en ces termes : « c'est pourquoi je présenterai la structure du contentieux administratif en distinguant entre le contentieux de l'excès de pouvoir, le contentieux de pleine juridiction et le contentieux des poursuites »[54]. Une analyse succincte de cette classification de René Chapus fait ressortir sans difficulté une grande similitude avec celle de Léon Duguit, c'est-à-dire celle fondée sur la nature de la question au juge.

Cependant, on pourrait en rester là, mais pour une meilleure compréhension du sujet, il existe une dernière classification d'un autre grand auteur qui mérite d'être présentée : c'est celle dite finaliste.

– **La classification finaliste**

À la base de cette classification se trouve Fabrice Melleray. Elle est basée sur une négation de celles fondées sur l'étendue des pouvoirs du juge et sur la nature de la question posée à celui-ci. Elle est fondée sur les buts poursuivis par les actions en justice. Les contentieux doivent aussi être classés en fonction de ces buts. Selon lui : « (...) aussi l'analyse est-elle basée sur l'étendue des buts poursuivis par le jurislateur lorsque par le biais d'un texte législatif ou réglementaire ou d'une règle jurisprudentielle, il institue une action, en modifie ou en précise substantiellement le régime juridique. Il est à cet égard possible d'identifier, à l'aide des travaux de Dumont deux buts : chercher à valoriser prioritairement le requérant potentiel (action individualiste) ou la totalité sociale (action holiste). »[55]

À l'issue de cette conception de Fabrice Melleray, nous trouvons qu'il classe le contentieux administratif en actions holistes dans lesquelles se trouve le recours pour excès de pouvoir et en actions individualistes dans lesquelles se trouve le recours de pleine juridiction.

À propos de cette classification dite finaliste de Fabrice Melleray, nous parvenons à l'analyse suivante : il arrive en conclusion aux mêmes résultats que le doyen Léon Duguit mais en utilisant d'autres chemins, sa classification n'est donc pas une innovation ou un cas d'école en soi.

---

52 *Ibid.*
53 *Ibid.*
54 *Ibid.*
55 F. Melleray, *Essai sur la structure du contentieux administratif français : pour un renouvellement de la classification des principales voies de droit ouvertes devant les juridictions à compétence générale*, Paris, *LGDJ*, 2001, p. 271.

En ce qui nous concerne, dans le cadre de notre étude, pour des raisons liées à la spécificité du sujet, nous avons jugé utile d'opter principalement pour la classification du doyen Léon Duguit, sans pour autant écarter complètement celle de Léon Aucoc et de Édouard Laferrière, qui peut parfaitement nous être utile pour certains développements.

À la suite des lignes précédentes, qui permettent d'avoir une idée générale sur les principales difficultés, auxquelles on peut être confronté dès les premiers pas dans une étude relative au contentieux administratif, nous allons procéder dans les lignes qui suivent à la circonscription de notre champ de réflexion et à la nécessaire explication inhérente à la compréhension du sujet. Cela se fera à travers la définition du sujet (I), car même si le contentieux administratif a été déjà largement défini, il reste à savoir si la matière répond à ces définitions au Mali, ce qui nécessite certaines précisions. De ces précisions, la consistance de l'intérêt de l'étude pourra être déterminée (II). Ces deux points cruciaux nous permettront alors de dégager une problématique (III). L'analyse de cette problématique nous conduira à adopter une méthodologie appropriée (IV) qui sera suivie de la présentation d'une esquisse des difficultés rencontrées (V), à l'issue de laquelle nous élaborerons le plan de notre étude (VI).

I- Définition du sujet

Comme l'écrit le professeur Oliver Gohin, « définir, c'est donner du sens et fixer une limite c'est-à-dire considérer la notion en elle-même et par rapport aux autres »[56]. Il s'agit ici de déterminer l'étendue de notre étude, c'est-à-dire la circonscrire. Cela n'est pas sans soulever certaines interrogations par rapport à son contexte (A) et surtout son objet (B).

A- Le contexte

Nous sommes dans un contexte évidemment illustré par son passé et son présent. Le passé parce que notre recherche n'est pas basée sur tout le contentieux administratif malien depuis l'existence de l'empire du Mali, et ce, pour des raisons d'ordre historique (1) et le présent parce que l'étude se situe sur une période relativement récente (2) se caractérisant par une certaine évolution des pratiques historiques.

1. Le contexte historique

La première énigme, à laquelle on doit faire face consiste à savoir s'il existait sur le plan général une justice pendant la période précoloniale et particulièrement une justice pouvant être qualifiée d'administrative. Certains auteurs répondent par l'affirmative et prennent l'exemple surtout sur l'empire peul du Macina ou le souverain avait mis en place un système bien organisé sur le plan judiciaire et même administratif et religieux. À la tête de cette

---

56 O. Gohin, *op. cit.*, p. 45.

organisation ; se trouvait le grand conseil appelé *Batu Mawdo*[57]. Ainsi, « la justice était collégiale et le pouvoir de juger appartenait au conseil de village sous l'autorité de son chef »[58]. On ne cesse également de se glorifier de l'exemple de l'empire mandingue. L'histoire de cet empire continue aujourd'hui d'être une source de fierté pour de nombreux Africains en raison du degré élevé de son organisation tant sur le plan administratif que sur le plan juridique. La principale raison de cet attachement à l'organisation de cet empire réside dans le fait que le roi avait eu à réunir toutes les composantes de la société, pour élaborer une charte, dans laquelle était consigné l'ensemble des règles de fonctionnement de la société, en allant de l'organisation administra-tive et politique aux modes de résolution des conflits. Ce qui a donné naissance à l'une des premières constitutions au monde[59] appelée « la charte de Kouroukanfuga ».

Certains relèvent qu'« en matière de justice traditionnelle, l'approche est habituellement inclusive et participative. La place de la palabre est importante dans le processus de règlement des litiges. La palabre regroupe non pas un juge et des protagonistes, mais toute la communauté à travers le conseil de village qui la représente. La prise de parole de chacun participe de la solution vers laquelle on s'achemine collectivement. Le dialogue, la concertation et le consensus sont les instruments privilégiés. C'est là une réalité malienne consignée depuis 1236, dans la charte de la fédération du Mandé conçue à Kouroukanfuga »[60]. Jusqu'à présent, les traces de cette pratique continuent dans les milieux ruraux du Mali où l'Administration n'est pas présente et même dans certaines localités où il y a la présence de l'Administration. Il faut alors noter un abandon progressif de la pratique avec le processus de décentralisation enclenchée au Mali depuis 1993, qui en associant les autorités villageoises à la gestion des crises, les dessaisit ainsi d'une grande partie de leurs pouvoirs.

Cependant, les pratiques et les mécanismes ci-dessus mentionnés nous attestent de l'existence d'une « justice » au Mali avant l'arrivée du colonisateur. Les questions de l'impartialité et de l'égalité de tous devant cette justice et celle de son aptitude à créer un État de droit se posent en réalité. Mais la question qui nous concerne particulièrement ici consiste à savoir s'il existait des mécanismes spécifiques permettant aux citoyens de contester un acte pris par le roi ou ses représentants devant une instance décisionnelle indépendante. En d'autres

---

57 A. H. Ba, J. Daget, *L'empire peul du Macina, 1818-1853,* Paris, les éd. de l'École des Hautes Études en Sciences Sociales, Abidjan 1984, pp. 61-62.

58 *Ibid.*

59 Il faut cependant prendre avec précaution cette histoire de constitution. En effet, il faut savoir que cet empire ne connaissait pas l'écriture. On peut alors qualifier ladite constitution de coutumière avec absence totale de textes écrits. La connaissance exacte du contenu de cette constitution est en réalité difficile. Elle était donc ce que les griots mandingues disent ce qu'elle était.

60 M. B. Cherif Diabaté, « Les mécanismes traditionnels de prévention et de règlement des conflits communautaires », Communication au premier forum national de la société civile sur *la gouvernance démocratique de la sécurité au Mali*, Bamako, le 29 janvier 2007.

termes, la justice qui existait avant l'arrivée du colonisateur était-elle ne serait-ce qu'en partie administrative ? Sans aucune ambiguïté, il faut répondre par la négative.

Qui osait manquer de respect à l'autorité royale de quelques manières que ce soit en mettant en cause ces actes ? En fait, personne n'osait prendre de tel risque. Par exemple, le roi étant le propriétaire de la terre pouvait exproprier un citoyen quand il le jugeait nécessaire, sans que cette décision de retrait ne puisse être attaquée devant la justice car c'était lui-même la justice. On ne peut donc en réalité parler de « vraie justice » au sens actuel du terme, s'agissant de la pratique de cette époque, *a fortiori* celle qui nous intéresse dans cette étude, à savoir la justice administrative.

Il faut ainsi reconnaître que c'est avec la colonisation que s'est posé le soubassement de la contestation organisée des actes des autorités administratives. Le système français de l'enfermement de l'Administration dans le droit sera progressivement introduit dans les colonies françaises formant l'AOF. Cette pénétration du système français dans l'espace colonial francophone s'est surtout manifestée par l'« application du principe de la séparation des autorités administratives et judiciaires dès le début de la période coloniale »[61]. Ce qui s'est traduit par la mise en place des structures compétentes en matière administrative. C'est ainsi que le Conseil de contentieux administratif de l'AOF a été créé par le décret du 13 décembre 1944 (les Conseils du contentieux administratif créés au niveau de chaque territoire par le décret du 04 décembre 1920 ont été supprimés par ce décret)[62]. Unique pour toutes les colonies, cette structure avait son siège à Dakar (Sénégal). Compétent pour connaître certains litiges administratifs, les décisions du Conseil de contentieux administratif pouvaient être frappées d'appel devant le CE français. Pour trancher les litiges qui lui étaient soumis, il faisait application des règles du droit administratif français et surtout des principes dégagés par le Conseil d'État.

C'est ainsi que le Soudan français (actuel Mali) a connu le mode de gestion des affaires publiques françaises auxquelles s'appliquent des règles spéciales, dont la violation est sanctionnée par des structures juridictionnelles spéciales. La constitution française de 1958 va ouvrir la voie à l'autonomie des colonies. C'est ainsi que les années 1960 seront marquées par la vague de l'indépendance des anciennes colonies françaises de l'AOF.

Cette euphorie des indépendances ne devait donc pas cacher certaines difficultés cruciales, qui sans réponses concrètes et immédiates allaient conduire les nouveaux États au chaos institutionnel. Il s'agissait pour les nouvelles autorités de l'époque de répondre à la question capitale de savoir s'il fallait rompre totalement sur le plan juridico-administratif avec l'ex-métropole ou pas.

---

61 A. T. Ba, *Droit du contentieux administratif burkinabè, op. cit.*, p. 20.

62 JORF du 15 décembre 1944, p.1906 et du 03 février 1945, p. 73.

Les réponses ont cependant été semblables mais variées. Ainsi, l'indépendance advenue, le souci majeur des autorités des jeunes États était d'éviter au maximum le *vacuum juris* c'est-à-dire le vide juridique qui est incompa-tible avec la vie en société. Ces autorités ayant été dans la plupart des cas formées dans les grandes écoles françaises ou même ayant déjà servi dans l'Administration coloniale vont naturellement opter pour la solution consistant à garder des liens avec la France. Le droit administratif français ainsi que les principes dégagés par le juge administratif français vont servir de source d'inspiration pour les nouveaux législateurs africains. La solution inverse était d'ailleurs très difficile, puisque ces nouvelles autorités étaient intellectuellement liées à la France non seulement par la langue mais aussi par la conception idéologique de la chose publique.

Cela ne signifie pas non plus que ces autorités ont purement et simplement transposé le modèle français d'organisation judiciaire reposant essentiellement sur la dualité de juridiction parfaite, mais ils vont donner la priorité à la recherche de solutions originales[63].

L'unité de juridiction sera choisie par certains États. Elle se caractérise par l'existence d'un juge unique disposant d'une compétence de droit commun dans toutes les matières sauf disposition contraire de la loi. C'est « le modèle sénégalo-marocain »[64]. Tout en optant pour l'unité de juridiction, d'autres vont créer au sein des juridictions judiciaires, des formations spéciales qui ont pour tâche de statuer uniquement sur les litiges administratifs : c'est cette solution qui a été appelée « le modèle malgache »[65].

En ce qui concerne le cas particulier du Mali, tout juste après l'accession à l'indépendance, des accords judiciaires avaient été conclus entre la Fédération du Mali et l'État français. Ces accords stipulaient que la Cour de cassation et le Conseil d'État français, autrement dit les juridictions suprêmes des deux ordres juridictionnels français, étaient les juridictions d'appel et de cassation des décisions rendues par les juridictions de la fédération.

Lorsque cette éphémère fédération éclata, le Soudan français ayant conservé le nom du Mali se trouva devant un dilemme : conclure de nouveaux accords avec l'ex-métropole ou mettre en place sa propre structure juridictionnelle

---

[63] L'absence de personnel qualifié et l'urgence ont surtout encouragé cette recherche qui visait en réalité à adapter l'organisation juridictionnelle aux réalités locales et du moment. Au lendemain des indépendances il faut également reconnaître que les États n'avaient pas les moyens financiers nécessaires de créer et faire fonctionner des juridictions à l'image de la France. Les priorités étant nombreuses. Voir Alain Bockel, « Le juge et l'Administration en Afrique noire francophone », in annale africaines, 1971-1972, pp. 9-32.

[64] D. Darbon, « Le juge africain et son miroir : la glace déformante du transfert de jurisprudence en Afrique », Afrique contemporaine n°156, 4/96, p. 241, cité par Papa Mamour Sy, « Entre l'unité et la dualité de juridiction : l'Afrique noire francophone à quête d'un modèle de la justice administrative », in *Annales africaines*, n° 2, 2011, p. 269.

[65] S. Randrianahmono, « La Cour suprême de Madagascar », in les Cours suprêmes en Afrique, t.1, 1990, p. 217, cité par P. M. Sy, *ibid.*

indépendante de celle de la France. Les autorités maliennes de l'époque optèrent pour la seconde hypothèse.

Ainsi, la première constitution du Mali, qui date du 22 septembre 1960, institua une Cour d'État composée de trois Sections :

- la Section constitutionnelle ;
- la Section du contentieux ;
- la Section des comptes[66].

Si cette constitution effleure les missions dévolues à la Section constitutionnelle[67], elle reste ostensiblement silencieuse en ce qui concerne la Section du contentieux. Ce qui signifie que la spécificité des litiges administratifs, bien que légèrement reconnue (la création d'une Section du contentieux en atteste), n'était pas en réalité vigoureusement accentuée au lendemain des indépendances. Les magistrats qui étaient tous de l'ordre judiciaire étaient soumis au statut général de la Fonction publique au même titre que les autres fonctionnaires sans aucune distinction[68].

La constitution de 1960 sera modifiée par une loi constitutionnelle de 1965[69] portant suppression de la Cour d'État et la création d'une Cour suprême. Cette nouvelle Cour était composée de :

- une Section constitutionnelle ;
- une Section judiciaire ;
- une Section administrative ;
- une Section des comptes[70].

La Section administrative constituait la juridiction administrative de droit commun du contentieux administratif. Il faut rappeler que de 1960 à 1968, le Mali vivait sous un régime socialiste dont l'objectif premier était loin d'être la création d'un vrai pouvoir judiciaire indépendant du pouvoir exécutif, *a fortiori* une vraie justice administrative. L'idée de la création d'une véritable juridiction administrative supposant l'acceptation des autorités administratives (les dignitaires du régime socialiste) de la mise en cause de leurs actes par la population devant un juge ne pouvait prospérer. La Section administrative, bien entendu ne jouant qu'un rôle fictif. En effet, « tout devait être fait pour assujettir la justice au parti unique : l'US. RDA. D'ailleurs la notion de magistrat militant

---

66 Constitution malienne du 22 septembre 1960, art. 43.
67 *Ibid.* art. 44
68 Loi n° 61-57/AN-RM du 15 mai 1961 portant statut général de la Fonction publique au Mali.
69 Loi n° 65-1/AN-RM du 13 mars 1965 portant modification de la constitution du 22 septembre 1960, JORM du 15 avril 1965, p. 167.
70 *Ibid.*, art. 3. Cette composition sera réitérée par la loi organique n° 65-2/AN-RM portant réorganisation de la Cour suprême du Mali.

a largement fleuri sur la scène politique d'alors »[71]. Le professeur Jean Gicquel souligne que, « l'autorité présidentielle a été exacerbée à l'époque du parti unique (...). La comparaison avec le baobab qui interdit toute vie autour de lui vient naturellement à l'esprit. Bref, plus que le pouvoir, on était en sur-pouvoir d'État ! »[72]

Le Professeur Ismaïla Madior Fall analyse cette pratique dans un contexte général africain en ces termes : « la structure des États africains s'est, dès le début des indépendances, articulée autour du paradigme d'un État fort. L'État s'est voulu fort parce qu'il s'était assigné une vocation missionnaire de développement. Son bras séculier, le pouvoir exécutif, concentrait alors toutes les ressources juridiques et politiques pour promouvoir le développement, asseoir l'État et consolider l'unité nationale. »[73]

L'enseignement principal à tirer de la pratique judiciaire de la première République malienne, est que les bases de l'édification d'un contentieux administratif malien avaient été posées et rien de plus. Pour preuve, pendant huit années d'existence, la Section administrative de la Cour suprême n'a pas rendu d'arrêt d'annulation significatif en matière de contentieux de l'excès de pouvoir et aucune véritable condamnation de l'État en matière de pleine juridiction. Cela ne signifie pourtant point que l'Administration de l'époque était irréprochable. Au contraire, un État dans lequel l'Administration contrôlait tout ne devait pas manquer de conflits administratifs.

La vérité est que l'idéologie de l'époque se conciliait difficilement avec l'existence d'un juge pouvant mettre en cause les actes administratifs. Ce qui est d'ailleurs dénoncé par le Professeur Théodore Holo en ces termes : « (...) la légalité serait incompatible avec l'efficacité ou le socialisme »[74]. C'est l'intérêt dit de la communauté qui primait toujours sur l'intérêt d'un seul individu « replié sur lui-même et uniquement préoccupé de son intérêt personnel et obéissant à son arbitre privé »[75]. On peut ainsi affirmer que l'organisation du contrôle juridictionnel de l'Administration au lendemain des indépendances relevait en quelque sorte d'une fiction. Le Professeur Pierre François Gonidec affirme que s'il « existe des mécanismes de contrôle, il n'en reste pas moins que le rôle des tribunaux en particulier n'est pas simplement de faire respecter la légalité formelle (...). Ainsi, ce pouvoir de juger doit s'exercer dans un sens

71 Z. Moulaye, A. Diabaté, Y. Doumbia, *Gouvernance de la justice au Mali,* Bamako, Imprimerie Color, Friedrich Ebert Stiftung, 2007, p. 76.

72 J. Gicquel, Préface, *Le pouvoir exécutif dans le constitutionnalisme des États d'Afrique*, Paris, Harmattan, 2008, p. 8, de I. M. Fall.

73 I. M. FALL, *ibid.*, p. 11.

74 T. Holo, « Le contrôle de légalité et la protection des Administrations au Bénin », RBJSA, juin 1985, n°5, p. 23, cité par Césaire Foed S. Kpenonhoun, « Contribution à l'étude du contentieux administratif au Bénin : 1990-2010 », thèse de doctorat d'État en droit public, UCAD, 21 janvier 2012, p. 7.

75 K. Marx, *La question juive*, Paris, Union Générale d'Édition, 1843, pp. 10-18, cité par C. F. S. Kpenonhoun, *ibid.*

conforme aux opinions politiques du régime, c'est-à-dire avec la volonté de demeurer fidèle à la politique dérivée de l'idéologie de la révolution. Ce qui compte, ce n'est pas la forme, c'est-à-dire la régularité de l'acte »[76], mais comme le soulignait le Président Sékou Touré, « la conformité aux buts assignés par l'action révolutionnaire »[77].

C'est vrai qu'il existait une formation de la Cour suprême compétente en matière administrative, mais il faut noter qu'elle n'était pas aussi saisie. Cette situation peut s'expliquer par le taux très faible de l'alphabétisation de la population à l'époque, car la justice administrative se présente comme une justice réservée à une certaine élite d'instruits. À propos, le professeur Théodore Holo estime qu'« il y a une raison d'ordre psychosociologique » et il rattache ce fait « à la tradition autoritaire de l'Administration coloniale et postcoloniale... il y a la peur de l'Administration »[78].

C'est pourquoi, faute de matière à traiter en contentieux administratif, notre étude n'est pas focalisée sur cette période sèche marquée par la construction institutionnelle sous l'idéologie socialiste de l'État malien, car vouloir étudier la pratique du contentieux administratif d'une période donnée, en l'absence d'arrêts de la juridiction compétente, ressemblerait mutatis mutandis à un médecin qui veut consulter un malade à son absence.

En 1968, le Mali va connaître son premier coup d'État militaire[79]. La junte, sous le nom du CMLN, va procéder tout d'abord à la suspension de la constitution en vigueur. Cette dernière sera remplacée par l'ordonnance n° 01/CMLN du 19 novembre 1968 portant organisation provisoire des pouvoirs publics en République du Mali. Le Mali va vivre ainsi pendant six ans sous cette ordonnance et avec le contrôle d'un régime dans lequel, penser à une quelconque soumission de l'Administration au droit, relevait de l'utopie, car c'était un régime militaire d'exception.

Cependant, en 1974, la junte au pouvoir va adopter une nouvelle constitution[80], donnant naissance à la deuxième République du Mali fondée elle aussi sur l'existence d'un parti central constitutionnel : l'UDPM.

Tout portait à croire à une certaine réticence des autorités de l'époque à l'émergence d'une justice administrative. Il a fallu attendre quatorze ans après l'adoption de la constitution de 1974 pour que les autorités fassent un geste en faveur de la justice administrative. C'est ainsi qu'en 1988, des tribunaux administratifs ont été formellement créés en République du Mali. Ces tribunaux

---

76 P. F. Gonidec, « La conception de la démocratie dans les États à orientation socialiste », *in Le Mois en Afrique*, n° 243-244, avril-mai 1986, pp. 38-39.

77 Le premier président guinéen cité par F. P. Gonidec, *ibid.*

78 T. Holo, « Le contrôle de légalité et la protection des Administrations au Bénin », *RBJSA*, juin 1985, *op. cit.*

79 Coup d'État du 19 novembre 1968 perpétré par le lieutenant-colonel Moussa Traoré qui s'auto-proclame Président de la République.

80 Constitution malienne du 12 juillet 1974.

n'ont cependant jamais fonctionné sous le régime du parti unique. La Section administrative a été maintenue par cette constitution au sein de la Cour Suprême et était composée de magistrats de l'ordre judiciaire.

Il importe de rappeler que de l'indépendance à 1979, les magistrats étaient soumis au statut général de la Fonction publique[81], mais ce statut ne fixait que les grands principes de l'organisation du corps des magistrats de l'ordre judiciaire. Il ne faisait alors en aucun point allusion aux magistrats de l'ordre administratif, car ce corps n'existait pas.

Ces différents points démontrent que les deux premières Républiques maliennes n'étaient vraiment pas très favorables à la gestation d'un réel droit administratif malien appliqué par un juge spécial. Sur ce plan, il faut tout de même mentionner que la deuxième République a mieux fait que la première. N'oublions pas que même si elles n'ont jamais fonctionné pendant tout le régime, des juridictions administratives de droit commun ont été créées par le régime militaire. La deuxième République a d'ailleurs été marquée par quelques arrêts remarquables rendus par la Section administrative de la Cour suprême.

Quelques arrêts ne permettant pas de comprendre profondément, ni en la forme ni au fond tout un système, mais peuvent quand même servir de base à une compréhension d'ordre historique et d'ordre évolutif, nous avons préféré baser essentiellement notre étude sur la période couvrant l'avènement de la démocratie à une date récente tout en mettant en exergue les importants arrêts rendus pendant la deuxième République.

2. Le contexte actuel

Les deux premières Républiques ayant été marquées par des régimes dits « socialiste scientifique » pour la première et « révolutionnaire » pour la seconde ; force est de reconnaître qu'ils s'étaient très peu souciés du respect de la juridicité par l'Administration.

Aussi, avons-nous décidé de focaliser principalement notre recherche en plus des deux premières Républiques, sur une période relativement récente caractérisée par l'avènement de la démocratie (a) favorable à une soumission de l'Administration au droit, et qui se manifeste par une mise en place progressive d'un ordre juridictionnel administratif (b).

a. L'avènement de la démocratie et droit administratif

Après vingt-trois ans de règne, le régime militaire sera à son tour renversé par un autre groupe de militaires sous le nom de CTSP, le 26 mars 1991. Ce coup d'État venait couronner une révolution populaire marquée par des

[81] Le régime a mis fin à cette pratique avec la loi n°79-10/AN-RM du 29 novembre 1979 portant statut de la magistrature. Ce statut fixe les grandes règles de la protection des magistrats de l'ordre judiciaire dans l'exercice de leur fonction telles que l'inamovibilité et l'indépendance.

descentes massives des étudiants, des élèves et des femmes dans la rue. Ces manifestations avaient été réprimées dans le sang. Cette révolution était fondamentalement basée sur des revendications de libertés et l'instauration d'un État de droit. Ces réclamations du peuple seront entendues par les nouveaux dirigeants et consacrées par l'ordonnance n° 01/P-CTSP du 31 mars 1991 fixant l'organisation des pouvoirs publics pendant la transition. Et « pour la première fois, le vocable autorité judiciaire qui avait meublé les constitutions précédentes a été remplacé par pouvoir judiciaire »[82]. Cette transition sera courte. La junte au pouvoir va organiser des élections et se retirer de la gestion des affaires publiques.

C'est ainsi qu'une nouvelle constitution sera adoptée par referendum : la constitution du 25 février 1992 actuellement en vigueur. Le processus démocratique malien naît avec cette constitution. Les nouvelles autorités démocratiquement élues ne vont pas tarder à prendre des mesures allant dans le sens de la construction d'un État de droit. Cela s'est traduit par la mise en place effective des structures juridictionnelles chargées spécialement de trancher les litiges mettant en cause les actes des autorités administratives. La nouvelle constitution va ainsi maintenir la Cour suprême en supprimant la Section constitutionnelle. Elle sera remplacée par une nouvelle juridiction soustraite de l'ordre judiciaire : la Cour constitutionnelle[83]. Cependant, cette constitution ne touche pas à la Section administrative. Elle reste alors maintenue dans la Cour suprême.

La Cour suprême reste donc la juridiction suprême de l'organisation juridictionnelle de la République du Mali, avec désormais en son sein trois Sections : judiciaire, administrative et celle des comptes.

Deux ans après l'adoption de la nouvelle constitution, précisément en 1994, une loi[84] portant organisation et fonctionnement des tribunaux administratifs qui avaient été créés en 1988 pendant la deuxième République a été adoptée. Pour accentuer la spécificité des litiges mettant en cause l'Administration et démontrer à la communauté internationale leur volonté de rompre avec les pratiques dictatoriales de l'ancien régime illustrées par l'impunité flagrante des autorités administratives, les nouvelles autorités vont adopter spécialement une loi portant statut des magistrats de l'ordre administratif[85].

---

[82] Z. Moulaye, A. Diabaté, Y. Doumbia, *Gouvernance de la justice au Mali, op. cit.*, p.77.

[83] Constitution du 25 février 1992, Titre VIII, art. 83.

[84] Loi n° 94-006/AN-RM portant organisation et fonctionnement des tribunaux administratifs.

[85] Loi n° 94-007/AN-RM du 18 mars 1994 portant statut des juges administratifs. Cette loi sera abrogée et remplacée par la loi n° 95-058/AN-RM du 02 août 1995. Cependant, en 2002, suite à une revendication des magistrats de l'ordre administratif qui estimaient que leurs collègues de l'ordre judiciaire étaient mieux traités qu'eux, le gouvernement prend acte de cette revendication. Le statut des magistrats de l'ordre administratif et celui des magistrats de l'ordre judiciaire seront ainsi refondus en un seul statut, par la loi n° 02-054/AN-RM du 16 décembre 2002 portant statut de la magistrature au Mali.

Ainsi, il existe au Mali des juridictions administratives distinctes des juridictions judiciaires. Ces juridictions sont, à la base, composées de vrais juges administratifs spécialisés en droit public, ayant donc une certaine connaissance acquise en droit administratif leur permettant de bien faire face aux différends administratifs.

Les tribunaux administratifs ont surtout eu le mérite de décharger la Section administrative de la Cour suprême, qui s'écroulait sous le poids des requêtes à la sortie du régime militaire. La nouvelle liberté consacrée par la constitution s'est aussi manifestée par ces nombreuses requêtes visant dans la plupart des cas, les actes posés par l'ancien régime. En plus, les évènements de mars 1991 ayant abouti au renversement de ce régime ont occasionné des brutalités extrêmes, entraînant ainsi des atteintes considérables au droit de propriété des particuliers, d'où le nombre élevé de recours de plein contentieux à l'époque.

C'est ce qui explique le nombre très élevé de la jurisprudence datant de cette période couvrant la naissance d'une véritable justice administrative dans cette étude. Il faut alors noter qu'avec l'avènement de la démocratie, les magistrats se sentant en sécurité et ne craignant plus des affectations et des mutations arbitraires ont commencé à traiter en toute liberté les requêtes visant les actes des autorités administratives. Ce qui n'empêche pas celles-ci, à continuer à renforcer progressivement l'ordre juridictionnel administratif.

b- La consolidation progressive d'un ordre juridictionnel administratif

La création des tribunaux administratifs, avec des règles d'organisation et de fonctionnement distinctes de celles des juridictions judiciaires, et aussi avec l'existence d'un corps de magistrats administratifs peuvent directement faire croire à l'existence de la dualité juridictionnelle parfaite au Mali. Alors qu'il faut comprendre que la juridiction administrative malienne est toujours en construction et le chantier n'est pas du tout terminé. En effet, cette dualité est parfaite à la base, mais absente au sommet. La Cour suprême constituant la juridiction suprême de l'organisation judiciaire, dispose en son sein d'une Section qui est la « juridiction » administrative suprême : la Section administrative.

Cette construction progressive est illustrée par la récente création des Cours Administratives d'Appel[86] ainsi que l'élargissement du nombre des tribunaux administratifs[87]. À terme, ce processus doit normalement aboutir à la création d'un véritable ordre juridictionnel administratif complètement dissocié de l'ordre judiciaire. Notre étude s'intéressera aussi à ce processus de consolidation du contentieux administratif malien.

Après avoir délimité le champ de notre recherche à travers son contexte, la précision de son objet nous permettra aussi de bien la situer.

---

[86] Loi n° 2011-38/AN-RM du 15 juillet 2011 portant création de juridictions, art. 2.

[87] *Ibid.* art. 3.

B. L'objet

La période concernée par l'étude ayant été précisée à travers son contexte, il convient cependant de déterminer le sens du contentieux administratif dans le même contexte (1) et d'expliquer toujours dans le cadre de celui-ci, le juge dont il s'agit (2). L'identification de notre matériau de recherche est également d'une grande utilité (3).

1. Le contentieux administratif malien

Nous avons déjà souligné plusieurs possibilités de définitions du contentieux administratif données par différents auteurs africains et occidentaux. Parmi ces définitions, nous avons montré notre adhésion à la définition restrictive de la matière fondée sur la résolution par le juge administratif des conflits occasionnés par l'action administrative ; autrement dit, celle qui écarte les autres moyens de résolution des conflits administratifs. Il ne s'agit pas de revenir sur ce point, mais de savoir l'acception à laquelle répond le contentieux administratif malien.

Il faut d'ores et déjà signaler que la constitution malienne est silencieuse sur le contentieux administratif. Elle se contente tout simplement de prévoir une Section administrative au sein de la Cour suprême[88], mais ne définit pas le contentieux administratif. Elle précise cependant qu'une loi organique fixe l'organisation, les règles de fonctionnement ainsi que la procédure suivie devant la Cour suprême. Par contre, l'existence des tribunaux administratifs n'est pas comme celle de la Cour suprême, qui est directement visée par la Constitution. Celle-ci attribue le pouvoir de l'organisation de la justice au parlement, d'où la création législative des tribunaux administratifs[89] en particulier et des autres juridictions en général.

Le silence de la Constitution nous oblige alors à chercher la définition malienne du contentieux administratif du côté du législateur. En s'attachant ainsi à l'analyse de la loi organique régissant la Cour suprême[90] et à la loi portant organisation, fonctionnement et procédure suivie devant les tribunaux administratifs, il ressort que le législateur a opté pour la définition stricte. Il le définit alors, comme la résolution par la Section administrative de la Cour suprême et les tribunaux administratifs, des litiges relatifs aux décisions des autorités administratives centrales et celles des autorités régionales et communales.

En tirant les conséquences de la définition légale, le juge administratif malien opte aussi pour cette acception restrictive de la matière. En effet, le juge

88 Constitution du 25 février 1992, art. 83.

89 Loi n° 94-006/AR-RM, *op. cit.*

90 Loi n° 96-071/AN-RM du 16 décembre 1996 portant loi organique fixant l'organisation, les règles de fonctionnement de la Cour suprême et la procédure suivie devant elle, reprise sur ce point par la Loi n°2016-046 du 23 septembre 2016, JORM n°42 du 14 octobre 2016 qui a abrogé cette loi en ces dispositions contraires.

administratif se déclare incompétent pour statuer sur des contestations relatives au droit de propriété[91] et précise que « le litige opposant un particulier (…) à une société anonyme de droit privé échappe à sa compétence »[92].

On comprend donc aisément que le droit positif malien opte pour une définition restrictive du contentieux administratif et nous confirmons que c'est cette approche que nous retenons pour notre étude. Nous qualifions l'acception malienne de stricte, car la solution intermédiaire est possible, c'est-à-dire la définition peut être ni large ni stricte. Par exemple, en tenant compte des pays où il existe l'unité absolue de juridiction, mais avec spécialité de contentieux, il existe un droit spécial que le juge judiciaire applique aux litiges administratifs : le droit administratif. Le contentieux administratif de ces pays correspond-il à la définition stricte ? Ou encore à la définition large ? Le problème se présente ainsi : l'application du droit administratif par le juge judiciaire fait qu'il échappe à la définition restrictive. L'existence d'un droit spécial qui est appliqué aux seuls litiges administratifs fait qu'il échappe à la définition large. Ce qui fait que le contentieux administratif de ces pays doit obéir à une définition intermédiaire. Ainsi, il peut être défini comme la solution juridictionnelle des litiges administratifs en application du droit administratif.

Après ces quelques points en appui à la conception malienne, il faut savoir aussi que le contentieux administratif n'est pas formé d'un ensemble monolithique. Il a fait l'objet de différentes classifications sous la plume de grands professeurs de droit. On ne reviendra pas sur ces classifications, mais il s'agit pour nous de déterminer la classification à laquelle le droit positif adhère, ce qui nous servira pour la suite de l'étude.

En effet, en énumérant les compétences du juge administratif, le législateur semble favorable à la traditionnelle classification de Léon Aucoc et d'Édouard Laferrière[93]. Cependant, la pratique nous donne un autre résultat. L'analyse des recours et des arrêts que nous avons pu collecter affiche une nette tendance vers la classification adoptée par le doyen Léon Duguit. Ainsi, en fonction de la nature des questions posées par les requérants au juge, le contentieux administratif malien est principalement structuré autour du contentieux de l'annulation et du contentieux de pleine juridiction ; les autres contentieux ne venant que très rarement.

La question du juge occupe un plan essentiel en matière de contentieux administratif, c'est pourquoi nous avons décidé de répondre à la question suivante : quelle est la nature du juge du contentieux administratif ?

---

[91] C.S., S.A, arrêt n° 47 du 11 avril 1996, entre la BCS et le receveur des domaines du District de Bamako, *inéd.*

[92] C.S.-S.A., arrêt n° 29 du 15 février 1996, entre Tidiani Traoré et Hydro Sahel, *inéd.*

[93] Loi n°96-071/AN-RM du 23 sept. 2016, *op. cit.*, art. 42, Loi n°2016-046 du 23 sept. 2016, art. 111.

2. Le juge du contentieux administratif

Ce juge peut être un juge spécial ou ne pas l'être, parce que le juge du droit commun peut connaître des litiges administratifs. Cependant, par juge du contentieux administratif, nous faisons allusion au juge administratif. Ce qui peut paraître banal ne l'est pourtant pas car l'expression juge administratif peut être source de confusion.

En effet, on utilise l'expression juge administratif, tantôt pour désigner la juridiction administrative, tantôt pour désigner le personnel magistrat de ladite juridiction. C'est pourquoi le doyen Georges Vedel rappelle que le vocable « juge administratif » est un terme générique pour désigner l'ensemble des juridictions administratives[94]. Le professeur Salif Yonaba précise en ce qui le concerne, que le « contentieux administratif est pris en charge par cet organe que l'on désigne indifféremment par le juge administratif ou la juridiction administrative »[95].

Cependant, en ce qui concerne cette partie, il s'agit du juge administratif en tant que personnel magistrat de l'organe juridictionnel spécial chargé de trancher les litiges administratifs. En effet, existe-t-il un juge administratif ou un juge de l'Administration[96] au Mali ? Cette question est en réalité capitale, car si les deux expressions peuvent faire sous-entendre le magistrat de la résolution des litiges administratifs, elles ne sont point des synonymes.

Dans certains pays d'Afrique noire francophone, il y a confusion de juges[97]. Dans ces pays, la distinction juge administratif – juge judiciaire n'existe pas. C'est le même juge, en général de formation privatiste, qui statue sur les litiges d'ordre privé et fait application des règles de droit privé et statue également sur les conflits mettant en cause l'Administration et fait application des règles de droit administratif. Comme le souligne pertinemment Ndèye Madiguène F. Diagne, dans ce cas de figure, il s'agit d'un juge unique avec deux droits[98].

C'est pourquoi le professeur Alain Bockel a de manière générale décrit le problème de spécialisation des formations des juridictions suprêmes en matière

---

94 G. Vedel, P. Delvolvé, *Droit administratif*, Paris, coll. Thémis, 10e éd., 1988, p. 583.

95 S. Yonaba, *La pratique du contentieux administratif en droit burkinabè*, *op. cit.*, p. 25.

96 L'expression « juge de l'Administration » a été en effet utilisée par le doyen Bockel, « Le juge et l'Administration en Afrique noire francophone, introduction à l'étude du problème », in *Annales africaines*, *op. cit.*, pp. 13-14.

97 Par exemple au Bénin, il n'y a « que des magistrats de l'ordre judiciaire », mais il existe pourtant dans ce pays un droit administratif spécialement appliqué à l'Administration. Ce qui signifie que c'est le juge judiciaire qui statue sur les requêtes dirigées contre l'Administration béninoise. La preuve en est que « les formations de jugement qui statuent en matière de contentieux administratif comprennent essentiellement des magistrats judiciaires » et les six conseillers qui sont choisis parmi les magistrats de l'ordre judiciaire « peuvent siéger indifféremment à chacune des chambres de la Cour », voir C. F. S. Kpenonhoun, « Contribution à l'étude du contentieux administratif au Bénin », thèse précitée, p. 16.

98 N. M. F. Diagne, « Les méthodes et techniques du juge en droit administratif sénégalais », thèse de doctorat d'État Droit public, UCAD, 1995, p. 12.

administrative comme « butant très souvent sur le problème de la pénurie du personnel spécialisé »[99]. Selon lui, « l'on s'est forcé, dans tous les États, de prévoir un juge spécial à l'Administration, ou, tout le moins, un juge saisi selon des règles particulières lorsque l'Administration est en cause. Mais reste le difficile problème de trouver concrètement le personnel apte à exercer cette mission... C'est là un problème qui bien souvent n'a pas encore pu être résolu »[100]. Il continue en soulignant, que « ce personnel devrait être principalement recruté parmi les candidats spécialement formés, c'est-à-dire initiés aux problèmes de l'Administration et à la résolution du contentieux qui peut résulter de son activité »[101], mais « l'on a recours à des fonctionnaires qui présentent certaines garanties de niveau, mais dont le recul est peut être insuffisant, ou à des magistrats de l'ordre judiciaire qui n'ont pas bénéficié d'une formation spécialisée en matière administrative »[102].

Le juge judiciaire statuant en matière administrative joue le rôle dévolu au juge administratif, dans les pays de dualité juridictionnelle, mais ne le devient pas. En statuant alors sur les litiges administratifs, le juge judiciaire contribue indubitablement par sa décision à la soumission de l'Administration au droit et s'érige ainsi en juge de l'Administration et non juge administratif.

Ce schéma ne correspond pas à la situation du juge administratif malien. La préoccupation ainsi que la question soulevées par le doyen Alain Bockel[103], s'agissant de la spécialisation et de la formation des magistrats statuant en matière de contentieux administratif en Afrique francophone, se trouvent être maintenant résolues en droit positif malien. En effet, au Mali, il existe des juges administratifs et non des juges de l'Administration. Ces juges administratifs sont distincts des juges judiciaires. Depuis 1994, comme nous l'avons déjà mentionné, le législateur avait adopté un statut des juges administratifs. Malgré l'unification des deux corps de la magistrature dans un seul et unique statut, la spécificité des juges administratifs n'a pas été écornée.

Faut-il également rappeler ici que ce sont les juges administratifs eux-mêmes, qui ont été à la base de cette unification, estimant que leurs collègues de l'ordre judiciaire avaient un statut qui leur accordait plus d'avantages ? Ainsi, « tous ces statuts ont été fondus en un seul sous la loi n° 02-054/AN-RM du 16 décembre 2002 portant statut de la magistrature »[104]. Cette loi précise à son

---

[99] A. Bockel, « Le juge et l'Administration en Afrique noire francophone. Introduction à l'étude du problème », in *Annales africaines*, 1971-1972, Paris, Pédone, 1973, p. 20.

[100] *Ibid.*, pp. 21-22.

[101] *Ibid.*, p. 22.

[102] *Ibid.*

[103] *Ibid.* Le doyen Bockel pose la question en ces termes : « Cette absence de personnel spécialisé n'était-elle pas l'une des raisons principales de la grande faiblesse des conseils du contentieux administratif, pourtant bien moins nombreuses que les Cours Suprêmes ? ».

[104] Z. Moulaye, A. Diabaté, Y. Doumbia, *Gouvernance de la justice au Mali, op. cit.*, pp. 77-78. On peut aussi souligner que cette loi met le juge administratif à l'abri des intimidations

article 20 alinéa 1er, que « les candidats à l'auditorat autorisés à concourir… doivent être titulaires d'une maîtrise en droit privé ou public… ». Les candidats titulaires de diplômes requis en droit public ne peuvent que concourir dans les matières de droit public et pour devenir uniquement des auditeurs en droit public qui vont suivre à l'Institut national de Formation judiciaire une formation spéciale en droit public en général et en droit administratif en particulier. Ils doivent aussi effectuer un stage au niveau des tribunaux administratifs au cours duquel ils doivent démontrer qu'ils ont un niveau pouvant leur permettre de faire face à leur très prochaine fonction de juge administratif. Après leurs admissions à l'examen de sortie de l'Institut national de Formation judiciaire, ils ne peuvent être nommés que juges administratifs et ne peuvent être qu'affectés dans les tribunaux administratifs (et non dans les tribunaux judiciaires).

Tel est le sens donné au juge administratif au Mali en tant que magistrat statuant sur les litiges administratifs. C'est pour préciser, qu'il existe sur le plan national, un juge spécial qui est en principe le seul juge compétent, pour connaître des contestations visant les actes des autorités administratives pris dans l'exercice de leurs fonctions ou même les autorités administratives elles-mêmes : le juge administratif par opposition au juge généraliste ou juge de l'Administration. La notion doit cependant être comprise ainsi tout au long de notre étude chaque fois qu'on y fera allusion.

En effet, ce juge se situe au cœur de notre étude, car ce sont ses différentes décisions rendues, qui y serviront de principaux matériaux de construction.

3. La jurisprudence

Au sens étymologique, la jurisprudence vient du mot « *jurisprudentia* » : c'est la prudence du droit. Selon Jacqueline Morand-Deviller, « c'est la science du droit, la prudente recherche du bon droit. Historiquement, le juge a précédé la règle, et le droit est souvent identifié au procès »[105]. La jurisprudence administrative peut ainsi être définie, comme la solution dégagée par le juge administratif suite à un ensemble de décisions considé-rablement concordantes.

Si le droit administratif est ce qu'il est aujourd'hui, la jurisprudence y est pour grand-chose. Il a été interdit par les révolutionnaires français de 1789 au juge judiciaire de statuer sur les litiges mettant en cause les autorités administratives, ainsi que l'application du droit privé à l'Administration[106]. Cette interdiction de soumettre l'Administration au droit privé qui était pourtant le droit existant, avec des règles précises, n'a cependant pas été suivie de mesures d'accompagnement. C'est pour souligner que les autorités de l'époque

---

et des pressions dont il peut faire l'objet de la part de l'Administration qui peut ne pas parfois accepter l'annulation de ses actes ou sa condamnation.

105 J. M. Deviller, *Droit administratif*, Paris, Montchrestien, 12e éd., 2011, p. 253.

106 Loi des 16-24 août 1790, art. 13. Sur le plan jurisprudentiel, cette interdiction sera consacrée par les arrêts Gloxin et Rothschild de 1855 et l'arrêt Blanco de 1873.

n'ont pas élaboré de règles spéciales régissant les litiges concernant l'Administration se substituant à celles du droit commun désormais interdites en matière administrative. Pourtant, le nouveau juge chargé de résoudre les différends administratifs ne peut se cacher derrière cette absence de textes ou encore l'ambiguïté des textes pour refuser de statuer sur lesdits différends. Vue sous cet angle, la jurisprudence administrative se présente alors comme le résultat de l'obligation pour le juge administratif de dire le droit même en l'absence de tout texte normatif régissant la question qui lui est soumise.

Les décisions rendues par le juge administratif ont force de vérité légale et s'impose donc aux autorités administratives, mais ne se confondent pas avec la loi. La jurisprudence est subordonnée à la loi. C'est ainsi que Jacqueline Morand-Deviller précise : « la place de la jurisprudence dans la hiérarchie des règles de droit se situe à un niveau infra législatif et supra décrétal. »[107] Cette répartition de territoire entre la loi et la jurisprudence peut parfois s'avérer en réalité très délicate. Si les arrêts de règlement « qui auraient pour effet de figer la règle de droit »[108] sont interdits, on ne peut cependant ignorer l'influence des arrêts précédents du juge sur les affaires similaires pendantes ou futures. Le professeur Jacqueline Morand-Deviller souligne à ce niveau que si les précédents ne lient pas le juge, ils ne peuvent manquer de l'inspirer[109].

Pourtant, Jean-Etienne-Marie Portalis clarifie la répartition des attributions entre le législateur et le juge en ces termes : « un juge est associé à l'esprit de législation ; mais il ne saurait partager le pouvoir législatif. Une loi est un acte de souveraineté, une décision n'est qu'un acte de juridiction ou de magistrature. Or, le juge deviendrait législateur s'il pouvait par des règlements statuer sur les questions qui s'offrent à son tribunal. Un jugement ne lie que les parties entre lesquelles il intervient : un règlement lierait tous les justiciables et le tribunal lui-même »[110]. C'était pour souligner la prohibition des arrêts de règlement. Il faut cependant souligner également une particularité de la justice administrative. En effet, sans poser des arrêts de règlement, certaines décisions des juridictions administratives par leur nature s'imposent non seulement aux parties en conflit, mais aussi à tout le monde : il s'agit des arrêts rendus en matière de contentieux de l'annulation. On dit alors que l'annulation a un effet ergomanes.

Ainsi, il nous convient de répondre à la question suivante : qu'entend-on par jurisprudence administrative dans le droit positif malien ?

Il ne s'agit pas par cette question d'étudier prématurément la qualité de la jurisprudence administrative malienne. Il s'agit plutôt pour nous de porter certaines précisions obligatoires quant à la principale jurisprudence dont nous faisons allusion dans cette étude. Ce point, qui peut à première approche paraître

---

[107] J. M. Deviller, *Droit administratif, op. cit.*
[108] *Ibid.*
[109] *Ibid.*
[110] Portalis cité par P. A. Fenet, *Recueil des travaux préparatoires au code civil*, Paris, 1827-1836, t. 5, p. 67.

inutile ne l'est pourtant point. Compte tenu de l'architecture de la justice administrative malienne, cette précision s'impose. En effet, le droit administratif est dit par deux degrés de juridictions au Mali. Chaque degré statue librement sur les litiges relevant de ses attributions même si le second degré peut revenir sur les décisions du premier. De manière claire, il s'agit des tribunaux administratifs et de la Section administrative de la Cour suprême.

Les tribunaux administratifs rendent leurs jugements, la Section administrative rend ses arrêts. Notre étude est alors fondamentalement concentrée sur les arrêts rendus par la Section administrative de la Cour suprême. La raison de notre choix loin d'être fortuite est la suivante : ce n'est pas parce que les tribunaux administratifs constituent une création relativement récente par rapport à la Section administrative de la Cour suprême, car les deux se rapprochent sur le plan du commencement de la production intensive de décisions. Mais tout simplement, nous estimons que les jugements rendus par les tribunaux administratifs s'ils font partie intégrante de la jurisprudence sont le plus souvent attaqués devant la Section administrative par la voie d'appel[111], et pour la raison pratique qui concerne le fait que les arrêts rendus par la juridiction administrative suprême servent de référence au juge du droit commun dans ses jugements.

Ainsi, si nous parlons de jurisprudence, il s'agit par-là de manière essentielle, des arrêts rendus par la plus haute « juridiction » administrative malienne : la Section administrative de la Cour suprême. Ceci dit, il ne s'agit pas d'une mise à l'écart des jugements rendus par les tribunaux administratifs. Nous y ferons recours selon les exigences de l'étude.

Ces explications, si elles peuvent permettre de comprendre le cadre spatial ainsi que les contours de cette étude, elles peuvent également nous aider démontrer son intérêt.

II. L'intérêt

Cette étude, quoique fortement basée sur la jurisprudence administrative malienne, ne peut être réalisée sans faire recours aux grandes réalisations intellectuelles effectuées par de grands auteurs. Elle suscite donc un intérêt à la fois théorique (A) et pratique (B) tout en signalant que c'est un sujet d'actualité (C).

A. L'intérêt théorique

D'un point de vue théorique, un constat s'impose : quoiqu'on dise, on ne peut nier la transposition de la culture judiciaire de l'ex-métropole dans l'organisation de la justice administrative malienne ou disons dans sa philosophie générale avec bien sûr quelques adaptations.

[111] Nos recherches nous ont démontré que de 2010 à 2016, plus de 96 % des jugements font l'objet d'appel devant la Section administrative de la Cour suprême.

S'il est admis que le droit administratif est « un droit (qui) a un caractère fondamentalement jurisprudentiel »[112], aussi faut-il admettre que c'est un droit nécessairement doctrinal tout au long de son évolution. Elle s'entend (la doctrine), comme le souligne Gilbert Orsoni, « de la pensée, de l'opinion des auteurs dont l'interprétation vise à éclairer la signification du droit ou de la pensée du juge »[113]. On peut même se demander si en réalité les grandes jurisprudences qu'illustre l'effort créateur du juge mettant ainsi ce dernier au-devant du droit administratif ne sont pas d'inspirations doctrinales. C'est-à-dire avec l'inexistence ou même l'existence du droit écrit, la jurisprudence n'est-elle pas en partie doctrinale ? Même s'il faut noter que « la doctrine a longtemps célébré le droit administratif et la juridiction administrative »[114] on ne peut aussi ignorer qu'« elle s'est départie de cette attitude laudative (...) adoptant un point de vue de plus en plus critique et réservé »[115].

Nous soulignons que tel doit être le rôle de la doctrine dans sa « lutte pour l'autorité doctrinale ». C'est-à-dire que les critiques, analyses, commentaires et observations des grands auteurs, servent une population méconnaissant majoritairement cette matière, qu'est le droit administratif. Elle sert autant sinon plus le juge lui-même, qui enfermé dans son bureau et parfois aveuglé par une routine regrettable, ne manque pas de faire des erreurs, voire des analyses lacunaires ou même d'avoir des conceptions anachroniques de certains points cruciaux de la matière. On peut cependant s'en réjouir que la doctrine continue de servir tant le justiciable que le juge en étudiant de manière diversifiée la production jurisprudentielle administrative. Ce phénomène a d'ailleurs pris une certaine ampleur appréciable en droit administratif d'Afrique noire francophone.

En ce qui concerne le cas particulier de notre pays, nous sommes au regret de souligner une rareté effarante de doctrine en matière de droit administratif en général et en matière de contentieux administratif malien en particulier. Si Césaire Foed S. Kpenonhoun, parlant de la doctrine administrative béninoise affirme, que son apport actuel paraît partiel et qu'« en somme, la doctrine est émiettée, fragmentée »[116], nous ne pouvons pas faire de telles affirmations, car même « émiettée et fragmentée » elle peut servir. Si nous prenons l'exemple sur le cas du Sénégal, nous verrons que ce soit le droit administratif général ou le contentieux administratif sénégalais, ces matières ont été largement étudiées à travers des thèses de doctorat, des ouvrages généraux et spécialisés, et surtout des articles parus dans les revues spécialisées. Tel est le même constat au Burkina Faso.

---

112 R. Chapus, *Droit du contentieux administratif*, Paris, Montchrestien, 13e éd., 2008, p.7.

113 G. Orsoni, « La doctrine et l'information du contribuable », in *RFFP*, n° 57, 1997, p. 47.

114 D. Lochak, *Quelle légitimité pour le juge administratif ?* Droit et politique, PUF, 1993, p. 141.

115 Pour s'en convaincre de cette attitude, voir *Pouvoirs* n° 46, 1988.

116 C. F. Kpenonhoun, *op. cit.*, p. 27.

Il faut donc savoir, que de l'indépendance de la République du Mali jusqu'en 2016, période principalement concernée par notre recherche, le constat fait ressortir une absence d'études d'ensemble sur le contentieux administratif en particulier, ainsi que sur le droit administratif général au Mali. Ce qui a conduit, à l'existence d'une sorte de mystère qui entoure cette partie fascinante du droit national. En effet, le contentieux administratif national n'est pas seulement méconnu à l'extérieur de nos frontières, mais aussi sur le territoire national. Aussi, certaines insuffisances que nous découvrirons dans le développement de cette étude, ne sont-elles pas d'ailleurs dues également à cette inexistence ou très grande rareté d'études sur notre contentieux administratif ?

Le problème est que le juge administratif et le droit qu'il applique vivent dans un monde verrouillé, dont la population ne peut accéder au code qu'à travers les différentes études à eux consacrées. Le juge a lui-même aussi besoin que ces décisions soient étudiées, donc analysées, commentées et critiquées, car l'on ne peut facilement voir et constater ses propres erreurs et fautes. Il faut un certain recul, et le juge n'a pas ce temps. C'est pourquoi l'intérêt théorique, qu'une telle étude peut susciter, peut être perçu comme réel.

À côté de l'intérêt théorique que peut susciter notre étude, elle déclenche également un intérêt pratique.

B. L'intérêt pratique

D'un point de vue pratique, le juge est au cœur de cette étude. Étudier le contentieux administratif tel que nous le concevons, en ignorant le juge, ressemblerait à un jeu de dupe. En effet, rappelons encore que le matériau de base principal de notre étude est constitué des arrêts rendus par le juge administratif malien, donc la jurisprudence administrative malienne. Du coup, l'étude n'intéresse pas seulement le justiciable, mais aussi le juge lui-même ainsi que les professionnels du droit et les chercheurs à l'intérieur et à l'extérieur du pays.

Le taux élevé des cas d'irrecevabilité attire l'attention sur un point crucial de la pratique du contentieux administratif au Mali. Il démontre surtout une méconnaissance généralisée de la procédure administrative contentieuse. Nous disons méconnaissance généralisée, car ces cas d'irrecevabilité, ne frappent pas seulement les justiciables non assistés par un avocat au procès administratif, mais touche malheureusement même ceux qui se font payer les services d'un avocat. Ce qui démontre que cette méconnaissance règne aussi chez les professionnels du droit.

Ayant fait presque le même constat en contentieux administratif burkinabè, le Professeur Salif Yonaba soutient que « le justiciable ne connaît pas toujours de manière précise les arcanes de la procédure judiciaire et du contentieux administratif »[117]. C'est dans ce même ordre d'idée que Raymond Odent

[117] S. Yonaba, *op. cit.*, pp. 26-27.

affirme : « étudier le contentieux administratif, c'est donc étudier les méthodes et les tendances du TC et du Conseil d'État et par conséquent, les conditions dans lesquelles ces deux hautes juridictions coordonnent les éléments épars du droit public et en font la synthèse ; c'est établir les résultats de cent soixante-quinze années d'efforts jurisprudentiels (...). Cette étude est difficile car la jurisprudence se caractérise par une subtilité quelquefois excessive. »[118] D'où l'intérêt de toute étude sur la production jurisprudentielle du juge administratif.

Ce qui rend encore cet intérêt plus spécial dans le cas d'espèce, découle du fait de l'absence de code de justice administrative et de code des obligations de l'Administration au Mali. Cela ne signifie pas que le paysage normatif de la justice administrative est vierge[119], mais cette non-codification donne une certaine possibilité plus large de réflexion au juge administratif. En effet, le juge étant obligé de statuer sur tous les litiges, même dans le silence des textes, le juge administratif malien bénéficie d'une marge de manœuvre que certains de ses homologues de la sous-région ne disposent pas. Il peut ainsi se servir, de ce que l'on déplore mais qui peut constituer pour lui une opportunité, de faire preuve de rigueur scientifique, d'adaptation et de créativité pour contribuer à la création d'un droit administratif malien. Il faut le rappeler, c'est l'absence de textes qui a contribué à la mise en place des bases du droit administratif français par le juge administratif. Même dans les domaines régis par des textes, il peut contribuer à cette création ou adaptation. Son degré d'efficacité dépend en réalité de l'usage qu'il fait des textes existants.

Mais qu'en est-il réellement dans la pratique ? Cette question pouvant être considérée comme posée très tôt, mérite une attention particulière, même s'il faudra attendre les résultats de l'étude pour être effectivement édifié là-dessus. Ce qui peut paraître paradoxal aux yeux de certains, c'est que le Mali attend toujours son « arrêt Blanco ». Dans la pratique, le juge administratif malien n'hésite point de se baser clairement dans ses arrêts sur ceux du Conseil d'État français. Ce constat est pareil pour les conseils des requérants ou des défendeurs, qui aussi se basent sur les mêmes arrêts pour motiver leurs requêtes. Ce qui peut susciter l'incompréhension dans ce « jeu » est que parfois, les arrêts du Conseil d'État sur lesquels les uns et les autres se focalisent pour donner la solution du litige administratif sont tombés dans la désuétude en France et les contextes sont parfois nettement différents.

Cependant, certains arrêts, compte tenu de l'époque où ils ont été rendus, font de ces derniers ce que l'on peut appeler les grands arrêts de la jurisprudence

[118] R. Odent, *Contentieux administratif*, 2e éd., 1980, pp. 73 et s., cité par Salif Yonaba, *ibid.*

[119] Il existe des lois qui régissent la justice administrative. En effet, l'organisation, le fonctionnement ainsi que la procédure suivie devant les TA sont définis par la loi 94-006. Tel est aussi le cas pour les CAA nouvellement créées et la section administrative de la Cour suprême qui est régie par la loi qui définit les règles de fonctionnement, d'organisation et de procédure devant la Cour suprême.

administrative malienne, car le Professeur François Gazier souligne qu'« un grand arrêt, c'est tout à la fois : une date, un nom… une opinion »[120].

Malgré tout, il existe une jurisprudence relativement abondante. Les première et deuxième Républiques n'ayant été marquées que par quelques dizaines d'arrêts souvent très riches, c'est à partir des années 1990, que la Section administrative a commencé à rendre une moyenne de cent (100) arrêts par an, une moyenne de deux cents (200) à trois cents (300) arrêts à partir de 2010 et tourne autour de quatre cents (400) à cinq cents (500) arrêts et même plus depuis 2014 et 2015. Elle organise fidèlement au moins une audience presque chaque semaine à son siège.

L'intérêt pratique de cette étude peut être apprécié aussi sur le plan des relations jurisprudentielles entre la juridiction administrative suprême et les juridictions administratives de droit commun. Le juge administratif de base n'est pas imprégné de la jurisprudence du juge administratif du sommet. Cela est dû à l'absence d'un système organisé permettant au juge du premier degré d'être informé de la production jurisprudentielle de la Section administrative à temps réel. Ce qui peut sembler rocambolesque dans cette situation concerne le fait que le juge administratif suprême n'a qu'une connaissance superficielle de sa propre jurisprudence, faute d'une collection annuelle rigoureuse et scientifique des arrêts. Il faut signaler à ce niveau, la publication (interne) de recueils quelques rares fois. Cette publication n'est pas aussi fidèle et consiste en une collection des arrêts rendus ayant pu être collectés.

L'intérêt n'est pas seulement théorique et pratique, il est également actuel.

C. L'actualité de l'intérêt

L'intérêt de l'étude réside également dans les mouvements de réforme relatifs à l'organisation de la justice administrative, et qui peuvent même être appréciés de prime abord comme une prise de conscience des autorités nationales en ce qui concerne le renforcement du contrôle de l'activité de l'Administration.

En effet, la distance qui sépare le justiciable de la justice au Mali dépasse parfois le millier de kilomètres. Pour une population de plus de dix-huit millions d'habitants, il existe trois tribunaux administratifs fonctionnels. C'est pourquoi, cela a même été signalé ci-haut, une loi de 2011 a créé de nouvelles juridictions administratives de droit commun au Mali[121]. Elles sont au nombre de trois, ce qui porte le nombre des tribunaux administratifs à six même si les nouveaux ne sont pas encore fonctionnels. La même loi a apporté une évolution de taille dans l'architecture de la justice administrative malienne en créant des Cours administratives d'appel. Elles sont au nombre de six et ne sont pas elles aussi encore fonctionnelles.

---

[120] F. Gazier, *Le chœur à deux voix de la doctrine et de la jurisprudence*, EDCE 1956, p. 743.
[121] Loi n° 2011-38/AN-RM du 15 juillet 2011 portant création de juridictions.

Il faut savoir qu'il y'avait un projet de révision constitutionnelle au Mali en 2012. Le referendum était prévu pour le mois de juin quand le coup d'État a eu lieu le 22 mars. Il y avait des débats parfois virulents qui entouraient ce projet sur ce qu'on doit réviser et ce qu'on ne doit pas. La question de la juridiction administrative n'ayant pas été retenue sur le projet de révision a pourtant été effleurée. Sachant qu'on ne révise pas une constitution comme celle du Mali relativement « sécurisée »[122] tous les jours, la question de la justice administrative devrait y être introduite car la Constitution reste silencieuse là-dessus. La situation est identique en ce qui concerne l'actuelle loi[123] portant révision de la constitution qui n'a pas pu être soumise à l'approbation du peuple. C'est identique pour le projet qui est en cours.

À ce niveau, la démarche des autorités est source de confusion. Pourquoi créer des Cours administratives d'appel, à la suite de la création des TA et ne pas aller au bout de la logique, en profitant de cette obligatoire révision de la constitution pour dissocier la Section administrative de la Cour suprême pour en faire un Conseil d'État ?

La réponse à cette question diffère selon les interlocuteurs. Nous estimons qu'il faut nécessairement cet achèvement de la construction de la justice administrative malienne. Construction qui a commencé, il y a déjà plus d'une cinquantaine d'années.

L'actualité réside aussi dans l'augmentation fulgurante du nombre de requêtes devant la juridiction administrative de droit commun de la capitale et la juridiction suprême ainsi que la rareté des requêtes devant les juridictions administratives de droit commun des régions.

Elle réside enfin dans le processus de décentralisation territoriale entamé au Mali depuis 1993 et qui a atteint un certain niveau permettant aux collectivités territoriales d'avoir leurs propres fonctionnaires et leurs autonomies dans certains domaines. Les populations locales doivent donc être informées des moyens et techniques leur permettant d'attaquer les actes administratifs des autorités administratives locales et la personne de celles-ci devant le bon juge. Ce processus de décentralisation a même atteint un autre niveau à la suite de la mise en œuvre de l'accord conclu avec les groupes armés : la régionalisation. Il faut donc mettre à la disposition de la population et de tous les acteurs de la justice et de l'administration cet instrument qui est le leur.

Ainsi, « l'intérêt d'une étude de l'activité juridictionnelle et jurisprudentielle du juge administratif paraît évident à plus d'un titre »[124], mais l'intérêt fait ressortir certaines difficultés qui serviront de fil conducteur à l'étude.

---

[122] Constitution malienne du 25 février 1992, art. 118.

[123] Loi n°2017-31/AN-RM du 02 juin 2017 portant révision de la constitution de 1992.

[124] S. Yonaba, *op. cit.*, p. 43.

III. La problématique

Selon Northrop : « la science ne commence pas avec des faits et des hypothèses, mais avec un problème spécifique. »[125]

Le contentieux administratif n'est pas synonyme de droit administratif, même si le lien entre les deux est très profond. Le contentieux administratif est plutôt perçu comme « une branche particulière du droit administratif »[126]. C'est dans cette logique, que le professeur René Chapus prévient d'éviter la confusion entre le régime juridique du contentieux administratif et les règles de fond qui constituent le droit administratif[127]. Il précise pourtant qu'entre les deux, « il existe une relation de protecteur à protégé, le protecteur étant au service du protégé »[128]. Le contentieux administratif est de ce fait à la base du droit administratif.

En effet, l'étude du contentieux administratif ne coïncide pas avec celle des règles basiques du droit administratif même si elle peut nous y conduire souvent. Il s'agit plutôt d'étudier les organes juridictionnels spéciaux chargés de statuer sur les litiges administratifs ainsi que les méthodes et les techniques utilisées pour accéder à ces organes et les méthodes et techniques utilisées par le juge pour trancher ces litiges. Ahmed Tidiane Ba ajoute que la prise en considération de leur environnement naturel (principe et raisons d'être de la justice administrative et le statut juridique des règles déterminant sa compétence) ne doit pas être exclue[129].

Même si celui de la France reste l'incontournable source d'inspiration, c'est en matière de contentieux administratif que les États d'Afrique noire francophone ont surtout fait preuve de créativité. Chaque État a ainsi construit une architecture juridictionnelle différente à des degrés variables de celle de l'ex-métropole aboutissant à des résultats plus ou moins réussis.

Le Mali à l'instar des anciennes colonies ne va pas transposer purement et simplement le modèle français. Il a créé son propre « modèle » quoique celui-ci soit fortement inspiré de celui de la matrice. Mais, cette originalité du modèle

---

125 F. S. C. Northrop, cité par Madeleine Grawitz, *Méthodes des sciences sociales,* Paris, Dalloz, 9e éd., 1993, p. 331.

126 CH. Debbasch, J. C. Ricci, *Contentieux administratif,* Paris, Dalloz, 6e éd., 1994, p. 1. Voir aussi A. T. Ba, *Droit du contentieux administratif burkinabè*, *op. cit.*, p. 7.

127 Voir René Chapus, *Droit du contentieux administratif,* Paris, Montchrestien, 11e éd., 2005, p. 7, il souligne qu'« on peut ainsi comprendre qu'il faut bien donner une idée de la juridiction administrative et des recours dont elle est saisie pour traiter des régimes dont cette juridiction est la source, notamment celui des actes administratifs et celui de la responsabilité de la puissance publique. De plus la juridiction administrative est trop liée à l'Administration pour qu'on puisse étudier le régime juridique de celle-ci en faisant abstraction de la première et de sa fonction de contrôle sur l'Administration ».

128 R. Chapus, *Droit du contentieux administratif,* Paris, Montchrestien, 13e éd., *op. cit.*, p. 7.

129 Voir A. T. BA, *op. cit.*

malien[130] par rapport à celui de la France, si elle peut parfois susciter une certaine fierté, soulève pourtant des problèmes cruciaux. Ces derniers ont trait non seulement à sa connaissance tant à l'intérieur qu'à l'extérieur du pays, mais aussi à son adaptabilité aux réalités socio-culturelles de la société malienne, ainsi qu'à sa capacité d'instaurer un État de droit substantiel en statuant efficacement sur les contestations des administrés.

Quelles sont alors, les spécificités du contentieux administratif malien ?

Il s'agit de faire ressortir les points ci-après :

– les spécificités de l'appareil juridictionnel national mis en place pour la résolution des litiges administratifs ;

– les spécificités de l'organisation et du déroulement du procès administratif malien ;

– la possibilité de la sécrétion d'un droit administratif consistant, par la conjugaison dudit schéma et du degré de satisfaction résultant de ce procès.

Pour y répondre de manière effective, il faut tout d'abord adopter une méthodologie (IV) adaptée à la spécificité de l'étude. Avant d'élaborer un plan autour duquel s'articulera l'étude (VI). Il nous paraît aussi utile de faire mention des difficultés qui ont jalonné cette recherche (V).

IV. La méthodologie

La qualité scientifique d'une recherche dépend aussi de l'adéquation de la méthode retenue au problème soulevé. On peut ainsi soutenir que « la méthode est constituée de l'ensemble des opérations intellectuelles par lesquelles une discipline cherche à atteindre les vérités qu'elle poursuit, les démontre, les vérifie »[131]. Ainsi, « la méthode dicte surtout des façons concrètes d'envisager ou d'organiser la recherche, mais ceci de façon plus ou moins complète et systématisée »[132].

Le sujet portant sur le contentieux administratif malien, la méthodologie peut soulever certaines questions visant à choisir une démarche convenable à celui-

[130] La question de cette originalité des modèles des États d'Afrique noire francophone a effectivement été posée, voir le doyen Alain Bockel, « Les solutions imaginées par les États d'Afrique noire francophone et par la République malgache sont-elles originales et satisfaisantes ? » Et il pose une autre question à laquelle il cherche à savoir les raisons ayant amené à imaginer des solutions originales tout en reconnaissant l'incontournable référence à la France qu'il qualifie du « commun dénominateur », voir A. Bockel, « Le juge et l'Administration en Afrique noire francophone : introduction à l'étude du problème », in *Annales africaines*, Paris, Pédone, 1973, p. 9. Le professeur Demba Sy souligne qu'« en Afrique, l'organisation de la justice adminis-trative présente un visage différent. Si avant les indépendances l'application des solutions françaises a dominé, à partir de 1960, année des indépendances, tout semble à priori encourager la recherche de solutions originales », voir D. Sy, *op. cit.*, p. 269.

[131] M. Grawitz, *Méthodes des sciences sociales*, Paris, Dalloz, 9e éd., 1993, p. 301.

[132] *Ibid.*

ci. Ainsi, devons-nous opter pour la méthode comparative ?[133] La méthode déductive ?[134] La méthode inductive ? Ou procéder à « une démarche purement doctrinale (...) reposée sur une analyse systématique de l'ensemble des décisions rendues »[135] ? Ou encore devons-nous procéder à une étude monographique à laquelle, le sujet peut directement faire penser à la première lecture ?

Chacune de ces méthodes a ses mérites comme ses inconvénients, mais il y a une convenance de chacune d'elle selon la discipline de recherche et selon le sujet. La facilité de la compréhension d'une étude scientifique dépend aussi de la détermination claire de la méthode retenue par le chercheur.

C'est pourquoi nous écartons directement l'étude monographique qui « occulterait la comparaison qui permet une meilleure connaissance de diverses expériences juridiques et politiques »[136]. Cela pourrait sous-entendre notre admiration envers la méthode comparative car celle-ci permet « de projeter sur les sujets (...) une lumière qui permet de les mieux saisir et d'y découvrir des aspects nouveaux »[137]. Pourtant, malgré cette appréciation de la méthode comparative, notre option pour l'accentuation du dévoilement de la spécificité du contentieux administratif malien, fait que nous ne pouvons l'adopter exclusivement. Ce qui laisse entrevoir des comparaisons, mais nécessairement séquentielles. Nous ne procéderons pas non plus automa-tiquement à une étude générale du contentieux administratif, avant d'aboutir au cas malien. Ce qui permet d'écarter la méthode déductive.

En clair, dans cette étude, il s'agira pour nous de « partir quelquefois des solutions du juge si elles sont suffisamment élaborées, et de les éclairer par la théorie du droit administratif français »[138]. En effet, l'éclairage des solutions du juge malien ne se fera pas uniquement par la théorie du droit administratif français, mais aussi et surtout par la doctrine d'Afrique noire francophone et les solutions d'autres juges d'Afrique noire francophone et maghrébine ainsi que les solutions du Conseil d'État français.

Cependant, le Professeur Paul Lewale estime que lorsqu'on part « de la réalité pour tenter de disserter les traits du régime administratif, la méthode

---

133 Le doyen Bockel évoquait cette approche en ces termes : « dans cette conception, il s'agit de traiter de la théorie du droit administratif en partant de l'exemple français et montrer chaque fois que cela est possible les applications au Sénégal », cité par Demba Sy, *Droit administratif, op. cit.*, pp. 3-4.

134 Le Professeur Nzouankeu souligne que « pour connaitre le droit administratif sénégalais, il fallait apprendre le droit administratif français », cité par Demba Sy, *ibid.*

135 S. Yonaba, *op. cit.*, p. 43.

136 I. M. Fall, *Le pouvoir exécutif dans le constitutionnalisme des États d'Afrique*, Paris, *op. cit.*, p. 30.

137 P. M. Gaudemet, *Le pouvoir exécutif dans les pays occidentaux,* cité par Ismaïla Madior Fall, *ibid.*

138 D. Sy, *Droit administratif,* Dakar, UCAD-CREDILA, 2000, pp. 6-7.

devient inductive »[139]. Ce qui signifie que dans cette étude, nous avons opté pour la méthodologie inductive. Cette démarche est d'ailleurs soutenue par Jean Marie Breton en ces termes : « c'est de la connaissance des systèmes de contrôle pratiqués en Afrique que les réformateurs africains ont besoin, non pas des techniques élaborées et mises en place avec plus ou moins de succès dans les grands pays industriels. »[140].

L'analyse de la pratique du droit administratif malien[141] sera donc accentuée autant que possible. Cependant, une précision s'impose, notre option méthodologique ne doit pas être comprise comme visant à écarter une construction certes évolutive, mais mûre et vieille de plus de deux siècles : le droit administratif français. Ce formidable produit d'exportation français a eu suffisamment de temps pour bien murir et se trouve être quoique l'on soutienne le modèle de référence. On accordera alors volontairement, dans l'étude de certains thèmes, une part importante à l'historique du droit administratif français. À côté de celui de la France, certains États africains ont aussi de riches expériences en la matière. Ils nous serviront alors, à chaque fois qu'il sera nécessaire et possible, d'éclairer la pratique malienne ou même de souligner son originalité ou surtout ses insuffisances. Tout cela se fera, à travers des analyses doctrinales.

Cette méthodologie, pouvant nous servir à faire convenablement face à la problématique, nous conduit à élaborer un plan guidé par celle-ci. L'élaboration de ce plan est pourtant impossible sans une recherche documentaire en rapport avec la méthodologie adoptée. Cette recherche documentaire a cependant soulevé parfois de sérieuses difficultés qui méritent d'être soulignées (V).

V. Les difficultés de la recherche

La recherche n'aurait aucun sens, si elle ne confronte pas le chercheur à un moment donné à des difficultés. Selon Salif Yonaba, « il n'y a pas d'entreprise ou de recherche qui n'expose pas le chercheur à des difficultés de tous ordres »[142]. Notre recherche ne peut prétendre faire exception et nous a d'ailleurs soumis à certaines difficultés qui peuvent être incompréhensibles sous d'autres cieux ou la culture scientifique a atteint un niveau assez développé.

En effet, en mettant à côté les difficultés pouvant être qualifiées de secondaires, nous pouvons faire ressortir deux sources principales de difficultés :

---

139 P. Lewale, *Droit administratif*, cité par Césaire F. Kpenonhoun, thèse précitée.

140 J. M. Breton, « Le contrôle de l'État sur le continent africain. Contribution à une théorie des contrôles administratifs et financiers dans les pays en voie de développement », Préface de Paul Marie Gaudemet, p. II, cité par Césaire Kpenonhoun, *ibid.*

141 Cette originalité doit être comprise avec la plus grande souplesse.

142 S. Yonaba, *La pratique du contentieux administratif en droit burkinabè : de l'indépendance à nos jours*, *op. cit.*, p. 38.

– La première a trait à l'accès à notre principal matériau de recherche, à savoir les arrêts rendus par la Section administrative de la Cour suprême. En principe, on doit retrouver tous les arrêts rendus au niveau du secrétariat général de la Cour suprême. Cela reste un principe, car l'inexistence de programme spécifique de collecte annuelle des arrêts fait qu'il y a des arrêts de plusieurs années qui manquent dans le classement des arrêts de la salle de documentation de la Cour suprême.

À cela, s'ajoute l'incompréhension des autorités qui ont en charge la conservation de ces arrêts. Ces dernières refusant toute photocopie des arrêts sous prétexte de sauvegarder l'identité des parties qui figurent sur les arrêts. Pourtant, la loi malienne rend les audiences publiques, donc a priori il n'y a rien à cacher dans les arrêts et ils doivent être publiés. Mais non, selon les termes utilisés par ces autorités, les arrêts qui sont en *vrac* doivent être traités d'abord. Ils entendent par traitement, le remplacement des prénoms et noms des parties par leurs premières lettres. Ce constat de méfiance des services administratifs de la haute juridiction à notre égard est surprenant et ne s'explique pas.

Cependant, malgré ces restrictions, nous avons pu collecter une masse considérable, c'est-à-dire une grande partie des arrêts rendus au cours de la période concernée par notre recherche *(plus de 4115 arrêts)*. Ces arrêts ont été collectés auprès des magistrats, des avocats, des greffiers et certains particuliers. C'est pourquoi on peut constater parfois qu'il y a quelques arrêts qui manquent dans certaines de nos collections.

– La seconde est liée à la très grande pauvreté de la doctrine en matière de contentieux administratif malien. En effet, aussi incroyable que cela puisse paraître, nous avons le regret de faire le constat de l'inexistence d'ouvrages spécifiques ni sur le droit administratif malien en général ni sur le contentieux administratif en particulier. Cette absence d'écrits est facilement constatable sur le plan de la publication des articles. Dans les revues reconnues, très rares sont les articles qui traitent le contentieux administratif malien. Ce qui nous laisse sur un terrain pratiquement vierge.

VI. Le plan de l'étude

L'évolution d'un droit administratif autonome et réel tenant bien compte de la spécificité et de la sensibilité des missions confiées aux autorités administratives, ainsi que la protection des droits des administrés, doit beaucoup au choix du système juridictionnel opéré par les autorités étatiques. C'est surtout sur ce plan que s'apprécie la spécificité du contentieux administratif malien et c'est ce qui va influer sur la qualité voire l'efficacité du contrôle de l'Administration.

Cependant, Charles Debbasch et Jean Claude Ricci ne soulignent-ils pas que le contentieux administratif comporte « l'examen des règles relatives à l'organisation de la fonction juridictionnelle administrative et à son exercice »[143]. Aussi, René Chapus affirme dans la même logique : « étudier le régime du contentieux administratif, c'est donc étudier (...) des structures et des procédures juridictionnelles, sans d'ailleurs que soit exclue la prise en considération de leur environnement naturel. »[144]

Nous adhérons entièrement à cette position de ces auteurs, en notant qu'elle est même incontournable dans le cas particulier du Mali, où derrière une façade partiellement claire de l'organisation juridictionnelle, se cache une véritable ambiguïté qui impacte négativement le contentieux administratif malien et le droit qui en découle. Cela nous conduit, à accorder délibérément une grande importance à l'étude de cette organisation et de son impact au même degré que le fond de notre contentieux administratif.

Il s'agira alors d'étudier la structure juridictionnelle « spéciale » mise en place pour connaître des litiges administratifs, l'organisation de la résolution desdits litiges devant cette structure et les conséquences de cette organisation sur la production du droit administratif ainsi que les manières par lesquelles, le juge se comporte face auxdits litiges. S'agissant de ce dernier point, il faut d'ores et déjà signaler que le juge est aussi souvent à la source de certains « désordres » dans sa manière de dire le droit, ce qui ternit à certains niveaux la qualité du procès administratif.

Il faut ainsi comprendre que le contentieux administratif malien se caractérise par l'inconsistance de l'appareil juridictionnel administratif et par l'incertitude du procès administratif. Cela nous conduit à une étude en deux parties autour du plan suivant :

- **Première partie : L'inconsistance de l'appareil juridictionnel administratif**
- **Deuxième partie : Les incertitudes du procès administratif.**

---

143 Ch. Debbasch, J. C. Ricci, *Contentieux administratif, op. cit.*, p. 1.

144 R. Chapus, *Droit du contentieux administratif*, Paris, Montchrestien, 13e éd., p. 7.

PREMIÈRE PARTIE

L'INCONSISTANCE DE L'APPAREIL JURIDICTIONNEL ADMINISTRATIF

Le choix du schéma de l'organisation juridictionnelle d'un État est d'une importance capitale, et son étude est encore primordiale pour toute compréhension fine du contentieux administratif structurel ainsi que du contentieux administratif processuel. L'organisation judiciaire, si elle est adaptée, est le gage d'une bonne démocratie et d'un État de droit réel. Lorsqu'elle est inappropriée, cela peut conduire à un marasme institutionnel, voire socio-politique ; d'où la prudence dans son choix qui doit combiner plusieurs facteurs dont certains sont historiques et d'autres exogènes et endogènes.

L'influence de l'histoire coloniale est ainsi indéniable sur l'organisation des juridictions des anciennes colonies françaises. Pourtant, quoique fortement influencées par le modèle d'organisation juridictionnel français, les anciennes colonies fraîchement indépendantes vont créer leurs propres modèles. Il faut souligner à ce niveau qu'« en France, l'organisation juridictionnelle se caractérise par l'existence de deux ordres de juridiction indépendants »[145] : l'ordre judiciaire et l'ordre administratif. Cette organisation bipolaire autour de deux grands ordres juridictionnels constitue ce que l'on appelle le dualisme juridictionnel. Ce dernier se caractérisant par l'application de deux droits par des juridictions différentes. En principe, le droit privé relève de la compétence des juridictions de l'ordre judiciaire et le droit administratif des juridictions de l'ordre administratif. C'est pourquoi nous qualifions le système français de « dualisme pur » ou « dualisme immaculé ». En d'autres termes, il s'agit de la dualité de juridiction. L'ordre judiciaire est sous la hiérarchie de la Cour de cassation, qui constitue la juridiction judiciaire suprême et l'ordre administratif sous celle du Conseil d'État qui constitue la juridiction administrative suprême.

Pourtant, malgré une certaine connaissance de la séduisante option française, les nouvelles autorités maliennes qui avaient, pour le plus grand nombre eu à travailler dans l'Administration coloniale, vont opter pour un autre système. Ainsi, la loi n° 65-2/AN-RM du 13 mars 1965 créa une Cour suprême regroupant les Sections judiciaire, administrative, constitutionnelle et des comptes. Ce qui signifie qu'à cette époque, l'appareil juridictionnel gravitait autour d'un seul grand bloc juridictionnel ayant à son sommet une Cour

[145] J. Morand-Deviller, *Droit administratif*, *op. cit.*, p. 13.

suprême, même si les compartiments de cette dernière étaient relativement spécialisés.

Cependant, des réformes importantes ont été faites. Ces réformes ont sensiblement modifié l'appareil juridictionnel sans pourtant conduire à la création d'un véritable nouvel ordre juridictionnel. Pourtant, ces réformes ont accentué la distinction des contentieux de droit privé et de droit administratif. Il existe ainsi des juridictions administratives et des juridictions judiciaires sous l'autorité d'une Cour suprême. Cela soulève quelques difficultés qui ont tout d'abord trait à l'existence de véritables juridictions administratives contrôlées par une Cour suprême et ensuite à l'enracinement d'un droit administratif malien dans un tel système.

En effet, le débat relatif à l'épanouissement d'un droit administratif dans un système d'unité de juridiction fait l'objet de vives controverses doctrinales[146]. Si certains soutiennent une telle possibilité, d'autres par contre la contestent vivement.

Cette première partie s'articulera alors autour de deux titres dont le premier sera basé sur l'inachèvement de l'ordre juridictionnel administratif et le second sur le caractère contraignant de l'organisation juridictionnelle pour le développement d'un droit administratif malien.

[146] Selon Gérard Marcou, le débat sur « Les mérites ou les inconvénients de l'unité ou de la dualité de juridiction est un inépuisable débat ». V. G. Marcou, « Une Cour administrative suprême : particularité française ou modèle en expansion ? », *Pouvoirs* n° 123, 2007/4, pp. 133-154.

TITRE I

UN ORDRE JURIDICTIONNEL INACHEVÉ

L'ordre de juridiction s'entend de l'ensemble des juridictions spécifiques et hiérarchisées, ayant en commun la même compétence générale distincte de celle des autres juridictions placées sous le contrôle de cassation de la juridiction suprême de la hiérarchie. L'idée de cette définition concorde avec celle du professeur Jacqueline Morand-Deviller qui le définit en ces termes : l'« ensemble de juridictions constituant une hiérarchie unique et soumises au contrôle d'une Cour suprême »[147].

Aussi, à travers ces définitions, pouvons-nous réellement parler d'ordre juridictionnel administratif malien. En effet, les juridictions administratives maliennes s'avèrent impossibles à être placées dans le moule des définitions ci-dessus. Pourtant, il existe des juridictions administratives distinctes des juridictions judiciaires au sens réel du terme au Mali. L'énigme est la suivante : la justice malienne est composée de deux grandes familles (judiciaire et administrative). Ces deux familles vivent sous le même toit, donc sous le contrôle d'un même chef de famille issu de la famille judiciaire.

Il faut alors comprendre que si l'on peut être tenté par l'existence de juridictions administratives, de parler d'ordre juridictionnel administratif totalement distinct de l'ordre judiciaire, l'organisation de la justice malienne se manifeste par l'inexistence de juridiction suprême administrative autonome (chapitre I). Ce système peut alors rendre complexe la détermination de la compétence des juridictions administratives (chapitre II).

---

147 J. Morand-Deviller, *Droit administratif*, *op. cit.*, p. 15.

Chapitre I

Une inexistence de juridiction suprême autonome

La justice malienne est composée de deux ordres de juridictions parfaitement distinctes et séparées à la base tant sur le plan de l'organisation que sur le plan du fonctionnement. Ces deux juridictions vont alors s'unifier au sommet pour former une seule juridiction suprême de « cassation ». Ce schéma alimente alors quelques confusions relatives à l'appartenance du système malien au modèle français de dualité de juridiction ou au modèle anglo-saxon d'unité de juridiction.

C'est pourquoi, pour mieux connaître et mieux comprendre la place de la juridiction administrative dans ce système fondé sur le dualisme à la base et le monisme au sommet, il faut tout d'abord déterminer la juridiction suprême de l'ordre administratif (section 1) avant de s'intéresser aux juridictions administratives de droit commun (section 2).

Section 1
La difficile identification de la juridiction suprême administrative

À la première lecture, on peut être attiré par la formulation de ce titre, ce qui peut faire penser à quelque chose de banal en droit administratif francophone : un Conseil d'État. Cet aperçu est pourtant trompeur dans le cas d'espèce. Certes, il existe forcément une juridiction administrative suprême parce qu'il existe des juridictions administratives de base, mais elle est partagée avec les juridictions judiciaires. Ainsi, la Cour suprême (Paragraphe 1) constitue la juridiction administrative suprême à travers sa Section administrative (Paragraphe 2).

Paragraphe 1 : La Cour suprême

L'existence de Cour suprême en tant que juridiction administrative suprême[148] ou en tant que seule et unique juridiction administrative[149] est loin d'être une particularité malienne. En effet, l'institution fut et reste répandue en Afrique noire francophone et au Maroc sous diverses formules avec au fond de grandes similitudes[150]. Aujourd'hui, la Cour suprême du Mali est composée de trois Sections : la Section judiciaire, la Section administrative et la Section des

---

[148] Il s'agit de la position de la Cour suprême depuis la création formelle des Tribunaux administratifs en 1988.

[149] Tel était le cas avant la réforme précitée en 1988.

[150] Voir A. Bockel, *Le juge et l'Administration en Afrique*, *op. cit.*, p. 13.

comptes[151]. Elle est composée de : un Président, un Vice-Président, un Procureur général, trois Présidents de Section, des Conseillers, des Conseillers référendaires et des Rapporteurs publics[152] à la Section administrative, des Avocats généraux, un Greffier en chef, des Greffiers en chef, des Greffiers, des Secrétaires de greffe et de parquet. Chacune des Sections fonctionne indépendamment des autres dans les matières relevant de sa compétence, et ce, au sein d'une seule juridiction qu'est la Cour suprême. L'existence de cette Cour suprême symbolise à première vue, l'option du Mali pour l'unité de juridiction (A). Cependant, la formule malienne d'unité de juridiction n'est pas celle qui est absolue, c'est-à-dire l'unité pure et simple, mais fonctionne selon une pratique basée sur la spécialisation au sein de l'unité. En d'autres termes, un système fondé sur la dualité fonctionnelle et la dualité des droits (B).

A. Expression de l'unité de juridiction

Il convient ici de savoir, si l'existence d'une juridiction suprême unique à la tête de l'organisation judiciaire peut être suffisante pour symboliser le monisme juridictionnel. Cela nécessite alors de savoir ce que signifie l'unité de juridiction (1) et de déterminer la vraie qualification à laquelle le schéma malien peut correspondre (2).

1. La signification de l'unité de juridiction

Selon le choix des États, l'organisation juridictionnelle peut être fondée de manière théorique sur l'unité pure ou encore l'unité absolue (a), mais ce cas de figure demeure très rare car généralement l'unité est tempérée, atténuée ou déformée (b).

a. L'unité absolue de juridiction

L'unité absolue de juridiction consiste à confier à un seul ordre juridictionnel la connaissance de tous les litiges qui surgissent au sein d'un État donné. Il y a alors non seulement l'unité de droit[153] et l'unité de procédure, mais aussi l'unité organique, l'unité fonctionnelle et l'unité des justiciables. Cela suppose que dans un système d'unité absolue de juridiction, le même droit est appliqué à tous les litiges. Il faut donc comprendre par-là, que le litige soit civil ou administratif, c'est un seul droit qui est appliqué : le droit commun. En ce qui concerne l'unité

---

[151] Loi n° 96-071/AN-RM du 16 décembre 1996, *op. cit.*, Loi n°2016-046/AN-RM du 23 septembre 2016, *op. cit.*, art. 36, 43 et 55.

[152] Loi n°2016-046/AN-RM du 23 septembre 2016, *op. cit.*, art. 43.

[153] Le point de vue traditionnel des juristes anglo-saxons sur l'existence d'un autre droit applicable à l'Administration est que ce droit spécial n'a jamais pénétré leur pays et serait même en contradiction avec l'idée anglaise de la suprématie du droit ordinaire. Le droit administratif serait alors l'opposé du « Rule of law ». Voir J.-W. Garner « La conception anglo-américaine du droit administratif », Mélanges Maurice Hauriou, Paris, Sirey, 1929 ; Alfred Dicey, Introduction à l'étude du droit constitutionnel, Paris, p. 337. V. Giard et E. Brière, 1902, pp. 285, 286.

de procédure, son unicité signifie l'inexistence de procédure particulière pour un type de litige, quel qu'il soit.

Le modèle d'organisation judiciaire britannique demeure l'exemple-type de ce système fondamentalement axé sur « une seule justice et un seul droit pour toutes personnes physiques ou personnes morales ». Cet archétype d'unité juridictionnelle, sur laquelle nous allons nous appesantir, a pour source le principe d'égalité de tous les justiciables devant la justice, y compris l'Administration. L'idée qui s'attache à ce modèle rend impossible la mise en place sur le plan organique de juridictions administratives indépendantes et autonomes. La justice devient alors une structure monolithique. Les juristes anglais ont ainsi développé, le principe du « Rule of law », qui peut être traduit par l'expression « primauté du droit »[154], droit considéré comme protecteur des citoyens contre les empiètements de l'exécutif. Ce principe entraîne non seulement la soumission de l'Administration aux juridictions judiciaires, mais aussi au droit que celles-ci connaissent et appliquent, à savoir le droit privé.

Selon Alfred Dicey, le droit administratif, tel que défini et appliqué en droit francophone, ainsi que les principes sur lesquels il est fondé, constitue des inconnus en Angleterre et dans les pays comme les États-Unis d'Amérique, qui tirent leur civilisation en la matière, des sources anglaises[155]. Les juristes anglais du XIXe et du début du XXe siècles, par leurs études, démontraient quasiment l'inexistence, ne serait-ce qu'un embryon de droit administratif dans la pratique judiciaire et juridique anglaise. C'est ce qui nous a permis de qualifier le système anglais d'unité absolue de juridiction. Pourtant, si l'affirmation selon laquelle le système anglais relève de l'unité de juridiction constitue une réalité pratique, celle l'enfermant hermétiquement dans l'unité absolue s'avère aussi inexacte.

En effet, l'unité pure et dure ou encore l'unité absolue semblent appartenir à la théorie. Il faut souligner que dans la pratique, l'unité absolue est extrêmement difficile à mettre en place. Aussi, un État peut-il fonctionner avec un seul droit applicable à tout le monde sans l'existence de règles tenant compte de l'incontournable spécificité de certains domaines de l'Administration. Nous répondons à cette interrogation par la négative.

Lorsqu'il existe des règles spécifiques pour certains domaines de l'Administration, en cas de litige les concernant devant le juge, ce dernier ne pourra qu'appliquer ces dites règles à ce litige précis. Ce qui peut constituer une brèche dans l'unité absolue de juridiction, car un droit en dehors du droit commun sera appliqué à l'Administration. Il résulte alors de cet exemple, une double faille dans l'unité absolue de juridiction. La première est relative au droit

[154] Martine Valois « L'évolution du droit et de la fonction de juger dans la tradition juridique occidentale », Thèse, Droit, Montréal, 2009, p. 257.

[155] Alfred Dicey, *Introduction à l'étude du droit constitutionnel*, *op. cit.*, pp. 172-173.

spécial applicable et la seconde à une certaine reconnaissance de la spécificité de l'Administration justiciable.

Les lignes ci-dessus attestent à suffisance que le modèle malien d'organisation de la justice ne répond en aucune manière à l'unité absolue de juridiction. Il faut d'ailleurs clairement souligner que le modèle malien, ni dans sa formule actuelle ni dans sa formule précipitée de l'après-indépendance, n'a qu'une très fine similitude avec le modèle d'unité britannique.

En réalité, il faut comprendre que l'unité de juridiction est généralement relative. Ce qui signifie que si l'existence de modèle d'unité absolue de juridiction est incertaine, celle d'unité atténuée de juridiction est une réalité pratique.

b. L'unité atténuée de juridiction

Sans opter purement et simplement pour le dualisme parfait à la française se caractérisant par « l'existence de deux ordres de juridiction : juridiction judiciaire chargée d'appliquer le droit privé, juridiction administrative se référant à un droit différent du droit commun et d'origine essentiellement prétorienne : le droit administratif » et se marquant par trois caractères : « l'existence de juridiction spécialisée dans le contentieux administratif, le rattachement organique de cette juridiction à l'exécutif et non à l'ordre judiciaire, la dualité de ses attributions à la fois contentieuse et consultative »[156], beaucoup de pays ont élaboré des modèles d'organisation de la justice basés principalement sur l'unité de juridiction en tenant compte de manière plus ou moins poussée de la spécificité de l'Administration. Cela aboutit à la mise en place d'un modèle ne répondant ni totalement à l'unité absolue ni totalement au dualisme parfait, mais dans la plupart des cas avec plus de caractéristiques de l'unité de juridiction, d'où la qualification d'unité atténuée de juridiction.

En effet, « le dualisme se manifeste sous les formes les plus diverses, y compris dans les pays qui sont les plus attachés, sur le plan institutionnel, à l'unité de juridiction »[157]. Tel est le cas de l'Angleterre où en réalité, il existe une unité de juridiction moins absolue qu'on le pense. Même si certains auteurs du dernier et de l'avant dernier siècle faisaient alimenter par leur ouvrage, la croyance selon laquelle l'Angleterre serait un pays sans droit administratif, la publication de nombreux traités anglais de droit public[158] depuis les années 1930 attestent progressivement l'existence et la pratique de ce droit spécifique. C'est ainsi que le juriste anglais, William Robson, démontrant qu'il existe un droit administratif en Angleterre malgré son système d'unité de juridiction, affirme qu'« il y a pourtant une différence essentielle entre le droit administratif et les

[156] J. Morand-Deviller, *Droit administratif*, *op. cit.*, p. 15.

[157] G. Marcou, « Caractère généraux et évolution de la juridiction administrative en Europe occidentale », *RFDA* n° 1 2006, pp. 83, 95.

[158] W. Robson, *Le droit administratif en Angleterre de 1919 à 1950*, le CE, Livre Jubilaire, Paris, Sirey, 1952, p. 650.

autres branches du droit ; ses sources ne comprennent pas seulement, en effet, les lois qui régissent l'Administration (...) mais des règles qui émanent des organes de l'exécutif dans l'exercice régulier de leur pouvoir »[159].

Ainsi, le Professeur Roger Bonnard explique de manière encore plus détaillée ce système anglo-saxon. Il écrit : « généralement le droit anglo-américain comporte une opposition entre le commonlaw qui est le droit primitif, et le droit statutaire qui s'est établi par modification des règles du commonlaw. Cette opposition entre les deux droits est particulièrement manifeste dans la matière du contrôle juridictionnel de l'Administration, parce que chacun des deux droits obéît à des tendances nettement différentes en ce qui concerne le rôle des tribunaux ordinaires. » Il précise ensuite que « l'esprit du commonlaw en la matière a été de reconnaître aux tribunaux ordinaires un large pouvoir de contrôle sur l'Administration au point que ce contrôle est parfois plus qu'un contrôle d'ordre juridictionnel (...) ».

Enfin, il apporte cette précision : « quant au droit statutaire actuel, il se présente maintenant comme nettement en réaction contre le commonlaw en ce qui concerne la compétence des tribunaux ordinaires. On relève dans les récents statuts un large effort de dessaisissements des tribunaux (...). Mais c'est surtout pour le contrôle de l'Administration que ces dessaisissements ont été opérés. »[160]

Certains auteurs estiment d'ailleurs que « la discussion sur certains points (...) paraît close. En premier lieu, le contrôle de l'Administration suppose un droit spécifique au moins pour le contrôle de la légalité de l'acte administratif lui-même. Même dans les pays, qui, au nom d'une conception libérale de l'État et de l'Administration, ont voulu les assimiler aux justiciables ordinaires, il a fallu reconnaître cette particularité dans certains domaines. Le dualisme juridictionnel ne peut donc disparaître »[161].

Il faut ainsi savoir que l'inexistence de juridiction administrative ne fait pas le modèle d'organisation judiciaire d'un pays un « modèle d'unité absolue de juridiction ». Toute reconnaissance quelconque de la spécificité de l'action administrative, tant sur le plan du droit applicable, que sur le plan de l'aménagement de la résolution des litiges, tempère la force de l'unité de juridiction et fait du système desdits États de l'unité atténuée. Un tel système peut ainsi difficilement exister car incompatible même avec le fonctionnement de l'Administration.

---

[159] W. Robson, *ibid.*, p. 651.

[160] R. Bonnard, *Le contrôle juridictionnel de l'administration. Étude de droit administratif comparé*, Paris, Dalloz, 2006, p. 127.

[161] P. L. Frier, J. Petit, *Droit administratif*, Paris, LGDJ, 10e éd., 2015-2016, p. 504.

Après les indépendances, le Mali, à l'instar de beaucoup d'États d'Afrique noire francophone, a opté pour ce système d'organisation juridictionnelle[162] en créant une Cour suprême compétente dans toutes les matières (constitutionnelle, judiciaire, administrative et financière).

À la lumière de l'affirmation de Guy Braibant, l'unité de juridiction pose comme principe : « l'unité du droit, de la procédure, de la juridiction, égalité entre les particuliers et les Administrations.[163] » Cette affirmation prouve la nécessaire précision que l'on doit apporter quand on parle d'unité de juridiction, d'où l'utilisation des adjectifs permettant d'accentuer ou de nuancer la portée de l'unité. Le modèle malien ne répond pas alors à cette analyse de Guy Braibant : car si l'unité du système malien de l'après-indépendance est indéniable, cette unité était atténuée par l'existence de structure interne de la Cour suprême spécialisée en contentieux administratif.

Il faut alors comprendre que le système de l'unité de juridiction compris stricto sensu exclut toute idée de spécialisation alors que, quand on le comprend lato sensu ou de manière relative, il n'exclut pas quelques aménagements visant à reconnaître la sensibilité des missions d'intérêt général.

Il faut cependant comprendre que le modèle d'organisation actuelle de la justice malienne suscite beaucoup d'interrogations, dont les réponses ne sont parfois pas faciles à trouver. La principale difficulté a trait à sa classification après les différentes réformes parmi le modèle d'unité de juridiction pure ou le modèle de dualité de juridiction pure.

2. Un modèle sui generis

Aujourd'hui, le modèle malien se présente ainsi : l'existence de juridictions administratives et de juridictions judiciaires totalement distinctes et séparées à la base, mais se regroupant au sommet au sein d'une Cour suprême, même si chacune d'elles conserve son domaine d'action. C'est pourquoi ce modèle demeure discutable (a), même s'il est plus proche de la dualité de juridiction (b).

a. Un modèle discutable

Le modèle malien d'organisation de la justice administrative se classe difficilement dans le schéma traditionnel marqué par la bipolarisation. En effet, il faut reconnaître que plus de 50 ans après son indépendance, c'est un État qui est toujours « à la quête d'un modèle d'organisation de la justice administrative »[164]. Il serait fallacieux, d'affirmer que le modèle correspond au monisme pur, et aussi le qualifier de dualisme pur redeviendrait à de

---

[162] Voir P. M. Sy, *Entre l'unité et la dualité de juridiction : l'Afrique noire francophone à la quête d'un modèle d'organisation de la justice administrative*, *op. cit.*, p. 269.

[163] G. Braibant, « La juridiction administrative en droit comparé », *RA*, numéro spécial 9, 1999, p. 204.

[164] Cette phrase a été empruntée au Maître assistant Papa Mamour Sy dans son art. publié dans les *nouvelles annales africaines* en 2011, P. M. Sy, *op. cit.*

l'extrapolation. Pourtant, nous le verrons, on ne peut pas aussi non plus affirmer qu'il se situe à équidistance entre l'unité pure et la dualité pure. Pour faciliter la réflexion, s'agissant de sa configuration actuelle, il faut sans ambages écarter toute appartenance au modèle dit « Sénégalo-marocain »[165] se manifestant par l'existence d'« un juge unique disposant d'une compétence de droit commun en toute matière, sauf celles pour lesquelles la loi a entendu conférer une compétence à une juridiction particulière »[166].

Aussi, devons-nous adhérer à l'une des très rares classifications faites par Papa Mamour Sy. Celui-ci le classe en fait, parmi ce qu'il a été convenu d'appeler le « modèle malgache ». Il précise que ce modèle « est à juridiction unique avec l'existence d'un seul degré de juridiction au sommet, une Cour suprême qui est juge de droit commun du contentieux administratif à travers une chambre spécialisée »[167]. Pourtant, dans le paragraphe suivant du même article, il signale l'existence de deux ordres de juridiction à la base au Mali. Ce qui sous-entend que la classification du professeur Papa Mamour Sy correspondait réellement au modèle malien de l'indépendance à 1988, date de création théorique et formelle des tribunaux administratifs ou même à 1995, date à laquelle les tribunaux administratifs ont commencé à fonctionner normalement.

Cependant, la date à laquelle l'article a été publié soit en 2011, nous estimons que le modèle malien correspondrait difficilement au « modèle malgache », et ce, en tenant compte de la définition ci-dessus évoquée qu'il donne de ce modèle. En réalité, le « modèle malgache » est reconnu à travers le rattachement de la « juridiction » spécialisée en matière administrative à une Cour suprême. Cette « partie » spécialisée de la Cour suprême est alors juge de droit commun en premier et dernier ressort du contentieux administratif.

Ce qui précède, si l'on se limite là, peut nous conduire à penser à un modèle atypique. Pourtant, il ne l'est pas. La plupart des anciennes colonies françaises ont tenté des solutions originales et variées sans cependant rompre catégoriquement avec leur modèle de référence. Selon des moyens et techniques multiples, la spécificité des conflits administratifs a été reconnue. C'est ce que soulignait d'ailleurs le doyen Alain Bockel en ces termes : « La diversité des formules est frappante (…), mais cette diversité dissimule mal une unité assez profonde des solutions adoptées, qui trouve son explication dans la commune influence du modèle français. »[168] Nous ne prétendons pas par ces mots que tous ces modèles sont homogènes. Nous voulons tout simplement démontrer que malgré la richesse des discussions qui peuvent entourer le modèle malien, il se

---

165 Voir D. Darbon, « Le juge africain et son miroir : la glace déformante du transfert de jurisprudence administrative en Afrique », *Afrique contemporaine*, n° 156, 4-1996, p. 241.

166 P. M. Sy, *op. cit.*, p. 269.

167 Ibid., voir renvoi de bas de page n° 856.

168 A. Bockel, « Le juge et l'Administration en Afrique noire francophone : Introduction à l'étude du problème », Paris, *Annales africaines*, Pédone, 1973, p. 13.

trouve uni aux autres modèles d'inspiration française par l'idée qui s'attache aux différentes politiques juridictionnelles des États d'Afrique noire francophone[169] et même à celles de beaucoup de pays européens[170]. Il s'agit de cette politique visant à tenir compte de la sensibilité des missions confiées à l'Administration et de la protection des citoyens.

Cette « créature à une tête trilatérale et deux pieds », que constitue le modèle malien serait-il alors un modèle mixte ? Nous pouvons en effet être tentés de le dire. Un modèle qui ne relève pas du « modèle sénégalo-marocain », nous l'avons souligné et qui se confond aussi difficilement avec le « modèle malgache », alors qu'il emprunte les caractéristiques de chacun de ces modèles, peut certainement nous conduire à le situer au milieu des deux, ce que nous avons déjà écarté. La qualification devient alors difficile, étant donné qu'il ne relève ni de l'un ni de l'autre modèle, nous l'avons démontré également, et qui ne relève pas non plus aussi d'un troisième modèle que nous qualifions de mixte.

Ces lignes nous permettent de comprendre que l'évolution et les différents aménagements apportés au modèle de référence contribuent à disloquer la bipolarisation traditionnelle. L'unité de juridiction peut ainsi être déformée et la dualité de juridiction peut aussi être déformée.

C'est ainsi que le modèle malien, sans être du dualisme pur, est aujourd'hui bousculé vers ce modèle à coup de réformes en son sein.

b. Un modèle en apparence plus proche de la dualité de juridiction

Faut-il qualifier notre « jeune modèle » d'organisation juridictionnelle de dualisme ? Une telle démarche sera surtout contraire à toute logique, car ne répondrait pas aux différentes définitions du dualisme juridictionnel données par la plus grande partie de la doctrine la plus autorisée, auxquelles nous adhérons.

---

169 En effet, même le Sénégal étant considéré comme l'exemple-type d'unité de juridiction en Afrique noire francophone, a expérimenté différents modèles. La courte expérience de la création d'un Conseil d'État atteste cette volonté. Même en l'absence de juridiction administrative, c'est un pays qui a adopté un code des obligations de l'Administration. Dans une vision indicative, on peut citer la Côte d'Ivoire, le Burkina Faso, le Bénin, le Cameroun. Quel qu'en soit les différents schémas adoptés par ces États, ils se trouvent unis par la même idée.

170 En Europe, il existe aussi plusieurs typologies de modèle d'organisation juridictionnelle. C'est ainsi qu'on peut rencontrer des Conseils d'État : ils constituent la forme de juridiction administrative suprême la plus répandue (outre la France, on peut citer la Belgique, la Grèce, l'Italie, les Pays-Bas) ; des Cours administratives rattachées au pouvoir judiciaire : la juridicité administrative allemande en constitue un exemple. On peut ajouter les exemples portugais (depuis 1976) luxembourgeois (depuis 1996), la Suisse en 2005 avec la création du Tribunal administratif fédéral. On peut aussi y rencontrer des Cours suprêmes à compétence générale : elles constituent l'exemple type d'unité de juridiction avec spécificité selon des moyens divers, du contentieux de l'Administration. Voir Gérard Marcon, *op. cit.*, Michel Fromont, *Droit administratif des États européens*, PUF, 2006, p. 129.

Le dualisme juridictionnel se présente alors, comme le « principe d'organisation du système juridictionnel français (...) ; selon lequel il existe deux catégories de juridictions : des juridictions administratives, dont la juridiction suprême est le Conseil d'État, chargé de connaître de la plupart des litiges dans lesquels sont en cause l'État ou les autres collectivités publiques ; et des juridictions judiciaires, pour le reste, dont la juridiction suprême est la Cour de cassation »[171].

Ces mêmes idées sont soulignées par Édouard Laferrière en ces termes : « les pays dualistes sont caractérisés par l'existence de deux ordres de juridiction qui sont sur le même pied d'égalité, indépendant l'un de l'autre et ayant chacun ses juridictions »[172].

Cela nous conduit à écarter tout doute sur la tendance consistant à qualifier ce système de dualisme juridictionnel. En termes clairs, le modèle actuel malien ne relève pas de la dualité pure de juridiction (il faut toujours le rappeler). Cette affirmation non nuancée peut pourtant faire frémir à la lecture d'une réflexion du doyen Alain Bockel concernant le « modèle malgache » selon laquelle, « malgré les apparences, il s'agit donc là d'un véritable système de dualité de juridiction, fort proche du système français, et qui ayant surmonté l'obstacle qui surgit du fait de l'existence d'une seule hiérarchie de juridiction, ne saurait troubler la quiétude des tenants de la solution française »[173].

En adhérant à cette affirmation, nulle place pour le doute sur le caractère dualiste du « modèle malien ». Nous le disons ainsi, car les traits dualistes de ce modèle sont plus accentués et moins perfectibles que celui dont l'auteur parle. Cependant, au risque de passer à côté de cette analyse convaincante, l'existence ou la création d'un organe, même spécialisé, à l'intérieur d'une juridiction suprême commune, ne peut à notre sens, et en aucune manière bénéficier de la qualification totale de dualisme de juridiction. Ce schéma correspond beaucoup plus au système de juridiction mixte, alors que « toute solution de juridiction mixte serait une solution du deuxième type. Même avec les meilleures intentions initiales, toute juridiction mixte glissera vers la juridiction unique pure et simple »[174] et la juridiction mixte « est le cheval de Troie de la juridiction judiciaire »[175]. Ce qui justifie à plus d'un titre, notre attachement à la séparation parfaite des ordres juridictionnels pour pouvoir parler de dualité de juridiction.

Ce qu'il faut alors savoir est quoi que proche de la dualité, il se présente comme du « dualisme apparent », ou en d'autres termes du « dualisme imparfait » ou du « dualisme inachevé ». En effet, il reste un grand pas à franchir

---

171 S. Guinchard, T. Debard, *Lexique des termes juridiques*, Paris, Dalloz, 20e éd., 2013.

172 A. Laferrière, *Traité de la juridiction administrative et des recours contentieux*, Paris, *LGDJ*, 1989, p. 11.

173 A. Bockel, *Le juge de l'Administration en Afrique noire francophone : introduction à l'étude du problème*, *op. cit.*, p. 18.

174 F. P. *Benoit*, *Le droit administratif français*, Paris, Dalloz, 1968, p. 383.

175 *Ibid.*

pour que le « modèle malien » devienne le dualisme parfait[176]. Ce grand pas n'est pourtant pas de « l'eau à boire », car subordonné à une révision de la constitution, alors que la constitution malienne est une constitution rigide. En réalité, cette rigidité de notre constitution n'est qu'un problème apparent. Le vrai problème réside surtout dans le manque d'attention particulière ou même une certaine réticence des autorités vis-à-vis de la question. La preuve se situe dans l'absence totale de débat et de réflexion particulière sur le sujet au sein de la commission qui travaille sur l'avant-projet de révision constitutionnelle.

Ce rapprochement entre ce modèle malien et la dualité de juridiction ou la dualité juridictionnelle à la malienne, se manifeste par une pratique de la dualité dans la résolution des litiges (B).

B. Pratique de la dualité dans la résolution des litiges

Il faut souligner que le fait pour nous de souligner une certaine dose très perceptible de dualisme dans le système malien, même si ce dualisme est imparfait, sous-entend une certaine pratique plus ou moins poussée de ce modèle d'organisation de la justice. En effet, le fait que l'organisation juridictionnelle soit sous la hiérarchie d'une juridiction unique, à savoir la Cour suprême, n'est pas antinomique à toute reconnaissance de la particularité des litiges mettant en cause l'Administration. Ainsi, dans la pratique, il existe de la dualité fonctionnelle (1) et de la dualité des droits (2) au sein de la Cour suprême.

1. De la différenciation fonctionnelle

Sous l'unité organique se dresse une différenciation fonctionnelle déterminée par le législateur. La loi régissant la Cour suprême prévoit alors à son article 1er : une Section judiciaire, une Section administrative et celle des comptes. Cette dualité caractérisée par l'existence des Sections judiciaire et administrative n'est pas qu'apparente, mais tient compte de la spécificité de la Section administrative. Le législateur a ainsi défini des règles propres à chacune d'elles d'où la nécessité de connaître celles relatives à la Section judiciaire (a) pour mieux appréhender celles relatives à la Section administrative (b).

a. Vue du côté de la partie judiciaire

Composée de cinq chambres, la Section judiciaire est une « juridiction » suprême, c'est-à-dire la juridiction de cassation de l'ordre judiciaire. Ce qui signifie qu'elle statue en dernier ressort sur les décisions rendues en matières civile, commerciale, sociale et criminelle.

La Section judiciaire est composée uniquement d'un Président et de juges judiciaires appelés conseillers. Ces conseillers sont nommés parmi les juges judiciaires de grade exceptionnel, à défaut, parmi ceux du premier grade. Ce

---

176 En s'en tenant aussi strictement au sens de l'ordre juridictionnel, nous sommes dans le monisme atténué.

sont des magistrats privatistes, c'est-à-dire formés et spécialisés uniquement en droit privé et ayant déjà fait une grande partie de leur carrière à appliquer le droit privé. Ils ne maîtrisent que ce droit et ne font d'ailleurs qu'application de ce dernier. La Section judiciaire fonctionne principalement selon les règles de la procédure civile, commerciale et sociale.

Sur le plan fonctionnel, c'est-à-dire de la procédure à la décision finale, elle fonctionne indépendamment de la Section administrative. Cette dualité fonctionnelle de la juridiction suprême de l'organisation juridictionnelle aboutit logiquement à cette dualité processuelle. Cette dernière est elle aussi la résultante de sous-organes existants au niveau de chacune de ces juridictions permettant cette séparation fonctionnelle. L'institution du procureur général, méconnue de la branche administrative de la juridiction suprême, contribue à consacrer et à consolider cette différenciation nécessaire, voire indispensable pour un prochain basculement du modèle malien vers le vrai dualisme. Le procureur général près la Cour suprême, peut ainsi participer aux formations juridictionnelles de la Section judiciaire, mais ne peut actuellement en aucune manière et sous aucune formule possible participer aux travaux des formations de la Section administrative[177].

Il ne s'agit point pour nous ici de consacrer une étude à la Section judiciaire, mais de démontrer tout simplement que malgré cette apparence d'unicité générale, se trouve cachée une certaine dualité fonctionnelle de la haute juridiction. Cette dualité fonctionnelle fait d'ailleurs énormément penser à une Cour de cassation judiciaire et à une Cour de cassation administrative, sans pourtant, il faut le préciser, aboutir à de tels schémas. La procédure devant la Section du droit privé ne se confond pas avec celle de l'autre Section. Le problème, comme on peut le comprendre, se situe seulement au niveau de la juridiction suprême d'où notre approche consistant à ne pas souligner la dualité fonctionnelle à la base (car aucune confusion n'est possible à ce niveau). Cela s'explique par la séparation organique totale des tribunaux administratifs et des tribunaux judiciaires.

La même dualité fonctionnelle se manifeste aussi presque sur le même plan du côté de la partie administrative de la juridiction suprême.

b. Vue du côté de la partie administrative

Sur le plan fonctionnel, on peut affirmer sous quelques réserves que la Section administrative de la Cour suprême fonctionne de façon autonome et indépendante de la Section judiciaire. C'est ce qui nous a surtout conduit, de manière modérée, à parler de dualisme juridictionnel à la malienne.

---

[177] Cela constitue une avancée attestant cette « dualité fonctionnelle », car une ancienne loi régissant la Cour suprême disposait que « devant la chambre contentieuse (de la Section administrative), le Procureur général ou l'un de ses substituts généraux remplit les fonctions de ministère public », loi n°90-113/AN-RM du 20 novembre 1990, art. 54.

La Section administrative de la Cour suprême est la juridiction administrative suprême au Mali par analogie à l'organisation juridictionnelle des pays disposant de Conseils d'État. Il faut préciser qu'elle n'est pas uniquement une juridiction de « cassation », mais peut statuer en tant que juridiction de premier et de second degré.

Sous la direction d'un Président de Section, elle est composée de juges administratifs qui portent le titre de conseillers et de rapporteurs publics. Ce personnel est distinct et complètement séparé de celui de la Section judiciaire. De ce fait, les juges de la Section administrative ne peuvent aucunement intervenir dans une affaire pendante devant la Section judiciaire. En d'autres termes, il n'est pratiquement pas donné la possibilité à ces conseillers, de participer directement aux formations de la Section judiciaire.

Il s'agit tout simplement de souligner, précisons-le une fois de plus, de la dualité fonctionnelle des Sections judiciaire et administrative, lorsqu'elles statuent dans leurs domaines de contentieux. Ainsi, les lignes ci-dessus soulignées nous permettent d'affirmer au moins que dans la théorie, la Section administrative disposant de son propre personnel, de son « propre appareil administratif » et de ses propres méthodes et techniques de résolution des litiges, c'est-à-dire sa propre procédure, est autonome et indépendante de la Section judiciaire. Elle tient aussi de façon autonome son rôle. Tel est aussi le cas pour ses délibérations. Le Président de la Section judiciaire ne peut en aucune manière intervenir dans le traitement des dossiers devant la Section administrative et autant pour celui de la Section administrative dont la compétence se limite entre les murs de sa juridiction.

Cependant, les arguments que nous venons d'évoquer peuvent être perçus comme simples. En effet, dans la pratique, c'est-à-dire à travers la pratique jurisprudentielle relative à chacune des Sections, peut-on vraiment affirmer que cette dualité fonctionnelle est vraiment sincère et réelle ? La question peut en effet être soulevée sous cet angle puisque, vue sous l'angle du législateur, la réponse ne souffre d'aucune ambiguïté. Elles fonctionnent chacune de son côté sans que l'une n'empiète sur le fonctionnement de l'autre.

Malgré une certaine visibilité et une certaine ascendance plus perceptible de la Section judiciaire, qu'il faut surtout objectivement reconnaître, ces deux « juridictions » exercent presque librement et indépendamment leur mission, et ce même du point de vue jurisprudentiel. Nous ne prétendons pas par cette démonstration affirmer que ces deux instances sont séparées par un cloisonnement absolu, tant s'en faut. Les deux vont d'ailleurs ensemble, car ne constituent en fin de compte que les branches d'un même arbre et devant leurs existences aux mêmes racines sans lesquelles elles sont appelées à disparaître.

Cette dualité fonctionnelle dont nous faisons ici allusion ne pouvait sans nul doute prospérer si les deux Sections étaient soumises aux mêmes règles de droit et faisaient également application des mêmes règles juridiques. Elle n'aurait aucun sens. Elle se trouve alors consolidée par un principe capital consistant à confier à chaque « ordre juridictionnel » l'application du droit répondant aux exigences de ses attributions : c'est ce que l'on appelle la dualité de droit (2).

2. De la différenciation des droits

La conséquence logique de la dualité fonctionnelle se trouve dans la différenciation des droits au niveau de la Cour suprême. Elle se manifeste par l'application de deux droits à deux justiciables de natures différentes. Le droit commun est ainsi appliqué aux personnes privées par la Section judiciaire et le droit administratif à l'administration par la Section administrative. Cette dualité de droit, si elle peut poser quelques difficultés au sommet en raison de l'unité de la juridiction suprême (b), elle est par contre plus claire à la base en raison de la séparation organique parfaite (a).

a. Les juridictions de base et la dualité de droit

Il faut souligner ici que pendant une longue période, les juridictions de base n'ont jamais eu la compétence de statuer sur les litiges impliquant les autorités administratives ou du moins sur le contentieux administratif. Cela a commencé de l'indépendance jusqu'à 1988 sur un plan théorique et jusqu'en 1995 sur un plan pratique. Quelques précisions méritent cependant d'être faites à ce niveau. Si nous parlons des juridictions de base, nous faisons certainement allusion aux juridictions judiciaires de base, car ce sont elles seules qui existaient à l'époque.

Si nous situons également cette absence de dualité de droit au niveau des juridictions de base de l'indépendance à 1988, cela doit aussi être interprété avec prudence car si cette date correspond à la création formelle des juridictions administratives de base, celles-ci n'ont réellement fonctionné qu'à partir de 1995. La période sus-indiquée est aussi considérée comme la période d'absence de contentieux administratif à la base avec comme corollaire l'absence de toute question liée à la différenciation de droit. C'est ainsi, qu'à partir des années 1995, que le paysage juridictionnel malien va connaître à la base deux droits appliqués par deux juridictions distinctes. À ce niveau, le problème se pose dans une moindre mesure. En effet, c'est le juge formé en droit administratif, aux techniques et méthodes devant les juridictions administratives, qui est chargé d'appliquer ce droit aux litiges administratifs qui ressortent de sa compétence.

Ici, la question ne consiste pas à mener une réflexion sur l'application des règles du droit privé par le juge administratif et l'application de celles du droit administratif par le juge judiciaire. Il s'agit pour nous de démontrer qu'il existe une différenciation nettement tranchée des règles de droit du niveau des juridictions de base. Les tribunaux administratifs jouent alors un rôle de premier plan dans la consolidation et même dans l'édification du droit administratif national. Ils occupent aussi quelques-unes des places qui étaient réservées, au lendemain de l'indépendance, à la juridiction suprême unique.

Le rôle important que jouent les juridictions de base sera bien compris lorsqu'on va étudier dans le prochain chapitre le partage de compétences entre les deux juridictions. À ce niveau, on verra, que ce soit le juge judiciaire de base ou le juge administratif, les uns et les autres tentent plus ou moins de déterminer leurs compétences en se basant sur la dualité de règles applicables. Par principe, le juge administratif ne se reconnaît pas, en effet, compétent face aux litiges de droit privé et pareil pour le juge judiciaire face à l'autre droit.

Plus proches des citoyens et plus nombreuses, les juridictions de base ont permis, en raison de cette proximité, d'éveiller l'attention des justiciables sur l'existence de deux droits appliqués, chacun a un contentieux spécifique. Cette dualité parfaite de droit au niveau des juridictions de base n'est pas aussi sans effet sur le rapprochement formel que nous avons fait entre le modèle d'organisation juridictionnelle et le dualisme juridictionnel pur. Ce qui peut être retenu ici est que le législateur malien a voulu, par les textes régissant les deux ordres de juridiction à la base, renforcer la justice administrative sans laquelle la dualité ne peut être que relative. En appui au législateur, l'œuvre des juges des deux ordres ne doit pas aussi être négligée, nous l'avons souligné.

Cependant, s'il paraît logique d'appliquer deux droits par deux juridictions distinctes, la question n'est pas aussi facile s'agissant de la juridiction suprême unique (b).

b. La Cour suprême et la dualité de droit

À première vue, l'existence de Cour suprême peut faire peur aux tenants de la dualité de juridictions. Cette peur a pour principale raison l'inexistence ou la négligence de règles spéciales réservées aux différends administratifs. Ces inquiétudes, si elles sont avérées, conduisent à la soumission de l'Administration au droit applicable à tous les justiciables : le droit commun. Une telle application générale de ce droit peut être dangereuse pour l'Administration à la française.

Cependant, la structure de la Cour suprême malienne est déjà connue. Cela ne nécessite alors plus d'explication. Il faut néanmoins rappeler qu'il existe en son sein une Section spécialement compétente pour connaître du contentieux administratif. Ce cas de figure, il faut nécessairement le rappeler, ne constitue pas une particularité malienne. Beaucoup d'autres États disposent, selon diverses formules, des entités de leurs Cours suprêmes spécialisées en contentieux administratif. Cela démontre à suffisance que l'unité organique est compatible avec la dualité de contentieux. Cette dernière, à savoir la dualité de contentieux, suppose un autre principe : celui de la dualité des règles applicables devant la Cour suprême ou en d'autres termes la dualité de droit. Il est logique que chaque Section applique le droit relatif à sa compétence.

Ainsi, la Section judiciaire, juge normale des activités d'ordre privé, applique le droit privé au litige relevant de sa compétence. Cette juridiction de cassation de l'ordre juridictionnel judiciaire fait application stricte des règles de procédure civile, commerciale et sociale. En principe, elle n'applique pas ou même ne peut appliquer l'autre droit relevant de la compétence de l'autre juge. Cette prise de distance avec le droit administratif, a tout d'abord des fondements légaux, mais aussi et conséquemment des fondements jurisprudentiels, et a surtout et enfin des fondements liés à la formation des juges judiciaires. En effet, le législateur malien, sans être aussi pragmatique que celui de la France de 1790, a défini les matières relevant des champs d'application de l'un comme de l'autre des deux droits, réservant aussi celles du droit privé à son juge.

Cette dichotomie juridique à l'intérieur de la Cour suprême tire en réalité sa substance de la reconnaissance tout juste dans les premières années des indépendances de la nécessité du traitement spécial des litiges administratifs. Le garant de cette spécificité de l'action administrative n'est autre que la Section administrative. C'est pourquoi il y a lieu de souligner le caractère réel de cette spécificité. Elle n'est point apparente et se consolide progressivement. La Section administrative ne peut cependant assurer l'effectivité de cette différenciation des règles de droit si elle ne disposait pas aussi de moyens inhérents à sa mission. Il s'agit ici des moyens légaux. Il faut affirmer que ces moyens existent et la Section administrative en fait d'ailleurs une application appréciable.

Il existe aussi, au même titre que l'autre Section, des dispositions spéciales de la loi organique régissant la Cour suprême qui y sont relatives. Ainsi, le même juge n'applique pas tous les droits, cela pour souligner qu'il ne connaît pas de tous les litiges. Le justiciable est alors sûr de saisir un juge spécial pour l'application du droit spécial et en suivant une procédure spéciale. En somme, le fait que les litiges administratifs soient engagés selon une procédure particulière, et que lesdits litiges soient résolus selon en principe l'application stricte du droit administratif, et tout cela devant une structure spéciale, corroborent l'effectivité de la différenciation des règles de droit applicables au contentieux devant la Cour suprême.

Il est vrai que la Cour suprême constitue la juridiction suprême de l'organisation juridictionnelle malienne, mais contrairement à celle d'autres pays, elle ne forme pas un ensemble monolithique. Les lignes ci-dessus nous éclaircissent sur ce point. Elle assure ainsi, son rôle de juridiction de cassation précisément en matière administrative à travers une des Sections qui la compose, c'est-à-dire la Section administrative. C'est pourquoi l'étude de cette Section est indispensable à toute étude relative à la juridiction administrative suprême malienne. Le prochain paragraphe y sera ainsi consacré.

Paragraphe 2 : La Section administrative de la Cour suprême

Le schéma de la justice administrative malienne est tel que, la désignation directe de la juridiction suprême de l'ordre juridictionnel administratif peut parfois s'avérer peu aisée. En effet, le problème est relativement facile à résoudre sur le plan normatif, mais peut faire couler beaucoup d'encre sur le plan pratique. Cette difficulté n'empêche cependant pas la Section administrative de jouer un important rôle dans la consolidation d'un État de droit substantiel.

Si elle était composée d'un Président de Section, de dix conseillers, dont deux commissaires du gouvernement[178] ; cette composition a été textuellement améliorée depuis la réforme de la loi organique en 2010[179], puis par l'actuelle loi[180]. Elle est alors composée maintenant d'un président, d'un nombre indéterminé de conseillers et de rapporteurs publics.

Elle sera ainsi étudiée à travers la problématique de son caractère juridictionnel (A), et sa controversée fonction d'ex-conseillère du gouvernement (B). La Section administrative n'a pas seulement été l'ex-conseillère du Gouvernement, mais constitue aussi « un juge à trois têtes » de l'action administrative. Il s'agit tout simplement de noter qu'elle est non seulement le juge de droit commun statuant en premier et dernier ressort dans certaines matières[181], mais constitue aussi le juge d'appel *(avant que les CAA ne commencent à fonctionner)*[182] et statue également sur ses propres décisions rendues en appel lorsqu'elle est saisie dans ce sens.

A. La Section administrative est-elle une juridiction ?

Il s'agit ici de trouver des éléments de réponse aux interrogations suivantes :

La Cour suprême en tant que juridiction suprême de la machinerie judiciaire malienne est-elle *ipso facto* la juridiction suprême de l'ordre juridictionnel administratif ?

Ou la Section administrative étant une partie, une composante de cette juridiction suprême est-elle la *juridiction* suprême de l'ordre juridictionnel administratif ?

Nous pouvons alors chercher, pour plus de pertinence, les réponses à ces interrogations en analysant la réponse du législateur (1) et de manière incontournable celle du juge administratif lui-même (2).

---

178 Loi n° 96-071/AN-RM, *op. cit.*, art. 36.

179 Loi n° 10-023/AN-RM du 17 juin 2010 portant modification de la loi n° 96-071.

180 Loi n°2016-046/AN-RM du 23 septembre 2016, *op. cit.*, art. 43.

181 Loi n°2016-046/AN-RM, *ibid.* art 111 : « la section administrative est compétente pour connaître en premier et dernier ressort : des recours pour excès de pouvoir dirigés contre les décrets, arrêtés ministériels ou interministériels ; des recours dirigés contre les décisions rendues par les organismes administratifs à caractère juridictionnel ; des recours en interprétation et des recours en appréciation de la légalité des actes dont le contentieux relève de la Section; des requêtes en règlement de juges dans les contentieux administratifs ».

182 Loi n° 2016-046/AN-RM du 23 septembre 2016, article 110 *:* « La Section administrative est le juge suprême de toutes les décisions rendues en premier ressort par les juridictions administratives inférieures. »

1. La réponse du législateur

En se limitant à la réponse du législateur, la question ne constitue pas de problème (a) sauf que cette réponse du législateur peut être perçue comme très simpliste (b).

a. Une question tranchée par le législateur

La position du législateur compte beaucoup dans la détermination du caractère juridictionnel d'un organe. Sur ce plan, il faut souligner l'intervention claire du législateur malien face à la question. Il a fait cette identification de manière directe à travers le texte constitutif de la Cour suprême. Pourtant, on ne doit pas aller si vite, une précision s'impose. Cette détermination du législateur dont nous qualifions de claire aujourd'hui ne pouvait l'être si l'on s'en tenait à ses premières interventions en la matière.

Il fallait chercher dans la combinaison suivant les dispositions du caractère juridictionnel de la Section administrative : « la chambre contentieuse est le juge d'appel de droit commun de toutes les décisions rendues en premier ressort par les tribunaux administratifs de la République »[183], « elle connaît (...) des recours en cassation dirigés contre les décisions rendues en dernier ressort par les organismes administratifs à caractère juridictionnel. »[184] La réponse n'était pas aussi claire dans la loi n° 96-071 régissant la Cour suprême. Cette loi disposait que : « la Section administrative est le juge d'appel de droit commun de toutes les décisions rendues en premier ressort par les tribunaux administratifs de la République »[185].

L'analyse de ces dispositions peut nous permettre de situer la position du législateur face au caractère juridictionnel de la Section administrative. Le fait pour le législateur de dire que la Section administrative est le « juge d'appel », qu'elle « connaît des recours en cassation » pouvait nous permettre déjà de déduire que le législateur définit cette partie spécialisée de la Cour suprême non seulement comme une juridiction mais surtout comme une juridiction suprême et celle de l'*ordre juridictionnel* administratif. Cet effort d'analyse et de combinaison des articles ne sera plus nécessaire car la clarté de la réponse du législateur dont nous faisons allusion est intervenue à la suite de la nouvelle loi organique régissant la Cour suprême.

À travers celle-ci, il affirme que « la Section administrative est le juge suprême de toutes les décisions rendues par les juridictions administratives inférieures... »[186] Nul doute alors en ce qui concerne le caractère juridictionnel de la Section administrative de la Cour suprême du point de vue du législateur.

---

183 Loi n° 90-113/AN-RM du 20 novembre 1990 portant réorganisation de la Cour suprême, art. 56.

184 *Ibid.*, art. 57.

185 Loi n° 96-071, *op. cit.*, art. 41.

186 Loi n°2016-046/AN-RM, art. 110.

Ainsi, elle constitue non seulement une juridiction, mais aussi une juridiction suprême, donc la juridiction administrative de cassation.

Cette vision du législateur est corroborée par le doyen Alain BockeL qui estime que « l'on se trouve… en présence d'une véritable juridiction autonome puisque régie par des règles particulières, ses décisions ne relevant de la sanction d'aucune autre formation, et que sa compétence est généralement protégée par un système de règlement de conflit de compétence »[187].

En s'attachant à ces analyses du mot « juridiction », ainsi que les éléments caractéristiques de la juridiction dégagés par le professeur Marcel Waline en 1975, nous pouvons affirmer que la qualification du législateur est fondée. Selon cet éminent professeur, « il résulte de l'analyse même du mot juridiction que celle-ci a pour fonction de dire le droit, mais il faut ajouter qu'elle le dit dans une forme solennelle et au nom de l'État : les arbitres peuvent dire le droit, mais ils le disent non pas au nom de l'État mais au nom des signataires du compromis ; ils ne sont pas une juridiction et leur sentence ne s'impose que soit par l'accord des parties, soit par l'homologation accordée, sous le nom d'exequatur, par une juridiction de l'État »[188]. Il continue en soulignant que l'élément essentiel qui lui paraît caractériser la juridiction, « c'est l'autorité de chose jugée qui s'attache à ses décisions, c'est-à-dire, le fait que ce qui a été jugé, sous réserve des voies de recours, ne peut plus être remis en question et s'impose de façon définitive à toutes les parties en cause »[189].

Malgré la clarté et la logique de la loi, surtout corroborée par une partie de la doctrine, elle n'est pas exempte de toute réflexion critique, qui peut aussi être logique, d'où le fait que l'on ne peut tirer une conclusion hâtive à partir de cette qualification.

b. Une vision étriquée du législateur

La position du législateur est certes compréhensible, mais présente en réalité une certaine incohérence. Est-ce que la seule disposition d'une loi qualifiant un organe de juridiction est-elle suffisante pour confier la qualité de véritable juridiction à celui-ci ? Cette question est vraiment importante même si sa réponse n'est pas aussi suffisante pour résoudre le problème. Pourtant, à cette question, la Constitution malienne répond par oui. Elle dispose que « La loi détermine… les principes fondamentaux de l'organisation de la justice »[190]. On peut alors soutenir que la qualité de juridiction de la Section administrative de la Cour suprême est indirectement approuvée par la Constitution. Cependant,

---

[187] Voir l'analyse du doyen Alain Bockel, *Le juge de l'Administration en Afrique noire francophone : introduction à l'étude du problème*, *op. cit.*, p. 17.

[188] Marcel Waline, préface de la première éd. des Grandes décisions du Conseil constitutionnel de Louis Favoreu et de Loïc Philip.

[189] *Constitution malienne*, *op. cit.*, art. 70.

[190] *Ibid.*, art. 83.

cela signifie-t-il que toutes les œuvres du législateur sont parfaites et sont constitutives de vérités immaculées ?

Le législateur a lui aussi été guidé dans cette voie par la loi fondamentale qui dispose qu'« une loi organique fixe l'organisation, les règles de fonctionnement ainsi que la procédure suivie devant la Cour suprême »[191] après avoir précisé qu'elle comprend « une Section judiciaire, une Section administrative et une Section des comptes »[192].

Ce débat prouve la complexité du schéma de l'organisation juridictionnelle malienne. En effet, c'est la Cour suprême qui constitue la juridiction suprême de l'organisation juridictionnelle malienne. En d'autres termes, la juridiction qui statue en dernier ressort sur tous les litiges dont les juridictions inférieures connaissent à la base. Elle constitue donc la juridiction de « cassation ». Le législateur, par la loi portant organisation, règles de fonctionnement de la Cour suprême et la procédure suivie devant elle, crée en effet d'autres juridictions à l'intérieur de la juridiction suprême. Cela recèle de l'incohérence et de la contrariété.

Cette analyse nous conduit à la logique suivante : une juridiction ne peut contenir d'autres juridictions. Quelle qu'en soit l'appellation donnée à ces divisions et subdivisions des juridictions suprêmes (chambres, cellules, Sections), elles sont, parce qu'une juridiction est. Les différentes chambres composant les Sections administrative et judiciaire constituent-elles aussi des juridictions ? Elles disent le droit elles aussi, et ce, dans une forme solennelle, et au nom de l'État. Il faut aussi ajouter que la force de vérité légale n'est pas moins attachée à leurs décisions. D'ailleurs, dans cette optique, ce n'est même pas la Section administrative qui serait la juridiction, ce sont au fond les chambres qui la composent qui seraient des juridictions administratives suprêmes maliennes.

Ce qui nous amène, pour plus de rigueur dans l'analyse, à jauger la vision du législateur, à l'aune d'une définition de la juridiction. Papa Mamour Sy souligne que « selon la définition la plus souvent adoptée, on appelle juridiction un organe institué pour trancher en toute indépendance et selon certaines formes protectrices des intérêts en présence, les contestations nées de l'application des règles juridiques »[193]. Il continue en précisant que « cette définition relève de la combinaison de critères à la fois organique, procédural et matériel ».

De cette définition et la précision que l'auteur y apporte, il ressort deux mots fondamentaux qui retiennent notre attention : indépendance et organique. Le premier, à savoir l'indépendance, suppose qu'une juridiction ne peut valablement exister si elle n'est pas indépendante. Le second, c'est-à-dire le mot

---

[191] *Ibid.*

[192] *Ibid.*

[193] P. M. Sy, *Entre l'unité et la dualité de juridiction : l'Afrique noire francophone à la quête d'un modèle d'organisation de la justice administrative*, *op. cit.*, p. 268.

organique, celui-ci et le premier vont ensemble. Ce qui nous amène à confronter la Section administrative en tant que juridiction administrative suprême à ces deux exigences.

La Section administrative serait alors une juridiction liée ou rattachée à une autre juridiction, de laquelle elle doit son existence. Ce qui efface l'indépendance ou l'autonomie se trouvant au centre de la définition à laquelle nous nous référons. En plus, la Section administrative n'a pas d'existence organique distincte, car elle est organiquement liée à la Cour suprême. Ce critère aussi ne tient pas. Ce qui signifie que le critère organique fait défaut si nous nous en tenons aux critères cumulatifs cités par Papa Mamour Sy. Cette vision est également conforme à celle de Roger Bonnard[194] selon laquelle, si l'on s'en tient à la « jurisdictio », c'est-à-dire le fait de dire le droit, donc sur le plan matériel, le contrôle exercé par la Section administrative fait d'elle une juridiction. Par contre, si l'on s'en tient au cadre dans lequel ce droit est dit, donc sur le plan organique, elle ne constitue qu'une partie d'une juridiction, car elle ne bénéficie pas l'autonomie nécessaire sans laquelle une juridiction ne peut exister.

Si la vision du législateur est compréhensible à travers son idée, elle est cependant inappropriée et constitue une source de confusion. Si quelque chose est claire dans ce débat, c'est la position du législateur, quoiqu'elle fasse l'objet de discussions : la Section administrative est une juridiction qui occupe le sommet de l'*ordre juridictionnel* administratif. Ce qui nous amène à étudier la question à travers la position du juge administratif malien.

2. La réponse du juge

La réponse du législateur étant connue, il nous reste celle de celui-là même qui se trouve au centre de l'application des actes législatifs du législateur : le juge administratif. Toute étude relative au caractère juridictionnel de la Section administrative serait inachevée ou même approximative si toutefois elle se cantonne dans la seule logique du législateur.

Il s'agit alors pour nous de comprendre à travers l'analyse des arrêts « rendus par la Section administrative », si le juge lui-même reconnaît cette structure en tant que juridiction ou pas. Il faut d'ores et déjà souligner que la tâche n'est pas très aisée.

Le professeur Olivier Gohin affirme qu'« il arrive aussi, et le plus souvent, que le texte qui institue l'organisme ou qui organise la procédure suivie devant lui, soit silencieux ou imprécis conduisant alors le juge à procéder par lui-même à l'identification nécessaire »[195].

---

[194] V. R. Bonnard, *Le contrôle juridictionnel de l'administration- Étude de droit administratif comparé,* Paris, Dalloz, 2006, p. 6.

[195] O. Gohin, *op. cit.*, p. 48.

Pourtant, il faut le savoir, dans le cas précis qui nous intéresse ici, c'est tout à fait le contraire de cette affirmation d'Olivier Gohin. En effet, le texte constitutif de la Cour suprême, qui est aussi celui de la Section administrative, n'est ni silencieux, ni imprécis, mais plutôt clair et explicite en affirmant clairement que la Section administrative est une juridiction. Comme le juge est en principe ce que la loi dit qu'il est, celui-ci semble ne pas s'occuper de cette question. Ce qui nous conduit à constater le silence et l'imprécision de la jurisprudence face à la question.

Cependant, une certaine analyse de la jurisprudence peut nous permettre de faire face à la question. Cette analyse, pour être plus pratique et plus réaliste doit s'intéresser au fond et à la forme des arrêts rendus par la Section administrative.

Quant au fond, l'analyse des arrêts s'avère infructueuse. En effet, parmi les centaines d'arrêts étudiés, nous n'avons trouvé aucun qui répond de manière quelque peu précise à la question. Cela ne doit cependant pas surprendre. Le juge répond aux questions qu'on lui pose et ne peut faire face à celles qui ne lui ont pas été soumises. Les requérants d'habitude maliens introduisent surtout des requêtes en annulation ou en réparation. Cette question n'a jusqu'alors été posée à la Section administrative même de manière indirecte lors d'une procédure.

Aussi, un requérant a-t-il intérêt à agir ou même avoir la qualité à agir devant le juge en introduisant spécialement une requête en vue de répondre à cette question. Il faut ainsi comprendre la très grande difficulté de trouver la réponse à la question en se focalisant sur une étude consacrée au fond des arrêts rendus par la Section administrative. Cela semble d'ailleurs résulter de la spécificité de la procédure administrative contentieuse. Il faut alors chercher la réponse de la question du côté de la forme des arrêts.

L'analyse du fond des arrêts ayant été vaine, d'emblée celle de la forme peut à première vue paraître inutile, voire inopportune. Ce qui ne doit cependant pas être décourageant d'entreprendre ce travail, à savoir étudier la forme des arrêts de la Section administrative à la recherche d'indices pouvant nous permettre de situer la position du juge face au débat relatif au caractère juridictionnel de la Section administrative. C'est ce que nous avons fait, et l'analyse de la forme nous enseigne beaucoup sur ce qui peut être la position du juge et est plus instructive sur la question que celle du fond. Que peut-on alors retenir de l'étude de la forme des arrêts ?

En effet, le juge administratif malien soutient qu'il exerce sa fonction au sein d'une partie spécialisée de la Cour suprême. Il exerce alors sa fonction de juge au sein de la Cour suprême. La loi dispose d'ailleurs que la Cour suprême est aussi composée de Conseillers, de Conseillers référendaires et de Rapporteurs publics à la Section administrative[196] et dispose également qu'ils sont proposés

[196] Loi n°2016-046/AN-RM du 23 septembre 2016, art. 43, titre II (de l'organisation de la Cour suprême).

par le président de la Cour suprême[197] et c'est leur décret de nomination qui détermine la Section à laquelle ils sont affectés.

Il faut comprendre, ainsi, que tirant les conséquences de l'incohérence de la loi elle-même, le juge rend ses arrêts au nom de la Cour suprême du Mali tout en spécifiant la Section de la Cour qui est à la base du travail ayant abouti à l'arrêt[198]. C'est analogue au cas du Conseil d'État français. Les Sections rendent les arrêts au nom du Conseil d'État tout en spécifiant la Section qui est à la base de l'arrêt. Cela signifie alors qu'en tenant compte de l'analyse de la forme des arrêts rendus, nous pouvons dégager la position du juge face à cette question.

C'est ainsi qu'il faut savoir que du point de vue jurisprudentiel, la Section administrative n'est pas une juridiction, mais une entité rattachée à une juridiction. Cette juridiction, c'est la Cour suprême et c'est en son nom que la Section administrative rend ses arrêts. Il y a alors là une certaine discordance entre la pratique et la loi, donc entre le législateur et le juge. Ce qui consolide notre thèse en la matière. Il faut donc rappeler, la théorie selon laquelle les structures internes des juridictions suprêmes ne constituent pas en elles-mêmes des juridictions, mais des parties spécialisées des juridictions. Cette question élucidée, il faut maintenant savoir que la Section administrative conseillait le Gouvernement.

B. La Section administrative, « conseillère »[199] du Gouvernement

Aussi discutable que cela puisse paraître, la Section administrative conseillait le Gouvernement malien et même si c'est par ricochet, elle conseille également l'Assemblée nationale. La Section administrative serait-elle alors juge et partie comme l'a été dans le temps le juge administratif français dans ses premières années d'existence, avec la pratique de la technique du « Ministre juge » ou de « l'Administrateur juge » ?

Si quelque chose est quand même sûre, c'est qu'elle donne son avis sur l'activité normative du gouvernement. Cela soulève en réalité des inquiétudes qui sont fort justifiables. Dotée d'attributions contentieuses et consultatives, elle se place à l'intersection du juge et de l'Administrateur. Pour comprendre cette délicate tâche, il est utile de comprendre son rôle consultatif (1). Ce rôle

---

197 *Ibid.*

198 La rédaction des arrêts de la Section administrative suit l'ordre suivant : République du Mali / Cour suprême / Section administrative ; ensuite la formule suivante est employée dans tous les arrêts : « La Cour suprême du Mali a rendu l'arrêt dont la teneur suit. » Tous les arrêts se terminent aussi par la formule suivante : « Ainsi fait, jugé et prononcé par la Cour suprême, Section Administrative… »

199 Il faut signaler que ce paragraphe a été rédigé avant l'adoption de la Loi n° 2016-046 qui a retiré à la SA sa compétence consultative au profit d'une Assemblée consultative composée en formation plénière du Président de la Cour suprême, du vice-président, des Présidents de Section et deux membres par Section désignés par le Président de la Cour (Loi n°2016-046/AN-RM, art. 121). Nous l'avons donc maintenu, car c'est le Conseiller du Roi qui est devenu ce juge administratif que nous connaissons aujourd'hui.

consultatif contribue à alimenter le débat non moins fondé sur le rôle politique (2) qu'elle peut être amenée à jouer.

1. Un rôle consultatif

Selon Nicole Belloubet, « les juristes dissèquent les arcanes du contentieux administratif, mais, à bien y réfléchir, le point nodal de la compréhension de notre droit ne se situe-t-il pas plus en amont dans la fonction consultative (...) ? »[200]

Il est important de savoir que la consultation peut être obligatoire ou facultative (a), mais demeure un rôle faisant l'objet de vives discussions (b).

a. La consultation peut être obligatoire ou facultative

Il importe de signaler que cette consultation de la juridiction suprême a une valeur constitutionnelle. En effet, la Constitution malienne dispose : « les projets de lois sont délibérés en conseil des ministres après avis de la Cour suprême... »[201] Cette consécration constitutionnelle est renforcée et diversi-fiée par le législateur. Ainsi, la loi régissant la Cour suprême[202] détermine l'organe qui était compétent en la matière : la chambre consultative de la Section administrative.

La chambre consultative constituait la seconde chambre de la Section administrative. Elle formait avec la chambre contentieuse la Section administrative de la Cour suprême[203]. Elle « participe à la confection des lois, ordonnances et règlements », et à ce titre « prépare et rédige les textes qui lui sont demandés ». Ladite loi disposait que la chambre consultative « est saisie par le chef du Gouvernement des projets de texte et propose les modifications de rédaction qu'elle juge nécessaires ». En plus, elle « donne son avis sur tous les projets de lois et décrets et en général sur toutes les questions pour lesquelles son intervention est prévue par les dispositions législatives ou réglementaires ou qui lui sont soumises par le Gouvernement » et « peut également être consulté par les ministres sur les difficultés qui s'élèvent en matière administrative ». Ce sont en effet, ces dispositions constitutionnelles et législatives qui encadrent la consultation au niveau de la Section administrative de la Cour suprême.

Leur analyse nous permet ainsi de distinguer la consultation obligatoire et la consultation facultative.

– De manière obligatoire, aucun projet de loi ne peut être délibéré en conseil des ministres sans au préalable avoir été soumis à la Section administrative pour avis. L'ignorance de cette procédure par le Gouvernement revient à la méconnaissance d'une exigence du texte fondamental. Cette consultation

---

200 Nicole Belloubet, « Conseiller l'État », in *Pouvoirs*, n° 123, 4-2007, pp. 33-50.
201 *Constitution malienne*, art. 75, al. 2.
202 Loi n° 96-071/AN-RM *op. cit.*
203 *Ibid.*, art. 37.

obligatoire ne se limite pas aux seuls projets de loi, mais s'étend aussi aux mesures décrétales. Quant à ces dernières, il faut souligner que si l'obligation est maintenue, celle qui pèse sur le Gouvernement change de nature et de densité. En fait, de l'obligation constitutionnelle, on passe à l'obligation légale. Une distinction mérite cependant d'être faite entre ces mesures, qui sont réglementaires, et celles qui ne le sont pas, c'est-à-dire les mesures individuelles. L'obligation demeure pour les premières et disparaît pour les autres.

– De manière facultative, le Gouvernement ainsi que les membres du Gouvernement peuvent toujours, s'ils le jugent nécessaire, demander l'avis de la Chambre consultative de la Section administrative de la Cour suprême. Elle peut ainsi être saisie sur des difficultés relatives à l'interprétation des textes qui, parfois, par leur technicité ou par leur ambiguïté peuvent conduire à diverses interprétations. C'est ainsi qu'en réponse à la consultation du 7 septembre 2011 du ministre de l'Énergie et de l'Eau sur « la question de savoir si le reliquat du mandat du commissaire démissionnaire ou révoqué de la Commission de Régulation de l'Électricité et de l'Eau (CREE) constitue un mandat pour le Commissaire remplaçant » ; la Section répond « que la question trouve sa réponse dans la dernière disposition de l'article 11 de l'ordonnance régissant la CREE ; qu'en conséquence, qu'il échoit de dire que le reliquat du mandat du Commissaire démissionnaire ou révoqué ne constitue pas un mandat pour le Commissaire remplaçant »[204].

Cependant, certaines précisions s'imposent. En effet, comme le soulignent Charles Debbasch et Jean Claude Ricci, « que la consultation soit obligatoire ou facultative, l'avis est donné au Gouvernement et non à l'opinion publique »[205]. Il faut aussi ajouter à cela que le facteur obligatoire ou facultatif de la consultation n'a pas d'effet sur l'avis donné par la Section administrative. En d'autres termes, l'obligation de consulter n'est pas synonyme d'obligation de se conformer à l'avis donné. La Section exerce ainsi sur les textes qui lui sont soumis, un contrôle à triple dimensions : la légalité (au sens large), la forme et l'opportunité.

La procédure de saisine en la matière est simple. En ce qui concerne les demandes d'avis du Gouvernement, il revient au Secrétaire général du Gouvernement de saisir le Président de la Cour suprême par lettre, en lui transmettant le texte sur lequel il demande l'avis de la Cour suprême. Le Président transmet alors le dossier à la Section administrative, le Président de la Section le transmet à son tour à la chambre consultative. En ce qui concerne les demandes des départements ministériels, ce sont les Secrétaires généraux des ministères qui s'en chargent selon la même procédure.

---

[204] Consultation juridique n° 016-11 CS-SA, Ch. consultative du 11 septembre 2011.

[205] Charles Debbasch, J. C. Ricci, *Contentieux administratif, op. cit.*, p. 162.

b. Un rôle suspicieux

L'attribution consultative de la juridiction administrative a effectivement toujours fait l'objet de vives discussions. Peut-on en réalité être en amont d'une décision et statuer de manière impartiale sur la même décision au contentieux ? Cette inquiétude est compréhensible et est d'ailleurs justifiée car ce qui peut directement attirer l'attention à ce niveau est la composition des formations consultative et contentieuse. Ce sont parfois les mêmes juges administratifs qui siègent en chambre consultative et en chambre contentieuse. Ainsi, la « fonction réglementaire » de la Section administrative qui la met dans la position d'une co-auteure des projets de décret ou même de loi est-elle incompatible avec sa fonction contentieuse ?

Il faut d'ores et déjà souligner que la coexistence entre rôle consultatif et rôle juridictionnel est possible, mais l'impartialité dépend surtout de l'organi-sation et du fonctionnement de la juridiction administrative[206]. Ce rôle consultatif fait « la beauté » de la juridiction administrative, car se trouve même à l'origine de celle-ci. Sans retracer l'historique de la justice administrative, il faut se rappeler que c'est le Conseil du Roi qui s'est progressivement mué en véritable juridiction administrative. C'est pourquoi, « le principe selon lequel juger l'Administration, c'est encore et ce doit être encore administrer, explique que les juridictions administratives (…) ont aujourd'hui encore pour fonction tant de conseiller que de juger l'Administration, ou, d'une façon plus générale, cumulent des attributions d'ordre administratif et des attributions proprement juridictionnelles »[207].

Quoique cela puisse normalement faire peur à première vue, ce cumul d'attributions contentieuse et consultative n'entraîne pas théoriquement l'impartialité de la haute juridiction administrative malienne. En effet, il existe des textes qui garantissent cette impartialité. C'est ainsi que le professeur René Chapus affirme que « considérer le cumul d'attributions consultative et juridictionnelle comme la condition primordiale d'une bonne justice administrative n'est en rien acceptable que les personnes mêmes qui se sont prononcées pour avis sur un projet soient appelées à statuer sur le recours formé contre la décision. L'impartialité de la juridiction pourrait alors être atteinte, ou suspectée, ce qui doit être évité »[208].

Avec la loi n° 96-071, le problème était résolu en ces termes par le législateur malien : « le Président et les membres de la Section administrative ne peuvent siéger en chambre contentieuse dans les affaires pour lesquelles ils ont siégé en chambre consultative »[209]. L'analyse de la jurisprudence nous permet de

---

206 CE, 30 avril 1997, Syndicat des médecins d'Aix et Région, concl. J. C. Bonichot, sur https://www.legifrance.gouv.fr/affichJuriAdmin.do?idTexte=CETATEXT000007941522.

207 R. Chapus, *Droit du contentieux administratif*, *op. cit.* p. 46.

208 René Chapus, *ibid.*

209 Loi n° 96-071, *op. cit.*, art. 78.

confirmer une stricte application de cette disposition. Il faut cependant souligner que cette disposition a constitué un regrettable changement, voire une non-évolution du contentieux. En effet, quoique garantissant l'impartialité de la juridiction administrative, cette disposition était moins rigoureuse que celle de la loi n° 90-113. Cette dernière disposait que « sauf en ce qui concerne le Président de la Section, les membres de la Chambre contentieuse ne peuvent siéger à la chambre consultative. De même, ceux de la Chambre consultative ne peuvent siéger à la Chambre contentieuse »[210]. Ce soupçon d'impartialité qui pèse sur la Section administrative de la Cour suprême serait fortement atténué si cette disposition avait été maintenue, séparant ainsi de manière totale les formations de la Chambre consultative et celles de la Chambre contentieuse.

Malgré cela, cette impartialité doit être considérée comme étant réelle. C'est ce que le Conseil d'État français soutient à travers les conclusions du Commissaire du Gouvernement Jean Claude Bonichot. Il ressort de celles-ci que les dispositions relatives aux fonctions consultatives des magistrats administratifs « ne portent, par elles-mêmes, aucune atteinte aux principes généraux relatifs à la composition des juridictions »[211] et surtout au principe d'impartialité.

Un éclaircissement mérite cependant d'être apporté, certes, il y a cumul de fonctions consultative et contentieuse, mais cela est différent de confusion de fonctions contentieuse et consultative. Le texte régissant la Cour suprême ci-dessus souligné l'atteste. C'est cette confusion de ces fonctions qui a motivé la CEDH dans son arrêt du 28 septembre 1995 (arrêt Procola) à souligner le caractère impartial du Conseil d'État luxembourgeois. Selon la CEDH, le fait que quatre des cinq juges du Conseil d'État du Luxembourg aient statué sur la régularité d'un texte sur lequel ils avaient déjà donné leur avis, est de nature « à mettre en cause l'impartialité structurelle » du Conseil, la requérante ayant pu « légitimement craindre que les membres du comité contentieux se sentissent liés par l'avis donné précédemment… ce simple doute, aussi peu justifié soit-il, suffit à altérer l'impartialité du tribunal en question »[212]. Cette même Cour a estimé à propos du Conseil d'État des Pays-Bas, que « la double mission consultative et juridictionnelle peut être exercée par une même juridiction à condition que certaines précautions soient respectées »[213].

Si les précautions d'impartialité sont respectées par la Section administrative, cela ne peut cependant écarter tout doute. Les deux chambres de la Section administrative fonctionnent autour d'un nombre restreint de conseillers dont les bureaux sont côte à côte et qui s'échangent des documents et peuvent même

210 Loi n° 90-113, *op. cit.*, art. 99.

211 Voir W. Sabete, RFDA 1996, p. 1195, conclusion Jean Claude Bonichot à propos des dispositions déterminant les attributions consultatives des Tribunaux administratifs et Cours d'Appel administratives.

212 CEDH, 28 septembre 1995, Procola c/ Luxembourg.

213 J. Morand-Deviller, *op. cit.*, p. 28, CEDH, 6 mai 2003, Kleyn.

discuter à des heures de pause sur les affaires pendantes. Le fait même de censurer un texte sur lequel la Section avait déjà émis son avis qui a été suivi par le Gouvernement reviendrait indirectement à censurer son propre acte car, il faut le rappeler, la Section est « coauteure » dudit acte. Même si la jurisprudence n'est pas très riche en la matière, une jurisprudence récente à savoir l'arrêt CCIM semble confirmer cette idée, car nous n'avons pas eu une jurisprudence contraire. Dans cet arrêt, le juge au contentieux confirme l'avis consultatif qui avait été donné auparavant par la Chambre consultative. Il faut ajouter que les conseillers qui avaient siégé sur le dossier en chambre consultative ne faisaient pas partie de la formation devant la Chambre contentieuse. L'avis peut alors influer indirectement sur l'arrêt, mais tout cela constitue de simples hypothèses et doit être compris ainsi.

Ce qui précède fait de la Section administrative de la Cour suprême, une actrice du jeu politique, mais de manière imperceptible et indirecte.

2. Un rôle politique

Le polymorphisme de la Section administrative que nous comprenons à travers le paragraphe précédent a une conséquence : la Section n'est pas insensible à l'actualité politique de l'État. Aussi est-elle une actrice discrète de la scène politique nationale. Pourtant un tel rôle ne lui est reconnu par aucun texte et ne peut d'ailleurs, pas de quelques manifestations que ce soit, se mêler directement à la politique. Elle est alors une structure formellement neutre (a) dont la seule mission consiste à dire le droit administratif et seulement le droit administratif, et ce aussi bien en matière de consultation juridique qu'en matière contentieuse. Il faut alors reconnaître que c'est cette même neutralité, basée sur l'application à l'Administration du droit administratif, qui aboutit à la traîner parfois au-devant de la scène politique. Elle joue alors dans la pratique, mais de manière indirecte un rôle politique (b).

a. Un rôle formellement apolitique dans le principe

À ce niveau, les textes sont clairs. La Section administrative ne devait point faire de la politique à travers les différentes consultations juridiques qu'elle recevait du Gouvernement ou des membres du Gouvernement. C'est pourquoi les hommes et femmes par l'intermédiaire desquels elle donne ses avis doivent avoir un comportement exemplaire. Les avis doivent ainsi être fondés sur les seules règles du droit administratif.

Ainsi, les membres de la Cour suprême, avant d'entrer en fonction, prêtent le serment suivant lors d'une audience publique présidée par le Président de la République : « je jure de bien et fidèlement remplir ma mission, de l'exercer en toute impartialité, dans le respect de la Constitution, d'observer le respect du secret professionnel, de ne prendre aucune position publique, de ne donner aucune consultation à titre privé sur les questions relevant de la compétence de la Cour suprême et de me conduire en tout comme un digne et loyal magistrat. »[214] Le législateur continue dans la même logique en énumérant les fonctions avec lesquelles celle de membre de la Cour suprême est incompatible.

Ce sont : « celles de ministre, de député, de directeur de société et d'entreprise d'État, toute fonction administrative, politique et toute activité professionnelle privée salariée sauf dérogation prévue par la loi. »[215] Il faut souligner que s'il pouvait exister une justice ouvertement politique, la justice n'aurait de sens et n'existerait peut-être pas. Il suffit d'imaginer si toutefois les avis des juridic-tions administratives étaient tirés des considérations clairement politiques. Les justiciables, y compris le Gouvernement, n'y accorderaient aucun intérêt et elles perdraient du coup leur influence au sein de l'État ainsi que la place stratégique qu'est la leur.

La politique et la justice sont en fait parallèlement liées quoique la politique soit dangereuse pour la justice lorsqu'elle l'englobe. D'où la multiplicité des garde-fous censés l'empêcher de la dompter. Ainsi, sachant que ce sont les hommes qui font la justice qui peuvent la traîner sur des terrains qui ne sont pas les siens, le statut de la magistrature contient aussi des dispositions contraignantes sur la question. Ainsi, « le magistrat s'abstiendra d'activités comme l'adhésion à un groupe ou à une organisation… »[216] et « toute délibération politique lui est interdite »[217] . Il ne peut aussi « adhérer aux partis politiques ni participer aux réunions politiques ou publiquement à des débats politiques »[218].

Il faut ainsi comprendre que la Section administrative de la Cour suprême dans son activité de conseillère du Gouvernement ne peut se dévier de sa mission de gardien du droit administratif malien. Il s'agit bien sûr du point de vue formel. Ces textes sont, même dans la pratique, respectés. Il faut quand même reconnaître que si les conseillers qui donnent des avis sur les différents projets de texte du Gouvernement les donnent dans un souci purement neutre basé sur l'idée du droit administratif malien, lesdits avis selon les moments et les circonstances peuvent avoir des retentissements politiques. L'avis de la Section administrative, donné en fonction des considérations purement juridiques, peut avoir des conséquences politiques qu'il soit favorable ou défavorable.

Ce qu'il y a lieu de souligner est que, même si le juge administratif conseille le Gouvernement sans aucune motivation politique, en tenant compte de ces obligations formelles, son avis peut parfois influer par ricochet sur le jeu politique.

---

214 Loi 96-071, *op. cit.*, art. 9 ; (Loi n°2016-046/AN-RM, art. 22, 37, et 56).
215 *Ibid.*, art. 12 ; (Loi n°2016-046/AN-RM, art. 7).
216 Loi n° 02-054/AN-RM du 16 décembre 2002 portant statut de la magistrature, art. 14.
217 *Ibid.*, art. 19.
218 *Ibid.*, art. 20.

b. Un rôle politique dans la réalité

Il est important de commencer ce paragraphe dont l'intitulé peut être attirant tout comme ça peut faire peur, par ces mots de Nicole Belloubet : « autorité morale, l'institution est un acteur majeur du processus de décision gouvernementale. Mais au-delà du bel ordonnancement combiné de neutralité politique et d'expertise juridique, l'expression consultative ne traduit-elle pas une volonté engagée, qui pourrait être emblématique d'une institution au service de l'État ? »[219] En effet, la Section administrative, par ses avis, se transforme parfois en véritable actrice du monde politique. Il faut alors apporter une précision à ce niveau. Si elle est peu intervenue en matière politique, cette intervention est surtout involontaire ce qui fait d'elle une actrice occasionnelle et indirecte.

L'examen préventif de la légalité des textes ainsi que le traitement de certaines questions cachant en réalité des objectifs politiques mettent cette conseillère forcément au centre du jeu politique. Si elle donne une réponse favorable à la question de droit posée, cela donne une forte crédibilité et surtout une certaine sécurité juridique au Gouvernement. Celui-ci peut ainsi solliciter l'avis de la Section administrative sur des questions sensibles, et cette dernière en ne faisant que son travail, c'est-à-dire donner son avis pourra être indirectement un appui pour lui ou pour l'opposition qui peut, elle aussi à son tour, exploiter ces avis à des fins politiques.

La fonction consultative de la Section administrative de la Cour suprême recèle du dit et du non-dit. Le non-dit, c'est de profiter politiquement de ces avis. Une récente affaire traitée en consultation juridique et puis au contentieux par la Section nous édifie sur comment elle peut jouer un rôle politique. En effet, par lettre du 16 juillet 2012, le ministre du Commerce, des Mines et de l'Industrie avait saisi la juridiction suprême d'une demande d'avis de consultation juridique relative au mandat du Bureau de la Chambre de commerce et d'industrie du Mali et de celui de son Assemblée consulaire. Le mandat de ce bureau et celui de son assemblée consulaire prenaient respectivement fin les 28 et 31 juillet 2012.

L'avis de la juridiction était ainsi sollicité en ce qui concerne les dispositions légales à prendre pour assurer le fonctionnement desdites structures. Il faut rappeler que c'était tout juste après le coup d'État militaire du 26 mars 2012, le Mali était donc en pleine crise. Il était alors impossible d'organiser des élections consulaires. Les putschistes ayant nommé leurs proches à la tête de plusieurs institutions et de plusieurs structures cherchaient en réalité à écarter le président de cette structure qui était membre actif d'un groupement de partis politiques qui avaient dénoncé le coup d'État et excluaient de composer avec les putschistes en réclamant le retour à l'ordre constitutionnel. Malheureusement pour le ministre auteur de la consultation, la Cour va considérer « que la

[219] Nicole Belloubet, *op. cit.*, p. 4.

légitimité des membres dudit bureau leur commande d'assurer la mission de continuité des actions déjà entamées à la tête de ladite structure en attendant la normalisation de la situation sécuritaire du pays » et dit ainsi « qu'il échet de reconduire ledit bureau dans ses fonctions jusqu'à la fin de la période de crise »[220] .

Par cet avis juridique défavorable, la Section administrative venait indirectement de jouer un très grand rôle politique. Cet avis était un échec politique pour le ministre, mais une victoire politique pour le bureau de la CCIM. Une partie de l'opinion publique était alors acquise à la cause du bureau qui se présentait à travers les journaux comme la victime. Si l'avis avait été favorable au ministre, cela allait le conforter dans la tâche dont l'objectif était purement politique. Pour preuve, malgré l'avis de la Section, il a quand même créé un collège transitoire et nommé d'autres personnes audit collège.

Le rôle du juge administratif en politique est vraiment perceptible. Daniel Lochak souligne en effet que « le juge administratif, parce qu'il est le conseiller de l'exécutif, donc du pouvoir, est amené, par la force des choses à jouer un rôle politique, qui s'exprime autant par la diffusion de certaines valeurs que par des interventions plus directes dans la vie politique »[221].

Il faut ainsi reconnaître que le soupçon de rôle politique que peut jouer la Section administrative n'est pas vide de toute vérité. Cela nous conduit à préciser qu'il ne s'agit pas ici du débat relatif de la politisation de la nomination du président de la Cour suprême et des membres de la Cour suprême ainsi que leur affectation à des Sections et à des chambres, mais plutôt de l'impact politique que peuvent avoir les avis consultatifs de la Section faisant indirectement jouer à cette dernière un véritable rôle politique.

Cette implication politique de la juridiction administrative ne se limite pas seulement aux seuls avis qu'elle donne, mais concerne parfois certaines décisions rendues. Ce sont alors, le moment, la médiatisation de l'affaire, bref, le contexte dans lequel celle-ci a été rendue, c'est-à-dire le contexte socio-politique. Le juge administratif devient ainsi par ricochet un acteur politique.

Cependant, c'est vrai que ce modèle malien est ambigu, mais pourtant le schéma malien n'est pas isolé dans ladite ambiguïté. En effet, que dire alors de l'actuel modèle malgache issu de différentes mutations ? Il se présente comme un modèle parfait de dualité de juridiction avec l'existence d'un Conseil d'État et d'une Cour de cassation. Il y a aussi une Cour des comptes. Pourtant, il existe une Cour suprême à Madagascar. Ainsi, entre ces trois juridictions suprêmes et cette Cour suprême, quelle est la juridiction suprême de l'ordre juridictionnel administratif malgache ?

Si l'on se limite à ce schéma seulement, la réponse à cette interrogation devient complexe. Aussi, si l'on se réfère au législateur malgache, la réponse

220 Avis n° 13-2012/C.S.-S.A, Ch. consultative du 23 juillet 2013.

221 Daniel Lochak, « Le Conseil d'État en politique », in *Pouvoirs*, n° 123, 4-2007, p. 19.

n'est pas non plus aisée. En effet, la législation malgache n'est pas très expressive sur la question comme celle du Mali. En d'autres termes, elle ne dispose pas clairement que leur Conseil d'État est la juridiction suprême de l'ordre administratif. Par contre, elle dispose qu'« il statue en appel ou en cassation sur les décisions rendues par les juridictions administratives dans les provinces autonomes ; (...) Il exerce un contrôle technique sur les juridictions administratives »[222]. La Cour suprême serait-elle alors cette juridiction suprême ? Le premier point directement visible qui tranche avec le schéma français ici, est le rattachement du Conseil d'État malgache au pouvoir judiciaire.

On peut alors se retourner vers le législateur qui précise que « la Cour Suprême a son siège à Antananarivo. Elle est chargée de veiller au fonctionnement régulier des juridictions de l'ordre judiciaire, administratif et financier. Son ressort s'étend sur tout le territoire de la République »[223] ; « la Cour Suprême comprend : (...) la Cour de cassation ; le Conseil d'État ; la Cour des comptes »[224]. Cela fait ressurgir la question posée sur le caractère juridictionnel de la Section administrative de la Cour suprême du Mali. Soutenant toujours notre position exprimée face à cette dernière, nous disons qu'une juridiction, surtout suprême, ne peut exister au sein d'une autre juridiction. Dans ce cas, la Cour suprême malgache est la juridiction suprême. Le modèle actuel malgache n'est pas alors moins ambigu que le nôtre, car c'est comme si le Mali avait changé la dénomination des Sections composant sa Cour suprême en les appelant des Cours.

Le système pyramidal de l'ordre juridictionnel administratif malien se manifeste au sommet par l'existence d'une juridiction suprême unique. Le fait de qualifier ce système de pyramidal serait inexact si toutefois l'on rencontrait à la base un ordre juridictionnel unifié. Cette qualification se fonde ainsi sur l'existence de deux ordres juridictionnels distincts et séparés à la base. C'est pourquoi il nous paraît incontournable d'étudier les juridictions administratives de droit commun (Section 2) pour pouvoir prétendre à une étude exhaustive de l'ordre juridictionnel administratif.

---

222 Loi n° 2004-036 du 1er octobre 2004 relative à l'organisation, aux attributions, au fonctionnement et à la procédure applicable devant la Cour suprême et les trois Cours la composant art. 129, JO n°2939 du 08.11.04.

223 *Ibid.*, art. premier.

224 *Ibid.*, art. 2.

Section 2

L'identification facile des juridictions administratives de droit commun

Il existe une dualité parfaite à la base de notre organisation juridictionnelle. Cette dualité parfaite est témoignée par l'existence des tribunaux judiciaires et l'existence des tribunaux administratifs. Les uns sont complètement distincts et séparés des autres. Les tribunaux judiciaires constituent les juridictions de base de l'ordre judiciaire. Quant aux tribunaux administratifs, ils constituent en principe les premières juridictions administratives auxquelles les citoyens font recours en cas de litige administratif. Ils forment ainsi les juridictions administratives de droit commun[225]. Ils statuent ainsi, sauf dispositions légales contraires sur tout le contentieux administratif en premier ressort. Le juge de droit commun peut alors être défini comme « le tribunal compétent pour connaître de tout litige qu'un texte formel n'a pas attribué à une autre juridiction »[226].

Ainsi, l'étude de ces juridictions ne peut atteindre son objectif principal si l'on ne connaît pas les agents de l'État sans lesquels elles ne peuvent exister et aussi l'organisation sans laquelle ces derniers ne peuvent exercer leur mission. Il s'agira alors dans cette section de connaître la composition (Paragraphe 1) et l'organisation des tribunaux administratifs maliens (Paragraphe 2).

Paragraphe 1 : Une composition relativement simple des tribunaux administratifs

Dès que l'on parle de la composition d'une juridiction, les premiers agents qui nous viennent directement à l'esprit sont les magistrats (A). Pourtant, ces derniers ne peuvent pas à eux seuls, dans l'organisation actuelle de nos juridictions, accomplir leurs tâches. D'autres agents jouent alors un rôle indispensable, ce sont les greffiers (B). Parmi le personnel magistrat, il faut aussi distinguer ceux qui tranchent les litiges, donc qui disent le droit, et ceux qui ne tranchent pas les litiges, mais qui proposent des solutions aux litiges.

A. Le personnel magistrat

Aux termes de l'article 82 de la Constitution, « les magistrats ne sont soumis, dans l'exercice de leur fonction, qu'à l'autorité de la loi »[227]. Cette indépendance garantie par la Constitution est indispensable à l'exercice de la fonction de magistrat. Les magistrats de l'« ordre » administratif malien étaient

---

[225] La loi n° 94-006 du 18 mars 1994 portant organisation et fonctionnement des tribunaux administratifs dispose en son art. 7 que « Le tribunal administratif est en premier ressort juge de droit commun du contentieux administratif », (Loi n° 2018-031 du 12 juin 2018 portant organisation et fonctionnement des TA, art. 7).

[226] Georges Vedel, P. Delvolvé, *Droit administratif*, *op. cit.*, p. 594.

[227] Constitution du 25 février 1992.

tout d'abord soumis à un statut particulier défini par une loi du 18 mars 1994, modifiée et remplacée par une autre loi du 02 août 1995[228]. Il faut toutefois noter que depuis 2002, les magistrats administratifs n'ont plus de statut particulier. Ils sont soumis à un même et unique statut de la magistrature[229] que les juges judiciaires, et ce, d'ailleurs, suite à une revendication à la base de laquelle ils se trouvent. Pourtant, les magistrats de l'ordre administratif sont différents. Cette différence est d'ailleurs due à la particularité du droit qu'ils sont amenés à dire et les parties entre lesquelles ils disent ce droit. Ainsi, malgré cette unité de statut, il existe de vrais juges administratifs dans les tribunaux administratifs (1). Certains de ces juges administratifs, sans forcément avoir pour fonction de trancher les litiges, contribuent beaucoup à la manifestation de la vérité administrative : ce sont les commissaires du gouvernement désignés maintenant sous l'appellation de rapporteurs publics[230] (2).

1. Des vrais juges administratifs

Le fait pour nous de parler de « vrais juges administratifs » n'est pas fortuit. Il n'est pas surprenant de voir dans certains pays d'Afrique noire francophone et même européens des juges judiciaires statués sur les litiges administratifs[231]. Si une telle pratique a été partiellement connue au Mali, on ne connaît de nos jours que des juges administratifs réels dans les tribunaux administratifs. En effet, l'article 54 de la loi n° 94-006 disposait que « la présidence des tribunaux administratifs sera provisoirement assurée par un des juges du siège désigné par ordonnance du premier Président de la Cour d'appel » et que « cette période ne peut excéder un an ».

Cet article sera ensuite partiellement modifié par la loi n° 95-057 du 02 août 1995. L'article 54 (nouveau) de cette dernière dispose que « la présidence des tribunaux administratifs sera provisoirement assurée par un juge de siège du tribunal de première instance nommé par Décret du Président de la République sur proposition du ministre chargé de la Justice. Cette période ne peut excéder deux ans ». Cette période d'installation dépassée, ce sont désormais de vrais juges administratifs qui sont dans les tribunaux administratifs, leur recrutement et la formation (a) qu'ils reçoivent en attestent. Comme tous les autres magistrats, ils ont des droits mais aussi des obligations (b) qui sont inhérents à leur fonction.

[228] Il s'agit de la loi n° 94-007/AN-RM du 18 mars 1994 portant statut des juges administratifs qui a été abrogée et remplacée par la loi n° 95-058 du 02 août 1995.

[229] La loi n° 02-054/AN-RM du 16 décembre 2001 portant statut de la magistrature qui crée un corps unique de magistrat de l'ordre judiciaire et de l'ordre administratif.

[230] Loi n°2018-031 du 12 juin 2018 portant organisation et fonctionnement des TA, art. 4 al. 3.

[231] Tel est par exemple le cas au Sénégal.

a. Un recrutement et une formation basés sur la connaissance du droit public

L'accès à la profession de juge administratif se fait par concours de recrutement d'auditeurs de justice organisé par le ministère de la Justice[232] en fonction des emplois organiquement prévus et budgétairement autorisés. Selon la loi n° 94-006, « le président, les juges administratifs et le commissaire du gouvernement sont choisis parmi les personnes ayant une formation de droit public et une compétence établie en matière administrative »[233]. Le corps des magistrats administratifs comprend ainsi des juges administratifs et des rapporteurs publics (*commissaires du gouvernement jusqu'en juin 2018*).

Ils sont alors recrutés selon deux modalités :

– Selon la première modalité, ils sont recrutés par voie de concours parmi les détenteurs du diplôme de maîtrise en droit public ou « d'un diplôme réglementairement considéré comme étant de même spécialité et d'un niveau au moins équivalent »[234]. Il faut cependant signaler que seuls sont autorisés à concourir les détenteurs de maîtrise en droit public ou titre équivalent qui sont de la nationalité malienne. Être titulaire du diplôme requis et de la nationalité malienne ne suffisent pas. Les candidats doivent non seulement « jouir de leurs droits civiques »[235] mais doivent aussi « se trouver en position régulière au regard des lois sur le recrutement de l'armée »[236] ainsi que « remplir les conditions d'aptitude physique nécessaires pour l'exercice des fonctions de magistrat »[237].

Le fait de remplir toutes ces conditions n'est pas aussi suffisant pour être autorisé à concourir. La dernière condition, qui n'est pas négligeable tient à l'âge du candidat remplissant les conditions précitées. Le candidat ne doit pas être très jeune et ne doit pas être non plus être très âgé. Il doit avoir un âge non inférieur à 21 ans et n'excédant pas 40 ans. Cette règle relative à l'âge n'est

---

232 En France, les juges des TA et des CAA sont en principe recrutés par la voie de l'ENA (V. art. L. 233-1 et s. du CJA). « Ils passent les mêmes concours et épreuves que les autres fonctionnaires de direction et suivent une formation identique, gage de bonne connaissance de l'administration. À l'issue du concours de sortie, ceux qui choisissent de tels postes deviennent conseillers du corps des TA et CAA ». Il existe aussi le recrutement direct institué par l'article L. 233-6 du CJA. Cela institue un concours externe ouvert aux étudiants titulaires de l'un des diplômes exigés pour l'accès à l'ENA (licence notamment) et un concours interne destiné aux magistrats et fonctionnaires de catégorie A justifiant de quatre années de services. « Au total, alors que le principe est celui du recrutement par l'ENA, moins d'un tiers des membres du corps en sont issus, et près de la moitié proviennent du recrutement direct », V. P.-L. Frier, J. Petit, *Droit administratif*, Paris, LGDJ, 10e éd., pp. 462-463.

233 Loi n° 94-006/AN-RM, *op. cit.*, art. 4.

234 Loi n° 02-054/AN-RM du 16 décembre 2002 portant statut de la magistrature, art. 20.

235 *Ibid.*

236 *Ibid.*

237 *Ibid.*

pourtant pas absolue car elle connaît un assouplissement légal. La loi dispose en effet que « cette limite peut être modulée en considération des services administratifs ou militaires obligatoires antérieurement accomplis sans toutefois dépasser quarante-cinq ans »[238]. Les candidats qui remplissent totalement ces exigences sont alors autorisés à se présenter au concours de recrutement des auditeurs de justice administrative. L'organisation et le programme dudit concours relèvent de la compétence du ministre de la Justice qui en détermine les règles par Arrêté.

– Quant à la seconde modalité, elle concerne le recrutement direct de certaines personnes remplissant les conditions ci-dessus mentionnées par les candidats pour lesquels la voie du concours est exigée. C'est ce que l'on appelle le recrutement « sur titre ». Comme l'appellation l'indique, il s'agit des personnes détenant certains titres. Les détenteurs desdits titres sont censés avoir une certaine expérience et un certain niveau intellectuel leur permettant de faire amplement face à la mission de juge administratif. Il s'agit tout d'abord des avocats régulièrement inscrits au tableau de l'ordre des avocats et qui ont effectivement exercé depuis au moins quinze ans. Cette seconde modalité de recrutement concerne ensuite les détenteurs de doctorat en droit public. Ils sont ainsi directement nommés auditeurs de justice au même titre que les candidats déclarés admis au concours.

Cependant, il faut préciser que les auditeurs de justice ne sont pas ou ne sont pas encore des juges administratifs. Ils doivent tout d'abord suivre une formation professionnelle qui s'étale sur une durée de deux ans. Cette formation a lieu à l'Institut national de Formation judiciaire situé à Bamako dans ce que l'on peut appeler « la cité judiciaire ». Cet institut est « l'école malienne de la magistrature ». Les auditeurs y suivent des cours plus pratiques et font des stages au Tribunal administratif. Au cours du stage, qui vise à les familiariser avec leur fonction future, « ils participent sous la responsabilité des magistrats à l'activité juridictionnelle ; toutefois, ils ne peuvent recevoir délégation de pouvoir ou de signature »[239]. Durant cette période dédiée à la formation, les auditeurs sont tenus au respect scrupuleux du règlement intérieur de l'institut et des obligations qui résultent du serment qu'ils ont préalablement prêté devant la Cour d'appel. Le non-respect de ceux-ci peut les exposer à des sanctions. Il faut insister sur le fait qu'ils sont principalement formés en contentieux administratif.

Pour pouvoir devenir des juges administratifs à part entière, les auditeurs de justice doivent être nommés par Décret du Président de la République, après une enquête de moralité diligentée par le Conseil Supérieur de la Magistrature. Avant cela, leur aptitude à la fonction de juge administratif est constatée à l'issue de leur formation par un examen de sortie. Ce constat est fait par un jury

[238] *Ibid.*
[239] *Op. cit.*, art. 24.

d'examen dont la composition est fixée par le ministre de la Justice à travers un Arrêté.

Une fois cette étape de la formation réussie et franchie, les auditeurs de justice deviennent des juges administratifs. Cette nouvelle fonction est créatrice de droit mais aussi des obligations.

b. Des droits et obligations partagés avec les autres magistrats

Le juge administratif bénéficie non seulement de droits généraux constitutionnellement garantis, mais aussi des droits et obligations particulièrement définis par son statut et les différentes lois régissant le monde judiciaire. Ces textes nous permettent de dégager des droits qui sont vraiment concis et des obligations qui peuvent être perçues comme particulièrement pesantes.

– **Des droits concis**

Nous affirmons que les droits des juges administratifs sont concis car ils gravitent principalement autour de la rémunération, de l'indépendance et de la protection. La question liée à la rémunération constitue l'une des questions majeures de la magistrature. Elle est même d'actualité, car les syndicats des magistrats en ont de tout temps fait le point principal de leurs revendications. Pourtant, dans un contexte malien, les magistrats font partie de la catégorie des fonctionnaires les mieux traités. La rémunération totale des magistrats comporte « le traitement, les prestations familiales, les indemnités et les primes »[240]. Ces indemnités, ces primes, tous les autres avantages particuliers accordés aux magistrats, ainsi que leurs montants sont fixés par décret pris en Conseil des ministres.

Malgré que la rémunération des magistrats puisse être enviable, surtout par d'autres agents de l'État qui ont les mêmes diplômes, il faut reconnaître que l'amélioration de leurs conditions peut être un gage de consolidation d'une justice saine, juste, crédible et efficace. Il ne faut pas non plus ignorer que cette vraie justice dont nous rêvons ne peut se réaliser qu'avec la seule amélioration des conditions de vie et de travail des magistrats, mais il faut aussi que ces magistrats soient libres de dire le droit : ils doivent être indépendants. L'indépendance et les conditions de vie des magistrats vont donc de pair. C'est pourquoi, le Docteur Zeïni Moulaye, l'avocat Amidou Diabaté et le Professeur Yaya Doumbia soulignaient dans leur étude sur la gouvernance de la justice au Mali que « l'indépendance du corps judiciaire sera d'autant assurée que l'État lui fournira les moyens budgétaires de son fonctionnement et accordera aux magistrats un traitement décent qui, à tous égards, satisfait à leurs besoins et à ceux de leurs familles aussi bien pendant le temps de leurs activités que lors de leurs retraites »[241].

---

[240] *Ibid.*, art. 69.

[241] Z. Moulaye, A. Diabaté, Y. Doumbia, *Gouvernance de la justice au Mali*, *op. cit.*, p.79.

Il faut aussi ajouter que l'indépendance ne se résume pas à celle relative aux finances des magistrats. Elle concerne également l'indépendance générale du pouvoir judiciaire au sein duquel le juge exerce sa fonction. Cette question est tranchée par la Constitution en ces termes : « le pouvoir judiciaire est indépendant des pouvoirs exécutif et législatif. Il s'exerce par la Cour suprême et d'autres cours et tribunaux. »[242] Cette indépendance du pouvoir judiciaire couvre le juge dans l'exercice de ses fonctions. Il peut alors agir sans craindre les chantages des autorités administratives, donc du pouvoir exécutif. Pourtant, cette indépendance constitutionnellement garantie « serait vaine si les juges devaient assister passivement à la gestion de leurs carrières par le ministre de la Justice. En effet, la nomination, l'affection d'un poste à un autre, l'avance-ment, l'exercice du pouvoir de sanction, sont des prérogatives dont l'exercice peut assurer ou non l'indépendance de ceux qui y sont assujettis »[243].

Cette inquiétude est prise en compte par le législateur à travers la loi n° 03-033/AN-RM régissant le Conseil supérieur de la magistrature. C'est ce dernier qui veille à l'application du plan de carrière des magistrats et donne son avis sur toutes questions concernant l'indépendance de la magistrature. L'inamovi-bilité est le corollaire de cette indépendance. Le statut de la magistrature dispose que les magistrats du siège, auxquels on assimile les juges administra-tifs « ne peuvent avant trois ans recevoir une affectation nouvelle, même par voie d'avancement sans leur consentement préalable et après avis du Conseil supérieur de la magistrature »[244] sauf en cas de nécessité du service, et ce sur l'avis conforme et motivé du Conseil supérieur de la magistrature.

Les magistrats doivent aussi bénéficier de la protection multiforme sans laquelle leur fonction ne peut être convenablement exercée. C'est pourquoi la loi dispose qu'« indépendamment des règles fixées par le Code pénal et les lois spéciales, les magistrats sont protégés contre les menaces et attaques de quelque nature que ce soit dont ils peuvent faire l'objet dans l'exercice ou à l'occasion de l'exercice de leur fonction »[245]. La personne, les biens ainsi que la famille du magistrat bénéficient de cette protection et l'État est le garant de cette protection.

– **Des obligations pesantes**

La fonction de magistrat fait porter à celui qui l'exerce des obligations spécifiques et particulièrement contraignantes si on les compare à celle d'autres fonctionnaires de l'État. Ces obligations tiennent tout d'abord à la personne du magistrat qui est tenu lui-même de « respecter l'indépendance de la magistrature et favoriser l'application des mesures et des garanties visant à préserver et à

242 Constitution du 25 février 1992, *op. cit.*, art. 81.
243 Z. Moulaye, A. Diabaté, Y. Doumbia, *op. cit.*, p. 78.
244 Loi n° 02-054 *op. cit.*, art. 3.
245 *Ibid.*, art. 4.

accroître cette indépendance »[246] . C'est ainsi que le législateur a adopté un code de déontologie des magistrats dans lequel il définit leurs obligations[247].

Ces obligations ont trait aux incompatibilités et interdictions ainsi qu'aux obligations professionnelles consignées à travers les devoirs du magistrat[248].

S'agissant des incompatibilités et des interdictions, le magistrat ne peut exercer simultanément sa fonction avec une autre qu'elle soit publique ou privée. Si l'on s'en tient à cela, le magistrat ne peut entreprendre aucune activité privée ou publique en dehors de sa mission. Il ne peut être élu. En de termes plus clairs, il ne peut pas exercer de mandat électoral. En effet, les magistrats ne peuvent devenir ni députés à l'Assemblée nationale, ni conseillers dans les Assemblées régionales, ni conseillers dans les Conseils de cercle et même des conseillers communaux.

Si toute personne est d'une manière ou d'une autre un être politique, les interdictions faites aux magistrats de faire de la politique sont particulièrement strictes. Le magistrat doit ainsi « s'abstenir d'adhérer aux partis politiques et de procéder à la collecte de fonds politiques ; de participer aux réunions politiques et à des activités de financement politique ; de contribuer aux partis ou aux campagnes politiques ; de participer publiquement à des débats politiques sauf sur des questions concernant directement le fonctionnement des tribunaux, l'indépendance de la magistrature ou des éléments fondamentaux de l'administration de la justice ; et de signer des pétitions visant à influencer une décision politique »[249].

Ces interdictions ainsi que ces incompatibilités connaissent pourtant quelques assouplissements. Les magistrats peuvent bénéficier de dérogations individuelles pour dispenser des enseignements correspondant à leur compétence ou pour exercer des activités ou des fonctions ne portant pas atteinte à leur dignité et à leur indépendance. Il peut aussi, et cela sans autorisation préalable mener des activités scientifiques, littéraires, ou artistiques.

Quant aux obligations professionnelles, elles sont liées à la personne du juge et principalement à sa profession. À ce titre, le magistrat doit cultiver une image d'intégrité et dire le droit administratif avec une impartialité totale et claire. Toute activité pouvant compromettre cette impartialité lui est prohibée. Ce qui l'oblige à accorder un traitement équitable de tous les justiciables devant la loi. C'est pourquoi la loi impose à tout magistrat de se récuser chaque fois que cette impartialité peut être susceptible d'être affectée par « l'existence d'un conflit entre son intérêt personnel ou celui de ses proches parents ou amis et l'exercice

---

[246] Code de déontologie annexé à la loi n° 02-055/AN-RM du 16 décembre 2002 portant statut des magistrats, art. 3.

[247] *Ibid.*

[248] Selon le code de déontologie *L'intégrité, la diligence, l'égalité et l'impartialité sont les devoirs que le magistrat doit observer*, art. 7.

[249] *Ibid.*, art. 20.

de sa fonction »[250]. Le magistrat a ainsi des devoirs publics très difficiles qui nécessitent une certaine qualité. C'est pourquoi « il ne doit jamais perdre son temps »[251].

Le magistrat administratif, en raison du caractère spécifique du droit qu'il applique, est tenu de se former, c'est-à-dire de connaître ce qu'il fait. Pour cela, il doit toujours apprendre. Aussi, Jean Claude Facy ne souligne-t-il pas que « l'étude (des magistrats) doit être continuelle »[252] et que « le magistrat doit consacrer tout son temps, presque toute sa vie à la justice »[253]. C'est ainsi qu'un avocat de la Cour d'appel de Lyon affirmait en 1833 qu'« il n'est pas écrit que le magistrat travaillera, mais une voie intérieure lui crie qu'il ne doit pas y avoir une minute perdue dans une bonne vie judiciaire »[254] et que « les distractions du monde autres que celles qui servent à réparer les fatigues de l'esprit ou à se livrer à d'indispensables rapports sont des vols faits à la société »[255]. Il enfonçait le clou en ces termes : « honte à celui qui consume son temps dans les vains plaisirs et qui au milieu d'eux, fait parade de son titre prostitué à la disparition… »[256]

Le juge administratif a ainsi le devoir moral et légal envers la société de se former continuellement. Ce qui sous-entend que la formation suivie à l'Université et la brève formation initiatique reçue par les futurs juges administratifs à l'Institut national de Formation judiciaire s'avèrent insuffisantes pour toute une carrière. Sur ce point, on peut apprécier un certain engouement de nos juges administratifs pour la formation. C'est ainsi que plusieurs d'entre eux ont obtenu des diplômes de master recherche en droit public, et ce indépendamment de tout accompagnement de l'État. Cela a même été bénéfique à l'État pour avoir permis de combler le vide créé par le manque de conseillers spécialisés en droit administratif au niveau de la Section administrative.

Il faut aussi savoir que naturellement, les obligations n'existeraient pas, si leur inobservation n'était pas sanctionnée. Ainsi, la sanction des obligations se traduit par l'application de sanctions disciplinaires hiérarchisées comme suit selon la gravité de la faute :

- la réprimande avec inscription au dossier ;
- le déclassement d'office ;
- le retrait temporaire de certaines fonctions ;
- l'abaissement d'échelon ;

---

250 Loi n° 02-055, *op. cit.*, art. 15.

251 J. C. Farcy, *Magistrat en majesté*, Paris, éditions C.N.R.S, 1998, p. 174.

252 *Ibid.*

253 *Ibid.*

254 Chaix, « *La dépendance du magistrat qui le rend esclave de la loi* », 14 novembre 1833, registre des délibérations de Cour, (cité par Jean Claude Farcy, *ibid.*).

255 *Ibid.*

256 *Ibid.*

- la rétrogradation ;
- la révocation avec ou sans suspension de droit à pension.

La loi définit la faute disciplinaire comme « tout manquement par un magistrat au devoir de son état, à l'honneur, à la délicatesse ou à la dignité »[257] et la faute professionnelle comme « toute violation grave des règles de procédure, tout abus de droit notoire, tout manque avéré de diligence dans l'accomplissement de sa mission »[258]. Tout en accordant aux magistrats le droit de se défendre, la sanction des manquements aux obligations constitue une garantie précieuse pour les citoyens qui ont tendance à percevoir les actes posés par les magistrats comme des actes divins.

Si le personnel magistrat des tribunaux administratifs est régi par le même statut, certains, quoiqu'ils participent au procès administratif, ne tranchent pas eux-mêmes les litiges. Ils étaient jusqu'à une date récente[259] désignés sous le nom de Commissaires du gouvernement.

2. Des juges qui ne tranchent pas de litiges : les Rapporteurs publics

Il s'agit de manière simple des ex-Commissaires du gouvernement. C'est une institution historique et constitue l'une des originalités du système juridique français. Tout comme la justice administrative, le Mali l'a hérité de l'ex-métropole. Les tribunaux administratifs sont ainsi nés avec en leur sein le Commissaire du gouvernement. Toutes les lois portant organisation et fonctionnement des tribunaux administratifs le prévoient[260] et déterminent son rôle.

La justice administrative malienne est jeune, voire très jeune. Elle n'a cependant pas pu tirer toutes les leçons de l'évolution du modèle de référence âgé de plus de deux-cents ans. Pourtant, malgré l'enracinement de ce modèle au fil des années, il y comporte toujours des points qui font l'objet de vives discussions et soulèvent certaines difficultés. Parmi ces points figure l'institution du « commissaire du gouvernement » maintenant du « rapporteur public », qui est d'ailleurs d'actualité même avec l'évolution qu'elle a connue. Ce débat très important a été longtemps étonnamment inexistant au Mali.

Aussi, faudrait-il savoir que malgré la contestation et les critiques dont elle peut faire l'objet, l'institution du rapporteur public demeure indispensable au sein de la juridiction administrative (a) même s'il faut avouer que c'est une fonction peu connue et approximativement exercée (b).

---

257 Loi n° 02-055, art. 71.

258 *Ibid.*

259 Loi n°2016-046 du 23 septembre 20016, *op. cit.*

260 La loi n° 94-006, art. 4, al. 1 ; loi n° 95-057, art. 4, al. 1 ; loi n° 2011-048, al. 1, Loi n°2018-031 art. 4.

a. Une fonction indispensable mais pourtant contestée

Si une chose est claire, c'est le fait que si le droit administratif existe, c'est parce que le commissaire du gouvernement fût. Le caractère principalement jurisprudentiel de la matière doit beaucoup à ce magistrat délibérément camouflé. Il faut le dire ainsi, car ce sont les grandes conclusions de ces magistrats chercheurs, qui étaient pour la plupart des professeurs d'Université, qui sont à la base des grandes notions du droit administratif et des grands revirements jurisprudentiels. On ne peut refuser d'admettre que « (...) c'est dans ses conclusions que les chroniqueurs, les professeurs de droit, les amateurs de contentieux, les justiciables apprennent à scruter, comme des plaisanciers guettant les risées par mer trop calme, les prémices de ce que l'on appelle les revirements de jurisprudence »[261].

Son rôle est ainsi défini par le législateur malien : le rôle de chaque audience après avoir été arrêté par le Président du tribunal « est communiqué au commissaire du gouvernement »[262] et il « donne ses conclusions sur toutes les affaires »[263] .

Dans le droit malgache, « le Commissaire administratif dirige le commissariat administratif du tribunal. Dans ses fonctions juridictionnelles, il a pour mission d'exposer au Tribunal administratif les questions que présente à juger chaque recours contentieux et de faire connaître, en formulant ses conclusions, son appréciation qui doit être impartiale, sur les circonstances de fait, de l'espèce et sur les règles de droit applicables, ainsi que son opinion sur les solutions qu'appelle, suivant sa conscience, le litige soumis à la juridiction. Il rend compte annuellement de son activité au Commissaire général de la Loi près le Conseil d'État »[264].

Pour connaître la portée de cette institution, il faut remonter dans l'histoire. À l'origine, il ne s'agissait pas du rapporteur public tel que nous le connaissons de nos jours. C'était plutôt un véritable ministère public qui était envisagé et qui devait servir de « sentinelle vigilante »[265] au sein de la juridiction administrative pour le compte du gouvernement. Les représentants de ce ministère public étaient connus sous le nom de « commissaires du roi ». Pourtant, les premiers commissaires ne se sont pas comportés comme les magistrats du ministère public de l'ordre judiciaire et ont adopté des pratiques allant à l'encontre de ce que l'on attendait d'eux à l'origine. C'est là que leur indépendance prend sa

---

[261] Bruno Latour, *La fabrique du droit. Une ethnographie du CE*, Paris, La Découverte, 2002, pp. 18-19.

[262] Loi n° 94-006, art. 34 ; (rapporteur public) loi n° 2018-031 du 12 juin 2018, *op. cit.*, art. 45.

[263] Loi n° 94-006, *ibid.*, art. 36 ; Loi n° 2018-031 du 12 juin 2018, *ibid.*, art. 6.

[264] Loi malgache, n° 2001-025 relative au tribunal administratif et au tribunal financier modifiée par la loi n° 2004-021 du 19 août 2004, art. 6, JO n° 2926 du 06.09.04, p.3131.

[265] Louis Marie de Lahaye de Cormenin, *Droit administratif*, Paris, Pagnerre-Thorel, 1840, page 59.

source[266]. Cette indépendance constitue la force et le charme de l'institution. Indépendant du Gouvernement, n'obéissant aux ordres de qui que ce soit, car n'étant pas soumis à la subordination hiérarchique, il peut rendre des conclusions fondées sur le seul motif du droit administratif.

On peut alors être tenté de penser que ne représentant pas le gouvernement, il pourrait représenter le requérant. Tel n'est pas non plus le cas. Il ne représente pas aussi le requérant. On peut dès lors comprendre, que cette fonction est surprenante ou que ceux qui en ont la charge en ont fait un exercice osé. L'Arrêt du Conseil d'État français du 9 janvier 1832[267] considéré comme la première décision rendue dans ce contexte constitue un exemple. La plus grande manifestation de cette liberté, que le rapporteur public prend dans l'élaboration de ses conclusions a eu lieu en moins de trois mois après la décision ci-dessus évoquée où les prétentions du ministère des Finances avaient été rejetées conformément aux conclusions du « commissaire du gouvernement »[268].

Cette indépendance tant appréciée aujourd'hui ne s'est pas pourtant imposée sans peine. Le commissaire du gouvernement Reverchon en a payé le prix par sa révocation en 1852 parce qu'il avait affiché son insubordination au pouvoir politique[269].

La manifestation et la consolidation de l'indépendance de l'institution du Commissaire du gouvernement ont été réaffirmées dans un arrêt de 1957 dans une affaire qui a eu lieu sur le territoire ouest-africain. Il s'agit précisément de l'Arrêt Gervaise relatif au relèvement de ses fonctions d'un commissaire du gouvernement près le Conseil du contentieux de l'AOF auquel il était reproché de n'avoir pas soutenu l'Administration dans une affaire soumise à cette juridiction. Dans la résolution de cette affaire, le Conseil d'État français a précisé « que le commissaire du gouvernement près le Conseil du contentieux n'est pas le représentant de l'Administration ; qu'en ce qui concerne le fonctionnement interne de cette juridiction, il ne relève que de la seule autorité du Président de celle-ci qu'il a pour mission d'exposer au Conseil des questions que présente à juger chaque recours contentieux et de faire connaître, en formulant en toute indépendance ses conclusions, son appréciation, qui doit être impartiale, sur les circonstances de fait de l'espèce et les règles du droit applicable ainsi que son opinion sur les solutions qu'appelle, suivant sa conscience, le litige soumis à la juridiction »[270].

---

266 O. Schwarz, « La compatibilité entre la conception française et la conception européenne du commissaire du gouvernement près le Conseil d'État », Université Lille II, F.S.J.P et Sociale, Mémoire de DEA en Droit public, sous la direction du Pr Lecoq, 2001-2002, p. 11.

267 Recueil des Arrêts du Conseil d'État français de 1832, *Truelle-Mullet c/ Petit-Durieu*, pp. 11 et suivants.

268 *Ibid.*, *D'Annebault et consorts, c/ Administration des domaines*, p. 97.

269 O. Schwarz, *op. cit.*, p. 12.

270 CE français, 10 juillet 1957, « Sieur Gervaise », AJDA 1957, p. 394.

Elle a constitué à l'époque une réponse à ceux qui avaient une pensée restrictive de l'indépendance de la juridiction administrative et qui soutenaient que « si l'Administration enlève au juge judiciaire le litige dans lequel elle-même est partie, c'est parce qu'elle en attend quelques avantages »[271].

Bien avant même la jurisprudence Gervaise, un ancien commissaire du gouvernement s'insurgeait contre ces incompréhensions liées à son ancienne fonction : « que doit-on penser de mon rôle comme commissaire du gouvernement ? Ici je dois éviter une confusion et peut-être faire une rectification qui intéresse l'honneur de mes anciennes fonctions. Car je ne suis pas sûr qu'autour de vous tout le monde sache bien ce qu'est le ministère public au contentieux du Conseil d'État. Si donc, par mon ancienne qualité de commissaire du gouvernement, vous entendiez le ministère public au contentieux, je tiens à répéter bien haut ceci. Mes devanciers, mes collègues, mes successeurs et moi-même, y avons toujours professé et pratiqué, avec l'indépendance la plus complète, le principe que, devant la justice adminis-trative, le commissaire du gouvernement n'a pas d'autre intérêt que celui de la justice elle-même, et que ces mots commissaire du gouvernement veulent dire commissaire de la loi et du bon droit. »[272]

L'institution du commissaire du gouvernement n'a pas en elle-même une reconnaissance ou une définition constitutionnelle directe, mais a une consécration populaire indirecte, c'est-à-dire législative. Ainsi, la loi portant organisation et fonctionnement des tribunaux administratifs l'a consacré en ces termes : « il peut proposer des changements de jurisprudence en formulant en toute impartialité ses conclusions sur les circonstances de fait de l'espèce et les règles de droit applicables. »[273]

Cela permet au commissaire du gouvernement de n'apprécier les faits sur lesquels il doit conclure qu'à l'aune du droit administratif et rien que le droit administratif. Ses démonstrations, ses analyses et surtout les confrontations qu'il effectue entre l'affaire pendante et la jurisprudence de la haute juridiction administrative peuvent attirer l'attention du juge rapporteur sur des jurisprudences constantes, voire des revirements jurisprudentiels et même la désuétude de certaines jurisprudences due à des changements de circonstances de fait et de droit. Cela démontre le rôle capital que peut jouer le commissaire du gouvernement dans la consolidation d'un État de droit substantiel au Mali, basé sur un vrai droit administratif endogène. Il faut alors comprendre que tout cela est très intéressant, mais ne signifie rien si ce travail extraordinaire que peut jouer le commissaire du gouvernement ne peut dans la pratique servir à rien.

---

[271] « Réflexions sur la séparation des contentieux », *Revue administrative*, 1957, p. 394.

[272] Georges L'Hôpital, Lettre adressée à des amis leur exposant, pourquoi il ne souhaite pas poser lui-même sa candidature à l'élection par l'Assemblée nationale des nouveaux membres du CE réorganisé par la loi du 24 mai 1872, reprise dans *le CE, son histoire à travers les documents d'époque, 1799-1804*, Paris, CNRS, 1974, p. 515 et p. 563.

[273] Loi n° 94-006, *op. cit.*, art. 36, al. 3 ; loi n° 2018-031, *op. cit.*, art. 48.

C'est ce qui semble être le cas au Mali, c'est pourquoi nous crions à l'urgence pour sauver le rapporteur public au Mali.

b. Une fonction méconnue et perfectible

Le commissaire du gouvernement : c'est le représentant du gouvernement ; c'est le défenseur des droits de l'État au procès administratif ; c'est l'équivalent du procureur au niveau des tribunaux administratifs ; c'est l'avocat permanent du gouvernement dans les tribunaux administratifs ; c'est le délégué du gouvernement dans les tribunaux administratifs[274].

Ces différentes expressions et acceptions sont celles que les Maliens donnent quand on leur pose la question de savoir ce qu'ils entendent par commissaire du gouvernement ou maintenant le rapporteur public. Elles sont révélatrices du degré de méconnaissance que les justiciables ont de ce magistrat.

Les deux grandes qualités indissociables de l'institution du commissaire du gouvernement, sont révélatrices de son objectivité, à savoir l'indépendance dont il bénéficie et l'impartialité dont il peut faire preuve, ne posent pas de problème. C'est plutôt sa méconnaissance due fondamentalement à son inadaptation, à son environnement qui fait qu'elle n'a presque pas sa raison d'être. Une redéfinition de l'institution s'impose alors, sans laquelle son apport réel à l'enracinement d'un droit administratif malien sera difficile. Le modèle de référence a évolué, le nôtre doit aussi évoluer, voire plus même que l'évolution française.

Il faut souligner surtout l'inadaptation de l'appellation de la fonction (commissaire du gouvernement). Elle est la principale source de beaucoup de confusion. Cette appellation qui crée des malaises au sein de notre justice administrative depuis son introduction avait produit les mêmes effets en France. Si l'institution a été magnifiée par de nombreux professeurs français comme l'« une des plus illustres spécificités (de leur) contentieux adminis-tratif »[275] en soulignant le fait qu'elle « s'exprime en toute indépendance »[276], qu'elle « fait le point du droit et propose aux membres de la juridiction ses conclusions »[277] et que c'est un « précieux outil de travail pour les juristes »[278], son appellation leur a aussi fait réagir.

C'est ainsi que Bernard Pacteau pense qu'« il faut bien admettre celui qui n'est pas le représentant de l'Administration […] n'a pas à s'appeler

---

[274] Nous avons recueilli ces différentes expressions et acceptions à travers un questionnaire comportant la seule question ainsi libellée « Qu'entendez-vous par commissaire du gouvernement ? ». Sur 1 270 réponses, les définitions ci-dessus reproduites en constituent 92 % et les 8 % sont acceptables les unes plus que les autres.

[275] V. R. Chapus, *Droit du contentieux administratif*, *op. cit.*, pp. 886-887.

[276] J. Morand-Deviller, *Droit administratif*, *op. cit.*, p. 29.

[277] *Ibid.*

[278] *Ibid.*

commissaire du gouvernement »[279]. Quant au professeur Jacqueline Morand-Deviller, l'appellation « commissaire du gouvernement » est une « qualification équivoque »[280].

Il y a lieu de signaler aussi un problème d'appréciation entre la CEDH et le Conseil d'État français. Il fallait donc une réforme et dans cette optique, Bernard Pacteau affirme qu'« aujourd'hui le commissaire, debout, n'attend plus que sa mue pour mieux vivre »[281]. Le commissaire du gouvernement sera ainsi rebaptisé par le Décret du 1er février 2009. Sa nouvelle appellation devient alors « le rapporteur public ». Cela « met fin à la qualification équivoque »[282] et « les célèbres conclusions du commissaire du gouvernement sont désormais celles du rapporteur public »[283].

Cette réforme aura peu d'impact, doutent en effet certains comme Pascal Gonod, qui estime qu'« il est un pur artifice de penser, sauf à part sur l'ingéniosité du pouvoir réglementaire lui permettant de dépasser les formules qui circulent depuis quelques mois, que l'appellation nouvelle épargnera l'effort pédagogique qu'impose, non pas la dénomination, mais la fonction elle-même »[284]. Tout juste après cette réforme, d'autres étaient envisagées ; c'est ce qui a fait que Jean Marc Sauvé, Vice-président du Conseil d'État français affirmait que « l'absence de réforme pourrait mettre en péril l'institution du rapporteur public »[285]. Cela a même conduit Jean Waline à noter que « la tentation de supprimer les conclusions du rapporteur public paraît très dangereuse »[286].

Tel est l'état de l'institution en France. Il ne s'agit pas pour nous de suivre point par point cette réforme telle qu'elle s'est faite et est en train de se faire en France, mais c'est pourtant ce que nos autorités ont tout de même essayé de faire à travers les nouvelles lois régissant les TA[287] et la Cour suprême[288] en adoptant comme nouvelle appellation le « rapporteur public ». Soit fallait-il supprimer cette fonction, car tel qu'elle existe aujourd'hui, elle ne sert d'aucune utilité au droit administratif malien. Oui, changer son appellation est nécessaire pour éviter certains préjugés dont l'appellation commissaire du gouvernement peut, de manière compréhensible, faire l'objet, mais cela est au fond insuffisant.

---

279 Bernard Pacteau, « Le commissaire du gouvernement : tout va très bien », AJDA 2006, p. 2305 ; voir aussi *Annales droit administratif*, 2009, commentaire du Professeur Patrice Chrétien, pp. 196-197.

280 Jacqueline Morand-Deviller, *Droit administratif*, *op. cit.*

281 B. Pacteau, *op. cit.*

282 J. Morand-Deviller, *op. cit.*, p. 30.

283 *Ibid.*

284 P. Gonod, « Être et paraître », AJDA 2007, p. 607, voir aussi dans le même numéro de l'*AJDA*, F. *Lambert*, *Faut-il maintenir le commissaire du gouvernement*, p. 778.

285 Questions à Jean Marc Sauvé, AJDA 7 mars 2011, p. 412.

286 Jean Waline, *Une révolution silencieuse*, AJDA 7 mars 2011, p. 409.

287 Loi n° 2018-031 du 12 juin 2018 portant organisation et fonctionnement des TA.

288 Loi n° 2016-046 du 23 septembre 2016.

Rappelons que « le rapporteur public conclut sur toutes les affaires »[289] et « doit à l'audience de la juridiction administrative, résumer l'affaire et étudier ses répercussions sur la jurisprudence »[290]. Les conclusions du désormais rapporteur public prennent une double forme : la liberté de conclure et l'obligation de conclure. La liberté de conclure signifie qu'il est complètement indépendant dans la rédaction de ses conclusions car ne recevant de directives d'aucune autorité judiciaire ou administrative. La seconde signifie que sans exception, il doit donner ses conclusions sur toutes les affaires et les expose à l'audience.

Pourtant, le caractère laconique de cette loi fait que celui-là même qui doit l'appliquer de manière exemplaire la viole. En effet, les rapporteurs publics des tribunaux administratifs ne concluent pratiquement plus. Une expression est même *à la mode* chez eux, à savoir *s'en rapporter* au rapport du rapporteur. Cela a tout simplement pour sens que le commissaire du gouvernement substitue le rapport du rapporteur à ses conclusions. Par cette attitude, il méconnaît son obligation légale de conclure. Cette pratique, qui ne favorise point l'épanouissement de notre justice administrative et avec elle le droit administratif malien, est devenue la règle.

Aussi, peut-on réellement tenir rigueur de cette violation flagrante des textes, sachant bien que même si le rapporteur public conclut, c'est prati-quement inutile. Quand il présente ses conclusions à l'audience, ses collègues s'intéressent à d'autres choses et n'hésitent pas à bourdonner, et à peine les parties au procès l'écoutent, car ses conclusions ne leur sont pas transmises. Combien c'est décourageant d'effectuer des recherches fatigantes pour proposer la solution des litiges et attirer l'attention des uns et des autres si l'on sait très bien que les textes font qu'aucun intérêt n'est accordé auxdits résultats ?

C'est pourquoi son attitude peut être compréhensible, même si c'est regrettable, d'où l'impérieuse réforme que cela exige. Son appellation nouvelle pouvait même être « le défenseur du droit » et la réforme pouvait aussi consister à lui autoriser à participer aux délibérations et à transmettre ses conclusions aux parties[291].

Cependant à Madagascar, le rôle du Commissaire administratif est pris avec relativement plus de sérieux, car tout comme le siège et le greffe, il existe au

---

289 *Ibid.* art. 6.

290 Loi n° 94-006, *op. cit.*, art. 36.

291 En ce qui concerne le système malgache, les autorités ont fait le choix d'instituer un véritable « parquet auprès de toutes les juridictions administratives obéissant à toutes les règles qui régissent le ministère public et dont les membres ne participent pas à la fonction de juger qui est dévolue aux magistrats du siège. On retrouve donc auprès du Conseil d'État un parquet général dirigé par le Commissaire général de la loi et auprès de chaque tribunal administratif un parquet dirigé par un commissaire administratif », V. Tahiry Andriamiarintsoa Rakotomalala, « La dualité juridictionnelle en Afrique subsaharienne : cas de Madagascar », Université de Strasbourg, École nationale d'administration, mémoire de Master « Administration publique », mai 2014, p. 51.

sein des tribunaux administratifs « des commissariats administratifs »[292] composés d'un commissaire administratif, d'un ou de plusieurs substituts. Ledit commissariat est dirigé par le commissaire administratif[293]. Il existe donc dans ce pays, un véritable service au sein des juridictions administratives, chargé uniquement de la sauvegarde du droit administratif. Aussi, « le rôle de chaque audience est arrêté par le président sur proposition conforme du Commissaire administratif »[294].

Sans que l'appellation commissaire administratif soit plus réaliste que celle de commissaire du gouvernement, la pratique malgache sans toutefois résoudre le principal problème lié à cette fonction, y accorde tout de même plus d'importance.

Le personnel magistrat ne permet pas à lui seul de faire fonctionner les tribunaux administratifs. Le personnel du greffe joue un rôle de premier plan et constitue ainsi une composante indispensable des tribunaux administratifs.

B. Le personnel du greffe : un maillon incontournable

Le greffe des tribunaux administratifs fonctionne autour d'« un greffier en chef, responsable du greffe ; des greffiers en chef (1) ; des greffiers ; des secrétaires de greffes et de parquets (2) »[295].

1. Du greffier en chef et des greffiers en chef

Le fait de parler du greffier en chef et des greffiers en chef peut être source de confusion, alors qu'il n'en est pas ainsi. Le hic se situe surtout au niveau du greffier en chef. En effet, dans les tribunaux administratifs pleinement fonctionnels, on peut constater un certain agacement des justiciables face à l'exercice de la fonction de greffier en chef, responsable du greffe (a), pourtant, le greffier en chef, responsable du greffe, même s'il est désigné comme tel relève du même corps que les greffiers en chef (b).

a. Le greffier responsable du greffe : une fonction souvent exercée avec ambiguïté

Le greffier en chef responsable du greffe est le « chef d'un greffe, chargé de la direction des services administratifs et de la gestion financière de la juridiction »[296]. À ce titre, il coordonne et dirige les activités du greffe. Il est le responsable des greffiers en chef, des greffiers, des secrétaires des greffes et parquets. Il désigne pour chaque rôle les greffiers ou greffiers en chef qui doivent assister les formations de jugement à l'audience. C'est lui qui conserve les registres tenus au greffe ainsi que les archives du tribunal et en constitue

---

292 Loi malgache régissant les TA, *op. cit.*, art 2.

293 *Ibid.* art. 6.

294 *Ibid.*, art. 31

295 Loi n° 2011-048/AN-RM du 28 juillet 2011 portant modification de la loi n° 94-006 du 18 mars 1994, art. 1er ; loi n° 2018-031 du 12 juin 2018, *op. cit.*, art. 4.

296 *Lexique des termes juridiques*, *op. cit.*

l'unique responsable. Il perçoit les consignations relatives aux requêtes introductives d'instance et en délivre des quittances. En plus d'être le dépositaire des minutes des jugements, il veille à l'enregistrement des jugements et des répertoires au service des domaines et du cadastre.

Cela nous permet de comprendre, combien le greffier en chef responsable du greffe peut jouer un rôle capital dans la consolidation d'une vraie justice administrative malienne au service des citoyens et surtout dans la consolidation de la confiance de ces derniers envers cette justice. Pourtant, tel ne semble pas être toujours le cas. Pour avoir une idée, il faut interroger les justiciables et se rendre au tribunal administratif. Ce qui nous donne un constat accablant. En effet, les manquements sont nombreux.

L'une des manifestations est la très grande concentration des pouvoirs entre les mains du responsable du greffe. Cela crée au sein même du greffe des malaises et conduit à une lenteur excessive. La principale raison évoquée est du coup mercantile. C'est ce qu'un greffier nous soulignait en ces termes : « si l'un des problèmes du tribunal administratif est le greffe, sachez que le problème du greffe c'est le greffier en chef responsable du greffe. » Contre toute légalité, on ne peut avoir sa grosse sans le plus souvent « payer ». Pratiquement, les frais de consignation des justiciables qui ont gagné leur procès ne sont jamais remboursés, malgré la mise des dépens à la charge du trésor public ordonnée par le juge. Il n'y a d'ailleurs aucune hésitation à bloquer lesdites grosses pour des raisons que le justiciable finira par comprendre lui-même.

Il nous faut revenir sur une précision. En effet, nous nous sommes calqués sur la pratique du greffe de la juridiction administrative la plus chargée de requêtes. Les autres ne dépassant pas parfois une dizaine de jugements par an, alors insuffisant pour faire de tel constat.

Il faut aussi une intervention des autorités chargées du bon fonctionnement de la justice pour mettre fin à de telles pratiques qui n'honorent pas ce corps et qui exacerbent la peur des justiciables face à la justice administrative. Cela doit conduire à une prise de conscience de ces agents. À première vue, on peut être tenté de penser au manque de formation ou même à l'incompétence, alors que ce sont des cadres ayant suivi des formations particulièrement riches leur permettant de faire face à leur fonction.

b. Des greffiers en chef : un corps de la catégorie A

Le choix des greffiers en chef parmi les titulaires de diplôme correspondant à la catégorie A de la fonction publique n'est pas le fait du hasard. Il est principalement lié aux nécessités de faire face à l'importante fonction de greffier en général et particulièrement de greffier au niveau des tribunaux administratifs là où la fonction se situe au centre de la procédure.

Leur recrutement se fait par concours direct. Tout le monde ne peut cependant se présenter audit concours comme nous avons commencé par le signaler. Il faut être titulaire d'une maîtrise en droit ou d'un diplôme équivalent reconnu par le service des équivalences pour que la candidature soit acceptée[297]. À l'issue du concours, les candidats déclarés admis sont alors nommés et titularisés par arrêté du ministre de la Justice, Garde des Sceaux[298]. Avant cela, les futurs greffiers en chef, fraîchement admis au concours, doivent suivre une formation indispensable à l'Institut national de Formation judiciaire. Cette dernière étant essentiellement basée sur la pratique de l'exercice de la fonction de greffier et du fonctionnement du greffe a pour but de les familiariser avec leur fonction.

On peut ainsi comprendre que les greffiers en chef ont le même diplôme que les magistrats, donc les mêmes niveaux d'études, soit au moins trois années d'étude de droit après le baccalauréat. Ils ont un niveau d'études qui leur permet de comprendre le juge, ses démarches, le droit qu'il dit dans un premier temps et de mettre en forme exécutoire des décisions de justice en second temps. Leur appartenance au corps des cadres est d'une utilité réelle et directe pour la sécurité juridique. Pour bien authentifier les décisions de justice, délivrer légalement les expéditions, les copies et les grosses des jugements et arrêts, ils doivent avoir le niveau intellectuel adéquat.

Le responsable du greffe est ainsi choisi parmi ces greffiers en chef. Si ces agents ont un niveau intellectuel acceptable, cela peut énormément avoir un impact positif non seulement sur la qualité et la pertinence des jugements, mais aussi sur la confiance des justiciables, parce que ceux-ci auront un interlocuteur apte à faire son travail.

Cependant, leur choix parmi les détenteurs de la maîtrise en droit ne doit pas être considéré comme une fin en soi. Comme cela peut être remarqué, il n'existe pas de greffier administratif à l'image des juges administratifs. Que cela soit l'« ordre judiciaire » ou l'« ordre administratif », ce sont les mêmes greffiers, qui ont suivi les mêmes formations. Notre position ici, ne doit pas être comprise comme signifiant une proposition de dissocier les greffiers des tribunaux administratifs des autres greffiers. Elle doit tout simplement être observée comme proposant à ce que les greffiers qui ont été affectés dans les tribunaux administratifs puissent être spécifiquement formés aux méthodes et techniques du juge administratif avant de commencer le travail. Le fait même que les détenteurs de maîtrise en droit public puissent devenir des greffiers peut faciliter cette familiarisation.

À côté de ces cadres, d'autres agents qui constituent même la cheville ouvrière sont indispensables dans le fonctionnement des greffes (2).

---

[297] Ord. n° 05-014/P-RM, *op. cit.*, art. 6.

[298] *Ibid.*, art. 7.

2. Les agents subalternes : les bras séculiers du greffe

Comme le précise la loi[299], les tribunaux administratifs comprennent aussi des greffiers, des secrétaires de greffes et de parquets. Ils peuvent, sur désignation du greffier en chef responsable du greffe, exercer une partie ou même toutes les fonctions attribuées à celui-ci. Ces agents ne forment pas un tout monolithique, ils se répartissent selon leurs niveaux d'études entre la catégorie B2 (a) et la catégorie B1 (b) de la Fonction publique.

a. Les agents de la catégorie B2 : le corps des greffiers

Ils sont soumis aux conditions générales d'accession à la Fonction publique malienne. Les greffiers sont ainsi choisis parmi les candidats titulaires d'un Brevet de Technicien (BT2) ou d'un diplôme reconnu équivalent, et ce par voie de concours organisé par le ministère de la Justice.

Le corps des greffiers est un maillon essentiel dans la structure du personnel des greffes des tribunaux administratifs. Dans l'organisation hiérarchique du greffe, n'occupant pas le « sommet », ce rôle étant exercé par le greffier en chef responsable du greffe titulaire d'un diplôme de la catégorie A, ils ne sont pas aussi au bas de l'échelle. Ce qui nous permet de comprendre qu'ils se situent entre le « sommet » et la base. Ils occupent donc une position intermédiaire au sein du greffe. Cette position leur permet de recevoir des ordres et d'en donner tout en se collant aux instructions qu'ils ont pu recevoir. Porteur de robe noire à l'audience eux aussi, ils participent pleinement au procès administratif. Pourtant, les greffiers ne sont pas à l'abri des critiques.

Nous nous limiterons ici à celles relatives à leur niveau de formation. Le fait qu'ils soient recrutés avec le niveau Brevet de technicien fait naître des doutes en ce qui concerne leur capacité intellectuelle d'analyse et de conduite de la procédure administrative contentieuse. Ils ne doivent en réalité leur familiarisation avec le droit administratif qu'à travers la routine. S'ils n'ont pas forcément besoin d'être des spécialistes en droit public comme les juges qu'ils accompagnent, ils doivent néanmoins être formés aux rudiments de celui-ci et particulièrement du droit administratif. Ce qui est un gage de facilitation de la compréhension des démarches techniques des avocats, ainsi que les arguments des juges administratifs et aussi la portée des jugements. Ils peuvent ainsi être choisis parmi les détenteurs du Diplôme d'Études universitaires générales en droit (DEUG). Les études universitaires de deux ans permettant l'obtention de ce diplôme donnent à son titulaire une vue d'ensemble sur le droit et particulièrement sur le droit administratif et le droit des obligations. Ce qui est obligatoire, c'est que, assistant les greffiers en chef et les magistrats dans leurs missions, les greffiers sont tenus de connaître les principes élémentaires du droit dont ils contribuent aussi à l'application.

---

299 Loi n° 2011-048, *op. cit.*

b. Les agents de la catégorie B1 : le corps des secrétaires de greffes et de parquets

Ce sont des agents qui occupent le « bas de l'échelle » au sein du greffe. Les secrétaires de greffes et de parquets sont aussi soumis aux conditions relatives à la nationalité avant leur recrutement. Ce recrutement se fait par voie de concours direct organisé par le ministère de la Justice. Les candidats doivent avoir au moins le certificat d'aptitude professionnelle ou un diplôme équivalent reconnu. Ils sont nommés et titularisés par arrêté du ministre de la Justice.

Ils exercent leur fonction sous l'autorité du Président du tribunal administratif, mais aussi sous celle du greffier en chef responsable du greffe, des greffiers en chef et des greffiers. Ce rang qu'ils occupent au sein de la juridiction fait peser sur eux une lourde et délicate tâche. Ils sont à titre principal chargés des tâches administratives d'exécution. À côté de cette fonction principale, ils peuvent être amenés parfois à jouer le même rôle que les greffiers.

Ainsi, à titre exceptionnel ou temporaire les secrétaires de greffes et de parquets peuvent exercer les fonctions attribuées aux greffiers. Il faut cependant préciser que cela n'est possible que lorsque le secrétaire de greffe et de parquet concerné a prêté serment.

La formation de ces agents n'échappe pas aussi aux critiques. En fait, le diplôme exigé pour accéder à leur corps est l'équivalent de deux ans d'études après le Diplôme d'Études fondamentales (DEF). Le diplôme exigé peut ainsi être ramené au Brevet de technicien. Il faut pourtant reconnaître que les secrétaires de greffes et de parquets jouent un rôle capital dans le fonctionnement des tribunaux administratifs à travers l'exécution de différentes tâches au sein du greffe malgré leur niveau d'études. Ce qui ne doit pas faire oublier que nonobstant cela, la pratique du droit administratif doit se faire tout au long de la chaîne par des agents qualifiés.

Il faut ainsi comprendre que les tribunaux administratifs se composent principalement de ces deux grands types de personnels : le personnel magistrat et le personnel du greffe. Cela a certainement une incidence réelle sur leur organisation, même si celle-ci est, comparativement avec d'autres juridictions administratives étrangères, simple. Le deuxième paragraphe y sera consacré.

Paragraphe 2 : La « simplicité »[300] de l'organisation des tribunaux administratifs

Sur le plan géographique, les trois tribunaux fonctionnels de la République du Mali sont répartis comme suit : le tribunal administratif de Bamako couvre le District de Bamako, la région de Koulikoro, la région de Sikasso et celle de Ségou. Celui de Kayes couvre la région de Kayes. Celui de Mopti couvre non seulement la région de Mopti, mais aussi celles de Tombouctou, de Gao et de Kidal. C'est à travers ce schéma inégalitaire que tout le territoire est couvert par nos juridictions administratives de droit commun. Sans nous appesantir ici sur les nombreuses difficultés que peut soulever une telle organisation géographique, il faut savoir qu'elle laisse entrevoir une certaine inefficacité dans la pratique.

À côté de cette organisation géographique que nous avons en réalité effleurée délibérément, ce paragraphe sera principalement focalisé sur l'organisation interne des juridictions administratives de droit commun. Ce choix nous semble plus judicieux étant donné que l'organisation géographique sera soulignée au titre des insuffisances dans le chapitre suivant. En plus, l'étude de l'organisation interne permettra d'ouvrir la porte de ces juridictions et les faire visiter.

Cependant, il faut comprendre que les tribunaux administratifs sont fondamentalement organisés autour du Président du tribunal dont le rôle est incontournable et du greffe sans lequel ils ne peuvent exister. Ils seront respectivement étudiés en (A) et en (B).

A. Le président du tribunal : « un juge-administrateur »[301]

S'il y a un fait qu'il faut comprendre, c'est que le Président du tribunal se présente comme le véritable chef de l'organisation structurelle de sa juridiction

---

300 Elle est en effet simple si on la compare à celle des TA français qui sont composés d'une ou de plusieurs chambres. Auprès de chacune de celles-ci est attaché un Rapporteur public (ex-Commissaire du gouvernement). Dans les grands tribunaux, les chambres sont de plus en plus spécialisées dans les différents types de contentieux, par exemple : chambre chargée du contentieux de la Fonction publique, etc. Aussi se développe auprès de ces juridictions pour certaines affaires à priori simples et en dehors du référé le recours au juge unique qui statue plus rapidement, exemple : en matière de litiges relatifs aux prestations accordées au titre de l'action sociale ou aux impôts locaux à l'exception de la contribution économique territoriale ; V. P-L Frier, J. Petit, *Droit administratif*, Paris, LGDJ, 10e éd., *op. cit.*, p. 453.

301 Dans son ouvrage, Pierre-Olivier Parguel emploie l'expression « Administrateur juge », « Le président du tribunal administratif », Paris, Publibook, 2008, p. 28 ; mais nous préférons ici l'expression « juge-administrateur » car celle utilisée par l'auteur fait automatiquement penser à un passé récent de la justice administrative. En effet, il fait tout de suite rappeler la confusion des pouvoirs administratif et juridictionnel entre les mains des autorités administratives. Ces dernières n'étaient en réalité que des « juges par accident », alors que dans le cas qui nous concerne, le Président du tribunal est avant tout un juge et ne constitue qu'un administrateur par ricochet en raison des tâches qui lui sont confiées et ce, à l'intérieur de son tribunal.

(1). Cela ne doit cependant pas faire oublier qu'il est aussi un juge, c'est-à-dire un membre de la juridiction administrative, mais détenant plus de pouvoirs que les autres membres de la juridiction (2).

1. Un véritable chef[302] dans l'organisation structurelle de la juridiction[303]

Dans l'organisation interne des tribunaux administratifs, le président est le chef à double titre : il constitue non seulement le chef du personnel du tribunal (a), mais aussi le chef de service de la juridiction (b).

a. Un chef du personnel

Le tribunal administratif « comprend un Président (…)[304] nommé par décret pris en conseil des ministres sur proposition du ministre de la Justice après avis du conseil supérieur de la magistrature »[305] . Le titre de président fait porter à son titulaire une lourde tâche. Il exerce alors un contrôle sur les agents placés sous son autorité. C'est pour cette raison que Pierre-Olivier Parguel écrit : « le Président du tribunal administratif dispose d'un pouvoir de coercition plus ou moins important, et se comporte alors comme un véritable chef du personnel. »[306]

Il y a lieu de souligner que les tribunaux administratifs ne sont pas constitués d'un personnel homogène, nous l'avons souligné dans le paragra-phe 1 de cette section. Il y a certains qui relèvent du même statut que le Président lui-même : c'est le personnel magistrat.

D'autres par contre relèvent d'un autre statut : c'est le personnel du greffe. Le Président dispose alors de compétences variables sur ses propres collègues et sur le personnel du greffe. Il faut pourtant signaler que le législateur malien n'a pas pris le soin de bien clarifier les diverses compétences dont il dispose sur le personnel et dans l'organisation du procès administratif. Ce qui ne facilite pas la tâche de leur identification, d'où le recours à divers textes en plus de celui régissant les Tribunaux administratifs.

Ainsi, cette supériorité du président du tribunal administratif sur le personnel se manifeste principalement sur un double plan : celui de la notation et de manière exceptionnelle celui de la procédure disciplinaire.

- **Le président note l'ensemble du personnel du tribunal administratif**

Que cela soit le personnel magistrat ou celui du greffe, chaque fonctionnaire du tribunal administratif est annuellement noté par le président en tant que chef

---

302 Il est remplacé en cas de nécessité par le vice-président, la loi n° 2018-031, *op. cit.*, art. 5.

303 « Le président est le chef de la juridiction », art. 5 de la loi n° 2018-031, *op. cit.*

304 Loi n° 95-057, *op. cit.*, art. 4 ; la loi n° 2018-031, *op. cit.*, art. 4.

305 *Ibid.* art. 6.

306 P.-O. Parguel, « Le Président du Tribunal administratif », thèse de doctorat soutenu à la Faculté de Droit et sciences politiques de l'Université Lumière de Lyon, p. 30, 330 p.

du service. Celle qui retient le plus l'attention est la notation du personnel magistrat. En effet, « chaque année, il est procédé à la notation des magistrats »[307] . Cette notation doit être purement objective et ne doit constituer que le reflet du comportement général du magistrat au cours de l'année concernée par la notation[308]. La notation se présente alors entre les mains du président comme *le bâton et la carotte*, c'est-à-dire, il s'en sert tantôt comme une arme de dissuasion ou de sanction, tantôt comme un instrument de récompense.

Le magistrat ayant ainsi effectué une bonne année judiciaire mérite une bonne notation. Cela se traduit par le fait que le magistrat, ayant effectué au cours de l'année de référence de la notation, un travail remarquable de par la qualité de ses rapports dans les différentes affaires à lui attribuées, se retrouve avec une bonne notation. Cette qualité englobe la sincérité, la justesse et la clarté des rapports. Tout cela ne constitue que le corollaire du comportement exemplaire du magistrat. A priori, le président aura les mains liées dans la notation d'un tel magistrat. En d'autres termes, il ne pourra attribuer qu'une bonne note à celui-ci.

Le contraire ne doit pas aussi surprendre. C'est-à-dire, le magistrat ayant manifesté au cours de l'année, un comportement insatisfaisant ne doit pas être surpris d'avoir été noté en dessous de la moyenne. Par comportement insatisfaisant, il faut entendre la mauvaise qualité des rapports, l'incapacité à pouvoir lier les litiges aux textes et aux jurisprudences y afférents et l'ambiguïté des rapports donnant ainsi une mauvaise lisibilité des points de droit. Tous ces maux conduisent à une situation qui n'est pas avantageuse pour le magistrat en question : l'incompétence.

Le président est alors sans nul doute le chef du personnel du tribunal administratif. Cette prééminence dont la notation est la principale manifestation a une grande répercussion sur la carrière du magistrat. En effet, le magistrat mal noté ne peut espérer compter sur un certain avancement. Si l'avancement d'échelon « consistant en l'accession au sein du grade, à un échelon indiciaire supérieur à l'échelon atteint »[309] ne pose pas de problème, car « est automatique en fonction de l'ancienneté »[310], il en est autrement en ce qui concerne l'avancement de grade. Celui-ci « ne peut avoir lieu qu'au profit des magistrats inscrits au tableau d'avancement »[311]. Alors que « pour être inscrit au tableau d'avancement, le magistrat doit lors de la dernière notation avoir fait l'objet d'une appréciation au moins égale à la moyenne »[312]. L'exception à ce principe est que « l'avancement au titre de la formation dispense son bénéficiaire de

---

[307] *Statut de la magistrature*, *op. cit.*, art. 85.
[308] *Ibid.*
[309] *Ibid.*, art. 88.
[310] *Ibid.*, art. 89.
[311] *Ibid.*, art. 92.
[312] *Ibid.*, art. 93.

l'inscription au tableau d'avancement »[313] sauf que l'avis favorable du président est aussi exigé pour obtenir l'autorisation de formation.

Pourtant, cette prééminence du président ne peut échapper à toute critique. Elle peut en effet constituer une entrave à l'indépendance du personnel magistrat. Ainsi, le magistrat qui, normalement, est comme les autres fonctionnaires de l'État songe à sa carrière. De ce fait, il peut être amené à suivre irrégulièrement la position tenue par le président dans un dossier. Il est difficile, il faut le reconnaître, d'oser aller sérieusement à l'encontre de la conviction de celui dont sa carrière dépend en grande partie. Ce qui fait planer un doute de subjectivité sur le pouvoir de notation dont dispose le président. S'il faut souligner que « le tableau d'avancement est soumis au contrôle de sa régularité à une commission dite d'avancement présidée par le président de la Cour suprême »[314] ; cette commission constitue l'autorité de pondération pouvant ainsi réexaminer et réajuster les notations, même s'il faut souligner la reconduite des notations dans la plupart des cas.

En ce qui concerne le personnel du greffe, « le greffier en chef, le greffier, les secrétaires de greffes et parquets font l'objet d'une notation annuelle par le chef de juridiction »[315] qui est le président. Ladite notation est basée, à l'exclusion de toute autre considération, sur le comportement de travail et de compétence du personnel du greffe au cours de l'année concernée par la notation[316].

– **Le président intervient dans les sanctions disciplinaires**

Il est logique que « le président étant responsable de l'activité des membres de son tribunal doit, lorsque le besoin s'en ressent, mettre en œuvre à leur encontre, directement ou indirectement des sanctions disciplinaires »[317]. Contrairement à son pouvoir de notation, son pouvoir de sanction n'est pas élevé à l'égard de ses collègues, même si c'est lui en général qui déclenche l'action disciplinaire. En ce qui concerne le personnel du greffe, s'il peut infliger des sanctions du premier degré (l'avertissement et le blâme), celles du second degré (l'abaissement d'échelon ; l'exclusion temporaire ; la rétrogra-dation ; la révocation sans suspension des droits à pension ; la révocation avec suspension des droits à pension) « sont prononcées par arrêté du ministre chargé de la Justice, après avis du conseil de discipline »[318]. Le conseil de discipline n'est cependant pas saisi en cas « de poursuite disciplinaire pour détournement de deniers publics »[319].

---

313 *Ibid.*, art. 98.
314 *Ibid.*, art. 94.
315 Ord. n° 05-014/P-RM du 22 mars 2005, *op. cit.*, art. 70.
316 *Ibid.*
317 Parguel, *op. cit.*, p. 27.
318 Ordonnance n° 05-014, *op. cit.*, art. 96.
319 *Ibid.*, art. 97.

Le président du tribunal administratif n'est pas seulement le chef du personnel de cette juridiction, mais il constitue également le chef de service de celle-ci.

b. Un chef de service

Les tribunaux administratifs constituent des services de l'État et se trouvent à ce titre sous la direction d'un chef qui prend les mesures nécessaires à son fonctionnement normal. Ce chef est le président du tribunal, qui s'occupe de la gestion des affaires soumises à sa juridiction aussi bien sur le plan de l'organisation des audiences que sur le plan processuel, ainsi que sur le plan de la gestion financière de la juridiction. Toutes ces compétences qui lui sont dévolues, font de lui un véritable « chef de service »[320].

– Le président organise le traitement des affaires

Les requêtes introductives d'instances sont adressées au président du tribunal, mais déposées au greffe qui doit les acheminer dans son bureau après enregistrement. Il appartient au président d'organiser les formations de jugements, c'est-à-dire, qu'il est chargé d'affecter les juges dans les différentes formations. Afin que le tribunal puisse statuer sur le plus grand nombre de dossiers, c'est le président qui désigne le juge rapporteur « auquel le dossier est transmis en vue de la mise en état »[321].

Le fait que le choix du juge rapporteur et des membres de la formation relève des pouvoirs du président peut paraître banal. Pourtant, il ne l'est point, car « le président doit en effet effectuer un dosage de façon à obtenir une représentation des divers points de vue, opinions ou spécialisations. Il s'agit donc d'un exercice assez périlleux »[322]. Il se situe également au centre de la communication des mémoires à travers le juge rapporteur qui en ordonne[323]. Il adresse des mises en demeure et peut lui arriver de décider de passer outre l'instruction[324]. Au fond, ces tâches sont directement exercées par le rapporteur mais sous sa vigilance.

Ces différentes prérogatives font de lui un véritable chef de service sur le plan de l'organisation du procès même si cette omniprésence peut parfois susciter des inquiétudes quant à l'indépendance du juge rapporteur. C'est vrai, son rôle à ce niveau se limite normalement à attribuer le dossier à un juge rapporteur, mais c'est lui qui choisit. La question consistant à savoir, si ce choix peut toujours être objectif, est vraiment difficile à répondre. Ne serait-il pas tenté, dans certaines affaires, d'attribuer le dossier à un juge qu'il estime lui être fidèle ou même de donner des petites consignes courtoises au juge rapporteur ?

---

[320] V. M. Khadir, « Le président de la Cour administrative d'appel », LPA, juin 2001, n° 126.
[321] Loi n° 94-006, *op. cit.*, art. 16 ; la loi n° 2018-031, *op. cit.*, art. 15.
[322] Parguel, « Le président du tribunal administratif », *op. cit.*, p. 31.
[323] Loi n° 2018-031, *op. cit.*, art. 16.
[324] *Ibid.*, art. 19.

De toutes les façons, cette pratique n'est pas insusceptible de conduire à une certaine subjectivité dans la répartition des affaires entre les juges. Ce qui est évident, c'est que c'est un témoignage particulièrement frappant de son statut de chef de service de la juridiction administrative.

– **Le président dirige la procédure à travers le greffe**

C'est par l'intermédiaire du rapporteur et du greffe qu'il communique avec les requérants. S'il ordonne la communication des mémoires, c'est le greffe qui le fait directement. C'est aussi à travers cette partie de la juridiction administrative qu'il adresse la mise en demeure.

Dans la pratique, le président du tribunal est le vrai chef du greffe. Par l'intermédiaire du greffier en chef responsable du greffe, il organise le travail du personnel du greffe pour une bonne gestion de la procédure. Sur ce point, il faut reconnaître que l'analyse est plus théorique que pratique, cette tâche étant principalement exercée par le responsable du greffe. Cela n'enlève cependant rien à son statut de chef de service, car il peut toujours rappeler à l'ordre le personnel du greffe.

– **Le président dirige le budget du tribunal**

Les tribunaux administratifs ne bénéficient pas de la personnalité morale et de l'autonomie financière. Les crédits nécessaires à leur fonctionnement sont inscrits au budget national pour le compte du ministère de la Justice.

Sur le plan pratique, il faut soulever ici la nette différence avec les tribunaux administratifs français, qui sont rattachés au Conseil d'État dont le Secrétaire général assure leur gestion financière depuis le 31 décembre 1987[325]. Les tribunaux administratifs maliens sont financièrement rattachés au ministère de la Justice à travers la Direction des finances et du matériel de celui-ci. Cela ne signifie pas que les autorités des tribunaux administratifs ne disposent d'aucune marge de manœuvre dans la gestion financière de leur structure.

En effet, si la Direction des finances et du matériel détermine chaque trimestre la masse de crédit à allouer aux tribunaux administratifs, il faut savoir qu'elle la notifie à un membre de cette juridiction. Ce membre n'est autre que le président du tribunal. Les fonds alloués sont ainsi directement gérés par le greffe du tribunal administratif à travers le greffier en chef sous la direction du président. Le greffe constitue alors *mutatis mutandis* le service comptable du tribunal administratif.

Les magistrats, ainsi que les autres agents du tribunal administratif adressent leur demande de fourniture au greffe. Le greffier en chef ne peut cependant

[325] Loi française n° 87-1127 du 3 décembre 1987, art. 3. Cette réforme n'a pas manqué de susciter un intérêt favorable de la doctrine et des praticiens. C'est ainsi que Pacteau et Abraham ont souligné l'importance de ladite disposition (voir RFDA 1988, mars-avril, B. Pacteau, p. 181 ; R. Abraham, p. 209).

exécuter une dépense sans avoir soumis au préalable les états au président pour son visa. Celui-ci alors peut, en tenant compte de la masse de crédit qui lui a été notifiée, ordonner ou pas la liquidation. Ce qui fait de lui l'ordonnateur du fonds alloué au tribunal administratif. Le fait de détenir la direction des finances du tribunal consolide et confirme le président en tant que chef de service de la juridiction.

Le président est donc sans ambages, le chef de la juridiction administrative de base. Cela pourrait faire oublier qu'il est aussi un membre de ladite juridiction et qu'il exerce les fonctions de résolution des litiges tout comme les autres magistrats du tribunal (2).

2. Un membre de la juridiction administrative

L'ambiguïté de la qualité de président du Tribunal ne peut manquer d'attirer l'attention. Le fait qu'il assure la direction de la juridiction, aussi délicate que cette mission peut-être, n'affecte pas sa qualité de membre à part entière du tribunal administratif. De ce postulat, nous pouvons retenir l'enseignement suivant : le président du tribunal administratif est un juge (a), mais un juge bénéficiant de plus de prérogatives que les autres juges (b).

a. Le président est un juge

Il est évident, comme nous l'avons déjà mentionné dans ce paragraphe, que le président du tribunal administratif est certes, de par sa position au sein de la juridiction un administrateur, mais il est avant tout un magistrat.

Le président du tribunal est nommé dans les mêmes conditions et suivant la même procédure que les autres juges administratifs. Il est proposé par le ministre de la Justice, mais après une simple consultation du Conseil supérieur de la magistrature[326]. Il prête également le même serment que les autres juges administratifs avant d'entrer en fonction.

La qualité de juge du président du tribunal administratif ne fait l'objet d'aucune controverse à ce niveau. Il peut lui-même être rapporteur s'il le juge nécessaire et peut faire partie des formations de jugement. Ce qui sous-entend qu'il participe activement aux solutions des litiges soumis à sa juridiction. Il n'est même pas exagéré de souligner que sa qualité de juge est plus élevée que les autres juges de sa juridiction. Cela se manifeste surtout en matière de procédure d'urgence. Ainsi, il peut ou le juge qu'il aura désigné en matière de référé administratif « ordonner toute mesure utile sans porter préjudice au principal ni faire obstacle à l'exécution d'aucune décision administrative »[327].

En général, il statue lui-même sur les requêtes aux fins de sursis à exécution. Dans la pratique, il s'auto-attribue les affaires sensibles, c'est-à-dire les dossiers

---

[326] Loi n° 95-057/AN-RM, *op. cit.*, art. 6.

[327] Loi n° 94-006, *op. cit.*, art. 23 ; loi n° 2018-031, *op. cit.*, art. 24.

qui suscitent une attention particulière de l'opinion nationale et parfois même de l'opinion extranationale.

Pourtant, cette intervention du président du tribunal administratif en tant que juge est source de certaines inquiétudes. En effet, sa nomination pose un problème crucial : la difficulté d'identifier les critères sur la base desquels il est choisi parmi les autres magistrats de l'ordre administratif. Serait-il alors l'homme choisi par le pouvoir et qui, par son intermédiaire, contrôlerait alors efficacement l'activité des tribunaux administratifs ?

La réponse à cette interrogation n'est pas aisée. En tenant compte du fait de l'inexistence de textes législatifs clairs définissant les modalités entourant le choix du président parmi les autres juges administratifs, le doute est permis sur son entière indépendance. Toutefois, le point qui nous intéresse ici ne souffre d'aucun doute. Il s'agit du fait que le président soit un membre de la juridiction, qui tranche même beaucoup de litiges soumis à la juridiction. Ce qui ne fait pourtant pas de lui, un juge comme les autres.

b. Un juge au-dessus des autres

Le président est un juge, nous venons de le démontrer ci-haut. Pourtant, nous avons souligné aussi qu'il est un juge administrateur. Son rôle d'administrateur du tribunal administratif ne se manifeste pas seulement à travers la gestion administrative et financière du service de la juridiction, mais se constate aussi par sa direction et son organisation du procès. Cela le met clairement dans une position supérieure à celle de ses collègues.

Ainsi, le législateur précise que : « le rôle de chaque audience est arrêté par le président du tribunal administratif »[328]. Les autres juges, même s'ils terminent avec la rédaction de leurs rapports, doivent le soumettre au visa du président pour que les affaires impliquées dans ces dits rapports puissent être enrôlées. Cette pratique, pourtant légale, met les autres juges dans une position de dépendance au président. Celui-ci pouvant d'ailleurs leur demander subtilement des « petites rectifications » avant l'enrôlement. Si cela paraît normal dans un souci d'organisation, cela peut soulever des inquiétudes dans un souci de liberté des juges. Cette position qui peut, à première vue, paraître banale est pourtant très importante. Il ne peut y avoir de jugement sans procès et le procès ne peut avoir lieu sans enrôlement de l'affaire.

Cette suprématie du président se manifeste également au niveau de la constitution de la formation de jugement. Cela n'est pas propre au Mali seulement. En France, « les présidents sont responsables de l'ensemble de leur tribunal, ils sont donc chargés d'affecter les conseillers dans les différentes chambres »[329].

---

[328] *Ibid.*, (Loi n° 94), art. 34 ; *ibid.* loi n° 2018-031, *op. cit.*, art. 45.

[329] Code de justice administrative française, art. R 222-8, cité par Parguel, *op. cit.*

Les tribunaux administratifs maliens n'étant pas constitués de chambres, le président se charge de l'affectation des juges aux formations de jugement. Il préside de droit la formation à laquelle il participe. Le président est aussi impliqué dans la procédure des convocations aux audiences que la juridiction adresse aux parties en procès. À ce niveau, cette tâche est aussi exécutée par le juge rapporteur désigné par le « chef ».

Le pouvoir d'affecter les juges à des formations de jugement nécessite une certaine attention de la part du président. À ce niveau, il doit être impartial au point d'effectuer un traitement équitable entre les juges d'où le caractère « périlleux de cet exercice »[330] .

Ces différentes prérogatives dont dispose le président font de lui un juge supérieur aux autres juges de sa juridiction. C'est vrai que dans la théorie, il se présente comme l'égal relatif des autres juges dans les formations de jugement dans l'optique du respect de leur caractère collégial. Mais au-delà de cela, il faut reconnaître que les choses peuvent être plus délicates dans la pratique. En effet, ne serait-il pas perçu comme de l'indiscipline de s'opposer au président en votant contre son rapport ? Nous estimons que les juges faisant partie d'une même formation que le président risquent de ne pas voter librement de peur de ne pas vexer le « chef ». En la matière, il existe une pression morale qui pèse sur ces juges.

Mieux vaut ne pas alors contrarier le chef doté de tels pouvoirs dans le service au sein duquel on travaille. Le président se présente ainsi comme le chef des juges dans la pratique.

Il constitue donc l'élément central de l'organisation interne des juridictions administratives de droit commun. Cette affirmation doit cependant être bien comprise. Si le président constitue l'élément central, il ne peut pas à lui seul faire fonctionner la juridiction. À côté de lui, il existe le greffe (B), un organe sans lequel la juridiction administrative de base ne peut fonctionner dans sa conception actuelle.

B. Le greffe : un service de premier plan

Le greffe se trouve être la porte d'entrée du tribunal administratif. Les juridictions administratives de droit commun sont aussi appréciées à travers cet organe clé. Si les tâches attribuées au greffe par le législateur sont bien exécutées, la juridiction administrative s'en sort consolidée. Le contraire pouvant créer la méfiance de la population envers elle. Le greffe constitue ainsi l'interface entre la juridiction et les justiciables (1) et constitue de fait l'organisateur de la documentation de la juridiction (2).

---

[330] O.-P. Parguel, *Le président du tribunal administratif*, *op. cit.*, p. 31.

1. Un rôle d'interface entre le tribunal administratif et les justiciables

Le greffe manifeste son rôle d'interface dès le premier contact du justiciable avec la juridiction (a) et cela se prolonge avec son incontournable action dans toute la procédure (b).

a. Du premier contact avec le tribunal administratif

La procédure devant la juridiction commence tout d'abord par la prise de contact obligatoire avec le greffe. En effet, « les requêtes introductives d'instance et les pièces concernant les affaires sur lesquelles le tribunal administratif est appelé à statuer doivent être déposées au greffe »[331].

Parfois, l'échec du procès dépend de ce premier contact. Lorsque le justiciable arrive au niveau du greffe, le greffier qui tient le registre d'ordre ne doit pas se contenter d'enregistrer la requête. Il doit, compte tenu de la particularité de la juridiction administrative, servir de conseiller neutre au justiciable. Ce qui peut paraître évident ou banal dans les sociétés ayant atteint un taux d'instruction très élevé, ne l'est pas dans celles avec des populations majoritairement analphabètes. Il doit alors directement signifier au requérant l'obligation pour celui-ci de consigner sa requête, en expliquant clairement à ce dernier que faute de l'avoir fait, sa requête peut être déclarée irrecevable par le juge. Sur ce point, il faut souligner une certaine disponibilité des agents du greffe à donner des informations aux justiciables. Notre recherche auprès d'une masse assez considérable de requérants en atteste[332].

Ce premier contact avec la juridiction administrative n'est pas vital seulement pour le requérant. Il l'est également pour le défendeur, qui sera aussi amené à prendre contact avec le greffe soit pour prendre connaissance des pièces du dossier, soit pour déposer son mémoire en réplique.

Il n'est cependant pas excessif d'affirmer que l'image du tribunal administratif dépend de l'accueil que réserve le greffe au justiciable lors du premier contact. Le greffe peut ainsi, à travers le premier contact véhiculer une image positive ou négative de la juridiction administrative de droit commun. Il faut signaler à ce niveau que ce sont les agents qui travaillent au sein du greffe qui agissent en son nom. Ce qui veut dire que ces derniers doivent avoir un comportement exemplaire. Ces agents ne sont autres que les greffiers et les secrétaires de greffes et de parquets.

Qui dit alors contact avec le greffe, parle forcément des greffiers, car c'est eux qui assurent cet exercice, d'où le comportement exemplaire qu'ils doivent avoir. C'est pourquoi, Hawaï Kanté et Mamadou Gaoussou Diarra estiment, que

---

[331] Loi n° 94-006, *op. cit.*, art. 9 ; loi n° 2018-031 du 12 juin 2018, *op. cit.*, art. 9.

[332] En effet, sur un groupe cible de 150 requérants (de janvier 2012 à février 2014) avec lesquels nous nous sommes entretenus, la quasi-totalité affirme avoir été informée dès le premier contact avec le tribunal administratif, qu'il y a une somme à payer pour la couverture des frais éventuels de timbre et d'enregistrement, même si le problème se situe ailleurs.

le greffier est « l'interlocuteur du justiciable lorsque ce dernier s'adresse à l'Administration de la justice »[333]. Ils soutiennent que « de la qualité du premier contact peut résulter une perception négative ou positive de la justice »[334]. Son rôle va au-delà de ce premier contact. Le greffe reste présent dans la procédure jusqu'à la remise de la grosse au requérant.

b. De l'indispensable rôle de l'instruction au jugement

À ce niveau, il n'est pas exagéré de souligner, que sans le greffe il ne peut y avoir de procédure, ou tout du moins selon la configuration actuelle de la procédure devant les juridictions administratives de base. En effet, le greffe se situe au début ainsi qu'à la fin de la procédure.

Pour que le tribunal administratif puisse statuer sur une affaire, l'intéressé doit tout d'abord déposer au greffe une requête introductive d'instance[335]. C'est le premier acte de la procédure, donc son début. Le greffe se présente ainsi comme le secrétariat de la juridiction. Cela se traduit tout d'abord par l'enregistrement de la requête, ensuite sa transmission au président et enfin par la communication des différents mémoires[336]. Le greffe s'assure de l'effectivité de la communication de la requête introductive d'instance et des mémoires. Il constate cette effectivité au moyen du récépissé ou du procès-verbal de notification qui lui doit être transmis par l'autorité ayant procédé à la notification[337].

Le constat de la notification de la requête introductive d'instance aux autres parties intéressées par le procès, n'est pas du tout futile comme on peut être tenté de le croire. C'est l'une des étapes les plus délicates et sensibles de la procédure. Ce constat permet de savoir si les parties concernées ont pris connaissance ou pas de l'existence de la procédure. Il permet aussi d'éviter des tierces oppositions éventuelles et rend la procédure contradictoire. Une erreur ou une négligence du greffe en la matière peut conduire à une injustice ou même à un scandale juridique d'où son importance.

Le greffe permet également aux parties ou à leurs mandataires de prendre connaissance des pièces de l'affaire sans qu'ils aient la possibilité de se déplacer avec elles. Le fait de permettre aux parties de connaître les pièces du dossier revêt une importance capitale. Dans la mesure où le juge se fonde principalement sur les pièces fournies par les différentes parties pour trancher le litige, le fait pour chaque partie de connaître les pièces justificatives

---

333 Hawaï Kanté et Mamadou Gaoussou Diarra, « Rôles et missions des professions judiciaires dans la réforme juridique et judiciaire », Communication au Colloque international sur *l'analyse comparée de processus de réformes juridiques et judiciaires*, Bamako, 18-20 septembre 2006.

334 *Ibid.*

335 Loi n° 94-006, art. 9, *op. cit.* ; loi n°2018-031, art. 9, *op. cit.*

336 Il s'agit du mémoire ampliatif déposé avec la requête introductive d'instance par le requérant, du mémoire en défense et du mémoire en réplique.

337 Loi n° 94-006, art. 17 ; loi n°2018-031, art. 16.

présentées par l'autre permet d'équilibrer les armes de défense. Chaque partie peut ainsi éventuellement produire des pièces en réponse à celles déposées par l'autre. C'est pourquoi, le greffe veille à ce niveau à l'équilibre et à l'égalité entre les parties devant la juridiction administrative.

Le greffe a également un important rôle à jouer dans la procédure d'urgence. Celle-ci ne peut ainsi être urgemment menée, si le greffe ne joue pas le jeu de l'urgence en transmettant dès réception, la requête au président du tribunal. Cela se manifeste également dans la rapidité de la communication de la requête aux parties. Il faut aussi savoir qu'au cas où le président statuait positivement sur la requête, le greffier doit rapidement porter à la connaissance des parties, surtout l'auteur de la décision attaquée, le jugement rendu par le tribunal.

Le greffe se situe à la fin de la procédure, nous l'avons souligné. C'est le greffe qui est chargé de la notification des jugements ou des décisions du président aux différentes parties. Il peut le faire soit par la voie administrative ou postale, soit par ministère d'huissier[338]. Mais avant leur notification, la formule exécutoire doit être apposée sur ces jugements définitifs[339]. Cette étape qui matérialise la fin de la procédure n'est pas moins importante que les autres, car un jugement n'est exécutoire que lorsqu'il est délivré par le greffe avec la formule exécutoire.

Le greffe est donc présent du début à la fin de la procédure et à chaque étape où il intervient, son rôle est indispensable et incontournable. Pourtant, son importance dans l'organisation interne du tribunal administratif se manifeste également sur le plan documentaire. Il se présente ainsi comme le garant de la documentation de la juridiction administrative de base (2).

2. Un rôle d'organisateur et témoin auprès du tribunal administratif

Sur ce plan, le greffe joue un rôle incontournable et agit à ce niveau encore, en véritable secrétariat du tribunal administratif. À ce titre, il gère un ou plusieurs registres qui concernent d'une part, le courrier du président (a) et d'autre part, les dossiers exclusivement relatifs à la procédure (b).

a. Les registres relatifs au courrier du président du tribunal

La distinction du courrier du président et des autres courriers adressés à la juridiction administrative de base n'est pas aussi très aisée comme on peut le croire à première vue. En parlant des autres courriers, il s'agit de ceux directement liés à une procédure pendante devant la juridiction ou en vue du déclenchement d'une nouvelle procédure. En effet, que cela soit le courrier personnel du président ou de ceux relatifs aux procédures, ils sont tous adressés au président. L'exercice paraît alors délicat d'où le choix délibéré de rassembler l'étude des registres relatifs au courrier d'arrivée et de départ.

---

[338] *Ibid.*, art. 40; loi n°2018-031, *ibid.*, art. 51.

[339] *Ibid.*, art. 41; loi n°2018-031, *ibid.*, art. 52.

Ainsi, le registre courrier d'arrivée est celui dans lequel sont enregistrés chronologiquement tous les écrits adressés au président de la juridiction. Il peut s'agir de requêtes, de pièces de documents ou de dossiers. Ledit registre comporte quatre (04) colonnes qui servent à donner le maximum de précision à tous les dossiers enregistrés. Le registre précise alors le numéro d'ordre, la date d'arrivée, la provenance et l'objet du courrier. Cette précision compte beaucoup pour la juridiction administrative qui doit être saisie dans un délai bien déterminé. En fait, la date de rédaction du courrier ne compte pas, mais c'est la date à laquelle il a été enregistré qui constitue l'élément qui est pris en compte pour la vérification du respect du délai de recours. La précision de la provenance du courrier permet d'identifier son auteur. Quant à la précision relative à l'objet du courrier, cela permet de distinguer le courrier personnel du président des courriers relatifs à la procédure contentieuse et surtout de distinguer les différents types de recours contentieux.

En ce qui concerne le registre courrier de départ, il concerne l'enregistrement de toutes les correspondances du président avec l'extérieur qui passent par le greffe. Permettant de contrôler la sortie du courrier du tribunal, il joue un rôle de témoin dans le déroulement de la procédure. Il permet aussi de savoir par exemple si une requête a été ou pas notifiée à la partie défenderesse. C'est à travers ce registre que les différentes notifications émises par la juridiction sont vérifiées. Il s'agit des notifications de différents mémoires et de mises en demeure et même des convocations à l'audience.

b. Les registres exclusivement réservés à la procédure

Pour une bonne administration de la procédure et pour une procédure sécurisée, aucune étape de la procédure n'échappe à l'enregistrement dans les registres tenus par le greffe.

Dès le début de la procédure, le greffier en chef inscrit dans un registre la consignation payée par le requérant : c'est le registre des consignations. C'est un registre qui s'intéresse même aux précisions qui peuvent paraître inutiles. Il comporte ainsi onze (11) colonnes réparties entre : le numéro d'ordre, la date d'entrée de la requête, les noms et prénoms du demandeur et du défendeur, la nature du litige, le numéro et la date du jugement, les frais de timbre, les frais d'enregistrement, les émoluments du greffier en chef, les débours, les reliquats de consignation et les observations.

Les transmissions de courrier à l'intérieur de la juridiction sont aussi enregistrées dans un registre : le registre des transmissions internes. On trouve dans ce registre les enregistrements suivants :

– la transmission par le greffe au président des dossiers jugés ou ayant fait l'objet d'un renvoi ou d'une mise en délibéré à l'issue d'une audience donnée ;

– la transmission par le greffier en chef des affaires consignées ou tout document intéressant une procédure au président.

Après un jugement, certains peuvent affirmer ne pas être d'accord avec celui-ci. Ils peuvent ainsi interjeter ou venir en opposition sous certaines conditions. Un registre est entièrement réservé à l'enregistrement de ces cas : le registre des appels et oppositions.

Le répertoire des jugements est le registre dans lequel tous les jugements rendus par le tribunal administratif sont enregistrés avec toutes les précisions nécessaires. C'est ainsi qu'on y trouve la date à laquelle le jugement a été rendu, la nature du litige, les identités des parties ainsi que la décision rendue.

En plus de ces registres, il existe le répertoire des référés, le répertoire en matière électorale, le plumitif sur le fond ou registre d'audience, le plumitif des référés et le plumitif du contentieux électoral.

La détention et la conservation par le greffe de ces documents précieux et sensibles mettent cet organe de la juridiction administrative de base au centre de la méthode malienne de résolution des conflits nés de l'activité de l'Administration. L'un des renseignements importants que l'on peut tirer de cette pratique est que le président, malgré sa position dominante dans l'organisation des tribunaux administratifs, doit composer avec le greffe. Ce dernier, fonctionnant sous sa responsabilité est vraiment indispensable, voire incontournable dans le schéma organisationnel actuel, d'où la nécessité de son renforcement.

L'existence de ces juridictions administratives de droit commun à la base et l'existence de la Cour suprême au sommet de notre organisation juridictionnelle, confirment le schéma pyramidal. Il faut pourtant souligner qu'un tel schéma pose directement la problématique de la gestion des questions de compétence entre les différentes catégories de juges qui font fonctionner ledit schéma. Elle fera l'objet du second chapitre.

CHAPITRE II

UNE DIFFICILE DÉTERMINATION DE LA COMPÉTENCE DE LA JURIDICTION ADMINISTRATIVE

Il existe dans notre système d'organisation juridictionnelle, des juridictions judiciaires et des juridictions administratives. Chacune d'elles concoure au renforcement de l'État de droit se traduisant également par la soumission de l'Administration au droit.

La compétence de la juridiction administrative a une histoire qui ne peut être négligée, elle est liée à la révolution française de 1789. Il s'agissait surtout « pour les révolutionnaires de mettre l'autorité administrative à l'abri des contrôles dont les parlements de l'Ancien régime avaient donné l'exemple et qui avaient eu parfois pour effet de paralyser l'activité publique »[340], d'où la loi des 16-24 août 1790 interdisant de manière très ferme aux juges judiciaires de connaître des litiges nés de l'activité administrative. Il faut reconnaître que les raisons historiques qui ont prévalu à cette interdiction ayant abouti à la dualité de juridiction sont aujourd'hui dépassées[341].

Les domaines de compétence du juge judiciaire et du juge administratif ne sont plus séparés par un cloisonnement imperméable. Sur ce point, il faut souligner que certains litiges, entrant en apparence dans la sphère de la compétence du juge administratif, relève désormais de celle du juge judiciaire. Pourtant, il est possible de reconnaître la compétence du juge administratif à travers certains indices. Ainsi, le juge administratif est a priori compétent dès lors que le litige met en cause une personne publique. Il l'est aussi lorsque le litige est lié à une activité d'intérêt général. Il faut ajouter qu'il est également compétent dès lors que l'activité en cause obéit à des prérogatives exorbitantes du droit commun.

Ces quelques lignes peuvent permettre d'avoir une certaine idée sur la question de la compétence, mais ne permet malheureusement pas de comprendre le fond et les contours. En effet, la compétence de la juridiction administrative ne peut être bien déterminée qu'à travers l'étude des différentes techniques et méthodes de répartition des compétences avec les juridictions judiciaires (section 1). Sur ce point, il faut signaler que l'étude de la répartition des compétences entre juridictions administratives et judiciaires ne suffit pas à elle seule à répondre à la difficulté que soulève la question. Il faut également

---

340 D. Chabannol, *La pratique du contentieux administratif*, Paris, Lexis Nexis, 9e éd., 2011, p. 1.

341 *Ibid.*

savoir comment le partage de compétences se fait à l'intérieur même de la juridiction administrative (section 2).

Section 1

La répartition des compétences entre juridictions administratives et judiciaires

La question liée à la répartition des compétences entre les ordres juridictionnels est tellement importante et délicate que nous nous demandons si elle n'a pas tendance à faire penser qu'elle peut favoriser le système d'unité de juridiction par rapport au système de dualité[342]. En effet, la question de la répartition des compétences se pose surtout dans le système de dualité de juridiction ou tout du moins les systèmes dans lesquels le juge de droit commun ne peut en principe statuer sur les litiges concernant l'Administra-tion. Tel est pourtant le cas du Mali.

Le problème est que « la juridiction administrative connaît de l'activité administrative. Elle n'a cependant pas de monopole en cette matière. Des abandons de compétence ont été consentis au juge judiciaire »[343] . L'évolution de la diversité de l'activité administrative fait qu'il est impossible de dire en un mot le critère permettant de fixer les compétences des juridictions administratives face aux juridictions judiciaires.

Il faut alors recourir à un faisceau de critères. Ce qui rend difficile la détermination de la juridiction compétence (Paragraphe 1). Quel qu'en soit le degré de clarté des règles relatives à la répartition des compétences entre ces juridictions, leur coexistence ne peut se faire sans soulever des conflits de compétence. C'est pourquoi il existe un juge des conflits chargé de résoudre lesdits conflits (Paragraphe 2).

Paragraphe 1 : La difficile détermination de la juridiction compétente

Le doyen Georges Vedel estime que le droit administratif de son pays, auquel se réfère le nôtre, « est à certains égards, un droit encore primitif (...). L'importance et la complexité des questions de compétence juridictionnelle rattachent (...) le droit administratif au droit insuffisamment évolué. C'est dans le droit primitif que l'on centre l'attention sur le point de savoir quel juge sera saisi et comment. Un droit perfectionné attache plus d'importance au fond des litiges qu'aux complications de compétence »[344] . Que peut-on dire alors de notre droit administratif ? Il faut pourtant souligner que cet épineux problème

---

[342] A. B. Fall dans sa thèse de doctorat parle même des effets néfastes de la dualité de juridiction.

[343] Charles Debbasch, J.-C. Ricci, *Contentieux administratif*, Paris, Dalloz, 6e éd., 1994, p. 36.

[344] G. Vedel, P. Delvolvé, *Précis de droit administratif*, Paris, PUF, 1980, p. 110.

est inhérent à la dualité de juridiction. Aussi perfectionné soit-il, tout système de dualité de juridiction peut être confronté à ce problème.

Ainsi, la juridiction compétente est déterminée par les textes (A) qui sont souvent ambigus ou peu clairs face à certaines questions, d'où le rôle important que joue la jurisprudence (B).

A. La détermination normative incomplète

Il ne peut y avoir de silence absolu des textes face à la question de la compétence dans un pays ayant opté pour la dualité de juridiction. D'une manière ou d'une autre, elle sera tant bien que mal déterminée par les normes en vigueur. Elle peut ainsi être déterminée par la constitution, ce qui n'est pas le cas du Mali (1) ou être déterminée par le législateur (2).

1. Une indétermination constitutionnelle

Certes, le constituant malien reconnaît l'existence de la Section administrative au sein de la Cour suprême[345], mais reste complètement silencieux en ce qui concerne la compétence de celle-ci. L'absence de consécration constitutionnelle, ni de sa sphère d'attribution, ni de son indépendance rend vulnérable et instable la juridiction administrative. Cela explique le regrettable grignotage de la compétence du juge administratif au profit du juge judiciaire. Une loi peut ainsi mettre à tout moment en cause sa compétence.

Il existe cependant une définition explicite de la compétence du juge judiciaire. En effet, la constitution dispose que : « le pouvoir judiciaire est le gardien des libertés définies par la constitution »[346] et qu'« il veille au respect des droits et libertés définies par la constitution »[347]. Nous prenons ces phrases comme étant une conservation constitutionnelle de la compétence du juge judiciaire, car il est « le juge naturel des libertés individuelles »[348], le juge administratif n'intervenant à ce niveau que par exception. Ce qui nous fait constater une absence de détermination constitutionnelle claire des critères nous permettant de partager facilement les compétences entre les deux ordres de juridiction.

Il faut souligner que la France se trouvait presque dans la même situation avant la très importante intervention du juge constitutionnel français en 1987. Ce n'est que cette année et précisément le 23 janvier, que le juge constitution-

[345] Constitution du Mali, *op. cit.*, titre VIII, art. 83 *la Cour suprême comprend une Section judiciaire, une Section administrative et une Section des comptes.*

[346] *Ibid.*, art. 81.

[347] *Ibid.*

[348] Voir P. Amselek, *Les vicissitudes de la compétence juridictionnelle en matière d'atteinte administrative à la liberté individuelle*, RDP, 1965, p. 801 et P. Bretton, *L'autorité judiciaire, gardienne des libertés essentielles et de la propriété privée*, LGDJ, 1964 ; P. Kayser, *Aspects de la protection de la vie privée dans les sections individuelles*, Mélanges, Marty, Toulouse, 1978.

nel, dans sa décision 86-224/DC considère que « figure au nombre des principes fondamentaux reconnus par les lois de la République, celui selon lequel à l'exception des matières réservées par nature à l'autorité judiciaire relève en dernier ressort de la compétence de la juridiction administrative l'annulation ou la reformation des décisions prises, dans l'exercice des préro-gatives de puissance publique, par les autorités exerçant le pouvoir exécutif, leurs agents, les collectivités territoriales de la République ou les organismes publics placés sous leur autorité ou leur contrôle »[349]. Ce qui donne une compétence exclusive à la juridiction administrative en la matière. C'est ce que le professeur Jacqueline Morand-Deviller appelle « la constitutionnalisa-tion du recours pour excès de pouvoir »[350]. Elle continue en soulignant que « cette décision consacre la protection constitutionnelle du domaine de compétence du juge administratif »[351].

Il faut aussi savoir que quelques années avant cette décision, le juge constitutionnel français avait souligné que les libertés individuelles telles que définies par la constitution ainsi que la propriété privée, sont placées sous la garde du juge judiciaire[352]. Cette décision protège, quant à elle, le domaine de compétence du juge judiciaire. On peut aisément comprendre que le juge judiciaire est compétent dès lors qu'une liberté individuelle est en cause. Cela est pareil si la question de l'annulation ou de la reformation d'une décision prise par une autorité administrative dans l'exercice de ses prérogatives de puissance publique est posée, celle-ci est du ressort du juge administratif.

De telles consécrations constitutionnelles réduisent l'incertitude et l'hésitation qui règnent quand certains litiges surviennent. Le manque de cette sécurisation constitutionnelle des champs de compétence rend vulnérable la juridiction administrative dans des pays comme le nôtre. Pourtant, certains pays franco-phones d'Afrique ont pris le soin de souligner clairement la compétence réservée à la justice administrative. Tel est le cas du Cameroun dont la constitution dispose à son article 40 que : « La chambre administrative connaît de l'ensemble du contentieux administratif de l'État et des autres collectivités publiques. Elle connaît en appel du contentieux des élections régionales et municipales. Elle statue souverainement sur les décisions rendues en dernier

349 L. Favoreu, L. Philip, *Les grandes décisions du conseil constitutionnel*, Paris, Dalloz, 10e éd., 1999, p. 714 et suivants.

350 J. Morand-Deviller, *Droit administratif*, *op. cit.*, p. 17.

351 *Ibid.*

352 L. Favoreu, L. Philip, (CC, 12 janvier 1977, Fouille des véhicules), *op. cit.*, p. 338 et suivants, « considérant que la liberté individuelle constitue l'un des PFRL, et proclamée par la constitution de 1946, confirmée par le préambule de 1958, considérant que l'art. 66 de la constitution, en réaffirmant ce principe, en confie la garde à l'autorité judiciaire… ». V. TC, 27 mars 1952, Dame de la Murette, Rec. p. 626, note Grawitz ; CE, 02 février 1978, CGT et CFDT, AJ, 1978, p. 388, note Durupty, RDP 1979, p. 535, note Waline.

ressort par les juridictions inférieures en matière de contentieux administratif. Elle connaît de tout autre litige qui lui est expressément attribué par la loi. »[353]

Le Mali n'est cependant pas isolé dans la non constitutionnalisation de la compétence de la juridiction administrative. Par exemple, la constitution béninoise se limite tout simplement à affirmer que : « La Cour suprême est la plus haute juridiction en matière administrative, judiciaire et des comptes de l'État »[354] ; elle reste silencieuse sur ce qu'elle met dans la matière administrative. La situation de la question au Burkina Faso constitue également une illustration[355]. Il faut y ajouter l'exemple de la République de Côte d'ivoire dont la constitution est encore plus concise sur la question. En effet, elle dispose : « La justice est rendue sur toute l'étendue du territoire national au nom du peuple par des juridictions suprêmes : Cour de cassation, Conseil d'État, Cour des comptes et par des Cours d'appel et des tribunaux. »[356]

En se bornant aux textes des constitutions maliennes et de ces pays d'Afrique noire francophone citées ci-dessus[357], on remarque cette absence de consécration constitutionnelle qui d'ailleurs a été « tardive »[358] chez le modèle de référence. Comme si cela signifiait que nos États n'étaient pas en retard en raison de la jeunesse de la matière. Pourtant, il est important et nécessaire d'aller vers cette constitutionnalisation pour parer aux éventuelles privations de compétence dont la juridiction administrative peut faire l'objet de la part des parlements souvent composés de parlementaires illettrés, analphabètes ou peu instruis.

Si notre constitution est silencieuse face à la question, il en va autrement pour le législateur. Cela résulte d'ailleurs des dispositions de la constitution qui renvoie au législateur la tâche de fixer les modalités de fonctionnement, d'organisation et la procédure suivie devant les juridictions, donc de la compétence des juridictions.

2. Une détermination législative

Pour déterminer les compétences respectives des deux ordres juridictionnels, deux possibilités s'offrent au législateur.

---

353 Constitution camerounaise du 18 janvier 1996. Elle dispose également à son art. 39 que « La chambre judiciaire statut souverainement sur : les recours en cassation admis par la loi contre les décisions rendues en dernier ressort par les cours, les tribunaux de l'ordre judiciaire ; les décisions des juridictions inférieures de l'ordre judiciaire devenues définitives dans les cas où l'application du droit est en cause ; toute matière qui lui est expressément attribuée par la loi ».

354 Constitution de la République du Bénin du 11 décembre 1990, Titre V, art. 131, al. 1.

355 Constitution de la République du Burkina Faso du 27 janvier 1997, titre VIII, art. 127, « Le Conseil d'État est la juridiction supérieure de l'ordre administratif ».

356 Constitution de la République de Côte d'Ivoire du 23 juillet 2000, titre VIII, art. 102.

357 Nous parlons de textes de ces constitutions car nous n'avons pas pu faire une étude du droit constitutionnel jurisprudentiel desdits États.

358 J. Morand-Deviller, *op. cit.*

Il peut :

– « soit énumérer les matières dont le contentieux relève de chacune des deux juridictions ou au moins l'une d'elles : il y a alors compétence par détermination de la loi ;

– soit énoncer un principe général duquel on peut logiquement déduire quelle catégorie de litige revient respectivement à l'une et à l'autre des deux juridictions : c'est le système dit de la clause générale de compétence »[359].

Ces mots du professeur Célestin Keutcha-Tchapnga sont presque identiques à ceux employés par le professeur André de Laubadère dans son traité de droit administratif[360].

Le choix entre ces deux procédés est très important car il permet soit de confiner le juge dans la volonté du législateur, soit de lui donner une certaine marge de manœuvre assez large[361]. Le législateur national a ainsi opté pour la première option, à savoir celle désignée sous l'appellation « compétence par détermination de la loi ».

Cependant, il faut comprendre que le législateur n'a pas consigné dans une loi unique les matières qu'il entend attribuer au juge administratif. Cela est surtout dû au schéma d'organisation de la juridiction administrative. Les juridictions administratives de droit commun ne sont pas régies par les mêmes textes que la « juridiction » administrative suprême qui se trouve être la composante d'une autre juridiction qu'est la Cour suprême. Ainsi, les compétences que le législateur a voulu confier au juge administratif ou au juge judiciaire sont à rechercher dans une série de lois régissant toutes les juridictions administratives.

C'est ainsi que, sans entrer dans les longues énumérations que contiennent les différentes lois, nous pouvons résumer les matières qui entrent dans la compétence des deux ordres de juridiction comme suit :

– **De la compétence des juridictions judiciaires :** Les juridictions judiciaires sont compétentes en matières civile, commerciale, sociale et

---

359 Célestin Keutcha-Thapnga, *Précis de contentieux administratif au Cameroun*, *op. cit.*, p.39.

360 Il affirme que « Le partage de compétences entre la juridiction administrative et judiciaire peut être conçu et réalisé selon deux procédés : ou bien la loi énumère de manière précise les matières dont le contentieux relève de chacune des deux juridictions ou au moins l'une d'elles ; il y a alors compétence par détermination de la loi. Ou bien le législateur se borne à énoncer un principe général duquel on peut logiquement déduire quelles catégories de procès reviennent respectivement à l'une et à l'autre des juridictions. C'est le système dit de la clause générale de compétence », A. De Laubadère, *Traité de droit administratif*, Paris, LGDJ, 9e éd., p. 694.

361 Selon le professeur Célestin Keutcha-Thapnga, « En pratique, le choix entre les deux procédés conduit à donner à la détermination des compétences le rôle prépondérant soit au législateur, soit au juge », Précis de contentieux administratif au Cameroun », *op. cit.*, p.39.

pénale[362]. En plus de ces matières traditionnelles relevant de la compétence du juge judiciaire, le législateur lui a confié l'exclusivité du contentieux relatif à la cession des titres fonciers[363]. Il affirme expressément que « les juridictions administratives ne sont pas compétentes pour connaître de ce contentieux même lorsque le contrat de cession est dressé en la forme d'un acte adminis-tratif de cession »[364]. Face à cette disposition claire et précise, le juge administratif ne doit qu'en tirer les conséquences qui ne consistent qu'à soulever son incompétence en cas de saisine en la matière. Dans la même optique, le législateur affirme : « la cession des terrains du domaine privé immobilier de l'État, qu'il s'agisse d'une cession entre l'État et les particuliers ou entre particuliers seuls, procède du droit commun de la vente et relève en conséquence des règles du droit privé... »[365] et il continue en soutenant que les litiges qui en découlent sont « soumis exclusivement à la compétence du juge judiciaire »[366]. En effet, l'analyse de cette démarche conduit à compren-dre que le législateur lie la compétence au fond et semble adhérer au principe selon lequel « la compétence suit le fond ». Cela apparaît clairement, car le droit applicable a tout d'abord été défini et ensuite le juge compétent a été déterminé. Il s'est préoccupé du droit applicable avant d'en déduire la juridiction compétente.

– **De la compétence des juridictions administratives :** Relèvent de la compétence des juridictions administratives : l'annulation des décrets, arrêtés ministériels ou interministériels ; des décisions des autorités administratives régionales et/ou subrégionales, des contentieux des fonctions publiques ; du contentieux fiscal relatif aux demandes en décharge ou en déduction ; du contentieux des élections locales, des litiges d'ordre administratif relevés à l'occasion d'un acte passé au nom du Gouvernement ou de ceux nés de l'exécution d'un service public dépendant du gouvernement ou des collectivités publiques, de l'interprétation et de l'appréciation de la légalité des décisions des autorités administratives et de tous les autres litiges d'ordre administratif dont la connaissance n'est pas dévolue à une autre juridiction[367].

Selon le législateur, la compétence de la juridiction administrative doit être recherchée dans ces matières. Au-delà des matières énumérées, elle n'est pas compétente, sauf que toutes les méthodes et techniques d'action de l'Administration sont imprévisibles. Heureusement que le législateur laisse la porte ouverte en reconnaissant la compétence de la juridiction administrative sur « tous autres litiges d'ordre administratif dont la connaissance n'est pas dévolue à une autre juridiction ». Cette disposition n'est pourtant pas aussi

---

362 Voir Loi n° 2016-046/AN-RM du 23 septembre 2016 fixant l'organisation, les règles de fonctionnement de la Cour suprême et la procédure suivie devant elle, art. 87.
363 Loi n° 2012-001 du 10 janvier 2012, art. 42, nouveau.
364 *Ibid.*
365 *Ibid.*
366 *Ibid.*
367 Voir Loi n°2016-046/AN-RM art. 111 et loi n° 2011-048, art. 8.

heureuse comme il peut apparaître car le législateur reste silencieux sur ce qu'il entend par litiges d'ordre administratif.

Cette technique de l'énumération n'est pourtant pas propre au Mali. Les législateurs d'autres pays d'Afrique noire francophone y ont également procédé. Parmi ces pays nous pouvons citer par exemple le Cameroun et le Burkina-Faso. Le professeur Célestin Keutcha-Tchapnga fait état de la situation au Cameroun en ces termes : « L'article 2 de la loi n° 2006-022 énumère les matières dont le contentieux relève de la compétence du tribunal administratif et échappe de ce fait à la compétence des juridictions de droit commun »[368] . Quant au Burkina Faso, le professeur Salif Yonaba affirme que « Le domaine de la compétence du juge administratif se trouve défini aux articles 11 et suivants de la loi du 23 mai 2000 qui reprennent sur ce point les dispositions des textes devanciers »[369]. C'est ce qui lui fait écrire de manière osée que « la définition du domaine de compétence ne soulève pas de difficulté majeure ; celui-ci est défini par les textes régissant la matière du contentieux administratif »[370].

Pourtant, cette solution dite de l'énumération, si « elle a l'avantage de la précision, elle conduit cependant à des difficultés car il est impossible de prévoir tous les litiges susceptibles de se produire »[371]. Aussi, le législateur malien, en faisant allusion à « tous les autres litiges d'ordre administratif dont la connaissance n'est pas dévolue à une autre juridiction » ou « tout litige qui entre dans le contentieux administratif »[372] ne tient-il pas prudemment compte du non épuisement du contentieux administratif par la solution de l'énumération.

Ce faisant, il complète indirectement la technique de l'énumération par celle dite de « clause générale de compétence » pour les cas non prévus. La clause générale de compétence « consiste dans l'énonciation d'un principe général qui, sans viser spécialement aucun objet concret, vient déterminer d'une façon abstraite et générale le domaine d'une compétence juridic-tionnelle »[373]. Selon Ahmed T. Ba, cette clause « constitue la base du système de répartition des compétences entre les juridictions administratives et les tribunaux de l'ordre judiciaire »[374]. Les professeurs Jean-Marie Auby et Roland Drago estiment que cette clause a normalement un caractère exhaustif et apporte une solution à la

---

368 C. K. Tchapnga, *op. cit.*, p. 39, cette loi énumère les compétences de la juridiction administrative camerounaise en cinq points : a) les recours en annulation pour excès de pouvoir et en matière non répressive, les incidents en appréciation de légalité ; b) les actions en indemnisation du préjudice causé par un acte administratif ; c) les litiges concernant les contrats administratifs ou les concessions de service public ; d) les litiges concernant le domaine public ; e) les litiges concernant les opérations de maintien de l'ordre.

369 S. Yonaba, *op. cit.*, p. 191 et s.

370 *Ibid.*, p. 190.

371 A. T. Ba, thèse, *op. cit.*, p. 160, pour lui *le procédé de l'énumération est partiellement employé au Burkina Faso pour la détermination de la compétence administrative*.

372 Loi n° 2018-031, *op. cit.*, art. 7.

373 R. Bonnard, *Précis de droit administratif*, Paris, LGDJ, 4e éd., 1943, p. 192.

374 A. T. Ba, *op. cit.*, p. 162.

question de compétence susceptible de se poser à propos de n'importe quelle catégorie de litige[375].

La détermination normative, si elle peut constituer une sorte de mur de sécurité autour des compétences de chaque ordre de juridiction, elle ne peut réellement suffire d'où la nécessité d'étudier l'utilisation que le juge en fait. Ce qui donne à celui-ci un rôle très important dans cette difficile détermination de la juridiction compétente.

B. La détermination jurisprudentielle constructive

Malgré l'existence de dispositions législatives, la jurisprudence demeure incontournable en contentieux administratif et concrètement en matière de détermination de la juridiction compétente. Le législateur peut être muet sur une question ou ambiguë dans sa solution. Le juge va quand même statuer là-dessus.

Pour mieux comprendre les positions respectives des deux ordres de juridiction, il est nécessaire d'observer la pratique du juge judiciaire (1) et celle du juge administratif (2).

1. Une pratique prudente du juge judiciaire

Il faut reconnaître que le juge judiciaire malien n'ignore pas l'existence du juge administratif dans la résolution des litiges qui lui sont soumis. Cela se traduit par un respect de la sphère de compétence du juge administratif (a) tout en reconnaissant sa compétence à statuer sur certains litiges mettant en cause l'Administration (b).

a. Un certain respect du champ de compétence du juge administratif : le sursis à statuer

Le sursis à statuer s'entend d'une « décision du juge opérant suspension provisoire du cours de l'instance »[376]. Il ne s'agit aucunement d'une règle ou tout du moins une technique spécifiquement établie pour régir la relation entre les ordres de juridiction. C'est pourtant le principal moyen employé par le juge judiciaire pour reconnaître et respecter l'existence et la compétence du juge administratif. Il se manifeste par la suspension temporaire du déroulement du procès pendant, en attendant la décision du juge administratif.

Sans saisir lui-même directement le juge administratif, le juge judiciaire sera lié par la décision de celui-ci d'où l'objet même du sursis à statuer. Cela est devenu une jurisprudence constante dans la mesure où chaque fois que l'une des parties au procès signale l'existence d'une autre procédure concernant la même affaire devant le juge administratif, le juge judiciaire y fait généralement droit.

Ainsi, dans son ordonnance de référé n° 357, Société Gana Transport SARL c/Mahamadou Dabo, le tribunal de première instance de la Commune II du

---

[375] J. M. Jean-Marie Auby et R. Drago, cité par A. T. Ba *op. cit.*, p. 163.

[376] S. Guinchart, T. Debard, *Lexique des termes juridiques*, *op. cit.*, p. 873.

District de Bamako motive sa décision en ces termes : « Attendu que du dossier, il ressort que le contrat de location et les décisions subséquentes dont se prévaut la Société Gana transport SARL, font l'objet d'un recours en annulation devant le tribunal administratif ; que pour une bonne administration de la justice, il convient de surseoir à statuer en attendant la décision du juge administratif »[377] par ces motifs « au principal renvoyons les parties à mieux se pourvoir ainsi qu'elles aviseront mais à présent vu l'urgence et par provision, ordonnons le sursis à statuer en attendant la décision du juge administratif sur la requête en annulation d'acte introduite par le défendeur. »[378]

Dans une autre affaire, la même juridiction judiciaire juge « qu'il est constant que la défenderesse a saisi le tribunal administratif de Bamako (...) d'une requête mémoire aux fins d'annulation de permis d'occuper relative à la concession litigieuse ; que dans un souci d'une bonne administration de la justice, il échet de surseoir à statuer jusqu'à ce que le tribunal administratif vide sa saisine »[379]. Il faut ajouter que ces mêmes motifs ont été utilisés par le juge dans l'affaire Cheickna Soukouna c/Ba Koné et Abdoulaye Touré en matière d'expulsion[380].

Dans la même logique, le juge de la Commune I du District de Bamako se base sur les mêmes motifs. Ainsi, dans son jugement n° 0114 du 22 juillet 2013, il « ordonne le sursis à statuer jusqu'à la décision du tribunal administratif » aux motifs « que le même litige est pendant devant le tribunal administratif en ce qui concerne l'annulation de la décision de Dame Néné Kébé par rapport à la légalité dudit document à savoir la concession urbaine à usage d'habitation n° 2678 du 22 octobre 2008 du Maire de la Commune I, mais attendu que le défendeur sollicite du tribunal le sursis à statuer jusqu'à la décision finale de la juridiction administrative, il sied alors d'y faire droit... »[381]. Il va utiliser les mêmes motifs en appui à ces jugements dans les jugements ADD n° 052 du 05 mars 2012[382], n° 135 du 15 juillet 2013[383], n° 145 du 06 août 2012[384],

---

377 Tribunal de première instance de la Commune II du District de Bamako, ordonnance de référé n° 357 du 17 juillet 2013 en matière d'expulsion, *inéd.*

378 *Ibid.*

379 Tribunal de première instance de la Commune II du District de Bamako, jugement avant dire droit n° 518 du 16 août 2013, *inéd.* ; les héritiers de feu Sékou Touré c/ Mme Djeneba Sangaré en matière de partage de succession.

380 Voir ordonnance n° 307 du 19 juin 2013 du TPI de la commune II du District de Bamako, *inéd.*

381 Tribunal de première instance de la Commune I de Bamako, affaire Nènè Kébé c/ Mamadou Koné, expulsion et démolition, jugement ADD, *inéd.*

382 Tribunal de première instance de la Commune I du District de Bamako, affaire Awa Doumbia c/ Tidiane Dramé et Oumar Cissé, démolition du mur de clôture, *inéd.*

383 *Ibid.*, affaire Groupement des femmes vendeuses du marché, représenté par Aminata Diaby c/ la Mairie la Commune I du District de Bamako, confirmation de droit de propriété et cessation de trouble.

384 *Ibid.*, Affaire Moussa Tangara c/ Dramane Kourekama, expulsion et démolition, *inéd.*

n° 232 du 17 décembre 2012[385], n° 073 du 11 avril 2011[386], n° 123 du 06 juin 2011[387]...

Il ressort de ces décisions qu'en plus de la reconnaissance de l'existence du juge administratif, le juge judiciaire déclare son incompétence à annuler les actes des autorités administratives et reconnaît la compétence du juge administratif pour le faire. Il ne faut pourtant pas aller si vite, cela ne met point fin au problème. En effet, une remarque fondamentale s'impose : le sursis à statuer serait-il le moyen détourné et indirect privilégié de communication entre le juge judiciaire et le juge administratif ? Sur ce point, rien n'est moins sûr. On constate une absence de communication directe se traduisant par une collaboration des juges visant une résolution juridique claire des litiges.

Ainsi, cette communication directe passe normalement par les questions préjudicielles que le juge judiciaire peut adresser au juge administratif. Pourtant, aussi déplorable que cela soit, on constate l'inexistence de questions préjudicielles dans les différentes décisions que nous avons pu étudier. En de termes plus clairs, le juge judiciaire n'adresse pas de questions préjudicielles au juge administratif. Elle se définie comme un « point litigieux dont la solution doit précéder celle de la question principale qu'elle commande, mais qui ne peut être tranchée par la juridiction saisie, de telle sorte que celle-ci doit surseoir à statuer jusqu'à ce que la question préjudicielle ait été résolue par la « juridiction seule compétente pour en connaître »[388]. Le sursis à statuer pouvant permettre d'attendre la décision du juge administratif sur une question relevant de la compétence de ce dernier, est toujours ordonné suite à la demande faite par les parties au procès. Il ne saurait cependant être substitué à la question préjudicielle que le juge peut lui-même soulever d'office sans y être contraint par les parties.

Ce respect de la compétence du juge administratif ne doit pas alors être vu comme absolu ou signifiant un dessaisissement unilatéral du juge judiciaire de tous les différends concernant l'Administration. Le juge judiciaire fait souvent montre d'une certaine audace.

b. Une pratique parfois audacieuse

L'étanchéité de la frontière entre les juridictions administrative et judiciaire n'a pas aussi été imparfaite suite à l'intrication du droit public et du droit privé due au développement et à l'évolution croissante des activités de la machinerie administrative. Aussi, pouvons-nous reprendre les propos du professeur Roland Drago à notre compte en affirmant que « le juge judiciaire malien est un juge

---

385 *Ibid.*, Affaire Mariam Sissoko c/ Chekinè Kourekama, démolition, *inéd.*

386 *Ibid.*, Affaire Chérifoulaye Keïta c/ Youssouf Traoré, confirmation de droit, expulsion et démolition, *inéd.*

387 Les héritiers de feu Fabou Fomba c/ les héritiers de Souleymane Fomba, expulsion, *inéd.*

388 G. Cornu, *Vocabulaire juridique*, PUF, 2005, p. 737.

administratif »[389]. Pourtant, il faut a priori signaler qu'il n'existe pratiquement rien de surprenant à ce niveau. Tout est essentiellement basé sur la jurisprudence française. Néanmoins, certaines décisions peuvent particulièrement attirer l'attention du fait de leur caractère courageux et du fait du grand intérêt que la population a accordé aux affaires les ayant occasionnées.

Le juge judiciaire est ainsi le juge des atteintes portées irrégulièrement par l'Administration aux libertés fondamentales et au droit de propriété. Il résulte de ce postulat deux points essentiels : la compétence du juge judiciaire en matière administrative s'étend à l'emprise et à la voie de fait.

– **De l'emprise :** On dit qu'« il y a emprise lorsque l'Administration porte atteinte à une propriété privée immobilière sous la forme d'une prise de possession régulière ou irrégulière, momentanée ou définitive »[390]. La théorie de l'emprise mérite certaines précisions fondamentales. Il faut distinguer l'emprise régulière[391] (c'est-à-dire celle résultant d'un titre légal) de l'emprise irrégulière. Il faut également préciser que l'emprise ne concerne que la propriété immobilière excluant ainsi les atteintes portées à la propriété mobilière. L'emprise dont il est question ici est l'emprise irrégulière. Celle consistant en « la dépossession irrégulière d'un immeuble ou d'un droit réel immobilier »[392]. C'est « seul le juge judiciaire qui a compétence pour statuer sur la réparation des préjudices causés »[393] et ce « même si le droit dont la victime a été dépossédé s'exerçait dans les conditions de droit public »[394]. Cela ne constitue que la résultante de la décision française du Tribunal des conflits de 1983 dont voici un extrait : « Considérant que les contrats de concession des terrains dans les cimetières comportant occupation du domaine public communal, les litiges relatifs auxdites concessions relèvent en principe de la juridiction administrative, (…) ; que toutefois, les tribunaux judiciaires sont compétents pour connaître les atteintes portées par l'Administration communale au droit des concessionnaires lorsque ces atteintes présentent le caractère d'une emprise irrégulière ;

Considérant qu'il est fait grief, par M. François, à la commune de Lusigny de l'avoir dépossédé du droit réel immobilier dont il était titulaire sur une concession attribuée à sa famille au cimetière de ladite commune et d'avoir affecté cette concession à des tiers qui ont détruit la sépulture de la famille

---

389 « Le juge judiciaire, juge administratif », tel est le titre de son art. Il reconnaît que « le titre est provocateur » et souligne : « dire que le juge judiciaire est juge administratif veut évidemment dire (…) que dans de nombreux cas, le juge judiciaire est aujourd'hui amené à trancher des litiges qui relevait de la juridiction administrative ou qui auraient dû en relever », R. Drago, *Le juge judiciaire, juge administratif*, Paris, Sirey, RFDA septembre-octobre 1990, n° 05, p. 757.

390 C. K.-Tchapnga, *op. cit.*, p. 106 ; voir également D. Chabannol, *op. cit.*, p. 57.

391 Celle-ci relève de la compétence du juge administratif (voir C. K. Tchapnga, *ibid.*).

392 Voir D. Chabannol, *La pratique du contentieux administratif*, *op. cit.*, p. 57.

393 *Ibid.*

394 *Ibid.*

François ; que de tels faits étant constitutifs de la part de la commune d'une emprise irrégulière, l'action entreprise relève de la compétence des juridictions de l'ordre judiciaire (...) »[395].

Le Conseil d'État français va tirer les conséquences de cette décision en agissant dans le même sens dans l'Arrêt Barjot du 12 décembre 1986.

Quelques années plus tard, le Tribunal des conflits va clairement confirmer la compétence du juge judiciaire pour la fixation de la réparation des dommages causés par une emprise irrégulière dans l'arrêt Lasgoutte en ces termes : « Considérant qu'au mois de juin 1982, en vue du déplacement du câble téléphonique longeant la RN9, pour permettre l'élargissement de cette voie publique, une parcelle appartenant à M. Lasgoutte a été déboisée et débroussaillée sans qu'ait été demandé l'accord du propriétaire et sans que l'entrepreneur ait justifié d'un titre l'y autorisant ; qu'ainsi, le litige a trait à la réparation du préjudice à l'atteinte illégalement portée à la propriété immobilière de M. Lasgoutte et relève, dès lors, de la compétence exclusive de l'autorité judiciaire. »[396] Ce passage permet de comprendre l'emprise irrégulière et la réponse à la question de compétence qui va avec elle de manière générale ou tout du moins la réponse jurisprudentielle donnée par le modèle de référence[397].

– **De la voie de fait :** Selon le conseiller d'État honoraire Daniel Chabannol, « la voie de fait est (sauf les cas d'exécution forcée et régulière d'une décision administrative) une action menée par l'Administration mais insusceptible de se rattacher à un pouvoir qui lui ait été donné par la loi, et portant gravement atteinte au droit de propriété ou à une liberté fondamentale »[398]. Il y a ainsi voie de fait lorsque les autorités administratives agissent en méconnaissance flagrante des pouvoirs qui leur sont expressément reconnus par le législateur. La compétence des autorités judiciaires à connaître ces actes constituent alors une exception au principe de séparation des autorités administratives et judiciaires[399]. Le juge des conflits français estime qu'il y a voie de fait lorsque « l'Administration, soit a procédé à l'exécution forcée, dans les conditions irrégulières, d'une décision même régulière portant une atteinte grave au droit de propriété ou à une liberté fondamentale, soit a pris une décision ayant l'un ou l'autre de ces effets, à la condition que cette dernière soit elle-

[395] TC français, décision du 04 juillet 1983, François, réc. CE 1983, p. 540.

[396] TC français, décision du 21 décembre 1987, Lasgoutte, le T.C agit dans le même sens des décisions : du 20 juin 2005, Lopez ; du 23 avril 2007, Desolions (juris Data n° 2007-331347) ; 04 novembre 1991, Antichan, (implantation de canalisation en l'absence de titre y afférant) ; 21 juin 2004, SCI Camaret (non-respect du plan annexé à la convention autorisant l'implantation de canalisation).

[397] Comme nous l'avons signalé dans l'introduction, l'absence de jurisprudence nationale sur certains points sera délibérément compensée par la référence à la jurisprudence française à laquelle d'ailleurs le juge national se réfère chaque fois que cela lui paraît utile.

[398] D. Chabannol, *op. cit.*, p. 53.

[399] Voir E. Verger, G. Ripert, *op. cit.*, p. 1062.

même manifestement insusceptible d'être rattachée à un pouvoir appartenant à l'autorité administrative »[400].

Il ressort de ces définitions, que l'Administration a tellement dévié son acte de son champ d'action légal qu'elle perd son privilège de juridiction.

Le tribunal de première instance de la Commune II du District de Bamako en donne une illustration dans la célèbre affaire Bourama Bagoyoko et Madou Bagoyoko contre la Direction générale de la police nationale en ces termes :

« En effectuant, sans autorisation préalable du procureur, une perquisition au-delà des heures légales (19 heures) et en détruisant des biens d'autrui, lesdits policiers ont commis un acte qui relève de la police judiciaire (TC, 15 décembre 1968 Tayeb) ; qu'il échet de se déclarer compétent et de rejeter l'exception ;

Attendu qu'il convient de déclarer la Direction générale de la police civilement responsable de la Brigade des recherches du 3e Arrondissement ; par ces motifs,

Le tribunal (...) rejette l'exception d'incompétence soulevée par les défenderesses ; condamne la Brigade des recherches du 3e Arrondissement à payer au requérant la somme de 1 000 000 (un million) FCFA à titre de dommage-intérêts ; déclare la Direction générale de la police civilement responsable de la défenderesse. »[401]

Le juge n'a pas abordé dans le sens de l'avocat de la défense qui a conclu à l'incompétence du juge judiciaire. Comme moyens juridiques, il s'est basé sur la loi régissant les tribunaux administratifs et l'arrêt Blanco. Force est de constater le courage et le sens de recherche du juge. Aussi, même s'il faut être d'accord avec le juge sur la compétence de la juridiction judiciaire à statuer sur l'affaire, n'a-t-il cependant pas été trop évasif dans la qualification de l'action de la police ayant conduit à sa décision. En effet, selon lui, « en effectuant sans autorisation préalable du procureur, une perquisition, et au-delà des heures légales, et en détruisant des biens d'autrui », lesdits policiers ont commis « un acte ». Il ne qualifie pas l'acte mais souligne qu'il « relève de la police judiciaire » d'où « la compétence du juge judiciaire ».

Ce n'est pas le fait que le juge rattache l'acte à une opération de police judiciaire qui est contesté[402] mais sa « prudence exagérée » ou même sa « peur » de qualifier l'acte. La qualification de l'acte allait donner plus de solidité

[400] Tribunal des conflits français, décision du 23 mai 2005 (Haut-commissaire de la République en Polynésie française).

[401] TPI de Commune II du District de Bamako, jugement n° 189 du 27 mars 2013, Bourama Bagayoko et Madou Bagayoko c/ la Direction Générale de la Police Nationale/la Brigade des recherches du 3e Arrondissement, inéd.

[402] En effet, l'incident résulte de l'accomplissement d'une mission de recherche d'un suspect suite à un crime et relève de la Police judiciaire (CE, 29 octobre 1990, Morvan). « Les litiges relatifs aux dommages que peuvent causer les agents du service public dans de telles circonstances ressortissent aux tribunaux de l'ordre judiciaire », TC français, 05 décembre 1977, Motsch, réc. CE 1977, p. 671.

juridique à la base de sa décision. C'est d'ailleurs les conséquences de l'acte qui ont été portées devant le juge. Ainsi, en s'introduisant nuitamment dans la famille Bagoyoko, en cassant les portes de certaines chambres en l'absence de leurs propriétaires et y pénétrer pour effectuer des fouilles et emporter certains biens, tout cela sous le contrôle d'un nombre disproportionné de policiers et en violation flagrante des textes en vigueur, telle que l'absence préalable de l'autorisation du procureur, constitue une voie de fait administrative ressortissant de la compétence du juge judiciaire.

En plus de cette pratique du juge judiciaire, celle du juge administratif contribue à mieux comprendre le rôle de la jurisprudence dans la répartition des compétences.

2. Une pratique plus déterminante du juge administratif

Le juge administratif semble accorder une grande importance à la question de répartition des compétences. On peut ainsi constater plus de rigueur dans l'application des règles de compétence (a) même si cela conduit parfois à une certaine ambiguïté (b).

a. Une application souvent rigoureuse des règles de répartition des compétences

Cela se traduit logiquement par de multiples déclarations d'incompétence, desquelles on comprend la position du juge administratif face à certaines questions essentielles que soulève la répartition des compétences. Il respecte ainsi la compétence du juge judiciaire[403], donne sa réponse en ce qui concerne sa compétence face aux actes de certaines personnes publiques non administratives.

– **L'exclusion du contentieux des personnes privées :** Il résulte de cette exclusion, l'incompétence du juge administratif à appliquer le droit privé et son incompétence à connaître des litiges mettant en cause des personnes privées agissant dans leur domaine d'action normale.

➢ **Le juge administratif n'applique pas le droit privé**

En principe, l'application du droit privé relève de la compétence du juge judiciaire et le juge administratif y accorde une importance particulière. Cette position est illustrée par une série d'arrêts par lesquels il écarte sa compétence à appliquer le droit privé de manière plus ou moins claire. Ainsi, dans les arrêts Moussa Doumbia, Malan Bagayogo, AMM, Moulaye Koné et 24 autres, Dame Diawara Sira Diallo et vingt-trois autres, il tient la même position mais en de termes différents.

---

[403] Voir arrêt n° 02 du 07 janvier 2010, arrêt n° 03 du 12 janvier 2006, arrêt n° 37 du 29 juin 2006 et arrêt n° 39 du 2 juin 2006.

Il déclare respectivement la requête « irrecevable en la forme pour incompétence de la Cour » au motif que le « requérant n'est pas fonctionnaire »[404], donc soumis au droit privé qui échappe à sa sphère de compétence ; que « la Régie des chemins de fer du Mali est un Établissement Public Industriel et Commercial (EPIC) dont le statut relève du droit privé, qu'il y a lieu de dire que la Cour est incompétente pour examiner un litige relevant du droit privé »[405] ; que « l'Association des municipalités du Mali est une organisation de droit privé qui ne saurait se voir appliquer les règles du droit administra-tif »[406] et que « les requérants (...) relèvent du droit commun du travail »[407] alors que la Cour est incompétente pour appliquer ce droit. Cette solution est capitale, dès que la solution du litige nécessite l'application du droit privé, le juge administratif décline sa compétence. Par cette solution, le juge adminis-tratif détermine la juridiction compétente en fonction de la nature du droit applicable et adhère ainsi au principe selon lequel « la compétence suit le fond ». Les professeurs Charles Debbasch et Jean Claude Ricci y voient « la justification logique de l'existence de la juridiction administrative, de justice spécialisée dans l'application du droit administratif »[408]. Ils soutiennent pourtant que « le principe de la liaison de la compétence et du fond reste néanmoins un médiocre critère de délimitation des compétences »[409]. En effet, c'est un critère parfois difficile à appliquer dans la mesure où dans les litiges soulevant de sérieuses difficultés de détermination de la juridiction compétence, la question fondamentale consiste à déterminer le droit applicable. Dans de tels cas de figure, « l'indice la compétence suit le fond est dès lors impraticable »[410]. Quoique le principe ne puisse être l'unique indice ou critère de répartition des compétences, il faut reconnaître que le juge administratif national l'applique avec vigueur et justesse. La liaison entre la compétence et le fond lui facilite d'ailleurs la solution du litige et rend sa jurisprudence plus compréhensible sur ce point. C'est ainsi que dans l'affaire Silamakan Cissé il dit : « que dans la présente affaire, le Tribunal Administratif de Bamako, dans deux cas de vente notariée, s'est prononcé en faveur d'un au détriment de l'autre, toute chose qui n'entre pas dans son domaine de compétence comme l'a si opportunément

---

404 Cour suprême-Section administrative, arrêt n° 61 du 30 mai 1996, entre Moussa Doumbia et le Directeur général de la Régie des chemins de fer du Mali, inéd.

405 *Ibid.*, entre Malan Bagayogo et autres et le Directeur de la Régie des chemins de fer du Mali, inéd.

406 *Ibid.*, arrêt n° 219 du 16 novembre 2006, l'Association des Municipalités du Mali contre le jugement n° 291 du 14 juillet 2010, inéd.

407 *Ibid.*, arrêt n° 93 du 25 juillet 1996 entre Moulaye Koné et 24 autres et le ministère de l'Emploi, inéd.

408 Charles Debbasch, J.-C Ricci, *op., cit.*, p. 95.

409 *Ibid.*

410 *Ibid.*

relevé le Conseil du requérant. Seul le juge civil est compétent pour apprécier la régularité d'un acte notarié. »[411]

➢ **Le juge administratif ne statue pas sur les litiges entre des personnes privées**

➢ La jurisprudence ne souffre d'aucune ambiguïté à ce niveau : le juge administratif ne peut pas connaître des litiges entre personnes privées. Lorsqu'il a été demandé au juge administratif d'annuler une dation de paiement intervenue entre deux personnes privées, il s'est tout simplement « déclaré incompétent et a renvoyé les parties à mieux se pourvoir »[412]. La rigueur de la pratique du juge administratif peut aussi être appréciée à travers l'arrêt Tidiani Traoré. Il s'est déclaré incompétent au motif que « l'entreprise Hydro-sahel est une société anonyme de droit privé malien et que le litige opposant un particulier à ladite société échappe à la compétence du juge administratif »[413] . La leçon qu'on peut en tirer est claire : la requérante est une personne privée, la défenderesse est une personne privée, donc le juge administratif est incompétent à statuer sur de tels cas. C'est surtout dans l'arrêt Adama Daou que le juge est encore plus clair lorsqu'il dit « qu'il s'agit là, d'un litige entre deux personnes privées, l'Administration n'y étant pas impliquée ; qu'il y a en conséquence lieu de déclarer la juridiction administrative incompétente pour connaître d'un tel litige »[414]. Il ressort de ces arrêts que le juge tient également compte de la nature des parties en conflit pour reconnaître sa compétence. Aussi, en se fondant sur tels aspects, le juge n'applique-t-il pas le critère organique. Tel est effectivement le cas, il fonde dans ces cas d'espèce sa compétence sur le critère organique.

– **L'exclusion du contentieux des actes de certaines personnes publiques**

– Il faut rappeler que le juge administratif n'a pas compétence exclusive sur les actes de toutes les personnes publiques. Il s'agit précisément des actes des personnes publiques non administratives dans lesquels on peut mettre « les actes non décisoires des autorités administratives, les actes des autorités judiciaires et enfin les actes de gouvernement »[415]. Cette pratique n'est que l'application de la séparation des pouvoirs à la française. Nous allons mettre l'accent uniquement sur le cas des actes des autorités judiciaires et celui des

---

[411] CS-SA, Arrêt n° 003 du 12 janvier 2006, le sieur Silamakan Cissé c/ le jugement n° 145 du 5 octobre 2005 du TAB, inéd.

[412] CS.-SA, Arrêt n° 83 du 27 juin 1996, entre la Banque commerciale du sahel et les sieurs Lassana Wagué et Souleymane Koné, inéd.

[413] CS-SA, Arrêt n° 29 du 15 février 1996, entre le sieur Tidiani Traoré et l'entreprise Hydro-sahel, inéd.

[414] CS-SA, Arrêt n° 12 du 02 février 1995, entre Adama Daou et le ministère du Développement et de l'Environnement, inéd.

[415] Célestin Keutcha-Thapnga, *op. cit.*, p. 51.

autorités administratives ; le cas des actes de gouvernement étant pratiquement inexistant dans la jurisprudence nationale.

➢ **Le juge administratif ne peut pas statuer sur les actes des autorités judiciaires**

➢ Il faut commencer par signaler que la jurisprudence est très pauvre en la matière même si le juge a eu quelques occasions d'effleurer la question. C'est ainsi que dans l'arrêt US-RDA de 1999, le juge administratif s'est prononcé sur le problème en ces termes : « la Section administrative ne peut statuer sur les jugements des tribunaux civils ; qu'il y a lieu de se déclarer incompétente. »[416] Cet arrêt est révélateur du sérieux que le juge administratif accorde à la question de la répartition des compétences entre ordres juridic-tionnels. Plus qu'un respect de la séparation des pouvoirs, c'est un respect de la zone d'action du juge judiciaire. C'est pourquoi, les professeurs Georges Vedel et Pierre Delvolvé soulignent à juste titre que « la règle de séparation des autorités administratives et judiciaires tend à empêcher les empiètements des tribunaux judiciaires sur l'Administration, mais aussi les empiètements de l'autorité administrative sur l'autorité judiciaire »[417]. Cette incompétence du juge administratif à connaître des actes des autorités judiciaires doit pourtant être comprise de manière modérée ou relative. L'incompétence est ainsi radicale « pour tout ce qui touche au fonctionnement du service judiciaire »[418], mais s'efface en ce qui concerne les litiges relatifs à l'organisation judiciaire. L'exemple nous est donné par la chambre administrative de la Cour suprême du Cameroun dans le jugement n° 213 du 18 août 1972 : « Considérant qu'il ressort du dossier que Dame Aoua Hadja se plaint de ce que les autorités judiciaires auraient catégoriquement refusé son action. Un tel grief (...) met en cause le fonctionnement du service judiciaire (...) le principe de la séparation des pouvoirs interdit au juge administratif de statuer sur des actions qui mettent en cause le fonctionnement des services judiciaires. »[419] Par contre, les litiges relatifs à l'organisation judiciaire sont de la compétence du juge administratif. Il faut alors connaître les mesures qui relèvent de l'organisation du service public judiciaire. La tâche n'est pas en réalité très simple. Elle permet de créer une certaine frontière entre les mesures touchant au fonctionnement du service et celles se rattachant à son organisation. Touchent ainsi à l'organisation du service public judiciaire :

---

[416] CS-SA, Arrêt n° 42 du 27 mai 1999, US-RDA contre jugement rendu par les tribunaux civils, inéd.

[417] Georges Vedel, P. Delvolvé, *Droit administratif*, Paris, Thémis, T. 1, pp. 148-149.

[418] *Ibid.*

[419] Cour suprême du Cameroun, Chambre administrative, jugement n° 213 du 18 août 1972, Dame Aoua Hadja. Sur le sujet, le Conseiller d'État honoraire Daniel Chabannol écrit : « En principe, le fonctionnement du service public judiciaire relève du seul contrôle du juge judiciaire (on songe à l'exercice des voies de recours contre les décisions juridictionnelles) », *op. cit.*, p. 26.

- les mesures portant sa création, sa suppression[420] ;
- celles relatives à la constitution du Conseil supérieur de la magistrature[421] ;
- celles concernant la carrière des magistrats : les mesures disciplinaires[422], celles relatives à l'avancement[423], et même celles concernant la notation[424].

> **Le juge administratif ne peut pas statuer sur les actes législatifs du parlement**

> Les actes pris par les autorités législatives dans leur fonction législative « échappent nécessairement, et par définition au juge administratif »[425]. Cela constitue également une appréciation du principe de la séparation des pouvoirs. Le juge administratif est le juge de l'exécutif agissant dans sa fonction administrative et ne saurait connaître les actes de l'Assemblée Nationale agissant dans sa fonction législative. Ainsi, dans l'arrêt Boukadary Coulibaly, la Cour s'exprime sur le sujet en ces termes : « considérant que le contentieux des lois et actes à caractère législatif, ne relèvent pas de la Section administrative en vertu du principe de la séparation des pouvoirs, elle doit se déclarer incompétente pour interpréter l'article 136 de l'ordonnance n° 77-71/CMLN du 26 décembre 1977 portant Statut général des fonctionnaires ; se déclare incompétente pour interpréter les dispositions d'un texte à caractère législatif. »[426]

Il faut noter que depuis l'arrêt *La fleurette* du Conseil d'État français[427], le juge administratif peut statuer sur la responsabilité sans faute de l'État du fait des lois sur la base du principe de légalité de tous les citoyens devant les charges publiques. Le juge administratif national a également eu à clarifier sa position en matière de contrat que l'Assemblée nationale peut être amenée à conclure. C'est ainsi que le juge administratif de droit commun dans son jugement n° 388

---

420 TC, 27 novembre 1952, Préfet de la Guyane, rec. CE 1952, p. 642 : « (…) Considérant que les actes incriminés sont relatifs non à l'exercice de la fonction juridictionnelle, mais à l'organisation même du service public de la justice ; (…), qu'il appartient dès lors à la juridiction administrative d'en connaître et que c'est à bon droit que le Préfet a levé le conflit dans l'instance (…) ».

421 CE, 17 avril 1953, Falco et Vadaillac, rec. CE 1953, p. 175.

422 CE, 14 novembre 1975, Rousseau, rec. CE 1975, p. 194.

423 CE, 05 novembre 1975, Lyon-Caen, rec. CE 1975, p. 472.

424 CE, 13 mars 1987, Bauhain, rec. CE 1987, p. 95 : « Considérant que si, contrairement à ce que soutient le ministre de la Justice, il appartient au Conseil d'État de se prononcer sur le bien-fondé du moyen tiré par M. Bauhain de ce que l'appréciation de sa manière de servir comme juge au TGI de Bastia serait entachée d'erreur manifeste, il ne ressort pas des pièces du dossier que le premier Président de la cour d'appel de Bastia ait commis une telle erreur lorsqu'il a procédé à la notation du requérant (…) ».

425 Georges Vedel, Pierre Delvolvé, « *Droit administratif* », *op. cit.*, p. 156.

426 CS-SA, arrêt n° 55 du 18 mai 1995, entre Boukadary Coulibaly et le ministère de l'Emploi.

427 CE, 14 janvier 1938, Société anonyme des produits laitiers La fleurette, GAJA, *op. cit.*, p. 311, RDP, 1938, p. 87.

Tribunal administratif de Bamako du 08 septembre 2010 a reconnu sa compétence pour statuer sur un litige contractuel mettant en cause l'Assemblée nationale et a même condamné l'Institution au versement d'une importante somme d'argent à la Société requérante. Il faut souligner que suite à l'appel interjeté par l'Assemblée nationale, le juge administratif d'appel est revenu sur le jugement en déclarant l'incompétence du juge administratif « à statuer dans un domaine réservé au juge civil »[428] car le contrat avait été conclu sous la forme d'un contrat de droit privé. Ainsi, le juge administratif reconnaît indirectement sa compétence à statuer sur les contrats de droit public que l'Assemblée nationale peut conclure quand il dit « que la formalité substantielle tenant à la forme écrite du contrat n'a pas été respectée par les parties »[429].

Ces différents aspects peuvent permettre de comprendre cette rigueur du juge administratif dans le respect des règles de partage de compétences même si une telle rigueur n'est pas sans conséquences parfois sur la qualité des arrêts.

b. Des ambiguïtés dans l'application rigoureuse des règles de compétence

Par sa très grande rigueur et sa méticulosité souvent démesurée dans l'application des règles de partage de compétences, le juge administratif se présente clairement comme le plus soucieux du respect du tracé de la frontière des compétences des deux *ordres* de juridiction. Cela a une grande conséquence souvent négative et réductrice sur le champ de compétence du juge administratif qui peut conduire à un refus de statuer sur des matières pouvant ressortir de sa compétence. Elle peut également se muer à un rejet de sa propre compétence.

La jurisprudence atteste cette inquiétude à travers l'arrêt sieur Mama Koné par lequel la « juridiction administrative suprême » s'est « déclarée incompétente »[430] pour statuer sur la situation scolaire d'un élève. Dans cette affaire, M. Mama Koné, élève à l'École de formation de Développement communautaire, avait saisi la Cour d'une requête pour excès de pouvoir tendant à la régularisation de sa situation administrative au sein dudit établissement public. En effet, il avait été ajourné à l'examen de passage suite à une faute de l'Administration consistant à remplacer ses notes d'examen par ses notes de classe. Cela a d'ailleurs été confirmé par le Surveillant dudit établissement. C'est ce qui a conduit à son ajournement.

C'est suite à l'inaction des autorités administratives ayant en charge la gestion de l'établissement face aux sollicitations du requérant que le juge administratif a été saisi. Les motifs ayant conduit le juge à se déclarer incompétent sont difficilement compréhensibles. Il soutient que « la chambre

---

[428] CS-SA, arrêt n° 235 du 26 octobre 2011, l'Assemblée nationale contre le jugement n° 388 du 08 septembre 2010 du TAB, inéd.

[429] *Ibid.*

[430] CS-SA, Arrêt n° 105 du 22 août 1996, entre le sieur Mama Koné et le Directeur national des Affaires sociales.

contentieuse est compétente pour connaître en premier et en dernier ressort (...) des litiges relatifs aux avantages pécuniaires ou statuaires des fonction-naires ; que dans le cas présent il s'agit non pas d'une situation administrative d'un fonctionnaire, mais plutôt de la situation scolaire d'un élève, que ce genre de litige est réglé par les dispositions du règlement intérieur de l'établissement »[431].

Le juge est vraiment ambigu dans sa décision. Il semble résumer « la situation administrative » à celle du fonctionnaire. Cela signifie-t-il que l'élève qui est en formation dans un établissement public ne se trouve pas dans une situation administrative ? Oui, l'élève n'est pas un fonctionnaire, mais l'élève étant sous la direction d'une Administration publique qui détient son dossier scolaire, lequel constitue un document administratif relevant de la seule compétence des autorités administratives de l'établissement, se situe dans une situation administrative. Sous cet angle, les litiges pouvant résulter de telle situation, sont normalement de la compétence du juge administratif.

Le juge soutient aussi que ce genre de litige est réglé par le règlement intérieur de l'établissement. Pourtant, le règlement intérieur dudit établissement, lorsqu'il génère des litiges, c'est le juge administratif qui est saisi. En d'autres termes, en cas d'inapplication ou de mauvaise application de ce règlement, c'est normalement le juge administratif qui doit statuer.

Le juge ne précise pas aussi ce qu'il met concrètement dans son incompétence. Le litige relève-t-il d'une autre compétence juridictionnelle, c'est-à-dire la compétence du juge judiciaire ? Ou encore relève-t-il de celle d'une autre juridiction administrative à savoir le tribunal administratif ? D'où l'ambiguïté résultant de cette rigueur souvent excessive. Mais, ce dernier point peut être écarté car l'établissement est rattaché à la direction nationale des affaires sociales et c'est cette dernière qui est visée par la requête.

Dans un autre arrêt, à savoir l'arrêt Yaya Diakité, le juge affirme que « le requérant évoque dans sa requête des troubles dans l'établissement du P. O. querellé, tout en apportant les preuves ; que la constatation du caractère frauduleux d'un acte, même s'il est administratif, ne peut ressortir de la compétence de la Cour, qu'il y a lieu de déclarer la Cour incompétente pour statuer sur le caractère frauduleux de l'acte attaqué »[432].

S'il y a un point sur lequel il faut être entièrement d'accord, c'est que le juge administratif n'est pas le juge du *faux* ou de *la fraude*. Cependant, lorsque la régularité d'un acte administratif est en cause, le juge administratif doit être compétent. Dans le cas d'espèce, lorsque le juge reconnaît que le requérant a apporté les preuves de l'irrégularité entachant l'acte ; cela n'est-il pas une reconnaissance implicite du caractère irrégulier de l'acte ? Aussi, s'il ne peut

[431] *Ibid.*

[432] CS-SA, Arrêt n° 71 du 17 août 1995, entre Yaya Diakité et le Gouverneur du District de Bamako.

statuer sur le caractère frauduleux d'un acte administratif, ne peut-il pas vérifier la légalité externe de l'acte, en d'autres termes les règles de procédure et de forme.

L'acte s'apparente plutôt à un acte inexistant car le juge lui-même reconnaît l'existence des preuves démontrant les irrégularités dans l'établissement dudit acte. Le juge administratif peut alors affirmer sa compétence à statuer sur l'acte en question s'il n'a pas une conception très stricte des règles de partage des compétences au lieu de renvoyer les parties devant le juge judiciaire qui peut lui aussi, s'il s'agit de manière très rigoureuse, se déclarer incompétent.

La coexistence de deux ordres de juridiction distincts dans un même système judiciaire peut souvent tourner aux conflits, ce qui est normale et même inévitable. Il doit alors y avoir des méthodes et des techniques mises en place par l'État pour résoudre ces éventuels conflits. L'inexistence de ces dernières pouvant rapidement conduire à une paralysie du système judiciaire de l'État. La question a été prise en compte par notre système, c'est-à-dire qu'il existe chez nous un juge des conflits même si celui-ci se montre ambigu dans la pratique.

Paragraphe 2 : Les Sections réunies : un juge des conflits ambigu

Lorsqu'un État opte pour la cohabitation de deux *ordres juridictionnels* dans son système d'organisation judiciaire, il doit savoir que ce choix a des conséquences particulières sur la répartition des compétences. Des conflits de plusieurs natures peuvent alors surgir à tout moment entre les deux ordres de juridiction[433]. Les modes de résolution de ces conflits doivent alors être prévus au moment de la naissance de la dualité juridictionnelle[434]. Depuis son indépendance, le Mali a opté pour le traitement privilégié des litiges concernant l'Administration, donc l'existence d'un juge administratif. Pourtant, aussi étonnant que cela puisse paraître, les tous premiers textes régissant l'organisation juridictionnelle sont restés silencieux sur le problème de résolution des conflits de compétence[435].

---

[433] Le conseiller d'État honoraire, M. François Gazier, souligne que « Les conflits de compétence sont la rançon des avantages du système de double juridiction », (Réflexions sur les symétries et dissymétries du TC), RFDA 05 septembre-octobre 1990, p. 745.

[434] « La raison d'être du tribunal des conflits réside dans la loi des 16-24 août 1790 et le décret du fructidor, an III qui pose le principe de la séparation des autorités administratives et judiciaires et, partant, inscrivent la dualité juridictionnelle dans notre ordonnancement juridique », Rapport du groupe de travail sur la réforme du TC, septembre 2013, p. 3 (Introduction).

[435] La loi n° 61-56/AN-RM du 15 mai 1961 portant organisation de la Cour d'État et déterminant la procédure suivie devant elle avait créé trois sections dont celle du contentieux mais sans faire allusion en aucun point à la manière de résolution des conflits de compétence. Tel est aussi le cas de la loi 65-2/AN-RM du 13 mars 1965 portant réorganisation de la Cour suprême du Mali, JORM du 15 avril 1965.

C'est alors en 1990[436] que le législateur va enfin tenir compte du problème en créant un juge des conflits : les Sections réunies. Cette création a été réitérée par les lois n° 96-071[437]et n° 2016-046[438] ayant régi et régissant la Cour suprême. Cette juridiction ad hoc est calquée dans son idée sur celle de la France qui est historiquement bien ancrée dans le schéma du dualisme juridictionnel[439]. Aussi, si le droit administratif est ce qu'il est aujourd'hui, cela n'est-il pas également lié aux précieuses interventions du juge des conflits français. Cela est réel tel qu'il n'est point possible d'étudier et comprendre le droit administratif français sans connaître et comprendre des arrêts de principe ou grands arrêts du Tribunal des conflits comme les célèbres arrêts Blanco et Bac d'Eloka. C'est pourquoi, François Gazier souligne à juste titre que « c'est à l'abri du rempart dressé par le Tribunal des conflits que le droit administratif a pris son essor et son autonomie »[440].

Cependant, si le Mali a son système juridictionnel de résolution des conflits de compétence, ce système, de par son organisation (A) et son mécanisme de règlement des conflits (B) se présente comme un système « original » voire « atypique ».

A. Une organisation insatisfaisante

L'avènement d'un juge des conflits constitue une logique inhérente à tout système reposant sur l'existence de deux *ordres juridictionnels*. Pourtant, pour que cette structure, dont l'importance du rôle est inestimable, puisse pleinement et efficacement jouer ledit rôle, il faut une bonne organisation. Les Sections réunies qui constituent notre juge des conflits reposent pourtant sur une composition suspecte (1) qui influe d'ailleurs sur son fonctionnement et sa jurisprudence (2).

1. Une composition *suspecte*

La composition de la juridiction des conflits se caractérise par une présidence confiée à un magistrat de l'ordre judiciaire (a) et une certaine incohérence dans sa composition (b).

---

436 Loi n° 90-113/AN-RM du 20 novembre 1990, *op. cit.*, chapitre V de l'art. 175 à l'art. 178.

437 *Op. cit.*

438 Loi n°2016-046 du 23 septembre 2016, section V, art. 127.

439 « Né pour la première fois en 1848 mais de façon éphémère, le TC renaît durablement en 1872 de la loi du 24 mai 1972 portant réorganisation du C.E et remontant en vigueur la loi du 04 février 1850 sur l'organisation de la juridiction », Rapport du groupe de travail sur la réforme du TC, *op. cit.* Voir aussi J. Morand-Deviller, *Droit administratif, op. cit.*, p. 593 ; mais avant la création du TC, « Longtemps, la procédure du conflit a conduit à un arbitrage du Chef de l'État statuant sur avis du CE. Cette solution était très imparfaite car elle revenait à remettre à l'autorité administrative le soin de trancher le conflit qui l'opposait à l'autorité judiciaire », Georges Vedel, Pierre Delvolvé, *Droit administratif, op. cit.*, p. 205.

440 François Gazier, *op. cit.*, p. 746.

a. Une présidence confiée à un juge judiciaire

Le législateur confie la présidence de notre « juridiction des conflits » au juge judiciaire en ces termes : « Les Sections réunies comprennent, sous la présidence du président de la Cour suprême, (…) »[441] ou en cas d'absence ou d'empêchement de celui-ci, sous la présidence du vice-président [442]. Alors qu'il se trouve que « le président et le vice-président de la Cour suprême sont nommés parmi les magistrats de l'ordre judiciaire par décret du Président de la République sur proposition conforme du Conseil supérieur de la magistrature »[443].

La présidence des Sections réunies est donc réservée aux juges judiciaires et cette réservation est protégée par un double verrou : même si le président de la Cour suprême n'est pas disponible, la présidence des Sections réunies ne peut être confiée à un juge administratif, il sera remplacé par le vice-président, tous les deux sont des « juges du droit privé ».

L'inquiétude que suscite cette présidence immuablement confiée aux juges judiciaires réside dans le fait que les arrêts de conflits ne soient pas fondés sur des visions trop privatistes. Cette pratique est proche de celle de l'Algérie sur le plan de l'autorité de nomination du président du tribunal des conflits. Si, sur le plan national, le président et le vice-président sont indirectement nommés par le Président de la République, en Algérie, il est directement nommé par le Président de la République[444]. Mais, la pratique nationale se détache de celle de l'Algérie au niveau où « le président est alternativement nommé parmi les magistrats de la Cour suprême ou du Conseil d'État »[445]. Cette alternance à la tête de la juridiction des conflits n'existe pas chez nous. La pratique malienne n'est pourtant pas unique sur ce plan. Il faut signaler que la question de la présidence de la juridiction des conflits fait également couler beaucoup d'encre en ce qui concerne la pratique au niveau du modèle de référence à savoir le modèle français.

En effet, en France, « le Tribunal des conflits est présidé par le ministre de la Justice »[446] alors que ce dernier est un membre du gouvernement, donc de l'exécutif. Il a été soutenu que « la présence du garde des sceaux comme membre permanent et président du Tribunal des conflits révèle, même si elle est historique, une confusion des pouvoirs et une ingérence de l'exécutif dans

441 Loi 96-071, *op. cit.*, chapitre V, art. 141 ; Loi n°2016-046/AN-RM, art.128.

442 Loi n°2016-046/AN-RM, *op. cit.*, art. 19.

443 Loi n°96-071, *op. cit.*, chapitre II, art. 6, Loi n°2016-046/AN-RM, *op. cit.*, V. art. 16 et 19.

444 M. Bouabdellah, « *L'expérience algérienne du contentieux administratif* », thèse de doctorat d'État en droit, Université des frères Mentouri, Constantine, Algérie, soutenue le 13 décembre 2005, p. 306.

445 *Ibid.*

446 Loi française du 24 mai 1872, titre IV, art. 89, voir Charles Debbasch, J.-C. Ricci, *Contentieux administratif, op. cit.*, p. 107, voir également J. Morand-Deviller, *Droit administratif, op. cit.*, p. 593.

l'activité juridictionnelle »[447]. Les détracteurs de cette pratique soutiennent que « cette disposition n'en est pas moins contraire aux exigences constitutionnelles et conventionnelles d'indépendance et d'impartialité des juridictions, qui s'opposent à ce qu'un membre du gouvernement puisse participer aux délibérations d'une juridiction. À cet égard, elle ne peut apparaître que comme une anomalie, héritée du passé qui ne peut être maintenue »[448]. Il faut souligner à ce niveau, qu'aussi critiquable qu'elle soit, la pratique nationale ne souffre pas d'une telle *anomalie*.

Il y a une réalité qu'il ne faut pas non plus occulter. Dans la pratique française, la Garde des Sceaux a eu à intervenir quelques fois pour « arbitrer une irréductible dissidence entre les représentants du Conseil d'État et ceux de la Cour de cassation et vider le partage à égale voix »[449]. Certaines de ses interventions ont conduit à des arrêts qui sont devenus incontournables et qui sont éternellement attachés à l'étude et à la compréhension du dualisme juridictionnel et du droit administratif français[450].

Le gouvernement français est même d'accord sur le fait que la présidence de la juridiction des conflits confiée à un membre du gouvernement ne constitue pas une garantie d'une justice équitable et impartiale. C'est ainsi que la Garde des Sceaux, ministre de la Justice française a écrit le 3 juin 2013 qu'« une justice plus légitime requiert la mise en œuvre effective vis-à-vis des juridictions d'une conception moderne de la séparation des pouvoirs »[451] . Qu'« à cet égard et tout particulièrement, le pouvoir exécutif ne saurait interférer dans l'exercice des fonctions juridictionnelles »[452] ; « mais l'article 25 de la loi des 24-31 mai 1872 prévoit que la Garde des sceaux en est le Président »[453] ; que « cette situation

---

447 Rapport du groupe de travail sur la réforme du Tribunal des conflits, *op. cit.*, p. 4.

448 *Ibid.*

449 J. Morand-Deviller, *op. cit.*, p. 593.

450 Parmi ces arrêts, nous avons principalement : l'arrêt Blanco de 1873 (la compétence du juge administratif pour la responsabilité du service public) ; l'arrêt Feutry de 1908 (la compétence du juge administratif pour la responsabilité extracontractuelle des collectivités territoriales) ; l'arrêt Dame Melinette de 1933 (la compétence du juge judiciaire pour le contentieux des relations du SPIC avec ses usagers) ; l'arrêt Demoiselle Gavillet de 1950 (la compétence du juge judiciaire pour les dommages causés à un élève comme par un élève sous la surveillance des membres de l'enseignement public) ; l'arrêt Safer de Bourgogne et Arcival de 1969, (la compétence du juge judiciaire pour le contentieux du droit de préemption exercé par les Safer) ; l'arrêt préfet de police de Paris de 1997, (la compétence administratif pour des mesures concernant des étrangers, clandestins, lesquels ne constituent pas une voie de fait). Cette dernière affaire a fait l'objet de vifs débats, de vives critiques et de vives controverses jusqu'à conduire à la démission d'un conseiller à la Cour de cassation (voir J. Morand-Deviller, *ibid.*).

451 C. Taubira, Lettre de mission adressée au Vice-président du Tribunal des conflits, M. Jean Louis Gallet, conseiller à la Cour de cassation, président du groupe de travail sur la réforme du Tribunal des conflits en 2013, le 03 juin 2013.

452 *Ibid.*

453 *Ibid.*

anachronique n'apparaît pas compatible avec les exigences modernes de l'État de droit qui prévalent en France et en Europe »[454].

Cette présence du ministre ne doit pas non plus être dramatisée car, « dans la pratique, c'est le vice-président, élu par le tribunal parmi ses membres, qui assure la présidence »[455], le ministre de la Justice n'intervenant que très rarement[456]. Malgré que ce problème n'existe pas dans le droit national, il faut tout de même reconnaître que l'omniprésence du juge judiciaire et l'intervention du juge des comptes conduisent à une incohérence de la composition de la juridiction des conflits.

b. Une composition incohérente

Le qualificatif peut vraiment paraître dur, mais il ne constitue que le reflet de la situation. L'idée de parité dans sa conception constitue l'épine dorsale de tout système de juridiction des conflits[457]. Cela ne semble guère être la priorité du législateur malien.

Les Sections réunies « comprennent sous la présidence du président de la Cour suprême ou en cas d'absence ou d'empêchement de celui-ci, sous la présidence du vice-président, les présidents des sections et un conseiller par section »[458]. Si l'on analyse cette disposition de la loi régissant la Cour suprême, on peut comprendre aisément que la juridiction des conflits est composée de sept membres. Parmi ces sept membres, figurent les trois présidents des trois Sections composant la Cour suprême : le président de la Section judiciaire, le président de la Section des comptes et celui de la Section administrative. En plus de ces trois présidents, nous avons également un conseiller choisi par Section. Ce qui porte le nombre des membres à six plus le président.

Le premier problème que recèle cette composition réside dans le fait que le Président de la Section des comptes participe pleinement aux travaux de la juridiction des conflits. Cela est difficilement conciliable avec l'idée de la résolution paritaire et avec les textes même régissant la juridiction des conflits. En effet, si l'on s'en tient aux textes, il ne peut y avoir de conflit entre les trois Sections qui composent la Cour suprême. La possibilité de conflit existe seulement entre la Section judiciaire et la Section administrative. Le législateur précise que « les Sections réunies statuent en qualité de tribunal des conflits chaque fois qu'il y a conflit de compétence d'attribution entre les juridictions administratives et les juridictions judiciaires »[459]. Mais pourquoi alors faire participer le juge des comptes à la résolution d'un conflit de compétences qui

---

454 *Ibid.*
455 J. Morand-Deviller, *op. cit.*
456 *Le garde des sceaux n'apparaît d'ailleurs au T.C qu'en cas de partage persistant des voies. Il intervient alors comme un départiteur*, G. Vedel, P. Delvolvé, *op. cit.*, p. 206.
457 *Les deux ordres de juridiction sont représentés sur une base égalitaire par l'entremise de leurs juges suprêmes*, Charles Debbasch, J. C. Ricci, *op. cit.*, p. 104.
458 Loi n° 96-071, *op. cit.*, art. 141, Loi n°2016-046/AN-RM, *op. cit.*, art. 128 et 9.
459 Loi n°2016-046/AN-RM, *op. cit.*, art. 128.

ne l'intéresse vraiment pas. Cette pratique paradoxale dénature en réalité la qualité des décisions de la juridiction des conflits. Le juge des comptes pourrait faire pencher la balance vers une Section qui peut ne pas être la compétente dans un conflit.

Le second problème a trait au non-respect du caractère paritaire de la composition des Sections réunies. On peut clairement observer la domination du juge judiciaire. Le président de la Section judiciaire n'est pas un arbitre neutre en cas d'éventuel partage équitable de voix et même dans les débats. Cela est une réalité parce que tout simplement le président des Sections réunies est un magistrat de l'ordre judiciaire et doit obligatoirement l'être, nous l'avons déjà mentionné. Cela conduit à une composition loin d'être paritaire mais plutôt déséquilibrée[460]. Quand on refait les calculs, la juridiction judiciaire sera représentée aux Sections réunies par trois magistrats alors que la juridiction administrative ne le sera que par deux magistrats. Cela ne correspond pas trop à la conception du professeur Francis Paul Benoit relative à la participation du juge judiciaire au respect de la compétence du juge administratif. Ce dernier souligne que « la situation du tribunal des conflits constitue un paradoxe sur le plan historique. Le problème était d'assurer le respect par la juridiction judiciaire de l'interdiction qui lui est faite de connaître du procès administratif. Or, à qui est confiée cette mission de sanction ? À un organisme composé pour moitié de magistrats judiciaires, dont le vice-président est une fois sur deux un magistrat judiciaire (...). On fait donc l'autorité judiciaire juge de l'interdiction qui lui est adressée »[461].

Sans être entaché par les mêmes problèmes, le système algérien de résolution des conflits de compétence souffre également du même problème de parité dans la composition de la juridiction. C'est ce que Mokhtar Bouabdellah traduit dans sa thèse en ces termes : « la formation chargée de se prononcer sur les conflits est conçue dans un souci d'impartialité, mais sans parité absolue. »[462]

Il faut aussi souligner que cette dissymétrie n'est pas propre au relatif jeune système malien de résolution des conflits de compétence, mais concerne sur un tout autre plan, le système plus ancien censé être plus perfectionné, à savoir le système français. Nous voulons tout simplement attirer l'attention sur le fait que le système de référence ne présente pas une nature unique basée sur une symétrie parfaite comme on peut être tenté de le croire à première vue, mais une double nature qui concilie « symétrie et dissymétrie ».

Sous la plume du Conseiller d'État honoraire, M. François Gazier, ces dissymétries se présentent ainsi : « la procédure appliquée devant le tribunal des

---

[460] « Le conflit fut l'arme qui permit aux juridictions administratives de se dégager de l'omnipotence juge judiciaire et de conquérir laborieusement leur autonomie ». François Gazier, *op. cit.* Nous pouvons difficilement dire si le conflit peut permettre au juge administratif malien de faire la même chose dans le cas actuel des choses.

[461] F. P. Benoit, *Le droit administratif français*, Paris, Dalloz, 1968, p. 328.

[462] M. Bouabdellah, thèse précitée, p. 306.

conflits et celle en vigueur au Conseil d'État qui diffère en bien des points de celle qu'applique la Cour de cassation, notamment en ce qui concerne les rôles respectifs du rapporteur et du commissaire du gouvernement, la tenue des délibérés, la rédaction des arrêts, le vocabulaire même utilisé, séance et non pas audience, commissaire du gouvernement et non pas avocat général, secrétaire et non pas greffier, considérant et non pas attendu... Les membres du tribunal issus du Conseil d'État sont à l'aise dans leurs pratiques et leurs habitudes, ceux issus de la Cour de cassation sont priés de s'adapter. La diffusion des décisions se fait par les soins du centre de documentation du Conseil d'État et leur publication dans le recueil des arrêts du Conseil d'État... »[463].

Cette dissymétrie plus subtile contrairement à la nôtre est plus favorable au juge administratif alors que la nôtre penche plutôt vers le juge judiciaire. Le fonctionnement et la jurisprudence des Sections réunies ne sont pas insensibles aux problèmes liés à la composition.

2. Une composition ayant une conséquence négative sur son fonctionnement et sa jurisprudence

La nature de la composition fait que son fonctionnement est plus proche de celui de la Section judiciaire (a) et fait que sa jurisprudence soit sensiblement favorable au juge judiciaire (b).

a. Un fonctionnement proche de celui de la Section judiciaire

Conséquence logique de la domination des Sections réunies par les magistrats de l'ordre judiciaire, le fonctionnement de notre « tribunal des conflits », contrairement à l'idée première de la création du juge des conflits, n'est pas distinct de celui de la Section judiciaire.

Dès les premiers pas vers le juge des conflits, on rencontre cette proximité entre le juge des conflits et le juge judiciaire. Il faut savoir que les Sections réunies constituent une « juridiction occasionnelle », c'est-à-dire une juridiction non permanente qui fonctionne autour des services et des agents d'une autre juridiction. Cela est contraire à des systèmes comme celui de l'Algérie où la juridiction des conflits est dotée de ses propres services et personnels[464]. Dans le système malien, le greffe de la Cour suprême qui était logé dans l'enceinte de la Section judiciaire, joue le rôle de greffe dans la juridiction des conflits. Les requêtes y sont directement déposées et son greffier en chef devient ipso facto celui des Sections réunies. C'est ce greffier qui fait la mise en état du dossier. L'un des points attestant le plus ce rapprochement entre le juge des conflits et

---

463 François Gazier, *op. cit.*, p. 747 « À vrai dire, le TC est né au Mali du siècle dernier d'un démembrement du Conseil d'État et n'est jamais parvenu à s'en détacher complètement. Le cordon ombilical avec la maison mère n'a jamais été rompu ».

464 Loi organique algérienne n° 98-03 régissant la juridiction des conflits, articles 10 et 11.

le juge judiciaire est l'intervention du procureur général, celui-ci doit conclure sur les affaires[465].

Sur ce plan, il est clair que le fonctionnement des Sections réunies s'oppose fondamentalement à celui de son modèle de référence : le Tribunal des conflits français. C'est ce qui ressort aussi de l'analyse des écrits de Charles Debbasch et de Jean Claude Ricci qui retracent les rapprochements du tribunal des conflits avec la juridiction administrative en affirmant que « le fonctionne-ment du tribunal des conflits se rapproche beaucoup de celui de la juridiction administrative. (...) Son secrétariat est assuré par le secrétariat du contentieux du Conseil d'État »[466].

Si François Gazier estime que « les membres du tribunal des conflits issus du Conseil d'État sont à l'aise dans leurs pratiques et leurs habitudes et que ceux issus de la Cour de cassation sont priés de s'adapter »[467] ; nous pouvons transposer cette affirmation dans le cas précis des Sections réunies mais prenant le soin de la renverser. Ce qui signifie que dans son fonctionnement les membres des Sections réunies issus de la Section judiciaire sont plus à l'aise dans les formations de résolution des conflits.

Leur proximité avec le président des Sections réunies peut également expliquer cette situation car ce dernier côtoie très régulièrement les conseillers de la Section judiciaire dans les formations de jugement de celle-ci. Le fait que le président soit un juge judiciaire ne peut être étranger à cette situation. Les membres venant de la Section judiciaire ainsi que le président réfléchissent tous de la même manière. Ils ont les mêmes conceptions de la règle de droit et obéissent à la même culture juridique. Ils interprètent la règle de droit de la même manière et ont la même compréhension de l'Administration. Ces différents points ne peuvent que naturellement rapprocher la pratique du fonctionnement des Sections réunies de celle de la Section judiciaire.

b. Une jurisprudence sensiblement favorable au juge judiciaire

On ne cherche pas ici à démontrer que beaucoup d'arrêts rendus par les Sections réunies sont à la faveur du juge judiciaire. Il faut d'ailleurs signaler que ce tribunal des conflits ne s'est statuée que très rarement. Il s'agit de se baser sur ses très rares interventions pour analyser et étudier son attitude à être réellement en phase avec son rôle.

Le « célèbre » arrêt Hassane Arouzana[468] constitue une parfaite illustration de la donne. Relativement récent, cet arrêt a suscité beaucoup d'interrogations et beaucoup de débats.

---

[465] Loi n° 96-071, *op. cit.*, art. 143 ; Loi n°2016-046/AN-RM, *op. cit.*, art. 348.

[466] Charles Debbasch, Jean Claude Ricci, *op.*, *cit.*, p. 108.

[467] François Gazier, *op. cit.*

[468] CS-SA, Arrêt n° 509 du 29 décembre 2008, Hassane Arouzana, inéd., (Arrêt numéroté sous la SA).

Il faut souligner qu'au moment des faits, M. Arouzana était le chef de village de Goléa, une localité située dans le cercle d'Ansongo, relevant de la région de Gao. Il y a un litige qui oppose son village à celui de Seyna. Les deux villages sont limitrophes.

Dans les années 1941-1942, un conflit foncier avait déjà opposé les deux villages. L'administrateur colonial de l'époque mit fin à celui-ci dans une décision des 7 et 8 décembre 1942 en ces termes : « le village de Goléa n'a plus de terrain sur le Haoussa. Il obtient en échange, des terrains sur le Gourma. Sur le Gourma, la limite entre ces deux villages est définie par deux droites, partant du rocher situé à l'extrémité nord de l'îlot de Moti Ara se dirigeant : à l'Est sur la case de Mohamed Assagheit ; à l'Ouest sur un petit rocher situé à 200 mètres environ au nord de l'embouchure de l'oued Boudounguel. Les terrains situés sur le versant Ouest de l'île de Seyna et compris entre la limite Nord et la limite Sud de Goléa appartiennent à Goléa. » Cette délimitation fut appuyée par un croquis explicite et une légende lisible.

Ainsi, en 2001, les habitants du village de Goléa saisirent le Juge de paix à compétence étendue d'Ansongo en vue de « la délimitation des terres entre les villages de Seyna Sonrhaï et Goléa et de la matérialisation desdites limites conformément au procès-verbal du chef de subdivision d'Ansongo les 7 et 8 décembre 1942 ».

Par jugement n° 19 du 06 novembre 2002, le tribunal civil statue mais ne tient pas compte de la décision ci-dessus évoquée. Son jugement fut confirmé suite à l'appel interjeté par le requérant par arrêt n° 63 du 02 août 2006 de la Cour d'appel de Mopti. Son pourvoi en cassation fut rejeté par la deuxième chambre civile de la Section judiciaire de la Cour suprême par arrêt n° 296 du 17 décembre 2007.

C'est pourquoi M. Arouzana a saisi les Sections réunies en vue d'obtenir l'annulation des décisions rendues par les juridictions judiciaires au motif qu'il y a contrariété entre ces décisions et celle de l'administrateur de la subdivision d'Ansongo des 7 et 8 décembre 1942.

Le juge des conflits « en la forme : reçoit la requête, au fond : la rejette comme étant mal fondée ».

Une décision vraiment étonnante, surtout quand on tient compte des troubles engendrés et qu'elle continue d'engendrer. Il a décidé ainsi au motif que « le requérant oppose une décision d'un chef de circonscription administrative à une décision d'une juridiction de l'ordre judiciaire, en l'occurrence un arrêt rendu par une Cour d'appel et qu'une décision d'un chef de circonscription administrative, fut-elle de l'ère coloniale, ne saurait être assimilée à une décision juridictionnelle de l'ordre administratif »[469].

[469] *Ibid.*

Vu les circonstances dans lesquelles cet arrêt a été rendu et vu la sensibilité de l'affaire, il a été l'élément déclencheur d'une grave crise entre lesdites localités parce que, ladite crise a provoqué des morts dans les affrontements entre lesdits villages.

On se demande quel est le fondement réel d'une telle décision. L'arrêt soulève un certain nombre de problèmes qui ont trait à la durée de vie d'un acte administratif, l'autorité qui s'attache à la chose décidée et les relations entre les autorités judiciaires et les actes des autorités administratives.

Selon le conseiller d'État Daniel Chabannol, « hormis les cas dans lesquels une mésaventure juridictionnelle fait disparaître l'acte, ou en constate l'inapplicabilité (faute par exemple de publication), ou dans lesquels, de son propre chef, l'Administration met, par une opération de retrait ou d'abrogation, fin d'elle-même à l'applicabilité d'un acte, les actes administratifs s'imposent même à l'Administration qui les a édictés ou à l'autorité hiérarchiquement supérieure à cette dernière »[470] et partant aux juridictions lorsqu'elles doivent intervenir dans le domaine dans lequel il existe une décision exécutoire de l'Administration.

Nous soutenons que « la décision (de l'Administration) a des effets perpétuels, c'est-à-dire que ces effets se produiront tant que la décision n'aura pas fait l'objet d'une abrogation ou d'un retrait »[471]. Il faut également ajouter que la force de la chose décidée ou l'autorité de la chose décidée n'a pas une force comparable à celle de la chose jugée[472].

L'annulation et l'appréciation de la légalité et l'interprétation des actes administratifs relèvent de la compétence des juridictions administratives[473]. Pourtant, par ces différentes décisions, particulièrement le jugement n° 19 du juge de paix d'Ansongo, le juge judiciaire a indirectement annulé la décision de l'administrateur colonial des 7 et 8 décembre 1942. Alors même que cette décision reposait sur des bases solides comme par exemple des études topographiques et cartographiques qui avaient été acceptées par les parties depuis des dizaines d'années. Quand le juge des conflits soutient qu'« une décision d'un chef de circonscription administrative, fut-elle de l'ère coloniale, ne saurait être assimilée à une décision juridictionnelle de l'ordre administratif », il démontre à juste titre plus que son manque d'impartialité mais sa connaissance très limitée en matière de contentieux administratif.

Dans un premier temps, même en admettant que la décision de l'administrateur colonial ne soit pas un acte à valeur juridictionnelle, elle s'impose quand

---

[470] D. Chabannol, *La pratique du contentieux administratif*, *op. cit.*, (L'acte administratif est-il toujours applicable ?), p. 423 ; voir également CE, 16 mai 2008, Département du Val-de-Marne.

[471] Georges Vedel, Pierre Delvolvé, *Droit administratif*, t. 1, *op. cit.*, p. 306.

[472] Voir G. Vedel et P. Delvolvé, *ibid.*, p. 320.

[473] Loi n° 2011-048 du 28 juillet 2011, *op. cit.*, art. 8 ; loi n° 96-071 *op. cit.*, art. 42 ; loi n° 2016-046, at.111.

même au juge judiciaire agissant dans le domaine régi par la décision. Dans un second temps, la période à laquelle la décision a été prise, c'était la période des Conseils de préfecture et les tribunaux administratifs n'étaient pas encore créés même chez le colonisateur, donc les décisions prises par l'administrateur visant à résoudre un conflit territorial, surtout après avoir mené les expertises nécessaires, est objectivement assimilable à une décision juridictionnelle.

En réalité, la composition de la juridiction des conflits n'est pas totalement étrangère à cette situation. La formation de jugement était naturellement présidée par un juge judiciaire, il y avait le président de la Section judiciaire (juge judiciaire), un conseiller de la Section judiciaire (juge judiciaire) avec la présence du procureur général près la Cour suprême (juge judiciaire) contre deux juges administratifs et deux juges des comptes, lesquels vont facilement s'arranger du côté du chef ou de la majorité. Supposons que les juges administratifs aient opté pour la solution contraire, ils seraient deux contre quatre privatistes qui vont facilement convaincre les juges des comptes par rapport aux juges administratifs qui donneront des explications et des arguments difficiles à comprendre pour les profanes en droit administratif et particulièrement en contentieux administratif.

Cet arrêt démontre à suffisance que la juridiction des conflits doit être solidement implantée. Par cet arrêt, la compétence du juge judiciaire a été reconnue pour poser des actes administratifs en bonne et due forme dans le domaine d'action normal de l'Administration active.

L'étude de l'organisation de notre juridiction des conflits nous permet d'avoir une certaine connaissance sur elle, mais la procédure de règlement des conflits devant elle (B) peut permettre d'en savoir plus.

B. Une procédure de règlement des conflits inadaptée

Dans cette partie, nous donnerons la réponse à la question de savoir comment peut-on porter un conflit de compétence devant le juge des conflits (1) et nous examinerons aussi la manière par laquelle le juge des conflits fait face aux différents conflits qui sont portés devant lui (2).

1. L'accès au juge des conflits

Le législateur semble sous-estimer le rôle capital du juge des conflits. La saisine du juge des conflits est réservée aux seules parties en conflit (a) ce qui signifie indirectement que les juges des deux *ordres juridictionnels* ne peuvent y avoir accès (b).

a. Une jurisprudence fondée sur la saisine des parties

L'étude des arrêts rendus par les Sections réunies nous donne un résultat très clair sur le sujet. Tous les arrêts rendus par le juge des conflits l'ont été à la suite des requêtes introduites par des parties impliquées dans un litige. Aussi, cela ne constitue-t-il d'ailleurs pas une pratique très normale puisque la saisine par les

Présidents des Sections n'a lieu que lorsque le conflit surgit au niveau de la Cour suprême[474].

La justice administrative, vit dans l'ombre de la juridiction judicaire, c'est-à-dire qu'elle est très peu connue des justiciables *a fortiori* la justice des conflits qui se situe au-delà des deux ordres de juridiction. Cela semble expliquer l'extrême rareté de la saisine des Sections réunies. Sur ce plan, les statistiques donnent des chiffres incroyables et mettent évidemment en cause la réalité de l'existence d'un autre ordre juridictionnel en dehors de la justice judiciaire. En effet, de 1990 (année où le législateur a finalement prévu un juge des conflits à travers la loi régissant la Cour suprême) à 2014, nous n'avons recensé que cinq arrêts rendus par le juge des conflits. Il y a lieu d'apporter une précision à ce niveau. C'est ce que la vérification des registres du greffe nous donne comme chiffre ou tout du moins les registres auxquels nous avons eu accès et cela semble être le chiffre réel car ce travail a été effectué avec des greffiers et un membre de la Section administrative[475] qui était intéressé par notre recherche.

La procédure est pourtant simple. La juridiction des conflits est saisie par toute partie intéressée en déposant une requête au greffe de la Cour suprême[476]. Le greffier en chef va ainsi acheminer la requête au président de la Section de l'ordre juridictionnel devant lequel le conflit est soulevé. Ce dernier doit alors saisir le président de la Cour suprême pour l'informer de l'existence du conflit. C'est celui-ci « qui saisit alors dans les quinze jours les Sections réunies »[477]. C'est le président de la Cour suprême qui va convoquer les Sections réunies par une ordonnance car c'est lui qui est aussi le président de cette juridiction des conflits.

C'est le greffier en chef de la Cour suprême qui s'occupe de la mise en état du dossier. Le dossier mis en état doit comprendre, outre les conclusions des parties, les conclusions du procureur général et le rapport du rapporteur[478]. C'est après la mise en état du dossier que les Sections réunies va alors statuer mais, cela n'est possible qu'avec la participation effective de la majorité de ses membres. Il faut ajouter qu'« elle siège obligatoirement en nombre impair »[479].

On observe cependant une souplesse des conditions d'accès au juge des conflits sur le plan de la constitution d'un avocat. Si le requérant peut toujours solliciter les services d'un avocat, il n'est pas obligé de le faire. Le requérant peut lui-même, s'il estime pouvoir le faire, se charger de la procédure. Cette souplesse, si elle en constitue d'ailleurs une, n'existe pas dans le système algérien. En effet, si « le tribunal des conflits peut être saisi par toute partie intéressée par le dépôt au greffe d'une requête accompagnée d'un mémoire, ces

---

474 Loi 96-071, *op. cit.*, art. 142 ; Loi n° 2016-046/AN-RM, *op. cit.*, art. 346.
475 M. David Sagara, Conseiller à la Section administrative, 09 novembre 2013.
476 Loi n° 2016-046/AN-RM, *op. cit.*, art., 348.
477 *Ibid.*, Loi n° 2016-046/AN-RM, *op. cit.*, art. 346
478 *Ibid.*, art. 143; Loi n° 2016-046/AN-RM, *op. cit.*, art. 348.
479 *Ibid.*, art. 144; Loi n°2016-046/AN-RM, *op. cit.*, *ibid.*

requêtes et mémoires doivent être signés par un avocat agréé près la Cour suprême ou près le Conseil d'État »[480].

Si la pratique de la saisine directe du juge des conflits par les parties est un acquis, il en est autrement pour la saisine ouverte aux juridictions.

b. L'inexistence de cas de saisine directe des juridictions

Dans la jurisprudence, il n'y a aucun arrêt du juge des conflits pris sur la base d'une saisine émanant directement des juridictions de l'un des deux ordres de juridiction. Cela est pourtant normal car, une telle possibilité n'a pas été prévue par le législateur.

L'inexistence de cette pratique dans la jurisprudence, ne dénote-t-elle pas d'une méconnaissance de la jurisprudence de notre juge des conflits par nos magistrats exerçant dans les différentes juridictions des ordres de juridiction ? La question est délicate et sa réponse ne l'est pas moins. Nous confirmons que nous avons effectivement souligné que le législateur n'a pas prévu une telle possibilité, d'où l'absence d'une telle saisine dans la jurisprudence. Mais, nous assouplissons cette affirmation en soulignant un véritable paradoxe.

En faisant une interprétation large et approfondie de l'arrêt Régis Pollot des Sections réunies statuant en tribunal des conflits, tout en pesant les mots, nous pouvons soutenir que la possibilité pour les juridictions de saisir le juge des conflits existe dans la jurisprudence de notre juge des conflits, et ce indirectement.

Dans l'arrêt Régis Pollot, le juge des conflits souligne que « l'article 755 alinéa 2 du code de procédure civile, commerciale et sociale souligne que les matières non réglées par ledit code demeurent régies par les textes en vigueur en leurs dispositions non contraires » ; et il continue par ces mots : « considérant à cet effet que la loi du 20 avril 1932 (une loi française) applicable en la matière reconnaît la compétence d'attribution du tribunal des conflits… qu'il échet dès lors de déclarer la requête présentée par Régis Pollot recevable en la forme et rejette par conséquence, l'exception d'irrecevabilité soulevée par les syndicats de l'ITEMA SA »[481].

Ce qui signifie mutatis-mutandis que la procédure qui n'est pas prévue par les textes maliens, si elle l'est par ceux de la France, s'appliquent dans la législation nationale même si ladite procédure relève d'un texte français datant de la période coloniale.

Cette procédure de saisine directe du juge des conflits par les juridictions n'est autre que la procédure de renvoi. C'est une procédure qui a été mise en place par le décret français du 25 juillet 1960 « dans le souci d'éviter un prolongement excessif des incidents de compétence »[482]. Son institution a

---

480 M. Bouabdellah, *op. cit.*, p. 309.
481 CS. SR, arrêt n° 201 du 25 septembre 2007, Régis Pollot, inéd.
482 Charles Debbasch, J. C. Ricci, *op. cit.*, p. 126.

suscité un grand intérêt dans la doctrine française d'où de nombreux commentaires[483]. Selon Charles Debbasch et Jean Claude Ricci, il a été prévu « dans deux cas, que le tribunal des conflits serait saisi non plus par la partie intéressée mais par la juridiction elle-même »[484].

Il faut ainsi distinguer le « renvoi destiné à éviter la naissance de conflit négatif »[485] et le « renvoi destiné à résoudre une difficulté sérieuse de compétence »[486]. Le premier concerne les juridictions des premiers degrés et c'est un « renvoi obligatoire »[487]. Par ce renvoi, une juridiction administrative ou judiciaire saisie d'un litige qui affirme son incompétence dans une décision qui n'est plus susceptible de recours, lorsque la juridiction de l'autre ordre de juridiction, saisie du même litige estime qu'elle aussi est incompétente, doit surseoir à statuer et saisir le tribunal des conflits[488]. C'est un conflit préventif.

Le second concerne les juridictions suprêmes et ce « renvoi est facultatif »[489]. La Cour de cassation ou le Conseil d'État peuvent renvoyer au tribunal des conflits la résolution des questions de compétence soulevant une difficulté sérieuse et mettant en jeu la séparation des autorités administratives et judiciaires[490]. Le professeur Jacqueline Morand-Deviller trouve qu'« il y a là, dans l'intérêt d'une bonne administration de la justice, l'intention marquée de collaboration entre les juridictions au plus haut niveau »[491]. Le juge des conflits désigne le juge compétent et peut même procéder à l'annulation des décisions rendues en appel ou en première instance.

2. Le traitement inégalitaire des différents types de conflits de compétence

À défaut d'une définition claire donnée par le législateur, il y a conflit de compétence lorsqu'une juridiction de l'ordre judiciaire et une juridiction de l'ordre administratif se déclarent soit compétentes, soit incompétentes pour statuer sur un litige. La gestion des conflits de compétence est parfois source d'une véritable confusion. Cela est principalement dû au caractère lacunaire des dispositions législatives régissant les Sections réunies. En effet, l'ancienne loi régissant la Cour suprême ne fait pas mention de tous les types de conflits. C'est

---

483 Voir J. M. Jean-Marie Auby *Le décret du 25 juillet 1960 portant réforme de la procédure du conflit d'attribution*, Paris, AJDA 1961, p. 1 ; Galabert et Gentot, *Le tribunal des conflits, juge des conflits, difficultés sérieuses de compétence*, AJDA 1961, p. 606 ; R. Lindon, *La récente réforme en matière de conflits d'attribution*, JCP, 1960, 1, p. 1857 ; R. Lindon, *Bilan de trois ans d'application de la procédure du conflit d'attribution*, JCP, 1963, 1, p. 1782.

484 Charles Debbasch, J. C. Ricci, *op. cit.*

485 *Ibid.*

486 *Ibid.*

487 J. Morand-Deviller, *op. cit.*, p. 596.

488 TC, 02 juillet 1962, Henoff, RDP, 1962, n° 15, p. 1208.

489 J. Morand-Deviller, *op. cit.*

490 TC, 05 novembre 1976, Henin.

491 J. Morand-Deviller, *op. cit.*

pourquoi, on constate un traitement inégalitaire des différents types de conflit que doit normalement connaître un juge des conflits. Ainsi, le traitement du conflit négatif a la faveur du droit national (a), mais celui-ci ne prévoit pas de conflit positif et le juge des conflits se base sur le droit français pour statuer sur le conflit de décisions (b).

a. Un traitement du conflit négatif autorisé par le droit national

On parle de conflit négatif lorsque les juridictions des deux ordres juridictionnels se sont déclarées incompétentes pour juger un même litige. Il s'agit de protéger l'intérêt des parties en cherchant pour elles le juge compétent. Cela va éviter le déni de justice par défaut de juridiction compétente.

Le juge des conflits est à l'aise face au conflit négatif contrairement aux autres types de conflits. En effet, les quelques articles de la loi régissant la Cour suprême relatifs aux Sections réunies, définissent la compétence du juge des conflits en ces termes : « elle (Sections réunies) statue en qualité de tribunal des conflits, chaque fois qu'il y a conflit de compétence d'attribution entre les juridictions administratives et les juridictions judiciaires »[492]. Le juge des conflits fait une interprétation stricte de cette distinction et y voit la détermination législative directe de sa compétence en matière de conflit négatif. C'est ce qui résulte en fait du deuxième considérant de l'arrêt Sambourou Bocoum ainsi libellé : « Considérant qu'il résulte de ces énonciations que la question (...) n'est pas traitée par les articles sus visés (articles 141, 142 – de la loi n° 96-071) qui réduit la compétence des Sections réunies au règlement des seuls conflits d'attribution entre les deux ordres de juridiction. »[493]

Malgré cette compétence en matière de conflit négatif de compétence, le juge des conflits de 1990 à 2014 n'a rendu qu'un seul arrêt en matière de conflit négatif[494]. C'est le célèbre arrêt Abdoulaye Coulibaly par lequel il dit : « considérant que dans le cas d'espèce, Abdoulaye Coulibaly, Inspecteur des transports de classe exceptionnelle, fonctionnaire en détachement auprès de la RCFM, admis à la retraite pour compter du 1er janvier 1987, devait être géré au plan des avantages pécuniaires, par la Direction générale de la caisse des retraites du Mali conformément (...) au régime des pensions des fonctionnaires du Mali ; Considérant (...) que la Section administrative est compétente pour connaître en premier et en dernier ressort des litiges relatifs aux avantages pécuniaires et statutaires des fonctionnaires de l'État ; Qu'il échet dès lors, de retenir la compétence de la Section administrative pour statuer sur la réclamation des droits de M. Abdoulaye Coulibaly et d'annuler l'arrêt d'incompétence n° 03 rendu par ladite Section dans la même affaire du 11

---

492 Loi n° 96-071, *op. cit.*, art. 141 ; loi n°2016-046, *op. cit.*, art. 128.

493 CS-SA, arrêt n° 247, du 01 octobre 2012, Sambourou Bocoum, la loi de 2016 a corrigé cette lacune.

494 Il refuse en fait, la nature de conflit négatif à l'affaire Hassane Arouzana dans l'arrêt n° 509 du 29 décembre 2008.

janvier 1996. » Il faut souligner que dans le cas d'espèce, le juge des conflits se réfère aussi et de manière très explicite au droit positif français[495].

Cet arrêt de principe étudié, il faut maintenant revenir sur l'existence même du conflit négatif. En effet, pour qu'il y ait conflit négatif, il faut obligatoirement la réunion de certaines conditions d'où la formule employée par les professeurs Charles Debbasch et Jean Claude Ricci : « l'existence du conflit négatif est subordonnée à trois conditions »[496] . On peut les résumer ainsi :

– « Il faut tout d'abord que les deux juridictions se soient déclarées incompétentes »[497] ; en d'autres termes, que « l'autorité administrative et l'autorité judiciaire se soient l'une et l'autre déclarées incompétentes pour résoudre le litige »[498] . Le conflit négatif ne peut alors exister si l'une des juridictions a déjà statué sur le fond du litige[499]. Il ne peut aussi exister en cas de déclaration d'irrecevabilité de l'une d'elles[500] sauf en cas de requalification de la prétendue recevabilité[501]. Il faut également souligner que le conflit négatif ne peut exister face à un acte de gouvernement. Ce qui signifie qu'il faut que l'une des deux juridictions soit compétente[502].

– Il faut ensuite que les deux déclarations d'incompétence des deux juridictions concernent le même litige, c'est-à-dire, « qu'il y ait identité de cause, d'objet et de parties dans les deux instances ayant abouti à ces déclarations »[503]. La question posée doit être la même aux deux juges et les parties doivent agir en la même qualité devant les deux juges : c'est la jurisprudence Garino[504].

– Enfin, l'idée de chacune des déclarations d'incompétence doit être fondée de manière réciproque sur la compétence de l'autre juridiction. Autrement dit,

---

495 Il affirme : « (...), en application des transpositions de l'art. 38 du décret du 26 octobre 1849 portant procédure devant le tribunal des conflits qui stipulent : au cas où une juridiction de l'autre ordre a rendu à tort sur la même action ou exception un jugement d'incompétence et/ou de la coexistence de ce jugement et de la décision du tribunal des conflits résulte un conflit négatif d'attribution, le tribunal doit, par la même décision, soit à la demande de l'une des parties, soit d'office déclarer nul et non avenu le jugement de la juridiction qui a décliné à tort sa compétence et renvoyer l'examen de l'action ou de l'exception à cette juridiction. »

496 Ch. Debbasch et J. C. Ricci, *op. cit.*, p. 124.

497 *Ibid.*

498 G. Vedel et P. Delvolvé, *op. cit.*, p. 213.

499 TC, 21 juillet 1949, Juery C. Mazé.

500 TC, 13 janvier 1958, Alioune Kané.

501 TC, 07 octobre 1991, RFDA 1992, p. 687.

502 TC, 11 mai 1927, Dame veuve Riveil, TC, 9 juillet 1953 Joffre.

503 G. Vedel, P. Delvolvé, *op. cit.*, p. 214.

504 TC, 21 juin 1937, Dame Garino ; voir également Ch. Debbasch et J. C. Ricci, *op. cit.* ; voir également TC, 26 octobre 1981, Dame Petit c/ État : « Il n'y a pas conflit négatif d'attribution entre un jugement de l'autorité judiciaire se déclarant incompétente pour statuer sur l'exception d'échéance quadriennal et le jugement d'une juridiction administrative s'estimant incompétente pour se prononcer sur une action en responsabilité. »

le juge administratif doit estimer que le litige relève de la compétence du juge judiciaire et vice-versa[505].

Même si sa grande pauvreté est à déplorer, on peut néanmoins souligner l'existence d'une jurisprudence locale en matière de conflit négatif. Tel n'est cependant pas le cas pour les autres types de conflit pouvant surgir du fonctionnement des deux ordres juridictionnels.

b. Un étonnant silence face au conflit positif et le droit français au secours du juge des conflits national face aux « conflits de décisions »[506]

Le conflit positif est inexistant dans le droit positif malien. Nous pouvons rattacher principalement cette situation au silence du législateur ou tout du moins au caractère parfois vague des articles de la loi régissant la Cour suprême consacrés au juge des conflits. Cela suscite évidemment des débats et peut même conduire à des étonnements étant donné que le conflit négatif est reconnu et traité par la jurisprudence.

Cependant, à première vue, on pourrait être tenté de comprendre le conflit positif en le calquant sur le conflit négatif. En le faisant, on commettrait une erreur car, le premier ne constitue pas « mutatis mutandis » le contraire du second[507].

Le conflit positif se présente comme « la procédure par laquelle l'autorité administrative soustrait à une juridiction de l'ordre judiciaire la connaissance d'un litige au motif que celui-ci serait réservée à la juridiction ou à l'autorité administrative »[508]. Cela révèle à ce niveau une dissymétrie entre les prérogatives administratives et les prérogatives judiciaires dans la procédure du conflit positif[509]. Il vise principalement à protéger l'Administration contre les empiètements de l'ordre judiciaire[510].

Il faut alors comprendre que le conflit positif ne peut être relevé que par une seule autorité administrative : le Préfet. Aucune autre autorité administrative ne peut saisir une juridiction judiciaire d'un « déclinatoire de compétence ». Même un ministre n'a pas la qualité pour faire naître un conflit positif ; c'est la

---

505 Georges Vedel, Pierre Delvolvé, *op. cit.*, p. 213.

506 Il faut cependant signaler la correction de cette lacune par la Loi n°2016-046/AN-RM, *op. cit.*, à son article 129 : « la formation des SR est compétente pour connaître… des conflits de décisions ou contrariété de jugements… ». Le juge n'a pas encore eu l'occasion de faire application de cette disposition (décembre 2017).

507 D. Chabannol, *La pratique du contentieux administrative*, *op. cit.*, p. 4.

508 *Ibid.*, p. 208.

509 *Ibid.*, « La procédure du conflit positif n'a pas son semblable au profit de l'autorité judiciaire. En effet, lorsqu'une affaire est portée devant un juge administratif alors qu'elle devrait être portée devant l'autorité judiciaire, celle-ci n'a pas le moyen de retirer au juge administratif la connaissance de l'affaire si le juge administratif ne se déclare pas spontanément incompétent ».

510 G. Peiser, *Contentieux administratif*, Paris, Dalloz, 2009, 15e éd., p. 111.

jurisprudence Le Sourd du tribunal des conflits[511]. Le préfet compétent est celui, dans le ressort territorial duquel le litige s'est élevé[512] mais, ce pouvoir peut être régulièrement délégué[513].

La procédure de conflit positif débute par un déclinatoire de compétence, lequel doit, à peine de nullité, indiquer clairement les textes interdisant au juge judiciaire de connaître de l'affaire. Sur ce point, les textes les plus souvent désignés sont la loi des 16-24 août 1790 et le décret du 16 fructidor an III.

La juridiction judiciaire statue sur le déclinatoire de compétence et peut ainsi se déclarer incompétente, dans ce cas, « le problème est clos »[514] . Il peut aussi affirmer sa compétence, dans ce cas, le jugement doit être transmis au préfet par les soins du procureur de la République. Le préfet pourra alors, par un « arrêté de conflit » saisir le tribunal des conflits. Celui-ci doit prendre une décision dans les trois mois suivant sa saisine[515]. La décision du tribunal des conflits peut être en faveur du préfet, conduisant alors à l'annulation de toute la procédure devant le juge judiciaire ou en faveur du juge judiciaire aboutissant ainsi à l'annulation de l'arrêté de conflit et la procédure pourra continuer normalement devant le juge judiciaire.

Le principe selon lequel le conflit positif peut être élevé devant toutes les juridictions de l'ordre judiciaire souffre de quelques exceptions :

– le conflit ne peut être élevé devant les juridictions jugeant les affaires criminelles et correctionnelles (sauf dans de rares cas de contravention de grande voirie, de questions préjudicielles et ne portent que sur l'action publique mais non pas sur l'action civile[516]) ;

– le conflit ne peut être porté devant la Cour de cassation[517].

Il faut ajouter que le conflit ne peut être élevé avant que l'instance ne soit ouverte ou après l'intervention d'un jugement sur la compétence[518].

Contrairement au Mali, le conflit positif est défini par la législation malgache en ces termes : « lorsqu'une autorité administrative estime que la connaissance d'une question portée en première instance ou en appel devant un tribunal de

---

511 TC, 22 mars 2004, le sourd RFDA 2004, p. 1030.

512 TC, 23 mars 1950, Bertoli, 06 décembre 1937, Schmitt, 23 novembre 1959, époux Edart et Dame Chartrand.

513 TC, 02 décembre 1991, Préfet de Paris et COFACE c/ Compagnie financière CIC et l'Union européenne.

514 G. Vedel, P. Delvolvé, *op. cit.*, p. 211.

515 Voir D. Chabannol, *op. cit.*

516 G. Peiser, *op. cit.*, pp. 111 et 112 ; voir TC, 13 décembre 2004 Haut-commissaire de la République, AJDA 2005, p. 452 ; TC, 02 juillet 1979, AGELASTO c./ Préfet de la Dordogne.

517 J. Peiser, *ibid.*

518 TC, 24 juillet 1947, Société des journaux et imprimeries de la Charente ; TC, 04 novembre 1985, Société casino Biarritz, RDP, 1986, p. 1180 ; TC, 15 janvier 1990, Chamboulives, AJDA 1990, p. 487.

l'ordre judiciaire est attribuée par une disposition législative à une juridiction de l'ordre administratif, il peut, alors même que l'administra-tion ne serait pas en cause, demander le renvoi de l'affaire devant la juridiction administrative compétente. À cet effet, il adresse au Procureur de la Républi-que ou au Procureur Général, selon le cas, un mémoire de déclinatoire de compétence dans lequel est rapportée la disposition législative qui attribue à la juridiction administrative la connaissance du litige. Le Procureur de la République (ou Procureur Général) fait connaître dans tous les cas à la juridiction saisie la demande formée par l'autorité administrative ; il requiert le renvoi si la revendication lui paraît fondée. »[519]

Il ressort clairement que la législation malgache n'est pas une copie exacte de la pratique française ci-dessus expliquée. En effet, si dans le droit français le conflit peut être élevé par le seul Préfet, les dispositions malgaches ci-dessus reproduites donnent cette compétence à toutes les autorités administra-tives. D'ailleurs, Tahiry Andriamiarintsoa Rakotomalala fait savoir que la conception française n'est pas tout à fait transposable en droit malgache particulièrement en raison du rattachement de la justice administrative malgache au pouvoir judiciaire.

Il précise alors : « aussi, en droit administratif malgache, le conflit positif consiste surtout en la possibilité pour l'Administration de contester la compétence d'une branche de l'autorité judiciaire (juridictions judiciaires) au profit d'une autre (juridictions administratives, plus au fait de l'environnement administratif) pour connaître d'une procédure contentieuse quelconque. Il s'agit alors de la possibilité pour l'Administration de choisir son juge »[520].

Pourtant, tout comme dans la plupart des pays d'Afrique francophone, le droit malgache reste d'inspiration française. Toujours dans le cadre de ce même conflit positif, le droit malgache est très proche de celui de la France sur certains points. Par exemple en ce qui concerne les affaires criminelles et correctionnelles. Pour le législateur malgache : « le conflit d'attribution ne peut jamais être élevé sur l'action publique en matière criminelle. Il ne peut être élevé en matière correctionnelle qu'au cas où la répression du délit est attribuée par une disposition législative à la juridiction administrative, ou lorsque le jugement à rendre par le tribunal dépend d'une question préjudicielle, dont la connaissance appartient à la juridiction administrative en vertu de la loi. Dans ce dernier cas, le conflit ne peut être élevé que sur la question préjudicielle. »[521]

Les lignes ci-dessus peuvent nous permettre d'avoir une idée sur le conflit positif même si le juge national des conflits ne s'est jamais prononcé là-dessus. Aussi, même si les Sections réunies n'a jamais statué sur la matière, n'est-elle

---

[519] Loi malgache régissant la Cour suprême, *op. cit.*, art. 237.

[520] Tahiry Andriamiarintsoa Rakotomalala, *La dualité juridictionnelle en Afrique subsaharienne : cas de Madagascar*, *op. cit.*, p. 29.

[521] Loi régissant la Cour suprême de Madagascar, *op. cit.*, art. 246.

pas compétente pour le faire ? Nous pouvons oser répondre par la positive. Notre juridiction des conflits est une transposition imparfaite de celle de l'ex-métropole. Elle a théoriquement toutes les compétences de son modèle de référence si nous nous en tenons à sa propre jurisprudence dont elle semble ne pas mesurer la portée. Pourtant, répondre par la positive constitue une interprétation très large de sa jurisprudence car nous craignons que de telles éventualités ne soient conciliables avec le degré du développement de notre droit administratif et même le schéma d'organisation de l'Administration.

Cependant, quoi qu'il n'ait point été prévu par les textes, la situation se présente autrement en ce qui concerne le « conflit de décisions ». Il « s'agit des contrariétés de jugement entraînant un déni de justice »[522] . C'est l'hypothèse dans laquelle, dans une même affaire, les ordres de juridiction ont rendu des décisions contradictoires sur le fond de l'affaire.

C'est à la suite de la célèbre affaire Rosay que la compétence du tribunal des conflits a été admise en la matière en France : le sieur Rosay fut blessé dans un accident entre un véhicule conduit par son ami et un véhicule de l'armée. Il fut débouté successivement par le tribunal civil et le juge administratif. Le juge civil estima que le dommage avait été causé par le véhicule militaire et le juge administratif estima que le conducteur du véhicule privé était responsable. Dans le cas d'espèce, il n'y a pas de conflit négatif. Pourtant, le sieur Rosay n'a pas eu droit à réparation. Il y a alors déni de justice d'où la loi française du 20 avril 1932 pour remédier à de telles situations[523].

Les autorités législatives nationales ont attendu 2016 à travers la nouvelle loi régissant la Cour suprême précédemment évoquée, pour songer à combler ce vide, même si cela n'a pas été d'une transposition exacte de la loi française. Pourtant, de manière astucieuse, le juge des conflits local avait pu contourner cette grave lacune textuelle inadmissible dans un État ayant au sein de son système d'organisation juridictionnelle deux juges et deux droits.

En réalité, il s'était fondé sur la loi française relative au conflit de décisions pour statuer sur les conflits du même type. Pour ce faire, il ne s'est pas directement référé à ladite loi, mais il a plutôt procédé à une interprétation élastique de la législation nationale aboutissant à ladite loi. La démonstration de cette pratique nous est donnée dans deux affaires :

- Il s'agit tout d'abord de l'affaire dame Togola Maïmouna Diallo où coexistaient deux décisions de justice contradictoires devenues définitives : le jugement n° 74 du 25 avril 2002 du tribunal civil de la commune VI et l'arrêt n° 181 du 30 novembre 2007 de la Section administrative de la Cour suprême, d'où la saisine du juge des conflits.

---

522 G. Vedel, P. Delvolvé, *op. cit.*, p. 215.

523 « Il était cependant nécessaire que de telles situations ne demeurassent pas sans issue. C'est cette nécessité qui a inspiré la loi du 20 avril 1932 », G. Vedel, P. Delvolvé, *ibid.*

Le juge des conflits a alors tranché de la manière suivante : « Considérant que, dans le cas d'espèce, le conflit dont il s'agit est un conflit de décision, en ce sens que les deux ordres de juridiction (...) sans écarter leur compétence ont rendu des décisions contraires qui conduisent à un déni de justice ou à une impasse juridique (...) ; Considérant cependant, que l'article 755 alinéa 2 du CPCCS du Mali édicte que les matières non réglées par le présent code demeurent régies par les textes antérieurs en vigueur, en leurs dispositions non contraires à celles dudit code ; Considérant que la loi antérieure applicable en la matière demeure la loi française du 20 avril 1932 qui stipule : le recours devant le tribunal des conflits doit être introduit dans les deux mois à compter du jour où la dernière décision (judiciaire ou administrative) n'est pas susceptible de recours devant la juridiction qui l'a rendue ; (...) Il échet dès lors de déclarer la requête en saisine des Sections réunies de dame Togola irrecevable pour forclusion »[524]

- Il s'agit ensuite de l'affaire M. Sambourou Bocoum dans la solution de laquelle il dit « qu'aux termes des dispositions des articles 141 et 142[525], les Sections réunies de la Cour suprême statue en qualité de tribunal des conflits chaque fois qu'il y a un conflit de compétence d'attribution entre les juridictions administratives et les juridictions judiciaires (...) ; Considérant qu'il résulte de ces énonciations que la question de la contrariété entre les décisions administratives et les décisions judiciaires n'est pas traitée par les articles sus visés qui réduisent la compétence des Sections réunies au règlement des seules questions d'attribution entre les deux ordres de juridiction ; qu'or, dans le cas d'espèce il s'agit d'une contrariété entre deux décisions émanant de deux ordres de juridiction différents et qui ont acquis toutes les deux l'autorité de la chose jugée ; Considérant qu'aux termes de l'article 755 alinéa 2 du CPCCS, les matières non réglées (...) par le présent code demeurent régies par les textes en vigueur, en leurs dispositions non contraires à celles dudit code ; Qu'en application des dispositions de cet article, on peut retenir la loi française du 20 avril 1932 (...) En la forme reçoit la requête »[526].

En s'en tenant à cette logique du juge des conflits malien, on peut affirmer que sa compétence est aussi large que celle de l'ex-métropole. Il ne devrait pas pouvoir se déclarer incompétent dans une matière dans laquelle le TC français reconnaît sa compétence. L'extrême pauvreté de la législation nationale pourrait ainsi ne pas constituer un handicap à l'efficacité du traitement des conflits de partage de compétences entre les deux juges. Aussi, que deviendrait alors cette « justice des conflits malienne » si elle ne pouvait se servir du droit positif français pour résoudre des cas de conflits qu'elle connaît et qui ne sont pas

[524] CS-SR, arrêt n° 510 du 25 décembre 2008, dame Togola Maïmouna Diallo, inéd.
[525] Loi n° 96-071, *op. cit.*
[526] CS-SA, arrêt n° 247 du 1er octobre 2012, Sambourou Bocoum.

prévus par le législateur local. Heureusement que le législateur commence à y faire face[527].

Il faut cependant souligner un élément crucial. En effet, la mise en place des mécanismes et moyens de partage de compétences entre les deux ordres de juridiction ne met pourtant pas fin à la question de partage de compétences. La question constitue aussi un problème sérieux à l'intérieur même de l'ordre juridictionnel administratif.

Section 2

La répartition des compétences entre juridictions administratives

Il fut une longue période après l'indépendance du Mali où ce problème de répartition des compétences entre juges administratifs ne se posait pas. Il s'agit de la période comprise entre 1960 et 1995, l'année où les juridictions administratives ont réellement commencé à fonctionner. Le problème ne se posait pas, car il n'existait qu'une seule juridiction administrative : « la Section administrative de la Cour suprême ». Celle-ci était le seul juge administratif existant, le justiciable n'avait donc pas de difficultés à trouver le bon juge administratif[528].

Ainsi, avec l'avènement des tribunaux administratifs, on peut reprendre cette interrogation du professeur Francis Paul Benoit à notre compte : « Lorsqu'un procès relève de la compétence de la juridiction administrative, à quel juge administratif le requérant doit-il s'adresser ? C'est là le problème de la répartition des compétences à l'intérieur de la juridiction administrative. »[529]

Pour mieux répondre à cette interrogation, il faut nécessairement la combinaison de deux réponses : celle du législateur et celle du juge. Ce qu'il faut à ce niveau préciser, c'est que le juge doit normalement tenir compte dans sa pratique, (Paragraphe 2) de la répartition des compétences effectuée par le législateur (Paragraphe 1).

---

527 V. loi n° 2016-046, *op. cit.*, art. 347.

528 La France a connu le même phénomène. En effet, « la justice administrative française a été marquée par une tradition constante pendant plus de 150 ans, antérieure même à l'instauration de la justice déléguée : il n'y avait en France qu'un seul juge administratif de droit commun, le Conseil d'État, compétent en premier et dernier ressort », voir l'intervention de Jean Marc Sauvé, Vice-président du Conseil d'État, « La répartition des compétences dans la juridiction administrative », Colloque organisé par l'Association des Juristes de Contentieux de Droit Public (AJCP) du Master II contentieux public de l'Université Paris 1er, Assemblée nationale française le vendredi 15 mai 2009.

529 F. P. Benoit, *Le droit administratif français*, Paris, Dalloz, 1968, p. 360.

Paragraphe 1 : La répartition législative des compétences

Dans le droit positif, la répartition des compétences à l'intérieur de la juridiction administrative a un caractère législatif[530]. Malgré la reconnaissance de la compétence de droit commun aux tribunaux administratifs (B), le législateur a accordé de multiples compétences à la partie de la Cour suprême jouant le rôle de juridiction administrative suprême (A).

A. La « haute juridiction » administrative : le juge à multiples compétences

À propos de la haute juridiction administrative française, Dominique Latournerie écrit que « curieusement, sont confondues dans une même institution des compétences que la logique, en d'autres lieux, divise : juge de premier et dernier ressort, juge d'appel, juge de cassation »[531]. La Section administrative répond exactement à cette affirmation car elle est non seulement juge de premier et dernier ressort (1), mais aussi juge d'appel et juge de « cassation » (2).

1. Juge d'attribution en premier et dernier ressort

Il faut commencer par signaler que l'expression « en premier et en dernier ressort »[532] « n'est pas recommandable »[533] pour certains auteurs qui trouvent plus exacte celle de « compétence directe »[534].

Il s'agit pour nous, d'étudier les principales matières, que le législateur a directement attribuées à la Section administrative. Elles « concernaient » le contentieux de la Fonction publique d'État (a) et concernent le contentieux des décisions des autorités administratives centrales (b). Il fallait opérer un choix ici : étudier ou non la SA en tant que juge de la Fonction publique d'État malgré que le législateur ait récemment attribué cette compétence aux tribunaux administratifs. Nous avons alors opté pour le premier choix, car mettre aux oubliettes cinquante-huit (58) ans de pratique jurisprudentielle serait un grand manquement à notre étude. D'ailleurs les TA se serviront naturellement de la

---

530 Cela constitue une particularité malienne. La détermination de la juridiction administrative compétente en France a « en principe, un caractère réglementaire », la détermination législative ne constituant qu'une exception, voir O. Gohin, *Contentieux administratif*, *op. cit.*, pp. 106, 107.

531 Dominique Latournerie, *Le Conseil d'État*, Paris, Dalloz, 2005, p. 51 ; voir également J. Massot et J. Marembert, *Le Conseil d'État*, la documentation française, 1988, p. 110.

532 Cette terminologie résulte du décret français du 30 septembre 1953.

533 René Chapus, *Droit du contentieux administratif*, *op. cit.*, p. 301. Ce professeur soutient que « l'expression peut, en effet, créer une équivoque, tenant au fait qu'une compétence de premier et dernier (ou de dernier) ressort est défini comme se traduisant par le prononcé de jugement contestable par la voie de recours en cassation, ce qui n'est évidemment pas le cas de ceux que rend le Conseil d'État ».

534 Cette expression est aussi utilisée par le Conseil d'État (voir arrêt Association choisir la vie du 25 avril 2001).

jurisprudence de la Cour en la matière pour faire face à cette nouvelle compétence.

a. Le juge du contentieux de la Fonction publique d'État (jusqu'au 12 juin 2018)[535]

Dans la constitution de la justice administrative malienne, des compétences d'attribution importantes ont été réservées à la Section administrative de la Cour suprême suite au partage de la compétence de droit commun avec les tribunaux administratifs. L'une des plus significatives était le contentieux de la Fonction publique d'État. La Section administrative avait une compétence exclusive sur la matière.

Le législateur déterminait cette compétence de la « haute juridiction administrative » de manière très claire en ces termes : « la Section administrative est compétence pour connaître en premier et dernier ressort des litiges relatifs aux avantages pécuniaires ou statutaires des fonctionnaires de l'État »[536].

Le juge administratif suprême a fait une application fidèle et stricte de cette disposition. L'analyse des jugements des différents tribunaux administratifs démontre également un respect rigoureux de cette délimitation législative. Ainsi, le juge administratif suprême n'hésitait pas à se déclarer incompétent pour examiner les litiges concernant un fonctionnaire ayant perdu cette qualité après sa radiation[537]. Il n'hésitait pas non plus à reconnaître sa compétence lorsqu'il estimait que le requérant était réellement un fonctionnaire[538].

En ce qui concerne le contentieux de la Fonction publique, une précision s'impose. En effet, nous avons apporté une distinction qui peut passer inaperçue. Le contentieux de la Fonction publique était partagé entre le juge administratif de droit commun et le juge administratif suprême. C'est pourquoi nous avons précisé dans le titre qu'il s'agissait du contentieux de la Fonction publique d'État qui relevait de la compétence de la Section administrative. Ce qui sous-entend que l'autre contentieux de la Fonction publique relevait de celle

---

535 Cette date correspond en effet à la signature de la nouvelle loi régissant les TA. Ladite loi retire en fait le monopole de la connaissance de ce contentieux à la SA de la Cour suprême. Désormais, la SA ne peut connaître ce contentieux que par voie d'appel en attendant la mise en marche des CAA. Lorsque celles-ci commenceront à fonctionner, la SA ne connaîtra ce contentieux qu'en cassation.

536 Loi n° 96-071/AN-RM du 16 décembre 1996, *op. cit.*, art. 42, mais la Loi n° 2016-046/AN-RM, *op. cit.*, art. 111 ne reprend pas expressément cette disposition car le contentieux relatif aux autorités nationales couvre déjà cette matière.

537 CS-SA, arrêt n° 73 du 13 juin 1996, sieur Founèkè Sissoko et la Caisse des retraites du Mali, inéd. ; voir également Moussa Diallo du 25 janvier 1996 « les agents de la RCFM ne sont pas des fonctionnaires ; se déclare incompétente » ; voir également l'arrêt Moussa Doumbia du 30 mai 1996 et l'arrêt Issa Traoré du 27 juin 1996, inéd.

538 CS-SA, Arrêt n° 48 du 11 avril 1996, entre le sieur Koniba Koné le ministère de la Fonction publique, du Travail et de la Modernisation de l'Administration, inéd.

des tribunaux administratifs : il s'agit de la Fonction publique des collectivités territoriales ou Fonction publique territoriale.

Les compétences de la Section administrative en matière de contentieux de Fonction publique d'État semblaient être plus générales et plus larges que celles du Conseil d'État français. En effet, le Conseil d'État a une compétence directe à l'égard des « litiges relatifs à la situation individuelle des fonctionnaires nommés par décret du Président de la République »[539]. Mais la situation est plus complexe dans la pratique française. Il s'agit des litiges occasionnés par les décisions individuelles prises dans les matières suivantes : nomination, avancement, discipline, rémunération, sortie de service.

S'agissant des litiges d'ordre réglementaire, le Professeur René Chapus souligne qu'« ils relèvent de la compétence directe du Conseil d'État, dans la mesure où les règlements sont édictés par arrêté ou par décret ministériel, ou s'ils ont un champ d'application dépassant le ressort d'un seul tribunal administratif »[540] . Il regrette pourtant que « l'interprétation jurisprudentielle du texte en cause comporte des nuancements qui nuisent la lisibilité de l'état du droit »[541] . Ainsi, pour le juge administratif français, est considéré comme fonctionnaire nommé par décret, celui qui occupe un emploi dont le titulaire doit être nommé par décret[542], (la date à retenir pour décider si un fonctionnaire est nommé par décret est celle à laquelle la décision attaquée est intervenue) ;

– la compétence du Conseil d'État est très large en ce qui concerne l'objet de la matière : « elle s'étend à tous les actes relatifs à la situation individuelle de ces fonctionnaires même s'il ne s'agit pas d'acte du Président de la République. »[543] Il faut alors écarter la compétence du conseil d'État, si le litige porte sur une affaire antérieure à la nomination du fonctionnaire par décret[544].

– le Conseil d'État est également compétent pour statuer sur la situation « des magistrats qui forment dans leur ensemble, un corps de fonctionnaires nommés par décret »[545].

Les lignes ci-dessus l'attestent suffisamment, qu'au Mali, dès que « le litige (était) relatif aux avantages pécuniaires ou statutaires des fonctionnaires de l'État », et quelle qu'en soit l'autorité de nomination desdits fonctionnaires, c'était la Section administrative de la Cour suprême qui était compétente pour trancher. Il a toujours été ainsi de l'indépendance du Mali jusqu'en 2018. La

---

539 Décret-loi français du 30 septembre 1953, art. 2, tel que modifié par le décret du 28 janvier 1969, CJA (Code de la Justice administrative), art. R311.

540 R. Chapus, *Droit du contentieux administratif, op. cit.*, pp. 316-317.

541 *Ibid.*

542 CE, 12 décembre 1984, Association professionnelle des agents diplomatiques ; CE, 07 mars 2005, M. Signoles, AJDA 2005, p. 964.

543 G. Peiser, *Contentieux administratif,* Paris, Dalloz, 2009, 15e éd., p. 121 ; voir également CE, 18 mai 1960, Venturini.

544 CE, 21 octobre 1994, Mme Bouche, RFDA 1994, p. 1238.

545 G. Peiser, *op. cit.* ; voir également C.E, 15 mai 1981, Philippe, AJDA 1932, p. 90.

création des tribunaux administratifs n'avait même pas modifié cette pratique à laquelle les autorités semblaient accorder une grande importance particulière.

b. Le juge des décisions des autorités administratives centrales

Selon l'article 111 de la loi régissant la Cour suprême : « la Section administrative est compétente pour connaître en premier et dernier ressort des recours pour excès de pouvoir dirigés contre les décrets, arrêtés ministériels ou interministériels et les actes des autorités administratives nationales ou indépendantes. »[546] À lire cette disposition, on croirait facilement que le remodelage des compétences en premier ressort suite à la création des tribunaux administratifs a principalement tenu compte de deux points :

– celui consistant à considérer ces décisions comme importantes parce qu'ayant un caractère national ou général pour ne pas les confier au juge normal de droit commun ;

– celui consistant à considérer les organes ou les autorités qui édictent ces décisions en tant qu'autorités administratives supérieures dont les décisions peuvent parfois recéler une technicité et une complexité plus élevées pouvant parfois échapper à l'expérience du juge de base[547].

Ces différentes considérations sont réelles, elles ne sont pas pourtant absolues. Surtout si l'on prend en compte ces propos du professeur René Chapus qui, parlant de la haute juridiction administrative de son pays, estime qu'« il ne faut pas croire que sont dévolues au Conseil d'État l'ensemble des affaires susceptibles d'être appréciées comme importantes, ainsi que l'ensemble de celles qui doivent être rapidement réglées ou dépendent d'un juge unique »[548]. Selon lui, « le jurislateur a procédé à des choix, dont la consolidation pourra quelques fois donner le sentiment d'une imparfaite cohérence »[549].

La Section administrative de la Cour suprême, en tant que juge administratif suprême est donc la seule compétente pour connaître des requêtes en annulation contre les décisions à portée nationale. Elle l'est aussi pour toutes les autres décisions faisant grief aux administrés émanant des autorités centrales même si elles n'ont pas une portée nationale. Il faut souligner à ce niveau que le juge administratif suprême fait une nette application de cette disposition législative. En tenant compte des différents rôles dévolus à la Section administrative, on peut comprendre que ce partage des compétences avec les tribunaux administratifs n'est pas très incohérent. En effet, comme nous l'avons déjà vu,

---

546 Loi n° 2016-046/AN-RM du 23 septembre 2016, *op. cit.*

547 Le Professeur Chapus, *Droit du contentieux administratif, op. cit.*, pp. 303, 304, souligne trois considérations : « – celle que ces litiges ont suffisamment d'importance pour qu'il convienne de les soumettre au juge le plus prestigieux ; – celle qu'ils doivent être réglés aussi rapidement que possible (sans retard dû à la saisine des TA et le cas échéant à celle des CAA) ; – celle enfin, qu'il est recommandable de les attribuer à une juridiction unique. »

548 *Ibid.*

549 *Ibid.*

la Section administrative était et doit être une conseillère du gouvernement, donc des autorités administratives centrales. À ce titre, elle connaît et comprend mieux que quiconque, particulièrement les juges administratifs, les contours, les tâches ainsi que les idées afférentes aux décisions de ces autorités. Il est même dans l'intérêt du justiciable que l'acte qui lui fait grief soit confié, pour son contrôle de régularité, à une instance qui n'est pas parfois étrangère à son existence.

Il faut reconnaître à ce niveau, que le législateur malien fait preuve d'une certaine clarté ne conduisant pas à des difficultés d'interprétation pouvant conduire à la saisine du « mauvais juge » administratif. Par contre, la recherche du bon juge entre celui du Conseil d'État et celui des TA n'est pas très aisée dans le droit positif français en ce qui concerne le contrôle des actes des autorités administratives centrales.

Ainsi, dans le droit français, il est possible d'attaquer devant le Conseil d'État les ordonnances et les décrets du Président de la République en tant qu'autorité administrative centrale. Il s'agit de tous les décrets, qu'ils soient réglementaires ou individuels, « qu'ils émanent du Président de la République ou du Premier ministre »[550]. Il faut cependant comprendre avec précaution cette affirmation. Les litiges relatifs à certains décrets échappent à la compétence du Conseil d'État : le refus de prendre le décret, les recours en responsabilité en raison des dommages causés par les décrets[551] ; de manière générale, les décrets liés à un recours de plein contentieux : recours en annulation des décrets résultant des contrats administratifs[552]. Le Conseil d'État est pourtant compétent pour connaître des recours pour excès de pouvoir présentés par des tiers contre un décret de résiliation de concession[553]. Mais dans l'arrêt Société Moral, le Conseil d'État reconnaît la compétence du TA pour statuer sur un recours en annulation contre un décret de fermeture d'établissement dangereux, incommode ou insalubre[554].

Dans le même contexte, relève de la compétence de la haute juridiction administrative française, « les actes réglementaires des ministres même si leur champ d'application ne s'étend pas au-delà du ressort de la compétence d'un seul tribunal administratif »[555]. Les actes administratifs des ministres, après un avis obligatoire du Conseil d'État, lorsqu'ils sont attaqués devant le juge administratif relèvent de la compétence du Conseil d'État[556]. Sur cette question des actes réglementaires des ministres, les professeurs Charles Debbasch et Jean Claude Ricci sont encore plus précis en affirmant que « le Conseil d'État reste

550 G. Peiser, *op. cit.*, p. 120.
551 CE, 08 janvier 1960, Laiterie St-Cyprien.
552 CE, 06 mai 1955, Grand travaux de Marseille.
553 CE, 02 février 1987, Société TGV.
554 CE, 16 décembre 1955.
555 G. Peiser, *op. cit.*, p. 124.
556 Voir *ibid.*, p. 125.

compétent pour connaître en premier et dernier ressort des recours pour excès de pouvoir dirigés contre les actes réglementaires des ministres »[557] .

Moins sophistiqué et moins complexe, la compétence du juge administratif suprême malien à connaître des actes des autorités administratives centrales est plus claire. Cela doit normalement conduire à réduire considérablement le nombre de conflits pouvant exister entre la Section administrative et les TA en ce qui concerne le contentieux des décisions des autorités administratives centrales. Cette grande simplicité peut néanmoins constituer une véritable lacune, mais seule la pratique jurisprudentielle peut nous en édifier. Ce qui est intéressant ici, c'est que les règles législatives en la matière ne sont pas soporifiques.

2. Juge d'appel et juge de « cassation »

La Section administrative est « toujours » le juge d'appel (a) en matière de contentieux administratif. Nous expliquerons dans les lignes suivantes pourquoi nous disons « toujours ». Elle est aussi le juge de « cassation » (b), même si cette dernière affirmation doit pour le moment aussi être comprise dans un sens tout simplement explicatif.

a. Le juge d'appel

L'appel « est fondé sur l'idée que le juge de deuxième degré dispose des mêmes pouvoirs que le juge de premier degré, tant pour l'application de la règle de droit que pour l'appréciation des faits »[558] . Ainsi, « la Section administrative est le juge d'appel de droit commun de toutes les décisions rendues en premier ressort par les tribunaux administratifs de la République »[559].

Cette disposition de la loi régissant la Cour suprême ne souffre d'aucune ambiguïté. Le juge d'appel en matière administrative est la Section administrative de la Cour suprême. À ce titre, elle constitue la juridiction administrative du second degré ou encore la « Cour administrative d'Appel ». Ce caractère de juridiction de second degré constitue une réalité pratique et légale. Cela est particulièrement dû au fait que les juridictions administratives de droit commun n'ont pas de compétence de premier et dernier ressort. Comme le précise la loi, la Section administrative ne statue en appel que sur les décisions rendues en premier ressort. Les tribunaux administratifs ne statuant qu'en premier ressort en conformité avec la loi, ne connaissent aucune affaire en dernier ressort, d'où l'existence d'une véritable juridiction administrative de second degré renforcée. Cette pratique a forcément une conséquence sur le schéma procédural. En effet, elle conduit à l'inexistence de la procédure de « la

---

557 Charles Debbasch, Jean Claude Ricci, *op. cit.*, p. 206.

558 M. Letourneur, « L'effet dévolutif de l'appel et l'évocation dans le contentieux administratif », EDCE 1958, p. 59.

559 Loi n° 96-071, *op. cit.*, art. 41 (en attendant le début de fonctionnement des CAA), d'ailleurs la nouvelle loi ne reprend pas cette disposition (loi n° 2016-046 du 23 septembre 2016).

cassation directe ». Elle n'est pas similaire à la pratique française en la matière[560].

La Section administrative est alors le juge d'appel de droit commun au Mali. Sa compétence est exclusive en la matière et ne la partage donc avec aucune autre structure juridictionnelle. Le législateur précisait bien que « les décisions du tribunal administratif peuvent être attaquées par voie d'appel devant la Section administrative de la Cour suprême »[561]. La loi de 2018 attribue naturellement cette compétence aux Cours administratives d'appel[562].

À lire notre introduction ainsi que le chapitre premier de cette étude consacrée au schéma d'organisation juridictionnelle du Mali, on peut être confus. On peut l'être parce que tout simplement nous avons signalé l'existence de Cours administratives d'appel créées à la suite de la réforme opérée par la loi du 15 juillet 2011 portant création de juridictions.

Pourtant, l'existence formelle de ces juridictions n'a aucunement affecté le champ de compétence de la Section administrative en matière d'appel. Cette affirmation doit cependant être analysée et comprise avec la plus grande précaution. Le champ de compétence en matière d'appel de la Section administrative n'a pas été affecté pour la simple cause du non fonctionnement des nouvelles juridictions administratives d'appel. Malgré que ces Cours administratives d'appels n'aient pas encore commencé à fonctionner, on peut toutefois comprendre et analyser le futur proche de la zone de compétence de la Section administrative en matière d'appel.

Cela ne serait pas possible si la loi du 28 juillet 2011 fixant la compétence, l'organisation et le fonctionnement des Cours administratives d'appels n'existait pas[563]. On se demande si nous allons entrer dans un système d'organisation où la compétence en matière d'appel sera partagée entre les juges administratifs suprêmes (Section administrative) et le juge administratif d'appel « normal » (Cours administratives d'appel). En d'autres termes, si le nouveau juge d'appel avait une exclusivité de la compétence en matière d'appel ou si une petite portion concernant certaines matières sensibles serait confiée au juge suprême.

---

[560] Voir M. Guyomar ; B. Seiller, *Contentieux administratif*, Paris, Dalloz, 2010, p. 47. Selon eux : « Certains jugements des tribunaux administratifs sont rendus en premier et dernier ressort et ne sont susceptibles que d'un recours en cassation devant le CE » ; voir également art. L 521-1 et L 523-1 du CJA français et le décret français du 24 juin 2003 supprimant le principe de l'appel pour plusieurs catégories de jugements (exemple : déclaration de travaux, fonction publique, action indemnitaire portant sur un montant inférieur à 10 000 euros).

[561] Loi n° 94-006, *op. cit.*, art. 49.

[562] Loi n°2018-031 du 12 juin 2018, *op. cit.*, art. 63.

[563] Loi n° 2011-047/AN-RM du 28 juillet 2011. Cette loi constitue une application de la loi n° 2011-037/AN-RM du 15 juillet 2011 portant organisation judiciaire qui dispose à son art. 24 : « La compétence, l'organisation et le fonctionnement de la cour d'appel administrative feront l'objet de dispositions particulières. »

La réponse du législateur est très claire et très directe face à toutes ces suppositions. En effet, il fixe que « sous réserve de dispositions législatives particulières, la Cour administrative d'appel connaît en appel de toutes les décisions rendues par les tribunaux administratifs »[564]. En l'absence pour le moment de dispositions législatives particulières, la CAA sera le seul juge d'appel et cette compétence n'est point partagée.

Il faut alors comprendre que la Section administrative a été et est d'ailleurs toujours le juge d'appel de droit commun, mais ne le serait plus dès que les CAA commenceront à fonctionner.

Le fait que le juge administratif suprême soit aussi le juge d'appel n'est pas une exception nationale. Le Conseil d'État français a très longtemps été aussi le juge administratif d'appel en France. Cette pratique a été assouplie en 1987[565] par la création des CAA. Mais, la loi française relative à la création des CAA n'a pas été aussi brutale et catégorique que la loi malienne relative à la même matière.

Il faut noter que « la loi du 31 décembre 1987 a progressivement transféré aux Cours Administratives d'Appel qu'elle créait, la compétence d'appel que le Conseil d'État exerçait antérieurement »[566] et « cette compétence des Cours administratives d'appel ne s'est que graduellement constituée »[567]. Ce partage de compétences entre le juge administratif suprême et le juge administratif d'appel « s'est traduit d'abord par le transfert aux CAA du contrôle des jugements des commissions du contentieux de l'indemnisation des rapatriés »[568]. Il a « ensuite résulté, et c'est l'essentiel, du transfert aux Cours de la plus grande partie de la compétence d'appel du Conseil d'État à l'égard des tribunaux administratifs »[569].

Ce qui est évident, c'est que la répartition de la compétence d'appel entre le juge administratif suprême et le juge administratif d'appel constitue une réalité en France. Ce qui nous fait comprendre, que malgré la création des CAA en 1987, le CE conserve toujours une compétence en appel même si elle a été considérablement réduite au profit du juge d'appel normal. C'est ce qu'a souligné le vice-président du CE le 15 mai 2009 dans son intervention lors du colloque organisé par l'association des juristes de contentieux de droit public du master II contentieux public de l'université Paris I en ces termes : « La compétence du Conseil d'État en matière d'appel n'est plus que résiduelle. Elle

---

564 La loi n° 2011-047/AN-RM du 28 juillet 2011, *ibid.*, art. 1er.

565 Loi française du 31 décembre 1987 portant création des CAA.

566 J. M. Sauvé, Intervention, « Colloque organisé par l'Association des Juristes de Contentieux de Droit Public (AJCP) du Master II contentieux public de l'Université Paris 1er, à l'Assemblée Nationale française », le vendredi 15 mai 2009, *op. cit.*, p. 3.

567 *Ibid.*

568 R. Chapus, *Droit du contentieux administratif*, *op. cit.*, p. 287.

569 Ibid.

se justifie par la nécessité de disposer en certaines matières d'une décision rapide et irrévocable. »[570]

Cette compétence résiduelle du CE en matière d'appel concerne deux hypothèses : « celle où les jugements des tribunaux administratifs ont été rendus sur renvoi du juge judiciaire ; et celle où ils se rapportent à des litiges relatifs aux élections municipales et cantonales. »[571] Il faut ajouter à ces deux hypothèses le cas des procédures d'urgence « dans lequel la compétence d'appel appartient également au Conseil d'État et plus précisément au président de la Section du contentieux »[572]. Même si la compétence d'appel est répartie entre le Conseil d'État et la Cour administrative d'appel, cette compétence est donc très limitée[573].

Dans l'état actuel de l'ordonnancement juridique national, lorsque les CAA commenceront à fonctionner, la Section administrative n'aura pas cette compétence résiduelle que possède le CE français en matière d'appel. Le législateur a déjà procédé à un dessaisissement total du juge suprême de la compétence d'appel, même s'il laisse la porte ouverte à de possibles dispositions législatives particulières[574].

b. Le juge de cassation

On commence cette partie par une interrogation particulièrement importante : peut-on parler de juge de cassation pour désigner la Section administrative dans sa configuration actuelle ? On peut se permettre de le faire par analogie au Conseil d'État français souvent désigné comme tel sauf que les réalités textuelles et contextuelles se diffèrent sur plusieurs points. On peut toutefois le faire par schématisation dans le silence des textes ayant régi le contentieux administratif malien de l'indépendance à 2010. Pour être plus précis, l'expression « juge de cassation » n'a été mentionnée dans aucun texte régissant les juridictions administratives maliennes de 1960 à 2010. Ce qui fait sous-entendre que les différentes réformes effectuées avant cette date n'y ont pas pris compte. Il s'agit de celle de 1988 (création formelle des TA), celle de 1994 (relative à l'organisation et au fonctionnement des TA), celle de 1995 (modifiant la loi de 1994, année où les TA ont commencé à fonctionner) et enfin celle de 1996 (nouvelle loi régissant la Cour suprême qui a remplacé la loi 90-113).

---

570 J. M. Sauvé, *op. cit.*, p. 6.

571 René Chapus, *op. cit.*, p. 289.

572 *Ibid.*

573 Le contentieux dont l'appel ressort de la compétence du CE « ne représente aujourd'hui que 0,5 % à 6 % selon les années de l'activité contentieuse du Conseil d'État », J. M. Sauvé, *op. cit.*

574 Loi n° 2011-047, *op. cit.*, art. 1er. Il faut signaler que de telles dispositions n'existent pas encore.

Il a fallu attendre la loi du 17 juin 2010[575] pour voir apparaître le mot « cassation » dans les expressions utilisées dans le contentieux administratif national. En effet, cette loi dispose que « la Section administrative (...) connaît des recours en cassation dirigés contre les décisions des Cours administratives d'appel »[576]. Cette loi a été considérée à l'époque comme une loi inutile voire irrationnelle en ce qui concerne la prévision d'un recours en cassation contre les décisions d'une CAA fictive. Cette loi a précédé la création même des CAA.

C'est avec la loi du 15 juillet 2011[577] que le recours en cassation prévu par la loi du 17 juin 2010 a eu sa raison d'être avec la création formelle de six CAA au Mali. Cette réforme qui va avoir des conséquences techniques et pratiques sur la physionomie de la juridiction administrative malienne sera accompagnée d'une nouvelle loi[578] qui va formellement et de manière claire asseoir la compétence de la Section administrative en tant que juge de cassation.

Il s'agit de la loi relative à l'organisation et au fonctionnement des CAA. Ladite loi dispose : « le recours en cassation dirigé contre les décisions rendues en dernier ressort par les Cours et tribunaux statuant en matière de contentieux administratif est porté devant la Section administrative de la Cour suprême »[579].

C'est la création des CAA qui place alors la Section administrative dans son rôle de juge de cassation. Encore, faudrait-il que ces CAA commencent réellement à fonctionner pour savoir ce que et comment la Section administrative utilisera cette compétence en matière de cassation. Mais, pour le moment, on ne peut que s'en tenir à ces dispositions législatives en affirmant que le juge administratif suprême est aussi le juge de cassation en matière administrative. Sur ce point, elle ne partage pas cette compétence avec une autre juridiction administrative. Elle est le seul et l'unique juge de cassation en matière administrative.

La réforme de 1987, c'est-à-dire la création des CAA a profondément transformé le CE français statuant au contentieux : « Il est devenu principalement le juge de cassation, alors qu'il aura été principalement un juge de premier ressort jusqu'à la réforme de 1953, et principalement un juge d'appel par la suite. Le jugement des recours en cassation représente actuellement un pourcentage de l'ordre de 45 % qui dépasse nettement celui des arrêts de premier ressort et celui des arrêts sur recours en appel. »[580]

S'il y a un point qui rapproche les deux juridictions administratives suprêmes à ce niveau, c'est que la création des CAA a considérablement renforcé le rôle

---

575 Loi n° 10-023/AN-RM du 17 juin 2010 portant modification de la loi organique 96-071/AN-RM du 16 décembre 1996 relative à la Cour suprême.

576 *Ibid.*, art. 41.

577 Loi n° 2011-038/AN-RM, *op. cit.*, art. 2.

578 Loi n° 2011-047/AN-RM, *op. cit.*

579 *Ibid.*, art. 26.

580 *Ibid.*, p. 283.

de juge de cassation de tous les deux, même si l'on ne peut encore valablement apprécier le cas malien en ces termes.

B. Les juridictions administratives de base : juge de droit commun

Longtemps juge de droit commun du contentieux administratif, la Section administrative de la Cour suprême n'a désormais qu'une compétence d'attribution en la matière. Cela ne constitue que la résultante normale du remodelage de la structure de la juridiction administrative amorcé depuis 1988 et qui s'est achevé par la mise en service des tribunaux administratifs en 1995. Maintenant, les TA constituent les juridictions administratives de droit commun et « cette compétence est d'ordre publique, le juge doit statuer et les parties ne peuvent y déroger »[581]. Ils sont ainsi juges de droit commun en premier ressort sous réserve d'appel devant la Section administrative en attendant que les CAA soient fonctionnelles.

La loi sénégalaise du 2 février 1984, fixant l'organisation judiciaire fait du tribunal régional une juridiction de droit commun. Même si « cette compétence de droit commun (...) constitue la clé de voûte du système sénégalais d'unité de juridiction »[582], elle n'est pourtant pas exclusive et connaît des limites au profit de la Cour suprême. Ce qui signifie que des difficultés de compétence ne sont pas aussi exclues entre ces juridictions de l'Administration sénégalaise. Cela est attesté par les arrêts Cheikh Tidiane Kane[583] et Yatma Sarr c/l'État du Sénégal[584].

Contrairement à ce que développe Gustave Peiser à propos des TA en France, la principale difficulté ici, ne réside pas dans la délimitation de la compétence territoriale de chaque TA[585], mais plutôt dans la limite matérielle des compétences entre les tribunaux administratifs et la Section administrative. C'est ce qui motive notre intérêt pour l'étude de la part des compétences des TA en premier ressort. Celles-ci gravitent principalement autour des litiges relatifs aux collectivités territoriales (1), aux actes des autorités régionales et

581 G. Peiser, *op. cit.*, p. 118.

582 V. D. Sy, *Droit administratif,* 2e éd., *op. cit.*, p. 138 : « Sous réserve des compétences d'exception en premier et dernier ressort du Conseil constitutionnel, du Conseil d'État, de la Cour de cassation, de la Cour d'appel et des Cours d'assises, et en premier ressort des tribunaux du travail, des tribunaux départementaux et des organismes administratifs à caractère juridictionnel, les tribunaux régionaux sont juges de droit commun en toute matière. »

583 CS. du Sénégal, 29 janvier 1975, Cheikh Tidiane Kane c/Commune de Dakar, cité par D. Sy, *ibid.*, p. 139.

584 *Ibid.*

585 « La principale difficulté réside dans la limite territoriale qui est impartie à la compétence de chaque tribunal administratif », *ibid.* Quant au professeur Olivier Gohin, « La compétence matérielle (des tribunaux administratifs) ne fait pas de difficulté, (mais) la compétence territoriale des tribunaux administratifs est excessivement complexe », *op. cit.*, p. 107 ; pour Debbasch et Ricci, « La compétence rationae materiae des tribunaux administratifs, juridictions de droit commun, est une compétence résiduelle », *op. cit.*, p. 191.

subrégionales (2), des contentieux des fonctions publiques, du déféré préfectoral.

1. Le juge des litiges relatifs aux collectivités territoriales

Les TA sont les juges compétents en matière de contentieux administratif « local ». Nous mettons dans le contentieux administratif « local », les litiges soulevés à l'occasion des opérations de désignation des autorités administratives locales, ceux soulevés par les actes pris par ces derniers ainsi que ceux générés par la Fonction publique locale.

– Les TA : juges des opérations électorales des CT

Le contentieux électoral au niveau local constitue l'activité contentieuse principale de certains tribunaux administratifs tels qu'en premier lieu celui de Mopti et en deuxième lieu celui de Kayes. Ces juridictions administratives fonctionnent au ralenti, mais connaissent des activités très denses après les élections locales. Les tribunaux administratifs exercent souverainement cette compétence et ne la partagent donc pas avec d'autres juridictions administratives. Le législateur a expressément réservé cette compétence aux TA en de termes clairs qui sont les suivants : « le tribunal connaît du contentieux relatif à l'élection des membres des organes délibérant et des organes exécutifs des assemblées des collectivités territoriales. »[586]

Pourtant, cette règle ne signifie pas que la Section administrative est totalement incompétente en la matière.

Elle peut valablement statuer sur le contentieux électoral des collectivités territoriales mais, après que le juge de droit commun, c'est-à-dire le tribunal administratif, compétent ait déjà statué sur l'affaire. Autrement dit, le juge administratif suprême n'intervient dans cette matière qu'à titre de juge d'appel. Cela ne constitue d'ailleurs qu'une confirmation du rôle du juge électoral en premier ressort des TA dans le contentieux électoral des collectivités locales. Cette situation ne constitue que l'application de l'ancienne loi qui régissait la Section administrative qui dispose que la Section administrative « statue en appel sur le contentieux relatif à l'élection des membres des assemblées territoriales »[587].

– Les TA : juges des actes administratifs des autorités locales

Par autorités locales, nous faisons allusion aux organes de prise de décision des collectivités territoriales (exemple : les présidents des Conseils de cercle et des Assemblées régionales, le maire…). S'agissant des actes administratifs des

---

[586] Loi n° 2011-048/AN-RM du 28 juillet 2011 modifiant la loi n° 94-006 du 18 mars 1994 portant organisation et fonctionnement des tribunaux administratifs, art. 8, al. 4 ; loi n° 2018-031, *op. cit.*, art. 7.

[587] Loi n° 96-071/AN-RM, *op. cit.*, art. 43 (cela aussi en attendant le début de fonctionnement des CAA).

autorités locales, ils concernent les actes unilatéraux exécutoires que prennent ces autorités ainsi que les actes multilatéraux tels que les contrats que lesdites autorités peuvent passer au nom de leurs collectivités. Ces matières relèvent aussi de la compétence exclusive des TA en premier ressort.

À côté de l'activité intensive en matière électorale des tribunaux administratifs de Mopti et Kayes en période électorale qui n'a lieu que tous les cinq ans, le TA de Bamako, même s'il connaît cette grande activité en période des élections locales, est par excellence une juridiction administrative de droit commun illustrative de la compétence des TA en matière d'actes émanant des autorités locales. Dans ce contentieux, ce sont les actes administratifs unilatéraux des maires qui dominent. L'objectif recherché ici est de préciser avec vigueur que le contrôle de légalité des actes administratifs adoptés par les élus locaux ne ressort pas de la compétence de la « haute juridiction administrative malienne », mais plutôt des seuls TA statuant en premier ressort. Ces derniers font ainsi une application acceptable de cette règle.

– **Les TA : Juge du contentieux de la fonction publique territoriale**

Le processus de décentralisation malien a atteint de nos jours un niveau où les collectivités territoriales ont leurs propres agents publics, relevant d'un statut spécial. En d'autres termes, il existe une fonction publique distincte de celle de celle de l'État : la Fonction publique territoriale. Il existe ainsi, sur le plan général, une Fonction publique étatique dont le législateur avait confié le contentieux à la Section administrative[588] et une Fonction publique locale ou territoriale dont il a confié le contentieux au juge administratif de droit commun.

En écartant le contentieux de la Fonction publique territoriale de la compétence de la Section administrative, le législateur a confié expressément ce contentieux aux tribunaux administratifs dans les termes insusceptibles de toute confusion : « le tribunal administratif connaît des litiges relatifs aux avantages pécuniaires ou statutaires des fonctionnaires de l'État et des collectivités territoriales »[589].

En la matière, une première exigence s'impose : il faut que l'agent soit réellement fonctionnaire, c'est-à-dire qu'il remplisse les critères liés à la qualité de fonctionnaire des collectivités territoriales. Le litige doit ensuite porter sur le traitement de l'agent ou tout du moins porter sur une question pécuniaire. Le litige doit enfin être relatif aux avantages que le fonctionnaire tire de son statut spécial. Dans ce dernier cas, le litige peut porter sur le contentieux relatif à son avancement, à sa notation, à son droit à la formation, à son droit aux congés, etc.

---

[588] Loi n° 96-071, art. 42, *op. cit.*, la Loi n°2018-031, art. 7, confie très clairement le contentieux de la Fonction publique d'État aux tribunaux administratifs.

[589] Loi n° 2018-031/AN-RM, art. 7, *ibid.*

Sur ce point, le législateur sénégalais ne fait aussi aucune distinction entre le contentieux de la Fonction publique territoriale et celle de l'État. C'est le tribunal régional qui est compétent pour statuer sur tout le contentieux de la fonction publique. C'est ce qui ressort du paragraphe 3 de la loi régissant l'organisation judiciaire ainsi libellé : « le Tribunal régional connaît de tous les litiges portant sur les avantages pécuniaires ou statutaires reconnus aux fonctionnaires et agents des diverses Administrations »[590].

2. Le juge des litiges relatifs aux autorités régionales et subrégionales

Le législateur a soustrait de manière stricte de la compétence des tribunaux administratifs les actes des autorités nationales ou centrales. Il s'agit des autorités dont les décisions ont une portée nationale qui, de ce fait, s'appliquent sur toute l'étendue du territoire national[591]. Faut-il en voir l'importance des fonctions qu'occupent ces autorités, ou même l'importance des décisions prises par ces derniers, ou encore l'expérience et la maturité du juge administratif suprême ? La conjugaison de tous ces éléments semble motiver le choix du législateur.

Ne pouvant théoriquement pas statuer sur les actes des autorités centrales ou tout du moins en se fondant sur l'esprit et la lettre de la loi, les tribunaux administratifs ont reçu du législateur la compétence exclusive en premier ressort de statuer sur les actes pris par les autorités administratives régionales et subrégionales.

De la création des TA à nos jours, cette compétence a fait l'objet d'une sensible amélioration. Dans un premier temps, c'est-à-dire selon la loi du 18 mars 1994, « le tribunal administratif connaît des recours en annulation pour excès de pouvoir dirigés contre les décisions des autorités administratives régionales ou locales, des recours en interprétation et en appréciation de légalité de ces décisions »[592]. Cette disposition a fait l'objet d'interprétations très élastiques à un certain moment de la part du juge de droit commun. C'est ainsi que le législateur a, par une loi du 28 juillet 2011, voulu préciser cette compétence des TA en ces termes : « le tribunal administratif connaît des recours en annulation pour excès de pouvoir dirigés contre les décisions des autorités administratives régionales et/ou subrégionales ; des recours en interprétation et en appréciation de la légalité de ces décisions. »[593] Par cette disposition, il a ainsi fixé les catégories d'autorités administratives dont les décisions relèvent, en cas de différend, de la compétence des TA et ce, pour dissiper toute équivoque dans l'interprétation.

Ainsi, par autorités administratives régionales et subrégionales, il faut entendre principalement, les représentants ou les relais des autorités

[590] Loi sénégalaise du 2 février 1984 fixant l'organisation judiciaire au Sénégal, paragraphe 3.
[591] Loi n° 2011-048/AN-RM, art. 8, *op. cit.*
[592] Loi n° 94-006/AN-RM, *op. cit.*, art. 8.
[593] Loi n° 2011-048/AN-RM, *op. cit.*, art. 8.

administratives centrales ou nationales dans les différentes circonscriptions administratives ainsi que, sur un moindre plan, les agents publics qui assument des diverses fonctions administratives dans différentes localités sous les ordres desdites autorités.

De manière plus compréhensible, il s'agit des gouverneurs de régions, des préfets, des sous-préfets et des agents qui occupent des fonctions de prise de décision sous les ordres de ces derniers tels que les directeurs régionaux et les chefs de secteurs.

Lorsqu'une de ces autorités fait grief par sa décision à un administré, celui-ci peut attaquer ladite décision pour excès de pouvoir devant le juge compétent qui est le seul TA. Si l'administré estime aussi que la décision de l'une de ces autorités le concernant est confuse ou ambiguë ou encore difficile à comprendre, il peut aussi saisir le tribunal administratif par un recours en interprétation. Le point le plus important ici consiste à faire comprendre que le seul juge administratif compétent pour statuer sur les actes pris par les autorités ci-dessus citées, est le tribunal administratif.

À lire cette partie consacrée à la répartition législative des compétences entre juges administratifs, on pourrait penser que le législateur ait oublié certains litiges qui ne sont pas confiés à un autre juge administratif. Tel n'est pas le cas. En effet, par soucis de cohérence, les litiges considérés comme majeurs compte tenu de leur fréquence devant les TA ont été regroupés en deux catégories et traités en (1) et (2). Cependant, le contentieux de pleine juridiction concernant les collectivités territoriales ainsi que les autorités administratives régionales et subrégionales relève aussi de la compétence des TA. Selon le législateur « le tribunal administratif connaît des litiges en responsabilité dirigés contre l'État, les collectivités territoriales et leurs établissements publics autres que les établissements publics industriels et commerciaux, en raison des dommages nés de leurs activités et travaux »[594].

Il existe aussi d'autres matières qui relèvent de la compétence des TA même s'il faut préciser que ces matières constituent ce que l'on peut qualifier de contentieux résiduel. Il s'agit principalement du contentieux fiscal que le législateur confie aux TA à travers ces mots : « le tribunal administratif connaît des demandes en décharge ou en déduction présentées en matière fiscale par les contribuables dans les conditions fixées par le règlement financier. »[595]

Pour confirmer que le TA constitue la juridiction administrative de droit commun, la loi dispose que « le tribunal administratif connaît d'une manière générale, tout litige qui entre dans le contentieux administratif »[596]. Les domaines d'activité de l'Administration étant vastes et nombreux, par crainte

---

594 Loi n°2018-031 du 12 juin 2018, *op. cit.*, art. 7.
595 *Ibid.*
596 *Ibid.*

de ne pas oublier une matière administrative qui n'aura pas de juge, le législateur a laissé la porte de la compétence des TA entrouverte.

Il résulte des explications ci-dessus, que le Tribunal administratif constitue effectivement au Mali la juridiction administrative de droit commun. Cela doit cependant être compris à la lumière des différentes compétences attribuées par le législateur à la Cour suprême. Ce qui conduit à une compétence de droit commun assez large en matière de contentieux administratif. En procédant à une comparaison avec le Tribunal régional sénégalais, il apparaît nettement que celui-ci dispose d'une réelle compétence de droit commun en matière administrative. En effet, ses compétences ne sont pas que réservées au contentieux administratif des Collectivités territoriales comme c'était presque le cas au Mali.

Ainsi, il « connaît de toute instance tendant à faire déclarer débitrices les collectivités publiques soit à raison de travaux qu'elles ont ordonnés, soit à raison de marchés conclus par elles, soit à raison de tout acte de leur part ayant causé de préjudice à autrui »[597]. Commentant cet article, le Professeur Demba Sy écrit que « cela revient à dire que le Tribunal régional connaît du contentieux des contrats et de celui de la responsabilité en matière de contentieux administratif »[598]. Ces mots consolident notre affirmation selon laquelle le Tribunal régional sénégalais a véritablement une compétence de droit commun en matière administrative.

Toujours pour appuyer cette affirmation, il faut ajouter que ce Tribunal « connaît des litiges relatifs à l'assiette, au taux et au recouvrement des impositions de toute nature et particulièrement des demandes en décharge ou réduction formulées par les contribuables ainsi que les actes de saisie ou de poursuites administratives »[599].

En la matière, c'est la législation malgache qui est surtout proche de celle du Mali. Dans ce pays, le législateur est même encore très précis sur le sujet. Selon lui : « le tribunal administratif est juge de droit commun des actes ou des contrats administratifs conclus par une autorité administrative située dans son ressort territorial. »[600] Pourtant, la législation nationale se distingue de celle-ci, car au Mali, il faut rappeler que le Tribunal administratif a une compétence de droit commun.

D'ailleurs, le même législateur malgache précise indirectement par une autre loi, que le Tribunal administratif n'a pas une compétence de droit commun en matière de contentieux administratif. Il le fait en ces termes : « le Conseil d'État est juge de droit commun du contentieux administratif ; il juge les recours en

---

597 Loi sénégalaise du 2 février 1984, *op. cit.*, art. 3.

598 V. D. Sy, *Droit administratif*, 2e éd., *op. cit.*, p. 139.

599 Loi sénégalaise du 2 février 1984, *op. cit.*, art. 3.

600 Loin° 2001-025 relative au tribunal administratif et au tribunal financier modifiée par la loin° 2004-021 du 19 août 2004, *op. cit.*, art. 9.

annulation des actes des autorités administratives centrales ou provinciales ; il statue sur les réclamations contentieuses en matière fiscale ; il connaît des recours de pleine juridiction pour les faits dommageables occasionnés par les activités de l'Administration ; il assure le contrôle de légalité et de conventionnalité des actes de portée générale des organes des provinces autonomes. »[601]

Cependant, le sujet ne peut être bien cerné qu'à la suite d'une analyse de l'utilisation que les différents juges administratifs font de ces dispositions législatives.

Paragraphe 2 : La pratique jurisprudentielle

Il est difficile de jauger la pertinence et l'efficacité d'une règle sans l'analyser sur le terrain pratique. Certes, le législateur a mis en place un arsenal juridique pour répondre aux questions relatives à la répartition des compétences à l'intérieur de la juridiction administrative, mais l'efficacité de ces réponses ne peut être réellement appréciée qu'à travers l'étude de l'utilisation que les juges concernés font d'elles.

Dans cette optique, il ressort que la Section administrative s'est érigée en régulatrice de l'ordre juridictionnel administratif (B) face à l'application souvent approximative que les tribunaux administratifs font de ces règles de répartition des compétences (A).

A. Une application approximative des règles de répartition des compétences par le juge de droit commun

Il y a lieu de préciser qu'il existe certaines raisons pouvant nous permettre de comprendre l'application approximative des règles de partage de compétences (1), lesquelles conduisent à ne pas parfois bien observer lesdites règles (2).

1. Les raisons de cette application approximative des règles

Aussi surprenant que cela puisse paraître, il n'existe pas de cadre de communication directe entre le juge administratif suprême et le juge administratif de droit commun (a). Cette situation conduit logiquement à une connaissance limitée de la jurisprudence de la haute juridiction administrative par les juridictions de base (b).

a. L'inexistence de cadre de communication directe entre le juge administratif suprême et le juge administratif de droit commun

La première question qui peut tout de suite venir à l'esprit face à de telles situations est de savoir ce que le législateur dit en la matière. La réponse peut

[601] Loi malgache n° 2004-036 du 1er octobre 2004 relative à l'organisation, aux attributions, au fonctionnement et à la procédure applicable devant la Cour Suprême et les trois Cours la composant, art. 129, JO n° 2939 du 08.11.04.

être très courte, mais significative et pleine de sens. On peut tout simplement répondre par « rien ». En effet, le législateur semble oublier que « la relation des juridictions est davantage de l'ordre de la reproduction que celle du dialogue de position par la nature relative de recherche d'une vérité juridique »[602].

Les TA étant soumis à la jurisprudence de la SA, ils doivent être à même d'accéder à la philosophie, à la vision intellectuelle et sociale de cette haute juridiction par rapport aux différentes questions de droit administratif malien ou tout du moins les questions nouvelles. Cela facilite la tâche des différentes juridictions administratives subordonnées, car en cas de contrariété entre leurs jugements et la jurisprudence de la SA, elles les verront annulés par celle-ci. Les conseillers de la SA sont ou doivent être expérimentés. Cela constitue une exigence légale qui impose que « les membres de la Cour suprême, magistrats de l'ordre judiciaire et de l'ordre administratif sont nommés parmi les magistrats de grade exceptionnel »[603] et en cas d'insuffisance de ceux qui remplissent cette condition, « ils sont complétés par ceux du premier grade »[604]. Il s'agit alors d'une accumulation d'expérience de quinze ans de service ou tout au moins de dix ans. Cette expérience capitale détenue par les hauts magistrats doit pouvoir être partagée et ce, dans l'intérêt d'une bonne administration de la justice et dans un souci de cohérence entre les décisions des juridictions administratives de base et entre celles-ci et celles de la haute juridiction administrative.

Cette communication tant souhaitée entre la haute juridiction administrative et les juridictions subordonnées, peut se manifester sous diverses formes. À défaut de pouvoir se rencontrer physiquement et d'échanger sur des questions majeures de droit administratif, les juridictions administratives inférieures doivent être périodiquement informées de l'activité jurisprudentielle de la haute juridiction. Tel n'est malheureusement pas le cas. Un autre point mérite d'être ajouté aux précédents. Il s'agit de la possibilité pour les TA d'entrer directement en contact avec la Section administrative par la procédure de la demande d'avis. En d'autres termes, les TA peuvent-il, en cas de difficultés, saisir la Section administrative d'un dossier pour avis ? Si cela était possible, on ne pourrait évoquer l'inexistence de cadre de communication. La réponse à cette interrogation est alors négative. Les TA n'ont aucune possibilité de demander l'avis de la Cour suprême pour pouvoir bien trancher une affaire pendante présentant des difficultés sérieuses. À ce niveau, il est en effet un peu étonnant de voir des juges, et même des jeunes juges avec peu d'expérience, voire sans expérience de fond « abandonnés » pour faire face seuls à des litiges administratifs souvent complexes.

---

602 M. Lévy, « Vers une nouvelle problématique rationnelle à l'intérieur de la juridiction administrative. D'un modèle monocratique à un modèle polycentrique ? », CURAPP (la loi du 28 pluviôse an VIII), PUF, 2000, p. 219.

603 Loi n° 96-071, *op. cit.*, art. 6.

604 *Ibid.*

La particularité de l'ordre juridictionnel administratif fait que les TA et les CAA doivent être très proches de la Section administrative. C'est ce qui a été bien compris dans le système français. On peut résumer en deux les cadres de communication qui existent entre les juridictions administratives subordonnées et la juridiction administrative suprême en France.

– Primo, c'est la haute juridiction administrative qui va périodiquement à la rencontre des juridictions subordonnées. Selon le professeur René Chapus, « pratiquement, chaque année, un conseiller d'État et deux maîtres des requêtes accomplissent une tournée au Cours de laquelle ils s'entretiennent avec les présidents et membres des juridictions (...) et procèdent avec eux à tous échanges de vue et d'information utiles »[605]. Lorsque c'est la haute juridiction qui va vers les autres, pour travailler, discuter et échanger, le droit administratif en sort consolidé sur la base d'une jurisprudence cohérente. Cette pratique facilite beaucoup plus la communication entre le sommet et la base. Elle donne l'occasion en or aux juridictions subordonnées de poser toutes les questions utiles aux membres de la juridiction supérieure.

Ce cadre de communication fait que les juridictions administratives subordonnées au CE français lui sont très proches. C'est pourquoi il a été souligné que « d'une façon générale, les diverses juridictions administratives sont beaucoup plus proches du CE que les tribunaux judiciaires le sont de la Cour de cassation et, par la suite, l'ordre juridictionnel administratif est nettement plus uni que l'ordre judiciaire. (...), l'ordre administratif a une structure circulaire ou concentrique ; on pourrait dire qu'il est un système solaire ; et c'est autour du Conseil d'État qu'il est organisé »[606]. La principale conséquence est que « la jurisprudence administrative se confond avec celle du Conseil d'État et c'est sans doute un bien, du point de vue de la sécurité des justiciables »[607], d'où le constat de l'unité de la jurisprudence.

– Secundo, les TA et les CAA ont un accès direct au Conseil d'État. En effet, ceux-ci peuvent demander au Conseil d'État son avis sur un litige avant qu'ils ne se prononcent là-dessus. Cette procédure ne constitue que l'application du code de justice administrative français qui dispose qu'« avant de statuer sur une requête soulevant une question de droit nouvelle, présentant une difficulté sérieuse et se posant dans de nombreux litiges, le tribunal administratif ou la Cour administrative d'appel peut, par une décision qui n'est susceptible d'aucun recours, transmettre le dossier de l'affaire au Conseil d'État, qui examine dans un délai de trois mois la question soulevée. Il est sursis à toute décision au fond jusqu'à un avis du Conseil d'État ou, à défaut, jusqu'à l'expiration de ce délai »[608]. Cette procédure permet aux juridictions subordonnées non seulement de prévenir les possibles annulations des jugements ou arrêts par le Conseil

---

605 R. Chapus, *Droit du contentieux administratif*, *op. cit.*, p. 65.

606 *Ibid.*, pp. 65-66.

607 *Ibid.*

608 CJA français, art. L 113-1.

d'État, mais aussi de renforcer leur capacité à mieux faire face à des questions identiques qui leur seront posées dans le futur.

L'absence de communication entre les juridictions subordonnées et la juridiction administrative suprême met les premières dans une position isolée. Elle est source d'incohérence de décisions et donc d'annulations fréquentes des jugements des TA. Chaque TA peut être amené à appliquer le droit administratif à sa façon. Les membres de la SA ne rencontrent que très rarement, sinon ne rencontrent même pas les magistrats des tribunaux administratifs. Cela concerne même le TA de Bamako qui se trouve dans la même ville que la Cour suprême. Jusqu'en 2013, avec la construction du nouveau siège du TA de Bamako, il y avait à peine cinq cent mètres qui séparaient le TA de la Cour suprême. Malgré cette proximité, ces juges ne se voyaient pas dans le cadre du droit administratif. Si tel est le cas du TA de Bamako, que dire alors de ceux de Kayes et de Mopti qui sont chacune à plus de cinq cent kilomètres de distance de Bamako.

C'est ce qui fait que l'on peut constater parfois une mauvaise connaissance de la jurisprudence de la haute juridiction administrative par les juridictions subordonnées.

b. La connaissance limitée de la jurisprudence du juge administratif suprême par le juge administratif de droit commun

Si les deux juges, à savoir la Section administrative de la Cour suprême et les tribunaux administratifs, se rencontrent très peu, il n'est pas étonnant que ce qui doit normalement être connu du bout des doigts ne le soit pas. Et qu'est-ce qui doit être connu et par qui ?

Il s'agit de la jurisprudence de la Section administrative. Cette jurisprudence doit constituer un outil de travail incontournable et indispensable des juges administratifs de droit commun. Mais, il faut le dire tout en le déplorant, les T.A ont une connaissance très limitée des arrêts de la haute juridiction administrative.

Peut-on attribuer le problème au législateur parce que les textes régissant les juridictions administratives sont silencieux par rapport au sujet, donc aux lacunes des lois ? Cela serait trop facile même si l'on sait que le législateur est effectivement le premier responsable de ce qui peut être qualifié de sérieuse insuffisance dans l'organisation interne de l'« ordre juridictionnel » administratif national. Nous rappelons que nous sommes en droit administratif et il n'est pas très aisé de comprendre que le juge administratif suprême se cache derrière l'inaction du législateur pour ne pas agir dans le sens d'une bonne administration de la justice administrative. Cette tâche lui incombe et à lui seul dans de telles situations.

Notre position mérite une précision. En effet, nous ne soutenons pas l'impossible. En d'autres mots, nous ne voulons pas que le juge administratif suprême se substitue au législateur en ordonnant par exemple au juge de droit commun de le saisir pour avis en cas de difficulté sérieuse pour résoudre un litige comme cela se fait en France. Cela serait peut-être trop demander. Ce que nous voulons souligner, c'est que certains petits gestes de bonne volonté peuvent considérablement atténuer les effets du problème. Il peut consister, pour la Section administrative, à envoyer mensuellement ou bimensuellement des copies des arrêts rendus aux tribunaux administratifs. Le fait que la Section administrative ne le fait pas peut être mis tout simplement au compte d'un manque de volonté, car il suffit de le demander et le greffe et la reprographie vont faire le reste du travail. En analysant cet aspect, on peut même penser à une sous-estimation du problème par la Section administrative ou peut-être même qu'elle ne le considère pas comme un problème. La Section pourrait également envoyer quelques conseillers rencontrer les juges des TA ne serait-ce qu'une fois par an.

Malgré les suppositions, la Cour suprême connaît et comprend que la connaissance des arrêts de la haute juridiction administrative constitue une impérieuse nécessité pour les juges de base pour une cohérence de vue face aux litiges administratifs. C'est pourquoi, elle avait entrepris un moment la collecte annuelle de ses arrêts pour en faire des recueils. Ce travail salutaire a été d'une courte durée. Les juges administratifs de droit commun se servent de ces quelques recueils aujourd'hui pour rédiger leurs rapports.

Peut-on alors reprocher à notre juge administratif de droit commun de mieux connaître la jurisprudence du CE français que celle de la Section administrative de la CS ? Cette question est de nature embarrassante et peut nous conduire à une autre étude prévue dans un autre chapitre. Les juges de droit commun ont un accès plus facile à la jurisprudence du CE à travers la doctrine et à travers l'Internet. Le CE fait un effort de publication actualisée de ses arrêts et fait en sorte que cette publication soit diffusée au maximum. Dans un souci d'endogénéisation de la matière (droit administratif), il est préférable que la jurisprudence de la Cour suprême soit privilégiée.

Si le Conseiller d'État français, M. Michel Lévy écrit que « la première qualité du juge subordonné est de savoir lire dans et entre les lignes de la jurisprudence du juge régulateur »[609] ; encore, faut-il que le juge subordonné ait accès à cette jurisprudence. En effet, le juge subordonné n'est pas en liberté totale, sa marge de manœuvre est très restreinte surtout lorsque la Section administrative a déjà pris une décision dans la matière. C'est la raison pour laquelle on dit qu'il y a dans le droit administratif français comme le droit administratif malien un aspect quasi initiatique ; sans doute en cas de question non jugée, les juges subordonnés retrouvent-ils une liberté provisoire, mais elle est de courte durée, en tout état de cause[610].

Cependant, il faut reconnaître un point, c'est vrai que le juge de droit commun a une connaissance limitée des arrêts de la Section administrative, mais

609 M. Lévy, *op. cit.*, p. 219.
610 *Ibid.*

cela n'est pas à lui seul suffisant pour expliquer certains manquements aux règles de répartition des compétences. En effet, si le juge de droit commun n'a pas un accès facile et direct à la jurisprudence de la CS, il a sur son bureau les lois définissant les compétences de toutes les juridictions formant l'« ordre juridictionnel » administratif. Ainsi, il connaît les litiges qui relèvent de sa compétence et ceux qui relèvent de la compétence de la juridiction administrative suprême ou d'une juridiction administrative spécialisée. Cela constitue un autre problème, car le juge de droit commun semble faire exprès pour violer les règles légales qui répartissent les compétences entre les juridictions administratives et particulièrement celles qui partagent les compétences entre les TA et la SA.

2. L'inobservation ostensible des règles de répartition des compétences par le juge administratif de droit commun

Cette inobservation se caractérise principalement par de nombreuses violations par les TA des règles de répartition des compétences concernant les litiges mettant en cause les autorités administratives centrales (a), mais ces violations doivent être comprises modérément, car le plus souvent et depuis un temps, les tribunaux administratifs respectent lesdites règles (b).

a. La violation des règles de compétence relatives aux autorités administratives centrales

À titre de rappel, la disposition législative est vraiment précise et ne devrait normalement pas poser de problèmes sur la question suivante : quel est le juge administratif compétent pour connaître les litiges relatifs aux actes administratifs des autorités administratives centrales ? La réponse est simple, c'est « la Section administrative qui est compétente pour connaître (le contentieux) des décrets, arrêtés ministériels ou interministériels »[611] donc du contentieux concernant les autorités administratives centrales ou nationales. Ce qui peut sembler impossible à première vue, ne l'est pourtant pas ici. Malgré la réponse du législateur, les TA ont, à de multiples fois, fait une interprétation erronée de la disposition législative attribuant tout le contentieux des autorités administratives centrales au juge administratif suprême. Nous parlons de tribunaux administratifs en général, mais cela mérite une précision de taille. Il faut comprendre que c'est surtout le tribunal administratif de Bamako qui constitue l'épicentre de ce problème. Cela est dû à sa proximité avec les autorités administratives centrales qui sont pratiquement toutes domiciliées dans la capitale ainsi que la mauvaise foi dans l'interprétation des textes régissant les juridictions administratives.

Ainsi, le TA de Bamako a, par deux jugements de 2004, reconnu sa compétence à statuer sur un litige concernant la Direction nationale des Domaines et du Cadastre. Dans le premier jugement, il a ordonné le sursis à exécution d'un acte administratif pris par cette autorité administrative

---

[611] Loi n° 96-071, art. 42, *op. cit.*, Loi n°2016-046/AN-RM, *op. cit.*, art. 111.

centrale[612] et l'a annulé[613] dans le second en ces termes : « En la forme : reçoit le recours du sieur Nadio dit Moussa Djiguiba comme régulier ; au fond : annule l'acte administratif (...) pour excès de pouvoir. »

Dans le jugement Abdouramane Gakou, le TAB s'est déclaré compétent pour l'examen des décisions n° 551 et n° 544 du 22 mai 2002 et 23 mai 2003 du Directeur national de l'Enseignement supérieur et de la Recherche scientifique. Dans cette affaire, le juge de droit commun a reçu le recours du requérant comme régulier et le rejette comme mal fondé[614].

Dans un jugement du 24 mai 2005, le TAB « reçoit la requête du sieur Sékouba Samaké comme régulière et la déclare mal fondée et la rejette et dit que l'acte de cession n° 0758 de la Direction nationale des Domaines et du Cadastre est régulier et produira ses pleins et entiers effets »[615]. Qu'il la déclare mal fondée ou pas, le juge de droit commun, quel qu'en soit l'interprétation de la réglementation sur le partage des compétences à l'intérieur de l'ordre administratif en vigueur, ne devait pas pouvoir connaître de l'acte d'une autorité administrative centrale.

Par un jugement du 27 août 2003[616], le juge de droit commun n'hésite pas à statuer sur un litige opposant un administré au ministère de la Défense et des Anciens combattants en matière de contentieux de pleine juridiction. Dans ce cas d'espèce, le juge d'instance a condamné le ministère à verser une somme importante au requérant au titre de dommages et intérêts. En le faisant, ignorait-il que le ministre de la Défense était une autorité administrative centrale dont le contentieux relevait d'une autre juridiction administrative. Ces jugements démontrent à suffisance le degré élevé du non-respect des dispositions législatives qui encadrent la matière. Aussi, le juge administratif de droit commun n'agit-il pas en violation flagrante de la loi qui régit ses compétences. Est-il nécessaire de rappeler que les TA constituent à titre principal, les juges des autorités régionales, subrégionales et locales[617] ?

Comme peuvent le penser certains juges de droit commun, le texte ci-dessus évoqué n'est point sujet à confusion. De ce fait, il ne peut donner lieu à une interprétation permettant aux TA de s'arroger d'une partie très importante de la compétence de la Section administrative. Si cela concernait un ou deux jugements, la pratique pouvait être considérée comme isolée, mais avec plusieurs jugements, elle ne peut être comprise ainsi. Par ces nombreux jugements, on a l'impression que le juge de droit commun manifeste clairement

---

612 TAB, jugement n° 48 du 04 mai 2004, Nadio dit Moussa Djiguiba, inéd.
613 TAB, jugement n° 121 du 06 août 2004, Nadio dit Moussa Djiguiba, inéd.
614 TAB, jugement n° 114 du 24 décembre 2003, Abdouramane Gackou, inéd.
615 TAB, jugement n° 68 du 24 mai 2005, Sékouba Samaké, inéd.
616 TAB, jugement n° 80 du 27 août 2003, Ibrahim Kouma, inéd.
617 Voir loi n° 94-006, art. 8, *op. cit.*, loi n° 2011-048/AN-RM, art. 8, *op. cit.*, loi n° 2018-031, *op. cit.*, art. 7.

son intention d'extirper le contentieux des autorités centrales de la compétence du juge administratif suprême.

Les TA savent pourtant que la Section administrative « apparaît comme un juge suprême exerçant un magistère sur l'ensemble des juridictions administratives »[618]. Ils doivent ainsi respecter la sphère de compétence de cette juridiction sous peine de voir beaucoup de leurs jugements censurés en appel. Malgré ce problème, il faut pourtant ramener la pratique à ses justes proportions. Il s'agit de souligner que ces différentes violations du champ de compétence de la haute juridiction par les juges subordonnés ne sont pas générales et permanentes. C'est pourquoi, ce problème mérite d'être relativisé afin de tenir compte des avancées jurisprudentielles en la matière.

b. Ladite violation des règles de répartition des compétences n'est pas absolue

Notre réflexion consiste à démontrer dans cette partie que même si les règles de répartition des compétences ont été à plusieurs fois transgressées, cette violation est en constante régression.

Le même juge administratif de droit commun qui reconnaît sa compétence à statuer sur le contentieux relatif aux actes administratifs des autorités administratives centrales, reconnaît celle du juge administratif suprême pour le faire. Il faut signaler que les textes sur la base desquels les TA ont souvent statué sur des matières relevant de la compétence de la SA existent toujours et n'ont pas connu de modification substantielle.

Le juge administratif de droit commun donne une illustration parfaite dans l'affaire les héritiers de feu Lahaou Touré de cette reconnaissance de la sphère de compétence du juge administratif suprême en ce qui concerne le contentieux des autorités administratives centrales. Le juge de l'espèce s'est déclaré incompétent en la forme en de termes clairs selon les motifs suivants : « considérant qu'aux termes de l'article 8 de la loi n° 94-006 du 18 mars 1994 portant organisation et fonctionnement des tribunaux administratifs, le tribunal administratif connaît des recours en annulation pour excès de pouvoir rédigés contre les décisions des autorités administratives régionales ou locales ; considérant qu'en l'espèce, le recours formé par les héritiers de feu Lahaou Touré est rédigé contre des décisions du Directeur national des domaines et du cadastre qui est une autorité centrale ; que de toute évidence, le contentieux de tels actes administratifs ne relève point de la compétence du tribunal administratif. »[619]

---

618 Voir Marc Gjidara, « Le Conseil d'État français comme juge de premier ressort », Dubrovnik, 26 mai 2011, conférence sur le *nouveau système juridictionnel croate dans la perspective de l'adhésion à l'Union européenne*.

619 TAB, jugement n° 359 du 06 septembre 2012, les héritiers de feu Lahaou Touré, inéd.

Le juge se déclare non seulement incompétent, mais aussi il le fait vigoureusement et avec des mots très précis : « ce contentieux (...) ne relève point de la compétence du tribunal administratif. »

Bien avant ce jugement, il s'était déjà « déclaré incompétent »[620] à statuer sur une requête aux fins d'annulation introduite contre une vente administrative effectuée par une autorité nationale compétente.

On peut ajouter à ces deux jugements l'affaire de Hima Ibrahima Touré et autres. Dans le jugement, il « rejette le recours pour incompétence du tribunal »[621] au motif « que les requérants sollicitent l'annulation d'une décision émanant d'une autorité administrative centrale, en l'occurrence le Directeur national des Domaines et du Cadastre ».

De l'aveu même des juges administratifs de droit commun, c'est la Section administrative de la Cour suprême qui est compétente pour statuer sur les actes des autorités administratives centrales et que toute autre interprétation des textes serait erronée. Lorsque « l'auteur de la décision attaquée est une autorité administrative nationale, le tribunal de céans ne connaît pas les recours dirigés contre de tels actes »[622]. Dès lors que « le requérant sollicite l'annulation d'une décision émanant d'une autorité administrative centrale ; qu'il y a lieu de se déclarer incompétent et renvoyer les parties à mieux se pourvoir »[623].

Il faut alors se demander pourquoi ce changement et pourquoi ce désormais respect de la compétence du juge administratif suprême en la matière. Est-ce une prise de conscience professionnelle ou un respect forcé ?

Ce que nous savons, c'est que tous les jugements par lesquels ces juges ont reconnu leur compétence à statuer sur les actes des autorités administratives centrales ont eu lieu après 1994, donc après que le législateur ait limité leur compétence aux actes des autorités administratives régionales ou locales. De la violation pure et simple des textes, on est passé à leur relatif respect. Cette situation semble résulter d'un coup de force silencieux et à distance. En effet, c'est la haute juridiction administrative qui a « montré ses muscles », en multipliant les arrêts annulant les jugements des tribunaux administratifs dans lesquels les juges de droit commun reconnaissent leur compétence à connaître des litiges portant sur les actes des autorités administratives centrales.

Les lignes qui suivent seront consacrées à ce juge administratif des conflits internes de l'ordre juridictionnel administratif (B).

---

620 TAB, jugement n° 220 du 20 mai 2010.

621 TAB, jugement de l'affaire Hima Ibrahima Touré contre le Directeur national des Domaines et du Cadastre et Fanta Djiré (intervenante forcée), 2010.

622 TAB, jugement de l'affaire Alkaly Kanté contre la DNDC, 2010.

623 Entretien avec les juges administratifs, Samba Lamine Koïté, Demba Tall, Sory Diakité et Badra Alou Coulibaly du TA de Bamako, le 08 juillet 2014 au tribunal administratif de Bamako entre 10 heures et 12 heures 30 minutes.

B. La Section administrative : « juge des conflits » de l'ordre juridictionnel administratif

Le juge des conflits nous fait directement penser au tribunal des conflits, juridiction qui est chargée de trancher les conflits de compétence entre les deux « ordres juridictionnels » : l'ordre administratif et l'ordre judiciaire. La Section administrative de la Cour suprême joue le même rôle à l'intérieur de l'« ordre juridictionnel » administratif, c'est pourquoi, par analogie, nous l'appelons « juge des conflits » de l'ordre juridictionnel administratif. Comme le Conseil d'État français, la Section administrative occupe au sein de l'ordre juridictionnel administratif « une position à la fois centrale et dominante »[624], ce qui fait d'elle la « régulatrice suprême de l'ordre des juridictions adminis-tratives »[625].

Ainsi, la Section administrative en tant que juge régulateur, a mis fin à certaines approximations dont les TA faisaient preuve dans l'appréciation des règles de répartition des compétences, par un important arrêt en 1999 (1). L'analyse de cet arrêt cumulé à celle d'autres arrêts de la haute juridiction administrative nous permet de comprendre les mécanismes qu'elle utilise pour résoudre les cas de conflits (2).

1. L'arrêt « *Agri 2000*[626] » : un arrêt de principe du partage de compétences entre juges administratifs

Par cet arrêt, la Section administrative a écarté les doutes, les incertitudes ainsi que l'ambiguïté qui entouraient les textes de répartition des compétences dans la famille de la justice administrative. C'est ainsi que la juridiction administrative suprême a délimité la compétence des TA (a) et par ricochet sa propre compétence (b).

a. Définition de la compétence du juge administratif de droit commun

Si nous voulons nous référer aux conclusions du commissaire du gouvernement français Bernard, nous pouvons affirmer que la Section administrative « n'a pas hésité à puiser dans sa fonction de juge suprême du contentieux administratif, les pouvoirs nécessaires pour assurer une bonne administration de la justice au sein de la juridiction administrative »[627]. En mettant fin à l'anarchie juridictionnelle qui régnait au niveau des juridictions administratives de droit commun par cet arrêt[628], il a mieux administré la justice administrative pour mieux juger l'Administration malienne.

---

[624] C'est ce que le professeur René Chapus, *op. cit.*, p. 64, souligne à propos du Conseil d'État français. Pour lui, s'il faut « présenter un tableau général des juridictions administratives, il doit être tel que le Conseil d'État y trouve la place prééminente qui est la sienne ».

[625] Les professeurs Debbasch et Ricci, *op. cit.*, p. 213, parlant du Conseil d'État comme « juge et régulateur suprême de l'ordre des juridictions administratives ».

[626] Cour suprême, Section administrative, arrêt n° 06 du 14 janvier 1999, entre la Direction nationale des Impôts et la société Agri 2000, inéd.

[627] Conclusions Bernard dans l'arrêt Miret du CE du 11 mai 1959 sur le Conseil d'État français.

[628] Il s'agit de l'arrêt Agri 2000.

Le rappel des faits est nécessaire à la compréhension de l'arrêt. Ainsi, « les héritiers de feu Tidiani Niaré ont par acte notarié du 19 mars 1998, vendu à la société Agri 2000, leur parcelle située à Bamako, objet du titre foncier n° 1526 à 245 000 000 FCFA, augmenté de 49 019 700 F FCFA titre des frais. Le 31 mars 1998, le Directeur national des Impôts a, par voie d'huissier, notifié aux vendeurs sa volonté d'exercer le droit de préemption du trésor pour reprendre le TF n° 1526. L'acquéreur en a été informé aussi, par une lettre du Receveur des domaines, (…) l'invitant à restituer à ses services, la copie du T.F n° 1526 incorporé dans le domaine privé immobilier de l'État (par décision n° 98-014/MF-DNI du 03 avril 1998) en application de l'article 833 du code général des impôts qui autorise le receveur des domaines à exercer un droit de péremption s'il estime que le prix de vente d'un immeuble a été minoré.

C'est ainsi que la société Agri 2000 et Cheick Sadibou Cissé (mandataire des héritiers de feu Tidiani Niaré) ont respectivement saisi le tribunal administratif de Bamako, les 07 et 10 avril 1999 pour solliciter l'annulation des actes pris le 25 mars, 03 et 06 avril 1998 par la Direction nationale des impôts et le service de l'enregistrement. Faisant foi à leur demande, le TA a annulé, pour excès de pouvoir, la décision du 25 mars 1998 du Directeur national des Impôts ainsi que la lettre n° 0239 du 06 avril 1998 du receveur des domaines. Le 02 octobre 1998 le greffier en chef du TA a donné acte des appels respectifs de la Direction nationale des Impôts... »

La Section administrative, statuant en appel sur l'affaire, a décidé de la manière ci-après : Sur la compétence du tribunal administratif à connaître les actes des autorités administratives centrales, le juge a souligné dans son premier considérant « qu'un tribunal administratif ne peut retenir sa compétence à censurer les actes des autorités administratives autres que régionales et locales en procédant à une interprétation large et abusive des dispositions (…) de la loi du 18 mars 1994 portant organisation et fonctionnement des TA ».

C'est ce qui fait que la haute juridiction « rejette comme mal fondée l'action des intervenants, annule le jugement n° 47 du 02 octobre 1998 du tribunal administratif de Bamako retenant la compétence de la juridiction du premier degré à censurer les actes des autorités administratives centrales ; statuant à nouveau, (et) annule… » les différentes décisions querellées (celles du 03 avril 1998, 25 mars 1998 et 06 avril 1998).

Le juge administratif suprême a été très clair dans sa définition de la compétence des TA. Il utilise les mots justes avec une précision rigoureuse. Aussi, ne précise-t-il pas qu'« un tribunal administratif ne peut retenir sa compétence à censurer les actes des autorités administratives autres que régionales et locales ». Il va plus loin en affirmant qu'en le faisant il procède à « une interprétation… abusive des dispositions… des articles 7 et 8 de la loi n° 94-006 ». Le juge administratif de droit commun ne devait plus avoir alors de problèmes de répartition de compétences avec le juge administratif suprême à l'issu de cet arrêt devenu très célèbre : il est le juge du contentieux administratif des autorités administratives régionales et locales.

On ne peut cependant, même si c'est malheureux, s'empêcher de constater que malgré l'extrême clarté et la grande précision de « l'arrêt Agri 2000 », le juge de droit commun a plusieurs fois méconnu la jurisprudence en statuant sur les actes des autorités administratives centrales. Mais chaque fois qu'il le fait, le juge administratif suprême censure son jugement. C'est ce que la Cour a fait en 2010 en rappelant au juge de droit commun l'existence de l'arrêt *Agri 2000* en ces termes : « Considérant que par arrêt n° 06 du 14 janvier 1999, dit arrêt Agri 2000, la juridiction suprême a dénié compétence au juge d'instance à connaître de la légalité des actes émanant des autorités administratives centrales ; considérant que par jugement n° 018 du 05 février 2008, le tribunal administratif a annulé l'acte administratif de cession… et la décision… du Directeur national des Domaines et du Cadastre ; qu'il échet de dire qu'en retenant sa compétence pour connaître des recours pour excès de pouvoir dirigés contre des décisions d'une autorité administrative centrale, le tribunal administratif expose sa décision à la censure de la Cour ; infirme le jugement n° 18 du 05 février 2008 du tribunal administratif de Bamako. »[629]

En se référant à l'arrêt *Agri 2000*, le juge suprême démontre l'importance qu'il accorde audit arrêt et obligeant ainsi de manière indirecte le juge de droit commun à s'y référer lorsqu'il est saisi du contentieux administratif des autorités centrales.

Par cet arrêt, on ne peut pas non plus ignorer le côté autoprotection qu'il recèle. En de termes plus accessibles, le juge administratif suprême défend et protège par cet arrêt sa sphère de compétence contre les empiètements du juge administratif de droit commun.

b. Définition de la compétence du juge administratif suprême

De l'aveu même du juge administratif suprême, la loi n° 96-071 en ce qu'elle définit la compétence de la Section administrative contient « des lacunes… normalisant le doute »[630], s'agissant précisément du contentieux administratif des autorités administratives centrales. Il répond alors « aux besoins de justice que les textes ne permettent pas de satisfaire »[631].

D'après lui, l'interprétation qu'il a donné de la loi régissant les TA, « a l'avantage de clarifier la répartition des compétences tant en premier ressort qu'en premier et dernier ressort et de combler les lacunes de la loi n° 96-071 du 16 décembre sur la Cour suprême qui, pour parler des actes des autorités centrales, a disposé entre autres, en son article 42 que la Section administrative est compétente pour connaître en premier et dernier ressort : des recours dirigés

---

[629] CS-SA, arrêt n° 03 du 07 janvier 2010, inéd., *recueil de jurisprudence de la section administrative*, année 2010, p. 12, inéd.

[630] CS-SA, arrêt n° 6 du 14 janvier 1999, *op. cit.*, inéd.

[631] P. Delvolvé, s'agissant du C.E français, cité par M. Gjidara, *op. cit.*, p. 19.

contre les décrets, arrêtés ministériels ou interministériels ; … des recours en interprétation et des recours en appréciation de la légalité des actes dont le contentieux relève de la Section ; toute chose excluant des autres catégories d'actes (visas, décisions, lettres…) »[632]. Pour la Section administrative, « pour parler des actes des autorités centrales », le législateur parle « des décrets, arrêtés ministériels ou interministériels ». Cette disposition est, il faut le souligner, en réalité ambiguë[633].

Les décisions prises par les Directeurs nationaux, même si ces derniers sont des autorités centrales, ne peuvent en aucune manière être assimilées à des décrets ou à des arrêtés ministériels ou interministériels. Ce qui excluait contre l'idée du texte, de la compétence de la Section administrative, les décisions prises par les autorités administratives centrales. Les juges de droit commun ont profité de cette confusion pour s'octroyer cette compétence et ce, en se fondant sur les dispositions de la loi régissant les TA qui dispose que : « sous réserve des dispositions de la loi n° 90-113 (loi n° 96-071) … le tribunal administratif est en premier ressort le juge de droit commun du contentieux administratif… d'une manière générale, de tout litige qui entre dans le contentieux administratif. »[634]

Ce qui signifie donc qu'en l'absence d'attribution explicite du contentieux des actes des autorités administratives centrales à la Section administrative, il appartient aux tribunaux administratifs de connaître de ce contentieux. Cela rend la position du TA antérieure à l'arrêt *Agri 2000* relativement compréhensible.

Cependant, dans l'arrêt *Agri 2000*, le juge administratif suprême voit dans les mots « décrets, arrêtés ministériels ou interministériels », évoqués par le législateur, les actes des autorités administratives centrales et c'est ainsi que les juges subordonnés doivent comprendre et interpréter cette disposition. De manière plus claire, l'interprétation de cette disposition, attribue le contentieux des actes administratifs des autorités administratives centrales à la Section administrative de la Cour suprême. Les jugements des TA postérieurs à l'arrêt Agri 2000 et reconnaissant la compétence des tribunaux administratifs à connaître ces actes sont incompréhensibles et sont tout simplement scandaleux.

C'est ainsi que le juge régulateur a procédé depuis l'arrêt *Agri 2000* à une série d'annulation de jugement des TA. Dans l'arrêt Abdouramane Gakou, le juge soutient : « que le Directeur national de l'enseignement supérieur n'est ni une autorité régionale ou locale, qu'il est une autorité centrale ; considérant que le tribunal administratif de Bamako s'est déclaré compétent pour l'examen des décisions émanant des autorités centrales ; qu'il échet par conséquent d'infirmer

632 CS-SA, arrêt n° 6 du 14 janvier 1999, *op. cit.*, inéd.

633 Il faut signaler la correction de cette insuffisance par la loi n° 2016-046, art. 111, qui évoque clairement « les autorités administratives nationales ou indépendantes ».

634 Loi n° 94-006, *op. cit.*, art. 7 et 9, la loi n°2018-031 contient la même formule à la fin de son article 7.

le jugement n° 114 du 24 décembre 2003 du tribunal administratif de Bamako ; annule le jugement. »[635]

Le juge de droit commun est aussi rappelé à l'ordre dans l'arrêt société Soyatt en ces termes : « considérant que le tribunal administratif a, par jugement n° 48 de mai 2004, ordonné le sursis à exécution de l'acte administratif et par jugement n° 121 du 06 août 2004 annulé ledit acte ; qu'en statuant sur un acte d'une autorité centrale, le tribunal a fait valoir sa compétence ; … par conséquent ces jugements méritent la censure de la Cour ; annule les jugements. »[636]

Le juge administratif suprême maintient également sa position dans l'arrêt ministère de la Défense et des Anciens combattants : « considérant que le litige… est né du fait de la construction d'une voie de passage sur un domaine privé par les services du ministère de la Défense et des Anciens combattants ; considérant cependant l'incompétence du tribunal administratif à connaître des actes des autorités administratives centrales ; qu'il échet de censurer le jugement n° 80 du 27 août pour ce motif »[637].

À défaut d'être chargé d'assurer la gestion des TA[638], la Section administrative s'est érigée au fil des années en véritable juge régulateur au sein de l'ordre juridictionnel administratif. Elle a le contrôle de la compétence de sa compétence, c'est-à-dire que la compétence de chaque niveau de juridiction au sein de l'ordre juridictionnel administratif est ce que la Section administrative dit qu'elle est.

À lire ces lignes ci-dessus, on peut être amené à directement penser au fait que détenant tout ce pouvoir, la Section administrative serait peut-être amenée à s'auto-attribuer des compétences d'autres juges administratifs et plus précisément celles du TA. Oui, de tels débordements sont à craindre, mais l'analyse de la totalité de la jurisprudence de la haute juridiction administrative est plutôt rassurante. Nous n'avons pas pu recenser de telles situations.

Au contraire, dans la définition et la protection de sa compétence, le juge administratif suprême définit la sphère de compétence du juge de droit commun, nous l'avons déjà souligné, et la préserve d'ailleurs. L'arrêt Bakary Sackho et Lassana Sackho nous donne une parfaite illustration de la conduite que la Section administrative peut tenir lorsqu'elle est saisie d'une requête relative à un contentieux relevant de la sphère de compétence du juge de droit commun. Dans cet arrêt, le juge saisi d'une requête aux fins d'annulation d'une décision

---

[635] CS-SA, arrêt n° 24 du 18 mai 2006, inéd., *op. cit.*

[636] CS-SA, arrêt n° 009 du 02 mars 2006, inéd., *op. cit.*

[637] CS-SA, arrêt n° 61 du 17 mai 2007, inéd. *op. cit.*

[638] En France, « le Conseil d'État est chargé de la gestion des tribunaux administratifs et des Cours d'appel administratives… La gestion des tribunaux administratifs et des Cours d'appel administratives est assurée sous l'autorité du Vice-président du Conseil d'État, par le secrétaire général du Conseil d'État et par un Secrétaire général adjoint plus spécialement chargé de cette mission », intervention du Jean Marc Sauvé, *op. cit.*, p. 8.

du Directeur régional des Domaines et du Cadastre de Koulikoro, tranche le litige en ces termes : « considérant qu'il est demandé à la Cour d'anéantir des actes administratifs pris par une Administration régionale ; considérant… l'article 42 de la loi n° 96-071…, l'article 8 de la loi n° 94-006… ; que de ce qui précède, il échet pour la Cour de se déclarer incompétente ; la Cour se déclare incompétente et renvoie les parties à mieux se pourvoir. »[639]

Par cet arrêt, la haute juridiction administrative suprême revient sur deux points et les confirme. Primo, il démontre indirectement qu'il est le juge du contentieux des actes des autorités administratives centrales (Président de la République, Ministres, Directeurs nationaux…) et que ce contentieux appartient à elle seule. Secundo, il réaffirme clairement que la compétence des TA sur les actes des autorités administratives régionales est entière et que ces juridictions ne partagent cette compétence avec aucune autre juridiction administrative dont elle-même. En d'autres termes, la Section administrative précise son incompétence, quoi qu'il soit le juge suprême, à connaître des actes relevant de la compétence des tribunaux administratifs.

La Section administrative définit alors les compétences des juridictions de l'ordre administratif à la lumière des dispositions législatives, mais pour le faire, il observe un mécanisme.

2. Le mécanisme de règlement des conflits de compétence

Les questions de compétence à l'intérieur de l'ordre juridictionnel administratif ne soulèvent pas de difficultés majeures quant au mécanisme employé par la haute juridiction administrative pour leur résolution. En se fondant sur la jurisprudence, on peut dégager deux points : dans un premier, le juge administratif suprême se saisit lui-même de la question de compétence lorsqu'une affaire pendante devant lui recèle de tels problèmes et ce, au nom du caractère d'ordre public des questions de compétence (a) ; dans un second, la haute juridiction administrative peut être saisie par les justiciables des questions de compétence. Dans ce second point comme dans le premier, le juge procède à l'annulation de la décision prise par la juridiction incompétente (b).

a. Le caractère d'ordre public des questions de compétence

En matière de contentieux administratif, le principe d'ordre public des règles de compétence est très fortement consacré « contrairement au droit de la procédure civile »[640]. Dans l'arrêt les héritiers de feu Bougary Sangaré, la

---

639 CS-SA, arrêt n° 221 du 20 octobre 2011, entre Bakary Sakho, Lassana Sakho et la Direction régionale du Domaine et de Cadastre de Koulikoro, inéd.

640 V. R. Chapus, *Droit du contentieux administratif*, *op. cit.*, p. 256 (Les règles de compétence à l'intérieur de l'ordre judiciaire n'étant pas toutes d'ordre public).

Section administrative définit l'incompétence comme « un moyen d'ordre public à soulever d'office par la juridiction saisie »[641].

Dans cette définition de la haute juridiction administrative, il y a une notion qui peut particulièrement attirer l'attention : « moyen d'ordre public ». Elle nous conduit à la question suivante : que signifie-t-elle ? La réponse à cette courte question n'est pas aisée. Le professeur Jean Luc Pissaloux y trouve, « une notion en vérité bien délicate à appréhender, et qui, en dépit de son importance et de son rôle, paraît finalement avoir quelque peu rebuté la doctrine administrativiste »[642]. On peut alors se référer au lexique des termes juridiques[643] et à l'article publié par le professeur Jean Luc Pissaloux sur les moyens d'ordre public[644], pour la définir comme le « support juridique » dont la violation peut être invoquée par toutes les parties au procès ou même d'office par le juge de l'espèce.

Cette parenthèse fermée, il faut souligner que la Cour est particulièrement vigilante en ce qui concerne le caractère d'ordre public des questions de compétence. Elle s'est plusieurs fois basée sur ce principe, pour soulever l'incompétence des TA ainsi que sa propre incompétence. Ce qui fait de ce principe, un important élément du mécanisme de règlement des conflits à l'intérieur de l'ordre juridictionnel administratif malien.

Dans l'arrêt Mohamat Seid Abazene SEID[645], la haute juridiction fait un exposé et une présentation très instructifs du principe. Dans son premier considérant, il rappelle, « qu'il est reproché à la Cour d'avoir décliné sa compétence sans qu'aucune des parties n'ait soulevé une exception d'incompétence ». Il continue de la manière suivante : « considérant le principe du caractère d'ordre public des règles de compétence en matière de contentieux administratif »[646] ; « considérant que la question de sa compétence est la première question qu'un juge peut avoir à se poser, que le juge ne peut en règle générale se prononcer sur la recevabilité ou le fond que s'il n'y a pas de doute pour lui quant à sa compétence » ; « considérant ce qui précède, il échet d'écarter ce moyen comme inopérant ».

Dans cet arrêt, le juge donne une réponse à la fois claire et précise : il n'a pas besoin qu'une des parties au procès soulève l'exception d'incompétence s'il estime qu'il est incompétent, il peut la soulever lui-même. Il agit alors dans le

---

641 CS-SA, arrêt n° 023 du 07 février 2013, les héritiers de feu Bougary Sangaré contre jugement n° 493 du 03 novembre 2011 du TAB.

642 Jean Luc Pissaloux, « Réflexion sur les moyens d'ordre public dans la procédure administrative contentieuse », RDP, n° 3, 1999, p. 782.

643 S. Guinchard, T. Debard, « Lexique des termes juridiques », *op. cit.*, p. 644.

644 J. L. Pissaloux, *op. cit.*

645 CS-SA, Arrêt n° 135 du 24 juillet 2008, Mohamat Seid Abazene Seid c/ l'arrêt n° 008 du 17 janvier 2008, inéd.

646 CS-SA, Mohamat Seid Abazene Seid, inéd., *op. cit.*

même sens que le CE français dans l'arrêt Trani[647] auquel il se réfère d'ailleurs expressément dans l'arrêt en question. Celui-ci souligne que « la détermination de la compétence de la juridiction administrative est une question d'ordre public… qu'il appartient au juge de soulever d'office, plus précisément et de façon générale, si aucune partie ne prend l'initiative d'invoquer l'incompétence du juge, ce dernier est tenu de la relever d'office »[648].

À d'autres occasions, c'est-à-dire dans d'autres litiges, il a eu à réitérer cette jurisprudence. Il consolide ainsi, le caractère d'ordre public des questions de compétence comme un moyen permettant de résoudre les problèmes de compétence dans la juridiction administrative. C'est ainsi que dans les arrêts Assemblée nationale et Ministère de l'Équipement et des Transports, il soutient successivement « que l'incompétence est un moyen d'ordre public »[649] et « qu'*in liminelitis*, l'incompétence est un moyen d'ordre public pouvant être soulevé par le juge »[650].

L'analyse des arrêts ci-dessus cités nous permet de comprendre que les conflits de compétence territoriale entre juridictions administratives sont très rares voire inexistants dans l'état actuel de la jurisprudence administrative malienne. Le juge administratif suprême s'appuie surtout sur le caractère d'ordre public des questions de compétence pour résoudre les conflits d'attribution.

Si l'application du principe du caractère d'ordre public des questions de compétence comme mécanisme de règlement des conflits de compétence est commune au Mali et à la France, il faut souligner que la pratique malienne diffère sensiblement de celle de la France. Ainsi, le caractère d'ordre public des questions de compétence territoriale est consacré par la jurisprudence administrative française[651]. Aussi, le juge malien a-t-il eu l'occasion de se prononcer sur la question ? C'est à l'occasion d'un litige relatif à la question qu'il pourra s'exprimer là-dessus, mais en attendant, nous supposons qu'il agira difficilement dans un autre sens que son modèle de référence. À part ce point, qui d'ailleurs ne constitue pas en tant que telle une différence foncière, la jurisprudence nationale rejoint celle de l'ex-métropole. Il en est ainsi de « l'obligation pour le juge de relever d'office, le cas échéant, la méconnaissance

647 CE, 04 octobre 1967, Trani, cité par R. Chapus, *Droit du contentieux administratif*, *op. cit.*, pp. 256, 257.

648 *Ibid.*

649 CS-SA, arrêt n° 235 du 26 octobre 2011, l'Assemblée nationale et le jugement n° 388 du 08 septembre 2010 du TAB, inéd.

650 CS-SA, arrêt n° 276 du 30 novembre 2011, le ministère de l'Équipement et des Transports et la décision n° 11-027 du Comité de Règlement des Différends de l'Autorité de Régulation, inéd.

651 CE, section, 31 mai 1963, Kraemer, cité par R. Chapus, *Droit du contentieux administratif*, *op. cit.*, p. 256.

des règles de compétence »[652] (le juge malien se réfère à l'arrêt Trani du CE français).

Faire du principe du caractère d'ordre public des règles de compétence un mécanisme de règlement des conflits de compétence entre les juridictions de l'ordre administratif au Mali est une œuvre du juge administratif suprême. Il s'agit de signaler ici le silence du législateur face à cette situation ou tout du moins son silence dans les textes régissant les juridictions administratives[653].

b. L'annulation des jugements violant les règles de répartition des compétences et le règlement des juges

En plus du caractère d'ordre public des règles de compétence à l'intérieur de l'ordre juridictionnel administratif, le juge administratif suprême se base aussi sur les textes qui définissent les compétences de chaque niveau de juridiction pour réguler l'ordre juridictionnel administratif. Il a ainsi fait de l'annulation des jugements méconnaissant ces textes, un mécanisme de règlement des conflits de compétence.

Le législateur a été très avare sur la question de la résolution des conflits de compétence à l'intérieur de la juridiction administrative. En effet, il n'y consacre qu'un seul alinéa d'un article de la loi régissant la Cour suprême relatif à la compétence de la Section administrative[654]. Selon cet article, « la Section administrative est compétente pour connaître en premier et dernier ressort des requêtes en règlement de juges dans les contentieux administratifs »[655]. Le législateur ne définit pas le règlement de juges, mais, il peut être entendu comme « une procédure par laquelle le juge suprême de l'ordre des juridictions administratives résout les contrariétés de décisions à l'intérieur de la juridiction administrative afin d'éviter les dénis de justice »[656].

Le juge administratif suprême quant à lui applique cette disposition selon la définition doctrinale ci-dessus soulignée, d'où l'existence d'une jurisprudence assez instructive en la matière.

---

652 « Plus précisément, et de façon générale, si aucune partie ne prend l'initiative d'invoquer l'incompétence du juge, ce dernier est tenu de la relever d'office. Le juge de première instance en a l'obligation relativement à sa propre incompétence. Les juges d'appel et de cassation l'ont aussi, relativement à leur propre incompétence également, ou relativement à l'incompétence de la juridiction qu'il contrôle », R. Chapus, *ibid.*, p. 258.

653 Dans le système français, « s'agissant de la compétence territoriale des TA et des CAA, le caractère d'ordre public des règles qui la définissent est consacré par les textes de façon implicite pour les premières et expressément pour les secondes », R. Chapus, *ibid.*, p. 256 ; voir également CJA français, art. R 322-2, al. 1er.

654 C'est l'art. 42, al. 5 de la loi 96-071, *op. cit.*, Loi n°2016-046/AN-RM, *op. cit.*, art. 1111 al.4.

655 *Ibid.*, Loi n°2016-046/AN-RM, *op. cit.*, *ibid.*

656 V. Ch. Debbasch, J.-C. Ricci à propos du C.E français, *op. cit.*, p. 213.

Tout d'abord, il y a la jurisprudence Ladji Keïta et Djibril Diallo d'août 2012[657]. Dans cet arrêt, les appelants demandaient à la haute juridiction administrative d'annuler le jugement n° 529 du 08 décembre 2011 du TAB pour incompétence. Mais, le juge dit : « considérant que l'incompétence est un moyen d'ordre public à soulever d'office par la juridiction saisie, en la forme la Cour se déclare incompétente. »[658] La haute juridiction ne s'est pas déclarée incompétente pour statuer sur le jugement du TAB, mais sur le contentieux relatif à un titre foncier et ce, en se conformant à l'article 42 de la loi n° 2012-001 du 10 janvier 2012 écartant toute compétence des juridictions administratives à connaître ce contentieux. Par cette décision, le juge suprême a laissé subsister le jugement du TA qui a annulé l'acte administratif de vente n° 98-417 du 20 juillet 1998 et a, par la même décision, déclaré la juridiction administrative incompétente à connaître ce genre de contentieux. Il existe alors contrariété de décision entre le jugement du TA reconnaissant la compétence de la juridiction administrative à statuer sur ledit contentieux et l'arrêt de la Section administrative affirmant le contraire, d'où le déni de justice, car au fond, le jugement continuera à produire ses effets.

Ensuite, il y a l'arrêt Djibril Diallo de mai 2013[659]. Cet arrêt est la suite de l'arrêt Ladji Keïta et Djibril Diallo d'août 2012. Dans cet arrêt, le sieur Djibril Diallo demande à la Section administrative l'interprétation de l'arrêt n° 336 du 30 août 2012. Selon le requérant, « cet arrêt est diversement interprété par les parties en présence, les unes estimant qu'il ne fait que renvoyer la cause au juge judiciaire, les autres allant jusqu'à vouloir faire exécuter le jugement n° 529 du 08 décembre 2011 du TAB, estimant à tort, qu'en raison de la décision d'incompétence de la Cour, celui-ci était devenu définitif et créateur de droit pour elles »[660].

Le juge va alors statuer sur la requête du sieur Djibril Diallo dans les termes suivants : « que saisie en appel, la haute juridiction ne saurait dans le dispositif de l'arrêt entrepris, se déclarer incompétente sans statuer sur la saisine ; considérant que l'adversaire du demandeur se prévaut du dispositif du jugement d'instance qui lui est favorable, son annulation s'impose logiquement dans la mesure où les TA ne sont plus compétents en la matière ; considérant que la Cour, en se déclarant incompétente, sans statuer sur le jugement déféré en appel va créer une situation qui va troubler l'ordre des compétences, le juge civil auquel la loi n° 2012.... (donne cette compétence) n'a pas compétence pour annuler un jugement d'un TA ; que la Cour de céans ne saurait statuer sur sa compétence sur le fondement de la nouvelle loi sans apprécier la recevabilité de

---

657 C.S.S.A, arrêt n° 336 du 30 août 2012, les sieurs Ladji Keïta et Djibril Diallo contre le jugement n° 529 du 08 décembre 2011 du TAB, inéd.

658 *Ibid.*

659 CS-SA, arrêt n° 081 du 03 mai 2013, Djibril Diallo contre l'arrêt n° 336 du 30 août 2012, inéd.

660 *Ibid.*

la requête en la forme, or, l'appel contre un jugement d'instance est de la compétence de la Cour de céans comme stipulé à l'article 41 de la loi n° 96-071 ; qu'en se déclarant incompétent sans statuer sur le jugement n° 529 déféré en appel devant elle, la Cour commet un déni de justice ; en la forme reçoit le recours, au fond interprète l'arrêt n° 336 du 30 août 2012 en ces termes :... par conséquence le jugement n° 529 du 08 décembre 2011 du TAB est et demeure anéanti »[661].

Enfin, il y a l'arrêt Marie Bernard Sangaré[662]. Les faits sont les mêmes que dans l'arrêt Djibril Sangaré. Ainsi, « en se déclarant incompétente sans statuer sur le jugement n° 133 du 04 avril 2009 du TAB déféré en appel devant elle, la Cour commet un déni de justice »[663]. La haute juridiction administrative « en la forme reçoit le recours en interprétation comme régulier ; au fond interprète l'arrêt n° 265 du 19 juillet 2012 en ces termes : ... par conséquent, le jugement n° 133 du 04 avril 2009 du TAB est annulé »[664].

En s'alignant sur l'analyse du juge dans les trois arrêts ci-dessus, lorsqu'il y a contrariété dans l'ordre juridictionnel administratif, c'est le juge administratif suprême qui prend ses responsabilités en corrigeant le déni de justice. C'est un mécanisme efficace dans le règlement des conflits de compétence interne. Cette méthode de règlement de juges ne peut que renforcer la cohésion et l'unité jurisprudentielle de l'ordre juridictionnel administratif.

En se fondant sur l'annulation des jugements qui ne respectent pas la répartition des compétences et la procédure de règlement de juges cumulée au principe du caractère d'ordre public des questions de compétence dont le juge administratif suprême se sert, on peut affirmer, que même si le mécanisme de règlement des conflits internes de compétence n'est pas d'une grande sophistication, il permet tout de même de faire face aux quelques problèmes de conflits de compétence dans la juridiction administrative.

Les différents sujets traités ci-dessus permettent de comprendre les manifestations de l'ambiguïté de notre système d'organisation juridictionnelle. Cependant, cette situation a logiquement des conséquences sur la production du droit administratif qui se fait au sein de « notre ordre juridictionnel inachevé ». On peut de prime abord comprendre que lesdites conséquences ne peuvent être que difficilement positives. Le deuxième titre y sera consacré.

Conclusion du titre I

Les États d'Afrique noire francophone, se sont fortement inspirés du modèle de l'ex-métropole de la soumission de l'Administration au droit et cela s'est fait

---

661 *Ibid.*

662 CS-SA, arrêt n° 093 du 03 mai 2013, Marie Bernard Sangaré contre l'arrêt n° 265 du 19 juillet 2012, inéd.

663 *Ibid.*

664 *Ibid.*

de diverses manières. Le Mali n'a pas dérogé à cette pratique, mieux, il s'est doté de juridictions administratives.

Ce titre a été consacré à l'étude de l'ensemble de ces juridictions administratives formant en ce que nous avons désigné par analogie sous l'appellation d'« ordre juridictionnel administratif ». Cet ordre juridictionnel administratif ainsi désigné se trouve être au niveau de sa « juridiction » suprême logée au sein d'une autre juridiction suprême avec d'autres juridictions, d'où l'existence d'un système ambigu. Ladite ambiguïté de ce système s'explique par le fait que les juridictions administratives de base ne sont pas incluses dans une autre juridiction, en d'autres termes, contrairement à la juridiction administrative suprême, elles fonctionnent indépendamment de toute autre juridiction avec des services et des personnels propres. Cette situation a pour conséquence principale la difficulté de la détermination de la sphère d'attribution de la compétence de chaque juge. Il s'agit d'abord de la détermination des compétences respectives du juge administratif et du juge judiciaire. Cela ne met pas fin au problème de la répartition des compétences, tant s'en faut. Il s'agit aussi de savoir qu'elle est la zone de compétence de chacune des juridictions composant l'ordre juridictionnel administratif.

Aussi, à l'issue de cette étude, peut-on réellement parler d'ordre juridictionnel administratif pour désigner ce schéma. Pour répondre de manière parfaite à cette interrogation, il faut partir de la définition donnée par le lexique des termes juridiques selon lequel, l'ordre des juridictions désigne « l'ensemble des tribunaux placés sous le contrôle de cassation d'une même juridiction supérieure »[665]. Quant au professeur Jacqueline Morand-Deviller, c'est « l'ensemble des juridictions constituant une hiérarchie unique et soumise au contrôle d'une Cour suprême »[666].

On peut directement remarquer que le schéma malien ne répond pas totalement à ces définitions. La Section administrative que l'on désigne sous le nom de « juridiction administrative suprême » est au même titre que la Section judiciaire une composante de la Cour suprême qui est en réalité la juridiction suprême. L'ordre juridictionnel administratif est alors entendu ici comme l'ensemble des juridictions administratives soumises au contrôle de la Cour suprême par l'intermédiaire de la Section administrative.

Il est facile de constater, que la juridiction administrative malienne est, contrairement aux premières apparences, sous la tutelle du juge du droit privé. La composition, l'organisation et le fonctionnement de la Cour suprême et les sections réunies ne contredisent pas cette affirmation. Cela ne peut alors contribuer à favoriser la dynamique d'affermissement d'un droit administratif malien.

---

665 S. Guinchard, T. Debard, *op. cit.*, p. 642.
666 J. Morand-Deviller, *op. cit.*, p. 15.

TITRE II

UN APPAREIL JURIDICTIONNEL CONTRAIGNANT POUR L'ENRACINEMENT D'UN DROIT ADMINISTRATIF

Le système juridictionnel mis en place par l'État malien pour trancher les litiges concernant l'Administration est-il suffisamment cohérent et solide pour créer, développer et enraciner un droit administratif national ?

Cette interrogation rejoint dans son idée une autre plus générale posée par le doyen Alain Bockel dans les *Annales africaines* selon la formule suivante : « les solutions dégagées par les États d'Afrique noire francophone et par la République Malgache sont-elles originales et satisfaisantes ? »[667].

Les systèmes imaginés et mis en place par les jeunes États d'Afrique noire francophone au lendemain de leurs indépendances, malgré leur grande diversité, ne se sont jamais totalement détachés du système de l'ex-métropole[668]. Il faut aussi souligner que le système de l'ex-métropole n'a jamais été transposé avec exactitude dans les systèmes d'organisation juridictionnelle desdits États. Pourtant, tous ces pays reconnaissent la particularité des conflits auxquels l'Administration est partie.

Ainsi, certains pays « ont choisi de confier le contentieux administratif à une formation particulière de leurs tribunaux ordinaires »[669]. Pour d'autres, « ce sont les tribunaux judiciaires, statuant en formation ordinaire, qui se prononcent sur le contentieux administratif »[670].

Le Mali relève de ces premiers, cela a d'ailleurs été souligné dans le titre précédent. Mais, une certaine analyse prudente nous permet de nuancer l'attachement du système malien audit « modèle malgache », attachement

---

667 A. Bockel, « Le juge et l'Administration en Afrique noire francophone, introduction à l'étude du problème », *op. cit.*, p. 9.

668 Selon Bockel, « La diversité des formules est frappante (...). Mais cette diversité dissimule mal une unité assez profonde des solutions adoptées, qui trouve son explication dans la commune influence du modèle français », *ibid.*, p. 13.

669 B. Kanté, « Unité de juridiction et droit administratif, l'exemple du Sénégal », thèse soutenue le 12 juillet 1983 : l'Université d'Orléans, France, p. 2 ; ce système est dénommé le « Modèle malgache » : le contentieux administratif est « confié à des formations spéciales, sans que cela ne se traduise par une véritable dualité de juridiction », parmi ces pays, le Madagascar, le Mali, le Cameroun, le Gabon, le Bénin, le Burkina Faso peuvent être cités, voir P. M. Sy, *op. cit.*, pp. 269-270.

670 *Ibid.* Ce système se manifeste par l'existence d'« un juge unique disposant d'une compétence de droit commun en toutes matières », c'est le « modèle Sénégalo-marocain », des pays comme le Sénégal, la Côte d'Ivoire, le Congo, le Niger ont opté pour ce schéma, voir P. M. Sy, *ibid.*

surtout souligné par la doctrine[671]. En effet, si nous nous en tenons à la définition que Papa Mamour Sy donne du *modèle malgache*, le système malien ne correspond pas parfaitement à celui-ci. Selon lui, « le modèle malgache est à juridiction unique avec l'existence d'un seul degré de juridiction, au sommet une Cour suprême qui est juge de droit commun du contentieux administratif à travers une chambre spécialisée »[672]. Le système malien pouvait correspondre à ce modèle jusqu'en 1995, date à laquelle les TA maliens ont commencé à fonctionner, mais après cette date, pouvons-nous peut-être oser parler de « modèle malien ».

La doctrine, tant d'Afrique noire francophone que française est d'accord sur un point, le droit administratif est « un droit essentiellement issu de l'œuvre du juge administratif »[673]. Il faut préciser qu'il s'agit ici du droit administratif français en particulier, alors que, « le droit administratif des pays de l'Afrique noire francophone trouve son origine dans le droit administratif français ; les principaux concepts, les grandes constructions théoriques, comme les techniques particulières sont identiques, même si leur application se fait dans un contexte différent »[674]. Le juge administratif se situe alors au cœur de la gestation d'un droit administratif propre à un État. Et si ce dernier n'existe pas ou existe de façon déguisée ou partielle ? Ou même s'il existe mais avec des entraves empêchant sa liberté d'action ? La réponse à la question de l'existence d'un droit administratif national se situe principalement dans la réponse à ces questions et particulièrement la dernière.

En effet, le schéma d'organisation juridictionnel mis en place par le Mali, contrairement aux apparences, est peu favorable à la gestation profonde d'un droit administratif national : ce sont des contraintes d'ordre structurel (Chapitre I). La pratique du contentieux administratif au sein de cette organisation pouvait atténuer le problème, mais tant s'en faut, associée aux réalités locales, elle ne favorise pas non plus l'existence d'un droit administratif propre : ce sont des contraintes d'ordre fonctionnel (Chapitre II).

---

[671] Voir par exemple P. M. Sy, ibid. et A. Bockel, *op. cit.*, p. 13.

[672] P. M. Sy, *op. cit.*, p. 269.

[673] B. Kanté, thèse, *op. cit.*, p. 1, voir A. Bockel, *Droit administratif*, Dakar, Abidjan, N.E.A, 1978, p. 21, voir également Réné Chapus, *op. cit.* et Georges Vedel, Pierre Delvolvé, *op. cit.*, p. 88.

[674] A. Bockel, *Droit administratif*, *ibid.*, p. 19.

CHAPITRE I

LES CONTRAINTES D'ORDRE STRUCTUREL

Quel est le meilleur schéma d'organisation juridictionnel favorable au développement et à l'enracinement d'un droit administratif local ? Cette question n'est pas très délicate, mais sa réponse peut l'être. Elle est à la recherche d'une réponse directe et claire.

Pour les uns, c'est le dualisme juridictionnel qui est le seul favorable au développement d'un doit administratif[675], mais pour les autres, le monisme juridictionnel n'est pas aussi défavorable à l'idée comme on pourrait le penser[676].

La réponse à cette question peut être encore plus délicate en ce qui concerne notre système d'organisation juridictionnelle qui n'est ni le dualisme, ni le monisme. Ainsi, on se demande, si ce système apparemment proche du dualisme juridictionnel peut favoriser l'épanouissement d'un droit administratif malien identifiable et reconnaissable. C'est la raison pour laquelle, nous allons chercher à savoir, si ce système qui se caractérise par l'unité de juridiction suprême peut permettre le raffermissement d'un droit administratif national (Section 1) ou s'il faut « éclater » la juridiction suprême unique en juridictions distinctes et autonomes (une Cour de cassation et un Conseil d'État) pour qu'il y ait un raffermissement profond d'un droit administratif malien (Section 2).

Section 1

L'unité de juridiction suprême et le raffermissement d'un droit administratif

Le pouvoir judiciaire « s'exerce par la Cour suprême... »[677] Elle comprend « une Section judiciaire ; une Section administrative et une Section des comptes »[678]. C'est avec cette disposition que le constituant a instauré l'unité de juridiction suprême.

Cette unité de juridiction suprême se caractérise par une prédominance d'une Section sur une autre. Il s'agit bien évidemment de la Section judiciaire. En

---

675 Voir F. P. Benoit, *Le droit administratif français*, Paris, Dalloz, 1968, p. 897.

676 Voir A. Bockel, « Sur la difficile gestation d'un droit sénégalais, brève réflexion à partir de quelques décisions rendues en plein contentieux », Paris, Pédone, *Annales africaines*, 1974, p. 17.

677 *La Constitution malienne* du 25 février 1992, art. 81.

678 *Ibid.*, art. 83.

effet, la Section administrative définie comme « la juridiction administrative suprême »[679] par le législateur, se trouve dans l'ombre de la Section judiciaire. Dans ces conditions, un droit administratif malien peut-il se dégager ? Ce qui est sûr, c'est que la juridiction administrative est moins visible (Paragraphe 1) et les litiges administratifs sont aussi tranchés par le juge judiciaire au sein « de la juridiction administrative suprême » (Paragraphe 2).

Paragraphe 1 : Une visibilité masquée de la juridiction administrative

Le schéma d'organisation juridictionnel malien peut paraître très séduisant à première vue. L'existence de tribunaux administratifs totalement autonomes ; des Cours administratives d'appel formellement existantes ; toutes ces juridictions sont sous l'autorité d'une *partie* spécialisée de la Cour suprême. Cette belle construction ne constitue presqu'un trompe-l'œil. La physionomie de la juridiction suprême à la tête de l'ordre juridictionnel administratif pouvant être considérée comme l'incarnation de la place réservée à la juridiction administrative et au droit administratif dans une société, cette *juridiction* suprême se trouve *sous la tutelle* d'un autre juge (A), ce qui constitue une entorse à l'interprétation de l'ex-métropole de la séparation des pouvoirs (B).

A. Un juge administratif sous la tutelle du juge judiciaire

Les mots que nous avons choisis pour qualifier cette situation ne sont pas disproportionnés, ils ont été dictés par une réalité vivante, qui se manifeste par une omniprésence du juge judiciaire du début à la fin de la procédure administrative contentieuse (2) et le fait que la direction de la Cour soit confiée au seul juge judiciaire (1).

1. La Cour suprême : une juridiction dirigée par le juge judiciaire

À la lecture de la loi régissant la Cour suprême, un premier constat et non des moindres s'impose : les instances dirigeantes de la haute juridiction sont toutes occupées par des juges de formation privatiste. Ainsi, aux termes de la loi n° 10-023 du 17 juin 2010, « La composition de la Cour suprême est fixée comme suit : un président, un vice-président… »[680]. Pour comprendre au fond notre réflexion, le législateur continue en apportant une précision de taille : « Le président et le vice-président de la Cour suprême sont nommés parmi les magistrats de l'ordre judiciaire par décret du Président de la République sur proposition conforme du Conseil Supérieur de la Magistrature. »[681] C'est ainsi

[679] Loi n° 10-023/AN-RM du 17 juin 2010 modifiant la loi n° 96-071/AN-RM du 16 décembre 1996 régissant la Cour suprême, art. 41, nouveau, *op. cit.* ; Loi n°2016-046 du 23 septembre 2016, *op. cit.*, art. 110.

[680] Loi n° 10-023/AN-RM du 17 juin 2010 portant modification de la loi organique régissant la Cour suprême, art. 5.

[681] Loi n° 96-071 du 16 décembre 1996, op. cit., art. 6 ; Loi n°2016-046/AN-RM, *op. cit.*, art. 16 et 19.

que le législateur procède à la consécration de la suprématie du juge judiciaire dans la direction de la Cour suprême.

Comme si tout cela ne suffisait pas, ou comme pour barrer la route à toute ambiguïté, le législateur enfonce le clou en ces termes : « Le président est chargé de l'administration et de la bonne marche de la Cour suprême. En cas d'absence ou d'empêchement, il est remplacé de plein droit par le vice-président. Le cas échéant, l'intérim est assuré dans l'ordre suivant : Président de la Section judiciaire, président de la Section administrative, président de la Section des comptes. »[682]

Il apparaît alors clairement qu'un juge administratif peut très difficilement être amené un jour à présider ne serait-ce que par intérim la haute juridiction. Cette affirmation ne constitue que la résultante de l'analyse de la disposition législative ci-dessus citée. En effet, lorsque le président de la Cour suprême ne peut exercer la plénitude de ses fonctions pour quelques raisons que ce soit, c'est le vice-président qui assure ses fonctions. Au cas où ce dernier sera à son tour empêché d'exercer lesdites fonctions, c'est au président de la Section judiciaire d'assurer ces fonctions. C'est lorsque tous ces trois sont empêchés que la tâche revient au juge administratif. Comme on le sait déjà, le président est un juge judiciaire, le vice-président l'est aussi. Quant au président de la Section judiciaire, il est naturellement juge judiciaire. Ce qui constitue une triple barrière de privatistes entre le juge administratif et la direction de la Cour suprême. Aussi, toutes ces barrières peuvent-elles un jour être levées ensemble. Si une telle situation n'est pas impossible, elle s'avère pratiquement difficile[683]. On peut alors remarquer une volonté délibérée du législateur d'éloigner le juge administratif de la direction de la Cour suprême.

L'analyse des textes et de la pratique ne permet pas de bien comprendre les raisons de cette situation d'où les interrogations suivantes. Les autorités ont-elles peur du juge administratif? Le juge administratif est-il incapable d'assumer les tâches dévolues au président de la Cour suprême ? La pertinence de ces interrogations ne facilite point leur réponse. S'il s'agit d'une peur des autorités administratives, elle est non justifiée et d'ailleurs irrationnelle et dénote d'ailleurs d'une méconnaissance du juge administratif. Ce que nous voulons souligner ici, c'est que cela doit être normalement le contraire. En effet, les autorités administratives doivent normalement avoir plus peur du juge judiciaire que du juge administratif. Cette peur est même à l'origine de l'existence du juge administratif. S'il s'agit aussi d'une présomption d'incapacité du juge administratif à diriger la Cour suprême, cela ne peut aussi être justifié. Sur ce point, de par sa formation de publiciste, le juge administratif

---

682 *Ibid.*, art. 14.

683 Un conseiller de la Section administrative de la Cour suprême est surtout d'accord avec ce constat : « *Pensez-vous que toutes ces personnes peuvent être empêchées et au même moment ? En tout cas, cela ne s'est jamais produit* », M. David Sagara, entretien du vendredi 08 août 2014 entre 12 heures et 12 heures 30 minutes dans son bureau.

est plus à même de faire face à une gestion administrative d'une structure que le juge judiciaire.

Le fait de tenir le législateur pour responsable de cette situation est normale étant donné que c'est lui qui vote les lois. Cependant, en amont du vote de la loi, particulièrement celle concernant la Cour suprême, se situe la Cour suprême elle-même. En effet, tout projet ou proposition de loi concernant la Cour suprême passe d'abord par cette haute juridiction. Cette juridiction étant dirigée par le juge judiciaire va difficilement faire des propositions allant dans le sens d'un renforcement du statut du juge administratif dans la direction de la haute juridiction. S'il le faisait, cela correspondrait simultanément à une diminution du pouvoir ou de la mainmise, donc de son propre pouvoir sur la Cour suprême. Ce qui signifie que cette situation peut encore durer longtemps.

Cette pratique, constitue peut-être une volonté inavouée de l'exécutif d'avoir sous son contrôle la machinerie juridictionnelle dans son ensemble et particulièrement la juridiction administrative. L'exécutif pourrait penser parvenir à cette fin en maintenant le juge administratif éloigné de la direction et en le maintenant dans une position de subordination préjudiciable à l'épanouissement de la juridiction administrative et par conséquence à celui du droit administratif.

Le fait que la direction de la Cour suprême soit confiée principalement au seul juge judiciaire a des conséquences particulièrement défavorables sur la procédure devant la « haute juridiction administrative » c'est-à-dire la Section administrative. Il s'agit des conséquences sur la procédure administrative contentieuse. En effet, le juge judiciaire est alors omniprésent dans la procédure administrative contentieuse.

2. L'omniprésence du juge judiciaire en amont et en aval de la procédure administrative contentieuse

Cela ne constitue qu'une autre manifestation plus frappante de la mise sous tutelle du juge administratif. Le caractère délicat de cette pratique suscite l'étonnement et conduit nécessairement à des questionnements dont les réponses peuvent ne pas être évidentes. Comment le juge judiciaire peut-il s'immiscer dans la résolution des litiges mettant en cause les autorités administratives dans un État ayant mis en place un système d'organisation juridictionnelle dans lequel la spécialité des juges statuant sur les litiges administratifs est reconnue ?

Cela pourrait faire douter les uns et les autres de l'existence d'un juge administratif au Mali. Pourtant, il existe chez nous des juges administratifs au sens réel du terme. Ces juges administratifs ne connaissent aussi que des litiges concernant l'Administration. Ils tranchent également ces litiges au sein d'une partie spécialisée de la Cour suprême. Malgré tout, le juge de droit commun se trouve être mêlé à leurs activités, d'où l'omniprésence de ce dernier du début à la fin de la procédure qui leur est propre.

Qu'elles lui soient directement adressées ou au président de la Section administrative, les requêtes introductives d'instance passent obligatoirement par le bureau de la Cour suprême. Il peut alors ralentir ou accélérer la procédure en acheminant rapidement ou pas le dossier à la Section administrative. Son influence est alors considérable quant au début de la procédure. Cela peut donner lieu à toutes sortes de suspicions sur l'indépendance de la justice administrative. Le président, à la lecture d'une requête de passage dans son bureau, peut être amené à avoir un intérêt particulier pour celle-ci. Il peut ainsi décider de prendre les choses en main. Il peut alors décider de participer activement à la résolution dudit litige administratif. Il peut le faire en toute légalité, car le législateur lui donne cette possibilité en ces termes : « le président préside, quand il le juge nécessaire, toute formation juridictionnelle de la Cour suprême. »[684]

Cela signifie que le président de la Cour suprême, en cette qualité, avec une culture et une mentalité forgée par le droit privé, a la possibilité légale de se prononcer sur les affaires mettant en cause les autorités administratives. Lorsque cela arrive, il y aura une forte pression sur les conseillers de la Section administrative qui composeront la formation de jugement avec lui. Lors du délibéré, qui oserait agir à l'encontre de la position défendue par *le chef* ? Cette situation est très embarrassante sachant que le sort des conseillers sur le plan de leurs carrières au sein de la haute juridiction dépend en grande partie du président. En effet, « les membres de la Cour suprême sont nommés pour cinq (05) ans renouvelables »[685]. Ce bureau « est composé sous la présidence du président de la Cour, du vice-président, du procureur général, des présidents de Section, du premier Avocat général, du premier Rapporteur public, du secrétaire général, du greffier en chef responsable du greffe de la Cour »[686].

Le président dispose donc de larges moyens de pression sur les conseillers, pouvant lui permettre de leur faire plier à ses visions de juge judiciaire dans le contentieux administratif. Il fait peur, rien que par sa possibilité d'influer sur le renouvellement du mandat d'un conseiller, car en réalité, le bureau de la Cour suprême c'est lui. Il a la même formation, la même culture professionnelle, la même vision de la pratique du droit, bref, la même culture privatiste que la majorité des membres du bureau. Il pourrait donc, sans une grande difficulté, aider au non renouvellement du mandat d'un conseiller.

La manifestation la plus incompréhensible de cette omniprésence du juge judiciaire est son influence sur la décision juridictionnelle. Quel qu'en soit l'affaire, le juge judiciaire, à travers le président de la Cour suprême, semble avoir indirectement le dernier mot. En d'autres termes, tous les projets de décision de la Section administrative, doivent passer entre les mains du

[684] Loi n° 96-071, *op. cit.*, art. 23 ; Loi n° 2016-046/AN-RM, *op. cit.*, art. 17.
[685] Loi n° 96-071, *Ibid.*, art. 6 ; Loi n° 2016-046/AN-RM, *ibid.*, art. 5.
[686] Loi n° 2016-046/AN-RM, *Ibid.*, art. 83.

président de la Cour. En effet, le rapport du rapporteur doit être visé d'abord par le président avant sa mise en délibéré. Le président peut alors faire des suggestions allant dans le sens d'une modification partielle et même totale du rapport.

Le visa du président de la Cour suprême (juge judiciaire) constitue un danger pour la juridiction administrative et illustre dans la pratique la dépendance du juge administratif et sa mise sous tutelle. Cette pratique, à moins qu'elle ne soit le résultat d'une très large interprétation de la loi qui dispose que « le président est chargé de l'administration et de la bonne marche de la Cour »[687], manque de base légale claire.

Ces différentes pratiques vont clairement à l'encontre de l'acception française de la séparation des pouvoirs alors que le modèle français de justice administrative constitue la matrice de notre modèle.

B. Une entorse à l'interprétation française de la séparation des pouvoirs

Il y a lieu de rappeler, comme l'a si bien écrit le professeur Babacar Kanté dans sa thèse, que « La dualité de juridiction est souvent présentée comme étant le résultat d'une interprétation française du principe de la séparation des pouvoirs »[688]. À ce propos, Jacqueline Morand-Deviller parle d'« une conception rigide de la règle de séparation des pouvoirs »[689]. Ainsi, telle qu'elle se présente, la conception malienne de la dualité de juridiction constitue une mauvaise copie de la conception française. L'interprétation française de la séparation des pouvoirs s'oppose à toute immixtion de l'autorité judiciaire dans les litiges concernant l'Administration (1) et la juridiction administrative résulte de ce postulat (2).

1. La séparation des pouvoirs : le juge judiciaire ne peut se mêler des affaires mettant en cause les autorités administratives

Même s'il faut reconnaître que cette interprétation rigoureuse a été établie par les révolutionnaires français (b), il ne faut pas occulter le fait que ses prémices existaient déjà sous l'Ancien régime en France (a).

a. La séparation des pouvoirs sous l'Ancien régime

Si, la thèse selon laquelle, le « principe a été mis en œuvre au moment de la révolution française de 1789 »[690] a été soutenu, « il faut observer, en effet, que le Conseil d'État (incarnation de la séparation des pouvoirs à la française) trouve

---

687 *Ibid.*

688 B. Kanté, « *Unité de juridiction de droit administratif, l'exemple du Sénégal* », Thèse de doctorat d'État : Droit public, Université d'Orléans, soutenue le 12 juillet 1983, p. 13.

689 J. Morand-Deviller, *Droit administratif, op. cit.*, p. 16.

690 B. Kanté, thèse, *op. cit.*, p. 14.

son origine dans l'ancien droit, bien antérieurement à la révolution française »[691].

Le professeur Olivier Gohin écrit que « L'institution résulte, en effet, de l'éclatement de la Curia régis, la Cour des rois capétiens dont sont issus, tout au long du XIIIe siècle, le parlement et la chambre des comptes de Paris »[692]. Le conseiller du roi est issu de cette Cour[693]. L'actuel Conseil d'État ne constitue que l'institution du conseil du roi perfectionnée[694].

À cette époque déjà, la régulation des affaires politiques et administratives relevait du Conseil du roi. Pour le professeur Olivier Gohin, cela « signifie qu'il lui appartient de statuer particulièrement sur les litiges provenant de l'action administrative, ceux dont on pourra considérer qu'ils sont précisément d'ordre administratif »[695]. Mais, à la vérité, il faut rappeler que « le roi réunissait sur sa tête toutes les compétences attachées à la souveraineté : il était détenteur à la fois du pouvoir législatif, du pouvoir exécutif et du pouvoir judiciaire »[696].

Pourtant, cette confusion des pouvoirs entre les mains du roi a été mise en cause par « les parlements, c'est-à-dire les juridictions supérieures »[697]. Ces derniers « prétendirent à des prérogatives qui battaient en brèche l'autorité royale »[698] non seulement sur le plan du pouvoir législatif du roi, mais aussi et surtout sur le plan du pouvoir normal du roi à savoir le pouvoir exécutif donc l'autorité administrative.

Sur le plan législatif, cette résistance qui opposait les parlements au pouvoir royal se manifestait au niveau de l'enregistrement des ordonnances et des édits royaux. La formalité de l'enregistrement « n'était rien d'autre que la transcription de ces actes sur les registres de chaque parlement et, dans son principe, en un temps où le journal officiel n'existait pas, ce n'était rien de plus qu'un mode de publication des lois nouvelles »[699]. Ainsi, les parlements s'arrogèrent le droit de faire remontrance au roi et de « refuser l'enregistre-ment quand l'ordonnance leur déplaisait »[700] même s'il faut ajouter à ce niveau que le roi avait les moyens de briser cette résistance par le fait de sa présence aux séances des parlements.

En ce qui concerne l'Administration active, les professeurs Georges Vedel et Pierre Delvolvé écrivent que « l'Administration n'était pas moins perturbée

---

691 O. Gohin, *Contentieux administratif*, *op. cit.*, p. 20.
692 *Ibid.*, pp. 20-21.
693 *Ibid.*
694 Charles Debbasch, J. C. Ricci, *Contentieux administratif*, *op. cit.*, p. 152.
695 O. Gohin, *op. cit.*, p. 21.
696 G. Vedel, P. Delvolvé, *Droit administratif*, *op. cit.*, p. 100.
697 *Ibid.*
698 *Ibid.*
699 *Ibid.*
700 *Ibid.*

par la résistance parlementaire »[701]. En effet, la France avait lancé depuis le XVIIIe siècle son vaste chantier de modernisation de son Administration. Cela se traduisait alors par un bouleversement de l'ordre existant relativement favorable aux parlements. La nouvelle Administration se caractérisait ainsi par l'existence d'une hiérarchisation des agents au sein de l'Administration sur tout le territoire. Ce qui signifie que l'Administration centrale, à savoir le roi, avait ses relais sur tout le territoire.

Cette nouvelle donne était alors inadmissible pour les parlements. Ils ne se contentaient pas de trancher tout simplement les litiges occasionnés par l'activité de cette nouvelle Administration, mais exerçaient « une sorte de pouvoir de direction » sur elle. Ils leur (administrateurs) « adressent des injonctions, arrêtent les opérations administratives et prétendent en fait donner des ordres aux agents royaux »[702] .

Cette attitude de frondeurs[703] des parlements poussa le roi Louis XIII à s'adresser aux parlements dans les termes suivants : « déclarons que notre dite Cour parlement de Paris et toutes nos autres Cours n'ont été établies que pour rendre la justice à nos sujets : leur faisons très expresse inhibition et défense (...) de prendre à l'avenir, connaissance d'aucune des affaires (...) qui peuvent concerner l'État, Administration et gouvernement d'icelui que nous réservons à notre personne seule si ce n'est que nous leur en donnions le pouvoir et commandement spécial par nos lettres patentes. »[704]

Cette interdiction ne suffit pas longtemps à briser la résistance des parlements. Il a fallu préciser à nouveau, et ce, vingt ans après l'Édit de Saint-Germain et après la fronde parlementaire, l'interprétation française de la séparation des pouvoirs en ces termes :

« Le roi étant en son conseil a ordonné et ordonne à toutes les compagnies souveraines dans toute l'étendue des pays de son obéissance, parlement, grands conseils, chambres de compte, Cour des aides et autres, sous quelques noms qu'elles soient établies, de déférer aux arrêts de son conseil, leur faisant très expresse inhibition et défense, de prendre aucune connaissance des affaires et procès dont sa majesté aurait retenu et réservé le jugement à soi, et à son conseil, à peine d'encourir son indignation, sauf inédite compagnie de s'adresser à sa majesté par voie de supplication et de remontrance, sur les inconvénients qu'elle jugerait pouvoir arriver à l'exécution desdits arrêts sur lesquels sa majesté fera toujours une grande considération. »[705]

---

701 *Ibid.*

702 *Ibid.*

703 J. Morand-Deviller, *op. cit.*, p. 16.

704 Édit de Saint-Germain du 21 février 1641, cité par O. Gohin, *op. cit.*, p. 21 et G. Vedel et P. Delvolvé, *op. cit.*, p. 99.

705 Édit de Fontainebleau du 08 juillet 1661 ; Isambert, *Recueil des anciennes lois françaises*, Plon, t. XVII, n° 375, p. 403, cité par O. Gohin, *op. cit.*, p. 22.

L'édit de Fontainebleau, malgré son caractère particulièrement contraignant, ne parvient pas à briser définitivement les résistances et les oppositions des parlements aux réformes de l'Administration devenues obligatoires. C'est ainsi que les révolutionnaires français vont tirer les enseignements de l'Ancien régime.

b. La séparation des pouvoirs sous la révolution

L'attitude des parlements, caractérisée par des résistances, des frondes et des remontrances ne pouvait perdurer. Il faut rappeler que les parlementaires étaient des privilégiés et étaient particulièrement hostiles aux autorités et aux idées nouvelles. Ces comportements très résistants ont pu survivre aux différents rappels à l'ordre des rois (les édits de Saint-Germain et de Fontainebleau en attestent).

Ainsi, « la réunion des états généraux, qui s'érigent en Assemblée nationale constituante, ouvre une nouvelle phase de l'histoire de la France. De juillet 1789 à septembre 1791, cette Assemblée accomplit une œuvre colossale : elle met un terme à l'Ancien régime et remplace les structures traditionnelles par de nouvelles institutions (...). En matière administrative, comme tous les autres champs de son action, elle décide d'opérer une régénération qui lui apparaît comme nécessaire et solitaire »[706]. L'œuvre des révolutionnaires de 1789 sera capitale dans la consolidation et la clarification de l'interprétation française de la séparation des pouvoirs. Ainsi, dans la séparation des pouvoirs, les Français y voient aussi la séparation des autorités administrative et judiciaire.

Les révolutionnaires français vont aussi frapper fort avec deux textes historiques[707] qui sont toujours en vigueur et dont le bicentenaire du premier a été vigoureusement fêté par la doctrine en 1990. Il s'agit tout d'abord, de la loi des 16-24 août 1790 sur l'organisation judiciaire française qui dispose dans son article 13 que « les fonctions judiciaires sont distinctes et demeureront toujours séparées des fonctions administratives. Les juges ne pourront, à peine de forfaiture, troubler de quelque manière que ce soit les opérations des corps administratifs, ni citer devant eux des administrateurs à raison de leurs fonctions »[708]. Il s'agit ensuite du décret du 16 fructidor, An III qui dispose à travers son article unique que « défenses itératives sont faites aux tribunaux de

---

706 J. L. Mestre, *« L'histoire du droit administratif »*, in *Traité de droit administratif*, t. 1, Pascale Gonod, Fabrice Melleray, Philippe Yolka, p. 14.

707 Pour Gohin, « Les révolutionnaires français ont réaffirmé de la façon la plus nette, la séparation des pouvoirs administratives et judiciaires (...) par l'édiction de deux textes consécutifs : la loi des 16-24 août 1790 et le décret du 16 fructidor An III », *op. cit.*, p. 22 ; Vedel et Delvolvé soulignent l'évènement en ces termes : « Deux textes de l'époque révolutionnaire consacrent la séparation des pouvoirs administratifs et judiciaires », *op. cit.*, p. 101.

708 Voir O. Gohin, ibid. et G. Vedel et P. Delvolvé, *ibid.*

connaître des actes d'administration de quelque espèce qu'ils soient aux peines de droit »[709].

L'organisation de la justice française et le droit français de l'après révolution repose « sur le thème, sinon le mythe de la séparation des pouvoirs que la déclaration des droits de l'Homme et du citoyen[710] présente alors comme une exigence de l'état de droit »[711].

La loi des 16-24 août 1790 constitue le reflet de cette interprétation française. Le professeur Georges Vedel, dans le numéro spécial de la *Revue française de droit administratif* consacré au bicentenaire de la loi des 16-24 août 1790, écrit que ce « texte (...) est comme la loi salique de notre droit administratif »[712]. Pour le professeur Chevallier, « la référence à la loi des 16-24 août offre une solide ligne de défense face aux assauts des tenants de l'unité de juridiction »[713]. Quant à Édouard Laferrière, cette loi constitue l'« un des textes fondamentaux du droit public français »[714].

Il faut alors signaler que la célébrité et le succès historiques de l'article 13 de la loi des 16-24 août 1790 ne doivent pas faire passer sous silence les difficultés qu'elle soulève. Comme le souligne, à juste titre Georges Vedel et Pierre Delvolvé, « malgré leur apparente netteté, les règles énoncées par la loi des 16-24 août 1790 et par le décret du 16 fructidor an III pouvaient être entendues de manière bien différentes »[715]. Faut-il ainsi voir dans la loi des 16-24 août 1790 non seulement la réaffirmation et la consolidation de la séparation des pouvoirs à la française mais aussi la création du contentieux administratif et son juge ?

Le second point de cette interrogation sera pour le moment écarté, car ne constitue pas précisément l'objet de cette partie de la recherche, mais sera abordée dans la partie qui va suivre. En ce qui concerne le premier point, l'article 13 de cette loi constitue effectivement une réaffirmation de la séparation des autorités administratives et judiciaires par les révolutionnaires. À ce niveau, les révolutionnaires sont précis, « les fonctions judiciaires sont

---

709 *Ibid.*

710 Déclaration des droits de l'Homme et du citoyen de 1789, art. 16 : « Toute société dans laquelle la garantie des droits n'est pas assurée, ni la séparation des pouvoirs déterminée, n'a point de constitution ».

711 O. Gohin, *op. cit.*, p. 23.

712 G. Vedel, « La loi des 16-24 août 1790 : Texte ? Prétexte ? Contexte ? », RFDA 6 (5), septembre-octobre 1990, p. 698.

713 J. Chevallier, « Du principe de séparation au principe de dualité », RFDA numéro 5, septembre-octobre 1990, p. 712.

714 E. Laferrière, *Traité de la juridiction administrative et des recours contentieux*, Paris, LGDJ, 1ère éd., 1887, réédition 1989, t. 1, p. 150.

715 G. Vedel et P. Delvolvé, *op. cit.*, p. 102 ; « Ce n'est pas seulement par sa majestueuse stature que le texte de 1790 rappelle la loi salique. C'est aussi par le doute que l'on peut élever quant à la pertinence de l'interprétation qu'il a reçue », G. Vedel, RFDA numéro 5, *op. cit.*, p. 13.

distinctes... des fonctions administratives » ; « les fonctions judiciaires demeureront toujours séparées des fonctions administratives » ; « les juges ne pourront (...) troubler de quelque manière que ce soit, les opérations des corps administratifs ». Cette interdiction totale de toute immixtion des autorités judiciaires dans la sphère d'action des autorités administratives constitue une définition claire de la conception française de la séparation des pouvoirs. La séparation des pouvoirs étudiée par Locke et Montesquieu signifierait alors aussi la séparation des autorités administratives et judiciaires. On peut ainsi comprendre que les révolutionnaires ont consolidé une vision qui a précédé la période révolutionnaire : celle de l'Ancien régime, même si les édits de Saint-Germain et de Fontainebleau ont été régulièrement méconnus par les autorités judiciaires de l'époque.

Cependant, une interprétation s'impose en vue d'affiner la réflexion : cette interprétation française correspond-t-elle réellement à la vraie idée de la séparation des pouvoirs telle que définie par les auteurs de ce principe ?

Pour les auteurs du principe, « il s'agissait d'assurer la liberté de l'individu et de préserver le droit. Pour ce faire, ils proposaient que les trois attributs de la souveraineté soient exercés par des organes différents. Si la fonction législative, la fonction exécutive et la fonction de juger sont confiées chacune à un organe déterminé, ce système de contrepoids permettrait de limiter la propension éventuelle du détenteur d'un pouvoir à en abuser. »[716] Cette conception de la séparation des pouvoirs que nous qualifions de constitutionnelle n'est pas spécifiquement française même si « le droit public français a tiré une conséquence qui lui est propre »[717].

Dans la pratique, et en toute logique, le fait pour le juge judiciaire de connaître un litige mettant en cause les autorités administratives ne peut signifier une subordination de ces autorités aux autorités judiciaires ou comme l'écrivent Georges Vedel et Pierre Delvolvé, cela ne « consacrerait nullement une immixtion du pouvoir judiciaire dans l'exercice du pouvoir exécutif »[718].

Ainsi, selon le professeur Francis Paul Benoit, « la vérité est que, bien loin de découler de la séparation des pouvoirs, le principe de la séparation des autorités a une portée plus profonde (...) en ce qui concerne la place du corps judiciaire dans notre pays : c'est l'interdiction adressée à ce corps de s'arroger le droit de contrôler l'Administration et, par là même, de se muer en pouvoir politique (...). Il faut donc bien l'admettre : ce ne sont ni Locke, ni Montesquieu, ni la séparation des pouvoirs qui ont engendré la séparation des autorités administratives et judiciaires (...). (C'est) l'œuvre de la monarchie française, continuée dans le même esprit et pour les mêmes raisons, par les

---

716 E. Arthur, *Séparation des pouvoirs et séparation des fonctions*, RDP 1900, t. 1, p. 214 et s.

717 G. Vedel, P. Delvolvé, *op. cit.*, p. 98.

718 *Ibid.*, p. 99.

hommes de 1789 »[719]. Pourtant, les Français tirent la séparation des autorités de celle des pouvoirs, même si certains soulignent que c'est « l'expression de la volonté de séparation stricte des pouvoirs »[720], « en réalité, la conception qui a prévalu, sous sa façade juridique, traduisait une vue politique héritée de l'expérience de l'Ancien régime : la défiance envers le pouvoir judiciaire »[721].

De cette interprétation de la séparation des pouvoirs découle la dualité de juridiction française.

2. La juridiction administrative : conséquence de la séparation des autorités

Cette partie mérite d'être commencée par cette interrogation : une juridiction administrative existerait-elle en France si le principe de la séparation des pouvoirs n'avait pas été interprété comme signifiant aussi la séparation des autorités administratives et judiciaires ayant abouti à la célèbre loi des 16-24 août 1790 ? On peut se référer à une affirmation du professeur Jacques Chevallier pour faire face à cette interrogation ; affirmation selon laquelle « la juridiction administrative aurait été le sous-produit de l'interprétation particulière de la séparation des pouvoirs qui était celle des constituants de 1789 »[722]. Selon lui, « la loi des 16-24 août 1790 constitue, d'après la présentation doctrinale classique, l'acte fondateur du droit administratif moderne et la source du système contemporain de dualité de juridictions »[723]. Pour le professeur Maurice Hauriou, « l'institution de la juridiction administrative est indissociable d'une conception politique de la séparation des pouvoirs, visant à garantir l'indépendance constitutionnelle de l'exécutif »[724].

L'on ne doit pas non plus occulter le fait que la doctrine ne soit pas unanime sur le fait que la loi des 16-24 août 1790 prônant la séparation des autorités soit à la base de l'existence du juge administratif. Ainsi, le professeur Georges Vedel écrit que « l'on peut se demander si, dans sa teneur même, le texte de 1790 implique la soustraction de ce que nous appelons aujourd'hui le contentieux administratif aux tribunaux de l'ordre judiciaire »[725]. Il pense que « la formulation est équivoque »[726]. Il défend avec vigueur cette thèse, car l'interdiction faite par la loi au juge de « troubler de quelque manière que ce soit les opérations des corps administratifs » ne fait pas référence à l'exercice d'une fonction juridictionnelle appliquée à l'ensemble des litiges opposant

---

719 F. P. Benoit, « Les fondements de la justice administrative », in mél. Marcel Waline, LGDJ, 1974, pp. 283, 295.

720 J. Chevallier, *op. cit.*, p. 714.

721 G. Vedel, P. Delvolvé, *op. cit.*, p. 97.

722 J. Chevallier, *op. cit.*, pp. 712,713.

723 *Ibid.*

724 M. Hauriou, *Précis de droit administratif et de droit public*, Paris, Sirey, 1927, t. 2, 11e éd., p. 946.

725 G. Vedel, « La loi des 16-24 août 1790 : Texte ? Prétexte ? Contexte ? », *op. cit.*, p. 699.

726 *Ibid.*

l'Administration et les administrés[727]. Selon lui, « juger n'est pas nécessairement troubler »[728]. Il serait alors « difficile de tirer du texte une déclaration générale mettant le contentieux des actes et des opérations administratives hors de la compétence des juges, c'est-à-dire des tribunaux judiciaires selon notre vocabulaire actuel »[729] et « lire le texte de 1790 en faisant référence à la terminologie et aux catégories juridiques de notre temps n'est pas de bonne méthode »[730].

Il faut souligner que le professeur Georges Vedel n'est pas le seul à avoir émis de telles objections. On peut en citer d'autres comme Arthur[731] et Jacqueline[732].

Il faut alors confirmer que « ces opinions restent minoritaires : la loi des 16-24 août est devenue le texte de référence »[733] et la « règle cardinale »[734] sur laquelle s'est bâti le système français de juridiction administrative[735].

Ainsi, la thèse selon laquelle, la juridiction administrative serait la conséquence de l'interprétation française du principe de la séparation des pouvoirs, est clairement, celle à laquelle adhère la plus grande partie de la doctrine et celle qui a d'ailleurs été retenue pour l'évolution et la consolidation de la juridiction administrative. Il apparaît alors facilement que le schéma malien aboutissant à une certaine confusion difficilement compréhensible du juge judiciaire et du juge administratif dans la résolution des litiges administratifs, ne cadre pas avec cette interprétation distinguant autorités judiciaires, autorités administratives et source de la juridiction administrative.

Pour bien le prouver, il faut alors refaire le chemin parcouru par cette « nouvelle juridiction », depuis la loi des 16-24 août de 1790, jusqu'à sa structure actuelle. Cela s'est passée de la justice retenue à la justice déléguée (a) jusqu'à la consécration constitutionnelle de l'interprétation française (b).

---

727 *Ibid.*

728 *Ibid.*

729 *Ibid.*

730 *Ibid.*

731 E. Arthur, « La séparation des pouvoirs et séparation des fonctions », RDP, 1902, numéro 1, p. 247, cité par J. Chevallier, *op. cit.*, il affirme que « c'est la justice administrative qui, une fois organisée, a engendré une conception positive très particulière de la séparation des pouvoirs et non l'inverse ».

732 Selon sa pensée, « la règle d'incompétence des tribunaux judiciaires à l'égard du contentieux administratif est une dérive totale par rapport à la logique d'un texte qu'entendait au contraire préserver les attributions propres de chacun des pouvoirs », R. Jacqueline, *Les principes dominants du contentieux administratif*, Giard Brière, 1899, pp. 24, 33.

733 J. Chevallier, *op. cit.*, p. 713.

734 J. Laferrière, « Les raisons de la proclamation de la règle de la séparation des autorités administratives et judiciaires par l'Assemblée constituante », in *Mél. Négulesco*, Paris, 1935, p. 429.

735 Voir J. Chevallier, *op. cit.*

a. De la séparation des autorités à la séparation de la juridiction administrative et de l'Administration active

Le vice-président du Conseil d'État français, Marceau Long, plante le décor en ces termes : « le bicentenaire de la loi des 16-24 août 1790 ne coïncide pas avec le bicentenaire de la juridiction administrative. Celle-ci s'est lentement édifiée et perfectionnée, depuis deux siècles pour occuper un terrain, celui du contrôle de l'Administration par le juge, que le principe de la séparation, dans sa laconique formulation, avait laissé en friche »[736]. Par cette affirmation, il résume la situation périlleuse occasionnée par l'adoption de la loi des 16-24 août 1790. En effet, en interdisant au juge judiciaire de statuer sur les litiges administratifs, et en ne créant pas *ipso facto* des juges pouvant le faire, la loi des 16-24 août comporte alors de véritables lacunes qui devaient être urgemment comblées.

La solution a tout simplement consisté à rattacher le contentieux de l'Administration à l'Administration active, pratique ne favorisant pas aussi l'émergence d'un réel ordre juridictionnel administratif. C'est cette pratique qui a été appelée « le système de l'administrateur juge ». Cette pratique sera maintenue pendant toute la durée de la révolution. Cela ne signifie pas que toute idée de dissociation de la fonction d'administrer et celle de juger était inexistante. Au moment des débats préliminaires sur la constitution de l'An III, l'instauration d'une Cour de cassation administrative avait été soutenue[737]. Cette idée n'a pas été soutenue par le rapporteur qui a répondu que « la commission a pensé qu'il ne devait pas y avoir de pouvoir administratif indépendant du gouvernement ; c'est le gouvernement lui-même qui est la Cour de cassation administrative »[738].

C'était alors les mêmes organes qui administraient et qui tranchaient les litiges qui étaient occasionnés par leur action. Les attributions contentieuses relevaient des activités normales de l'Administration et ne constituaient d'ailleurs que « l'accessoire des attributions administratives »[739].

Ne nécessitant aucune formalité spéciale, il était difficile d'identifier l'action contentieuse de l'action administrative, car toutes les deux constituaient des actions administratives. Selon Babacar Kanté, « cette attribution de compétences juridictionnelles à des organes administratifs se justifiait à l'époque par l'idée selon laquelle, juger l'Administration c'est encore administrer »[740]. Cette

---

736 M. Long, « L'état actuel de la dualité des juridictions », RFDA n° 5, septembre-octobre 1990, p. 689.

737 Defermol, cité par J. Chevallier, *op. cit.*, renvoi n° 61, p. 722.

738 Le rapporteur Daunou, 5 thermidor An III, moniteur, t. 25, p. 325, cité par J. Chevallier, *ibid.*

739 J. Chevallier, *ibid.*

740 B. Kanté, thèse, *op. cit.*, p. 18.

idée avancée par Henrion de Pansey[741] a constitué et constitue toujours une source de réflexion au cœur du développement de la juridiction administrative.

Il faut cependant souligner que cette pratique sera adoucie par la création d'organes ou de conseils administratifs tels que le Conseil d'État et les Conseils de préfecture. Même si cette mini réforme était guidée « par la volonté de séparer les fonctions juridictionnelles et administratives »[742], Babacar Kanté rappelle que « ces organes administratifs n'étaient pas de véritables juridictions administratives »[743]. S'« ils répondaient en effet au seul critère matériel de la question d'une juridiction à savoir la spécialisation, ils ne satisfaisaient pas au critère organico-formel, c'est-à-dire la condition d'indépendance de l'organe, de définition d'une procédure à suivre, l'autorité de la chose jugée »[744]. Cette pratique a été appelée « le principe de la justice retenue »[745].

Pour mettre fin à cette théorie de l'administrateur-juge, dont la manifestation est la confusion des fonctions juridictionnelles et administratives, il fallait dissocier ces dernières : c'est la séparation de l'administration active de la juridiction administrative. L'on ne peut être son propre juge, donc juge et partie. Si on est d'accord avec cette idée, cela signifie que la justice rendue par l'Administration à l'occasion des litiges soulevés par ses propres actions, ou celles rendues par elle indirectement à travers les organes placés sous ses ordres ne peut constituer une vraie justice.

Il faut alors écarter l'Administration de la connaissance de ses propres litiges en la confiant pleinement à d'autres organes spécialement chargés de cette tâche : c'est la justice déléguée. C'est la loi du 24 mai 1872 qui est à la base de cette œuvre confiant au Conseil d'État tous les attributs d'un juge et il y a une grande partie de la doctrine qui le confirme[746].

Pour le professeur Babacar Kanté, « c'est en effet à partir de cette date seulement que ces organes administratifs vont remplir la deuxième condition qu'il y a une juridiction à savoir le critère organico-formel »[747]. Il continue en faisant remarquer à juste titre, que « la justice n'est plus rendue au nom du roi, mais au nom du peuple français »[748] et déduit de la loi du 24 mai 1872 « un double mouvement nettement sensible : d'une part, l'indépendance du juge

741 Voir J. Chevallier, *op. cit.*, p. 722.
742 *Ibid.*
743 B. Kanté, thèse, *op. cit.* p. 18.
744 *Ibid.*
745 « Le Conseil ne peut se prononcer en dernier ressort sur le contentieux administratif ; il n'émet que des avis que le chef de l'exécutif doit sanctionner de son approbation : c'est le système de la justice retenue », Ch. Debbasch, J.-C. Ricci, *op. cit.*, p. 136.
746 Voir B. Kanté, thèse, *op. cit.*, p. 19.
747 *Ibid.*
748 *Ibid.*

administratif par rapport à l'Administration, d'autre part, le renforcement de l'indépendance de l'Administration par rapport au juge administratif »[749].

Malgré la loi du 24 mai 1872, il faut savoir, que le système de l'administrateur-juge ne disparaît dans la pratique qu'à partir d'un arrêt qui a marqué l'histoire du droit administratif ainsi que de la juridiction administrative : l'arrêt Cadot du Conseil d'État[750].

Une présentation détaillée de cet arrêt devient donc indispensable à la compréhension de la séparation des autorités administratives et de la juridiction administrative. En effet, « la ville de Marseille ayant supprimé l'emploi d'ingénieur directement de la voirie et des eaux de la ville, le titulaire de cet emploi lui réclama des dommages-intérêts ; la municipalité ayant refusé de faire droit à cette réclamation, il en saisit les tribunaux judiciaires, qui, estimant, que le contrat le liait à la ville n'avait pas le caractère civil de louage d'ouvrage, se déclarèrent incompétents ; il s'adressa ensuite au Conseil de préfecture qui se déclara incompétent à son tour, la demande n'était pas fondée sur la rupture d'un contrat relatif à l'exécution de travaux publics. L'intéressé se retourna alors vers le Ministre de l'Intérieur ; celui-ci répondit que le Conseil municipal de Marseille n'ayant pas accueilli sa demande en indemnité, il ne pouvait lui-même y donner d'autres suites. C'est ce refus que le Sieur Cadot déféra au Conseil d'État »[751].

Le Conseil d'État trancha le litige en ces termes : « le Ministre de l'Intérieur s'est abstenu de statuer sur ces points qui, en effet, n'étaient pas de sa compétence. Mais, considérant que, du refus du Maire et du Conseil municipal de Marseille de faire droit à la requête du sieur Cadot, il est né entre les parties un litige dont il appartient au Conseil d'État de connaître. »

Dans ces conclusions sur ladite affaire, le commissaire du gouvernement Jagerschmidt souligna, que « partout où il existe une autorité ayant un pouvoir de décision propre, pouvant prendre des décisions administratives exécutoires, un débat contentieux peut naître et le Conseil d'État peut être directement saisi, il suffit pour cela que le débat soit né par l'effet d'une décision de l'autorité administrative rendue sur le litige »[752]. Par cet arrêt, le Conseil d'État s'est présenté comme le juge de droit commun du contentieux de l'excès de pouvoir et de pleine juridiction[753]. Pour le professeur Jean Louis Mestre, « en se rendant juridiction administrative de droit commun, tout en restant juge d'appel des décisions des Conseils de préfecture et de cassation à l'égard des décisions d'autres juridictions administratives, le Conseil d'État a conforté la tendance à l'assimilation de sa propre jurisprudence au droit administratif, tendance qui a

---

749 *Ibid.*

750 C'est ce que le professeur Mestre appelle « La suppression de la justice ministérielle par le Conseil d'État », J. L. Mestre, *L'histoire du droit administratif*, *op. cit.*, p. 48.

751 M. Long, P. Weil, G. Braibant, P. Delvolvé, B. Geve, voir, GAJA, *op. cit.*, p. 36.

752 *Ibid.*, p. 37.

753 Voir *ibid.*, pp. 37-38.

dominé tout au long du siècle suivant et qui prévaut encore »[754]. Quant au professeur Jacques Chevallier à la suite de l'arrêt Cadot, « les voies juridictionnelle et administrative sont nettement dissociées »[755].

L'interprétation française de la séparation des pouvoirs est alors à l'origine de la juridiction administrative, laquelle est la résultante de la séparation de l'Administration active de la juridiction administrative. Le professeur Babacar Kanté juge même « ce rappel des conditions de la naissance de la juridiction administrative en France (...) nécessaire pour apprécier le rapport entre la juridiction administrative et le principe de la séparation des pouvoirs »[756], donc de l'interprétation française de la séparation des pouvoirs. La séparation des autorités sera ainsi consolidée à travers sa constitutionnalisation en France.

b. La constitutionnalisation de la séparation des autorités

Cet intitulé procède d'un choix délibéré. En réalité, peut-on parler de constitutionnalisation de la séparation des autorités ? Il faut répondre par la négative même si les professeurs Georges Vedel et Pierre Delvolvé parlent de « constitutionnalisation partielle du principe de séparation des autorités administratives et judiciaires »[757]. Mais le choix de l'intitulé repose principalement sur l'idée selon laquelle l'existence de la juridiction administrative est la conséquence logique de la séparation des autorités administratives et judiciaires.

Le professeur René Chapus parle de « statut constitutionnel de la justice administrative »[758] et le professeur Olivier Gohin de « la constitutionnalisation de la juridiction administrative par l'autonomie du contentieux administratif »[759] et quant au professeur Jacqueline Morand-Deviller, elle parle de « consécration constitutionnelle »[760] de la juridiction administrative. Il faut préciser que le professeur René Chapus ajoute que le statut constitutionnel de la justice administrative « aurait pu être fondé sur le principe de la séparation des autorités administratives et judiciaires, issu de la loi des 16-24 août 1790 et du *décret du 16 Fructidor an III* »[761] mais qu'« il aurait fallu que ce principe soit pleinement reconnu comme ayant valeur constitutionnelle, ce qui n'a pas été fait »[762]. Alors que Georges Vedel et Pierre Delvolvé estiment que « jusqu'à une date récente, on ne pouvait voir avec certitude dans le principe de séparation des autorités administratives et judiciaires une des (bases constitutionnelles) du

[754] J. L. Mestre, *op. cit.*, p. 49.
[755] J. Chevallier, *op. cit.*, p. 723.
[756] B. Kanté, thèse, *op. cit.*, p. 20.
[757] G. Vedel, P. Delvolvé, *Droit administratif*, *op. cit.*, p. 128.
[758] R. Chapus, *Droit du contentieux administratif*, *op. cit.*, p. 55.
[759] O. Gohin, *Contentieux administratif*, *op. cit.*, p. 30.
[760] J. Moran Deviller, *Droit administratif*, *op. cit.*, p. 17.
[761] R. Chapus, *op. cit.*, p. 55.
[762] *Ibid.*

droit administratif »[763] ; qu'« en effet, les textes révolutionnaires qui l'ont énoncé ne sont pas des textes constitutionnels »[764].

Malgré ce débat doctrinal très intéressant, ce qui importe ici, c'est que quel qu'en soit l'angle de vue, cette consécration constitutionnelle est « basée implicitement ou explicitement sur la séparation des pouvoirs »[765] à la française donc sur la séparation des autorités administratives et judiciaires, mais concrètement relative à la juridiction administrative. Ainsi, il y a eu une double constitutionnalisation de la juridiction administrative : celle relative à l'indépendance de la juridiction administrative, c'est-à-dire le point de vue organique[766], et celle relative à sa compétence, c'est-à-dire le point de vue matériel[767].

En ce qui concerne la constitutionnalisation de l'indépendance de la juridiction administrative, elle a été affirmée par le Conseil constitutionnel dans sa décision du 22 juillet 1980. Les professeurs Louis Favoreu et Loïc Philip résument l'affaire ayant abouti à cette célèbre décision en ces termes : « les requérants faisaient valoir essentiellement que la validation législative constitue une intervention du législateur dans le fonctionnement de la justice, intervention contraire au (principe constitutionnel de la séparation des pouvoirs). »[768]. Le juge constitutionnel leur répond alors clairement de la manière suivante : « considérant qu'il résulte des dispositions de l'article 64 de la constitution en ce qui concerne l'autorité judiciaire et des principes fondamentaux reconnus par les lois de la République, en ce qui concerne, depuis la loi du 24 mai 1872, la juridiction administrative, que l'indépendance des juridictions est garantie ainsi que le caractère spécifique de leurs fonctions sur lesquelles ne peuvent empiéter ni le législateur, ni le gouvernement ; qu'ainsi, il n'appartient ni au législateur ni au gouvernement de censurer les décisions des juridictions, d'adresser à celles-ci des injonctions et de se substituer à elles dans le jugement des litiges relevant de leur compétence. »[769]

Par cette décision audacieuse, le Conseil constitutionnel rétablit l'équilibre entre la juridiction administrative et la juridiction judiciaire.

Quant à la seconde constitutionnalisation, à savoir celle relative à la compétence de la juridiction administrative, elle résulte d'une décision du 23 janvier 1987. Comme certains le soulignent, « au départ assez banale, l'affaire

---

763 G. Vedel, P. Delvolvé, *op. cit.*, p. 128.

764 *Ibid.*

765 O. Godin, *op. cit.*, p. 30.

766 *Ibid.*

767 *Ibid.*

768 L. Favoreu, L. Philip, *Les grandes décisions du Conseil constitutionnel*, *op. cit.*, p. 428.

769 Conseil constitutionnel français, décision du 22 juillet 1980, validation d'actes administratifs, RJCI 1983, *ibid.*, p. 424 ; AJ, 1980, pp. 480-602 note G. Carcassonne.

du conseil de la concurrence a finalement abouti à une décision du Conseil constitutionnel de portée considérable »[770].

Pour le professeur Olivier Gohin, « au moment de constitutionnaliser la compétence de la juridiction administrative, selon une formulation ici positive, c'est précisément à ce principe actif de la séparation des pouvoirs, et non à celui occulté de la séparation des autorités administratives et judiciaires, que le conseil constitutionnel a fait ensuite référence dans sa décision (...), tout en se fondant à nouveau sur les principes fondamentaux reconnus par les lois de la République »[771]. En effet, la question soulevée par les requérants était d'une importance capitale et était la suivante : était-il contraire au principe de la séparation des autorités administratives et judiciaires considéré comme ayant valeur constitutionnelle par certains, le transfert des compétences de la juridiction administrative à la juridiction judiciaire ?

Le juge constitutionnel va répondre de manière exhaustive à cette question et faire taire ainsi les controverses entourant le caractère constitutionnel ou pas de la séparation des autorités tout en constitutionnalisant une réserve de compétence au profit du juge administratif dans les termes suivants :

« Considérant que les dispositions des articles 10 et 13 de la loi des 16 et 24 août 1790 et du décret du 16 fructidor an III qui ont posé dans sa généralité le principe de la séparation des autorités administrative et judiciaire n'ont pas en elles-mêmes valeur constitutionnelle ; que, néanmoins, conformément à la conception française de la séparation des pouvoirs, figure au nombre des principes fondamentaux reconnus par les lois de la République celui selon lequel, à l'exception des matières réservées par nature à l'autorité judiciaire, relève en dernier ressort de la compétence de la juridiction administrative l'annulation ou la reformation des décisions prises, dans l'exercice des prérogatives de puissance publique, par les autorités exerçant le pouvoir exécutif, leurs agents, les collectivités territoriales de la République ou les organismes publics placés sous leur autorité ou leur contrôle. »[772]

Ainsi, le principe de séparation des autorités n'a pas valeur constitutionnelle, mais le juge reconnaît une conception française de la séparation des pouvoirs, en vertu de laquelle, et d'un principe fondamental reconnu par les lois de la République, il réserve le contentieux de l'annulation et de réformation des actes de la puissance publique aux juridictions administratives.

Pour René Chapus, « En vertu des PFLR, la juridiction administrative bénéficie d'un statut selon lequel lui sont constitutionnellement garanties, non

770 L. Favoreu, L. Philip, *op. cit.*, p. 718.

771 O. Gohin, *op. cit.*, p. 31.

772 Cour constitutionnelle, décision du 23 janvier 1987, Conseil de la concurrence, 4e considérant, *op. cit.*

seulement son indépendance, mais aussi la détention d'un domaine de compétence, ainsi que finalement son existence même »[773].

Ainsi, l'existence d'une juridiction spéciale chargée de connaître les litiges administratifs repose sur une idée, une conception, car, comme l'écrit à juste titre le professeur Olivier Gohin, « il y a bien consensus pour que soit constituée, au titre précisément de la séparation des pouvoirs, une juridiction indépendante à compétence juridictionnelle exclusive en face d'un pouvoir exécutif dépourvu, quant à lui et par voie de conséquence, d'une telle compétence, de façon à la fois complète et définitive. Et à droit constitutionnel constant, il ne saurait en être autrement »[774].

Il apparaît clairement que le schéma malien est en parfaite contradiction avec la conception française de la séparation des pouvoirs. Cette étude du système de l'ex-métropole est d'autant très indispensable qu'elle permet non seulement de déceler ses points névralgiques mais aussi de mettre le système national dans son moule. Aussi, les différences entre la matrice et le modèle national peuvent-elles être perçues comme des défauts ou des spécificités avantageuses pour le second. On ne saurait pour le moment le dire, la suite de l'étude nous édifiera là-dessus.

L'unité de juridiction suprême malienne se caractérise également, il faut le souligner, par une intervention non négligeable du juge judiciaire dans l'application du droit administratif.

Paragraphe 2 : Un droit administratif aussi appliqué par le juge judiciaire

Le contentieux administratif malien est identifiable aussi par une forte présence du juge judiciaire, nous l'avons souligné dans le paragraphe précédent. Il faut également attirer l'attention sur le fait que cette présence du juge judiciaire ne se limite pas à l'organisation structurelle de la juridiction suprême, mais concerne aussi l'organisation de l'application du droit administratif. En effet, cela ne constitue en réalité qu'une conséquence logique de l'omniprésence du juge judiciaire dans le schéma organisationnel de la Cour suprême.

Cette situation soulève un problème qui rassemble les auteurs et les praticiens autour de deux pôles : pour les uns, l'application du droit administratif par le juge judiciaire constituerait une entrave à la dynamique de raffermissement d'un droit administratif (A), et pour les autres, si entrave il existe, elle ne serait pas rédhibitoire (B).

---

773 R. Chapus, *op. cit.*, p. 55.

774 O. Gohin, *op. cit.*, pp. 35-36.

A. Une entrave à la dynamique de raffermissement d'un droit administratif

Jusqu'à une date très récente (fin 2015), les juges judiciaires étaient majoritaires à la Section administrative de la Cour suprême. La crainte se situe au niveau de la méconnaissance de l'Administration et de son droit par le juge judiciaire (2), et cette situation est en grande partie due à la contrainte et au poids de la formation du juge judiciaire (1).

1. La contrainte et le poids de la formation du juge

Quoique que l'on soutienne, une certaine tendance à la privatisation du droit administratif malien (b) a réellement existé et le risque existe toujours, car le juge judiciaire a été formé au droit privé et l'a aussi appliqué pendant au moins une dizaine d'années (a).

a. Le juge judiciaire a été formé au droit privé et l'a appliqué pendant au moins une dizaine d'années

Ce qu'il faut d'ores et déjà préciser, c'est que le juge judiciaire malien n'est pas un « juge généraliste », car n'ayant pas été formé ni en tant qu'auditeur de justice, ni en tant que magistrat aux rudiments du contentieux administratif, il ne saurait du jour au lendemain intervenir dans ce domaine. Même s'il faut le déplorer dans un souci de bonne distribution de la justice, c'est pourtant ce qui se passe. Ainsi, ayant passé toute sa carrière à appliquer le droit privé, il est appelé brusquement à appliquer le droit administratif.

Aussi, faut-il le souligner, que ce premier point, à savoir le fait qu'il ait passé sa carrière à appliquer le droit privé, est normal car il a été formé pour cela. Il ne peut même pas, en principe, accéder au poste de Conseiller à la Cour suprême, s'il n'est pas un magistrat de grade exceptionnel. En effet, les membres de la Cour suprême, magistrats de l'ordre judiciaire et de l'ordre administratif sont nommés parmi les magistrats de grade exceptionnel. Toutefois, lorsque les magistrats susceptibles d'être nommés à cette fonction sont en nombre insuffisant, ils sont complétés par ceux du premier grade[775].

En se référant à cette exigence légale consistant à être un magistrat de grade exceptionnel pour pouvoir être nommé à la Cour suprême, et tenant compte de l'exception concernant les magistrats du premier grade, on parvient à comprendre en se basant sur les conditions de leur avancement[776], que pour être nommé à la Cour suprême, le magistrat doit au moins exercer plus de dix ans dans la magistrature. Ce que nous voulons démontrer ici, c'est que le juge judiciaire, ayant passé au moins plus de dix années de sa carrière dans la juridiction judiciaire à appliquer le droit privé, sans aucune pratique réelle du

---

[775] V. Loi n° 2016-046/AN-RM, *op. cit.*, art. 36 et 43.

[776] Loi n° 02-054/AN-RM, *op. cit.*, art. 87 et suivants.

contentieux administratif, va difficilement s'adapter à celle-ci par le seul effet de sa nomination.

Comment peut-on alors comprendre la nomination en 2013 de Cinq conseillers de la Section judiciaire à la Section administrative ?

C'est cette interrogation, que l'on se pose normalement dès que l'on apprend cette information. Ce n'est quand même pas par manque de magistrats de l'ordre administratif remplissant les conditions précitées. D'après nos recherches au niveau des juridictions administratives[777], il y avait au moins un magistrat qui remplissait les conditions et d'autres ne les remplissant pas mais pouvaient valablement, par dérogation exercer ces fonctions, car ayant déjà dépassé plus de dix ans de pratique du contentieux administratif dans les tribunaux administratifs. Nous estimons, que confier cette tâche capitale à un magistrat administratif ayant une expérience d'au moins de dix ans, vaut largement mieux que de la confier à un magistrat qui va apprendre sur le tas et qui a surtout été formé à une autre pratique. Nous avons souligné, les raisons de cette démarche, visant à mettre sous contrôle le juge administratif dans le paragraphe précédent.

Il est alors aisément compréhensible que la dualité des contentieux et des droits au sein de la juridiction suprême malienne ne soit qu'une façade derrière laquelle le risque d'une confusion des droits n'est pas à écarter. Nous assistons alors à une annexion du droit administratif par la pensée privatiste dominée par l'égalité des justiciables devant le droit. C'est alors à juste titre que Laurent Dubois de Carrotier affirme qu'« un dicton professe que l'on garde tout de son premier apprentissage »[778] ; même s'il attenue la force de ce dicton en soulignant qu'« il est en partie excessif »[779], il trouve « dans ces mots une vérité essentielle » en soutenant que « les fruits d'une éducation survivent, à la mémoire qui s'efface et au temps qui passe »[780]. Nous n'écartons pas la possibilité pour ces juges judiciaires, qui sont des vrais privatistes, de s'adapter à la longue aux règles élémentaires de la pratique du contentieux administratif, mais il est très difficile pour eux de manière objective de détourner leur regard de la matière qu'ils maîtrisent parfaitement : le droit privé.

Cette pratique met en cause l'intérêt réel de l'existence d'une formation spécialisée en matière administrative au sein de la Cour suprême : des juges judiciaires qui font fonctionner une « juridiction administrative ». Sur ce point, le doyen Alain Bockel soutient que « la spécialisation d'une formation en matière administrative n'a de sens véritable que s'il est possible d'y affecter un personnel apte à trancher des problèmes, souvent délicats et particuliers qui y

777 Entretien du mardi 1er juillet 2014 au TAB avec les juges administratifs Badra Aliou Coulibaly, Demba Tall, Samba Lamine Koité et Sory Diakité ; de 10 h 30 mn à 13 h 00.

778 L. Dubois de Carrotier, « L'influence de la culture privatiste sur la doctrine administrative », in Droit écrit, n° 1, mars 2001, p. 7.

779 *Ibid.*

780 *Ibid.*

seront évoqués »[781]. Il est en réalité très difficile de se débarrasser de sa formation initiale de base, alors que le juge judiciaire a été largement formé au droit privé lors de ses études universitaires et lors de sa formation au niveau de l'Institut national de formation judiciaire en tant qu'auditeur de justice. Il peut alors difficilement se muer en administrativiste.

Pourtant, l'intervention du juge judiciaire dans l'application du droit administratif n'est pas une particularité malienne en Afrique noire francophone. Ce qui est propre au Mali, et qui est difficile à comprendre, c'est cette sorte de tromperie organisationnelle, faisant croire, si l'on se limite à observer le schéma organisationnel, à une distinction totale des fonctions de juge administratif et de juge judiciaire, alors qu'au fond, celle du juge administratif est aussi exercée par celui de l'ordre judiciaire.

Ainsi, au Sénégal, c'est le système d'unité de juridiction avec spécificité de contentieux et l'existence d'un seul juge formé au droit privé : le juge judiciaire. Comme au Mali, le juge judiciaire sénégalais applique le droit administratif, mais cela ne suscite pas le même degré d'incompréhension comme la pratique malienne, parce que le Mali a des juridictions administratives et des juges spécialisés en droit administratif : des juges administratifs. Malgré l'option claire du Sénégal, à savoir l'unité de juridiction, le fait que le juge judiciaire statue sur les litiges administratifs soulève des inquiétudes, car ce juge n'a été réellement formé qu'au droit privé comme celui du Mali. C'est pourquoi, le professeur Demba Sy écrit que « le juge sénégalais, dans son rôle normatif est parfois handicapé pour connaître des litiges administratifs du fait de sa formation essentiellement de droit privé et donc de sa non-spécialisation »[782].

En ce qui concerne le système camerounais, les autorités ont tenté de résoudre le problème, en formant les trente (30) magistrats du siège (des juges judiciaires) nommés dans les nouveaux tribunaux administratifs pendant près de deux ans en contentieux administratif et ceux nommés attachés aux parquets généraux près les Cours d'appels chargés du contentieux administratif ont suivi une formation accélérée en contentieux administratif pendant quatre (04) mois[783]. Malgré ce qui peut être appelé comme une prise de conscience des autorités de ce pays, la Chambre administrative de la Cour suprême camerounaise fonctionne autour des juges judiciaires[784].Ce qui est à craindre à ce niveau, c'est un emprisonnement du droit administratif dans les geôles du droit privé.

---

[781] A. Bockel, *Le juge et l'administration en Afrique noire francophone, introduction à l'étude du problème*, *op. cit.*, p. 22.

[782] D. Sy, *Droit administratif*, L'Harmattan, CREDILA, 2e éd., 2014, p. 47.

[783] C. K. Tchapnga, *Précis du contentieux administratif au Cameroun*, *op., cit.*, p. 241.

[784] C. K. Tchapnga, *ibid.*, p. 247 et suivants.

b. Le risque de privatisation du droit administratif

Ce risque est réel et existera tant que l'application du droit administratif au niveau de la « juridiction administrative suprême » sera effectuée par le juge judiciaire ou tout du moins tant que celui-ci interviendra pleinement et directement dans cette application.

La justice administrative a ses méthodes, ses astuces, ses principes ainsi que sa procédure qui ne peuvent être assimilés par les juges formés au droit privé par une simple mutation de la Section judiciaire à la Section administrative. La dépendance intellectuelle et psychologique du juge judiciaire à la doctrine et à la culture privatistes, aux principes directeurs du droit privé vont lourdement peser sur sa perception de la matière administrative. Il aura alors naturellement et instinctivement la tendance à colorer le droit administratif par le droit privé.

Dans le système sénégalais où on peut estimer que le phénomène est encore plus compréhensible du fait du choix de l'organisation juridictionnelle de ce pays, le constat est similaire. C'est ainsi que le professeur Demba Sy fait remarquer à propos du juge judiciaire sénégalais dans la deuxième édition de son livre sur le *droit administratif*, que celui-ci « tend à appliquer de plus en plus le droit privé aux activités de l'Administration »[785] et que « les solutions sénégalaises en matière de contentieux administratif ne sont pas aussi différentes des solutions de droit privé »[786].

On peut alors se demander pourquoi cela. La réponse est évidente : le juge judiciaire qu'elle qu'en soit la manière par laquelle il va s'habiller en juge administratif, ne peut s'y conformer, c'est une question de formation.

Dans la même logique, Babacar Kanté se pose la question de savoir si « la formation du juge ayant compétence de droit commun en matière administrative ne risque-t-elle pas de compromettre la possibilité du maintien de l'autonomie du droit administratif ? »[787]. Il répond en soulignant que « les pays ayant opté pour le système d'unité de juridiction n'ont pas pourvu leurs magistrats d'une formation particulière en matière administrative »[788]. Pour lui, « c'est cette lacune qui fait douter de la capacité du système à préserver le droit administratif ; on craint en général un rapprochement du droit administratif du droit privé »[789].

Le juge judiciaire, de par sa formation, a ainsi tendance à considérer le droit privé comme « un droit commun » applicable aussi bien aux particuliers qu'à l'Administration en négligeant les règles propres à celle-ci. Pourtant, le professeur Francis Paul Benoit dans ces « conditions du développement d'un droit administratif autonome dans les États nouvellement indépendants », avait

---

785 D. Sy., *Droit administratif*, 2e éd., *op. cit.*, p. 47.
786 *Ibid.*
787 B. Kanté, thèse, *op. cit.*, p. 141.
788 *Ibid.*
789 *Ibid.*

prévenu depuis 1962, au lendemain des indépendances de la plupart des États d'Afrique noire francophone, de « ne pas considérer le droit privé comme un droit commun »[790]. Pour lui, une telle pratique « ne peut que fausser dangereusement le développement des règles propres du droit administratif »[791]. Ainsi, la très grande présence du droit privé dans les solutions des litiges administratifs est surtout favorisée par la dépendance de la solution de ces litiges à un juge formé au droit privé.

Évoquant le système ivoirien, le professeur René Dégni-Ségui écrit : « la plupart, pour ne pas dire tous nos magistrats et avocats, ont une formation de privatiste ; (...) les juges auront par conséquent une tendance naturelle à appliquer à la puissance publique le droit privé. »[792] Il ajoute que cette tendance à la privatisation a été stigmatisée par le professeur Wodié dans son commentaire sur l'arrêt État de Côte d'Ivoire contre Groupement Français d'Assurances en ces termes : « habitués à juger selon le droit civil, les juridictions de droit commun (les juges judiciaires) continueront, dans la facilité de leur spécialité, à soumettre la responsabilité des personnes publiques aux règles régissant les rapports des particuliers entre eux. »[793]

Pour le professeur Francis Paul Benoit, « Le juge est un technicien, ce doit donc être un spécialiste »[794]. Le juge judiciaire est aussi un spécialiste, ce n'est pas là le problème. Le problème réside tout simplement dans le fait qu'il ne l'est pas dans ce qu'on lui demande d'appliquer, mais il l'est en droit privé.

Ainsi, cette tendance à transformer le juge judiciaire malien en juge généraliste ne peut prospérer. Peut-on d'ailleurs parler de juge généraliste s'il n'a suivi aucune formation préalable en droit administratif en général et au contentieux administratif en particulier ? En effet, il n'est pas un juge généraliste car ce dernier doit avoir une certaine connaissance sur chacune des matières qu'il est amené à juger, alors que le juge judiciaire national n'a été formé qu'à une seule matière : le droit privé. C'est donc clairement un juge purement privatiste qui est « forcé » d'appliquer le droit administratif. Il est alors naturel qu'il applique ce dernier en se servant de ce qu'il sait. Le risque d'application à notre Administration d'un droit inadapté, c'est-à-dire plus privé que public constitue une réalité pratique même si ladite réalité ne doit pas non plus être exagérée.

Ce qui est exact, c'est que la formation du juge ne doit pas être occultée si l'on veut réellement parachever la démarche visant la formation d'un droit

---

790 F. P. Benoit, « Des conditions de développement d'un droit administratif autonome dans les États nouvellement indépendants », in *Annales africaines*, mai 1962, n° 1, p. 129.

791 *Ibid.*

792 R. Dégni-Ségui, *Droit administratif général*, Abidjan, CEDA, t. 1, 2002, p. 35.

793 *Bulletin de la Cour suprême de Côte d'Ivoire*, numéro spécial, Imprimerie nationale, Abidjan, 1969, D 17, cité par René Dégni-Ségui, *ibid.*

794 F. P. Benoit, *Droit administratif*, *op. cit.*, p. 300.

administratif national. S'il est possible de modifier ses habitudes, on peut difficilement changer ses réflexes.

Du fait de sa formation, il est malheureusement normal que le juge judiciaire ne puisse véritablement connaître ni l'Administration ni son droit.

2. La méconnaissance de l'Administration et de son droit

Autant le juge des affaires criminelles doit connaître le criminel, le crime, les réflexes du criminel et le droit pénal, autant le juge chargé des affaires foncières doit le foncier et le droit foncier..., celui qui juge l'Administration, doit non seulement la connaître mais connaître aussi le droit administratif (a) ; faute de quoi la qualité du droit administratif ne peut être que corrodée (b).

a. Le juge de l'Administration doit la connaître ainsi que le droit qui lui est applicable

Ici se pose la fameuse question de la spécialisation des juges chargés de trancher les litiges mettant en cause les autorités administratives. À l'état actuel de l'évolution de la société, dans un environnement marqué par la communautarisation « dans l'ordre judiciaire comme dans l'ordre administratif, les compétences techniques exigées des magistrats sont de plus en plus nombreuses »[795]. Ainsi, « le juge de l'Administration doit la connaître (...) et doit avoir une tournure d'esprit adaptée »[796].

Ces affirmations concourent à soutenir la thèse selon laquelle le juge de formation privatiste c'est-à-dire le juge judiciaire ne peut de manière satisfaisante juger l'Administration. Ce doute quant à sa capacité à convenablement trancher les litiges administratifs se justifie à un double point :

Primo, l'Administration est une personne, mais différente des autres personnes, c'est-à-dire les personnes physiques. Elle est une personne morale donc « fictive ». En plus elle constitue une personne morale soumise à un régime juridique spécial : pour pouvoir alors la juger, il faut au préalable la connaître et on ne peut la connaître si on ne l'a pas étudiée. Ce qui sous-entend qu'il faut avoir fait des études spécifiques la concernant et c'est ce qui manque au juge judiciaire malien, burkinabè, sénégalais et ivoirien.

Lors des manifestations du bicentenaire de la loi des 16-24 août 1790, le vice-président du Conseil d'État français soulignait à juste titre que « pour contrôler la machinerie complexe de l'Administration, il faut la bien connaître »[797]. Selon lui, « pour imposer une décision de justice à l'État ou à une collectivité publique, (...) il faut aussi pouvoir jouer, (...) d'une certaine forme d'autorité administrative »[798]. On ne peut cependant se mettre dans la peau de

---

[795] M. Long, « L'état actuel de la dualité de juridictions », RFDA n° 5, octobre-septembre, 1990, p. 689.

[796] F. P. Benoit, *Droit administratif, op. cit.*, pp. 300-301.

[797] M. Long, *op. cit.*, p. 692.

[798] *Ibid.*

l'administrateur si on n'a pas suivi les mêmes formations que lui. Il serait alors très difficile pour le juge judiciaire de jouer à l'administrateur. C'est pourquoi, dans le paragraphe précédent, nous avons pris soin de mettre l'accent sur les conditions dans lesquelles le juge administratif est né en France. Il a été instauré principalement en réaction contre la méconnaissance dont le juge judiciaire faisait preuve à l'égard de l'Administration.

Secundo, le juge chargé de trancher les litiges administratifs doit connaître le droit applicable en principe à ces litiges. Ce droit est spécial, faut-il toujours le rappeler, car il existe parfois par écrit, surtout avec l'existence de code y afférent dans certains pays. Il peut aussi le plus souvent arriver que ce droit ne soit pas concrètement visible et doit donc être recherché par le juge. En d'autres termes, le juge chargé de trancher lesdits litiges peut être amené à élaborer ce droit et l'appliquer au litige pendant. Ce rôle créateur du juge en matière administrative est moins développé dans les États ayant établi des codes administratifs (par exemple le Sénégal, le Benin), il peut être très développé dans les États ayant peu légiféré sur la matière (le Mali et le Burkina Faso répondent à ce deuxième cas).

Le doyen Alain Bockel, en évoquant la tâche du juge administratif, fait savoir que « les textes législatifs et réglementaires sont en effet largement incomplets, en Afrique noire comme en France »[799] ; que « les matières essentielles du point de vue du spécialiste du contentieux administratif restent vierges (...), c'est donc très largement au juge que revient la tâche de légiférer en ces domaines »[800] et qu'« au total, donc, c'est dans une large mesure au juge que revient la mission d'élaborer le droit administratif »[801]. Ainsi, le juge judiciaire intervient dans l'élaboration du droit administratif malien. Ce facteur contribue-t-il à l'enracinement d'un vrai droit administratif national ? Au regard des raisonnements ci-dessus, la réponse à cette interrogation peut difficilement être positive.

La connaissance d'un droit spécial applicable à l'Administration est alors subordonnée à la connaissance de l'Administration elle-même. Pour pouvoir élaborer des règles tenant compte de la nature de l'Administration, il faut tout d'abord la connaître et nous avons démontré que le juge judiciaire n'a en effet qu'une connaissance très superficielle sur elle. Il y a donc ce qui peut être qualifié de problème. Le juge judiciaire serait alors un acteur clé de la création du droit administratif malien en dépit de sa méconnaissance de la machine administrative et de son droit.

Le professeur Francis Paul Benoit est on ne peut plus clair sur la question. Pour lui, « Il faut des juges administratifs spécialisés tout d'abord et avant tout par ce que nul n'est bon juge que de ce qu'il connaît, et pour juger

---

799 A. Bockel, *Le juge et l'administration en Afrique noire francophone*, *op. cit.*, p. 26.

800 *Ibid.*

801 *Ibid.*

l'Administration il faut donc la connaître. Or le même juge ne peut avoir à la fois une connaissance profonde des problèmes qui naissent des rapports des particuliers entre eux, d'une part, et des rapports des particuliers et de l'Administration, d'autre part »[802]. Il poursuit sa pensée en indiquant que « l'Administration est en effet un monde complexe dont la connaissance exige une étude particulière et que nul ne peut comprendre, et donc connaître réellement, s'il ne l'a examinée et vivre dans son fonctionnement concret »[803]. Selon lui, le corollaire de cette exigence, à savoir l'exigence de la connaissance de l'Administration, est évidemment celle du droit qui régit l'action administrative c'est-à-dire le droit administratif et le régime des finances publiques[804].

Ainsi, il est même impossible pour le juge judiciaire de connaître tous les domaines de sa spécialité qui est le droit privé, *a fortiori* « un monde complexe »[805] comme l'Administration et son droit. Confier alors la résolution des litiges administratifs au juge judiciaire se justifie difficilement dans un environnement où la spécificité des problèmes administratifs est reconnue. Ce qui est sûr, c'est que le juge judiciaire a une connaissance très limitée de l'Administration et du droit spécial qui la régit. Cette méconnaissance, qu'elle soit poussée ou relative peut très difficilement contribuer à l'enracinement d'un droit administratif national.

b. La méconnaissance de l'Administration et de son droit corrode la qualité du droit administratif

Le droit administratif pur, limpide, c'est-à-dire le vrai, ne peut facilement se dégager dans un système où son application est aussi confiée à un juge qui, non seulement le méconnaît, mais ne connaît pas aussi la personne à laquelle il est appliqué. Il faut rappeler que « le droit n'a pas et n'a jamais eu, une existence indépendante de ceux qui le créent. Le droit est pour une large part le fruit des juridictions qui le disent »[806]. Un droit administratif malien mûr et réel peut alors difficilement se dégager de cette pratique.

Le mot que l'on n'a pas osé utiliser jusqu'à présent est l'incompétence. En effet, en faisant une analyse profonde de la question, on parvient à un résultat qui, certes, peut être apprécié avec plus ou moins de réserve, mais qui constitue une réalité concrète. Ce résultat n'est autre que le problème de compétence. Il s'agit de manière plus précise de la compétence intellectuelle et professionnelle du juge formé au droit privé, formation conduisant à une certaine méconnaissance de la machine administrative et de son droit, à produire à travers la solution des litiges qu'il sera amené à résoudre, un droit administratif

---

802 F. P. Benoit, *Droit administratif*, pp. 300-301.
803 *Ibid.*
804 *Ibid.*
805 *Ibid.*
806 *Ibid.*

limpide. Conséquence logique de leur formation, une idée est incontournable chez le juge judiciaire : celle de l'égalité parfaite entre tous les justiciables qui doivent être traités comme tel. Pourtant, malgré la noblesse de cette idée, elle ne convient pas au contentieux administratif. En cas de conflit, traiter l'Administration et les particuliers comme étant égaux, aboutirait à dénaturer le droit administratif, voire le supprimer. Alors que, de par sa formation, le juge judiciaire ne peut totalement se détacher de cette idée.

La méconnaissance de la « psychologie administrative » ne peut que conduire à la création d'un droit administratif de piètre qualité ou même d'un droit administratif de nom. Pour le professeur René Dégni-Ségui, « dans un tel système qui compromet l'autonomie du droit administratif, le droit spécial ne peut voir le jour ni *a fortiori* se développer »[807]. L'exemple le plus illustratif nous est donné par le système congolais. À l'occasion des journées du barreau de Brazzaville en janvier 2000, un juge de la chambre administrative de la Cour suprême congolaise n'a pas hésité à déclarer en public, qu'il se débrouille en droit administratif[808]. Faut-il alors noter que même la résolution des litiges administratifs exige une certaine agilité de la part des spécialistes ? La complexité de la matière et du domaine dont il s'agit, fait que son application ne doit normalement pas être confiée à un « débrouillard ».

C'est ainsi que Placide Moudoudou écrit, qu'« il n'est pas rare de trouver dans une formation administrative contentieuse des magistrats incapables de faire quelques développements rigoureux sur le recours pour excès de pouvoir, sur la distinction SPA/SPIC, sur la distinction établissement public/entreprise publique ou la distinction acte de gouvernement/acte du gouvernement ». Il se fonde ainsi sur une décision du tribunal de travail de Brazzaville[809].

Une Administration et son droit méconnus par le juge chargé du contentieux administratif, c'est vraiment curieux. Si le juge ne maîtrise pas les notions directrices du droit administratif, comment peut-on alors s'attendre à ce qu'un droit administratif cohérent puisse naître ou s'enraciner dans une telle situation ? Quand le juge judiciaire « administrativisé » mélange les pédales en faisant la confusion entre EPA et EPIC ou encore quand il ne sait pas ce que signifie un acte de gouvernement, on ne peut compter sur lui pour la construction ou la consolidation d'un droit administratif réel.

Si l'application du droit administratif par le juge judiciaire peut certes constituer une entrave à un enracinement solide, durable et véritable d'un droit administratif propre, il ne faut pas non plus occulter le fait que la doctrine soit à juste titre partagée sur la question. Ainsi, cette entrave n'est pas rédhibitoire.

---

807 R. Dégni-Ségui, *Droit administratif général*, t. 1, *op. cit.*, p. 35.

808 Voir P. Moudoudou, *Droit administratif congolais*, L'Harmattan, 2014, p. 95.

809 Tribunal de travail de Brazzaville, 9 février 1995, Penant 1996, p. 118, cité par Placide Moudoudou, *ibid.*

B. Une entrave non rédhibitoire

L'application du droit administratif par le juge judiciaire peut certes être perçue comme une entrave à la dynamique de raffermissement d'un droit administratif, mais cette entrave ne doit pas non plus être perçue de manière exagérée. En effet, il est normal que cette pratique puisse susciter des doutes qui sont en réalité compréhensibles dans des systèmes comme le nôtre. Toutefois, il faut savoir comme nous l'avons déjà mentionné, qu'il n'existe dans certains pays d'Afrique noire francophone qu'un seul juge (le juge judiciaire) chargé d'appliquer tous les droits, donc le droit civil, le droit pénal, le droit du travail… comme le droit administratif. Peut-on alors nier dans ces pays, l'existence totale d'un droit administratif ?

Ainsi, l'application du droit administratif par le juge judiciaire, peut même constituer une solution (1) à la complexité souvent décriée de la dualité de juridiction[810]. Ce qui fait sous-entendre que le juge judiciaire n'est pas totalement incapable d'appliquer le droit administratif (2).

1. L'application du droit administratif par le juge judiciaire : une alternative visant la simplicité

Cette relative simplicité se manifeste principalement sur le plan de l'accès au juge et aussi sur le plan du champ d'application du droit administratif (a) ainsi que sur le plan d'une remarquable absence de contrariétés de décisions (b).

a. La facilitation de l'accès au juge et du champ d'application du droit administratif

Dès les années qui ont suivi les indépendances, une grande partie des anciennes colonies françaises ont opté pour le choix de l'unité de juridiction. Ce choix peut être considéré comme original et courageux, car ne reflétant pas le système en vigueur en France, il était dicté par les considérations et les exigences de l'époque. La principale raison fréquemment avancée et défendue[811], est celle de « la situation économique des États africains, au moment de leur accession à l'indépendance »[812]. Pour Papa Mamour Sy, « le système de l'unité de juridiction allège considérablement l'appareil juridictionnel ; il permet de minorer les frais d'installation et de fonctionnement, qui s'attachent à la multiplication des juridictions »[813].

---

810 V. B. Kanté, thèse, *op. cit.*, p. 104, le « Système (de dualité de juridiction) en lui-même est compliqué ».

811 K. Mbaye, *L'organisation judiciaire au Sénégal*, Penant, 1969, p. 27.

812 P. M. Sy, *op. cit.*, p. 274.

813 *Ibid.*

Ainsi, des États comme le Congo Brazzaville[814], la Côte d'ivoire[815], le Sénégal[816], le Bénin, le Burkina Faso, le Mali ont directement opté pour ce système dans les années 1960, même s'il faut rappeler que chacun de ces pays a atténué son système d'unité de juridiction par des atténuations plus ou moins accentuées. Celles-ci ont consisté à reconnaître d'une manière ou d'une autre la spécificité des litiges administratifs.

Ce système se caractérise alors par sa « simplicité » comme le souligne le professeur René Dégni-Ségui en ces termes : « Le système d'unité de juridiction, (est) choisi dans un souci d'efficacité et de simplification »[817]. Quant au professeur Francis Paul Benoit, il est du même avis quant à la simplicité, mais se détache en ce qui concerne l'efficacité[818]. Dans la pratique, ce système est celui de l'application du droit administratif par le juge judiciaire. C'est alors, « les magistrats de l'ordre judiciaire qui se prononcent sur les litiges administratifs »[819]. Dans un système où il n'y a qu'un seul juge compétent dans toutes les matières, comment se poserait alors la question de l'accès au « bon juge ».

La réponse à la question du choix du « bon juge » ou de l'accès au « bon juge » se pose différemment lorsque tous les droits sont appliqués par le même juge ou ne se pose même pas. En effet, le justiciable ne sera pas soumis à la fatigante et même parfois l'angoissante démarche visant à connaître le « bon juge » à saisir en cas de litige. Ce schéma peut être « ainsi séduisant par l'accès facile qu'il offre aux plaideurs, qui sont en principe dispensés des difficultés insolubles, qui sont imposées aux plaideurs français à la recherche du juge compétent. C'est sur ce juge qu'est reporté la tâche de décider du droit applicable au litige »[820].

Lorsque, le justiciable saisit dans le système de juridiction spéciale le « mauvais juge », il ne se rendra compte de son erreur, qu'après des mois d'attente. En effet, le juge va statuer d'abord sur la requête pour pouvoir décliner sa compétence, alors que si c'est un seul juge qui applique tous les droits, il ne peut y avoir d'erreur sur le choix du juge : le juge saisi est a priori toujours le bon sous réserve du cas des pays où le contentieux de pleine juridiction et le contentieux de l'excès de pouvoir sont partagés entre les juridictions de base et les juridictions supérieures.

---

814 P. Moudoudou, *Droit administratif congolais*, L'Harmattan, 2014, pp. 84-85.

815 F. Wodié, « Les attributions de la Chambre administrative de la Côte d'ivoire », RJPIC, 1968, p. 63.

816 K. Mbaye, *op. cit.*, p. 27.

817 R. Dégni-Ségui, *Droit administratif général*, t. 1, *op. cit.*, p. 35.

818 F. P. Benoit, *Les conditions de développement d'un droit administrative autonome dans les États nouvellement indépendants*, *op. cit.*, p. 129 et suivants.

819 P. M. Sy, *op. cit.*, p. 274.

820 *Ibid.*

Il y a alors lieu d'apporter une précision à ce niveau. Le problème du choix du « bon juge » ne se pose pas dans les mêmes termes au Mali qu'au Congo ou au Sénégal. Nous voulons tout simplement rappeler que le juge judiciaire sénégalais et congolais sont différents quant à leurs attributions de celui du Mali. Ce dernier ne peut en principe connaître des litiges mettant en cause l'Administration. L'application directe du droit administratif par le juge judiciaire malien ne se fait pas dans les juridictions ordinaires, mais dans les juridictions administratives, précisément au sein de la Section administrative de la Cour suprême. Ainsi, si l'application du droit administratif par le juge judiciaire peut faciliter dans certains systèmes l'accès au juge, elle ne change rien dans la difficile quête du « bon juge » au Mali.

En ce qui concerne la facilitation du champ d'application du droit administratif, Babacar Kanté souligne à juste titre que « devant la difficulté de la recherche de l'étendue du champ du droit administratif, la jurisprudence française emploie les méthodes les plus variées et les plus subtiles pour résoudre ce problème. Ces méthodes s'avèrent extrêmement complexes et contribuent en partie à accentuer la dichotomie du régime juridique de l'Administration »[821].

Prenant l'exemple sur le juge sénégalais, il continue en écrivant que celui-ci, « consciemment ou non, a une propension à adopter des solutions simples ; il a tendance à donner des solutions globales au problème du droit applicable à l'Administration »[822]. Le juge sénégalais se démarquerait alors du juge français qui « peut appliquer parfois, dans des dosages variables, le droit administratif et le droit privé à un même litige »[823], tandis que « l'attitude (du juge sénégalais) consisterait à appliquer intégralement aux litiges qui lui sont soumis soit le droit administratif soit le droit privé »[824].

Selon Alioune Badara Fall, « étant maître de décider du droit applicable, il (le juge judiciaire) bénéficie d'une grande liberté pour clarifier l'étendue du champ d'application du droit administratif »[825] . Ainsi, « la recherche de la règle applicable pourrait s'effectuer de façon plus souple, plus adaptée à la réalité »[826]. Le doyen Alain Bockel évoque sur ce point l'exemple du Sénégal où « dans certaines affaires, le juge accepte de corriger la base juridique de la requête et de juger sur la base du droit administratif des affaires engagées par les parties en invoquant le droit privé »[827].

Une fois de plus, il faut attirer l'attention sur le fait que la pratique malienne se distingue de celle des pays qui ont opté pour l'unité de juridiction plus

---

821 B. Kanté, thèse, *op. cit.*, p. 154.
822 *Ibid.*
823 *Ibid.*
824 *Ibid.*
825 A. B. Fall, thèse, *op. cit.*, p. 246.
826 A. Bockel, *Droit administratif*, *op. cit.*, p. 54.
827 *Ibid.* ; voir aussi les observations du doyen Bockel sur l'affaire Soc. Bernabé Sénégal, CA de Dakar du 9 avril 1971, dans *Annales africaines*, 1971, p. 221.

accentuée. Le juge judiciaire malien chargé d'appliquer le droit administratif n'a pas les mains libres. Une fois qu'il se déclare compétent en tant que juge administratif de façade, il doit en principe appliquer un droit : le droit administratif, et c'est en réalité là où se situe le problème.

b. La rareté voire l'inexistence de contrariété de décisions

La contrariété de décisions constitue une réalité pratique qui est même inévitable dans un pays ayant choisi de confier la résolution des litiges à deux ordres juridictionnels distincts. En d'autres termes ou de manière plus claire, il s'agit des pays qui ont opté pour le dualisme juridictionnel. Comment peut-on faire fonctionner, sur un même territoire, deux juridictions distinctes, souvent saisies par les mêmes justiciables pour les mêmes litiges et sans qu'il y ait des conflits de compétence aboutissant parfois à des décisions contradictoires ? Cela est très difficile et constitue d'ailleurs la principale conséquence inhérente à la dualité de juridictions.

Dans sa thèse, Alioune Badara Fall fait savoir que « l'existence de décisions jurisprudentielles contradictoires constitue l'un des éléments marquants de la dualité de juridictions »[828] et que « de telles situations ne sont pas des facteurs positifs dès qu'il s'agit d'élaborer un droit qui se veut harmonieux »[829].

Faut-il alors rappeler que ces points, pouvant être qualifiés de points noirs du dualisme juridictionnel, n'existent pas lorsque l'application de tous les droits est confiée à un seul juge ? Le fait que le seul juge judiciaire soit compétent pour statuer sur toutes les matières évite a priori les cas d'irrecevabilité des requêtes pour incompétence. L'incompétence peut alors prendre une autre tournure. Au lieu que cela soit une incompétence au profit d'une autre juridiction, il s'agit d'une incompétence interne, c'est-à-dire une incompétence entre juridictions d'un même ordre juridictionnel. Il faut alors savoir que « dès lors, les conditions idéales de recherche du droit applicable paraissent être remplies si un même juge, saisi de l'affaire, décide librement de la règle applicable, la mieux adaptée, sans préoccupation de compétence ou de procédure ; ce n'est pas possible en France, du fait de la dualité de juridiction : il faut trancher le problème de compétence au préalable »[830].

Le fait que le juge judiciaire soit aussi amené à appliquer le droit administratif au sein de la juridiction administrative dans le système malien, ne fait point bénéficier au justiciable l'« avantage » de la rareté des problèmes de compétence. Si le juge judiciaire statue sur les litiges administratifs, il le fait à l'intérieur d'une partie spécialisée de la Cour suprême chargée du contentieux administratif. Certes, il reste dans cette optique juge judiciaire de par sa formation et sa fonction d'avant, mais il se met dans la peau du juge administratif et essaie de se comporter comme lui pour trancher les litiges. C'est

---

828 A. B. Fall, *op. cit.*, p. 227.

829 *Ibid.*

830 A. Bockel, *Droit administratif*, *op. cit.*, p. 54.

ce qui fait même que notre système suscite beaucoup d'interrogations. Le paradoxe est que sur certains points comme celui-ci, le système malien de résolution des conflits administratifs ne fait gagner au justiciable ni tous les avantages liés au dualisme juridictionnel, ni ceux se rattachant au monisme juridictionnel.

Si la question de compétence et la contrariété de décisions peuvent être perçues comme des conséquences négatives de l'application du droit administratif par un juge spécial et donc nuisible au justiciable ; la partie consacrée au juge des conflits atteste largement que l'intervention du juge judiciaire à la Section administrative n'atténue pas les méfaits du système. Les conflits de compétence existent au Mali.

Ainsi, les conflits d'attribution sont a priori méconnus dans « les systèmes d'application simplifiés du droit administratif ». Dans ce cas, « le juge peut se livrer librement, sans considération d'ordre contentieux, à la recherche du droit applicable à un litige »[831]. Vu sous cet angle, l'application du droit administratif par le juge judiciaire est d'une simplicité attirante. Le justiciable, en saisissant le juge, aura très peu de souci quant à la compétence de la juridiction saisie. Dans un article publié en 1963, Jean Claude Groshens souligne qu'« il faut ne pas oublier que le problème de la compétence juridictionnelle est une chose et que celui du droit applicable en est une autre »[832].

Lorsque le problème de compétence est donc écarté, il ne reste plus que celui du droit applicable et cette tâche relève du juge. Le justiciable gagne alors en temps et échappe ainsi à la décourageante démarche de réintroduction de la requête devant une autre juridiction après la déclaration d'incompétence d'une première. Ces propos doivent cependant être tempérés, si toutefois, tout le contentieux administratif n'est pas attribué à une seule juridiction de l'ordre juridictionnel unique ; des cas de règlement de juge étant toujours possibles.

2. Le juge judiciaire peut bien appliquer le droit administratif

S'il y a une réalité pratique qui peut être considérée comme universelle ici, c'est le fait que le juge judiciaire ne peut point être à l'aise devant le droit administratif comme il l'est devant le droit privé. Cette réalité, quoique vivante, ne doit pas non plus conduire au catastrophisme. En effet, le juge judiciaire n'est pas dans une prison intellectuelle l'empêchant toute compré-hension et toute analyse de la matière administrative. Ainsi, le juge judiciaire, affecté à la « juridiction administrative suprême », nous a démontré dans une célèbre affaire qu'il peut appliquer le droit administratif (a). Nous ne pouvons alors écarter toute possibilité d'une création d'un droit administratif par le juge judiciaire (b).

---

831 B. Kanté, thèse, *op. cit.*, p. 171.

832 J. C. Groshens, « Réflexions sur la dualité de juridiction », *AJDA*, 1963, p. 537 et s.

a. L'affaire Dionké Yaranangoré[833] : un revirement jurisprudentiel à la base duquel se trouve un juge judiciaire

La solution donnée par le juge dans cette affaire peut adoucir les positions des tenants à la thèse selon laquelle il existe une impossibilité totale de toute application acceptable du droit administratif par le juge judiciaire. Dans cet arrêt, le juge judiciaire affecté à la « juridiction » administrative suprême semble vouloir prouver l'affirmation de Babacar Kanté selon laquelle « le juge judiciaire n'est pas frappé d'une incapacité congénitale à créer un droit adapté à l'Administration »[834].

À titre de rappel des faits, « Monsieur Dionké Yaranangoré était titulaire de droit foncier coutumier sur une parcelle sise à Magnambougou depuis plusieurs décennies et y avait fait des réalisations. En méconnaissance de ces droits, le Maire du District de Bamako a attribué ladite parcelle à Monsieur Ousmane Daff qui à son tour la céda à Monsieur Amadou K. Bathily. S'étant aperçu de l'occupation de sa parcelle par une tierce personne, Dionké Yaranangoré exerça un recours gracieux contre la décision d'attribution faite par le Maire. Celui-ci s'étant rendu compte de son erreur, procéda au retrait de la décision d'attribution et à la régularisation des droits de Dionké Yaranangoré.

Par requête en date du 7 décembre 2010, Messieurs Ousmane Daff et Amadou K. Bathily ont saisi le Tribunal Administratif de Bamako (TAB) aux fins d'annulation pour excès de pouvoir de la décision n° 094/MDB du 14 octobre 2010 du Maire du District de Bamako.

Cette juridiction a, par jugement n° 144 du 24 mars 2011, annulé la décision du Maire. La Mairie du District et Dionké Yaranangoré qui n'avaient pas été convoqués à l'audience ont chacun de son côté, relevé appel du jugement.

Mais la Section administrative de la Cour suprême a déclaré l'appel de Dionké Yaranangoré irrecevable pour forclusion, et a reçu celui de la Mairie et l'a rejeté comme mal fondé. Les recours en révision, formés séparément contre cette décision ont été à leur tour rejetés »[835].

C'est ainsi que monsieur Yaranangoré et la Mairie du District ont, chacun de son côté, saisi la Section administrative d'un recours en rectification d'erreur matérielle. Le juge a alors, décidé de « joindre les deux procédures pour statuer par une seule et même décision dans l'intérêt d'une bonne administration de la justice »[836].

L'objet de l'analyse de l'Arrêt Yaranangoré n'est pas ici d'étudier la méthode par laquelle le juge de la Section administrative traite le recours en

---

833 CS-SA, Arrêt n° 415 du 20 décembre 2013 entre Dionké Yaranangoré et les Arrêts n° 72 du 8 mars 2012 et n° 333 du 10 août 2012 en matière de recours en rectification d'erreur matérielle, inéd.

834 B. Kanté, thèse, *op. cit.*, p. 142.

835 Arrêt Yaranangoré, *op. cit.*, rappel des faits.

836 *Ibid.*, sur la jonction des requêtes.

rectification d'erreur matérielle, mais plutôt d'apprécier la capacité du juge judiciaire chargé de dire le droit administratif dans les affaires pouvant être considérées comme complexes. Dans un entretien que nous a accordé un Conseiller juge administratif de la Section administrative, ce dernier a affirmé : « chez nous, il existe une jurisprudence constante en matière de recours en rectification d'erreur matérielle : c'est l'irrecevabilité desdits recours, mais dans l'Arrêt Yaranangoré, le Conseiller rapporteur, malgré qu'il soit juge judiciaire, a pu nous convaincre avec des arguments juridiques solides et nous a conduit ainsi à un revirement jurisprudentiel »[837].

S'agissant des griefs soulevés par Dionké Yaranangoré contre l'Arrêt n° 333, le juge souligne : « Considérant qu'il est reproché à l'arrêt attaqué d'avoir déclaré le recours de Yaranangoré irrecevable en se fondant sur les dispositions de l'article 71 de la loi sur la Cour suprême qui dispose que lorsqu'il aura été statué sur un premier recours en révision contre une décision contradictoire, un second recours en révision contre la même décision n'est pas recevable ;

Considérant qu'il résulte des propres énonciations de l'arrêt n° 333 du 30 août 2012 que le recours introduit le 27 décembre 2011 par Yaranangoré tend à la révision de l'arrêt n° 277 du 30 novembre 2011… ;

Que relativement à la Mairie du District de Bamako, la requête en révision du 19 décembre 2011dirigé contre l'arrêt n° 277 du 30 novembre 2011, a abouti à l'arrêt de rejet n° 72 du 8 mars 2012… ;

Qu'il apparaît ainsi qu'entre l'introduction du recours en révision de la Mairie du District et celle de Dionké Yaranangoré contre le même Arrêt, il ne s'est écoulé que 8 jours ;

Que néanmoins, la Cour ne s'est saisie que du seul recours de la Mairie du District de Bamako qui a abouti à l'arrêt n° 72 du 8 mars 2012 pour ensuite statuer sur celui de Dionké Yaranangoré le 30 août 2012 en lui opposant les dispositions de l'article 71 de la loi sur la Cour suprême ;

Qu'en appliquant ces dispositions au recours de Dionké Yaranangoré qui avait été introduit trois mois avant qu'il ne soit statué sur le recours de la Mairie, l'arrêt attaqué met inéluctablement en exergue le dysfonctionnement des services de la Cour. »

S'agissant des griefs soulevés par la Mairie du District de Bamako contre l'arrêt n° 72 du 8 mars 2012, le juge les analyse de la manière suivante : « Considérant que la Mairie du District de Bamako reproche à l'arrêt attaqué d'avoir faussement déclaré que son mémoire ampliatif n'est pas parvenu à la Cour ;

---

[837] Entretien avec Monsieur David Sagara, Conseiller à la Section administrative, (actuel Président de la Section administrative), membre de la formation ayant rendu l'Arrêt Yaranangoré le 23 décembre 2014 à la Section administrative de la Cour suprême.

Considérant qu'il ressort des énonciations de l'arrêt attaqué que (dans ses écritures, le conseil de la Mairie du District annonce un mémoire ampliatif qui n'est jamais parvenu à la Cour… ; que la requête ne contient pas les faits et moyens et que le mémoire annoncé n'est point parvenu) ;

Considérant cependant qu'il résulte des pièces du dossier que la requête aux fins de révision d'arrêt de la Mairie du District a été enregistrée au greffe de la Cour suprême le 20 décembre 2011 sous le numéro 2547 et le mémoire ampliatif le 9 janvier 2012 sous le n° 0065, tels que l'attestent les cachets apposés sur lesdits documents ;

Que dès lors, en énonçant que le mémoire ampliatif annoncé n'est jamais parvenu à la Cour, l'arrêt attaqué met en évidence un dysfonctionnement des services de la Cour suprême et se trouve ainsi entaché d'une erreur matérielle déterminante qui a influencé le jugement de l'affaire et qui mérite d'être rectifiée ;

Considérant qu'au regard de tout ce qui précède, il y a lieu de constater que les arrêts n° 333 du 30 août 2012 concernant Dionké Yaranangoré et n° 72 du 8 mars 2012 concernant la Mairie du District de Bamako sont entachés d'erreurs matérielles déterminantes qui ont influencé le jugement de l'affaire et qui sont susceptibles d'être référées par la voie de recours en révision ;

Que ces erreurs remettant en cause de manière radicale les arrêts attaqués, il y a lieu de les déclarer nuls et non avenus. »

Par cet arrêt, dont le rapporteur est un juge judiciaire affecté à la « juridiction » administrative suprême du Mali, on peut affirmer avec toutes les réserves, que le juge judiciaire peut aussi être amené à bien appliquer le droit administratif. La preuve de cette bonne application du droit administratif peut être également appréciée à travers l'analyse de la composition de la formation de jugement. En effet, sur les Conseillers de la formation, deux étaient des publicistes et le rapporteur était le seul privatiste. Si ces deux n'étaient pas d'accord avec sa manière de dire le droit administratif, il pouvait être mis en minorité. Même si la portée ne doit pas être exagérée, l'arrêt Yaranangoré atteste tout du moins que le juge judiciaire n'est pas foncièrement incapable d'appliquer le droit administratif.

b. Un juge pouvant être à la base d'un droit administratif acceptable

Même s'il faut signaler que le contexte national est différent, peut-on nier catégoriquement l'existence d'un droit administratif, ne serait-ce qu'embryonnaire dans les États où il n'y a que le juge judiciaire qui applique ce droit. En le faisant, cela signifierait alors qu'il n'existe pas de droit administratif ni au Bénin, ni au Congo Brazzaville, ni au Sénégal, bref, dans les États ayant opté pour l'unité de juridiction.

C'est pourquoi, Alioune Badara Fall, écrit que « les critiques formulées à l'encontre de l'unité de juridiction sont souvent justifiées, mais elles sont parfois excessives lorsqu'elles démentent toute contribution du juge judiciaire à l'élaboration du droit administratif[838] ». Il soutient que « le juge judiciaire peut, même de façon minime, participer à la construction des règles de droit administratif, non pas par des décisions toujours retentissantes, mais par l'application des règles de cette branche du droit »[839]. Il a même été noté, que le juge judiciaire « a su bien avant le juge administratif, accorder à l'État dans certains domaines, les pouvoirs qui lui étaient nécessaires pour bien remplir sa tâche, tout en évitant que l'exercice de ces pouvoirs ne compromette les droits des administrés »[840].

Ainsi, s'il était admis, que le juge judiciaire de l'unité de juridiction est en mesure de définir les bases du droit de l'Administration selon les expressions de Babacar Kanté[841], le juge judiciaire d'une « unité de juridiction fortement atténuée » doit encore être plus apte à le faire. Ce que nous voulons démontrer, c'est que le juge judiciaire malien dans l'application du droit administratif au contentieux administratif n'est pas égal au juge judiciaire d'un système d'unité de juridiction, c'est-à-dire ne se situe pas dans la même posture, nous l'avons déjà souligné.

En statuant sur le contentieux administratif, le juge judiciaire malien le fait dans un cadre particulier et dans une idée spéciale. Ce cadre, c'est la juridiction administrative. En effet, il est juge judiciaire mais presque détaché de la juridiction judiciaire et affecté à la juridiction administrative au sein de laquelle il n'est appelé qu'à appliquer en principe un seul droit : le droit administratif. L'idée est qu'il va se mettre dans la peau d'un vrai juge administratif. Sans pouvoir brusquement s'improviser juge administratif réel, il va tenter de réfléchir et de raisonner comme ce dernier, surtout qu'il va composer avec de vrais juges administratifs. Le juge judiciaire national, affecté à la Section administrative de la Cour suprême peut, grâce à sa situation particulière, être à la base d'un certain droit administratif.

L'arrêt Yaranangoré ci-dessus évoqué constitue une démonstration. Dans ledit arrêt, le juge judiciaire était certes le rapporteur, c'est donc lui qui a dit le droit administratif, mais il l'a dit avec la complicité et même avec « l'accord » de deux autres juges qui sont des juges administratifs. Le juge judiciaire malien, affecté à la juridiction administrative n'applique pas deux droits et ne connaît pas deux litiges. Il n'applique qu'un seul droit : le droit administratif et ne connaît que les litiges administratifs. Cela constitue d'ailleurs une différence fondamentale entre lui et d'autres juges judiciaires tels que ceux du Sénégal où un juge unique applique deux droits différents.

Nous pouvons ainsi adhérer, mais avec réserve, à l'affirmation selon laquelle le juge judiciaire « n'est pas nécessairement inapte à la fonction d'organe

---

838 A. B. Fall, thèse, *op. cit.*, p. 237.

839 *Ibid.*

840 P. Farrari, *Recherche sur l'application du droit public interne par le juge judiciaire*, thèse, Paris, 1972, p. 186, cité par A. B. Fall, *ibid.*

841 Voir B. Kanté, thèse, *op. cit.*, p. 142.

créateur du droit administratif »[842]. Ces réserves concernent principalement le manque de logique dans la démarche des autorités maliennes. Dans la pratique, on comprend difficilement, après la création des tribunaux administratifs et des Cours administratives d'appel, le maintien de la « juridiction administrative suprême » au sein d'une Cour suprême sous l'emprise des juges de formation privatiste. Quoique l'on soutienne quant à la capacité réelle du juge judiciaire à poser des règles de droit administratif, il ne faut vraiment pas refuser de reconnaître une vérité : le juge judiciaire n'est pas le juge administratif. En la matière, le juge judiciaire est l'imitateur du juge administratif et l'imitation en matière intellectuelle ne peut conduire aux résultats escomptés. Ainsi, pourquoi on ne voit pas l'inverse, à savoir l'affectation des conseillers de la Section administrative à la Section judiciaire ?

Le schéma malien actuel constitue alors le vrai handicap. Faut-il alors éclater notre juridiction suprême unique pour que l'on puisse véritablement parler d'un droit administratif malien ? (Section 2).

Section 2

L'éclatement de la juridiction suprême unique : condition inhérente au raffermissement d'un droit administratif ?

Il y a lieu de signaler de prime abord, que le terme « éclatement » ne fait pas l'unanimité dans le présent contexte. C'est un terme qui serait « quelque peu problématique au regard de sa charge négative »[843] et « le questionnement résiderait plus simplement dans l'unité ou le pluralisme de l'appareil juridictionnel suprême, ou, plus prosaïquement dans la polyvalence ou la spécialisation »[844].

En effet, le Mali n'est pas le seul État à avoir opté pour la juridiction suprême unique au lendemain des indépendances. Ces juridictions suprêmes rassemblent en leurs seins d'autres « juridictions », si l'on s'en tient à la qualification législative. Ce qui est réel, c'est que les organes de ces Cours suprêmes exercent, si l'on se réfère au modèle français, les fonctions dévolues au Conseil constitutionnel (Chambres ou Sections constitutionnelles), au Conseil d'État (Chambres ou Sections administratives), à la Cour de cassation (Chambres ou Sections judiciaires) et à la Cour des comptes (Chambres ou Sections des comptes).

Cependant, toutes ces juridictions suprêmes ont connu des éclatements partiels ou totaux. Ces éclatements se sont traduits par la création des

---

842 *Ibid.*, p. 145.

843 M. Sall, Président de Section au CE du Sénégal, « Opportunité de l'éclatement ou non des Cours suprêmes africaines – Considérations tirées du système juridictionnel sénégalais », in Les actes du Colloque du Cotonou, 14-16 mai 2002, les *Cahiers de l'Association des hautes juridictions francophones*, p. 133.

844 *Ibid.*

juridictions constitutionnelles distinctes (Cours ou Conseils constitutionnels), des Cours des comptes, des Cours de cassation et des Conseils d'État. Certains États se sont limités à la création des juridictions constitutionnelles, ces États ont opté pour l'éclatement partiel, le Mali fait partie de ces États. D'autres, en se pliant aux exigences communautaires, ont dissocié la juridiction des comptes de la Cour suprême en plus de la juridiction constitutionnelle, c'est le cas du Sénégal. Par contre, d'autres États ont procédé à l'éclatement total en créant, en plus des juridictions constitutionnelles et des comptes, des Conseils d'État et des Cours de cassation.

Le Mali n'a alors procédé qu'à un éclatement très partiel de sa juridiction suprême unique depuis son indépendance. Il existe donc toujours une Cour suprême au Mali avec, en son sein, une Section judiciaire, une Section administrative et une Section des comptes. Ainsi, dans un souci d'un traitement efficace des litiges administratifs, gage de renforcement d'un droit administratif adapté donc véritable, faut-il éclater la Cour suprême en créant un Conseil d'État pour donner plus de vigueur et d'efficacité à la juridiction administrative.

L'existence de juridiction suprême distincte, particulièrement celle d'un Conseil d'État constitue une condition nécessaire au raffermissement d'un droit administratif (Paragraphe 1), mais cette condition n'est pas incontournable (Paragraphe 2).

Paragraphe 1 : L'existence d'un Conseil d'État est une condition nécessaire

Une partie importante de la doctrine africaine et occidentale y est favorable. En effet, « l'existence d'un Conseil d'État présente l'avantage de renforcer l'autonomie du droit administratif, de développer ce droit, voire de l'affiner »[845]. Pour certains, le fait que « tout le droit jurisprudentiel applicable à l'Administration soit principalement l'œuvre du Conseil d'État »[846] en constitue la preuve. C'est pourquoi, pour avoir une compréhension large de la situation, il convient d'étudier les contours de l'existence d'un Conseil d'État (A) et de démontrer la nécessité d'un Conseil d'État en tant qu'appareil approprié d'incubation d'un droit administratif autonome (B).

A. Les contours de l'existence d'un Conseil d'État

Les avantages qui s'attachent à l'existence d'un Conseil d'État (1) constituent une réalité indéniable, mais cela ne doit pas constituer une raison de refuser de reconnaître le revers de la médaille (2).

---

845 R. Dégni-Ségui, *Droit administratif général*, t. 1, *op. cit.*, p. 36.

846 *Ibid.*

1. La dualité juridictionnelle recèle des avantages

Les avantages concernent surtout l'autonomie et la liberté d'action des juges administratifs (a) ainsi que leur spécialisation et leur maîtrise de la machinerie administrative (b).

a. L'autonomie et la liberté d'action des juges qui disent le droit administratif

Il faut prendre clairement position sur ce point, pour dire que le système de dualité des ordres de juridiction, est l'alternative la plus sérieuse ou même la plus idéale, voire la solution aux problèmes liés à l'indépendance que connaît le juge administratif malien. Dans le premier Paragraphe de la Section précédente, nous avons étudié le problème et nous sommes parvenus à la déduction, selon laquelle le juge administratif malien se trouve ostensiblement sous la tutelle de son collègue de l'ordre judiciaire.

En optant alors pour la création d'un Conseil d'État, donc en procédant à l'éclatement de la Cour suprême, le juge administratif national pourra bénéficier de l'autonomie que bénéficient ses homologues des pays ayant déjà opté pour ce système. Jamais mises en application, les recommandations du forum politique national du 21 au 29 janvier 1999 allaient dans ce sens. Pour la Présidente de la Section judiciaire de la Cour suprême du Mali, « dans la mouvance actuelle tendant à l'uniformisation du droit, le citoyen, assoiffé de justice, a estimé lors du forum politique que la structure actuelle, l'organisation actuelle de la justice ne répond plus à ses aspirations. Le besoin d'une justice plus accessible (…) équitable et égale pour tous se fait de plus en plus sentir. Longtemps assujetti à une Cour suprême à pleine compétence nationale, le citoyen espère tenter l'expérience de l'éclatement de la Cour suprême actuelle en trois entités autonomes, les unes par rapport aux autres : une Cour de cassation, une Cour des comptes et un Conseil d'État »[847].

Pourtant, parlant des avantages de l'éclatement de la juridiction suprême unique, elle ne fait point référence à l'autonomie et la liberté que le juge administratif pourrait retrouver, mais avoue tout simplement que c'est une obligation sous-régionale[848].

Il apparaît nettement, que l'autonomie du juge administratif est le dernier des soucis des présidents successifs de la Cour suprême du Mali. À s'en tenir à l'intervention de Mme Diallo Kaïta Kayentao lors du colloque de mai 2002 à

---

[847] Mme Diallo Kaïta Kayentao, Présidente de la Section judiciaire de la Cour suprême du Mali, « Opportunité de l'éclatement des Cours suprêmes ouest-africaines en plusieurs cours distinctes », les Actes du colloque de Cotonou, 14-16 mai 2002, in les *Cahiers de l'AOA-HJF*, pp. 145-146.

[848] « L'éclatement de la Cour suprême permettra au pays d'exécuter ses obligations sous-régionales résultant de la ratification des traités relatifs à l'harmonisation du droit des affaires en Afrique et de l'UEMOA qui préconisent la création des Cours des comptes dans chaque pays membre », *ibid.*

Cotonou sur l'opportunité de l'éclatement des Cours suprêmes, on peut comprendre aisément que la crainte réside plutôt dans le fait que la Cour de cassation ne constituerait plus une institution. Si cela se produit, le juge judiciaire semble craindre une certaine diminution de ses privilèges, surtout sa domination du juge administratif. L'indépendance du pouvoir judiciaire disparaîtrait, il faut donc procéder à un éclatement partiel « pour répondre aux exigences des organisations sous-régionales en créant la Cour des comptes »[849] en maintenant « le pouvoir judiciaire qui sera représenté par la Cour suprême composée de la Section judiciaire et de la Section administrative »[850].

Ainsi, en créant un vrai Conseil d'État, la construction de la justice malienne entamée depuis l'indépendance sera achevée. L'un des avantages immédiats de cette création, qui se fera forcément au prix d'un éclatement définitif de la juridiction suprême unique actuelle et d'une contestation déjà comprise des juges judiciaires, sera l'autonomie et la liberté d'action de la vraie juridiction administrative suprême.

La création de ce Conseil d'État permettra de mettre en place une institution au sein de laquelle, les juges administratifs, ou tout au plus les administrativistes et les publicistes seront principalement entre eux. Il ne s'agit pas de rompre toute collaboration avec l'ordre judiciaire, mais de rendre tout simplement au juge administratif l'autonomie et la liberté d'action sans lesquelles il ne peut réellement être à la base d'un droit administratif national dont l'édification repose à titre principal sur lui. Les membres de la Cour de cassation ne pourront pas ainsi être affectés selon le bon vouloir du Président de cette juridiction au Conseil d'État. Il est aussi évident que ce Président ne pourra pas participer aux formations de jugement du Conseil d'État lorsqu'il le voudra. En plus, les rapports des rapporteurs ne pourront en aucune manière être soumis à un quelconque visa du Président de la Cour de cassation. Les requêtes adressées à la juridiction administrative seront directement enregistrées au niveau d'un greffe autonome et échapperont ainsi à un passage obligatoire par un autre greffe et par le bureau du Président de la Cour de cassation.

Les juges administratifs suprêmes ne se sentiront plus comme des sous-juges et seront soustraits de la crainte psychologique qu'ils avaient du juge judiciaire, le chef. Le Conseil d'État apparaît dans ce cas précis comme le véritable garant de l'autonomie et de la liberté d'action des juges qui disent le droit administratif en son sein.

Cette autonomie et cette liberté concernent un autre aspect : l'autonomie et la liberté du juge administratif vis-à-vis de l'Administration. Il faut comprendre que dans la configuration actuelle de notre juridiction suprême, l'effectivité de cette autonomie et de cette liberté suscitent des réserves rien que par les conditions de désignation des Présidents de la Cour suprême. Pour que les

---

[849] *Ibid.*
[850] *Ibid.*

mêmes causes ne produisent pas les mêmes effets, il faudra tenir compte de ce point lors de la création d'un Conseil d'État.

Sous réserve de signaler que les mêmes schémas ne donnent pas toujours les mêmes résultats dans nos pays, on peut, en se référant au modèle français, affirmer que le juge administratif suprême français bénéficie d'une autonomie et d'une liberté lui permettant de consolider et d'enraciner de jour en jour le droit administratif de ce pays. Partant de cet exemple, nous pouvons dire que l'éclatement de la juridiction suprême unique pour créer un Conseil d'État constitue aussi une garantie particulière pour l'autonomie et la liberté d'action du juge administratif par rapport à l'Administration. Dans le dualisme juridictionnel, la spécialisation des juges conduisant à une certaine connaissance intime des rouages et des pratiques de l'Administration.

b. La spécialisation des juges et la maîtrise de la machinerie administrative

« La spécialisation n'est pas un simple choix d'opportunité »[851], elle est « devenue un impératif pour la sauvegarde même de l'institution judiciaire »[852]. Un juge spécialisé dans son domaine d'action est un juge fort et crédible dont les décisions sont acceptables par tous les justiciables (particuliers et Administration) car il connaît ce qu'il fait et sait ce qu'il dit. Le justiciable devant un tel juge se sent en sécurité et est sûr d'être bien entendu et surtout bien compris par celui devant lequel il a porté son affaire. Le juge spécialisé quant à lui ne se sentira pas dépaysé ou perdu en lisant les requêtes, les mémoires et surtout les actes parfois complexes et de plus en plus sophistiqués d'une Administration en constante mutation.

Le professeur Francis Paul Benoit pose la question en ces termes : « Comment le même juge pourrait-il posséder simultanément la connaissance sérieuse des problèmes juridiques des rapports entre particuliers ? »[853] Pour lui, « l'impossibilité est d'autant plus évidente que, déjà, le reproche est adressé au juge judiciaire, pourtant spécialisé dans les affaires privées, de mal connaître certaines parties de leur propre domaine, tels les faits et les problèmes du monde du travail, du monde rural, du monde des affaires »[854]. Dans la même logique, le Président du défunt Conseil d'État sénégalais s'exprime aussi de manière claire en soulignant que « les fortes poussées contemporaines de la demande sociale globale, traduites en termes de justice, exigeant pertinence et célérité et donc un fort coefficient de compétence professionnelle, rend nécessaire la spécialisation des hommes dans les matières ou disciplines de leur matière »[855].

---

[851] Constituant sénégalais de 1992 dans l'exposé des motifs, cité par M. Sall, *op. cit.*, p. 137.

[852] *Ibid.*

[853] F. P. Benoit, *Le droit administratif français*, *op. cit.*, p. 301.

[854] *Ibid.*

[855] M. Sall, Président de section du CE sénégalais, Actes du colloque de Cotonou de 2002, p. 136.

Il continue en précisant : « le juge administratif doit donc être spécialisé en droit public, contrairement à la période antérieure où il pouvait être le tout-venant »[856]. On sent du regret dans ses mots quand il signale que « c'est le lieu de préciser que jusqu'à présent, au Sénégal, le juge administratif n'est guère spécialisé, ni par sa formation spécifique, ni par ses titres universitaires, ni par son cursus professionnel »[857].

À la lumière du précédent sénégalais, il faut vite prendre parti pour apporter une précision d'une importance sincère. En effet, l'éclatement de la juridiction suprême unique en de juridictions autonomes et spécialisées de manière plus simple, la création d'un Conseil d'État, ne peut constituer aucunement un avantage si elle n'est pas fondée sur cette valeur fondamentale de la juridiction administrative qu'est la spécialisation des juges. S'il faut créer un Conseil d'État pour le faire fonctionner par des juges non spécialistes, mieux vaut laisser la Cour suprême polyvalente en place.

Cela conduirait au même résultat que le trompe-l'œil malien. Confier cette tâche à un non spécialiste met le droit administratif dans une situation stagnante.

C'est pourquoi en 1962, dans son brillant article, le professeur Francis Paul Benoit, s'agissant des conditions de développement d'un droit administratif dans les États nouvellement indépendants, a souligné, que « le juge judiciaire aura toujours en face du contentieux administratif des réactions commandées soit par son inadaptation, soit par son hostilité. Si c'est le réflexe d'inadaptation qui l'emporte, c'est-à-dire si le juge judiciaire est dominé avant tout par le sentiment de son insuffisante connaissance des problèmes administratifs à résoudre, il aura alors tendance à se refuser dans la prudence et sera enclin à ne condamner que bien rarement l'Administration. Si c'est au contraire le réflexe d'hostilité qui domine, des décisions brutales ou tatillonnes seront prises qui dresseront contre le juge judiciaire les autorités administratives, et les inciteront à demander au législateur d'intervenir pour les protéger contre ces abus. Dans un cas comme dans l'autre, la justice n'y gagnera rien, ni les particuliers, qui n'auront ainsi de recours que devant des juges soit trop timides, soit bientôt trop bridés du fait même de leurs abus. Si l'on ajoute à cela que les deux réflexes d'inadaptation et d'hostilité, peuvent, en fonction des espèces, se combiner, disons que c'est vraiment faire la part grande au hasard que d'espérer qu'un juge judiciaire statue juste en matière administrative tout comme la chose serait vraie du juge administratif en matière civile »[858].

Il faut comprendre dès lors que le bénéfice de la spécialisation est d'autant plus élevé qu'il est difficile à évaluer. Ce bénéfice est partagé par tous les acteurs du procès administratif, à savoir le citoyen, l'Administration elle-même, ainsi

---

856 *Ibid.*

857 *Ibid.*

858 F. P. Benoit, *Des conditions de développement d'un droit administratif autonome dans les États nouvellement indépendants*, *op. cit.*, p. 134.

que le juge spécialiste. Le citoyen aura l'assurance d'être entendu par quelqu'un qui maîtrise ce qu'on lui soumet. L'Administration quant à elle fera attention dans ses actions, car elle sait très bien qu'elle ne pourra pas « bluffer » un juge qui la connaît du bout des doigts et c'est ce qui va aussi la pousser à accepter plus facilement les décisions de ce juge[859].

Le juge en ce qui le concerne, du fait de sa maîtrise de la machinerie administrative, aura toujours une satisfaction morale, professionnelle et intellectuelle après chaque décision consciencieusement rendue. Soit, il sera satisfait d'avoir sauvegardé l'intérêt général et empêcher ainsi une atteinte irrégulière à l'Administration, ce qui va bénéficier directement ou indirectement à une plus grande partie de la population, soit, il sera satisfait d'avoir protégé le faible citoyen contre la très puissante Administration.

La conséquence la plus perceptible est la consolidation de l'État de droit à travers une Administration respectueuse du droit et de la justice. Ce qui va avec une réduction des contestations sociales, et le rejet de l'Administration et de la justice par une population se sentant en sécurité juridique. Cette démystification de l'Administration permet le recul de cette peur collective de l'Administration instaurée sous la colonisation et de créer une atmosphère de confiance entre Administration et administré. Tout cela, même si c'est parfois omis, contribue et favorise un développement rapide et poussé de l'État.

Il faut alors reconnaître que le dualisme juridictionnel n'a pas que des avantages. D'ailleurs n'est-il pas logique que les avantages soient toujours accompagnés de difficultés ?

2. La dualité juridictionnelle recèle des inconvénients

Il est normal, tout en pesant bien le sens du mot, que le système d'organisation dualiste de juridiction soulève quelques problèmes inhérents même à la nature des choses. Ces problèmes peuvent ne pas être liés au seul fonctionnement du système (b), mais peuvent parfois être liés à des considérations d'ordre interne propres à chaque État. Ce sont ces considérations qui ont d'ailleurs guidé le choix de plusieurs États d'Afrique noire francophone vers l'unité de juridiction (a).

a. La persistance des raisons du choix de l'unité de juridiction

Tel est le raisonnement de la plupart des représentants des Cours suprêmes des États francophones d'Afrique de l'Ouest réunis à Cotonou au Bénin en mai

---

859 En effet, « Les autorités administratives acceptent sans plaisir, certes, mais elles acceptent d'être condamnées si elles ont commis une inégalité ou causé un dommage ; mais elles ne le supportent que dans la mesure où elles savent que celui qui les juge tient compte de la nature et du poids de leur mission et n'oublient pas qu'elles ont la responsabilité du bon fonctionnement des services publics, qu'elles agissent dans l'intérêt général », voir F. P. Benoit, *Le droit administratif français*, *Ibid.*, p. 302.

2002 en colloque autour du thème de *L'opportunité de l'éclatement ou non des Cours suprêmes en plusieurs juridictions distinctes.*

Selon la Présidente de la Cour suprême du Mali qui a représenté le Mali lors dudit colloque, « La création de la Cour suprême, formule actuelle, est la résultante de l'insuffisance des ressources financières, matérielles, humaines et l'inexistence d'infrastructures adéquates »[860]. Elle a posé la question suivante : « l'éclatement de la Cour suprême présente-t-il des inconvénients ? »[861] Cette question pouvait être posée : la création d'un Conseil d'État au Mali a-t-elle des inconvénients ?

À sa question, elle donne la réponse suivante : « la création (...) de Conseil d'État entraînera une augmentation des charges de l'État se traduisant par la prise en charge des moyens humains et matériels et la disparition de l'indépendance du pouvoir judiciaire ; car la Cour de cassation sera sous tutelle du ministère de la Justice, la Cour des comptes sous tutelle du ministère des Finances et le Conseil d'État sous tutelle du ministère de l'Administration territoriale et des Collectivités locales. »[862]

Dans sa conclusion, elle souligne que « le Mali continue de vivre les difficultés des années de l'indépendance » et que « par ailleurs, en cas de réunion des moyens humains, financiers et matériels, la justice est mieux représentée par une Cour suprême que par une multitude de Cours » et que nous « ne serons pas les seuls à préférer la formule de la Cour suprême (qui) existe dans plusieurs pays occidentaux et européens... »[863]

Dans sa communication, le Président de la Cour suprême de Côte d'ivoire a lui aussi insisté sur la faiblesse des moyens matériels et humains. Il explique la situation en ces termes : « à l'instar des autres États ouest-africains, au lendemain des indépendances, l'insuffisance de moyens humains, matériels et financiers, a amené les gouvernements à opter pour une Cour suprême regroupant en son sein toutes les hautes juridictions sous forme de chambres. L'objectif recherché était de mieux gérer les maigres ressources financières et pallier l'insuffisance des cadres pour animer plusieurs juridictions autonomes. »[864] Comme l'avait fait la Présidente de la Cour suprême du Mali, il souligne « la survivance des raisons qui avaient conduit à la création d'une Cour suprême » en ces termes : « après plusieurs années de fonctionnement de la Cour suprême, l'honnêteté commande que l'on reconnaisse avec courage que les moyens matériels et humains restent précaires. »[865]

---

860 D. K. Kayentao, *op. cit.*, p. 144.

861 *Ibid.*, p. 148.

862 *Ibid.*

863 *Ibid.*, p. 149.

864 Le Président de la Cour suprême de Côte d'ivoire, communication à l'occasion de colloque de Cotonou des 14-16 mai 2002, *op. cit.*, p. 112.

865 *Ibid.*, p. 113.

Dans le rapport général de cet important colloque, à la question suivante : « quelles sont les causes, les raisons de la mise en place de cette institution sui-generis au lendemain des indépendances ? »[866]. La réponse retenue qui nous intéresse a été : « L'économie des moyens financiers en tant que réponse à l'insuffisance des ressources budgétaires de nos jeunes États et la rareté des ressources humaines »[867].

Quant au doyen Alain Bockel, il fait les mêmes remarques en écrivant que « (...) l'unité de juridiction (a été) imposée par suite de la faiblesse des moyens financiers et en personnel »[868]. Ces remarques sont largement partagées par Babacar Kanté quand il considère que « la situation économique des États africains au moment de leur accession à l'indépendance les orientait naturellement vers le type d'organisation juridictionnelle le moins coûteux. La faiblesse de leurs ressources financières et les impératifs de rigueur budgétaire ne leur permettaient pas de supporter les charges qui pourraient écouler d'institutions lourdes »[869]. Dans son article publié en 2011, Papa Mamour Sy reprend mot par mot ces remarques de Babacar Kanté[870] et il y ajoute que le système « permet de minorer les frais d'installation et de fonctionnement, qui s'attachent à la multiplication des juridictions et ne (nécessite) pas de frais de formation de magistrats spécialisés dans le contentieux administratif »[871]. Encore en 2015, le doyen Mamadou Badji rappelait les mêmes raisons ayant conduit nos États à opter pour l'unité de juridiction[872].

À la lecture de cette majorité de la doctrine, ainsi que les arguments développés par pratiquement tous les juges ayant en charge la direction des différentes juridictions suprêmes uniques en Afrique de l'Ouest francophone, nous pouvons faire la synthèse suivante : la création d'un Conseil d'État a un coût et c'est cela qui constitue le principal problème qu'elle soulève[873]. Sans rentrer dans des commentaires de défense ou de contradiction de ce point de vue généralement admis, nous l'avons démontré, nous faisons nôtres lesdits arguments en reconnaissant que la création d'une juridiction administrative autonome a effectivement un coût. En vérité, ce coût pourrait constituer un vrai problème pour certains de nos États. D'ailleurs, si un État ne parvient pas à faire

---

866 AOA-HJF, Assises statutaires, exercice 2001, Cotonou 13-16 mai 2002, Rapport général, p. 172.

867 *Ibid.*, p. 173.

868 A. Bockel, *Droit administratif*, *op. cit.*, p. 445.

869 B. Kanté, thèse, *op. cit.*, pp. 102-103.

870 P. M. Sy, *Entre l'unité et la dualité de juridiction de l'Afrique noire francophone à la recherche d'un modèle d'organisation de la justice administrative*, *op. cit.*, p. 274.

871 *Ibid.*

872 M. Badji, Préface, « Cinquante ans de droit administratif en Afrique », colloque organisé à Dakar les 18,19, et 20 mai 2015, sous la direction de D. Sy et de A. B. Fall, PUT 1 Capitole, 2016, p.12.

873 C'est cette raison qui est la plus couramment avancée et reste la plus défendue ; voire K. Mbaye, *L'organisation judiciaire au Sénégal*, Penant, 1969, pp. 27-191.

fonctionner normalement une seule Cour, il existe de doutes justifiés et sincères qu'il puisse le faire en ce qui concerne une multitude de Cours.

Le fait que Papa Mamour Sy « déplore (que) cinquante ans après les indépendances on continue à avancer des arguments liés à la modicité des ressources financières et à la rareté du personnel compétent »[874], confirme la réalité du problème que soulève le Conseil d'État et non le nier. Même, le grand défenseur de la dualité de juridiction, à savoir le Professeur Francis Paul Benoit, sans cautionner que cela soit une raison valable, ne nie pourtant pas l'existence de ce problème économique qui ne peut constituer un avantage pour la création d'un Conseil d'État. Il s'exprime ainsi sur la question : « sans doute ne doit-on pas ignorer les difficultés d'ordre matériel auxquels dans certains États, peut se heurter la création immédiate d'une véritable juridiction administrative. »[875]

Donc, l'un des problèmes qui peut maculer le boubou blanc de la dualité de juridiction reste le coût, que nécessite sa réalisation. Il faut alors souligner que le coût ne constitue pas le seul problème que soulève la réalisation d'un Conseil d'État, mais il y a aussi, même s'il ne constitue pas le principal soulevé par la doctrine et les juges, le non moins sérieux problème de la complexité lié à l'existence de deux ordres de juridiction.

b. La complexité liée à l'existence d'un Conseil d'État

Quoi que l'on soutienne, au même titre que l'unité de juridiction suprême peut être louée pour sa simplicité, l'existence de juridiction suprême spécialisée l'est pour sa complexité, sans tomber dans aucune compréhension excessive. Le doyen Alain Bockel, à travers une compréhension raisonnée, alimente le débat sur la question en confirmant que « la complexité est la rançon des qualités »[876] de la dualité de juridiction.

Cette complexité concerne principalement le choix du « bon juge » ou, en d'autres termes, la connaissance du juge compétent[877]. L'évolution de l'État conduisant à un développement réel passe de nos jours obligatoirement par un élargissement de son domaine d'intervention. Il peut ainsi intervenir dans des domaines relevant du droit privé. Lorsqu'il le fait, les litiges occasionnés par cette intervention ne peuvent relever de la compétence du juge administratif, mais de celle du juge judiciaire. Le nœud du problème est que ces domaines deviennent de plus en plus nombreux. L'Administration peut être alors attaquée devant ces deux juges en fonction de l'habit qu'elle a porté dans son action. Est-il d'ailleurs nécessaire de rappeler l'affirmation de Roland Drago selon laquelle,

---

874 P. M. Sy, *ibid.*, p. 278.

875 F. P. Benoit, *Des conditions de développement d'un droit administratif autonome dans les États nouvellement indépendants*, *op. cit.*, p. 135.

876 A. BockeL, *Droit administratif*, *op. cit.*, p. 443 ; cette affirmation a été exactement reprise par Papa Mamour Sy, *op. cit.*, p. 310.

877 Pour le doyen Bockel, *La complexité (...) résulte surtout des solutions données au problème de la distinction des compétences des deux ordres de juridiction*, *ibid.*, p. 443.

« le juge administratif n'a jamais eu le monopole de la justice administrative »[878].

La soumission de l'Administration au juge administratif n'est pas alors automatique. Lorsqu'il y a un conflit qui oppose l'Administration à un administré, il appartient alors à ce dernier de réfléchir et de chercher à connaître devant quel juge le conflit doit être porté. C'est là, un vrai goulet d'étranglement pour le justiciable en général et particulièrement pour le justiciable malien. Cette tâche est périlleuse pour les intellectuels et même aussi pour des juristes non spécialistes *a fortiori* une population majoritairement analphabète[879].

Pour Babacar Kanté, « la juridiction administrative, a en large partie rempli sa mission, (mais) il n'en demeure pas moins que la complexité structurelle qu'elle introduit dans l'organisation juridictionnelle amène à se poser des questions »[880]. Cette complexité de la dualité de juridiction, donc de l'existence d'un Conseil d'État a été tant décriée par une partie dominante de la doctrine d'Afrique noire francophone, qu'elle a même été considérée comme « un inconvénient sérieux qui peut mener les États de l'Afrique francophone à rechercher des solutions simplificatrices »[881].

Ce n'est pas la doctrine d'Afrique noire francophone qui est la seule à dénoncer cette complexité qui s'attache à l'existence d'un Conseil d'État. Une partie de la doctrine française le fait également[882]. Même le grand partisan du dualisme juridictionnel, le professeur Francis Paul Benoit ne nie pas cette complexité, « la dualité des juridictions, écrit-il, est une source de complication car elle crée le problème de la répartition des compétences entre les deux ordres de juridiction. Il est donc parfois difficile de savoir si une affaire relève de la compétence de la juridiction administrative ou de celle de la juridiction judiciaire, il faut alors plaider pour trouver son juge »[883] ; « tout cela est incontestable »[884], ajoute-t-il. Il reconnaît même que cette difficulté ne peut être évitée[885], car, « qui dit dualité de juridictions dit par là même nette distinction des secteurs publics et privés »[886], or l'Administration est parfois actrice des

---

878 R. Drago, « Le juge judiciaire, juge administratif », *RFDA* n° 5, septembre-octobre, 1990, p. 761.

879 « Les justiciables en conflits avec l'administration éprouvent parfois de grandes difficultés à trouver un juge compétent et peuvent être déconcertés par la complexité des solutions données », A. Bockel, « Droit administratif », *op. cit.*, p. 443.

880 B. Kanté, thèse, *op. cit.*, pp. 29-30.

881 P. M. Sy, *Entre l'unité et la dualité de juridiction de l'Afrique noire francophone à la recherche d'un modèle d'organisation de la justice administrative*, *op. cit.*, p. 310.

882 Voir J. C. Groshens, *Réflexions sur la dualité de juridiction*, *AJDA*, 1963, pp. 536-540 ; G. Liet Veaux, *réflexion sur la séparation contentieux*, ra, 1956, p. 369.

883 f. p. benoit, *Droit administratif*, *op. cit.*, p. 317.

884 *Ibid.*

885 *Ibid.*, p. 320.

886 *Ibid.*

deux, d'où la reconnaissance de l'exactitude des critiques concernant cette complexité sous réserve qu'elle ne soit pas non plus exagérée[887].

Par exemple, il est impossible de soulever ce problème lié à la complexité de la question de compétence dans le système d'organisation sénégalais. Par contre, il est possible de le faire dans le système malien. Le modèle malien d'organisation juridictionnelle, sans être le dualisme pur français, souffre de la même complexité que le modèle français, sans, il faut le souligner, avoir la même efficacité que ce dernier. Pouvons-nous alors parler de complexité inutile en ce qui concerne notre modèle ? Rien ne l'interdit, car c'est cette efficacité de la dualité de juridiction qui a fait atténuer cette complexité et l'a rendue moins douloureuse.

Même dans un système d'unité de juridiction, la complexité liée à la question de compétence entre les juridictions judiciaires n'est pas totalement inexistante. Alors, malgré ce petit point noir, la création d'une juridiction administrative suprême autonome, reste un choix idéal pour bien raffermir un droit administratif national (B).

B. L'existence d'un Conseil d'État est favorable au développement d'un droit administratif

Nous l'avons constaté dans le paragraphe précédent, le choix des États d'Afrique noire francophone pour l'unité de juridiction n'a pas été motivé par une quelconque incapacité de la dualité de juridiction à créer un droit administratif autonome dans ces États. Ainsi, « si l'on veut voir apparaître un droit administratif autonome, c'est-à-dire si l'on désire que les problèmes propres du droit administratif reçoivent des solutions qui leur soient propres, et donc adaptées, et non pas voir plaquer sur les problèmes administratifs des solutions de droit civil élaborées pour résoudre de tout autre problème, il faut avoir une juridiction spécialisée dans la solution des problèmes administratifs, c'est-à-dire une juridiction administrative »[888].

Dans un système où il existe deux ordres de juridiction, « l'autonomie du droit administratif est renforcée »[889] alors que « (cette) autonomie (est) affaiblie dans le système d'unité juridictionnelle »[890].

Cette autonomie résulte substantiellement de l'œuvre créatrice du juge administratif (1), qui ouvre une véritable possibilité d'un enracinement plus rapide d'un droit administratif (2).

---

887 *Ibid.*, voir p. 318 ; voir aussi A. Bockel, *Droit administratif*, (Si la complexité est un inconvénient sérieux, il ne faut pas en exagérer l'importance), p. 443.

888 F. P. Benoit, *Des conditions de développement d'un droit administratif autonome dans les États nouvellement indépendants*, *op. cit.*, p. 132.

889 R. Dégni-Ségui, *Droit administratif général*, t. 1, *op. cit.*, p. 34.

890 *Ibid.*

1. L'impact favorable du juge administratif sur le droit administratif

Si par exemple, un Conseil d'État malien peut sécréter un droit administratif malien autonome, il le fait par l'intermédiaire des juges administratifs qui agissent et tranchent les litiges en son nom. C'est pourquoi ce droit dépend en grande partie de l'aptitude de ces derniers à comprendre l'Administration (a) sans oublier le fait que l'intervention du législateur peut aussi avoir de l'influence sur cette création (b).

a. L'aptitude d'un « vrai juge administratif » à comprendre l'Administration : une source créatrice d'un vrai droit administratif

Il faut savoir que « dans le contexte d'une société de plus en plus régie par le droit et de moins en moins administrée »[891], le juge administratif malien en particulier, et ceux de l'Afrique noire francophone en général, en dépit de la véritable pagaille organisationnelle que nous connaissons, constituent plus que jamais les garants de ce fascinant droit. Il ne s'agit pas pour nous de revenir ici sur la place de la jurisprudence dans le droit administratif, car cela a été déjà étudié. Il s'agit plutôt de la capacité du juge administratif à mettre en place cette jurisprudence solide concordante et intelligible pouvant être à la base d'un droit administratif autonome et national.

Il est question de « vrai juge administratif ». Cette expression a été déjà utilisée à quelques reprises. Ce qui fait qu'il faut revenir là-dessus afin d'insister sur ce que l'on met dedans. En effet, dès que l'on parle de juridiction administrative suprême autonome, c'est-à-dire de Conseil d'État, on ne se pose plus de question généralement sur les juges qui font fonctionner cette haute juridiction. La raison est simple, car en créant un Conseil d'État, l'État pousse à son degré ultime la spécialisation des juridictions. Cette dernière, à savoir, la spécialisation juridictionnelle conduit ou doit conduire à la spécialisation des juges, sans quoi, elle n'aurait de sens.

Pourtant, la pratique nous a enseigné que le contraire peut effectivement se produire. Il peut ainsi exister de « faux vrais juges administratifs ». Il faudra alors répondre à la question suivante pour pouvoir comprendre le sens de cette expression : En quoi des juges administratifs sont-ils qualifiés de faux ? Pour cela, il faudra se référer au précédent sénégalais. En effet, le Sénégal a expérimenté la création d'une haute juridiction administrative autonome. Aussi, nous pouvons souligner que cette juridiction avait un « corps » de juridiction administrative, mais avait essentiellement un « cœur » de juridiction judiciaire. En effet, à l'occasion du colloque de Cotonou des 14-16 mai 2002, le Président Sall déplorait à juste titre, que « jusqu'à présent, au Sénégal, le juge administratif n'est guère spécialisé, même curieusement en ce qui concerne le conseil d'État lui-même, ni par sa formation spécifique, ni par ses titres

---

[891] Y. Jegouzo, « Le bilan jurisprudentiel 1994-2004 », in Colloque sur le *bilan jurisprudentiel du juge administratif des dix dernières années*, 24 novembre 2004, p. 21.

universitaires, ni par son cursus professionnel, sa carrière se trouvant gérée dans les mêmes conditions qu'un magistrat pénaliste ou civiliste ou que toute autre personne ne pouvant se prévaloir de la moindre spécialisation, mais de celle du droit à la paresse »[892].

C'est de ce genre de juge administratif qu'il s'agit. En se référant aux juges qui doivent normalement faire fonctionner les juridictions administratives autonomes, ils répondent à l'appellation « juge administratif », alors qu'au fond, ils ne le sont que par pure extrapolation. Ce sont des « faux vrais juges administratifs ». À l'image de l'exemple sénégalais, ces « faux vrais juges administratifs » existent aussi au Mali. Ils sont surtout constitués de juges judiciaires souvent affectés à la Section administrative de la Cour suprême du Mali.

Confier la « conception » ou la « fabrication » d'un domaine aussi complexe que le droit administratif à un non-spécialiste, n'est pas impossible à en croire Babacar Kanté[893], mais difficile et incertain[894].

Ainsi, un « vrai juge administratif » est alors le mieux indiqué et le mieux armé intellectuellement et culturellement pour construire progressivement un droit administratif national perceptible et reconnaissable.

Même si nous pouvons nous permettre de croire que Babacar Kanté n'est pas un grand défenseur du dualisme juridictionnel, il y a des réalités qui sont difficiles à passer sous silence. C'est ce qui semble lui faire écrire que le « renforcement de l'autonomie du droit administratif résulte (...) de la spécialisation du juge administratif »[895]. Il s'agit, souligne- t-il, « d'un juge doté d'une certaine tournure d'esprit »[896] et il ressort de sa condition de naissance qu'« il est un bon technicien du droit mais aussi un connaisseur de la pratique administrative ».[897]

Ainsi, la spécialisation conduisant assurément à la compréhension de la logique et de la pratique administratives est alors une source plus sûre de création d'un droit administratif propre. Le droit administratif dont il est question aujourd'hui au Mali, existerait-il si sa « fabrication » et son application avaient été confiées à des « faux vrais juges administratifs » ? Une réponse positive est difficile.

Nous devons tout mettre en place pour gagner le pari de la spécialisation, si nous voulons voir notre droit administratif se raffermir. Le savoir juridique spécialisé est rendu obligatoire particulièrement avec l'essor de la

---

892 M. Sall, Président de section au Conseil d'État du Sénégal, les *Cahiers de l'AOA-HJF*, *op. cit.*, p. 136.

893 Voir B. Kanté, thèse, *op. cit.*, p. 142.

894 Voir A. Bockel, « Sur la difficile gestation d'un droit administratif sénégalais », *op. cit.*, pp. 151-152.

895 Kanté, thèse, *op. cit.*, p.77.

896 *Ibid.*, p.78.

897 *Ibid.*

communautarisation ouest-africaine à travers l'UEMOA. Selon le professeur Didier Truchet ; « la disparition du juge administratif, sans disparition du droit administratif, apparaît même par ceux qui s'en font les défenseurs comme une cause perdue »[898], car « la relation quasiment fusionnelle entre juge administratif et droit administratif est donc aujourd'hui incontournable. Elle l'est d'autant plus que le rôle créateur du juge administratif relatif aux principes, normes, techniques du droit n'a pas besoin d'être, à nouveau souligné »[899].

Faut-il alors en déduire de ces affirmations de Didier Truchet et de Jean François Lachaume que le droit administratif est, parce que le « vrai juge administratif » est ? Une réponse non négative peut en être donnée. En s'attachant à leurs affirmations, la résolution des litiges administratifs par de « faux juges administratifs » conduirait alors à la création d'un « faux droit administratif » ou d'un « droit administratif de nom ». Il faut pourtant éviter de tomber dans une compréhension étriquée en alléguant cette pensée, pour dire qu'un « vrai juge administratif » est quoique l'on soutienne le plus apte à créer un droit administratif propre au sein d'une juridiction administrative suprême autonome.

Dans cette tâche d'incubation d'un droit administratif au sein d'une juridiction administrative suprême autonome, le juge administratif n'est pas le seul acteur du jeu. Sa tâche peut être plus ou moins renforcée par l'intervention du législateur, dont le lien avec le juge administratif ressemble beaucoup à celui de l'œuf et de la poule.

b. Les relations positives du juge administratif avec le législateur sur le droit administratif

L'objectif ne consiste pas à revenir ici sur le développement de l'intervention du législateur en matière administrative pouvant déclencher une nette réduction de l'activité normative du juge administratif. Il y a tout simplement lieu d'attirer l'attention sur un phénomène quelque peu évoqué. Il s'agit du regard que le législateur peut avoir envers le juge administratif selon le schéma d'organisation juridictionnelle. Ce regard peut être tributaire de l'importance de la place accordée au « vrai juge administratif » dans un État.

Dans un État ayant opté pour un système clair, c'est-à-dire ayant créé une juridiction administrative suprême autonome, il peut y avoir entre les deux « jurislateurs » une collaboration scientifique et intellectuelle de laquelle peut résulter un droit administratif adapté, propre et autonome. À l'opposé, dans un système de pagaille organisationnelle, l'effet contraire peut se produire et conduit parfois à des confrontations entre le législateur et le juge administratif.

---

898 D. Truchet, « *Plaidoyer pour une cause perdue : la fin du dualisme juridictionnel* », in le dualisme juridictionnel ; cité par J. F Lachaume, *La définition du droit administratif* in traité de droit administratif, t. 1, sous la direction de P. Gonod, F. Melleray, Yolka, *op. cit.*, p. 139.

899 J. F. Lachaume, *Ibid.*

Situation en réalité peut fréquente, elle est pourtant une réalité au Mali. Au lieu d'être des collaborateurs, le juge administratif et le législateur malien, à travers un acte du législateur en 2012, sont devenus un moment des « opposants » à distance. De cette mésentente, le victorieux est connu, car un bras de fer entre les deux ne peut qu'être à la faveur du législateur. Face à une loi dont les mots sont spécialement bien choisis et clairs, la marge de manœuvre du juge devient très restreinte. Il ne peut alors se cacher derrière l'ambiguïté du texte pour dire le droit réellement applicable à l'affaire. Il faut ainsi rappeler le contenu de cette loi, origine de la brouille silencieuse entre le législateur et le juge administratif.

Tout est parti en 2012 avec une loi[900] modifiant l'ordonnance portant code domanial et foncier du Mali. Selon ladite loi, « la cession des terrains du domaine privé immobilier de l'État, qu'il s'agisse d'une cession entre l'État et les particuliers ou entre particuliers seuls, procède du droit commun de la vente et relève en conséquence des règles du droit privé »[901]. Ainsi, « le contentieux relatif à la cession des titres fonciers de l'État est soumis exclusivement à la compétence des tribunaux judiciaires. Les juridictions administratives ne sont pas compétentes pour connaître de ce contentieux même lorsque le contrat de cession est dressé en la forme d'un acte administratif de cession »[902].

On a compris que cette loi visait le juge administratif. C'est pourquoi le juge administratif comprend quant à lui cette loi comme un mépris de la part du législateur à son égard[903]. Par cette loi, « on nous a fermé une importante porte de raffermissement de notre droit administratif, car les litiges fonciers constituent le principal contentieux que connaît la justice administrative malienne de nos jours, mais c'est déplorable »[904].

Cette loi est circonstancielle, l'époque et la vitesse auxquelles elle a été adoptée à l'Assemblée Nationale attestent cela. En effet, certaines autorités administratives et certains députés étaient agacés par des décisions de la juridiction administrative. En effet, à l'époque, certaines personnes, avec les positions qu'elles occupaient au sein du pouvoir, avaient établi des titres fonciers sur les terrains de certains citoyens dont certains détenaient des droits coutumiers et des actes administratifs de propriété bien avant l'indépendance du Mali. Ainsi, le juge administratif, en cas de saisine dans ces affaires, avait adopté une ligne de conduite se traduisant par la reconnaissance de sa compétence non

900 Loi n° 2012-001/AN-RM du 10 janvier 2012 portant modification de l'ordonnance n° 00-027/P-RM du 22 mars 2000 portant code domanial et foncier modifiée et ratifiée par la loi n° 02-008/AN-RM du 12 février 2002, JORM du 27 janvier 2012, p. 124.

901 *Ibid.*, art. 42 bis, nouveau.

902 *Ibid.*, art. 42, ter nouveau.

903 Entretien avec les juges du TAB, Samba Lamine Koïté, Demba Tall, Badra Aliou Coulibaly, Sory Diakité, le 6 février 2014 de 10 h à 12 h 30 mn au siège du TAB.

904 Entretien avec le professeur Yaya Doumbia, Conseiller à la Section administrative, Président de la Chambre consultative, le 7 janvier 2013, de 11 heures à 12 heures.

pas sur la régularité du titre foncier, mais sur l'acte administratif établissant le titre foncier.

Cette technique permettait au juge administratif d'annuler indirectement les TF irréguliers. En effet, en annulant l'acte qui constitue le soubassement du TF, ce dernier n'aura plus de base juridique et deviendra ainsi un acte inexistant. La pratique a été très mal appréciée par certaines autorités de l'époque, qui ont tout simplement fait voter cette loi pour préserver leurs intérêts personnels sans aucunement se soucier de sa répercussion sur le droit administratif national et même sur la vie sociale. Cette loi constitue l'une des rares propositions de loi de la décennie 2002-2012. Pourtant, l'action du juge administratif en la matière était vraiment nécessaire et encourageante, car elle démontrait son indépendance et sa capacité à faire face à des dossiers compliqués. Ce qui conduit à une autonomie du droit administratif. Dans ce domaine précis, le législateur a clairement écarté le juge administratif et a démontré le caractère personnel et circonstanciel de la loi en précisant qu'elle est « applicable (...) au contentieux pendant devant les juridictions, qu'elles soient de l'ordre judiciaire ou de l'ordre administratif, le jour de sa publication »[905].

Les lignes ci-dessus permettent d'avoir une idée sur la qualité des relations entre le législateur malien et les juges qui disent le droit administratif au sens strict. Le législateur malien ne connaît pas le juge administratif, faut-il comprendre la situation ainsi ?

Nous estimons que le législateur n'allait pas avoir cette vision du juge administratif au détriment du droit administratif si nous étions dans un système ayant une juridiction administrative suprême autonome. Avec un Conseil d'État réel, répondant à toutes les conditions normales, le législateur va observer la prudence de collaborer avec cette haute juridiction particulièrement qui peut concerner sa compétence et le droit administratif. Pour que l'œuvre créatrice du juge administratif ait un impact constructif et sérieux sur le droit administratif, il faut que cela se fasse dans un cadre organique idéal, ne l'exposant pas à la censure indirecte et aux caprices des personnes qui ont la charge de certains rouages clés de l'État.

Lorsqu'il y a un Conseil d'État, les membres de cette juridiction vont activement contribuer à l'élaboration de tous les textes concernant la juridiction, les juges et le droit administratif. Cela ne sera pas qu'une simple formalité. Alors, pour que la collaboration entre juge administratif et législateur soit réellement fructueuse pour le raffermissement du droit, il faut qu'elle ait lieu dans le cadre d'un Conseil d'État. L'existence d'un Conseil d'État peut même avoir un impact psychologique et politique sur le législateur dans la prise des décisions touchant de près ou de loin cette entité.

---

[905] Loi n° 2012-001/AN-RM du 10 janvier 2012, *op. cit.*, art. 2.

Cela fait croire en la possibilité d'un enracinement plus rapide et plus sûr d'un droit administratif avec la création d'un Conseil d'État.

2. La possibilité d'un enracinement plus rapide d'un droit administratif

Dans sa communication du 15 mai 2002, à l'occasion des assises statutaires de l'Association ouest-africaine des Hautes juridictions francophones sur « L'opportunité de l'éclatement des Cours suprêmes en Cours distinctes », Pierre Guerder souligne devant les Présidents et les représentants de ces juridictions suprêmes que « le droit administratif présente des caractéristiques qui justifient un juge particulier, surtout à une époque où la complexité du droit impose des spécialisations »[906]. « Ce droit prétorien, (continue-t-il) n'aurait certainement pas connu le même développement s'il avait été dégagé par des juges moins proches de l'Administration »[907].

Cette possibilité de l'enracinement d'un droit administratif peut aboutir alors à une création et une évolution plus sûres d'un droit (a), ce qui peut conduire au résultat suivant : le renforcement de l'autonomie du droit administratif et de l'efficacité de l'action administrative (b).

a. Une création et une évolution plus sûres d'un droit administratif

La plus grande conséquence positive de l'existence d'une juridiction administrative suprême autonome « réside dans la qualité du contrôle juridictionnel que permet de réaliser un ordre juridique spécialisé, en matière juridique et indépendant du pouvoir exécutif ; de ce fait, les juridictions administratives sont à même d'exercer un contrôle adapté, la jurisprudence qui en résulte est, on le sait, la principale source d'un droit administratif souple, évolutif, créé chaque jour par des spécialistes »[908].

C'est au sein d'une juridiction administrative que peut se créer une logique et une cohérence évolutives entre les décisions qui sont prises successivement dans les différentes affaires ou affaires similaires. C'est là, la principale clé d'activation, d'enracinement et de développement d'un droit administratif propre à un État donné. L'organisation d'une juridiction administrative suprême autonome tient normalement compte de ces paramètres. Cette organisation donne ou doit donner une place significative à la réflexion sur le présent et le devenir de la matière. Les lacunes et les forces des décisions prises sont ainsi rapidement décelées et présentées aux juges qui en tiendront compte dans les décisions futures.

---

906 P. Guerder, in les « Actes du colloque de Cotonou », *op. cit.*, *Les cahiers de l'AOA-HJF*, p. 97.

907 *Ibid.*

908 P. M. Sy, *Entre l'unité et la dualité de juridiction de l'Afrique noire francophone à la recherche d'un modèle d'organisation de la justice administrative*, *op. cit.*, p. 310.

Le droit administratif ne constituant qu'une partie secondaire du droit applicable dans un système d'unité de juridiction, il ne peut s'attendre à de telles attentions, gage de sa perfection. À défaut de tomber dans l'incompré-hensible incohérence du précédent sénégalais où le défunt Conseil d'État était composé de juges judiciaires, une juridiction administrative suprême autonome est en réalité créée pour être conduite et menée par des spécialistes, sans quoi, les résultats escomptés, à savoir l'enracinement et le développement d'un droit administratif ne constituent qu'une illusion.

Cela signifie que quand on parle de la juridiction administrative suprême autonome, il s'agit d'un tout. On ne l'appellerait pas ainsi si c'était une coquille vide, à savoir une juridiction administrative suprême organiquement et fonctionnellement autonome, mais intellectuellement dépendante, c'est-à-dire fonctionnant autour des juges judiciaires. Donc, à notre sens, la juridiction suprême autonome est celle qui a ses propres juges, des spécialistes, des connaisseurs de l'Administration et de son droit.

Ainsi, « si l'on veut voir apparaître un droit administratif autonome, c'est-à-dire si l'on désire que les problèmes propres du droit administratif reçoivent des solutions qui leur soient propres, et donc adaptées, et non pas voir plaquées sur les problèmes administratifs des solutions de droit civil élaborées pour résoudre de tout autres problèmes, il faut avoir une juridiction spécialisée dans la solution des problèmes administratifs, c'est-à-dire une juridiction administrative »[909] ; donc, « avoir une juridiction administrative ou n'en point avoir, c'est bien d'ailleurs sous cet aspect concret que se trouve posé l'ensemble de notre problème dans les États nouveaux »[910] comme les nôtres (États d'Afrique noire francophone) comparativement aux vieux États européens. Une autre solution conduirait à un développement très limité, voire l'inexistence d'un vrai droit administratif.

Même le doyen Alain Bockel reconnaît à la juridiction administrative, cette aptitude ou cette possibilité d'un enracinement plus rapide d'un droit administratif à travers les mots suivants : « les juridictions administratives sont à même d'exercer un contrôle adapté, c'est-à-dire un contrôle qui présente la double qualité d'être étroit (la connaissance des problèmes administratifs permet au juge d'être à même de fixer avec précision la partie de leur contrôle) et de ne pas paralyser l'action administrative (qu'un contrôle trop tatillon peu soucieux des nécessités de cette action pourrait entraver) ; la jurisprudence qui en résulte est, on le sait, la principale source d'un droit administratif souple, évolutif, créé chaque jour par des spécialistes que sont les juges »[911].

---

909 F. P. Benoit, *Des conditions de développement d'un droit administratif autonome dans les États nouvellement indépendants*, *op. cit.*, p. 132.

910 *Ibid.*

911 A. Bockel, *Droit administratif*, *op. cit.*, p. 443.

Au sein d'une juridiction administrative, les spécialistes sont entre eux, chaque sujet est sereinement discuté et étudié, ils sont dans un cadre leur permettant d'être libres et indépendants, les formations sont collégiales avec toujours une vision plus large et indépendante d'un commissaire du gouvernement, tous ces points concourent en faveur d'une création et d'une évolution plus sûres d'un droit administratif que dans n'importe quelle autre structure juridictionnelle. Il n'y a qu'un pas qui sépare le système actuel malien et l'existence d'une juridiction administrative suprême autonome, même s'il faut reconnaître qu'une telle opération n'est pas facile pour des raisons ci-haut étudiées.

Ce droit administratif ainsi créé va évoluer tout en renforçant son autonomie et l'efficacité de l'action administrative.

b. Le renforcement de l'autonomie du droit administratif et de l'efficacité de l'action administrative

Un enracinement durable et rentable du droit spécial de l'Administration passe également par son autonomisation, ce qui conduit normalement à une efficacité constructrice de l'action des autorités administratives. Dans sa thèse, Babacar Kanté, même s'il émet des réserves quant à la possibilité d'« un risque naturel d'exagération »[912], reconnaît quand même à la juridiction administrative, cette capacité de « renforcement de l'autonomie du droit administratif »[913]. Cette analyse est aussi confirmée par le professeur René Dégni-Ségui qui affirme que « l'autonomie du droit administratif varie suivant le système juridictionnel. Affaibli dans le système d'unité juridictionnelle, elle est renforcée dans celui de la dualité juridictionnelle »[914]. C'est ce que semble souligner aussi le professeur Demba Sy lorsqu'il écrit que « certains auteurs estiment que l'autonomie du droit administratif dépend essentiellement du type d'organisation choisi par les autorités. Pour eux, seule la dualité de juridiction est capable de dégager de véritables règles de droit administratif (…) »[915]. Il continue en soutenant que le choix du Sénégal pour l'unité de juridiction « a amené la doctrine à constater que si l'autonomie du droit administratif n'a pas disparu, elle tend néanmoins à s'affaiblir et elle est même menacée (…) »[916].

Comme, « le droit administratif doit son existence à celle du juge administratif »[917], ce dernier devant réellement la sienne à celle d'une juridiction administrative autonome, on peut dès lors comprendre la liaison entre juridiction administrative et autonomie du droit administratif. Dans le cas particulier de notre pays, il faut vraiment franchir la barrière pour aller à la

---

[912] B. Kanté, thèse, *op. cit.*, p. 78.
[913] *Ibid.*, p. 77.
[914] R. Dégni-Ségui, *Droit administratif général*, *op. cit.*, p. 34.
[915] D. Sy, *Droit administratif*, 2e éd., *op. cit.*, p. 47.
[916] *Ibid.*
[917] J. Morand-Deviller, *Droit administratif*, *op. cit.*, p. 18.

création pure et simple d'un vrai Conseil d'État pour pouvoir maintenant compter sur son impact sur l'autonomie d'un droit administratif national. On peut certes soutenir le système d'organisation unitaire de la juridiction suprême, c'est-à-dire l'existence de juridiction suprême unique, mais nier la force de la vraie organisation dualiste sur l'enracinement, l'évolution et le renforcement de l'autonomie du droit administratif, conduirait à autre chose que la réalité de l'analyse scientifique.

L'analyse ci-dessus évoquée du professeur Demba Sy en atteste. De la même manière qu'on ne peut pas nier toute existence d'un droit dans un système d'unité de juridiction, on ne peut pas non plus nier la possibilité plus sûre et plus rapide d'une création d'un droit administratif et du renforcement, de son autonomie dans un système de dualité de juridiction.

Aussi, faut-il attirer l'attention sur le fait que tout cela a un impact sérieux et positif sur l'action administrative. Une action administrative efficace est celle qui, en raison de sa légalité, suscite moins de contestations de la part des administrés et plus de compréhension et de respect de la part de ceux-ci. Pour que cette efficacité soit atteinte, il faut qu'il y ait un droit administratif propre, dicté au fil des litiges mettant en cause l'Administration, suffisamment clair et concordant, tenant compte des réalités administratives et sociales locales, auxquelles l'Administration ainsi que les administrés se soumettent automatiquement. Seule une juridiction administrative suprême autonome en est apte.

Ainsi, « si les nouveaux États optent pour la création d'une juridiction administrative, celle-ci pourra de suite s'efforcer de résoudre correctement les problèmes du contentieux administratif. Le contrôle de l'Administration par le juge administratif sera certainement plus efficace dans l'immédiat, ce qui limitera les possibilités de développement de pouvoir arbitraire au sein de l'Administration ; mais ce contrôle sera en même temps mieux adapté, il saura davantage tenir compte des nécessités inhérentes au fonctionnement des services publics et à la mission de l'Administration ; ceci fait que, en définitive, si les particuliers y gagneront de bénéficier d'un contrôle plus efficace, l'Administration y gagnera, de son côté, de voir s'élaborer un droit répondant à ses problèmes et donc plus satisfaisant pour elle-même »[918], l'action administrative ne peut alors qu'en ressortir efficace et renforcée.

Il faut, malgré ces côtés si séduisants et particulièrement intéressants de l'existence d'une juridiction administrative suprême autonome, revenir à la réalité pratique et raisonnable, pour reconnaître que l'existence d'un Conseil d'État n'est pas une condition unique et incontournable.

---

918 F. P. Benoit, *Des conditions de développement d'un droit administratif autonome dans les États nouvellement indépendants*, *op. cit.*, p. 135.

Paragraphe 2 : L'existence d'un Conseil d'État n'est pas une condition unique et incontournable

Nous sommes d'accord, il faut le reprendre, du fait que l'existence d'un Conseil d'État soit une condition nécessaire au raffermissement d'un droit administratif national comme le démontre d'ailleurs l'intitulé du paragraphe précédent. Cependant, il faut objectivement reconnaître que la création d'un Conseil d'État n'accouche pas ipso facto d'un droit administratif autonome ou, en d'autres termes, ne constitue une condition absolue de raffermissement d'un droit administratif national (A). Il faut ainsi comprendre un fait et une vérité autour desquels cette question tourne indirectement sans y faire référence. Il s'agit de l'interpénétration droit privé – droit administratif. En effet, quoi que l'on soutienne, dualisme pur ou dualisme déformé, l'osmose entre droit administratif et droit privé est insurmontable (B).

A. La création d'un Conseil d'État n'est pas une garantie absolue

La pratique de certains États d'Afrique noire francophone ayant les mêmes réalités socio-politiques et culturelles que le Mali, a démontré que l'éclatement de la juridiction suprême unique en Cour de cassation et Conseil d'État aboutit parfois à une création plus théorique que réelle d'un droit administratif autonome (1). Il faut alors comprendre qu'il existe des États développés qui ignorent la dualité parfaite de juridiction. Ce qui fait sous-entendre que la juridiction suprême unique peut être adaptée aux spécificités de l'action administrative (2).

1. Une création plus théorique que réelle d'un droit administratif autonome

C'est un droit administratif en réalité aléatoire (a) qui risque d'ailleurs de ne pas voir le temps de bien s'enraciner avec la rapidité du développement que connaît le droit communautaire, d'où l'éventualité d'un droit administratif ouest-africain dans les prochaines années (b).

a. Une création aléatoire

Le résultat peut certes être plus satisfaisant que dans un système d'unité de juridiction, mais croire que la création d'un Conseil d'État est la seule barrière qui existe entre nos États et leurs propres droits administratifs, relève en quelque sorte de l'erreur d'analyse. Il s'agit ici de l'autonomie nationale du droit administratif. Cette autonomie s'apprécie à travers un double regard : le regard de son autonomie par rapport au droit administratif français et celui par rapport au droit privé. Tous ces points relatifs à l'autonomie doivent être alors appréciés à travers le degré d'absorption de ce droit par la société. Particulièrement, en ce qui concerne l'autonomie avec le droit administratif français, il ne doit pas s'agir de simples mots traduisant un certain nationalisme, mais plutôt d'une autonomie naturelle par rapport à celui-ci et guidée par les réalités locales. Il ne s'agit donc pas d'un droit administratif uniquement formel et institutionnel, mais d'un « droit administratif social » et « populaire ».

Cette idée d'un droit administratif national s'accommode avec la célèbre formule romaine *ubi societas ubi jus* que Raymond Langeais explique comme signifiant que « dès qu'une société a suffisamment de consistance, qu'elle que soit sa taille, elle se donne un droit »[919].

Si un constat s'impose, c'est que le droit administratif français demeure le modèle de référence ou même pouvons-nous le dire ainsi, le droit administratif applicable dans nos États, même cinquante ans après les indépendances. La création d'un Conseil d'État, si elle peut être considérée comme une avancée dans le cas de certaines configurations, ne résout pas le problème. Le droit administratif de nos États se présente comme une mauvaise copie de celui de la France. L'exemple nous est donné par la situation de certains pays voisins qui ont procédé à « l'éclatement total » de leurs juridictions suprêmes uniques pour ainsi créer des Conseils d'État.

C'est le cas du Burkina Faso avec la révision constitutionnelle[920] de 2000. Le professeur Salif Yonaba annonce cette évolution en ces termes : « avec la création du Conseil d'État, s'arrête l'évolution amorcée depuis l'accession du pays à la souveraineté internationale ; la mise en place effective de cette juridiction devrait parachever l'édifice en lui donnant les moyens d'élaboration d'une jurisprudence plus cohérente, ce qui paraît au plus haut point souhaitable dans la mesure où cette jurisprudence reste encore à la recherche de ses marques après plus de quarante ans de fonctionnement »[921].

Les attentes du professeur Salif Yonaba seront-elles satisfaites ? Il nous donne la réponse, mais rien de surprenant, « la jurisprudence burkinabè est plutôt introuvable »[922] et il précise : « l'affirmation ainsi faite ne doit rien à la boutade, mais entend bien refléter aussi fidèlement que possible l'état largement embryonnaire du droit administratif, burkinabè »[923]. Il faut, pour effectivement constater ces affirmations, se référer au contenu du livre sur « les grandes décisions de la jurisprudence burkinabè »[924].

Le constat n'est pas très attirant, d'où ces propos relativement durs de ce grand connaisseur du contentieux administratif burkinabè. Selon lui, « il est aisé de constater que le droit administratif burkinabè apparaît davantage comme la transposition, par moments aveugles, des principes de la juris-prudence du

---

919 R. Legeais, *Grands systèmes de droit comtemporains, approche comparative,* Paris, Lexis-Nexis, 3e éd., p. 1.

920 Loi constitutionnelle burkinabé du 11 avril 2000 portant suppression de la Cour suprême et création de quatre nouvelles juridictions suprêmes autonomes dont le Conseil d'État.

921 S. Yonaba, *La pratique du contentieux administratif en droit burkinabé*, *op. cit.*, p. 73.

922 Voir *ibid.*, p. 74.

923 *Ibid.*

924 S. Yonaba, *Les grandes décisions de la jurisprudence burkinabé : le droit administratif,* Ouagadougou, IPA, 2e éd. 2013, p. 473.

Conseil d'État français. Mais, (…) ceux-ci n'ont pas pris corps en France qu'au terme d'une longue évolution qui a été soigneusement entretenue et développée par divers artisans qui ont su apporter, chacun en sa manière sa touche propre à la réalisation de cette œuvre »[925].

Le professeur continue en écartant sans ambiguïté l'existence de tout ce que l'on peut qualifier, même par pure passion nationaliste et intellectuelle, de droit administratif national. Alors, « le résultat de cet état de choses se ressent fortement en raison de la forte dissemblance des situations et contextes en présence ». Il attire l'attention sur le fait que « le juge administratif burkinabè n'a pas encore rendu son arrêt Blanco »[926] et que « ce simple rappel suffit à tirer la conclusion que le droit administratif n'existe pas véritablement pour l'instant en tant que produit propre de l'histoire nationale »[927].

Comme au Burkina Faso, la Côte d'ivoire a aussi « procédé à un démembrement complet de la Cour suprême et a institué, à côté du Conseil constitutionnel, une Cour de cassation, une Cour des comptes et un Conseil d'État »[928]. Pour le professeur René Dégni-Ségui, « avec la création des deux juridictions suprêmes, non seulement l'on complète le système de la dualité juridictionnelle, mais encore l'on se rapproche de son modèle, le système français »[929]. Ici encore, c'est le même constat, « les fruits ne tiennent toujours pas la promesse des fleurs ». La création d'un Conseil d'État n'aboutit pas directement à la création d'un droit administratif particulièrement reconnaissable. Le professeur ivoirien parle même de « droit français ivoirisé »[930] et soutient que celui-ci « constitue tout de même le droit commun de la jurisprudence administrative ivoirienne »[931].

Ainsi, « la jurisprudence française ayant été nationalisée, ivoirisée, les arrêts du Conseil d'État nous appartiennent autant qu'à la France : ils constituent les patrimoines communs des deux États souverains »[932]. Il y a lieu de rappeler à ce niveau les termes d'un important arrêt de la Cour d'appel de Libreville en date du 8 janvier 1963 : « l'indépendance du Gabon n'a pas eu pour conséquence de remettre en cause les textes promulgués lors de la souveraineté française, mais dus nationaliser au sens gabonais. »[933] Pourtant, difficile d'adhérer à cette affirmation de René Dégni-Ségui, en effet, en quoi les arrêts du CE français seraient des patrimoines communs de nos pays et la France ? Peut-être veut-il dire patrimoine forcé à un certain moment de la vie de nos pays ? Ces arrêts

---

925 S. Yonaba, *La pratique du contentieux administratif en droit burkinabé*, *op. cit.*, p. 74.
926 *Ibid.*
927 *Ibid.*
928 R. Dégni-Ségui, *op. cit.*, p. 36
929 *Ibid.*, p. 37.
930 *Ibid.*, p. 45.
931 *Ibid.*
932 *Ibid.*
933 CA de Libreville, 8 janvier 1963, Penant 1963, p. 548 et suivants, cité par R. Dégni-Ségui, *ibid.*

constituent les purs reflets de la société française qui les fait transposer sur papier par la plume du juge du palais royal.

Il est alors question de nationaliser le droit administratif français et non de créer un droit administratif national autonome. En réalité cela semble être en général la vision du juge africain même avec la création d'un Conseil d'État. René Dégni-Ségui écrit même que l'arrêt de la Cour d'appel de Libreville du 8 janvier 1963 cité ci-dessus « est parfaitement transposable à la Côte d'ivoire »[934] ; l'est-il aussi au Mali, au Sénégal, au Congo ? La création d'un Conseil d'État n'y change rien.

Se séparer des principes de base du droit administratif français constitue une utopie dans les États d'Afrique noire francophone, mais la nationalisation de la jurisprudence administrative française qui constitue la solution pose également problème. Le juge administratif africain va soit reproduire exactement la jurisprudence française dès qu'il y a une petite similitude entre les affaires, soit il va essayer d'adapter cette jurisprudence, ce qui est sûr, il va s'inspirer largement de celle de la France pour créer la sienne. Cela conduit le plus souvent à « une reprise maladroite et (parfois) trop rigide de certains principes du droit administratif français »[935] comme le souligne le doyen Alain Bockel. Alors que « le droit (particulièrement le droit administratif) n'est pas un absolu ; c'est tout le monde qui en convient, la projection d'une certaine situation économique et sociale, nuancée ou accentuée de l'application de certaines valeurs fondamentales dominantes ; les règles et institutions juridiques sont très largement relatives à une société donnée, et les étudier abstraitement conduit souvent à des conclusions sinon erronées du moins insuffisantes »[936]. C'est pourquoi le doyen Alain Bockel « est amené à se demander si tel ou tel aspect du droit (administratif) est de nature à faciliter le développement de la société qu'il régit »[937].

Dans un tel contexte marqué par un manque de volonté manifeste de recherche, d'étude, ce qui peut être qualifié de paresse intellectuelle de la part de ceux qui font cette jurisprudence, soyons clairs, la création d'un Conseil d'État ne résout pas tous les problèmes, particulièrement ceux relatifs à la création d'un droit administratif autonome. Même si, reconnaissons-le, on peut recenser de part et d'autre quelques arrêts très attirants, ces derniers ne permettent pas d'identifier de nouveaux principes propres à un État ou ce sont des arrêts isolés n'ayant pas de suite.

---

934 R. Dégni-Ségui, *op. cit.*, p. 45.

935 A. Bockel, *Sur la difficile gestation d'un droit administratif sénégalais*, *op. cit.*, p. 141.

936 A. Bockel, *Le juge de l'Administration en Afrique noire francophone : introduction à l'étude du problème*, *op. cit.*, p. 31.

937 *Ibid.*

Le développement du droit communautaire ne va pas aussi favoriser la création d'un droit administratif autonome même en cas de création d'un Conseil d'État.

b. Le « droit administratif communautaire » va atténuer le pouvoir créateur des juridictions administratives suprêmes nationales

Le professeur Michel Filaga Sawadogo a souligné qu'« il est indéniable que le droit international de façon générale et le droit communautaire de façon spécifique occupent une place de plus en plus importante parmi les normes applicables à l'intérieur des États »[938]. Ce droit communautaire, spécifiquement celui de l'UEMOA est d'application directe ou indirecte dans l'ordonnancement juridique des États membres et peut être invoqué par les citoyens desdits États devant les juridictions internes particulièrement les juridictions administratives.

L'UEMOA est de plus en plus présente dans la vie juridique interne des États membres. Elle impose des réformes juridiques et juridictionnelles. La dernière manifestation de cette exigence des réformes juridictionnelles au sein des États membres est l'éclatement partiel des juridictions suprêmes uniques pour créer des Cours des comptes. Faut-il alors s'attendre, après la création des Cours des comptes dans chaque État membre, à une exigence d'éclatement total des Cours suprêmes ? Autrement dit, l'UEMOA exigera-t-elle dans les années à venir la création de Conseils d'États dans les États membres ? Rien n'est moins sûr.

Ce qui est évident, le développement des organisations sous-régionales et régionales a une incidence importante sur les juridictions administratives dans leur possibilité de création de droit administratif. En effet, ce développement ne menace pas seulement la création interne du droit administratif, mais aussi les juridictions administratives suprêmes autonomes c'est-à-dire les Conseils d'État qui sont parfois considérés surtout dans nos États comme synonyme de droit administratif propre.

L'état actuel de développement du droit communautaire ouest-africain ne nous permettant pas de mieux cerner la quintessence du sujet, l'actualité du droit communautaire européen peut nous être utile pour avoir une idée, surtout d'ailleurs que celui-ci constitue la référence majeure du droit communautaire ouest-africain.

Ce phénomène touche même le droit administratif et son juge spécial en France. C'est pourquoi, un professeur français écrit : « l'évolution générale du droit semble marquée par quelques tendances dominantes, qui ne peuvent que retentir sur notre Administration juridictionnelle pluriséculaire. Ce vaste mouvement que l'on désigne sous les formes de globalisation, d'européanisation, de subjectivisation du droit, menace directement la pérennité du dualisme,

---

938 M. F. Sawadogo, « Le juge national et le droit communautaire », in les Actes du colloque de Ouagadougou des 24-26 juin 2003, communication, *Les Cahiers de l'AOA-HJF*, p. 77.

en sapant sa justification essentielle, le dualisme juridique. »[939] Le droit administratif français serait ainsi en péril, car, la juridiction administrative est menacée.

Selon Van Lang, le droit communautaire européen, « ignore la plupart du temps la distinction entre personne publique et personne privée, il est imprégné d'idéologie néolibérale, et de ce fait porteur d'un discrédit de l'institution étatique, de son droit et donc de son juge. »[940] Cette européanisation du droit « accentue le mouvement actuel de subjectivisation du droit administratif et de son contentieux »[941] et le juge « juge administratif (est) sommé de s'adapter »[942] et la « juridiction chargée du contentieux administratif peut être perçue comme un privilège inacceptable »[943]. C'est alors « cet espace juridique commun, qui conduit, (constate Van Lang), à l'heure actuelle à l'affaiblissement du particularisme du droit administratif »[944].

Quant au professeur Didier Truchet, il fait savoir : « chacun sait que l'évolution des sources du droit va vers une érosion de la distinction droit privé/droit public, (…) le droit communautaire (…) produit de plus en plus des règles applicables en France dans les deux droits : il ne condamne pas le dualisme ; ils l'ignorent ! »[945] ; « Cette situation, continue-t-il, pose au droit français un défi : comment concilier l'homogénéisation des sources et, partiellement des règles, avec leur adaptation aux spécificités légitimes des personnes privées et des personnes publiques ? Je ne suis pas sûr ajoute-il. »[946]

Dans la même logique, Abdou Aziz Daba Kébé parle de déclin de l'exorbitance du droit administratif sous l'effet du droit communautaire et souligne que « le droit administratif n'est pas indifférent à l'influence de ce nouvel environnement juridique sous-tendu par l'idéologie libérale de l'ouverture des économies à la concurrence et à la compétition »[947].

Ainsi, dans un espace communautaire, le droit administratif est, ce que le droit communautaire et les juridictions de la communauté disent qu'il est. C'est pourquoi, nous avons voulu attirer l'attention sur ce phénomène pour parler de « droit administratif communautaire ». Sans que cela ne soit explicitement

---

[939] A. Van Lang, *Le dualisme juridictionnel en France : une question toujours d'actualité*, AJDA 2005, p. 1760.

[940] *Ibid.*

[941] Voir S. Braconnier, *Jurisprudence de la cour européenne des droits de l'Homme et droit administratif français*, Bruyant, 1997, p. 359.

[942] A. Van Lang, *op. cit.*

[943] *Ibid.*

[944] *Ibid.*

[945] D. Truchet, *Plaidoyer pour une cause perdue : la fin du dualisme juridictionnel*, *op. cit.*, p. 1767.

[946] *Ibid.*

[947] A. A. D. Kébé, *Le déclin de l'exorbitance du droit administratif Sénégalais sous l'effet du droit communautaire,* Afrilex, mai 2015, p. 5.

évoqué, ce droit même s'il est encore dormant existe déjà dans l'espace UEMOA.

Ainsi, parlant des Cours de justice de la CEDEAO et de l'UEMOA, le professeur Alioune Sall écrit que « si on peut regretter une certaine tardiveté dans la consécration des organes judiciaires dans le processus du regroupement des États en Afrique de l'Ouest, on admettra sans contester que, désormais, les implications du nouveau crédo intégrationniste ont été correctement prises en charge par les textes. Sur les points majeurs où l'on escomptait une révolution, celle-ci a eu lieu : l'accès au prétoire des juridictions a été ouvert aux personnes privées (...) »[948]. Selon lui, « il y a donc de belles raisons de penser que le pari sur le droit est en train d'être relevé. Il convient bien entendu de s'en réjouir »[949].

Il faut donc comprendre, qu'une fois que ces juridictions commenceront à fonctionner pleinement, et qu'elles seront saisies par les citoyens des États membres sur des questions de droit administratif, les juridictions administratives suprêmes seront obligées de composer avec elles. Ainsi, créer un Conseil d'État ne sera plus perçu à tort comme une garantie infaillible de création d'un droit administratif autonome. Son œuvre sera sous le regard d'une autre juridiction, c'est-à-dire d'une juridiction supranationale. Si cela se développe, peut-être que le débat sera déplacé autour d'un « droit administratif communautaire autonome » tout en soulignant qu'en ce qui concerne la juridiction administrative suprême française, elle s'adapte, résiste et continue pleinement à jouer son rôle.

Ainsi, le Conseil d'État n'étant pas une garantie à cent pour cent sûre, pourquoi ne pas tenter le pari de l'adaptation d'une Cour suprême.

2. La juridiction suprême unique peut être adaptée

Même si une partie de la doctrine est foncièrement opposée à cette possibilité, cela ne nous empêche pas de l'étudier objectivement pour savoir réellement si elle constitue une alternative sérieuse. En Europe, douze (12) pays connaissent l'unité de juridiction suprême « comportant le plus souvent en son sein une chambre administrative spécialisée dans le contrôle juridictionnel de l'Administration »[950]. L'existence de ce type d'organisation n'est pas alors propre à l'Afrique francophone seule. Il y a même lieu de signaler que la France a même échappé de justesse à la connaissance de l'unité de juridiction suprême et Jacqueline Morand-Deviller le rappelle en ces termes : « un titre XIII fut supprimé qui prévoyait de confier le contentieux administratif à un tribunal spécial au sein de l'ordre judiciaire ; la face du monde de juridiction

---

948 A. Sall, *La justice de l'intégration : réflexions sur les institutions judiciaires de la CEDEAO et de l'UEMOA*, CREDILA, 2011, pp. 16-17.

949 *Ibid.*, p. 19.

950 J. Morand-Deviller, *op. cit.*, p. 15.

administrative en eut été changée et le singulier système à la Française n'aurait pas vu le jour. »[951]

Sans masquer notre attirance pour la vraie dualité de juridiction, il faut accepter la vérité suivante : l'organisation de juridiction suprême unique n'est pas hermétiquement incompatible avec la reconnaissance de la spécificité du contentieux administratif, c'est une question liée à la volonté et à la technique d'organisation. Pour cela, les autorités doivent mettre en place une juridiction suprême unique avec une vraie dualité organique et formelle (a) accompagnée d'une vraie dualité fonctionnelle (b) ; c'est seulement sous cette condition qu'on peut espérer les résultats similaires à ceux d'une juridiction administrative suprême autonome.

a. Unité de juridiction suprême avec une réelle dualité organique et formelle

La suppression de la dualité de juridiction n'est pas un sujet tabou même de nos jours dans la doctrine de l'ex-métropole. Le professeur Didier Truchet affirme que « la justice est une »[952] et qu'« il est temps de mettre cette unité en œuvre ; plus encore pour des raisons symboliques que pour des raisons pratiques »[953]. Pour ce faire, et pour ne pas donner raison aux farouches opposants à l'unité de juridiction, pour lesquels ce type d'organisation est fait pour ne jamais voir se raffermir un droit administratif propre[954], il faut que l'unité de juridiction suprême soit accompagnée de justes et indispensables mesures d'accompagnement.

Dans le contexte malien, ces mesures d'accompagnement concernant la sincère dualité organique et formelle tournent autour de certains points pouvant être qualifiés de névralgiques pour qu'un droit administratif puisse exister dans un système d'unité de juridiction. Tout d'abord, les dispositions du texte fondamental relatives à la Cour suprême peuvent être maintenues en ce qu'elles divisent la Cour en trois Sections, mais doivent être révisées sur les points suivants :

1. Selon la constitution, « une loi organique fixe l'organisation, les règles de fonctionnement ainsi que la procédure suivie (devant la Cour suprême) »[955]. Cette disposition peut être modifiée en tenant compte constitutionnellement de la spécificité du contentieux administratif en précisant par exemple que « chaque Section est régie par une loi organique qui fixe son organisation, ses règles de fonctionnement ainsi que la procédure suivie devant elle ». Cela

---

951 *Ibid.*, p. 17.

952 D. Truchet, « Plaidoyer pour une cause perdue : la fin du dualisme juridictionnel », AJDA 2005, p. 1768.

953 *Ibid.*

954 Voir par exemple F. P. Benoit, « Des conditions de développement d'un droit administratif autonome dans les États nouvellement indépendants », *op. cit.*, *Droit administratif*, *op. cit.*

955 Constitution malienne du 25 février 1992, *op. cit.*, art. 83, titre VIII.

pourra ainsi permettre au législateur de tenir spécialement compte de la très grande particularité de la partie de la Cour suprême chargée de connaître les litiges mettant en cause l'Administration.

2. Le deuxième point concerne la procédure devant la Cour suprême. La disposition selon laquelle « la Cour suprême est présidée par un magistrat de l'ordre judiciaire »[956] est une disposition inégalitaire favorisant la mentalité consistant à considérer le juge administratif comme un « sous-juge » ou comme l'inférieur du juge judiciaire. Pourquoi ne pas alors la remplacer par celle-ci : « la présidence de la Cour suprême est tournante entre les présidents des Sections qui la composent » tout en déterminant une durée idéale. Cela doit être pareil pour la vice-présidence.

3. En plus de ces deux points, la constitution doit sortir de son silence en précisant le rôle qui sera dévolu au Président de la Cour suprême. Celui-ci doit principalement avoir un rôle d'administrateur général de la Cour et surtout de coordination entre les Sections particulièrement en matière de conflit entre elles. Le président ne doit pouvoir intervenir dans l'organisation de l'activité juridictionnelle d'une autre Section autre que celle qu'il préside. En un mot, l'indépendance organique et formelle des Sections doit être garantie.

Ensuite et enfin les dispositions légales doivent être adaptées à cette constitution modifiée. Chaque Section doit ainsi avoir sa propre organisation tenant compte de son domaine d'activité. Les trois Sections ne doivent donc plus être liées aux mêmes organes, tel que le greffe et le secrétariat général.

Dans la sous-région, quand on parle d'unité de juridiction suprême, c'est l'exemple sénégalais qui vient tout de suite à l'idée. Cela peut être due à la riche doctrine dont elle a fait et fait l'objet, ou encore à certaines décisions vraiment encourageantes et intéressantes prises en matière administrative. Cependant, quand on fait une analyse liminaire de ce système, on s'aperçoit qu'il ne cadre pas avec cette vision ci-dessus soulignée et qui est la nôtre de l'unité de juridiction suprême, à savoir une réelle dualité organique et formelle. C'est la loi organique n° 2008-35 du 07 août 2008 portant création de la Cour suprême qui régit toutes les chambres la composant[957]. Le mérite de cette loi sur le plan organique est qu'elle n'est pas inégalitaire quant au choix du président de la Cour. En effet, elle ne fait pas de distinction sur la spécialité du magistrat qui doit diriger la Cour. Nous devons cependant faire attention à ce niveau, est-ce réellement un mérite ; car il n'existe pas de juge administratif au Sénégal ou un juge formellement désigné comme tel.

Cette vision que doit prendre une juridiction suprême unique pour pouvoir contribuer au raffermissement d'un droit administratif national propre, est proche de celle de Didier Truchet. Celui-ci, s'agissant du système français, précise : « il ne serait pas réaliste d'envisager un bouleversement complet de

[956] *Ibid.*, art. 84.
[957] Voir D. Sy, *Droit administratif*, 2e éd., *op. cit.*, pp. 140-141.

notre organisation juridictionnelle, lequel ne serait d'ailleurs pas souhaitable : on peut laisser en l'état les tribunaux, Cours et conseils qui la composent et ne pas toucher aux différents corps entre lesquels se répartissent les juges. Il faudrait seulement proclamer que la juridiction française est unique et omni-compétente et instituer une Cour suprême qui réunirait la Cour de cassation et le Conseil d'État. Ce qui serait déjà une révolution. »[958]

Cette vision exige aussi une autre vraie dualité à l'intérieur de la juridiction suprême unique, il s'agit de celle relative au fonctionnement de la Cour.

b. Unité de juridiction suprême avec une réelle dualité fonctionnelle

C'est là que se situe le principal problème lié à l'unité de juridiction suprême. Sur le plan fonctionnel on constate le plus souvent une certaine confusion. Il faut alors souligner l'impact que la dualité organique peut avoir sur la dualité fonctionnelle. Elle peut ainsi constituer une sécurité, voire un verrou empêchant le désordre fonctionnel constituant dans la plupart des cas, la raison principale de l'anémie de la production du droit administratif que connaissent plusieurs États d'Afrique francophone.

En la matière, la pratique sénégalaise ne suscite pas autant d'étonnement que celle du Mali. Le schéma d'organisation de ce pays en constitue la principale raison. En effet, au Sénégal, il existe des juges c'est tout, mais pourtant il existe au sein de la juridiction suprême unique deux chambres contentieuses avec chacune sa spécialité. Chaque juge, quel qu'en soit sa spécialité peut exercer dans chacune desdites chambres. C'est tout à fait le reflet de l'organisation sénégalaise, même si celle-ci peut et doit être réformée.

Quant au système malien, c'est là où se situe l'étonnement. Nous ne reviendrons pas là-dessus ici, car cet aspect a été largement souligné déjà. Cependant, à titre de rappel, il y a une grande et incompréhensible confusion de fonctions au sein de la juridiction suprême unique. Ce n'est pas pour rien que nous avons insisté sur la révision du statut du président de la Cour, pour qu'il ne puisse créer dans l'avenir de tels désordres empêchant même le bon fonctionnement de la haute juridiction jusqu'à ce qu'on oublie même qu'une partie de cette juridiction est chargée aussi d'une tâche spéciale : la création d'un droit administratif malien. En réalité, la dualité fonctionnelle précédem-ment évoquée n'est que superficielle.

Cette réelle dualité fonctionnelle dont nous faisons allusion doit alors passer par une séparation stricte des fonctions de juge judiciaire et de juge administratif. Pouvons-nous dire que cette confusion est à la faveur du juge judiciaire ? Si faveur il y a, c'est-à-dire si le fait d'être chargé d'une tâche qui ne ressort pas de sa compétence est une faveur.

958 D. Truchet, *Plaidoyer pour une cause perdue : la fin du dualisme juridictionnel*, *op. cit.*, p. 1768.

La vision de l'unité de juridiction suprême comme solution au raffermissement d'un possible droit administratif national est conforme à l'affirmation de Papa Mamour Sy, selon laquelle, « l'unité de juridiction est loin d'être une tare, même si l'Afrique doit s'engager plus résolument dans la voie de la spécialisation »[959]. Ainsi, une juridiction suprême unique peut être en son sein bien spécialisée, répondant ainsi aux nécessités de connaissances particulières favorables à un droit administratif propre, « en effet, l'une n'exclut pas l'autre »[960].

Il faut pourtant signaler que pour le professeur Francis Paul Benoit, « cette solution, (…) ne paraît pas constituer une solution satisfaisante du problème soulevé par le jugement des litiges administratifs »[961]. Pour lui, « le règlement de ces litiges demande des juges connaissant les problèmes administratifs et ayant l'esprit fait à saisir leurs aspects propres. La chambre administrative ne répond pas à ces impératifs, en raison de ses modalités mêmes de recrutement et des inévitables mutations de personnel d'une chambre à une autre »[962]. En effet, il n'a pas tort, mais ses affirmations trop strictes et sincères n'auront de sens que si la vision que nous venons de développer dans ce paragraphe, relative à une réelle dualité organique et fonctionnelle n'est pas prise en compte.

Cette vision est d'ailleurs justifiée et n'est pas isolée, nous l'avons démontré. Dans son plaidoyer visant l'unification de notre modèle de référence, Didier Truchet soutient qu'« une justice unifiée aurait plus de force et de visibilité dans le concert des juges qu'une justice divisée, plus de lisibilité, voire de légitimité aux yeux des justiciables français et étrangers »[963].

Il faut alors se mettre au-dessus de la mêlée et signaler une évidence. En effet, qu'un État opte pour le dualisme juridictionnel pur et pour le dualisme juridictionnel déformé, les interpénétrations entre le droit privé et le droit administratif sont insurmontables (B), car certains occultent souvent ce point, pensant que la création d'un Conseil d'État est synonyme de tout abandon ou l'inexistence du droit privé dans les activités de cette juridiction, ou encore perçoivent l'existence d'un droit administratif comme corolaire d'un rejet total du droit privé.

---

959 P. M. Sy, *Entre l'unité et la dualité de juridictions : l'Afrique noire francophone à la quête d'un modèle d'organisation de la justice administrative*, *op. cit.*, p. 317.

960 *Ibid.*

961 F. P. Benoit, *Des conditions de développement d'un droit administratif autonome dans les États nouvellement indépendants*, *op. cit.*, p. 135.

962 *Ibid.*

963 D. Truchet, *Plaidoyer pour une cause perdue : la fin du dualisme juridictionnel*, *op. cit.*, p. 1768.

B. Dualisme pur ou dualisme déformé, l'osmose entre droit administratif et droit privé est insurmontable

Selon le professeur René Chapus, « s'ils sont distincts, le droit privé et le droit administratif ne sont pas séparés, contrairement à ce que le caractère absolu des formules jurisprudentielles pourrait faire croire. À certains égards, ils se rejoignent ; et, si la différence l'emporte de beaucoup, les cas de rencontre ne sont en rien quantitativement négligeables. Quant à leur signification, elle est de toute première importance »[964]. Ces mots de cet éminent professeur permettent d'avoir une vue d'ensemble sur le sujet. Ce qui nous fait comprendre que si nous sommes d'accord avec la possibilité de l'existence d'une certaine autonomie du droit administratif, cette autonomie ne peut être strictement absolue (1). Il y a même lieu d'attirer l'attention sur un phénomène, à savoir, le droit administratif se mue en « droit de l'Administration » (2).

1. L'autonomie absolue du droit administratif est impossible

À ce niveau, le doute n'est même pas permis, un droit administratif cent pour cent autonome par rapport au droit privé est tout à fait impossible ; y croire relève plutôt de la passion intellectuelle démesurée en faveur du droit administratif. Comme si accepter cette évidence équivaudrait à mettre en cause l'existence même de cette merveilleuse création qu'est le droit administratif. Deux points suffisent à le démontrer. S'il y a une certitude, c'est que, non seulement le juge administratif créateur du droit administratif, a-t-on besoin de le rappeler, s'inspire du droit privé (a), mais l'applique même parfois directement (b).

a. Le juge administratif s'inspire du droit privé : le « droit privé administratif »

Selon, « un examen approfondi de la portion de droit privé appliqué à l'Administration, ce droit est légèrement différent de celui qui est traditionnellement appliqué aux relations entre particuliers, cette différence rapproche le droit privé administratif du droit administratif pur »[965]. En appliquant alors le droit privé à l'Administration, le juge administratif l'administrativise en le rendant ainsi compatible avec les particularités du droit administratif. Ce droit privé administratif se définit alors comme les règles du droit privé appliquées par le juge administratif à l'Administration en tenant compte de la particularité de cette dernière.

Cette pratique n'est-elle pas en réalité contestable au vu de la définition stricte du droit administratif ? En ne procédant pas à de telles pratiques, le juge administratif est-il à même de créer de toute pièce toutes les règles lui permettant

---

[964] R. Chapus, *Dualité de juridiction et unité de l'ordre juridique*, in RFDA septembre-octobre 1990, p. 741.

[965] B. Kanté, thèse, *op. cit.*, pp. 68-69.

de faire face aux litiges nés des actions multidimensionnelles de l'Administration ?

À première vue, c'est clair, l'application d'une quelconque règle de droit privé à l'Administration trahit la définition au sens strict du droit administratif, car au sens strict, il est défini comme l'ensemble des règles dérogatoires au droit privé. Il est alors difficile d'imaginer à partir de là, que le juge administratif puisse appliquer ce droit à l'Administration.

Pourtant, la doctrine est partagée sur la question. Certains soutiennent que le fait le juge administratif applique une règle de droit privé suffit à ladite règle d'être incorporée[966] dans le droit administratif. Cela se passerait par une adaptation intelligente de la règle du droit privé à la règle de droit administratif et ses principes. Ainsi, en appliquant le droit privé pour résoudre les conflits impliquant l'Administration, le juge administratif « dépouille (…) la règle de droit privé qu'il applique de son caractère formel de droit privé »[967]. On peut alors comprendre que le fait que le juge administratif s'approprie des règles de droit privé pour résoudre les litiges administratifs, dénature complètement lesdites règles. Elles n'appartiennent plus à la catégorie des règles de droit privé et pas totalement à celle du droit administratif aussi. Elles sont toutefois plus proches du droit administratif que du droit privé : c'est le « droit privé administratif ».

En effet, le juge façonne ces règles de droit privé dans le moule des règles de droit administratif et pas seulement. Quoique la base du produit à mettre dans le moule soit d'origine privatiste, ce produit est bien malaxé tout d'abord avec l'idée, l'esprit et les nécessités de l'action administrative. Dans ce cas, le droit privé devient une importante source d'inspiration pour le juge administratif, car la règle qui découle de cette pratique n'est plus tout à fait du droit privé. Le droit privé n'aura ainsi servi que de guide, de base de réflexion et de recherche dans le but de la résolution d'un litige administratif. Babacar Kanté estime que « cette conclusion est acceptable mais (trouve que) l'argumentation ne paraît pas solide »[968]. Pour lui, reprenant à son compte l'idée du professeur Charles Eisenmann « on ne peut pas soutenir raisonnablement que le fait que ce soit le juge administratif qui applique une règle de droit ait pour effet de lui donner la nature du principe de droit public »[969]. Ce qui signifie que « la source formelle d'une règle de droit n'a pas d'incidence sur sa qualification de règle de droit public ou de droit privé »[970].

---

[966] Voir Jean Waline, *Recherches sur l'application du droit privé par le juge administratif*, thèse, Paris, 1962, p. 16 ; voir aussi P. Ferrari, *Recherches sur l'application du droit public interne par le juge judiciaire*, thèse, Paris 1972, p. 9.

[967] J. Lamarque, *Recherches sur l'application du droit privé aux services publics administratifs*, thèse, Paris, LGDJ, 1960, p. 18.

[968] B. Kanté, thèse, *op. cit.*, p. 71.

[969] Ch. Eisenmann, *Droit public et droit privé*, RDP, 1952, p. 969.

[970] B. Kanté, thèse, *op. cit.*, p. 72.

Pourtant, Babacar Kanté n'est pas totalement opposé à l'idée de ce « droit privé administratif » ; « sous réserve de cette correction, souligne-t-il, on pourrait adhérer à l'idée selon laquelle le droit privé appliqué à l'Administration par le juge administratif se rapproche à certains égards, par nécessité du droit public »[971]. « Le seul élément à prendre en considération, ajoute-il, pour qualifier une règle de droit, doit être la nature des rapports qu'elle régit »[972]. Ce « droit privé administratif » auquel nous faisons allusion ne doit pas être compris comme un nouveau corps de règles spécifiques par rapport au droit administratif ou comme l'écrit Babacar Kanté « il ne s'agit pas d'une identité stricte ou absolue »[973] entre les deux.

Le droit privé est une source d'inspiration capitale pour le juge administratif dans sa quête de règles convenable aux litiges occasionnés par les différentes actions des autorités administratives et c'est sous cet angle que nous comprenons ce « droit privé administratif ». Il arrive que le juge ne s'inspire pas tout simplement du droit privé, mais l'applique directement à l'Administration.

b. Le juge administratif applique directement le droit privé

Jean Rivero a écrit : « bien plus que la mythologie de la séparation des pouvoirs, c'est l'idée que deux droits différents par leurs règles, leurs techniques, leurs esprits, seront mieux appliqués par deux ordres de juridiction dont chacun se consacre à l'un de ces droits qui donne sa justification à la dualité des juridictions. »[974] Ces mots du professeur Jean Rivero signifieraient-ils que le dépassement de frontière surtout par le juge administratif est contraire à la dualité de juridiction ?

Il faut admettre une réalité pratique, le juge administratif s'est inspiré et s'inspire du droit privé, cela a été déjà étudié, mais pas seulement, il arrive qu'il l'applique directement. Cette pratique, loin d'être une nouveauté, prend de l'ampleur avec à la fois « le développement d'une (forme d'espace juridique commun) application indifféremment à l'action privée et au secteur public, dans la constitution duquel les droits communautaires (...) jouent un rôle non négligeable »[975]. On peut citer les exemples de l'application classique des articles 1153 et 1154, 1792 et 2270 du Code civil en matière de marché public et de travaux publics et de l'application du droit de la concurrence[976], du code

---

971 *Ibid.*

972 *Ibid.*

973 *Ibid.*

974 J. Rivero, « Le juge administratif, gardien de la légalité administrative ou gardien administratif de la légalité ? », in *Mél. Waline*, LGDJ, 1974, p. 701.

975 A. V. Lang, « Le dualisme juridictionnel en France : une question toujours d'actualité », *op. cit.*, p. 1768 ; voir aussi A. Rouyere et J. F. Brisson, *Droit administratif*, Paris, Montchrestien, 2004, p. 43.

976 CE français, section, 3 novembre 1997, Société Milion et Marais, Rec. Lebon, p. 406 ; AJDA 1997, p. 945, chron. T.-Y. Giradot et F. Raynaud ; RFDA 1997, p. 1228 ; conclusion J. H. Stahl.

des assurances[977] et même du code de la consommation[978]. Si nous y voyons une preuve démontrant que la création d'un Conseil d'État n'est pas une condition unique et incontournable de raffermissement d'un droit administratif national conduisant à rendre ce dernier autonome particulièrement par rapport au droit privé à cent pour cent, Agathe Van Lang écrit qu'il « peut aisément inférer de ce constat la perte de substance du fondement technique du dualisme juridictionnel »[979].

Selon Anselme Batbie, « pour bien comprendre le droit administratif, il convient de le rattacher au droit civil comme l'on rattache l'exception à la règle »[980]. Sa codification, son ancienneté, donc sa facilité de lisibilité et son accessibilité font que le juge administratif ne peut logiquement s'empêcher de l'appliquer directement à certains litiges concernant l'Administration et constituant quasiment des litiges qu'il régit et ne répondant pas tout à fait aux conditions particulières exigées par le droit administratif. Il s'agit alors, pour le juge administratif, tantôt de combler les lacunes du droit administratif, tantôt pour améliorer la situation des administrés ainsi que de s'adapter à l'évolution de l'idée d'Administration. Le législateur malien même accepte que « pour tout ce qui concerne les différends de vérification, les règles de procédure applicables sont celles prescrites par le Code de procédure civile et commerciale »[981].

Précisons ici, qu'il s'agit d'une partie de la loi sur la Cour suprême, consacrée à la procédure administrative contentieuse. Le droit privé constitue-t-il ainsi un secours à l'imperfection du droit administratif ? En tout cas, Rodolphe Dareste de la Chavanne percevait une « tendance progressive et constante du droit administratif à se rapprocher du droit commun, tendance qui se manifeste à la fois dans le fond du droit et dans la juridiction »[982]. Il faut donc comprendre que « le principe d'autonomie du droit administratif n'a jamais fait obstacle à ce que le juge administratif décide d'appliquer une règle de droit privé qu'il estime mieux adaptée à la résolution du litige »[983].

Il faut ainsi attirer l'attention sur un point important soulevé par le professeur Gabriel Eckert de l'Université de Strasbourg. Il écrit que « cette application directe du droit privé ne conduit pas nécessairement à retirer au juge

---

977 CE français, 29 décembre 2000, Beule et autres, Rec. Lebon, p. 655.

978 CE français, section, 11 juillet 2001, Société des eaux du nord, Rec. Lebon, p. 348, AJDA 2001, p. 841, chron. M. Guyomar et P. Collin ; voir aussi A. Van lang, *Réflexions sur l'application du droit de la consommation par le juge administratif*, RDP, 2004, p. 1015.

979 A. Van Lang, *Le dualisme juridictionnel en France : une question toujours d'actualité*, *op. cit.*, p. 1769.

980 Cité par L. Dubois de Carrotier, « L'influence de la culture privatiste sur la doctrine administrative », *Droit écrit* n° 1, mars 2001, p. 18.

981 Loi n° 96-071, *op. cit.*, art. 53 ; Loi n°2016-046/AN-RM, *op. cit.*, art. 240.

982 Dareste, cité par A. Van Lang, *ibid.*

983 G. Eckert, « Droit administratif et droit civil », in *Traité de droit administratif* sous la direction de Pascale Gonod, F. Melleray, P. Yolka, Dalloz, 2001, t. 1, p. 617.

administratif toute liberté dans l'interprétation des textes en cause. Il est certes éminemment préférable qu'un même texte fasse l'objet d'une interprétation unique devant les deux ordres de juridiction »[984]. Il n'en reste pas moins que des divergences d'interprétation existent ou ont pu exister. Tel était traditionnellement le cas en matière de capitalisation des intérêts[985] où le juge administratif mettait le renouvellement de la demande à l'expiration de chaque échéance annuelle, ce qui ne correspondait pas à l'interprétation du juge judiciaire[986].

L'interpénétration droit administratif – droit privé devient de plus en plus importante au point qu'il devient parfois hésitant de choisir entre les expressions « droit administratif » ou « droit de l'Administration » pour désigner ce corps de règles appliqué aux activités des autorités administratives.

2. Le droit administratif se mue en « droit de l'Administration »

Le droit administratif est toujours en mouvement[987]. On assiste de ce fait à un affaiblissement progressif du particularisme du droit administratif se manifestant par deux points. Le second consistant à une évolution de la puissance publique (b), le premier concerne le recul de l'exorbitance de ce droit (a). Ce qui fait qu'une partie de la doctrine la plus autorisée soutient que « l'avenir du juge administratif en fera toujours un juge, et de moins en moins un juge administratif ; ce qui peut contribuer, à très long terme, à poser la question de son indentification et d'une intégration aux structures juridictionnelles ordinaires »[988].

a. L'exorbitance du droit administratif recule

Le professeur Didier Truchet entretient le débat en ces termes : « qualifier le droit administratif comme exorbitant d'un droit commun qui serait le droit privé, correspond partiellement à la vérité historique, mais plus à la réalité : il est le droit commun de l'action administrative »[989]. Le droit administratif a longtemps été et est même toujours défini à partir de cette exorbitance. Cette dernière n'est plus ce qu'elle était, faute due à l'évolution et à la diversification des modalités d'action de l'Administration. Pourtant, elle n'est pas morte, elle a toutefois été malmenée, donc affaiblie, elle recule. On se demande d'ailleurs si ce recul a commencé maintenant, c'est-à-dire si c'est un problème très récent, car l'interventionnisme croissant de l'État est devenu plus perceptible dans la période se situant entre les deux guerres mondiales. Ce qu'il faut reconnaître,

---

[984] *Ibid.*

[985] *Code civil français*, art. 1154.

[986] C. C. français, civ. 2e éd., 28 février 1996, Bull, civ. II, n° 46, p. 29.

[987] Selon Pacteau, « L'évolution de la justice administrative n'est pas terminée et elle n'est pas programmée vers la mort », B. Pacteau, *Consensus sur la juridiction ?*, in Mél. Tinsit, Bruylant, 2004, p. 487.

[988] Y. Gaudemet, *Le juge administratif, une solution d'avenir ?*, Clés pour le siècle, Dalloz, 2000, p. 1213.

[989] D. Truchet, *Le droit administratif vu par un professeur de droit*, AJDA 2013, p. 404.

c'est que cet interventionnisme prend de l'ampleur, et plus cela évolue, plus l'exorbitance recule.

Revenons alors à la place de l'exorbitance dans la définition du droit administratif. Selon Gaston Jèze, « le droit administratif est l'ensemble des règles spéciales relatives au fonctionnement des services publics »[990]. Il continue en soutenant que « tout pays civilisé a des services publics et, pour le fonctionnement régulier de ces services, il existe nécessairement des règles juridiques spéciales ; il n'est pas possible qu'elles n'existent pas »[991].

Qu'est-ce qu'on entend alors par règles spéciales et règles juridiques spéciales ? C'est clair, tout tourne autour de l'idée de « spécialité », de « spécificité », et par rapport à quoi ? C'est tout simplement par rapport au droit privé. Cette théorie de l'exorbitance des règles de droit administratif comme élément-clé de sa définition a eu beaucoup d'adhérents composés de grands noms ayant marqué l'étude du droit administratif, tels que Léon Duguit, Marcel Waline, Louis Rolland…

Il faut alors signaler que le professeur Charles Eisenmann a contesté cette spécificité du droit administratif tiré principalement de l'exorbitance avec la plus grande vigueur et explication. C'est pourquoi, nous avons jugé qu'il est d'une grande utilité de présenter les grandes lignes du long développement qu'il a rédigé pour la cause.

Il a ainsi réagi de la manière suivante : « mais supposons maintenant que l'on n'affirme pas que l'Administration vive uniquement, parce qu'entièrement, sous un droit à elle spécial, que l'on admette au contraire que, selon le droit positif, les règles du code civil, ou celles du code de commerce, lui sont parfois applicables. Si, sur la base d'un semblable état des choses, l'on affirme encore l'autonomie du droit administratif, si on le défini encore comme un droit spécial, un droit différent du droit privé, ces propositions auront un tout autre sens, une toute autre portée précédemment dite. Alors que dans l'hypothèse précédente, droit administratif était synonyme de droit valable pour l'Administration, coïncidait avec droit de l'Administration, dans l'hypothèse présente au contraire, l'équation cesse d'être vraie ; les auteurs qui continuent de professer ces formules acceptent qu'une partie des règles valables pour l'Administration ne fassent pas partie du droit administratif, à savoir celles qui, continuent dans un code ou une loi de droit privé valent également (…). »[992]

Il soutient que « toutes ces conséquences font apparaître, combien, dans l'hypothèse de fin envisagée, la thèse de l'autonomie du droit administratif (par rapport au droit privé) devient discutable et problématique ; il faut donc rayer de la définition du droit administratif l'idée de sa spécialité, de son autonomie ;

---

990 G. Jèze, *Les principes généraux du droit administratif*, p. 1, cité par Ch. Eisenmann, *Cours de droit administratif*, Paris, LGDJ, t. 1, 1982, p. 21.

991 G. Jèze, *ibid.*

992 Ch. Eisenmann, *Cours de droit administratif*, *op. cit.*, p. 91.

originales ou non par rapport au droit privé, toutes les règles qui s'appliquent à l'Administration sont des règles de droit administratif »[993]. En acceptant, cette vision et cette définition du professeur Charles Eisenmann, le droit administratif n'est pas un droit exorbitant du droit commun, l'exorbitance n'a même pas reculé, elle n'existe plus. Le droit administratif ne serait plus alors reconnaissable à travers son exorbitance. Selon ses termes, toutes les règles applicables à l'Administration forment le droit administratif. L'existence d'un Conseil d'État n'a aucun effet sur cela.

Dans la catégorie des auteurs contemporains, Gabriel Eckert est encore plus précis en notant que « le constat du recul de l'exorbitance du droit administratif est largement partagé par la doctrine »[994]. Cette évolution serait, en plus de la conséquence, de contraintes internationales, le résultat de choix politiques internes promouvant une approche managériale de la gestion publique[995]. On a ainsi parlé de « banalisation du droit administratif »[996], de « métissage du droit administratif »[997] ou même de « l'hybridation du droit administratif »[998].

Pour Gabriel Eckert, tous ces mots ont été forgés « par la réduction de l'exorbitance des règles (du droit administratif) et son rapprochement de celles du droit privé »[999] ; « il en est ainsi, continue-t-il, du fait d'une banalisation des rapports administratifs et plus encore des régimes administratifs »[1000].

Ainsi, au lieu du droit administratif, employé ici comme le droit spécial appliqué à l'Administration, prend progressivement place le droit de l'Administration que l'on peut comprendre à travers la définition que lui donne le professeur Alain Bockel : « le droit de l'Administration est constitué par l'ensemble des règles juridiques destinées à régir l'organisation et l'activité de l'Administration »[1001]. Il précise que c'est « l'ensemble des règles applicables à l'Administration quelle qu'en soit leur nature »[1002]. Cette définition du professeur, même s'il faut signaler qu'il utilise aussi la définition restrictive, semble nous indiquer son accord avec le recul de l'exorbitance. Que deviendra le droit administratif dépouillé de toute exorbitance ? Oui, l'exorbitance recule, mais elle reste significative dans l'identité du droit administratif.

L'application séquentielle par nécessité ou occasionnelle des règles du droit privé à certaines activités de l'Administration, fait certes assombrir la vigueur de l'exorbitance dans l'appréciation du droit administratif, mais ne la fait pas

---

993 *Ibid.*, p. 92.

994 G. Eckert, *Droit administratif et droit civil*, in *Traité de droit administratif*, *op. cit.*, p. 629.

995 Voir G. Eckert, *ibid.*, p. 630.

996 J. B. Jean-Marie Auby, cité par Eckert, *ibid.*

997 A. Van Lang, cité par Eckert, *ibid.*

998 J. Eckert, *ibid.*

999 G. Eckert, *ibid.*

1000 *Ibid.*

1001 A. BockeL, *Droit administratif*, *op. cit.*, p. 16.

1002 *Ibid.*, p. 45.

disparaître. Ces règles de droit privé appliquées à l'Administration ne sont-elles pas, dans une certaine mesure, trempées dans une quelconque dose d'exorbitance dans leurs effets, dans leur objet ?

En plus du recul de l'exorbitance, la célèbre et fameuse puissance publique tant étudiée et diversement appréciée par les administrativistes évolue.

b. La puissance publique évolue

La notion de puissance publique, voilà une expression qui tique tous les juristes tant publicistes que privatistes dès qu'ils la lisent ou entendent quelqu'un la prononcer. Elle fait partie des notions qui ont fait et font la beauté du droit administratif. Elle fait aussi penser à un grand nom du droit administratif : le professeur Maurice Hauriou, le guide de l'école de Toulouse, qui a mis la notion de puissance publique au centre de la définition du droit administratif.

La puissance publique, est cette force collective d'imposition unilatérale et de contrainte accordée aux autorités publiques leur permettant de satisfaire aux besoins d'intérêt général par opposition aux intérêts des particuliers. C'est l'incarnation de la toute-puissance de l'Administration. Elle décide seule, cette décision s'applique directement aux particuliers, qui en cas d'opposition, sont forcés de s'y soumettre. La puissance publique fait que l'Administration est redoutée et fait peur. Elle permet à l'Administration d'agir par voie de commandement, sauvegarde de l'intérêt général exige. Avec la mondialisa-tion, ce fameux intérêt général n'exige-t-il pas aussi de l'Administration d'autres modes d'action ?

Georges Vedel et Pierre Delvolvé font le constat suivant : « longtemps, le terme puissance publique a été employé en droit public dans un sens quasi métaphysique qui l'a discréditée. Au XIXe siècle, on considérait de façon plus ou moins claire que l'État possédait une volonté propre, supérieure par nature à celle des individus. L'on en déduisait des conséquences qui choquent le sentiment juridique moderne. »[1003] De manière plus claire, le monde a évolué et les États en constituent le fondement, donc ce sont ces derniers qui ont évolué. Cette évolution conduit l'État à s'habiller le plus souvent en particulier, en d'autres termes, en personne privée. Les relations de particulier à particulier étant basées sur l'égalité parfaite des parties, il ne peut en aucune manière se prévaloir de ses prérogatives de puissance publique dans ce cas de figure.

Lorsqu'il agit en personne privée, il négocie, il discute, il n'impose pas et n'agit pas alors par voie de commandement. Qui pouvait imaginer cela dans la première moitié du XIXe siècle ? Ainsi, la puissance publique évolue et c'est une réalité.

On peut même alors, vu le degré de l'évolution, parler de « puissance publique nouvelle ». Cette « puissance publique nouvelle » est soumise au

[1003] G. Vedel, P. Delvolvé, *Droit administratif*, t. 1, *op. cit.*, p. 35.

marché et non le marché à elle. C'est pourquoi, on peut lire à travers la doctrine : « c'est peu dire que, dans le monde contemporain, la puissance publique perd du terrain par rapport au marché. Plus encore, dans la réalité des rapports socioéconomiques, la première tend, par-delà les apparences juridiques à être *de* plus en plus souvent soumise au second. »[1004] L'auteur de ces mots continue pour consolider sa pensée en écrivant que « les doutes sur l'efficacité de l'intervention publique, mis en évidence par l'école des "public choices", conduisent à lui reconnaître un cadre subsidiaire et subordonné par rapport au marché. Dans ce cadre, la personne publique n'est légitime à intervenir que si elle démontre, non seulement que son action répond à un besoin d'intérêt général, mais encore qu'elle est la mieux placée pour assurer la prise en charge »[1005].

L'État et ses démembrements, dans leurs différentes missions de satisfaction de l'intérêt général, sont de plus en plus soumis aux mêmes exigences que les sociétés privées. L'exigence d'efficacité et de performance se situe dans ce cadre. Les procédures de publicité et de mise en concurrence préalables à la passation des marchés publics s'appliquent indifféremment à tout le monde (État, collectivités territoriales et personnes privées)[1006]. Les services de l'État ne sont plus couverts par la puissance publique pour pouvoir acquérir les marchés publics. Ils doivent faire preuve de remplir des exigences comme les simples particuliers.

Du coup, pour Gabriel Eckert, « la puissance publique est ramenée de la fonction de prestataire à celle de régulateur. Mais là encore continue-t-il, le rapport de force avec le marché est loin de lui être favorable. Ainsi, le développement des autorités indépendantes de régulation, s'il démontre la nécessité d'un contrôle des marchés, illustre également la perte de légitimité des autorités politiques pour le prendre en charge »[1007].

Ainsi, l'existence du droit de l'Administration ne faisant pas de cloisons entre droit administratif et droit privé, qui se manifeste par la perte de vitesse des grandes notions qui ont marqué le droit administratif prouvent que l'autonomie pure du droit administratif est de nos jours impossible. La création d'un Conseil d'État ne peut résoudre cette équation même si c'est une nécessité de renforcement du droit administratif.

On comprend alors, que la justice administrative malienne fonctionne autour d'une pagaille organisationnelle, qui constitue une importante contrainte pour le raffermissement d'un droit administratif national. À côté de cette contrainte, il existe une autre non moins importante, mais qui est d'ordre fonctionnel (chapitre II).

[1004] G. Eckert, *Droit administratif et droit civil, op. cit.*, p. 645.
[1005] *Ibid.*
[1006] Voir G. Eckert, *ibid.*, p. 646.
[1007] *Ibid.*

CHAPITRE II

LES CONTRAINTES D'ORDRE FONCTIONNEL

La justice administrative peut ne pas remplir convenablement la mission et l'objectif qui sont les siens. Elle devient alors un mirage, une construction apparemment séduisante et attirante perçue comme un gage de démocratie ayant en son sein la protection du citoyen comme priorité absolue. La situation de la justice administrative malienne répond à cela. Comme pour prouver que l'adage, selon lequel, « l'apparence trompe » est une réalité vivante, la justice administrative nationale, malgré sa façade attirante, se présente comme une coquille presque vide sur le plan de la production d'un droit administratif malien, donc sur le plan pratique.

Cela résulte principalement du décalage entre la population et la juridiction administrative. Ce fossé ne peut en aucune manière contribuer à raffermir ou à faciliter la gestation d'un droit administratif propre à notre pays. La population voit ainsi parachutée sur elle une armada de règles, de techniques et de méthodes étrangères.

C'est pourquoi, au fond, la justice administrative malienne, si l'on s'en tient à son impact réel sur l'État de droit, vu sous l'angle de la plus grande partie de la population, se présente comme une justice inefficace (Section 2) ; cela est principalement dû au fait que la plus grande partie de la population malienne ne connaît pas du tout la justice administrative (Section 1).

Section 1

La justice administrative est une inconnue

La population malienne ne connaît pas sa justice administrative. Cette affirmation n'est pas dure, elle est objective et ne constitue que le résultat des différentes missions d'étude que nous avons menées à l'intérieur du pays. Plus on s'éloigne de Bamako la capitale, plus on s'éloigne de la justice administrative. Cette affirmation doit même être nuancée, car à l'intérieur de la capitale la justice administrative n'est pas connue des justiciables.

Cette distance qui existe entre la population et cette justice qui est censée être la mieux armée, la mieux outillée pour la protéger, ne doit pas seulement être appréciée en nombre de kilomètres ; elle doit l'être aussi à travers d'autres points. Elle est non seulement éloignée des justiciables (Paragraphe 1), mais aussi elle emploie une procédure inéquitable et même brutale (Paragraphe 2).

Paragraphe 1 : une justice éloignée des justiciables

Aujourd'hui, trois tribunaux administratifs (six bientôt) et une « juridiction » administrative suprême tranchent les litiges entre plus de quinze millions de maliens et leur Administration. En 2019, plus de 50 % des Maliens ne savent ni écrire, ni lire, ni s'exprimer en français. Dans un tel contexte, la justice administrative peut aboutir au contraire de son objectif et devenir très dangereuse pour la population.

C'est donc une justice urbaine et centralisée (A) qui applique un droit étrange pour notre population (B).

A. Une justice urbaine et centralisée

Il suffit tout simplement de faire un rappel de la situation géographique des juridictions administratives maliennes pour se faire une idée précise sur leur degré d'inaccessibilité (1). Cette situation rend cette justice mystérieuse alors qu'elle ne doit aucunement l'être (2).

1. Un juge inaccessible

L'accès à la justice administrative signifie la possibilité égale pour chaque citoyen de saisir cette justice quel qu'en soit sa race, son ethnie, sa religion, son domicile, son niveau social ou son degré d'éducation. Cette justice doit ainsi être rendue au profit de tous les citoyens. L'inaccessibilité de cette justice se manifeste non seulement par sa méconnaissance par la population (a) ; mais aussi par la distance décourageante qui la sépare de cette dernière (b).

a. Une méconnaissance d'un juge spécial pour l'Administration

Les résultats de nos différentes missions de recherche à l'intérieur du pays ainsi qu'à Bamako et dans les capitales régionales sont inquiétants. Les Maliens, dans leur grande majorité, ne savent pas qu'il existe une juridiction spécialement créée pour connaître les affaires mettant en cause les autorités administratives. Ces mots pourront faire penser que lesdits résultats sont relatifs à une couche bien déterminée de la population, à savoir les populations rurales ou celles qui n'ont pas été à l'école. Pourtant, ces résultats concernent toutes les couches et tous les milieux de la société malienne.

Prenons le cas de Bamako où il existe un tribunal administratif. Nous avons sciemment adressé la question suivante à mille Bamakois,[1008] tous ayant été à l'école, donc pouvant lire et comprendre plus ou moins la langue française : connaissez-vous la juridiction administrative ? Sur les mille réponses, seules cinquante-huit sont réellement positives. Cela signifie, que neuf cent quarante-deux personnes, sur un groupe-cible hétérogène composé de mille individus ne savent pas, qu'il existe un juge spécial dont le rôle se limite à la résolution des

[1008] Sur les mille, cent soixante-dix-huit nous ont déclaré avoir des diplômes universitaires : 32 sociologues, 28 médecins, 30 géographes, 10 ingénieurs, 36 juristes dont 10 magistrats de l'ordre judiciaire, 15 commissaires de police, 10 agents immobiliers, 02 archéologues, 15 comptables.

litiges occasionnés par les activités d'intérêt général menées par l'Administration.

En se référant à ces résultats, la justice administrative est malheureusement une grande inconnue. Faut-il se limiter à la justice administrative seule parce que c'est le champ de notre étude ? En effet, la réponse donnée par un vieux retraité est révélatrice de l'ampleur de cette situation à la fois alarmante, inquiétante et décevante. À la réponse à notre fameuse interrogation, il nous a d'abord gentiment demandé de nous asseoir et nous prévenir de partir si nous sommes pressés. Il affirme : « vous dites bien la juridiction administrative ? », nous avons répondu « oui », « j'ai effectivement entendu parler une fois de cette justice il y a très longtemps. Je crois que c'est dans les années 1990, c'est cette justice qui s'est opposée au Président de la République de l'époque en annulant une décision par laquelle ce dernier avait radié une magistrate du nom de Manassa Danioko ; mais dès lors je n'ai plus entendu parler d'elle, peut-être qu'elle a été supprimée car ces genres de structures sérieuses ne durent pas chez nous »[1009]. Selon lui, « les Maliens ne connaissent pas la justice normale à plus forte raison celle dont vous parlez. »

La juridiction administrative ne serait pas alors la seule méconnue, mais plutôt le système juridictionnel malien dans sa généralité. Même si cela constitue une réalité, les juridictions judiciaires sont dans une large mesure plus connues que les juridictions administratives. L'une des preuves est que la plupart des personnes qui se sont exprimées sur notre interrogation savent où se situe la juridiction judiciaire de son secteur mais ignorent complètement où se situe le siège du TA de Bamako.

Ce qui est le plus délicat dans cette situation, c'est le côté des intellectuels. Pour avoir une petite idée de sa délicatesse, il faut reproduire la réponse donnée par un géographe de l'Institut d'Économie rurale (IER) dont le nom sera volontairement omis : « sans vous mentir, je ne connais pas cette juridiction et je ne crois pas que ces choses-là m'intéressent. J'ai quand même déjà eu une affaire devant la justice, mais j'apprends l'existence de celle dont vous parlez avec vous. C'est une question de centre d'intérêt. Je suis géographe. »[1010] Ainsi, le juge administratif est vraiment méconnu. À travers ces réponses, nous pouvons avoir directement une idée de la raison principale de cette méconnaissance, mais elle sera étudiée dans les paragraphes à venir.

Ces réponses, dans une certaine mesure, peuvent être comprises et même autorisées. Elles peuvent l'être car venant surtout des non-spécialistes. En effet, certaines réponses données par certains juristes sont source de désespoir. Ce

[1009] Entretien avec Ousmane Koné, ancien agent de la CMDT à la retraite, le 29 décembre 2014 à Bamako, 17 heures 15 mn à sa porte. Ce jour, il était avec d'autres vieux qui ont déclaré se souvenir de l'affaire Danioko, mais n'avoir plus jamais entendu parler d'un autre type de justice.

[1010] Entretien avec un géographe à l'IER dans son bureau, le 22 décembre 2014 à Bamako, à 11 h 00.

n'est pas que ceux-ci méconnaissent totalement cette juridiction, mais ne la connaissent que de nom. Sur les fiches comportant l'interrogation que l'on avait distribuée dans les différentes juridictions judiciaires, les juges judiciaires connaissent la juridiction administrative. La majorité de ces juges répondent tout simplement par « oui je la connais ». La réponse qui attire notre attention a été la suivante : « je sais bien qu'il existe une juridiction administrative, mais à vrai dire je n'ai jamais collaboré avec cette juridiction et ne sais même pas où se situe son siège. »[1011]

Que dire alors des autres corps ou des populations rurales ? Nous pouvons ainsi dire que même le juge judiciaire ne connaît pas le juge administratif ou tout du moins ne le connaît pas comme il le devrait. Il a donc une connaissance très superficielle de la juridiction administrative. Pourtant, il est aussi justiciable et peut ainsi être confronté à des problèmes avec une structure de l'Administration. Il peut donc aussi être amené à saisir le juge administratif, alors qu'il ne le connaît pas ou ne le connaît que très peu. Tout cela rend le juge administratif inaccessible ; mais la distance qui sépare ce dernier de celles pour lesquels il existe en constitue aussi une raison.

b. Une distance décourageante entre les populations et les juridictions administratives

Quand on l'observe de très près, le système malien d'organisation juridictionnelle nous donne l'impression d'une justice administrative ostensiblement réservée à une poignée de citadins. La justice administrative malienne est en réalité une justice excessivement centralisée. Nous disons qu'elle est réservée à une poignée de citadins, car sur plus de soixante-dix centres urbains du Mali, il n'y a que trois qui ont un accès direct à la juridiction administrative. Que dire alors des résidents locaux qui constituent la plus grande partie de la population malienne ?

Il s'agit alors ici de l'éloignement géographique qui constitue l'un des principaux obstacles auxquels les autorités doivent faire face pour une réelle gestation d'un droit administratif malien. Le juge administratif est un grand inconnu pour les populations maliennes, nous l'avons souligné dans le paragraphe précédent, cela n'est-il pas aussi dû à cette distance géographique qui les sépare de celui-ci. Nous pensons que oui, car si une juridiction existe dans une localité, les populations autochtones se poseront forcément la question sur son rôle, son utilité et pourront ainsi avoir, au fur et à mesure, une idée sur elle.

Ainsi, sur le plan pratique, il existe toujours trois tribunaux administratifs au Mali en application de la loi n° 94-006 selon laquelle « il est institué dans le ressort judiciaire des Cours d'appel de Bamako, de Kayes et de Mopti un

---

[1011] L'auteur de cette réponse, comme la plupart des juges judiciaires, n'a pas voulu mentionner son nom, car ils ont accepté de collaborer sous réserve de leur remettre la fiche d'interrogation pour qu'ils écrivent leurs réponses en mentionnant leurs noms s'ils le veulent.

tribunal administratif »[1012]. Il faut alors signaler que sur le plan théorique, ce nombre a été augmenté à six (06) depuis une loi du 2011 qui dispose qu'« il est créé un TA dans les régions de Kayes, Sikasso, Ségou, Mopti, Gao et dans le District de Bamako »[1013]. S'il faut considérer la création de ces nouvelles juridictions comme une certaine avancée, il faut l'apprécier à sa juste valeur, car cette création ne constitue qu'une goutte d'eau dans la mer et ne résout point le problème de distance qui sépare les populations des juridictions administratives.

Le droit administratif malien a du chemin à parcourir. Un droit administratif national ne peut exister sans l'apport incontournable de la population. Cet apport constitue le droit administratif, autrement dit, c'est la population qui fait ou fabrique le droit administratif à travers ses multiples contestations des décisions ou faits de l'Administration. En effet, si le juge administratif « crée » le droit administratif, il le fait suite à une saisine d'un citoyen. C'est l'ensemble des réponses propres aux différentes saisines qui contribuent à former ce corps de règles juridiques. La situation devient alors très délicate si cette population ne peut avoir que très péniblement accès à cette juridiction. Autrement dit, au lieu d'un *contentieux administratif institutionnel* seulement, il nous faut *un contentieux administratif social ou fonctionnel* répondant à une demande et à des besoins.

Ainsi, pour plus de 15 000 000 d'habitants, nous avons quatre (04) juridictions administratives. Sur ces quatre juridictions administratives, trois sont des tribunaux administratifs, c'est-à-dire des juridictions administratives de droit commun. Aussi, faut-il rappeler qu'une seule juridiction reçoit les appels formés contre les jugements de ces trois tribunaux. En effet, la Section administrative de la Cour suprême est le juge administratif d'appel. Ce qui fait sous-entendre que pour les plus de quinze millions de Maliens, il existe une seule juridiction d'appel qui est située dans la capitale. Les populations de Kidal et de Tombouctou se trouvant dans l'extrême nord du pays vont difficilement se donner la peine de parcourir près de 2 000 km pour venir suivre leurs requêtes auprès du juge administratif d'appel ou même pour introduire leurs requêtes auprès de la Section administrative de la Cour suprême qui est aussi juge de droit commun en certaines matières.

Quant au tribunal administratif de Bamako, il couvre les régions de Koulikoro, de Sikasso, de Ségou et le District de Bamako. Ainsi, la ville de Sikasso, capitale de la région qui porte ce nom est à 410 km de Bamako, donc du tribunal administratif territorialement compétent. Certaines localités de cette région se trouvent à plus de 600 km de leur juridiction administrative. Cette distance destructrice existe aussi entre le TA de Bamako et les autres régions qui relèvent de son ressort.

[1012] Loi n° 94-006/AN-RM du 18 mars 1996, *op. cit.*, art. 1er.
[1013] Loi n° 2011-038/AN-RM, *op. cit.*, art. 6.

En ce qui concerne le TA de Mopti, capitale de la cinquième région administrative du Mali, il couvre les deux tiers du territoire national. Cette juridiction administrative, en plus de Mopti, couvre les trois régions du nord du Mali : Gao, Tombouctou et Kidal. En guise d'exemple, un justiciable de Tessalit (ville de la région de Kidal) doit parcourir 1 098 km pour pouvoir saisir le juge administratif.

S'agissant du TA de Kayes, celui-ci couvre toute la région du même nom. Ce cas spécifique de cette région démontre un manque d'attention sur le problème de la distance séparant les justiciables des juridictions administratives. En effet, certaines localités qui relèvent de Kayes sont plus proches du TA de Bamako que de celui de Kayes, mais les justiciables desdites localités doivent aller à Kayes. Par exemple, le cercle de Kita est à moins de 80 km de Bamako, mais les habitants de cette localité sont obligés d'aller jusqu'à Kayes, à plus de 500 km pour pouvoir saisir le bon juge administratif. C'est pourquoi Harouna Diallo écrit que « le périmètre judiciaire malien crée des situations absurdes »[1014].

La distance constitue alors un véritable danger pour la gestation d'un droit administratif malien. Pourtant, sans que cela ne soit une excuse, ce problème de distance n'est pas propre au Mali seulement. Beaucoup d'autres pays d'Afrique noire francophone souffrent du même problème. Tel est par exemple le cas du Cameroun où « le juge administratif (est aussi) éloigné des justiciables »[1015]. Selon les mots de Henri Claude Njocke, « la distance qui sépare certaines villes du lieu de situation de la juridiction administrative constitue un véritable obstacle pour le justiciable »[1016].

Si l'on se réfère aux mots de Tahiry Andriamiarintsoa Rakotomalala, la situation malienne n'est pas plus mauvaise que celle de Madagascar. Il écrit qu'une des critiques « du système de dualité juridictionnelle malgache est liée au défaut de proximité des juridictions administratives malgaches »[1017], ce qui semble paradoxal selon ses termes, « puisque la mise en place des six tribunaux administratifs avait justement pour objectif de rendre la justice administrative plus accessible aux particuliers ».

Tout en rappelant qu'en terme de proximité, il n'y en a pas assez, il explique : « l'assise territoriale qui satisfasse réellement à l'objectif de proximité est la région qui sont actuellement au nombre de vingt-deux. L'échelon régional semble le plus adéquat dans la mesure où les régions sont administrativement et géographiquement plus proches des justiciables. Par ailleurs, cela libèrera

---

[1014] H. Diallo, *La protection des droits de l'Homme par les juridictions administratives au Mali*, thèse, *op. cit.*, p. 194.

[1015] H. C. Njocke, « Le juge administratif camerounais est-il dans le maquis ? », in EDJA, n° 70, juillet-août-septembre 2006, p. 33.

[1016] *Ibid.*, p. 34.

[1017] Tahiry Andriamiarintsoa Rakotomalala, *La dualité juridictionnelle en Afrique subsaharienne : cas de Madagascar*, *op. cit.* p. 57 et s.

l'échelon provincial qui pourra être réservé à des Cours administratives d'appel lorsque le besoin de les créer se fera sentir. À terme, l'échelon provincial sera donc pour l'organisation juridictionnelle, celui des juridictions d'appel. »

L'existence de telles distances entre les populations et cette justice indispensable à savoir la justice administrative équivaut alors à exclure ces populations du droit administratif. Sachant bien que par analogie, elles sont au début et à la fin du droit administratif. Leur exclusion signifie donc que le mimétisme conduisant à la dépendance continuelle va se poursuivre et la vraie gestation d'un droit administratif national va attendre.

2. Un juge administratif mystérieux

Nous avons une population majoritairement rurale ne s'intéressant le plus souvent qu'aux activités liées à l'Agriculture. Le juge ordinaire fait déjà peur à celles-ci *a fortiori* un juge qui prétend faire venir la puissante Administration au prétoire. L'inaccessibilité de ce juge due à sa méconnaissance et à la distance qui le sépare des justiciables font qu'il est entouré de mystères aux yeux de ces derniers. Ainsi, ce juge doit être démystifié et c'est la raison pour laquelle l'on ne comprend pas pourquoi il porte la robe noire au Mali (a). Pourtant, cette mystification est en grande partie liée à l'attitude des autorités et du juge lui-même (b).

a. Pourquoi la robe noire ?

Le juge administratif, vu le rôle particulièrement sensible qu'il occupe ou qu'il doit occuper dans nos États issus de la décolonisation, doit être proche de la population. Celle-ci doit alors se sentir libre et en confiance devant lui. Cette particularité du juge administratif doit se manifester principalement par son apparence, par sa tenue, bref, il doit être proche de la population par son « habit de travail ». Pourtant, le juge administratif malien se cache dans une grande robe noire dont ni lui-même, ni la population ne jaugent la signification et l'utilité réelles. Veut-il peut-être ressembler à l'autre juge, c'est-à-dire le juge judiciaire ?

Selon la loi, « à l'audience, les magistrats sont astreints au port d'un costume dont la composition est fixée par décret pris en conseil des Ministres »[1018]. Notre compatriote Ali Cissé déplore cette pratique en ces termes : « A priori, rien ne semble justifier le port des robes "made in France" par les juges maliens. Primo, ce type de robe n'est pas adapté au climat d'un pays sahélien : un magistrat m'a confié qu'on étouffe dedans pendant la canicule. Secundo, son prix est exorbitant : une robe de qualité importée de France peut coûter l'équivalent du salaire mensuel d'un juge malien. Tertio, cette pratique n'est liée à aucun trait de notre culture ou de notre histoire ; les chefs traditionnels ou les cadis qui faisaient office de juge avant l'arrivée de l'Administration coloniale ne portaient pas une tenue spéciale, encore moins une robe au moment de trancher les

[1018] Statut de la magistrature, *op. cit.*, art. 11.

litiges… À voir de près, le port de la robe relève simplement d'une imitation servile d'une pratique de la métropole. »[1019]

Si le port de la robe constitue une imitation de l'ex métropole, il faut alors chercher à savoir sa signification sur ce terrain. En effet, « en France, le port de la robe chez les magistrats est une ancienne tradition qui remonte au XIVe siècle et a commencé vraisemblablement sous le long règne de Louis IX (1226 à 1270). À cette époque, les rois estiment que les magistrats devaient s'habiller comme eux pour rendre la justice car cet attribut de souverain leur était simplement délégué. Aussi, les rois offraient chaque année aux magistrats des costumes semblables à ce qu'ils devaient porter à l'occasion des cérémonies comme les sacres et les réceptions. La pratique a été codifiée plus tard par un arrêté du 23 décembre 1802 et un décret du 30 mars 1808 »[1020].

Ce qui peut être étonnant, voire paradoxal, c'est que sur ce point, la pratique française n'est point imitée. Pour être très clair, le juge administratif français ne porte pas de robe noire à l'audience. La robe est considérée comme le symbole du juge judiciaire alors qu'en droit administratif (malien et français), le juge administratif n'est pas seulement le juge de l'Administration, il est aussi son conseiller, l'un des fondements de l'originalité de la juridiction administrative. La robe symbolise ainsi de la dualité de juridiction.

L'Administration fait déjà peur, ajoutée à celle du juge, rendent la justice administrative inadéquate. Si le port de la robe noire peut être rassurant ailleurs, c'est-à-dire dans la recherche de solution aux litiges mettant en présence deux personnes égales, il peut être intimidant ici dans la recherche de solution au litige opposant deux personnes inégales. Dire le droit administratif dans une tenue ordinaire rapprocherait celui qui le dit plus de la population que de l'Administration, cette robe étant considérée par la population comme le symbole de la toute-puissance de l'Administration. Le citoyen lambda ne fait guère la distinction entre l'Administration et la juridiction administrative. Pour lui, la justice, particulièrement la justice administrative, n'est qu'un maillon de l'Administration. Pour créer alors une confiance véritable entre la population et cette justice, il faut tout mettre en place pour qu'elle comprenne que cette justice est impartiale et même plus proche d'elle. Un des moyens pour y parvenir est-il l'arrêt du port de la robe noire ?

Sur ce point, la réaction des juges administratifs est sans ambiguïté. Selon eux, il faut obligatoirement porter la robe noire à l'audience. Le port de cette robe, dont eux-mêmes ignorent dans leur grande majorité la signification, serait le symbole de leur appartenance à la magistrature. Selon les mots d'un juge administratif, « on n'est même pas considéré par les juges judiciaires comme des vrais juges, nous priver du port de cette robe ne serait qu'une confirmation

---

[1019] A. Cissé, *Mali : une démocratie à refonder*, Paris, L'Harmattan, 2006, p. 23 et suivants.

[1020] *Ibid.*

de ce que ceux-ci pensent »[1021]. Si nous comprenons bien cette affirmation, il faut porter la robe noire pour être un vrai juge. Du côté des juges administratifs eux-mêmes, c'est plutôt un effet de mode. On peut même penser qu'ils aiment faire peur à la population. Le rapprochement avec celle-ci n'étant apparemment pas leur souci.

Juger l'Administration constitue un mystère aux yeux de notre population, quand on ajoute à cela cette grande robe noire qui ne ressemble à aucun de nos habillements traditionnels, le juge administratif ne peut être que mystérieux au détriment d'une bonne gestation d'un droit administratif national.

b. Le rôle des autorités et du juge lui-même

La démystification de la justice administrative n'est pas synonyme de sa désacralisation. Une justice mystique ne peut garantir une protection efficace de la population contre le rouleau compresseur qu'est la machinerie administrative. D'ailleurs, une protection efficace de la population émanant d'une justice mystique est un mythe. Cela ne signifie pas non plus que la justice ne doit pas être sacrée, son efficacité tant souhaitée en dépend aussi.

Cette tâche de démystification, gage d'une bonne justice administrative se souciant de la protection de la population, est partagée entre les autorités et celui à qui le maniement du droit administratif est confié, à savoir le juge administratif.

Au Mali, dès que l'on parle de la justice, l'on ne se pose même pas la question de savoir de quelle justice il s'agit, on pense directement à la justice judiciaire. La raison est que, nous l'avons toujours soulignée, l'existence de la juridiction administrative est ostensiblement masquée. On a alors cette incompréhensible impression que les autorités politiques, même si elles procèdent à des lentes réformes, veulent que cette justice soit un mystère pour les justiciables. Cela n'est pas un argument fortuit, il découle de l'attitude des autorités face à la question.

La justice administrative est une justice spéciale, une justice nouvelle et même étrange dans le contexte local. Elle est ainsi dotée de spécificités échappant même parfois à la compréhension des couches intellectuelles de la société. Elle doit ainsi être expliquée de manière simple et appropriée à la population. Malheureusement, sur ce point, les différentes autorités sont restées invariablement silencieuses. Il n'y a jamais eu de réel programme accompagnant dans ce sens la création des juridictions administratives de droit commun qui constituent relativement, après les juridictions d'appel (CAA), les jeunes juridictions administratives, même s'il faut signaler que le problème concerne la juridiction administrative dans sa généralité, y compris la Section administrative de la Cour suprême.

[1021] Entretien avec B. A. Coulibaly, juge administratif, dans son bureau, le 10 octobre 2014.

Pourquoi ne pas démystifier la justice administrative qui constitue, de nos jours, l'un des maillons incontournables de la démocratie et de l'État de droit ? Les autorités sont ainsi coupables de la mystification de cette justice. Ce qui signifie logiquement, que leur rôle est primordial dans la démystification de la justice administrative. Les autorités peuvent, par exemple, mettre en place des équipes de juristes formées préalablement en contentieux administratif, pour sillonner l'ensemble des communes du Mali en vue de former et d'informer à leur tour les justiciables sur les rudiments de la justice administrative. Cela doit même être inclus dans le processus de décentralisation pour que les populations locales sachent que les actes pris par leurs élus à la tête de leurs collectivités ainsi que ceux émanant des représentants de l'État au niveau desdites collectivités ne sont pas des actes divins et sont, par conséquent, susceptibles de recours devant un juge spécial.

Face à cette situation, les magistrats peuvent agir et doivent même prendre le devant. Ils ne sont pas connus et doivent se faire connaître. Leur avenir en dépend, ainsi que le raffermissement du droit administratif malien, car un juge qui ne dit pas le droit, finit par être dépassé et un droit qui se nourrit de litiges finira par mourir s'il n'y a pas de litiges à résoudre. Tel est le problème que rencontrent certaines de nos juridictions administratives, particulièrement celles de Kayes et de Mopti. Ces juridictions ne dépassent pas le plus souvent chacune une vingtaine, au maximum une trentaine de décisions par an (excepté les périodes électorales). Certes, le juge administratif ne peut pas s'autosaisir, mais il peut se faire connaître par les justiciables à travers des débats, des émissions et des rencontres avec les justiciables. Dans cette optique, il peut aller même vers les justiciables pour dire le droit administratif chez eux sans qu'il ne se déplace loin de leur localité à travers des audiences foraines. Le juge lui-même doit communiquer sur son métier, les particularités de sa mission, expliquer et prouver particulièrement aux populations locales qu'il n'est favorable, en aucune manière, à l'Administration, mais qu'il occupe une position neutre et impartiale. C'est le lieu d'apporter des exemples précis sur son indépendance vis-à-vis de l'Administration active.

Le juge administratif est cependant dans son bureau et ne semble pas mesurer l'ampleur du problème. Il ne se soucie presque pas de l'enracinement du droit administratif national. Cet enracinement dépend en grande partie de lui, alors qu'il constitue un mystère aux yeux de ceux qui doivent le pousser à contribuer à la création de notre droit administratif.

À côté du caractère centralisé et urbain de la justice administrative, il faut attirer l'attention sur le fait qu'on applique un droit étrange devant elle (B).

B. Une justice appliquant un droit étrange

C'est le droit administratif qui est principalement appliqué par la justice administrative. Le plus grand problème que pose ce droit est qu'il ne dit rien à la majorité de notre population (1) et se trouve ainsi être étrange compte tenu de la nature même de notre société (2). Lors du colloque de Dakar, le professeur Jean Marie Breton a justement souligné cette méconnaissance de ce droit par la population, qui selon lui est due à « une rupture relative, mais souvent accentuée entre la sphère de l'État et celle de la vie privée »[1022]. Dans sa préface aux actes du même colloque, le doyen Mamadou Badji fait le résumé suivant : « (...) chacun s'est accordé autour de l'idée que la construction du droit administratif doit répondre à une double exigence, liée pour ce qui est de la première au processus de démocratisation, pour ce qui est de la seconde à la nécessaire appropriation du droit administratif par ces destinataires, les autorités administratives et les administrés. »[1023]

1. Le droit administratif ne dit rien au paysan de Nièna[1024]

Le droit administratif en tant que corps de règles spéciales appliquées à l'Administration est largement méconnu (a) donnant ainsi à la population une sensation d'un droit imposé (b).

a. Le droit appliqué est méconnu

Si nous voulons qu'un droit administratif national réel puisse durablement exister, il faut que celui-ci tienne raisonnablement compte des aspirations et de la nature de ceux à qui il doit s'appliquer. L'inadéquation criarde entre ce droit et le fonctionnement de notre société n'est pas du tout un secret. Plus que d'autres droits, le droit administratif dans notre société est réservé dans sa connaissance, à une toute petite frange de la population : les intellectuels. Il faut aussi signaler que, même parmi ceux-ci, sa connaissance n'est accordée qu'à une élite. Ce qui donne à ce droit, une couverture aristocratique alors qu'il est plutôt destiné à protéger la population contre les inévitables abus dont les autorités administratives peuvent se rendre coupables.

Comment peut-on demander à la population malienne d'exiger à ce que le droit administratif soit dit quand celui-ci ne dit rien à cette dernière ? Cela constitue en effet une incohérence dans la chaîne de construction d'un droit administratif malien. C'est la population qui se situe à la base de tout système

---

1022 J. M. Breton, « Propos impromptus sur cinquante ans de droit administratif en Afrique noire francocophone », in colloque de Dakar, 18, 19 et 20 mai 2015, PUT I capitole, 2016, *op. cit.*, p. 39.

1023 M. Badji, Préface, « Cinquante ans de droit administratif en Afrique noire francocophone », colloque, *ibid.*, p. 18.

1024 Le village de Nièna est un Arrondissement et un chef-lieu de commune situé dans la région de Sikasso (3e région du Mali) à 321 km de la capitale, l'activité principale est l'agriculture et plus de 80 % de la population est constitué de paysans.

de droit administratif, car c'est elle qui déclenche la procédure suite aux violations supposées du droit par l'Administration.

Le Mali n'est pas isolé dans cette situation. C'est pratiquement le même problème que connaît la plupart des États d'Afrique noire francophone. C'est pourquoi, s'agissant du cas camerounais, Henri Claude Njocke souligne que « la population camerounaise est encore en majorité analphabète »[1025] et celle-ci se trouve de ce fait en marge du droit administratif car ne sait pas du tout ce que cela peut signifier. Selon lui, cela conduit à une « inconscience juridique »[1026], car, « le juge recourt au droit administratif dont les sources bien connues ne s'identifient pas à la coutume au sens où la population l'entend et à laquelle elle fait régulièrement référence »[1027].

C'est aussi le cas en contentieux administratif malgache auquel « l'insuffisance de diffusion du droit administratif » a été reprochée en ces termes : « nombreux, y compris des professionnels du droit, commettent encore des erreurs de procédure. Tout ceci témoigne de la méconnaissance par le public et par les justiciables du système de dualité juridictionnelle »[1028].

Pour avoir une idée claire sur ce problème, il faut tenter d'expliquer le droit administratif et la juridiction qui l'applique à la population rurale. On comprend alors que ce droit est rejeté par cette population. Ce rejet s'explique par le fait qu'elle ne se sent pas concernée par ce droit et estime qu'il est réservé aux gens de la ville et particulièrement à ceux qui ont été à l'école. Sauf que dans la ville aussi, même si le taux d'alphabétisation est élevé, les citadins ne se sentent pas concernés par ce droit, estimant qu'il est réservé aux grands intellectuels et aux hommes politiques. Le problème est alors très sérieux du point de vue de l'idée de renforcement et de raffermissement d'un droit administratif national.

C'est pourquoi, le doyen Alain Bockel soulignait à juste titre que « si le tribunal administratif ou le Conseil d'État a une signification concrète pour le paysan de Corrèze ou des Vosges, que représente l'institution correspondante pour le cultivateur de la brousse africaine ? »[1029]. On peut tout simplement répondre à cette interrogation du doyen par « rien ». En effet, ces structures ne représentent pratiquement rien pour le paysan qui s'intéresse à autre chose. Que dire alors du paysan de Niéna qui se soucie plutôt d'une bonne pluviométrie, de l'engrais, des semences, de son bétail… et qui ne sait ni lire, ni écrire et ne comprend, dans le meilleur des cas, que quelques notions rudimentaires en

---

[1025] H. C. Njocke, « Le juge administratif camerounais est-il dans le maquis ? », in EDJA n° 70, juillet-août-septembre 2006, p. 41.

[1026] *Ibid.*

[1027] *Ibid.*

[1028] Tahiry Andriamiarintsoa Rakotomalala, *La dualité juridictionnelle en Afrique subsaharienne : cas de Madagascar*, *op. cit.*, p. 58 et s.

[1029] A. Bockel, *Le juge et l'Administration en Afrique noir francophone, introduction à l'étude du problème*, *op. cit.*, p. 28.

français. On peut dire que ce paysan est la victime d'un système mal construit et mal réfléchi.

Corvéable à merci, il constitue une proie facile et subit en longueur de journée toutes sortes de violations des textes de la part des administrateurs locaux et déconcentrés. Ce paysan se plie ainsi à toutes sortes de décisions par méconnaissance de ce droit qui peut en réalité, s'il est bien construit, constituer le moyen le plus efficace de protéger lesdits droits. Si le fond de notre droit administratif était puisé de nos réalités administratives locales et coutumières, acceptables et perfectibles, les populations se sentiraient mieux face à ce droit, l'utiliseraient et l'on ne pourrait plus parler de sa méconnaissance.

Tout cela fait que la population a tendance à prendre ce droit comme un droit imposé.

b. Une sensation d'un droit imposé

Il faut oser dire une vérité résultant d'un constat pratique : la population ne se reconnaît pas dans ce corps de règles inégalitaires, exorbitantes du droit commun et parfois même créées par le juge qu'on lui impose sans aucune forme d'explications. Le droit administratif, dans son état actuel, ou tout du moins tel qu'il est appliqué aujourd'hui chez nous est d'une technicité et d'une complexité qui le rendent insaisissable et incompréhensible par nos paysans de Nièna symbolisant la plus grande partie de notre population. Le contenu du droit administratif n'a rien à voir avec ce qui peut être appelé par analogie « le droit coutumier administratif » désignant les règles spéciales régissant les litiges pouvant surgir dans la vie de tous les jours entre les citoyens et les chefs traditionnels sur le plan administratif.

Dans la tradition malienne, toutes les communautés sont sur le plan administratif très bien organisées. Chaque communauté fonctionne autour d'une Administration bien structurée allant du chef du village jusqu'au chef de la communauté. Les litiges administratifs sont ainsi tranchés de manière concertée et négociée. En effet, lorsqu'un litige de ce genre survient, il est tranché sur la base d'une réunion organisée autour du grand chef. Ladite réunion fait intervenir tous les acteurs, les notables, les griots et particulièrement ceux qui maîtrisent le sujet. La procédure est orale et les conflits sont résolus selon les précédents.

On peut dès lors comprendre que, contrairement à la vision occidentale, le droit administratif traditionnel est un droit négocié. Tout le monde participe à la solution du litige. Au final, la décision prise est acceptée par tout le monde et la plupart des citoyens connaissent et maîtrisent les règles de ce droit.

Au regard de ces points, le droit administratif actuel est un droit imposé. Plus qu'un droit imposé, c'est un droit importé et cela ne fait l'ombre d'aucun doute. Les populations locales ne participent pratiquement ou n'ont pas participé à l'élaboration de ce droit. La méthode de dire ce droit contribuant en grande partie à sa formation n'a rien à voir avec celle à laquelle sont habitués les justiciables. On applique ainsi au litige un droit étrange. Quelle qu'en soit l'explication qu'on donne parfois au justiciable, il ne va pas comprendre la solution du litige. Ce qui lui donne la sensation d'un droit purement et simplement imposé.

Cela ne peut que renforcer le soupçon de partialité du juge administratif qui serait ainsi à la solde de l'Administration. Il faut alors, que la nature de la population soit prise en compte dans l'élaboration des règles de droit et dans leur application. La distance technique et idéologique entre la population et l'Administration est d'autant plus longue que cette dernière, dans sa grande majorité, n'a jamais entendu parler de droit administratif. Le droit, particulièrement le droit administratif, est fait pour la population et non pour les dirigeants, d'où l'urgence d'une prise de conscience pour revoir le fondement de notre droit administratif afin que celui-ci soit une réalité.

Dans ces conditions, le droit administratif ne peut rien dire à la population malienne dans sa grande majorité même s'il faut reconnaître que ce droit est perçu comme un droit étrange à cause aussi de la nature même de la société dans laquelle nous vivons.

2. Un droit étrange à cause de la nature de la société malienne

Les sociétés africaines en général et la société malienne en particulier, ont des conceptions propres à elles de l'Administration et des relations entre celle-ci et les administrés. Ces conceptions, différentes de celles de l'ex-métropole qui sont actuellement légalisées chez nous, constituent le reflet clair de la nature de nos sociétés. Deux principales raisons peuvent nous aider à comprendre cette situation : la première est culturelle (a) et la seconde est sociologique (b).

a. La raison est culturelle

Selon Etienne Le Roy, « les Africains ont une conception unitaire, spécifique et ordonnée du droit mais, que le droit coutumier est le contraire du droit positif, chacun des attributs du droit coutumier étant le décalque inverse des qualifications positives associées à l'expérience du colonisateur »[1030]. Le droit français élaboré selon la culture française, peut alors difficilement être profondément reçu dans la culture malienne, car la culture française et la culture malienne s'opposent sur plusieurs points. Le transfert juridique opéré par le colonisateur n'est resté qu'un grand incompris, « car dans la pratique la réception n'a jamais été réelle, faute d'indigénisation »[1031].

Pour Etienne Le Roy, « ce transfert surtout imposé par l'ordre colonial aboutit à l'heure actuelle à une situation schizophrénique : 90 à 95 % des populations ne peuvent se reconnaître dans le droit officiel, donc se faire

---

[1030] E. Le Roy, « La face cachée du complexe normatif en Afrique noire francophone », in *Normes, normes juridiques, normes pénales – pour une sociologie des frontières*, Paris, L'Harmattan, Col. Logiques sociales, t. 1, 1997, p. 125.

[1031] *Ibid.*

reconnaître leur coutume comme ayant valeur obligatoire et, ainsi, ne savent plus à quel saint se vouer »[1032]. Cet Anthropologue du droit de nationalité française, continue tout en confirmant notre point de vue en affirmant que « la politique juridique officielle va à l'encontre de la tradition culturelle africaine pluraliste. Elle la déséquilibre sans substituer un principe d'ordonnancement qui puisse faire autorité »[1033].

Dans la culture malienne, l'autorité administrative ne prend pas les décisions comme le fait l'autorité administrative moderne qui, seule, assise dans son bureau, prend des décisions de manière unilatérale et qui s'impose soit à toute une communauté, soit à un individu. En plus, les autorités administratives modernes, ne concertent ni ne demandent le consentement de qui que ce soit, d'où la difficulté d'application et l'inadéquation de la plupart des actes administratifs. Et si notre droit administratif moderne prenait en compte les pratiques de notre « droit administratif traditionnel ? » La donne allait certainement être différente. L'on ne peut avoir de problème à comprendre une décision à la prise de laquelle on a activement participé.

Ce que nous voulons démontrer, c'est que le droit administratif tel qu'il existe aujourd'hui, pour réellement s'enraciner, doit être « indigénisé ». Dans la culture malienne, la contestation vient avant la prise de la décision. Cela soulève automatiquement la question de savoir comment contester une décision administrative qui n'est pas encore prise. La réponse est que le destinataire d'une décision dans le droit administratif traditionnel malien, connaît à l'avance le probable contenu de la future décision qui lui sera peut-être appliquée. Ce qui signifie que, par opposition au droit administratif moderne qui se présente comme un droit imposé, le « droit administratif traditionnel » est un droit négocié. Cela explique en partie la soumission totale des administrés à ce droit.

Dans sa thèse de doctorat sur *l'accès au droit et à la justice des citoyens en République centrafricaine*, Jocelyn Ngoumbango Kohetto souligne à juste titre, que « le divorce entre les habitants et la justice n'est pas seulement d'ordre pécuniaire et matériel, de nature topographique et physique ou lié au déficit en matière de couverture administrative et sécuritaire, il procède également d'une donnée de culture et de perception »[1034].

C'est pourquoi, avec plus de cinquante ans d'application du droit administratif d'importation française, il est dubitatif de parler d'un droit administratif malien. Cela est particulièrement dû à l'incompatibilité entre celui-ci et la pratique culturelle ancienne en la matière et aussi à la vision sociologique de la société.

[1032] *Ibid.*

[1033] *Ibid.*

[1034] J. N. Kohetto, *L'accès au droit et à la justice des citoyens en République centrafricaine*, Thèse de doctorat : droit privé soutenue à Dijon le 27 septembre 2013, p. 32.

b. La raison est aussi sociologique

Comment peut-on oser s'attaquer à l'Administration ? Les actes des autorités administratives sont parfois considérés à l'extrême comme des actes divins, qui sont alors indiscutables et inattaquables. Demander alors à un paysan de Débélin[1035] de s'attaquer à un acte du Sous-préfet de Koumantou[1036], reviendrait à lui demander de s'attaquer au pouvoir. Les citoyens victimes des actes illégaux des autorités administratives préfèrent alors se résigner.

Kéba Mbaye trouve qu'« une telle attitude est un signe de sa sagesse et une raison d'être fier de sa moralité et de son comportement social »[1037]. Pour Henri Claude Njocke, « elle témoigne surtout de la peur de l'administré et du fait qu'il ignore ses droits, et elle ne favorise pas le développement du contentieux ; elle aurait tendance à encourager l'Administration à persévérer dans la voie de la transgression des droits des citoyens et au-delà dans son insoumission au principe de juridicité »[1038]. Ces mots, à l'origine, concernant la justice administrative camerounaise, sont valables pour celle du Mali.

Le Malien, particulièrement le Malien vivant dans les zones rurales, a une peur très élevée de l'Administration. Habitué à une relation Administration-administré négociée et participative, le colonisateur a parachuté une relation d'imposition, de brutalité et de force. L'accès du Mali à l'indépendance n'a pas, dans les années qui ont suivi cet évènement, changé grand-chose dans cette pratique. L'Administration de la première République était socialiste. Ainsi, l'individu n'existait que pour la société et ne pouvait réclamer quoi que ce soit à l'Administration au risque d'être traité comme un traitre. C'est ce qui explique en grande partie l'inexistence de décisions rendues par la justice administrative pendant cette période. À l'époque, toute personne qui contestait une décision prise par l'Administration, équivalait à la contre-révolution et donc contre le développement. Les mesures irrégulières passaient ainsi sous silence au nom du sacrifice pour l'indépendance et le développement de la société.

C'est la période des travaux forcés où tout le monde était obligé, pendant certains jours de la semaine, d'aller travailler dans les « forobaforo »[1039]. Cette période caractérise aussi les milices populaires qui étaient les yeux et les oreilles de l'Administration. Ces milices se rendaient coupables de toutes sortes de violation des droits des citoyens. Il était alors impossible d'imaginer un seul instant d'attaquer ces autorités ou leurs actes devant un quelconque juge.

1035 Village, chef-lieu de commune du même nom situé dans le cercle de Sikasso et à un peu plus de 200 km de la capitale.

1036 Chef-lieu de Commune relevant du cercle de Bougouni, région de Sikasso.

1037 Kéba Mbaye, cité par Henri Claude Njocke, *Le juge administratif camerounais est-il dans le maquis ?*, *op. cit.*, p. 32.

1038 H. C. Njocke, *ibid.*

1039 Expression bambara désignant « le champ collectif ».

D'ailleurs, les juges étant choisis par les membres du parti au pouvoir, il était même sage de ne pas les saisir.

La deuxième République ne va pas y changer une partie considérable de cette pratique, mais elle va tout simplement changer de méthode en accentuant, par la terreur, le pouvoir et les prérogatives de l'Administration. Pendant cette période, « les commandants » c'est-à-dire les Sous-préfets actuels commettaient des exactions dans les circonscriptions administratives qu'ils dirigeaient. C'est pourquoi, ils étaient appelés « baba commandant »[1040]. Le citoyen n'était qu'un administré et n'avait donc pour rôle que d'exécuter ce que les autorités décidaient. Un chef de famille pouvait se voir chicoté sur ordre du commandant à cause de simples rumeurs.

Il y avait donc une soumission totale à un État administratif. Celui-ci était basé sur l'humiliation des citoyens. Les commandants de l'époque n'hésitaient pas, pour non-paiement d'impôts à faire raser des chefs de famille et les faire asseoir sous le soleil pendant des jours. On a donc cultivé chez les citoyens la peur de l'Administration, la soumission totale à l'Administration. La plupart des pays d'Afrique noire francophone ont vécu ces pratiques.

S'agissant de l'exemple sénégalais, il faut comprendre que « l'écrasante majorité des Sénégalais ne reconnaît pas le système de justice étatique qui rend la justice au nom dont on ne sait quel peuple ; d'autres facteurs président à leur rapport à l'État : celle de la soumission devant un État administratif qui prend goût depuis toujours à humilier ses propres citoyens »[1041].

L'Administration a ainsi été sacralisée pendant plusieurs décennies. Cela fait que les populations ont du mal à comprendre ce droit administratif. Ce dernier est ainsi perçu comme un droit étrange et paradoxal qui est édicté et appliqué par la même personne. Pour elles, attaquer l'Administration devant le juge, c'est l'attaquer devant elle-même, car juge et autorité administrative ne font que la composante d'une même famille. Encore, s'attaquer à un acte administratif est non seulement un acte d'insoumission, mais aussi c'est s'attaquer au pouvoir et s'exposer alors à d'éventuelles représailles de l'Administration.

Il faut ajouter à tout cela un autre facteur qui est d'ordre récent. En effet, avec le processus de décentralisation, les maires sont choisis en général parmi les fils de la communauté qui ont été à l'école. En attaquant donc un acte de ceux-ci, on amène son parent devant le juge, ce qui est très mal vu dans la société malienne. Les populations préférant résoudre le problème dans les vestibules ou sous l'arbre à palabres.

C'est pourquoi, le professeur Alioune Badara Fall écrit : « (...) les décisions (du juge) ne correspondent ni en droit ni en fait aux attentes légitimes des

---

1040 Expression bambara signifiant « Papa commandant » ou « Père commandant ».

1041 O. Dia, « Le juge administratif sénégalais et la construction de l'État de droit », in *Librairie d'études juridiques africaines*, vol. 12, éditée par Hartmut Hammann, Ibrahima Diallo et Chadidscha Schoepffer, p. 82.

citoyens, conscients que leurs droits n'ont pas été respectés, soit les jugements prononcés, même justifiés au regard des lois en vigueur, n'ont pas reçu l'adhésion des populations concernées pour la simple raison qu'ils ne correspondent pas à l'idée de justice, en tant que représentation sociale, que se font dans leur esprit, les membres de la communauté. »[1042]

Ces pesanteurs sociologiques font que le droit administratif tel qu'appliqué, est perçu comme un droit étrange et étranger qui est en incohérence avec les fondements de la société et les valeurs sociétales.

La justice administrative n'est pas qu'une justice inconnue, la procédure devant elle est injuste et brutale (Paragraphe 2).

Paragraphe 2 : Une procédure inéquitable et brutale

Comment saisir le juge administratif ? Après sa saisine, quelles sont les dispositions à prendre ? En d'autres termes, comment se déroule la recherche de la vérité devant ce juge ? Ces différentes interrogations capitales ne peuvent certainement pas être répondues par la plus grande majorité des populations maliennes. Pourtant, ce sont ces populations qui sont censées contribuer de manière significative à la construction d'un droit administratif propre à notre pays à travers les différentes saisines qui poussent le juge administratif à trancher des litiges auxquels l'Administration est partie.

En effet, la procédure devant mener à cette construction qui sera acceptée par la majorité est ostensiblement inéquitable voire brutale. Nous avons ainsi une procédure inadaptée (A) et inégalitaire (B).

A. La procédure est inadaptée

L'inadaptation de la procédure aux réalités du pays est une réalité vivante. C'est comme si l'on demandait à quelqu'un, qui ne comprend aucun mot de la langue française, d'écouter une émission dans cette langue ou d'expliquer et d'écrire des faits dans celle-ci. Cela équivaut aussi à demander à quelqu'un, qui ne gagne pas cinq mille (5 000) francs CFA en trois mois de dépenser le double de cette somme en une journée.

Nous avons ainsi une population majoritairement analphabète face à une procédure écrite et inquisitoriale (1) et une population majoritairement pauvre face à une procédure « coûteuse » (2).

1. Une population majoritairement analphabète face à une procédure écrite et inquisitoriale

La procédure devant le juge administratif malien est, de manière exagérée, calquée sur celle devant le juge administratif français. Cela explique même en

[1042] A. B. Fall, « Le juge, les justiciables et les pouvoirs publics : pour une appréciation concrète de la place du juge dans les systèmes politiques en Afrique », in *afrilex*, n° 03/ 2003, p. 8.

grande partie le fait que l'on doit parler avec le maximum de précaution d'un droit administratif malien de l'indépendance à nos jours.

Il faut nécessairement le rappeler, le caractère écrit de la procédure administrative contentieuse pose d'énormes problèmes au Mali. Pour avoir une idée, il faut recourir aux chiffres. Au Mali, seuls 26 %[1043] de la population savent lire et écrire. En d'autres termes, le taux d'analphabétisme atteint 74 %[1044] de la population. Cela signifie-t-il que cette masse importante, qui constitue plus des deux tiers de la population n'est pas ou ne peut être affectée par les agissements irréguliers de l'Administration ?

La réponse à cette question est évidemment négative, car ce sont les populations situées dans les milieux ruraux qui sont les plus frappées par l'analphabétisme. En effet, ce sont ces dernières qui subissent le plus les conséquences de la toute-puissance de l'Administration ainsi que des manquements de cette dernière à la règle de droit. Dans ces milieux, les représentants de l'Administration centrale peuvent prendre des décisions irrégulières sans se soucier de les voir annulées un jour par le juge administratif. Ces agents se trouvent ainsi à la longue dans une position de rois face à ces populations dépourvues de l'usage de l'écriture. Parfois, même si quelques audacieux contestent oralement certaines décisions, ces représentants de l'Administration centrale leur demandent tout simplement d'attaquer les décisions contestées devant le juge. Pour la toute simple raison qu'ils savent que ceux-ci ne le feront pas, parce que la procédure est écrite alors qu'ils ne savent pas écrire.

Le Mali s'inscrit dans le rang des vieux pays de droit, mais avec un système juridique particulier distinct de celui qui a été amené par le colonisateur et actuellement en vigueur. Le système juridique malien était entièrement basé sur l'oralité avec une inexistence totale de l'écrit. Toute la procédure se déroulait de manière orale tout en respectant la méthode contradictoire. Plus d'un demi-siècle après l'indépendance, la tradition orale demeure omnipré-sente dans notre société et elle continue à côté du droit écrit à contribuer à la résolution des litiges dans les milieux ruraux. La procédure administrative contentieuse n'est pas incompatible avec ce système ancestral auquel les populations sont habituées. Elle peut être adaptée à cette réalité même s'il faut admettre que cette conciliation n'est pas très aisée. Ainsi, « du fait de l'ancrage séculaire de l'oralité, l'esprit et la culture de droit écrit pose problème aux populations »[1045].

Pourtant, ce problème ne doit pas être considéré comme propre au Mali seulement. À des degrés différents, il concerne tous les pays d'Afrique noire francophone. En effet, dans tous ces pays, le développement du droit

---

1043 Rapport mondial sur le développement humain, PNUD, 2008, www.populationdata.net, consulté le 18 juillet 2015 à 1h 30 mn.

1044 *Ibid.*

1045 H. Diallo, thèse, *op. cit.*, p. 187.

administratif national se heurte le plus souvent à cet épineux problème de l'inadéquation de la procédure administrative contentieuse aux pratiques ancestrales aboutissant à la résolution des conflits mettant en cause les pouvoirs publics. Pour le Docteur Henri Claude Njocke de l'Université de Douala, le « juge administratif camerounais est formaliste »[1046]. Il écrit : « contrairement à ce que l'on peut penser, le chemin menant au juge n'est certainement pas un long fleuve tranquille ; mais plein d'embuches pour les justiciables ; (...) l'on a parfois entendu certains se plaindre du rituel qui entoure la saisine du juge administratif ; ces derniers le trouvent d'ailleurs excessif. »[1047] Excessifs parce qu'adaptés à d'autres réalités bien différentes et étrangères.

Aussi, le doyen Alain Bockel ne souligne-t-il pas que « le droit n'est pas un absolu » ; que « c'est la projection d'une certaine situation économique et sociale, nuancée ou accentuée de l'application de certaines valeurs fondamentales dominantes » et que « les règles et institutions juridiques sont très largement relatives à une société donnée »[1048]. Il précise bien que « le droit administratif n'échappe pas à cette règle » et se demande si le droit issu de ce mimétisme peut contribuer au développement de nos pays.

Il nous paraît alors important de tenir compte des conseils du professeur Francis Paul Benoit, qui précise que « si l'on veut qu'un droit administratif autonome se développe de façon heureuse dans les États nouvellement indépendants, il est indispensable de respecter les traits originaux qui peuvent éventuellement apparaître dans la manière dont se pose localement les problèmes touchant au rapport des particuliers et de l'Administration »[1049]. L'écrit constitue ainsi une barrière invisible à l'entrée de nos juridictions administratives mettant à l'écart des populations contraintes d'accepter des actes irréguliers de l'Administration comme des actes divins. C'est pourquoi le professeur Demba Sy souligne qu'« on se plaint de la complexité des procédures » et que « le droit écrit est concurrencé par la coutume et les usages locaux qui viennent quelques fois le contredire »[1050]. Il continue en affirmant que « les populations préfèrent se tourner vers d'autres modes de règlement des *conflits* »[1051]. Alors cette pratique constitue un véritable danger pour le droit administratif ou tout du moins pour son raffermissement.

1046 H. C. Njocke, « Le juge administratif camerounais est-il dans le maquis ? », *EDJA*, *op. cit.*, p. 38.

1047 *Ibid.*

1048 A. BockeL, « Le juge de l'administration en Afrique noire francophone », *Annales africaines*, *op. cit.*, p. 31.

1049 F. P. Benoit, *Des conditions de développement d'un droit administratif autonome dans les États nouvellement indépendants, op. cit.*, p. 137.

1050 D. Sy, « Écrire, dire et comprendre le droit administratif en Afrique, une approche juridique et sociologique », *in Droit Sénégalais* n° 11, 2013, « Dire le droit en Afrique francophone », pp. 298,299.

1051 *Ibid.*

Il est clair que ce droit se nourrit de différends. À ce niveau, il faut préciser qu'il s'agit de différends portés devant le juge administratif. Ce qui fait sous-entendre que s'il n'existe pas de différends portés par les administrés devant le juge administratif, l'enracinement ou le raffermissement dudit droit est compromis. Pourtant, c'est son caractère écrit qui fait obstacle entre la plus grande partie de la population et le juge administratif. Il s'agit de la procédure administrative contentieuse. Ce qui signifie que ce « problème » constitue un handicap à la gestation d'un vrai droit administratif national.

À côté du caractère écrit de la procédure, il existe un autre qui n'est pas non plus adapté à nos réalités, il s'agit du caractère inquisitorial de la procédure administrative contentieuse. Habituée à un mode résolution des litiges, où tout est dit « en direct » devant tout le monde, la population doute sérieusement de la crédibilité et de l'impartialité de la justice administrative. En effet, traditionnellement, la justice est rendue en présence de toutes les parties, c'est-à-dire devant les parties au procès ainsi que leurs témoins et les notables. C'est alors une instruction publique, libre et transparente qui a lieu sans aucun secret et à laquelle peut contribuer toute personne saine d'esprit et majeure ayant quelques renseignements sur l'affaire. Par contre, une justice qui est rendue sur papier, c'est-à-dire dont l'instruction est basée sur l'échange d'écrits et où les parties ne se voient que probablement le jour du délibéré, ne peut paraître aux yeux des populations qu'un « jeu d'invisibilité ».

Ce système est brutal au regard des populations, car elles sont mises devant une décision à la prise de laquelle elles n'ont pratiquement pas participé. C'est un juge qui, seul, assis dans son bureau, mène l'instruction et rend son jugement. Il est incohérent et inapproprié de demander à un analphabète de répondre à un mémoire ampliatif ou d'en rédiger, alors que s'il ne répond pas, le juge dira que la procédure a été contradictoire.

Cette méthode propre à la justice administrative, si elle ne pose aucun souci à un petit nombre, il s'agit d'une partie de ceux qui savent lire et écrire, est logiquement brutale et chaotique pour la frange la plus importante. Celle-ci ne peut qu'y voir un arrangement entre les « doigts d'une même main », c'est-à-dire entre des services publics d'un même État. Cette méthode d'instruction exclut d'office celui qui ne peut écrire et qui ne peut s'offrir l'aide de quelqu'un qui sait écrire et qui connaît le droit dont il est question. Elle est mystérieuse et donne l'impression d'être faite pour que les populations puissent perdre les procès contre l'Administration.

2. Une population majoritairement pauvre face à une procédure coûteuse

La non-consignation est une cause d'irrecevabilité avec laquelle le juge administratif malien agit avec le maximum de rigueur. Cela signifie que la recevabilité même de la requête introductive d'instance est subordonnée au paiement d'une somme d'argent. Autrement dit, l'accès au service public de la justice administrative est subordonné à l'argent. Il faut le préciser, c'est pourtant le législateur qui en a décidé ainsi. S'agissant des tribunaux administratifs, celui-ci souligne que « le demandeur sera tenu de verser une consignation de dix mille (10 000) francs qui donne lieu à la délivrance d'un certificat de dépôt de consignation »[1052], tout en précisant que « cette somme est destinée à couvrir les frais éventuels de timbre et d'enregistrement »[1053].

En ce qui concerne la juridiction administrative suprême, la loi dispose que « le requérant doit sous peine d'irrecevabilité de son recours consigner une caution destinée à couvrir les frais de timbre et d'enregistrement »[1054] et dont le montant est fixé à vingt mille (20 000) francs.

Selon un rapport de la BCEAO, « en considérant le seuil de 1,25 dollars américain par jour suivit par la Banque mondiale, le taux de pauvreté au Mali est le plus élevé (par rapport aux autres pays membres de l'UEMOA), soit 50 % de la population »[1055].

En se référant à ce seuil comme étant celui de la pauvreté, on parvient à comprendre que la plupart des Maliens ont un revenu mensuel qui se situe en dessous de vingt mille (20 000) francs par mois. Ce qui signifie que quelqu'un qui se trouve dans cette situation, même s'il s'abstient de dépenser cinq (5) francs de son revenu mensuel à la fin du mois dans les besoins prioritaires, il ne peut pas saisir la Section administrative de la Cour suprême. Il est probable aussi qu'il puisse saisir le juge administratif de droit commun. Prenons l'exemple sur un justiciable qui réside à Sikasso, soit à plus de quatre cents (400) km du tribunal administratif de cette ville. L'intéressé doit d'abord payer le transport aller-retour qui tourne autour de dix mille (10 000) francs. Ce qui ne met pas fin à ses dépenses relatives au transport, car arrivé à la gare de Bamako, il va se rendre au siège de la juridiction en sollicitant l'aide d'un taximan qui va lui coûter au moins mille (1 000) francs. À côté de ces dépenses, il ne pourra pas passer toute une journée sans manger, pour cela, il est aussi obligé de dépenser une somme de mille (1 000) francs.

Que dire alors du justiciable de Kidal, de Gao, ou de Tombouctou, qui doit dépenser plus de quatre mois de revenu mensuel pour pouvoir venir saisir le juge administratif suprême à Bamako ? Sachant bien que vu ces distances, le justiciable n'est pas sûr d'arriver à temps à Bamako et déposer le même jour sa requête. Il sera alors contraint de louer une chambre d'hôtel au moins pour une nuit. Ce qui rend le coût de l'accès à la justice insupportable, c'est ce côté concernant les dépenses secondaires liées à l'accès à la justice administrative qui semble être oubliée par les autorités maliennes. Elles dépassent largement

---

[1052] Loi n° 94-006 du 18 mars 1994, *op. cit.*, art. 11 ; loi n°2018-031 du 12 juin 2018, *op. cit.*, art. 11.

[1053] *Ibid.*

[1054] Loi n° 96-071, *op. cit.*, art. 46, Loi n°2016-046/AN-RM, *op. cit.*, art.235.

[1055] BCEAO, *Rapport sur la situation de la pauvreté dans les pays membres de l'UEMOA*, Dakar, imprimerie de la BCEAO, 2012, p. 3.

parfois même la consignation qui doit être directement payée au greffe de la juridiction concernée. Le justiciable se trouve ainsi dans une situation inextricable rendant impossible tout calcul concret du coût de l'accès à la justice.

La peur de se fourvoyer dans une démarche très coûteuse fait qu'il préfère le plus souvent se résigner, car avec tous ces problèmes, l'issue de la procédure peut être longue et incertaine. C'est pourquoi, « on assiste régulièrement à l'abandon pur et simple du procès, (...) le justiciable qui ne dispose donc pas du montant fixé par la loi ne peut s'adresser au juge pour faire respecter son droit »[1056]. En se fondant sur ces données, il devient alors difficile de qualifier de fausse l'affirmation selon laquelle la justice administrative serait une justice réservée aux couches sociales les plus aisées.

En effet, nous nous sommes tout simplement limités à démontrer la situation du justiciable qui décide de saisir lui-même directement le juge administratif. En se basant sur le seuil de la pauvreté, les citoyens sur lesquels nous avons pris les exemples ne peuvent même pas imaginer un seul instant à s'offrir le luxe d'engager un avocat qui va s'occuper de toute la procédure pour eux.

Pourtant, on assiste à un paradoxe, car le principe, c'est la gratuité du service public de la justice. On ne devait pas donner un autre sens à cette gratuité. En tenant compte des caractéristiques endogènes de notre société, particulièrement la très grande pauvreté dont il s'agit ici, en restant dans sa localité, toutes les populations devaient pouvoir avoir accès à cette justice sans payer quelques frais que cela soit. Aux situations particulières, il faut des solutions particulières. Lorsque notre droit administratif national s'arrimera à ces situations particulières, il commencera sa vraie gestation. Une justice coûteuse dans un pays pauvre, est sans détour, une justice des riches. La procédure administrative contentieuse nationale est ainsi inéquitable.

La situation malienne n'est pas isolée. Elle est pratiquement la même que toutes les anciennes colonies françaises. Celles-ci, à part quelques-unes, peinent à pouvoir décoller sur le plan économique. Ce qui signifie que la plupart de ces pays connaissent le problème lié à la pauvreté. En s'inspirant de manière maladroite du modèle français de justice administrative, ils ont, chacun sur son territoire national, prôné la gratuité de la justice, tout en instaurant l'obligation de payer la consignation, condition de recevabilité des recours.

C'est ainsi qu'au Cameroun, « en principe, la justice est gratuite, mais le procès est cher ; entre les droits de timbre, les frais de consignation, de photocopie, d'expertise, d'enquête, d'avocats, les dépens, sans compter les frais de transport et d'hôtel à Yaoundé, le requérant doit faire face à une batterie de dépenses qui indubitablement obèrent son budget, or depuis plusieurs années, le Cameroun connaît une crise économique aiguë »[1057]. Il est logique que « dans

---

[1056] H. Diallo, thèse, *op. cit.*, p. 195.

[1057] H. C. Njocke, *op. cit.*, p. 38.

un tel contexte, entreprendre de quereller l'Administration devant le juge administratif s'avère être une entreprise coûteuse »[1058].

C'est pareil en Centrafrique où « le coût de l'accès à la justice est aussi élevé ». En effet, dans ce pays, « l'un des facteurs de dissuasion, sinon le premier en matière d'accès à la justice, est le coût que cela représente pour le plaideur »[1059]. « Ainsi, la question du coût du procès est d'autant plus cruciale du fait de la pauvreté des justiciables centrafricains qui ont déjà du mal à survivre quotidiennement (la plupart vivent avec plus d'un euro par jour) »[1060].

Il ne faut pas alors occulter le fait que l'État ait mis en place l'assistance judiciaire qui peut constituer un moyen de venir en aide aux démunis pour pouvoir accéder au prétoire. C'est un procédé très intéressant qui peut contribuer efficacement à encourager la saisine du juge administratif, ce qui conduit à une bonne gestation du droit administratif national. Il en est ainsi, à première vue, sauf l'obtention de cette assistance peut s'avérer parfois plutôt coûteuse pour le justiciable que la procédure administrative contentieuse elle-même.

En effet, la loi malienne relative à l'assistance judiciaire dispose que « l'assistance judiciaire est un concours accordé par la loi en vue de permettre à un plaideur dont les ressources financières sont insuffisantes de faire valoir ses droits en justice. Elle est applicable tant en matière civile, commerciale, sociale et administrative qu'en matière pénale »[1061]. Cette loi fut accompagnée d'un décret d'application qui a prévu l'institution d'un Bureau d'Assistance judiciaire (BAJ) auprès de chaque Tribunal de paix à compétence étendue présidée par le représentant de l'État ou son délégué. Le BAJ siège au Palais de justice sur convocation de son président. Ses décisions sont prises à la majorité.

Le mécanisme de fonctionnement du BAJ est inapproprié. Selon certains, « *il* profite plutôt aux parties des grands centres urbains car est mal connue dans les petites villes et les zones rurales »[1062]. Il faut surtout souligner le fait que plusieurs barrières, parfois non nécessaires, se trouvent à la porte du BAJ. En d'autres termes, les conditions à remplir pour pouvoir bénéficier de l'aide judiciaire sont nombreuses et décourageantes. Celui qui parvient à l'obtenir est déjà à bout de souffle et préfère souvent abandonner la procédure devant le juge administratif. L'intéressé va imaginer que si telle est la souffrance pour obtenir de l'assistance, le fardeau psychologique, moral et physique de la procédure serait insupportable.

[1058] *Ibid.*

[1059] J. N. Kohetto, « *L'accès au droit et à la justice des citoyens en République centrafricaine* », thèse, *op. cit.*, p. 53.

[1060] *Ibid.*

[1061] Loi n° 01-082/AN-RM du 24 janvier 2001 relative à l'assistance judiciaire, art. 2.

[1062] H. Diallo, thèse, *op. cit.*, p. 195.

C'est pratiquement la même situation au Cameroun où « certes l'assistance judiciaire[1063] a été instituée pour aider les requérants indigents ; mais les nombreuses limites qu'elle comporte notamment les critères d'attribution ne permettent pas de satisfaire tous les demandeurs de cette aide »[1064].

Malgré les insuffisances ci-dessus relevées, la situation semble être mieux au Cameroun et au Mali qu'en République centrafricaine. En effet, selon Jocelyn Ngoumbango Kohetto, « l'assistance judiciaire est quasi inexistante »[1065]. Dans ce pays, c'est « un arrêt n° 113 du 12 avril 1962 qui régit la matière et est resté en vigueur jusqu'à nos jours »[1066]. Ces pratiques trahissent l'affirmation de René Dégni-Ségui, selon laquelle « l'assistance judiciaire telle que règlementée par le législateur africain, paraît faciliter l'exercice effectif de l'action en justice pour au moins trois raisons :

– dans la plupart des pays d'Afrique, les modalités d'attribution ne sont pas exigeantes, la condition essentielle se ramenant à l'indigence ou l'insuffisance de ressources du candidat. Certains codes exigent cependant que la cause présente des chances de succès ;

– la procédure d'attribution est relativement simplifiée : l'assistance judiciaire est accordée par un bureau à la suite d'une requête qui peut être introduite à tous les stades de la procédure ;

– la portée de l'assistance est relativement étendue : l'aide est totale, quelquefois partielle, déterminée en fonction de ressources et concerne toutes les procédures contentieuses »[1067].

Ces mots ne sont pas minutieusement vérifiés à l'aune des pratiques internes de tous nos États pour les raisons suivantes :

– Tout d'abord en ce qui concerne le Mali et la République centrafricaine, ce sont les mairies qui délivrent le certificat d'indigence. Pour l'avoir, le justiciable est obligé de dépenser, faute de quoi il peut se priver du précieux document. C'est pourquoi Jocelyn Ngoumbango Kohetto écrit qu'« en République centrafricaine, l'indigent est obligé de négocier ou de débourser une importante somme d'argent pour obtenir le certificat d'indigence à la mairie »[1068].

– Ensuite, le Bureau d'Assistance judiciaire est introuvable dans la majorité des juridictions et le greffe ne parvient pas toujours ou ne prend pas toujours le temps de bien expliquer la démarche à suivre aux justiciables. Il faut aussi

---

1063 Décret camerounais n° 76-521 du 09 décembre 1976 portant règlementation de l'assistance judiciaire, cité par Henri Claude Njocke, *op. cit.*, p. 38.

1064 H. C. Njocke, *ibid.*

1065 J. N. Kohetto, thèse, *op. cit.*, p. 55.

1066 *Ibid.*

1067 R. Dégni-Ségui, « L'accès à la justice et ses obstacles », in *L'effectivité des droits fondamentaux dans la communauté francophone*, Montréal, éds Aupelf-Uref, 1994, p. 241.

1068 J. L. Kohetto, thèse, *op. cit.*, p. 56.

souligner que « les critères d'attribution sont imprécis, laissant une marge de discrétion assez large au BAJ qui peut en abuser en introduisant du favoritisme et fermer le prétoire à de vrais indigents au profit de faux et le seuil de l'insuffisance reste flou »[1069].

– Enfin, elle ne profite qu'aux justiciables relativement renseignés des milieux urbains.

À côté de cette dure inadaptation de la procédure, il faut également souligner son inégalité qui constitue aussi un autre handicap non moins sérieux à la vraie gestation de notre droit administratif.

B. La procédure est inégalitaire

Le contentieux administratif met en opposition deux personnes se trouvant dans des situations totalement différentes. La personne publique détentrice d'énormes pouvoirs et la personne physique se trouvant en position d'infériorité, c'est cette dernière qui subit. Si l'on ne tient pas compte de cette situation dans la procédure visant la résolution des litiges opposant ces deux, il y a de sérieux risques d'aboutir à une justice injuste, inégalitaire et brutale.

Cette crainte constitue une réalité au Mali. Le poids de la procédure conduisant à la vérification de la régularité de l'action administrative n'est pas senti de la même manière par les parties au procès. Cela peut être apprécié sur deux points essentiels :

– primo, on peut constater une inégalité claire du statut des parties au procès (1) ;

– secundo, les moyens des parties ne sont pas semblables (2).

1. L'inégalité des statuts des parties

Est-il même encore nécessaire de rappeler que le procès administratif met sur la scène deux personnes complètement différentes ? Tout d'abord une personne morale et une personne physique ; ensuite une personne relevant en principe du droit public et une personne relevant en principe du droit privé ; et enfin une personne visant normalement dans toutes ses actions l'intérêt général et une personne dont le souci fondamental est la satisfaction de l'intérêt personnel et individuel.

La tâche du juge administratif est alors immense et délicate. Que doit-il faire alors ? Est-ce qu'il doit favoriser celle qui vise l'intérêt général par rapport à celle dont l'objet est son seul intérêt ? Ou encore faut-il privilégier les intérêts de l'individu par rapport à ceux de la collectivité ? Les réponses à ces questions permettent de définir l'objet du procès administratif.

A priori, cela ne constitue même pas de problème. Dans son exercice de résolution des litiges administratifs, le juge administratif ne défend aucune des

---

[1069] *Ibid.*

parties. Ce qui nous permet d'affirmer que l'objet du procès administratif n'est pas de favoriser l'Administration sur les particuliers. Cela ne signifie pas aussi qu'il s'agit de l'inverse, à savoir favoriser les particuliers sur l'Administration. Il s'agit alors pour le juge administratif de chercher le juste milieu, c'est-à-dire l'équilibre entre l'intérêt général et celui des particuliers. La sauvegarde de cet intérêt général ne doit pas se faire ainsi au détriment de celui des particuliers. Au contraire, l'intervention du juge consiste à protéger l'intérêt d'un faible contre un tout-puissant tout en tenant compte également du caractère parfois périlleux des missions de cette dernière.

La procédure administrative contentieuse se présente ainsi comme une procédure traitant sur le même pied d'égalité les parties au litige, garantissant ainsi une décision juste et acceptable par tout le monde. Cela permet l'enracinement d'un vrai droit administratif. La procédure administrative contentieuse peut être alors perçue comme une procédure populaire dans la mesure où tout citoyen peut attaquer un acte d'une autorité administrative dès que celui-ci lui fait grief. C'est ce qui donne à cette procédure le caractère d'une procédure quasi ouverte.

En France, c'est cet égalitarisme qui domine la procédure juridictionnelle administrative. Il repose sur le respect du principe d'égalité devant la justice, lequel le juge constitutionnel français inclut dans « le principe d'égalité devant la loi proclamé par la déclaration des droits de l'Homme et du citoyen de 1789 »[1070]. L'égalité des justiciables doit ainsi être assurée tant en matière de justice que dans le déroulement de toute procédure légale[1071].

Il faut dès lors apporter à ces affirmations la précision suivante : la procédure administrative contentieuse est une procédure spéciale propre aux juridictions administratives, dans laquelle l'inégalité des parties est normale et ne constitue pas une anomalie pouvant affecter la sincérité de ladite procédure. En effet, quand on parle d'inégalité des parties, il s'agit de celle de leur statut, leur situation identitaire, c'est-à-dire leur puissance et leur capacité à se défendre.

La procédure administrative contentieuse est ainsi élaborée en tenant compte de cette inégalité des statuts de ces parties. Ce qui veut dire que l'inégalité des parties ne signifie pas l'inégalité de la procédure administrative contentieuse ou tout du moins l'inégalité en faveur de la partie la plus puissante. La procédure administrative contentieuse française semble avoir gagné ce pari. Il faut savoir à ce niveau que l'équité de la procédure constitue un élément incontournable du procès équitable.

La question ici consiste à savoir si l'on peut se glorifier de la même chose au Mali puisque nous avons transposé l'essentiel de la procédure administrative contentieuse française dans notre législation nationale. Une réponse courte et directe peut être insatisfaisante en la matière. Il faudra poser la question à

[1070] CC français, décision CC 75-56 DC 23 juillet 1975, juge unique.

[1071] Cela constitue même un « principe universel ».

nouveau en d'autres termes plus clairs. En effet, la procédure administrative contentieuse telle qu'appliquée chez nous, tient-elle compte efficacement de l'inégalité des statuts des parties au procès administratif ? Ce qui est évident, c'est que le citoyen malien n'est pas « égal » au citoyen français. Il faut ajouter à cela que le Mali est loin d'avoir atteint le niveau de développement institutionnel de la France.

Ainsi, dans son apparence égalitaire, la procédure administrative contentieuse malienne peut, à certains égards, être inégalitaire dans la pratique. Nous n'allons pas revenir sur la situation des populations maliennes sur le plan de l'éducation et de la pauvreté. Celle-ci a déjà été largement étudiée dans les paragraphes ci-dessus. Une lecture de ces paragraphes permet de comprendre ce que nous voulons démontrer.

En se référant ou même en se basant sur la pratique française, le législateur malien a commis la grave erreur de ne pas tenir compte des réalités endogènes. Dans une procédure dite contradictoire où l'une des parties ne sait pas ce que l'autre dit l'enjeu de répondre, ne l'est point. C'est là que l'inégalité des statuts des parties qui pratiquement n'a pas grand-chose à voir avec l'égalité de la procédure, va conduire dans la pratique à l'inégalité de celle-ci. Peut-être que l'aide juridictionnelle au niveau des juridictions administratives doit-il être basée sur d'autres conditions propres aux réalités de la procédure administrative contentieuse. Elle peut ainsi être conditionnée au niveau d'étude du requérant et consacrée à l'octroi d'un avocat d'office. Ou même, selon la situation financière du requérant, la constitution d'avocat doit être obligatoire.

Par exemple, le paysan de Blendio[1072] a mieux à faire que d'essayer de répondre à un mémoire du Sous-préfet de la même localité.

Vu sous cet angle, il n'est pas démesuré de constater que la procédure administrative contentieuse malienne est favorable à l'Administration qui, de par son statut, est à l'aise face à cette procédure. Elle est alors défavorable aux populations qui ne se sentent à l'aise dans la plupart des cas que lorsqu'on leur donne la parole.

Tout cela tourne autour des moyens des parties pour faire face à cette procédure.

2. L'inégalité des moyens de parties

Nous venons de le démontrer, les parties au procès administratif ne sont pas égales sur le plan de leurs statuts. Cela a logiquement une conséquence sur les moyens dont elles disposent pour défendre leurs prétentions devant le juge administratif. Cela n'est pas propre au Mali ni aux pays d'Afrique noire francophone, mais relève même de la nature du mode de résolution des litiges administratifs. Ce mode en vigueur dans ces pays n'est autre que le mode de traitement spécial de ces litiges. En d'autres termes, « l'égalité des armes » fait

---

[1072] Localité du cercle de Sikasso.

défaut dans la procédure administrative contentieuse. Ainsi, l'une des caractéristiques saillantes de cette procédure est la prise en compte de cette inégalité des armes pour créer une égalité procédurale, gage d'un procès administratif équitable.

Il faut cependant reconnaître que la recherche de cet équilibre n'est pas du tout simple. Elle découle de la volonté du législateur et du Courage du juge, qui peut parfois observer une certaine souplesse dans l'interprétation des textes pour tenir compte de la faiblesse de l'une des parties au procès. Cela signifie qu'une certaine application trop stricte ou rigoureuse des textes peut mettre à défaut cet équilibre. Les révolutionnaires français de 1789 ont voulu soustraire l'Administration de l'emprise du juge judiciaire, mais leur intention n'a pas été de la soustraire de la justice. L'objectif étant la prise en compte de la spécificité de ses missions. La prééminence de la puissance publique est donc de mise. Cela ne doit pas non plus faire oublier les droits des particuliers. D'ailleurs, du droit administratif perçu à tort ou à raison, comme le droit administratif protecteur de l'Administration, nous avons aujourd'hui un droit administratif protecteur des administrés. Ceci est inhérent à l'état de droit.

Ainsi, la procédure devant le juge administratif, telle qu'elle existe aujourd'hui chez nous, tient compte de cette inégalité des parties en leur offrant la possibilité de se défendre, de faire entendre et comprendre leurs prétentions et de contester la décision qui peut en découler.

Il faut alors revenir à la réalité sociale et souligner que l'apparence est ici trompeuse. Cette égalité n'est que superficielle. En effet, les textes ne tiennent pas compte de la réalité socioculturelle et économique des populations. Sur le plan de la procédure, les moyens des parties n'ont pratiquement pas été pris en compte. Aux termes de la loi régissant les TA, « le demandeur sera tenu de verser une consignation de dix mille (10 000) francs »[1073]. Le législateur a pris soin de ne pas faire peser cette charge sur toutes les parties pouvant saisir le juge administratif en ces termes : « sont dispensés de la consignation :

1. l'État et toutes les Administrations publiques ;
2. les bénéficiaires de l'assistance judiciaire »[1074].

La loi régissant la Cour suprême reprend la même idée en ces termes : « le requérant doit, sous peine d'irrecevabilité de son recours, consigner une caution (...) ; l'État et les bénéficiaires de l'assistance judiciaire, (...) les Conseillers et Chefs de village sont dispensés de la consignation de cette caution. »[1075]

Faut-il comprendre à travers ces dispositions une idée du législateur visant à encourager les populations démunies à saisir le juge administratif chaque fois qu'elles estiment qu'un acte de l'Administration est irrégulier ou chaque fois

---

[1073] Loi n° 94-006 du 18 mars 1994, art. 11, *op. cit.*

[1074] *Ibid.*, art. 12.

[1075] Loi n° 96-071, art. 46, *op. cit.* ; Loi n°2016-046/AN-RM, *op. cit.*, art. 235.

que l'Administration leur a causé des préjudices ? Nous avons l'impression que c'est tout à fait le contraire. L'Administration et les particuliers n'ont pas les mêmes moyens. C'est la première qui est sans doute la plus nantie. Nous avons des populations majoritairement pauvres et rurales.

Ou encore faut-il comprendre cette attitude du législateur comme étant une dissuasion latente à l'endroit de nos populations ? Dissuasion visant à éviter ou à réduire au minimum les contestations des actes de l'Administration. Nous ne pouvons l'affirmer, car il se peut que ce législateur n'ait même pas eu réellement à bien jauger la portée de ces textes. Législateur qui parfois aussi, à un niveau de compréhension très lacunaire des situations ou des matières sur lesquelles il est amené à légiférer. Il s'agit donc de l'œuvre des « gouvernements législateurs », car c'est le plus souvent des projets de lois qui sont votés tels qu'ils ont été présentés par le gouvernement.

Peut-on entrevoir alors derrière cette loi une Administration qui s'est auto-dispensée du versement de la consignation ? Difficile d'y répondre, mais une certaine analyse du mécanisme de fonctionnement de nos États, particulièrement les relations souvent confuses entre l'exécutif et le législatif pourraient le faire croire. Au-delà de cette suspicion, cet état de la situation ne peut qu'alimenter sérieusement un vieux débat et une vieille crainte relatifs au très grand rapproche-ment entre l'Administration et la justice administrative.

Ces textes ne peuvent que donner raison à ceux qui s'inquiètent dudit rapprochement qui ne peut que mettre en doute l'impartialité parfaite de cette justice. Sans tomber dans une généralisation anormale, et si le législateur avait pris aussi la décision de dispenser certaines catégories de personnes clairement identifiables du paiement de cette consignation ? Certains diront que l'assistance judiciaire est là, mais cette dernière est abstraite et inefficace, cela a été souligné.

À cela, il faut ajouter que l'inégalité des moyens des parties au procès administratif n'est pas que financière. Elle est aussi technique et intellectuelle. En effet, en matière de procédure administrative contentieuse, l'Administration malienne est toujours prête au combat. L'existence d'une structure chargée principalement d'assurer sa défense en atteste : il s'agit de la Direction générale du contentieux de l'État. Cette structure dispose des moyens nécessaires pour faire face à sa mission : défendre les intérêts de l'État devant les juridictions administratives (et d'autres juridictions). Elle regroupe en son sein des spécialistes de la matière administrative, tels que des juges administratifs, des administrateurs civils... Dès qu'un service public est au procès, elle est actionnée et elle prend le dossier en charge. Elle est organisée de telle sorte que tous les domaines du contentieux administratif sont confiés chacun à un de ses organes bien déterminés chargés uniquement dudit domaine.

La défense de l'État est ainsi bien assurée et de manière très sérieuse et professionnelle. Les risques de tâtonnement ne sont pas très grands à ce niveau.

Chaque question étant confiée à son spécialiste, les risques d'erreur s'amoindrissent. Prenons un exemple entre un citoyen situé à plus de huit-cent (800) kilomètres de Bamako et un décret du Président de la République. Les moyens de ces deux parties au procès sont-ils semblables ? La réponse est certainement négative, d'où la nécessaire prise en compte de cette inégalité des moyens des parties qui fait douter de l'existence d'un procès administratif équitable au Mali. Ce citoyen n'aura-t-il pas peur d'attaquer ce décret pensant que la cause est perdue d'avance ? Et s'il disposait d'une structure mise en place pour défendre sa cause ? En d'autres mots, la situation serait-elle la même s'il disposait des mêmes moyens techniques et intellectuels ? Non.

Il y a une disproportion entre les moyens des parties au procès administratif malien. À ce niveau aussi, le droit administratif national patauge dans la boue de l'inadaptation. La loi est la seule chose au monde qui permet facilement de mettre toutes les personnes (publiques ou privées, physiques ou morales) à égalité. Le législateur peut donc établir l'équilibre entre les parties au procès administratif en tenant particulièrement compte de leurs moyens. L'Administration n'est pas l'égale des particuliers, c'est d'ailleurs de cette certitude que sont issus le droit administratif et la justice administrative. Les populations maliennes sont différentes des populations françaises. Ce qui marche en France ne marche pas forcément au Mali.

C'est le cumul de tous ces points qui fait que la justice administrative malienne est une grande inconnue pour celles pour lesquelles elle est censée exister. De ce postulat, le raffermissement du droit administratif malien devient difficile et ne contribue pas à renforcer l'efficacité de notre justice administrative (Section 2).

Section 2

Une justice peu efficace

Selon le dictionnaire *Le Littré*, l'adjectif efficace signifie : « qui produit son effet »[1076] et pour *Le Robert*, c'est quelque chose « qui produit l'effet qu'on attend »[1077]. L'adjectif efficace est ainsi employé ici conformément à ces sens. En effet, une justice cachée aux populations ne peut valablement produire ses effets. Une justice efficace en général et une justice administrative efficace en particulier, est celle que la population s'en approprie et celle que les autorités administratives s'y soumettent. À défaut, la justice administrative perd son sens et ne peut incuber un droit administratif adapté. Cela peut sérieusement soulever la question de l'utilité de son existence.

Cependant, il faut reconnaître que quoiqu'insatisfaisante, les autorités maliennes sont à la recherche d'efficacité de cette justice. Les critiques

[1076] Dictionnaire *Le Littré*, version électronique, 1.0.
[1077] Dictionnaire *Le Robert*, 2010, p. 609.

objectives ne doivent pas occulter certaines réalités positives. Ces réalités, quoique positives, doivent cependant être appréciées à leur juste valeur. Les autorités ont manifesté une certaine volonté de rendre la justice administrative plus efficace et plus accessible aux populations. Cela s'est traduit par la création de nouvelles juridictions administratives de base et des Cours administratives d'appel.

À titre de rappel, la France a remplacé ses Conseils de préfecture en tribunaux administratifs en 1953 et pour désengorger le Conseil d'État qui ployait sous le poids des appels relevés des jugements rendus par ces tribunaux, elle créa en 1987 ses CAA. Le constat est que la France a créé ses CAA trente-quatre ans après celle des TA. Par contre, si nous prenons la date de 1790 comme celle de la naissance de la justice administrative française, il s'est passé cent quatre-vingt-dix-sept ans entre celle-ci et la création des CAA.

Quant au Mali, si nous nous référons au début du fonctionnement de nos TA, soit 1995 et non 1988 où une loi les avait créés, on constate que les CAA ont été créées seize ans 16 ans après. Nous pouvons également nous référer à la loi de 1961 portant organisation et fonctionnement de la Cour suprême comme date de naissance de notre justice administrative nationale, on peut ainsi compter cinquante ans entre celle-ci et la création des CAA. Ces chiffres nous donnent une idée sur les durées que ces pays ont observées avant de procéder à la consolidation de leurs juridictions administratives pour le renforcement et le raffermissement de leur droit administratif.

Ainsi, cette création de nouvelles juridictions administratives au Mali a été tout simplement inappropriée (Paragraphe1) et l'une des principales raisons est la non-prise en compte de l'inefficacité du mode de communication du juge administratif (Paragraphe2).

Paragraphe 1 : la création inappropriée de nouvelles juridictions

Avant la création de ces nouvelles juridictions administratives, certaines exigences préalables devaient être prises en compte, ce qui n'a malheureusement pas été le cas (A) ; cela a relativisé cette consolidation des structures existantes (A).

A. La non satisfaction d'exigences préalables

Avant de créer de nouvelles juridictions administratives, certains problèmes incontournables qui handicapent l'essor de celles existantes auraient dû être pris en compte. Ce qui, malheureusement, n'a pas été fait. Il s'agit dans un premier temps du défaut d'information autour de la justice administrative (1) et dans un second temps de la persistance de la distance entre les populations et leurs juges administratifs (2).

1. Le défaut d'information autour de la justice administrative n'a pas été corrigé

En analysant la situation de la justice administrative malienne, la nouvelle création d'autres juridictions administratives fait penser à certains problèmes liés au fonctionnement de celles qui existent déjà. Parmi ces problèmes, celui relatif à l'information des justiciables est très cruciale.

Nous ne soutenons pas pourtant que la multiplication des juridictions administratives ne constitue pas une solution à d'autres problèmes. Il s'agit tout juste de souligner à quel point le défaut de connaissance de ces juridictions nuit au raffermissement d'un droit administratif national. Pour résoudre ce problème de connaissance de celle-ci, il faut qu'il y ait un véritable plan stratégique d'information autour d'elles, sans quoi la création de ces quelques TA et CAA ne constituera qu'une goutte d'eau de solution dans la mare des problèmes de notre justice administrative.

Selon *le Robert*, on entend par information, « renseignement ou évènement qu'on porte à la connaissance d'une personne ou d'un public »[1078]. Il s'agit alors ici de cette définition de l'information. Avant de créer ces nouvelles juridictions, l'État devait procéder à cette étape de l'information d'abord. Les juridictions administratives existantes ne sont pas connues, la masse d'affaires qu'elles traitent par an en atteste. À part celle de Bamako, celles de Kayes et de Mopti fonctionnent au ralenti, d'où même parfois la question de savoir la nécessité de leur existence.

Il faut ainsi une véritable politique d'information autour de ces juridictions dans les anciennes colonies françaises. Cela pour dire que le cas du Mali n'est pas unique, mais que la plupart des États d'Afrique noire francophone sont confrontés au même problème. C'est pourquoi, on se demande si c'est une négligence ou une méconnaissance. Rien de tout ça, cela résulte d'un manque de volonté politique visant la bonne gestation d'un réel droit administratif national. Le Mali, plus que certains pays de la sous-région, doit agir pour que les populations puissent s'approprier cet instrument qui constitue une grande protection contre l'arbitraire.

Nous disons que le Mali doit le faire plus que d'autres pays pour des raisons dues à son histoire contemporaine. Ces raisons que le Mali a connu une période socialiste pendant laquelle la juridiction administrative a été invisible. D'ailleurs, faut-il rappeler que donner des renseignements aux populations sur la justice administrative était contre l'idéologie de cette époque, car cela reviendrait à encourager celle-ci à mettre en cause les actions des autorités. L'individu n'existant que pour la communauté, celui-ci ne peut prétendre avoir été lésé par une décision de l'Administration. C'est pour cette raison que Roger

[1078] *Ibid.*, p. 981.

Bonnard écrit : « c'est l'écrasement de l'individu que préconise le national-socialisme ; il paraît ainsi l'envelopper de mépris et de haine. »[1079]

L'information capitale de l'époque consistait plutôt à cultiver chez les populations la sacralisation des actes des autorités. Toutes autres informations, telles que celles visant à encourager les populations à saisir le juge administratif ou visant à leur expliquer la justice administrative, comment la saisir, comment décide-t-elle, étaient perçues comme antipatriotiques donc sanctionnables.

Il faut aussi souligner que le Mali a connu sa période de « pouvoir kaki »[1080]. Il s'agit de la deuxième République dirigée pendant vingt-trois (23) ans par les militaires. Est-il même imaginable que ces derniers informent les populations pour que celles-ci viennent régulièrement s'opposer à leurs actes ? La réponse est très claire, c'est non. Il n'était pas dans leur intérêt de monter les populations contre eux-mêmes tenant compte de l'idéologie dictatoriale qui prévalait. Pendant ces deux régimes, l'information a ainsi été volontairement muselée et cela s'est fortement senti sur la gestation de notre droit administratif.

Cependant, dire que la troisième République n'a pas mieux fait que ces deux premières équivaudrait pratiquement à un déni de vérité. Les lois les plus intéressantes régissant la justice administrative datent de la troisième République. En se basant sur l'abusif adage inadapté à nos réalités « nemocenseturignorare legem »[1081], on peut dire que beaucoup d'informations ont été données sur la justice administrative. Sur ce point, le problème se situe au niveau de comment elles ont été données. En effet, elles se trouvent dans les différentes lois publiées dans le *Journal officiel*. Combien de Maliens lisent ce journal ? Et d'ailleurs combien de Malien savent lire ? Une toute petite minorité. Voulez-vous cacher une information à la majorité de nos populations ? Insérez-la dans le *Journal officiel* et vous aurez satisfaction.

Cela signifie que cette information contenue dans les lois est « une information cachée ». Depuis l'avènement de la démocratie en 1991, aucune politique spécifique visant à apporter clairement des connaissances et des renseignements aux populations sur la justice administrative n'a été mise en place par les différents gouvernements qui se succèdent à la tête de l'État. C'est cette carence qui aurait dû être soignée avant de créer de nouvelles structures inconnues. Non seulement ces textes devraient être traduits dans les langues nationales, mais aussi transportés par des juristes formés pour l'occasion dans chacune de nos communautés pour discuter et expliquer sous l'arbre à palabre. En reprenant les mots de Charles Cros, « une phrase prononcée dans une langue

[1079] R. Bonnard, *Le droit et l'État dans la doctrine nationale socialiste,* Paris LGDJ, 2e éd., 1930, p. 298.

[1080] Le pouvoir militaire du Général Moussa Traoré.

[1081] Mot latin qui signifie littéralement « nul n'est censé ignorer la loi », voir lexique des termes juridique, 20e éd., *op. cit.*, p. 612.

inconnue apparaît comme une suite aléatoire de sons dépourvus de sens »[1082]. Cela permet de prendre en compte la nature des récepteurs, sans quoi toute information est a priori inutile et nulle. Ce préalable est donc inhérent au raffermissement d'un droit administratif propre découlant d'une juridiction efficace.

Oui, les nouvelles juridictions administratives ont été créées, mais la distance entre la justice administrative et les populations existent toujours.

2. La justice administrative est toujours éloignée des justiciables

Au moment de l'adoption de la loi portant création de juridictions[1083], les autorités parlaient clairement de réforme de la justice administrative. Du mot réforme, on s'attendait à une adaptation complète de la juridiction administrative aux réalités locales ainsi que la résolution des principaux problèmes qui rendent cette justice inefficace. C'est alors après l'adoption de la loi que l'on a compris ce que les autorités mettaient dans le mot réforme. Par réforme, il s'est agi pour elles de multiplier par deux le nombre de TA existants et la création de six (06) nouvelles CAA.

Ainsi, il faut toutefois reconnaître que certaines distances ont été relativement réduites. Les trois nouveaux TA créés dans les capitales régionales vont rapprocher surtout les populations vivant dans les alentours de ces villes et celles vivant dans celles-ci. Analysée de manière superficielle, cette création peut relancer l'essor d'un droit administratif national, car la juridiction administrative pourra être saisie directement sans voyager pour certains et sans voyager sur une longue distance pour d'autres. L'existence même d'une juridiction administrative peut psychologiquement influer sur la prise de décision des autorités régionales. Celles-ci peuvent craindre une éventuelle censure de leurs actes en cas d'irrégularité. Son existence dans ces localités peut aussi attirer l'attention des habitants curieux, qui chercheront à avoir des informations sur elle.

Il faut alors revenir à la réalité en quittant les suppositions qui ne peuvent servir de support pour comprendre, avec justesse l'amélioration que peut produire ces nouvelles juridictions. Sans tomber dans l'exagération, celles-ci ne font que déplacer le problème de distance en kilomètres sans en résoudre aucun. En prenant l'exemple sur la région de Sikasso, il apparaît clairement que la création d'un TA dans cette ville a changé la teneur du problème. En effet, certaines localités de ladite région sont à moins de cent (100) km du TA de Bamako. Les habitants desdites localités, pour pouvoir saisir leur juge administratif doivent aller à Sikasso, soit à plus de trois cent (300) km. Ces habitants peuvent-ils alors se réjouir de la création de cette juridiction ? La

---

[1082] R. Ch. Cros, « L'information, formalisation et communication », in *Encyclopédia universalis*, corpus 12, p. 310.

[1083] JORM, 2 septembre 2011, loi n° 2011-038/AN-RM du 15 juillet 2011, *op. cit.*

réponse est négative. En réduisant les dépenses en transport et en supprimant les frais d'hôtel des populations qui vivent dans la ville même de Sikasso et les communes qui l'entourent, la loi a transféré lesdites dépenses.

Elles ont été transférées dans les localités qui sont loin de la ville de Sikasso. Toujours dans la continuité du même exemple, un justiciable du cercle de Bougouni, situé à cent soixante (160) km de Bamako, peut venir saisir le juge administratif et retourner chez lui le même jour. Par contre, la création d'un TA à Sikasso oblige celui-ci à faire le chemin inverse, en allant saisir le juge administratif de cette ville à plus de deux cent cinquante (250) km.

En créant ces nouvelles juridictions, les autorités ne se sont pas servies des leçons qui découlent de la situation du TA de Kayes. Nous avons déjà souligné que certaines localités de cette région sont à moins de cinquante (50) km de la ville de Bamako, mais la population desdites localités doit retourner à Kayes, soit à plus de six cents (600) km pour pouvoir saisir leur juge administratif. C'est pourquoi, cette loi portant création de juridictions administratives nous donne l'impression que les autorités ne mesurent exactement pas l'ampleur du problème. Cette loi pouvait servir à corriger le problème de Kayes et à éviter le même problème dans d'autres localités comme Sikasso.

Les autorités, de manière incompréhensible, ont calqué la carte judiciaire sur la carte administrative, c'est ce qui constitue le fond du problème. Rien n'explique cela, car l'organisation judiciaire cadre difficilement avec l'organisation administrative. Chaque commune malienne ne peut avoir sa propre juridiction administrative. La répartition des communes entre les TA doit donc être faite de manière judicieuse pour éviter ces paradoxes.

En tentant de réduire la distance en nombre de kilomètres entre les populations et les juridictions administratives, on a pratiquement mis « la charrue avant les bœufs ». Elles auraient dû s'attaquer d'abord à la distance sociologique qui sépare celles-ci des juridictions. Admettons par exemple que les distances aient été réduites, cela ne changerait pas grand-chose dans la situation. La situation du TA de Kayes constitue un bon exemple à ce niveau. Ce TA ressemble à une juridiction administrative ad hoc et les juges administratifs qui le font fonctionner sont des chômeurs de fait car cette juridiction tourne autour d'une vingtaine de jugements par an (sauf les années d'élections locales). La suppression de cette barrière sociologique constitue un préalable sans laquelle cette justice sera difficilement efficace.

B. La relative consolidation des structures existantes

En créant de nouvelles juridictions administratives, particulièrement les CAA, il faut reconnaître que les autorités ont consolidé les juridictions existantes (1) sauf que l'analyse de la situation nous fait comprendre que cette consolidation est en réalité relative (2).

1. Les juridictions existantes ont été consolidées

Le côté positif, qui est à saluer d'ailleurs, dans la loi de 2011 portant création de juridictions ci-dessus évoquée, est principalement le fait que les juridictions administratives se sont enracinées beaucoup plus qu'auparavant. Avant cette loi, il existait pour tout le Mali, trois tribunaux administratifs pour plus de quinze millions (15 000 000) d'habitants, soit un tribunal pour plus de cinq millions (5 000 000) d'habitants. Il n'existait aussi qu'une seule juridiction administrative d'appel pour ces quinze millions de Maliens, étant donné qu'en réalité c'est une seule juridiction administrative qui joue simultanément le rôle de juge d'appel et de juge de « cassation », à savoir la Section administrative de la Cour suprême.

Cette multiplication du nombre de TA existant par deux a forcément un impact positif sur la visibilité de la juridiction. La seule création de ces juridictions à Sikasso, Ségou et Gao a une influence dissuasive sur les autorités administratives desdites localités dans leur prise de décisions. L'objectif final visé derrière l'implantation de ces juridictions est le raffermissement du droit administratif national.

Cette consolidation est encore plus visible en ce qui concerne le TA de Gao. Lorsque ces nouvelles juridictions vont commencer à fonctionner, les populations de cette localité vont jouir réellement de leur droit à un juge. Quand on analyse les jugements rendus par le TA de Mopti, les requêtes introduites par les populations de Gao, de Kidal et de Tombouctou sont très rares. On peut tout simplement recenser quelques jugements rendus en matière électorale et relatifs à des querelles de chefferie traditionnelle. En ce qui concerne le fond même du droit administratif, les requêtes, donc les jugements sont pratiquement introuvables. Ceci démontre-t-il l'efficacité et le sérieux des agissements de l'Administration dans ces régions ? On sait que la réponse est négative.

Sans revenir sur toutes les raisons déjà évoquées dans la Section précédente, il faut souligner à nouveau le problème de la distance. La distance en kilomètres qui sépare les justiciables de ces régions tourne autour du millier de kilomètres. Elle peut ainsi dissuader les quelques intellectuels audacieux qui peuvent parfois être tentés de contester certaines décisions administratives devant le juge. Avec la création d'une juridiction administrative de base à Gao, le problème de distance est, même si c'est très partiellement, résolu. Surtout pour les habitants de la ville de Gao et même ceux d'Ansongo et d'autres petites villes qui ne sont pas très loin de Gao.

En ce qui concerne la CAA, il n'en existe qu'une. Peut-on même le dire sans retenue ? En effet, il n'existait pas une Cour administrative d'appel structurellement indépendante. Nous l'avons déjà souligné si haut dans ce paragraphe, c'est la Section administrative de la Cour suprême qui était aussi le juge d'appel. Les nouvelles CAA, avec la loi qui détermine leur fonctionnement, leur organisation, ainsi que la procédure suivie devant elles, viennent d'une manière ou d'une autre consolider la justice administrative malienne. Toutefois, on ne peut pas encore mesurer leur impact réel sur le raffermissement du droit administratif national. Mais, l'on peut d'ores et déjà savoir, que la promptitude du traitement des affaires ne peut pas être la même par trois juridictions indépendantes, que par une seule juridiction avec d'autres charges juridictionnelles.

C'est en effet, sous l'angle de cette célérité normale dans le traitement des affaires que nous évoquons la consolidation des juridictions existantes. C'est pourquoi, en appréciant cette consolidation à de vraies proportions, nous parvenons à comprendre qu'elle est d'une manière relative.

2. Ladite consolidation est relative

Mieux vaut avoir une petite avancée que rien du tout. C'est cette idée qui a prévalu à l'affirmation selon laquelle les juridictions administratives maliennes ont été consolidées. C'est pourquoi il y a lieu de revenir là-dessus et d'analyser la vraie portée de la création de ces nouvelles juridictions. De prime abord, il faut souligner que celles-ci ne mettent point fin aux problèmes que connaît la justice administrative nationale, comme cela a été souligné dans le précédent paragraphe, certains problèmes devaient être tout d'abord réglés en amont. Les nouvelles juridictions seront inévitablement infectées par les mêmes maladies qui rongent à petit feu les anciennes dès leur entame de fonctionnement.

D'un côté, les chiffres, vus de façon superficielle, peuvent conduire à des compréhensions totalement erronées. Par exemple, quand on dit à quelqu'un qui maîtrise l'organisation judiciaire, qu'il existe au Mali une CAA pour chaque deux (02) tribunaux administratifs, l'intéressé pourra y voir une bonne proportion avec une efficacité sûre. Pourtant, quand on présente la situation à cette même personne en lui donnant des explications détaillées, elle aura peur du système. En lui disant par exemple qu'il existe approximativement deux TA pour plus de cinq millions (5 000 000) d'habitants.

Dans de tels cas de figure, et si toutes les conditions nécessaires à l'épanouissement d'une justice administrative propre au Mali et au raffermissement d'un droit administratif national étaient réunies, on pourrait craindre que les nouvelles juridictions administratives, particulièrement les nouvelles CAA ne se ployassent sous le poids des requêtes. Cependant, sur ce point on peut être tranquille, car il faut prévoir pour ces CAA et ces TA, précisément les CAA à part peut-être celle de Bamako, des juridictions dormantes. En effet, pour que les CAA puissent travailler, c'est-à-dire statuer sur les appels relevés des jugements rendus par les TA, il faut au préalable que ces dernières aient rendu des jugements. Nous n'allons pas revernir sur ce problème qui a été déjà longuement souligné dans cette thèse.

Seulement, il s'agit de faire savoir que les CAA n'ont pas de raison d'exister si les TA sont dans l'attente de requêtes. À part le TA de Bamako, les juridictions administratives maliennes de droit commun peuvent faire plus de trois mois sans organiser une seule audience.

C'est pourquoi, il n'est pas abusif d'affirmer que les autorités ont manqué de technicité dans la création de ces nouvelles juridictions. De l'inactivité des juridictions administratives, il découle le désapprentissage des magistrats administratifs et la logique conséquence qui va avec, à savoir la lenteur du raffermissement du droit administratif national. C'est ce qui rend cette consolidation de nos juridictions administratives relatives. Celles existantes ne sont pas saisies, qu'adviendra-t-il des nouvelles ? Il est évident que les mêmes causes produiront les mêmes effets tant que l'on ne s'attaquera pas auxdites causes.

On sent une recherche d'efficacité quoi qu'elle soit insatisfaisante. La création inappropriée de juridictions en atteste. Il existe un autre point d'une importance considérable qui rend cette recherche insatisfaisante, c'est l'inefficacité du mode de communication du juge (Paragraphe 2).

Paragraphe 2 : Un mode de communication inefficace

Il existe un autre problème qui entrave le développement d'un droit administratif propre au Mali : la manière par laquelle le juge communique. Si les structures juridictionnelles ont été « consolidées », les autorités n'ont pas pour le moment songé à trouver une quelconque solution à ce problème. Ainsi, la question suivante est régulièrement posée par les justiciables : qu'est-ce que le juge administratif a dit ? (A). C'est pourquoi ce dernier doit faire un effort pour adapter son langage (B).

A. Qu'est-ce que le juge administratif a dit ?

Il faut reconnaître que le langage du juge est effectivement hermétique (1) et malheureusement, personne ne l'explique aux justiciables (2).

1. Le langage du juge est hermétique

Il ne s'agit pas de revenir sur le problème de l'inaccessibilité du juge à cause du faible taux d'alphabétisation des populations. Ici, le problème va au-delà, ce n'est pas le citoyen lambda qui est le seul concerné, même les couches qui savent lire et écrire parmi nos populations sont pleinement concernées. En effet, le langage du juge est lourd ou tout du moins subtilement codé. L'essentiel du contenu du jugement est le plus souvent perçu comme un code-barres aux yeux des personnes intéressées.

S'agit-il d'une volonté de rendre cette justice plus mystérieuse et plus effrayante ? Peut-il aussi s'agir d'une manière détournée de cacher dans des mots le sens des décisions à une des parties au procès, c'est-à-dire la partie la plus faible ? La seconde hypothèse est peut-être exagérée alors que la première est plus vraisemblable et donne lieu à réfléchir. Toutefois, il faut souligner qu'une justice qui veut durablement s'implanter et s'enraciner, lorsqu'elle est mystérieuse et effrayante ne peut que faire fuir ceux-là qui doivent la saisir pour qu'elle arrive à ses fins.

Ainsi, le juge administratif a pris l'incompréhensible habitude d'utiliser les expressions suivantes : « qu'il échet de recevoir... », « qu'il échet de déclarer... », « qu'il échet de conclure... », « qu'il échet de dire... », « qu'il échet de faire droit », « lui faisant grief », « infra-petita », « ultra-petita », « intuiti personae », « dies-aquo », « dies-aquem », et des tournures indirectes comme par exemple « la requérante soutient que devrait être annulée la décision administrative qui l'exclut. » L'on comprend alors, que même les intellectuels non juristes ne se retrouvent pas dans ces expressions *a fortiori* le citoyen qui ne sait ni lire ni écrire ou même qui sait lire et écrire, mais de façon limitée. Pourquoi, au lieu d'alourdir le langage, le juge ne dit-il pas par exemple « c'est pourquoi il faut recevoir l'appel de X », ou « c'est pourquoi nous donnons raison à... ».

Ce problème n'est pas propre au juge administratif malien. Il concerne la plupart des juges administratifs des États d'Afrique noire francophone. Le cas du Cameroun en constitue une parfaite illustration. En effet, Henri Claude Njocke déplore que dans ce pays, « le langage juridique est incompréhensible »[1084]. Selon lui, « ce langage n'est pas proche de celui utilisé par la majorité des Camerounais (...) et donne l'impression d'être réservé à une caste d'initiés du droit »[1085]. Ainsi, trop de tournures, d'expressions, de vocables employés dans les jugements restent difficilement compréhensibles à ceux à qui ils sont destinés[1086]. Il continue en proposant de remplacer par exemple l'inversion de phrase suivante : « l'appelante soutient que devrait être annulée la décision administrative qui l'exclut » par la phrase simple suivante : « la décision administrative devrait être annulée. »[1087] Aussi, le professeur Demba Sy ne souligne-t-il pas que « le style des arrêts de droit administratif peut rebuter les justiciables ? »[1088] En tout cas, il lui « paraît urgent d'engager une réflexion sur la rédaction des arrêts en supprimant les mots désuets et en utilisant un langage compréhensible pour tous »[1089], car « le langage utilisé par les tribunaux constitue la loi pratique pour les parties au litige »[1090]. « Il est donc souhaitable qu'il soit accessible, simple et clair »[1091].

Ainsi, le justiciable ne sait pas ce que le juge a dit ou veut dire dans sa décision. Ceci entraîne, d'une manière de plus en plus inquiétante, la rupture entre juge et justiciable en renforçant la destructrice idée « d'unité de

---

[1084] H. C. Njocke, *« Le juge administratif camerounais est-il dans le maquis ? »*, *op. cit.*, p. 36.
[1085] *Ibid.*
[1086] Lettre du Premier ministre français, Pierre Mauroy au ministre de la Justice, Garde des Sceaux, du 28 avril 1985, cité par Henri Claude Njocke, *ibid.*
[1087] *Ibid.*
[1088] D. Sy, *Droit administratif et communicabilité en Afrique*, http://afrilex.u-bordeaux4.fr, p. 14.
[1089] *Ibid.*, p. 15.
[1090] *Ibid.*, p. 13.
[1091] *Ibid.*

l'Administration et du juge administratif ». La conséquence sur le droit administratif est catastrophique. Des décisions confuses illustrant l'incommunicabilité constituent des contraintes d'ordre pratique. Cela entrave ce raffermissement tant nécessaire du droit administratif indispensable même à l'existence normale d'un ordre juridictionnel administratif. Dans le même ordre d'idée, s'agissant du cas camerounais, Roger Sockeng écrit : « or, le caractère complexe de ce langage entrave de manière considérable l'éclosion de la justice. »[1092] Pour Henri Claude Njocke, « s'il est vrai que le juge ne peut éliminer toutes les scories de son langage, il reste qu'il doit utiliser un langage compréhensible dans les documents et jugements, motiver les jugements clairement en utilisant les termes facilement compréhensibles, adopter une présentation simple pour les documents et jugements »[1093].

Le juge administratif malien en particulier et les juges administratifs d'Afrique noire francophone en général doivent alors prendre en compte la recommandation suivante de l'Union européenne à ses États membres : « tous les États doivent prendre les mesures pour que la présentation de tous les actes de procédure soit simple, que le langage utilisé soit compréhensible du public et que les décisions juridictionnelles soient compréhensibles pour les parties. »[1094]

Ce qu'il faut déplorer, c'est que les autorités maliennes n'ont jamais entreprit de démarche spécifique visant à trouver une solution à ce problème. Ce qui nous amène même à nous demander ce que cela constitue réellement à leurs yeux. De toutes les manières, une décision de justice doit être lisible, compréhensible et attirante par sa qualité. À défaut, elle n'a aucun sens sauf de créer des confusions entraînant parfois des interprétations erronées conduisant à d'autres types de litiges.

Cependant, certaines pratiques ou méthodes pouvaient bien atténuer la portée de ce problème. En effet, si toutefois les autorités avaient mis en place « une procédure » ou tout du moins un moyen permettant au justiciable d'avoir une visibilité claire des décisions rendues par le juge administratif, le problème se poserait autrement. Ce qui malheureusement n'est pas encore le cas.

2. Personne ne l'explique au justiciable

Le justiciable est laissé seul avec sa décision. Parfois, il ne sait pas s'il a gagné ou perdu le procès. La juridiction administrative, par l'intermédiaire de son greffe, se limite tout simplement à remettre au requérant la grosse. En effet, il n'existe pas de dispositif au sein des greffes permettant au requérant de poser

---

1092 R. Sockeng, *Les institutions judiciaires du Cameroun*, Paris, éd. Saint-François, 1995, p. 161 et suivants.

1093 H. C. Njocke, *Le juge administratif camerounais est-il dans le maquis ?*, *op. cit.*, p. 36.

1094 Voir Recommandation n° 8107 du Conseil de l'Europe sur les moyens de faciliter l'accès à la justice, adoptée par la 68e session du Comité du 14 mai 1981, p. 48.

des questions sur le dispositif du jugement. Peut-on alors entrevoir à travers ces manquements, contraires à la bonne administration de la justice administrative, une volonté inexprimée des autorités administratives d'entraver l'éclosion véritable de notre justice administrative ?

Difficile de le dire et difficile de ne pas y penser. D'un côté, la création de nouvelles juridictions peut attester la volonté des autorités de renforcer la justice administrative et de raffermir le droit administratif national. De l'autre côté, l'inexistence de mesures d'accompagnement et le silence sur les problèmes qui rendent cette justice inefficace et fait reculer la naissance de ce droit administratif malien font douter sérieusement de cette volonté. C'est comme si l'on faisait un pas en avant et un pas en arrière, donc on ne bouge pratiquement pas.

Cependant, au fond, le problème ne relève-t-il pas en grande partie du législateur ? Et si le législateur avait pris soin dans les récentes lois modifiant l'ordre juridictionnel administratif d'insérer une ou des dispositions relatives à la communication sur les décisions. Cela allait être une première et aurait peut-être donné un coup d'accélérateur au développement de notre droit administratif. La loi pouvait ordonner par exemple à chaque juridiction administrative de charger un greffier spécialement d'expliquer attentivement et clairement les motifs et les dispositifs des jugements aux justiciables. Ceux-ci comprendraient alors les décisions et ne s'y perdraient plus aussi facilement comme tel est le cas maintenant.

Malgré le rôle de premier plan que le législateur peut jouer en la matière, il faut revenir à la logique de la pratique du fonctionnement de nos institutions pour reconnaître la réalité. La vérité est que nos législateurs ne votent que ce qu'on leur demande de voter. En d'autres termes, il faut maintenir le problème à la charge de l'exécutif, donc de l'autorité administrative. Si cette dernière le voulait, le problème serait résolu. C'est pour souligner que la plupart de nos lois sont des projets de loi émanant alors de l'initiative de l'exécutif, que des propositions de loi émanant de l'initiative des députés.

L'inexistence totale de cadre de communication autour de la décision du juge administratif est l'un des facteurs non négligeables, qui contribue à la lenteur du raffermissement du droit administratif national. Cependant, l'adaptation du langage du juge peut palier à cette carence de communication, et à ce niveau, le juge doit faire un effort (2).

B. Le juge doit faire un effort

Cet effort doit essentiellement se traduire par une double action : primo, il doit adapter son langage au contexte national (1) et secundo, il doit lui-même prendre le temps de communiquer sur ses décisions (2).

1. Le juge doit adapter son langage

À titre de rappel, la population malienne, dans sa majorité ne sait ni lire, ni écrire. Elle est donc majoritairement analphabète. Ceux qui savent lire et écrire ont eux aussi un niveau de compréhension de la langue française très faible pour la plupart. Il n'y a alors qu'une minorité qui maîtrise très bien cette langue. La justice administrative serait-elle créée uniquement pour cette petite couche de la population ? La pratique peut permettre de le croire même si telle n'a pas été la volonté délibérée du législateur.

Le langage utilisé par le juge est obscur et parfois le sens réel même de la décision est insaisissable voire fluctuant selon que l'on soit le demandeur ou le défendeur. Henri Claude Njocke le souligne bien s'agissant du juge administratif camerounais en écrivant que « le langage juridique est incompréhensible et qu'il n'est pas proche de celui utilisé par la majorité des Camerounais »[1095]. Il aborde dans le même sens que nous également quand il déplore que le langage utilisé par le juge administratif camerounais « donne l'impression d'être réservé à une caste d'initiés du droit »[1096]. Ceci est d'autant plus réel que même certains initiés du droit demandent parfois l'interprétation des décisions de justice administrative. Tel est par exemple le cas d'un administrateur civil qui demande, selon lui, en raison du caractère « ambigu et obscur » qu'un arrêt annulant des décisions qu'il avait prises soit interprété[1097].

Ainsi, il est nécessaire que les juges exposent dans leurs décisions une motivation précise et complète[1098]. Tout cela doit être achevé par un dispositif très clair rendant alors la décision insusceptible de toute interprétation erronée ou encore de multiples interprétations. Le juge doit essayer de rendre au maximum sa décision accessible à tous les justiciables en utilisant des mots simples et courants. Par exemple, au lieu de dire : « déclare le recours irrecevable pour forclusion », pourquoi ne pas dire tout simplement : « le recours n'a pas été accepté parce que le délai dans lequel il devait être introduit est dépassé », ou encore au lieu de dire « y fait droit », pourquoi ne pas dire : « lui donne raison ».

Il doit ainsi consentir l'effort d'être explicite en allégeant dans la limite des possibilités son langage de telle sorte que la seule lecture d'un jugement ou d'un arrêt puisse suffire à saisir le sens concret de la décision. Cela est même plus facile pour le juge que d'utiliser des mots archaïques dont il ne saisit pas le plus souvent toute la portée. L'utilisation de ce que le citoyen lambda appelle le plus souvent par l'expression « gros mots » relève plutôt d'un souci de mystification

---

[1095] H. C. Njocke, *Le juge administratif camerounais est-il dans le maquis ?*, *op. cit.*, p. 36.

[1096] *Ibid.*

[1097] CS-SA, arrêt n° 106 du 22 août 1996, entre le commandant du cercle de Tominian et l'arrêt n° 77 du 28 septembre 1995 de la Section administrative de la Cour suprême en matière d'interprétation, inéd.

[1098] D. Sy, *Droit administratif et communicabilité en Afrique*, *op. cit.*, p. 13.

destructrice de la juridiction administrative qu'une nécessité absolue. Le professeur Demba Sy le souligne très bien : « l'enjeu, c'est la lisibilité et l'intelligibilité du droit jurisprudentiel, en d'autres termes, l'accessibilité, la simplification et la clarté du langage utilisé par les tribunaux dans les jugements et les arrêts. »[1099] Il faut aussi souligner que le juge est mieux placé que tous les autres acteurs de la justice, pour communiquer sur ce qu'il a décidé, cela peut constituer une alternative.

2. Le juge doit communiquer sur ses décisions

Le juge administratif est le juge qui parle peu mais écrit beaucoup en utilisant des mots complexes. C'est pourtant là où se situe l'un des problèmes. Le Mali, comme la plupart de ses voisins, a une société dont la tradition est essentiellement basée sur l'oralité, la discussion, en un mot le palabre. Nous n'allons pas revenir là-dessus. Ce n'est pas cette langue étrangère minoritairement parlée chez nous, à savoir le français dont il s'agit ici. Il ne s'agit pas non plus du « vocabulaire ésotérique du juge administratif malien »[1100]. Le problème dont il est question ici est le silence du juge face à ses décisions. En d'autres termes, le juge administratif, lorsqu'il rend sa décision, reste muet là-dessus. En effet, il ne communique pas sur sa décision, alors que, comme nous venons de le souligner largement dans le paragraphe précédent, celle-ci est rédigée dans un langage lourd qui est inadapté à nos réalités pratiques.

En le faisant, c'est-à-dire en se limitant à rendre sa décision sans donner des explications orales et claires sur le dispositif, viole-t-il la loi ? La réponse est certainement non. Le législateur n'oblige le juge administratif dans aucune des lois régissant la justice administrative au Mali de réunir les parties et de communiquer sur le sens précis de sa décision. Il agit donc légalement quand il se limite à lire tout simplement sa décision en audience.

Cependant, pour la survie du droit administratif, donc de la juridiction administrative, le juge administratif doit aller au-delà de cette simple lecture en faisant un effort qui n'est pas aussi interdit par la loi. Il doit ainsi, dans une atmosphère décrispée, expliquer sa décision. À défaut de ne pas pouvoir se passer des mots latins et des mots anachroniques qu'on lui a appris à l'Institut national de Formation judiciaire (l'école de la magistrature), il peut changer la donne à travers cette méthode. Pour cela, il faut que le juge administratif prenne conscience de la situation à la fois périlleuse, délicate et évolutive de la juridiction administrative. Il doit aller au-delà de ce que son homologue français a déjà posé comme base. Cela se passe également par la correction de cette incommunicabilité du droit jurisprudentiel qui contribue à mystifier le droit administratif et la juridiction administrative. Ce qui ne fait qu'agrandir le fossé

[1099] *Ibid.*

[1100] H. Diallo, thèse, *op. cit.*, p. 200.

qui existe entre les justiciables et cette justice, alors que plus le fossé est grand, plus la gestation du droit administratif devient difficile.

En consacrant un peu de son temps à communiquer sur sa décision avec les parties concernées, il crée un environnement de confiance autour de la justice administrative. Cette communication peut permettre à la partie perdante ainsi qu'à celle qui a gagné le procès de bien cerner les contours de la décision. Elle est ainsi acceptée facilement par les parties et le droit administratif national y gagne en maturité. Le souci du juge ne doit pas être seulement de rendre des décisions, il doit aussi et prioritairement se soucier de sa compréhension par les justiciables. Une décision de justice bien comprise est une règle ou des règles de droit administratif bien ancrées dans la mentalité des parties et donc de la population. Les parties avec lesquelles le juge a communiqué sur sa décision constituent des missionnaires naturelles de la justice administrative. En effet, celles-ci expliqueront et partageront leurs expériences avec d'autres qui se trouvent ou qui peuvent se trouver dans les mêmes problèmes.

Le juge doit alors changer de comportement. Du juge muet, il doit devenir le juge bavard sur ses décisions. Qui gagne la bataille de la communication, gagnera toute la bataille.

Conclusion du Titre II

N'est-il pas audacieux ou très ambitieux de parler, avec la pratique actuelle, d'un droit administratif malien ? L'étude de la pratique nous donne une réponse claire : il est prématuré d'en parler. Si nous faisons droit ou si nous adhérons aux conditions définies par le professeur Francis Paul Benoit, pour qu'il y ait un droit administratif autonome dans les États nouvellement indépendants[1101], nous devons peser nos mots. En effet, en essayant de choisir les mots justes, lesdites conditions, bien que nous soyons à plus de cinquante ans après l'indépendance, ne sont pas encore remplies.

La transposition exacte du modèle français d'organisation de la justice (la dualité) ou la mise en place d'un modèle original, voici le dilemme devant lequel se sont trouvés le Mali et une bonne partie des anciennes colonies françaises. Pour des raisons conjoncturelles et liées à des problèmes de ressources humaines, « la plupart des États vont opter en faveur de l'unité de juridiction »[1102] avec reconnaissance de la spécificité des litiges soulevés par l'activité de l'Administration.

[1101] Voir F. P. Benoit, *Des conditions de développement d'un droit administratif autonome dans les États nouvellement indépendants*, *op. cit.*

[1102] P. M. Sy, *Entre l'unité et la dualité de juridictions : l'Afrique noire francophone à la quête d'un modèle d'organisation de la justice administrative*, *op. cit.*, p. 269.

À part le rétropédalage sénégalais[1103], la plupart de ces États s'acheminent progressivement vers la dualité de juridiction[1104].

Pourtant, le raffermissement d'un droit administratif national n'est pas seulement subordonné au choix d'un modèle quelconque d'organisation de la justice administrative. L'existence d'un Conseil d'État, des CAA et des TA n'en garantissent point, d'où la nécessité de rappeler l'affirmation du doyen Alain Bockel selon laquelle « aucun système juridique idéal n'existe par définition »[1105]. Pour lui, « Un ordonnancement juridique, possédant une logique interne suffisante, adéquate à la réalité et aux besoins de la société concernée, et obtenant sinon l'adhésion, du moins la compréhension raisonnée de ses usagers, peut être considérée comme n'étant pas un modèle inaccessible »[1106].

Il est ainsi déplorable que notre justice administrative ne remplisse aucunement ces critères soulevés par le doyen Alain Bockel, d'où la méfiance de la population à son égard.

Conclusion de la première partie

Il fallait essayer dans cette première partie de comprendre si la machinerie juridictionnelle, construite par le Mali, pour faire face aux nombreux et inévitables litiges, que soulève le fonctionnement de l'Administration, était propice au développement d'un droit administratif malien propre. S'agissant par là d'un droit administratif autonome sur un double plan : d'abord autonome par rapport au droit administratif français et ensuite autonome dans une certaine mesure par rapport au droit privé.

Toute la doctrine africaine qu'occidentale, ainsi que les différentes jurisprudences, nous ont permis d'avoir des réponses à la fois claires et nuancées. Le schéma malien a été comparé aux schémas français et africains. L'on est ainsi parvenu à saisir que ce système, empruntant une grande partie des

---

1103 Nous parlons de rétropédalage, car le Sénégal, après avoir supprimé la Cour suprême et l'a remplacée par deux juridictions distinctes, à savoir un CE et une Cour de Cassation, est revenu sur cette décision à travers la révision constitutionnelle n° 2008-34 du 7 août 2008, le CE et la Cour de Cassation ont été fondus dans une seule juridiction suprême : La Cour suprême.

1104 Au Burkina Faso, la révision constitutionnelle du 11 avril 2000 a supprimé la Cour suprême. Ainsi, un CE a été créé et régit par la loi organique du 23 mai 2000, v. S. Yanaba, *La pratique du contentieux administratif en droit burkinabé : de l'indépendance à nos jours*, *op. cit.*, p. 71 ;
– Au Cameroun, la loi n° 2006/022 du 29 décembre 2006 fixant l'organisation et le fonctionnement des TA a été adopté et promulgué et le décret n° 2012/119 du 15 mars 2012 a officiellement ouvert les dix (10) nouveaux TA, v. C. Keutcha-Thapnga, *Précis de contentieux administratif au Cameroun, Aspects de l'évolution récente*, *op. cit.*, pp. 37-38.
– Au Mali, la loi n° 2011-038/AN-RM du 15 juillet 2011 portant création de juridiction, crée trois nouveaux TA dans les régions de Sikasso, Ségou et Gao, et crée pour la première fois six (06) CAA à Bamako, Kayes, Mopti, Sikasso, Ségou et Gao.

1105 A. Bockel, *Sur la difficile gestation d'un droit administratif sénégalais*, *op. cit.*, p. 146.

1106 *Ibid.*

méthodes du dualisme pur et certaines méthodes du monisme pur, ne permettait pas de donner naissance à un droit administratif national clairement identifiable. Certes, il y a un ordre juridictionnel dit « administratif », mais l'omniprésence du juge de formation privatiste dans le fonctionnement et la production jurisprudentielle de celui-ci contribuent à rendre la réalisation des attentes difficile.

Ainsi, les décisions du juge administratif sont rarement originales et constituent même des reproductions inexactes des décisions du juge administratif français, d'où la difficulté de parler d'autonomie par rapport au droit administratif français. L'existence de textes spéciaux régissant les juridictions administratives, fait que l'existence d'une procédure spéciale, différente de celle du droit privé, est effectivement perceptible, même si « l'autonomie de la procédure administrative contentieuse ne signifie pas obligatoirement une différence des règles de cette procédure par rapport à celle de la procédure civile »[1107].

Ce qui peut paraître paradoxal est que la majorité des populations maliennes ne savent pas qu'il existe une juridiction spéciale, dont le rôle est de contrôler la régularité des actes et des faits de l'Administration. Apparem-ment négligé par les autorités publiques *(l'absence de plan de sensibilisation et d'information des populations sur cette justice en atteste)*, ce problème constitue une entrave à l'essor tant souhaité d'un droit administratif consistant.

En effet, en plus d'être pauvre, la grande partie de nos populations ne sait ni lire ni écrire, alors que le droit administratif est dit en français, la procédure permettant d'avoir accès au juge est écrite, en plus il faut payer cher afin que le juge administratif dise le droit et c'est lui qui mène, depuis son bureau, toute l'instruction et ce, dans une société fondée sur l'oralité.

Tout cela va à l'encontre des conditions définies par le professeur Francis Paul Benoit, selon lesquelles « si l'on veut qu'un droit administratif autonome se développe de façon heureuse dans les États nouvellement indépendants, il est indispensable de respecter les traits originaux qui peuvent éventuellement apparaître dans la manière dont se posent localement les problèmes touchant aux rapports des particuliers et de l'Administration »[1108].

C'est vrai que des efforts ont été entrepris, principalement avec l'augmentation du nombre des TA, et la création des CAA. Cela peut relativement réduire le problème de distance entre les populations et leurs juges administratifs. Malgré tout, l'exécution des décisions du juge administratif dépend du bon vouloir de l'Administration. Tous ces problèmes font que l'appropriation par la population de cette justice est difficile, alors que sans

---

[1107] N. M. F. Diagne, *Les méthodes et les techniques du juge en droit administratif sénégalais*, thèse, *op. cit.*, p. 298.

[1108] F. P. Benoit, *Des conditions de développement d'un droit administratif autonome dans les États nouvellement indépendants*, *op. cit.*, p. 137.

celle-ci, le nécéssaire développement d'un droit administratif est fort probable. Il faut cependant souligner que cette situation malienne est, c'est vrai, à des degrés variables, semblable à celle de la plupart des États d'Afrique noire francophone.

Cependant, l'étude de l'appareil juridictionnel, quoiqu'extrêmement importante et indispensable, ne peut à elle seule nous permettre d'avoir une compréhension totale et détaillée du contentieux administratif malien. Il nous faut alors une autre étude permettant de saisir en profondeur, l'utilisation que les juges qui exercent au sein de « l'ordre juridictionnel administratif », font des règles de droit administratif existantes. Pourtant, le procès administratif national est tantôt attractif et compréhensible, mais tantôt sombre et difficilement compréhensible.

Cela fera l'objet de notre deuxième partie.

DEUXIÈME PARTIE

LES INCERTITUDES DU PROCÈS ADMINISTRATIF

Du latin « processus », le procès est « un litige soumis à une juridiction »[1109] ou en d'autres termes, une « difficulté de fait ou de droit soumise à l'examen d'un juge ou d'un arbitre »[1110]. En ajoutant à ce mot l'adjectif administratif, il ne change pas de sens, mais prend tout simplement une acception spécifique et distinctive. On peut alors définir le procès administratif comme une difficulté de fait ou de droit soumise à l'examen d'un juge « administratif ». Il faut alors signaler, que le terme du procès a été très rarement utilisé en matière de contentieux administratif, tant par la doctrine et la jurisprudence françaises que par la doctrine de l'Afrique noire francophone. Par exemple, aucun des auteurs suivants ne l'évoquent expressément dans leurs ouvrages : le doyen Alain Bockel[1111], Demba Sy[1112], René Dégni-Ségui[1113] et Salif Yonaba[1114].

Malgré qu'il ait intitulé la deuxième partie de son ouvrage sur le contentieux administratif « Le procès administratif », Olivier Gohin attire l'attention sur le fait que « l'expression de procès administratif est encore assez peu accréditée devant la juridiction administrative »[1115]. Pour lui, « cela tient sans nul doute au caractère central, sinon au poids excessif, dans le contentieux administratif, de l'excès de pouvoir que la doctrine classique a pu s'ingénier à ne pas considérer comme un véritable procès entre parties (...) »[1116].

Ainsi, dans la même logique que nous, Jean Marc Sauvé définit le procès administratif comme « la période qui s'écoule entre l'introduction de la requête et la solution du litige par le juge administratif »[1117]. Cette définition prend en compte le seul examen des normes et particulièrement de la jurisprudence relative au procès lui-même et non celle relative à l'organisation de la juridiction administrative[1118]. Cela répond parfaitement à l'idée de cette seconde partie.

[1109] Voir le dictionnaire *le Robert*.

[1110] *Lexique des termes juridiques*, *op. cit.*

[1111] A. Bockel, *Droit administratif*, colloque du CREDILA, *op. cit.*

[1112] D. Sy, *Droit administratif*, t. 1, CREDILA, t. 2, L'Harmattan, *op. cit.*

[1113] R. Dégni-Ségui, *Droit administratif général*, t. 1, CEDA, *op. cit.*

[1114] S. Yonaba, *Pratique du contentieux administratif en droit burkinabé*, 2e éd., IPA, *op. cit.*

[1115] O. Gohin, *Contentieux administratif*, Paris, 2e éd., Litec, 1999, p. 151.

[1116] *Ibid.*, voir aussi M. Hauriou, *Précis de droit administratif et de droit public*, Paris, 12e éd., Sirey, 1933, p. 394, cité par O. Gohin, *ibid.*

[1117] J. Marc Sauvé, *Nouveau procès administratif*, *op. cit.*, p. 2.

[1118] « Lorsqu'il s'agit de présenter, de façon organisée, les règles qui gouvernent un procès, on peut recourir à différentes catégorisations. L'une des typologies possibles consiste à distinguer entre les principes institutionnels, qui sont relatifs à l'organisation de la juridiction, et

Ainsi, cette « période »[1119] sera étudiée à travers les deux grands types de contentieux que connaît le juge administratif national :

– le contentieux de l'excès de pouvoir qui se présente comme le contentieux principal ; même s'il faut noter que le juge ne démontre pas face à ce contentieux une parfaite maîtrise (titre I) ;

– le contentieux de pleine juridiction qui se présente comme le contentieux secondaire, face auquel aussi, le juge manifeste une maîtrise superficielle (titre II).

les principes fonctionnels qui sont applicables au procès lui-même », voir M. Guyomar, B. Seiller, *Contentieux administratif*, Paris, Dalloz, Hipercours, 2010, p. 251.

1119 V. la définition ci-dessus du procès de J. M. Sauvé.

TITRE I

LES INCERTITUDES DU CONTENTIEUX DE L'EXCÈS DE POUVOIR

Parmi les deux grands types de contentieux que connaît le juge administratif, celui de l'excès de pouvoir est sans nul doute le principal. Par contentieux de l'excès de pouvoir, il s'agit du contentieux de l'annulation, c'est-à-dire, « l'étude des recours contentieux qui ont et qui ne peuvent avoir pour objet, que l'annulation des décisions attaquées, (...) ces recours ne peuvent être fondés que sur l'illégalité des décisions »[1120]. Il faut alors préciser que ne sera pris en compte dans cette étude que « le recours pour excès de pouvoir »[1121]. Ce choix nous est pratiquement imposé par la pratique jurisprudentielle en la matière au Mali, qui est totalement dominée par ce type de recours.

Le recours pour excès de pouvoir s'analyse comme la voie de droit ouverte aux justiciables pour demander au juge administratif l'annulation d'une décision présumée illégale émanant d'une autorité administrative. Pour le professeur Demba Sy, « on peut définir le recours pour excès de pouvoir comme étant l'action par laquelle toute personne y ayant intérêt peut provoquer l'annulation d'une décision exécutoire par le juge compétent en raison de l'illégalité de cette décision »[1122]. Jean-Marie Auby et Roland Drago écrivent que « le recours pour excès de pouvoir peut se définir comme un recours tendant à l'annulation d'une décision administrative et fondée sur la violation par cette décision d'une règle de droit »[1123].

L'origine du recours pour excès de pouvoir en matière administrative[1124] remonte à la loi française des 7-14 octobre 1790 qui dispose que « les réclamations d'incompétence à l'égard des corps administratifs seront portées

[1120] E. Laferrière, *Traité de la juridiction administrative et des recours contentieux*, 2e éd., *op. cit.*, livre VI, p. 394.

[1121] « Le recours pour excès de pouvoir est un recours juridictionnel qui relève du contentieux de la légalité », voir G. Lebreton, « L'origine des cas d'ouverture du recours pour excès de pouvoir d'après les remontrances des parlements au XVIIIe siècle », RDP, n° 6, 1986, p. 1601.

[1122] D. SY, *Droit administratif*, 2e éd., *op. cit.*, p. 113.

[1123] J. M. Jean-Marie Auby, R. Drago, *Traité des recours en matière administrative*, Paris, Litec, 1992, p. 116.

[1124] Laferrière fait la différence entre « Le recours pour excès de pouvoir en matière administrative et le recours pour excès de pouvoir en matière juridictionnelle », il parle ainsi « d'acte d'administration et d'acte de juridiction », voir *Traité de la juridiction administrative et des recours contentieux*, 2e éd., *op. cit.*, p. 395 et suivants.

au roi chef de l'Administration générale »[1125]. En se référant à cette loi dans deux arrêts rendus en 1832, le CE français confirme cette affirmation[1126]. Quant au professeur Pierre Lampue, « si l'apparition du recours pour excès de pouvoir, en tant qu'institution peut se placer au Cours du premier quart du XIXe siècle, il paraît pourtant certain que la jurisprudence, dans ses efforts tendant à soumettre au contrôle les actes de l'autorité publique a bénéficié de traditions et de précédents »[1127].

En ce qui concerne le Mali et les autres pays d'Afrique noire francophone, son origine remonte à la période coloniale. Quant au Mali indépendant, son origine est la loi n° 61-55/AN-RM qui dispose que « la Section administrative est le tribunal administratif fondamental »[1128].

Cependant, si la jurisprudence malienne peut paraître à première vue satisfaisante et riche, à cause des très nombreux arrêts rendus en matière de contentieux de l'excès de pouvoir, l'étude desdits arrêts peut bouleverser sensiblement cette présomption. En effet, deux constats majeurs s'imposent : primo, on découvre de la part du juge, une mise en œuvre restrictive des règles de procédure (chapitre 1), et secundo, une rigueur variable selon les moyens d'annulation (chapitre 2).

1125 *Ibid.*, p. 402, il reconnaît que « Ni Macarel, ni Cormenin, ni Gerando » ne mentionnent « dans les éditions de leurs traités antérieurs à 1830 » cette loi comme base de recours pour excès de pouvoir.

1126 CE, 15 juillet 1832, Garde nationale de Paris ; CE, 28 décembre 1832, Préfet de la Seine, voir Laferrière, *ibid.*

1127 P. Lampué, « Le développement historique du recours pour excès de pouvoir depuis ses origines jusqu'au début du XXe siècle », *RISA* (Revue International des Sciences Administratives), 1954, p. 359, cité par Gilles Lebreton, *op. cit.*, p. 1600.

1128 *JORM* du 21 juin 1961, p. 11.

CHAPITRE I

UNE RESTRICTION DANS LA MISE EN ŒUVRE DES RÈGLES DE PROCÉDURE

Nous avons déjà souligné dans la première partie, la complexité de la procédure administrative contentieuse au Mali pour des raisons dues principalement à la nature et au niveau de développement intellectuel et économique de notre société. L'accès au juge est donc difficile et ce dernier ne facilite point la tâche aux justiciables.

La lecture de la jurisprudence de la Section administrative de la Cour suprême est parfois effrayante, car on y rencontre trop d'arrêts d'irrecevabilité. Ce qui donne même l'impression d'un juge qui fuit ses responsabilités de dire le droit administratif ou qui a la volonté de fermer le prétoire aux justiciables. Aussi, faut-il occulter le fait que ce juge applique la loi ? Non, certes, il doit l'appliquer et est tenu de l'appliquer, sauf que dans cette application, il doit mettre en jeu son génie créateur dans certaines situations. Le droit administratif français est essentiellement l'œuvre du juge administratif français. Le nôtre, malgré l'existence des lois ne se raffermira qu'à travers l'application que notre juge administratif fait de celles-ci.

Ainsi, la jurisprudence nationale relative à l'excès de pouvoir se caractérise par une application relativement stricte des règles de l'instruction (Section 2), et par une incommode chronicité des déclarations d'irrecevabilité (Section 1).

Section 1

Une incommode chronicité des déclarations d'irrecevabilité

Si dans le traitement du recours, « le juge administratif (français) dispose d'une véritable grille de lecture qui correspond à l'analyse successive des différentes irrecevabilités susceptibles d'empêcher qu'il en apprécie le bien-fondé »[1129], tel n'est pas le cas de son homologue malien. Dans la jurisprudence de la Section administrative, on rencontre un ordre aléatoire d'examen des irrecevabilités.

[1129] A. Ciaudo, *L'irrecevabilité en contentieux administratif français*, Paris, L'Harmattan, 2009, p. 283 ; voir aussi J. Soulie, « Essais de définition du non-lieu à statuer dans le contentieux administratif », *AJDA* 2003, p. 418.

Tantôt le juge se limite à utiliser la formule laconique suivante : « la requête obéit à toutes les conditions exigées par la loi »[1130], sans citer ou préciser lesdites conditions ; tantôt il les précise sans les citer toutes ou les cite toutes mais sans respecter un ordre quelconque. Dans ce cas, il utilise généralement les formules suivantes : « la requête obéit à toutes les conditions légales de recevabilité (consignation, délai, intérêt) »[1131] ou tout en utilisant la même formule, il observe l'ordre suivant « délai, intérêt, qualité pour agir »[1132] ou encore « intérêt et qualité à agir, délai et consignation »[1133].

Cependant, il apparaît que le juge subordonne de manière stricte, la recevabilité de la requête à la satisfaction de certaines conditions liées non seulement à la requête, mais aussi à son auteur et à l'acte attaqué (Paragraphe 1), mais on remarque aussi un manque de souplesse total dans les déclarations d'irrecevabilité pour forclusion (Paragraphe 2).

Paragraphe 1 : Un contrôle strict de la requête, son auteur et de l'acte attaqué

Il y a trop de suspicions qui entourent le juge administratif quant à son indépendance et son impartialité. L'irrecevabilité des requêtes ne peut que nourrir lesdites suspicions. Selon Alexandre Ciaudo, « aussi fréquente qu'obscure, l'irrecevabilité compte parmi ces vocables si souvent employés dans la pratique contentieuse qu'il peut parfois sembler qu'on en oublie le sens »[1134]. Pour Jacques Héron, « le mot même d'irrecevabilité a comme charme, presque un effet magique, qui peut tenter, mais ce charme relève de l'artifice ou de l'illusion. À tout le moins, c'est un moyen de se dérober et d'éviter d'aborder de front les vrais problèmes que soulèvent l'ordre public de fond »[1135].

Elle peut s'entendre donc, comme « l'acceptabilité sur le plan juridique, de la demande en justice »[1136]. Certains utilisent la notion d'« admissibilité »[1137],

---

[1130] Voir CS-SA, Arrêt n° 03 du 16 janvier 1990, entre communauté villageoise de Cody et commandant de cercle de Bafoulabé ; Arrêt n° 04 du 22 février 1990, entre Monsieur Mamadou Coulibaly et le maire de Kati ; arrêt n° 46 du 4 octobre 1990, entre le village de Moza et le commandant du cercle de Bourem ; arrêt n° 009 du 2 mars 2006 en la Soyatt et la DNDC, inéd.

[1131] Voir CS-SA, Arrêt n° 34 du 26 juillet 1990 entre Arouna Dia et le ministre de l'Emploi et de la Fonction publique, inéd.

[1132] Voir CS-SA, Arrêt n° 005 du 14 janvier 2005, le sieur Mohamed Diarra, inéd.

[1133] Voir CS-SA, Arrêt n° 113 du 8 mai 2014, la Société Mali Technic System, inéd.

[1134] A. Ciaudo, *L'irrecevabilité en contentieux administratif français*, *op. cit.*, p. 19.

[1135] J. Heron, « L'ordre public en droit processuel », in *L'ordre public : Journée libanaise*, Association Henri Capitant, LGDJ, 1998, p. 7, cité par A. Ciaudo, *ibid.*

[1136] J. C. Kamdem, *L'acte juridictionnel en droit administratif français*, thèse, dactyl., Paris I, 1980, p. 24.

[1137] A. Fetu, *La justice retenue, sa disparition dans le contentieux administratif*, thèse, dactyl., Rennes, 1919, p. 145.

ou d'« inattaquabilité »[1138]. L'irrecevabilité est aussi un moyen d'ordre public pouvant en ce sens être soulevé d'office par le juge. C'est ce que le juge administratif malien rappelle d'ailleurs dans l'arrêt Cessé Koné en ces termes : « le requérant se retrouve sous le coup de ce moyen d'ordre public qu'est l'irrecevabilité. »[1139]

Ainsi, même si sa rigueur peut être perçue comme dépassée, le juge donne une définition raisonnable mais non ouverte de l'acte attaquable (B), mais avant, on peut constater qu'il n'est pas moins regardant en ce qui concerne la requête et le requérant (A).

A. L'irrecevabilité liée à la requête et au requérant

Notre juge administratif est très regardant sur les détails de la requête (1) et très avare dans la définition du bon requérant (2).

1. Un juge très regardant sur les détails de la requête

Si la requête n'a pas été accompagnée d'un certificat démontrant que la caution a été payée, elle est déclarée irrecevable (a) et encourt les mêmes conséquences si elle n'a pas été motivée (b).

a. Le défaut de consignation

Il y a lieu d'attirer l'attention sur le fait que même le lexique des termes juridiques ne définit pas spécifiquement la consignation en matière administrative[1140]. Il se borne à le faire seulement en matière civile et cette définition ne cadre pas parfaitement avec l'idée qui s'attache à la consignation en matière administrative.

Les études consacrées à la consignation ne sont pas très nombreuses, jusqu'à ce que l'on se demande si elle suscite l'intérêt de la doctrine ou même si elle ne constitue peut-être pas une cause d'irrecevabilité dans beaucoup d'autres pays contrairement au Mali. Pour s'en rendre compte, il faut consulter les index des grands ouvrages sur le droit administratif en général et le contentieux administratif en particulier. C'est ainsi qu'en Afrique noire francophone, ni le doyen Alain Bockel[1141], ni le professeur Demba Sy du Sénégal[1142], ni le professeur Célestin Keutcha-Tchapnga du Cameroun ne traitent spécifiquement

---

[1138] G. Tomasin, *Essai sur l'autorité de la chose jugée en matière civile*, thèse, LGDJ, 1975, p. 134.

[1139] CS-SA, Arrêt n° 170 du 3 juillet 2014 entre le sieur Cessé Koné et les décrets n° 137/P-RM et 138/P-RM du 6 février 2013, inéd.

[1140] *Lexique des termes juridiques*, 20e éd., *op. cit.*, p. 231 : « dépôt d'espèces, de valeurs ou d'objets entre les mains d'une tierce personne à charge pour elle de les remettre à qui de droit ».

[1141] V. A. Bockel, *Droit administratif*, NEA, *op. cit.*

[1142] V. D. Sy, *Droit administratif*, t. 1 et 2, *op. cit.*

le sujet. Ce dernier (Célestin Keutcha-Tchapnga) donne tout de même une information capitale sur la pratique camerounaise[1143].

La situation est identique dans la doctrine française. Que cela soit le célèbre traité de Édouard Laferrière[1144], le professeur René Chapus[1145], le traité des recours de Jean-Marie Auby et Roland Drago[1146], ou même l'ouvrage d'Alexandre Ciaudo entièrement consacré à l'irrecevabilité[1147].

Aux termes de la loi organique régissant la Cour suprême du Mali, « le requérant doit, sous peine d'irrecevabilité de son recours, consigner une caution destinée à couvrir les frais de timbre et d'enregistrement »[1148]. La consignation signifie alors le versement obligatoire d'une somme d'argent au greffe de la Cour suprême pour pouvoir accéder au prétoire. Le montant est de vingt mille (20 000) FCFA. Le juge fait alors une application *impitoyable* de cette disposition, d'où la récurrence inquiétante des cas d'irrecevabilité pour défaut de consignation.

Ainsi, dans l'histoire de la jurisprudence de la « haute juridiction administrative » malienne, l'année 1995 est tristement célèbre, pour avoir été celle où la Cour a rendu successivement le plus grand nombre d'arrêts d'irrecevabilité pour défaut de consignation. Cela ne veut pas dire que la pratique n'a pas existé avant et après cette année.

Dans l'arrêt sieur Mahamadou Traoré et autres, le juge statue en ces termes : « considérant qu'aux termes des dispositions de l'article 64 de la loi n° 90-113/AN-RM du 20 novembre 1990 portant réorganisation de la Cour suprême, le requérant doit, sous peine d'irrecevabilité, de son recours, consigner la somme de 20 000 FCFA ; considérant que le requérant ayant introduit son recours auprès de la Section administrative depuis le 31 mars 1993 n'a jusqu'à ce jour pas versé la consignation ; qu'il échet en conséquence de déclarer sa requête irrecevable. »[1149]

Dans l'arrêt qui a suivi, le juge écrit : « considérant que le requérant, invité par lettre n° 87/CS-PSA du 12 février 1993 à venir consigner la somme de vingt

---

1143 V. C. Keutcha-Thapnga, *Précis de contentieux administratif...* : « Toute requête introductive d'instance donne lieu à la consignation d'une provision de vingt mille francs (20 000 F). Une consignation supplémentaire peut être ordonnée par le président de la juridiction en cas de nécessité. Les personnes morales de droit public sont, en principe, expressément dispensées de la consignation », *op. cit.*, p. 169.

1144 V. E. Laferrière, *Traité de la juridiction administrative et des recours contentieux*, t. 2, *op. cit.*

1145 V. R. Chapus, *Droit du contentieux administratif*, 12e éd., *op. cit.*

1146 V. J. M. Jean-Marie Auby et R. Drago, *Traité des recours en matière administrative*, *op. cit.*

1147 A. Ciaudo, *L'irrecevabilité en contentieux administratif français*, *op. cit.*

1148 Loi n° 96-071/AN-RM du 16 décembre 1996, *op. cit.*, art. 46, al. 4 ; Loi n° 2016-046/AN-RM, *op. cit.*, art. 235.

1149 CS-SA, Arrêt n° 13 du 2 février 1995, entre le sieur Mahamadou Traoré et autres et le Gouverneur du District de Bamako. À l'époque, la loi n° 96-071 n'était pas encore en vigueur, mais elle a repris mot par mot les dispositions de celle de 1990, inéd.

mille francs CFA, (…) ne s'est pas exécuté ; qu'il échet, en conséquence de déclarer sa requête irrecevable, en la forme pour défaut de consignation. »[1150]

Le juge va alors successivement employer cette formule pour déclarer plusieurs recours irrecevables. C'est le cas de l'arrêt sieur Moussa Coulibaly[1151] ; de l'arrêt village de Kopa[1152] ; de l'arrêt Société Trans Air Mali[1153] ; de l'arrêt sieur Youssouf Fomba[1154] ; de l'arrêt Narin Konaté[1155] ; de l'arrêt sieur Ousmane Madi Konta[1156] ; de l'arrêt sieur Mamadou Diallo[1157] ; de l'arrêt sieur Kassim DIALLO[1158] ; de l'arrêt sieur M'pè Coulibaly[1159] ; de l'arrêt dame Yassa Niambele[1160], de l'arrêt sieur Tié Coura Doumbia[1161] ; de l'arrêt sieur Ibrahima Maïga[1162] ; de l'arrêt sieur Samballa Diallo[1163] ; de l'arrêt dame Touré Oumou Sall[1164] ; de l'arrêt sieur Moussa Togola[1165] et 11 autres arrêts.

Après l'année 1995, l'extrême rigueur du juge semble avoir été comprise, car jusqu'à nos jours, il n'y a pas eu une telle longue série de déclaration d'irrecevabilité pour défaut de consignation. Cela ne signifie pas non plus que celles-ci sont devenues introuvables dans la jurisprudence. En 2006, il y a eu quelques arrêts rendus en la matière. C'est le cas de l'arrêt les héritiers de feu

---

1150 CS-SA, Arrêt n° 14 du 2 février 1995, entre le sieur Chérif Issa Traoré et le Chef d'arrondissement de Kona, inéd.

1151 CS-SA, Arrêt n° 15 du 2 février 1995, entre le sieur Moussa Coulibaly et le ministère de l'Éducation nationale, inéd.

1152 CS-SA, Arrêt n° 16 du 2 février 1995, entre le village de village de Kopa et le Gouverneur de la région de Ségou, inéd.

1153 CS-SA, Arrêt n° 17 du 2 février 1995, entre la Société Trans Air Mali et le ministère de l'Équipement et de l'Habitat, inéd.

1154 CS-SA, Arrêt n° 18 du 2 février 1995, entre le sieur Youssouf Fomba et le Gouverneur du District de Bamako, inéd.

1155 CS-SA, Arrêt n° 19 du 2 février 1995, entre le sieur Narin Konaté et le ministre d'État chargé de la défense, inéd.

1156 CS-SA, Arrêt n° 20 du 2 février 1995, entre le sieur Ousmane Mady Konta et le Commandant du cercle de Téninkou, inéd.

1157 CS-SA, Arrêt n° 21 du 2 février 1995, entre le sieur Mamadou Diallo et le Maire de Kati, inéd.

1158 CS-SA, Arrêt n° 22 du 2 février 1995, entre le sieur Kassim Diallo et le Commandant de cercle de Yanfolila, inéd.

1159 CS-SA, Arrêt n° 25 du 23 février 1995, entre le sieur M'pè Coulibaly et le Gouverneur du District de Bamako, inéd.

1160 CS-SA, Arrêt n° 26 du 23 février 1995, entre la dame Yassa Niambélé et le Gouverneur du District de Bamako, inéd.

1161 CS-SA, Arrêt n° 27 du 23 février 1995, entre le sieur Tiécoura Doumbia et le ministre de la Fonction publique, inéd.

1162 CS-SA, Arrêt n° 28 du 23 février 1995, entre le sieur Ibrahima Maïga et le ministre de l'Éducation nationale, inéd.

1163 CS-SA, Arrêt n° 29 du 23 février 1995, entre le sieur Sambala Diallo et la mairie de Kayes, inéd.

1164 CS-SA, Arrêt n° 30 du 23 février 1995, entre la dame Touré Oumou Sall et l'arrêt n° 63 du 23 juillet 1992, inéd.

1165 CS-SA, Arrêt n° 31 du 23 février 1995, entre le sieur Moussa Togola et le ministre chargé de la Défense, inéd.

Modibo Keïta[1166], de l'arrêt sieur Ousmane Fané[1167] et de l'arrêt sieur Dougoufana Sanogo[1168].

La particularité de ces arrêts est que tous les requérants étaient conseillés par des avocats. C'est là où l'on se demande si c'est de la négligence ou la faible connaissance de la procédure administrative contentieuse malienne. Le juge a maintenu cette rigueur et deux arrêts, l'un rendu en 2012[1169] et l'autre plus récent rendu en 2014[1170] l'attestent.

Cependant, il convient de souligner que cette rigueur n'est pas aussi absolue et aveugle que l'on pense. En effet, les arrêts ci-dessus mentionnés attestent, que le juge, avant de déclarer les requêtes irrecevables, adresse dans certains cas, une lettre au requérant. Celle-ci vise à avertir celui-ci du danger du défaut de consignation, même si certains ne répondent pas.

Il ressort de cette jurisprudence relative à la consignation que « l'État et ses démembrements sont dispensés du paiement de la consignation »[1171]. Pour un droit administratif qui a de la peine à s'enraciner, l'élargissement de cette jurisprudence aux particuliers justiciables serait bénéfique. Tel est le cas à Madagascar où « la justice administrative est (…) un service public quasi gratuit puisque le ministère d'avocat n'est point obligatoire et qu'aucun frais n'est perçu au dépôt d'une requête »[1172].

Le juge tient aussi rigueur de la motivation de la requête.

b. Le défaut de motivation

Le juge administratif ne peut se substituer au requérant dans la recherche des normes que les faits exposés dans la requête auraient méconnu. La loi dispose que « les requêtes doivent contenir l'exposé sommaire des faits et moyens ainsi

---

[1166] CS-SA, Arrêt n° 002 du 12 janvier 2006, entre les héritiers de feu Modibo Keita et l'arrêt n° 117 du 15 septembre 2005, inéd.

[1167] CS-SA, Arrêt n° 53 du 6 juillet 2006, entre le sieur Ousmane Fané et la Direction nationale de la caisse des retraites, inéd.

[1168] CS-SA, Arrêt n° 54 du 6 juillet 2006, entre le sieur Dougoufana Sanogo et l'arrêt n° 131 du 23 décembre 2005, inéd.

[1169] CS-SA, Arrêt n° 282 du 2 août 2012 entre Oumar Dramé et le jugement n° 271 du TAB, inéd. ; « Considérant que la preuve de paiement de consignation n'est pas apportée dans les pièces du dossier, qu'il échet d'en tirer les conséquences de droit ».

[1170] CS-SA, Arrêt n° 112 du 8 mai 2014, entre la Mairie du District de Bamako – Mamadou Nimaga et le jugement n° 422 du 30 septembre 2010 du TAB, inéd. : « Que la preuve de paiement de la consignation par Mamadou Nimaga n'est pas rapportée ; qu'il échet de déclarer l'appel de Mamadou Nimaga irrecevable pour défaut de consignation. »

[1171] CS-SA, Arrêt n° 66 du 10 août 2006 entre la Mairie du District et le jugement n° 117 du 24 septembre 2003, inéd. ; v. aussi l'arrêt n° 112 du 8 mai 2014, *ibid.*, : « que la Mairie du District de Bamako est dispensée du paiement de la consignation » ; v. aussi l'arrêt n° 59 du 27 juillet 2006 entre la Direction nationale des Domaines et du Cadastre et le jugement n° 159 du 23 novembre 2005 du TAB : « considérant que la DGCE n'est pas assujettie au paiement de l'amende de consignation ; qu'il échet de recevoir la requête en la forme. »

[1172] V. Rakotomalala, *op cit.*, p. 57.

que les conclusions des requérants »[1173]. Cette disposition est identique à l'idée de la législation française qui dispose que : « la requête (...) contient l'exposé des faits et moyens, ainsi que l'énoncé des conclusions soumises au juge »[1174].

Comme le remarque si bien Alexandre Ciaudo, « l'obligation de motivation de la requête est souvent centrée sur la question de l'existence de moyens ; en effet, il est particulièrement rare en pratique qu'une requête soit dépourvue de l'exposé des faits ou de conclusion ; les requérants sont bien conscients que pour statuer sur le litige, le juge doit en connaître les faits »[1175]. Cela correspond parfaitement à la vision du juge administratif malien qui fonde son analyse de la motivation de la requête sur l'existence ou l'inexistence de moyens.

Le juge a eu l'occasion de manifester à plusieurs reprises cette position. C'est ainsi que dans l'arrêt sieur Belco Tamboura où le juge souligne que « le requérant, à l'appui de sa demande d'annulation, de la décision querellée, n'apporte aucun moyen de droit ; qu'il se contente tout simplement de déclarer qu'il a servi avec cinq chefs d'Arrondissement qui ne se sont pas plaints de lui »[1176]. Dans un autre arrêt rendu en 2006, il statue en ces termes : « considérant qu'à la date de la rédaction du présent rapport, le Conseil des appelants n'a fait parvenir à la Cour aucun moyen de droit qui puisse soutenir son appel ; qu'il échet de rejeter la requête pour défaut de moyens. »[1177]

Le juge, dans cette démarche, n'impose pas aux seuls administrés la charge d'apporter des moyens en appui aux faits évoqués dans leurs requêtes. Il agit de la même manière avec les autorités administratives. Dans l'affaire Préfet de Kati et Bréhima Cissoko, le juge signale qu'« il n'a été allégué ni par la DGCE et, ni par le Préfet de Kati aucun moyen au soutien de l'appel, sauf à demander qu'il soit déduit les conséquences de droit relativement aux différentes mutations intervenues (...) ; que c'est donc à juste raison que le jugement déféré a relevé et sanctionné un excès de pouvoir à l'encontre du Préfet de Kati »[1178].

Cependant, il ne suffit pas que le requérant apporte des moyens. Aussi, faut-il que lesdits moyens soient réels. À ce niveau, le juge n'hésite pas à déclarer certains moyens inopérants. Le premier arrêt rendu en 1995 fait remarquer que « contrairement aux déclarations du requérant, le code municipal ne prévoit aucun délai pour une troisième convocation du Conseil municipal ; qu'au surplus, qu'il est surprenant que le requérant qui, dans son premier moyen,

---

[1173] Loi organique n° 96-071/AN-RM, *op. cit.*, art. 46, al. 1er ; Loi n°2016-046/AN-RM, *op. cit.*, art. 234.

[1174] *Code de justice administrative français*, *op. cit.*, art. R.411.1.

[1175] A. Ciaudo, *L'irrecevabilité en contentieux administratif français*, *op. cit.*, p. 490.

[1176] CS-SA, Arrêt n° 11 du 2 février 1995, entre le sieur Belco Tamboura et le Commandant de cercle de Mopti, inéd.

[1177] CS-SA, Arrêt n° 55 du 6 juillet 2006, entre les héritiers de feu Samba Samaké et le maire de Koulikoro, inéd.

[1178] CS-SA, Arrêt n° 110 du 8 mai 2014, le Préfet de Kati et Bréhima Cissoko contre le jugement n° 321 du 15 août 2013 du TAB, inéd.

réfute l'application de l'article 20 du code municipal, évoque en troisième moyen, la violation du même article ; qu'il y a lieu de conclure que les moyens évoqués par le requérant, sont inopérants »[1179]. Dans l'arrêt le collectif des ex-chefs d'Arrondissement, il précise clairement qu'un « moyen ne peut prospérer »[1180].

Il faut alors retourner en arrière, dans l'histoire de la jurisprudence administrative malienne pour être bien édifié sur les définitions des grands principes relatifs aux moyens. C'est précisément dans la célèbre affaire dame Diakité Manassa Danioko qu'on les trouve. En effet, dans cette affaire, « le défendeur a excipé de l'absence de moyen de droit joint à la requête de la dame Diakité pour conclure à l'irrecevabilité de ladite requête ». En réponse, le juge a précisé que « si le principe est que les règles de recevabilité sont d'ordre public, la Section administrative de la Cour suprême n'a jamais donné un caractère absolu à la règle selon laquelle les requêtes doivent contenir l'exposé sommaire des faits et moyens ainsi que les conclusions des parties ; qu'il est de jurisprudence constante que le défaut de production des moyens de droit n'est une cause d'irrecevabilité des requêtes que lorsque ces moyens annoncés par le requérant ou exigés par le juge n'ont pas été produits par mémoire ampliatif dans les délais impartis »[1181].

Il faut cependant souligner que cette jurisprudence n'est pas aussi constante comme le souligne bien le juge dans l'arrêt dame Diakité Manassa Danioko. Elle est même fluctuante, car depuis cet arrêt, elle n'a jamais reçu une application systématique. En effet, le juge peut exiger au requérant d'apporter des moyens, même en cas d'inaction de ce dernier, la requête ne sera pas déclarée irrecevable pour défaut de moyens mais plutôt rejetée pour défaut de moyens[1182].

Si, l'article 46 de la loi n° 96-071 régissant la Cour suprême et l'article 234 de la loi n° 2016-046 constituent une reproduction de *(l'article R.411.1 du Code de justice administrative français)*, ce dernier constitue à son tour la codification de la célèbre jurisprudence Vasnier[1183]. Disposant de textes de référence identiques *(l'obligation de la motivation de la requête)*, le juge administratif malien et celui de la France n'en font pas des applications identiques.

[1179] CS-SA, Arrêt n° 1 du 2 février 1995, le collectif des partis alliés, inéd.

[1180] CS-SA, Arrêt n° 77 du 14 septembre 2006, entre le collectif des ex-chefs d'arrondissement et le ministère de la Fonction publique, inéd.

[1181] CS-SA, Arrêt n° 41 du 4 octobre 1990, *op. cit.*

[1182] V. l'arrêt n° 95 Sieur Fodé Dramé du 16 novembre 2006, inéd. ; v. aussi l'arrêt (n° 25) du 4 février 2005 : « considérant que le conseil du requérant s'était promis de produire ses moyens de défense, considérant qu'à ce jour il n'a produit aucun moyen ; qu'il échet de rejeter sa requête pour défaut de moyens. »

[1183] CE français, 1er juin 1953, Vasnier, rec., p. 254 ; v. A. Ciaudo, *L'irrecevabilité en contentieux administratif français*, *op. cit.*, p. 492.

Les termes de l'arrêt Vasnier, origine indirecte de l'obligation légale de la motivation des requêtes au Mali, sont les suivants : « considérant que la requête sus visée du sieur Vasnier ne contient l'exposé d'aucun des faits, ni l'énoncé d'aucun des moyens sur lesquels ledit sieur Vasnier entend fonder sa requête (…), que dès lors la requête du sieur Vasnier n'est pas recevable. »

C'est vrai que les deux juges arrivent presqu'au même résultat, car dans les deux cas le même défaut de motivation conduit à mettre fin à la procédure. Cependant, les mêmes faits n'encourent pas les mêmes conséquences. Le juge administratif français va simplement déclarer la requête irrecevable ou non recevable, au même moment, le juge administratif malien va déclarer la requête recevable en la forme, mais va la rejeter au fond pour défaut de moyens[1184].

Très regardant sur les détails de la requête, le juge administratif malien ne l'est pas autant sur la définition d'un bon requérant.

2. Un juge avare dans la définition du bon requérant

Par bon requérant, il s'agit spécifiquement de celui qui remplit toutes les conditions d'accès au juge administratif[1185]. Certes, le juge administratif malien définit certaines conditions que tout requérant doit satisfaire, mais il se limite le plus souvent à citer celles-ci sans les expliquer de manière claire.

Ainsi, dans son identification du bon requérant, le juge focalise principalement son examen sur deux points : l'intérêt du requérant (a) et sa qualité (b) à agir. Si certains juges administratifs examinent en plus de ces deux conditions la capacité à agir du requérant[1186], celui du Mali est très silencieux sur cette dernière.

a. Le requérant doit avoir intérêt à agir

La règle de l'intérêt à agir constitue dans la pratique de l'excès de pouvoir une matérialisation de l'adage selon lequel « pas d'intérêt, pas d'action ». Il appartient au juge d'apprécier, si toutefois la décision attaquée, concerne, intéresse ou regarde le requérant. Il faut savoir que « la notion d'intérêt à agir n'est pas subjective et psychologique, mais objective et juridique »[1187].

Le juge administratif national ne donne pas une définition satisfaisante, spécifique et clairement perceptible de la notion d'intérêt à agir. Dans l'affaire sieur Kariba Bagoyoko, (considéré par certains comme un arrêt de principe en

---

[1184] V. tous les arrêts cités en matière de la non-motivation de la requête.

[1185] « Un animal ne peut pas saisir le juge administratif *», écrit C. Keutcha-Thapnga, Précis de contentieux administratif au Cameroun, op. cit.*, p. 165.

[1186] C'est le cas des juges administratifs camerounais (voir C. Keutcha-Thapnga, *ibid.*) ; congolais (voir P. Moudoudou, *Droit administratif congolais*, *op. cit.*, p. 106) ; burkinabé (voir S. Yonaba, *La pratique du contentieux administratif en droit burkinabé*, *op. cit.*, p. 128) ; sénégalais « Le requérant doit remplir deux conditions essentielles pour que son recours pour excès de pouvoir soit recevable. Il doit non seulement avoir capacité pour agir, mais également intérêt à agir », (voir D. Sy, *Droit administratif*, t. 2, *op. cit.*, p. 119).

[1187] V. Encyclopédie juridique, droit administratif, Dalloz, *op. cit.*, p. 691.

la matière)[1188], il souligne qu'« une des conditions de recevabilité du recours pour excès de pouvoir est l'intérêt à agir pouvant se concrétiser dans la lésion d'un droit »[1189]. À part la définition que l'on peut comprendre de l'analyse de cette phrase, il emploie le plus souvent, la formule laconique suivante : « considérant que le requérant a intérêt (…) à agir ; qu'il échet en conséquence de déclarer sa requête recevable. » Cependant, à travers l'arrêt Kariba Bagoyoko et les autres arrêts y faisant allusion, on peut avoir une idée sur les différents points qu'il prend en compte dans son appréciation de « l'intérêt à agir ».

Ainsi, le requérant a intérêt à agir, si la décision querellée lui lèse un droit. Ce droit peut alors être :

– Individuel ou personnel : l'affaire Nadio dit Moussa Djiguiba donne une illustration de cette position du juge. En effet, le juge du premier degré (TAB), avait reçu le recours pour excès de pouvoir du sieur Nadio et fait droit à sa demande d'annulation d'un acte administratif[1190].

En appel, la Section administrative trouve que le sieur Nadio « s'abrite derrière des prétendues irrégularités contenues dans un contrat de bail avec promesse de vente dont le contentieux relève d'un autre ordre de juridiction pour demander en recours en excès de pouvoir l'annulation de l'acte administratif de vente conclu entre le Directeur national des domaines et la société Soyatt ; que le sieur Nadio n'étant pas partie à cet acte, n'entretenant aucun rapport juridique avec l'État propriétaire du TF mère dont est issu le titre de la Soyatt et n'ayant aucun intérêt affecté, car détenteur de simple droit de jouissance, (…) ; qu'il ne suffit pas que le requérant fasse la preuve d'un intérêt à l'annulation de l'acte ; qu'il faut encore que cet intérêt coïncide avec un droit que la loi a entendu protéger ; que dans le cas d'espèce, M. Nadio n'étant pas partie à l'acte administratif serait malvenu à demander son annulation »[1191].

Cet arrêt ne constitue qu'une confirmation de la jurisprudence Kariba Bagoyoko de 1990 en ce que le juge estime qu'un droit du sieur Nadio n'a pas été lésé.

Cependant, dans l'affaire chef du village de Saré-Mala, le juge considère que le chef du village a un intérêt personnel à demander l'annulation de la décision du Commandant de cercle de Mopti portant sa révocation, d'où la recevabilité de sa requête en la forme[1192]. Tel est également le cas dans l'affaire sieur Youssoufa Ibrahim où le juge a trouvé que celui-ci avait intérêt à agir contre

[1188] Entretien avec Hamadine Djibril Goro, ancien Président de la CS-SA, le 12 avril 2014 au siège de la Cour suprême.

[1189] CS-SA, Arrêt n° 08 du 22 mars 1990, entre le sieur Kariba Bagayoko et le ministre de l'Éducation nationale, inéd.

[1190] TAB, jugement n° 121 du 6 août 2004, sieur Nadio dit Moussa Djiguiba, inéd.

[1191] CS-SA, Arrêt n° 009 du 2 mars 2006, entre la société Soyatt et la DNDC, et le sieur Nadio dit Moussa Djiguiba, inéd.

[1192] CS-SA, Arrêt n° 11 du 2 février 1995 entre le sieur Belco Tamboura, chef du village de Saré-Mala et le commandant de cercle de Mopti, inéd.

une décision du gouverneur de la région de Gao suspendant la décision du commandant de cercle de Gao lui attribuant un champ de culture[1193].

Cette jurisprudence est proche de celle du Sénégal, mais cette dernière apparaît un peu plus détaillée que celle du Mali. En effet, « l'intérêt est d'abord apprécié au point de vue des effets de l'acte attaqué à l'égard du requérant »[1194] : c'est la jurisprudence Abdou Ndiaye[1195] de la Cour suprême du Sénégal, elle est similaire à la jurisprudence Nadio du Mali ci-dessus évoquée. En plus, « l'intérêt est également apprécié au point de vue de la situation personnelle du requérant ; entre le requérant et l'acte, il doit exister un certain lien défini par le juge »[1196] : c'est la jurisprudence Iba Der Thiam[1197] similaire à la jurisprudence sieur Youssoufa Ibrahim du Mali.

S'agissant de l'intérêt personnel, les jurisprudences malienne et sénégalaise sont pratiquement identiques à celle du Cameroun, comme l'atteste la Chambre administrative de la Cour suprême de ce pays dans son « jugement » du 29 mars 1969[1198]. Toutes ces jurisprudences d'Afrique noire francophone répondent aussi à l'idée de la jurisprudence Souibgui du CE français[1199].

– Collectif ou général : s'agissant du cas des associations, des collectifs, des groupes d'individus ou des groupements, la situation se présente différemment. Le juge, dans l'arrêt Syndicat autonome des greffiers et secrétaires de greffe et parquet, soutient que « la doctrine et la jurisprudence reconnaissent aux associations et syndicats l'intérêt à agir à l'égard des décisions d'affectation considérées comme positives et non à l'égard des décisions de mutation considérées comme négatives »[1200]. Il se réfère dans ce

---

1193 CS-SA, Arrêt n° 97 du 16 novembre 1995, entre le sieur Youssoufa Ibrahim et le Gouverneur de la région de Gao, inéd.

1194 D. Sy, *Droit administratif*, t. 2, *op. cit.*, p. 119.

1195 C.S, 16 mars 2009, Abdou Ndiaye contre l'État du Sénégal, *Bulletin des arrêts de la Cour suprême du Sénégal*, n° 1, 2008-2009, p. 81.

1196 D. Sy, *Droit administratif*, *op. cit.*, p. 119.

1197 C.E sénégalais, 25 août 1993, professeur Iba Der Thiam, bulletin n° 1 de la Cour suprême du Sénégal, p. 6.

1198 CS du Cameroun, Chambre administrative, jugement n° 51 du 29 mars 1969, Baba Youssoufa contre État du Cameroun ; cité par C. Keutcha-Thapnga, *Précis du contentieux administratif au Cameroun*, *op. cit.*, p. 167.

1199 C.E français, 20 juin 1990, M. Souibgui : « Considérant que les conclusions de M. Souibgui sont dirigées contre l'ensemble de l'examen de fin de troisième année session 1988, de l'Institut des sciences financières et d'assurances de l'Université Claude Bernard de Lyon ; que si M. Souibgui est recevable à contester la délibération du jury dudit examen en tant qu'elle prononce son ajournement, comme il l'a d'ailleurs fait, il ne justifie en revanche d'aucun intérêt personnel, direct et certain à l'annulation de l'ensemble de l'examen attaqué », cité par J. Morand-Deviller, *Droit administratif*, *op. cit.*, p. 670.

1200 CS-SA, Arrêt n° 62 du 27 juillet 2006, entre le Syndicat autonome des greffiers et secrétaires de greffe et parquet (SYNAG) et les arrêtés n° 1274 et 1275 du ministre de la Justice, inéd.

cas d'espèce à l'arrêt du CE français du 13 décembre 1991, Syndicat CGT des employés de la mairie de Nîmes[1201].

Avant la jurisprudence Synag, soit onze (11) ans avant, le juge refusait l'intérêt à agir à une société (EDIM) membre d'un groupement de sociétés contre une décision affectant le groupement en ces termes : « considérant que le groupement des imprimeurs, est dans ce cas précis, l'interlocuteur des autres imprimeurs composant le groupement dont les EDIM-SA, auprès de l'Administration territoriale ; considérant qu'un contrat n'existant entre l'Administration territoriale et les EDIM-SA, celle-ci n'a pas intérêt à agir ; qu'il échet en conséquence de déclarer la requête irrecevable pour défaut d'intérêt. »[1202]

Dans un autre arrêt, le juge a reconnu aux héritiers d'un fonctionnaire, l'intérêt à agir contre une décision rejetant la demande de reclassement de leur feu père : « qu'ils ont intérêt en ce sens que le reclassement pourra entraîner une augmentation de la pension. »[1203]

Cependant, certaines variantes de l'intérêt, comme l'intérêt moral, ne fait pas encore partie de celles retenues par la Cour suprême pour contrôler la recevabilité du recours contrairement au Cameroun. C'est ce que démontre le jugement n° 36 du 26 mai 1977 de la Chambre administrative de la Cour suprême du Cameroun ainsi libellé : « considérant que Teuguia Gabriel a été incontestablement victime d'une mesure illégale (…). »[1204]

Le requérant doit aussi avoir la qualité à agir, faute de quoi le juge déclare sa requête irrecevable.

b. Le requérant doit avoir la qualité à agir

Il existe une certaine confusion autour de la notion de qualité à agir dans la jurisprudence de la Section administrative de la Cour suprême. Tantôt le juge se réfère à la qualité avant l'intérêt[1205],

---

[1201] Cet arrêt a été également cité par le professeur Chapus dans la 12e éd. de son ouvrage intitulé *Droit du contentieux administratif*, *op. cit.*, pp. 479-480, ainsi, les associations auraient un intérêt à agir contre les décisions « considérées comme positives » telles que les décisions d'affectation et non contre celles « considérées comme négatives » telles que les décisions de mutation ; le juge malien se réfère même dans l'arrêt Synag ci-dessus cité à la 8e éd. de cet ouvrage.

[1202] CS-SA, Arrêt n° 67 du 27 juillet 1995, contre les Éditions imprimeries du Mali S.A et le ministre de l'Administration territoriale et de la Sécurité, inéd.

[1203] CS-SA, Arrêt n° 71 du 14 septembre 2006, entre les héritiers de feu Birem Dolo et la Décision n° 03-80 du Directeur national de la fonction publique et du personnel, inéd.

[1204] CS-SA, Jugement n° 36 du 26 mai 1977, Teuguia Gabriel contre État du Cameroun, cité par C. Keutcha-Thapnga, *Précis de contentieux administratif au Cameroun*, *op. cit.*, p. 167.

[1205] CS-SA, Arrêt n° 16 du 21 février 2002, entre le sieur Sadou Cissé et le jugement n° 37 du 19 septembre 2000 du TAM : « Considérant qu'il a qualité et intérêt à agir », inéd. ;
- Arrêt n° 64 du 10 août 2006, entre la société Zénith Énergie Développement (ZED SA) et Arrêt n° 21 du 24 mars 2006 : « Le requérant a qualité et intérêt pour agir », inéd. ;

tantôt il met l'intérêt avant la qualité[1206]. Aussi, pour nous faciliter la compréhension du problème, il est prudent de se référer à la définition que le lexique des termes juridiques donne à la notion : « en règle générale, le pouvoir d'agir en justice n'ayant pas été réservé par la loi à certaines personnes, appartient à tout intéressé, c'est-à-dire à tous ceux qui peuvent justifier d'un intérêt direct et personnel à la reconnais-sance du bien-fondé de leur prétention ; la qualité se confond alors avec l'intérêt (...). »[1207]

En se fondant sur cette définition, le juge administratif malien ne serait pas alors dans une erreur aussi sérieuse que l'on est tenté de penser en première analyse. En 1995, le juge soulignait cette liaison entre l'intérêt et la qualité de manière indirecte à travers l'arrêt Sodema ainsi qu'il suit : « considérant que par lettre du 14 septembre 1990, le ministre des Finances, en donnant son accord sur les propositions faites par les services techniques de la Direction nationale des impôts a créé une servitude de passage au profit de la SODEMA ; que la suppression de cette servitude a porté préjudice à la société requérante ; qu'en conséquence, la SODEMA a qualité et intérêt à agir »[1208].

Alors, le fait que la décision du ministre ait fait grief à la SODEMA, touchant donc un intérêt direct légalement acquis de celle-ci, donne qualité à cette dernière pour agir contre ladite décision. De ce postulat, la qualité ne serait pas alors un principe indépendant, mais serait liée à l'intérêt du requérant.

Le juge donne plus de précisions dans l'arrêt Nadio de 2006 : « Que monsieur Nadio n'était pas partie à cet acte (...) et n'ayant aucun intérêt affecté, car détenteur de simple droit de jouissance ne saurait avoir qualité pour agir ; que selon une jurisprudence constante du CE (français), le recours pour excès de pouvoir n'est recevable qu'à l'égard des actes administratifs susceptibles de faire grief au requérant, lequel doit avoir qualité pour agir et justifier d'une certaine position à l'égard de l'acte attaqué. »[1209]

Toujours en 2006 et tout juste avant l'arrêt Nadio, dans l'arrêt sieur Ibrahima Fadiala Keïta, le juge déniait la qualité à agir à ce dernier : « considérant que dans ses écritures, le requérant n'indique pas en quoi le décret déféré à la censure de la Cour n'est pas conforme à la loi (...) ; il ne justifie pas non plus du grief que lui cause le décret entrepris ; dès lors, il ne dispose ni de qualité ni d'intérêt pour attaquer le décret (...). »[1210]

- Arrêt n° 35 du 25 février 2010, entre Boubacar Oumar et l'arrêt 158 du 27 août 2009 : « considérant que le demandeur justifie la qualité et l'intérêt pour contester (...) », inéd.

[1206] CS-SA, Arrêt n° 005 du 14 janvier 2005, entre le sieur Mohamed Diarra et le jugement n° 104 du 14 novembre 2003 du TAB : « (...) intérêt et qualité pour agir », inéd.

[1207] V. *Le lexique des termes juridiques*, *op. cit.*

[1208] CS-SA, Arrêt n° 4 du 2 février 1995 entre la Société des détergents du Mali et la Direction nationale des Impôts, inéd.

[1209] CS-SA, Arrêt n° 009 du 2 mars 2006, *op. cit.*

[1210] CS-SA, Arrêt n° 007 du 3 février 2006, entre Ibrahima Fadiala Keïta et le décret n° 05-299/P-RM du 28 juin 2005, inéd.

Ainsi, la position du juge administratif malien est assez claire : le requérant ne peut avoir qualité pour agir s'il n'a pas dans la même affaire un intérêt suffisamment justifié par le grief que lui fait l'acte en question. Cette position, il la précise et la confirme de la manière la plus claire en 2014 dans l'arrêt Mahamadou Keïta en ces termes : « (...) (le sieur Mahamadou Keïta) a un intérêt suffisant lui conférant qualité à agir »[1211].

Pourtant, le professeur Célestin Keutcha-Tchapnga attire l'attention sur le fait que « qualité et intérêt ne se confondent pas ; l'intérêt complète la qualité pour fonder l'action en justice »[1212]. Il souligne l'existence de cette confusion dans des décisions de la juridiction administrative camerounaise. C'est le cas de l'affaire Lélé où le juge de référé souligne « qu'un recours pour excès de pouvoir n'est recevable que si son auteur justifie d'un intérêt juridique à obtenir l'annulation de l'acte attaqué ; qu'il n'est pas contesté que Lélé Gustave soit aussi actionnaire de la Banque Unie de Crédit (BUC), que la radiation de cette banque lui cause personnellement préjudice, que par conséquence la suspension de l'exécution des décisions attaquées lui profite nécessairement. Il s'ensuit que Lélé Gustave a qualité à agir dans la présente instance »[1213]. Il écrit alors que « la qualité pour agir en justice est le titre juridique qui sert à engager le procès »[1214].

Ainsi, en liant la qualité à l'intérêt, le juge administratif malien se conforme apparemment à la définition donnée dans *le lexique des termes juridiques*. Il opte ainsi pour une conception extensive de la qualité pour agir, car il y aura qualité à agir, chaque fois qu'il y aura intérêt à agir. Cependant, il fait une application stricte, rigoureuse et sérieuse de sa conception de la qualité à agir, même s'il ne donne pas de définition claire. C'est ce qu'il démontre dans l'arrêt les héritiers de feu Sory Ibrahima Seck où il dit « que les différentes transactions au sujet de la concession en laisse nulle part le nom de feu Sory Ibrahima Seck ; que par conséquence ses héritiers n'ont pas qualité à exercer un recours aux fins de déclarer le titre foncier n° 307 irrégulièrement constitué »[1215].

Il agit aussi de la même manière dans l'affaire El Hadj Sékou Diakité, en relevant « que le nom du requérant n'apparaît sur aucun titre ; que n'ayant produit aucune pièce prouvant que le lot litigieux lui a été vendu, il y a lieu de déclarer qu'il n'a pas qualité pour demander l'annulation de transfert du permis d'occuper »[1216]. Dans une affaire similaire, il déclare « qu'aucun titre n'ayant

---

[1211] CS-SA, Arrêt n° 316 du 27 novembre 2014, Mahamadou Keïta contre jugement n° 455 du 21 novembre 2013 du TAB, inéd.

[1212] C. Keutcha-Thapnga, *Précis de contentieux administratif au Cameroun, op. cit.*, p. 167.

[1213] CS (Cameroun), P/C.A, ordonnance n° 07 du 3 juillet 1978, affaire Gustave Lélé contre État du Cameroun, cité par C. Keutcha-Thapnga, *ibid.*

[1214] C. Keutcha-Thapnga, *ibid.*, p. 168

[1215] CS-SA, Arrêt n° 80 du 12 octobre 2006, les héritiers de feu Sory Ibrahima SECK contre le jugement n° 103 du 22 juillet 2005 du TAB, inéd.

[1216] CS-SA, Arrêt n° 68 du 27 juillet 1995, entre El Hadj Sékou Diakité et le Gouverneur du District de Bamako, inéd.

été établi au nom du mémorant, il y a lieu de déclarer qu'il n'a pas qualité pour agir »[1217].

On peut alors souligner que la jurisprudence nationale en cette matière, sans être une reproduction fidèle de celle de l'ex-métropole, ne se détache pourtant pas de celle-ci comme cela peut venir à l'idée à la lecture de certains arrêts. Ainsi, l'arrêt Casanova et l'arrêt Commune de Néris-les-Bains nous le prouvent. Dans le dernier arrêt, le C.E français a admis, la qualité pour un maire d'attaquer par la voie de l'excès de pouvoir une décision prise par le préfet[1218]. Il ressort du premier : « que les requérants, contribuables dans cette commune, ont intérêt, en cette qualité, à faire déclarer cette délibération nulle de droit (...) »[1219]. Aussi, cela ne fait-il pas penser à la formule Couramment employée par le juge administratif malien (intérêt, qualité).

Dans son opération de contrôle de recevabilité du recours pour excès de pouvoir, le juge administratif procède aussi à l'identification de l'acte pouvant être attaqué et ce, de manière non moins sévère.

B. La définition fermée de l'acte attaquable

Toutes les décisions prises par l'Administration ne sont pas susceptibles de recevabilité en contentieux de l'excès de pouvoir. Le juge procède à l'identification de l'acte (1) tout en essayant de respecter scrupuleusement l'ordre interne administratif (2).

1. L'indentification de l'acte attaquable

L'acte doit présenter tous les caractères essentiels d'un acte administratif pour pouvoir être soumis au contrôle du juge administratif. Son auteur doit ainsi être une autorité administrative (a) et l'acte en question doit modifier l'ordonnancement juridique (b).

a. L'acte doit émaner d'une autorité administrative

Sauf exception, les actes pris par une personne privée échappent à toute attaquabilité précisément par voie de recours pour excès de pouvoir devant le juge administratif. Dans l'arrêt Baba Dramé, le juge a fait savoir que « la régularisation de l'acte de vente établi par un notaire (...) »[1220] est un acte émanant d'une autorité privée, et échappe de ce fait à son contrôle. Si ledit acte émanait d'une autorité administrative, c'est-à-dire si c'était par exemple un acte émanant d'un Préfet, il pouvait décider autrement.

[1217] CS-SA, Arrêt n° 69 du 27 juillet 1995, entre le sieur Mandi Doumbia et le Gouverneur du District de Bamako, inéd.

[1218] CE français, 18 avril 1902, Commune de Néris-les-Bains, GAJA, 17e éd., *op. cit.*, p. 56.

[1219] CE français, 29 mars 1901, Casanova, GAJA, *ibid.*, p. 50.

[1220] CS-SA, Arrêt n° 02 du 7 janvier 2010, *op. cit.*

Pour Édouard Laferrière, « l'acte attaqué (doit) émaner d'une des autorités comprises dans la hiérarchie administrative »[1221]. Le doyen Alain Bockel explique que « cette condition ne présente en général pas de difficulté, et exclu qu'un recours puisse être formé contre les décisions émanant d'autorités non administratives, qu'il s'agisse d'autorités publiques (législatives, juridictionnelles) ou de personnes privées »[1222].

Cependant, le terme « autorité administrative » nécessite une explication, car c'est en fonction de cela que le juge va contrôler la recevabilité de la requête. Nous pouvons faire alors nôtre la définition donnée par les professeurs Jean-Marie Auby et Roland Drago selon laquelle, « le terme autorité administrative désigne essentiellement les individus ou organismes collectifs qui ont qualité pour prendre des actes juridiques au nom des personnes publiques »[1223]. Ils apportent à cette définition la précision suivante : « cette qualification a été réservée assez longtemps par la doctrine aux organes placés dans la hiérarchie ou la tutelle administrative. »[1224]

Quant à la jurisprudence, elle fait une explication large de la notion mettant relativement en cause la qualification doctrinale ci-dessus soulignée par Jean-Marie Auby et Roland Drago. Ainsi, la notion d'autorité administrative a été reconnue aux « *autorités administratives indépendantes* »[1225], à des Assemblées territoriales[1226], et même à « des personnes privées chargées d'une mission de service public et investies à cette fin de prérogatives de puissance publique »[1227]. C'est pourquoi, « il est nécessaire de s'attacher, moins à la qualité générale de l'auteur de l'acte qu'à la qualité en laquelle il a pris l'acte »[1228].

Il faut alors souligner que le juge administratif national s'attache principalement à la qualification doctrinale de la notion d'autorité administrative c'est-à-dire, « les organes placés dans la hiérarchie ou la tutelle administrative ». Il manifeste cela en recevant les requêtes dirigées contre les actes des préfets, des gouverneurs, des ministres, des maires, des Directeurs et autres agents agissant au nom des services de l'État et ses démembrements. Cela se comprend facilement puisqu'il n'est généralement saisi que par des actes de ces derniers.

1221 E. Laferrière, *Traité de la juridiction administrative et des recours contentieux*, t. 2, *op. cit.*, p. 420.

1222 A. Bockel, *Droit administratif, op. cit.*, p. 462.

1223 J. M. Jean-Marie Auby, R. Drago, *Traité des recours en matière administrative*, Paris, Litec, 1992, p. 133.

1224 *Ibid.*

1225 CE français, 12 mars 1982, *Confédération générale du travail*, RDP, 1983, p. 1697, AJDA 1982, p. 683. CE français ; 22 décembre 1982, D'Orciaval, AJDA 1982, p. 683.

1226 CE français, 3 juillet 1953, Boyer, CE français, 19 mars 1954, Chambre de commerce de Brazzaville.

1227 V. D. Sy, *Droit administratif*, T. 2, *op. cit.*, (CE français, 13 janvier 1961, Magnier, RDP, 1961, p. 115 ; T.C français, 15 janvier 1968, Compagnie Air France contre époux Barbier).

1228 J. M. Jean-Marie Auby, R. Drago, *Traité des recours en matière administrative*, *op. cit.*, p. 134.

À cela, il faut ajouter la recevabilité des requêtes contre des autorités administratives indépendantes comme l'autorité de régulation des marchés publics[1229], qui démontre aussi qu'il n'est pas en marge de l'extension jurisprudentielle de la notion comme en France.

Certes, la qualité de l'auteur de l'acte est une condition incontournable, mais il faut savoir que ladite condition est insuffisante. En effet, selon la formule Couramment utilisée, l'acte doit faire grief.

b. L'acte doit faire grief

L'acte « faisant grief » est une décision exécutoire d'une autorité administrative au sens large. C'est un acte qui modifie l'ordonnancement juridique. Cette modification de l'ordonnancement juridique se manifeste sur deux plans : positif (ex : acte portant attribution d'une autorisation de construire à un administré) ou négatif (ex : acte portant retrait d'un titre de propriété). Un acte administratif fait donc grief à un administré, si ledit acte touche, affecte ou même dérange l'existence juridique d'un droit dudit administré. Pour le professeur Demba Sy, cela signifie que l'acte doit pouvoir « modifier l'ordonnancement juridique »[1230]. Le professeur Salif Yonaba écrit que « l'acte administratif unilatéral se matérialise, pour ainsi dire, par des réglementations, prescriptions ou restrictions diverses de nos droits et libertés fondamentales ; modifiant ainsi la situation juridique des administrés dans un sens ou dans un autre, la décision exécutoire leur fait grief »[1231].

En empruntant au doyen Alain Bockel sa formule, il ressort des écritures doctrinales que la modification de l'ordonnancement juridique, est un aspect capital de la définition[1232].

Comme pour beaucoup d'autres notions, le juge administratif malien n'est pas très bavard sur la définition de l'« acte faisant grief ». Il faut cependant reconnaître que même si c'est parfois très sévère, il fait une saine application de la notion. Il fait une double protection efficace. Celle visant à respecter le champ d'action de l'Administration et celle visant à protéger les administrés contre parfois la tactique de l'Administration consistant à prendre de véritables décisions touchant les droits des administrés sous forme de mesures non exécutoires.

Le juge précise bien dans l'affaire la Société des détergents du Mali que seules, les manifestations unilatérales de l'Administration, modifiant la situation juridique des administrés, sont susceptibles d'être attaquées devant lui par voie de recours pour excès de pouvoir. Dans ladite affaire, il dit :

1229 V. CS-SA, la Société Niaré froid et la décision n° 14-063/ARMDS-CRD du 16 décembre 2014, inéd. ; voir également les arrêts n° 145 du 3 juin 2014, du numéro 114 du 8 mai 2014 et beaucoup d'autres arrêts.

1230 D. Sy, *Droit administratif*, t. 2, *op. cit.*, p. 118.

1231 S. Yonaba, *La pratique du contentieux administratif en droit burkinabé*, *op. cit.*, p. 172.

1232 A. Bockel, *Droit administratif*, N.E.A, *op. cit.*, p. 168.

« considérant que la décision n° 10 du 6 octobre 1993 est un acte administratif décisoire faisant grief à la SODEMA en ce que son existence l'a privée de la servitude de 14 mètres ; qu'il y a lieu de déclarer (la requête) recevable en la forme. »[1233]

Le juge va loin encore, en considérant que la réponse négative de l'Administration à une demande (affaire Drissa Diawara), tout comme sa réponse positive à une demande (affaire Adama Coulibaly) constituent des actes administratifs faisant grief.

Dans la première affaire, sur la nature de l'acte attaqué, le juge décide en ces termes : « (...) considérant que cette réponse constitue une fin de non-recevoir opposée à la demande du requérant et s'analyse en conséquence comme un acte administratif faisant grief et susceptible d'être déféré à la censure du juge administratif. »[1234] Dans la seconde affaire, le juge affirme : « considérant qu'un accord donné par une autorité administrative à une demande émanant d'un administré constitue une décision administrative susceptible de recours ; qu'il échet d'écarter l'exception d'irrecevabilité. »[1235]

En la matière, la jurisprudence administrative burkinabè est très proche de celle du Mali. En utilisant pratiquement la même formule pléonastique comme dans l'arrêt SODEMA citée ci-haut, le juge administratif burkinabè précise bien dans l'arrêt dame Konaté Bouba Adama que « pour qu'un acte puisse être critiqué par la voie du recours pour excès de pouvoir, il faut qu'il s'agisse d'un acte administratif et qu'il constitue une décision faisant grief ». Le professeur Salif Yonaba apprécie cet arrêt en ces termes : « plus que d'une définition, se trouvent esquissés l'ensemble des éléments constitutifs du régime juridique de la décision exécutoire »[1236]. Contenant la même idée que l'arrêt Adama Coulibaly du juge administratif malien, celui du Burkina Faso estime dans l'arrêt dame Traoré Diarra que l'autorisation donnée par une autorité administrative d'occuper une parcelle est constitutive d'un acte administratif faisant grief[1237]. Il consolide cette position dans l'arrêt dame Ilboudo[1238].

Il ressort de ces jurisprudences que le principal critère que le juge administratif malien prend en compte pour déclarer une requête dirigée contre un acte administratif recevable est la conséquence juridique génératrice de grief qui s'attache audit acte. Il donne un sens encore plus frappant à cette ligne de

---

[1233] CS-SA, Arrêt n° 4 du 2 février 1995, la SODEMA, *op. cit.*

[1234] CS-SA, Arrêt n° 35 du 31 août 1990, entre le sieur Drissa Diawara et le Gouverneur du District de Bamako, inéd.

[1235] CS-SA, Arrêt n° 277 du 9 octobre 2014, entre le sieur Adama Coulibaly et la lettre n° 462/ ADM-PDG du 10 juillet 2014 du Président Directeur Général des Aéroports du Mali, inéd.

[1236] V. S. Yonaba, *La pratique du contentieux administratif en droit burkinabé*, 2e éd., *op. cit.*, p. 176.

[1237] CS du Burkina Faso, C.A 12 novembre 1971, dames Traoré Diarra et Samaké Dioulasso, cité par S. Yonaba, *ibid.*, p. 177.

[1238] CS du Burkina Faso, 28 janvier 1983, Dame Ilboudo née Naré Justine, cité par S. Yonaba.

conduite lorsque l'Administration, jouissant de sa grande technicité, tente de se cacher derrière ses fameuses mesures d'ordre interne pour prendre de vraies décisions. Cela ne signifie pas non plus qu'il ne respecte pas cette zone de liberté indispensable au fonctionnement interne de l'Administration.

2. Le respect de l'ordre interne administratif : les actes comminatoires

Les mesures connues généralement sous le nom de mesures d'ordre interne sont celles qui sont destinées normalement à assurer le bon fonctionnement des services de l'Administration. Conçues pour rendre cohérents des points de vue du supérieur hiérarchique et de ses subordonnés sur un sujet donné, ou pour informer les agents, ou pour donner de simples avis, ou pour préparer des actes futurs, ou pour donner une ligne de conduite aux agents. Ces mesures n'ont en réalité pas d'effets directs sur les administrés et échappent ainsi a priori à toute attaquabilité devant le juge de l'excès de pouvoir. Elles constituent ce que certains appellent les « actes comminatoires ».

Selon MM. Jean-Marie Auby et Roland Drago, « on groupe sous le nom d'actes comminatoires des actes de l'Administration comportant injonction d'agir dans un certain sens ou de s'abstenir, et menaçant parfois le destinataire de certaines sanctions si l'injonction n'est pas observée »[1239]. Tout en n'entrant pas dans une controverse terminologique que la notion soulève, nous rappelons que le professeur Raymond Odent désigne les mêmes mesures par la notion de « mise en demeure »[1240], ce qui n'est pas aussi rejeté par Jean-Marie Auby et Roland Drago.

Ainsi, les actes dits « comminatoires » sont en principe inattaquables (a) mais parfois, le juge les déclare attaquables (b).

a. Les actes dits « comminatoires » sont en principe inattaquables

Il s'agit de ces mesures d'ordre interne prises par l'Administration qui résistent au contrôle du juge administratif. La raison de cette résistance est a priori simple, un acte de l'Administration qui ne regarde pas un administré n'a aucune raison d'être attaqué. L'acte qui ne crée aucun droit au profit d'un administré ou qui ne crée non plus aucune obligation à son encontre, qui ne lui touche alors ni de près ni de loin, pourquoi alors l'autoriser à l'attaquer ?

Ces mesures sont nombreuses et variables, parmi lesquelles on peut citer les actes préparatoires, certains types de circulaires, certaines directives, certains types de lettres, certains avis, certaines mises en demeure. Le refus du juge de connaître la légalité de ces actes a pour raison principale la préservation d'une zone de manœuvre de l'Administration tant à l'intérieur qu'à l'extérieur. À l'intérieur, « la préservation du pouvoir hiérarchique au sein de l'Administration passe nécessairement par l'impossibilité pour les agents de contester les ordres

---

[1239] J. M. Jean-Marie Auby, R. Drago, *Contentieux administratif*, 1980, t. 2, *op. cit.*, p. 184.
[1240] R. Odent, *Contentieux administratif*, Cours IEP, Paris, Les cours de droit, 1980, p. 496.

de leurs supérieurs devant le juge »[1241]. Quant à l'extérieur, un administré n'est aucunement (en principe) affecté par un ordre donné à un subordonné par son supérieur. L'inattaquabilité de ces mesures vise alors principalement à mettre ces dernières « à l'abri de l'appétit contentieux »[1242] de certains agents et de certains administrés qui prennent parfois plaisir dans les procédures contre l'Administration.

Le juge administratif malien n'a pas eu de nombreuses occasions de s'exprimer sur ces actes dits comminatoires insusceptibles de recours pour excès de pouvoir, mais il a affiché sa position dans les quelques affaires sur lesquelles il s'est prononcé. Dans la célèbre affaire sieur Cheickna Coulibaly, il dit que « (…) la lettre du ministre de la Fonction publique en date du 6 janvier 1993, ne fait qu'informer le requérant de la suite réservée aux positions formulées par une commission qui avait été mise en place pour examiner la situation de certains agents des services de sécurité ; considérant que cette lettre ne contient aucune décision faisant grief au requérant, qu'il y a lieu de conclure à l'irrecevabilité du recours, la lettre n'étant pas décisoire »[1243].

Dans un autre arrêt récent, le juge administratif s'est prononcé sur une importante mesure d'action interne de l'Administration. Dans le cas d'espèce, il s'agissait, pour le juge, de dire si un message fax était une mesure interne de l'Administration ou s'il ne l'était pas. Le juge précise alors : « qu'il est constant que ledit message est tout simplement une lettre d'information et non un acte décisoire, que cette information n'est pas susceptible de recours parce que ne constituant point une décision qui fait grief ; qu'il sied de déclarer le recours du sieur Sissoko contre un acte non décisoire irrecevable. »[1244]

Dans ces arrêts, le constat est qu'une expression revient à chaque fois : « faire grief ». Dans le premier arrêt, la cause de l'irrecevabilité résulte tout simplement du caractère non décisoire de la lettre du ministre. Dans le second arrêt, le juge fonde l'inattaquabilité du message fax sur son caractère informatif, donc du fait que ledit message « ne fait pas grief » au sieur Sissoko. Le juge administratif malien fonde donc la recevabilité des mesures d'ordre interne de l'administration pour excès de pouvoir, sur les effets que celles-ci peuvent produire.

Avant l'arrêt sieur Habibou Sissoko de 2014 et après l'arrêt sieur Cheickna Coulibaly de 1995, le juge s'est prononcé sur le sujet et de la même manière, d'où l'affirmation selon laquelle cette position est une jurisprudence constante. C'est le cas de l'arrêt Ahmadou Traoré et autres dans lequel le juge souligne que « dans sa requête, le conseil des requérants reconnaît avoir reçu deux

[1241] V. A. Ciaudo, *L'irrecevabilité en contentieux administratif français*, *op. cit.*, p. 395.

[1242] O. Dord, *Droit de la fonction publique*, PUF, 2007, p. 305.

[1243] CS-SA, Arrêt n° 10 du 2 février 1995 entre sieur Cheickna Coulibaly et le ministre de la Défense, inéd.

[1244] CS-SA, Arrêt n° 266 du 9 octobre 2014 entre Habibou Sissoko et le ministère des Affaires étrangères et de la Coopération internationale, inéd.

réponses négatives (...) avant celle qui a motivé sa requête ; que selon la jurisprudence de la Cour, la lettre n° 070/SGG du 23 août (lettre qui est attaquée) ne peut être considérée que comme la confirmation et ne saurait faire grief »[1245].

Il y aussi lieu de se référer au très célèbre arrêt sieur Diatigui Pléah[1246] qui est très expressif sur le sujet. En effet, « le sieur Pléah, juge de paix à compétence étendue de Kolokani a été suspendu de ses fonctions par décision n° 011/MJ-DNSJ du 20 octobre 1988 du ministre de la Justice pour Faute grave et révoqué par Décret n° 355/P-RM du 2 décembre 1988. Le 13 juillet 1993, il sollicita du Président de la République l'abrogation de son ordonnance de révocation sur la base de son ordonnance d'acquittement. Cette autorité, dans une lettre n° 0094/P-RM du 14 octobre 1994, lui rappela que le « Décret de révocation n'ayant fait l'objet d'aucun recours contentieux de sa part dans le délai légal, il se trouvait forclos pour le déférer à la censure du juge compétent ». C'est cette lettre qui a été attaquée devant le juge administratif. Celui-ci alors a fait savoir que « la lettre n° 0094/P-RM du Président de la République n'est pas un acte décisoire ; que la lettre attaquée, même si elle (n') était (pas) confirmative, (...) serait insusceptible de recours parce que ce n'est pas ladite lettre qui a créé le grief dont se prévaut le requérant, mais le Décret n° 355/P-RM du 2 décembre 1988 ».

Cette jurisprudence constante du juge administratif malien est aussi identique à celle du juge sénégalais qui fonde aussi son analyse sur les effets pouvant être produits par lesdits actes. Les arrêts Amadou Alpha Kane[1247], Amsata Sarr[1248], PDS[1249], Abdou Fouta Diakhoumpa[1250] et Farba Mbacké Ndiaye[1251] le confirment. Ainsi, dans l'arrêt Amadou Alpha Kane, le juge rejette la demande au motif que « la décision attaquée est seulement un point de départ d'une procédure (...) ; que par suite le requérant n'est pas recevable à l'attaquer directement par la voie du recours pour excès de pouvoir ». Dans l'arrêt Professeur Iba Der Thiam, le juge souligne que le « recours pour excès de pouvoir contre un acte administratif à caractère individuel n'est recevable que si la décision fait grief »[1252].

[1245] CS-SA, Arrêt n° 52 du 9 mai 1996, entre Ahmadou Traoré et autres et le Secrétariat Général du Gouvernement, inéd.

[1246] CS-SA, Arrêt n° 44 du 7 mars 1996, entre le sieur Diatigui Pléah et le Président de la République (lettre n° 0094/P-RM) et le ministre de la Justice (Décret n° 355/P-RM du 2 décembre 1988), inéd.

[1247] CS du Sénégal, 18 juillet 1962, Amadou Alpha Kane, GDJAS, t. 1, p. 47 (à propos d'un avis).

[1248] CS du Sénégal, 6 juin 1973, Amsata Sarr, GDJA.S, t. 1, p. 379.

[1249] CS du Sénégal, 21 février 1978, PDS, GDJA.S, n° 21.

[1250] CS du Sénégal, 26 avril 1995, Amadou Fouta Diakhoumpa, Bull. n° 1, p. 95.

[1251] CS du Sénégal, 26 juin 1995, Farba Mbacké Ndiaye, Bull. n° 1, p. 99 ; (cité par D. Sy, *Droit administratif*, t. 2, *op. cit.*, p. 118).

[1252] CE sénégalais, 25 août 1993, Professeur Iba Der Thiam, v. O. Badji, résumé des arrêts de la jurisprudence administrative, UCAD-FSJP, 2002-2003, p. 21.

Pour Paulin, « dire si une telle mesure fait ou non grief revient à rechercher quels en sont les effets »[1253]. Une telle affirmation confirme une certaine similitude entre les jurisprudences malienne, sénégalaise et française. C'est ce que soutient aussi Raphaël Romi en ces termes : « le CE semble ne peut prendre en considération que les effets des actes comminatoires attaqués, mais les solutions adoptées ne pouvaient en toute équité être autres. »[1254] C'est ce qui ressort surtout de l'analyse des arrêts Canava[1255] et Époux Mendes[1256].

Cependant, il faut rappeler que ces actes ne sont pas attaquables, parce qu'ils ne font pas grief, à défaut, la situation contraire peut se produire.

b. Les actes dits « comminatoires » sont parfois attaquables

Le principe c'est l'inattaquabilité et l'attaquabilité constitue l'exception. L'Administration, comme on le sait bien, peut, à travers des subtilités, dissimuler de vrais actes exécutoires sous la couverture des différentes mesures d'ordre interne, pour toucher directement la situation juridique des particuliers. Il est inconcevable de passer sous silence de tels actes, qui nuiraient gravement à l'État de droit.

Le juge administratif fait une application raisonnable des règles en la matière, même si une remarque fondamentale revient toujours : « il n'est pas, ne serait-ce que légèrement tatillon sur la définition de l'acte comminatoire » attaquable. Dans l'affaire sieurs Ousmane Nanourou Traoré et Aliou Traoré, il accepte l'attaquabilité de la lettre du ministre de la Justice d'une manière exagérément concise : « considérant que la requête (...), est dirigée contre la lettre décisoire du 1er juillet 1994 ; qu'il échet en conséquence de déclarer leur requête recevable en la forme »[1257].

Il n'est pas aussi moins concis et moins flou dans l'affaire sieur Mamadou Traoré où ce dernier avait attaqué une lettre du Directeur national des Affaires économiques adressée au Chef d'État-major de la gendarmerie nationale, de procéder à une saisie de son véhicule pour importation frauduleuse de marchandises. Il se limite sur la recevabilité du recours contre la lettre par ces mots : « considérant que la requête (...) est dirigée contre un acte administratif ; (...) qu'il échet de la recevoir en la forme. »[1258]

Cependant, il est plus explicite dans l'affaire sieur Ibrahim Keïta où, sur le problème de la recevabilité d'un recours en excès de pouvoir contre une lettre

---

1253 B. Paulin, note sous l'arrêt Union économique continentale du CE français du 10 juillet 1964, AJDA 1965, p. 170.

1254 R. Romi, « La recevabilité des recours pour excès de pouvoir contre les actes dits comminatoires », AJDA, 20 novembre 1982, p. 623.

1255 CE français, 18 octobre 1978, Canava, cité par Raphaël Romi, *ibid.*

1256 CE français, 3 novembre 1978, Époux Mendès, cité par R. Romi, *ibid.*

1257 CS-SA, Arrêt n° 48 du 20 avril 1995, entre les sieurs Ousmane Nanourou Traoré et Aliou Touré contre le ministre de la Justice, *inéd.*

1258 CS-SA, Arrêt n° 90 du 16 novembre 1995, entre le sieur Mamadou Traoré et le Directeur national des Affaires économiques, *inéd.*

du Gouverneur du District de Bamako, il souligne : « considérant que le recours pour excès de pouvoir doit être dirigé contre un administratif faisant grief ; considérant que le requérant sollicite l'annulation de la lettre du 27 juin 1994 autorisant le sieur Baïssa Djigué à construire une pompe à essence à proximité de son domicile ; que cette autorisation est un acte administratif faisant grief au requérant en ce que la station est installée à proximité de son habitation ; qu'il échet en conséquence de la recevoir en la forme. »[1259]

Il faudra alors attendre un arrêt devenu pratiquement un arrêt de référence, pour voir le juge s'exprimer de façon plus détaillée, comparativement aux précédents, sur la question. Même là, il faut mentionner qu'il en a été poussé par l'avocat de l'État malien. C'est l'affaire sieur Samba Ndiaye[1260], dans laquelle, le juge tranche par les mots suivants : « Considérant que la DGCE (...) soulève une exception d'irrecevabilité tirée du caractère non décisoire de la lettre ; que la véritable nature de la lettre n° 1267 du 18 mai 2005 est celle d'une circulaire interprétative ; que la lettre querellée est un acte de portée générale, adressée par le ministre au Préfet de Nioro à l'effet de lui indiquer la manière d'interpréter et d'appliquer les dispositions du code des collectivités ; qu'elle entre dans la catégorie des actes non décisoires, qu'elle ne s'impose pas au préfet de Nioro et qu'elle ne crée pas de règles nouvelles et n'est nullement impérative ;

Considérant que contrairement à ces affirmations, la lettre du ministre est bel et bien une lettre décisoire en ce qu'elle instruit au Préfet de Nioro la façon de gérer les annulations de résultats opérées par la Cour suprême dans le cadre du contentieux des élections communales de 2004 ; qu'il échet de rejeter l'exception et de recevoir la requête en la forme. »

Le juge refuse dans cet arrêt d'accorder la qualification de circulaire interprétative à cet acte du ministre, c'était alors sous une circulaire normale (non impérative) déguisée que le ministre avait voulu faire grief au sieur Samba Ndiaye. Il s'agit là de la combinaison d'une jurisprudence ancienne française et d'une jurisprudence récente française : il s'agit des arrêts Institution Notre Dame du Kreisker de 1954[1261] fondé sur la distinction des circulaires

---

[1259] CS-SA, Arrêt n° 96 du 23 juillet 1996, entre le sieur Ibrahima Keïta et le Gouvernorat du District de Bamako, inéd.

[1260] CS-SA, Arrêt n° 004 du 2 février 2006 entre le sieur Samba Ndiaye et le ministère de l'Administration territoriale, inéd.

[1261] CE, 29 janvier 1954, Institution Notre Dame du Kreisker, « la circulaire qu'a pour objet l'application des dispositions de la loi en ce qui concerne les demandes de subvention, le ministre de l'Éducation nationale ne s'est pas borné à interpréter les textes en vigueur, mais a, dans les dispositions attaquées, fixé des règles nouvelles relatives à la constitution des dossiers de ces demandes de subvention ; que dès lors, l'Institution Notre Dame du Kreisker est recevable à déférer au CE les prescriptions contestées de cette circulaire », v. GAJA, *op. cit.*, observations sur l'arrêt Duvignères, p. 848.

interprétatives et non interprétatives et Duvigneres de 2002[1262] opérant un sensible revirement jurisprudentiel en distinguant les circulaires non impératives et impératives.

Ainsi, comme dans le cas des « actes comminatoires » non attaquables, le juge administratif fonde principalement la recevabilité desdits actes sur l'effet qu'ils peuvent produire à l'encontre des administrés. Les arrêts ci-dessus cités dans le cadre des « actes comminatoires » attaquables le certifient. Il y a là aussi une grande ressemblance entre la jurisprudence nationale et celle de l'ex-métropole dans le choix des critères. En effet, « le critère adopté par le CE (français), même s'il n'est pas très rigoureux et se prête par-là à de multiples interprétations, semble clairement fondé sur une combinaison subtile entre les considérations sur la nature de l'acte et les effets de l'acte, nature et effets qui sont, comme il se doit, difficilement dissociables »[1263].

En plus de ces critères de recevabilité, le juge administratif affiche un manque de souplesse dans ses déclarations d'irrecevabilité pour forclusion (Paragraphe 2).

Paragraphe 2 : Un manque de souplesse dans les déclarations d'irrecevabilité pour forclusion

Devant la juridiction administrative, les requêtes doivent être introduites dans un délai bien déterminé en matière de recours pour excès de pouvoir. Lorsque la requête n'obéit pas à cette formalité substantielle, le juge la déclare irrecevable pour forclusion. Dans un État comme le nôtre, cette pratique est tout simplement cruelle vis-à-vis des administrés. Des violations graves et flagrantes des droits de ceux-ci peuvent ainsi échapper au contrôle du juge et ce dernier en fait une application « sévère ». Pour que le juge administratif puisse donc dire le droit, il faut maîtriser le délai du recours. La maîtrise du délai est du coup un élément capital et techniquement incontournable du procès administratif. Elle relève de la stratégie et de la technicité de la procédure administrative contentieuse.

Pour échapper à la sanction de la loi, amplifiée par celle implacable du juge, il faut connaître exactement quand ce délai commence à courir (A) et les astuces par lesquelles on procède à son calcul (B).

[1262] CE, 18 décembre 2002, Duvignères, « Considérant que si la circulaire contestée du 26 mars 1997 se borne à tirer les conséquences de l'art. 2 du décret du 19 décembre 1991, elle réitère néanmoins, au moyen de dispositions impératives à caractère général, la règle qu'a illégalement fixé cette disposition ; que par suite, Mme Duvignères est recevable et fondée à demander l'annulation de la lettre du 23 février 2001, en tant qu'elle porte refus d'abroger dans cette mesure la circulaire contestée », v. GAJA, *op. cit.*, p. 848.

[1263] R. Romi, « La recevabilité des recours pour excès de pouvoir intentés contre les actes administratifs dits comminatoires », AJDA, *op. cit.*, p. 625.

A. Le point de départ du délai

Les professeurs Jean-Marie Auby et Roland Drago soulignent à juste titre qu'« il convient, en effet, pour éviter des troubles dans l'ordonnancement juridique, que les situations de droit ne puissent être définitivement mises en cause »[1264]. Cette situation est destinée à assurer la stabilité des situations de droit résultant des « décisions administratives »[1265]. Cependant, la seule prise d'une décision par une autorité administrative ne fait point déclencher le compte à rebours, il faut que l'auteur de la décision la mette à la connaissance du ou des destinataires. Pour cela, le juge va vérifier si l'acte a fait l'objet d'une publicité (1) ou peut éventuellement fonder sa vérification sur la théorie de la connaissance acquise (2).

1. La publicité des actes administratifs

Aux termes de la loi organique régissant la Cour suprême, « la Section administrative de la Cour suprême ne peut être saisie que (...) dans les deux mois à partir de la notification ou de la publication de la décision attaquée »[1266]. Pour rendre sa décision opposable aux administrés, l'Administration malienne doit alors, selon la nature de l'acte, procéder à sa publication (a) ou à sa notification (b).

a. La publication est une exigence stricte

Il s'agit de la prise en compte du régime de l'entrée en vigueur des actes administratifs réglementaires. En effet, « les actes administratifs réglementaires doivent, pour entrer en vigueur, être publiés »[1267]. À cela, le professeur René Chapus précise : « il est bien entendu que ces mesures ne provoquent le déclenchement du délai que si elles assurent une information suffisante permettant aux intéressés d'apprécier si et en quoi il y a pour eux matière à contestation. »[1268] La publication se définit alors comme « les différents procédés permettant de porter un acte à la connaissance d'un nombre indéterminé de personnes »[1269]. Au Mali, l'outil de publication privilégié des actes réglementaires par les autorités administratives est le *Journal officiel* et l'affichage dans les départements des services concernés. Le juge administratif veille alors à ce que cette formalité soit effectuée dans son contrôle du respect du délai de recours contentieux.

1264 J. M. Jean-Marie Auby, R. Drago, *Traité des recours en matière administrative*, Litec 1992, *op. cit.*, p. 271.

1265 J. Donnedieu de Vabres, Concl. S. C.E français, 28 mars 1952, Piteau, Martin, Lhuilier, RDP, 1952, p. 498.

1266 Loi n° 96-071/AN-RM du 16 décembre 1996, *op. cit.*, art. 45 ; Loi n°2016-046/AN-RM, *op. cit.*, art. 232.

1267 M. Lombard, G. Dumond, *Droit administratif*, Paris, Dalloz, 9e éd., 2011, p. 246.

1268 R. Chapus, *Droit administratif général*, Paris, Montchrestien, t.1, 15e éd., 2001, p. 800.

1269 J.-M. Auby, R. Drago, *Traité des recours en matière administrative*, *op. cit.*, p. 279.

Il faut signaler que la jurisprudence nationale en matière de publication est très pauvre, car les litiges y concernant sont très rares. Néanmoins, le juge administratif suprême a eu l'occasion de préciser très clairement sa vision sur le sujet, dans une affaire de chefferie traditionnelle apparemment banale, mais très instructive.

C'est l'affaire sieur Aldjouneidi Mahamane dit Baba Hamane. Dans le cas d'espèce, le tribunal administratif de Mopti avait statué comme suit : « déclare la requête des sieurs Issouf Sadou et autres régulière, (…), annule la décision n° 008/P.CB du 18 décembre 2003 du Préfet de cercle de Bourem, portant nomination de Aldjouneidi Mahamane dit Baba Hamane en qualité de chef de village par intérim de Karabassane. »[1270]

Saisie par voie d'appel contre ce jugement, la Section administrative de la Cour suprême tranche le litige de cette manière : « (…) ; Cette décision (du Préfet) devait être publiée et communiquée partout où besoin sera, elle a été effectivement portée à la connaissance des populations de Karabassane par les voies appropriées, car cinq jours après sa signature, certaines populations du village ont adressé une pétition à l'autorité administrative pour s'opposer à la nomination de Baba Hamane Touré comme chef de village ; (…) ; déclare la requête du 6 juin 2005 contre la note de service n° 008 du 18 décembre 2003 irrecevable pour forclusion. »[1271]

Il est alors permis d'affirmer que dans cette affaire, le juge a fait une saine application des exigences liées au délai de recours à partir de la publication. Ainsi, tout recours au-delà de deux mois, contre un acte administratif rendu opposable aux intéressés par voie de publication, est tout simplement irrecevable pour forclusion.

Cependant, dans un autre arrêt plus récent, le juge ne déroge pas à son application stricte de la règle relative à l'information des citoyens, auxquels un acte administratif fait grief, de l'existence de ladite décision. Néanmoins, ladite décision du juge recèle une certaine confusion, pouvant ternir la bonne qualité de l'arrêt. C'est l'affaire Fadio Diatigui Diarra[1272], dans la solution à laquelle, le juge soutient qu'« en l'absence d'(…) une notification à date certaine ou d'une publication de la décision (…) du Maire du District de Bamako au requérant, le moyen tiré de la forclusion ne peut prospérer ». À la lecture de ce dispositif, on peut alors comprendre la confusion dont il s'agit. En fait, il s'agit ici d'une décision individuelle, de ce fait, on doit pouvoir normalement parler de notification. Alors que le juge, en employant la conjonction de coordination « ou » entre la notification et la publication, traite les deux mots comme

1270 TAM., jugement n° 32 du 16 décembre 2005, Issoufi Sadou et autres, *inéd.*

1271 CS-SA, Arrêt n° 60 du 27 juillet 2006, entre le sieur Aldjouneidi Mahamane dit Baba Hamane et le jugement n° 32 du 16 décembre 2005 du TAM, *inéd.*

1272 CS-SA, Arrêt n° 381 du 5 décembre 2013, entre Fadio Diatigui Diarra et le jugement n° 010 du 12 janvier 2012 du TAB, *inéd.*

signifiant la même chose, donc comme synonymes. Il aurait dû se limiter à la seule notion de notification.

Le juge sénégalais quant à lui, fait aussi une application satisfaisante de la règle de la publication. Dans l'arrêt Samba Diama Seck, il fait une distinction entre les différentes notions relatives à la publicité. En d'autres termes, il évite la confusion faite par son homologue malien dans l'arrêt Fadio Diatigui Diarra, tout en procédant de façon juste comme dans l'arrêt Aldjouneidi. Il précise que « l'acte attaqué est un décret réglementaire et qui de ce fait, ne pouvait faire l'objet ni de notification, ni de signification ; qu'ainsi sa publication au JO, seule mesure d'information requise par la loi, a fait courir le délai de recours contentieux, que par la suite, les requêtes enregistrées sont tardives, donc irrecevables »[1273].

Il faut ainsi savoir que l'appréciation du délai doit être raisonnable. La distance entre la capitale et la zone concernée doit ainsi être prise en compte, en un mot, « les délais sont francs »[1274].

De toutes les façons, il ressort de la jurisprudence française que la publication, quel que soit le procédé employé, doit informer les intéressés des points essentiels de la décision, à défaut elle n'est pas régulière[1275].

Si la publication concerne principalement les actes réglementaires, la notification ne concerne que les actes individuels.

b. Une application sévère et juste de la règle de notification

Dans son article publié dans un numéro de la revue de droit public en 1980, Laureano Lopez-Rodo définit la notification de manière très simple comme « l'acte en vertu duquel l'Administration communique quelque chose à l'administré »[1276]. Cette définition nous semble très simpliste, car elle ne prend pas en compte les exigences que doit contenir une vraie ou bonne notification. Ainsi, exigence légale et par conséquent jurisprudentielle, elle désigne l'acte par lequel une autorité administrative porte à la connaissance du destinataire d'une décision individuelle, l'existence de celle-ci, son contenu et sa portée. Aussi longtemps que la décision individuelle n'a pas été personnellement notifiée à l'intéressé, le délai reste intact. La notification, si elle est bien faite, déclenche le délai de recours qui est de deux mois.

Le juge administratif est très ferme là-dessus, tant que la décision individuelle n'a pas été personnellement notifiée à son destinataire, ce dernier pourra toujours attaquer cette décision sans se soucier du délai de recours de deux mois. Cette position a été exprimée dans l'Arrêt Bakary Tandia et autres : « considérant qu'il ne résulte pas du dossier la preuve de la notification aux

[1273] CE, 23 avril 1995, Samba Diama Seck, v. Ousmane Badji, *op. cit.*, pp. 23-24.

[1274] V. Demba Sy, *Droit administratif*, 2e éd., *op. cit.*, p. 125.

[1275] V. Teissier, concl. s. CE, 18 mars 1904, Savary, cité par J.-M Jean-Marie Auby, R. Drago, « Traité des recours en matière administrative », *op. cit.*, p. 282.

[1276] L. Lopez-Rodo, « La procédure administrative non contentieuse », RDP, 1980, n° 3, p. 618.

requérants de la décision attaquée ; qu'il y a donc lieu de dire que le recours a été introduit dans les délais de la loi. »[1277]

Dans la même logique, le juge a admis un recours formé trois (03) ans après l'adoption d'une décision, alors que le délai de recours est de deux mois précis. C'est ce qui ressort de l'arrêt le sieur Alou Doumbia : « considérant que le délai de recours en la matière est de deux mois ; considérant que la date de la notification de la décision au requérant n'existe pas dans le dossier ; qu'on ne peut prendre comme date de départ du délai que celle de la sommation interpellative ; qu'il y a lieu de dire que le délai est respecté. »[1278]

Le juge devient encore plus strict quand il reconnaît « que la requête datée du 14 mars 2003 est dirigée contre un acte administratif du 4 janvier 2002, soit quatorze (14) mois plus tard ; que le requérant soutient n'avoir eu connaissance de cet acte que courant mars 2003 ; que la preuve de la notification de l'acte au requérant ne figure pas dans le dossier ; qu'il échet de recevoir la requête en la forme »[1279].

En 2012, il soutient que « la notification d'une décision individuelle défavorable doit être faite à l'intéressée par l'Administration et attestée par accusé de réception signé et retourné pour dossier ou remise de copie à l'intéressé qui émarge dans le registre ouvert à cet effet »[1280].

En la matière, le juge a pris des décisions très importantes, les unes plus intelligentes et plus instructives que les autres. Parmi celles qui sont très intéressantes, nous avons l'arrêt sieur Abdoulaye Mady Diallo où le juge ne se laisse pas tromper par la preuve de la publication d'un acte administratif réglementaire qui masquait l'existence d'un acte administratif individuel dont la publicité doit être constatée par la preuve de la notification. Il fait savoir : « considérant que si l'existence du titre foncier est en principe une preuve de publicité légale (...), cette existence ne peut constituer une preuve de la notification des actes administratifs de cession (...) qui sont avant tout des actes individuels ; considérant que l'opposabilité des actes individuels reste subordonnée à leur notification expresse ; qu'il échet de rejeter le moyen tiré de la forclusion comme étant mal fondé »[1281]. Dans un autre arrêt plus récent, il insiste sur les mêmes conditions : « considérant que l'appelant n'apporte aucune preuve de la notification de la décision attaquée à personne et à Mairie ;

[1277] CS-SA, Arrêt n° 1 du 16 janvier 1990, entre Bakary Tandia et autres et le Commandant du cercle de Yélimané, inéd.

[1278] CS-SA, Arrêt n° 65 du 27 juillet 1995, entre le sieur Alou Doumbia et le Commandant de cercle de Kati, inéd.

[1279] CS-SA, Arrêt n° 10 du 2 mars 2006, entre l'Association malienne des malades de la lèpre et le ministère de l'Administration territoriale et des Collectivités locales, inéd.

[1280] CS-SA, Arrêt n° 244 du 13 juillet 2002, entre Mahamadou Ceba Alou Coulibaly et autres et le jugement n° 530 du 08 décembre 2011 du T.A.B, inéd.

[1281] CS-SA, Arrêt n° 24 du 15 février 2007, entre le sieur Abdoulaye Mady Diallo et le jugement n° 007 du 13 janvier 2006 du TAB, inéd.

considérant qu'il n'est pas prouvé que l'acte attaqué a fait l'objet de notification au sieur Sory Ibrahim Sylla ; qu'il échet d'écarter ce moyen comme inopérant »[1282].

L'arrêt Souleymane Koné peut nous permettre enfin d'affirmer que cette rigueur à l'égard de l'Administration, en ce qui concerne la notification des actes administratifs individuels, constitue une jurisprudence constante très respectée au Mali. Aussi, le juge ne souligne-t-il pas dans cet arrêt que « si le délai de recours contentieux est de deux mois à partir de la notification de la décision attaquée (...), l'examen des pièces du dossier n'a pas établi la matérialité de la publicité du permis d'occuper par le Préfet du cercle de Kati, qui en l'espèce a la charge matérielle de publier ses décisions ; dès lors, l'appelant est malvenu à opposer la forclusion au recours en annulation »[1283].

Cette série de décisions protectrices des administrés pourrait faire croire que le juge est très rigoureux envers l'Administration et observerait une clémence à l'endroit des populations. Dès que l'Administration ne peut pas démontrer matériellement que la décision individuelle a été notifiée à l'intéressé, celui-ci restera toujours dans le délai de recours même s'il se rend compte de l'existence de la décision dix ans après[1284].

Pourtant, cette rigueur est partagée, car le juge ne l'est pas moins à l'endroit du citoyen qui ne respecte pas le délai de recours. On peut même affirmer qu'il est plus dur avec les citoyens fautifs, car parfois les conséquences de certaines déclarations pour forclusion sont pitoyables, voire terribles pour les administrés, alors que l'Administration supporte mieux la rigueur.

Ainsi, dans l'arrêt Séïni Bore, le juge fait remarquer que « la requête date du 27 juillet 1993 et l'acte attaqué a été établi en 1992 ; qu'aucun argument n'est présenté par le requérant justifiant le temps qui s'est écoulé entre l'établissement de l'acte et celui de la requête ; qu'en la matière le délai légal de recours est de deux (02) mois ; qu'il y a lieu de constater que la requête ne respecte pas ce délai »[1285]. Il agit de la même manière dans les affaires sieur Abdoulaye Almaouloud Cissé[1286] et sieur Djibrilla Armé Halassi[1287].

La jurisprudence camerounaise est proche de celle du Mali sur le point du déclenchement du délai. En effet, au Cameroun, « force est de reconnaître que

---

[1282] CS-SA, Arrêt n° 88 du 6 mai 2010, entre le sieur Lassana Sylla et le jugement n° 113 du 7 juillet 2009 du TAB, inéd.

[1283] CS-SA, Arrêt n° 063 du 6 mars 2014, entre Souleymane Koné et le jugement n° 555 du 15 décembre 2011 du TAB.

[1284] Le délai ne commence à courir qu'à partir de la connaissance de l'existence de la décision, v. l'Arrêt Dame Anna Soucko du 22 mars 1990, inéd.

[1285] CS-SA, Arrêt n° 08 du 2 février 1995, entre le sieur Seïni Boré et la Mairie de Mopti, inéd.

[1286] CS-SA, Arrêt n° 29 du 18 mai 2006, entre le sieur Abdoulaye Almaouloud Cissé et le jugement n° 45 du 18 mars 2005 du TAB, *inéd.*

[1287] CS-SA, Arrêt n° 104 du 14 décembre 1995, entre le sieur Djibrilla Armé Halassi et le Chef d'Arrondissement de Haoussa Foulane (Gao), inéd.

(l'acte administratif) ne devient opposable aux administrés qu'à partir du jour où il a été porté à leur connaissance par un moyen de publicité, c'est-à-dire par la publication ou la notification »[1288]. Le jugement Messomo Pierre contre État du Cameroun le confirme[1289].

Le délai peut aussi être déclenché sur la base de la théorie de la connaissance acquise.

2. La théorie de la connaissance acquise : une théorie en voie de disparition

À côté des moyens les plus connus permettant de déclencher le délai, il existe un moyen en réalité moins connu et symbolisant surtout la toute-puissance de l'Administration, mais qui suffit à lui seul à faire courir le délai de recours. Elle constitue une intéressante théorie jurisprudentielle, mais agonisante (a) et extrêmement inappliquée dans la jurisprudence administrative malienne (b).

a. Une théorie jurisprudentielle agonisante dans le déclenchement du délai

Composante classique du droit administratif contemporain[1290], on appelle théorie de la connaissance acquise la conception selon laquelle, en l'absence d'une publicité régulière, le délai peut être considéré comme commençant à courir s'il est avéré d'une manière quelconque que l'intéressé avait connaissance de l'acte[1291].

Il faut souligner que cette théorie est d'une importance capitale, tant par sa technicité que par ses effets, à la fois sur l'activité normative de l'Administration que sur les administrés. Quel qu'en soit sa position devant la question, force est de constater que les effets de cette théorie sont beaucoup plus avantageux pour l'Administration. Les destinataires des décisions de l'Administration ne constituant que des victimes, car ses effets peuvent être très atroces. Elle constitue à certains égards une consolidation jurisprudentielle des théories du « privilège du préalable » et de l'exécution d'office.

À l'origine de la théorie se trouve le CE français dans le célèbre arrêt Martin : « en ce qui touche les délibérations des mois d'août 1900, avril et août 1901-1902 : considérant que c'est seulement à la date du 9 septembre 1903, c'est-à-dire après l'expiration du délai de deux mois imparti par la loi du 15 avril 1900 que le sieur Martin, conseiller général, a demandé l'annulation de ces

[1288] C. Keutcha-Thapnga, *Précis du contentieux administratif au Cameroun*, *op. cit.*, p.158.

[1289] Jugement n° 90 du 30 septembre 1969, Messomo Pierre contre État du Cameroun, cité par Keutcha-Thapnga, *ibid.*

[1290] V. P. Fraisseix, « Vers la fin de la théorie de la connaissance acquise », RDP, n° 3, 1999, p. 760.

[1291] J.-M. Auby, R. Drago, *Traité des recours en matière administrative*, *op. cit.*, p. 290.

délibérations auxquelles il a pris part ; que dès lors, sa requête n'est pas recevable en ce qui les concerne. »[1292]

Pour le commissaire du Gouvernement Romieu, « les conseillers étaient présents à la délibération, connaissent immédiatement l'irrégularité de la procédure dont ils entendent se prévaloir, et ensuite parce qu'il serait peu logique qu'ils trouvassent, pour ce recours en somme assez exceptionnel, un délai en fait plus considérable que celui dont disposent les intéressés »[1293]. Les conseillers sont alors comme ayant une connaissance acquise de la décision ayant ainsi fait l'objet d'une délibération.

La théorie sera alors étendue aux requérants ordinaires, pour lesquels la seule demande adressée à l'Administration ou au juge suffit pour déclencher le délai à l'encontre de l'auteur de la demande. Ainsi, l'exercice de tout type de recours administratif préalable est suffisant pour le juge administratif pour appliquer sa théorie de la connaissance acquise. Tel est également le cas pour le recours contentieux. Dès lors que l'administré dépose son recours, cela fait automatiquement courir le délai et l'intéressé ne pourra plus se prévaloir d'une quelconque méconnaissance de la décision devant le juge[1294].

Selon un décret français de 1983 : « les délais opposables à l'auteur d'une demande adressée à l'Administration courent de la date de la transmission à l'auteur de cette demande, d'un accusé de réception mentionnant le service chargé du dossier ou l'agent à qui l'instruction du dossier a été confiée, le délai à l'expiration duquel, à défaut d'une décision expresse, la demande sera acceptée ou rejetée, s'il y a lieu les délais et les voies de recours contre la décision implicite de rejet. »[1295]

La théorie de la connaissance acquise fait que le juge ne fait pas bénéficier à l'administré ayant saisi une autorité administrative d'un recours administratif préalable, des bénéfices très sécurisants des dispositions décrétales ci-dessus citées[1296]. C'est pareil pour le recours contentieux. Le juge refuse à l'auteur d'un tel recours, de se prévaloir des textes relatifs à l'inopposabilité des délais de recours et ce, sur la base de la théorie de la connaissance acquise[1297].

C'est pourquoi le professeur Patrick Fraisseix souligne à juste titre que « l'exercice d'un recours contentieux vaut donc connaissance acquise de la décision (et des délais de recours) à la date du recours ; le délai de recours

---

1292 CE, 4 août 1905, Martin, RDP, 1906, p. 249.

1293 Conclusion du Commissaire du gouvernement Romieu, sous CE, 4 août 1905, *ibid.*

1294 CE, 4 avril 1952, Gerband, rec. Leb., p. 211.

1295 Décret du 28 novembre 1983, art. 5, cité par P. Fraisseix, *Vers la fin de la théorie de la connaissance acquise ? op. cit.*, p. 767.

1296 CE, 2 mars 1994, Ville de Saint-Louis contre Mme Peters, rec. leb., p. 1661.

1297 CE, 11 octobre 1990, ministre chargé des Télécommunications contre Grandone, rec. leb., p. 916.

contentieux de deux mois est déclenché, sans aucune modalité de prorogation, au plus tard à la date de la saisine du juge »[1298].

C'est une théorie qui se soucie en réalité très peu de la sécurité des administrés, au contraire, elle se présente comme une véritable technique élaborée pour protéger et renforcer l'Administration. Pourtant, le Commissaire du gouvernement Christiane Jacquier n'est pas de cet avis. Pour lui, « considérer que ce principe a pour objet de protéger l'Administration, c'est avoir une vision pour le moins étroite de l'activité administrative, car derrière chaque décision administrative il y a des administrés, et l'expiration du délai constitue aussi une garantie de sécurité juridique pour le bénéficiaire »[1299].

À l'état actuel du développement de la justice administrative, le maintien d'une telle théorie ne peut que contribuer à exacerber le soupçon du rapprochement anormal entre le juge et l'Administration. D'ailleurs le professeur Patrick Fraisseix trouve cette théorie obsolète[1300].

Cependant, ce même CE va porter un sérieux coup à l'existence même de la théorie de la connaissance acquise avec deux arrêts rendus en 1998. Désormais, le seul fait d'avoir formé un recours administratif ne fait plus courir le délai de recours tant que la notification ne contient pas le délai et les voies de recours[1301]. Ainsi, « si on peut déduire de façon certaine de la circonstance acquise que l'intéressé a formé un recours préalable contre une décision, le fait qu'il en ait eu connaissance, en aucun cas ne peut déduire de ce recours administratif le fait que l'intéressé ait eu connaissance des voies de recours contentieux »[1302].

Ainsi, même si le professeur René Chapus écrit que « de la théorie de la connaissance acquise ne subsistent que les restes »[1303] ; il faut pourtant savoir que « l'arrêt Assistance publique – Hôpitaux de Paris ne sonne pas le glas de la connaissance acquise espéré par beaucoup »[1304].

Malgré le poids du mimétisme, cette théorie n'a jamais reçu une application sérieuse dans la jurisprudence malienne.

b. Une théorie pratiquement inappliquée par le juge national

Si une chose est très claire à propos de cette théorie jurisprudentielle du CE français au Mali, c'est qu'elle n'a jamais reçu une application directe et perceptible de la part de notre juge administratif. Est-ce peut-être parce que le juge administratif national ne connaît pas ou ne maîtrise pas la théorie ? Nous

---

1298 P. Fraisseix, *Vers la fin de la théorie de la connaissance acquise ? op. cit.*, pp. 768-769.

1299 Christiane Jacquier, concl. Sous le jugement n° 93.2527 du tribunal administratif de Nantes du 20 juin 1996, Madame Malaret, v. aussi les petites affiches n° 119 du 3 octobre 1997, p. 18.

1300 P. Fraisseix, *Vers la fin de la théorie de la connaissance acquise ? op. cit.*, p. 762.

1301 CE, 13 mars 1998, Assistance publique, Hôpitaux de Paris, AJ, 1998, p. 613.

1302 J. D. Combrexelle, concl. sous CE, 13 mars 1998, *ibid.*

1303 R. Chapus, *Droit du contentieux administratif*, 12e éd., *op. cit.*, p. 636.

1304 B. Seiller, « Les limites de la théorie de la connaissance acquise », RFDA n° 6, novembre – décembre 1998, p. 1185.

ne le pensons pas, car le juge administratif national, sans toujours pouvoir suivre le rythme de l'évolution jurisprudentielle de son homologue français, suit à distance ce que celui-ci fait. Les différentes références à la jurisprudence française l'attestent.

Il faut signaler que l'atténuation de la portée de la théorie opérée par le juge français n'est pas complètement étrangère à cette position du juge administratif malien. En plus, si le juge administratif national ne prend pas le plus souvent lui-même l'initiative d'évoquer la théorie, il est obligé et poussé par les avocats qui, parfois, par pure stratégie de défense ou peut-être même par méconnaissance de la procédure administrative contentieuse, évoque la théorie en appui à leurs mémoires comme moyens.

Dans l'affaire Balla Sissoko[1305] ; les termes utilisés par le juge sont très clairs et échappent à tout problème d'interprétation : « s'agissant des décisions individuelles, seule la notification à l'intéressé peut faire courir le délai en son encontre. » Dès lors, on constate que sans aller au bout de la logique développée par le juge français, le juge administratif national ne prend pas en compte d'autres moyens de départ du délai de recours contre les décisions individuelles à part la notification.

Dans l'affaire sieur Marie Bertrand Traoré, le juge donne deux enseignements très importants : la publication d'un acte individuel dans le JO ne peut faire courir le délai de recours et la notification doit se faire directement à la personne intéressée. Il constate que « le Ministre de la fonction publique) (...) se contente de se prévaloir de la publication de l'arrêté dans le J.O ; que la non notification d'un acte individuel à l'intéressé de façon directe ne saurait être occultée et en déduire une forclusion »[1306]. Malgré qu'il soit certain que le sieur Traoré avait pris connaissance de la décision dans le JO, le juge n'a pas fait application de la théorie de la connaissance acquise.

Enfin, le juge administratif se prononce clairement sur la théorie de la connaissance acquise dans l'arrêt sieur Mady Abdoulaye Diallo à travers les précisions qui suivent : « considérant que l'opposabilité des actes administratifs individuels reste subordonnée à leur notification expresse ; considérant enfin que la jurisprudence de la Cour n'a pas encore retenu la théorie de la connaissance acquise ; qu'il échet de rejeter le moyen tiré de la forclusion comme étant mal fondé. »[1307]

La fameuse théorie de la connaissance acquise n'existe donc pas dans les techniques et méthodes permettant au juge administratif malien de trancher les

---

[1305] CS-SA, Arrêt n° 78 du 21 mars 2014, Balla Sissoko contre jugement n° 185 du 11 août 2011 du TAB, *inéd.*

[1306] CS-SA, Arrêt n° 86 du 11 juillet 1996, entre le sieur Marie Bertrand Traoré et le ministre de la Fonction publique, *inéd.*

[1307] CS-SA, Arrêt n° 24 du 15 février 2007 entre le sieur Abdoulaye Mady Diallo et la Dame Diaka Traoré, *inéd.*

litiges qui lui sont soumis. Parmi les milliers d'arrêt qu'il a rendus, il ne s'est jamais basé sur ladite théorie pour trouver la solution à un litige.

Dans un autre arrêt rendu en 2010, il apporte un peu plus de précision en ces termes : « considérant que l'appelant n'apporte aucune preuve de la notification de la décision attaquée à personne et à Mairie ; que par ailleurs, la jurisprudence écarte la théorie de la connaissance acquise en ce qui concerne les actes individuels créateurs de droit qui doivent faire obligatoirement l'objet de notification individuelle ; qu'il échet d'écarter le moyen comme étant inopérant. »[1308] La première analyse qui ressort de cet arrêt est la constance de la jurisprudence selon laquelle la théorie de la connaissance acquise ne peut servir de moyen de déclenchement du délai de recours contentieux au Mali.

Enfin, l'arrêt Lassana Sylla soulève une certaine incompréhension qui ne traduit que le manque de cohérence dans la jurisprudence administrative malienne. En effet, dans l'arrêt sieur Marie Bertrand Traoré ci-dessus cité, le juge est catégorique : pour déclencher le délai, l'acte administratif individuel doit être notifié à l'intéressé de manière directe (donc en main propre). Dans l'arrêt sieur Abdoulaye Mady Diallo également cité ci-dessus, il précise clairement que la notification doit être expresse (donc directe et en main propre) ; alors que dans l'arrêt Lassana Sylla dont il est question ici, il ajoute que cette notification peut être faite à Mairie.

Cela crée une certaine confusion et rend cette jurisprudence constante quelque peu désordonnée, car pour qui connaît l'état de dysfonctionnement de nos Mairies, une telle solution aboutira aux mêmes conséquences que la théorie de la connaissance acquise. Il faut alors souligner qu'il n'est plus revenu dans un autre arrêt sur ce principe de notification à Mairie, au contraire, les arrêts Marie Bertrand Traoré et Abdoulaye Mady Diallo ont été consolidés par l'arrêt Mahamadou Ceba Alou Coulibaly et autres de 2012 : « la notification d'une décision individuelle défavorable doit être faite à l'intéressé par l'Administration et attestée par accusé de réception signé et retourné pour dossier ou remise de copie à l'intéressé qui émarge dans le registre ouvert à cet effet. »[1309] Dans ce même arrêt, le juge continue en soutenant que « le mémorant est malvenu à invoquer la connaissance acquise laquelle ne tient pas ; qu'il n'est pas prouvé que le jugement d'incompétence du tribunal de première instance de Kati ait été notifié à Brahima Djigué »[1310].

Dans un récent arrêt, sieur Mahamadou Keïta, le juge a estimé que « la production de la décision en l'espèce incriminée devant le juge civil ne saurait tenir lieu de la publicité de ladite décision (…) ; qu'il convient par conséquent

---

[1308] CS-SA, Arrêt n° 88 du 6 mai 2010, entre le sieur Lassana Sylla et le jugement n° 113 du 7 juillet 2009 du TAB, *inéd.*

[1309] CS-SA, Arrêt n° 244 du 19 juillet 2012, *op. cit.*

[1310] *Ibid.*

de rejeter le moyen tiré de la forclusion comme inopérant »[1311]. Dans cet arrêt, une très grande occasion était présentée au juge pour définitivement préciser une fois de plus sa position face à la question et il l'a fait. Il faut en réalité reconnaître que dans la pratique devant le juge civil, les pièces du dossier sont communiquées à l'autre partie, donc de ce point de vue, le sieur Keïta avait eu une connaissance acquise de la pièce incriminée, sauf qu'heureusement pour lui cette théorie n'est pas reconnue par le juge administratif malien.

Cependant, cette position du juge administratif national est loin d'être unanime dans les autres États d'Afrique noire francophone. Ainsi, le juge congolais semble favorable à la théorie, car si dans l'affaire Sometima[1312] il ressort qu'à défaut de notification et de publication, la requête est recevable à tout moment, dans l'arrêt Bouboutou M'Bemba[1313], il a jugé le recours irrecevable pour tardivité alors même que le texte attaqué n'a jamais fait l'objet de réelle publicité.

Dans l'arrêt Messomo Pierre c/l'État du Cameroun[1314], le juge camerounais précise que le délai ne commence à courir qu'à partir de la notification ou de la publication de l'acte attaqué. Celui-ci reste cependant un peu silencieux sur le sujet, même si la doctrine a trouvé qu'au Cameroun, « exceptionnellement le délai commence à courir à partir de la théorie de la connaissance acquise »[1315].

Quant au juge sénégalais, il a eu à appliquer la théorie de la connaissance acquise sans avoir expressément utilisé l'expression. Ainsi, dans l'affaire Mamadou Lo[1316], où en l'absence de toute notification expresse de l'Administration, les requérants avaient saisi le juge du travail pour licenciement abusif ; le juge a estimé qu'ils avaient donc connaissance de la décision de licenciement au plus tard le jour de la saisine de ce juge. C'est à partir alors de ce jour que le délai a commencé à courir. Pour Ndèye Madjiguène F. Diagne, « cette jurisprudence est implicitement fondée sur la théorie de la connaissance qui constitue une limite aux conséquences supportées par l'Administration qui n'a pas veillé à la publicité de ses décisions »[1317].

Dans deux autres arrêts, le juge sénégalais a écarté l'application de la théorie. Dans un raisonnement totalement similaire à celui du juge administratif malien, il estime que l'acte administratif individuel doit être expressément notifié aux

---

1311 CS-SA, Arrêt n° 316 du 27 novembre 2014, le sieur Mahamadou Keïta c/ le jugement n° 455 du 21 novembre 2013 du TAB, *inéd.*

1312 CS du Congo Brazzaville, Ch. Ad., 17 mai 1974, Sometima, cité par P. Moudoudou, *Droit administratif congolais*, Paris, L'Harmattan, 2003, p. 103.

1313 CS du Congo Brazzaville, Ch réun., 22 septembre 1984, Bouboutou M'bemba, cité par P. Moudoudou, *ibid.*

1314 CS du Cameroun, Ch. ad., jugement n° 90 du 30 septembre 1969, cité par C. Keutcha-Tchapnga, *Précis de droit administratif*, *op. cit.*, p. 158.

1315 C. Keutcha-Tchapnga, *ibid.*

1316 CS du Sénégal, 2 avril 1986, Mamadou Lo, cité par N. Madjiguène F. Diagne, *Les méthodes et les techniques du juge en droit administratif sénégalais*, thèse, *op. cit.*, p. 161.

1317 *Ibid.*

intéressés et non publié dans le JO[1318]. Dans un autre arrêt, il souligne que l'avis verbalement émis par une autorité en réponse à un recours gracieux ne peut tenir de réponse expresse et ne peut faire courir le délai de recours[1319].

Dans ses déclarations d'irrecevabilité pour forclusion, le juge se fonde sur les méthodes de calcul du délai, qui lui permettent d'apprécier le respect ou non du délai légal.

B. Une certaine maîtrise des méthodes de calcul du délai : le délai de recours peut être prorogé[1320]

Le calcul du délai vise surtout à vérifier si toutefois celui-ci n'est pas expiré, donc si la demande du requérant peut être traitée par le juge. En effet, en cas d'expiration, quelle qu'en soit la gravité des conséquences d'un acte administratif, ce dernier ne pourra plus être annulé. C'est pourquoi, le doyen Alain Bockel fait remarquer à juste titre que « les effets de l'expiration du délai de recours sont sévères »[1321] et les différentes déclarations de forclusion prononcées par le juge national étudiées ci-haut en attestent. Elles peuvent aussi se retourner contre l'Administration, car après son expiration, cette dernière ne pourra plus retirer un acte administratif individuel créateur de droits. Les professeurs Jean-Marie Auby et Roland Drago reconnaissent que « l'expiration du délai entraîne également des conséquences en ce qui concerne le retrait des actes administratifs »[1322] même s'ils indiquent que « ce problème se rapporte au droit administratif général qu'au contentieux administratif »[1323]. La Cour suprême fait une application saine de cette règle comme le confirme les affaires Mairie du District de Bamako[1324] ; DGCE [1325] ; La Mission d'évangélisation des églises[1326].

Ainsi, la prorogation du délai de recours peut permettre d'éviter dans certaines situations cette expiration et il existe deux possibilités. Primo, il peut être prorogé à la suite d'un recours administratif préalable (1) ; secundo, la saisine d'une juridiction incompétente peut conduire également à cette prorogation (2).

1318 CS du Sénégal, 5 juillet 1979, Aminata Sall, v. Ousmane Badji, *op. cit.*, p. 23.

1319 CS du Sénégal, 27 mai 1981, Amadou Lamine Ba, cité par Ndeye Madjiguène F. Diagne.

1320 « Un délai est dit prorogé si son échéance normale est reportée à une date ultérieure », v. A. Bockel, *Droit administratif*, *op. cit.*, p. 471 ; la prorogation du délai « peut être définie comme l'interruption conservatrice du délai », v. R. Chapus, *Droit du contentieux administratif*, *op. cit.*, p. 637.

1321 *Ibid.*

1322 J.-M. Auby, R. Drago, *Traité des recours en matière administrative*, *op. cit.*, p. 316.

1323 *Ibid.*

1324 CS-SA, Arrêt n° 16 du 23 mars 2006, la Mairie du District de Bamako contre le jugement n° 56 du 24 mai 2004 du TAB, *inéd.*

1325 CS-SA, Arrêt n° 035 du 13 février 2012, la DGCE c/ le jugement n° 201 du 21 avril 2011 du TAB, *inéd.*

1326 CS-SA, Arrêt n° 268 du 9 septembre 2014, La Mission d'évangélisation des églises contre le jugement n° 364 du 19 septembre 2012 du TAB, *inéd.*

1. Le recours administratif préalable influe sur le calcul du délai

Comme son nom l'indique, tout requérant peut, en matière de l'excès de pouvoir, préalablement à la saisine du juge par la voie de recours contentieux, former un recours devant l'auteur d'un acte administratif qui lui fait grief (recours gracieux) ou devant le supérieur hiérarchique de l'auteur dudit acte (recours hiérarchique). Le recours gracieux et le recours hiérarchique constituent alors les deux principaux types de recours administratifs. Ainsi, « toute personne lésée d'une manière quelconque par un acte administratif peut exercer contre cet acte un recours administratif gracieux, ou hiérarchique ou de tutelle »[1327].

Sur le plan historique, le CE français a tout d'abord admis la prorogation du délai de recours contentieux à la suite de l'exercice d'un recours hiérarchique à travers l'arrêt Bansais de 1881[1328]. C'est ensuite qu'elle a été admise à la suite d'un recours gracieux à travers l'arrêt Marchelli de 1917[1329]. C'est la formule jurisprudentielle suivante qui est le plus souvent utilisée : « toute décision administrative peut faire l'objet, dans le délai imparti pour l'introduction d'un recours contentieux, d'un recours gracieux ou hiérarchique qui interrompt le cours dudit délai. »[1330]

L'arrêt sieurs Mamadou Touré et autres est l'un des premiers arrêts dans lesquels le juge administratif malien pose le principe de prorogation du délai de recours à la suite d'un recours administratif préalable. Le juge souligne que « (…) selon une jurisprudence constante, le refus de l'Administration était acquis quatre mois après le dépôt de la demande susvisée ; que le délai de recours étant de deux mois à la suite de ces quatre mois, les requérants se trouvent dans ce délai (…) »[1331].

Il ressort de cet arrêt que le silence gardé par l'Administration sur une réclamation pendant quatre (04) mois, équivaut purement et simplement à une décision négative de celle-ci, en d'autres termes à une décision implicite de rejet. L'autre enseignement et le plus important d'ailleurs en ce qui nous concerne ici, est que si les requérants n'avaient pas au préalable saisi l'autorité administrative, l'analyse du juge démontre qu'ils allaient être déclarés forclos. C'est alors le recours devant le Directeur national de la fonction publique qui a prorogé le délai du recours contentieux.

Dans l'arrêt Ousmane Mory Keïta, le juge statue ainsi : « considérant que le recours gracieux, lorsqu'il est formé dans le délai légal (deux mois) prolonge le

---

1327 J. M. Jean-Marie Auby, R. Drago, *Traité des recours en matière administrative*, *op. cit.*, p. 302.

1328 CE, 13 avril 1881, Bansais, v. R. Chapus, *Droit de contentieux administratif*, *op. cit.*, p. 639.

1329 CE, 12 janvier 1917, Marchelli, v. R. Chapus, *ibid.*

1330 V. par ex. CE, 10 juillet 1964, Centre Médico-pédagogique de Beaulieu, ou CE, 6 janvier 1995, Assemblée territoriale de la Polynésie France.

1331 CS-SA, Arrêt n° 61 du 27 décembre 1990, entre les sieurs Mamadou Touré et autres et le Directeur national de la fonction publique et du personnel, *inéd.*

délai du recours pour excès de pouvoir ; qu'il y a lieu de dire que le requérant a agi hors délai. »[1332] Cet arrêt révèle par contre certaines confusions qui entourent souvent le recours administratif préalable. Il y a des requérants qui pensent souvent masquer la forclusion de leur recours contentieux par le recours administratif préalable. Dans l'arrêt sieur Ousmane Mory Keïta dont il s'agit, le juge rappelle que le recours administratif préalable ne peut en aucune manière proroger le délai de recours contentieux s'il n'a pas été introduit devant l'Administration dans un délai de deux mois (délai de recours contentieux) à partir de la publicité de l'acte contesté.

À ce sujet, le juge administratif national est encore plus clair et plus précis dans l'arrêt n° 170 de l'année 2014 en ces termes : « que le requérant, et de manière très subtile, passe sous silence sa requête en date du 17 décembre 2013 par laquelle il déférait à la censure de la Cour les mêmes décrets n° 137 et 138 du 6 février 2013 ; que suivant arrêt n° 051 du 6 mars 2014, la Cour de céans a statué sur cette requête et l'a déclaré irrecevable pour forclusion ; dans le même arrêt, la Cour a indiqué que la tentative du requérant de faire courir à nouveau le délai de recours contentieux sur la base d'un recours gracieux ne peut couvrir sa forclusion. »[1333]

Il faut dès lors comprendre que les recours gracieux et hiérarchique ne peuvent couvrir la forclusion comme le sieur Cessé Komé le pensait dans l'arrêt ci-dessus. Sur la question, la jurisprudence malienne est identique à celle de la France et le juge malien n'a même pas hésité à se référer à des arrêts du CE français dans cet arrêt Cessé Komé[1334].

Il est compréhensible que les avocats tentent parfois de tromper la vigilance du juge par des pratiques et astuces qui ne résistent pas à la légalité administrative. C'est ce qui a poussé le juge à préciser qu'« il est de jurisprudence constante que les recours gracieux multiples ne constituent pas une cause de conservation du délai de recours contentieux »[1335].

Cependant, un point très important mérite d'être souligné. Il s'agit du caractère facultatif du recours administratif préalable en matière de contentieux de l'excès de pouvoir. Ce recours administratif est aussi facultatif en France[1336]. Il l'est également au Sénégal, comme l'a si bien écrit le doyen Alain Bockel : « le recours administratif préalable n'est pas obligatoire sauf texte

---

[1332] CS-SA, Arrêt n° 85 du 16 novembre 1995, entre le sieur Ousmane Mory Keïta et le ministre chargé de l'Administration territoriale et de la Sécurité, *inéd.*

[1333] CS-SA, Arrêt n° 170 du 3 juillet 2014, entre Cessé Komé et les décrets n° 137/P-RM et 138/P-RM du 6 février 2015, *inéd.*

[1334] Il s'est référé aux arrêts Société des ciments Port Land de Corraine (CE 26 février 1937) ; et Caisse nationale de prévoyance du bâtiment (CE 23 novembre 1994).

[1335] CS-SA, Arrêt n° 60 du 13 juillet 1993, entre les héritiers de feu Boukalé Traoré et le Gouverneur du District de Bamako, *inéd.*

[1336] V. R. Chapus, *Droit du contentieux administratif*, *op. cit.*, p. 638.

contraire »[1337]. Le professeur Salif Yonaba souligne aussi son caractère facultatif au Burkina Faso[1338].

Ce point commun relatif au caractère facultatif du recours administratif préalable, ne doit pas être considéré comme valable pour tous les pays d'Afrique noire francophone. En effet, le Congo Brazzaville fait exception, car, « avant de se pourvoir en annulation d'une décision administrative, les intéressés peuvent présenter dans le délai de deux mois un recours administratif hiérarchique ou gracieux tendant à faire rapporter ladite décision ; en réalité, cette formalité est obligatoire puisque l'article 396 du CP.CCAF.[1339] dispose que toute action ne peut être portée en justice si elle n'a pas été précédée d'un recours gracieux et hiérarchique, ou d'une demande préalable »[1340].

Ainsi, en cas de recours administratif préalable, l'Administration dispose de quatre (04) mois[1341] pour répondre à la demande. Ainsi, l'inaction ou l'action de l'Administration constituera une réponse. Une réponse expresse va interrompre ces quatre (04) mois et ouvrira pour le demandeur un nouveau délai de deux mois à partir de la notification de celle-ci ; un silence au bout des quatre (04) mois produira les mêmes effets.

À côté du recours administratif préalable, la saisine d'une juridiction incompétente proroge aussi le délai du recours contentieux.

2. La saisine d'une juridiction incompétente influe sur le calcul du délai

L'explication de cette règle est a priori simple. Lorsqu'un requérant saisit une juridiction qui n'est pas compétente pour statuer sur la question, le temps que cette juridiction va prendre pour déclarer son incompétence n'est pas pris en compte dans le calcul du délai du recours contentieux. Il commence à courir à partir de la notification du jugement d'incompétence. C'est ainsi que la saisine du juge incompétent proroge le délai de recours. Pour Jean-Marie Auby et Roland Drago, « la jurisprudence justifie cette solution qui demeure valable, en assimilant l'action devant le juge incompétent à l'exercice d'un recours administratif »[1342].

Ils estiment qu'« en réalité, (qu') il est bien évident que ce point de vue est plus contestable »[1343]. Selon eux, « tandis que la prorogation par recours administratif vise à permettre au justiciable une tentative de règlement du litige, celle qui est étudiée ici n'est pas évidemment destinée à faciliter l'exercice de

---

[1337] A. Bockel, *Droit administratif*, *op. cit.*, p. 472.

[1338] S. Yonaba, *La pratique du contentieux administratif en droit burkinabé*, *op. cit.*, p. 117.

[1339] Code de Procédure civile, commerciale, administrative et financière.

[1340] P. Moudoudou, *Droit administratif congolais*, *op. cit.*, p. 102.

[1341] Il faut noter que ce délai est de deux mois devant les TA, v. art. 14 de la loi n° 2018-031 du 12 juin 2018.

[1342] J.-M. Auby et R. Drago, *Traité des recours en matière administrative*, *op. cit.*, p. 308.

[1343] *Ibid.*

voies de droit mal dirigées mais à éviter aux administrés les conséquences graves d'une erreur commise par eux en matière de compétence juridictionnelle »[1344].

Il faut alors souligner que le juge administratif national s'est rarement prononcé sur le sujet, vraisemblablement faute à la très grande rareté des saisines en la matière. Cependant, il est possible d'en tirer des leçons des quelques très rares arrêts qu'il a eu à rendre sur le sujet.

Dans l'arrêt Dame Ramata Sanogo, le juge tranche le litige comme suit : « (...) ; Considérant que la saisine d'un tribunal incompétent proroge le délai du recours qui commence à courir le jour du prononcé de l'incompétence ; Considérant qu'ayant saisi le tribunal civil de Sikasso, celui-ci s'est déclaré incompétent le 10 septembre 1992 ; qu'il y a lieu de déclarer que la requérante a agi dans les délais. »[1345]

Dans un autre arrêt rendu en 2004, il s'est prononcé de manière un peu plus claire sur le sujet : « (...) ; Considérant que dans sa requête introductive d'instance, le requérant affirme lui-même que c'est du fait que le tribunal de première instance de Koulikoro s'est déclaré incompétent pour statuer sur ma requête que j'ai l'honneur de solliciter l'annulation des décisions ; considérant que la décision d'incompétence du tribunal de première instance de Koulikoro a été contradictoirement rendue le 31 octobre 1996 ; considérant qu'à compter de cette date, le requérant qui a été expressément invité par le juge civil à saisir le juge administratif compétent, disposait de deux mois pour ce faire (...) ; qu'en ne saisissant le juge compétent que le 27 mars 1998 soit dix mois après le prononcé du jugement d'incompétence ; qu'il échet de dire que le sieur Samou Sangaré était forclos dans son action en annulation et que le TAB, en ne relevant pas cette forclusion, a exposé sa décision à la censure de la Cour »[1346].

Le premier point jurisprudentiel qui ressort des deux arrêts est que le juge administratif malien, commence son calcul du délai de recours en cas de saisine d'une juridiction incompétente, à partir de la date du prononcé du jugement d'incompétence. Le second point essentiel est que le juge semble ne pas accorder une grande importance à la date de saisine du juge incompétent. Cela a pour objet de vérifier, si toutefois le requérant n'a pas saisi celui-ci au-delà du délai de recours contentieux, car un requérant, pour couvrir la forclusion, pourrait passer par le juge judiciaire pour pouvoir accéder au juge administratif dans le délai, sachant bien que ce dernier ne pourra se baser seulement que sur la date du prononcé du jugement d'incompétence pour le calcul du délai.

[1344] *Ibid.*

[1345] CS-SA, Arrêt n° 50 du 11 avril 1996, entre la dame Ramata Sanogo et la Mairie de Sikasso, *inéd.*

[1346] CS-SA, Arrêt n° 111 du 5 novembre 2004, entre le sieur Samou Sangaré et le jugement n° 26 du 16 mars 2001 du TAB, *inéd.*

Le troisième point est que le juge se limite tout simplement à considérer le caractère contradictoire de ces jugements d'incompétence pour faire courir le délai de recours à l'encontre du requérant à partir de la date du prononcé de ceux-ci. Dans aucune de ses décisions, le juge évoque la notification directe et personnelle du jugement aux intéressés.

Sur le second point ci-dessus souligné, comparativement à la jurisprudence française, celle du Mali est très lacunaire et dangereuse, car si elle dit que le recours administratif préalable ne peut pas couvrir la forclusion[1347], son silence et le fait qu'il se focalise sur la date du prononcé du jugement peuvent nous pousser à croire le contraire en ce qui concerne la saisine d'une juridiction incompétente.

L'arrêt Aurou et Dujon du CE français font savoir qu'il faut que le juge incompétent ait été saisi dans le délai de recours contentieux, c'est-à-dire deux mois après la publicité de la décision querellée[1348].

En ce qui concerne les premier et troisième points soulevés, la différence est aussi directement perceptible avec la jurisprudence française. En effet, en France, le délai court à partir de la notification par l'Administration du jugement d'incompétence[1349] et la non-notification maintien la prorogation en l'état[1350].

En Afrique noire francophone, la saisine du juge incompétent est aussi source de prorogation du délai de recours contentieux au Sénégal[1351]. Dans sa thèse de doctorat, Ndèye Madjiguène F. Diagne résume la jurisprudence sénégalaise en la matière. Il ressort de son analyse que celle-ci est plus proche de la jurisprudence française que celle du Mali. Ainsi, : « il est indispensable que le juge incompétent soit saisi dans le délai de deux mois suivant la notification ou la publication de l'acte attaqué, sauf s'il apparaît que la décision n'a jamais été publiée ou notifiée[1352] ; il faut ensuite que le juge saisi se soit déclaré incompétent (...)[1353] ; (...) le juge compétent doit être saisi dans les deux (02) mois suivant la notification du jugement d'incompétence du premier juge »[1354].

1347 V. Arrêt n° 60 du 13 juillet 1995, héritiers du feu Boukalé Traoré, *op. cit.*

1348 CE, 8 janvier 1930, Aurou et Dujon, rec. cons. d'État, p. 13 ; v. CE, 13 avril 1951, Couquet, rec. CE, p. 187 et CE, 9 juin 1955, Passot, AJ, n° 2, p. 436.

1349 CE, 20 décembre 1929, Bellapart, rec. CE, p. 1163 ; CE 6 mars 1935, Libert, rec. CE, p. 295.

1350 CE, 14 juin 1933 DURIN, rec. CE, p. 624 ; CE, 12 juin 1936, Vannier, rec. CE, p. 643.

1351 V. Ndèye Madjiguène F. Diagne, thèse, *op. cit.*, p. 165.

1352 CS, 9 février 1966, Dame Fatou Diop et autres c/ la commune de Diourbel et N'Dongo Fall Mbar, an. Cf. 1973, p. 268, cité par N. M. F. Diagne, *ibid.*

1353 CS, 26 mai 1965, Ibrahima Seydou Ndao, GDJAS, t. 1, p. 106, cité par N. M. F. Diagne, *ibid.*

1354 N. Madjiguène F. Diagne, thèse, *ibid*, pp. 165-166.

Comme le rappelle bien Alain Bockel, « notons que ces deux motifs de prorogation peuvent se cumuler : recours administratif tout d'abord, saisie d'une juridiction incompétente ensuite »[1355].

Le juge se montre, en ce qui concerne les règles relatives à l'instruction, stricte même si cela est souvent relatif.

Section 2

Une application relativement stricte des règles de l'instruction

L'instruction est la phase de l'instance au cours de laquelle les parties précisent et prouvent leurs prétentions et au cours de laquelle le tribunal réunit les éléments lui permettant de statuer sur elles[1356]. Élément capital et très important de la procédure administrative contentieuse, la phase de l'instruction permet au juge d'obtenir toutes les informations, dont il peut avoir besoin à travers la confrontation à distance qu'il organise entre les parties. Elle est extrêmement cruciale, au point qu'une instruction biaisée ou mal conduite ne peut qu'accoucher d'une décision absurde conduisant à la longue à la création d'une jurisprudence maladroite et insaisissable, donc à un rejet même de la juridiction administrative par la population.

Ainsi, à travers l'étude de la jurisprudence, on peut dégager un double constat : le juge administratif malien fait une application stricte des règles relatives à l'organisation du procès (Paragraphe 1), mais quelque peu fluctuante de celles relatives aux moyens d'instruction (Paragraphe 2).

Paragraphe 1 : L'application stricte des règles relatives à l'organisation du procès

La particularité du procès administratif fait que celui-ci nécessite une organisation minutieuse. Le juge administratif national, dans la plupart des cas, tient rigueur des règles afférentes à cette organisation. Il veille alors, à ce que l'une des conditions inhérentes au procès équitable, à savoir le respect du débat contradictoire soit effectif (A), et encadre également l'intervention des tiers au procès (B).

A. Le juge veille principalement au respect du débat contradictoire

Constituant l'application de la règle « audi alteram partem », le Conseil constitutionnel français a reconnu valeur constitutionnelle au principe du contradictoire[1357] et par conséquent au caractère contradictoire de la

[1355] A. Bockel, *Droit administratif*, *op. cit.*, p. 472.
[1356] V. Lexique des termes juridiques, *op. cit.*, p. 506.
[1357] CC, 28 juillet 1989, JORF du 1er août 1989, p. 9676.

procédure[1358]. La haute juridiction administrative française, quant à elle, y voit un aspect du principe constitutionnel d'égalité devant la justice[1359].

En ce qui concerne le juge national, il a fait de l'échange de mémoires la principale condition incontournable garantissant le principe du contradictoire, mais cela n'a vraiment de sens, si l'indispensable rôle des avocats dans le respect du débat contradictoire est négligé. En effet au Mali, la constitution d'un avocat reste facultative même si les justiciables y procèdent dans la plupart des litiges soumis à la juridiction administrative. Cette pratique nationale est identique à celle du Burkina Faso[1360] où elle est aussi facultative mais se détache de celle du Sénégal[1361]où elle est obligatoire. Elle est aussi en partie proche de la pratique française[1362] en ce qui concerne le contentieux de l'excès de pouvoir, mais se détache également de cette dernière en ce qui concerne le plein contentieux dans lequel le ministère d'avocat est obligatoire.

Cela ne pose pas de problème pour l'Administration, car celle-ci dispose d'une avocate prête à répondre ou agir à son nom chaque fois que cela est nécessaire. Il s'agit de la Direction générale du contentieux de l'État[1363]. Héritière de l'ex-Division du contentieux du gouvernement, la DGCE a pour mission principale, l'organisation de la représentation et de la défense des intérêts de l'État et des organismes publics dans les affaires contentieuses les concernant. Pourtant la constitution d'un avocat ne constitue nullement la garantie contre certaines erreurs en principe inexcusables. La jurisprudence nationale nous enseigne, que ce soit les avocats des particuliers ou même celle de l'Administration, les procès sont très souvent perdus par leurs fautes. Alors, certains ne produisent pas souvent de mémoires[1364], ou n'évoquent pas de moyens[1365] pour appuyer leurs prétentions.

[1358] CC, 29 décembre 1989, JORF du 30 décembre 1989, p. 16498.

[1359] CE, 29 juillet 1998, Madame Esclatine, sur http//:arrêts-administratif.blogspot.com/ 2012/06/ce-29-juillet1998-mme-esclatine.html/, consulté le 19 décembre 2015.

[1360] V. S. Yonaba, *La pratique du contentieux administratif en droit burkinabé*, *op. cit.*, pp. 137-138 : « *le ministère d'avocat reste facultatif dans le (contentieux de l'annulation)* (...) *mais il devient obligatoire (en matière de révision* ».

[1361] V. A. Bockel, *Droit administratif*, *op. cit.*, p. 469 : « la requête doit être signée par un avocat exerçant légalement au Sénégal ».

[1362] V. CE 26 novembre 1954, De Villele, rec. Lebon, p. 628 ; CE 7 novembre 1990, ministère de la Défense c/ Slosse, rec. Lebon, p. 917, AJDA 1991, p. 142 ; CE 16 octobre 1963, Dame veuve Lastapis et CE 15 mars 1996, Sudrie, in *Pratique du contentieux administratif*, Dalloz professionnels, mai 2011, p. 8.

[1363] La DGCE a été créée par l'ord. n° 2000-066/P-RM du 29 septembre 2000 ; il faut mentionner que les collectivités publiques peuvent en dehors de la DGCE se faire représenter par un avocat de leur choix.

[1364] CS-SA, Arrêt n° 250 du 19 juillet 2012, la Mairie du District de Bamako c/ le jugement n° 572 du 24 décembre 2010 du TAB : « Considérant que (...) Me Binké Kamité était avisé de la réception du dossier de sa procédure à la Cour, (...) ; qu'à la date de la rédaction du présent rapport aucun mémoire n'est parvenu à la Cour (...) », inéd.

[1365] CS-SA, Arrêt n° 33 du 18 mai 2006, la Mairie de la Commune II c/ le jugement 006 du 26 janvier 2005 du TAB : « Considérant que (le cabinet d'avocats Camara-Traoré) n'a produit

Ainsi, le caractère inquisitorial de la procédure devant les juridictions administratives « confère au juge un pouvoir essentiel dans la direction de l'instruction »[1366]. Depuis son bureau, il actionne, conduit et contrôle le contradictoire, en veillant à ce que chaque partie puisse prendre connaissance des prétentions et des moyens de l'autre (1) et répondre à tous ceux-ci (2).

1. Un juge exigeant quant à la production de mémoire ampliatif

Le départ de la machine de l'instruction est lié au Rapporteur. En effet, « immédiatement après l'enregistrement au greffe des requêtes introductives d'instance, le Président de la Section désigne un Rapporteur auquel il transmet le dossier en vue de sa mise en état »[1367]. Celui-ci va alors mener l'instruction de fil en aiguille entre le demandeur et le défendeur. Il appartient au demandeur, c'est-à-dire au requérant de s'identifier lui-même. Le demandeur peut être défini comme « celui qui saisit la juridiction administrative d'une requête introductive d'instance »[1368].

Dans cette requête introductive d'instance, son identification passe par la mention des points ci-après : nom, prénom, profession et domicile[1369].Si le demandeur doit s'identifier lui-même, la question qui surgit automatiquement de cette situation est celle consistant à savoir celui qui va procéder à celle du défendeur. Cette tâche appartient, et c'est même logique, au demandeur. Elle est a priori simple, car en empruntant au professeur Édouard Laferrière sa célèbre formule, « le recours pour excès de pouvoir est un procès fait à un acte », et tout acte administratif légal a un auteur facilement identifiable. C'est ce dernier qui doit ainsi être identifié. Par exemple, l'auteur d'une décision prise par une Mairie n'est pas difficilement identifiable tout comme celui d'un permis de construire délivré par une préfecture ou même une décision portant radiation d'un fonctionnaire.

Cependant, le professeur Olivier Gohin apporte la précision selon laquelle, « dans le contentieux de l'excès de pouvoir, le défendeur est en principe la personne publique qui a intérêt au maintien de la décision attaquée, mais compte tenu du caractère objectif du contentieux, l'indentification par le demandeur peut être seulement implicite à charge pour la juridiction administrative de procéder elle-même à l'orientation ou à la réorientation de la requête introductive d'instance vers l'autorité administrative effectivement compétente »[1370]. Cette identification a pour raison principale la facilitation

---

aucun moyen devant permettre à la Cour de censurer le jugement querellé ; qu'il échet de rejeter pour défaut de moyen ».

1366 J.-M. Auby, R. Drago, *Traité de contentieux administratif*, Paris, LGDJ, 1962, t. 2, p. 232.

1367 Loi n° 96-071/AN-RM, *op. cit.*, art. 48 al. 1er ; Loi n° 2016-046 du 23 septembre 2016, *op. cit.*, art. 236.

1368 O. Gohin, *Contentieux administratif*, *op. cit.*, p. 209.

1369 V. Loi n° 96-071/AN-RM, *op. cit.*, art. 46, al. 3; Loi n°2016-046/AN-RM, *op. cit.*, art. 234 al.3.

1370 O. Gohin, *Contentieux administratif*, *op. cit.*, p. 210.

de la communication que le juge ordonne dans le respect du contradictoire entre les parties et lui-même, ce qui donne à celle-ci un caractère prioritaire.

Une fois les parties identifiées par ses soins, le requérant doit alors procéder à la production de ce que nous qualifions de la béquille de la requête introductive d'instance : le mémoire ampliatif. À première vue, la question paraît simple, alors qu'elle est loin de l'être. Le procès administratif étant un combat intellectuel, tactique et technique, la victoire finale dépend sans détour du mémoire.

Le juge administratif malien y accorde l'importance capitale qu'il mérite. Le requérant doit produire un mémoire. Dans l'affaire sieur Oumarou Traoré et autres, il souligne que « (le requérant) à ce jour n'a produit aucun mémoire au soutien de son appel ; qu'il échet de rejeter l'appel pour défaut de moyens »[1371]. Il reprend cette position dans l'arrêt n° 250 du 19 juillet 2012 en précisant qu'« à la date de la rédaction du (…) rapport, aucun mémoire n'est parvenu à la Cour ; qu'il convient dès lors (…), de dire que (le requérant) est réputé s'être désisté »[1372]. Ainsi, dans l'arrêt Modibo Diakité, il fait savoir, qu'« à la date de rédaction du présent rapport, (le sieur Diakité) n'a toujours rien produit ; qu'il échet d'en tirer les conséquences de droit »[1373], et dit dans l'arrêt n° 107 du 8 mai 2014 que « l'appelant n'a pas produit le mémoire ampliatif (…), qu'il revient à la Cour de tirer les conséquences de droit qui s'imposent »[1374].

Pourtant, la production de mémoire n'est pas constituée d'un procédé monolithique. Il existe différentes méthodes d'y procéder. Le requérant peut opérer le choix entre l'introduction d'une requête sommaire[1375] ou d'une requête-mémoire. Chaque choix a ses avantages et ses inconvénients et chaque choix doit normalement être dicté par les circonstances de l'affaire. La requête sommaire comporte essentiellement l'identification des parties. Comme son nom l'indique, elle contient l'exposé sommaire des faits, les conclusions principales et au moins un moyen essentiel. Elle est obligatoirement suivie d'un mémoire ampliatif. Elle a surtout l'avantage de permettre à un requérant qui est presque hors du délai de recours de rester dans le champ de calcul de celui-ci en introduisant rapidement une requête.

L'inconvénient d'une requête sommaire est que généralement, les requérant ayant utilisé cette requête annoncent la production d'un mémoire ampliatif. Comme le souligne Rémi Rouquette, « le requérant qui annonce dans sa requête

---

1371 CS-SA Arrêt n° 17 du 23 mars 2006, *op. cit.*

1372 CS-SA, Arrêt n° 250 du 19 juillet 2012, *op. cit.*

1373 CS-SA, Arrêt n° 311 du 2 août 2012, Modibo Diakité c/ le jugement n° 14 du 13 janvier 2011 du TAB, *inéd.*

1374 CS-SA, Arrêt n° 107 du 8 mai 2014, *op. cit.*

1375 « Considérant qu'il a toujours été admis qu'un requérant peut saisir le juge administratif d'une requête sommaire et se réserver le droit de produire ultérieurement ses moyens de droit », CS-SA, Arrêt n° 41 du 4 octobre 1990, Manassa Danioko, *op. cit.*

la production d'un mémoire complémentaire doit le faire »[1376], alors que le plus souvent, ce mémoire complémentaire ne sera jamais produit. Dans ce cas, le juge tire les conséquences de droit qui en découlent, mais avec des motifs différents. C'est ainsi que dans l'arrêt n° 107 du 8 mai 2014 ci-dessus cité, le juge soutient que « (le requérant) n'a pas produit le mémoire ampliatif que lui-même avait annoncé dans sa requête (...) qu'il revient à la Cour de tirer les conséquences qui s'imposent »[1377]. C'est pareil dans le cas d'espèce Sous-préfet de Kalabancoro où le juge rappelle que « le mémoire annoncé (...) n'a pas été versé au dossier ; qu'il convient d'en tirer les conséquences de droit »[1378]. Ce qui fait que si le temps le lui permet, le requérant peut opter pour la requête mémoire. Cette solution paraît plus commode et a les avantages d'accélérer la procédure et d'éviter au requérant les conséquences regrettables de la non production de mémoire. La requête mémoire n'est que la combinaison de la requête sommaire et le mémoire ampliatif dans un seul document complet déposé en tant que requête introductive d'instance.

Cependant, une précision mérite d'être apportée au sujet de la requête sommaire. En effet, selon une jurisprudence de la Cour, pouvant être sujet à confusion, le juge dit que « la Section administrative de la Cour suprême n'a jamais donné un caractère absolu à la règle selon laquelle les requêtes doivent, à peine d'irrecevabilité, contenir l'exposé sommaire des faits et moyens ainsi que les conclusions des parties ; que le principe a toujours été, à la phase de l'introduction du recours, la possibilité de régularisation ultérieure »[1379]. Sauf que, les arrêts n° 331 du 2 août 2012, 107 et 108 de 2014 très récents cités ci-haut, démontrent que cette régularisation ultérieure est toujours possible, mais dans un certain temps au-delà duquel le requérant perd le procès. Le juge assure alors la communication du mémoire ampliatif à la défenderesse et veille à ce que la demanderesse puisse savoir et répliquer aux prétentions de celle-ci.

2. Un juge veillant à ce que chaque partie réponde aux prétentions et aux moyens de l'autre partie

Les parties ne peuvent pas se répondre, si elles ne savent pas chacune de son côté ce que l'autre développe et soutient. Il doit alors y avoir une bonne et juste communication entre elles. Cette communication se traduit plus exactement par l'échange de mémoires entre les parties au procès. Ainsi, c'est par cet exercice que l'autorité administrative, auteure de la décision querellée saura avec précision ce que le requérant reproche à sa décision, c'est-à-dire, quel est l'article, les articles de quel texte ou les principes qui sont méconnus. Il faut le répéter, c'est le Conseiller rapporteur qui organise ce débat contradictoire.

[1376] R. Rouquette, *Petit traité du procès administratif*, Paris, Dalloz, 2012, 5e éd., p. 519.

[1377] CS-SA, Arrêt n° 107 du 8 mai 2014, *op. cit.*

[1378] CS-SA, Arrêt n° 108 du 8 mai 2014, *op. cit.*

[1379] CS-SA, Arrêt n° 41 du 4 octobre 1990, *op. cit.*

Ainsi, il transmet le premier élément déclencheur du débat, à savoir le mémoire ampliatif à la partie défenderesse à travers une notification. Pour être notifié, le requérant est tenu de produire son mémoire ampliatif. C'est pourquoi, chaque fois qu'un requérant néglige cette formalité substantielle, le juge tient à le rappeler. Après la lettre de rappel, une lettre de mise en demeure lui est adressée. C'est ce qui s'est passé dans l'affaire Préfet du cercle de Kati représenté par la DGCE où le juge fait savoir que le requérant « n'a pas réagi à une lettre de rappel et à la mise en demeure à produire (le mémoire ampliatif contenant les moyens) au soutien de son recours »[1380].

Dans l'affaire Modibo Diakité où le juge rapporteur précise que « par lettre (...) (le requérant) a été informé de l'arrivée du dossier au greffe de la Cour suprême et un délai de quinze (15) jours lui a été imparti pour produire son mémoire »[1381] ; on se rend compte que cette règle de rappel et de mise en demeure n'est pas systématiquement appliquée par le juge administratif.

Il peut aussi arriver, même si cela est rare, que le mémoire en défense précède le mémoire ampliatif suite à la communication de la requête à la défenderesse. Dans ce cas de figure, le juge peut « ne pas estimer devoir communiquer (le mémoire ampliatif) à son contradicteur »[1382]. En dehors de ce cas, « lorsqu'il apparaît, au vu de la requête introductive d'instance, que la solution de l'affaire est d'ores et déjà certaine, le Président peut décider qu'il n'y a pas lieu à instruction et transmettre le dossier au commissaire du gouvernement avant la mise au rôle »[1383], c'est la dispense d'instruction. Pour Jean-Marie Auby et Roland Drago, « cette règle est destinée à accélérer la procédure devant le juge administratif »[1384] tout en précisant qu'« on y a recours qu'au cas où le juge est manifestement incompétent ou la requête manifestement irrecevable »[1385].

À part ces précisions, le mémoire ampliatif est transmis à la partie défenderesse pour permettre à cette dernière de produire son mémoire en défense. Dans le mémoire en défense, la réponse est donnée du point de vue du défendeur à toutes les questions de droit soulevées par le demandeur. Le défendeur y développe ses moyens et prétentions et apporte ses conclusions. La non-production de mémoire en défense peut facilement conduire à la défaite au procès, mais cette défaite n'est pas aussi systématique. Ainsi, le défendeur peut estimer inutile la production d'un mémoire en défense au vu de l'évidence des circonstances en sa faveur. C'est ce qui s'est passé dans l'espèce Dame Ramata

---

1380 CS-SA, Arrêt n° 107 du 8 mai 2014, *op. cit.*

1381 CS-SA, Arrêt n° 311 du 2 août 2012, *op. cit.*

1382 CS-SA, Arrêt n° 004 du 2 février 2006, entre le sieur Samba Ndiaye et le ministère de l'Administration territoriale, inéd.

1383 Loi 96-071/AN-RM, *op. cit.*, art. 52 ; la Loi n°2016-046, *op. cit.*, ne prévoit pas la dispense d'instruction.

1384 J.-M Auby, R. Drago, *Traité de contentieux administratif*, t.2, *op. cit.*, p. 233.

1385 *Ibid.*

Colette Konaté où le Directeur national de la fonction publique n'a pas jugé utile de produire un mémoire en défense[1386].

Dans le cadre du respect du contradictoire, le juge transmet également le mémoire en défense à la partie demanderesse. L'objectif ici, est de permettre à celle-ci de produire un autre mémoire en réponse au mémoire en défense, c'est le mémoire en réplique. Pour cela, il a en principe quinze (15) jours[1387]. Pourtant, le demandeur n'est pas obligé de produire un mémoire en réplique. Cette situation s'est produite dans l'affaire les héritiers de feu Samassé Coulibaly où « le requérant par sa lettre en date du 7 février 1990 n'a pas jugé nécessaire de répliquer au mémoire (en défense) »[1388]. Ce qui ne lui a pas empêché d'obtenir l'annulation de la décision querellée du Gouverneur du District de Bamako.

Dans le respect du délai imparti par le juge, les parties peuvent toujours produire des mémoires additifs qui seront transmis dans les mêmes conditions. Cependant, le juge soutient que « le principe du contradictoire est respecté dès lors que les échanges de mémoire ont été effectifs entre les parties avant la rédaction du rapport du conseiller rapporteur »[1389].

À côté du respect du principe du contradictoire, et toujours en observant une certaine rigueur dans l'organisation du procès, le juge encadre les incidents de procédure.

B. Le juge encadre les incidents de procédure

Les incidents de procédure sont constitués d'un ensemble d'évènements pouvant perturber l'évolution normale de la procédure devant les juridictions administratives. En guise de définition, certains auteurs écrivent : « il semble préférable de considérer comme incident tout évènement, toute difficulté qui, survenant pendant l'instruction de la demande principale, modifie le déroulement du procès et pose au juge de nouveaux problèmes dont dépend pourtant la solution du litige. »[1390] À lire Charles Debbasch et Jean Claude Ricci, on peut en établir la liste suivante : « demande incidente, inscription de faux, les questions préjudicielles, la litispendance, la suppression des mémoires et passages injurieux, le non-lieu à statuer, le désistement, l'acquiescement et la reprise d'instance. »[1391]

[1386] CS-SA, Arrêt n° 48 du 29 juin 2006, entre Dame Ramata Colette Konaté et le ministère de la Fonction publique, *inéd.*

[1387] « Dans la quinzaine de la notification des mémoires en défense, le demandeur peut déposer une réplique à moins que le Président n'ait, en raison des circonstances de l'affaire fixé des délais différents », art. 50, loi 96-071, *op. cit.*

[1388] CS-SA, Arrêt n° 33 du 26 juillet 1990, *op. cit.*

[1389] CS-SA, Arrêt n° 005 du 3 février 2006, professeur Aly Guindo c/ l'arrêt n° 97 du 1er juillet 2005 de la SA de la CS, *inéd.*

[1390] J.-M. Auby, R. Drago, *Traité de contentieux administratif*, *op. cit.*, p. 213.

[1391] C. Debbasch, J.-C. Ricci, *Contentieux administratif*, 6e éd., *op. cit.*, p. 412.

Quant à la lecture Jean-Marie Auby et Roland Drago, il ressort que la liste établie par Charles Debbasch et Jean Claude Ricci semble constituer une reprise de celle qu'ils ont établie à part un seul incident, qui n'est autre que « l'intervention »[1392].

La liste des incidents de procédure est alors longue, même très longue. Cependant, il y a lieu de rappeler que ces auteurs ont établi cette ou ces listes en adéquation avec la pratique française du contentieux administratif. C'est pour dire que la liste n'est pas aussi longue au Mali. Le législateur national ne prévoit que trois types d'incidents : « l'intervention »[1393], « la demande en reprise d'instance »[1394] et « le désistement d'instance »[1395].

Quant à la pratique jurisprudentielle constante, elle fait révéler que le juge, et ce, de manière large, encadre l'intervention des tiers au procès (1) et fait une distinction nette entre le désistement et l'acquiescement (2).

1. Un encadrement raisonnable de l'intervention des tiers au procès

Le professeur Olivier Gohin définit l'intervention de la manière suivante : « un tiers peut se voir attribuer la qualité de partie nouvelle à l'instance ; cette extension du procès à un tiers qui devient ainsi partie au cours de l'instance née de la demande originaire, s'appelle l'intervention. »[1396] Cette intervention peut alors être volontaire (a) ou forcée (b).

a. L'intervention volontaire est admise mais à des conditions

Le juge administratif malien, sans être silencieux n'est pas non plus un juge qui s'exprime de façon très détaillée sur l'intervention en général et sur l'intervention volontaire en particulier. Cependant, ses quelques décisions qui s'y rapportent peuvent permettre de comprendre sa ligne de conduite sur le sujet.

L'intervenant volontaire est une personne qui n'est ni demanderesse, ni défenderesse à un procès, mais qui se joint spontanément à l'instance initiale en adressant une demande en ce sens à la juridiction administrative dans les mêmes conditions que la requête introductive d'instance. Dans la plupart des cas, l'intervention volontaire est accessoire[1397].

Elle vient soit à l'appui de la demande, alors « il s'agit d'une intervention volontaire en demande »[1398], soit à l'appui de la défense, là « il s'agit d'une intervention volontaire en défense »[1399]. La jurisprudence nationale en la matière est ainsi fondée sur un critère principal incontournable que le juge

---

[1392] J.-M. Auby, R. Drago, *Traité de contentieux administratif*, *op. cit.*, p. 213.

[1393] Loi n° 96-071, *op. cit.*, art. 56 ; Loi n°2016-046/AN-RM, *op. cit.*, art., 243.

[1394] Loi n°2016-046/AN-RM, *op. cit.*, art. 245.

[1395] Loi n°2016-046/AN-RM, *op. cit.*, art. 246.

[1396] O. Gohin, *Contentieux administratif*, 2e éd., *op. cit.*, p. 211.

[1397] « L'intervention accessoire est la plus fréquente » souligne David Bailleul, *Le procès administratif*, Paris, LGDJ, 2014, p. 109.

[1398] O. Gohin, *op. cit.*, p. 211.

[1399] *Ibid.*

vérifie toujours avant de recevoir les demandes d'intervention volontaire. C'est le critère de l'intérêt. En effet, nul ne peut se prétendre à intervenir dans une procédure pendante devant le juge administratif s'il ne justifie pas d'un intérêt clair dans la solution positive ou négative du juge. À côté de ce critère principal et avant même d'examiner celui-ci, le juge doit être saisi par une demande distincte de la requête introductive d'instance mais remplissant toutes les conditions légales exigées pour la recevabilité de celle-ci, il y tient rigueur.

C'est ainsi que dans l'arrêt n° 4 du 2 février 1995, le juge administratif suprême fait savoir qu'il a été saisi, « par lettre en date du 1er avril 1994 (par) le sieur Mody Sylla (d'une) demande d'intervention volontaire »[1400]. S'agissant de la recevabilité en la forme de cette demande, il dit : « considérant que le sieur Mody Sylla a intérêt à l'action ; qu'il échet en conséquence de recevoir en la forme sa demande d'intervention volontaire. »

Une autre condition de recevabilité de l'intervention et non des moindres est le moment d'introduction de la demande. Le demandeur de l'intervention volontaire doit faire sa demande avant la clôture de l'instruction. Après celle-ci, l'intervention volontaire peut être déclarée irrecevable. S'agissant de la possibilité pour l'intervenant de relever appel de la décision rendue dans le litige dans lequel il était intervenant, le juge, dans l'arrêt Mohamed Sangaré[1401], apporte les précisions suivantes : « considérant que le requérant soutient que l'appel du sieur Amadou Djigué intervenant volontaire, devait être déclaré irrecevable au motif que la Mairie n'a pas relevé appel du jugement ; que selon lui, au regard de la loi, l'intervention à titre accessoire ne sert qu'à appuyer les prétentions d'une partie et la soutenir dans sa démarche pour préserver ses propres droits ; considérant que de ce point de vue, il paraît évident que l'intervenant volontaire ne devient pas nécessairement partie à l'instance au point de pouvoir interjeter appel du jugement de premier ressort ; que cependant, comme cela s'impose, il peut faire appel du jugement qui a refusé d'admettre son intervention. »

Il faut alors souligner les brèves dispositions législatives qui ont trait au sujet. Le législateur se limite ainsi à écrire que « l'intervention est admise de la part de ceux qui ont intérêt au règlement du litige (...) ; elle est formée dans les mêmes conditions que la requête introductive d'instance, le Président de la Section ordonne, s'il y a lieu, qu'elle soit communiquée aux parties ; il fixe le délai pour y répondre »[1402].

Tout en appliquant la loi, le juge administratif national tire comme d'habitude, la quintessence de ses décisions en la matière de la jurisprudence administrative française. Ainsi, il y a une grande similitude entre les conditions

---

[1400] CS-SA, Arrêt n° 4 du 2 février 1995, la SODEMA, *op. cit.*

[1401] CS-SA, Arrêt n° 330 du 4 décembre 2014, Mohamed Sangaré c/ l'arrêt 077 du 21 mars 2014, *inéd.*

[1402] Loi n° 96-071, du 16 décembre 1996, *op. cit.*, art. 56 ; Loi n°2016-046/AN-RM, *op. cit.*, art. 244.

de recevabilité, particulièrement en ce qui concerne l'intérêt de l'intervenant volontaire à faire de telle demande[1403]. C'est le cas aussi en ce qui concerne l'impossibilité pour l'intervenant de faire appel du jugement rendu sur le recours principal[1404]. Sur ce point, le juge administratif national cite même directement l'arrêt Harenne du 9 janvier 1959 du CE et le professeur René Chapus[1405].

Ainsi, il va de soi, de déduire que lorsqu'il sera saisi des questions relatives à l'intervention sur lesquelles le juge français s'est déjà prononcé, il est presque sûr que le juge national alignera ses solutions sur celles de son homologue français. Il faut alors signaler que le juge administratif français considère que l'irrecevabilité des conclusions auxquelles l'intervenant s'associe entraîne celle de l'intervention[1406]. L'intervenant ne peut aussi que s'associer qu'aux conclusions et prétentions de la partie qu'elle appuie.

À côté de cette intervention relevant de la volonté propre d'une personne intéressée par la solution du litige, une personne peut être contrainte d'intervenir devant le juge.

b. L'intervention peut ne pas être volontaire

Un tiers peut être forcé d'intervenir dans le procès administratif sans qu'il ait manifesté de telle intention, c'est ce que l'on appelle l'intervention forcée. Elle se définie comme étant « l'obligation faite au tiers d'avoir à se joindre à l'instance initiale sans qu'il l'ait voulu »[1407]. Le professeur David Bailleul parle même d'« intervention provoquée »[1408].

Le juge administratif national a, par quelques arrêts, fixé les contours de l'intervention forcée. Ainsi, le tribunal administratif de Bamako, dans son jugement du 28 octobre 2010 a décidé que « l'intervention est forcée lorsque le tiers est mis en cause par une partie »[1409] et que dans le cas d'espèce « ni le requérant, ni le défendeur n'ont formulé une telle demande »[1410]. Estimant que le juge administratif de droit commun n'a pas fait une bonne application de la loi, les sieurs Karim Traoré et autres ont relevé appel de ce jugement.

Au soutien de leur appel, leurs avocats disent : « que ce n'est pas au requérant ni au défendeur qu'il revient de déterminer l'intervention forcée dans une procédure administrative, cette mission incombant plutôt au tribunal administratif seul ; que la notion d'intervention forcée telle que consacrée dans les procédures administratives est totalement différente de sa conception en

---

1403 CE, 27 mai 1964, Choulet, cité par O. Gohin, *op. cit.*, p. 211.

1404 CE, 17 juin 1977, Association Centre et Ouest ; 11 janvier 1995, Fédération des services CFDT, cité par David Bailleul, *Le procès administratif*, *op. cit.*, p. 110.

1405 V. l'arrêt Mohamed Sangaré du 4 décembre 2014, *op. cit.*

1406 CE, 12 juin 1936, Hitzel et autres cité par J.-M. Auby, R. Drago, *Traité de contentieux administratif*, *op. cit.*, p. 251.

1407 O. Gohin, *Contentieux administratif*, *op. cit.*, p. 212.

1408 D. Bailleul, *Le procès administratif*, Paris, LGDJ, 2014, p. 111.

1409 TAB, jugement n° 476 du 28 octobre 2010, Tiékoura Daniel Coulibaly, *inéd.*

1410 *Ibid.*

matière civile et commerciale, que si en matière civile et commerciale, l'intervention forcée est mise en cause par l'une des parties, tel n'est pas le cas *en matière administrative où c'est seule la juridiction qui au regard des pièces* du dossier, fait intervenir dans la procédure le ou les tiers dont les intérêts sont en jeu pour que le jugement rendu leur soit opposable ; que contester la qualité d'intervenant forcé des mémorants signifie que le jugement intervenu ne leur est pas opposable, ce qui est une absurdité ; qu'on ne saurait donc leur dénier la qualité d'intervenants forcés à partir du moment où ils y disposent des droits acquis qu'ils ont le plus grand intérêt à défendre. »[1411]

Dans sa solution au litige, le juge administratif suprême précise : « (…) que si la procédure civile est dominée par la volonté des parties, celle administrative l'est par le pouvoir inquisitorial du juge administratif ; Qu'en vertu d'un tel pouvoir, le juge peut, de son propre chef, faire intervenir dans la procédure toute personne dont les intérêts sont en cause ; Considérant qu'il est de jurisprudence constante qu'en vertu de son pouvoir inquisitorial, c'est le juge administratif et non les parties au procès qui demande l'intervention forcée ; Considérant que dans le cas d'espèce, le premier juge ayant invité dans la procédure les sieurs Karim Traoré et autres pour ensuite déclarer leur intervention irrecevable a méconnu la jurisprudence établie par le tribunal administratif en matière d'intervention forcée ; qu'il échet d'en tirer les conséquences de droit. »[1412]

Aussi, avant l'arrêt Karim Traoré et autres, la Section administrative de la Cour suprême avait déjà statué sur le sujet, mais selon les termes qui suivent : « (…) que l'intervention forcé des Moulins modernes du Mali et Grands moulins du Mali, sollicitée par la Direction générale du contentieux de l'État est contraire à l'article 56 de la loi 96-071 du 16 décembre 1996[1413], parce qu'elles ne sont pas concernées et n'y ont aucun intérêt ; Que l'intervention forcée ne peut être opposée à des entreprises concurrentes ; que la D.G.C.E peut être fondée à solliciter une expertise pour mieux asseoir ses prétentions, elle ne saurait, sous peine de violer la loi sus indiquée, solliciter du juge, l'intervention forcée d'entreprises concurrentes à SOMADIS-SARL ; Qu'il échet de rejeter l'intervention forcée comme mal fondée. »[1414]

À la lecture de la doctrine et des décisions de justice administrative française, on s'aperçoit que la jurisprudence administrative nationale relative à l'intervention forcée est source d'une ambiguïté sérieuse. Tout d'abord, à en croire aux écrits de Rémi Rouquette dans son « Petit traité du procès

---

[1411] Mémoire ampliatif (extrait) des sieurs Karim Traoré et autres dans l'affaire les opposant au jugement n° 476 du TAB du 28 octobre 2010.

[1412] CS-SA, Arrêt n° 218 du 14 octobre 2011, Karim Traoré et autres c/ le jugement n° 476 du 28 octobre 2010, *inéd.*

[1413] Loi organique régissant la Cour suprême, *op. cit.*, « l'intervention est admise de la part de ceux qui ont intérêt au règlement du litige engagé devant la Section », art. 244.

[1414] CS-SA, Arrêt n° 190 du 19 août 2011 entre la Société malienne de distribution et industrie (SOMADIS-SARL) et la Direction générale des douanes du Mali, inéd.

administratif... », « les interventions forcées ne (concerneraient) que le plein contentieux, même pour l'appel en déclaration de jugement commun »[1415].

Pourtant, tous les deux arrêts cités en la matière (arrêt Karim et autres et arrêt SOMADIS-SARL) choisis comme arrêt de principe, ont été rendus en contentieux de l'excès de pouvoir, d'où le choix même d'étudier le sujet dans ce titre de notre étude. En pratique, cela ne pose aucun problème et comme on le voit dans l'arrêt SOMADIS-SARL, le juge se réfère à la loi, même si cette dernière n'y consacre qu'un seul article, utilisant une formule laconique, n'apportant aucune distinction entre les interventions volontaires et forcées, ni dans les matières dans lesquelles elles peuvent être utilisées.

Ensuite, les professeurs Jean-Marie Auby et Roland Drago écrivent que « (...) l'expression d'intervention forcée (...) est évidemment discutable en ce que l'intervenant forcé est appelé dans la cause par le demandeur ou le défendeur, l'un ou l'autre espérant par ce moyen développer les prétentions de son adversaire et faire reporter sur l'appelé en cause les inconvénients de sa position »[1416]. Le professeur Olivier Gohin est encore plus précis quand il souligne que « cette demande incidente, que l'on dénomme également mise en cause, ne peut être prononcée d'office par le juge administratif et elle doit donc être le fait du demandeur ou du défendeur à l'instance »[1417] et en guise d'exemple, il cite l'arrêt Syndicat intercommunale des eaux de la Lomagne[1418].

En disant alors que « c'est le juge administratif et non les parties au procès qui demandent l'intervention forcée » ou que « la DGCE (...) ne saurait sous peine de violer la loi, solliciter du juge, l'intervention forcée (...) », le juge administratif malien adopte une position clairement contraire à la doctrine et la jurisprudence de l'ex-métropole. Il faut aussi souligner que, s'agissant de la France, le professeur David Bailleul apporte cette précision : « l'intervenant en tant qu'observateur : sur demande des parties ou même d'office, le juge peut appeler à l'instance toute personne susceptible d'être intéressée, afin d'en recueillir les observations. »[1419] Ce qui tempère les positions précédentes sur la France et crée un petit rapprochement avec la pratique nationale.

Enfin, le juge administratif national n'apporte pas de distinction perceptible entre les différentes formes d'intervention forcée, à savoir : l'appel en cause[1420]

1415 R. Rouquette, *Précis du procès administratif, contentieux administratif, juridiction générale et spéciale*, 5e éd., *op. cit.*, p. 576.

1416 J.-M. Auby, R. Drago, *Traité de contentieux administratif*, t. 2, *op. cit.*, p. 252.

1417 O. Gohin, *Contentieux administratif*, 2e éd., *op. cit.*, p. 212.

1418 CE, 26 mars 1958, cité par O. Gohin, *ibid.*

1419 D. Bailleul, *Le procès administratif*, *op. cit.*, p. 113.

1420 O. Gohin, *Contentieux administratif*, *op. cit.*, p. 212 ; CE, 25 avril 1958, Dame veuve Barboza, rec. CE, p. 228.

ou la mise en cause[1421], l'appel en garantie[1422] et l'appel en déclaration de jugement commun[1423].

Dans son encadrement des tiers au procès, il fait aussi la distinction entre le désistement et l'acquiescement.

2. Une distinction nette entre le désistement et l'acquiescement

Si toutefois, le désistement tout comme l'acquiescement sont des incidents interruptifs de l'organisation du procès, la jurisprudence de la Section administrative de la Cour suprême nous enseigne que les deux se distinguent nettement s'agissant des initiateurs (a) et des parties concernées (b).

a. Le désistement : une initiative partagée et les effets ne concernent que le demandeur

L'intitulé est déjà source d'une certaine ambivalence mais cela est normal, car la pratique jurisprudentielle y conduit inévitablement. En effet, soit c'est le juge qui va de sa propre initiative décider de mettre fin à la procédure suite à des comportements du requérant, donc du demandeur, dans ce cas nous sommes face à ce que l'on appelle le désistement d'office ou désistement forcé ; soit c'est le demandeur, c'est-à-dire l'auteur de la requête ayant ouvert la procédure, qui va décider de renoncer à ses prétentions, c'est le désistement volontaire.

Ainsi, le dernier, à savoir le désistement volontaire « est l'acte manifestant la volonté (du requérant) d'abandonner une procédure »[1424] ou « l'acte par lequel le requérant renonce totalement ou partiellement à ses prétentions dans le cadre de l'instance qu'il a entreprise »[1425]. Le requérant qui veut renoncer à sa demande, c'est-à-dire désister, doit tout simplement adresser une demande au juge dans ce sens. Le désistement n'est soumis à aucun formalisme distinctif ; « il résulte d'un mémoire écrit et doit être exprès, ou du moins sans équivoque sur l'intention du demandeur »[1426].

Le juge administratif national dans sa jurisprudence n'a jamais rejeté une demande de désistement. Chaque fois qu'un requérant lui a soumis une telle demande, il y « donne droit ou acte » selon la formule couramment employée. C'est ce qui fait que l'on ne peut souligner comme condition de l'acceptation du désistement que la seule demande expresse et claire manifestant cette intention adressée au juge.

La jurisprudence est relativement abondante en la matière, mais seulement pauvre au point que l'on n'a pas souvent la réponse à certaines questions telle

---

[1421] V. Jean-Marie Auby et Roland, *op. cit.*, p. 252.

[1422] CE, 26 novembre 1976, Département de Herault, rec. CE, p. 514.

[1423] CE, 17 novembre 1967, Confortini et Piazza, RDP, 1968, p. 641, note Waline.

[1424] R. Rouquette, *Précis du procès administratif, contentieux administratif, juridiction générale et spéciale, op. cit.*, p. 588.

[1425] J.-M. Auby, R. Drago, *Traité de contentieux administratif, op. cit.*, p. 257.

[1426] O. Gohin, *Contentieux administratif, op. cit.*, p. 254.

que la définition des différentes sortes de désistement. Il s'agit de la distinction entre désistement d'instance et désistement d'action qui reste fondamentale[1427]. Les professeurs Charles Debbasch et Jean Claude Ricci apportent cette précision : « alors que le premier est utilisé lorsque l'instance a été mal engagée, ainsi, dans le cas où elle a été formée devant un juge incompétent, le désistement d'action donne la possibilité à la partie qui s'aperçoit que sa prétention est mal fondée d'y renoncer avant que l'instance soit arrivée à son terme ; la différence dans les buts influe sur les effets de ces deux espèces de désistement. »[1428]

Dans l'affaire Oumou Wattara et autres, le juge décide ainsi en la forme : « considérant cependant que par lettre (...), les requérants déclarent se désister de leur action ; qu'il échet de leur en donner acte »[1429]. C'est la même situation dans l'affaire Sékou Maré, où le juge fait remarquer : « que le Conseil juridique (...) a déclaré se désister de son action sur le siège, alors qu'il demandait à la Cour l'annulation de l'article 4 du nouvel arrêté (...) ; qu'il échet en conséquence de lui en donner acte. »[1430] Dans l'arrêt Société éditions imprimeries du Mali (EDIM), le juge dit : « considérant que Me Lamissa Coulibaly, (...) après avoir saisi la Cour d'une requête d'annulation (...) a déclaré se désister de son action par lettre (...) ; qu'il échet en conséquence de lui donner acte de son désistement. »[1431]

L'un des points, les plus intéressants de la jurisprudence nationale relative au désistement, est que le juge refuse d'accorder au requérant, la possibilité d'attaquer ultérieurement la même décision, à l'annulation de laquelle il avait renoncé. C'est ce qui ressort de l'arrêt Fédération malienne d'hippisme en ces termes : « (...) ; que par requête du 15 juin 2014, la requérante sous la plume de son Conseil (...) s'est désistée de son recours pour excès de pouvoir contre les décisions querellées ; que par ordonnance (...) le Président de la Section administrative a donné acte de son désistement à la requérante ; considérant ce qui précède, il sied de dire qu'un second recours par la même requérante contre les mêmes décisions est irrecevable. »[1432]

Dans certains cas cependant, ce n'est pas le requérant qui désiste expressément, c'est le juge qui le constate, comme il a été déjà signalé, c'est le désistement d'office, forcé ou provoqué. Celui-ci « intervient au cas où le requérant, après mise en demeure, n'a pas répondu aux communications de

---

1427 Ch. Debbasch, J.-C. Ricci, *Contentieux administratif*, 6e éd., *op. cit.*, p. 416.

1428 *Ibid.*

1429 CS-SA, Arrêt n° 54 du 18 mai 1995, entre Oumou Wattara et autres et la Direction Générale de la Police nationale, *inéd.*

1430 CS-SA, Arrêt n° 58 du 1er juin 1995, entre le sieur Sékou Maré et le ministre de la Fonction publique, du Travail et de la Modernisation de l'Administration, *inéd.*

1431 CS-SA, Arrêt n° 61 du 13 juillet 1995 entre la Société EDIM et le ministère de la Culture et de la Communication, *inéd.*

1432 CS-SA, Arrêt n° 212 du 7 août 2014, entre la Fédération malienne d'hippisme et le ministère des Sports, *inéd.*

pièces qui lui ont été faites »[1433]. La jurisprudence relative au désistement forcé est principalement fondée sur la négligence ou la faute du requérant de ne pas avoir produit de mémoire. Le juge observe une certaine assurance en la matière, en rappelant le requérant de produire son mémoire ampliatif, et c'est alors qu'il constate et ce, de manière juste le désistement et en tire les conséquences.

Ainsi, dans l'arrêt n° 325 du 30 août 2012, le juge tranche comme suit : « considérant cependant que du 24 novembre 2010 date de la notification de la requête du dossier d'appel par la Cour à ce jour, l'appelante en dépit de la lettre (...) à elle adressée n'a pas produit de mémoire ampliatif ; qu'il échet d'assimiler ce silence à un désistement d'instance. »[1434]

Dans un autre arrêt, il statue ainsi : « considérant cependant que du 15 mai 2012 à ce jour 10 juillet 2010, date de la rédaction du rapport, l'appelant en dépit de la lettre 1007 à lui adressée n'a pas produit de mémoire ampliatif ; qu'il échet, (...), d'assimiler ce silence à un désistement d'instance et d'en donner acte à l'appelant. »[1435] Dans l'arrêt Harouna Niaré et autres, le juge rappelle cette jurisprudence constante : « considérant cependant que du 15 juillet 2014 à ce jour 30 octobre 2014, date de rédaction du rapport, les appelants, en dépit de la lettre n° 1447 à eux adressée, n'ont pas produit de mémoire ampliatif ; qu'(...), il échet d'assimiler le silence des appelants à un désistement d'instance. »[1436]

Cependant, la jurisprudence nationale se détache de celle de l'ex-métropole sur ce dernier point, quand le juge administratif national confond le désistement d'office et le désistement d'instance. En effet, la jurisprudence française ne considère un désistement comme tel que lorsque le requérant s'est désisté de son recours « tout en se réservant le droit de reprendre ultérieurement la même action »[1437]. Les professeurs Charles Debbasch et Jean Claude Ricci précisent qu'« en principe, une déclaration expresse est donc nécessaire pour que le désistement soit considéré comme un désistement d'instance »[1438].

Par contre, la jurisprudence Fédération malienne d'hippisme est proche des jurisprudences Clause[1439], Cancre[1440] et Caffot[1441], en ce qu'elles estiment « qu'en l'absence de circonstance de nature à faire regarder le désistement

---

1433 J.-M. AUBY, R. Drago, *Traité de contentieux administratif*, *op. cit.*, p. 257.

1434 CS-SA, la Mairie du District de Bamako c/ le jugement n° 282 du 1er juillet 2010 du TAB, *inéd.*

1435 CS-SA, Sidy Coulibaly et Niamato Traoré c/ le jugement n° 05 du 12 janvier 2012 du TAB, *inéd.*

1436 CS-SA, Arrêt n° 310 du 21 novembre 2014, entre Harouna et Autres c/ le jugement n° 207 du 21 avril 2011 du TAB, *inéd.*

1437 CE, 20 janvier 1950, Trantan, rec. CE ; tables vicennales, p. 876 ; CE, 8 mars 1988, SA ; Sotrading et Caliqua, rec. CE, p. 113.

1438 Ch. Debbasch, J.-C. Ricci, *Contentieux administratif*, *op. cit.*, pp. 417-418.

1439 CE, 12 décembre 1928, Clause, rec. CE, p. 1926.

1440 CE, 4 novembre 1955, Cancre, rec. CE, tables, p. 777.

1441 CE, 24 mai 1957, Caffot, rec. CE, p. 341.

comme s'appliquant seulement à l'instance introduite par l'intéressé, celui-ci est irrecevable à attaquer ultérieurement la même décision ».

En ce qui concerne l'acquiescement, son initiative n'est pas partagée et ne concerne pas directement le requérant.

b. L'acquiescement : une initiative non partagée et les effets ne concernent que le défendeur

Cet intitulé a été délibérément formulé en fonction de la jurisprudence de la Cour suprême du Mali en la matière, qui ne met l'accent que sur l'acquiescement du défendeur et ledit acquiescement est toujours constaté par le juge, donc d'office. Cette précision n'est pas fortuite, car la possibilité de l'acquiescement du demandeur a été soulignée et étudiée[1442]. On se demande alors comment dans la pratique, un demandeur pourrait acquiescer et à quoi. Peut-on alors acquiescer à la décision que l'on attaque devant la juridiction administrative ? Si tel est le cas, pourquoi ne pas laisser la décision telle qu'elle existe ? On peut ainsi laisser le délai de recours expirer sans demander au juge l'annulation de la décision.

Pourtant, Charles Debbasch et Jean Claude Ricci analysent cette déchéance « comme un acquiescement implicite »[1443]. Ils continuent en écrivant qu'« en agissant pas dans le délai, le requérant a implicitement acquiescé à la décision administrative »[1444]. Jean-Marie Auby et Roland Drago répondent alors qu'« il semble cependant préférable de considérer qu'il est impossible, comme le rappelle le Commissaire du gouvernement Landron[1445], de renoncer à l'exercice du recours pour excès de pouvoir, cette interdiction reposant sur la nature particulière du recours »[1446]. Ces derniers font alors référence à l'acquiescement du défendeur ou de l'Administration et précisent : « il s'agit là du véritable acquiescement en tant qu'incident de procédure car c'est la reconnaissance, par le défendeur, du bien-fondé de l'action. »[1447]

C'est de cet acquiescement normal dont il est question ici, c'est-à-dire l'acquiescement du défendeur. Il faut rappeler que nous sommes dans le cadre du contentieux de l'excès de pouvoir. En effet, nous ne trouvons pas facile, le fait pour l'Administration d'acquiescer aux prétentions et conclusions d'un requérant dans un procès. Cela est pratiquement improbable, car elle peut toujours du début à la fin de la procédure annuler la décision querellée mettant

---

1442 V. J.-M. Auby, R. Drago, *Traité de contentieux administratif, op. cit.*, p. 264 ; Ch. Debbasch, J.-C. Ricci, *Contentieux administratif, op. cit.*, pp. 422-423.

1443 Ch. Debbasch, J.-C. Ricci, *ibid.*, p. 423.

1444 *Ibid.*

1445 Conclusion du Commissaire du gouvernement Landron sur l'affaire Andréani du 19 novembre 1955 du CE français, RDP, 1956, p. 25.

1446 J.-M. Auby, R. Drago, *Traité de contentieux administratif, op. cit.*, p. 264.

1447 *Ibid.*

ainsi fin aux inquiétudes du requérant. La jurisprudence afférente à la matière prouve que cela ne s'est que très rarement produit voire peut-être jamais produit.

Ainsi, la Section administrative de la Cour suprême a dans son arrêt n° 332 de 2012 précisé sa position en ces termes : « considérant que tant devant le juge d'instance que devant le juge d'appel, la Mairie du District s'est abstenue de conclure ; considérant (…) qu'elle est de ce fait réputée avoir acquiescé aux faits exposés dans le recours. »[1448] C'est surtout dans l'arrêt Sanoussi Touré que nous considérons comme le plus grand arrêt de la jurisprudence nationale en la matière, que le juge va définir avec parcimonie l'acquiescement d'office : « considérant que la DGCE, en dépit des différentes correspondances lui notifiant le recours, lui rappelant ladite notification et la mettant en demeure, n'a pas daigné participer à la présente procédure ; qu'il convient de dire (…), qu'elle est réputée avoir acquiescé aux faits exposés dans le recours. »[1449]

Ces deux arrêts de référence sont suffisants pour comprendre la démarche du juge. Ainsi, le défaut de production de mémoire en défense, est considéré comme l'acquiescement du défendeur aux faits, prétentions et conclusions exposés par le demandeur. Cette négligence n'est-elle pas en réalité un aveu timide de l'Administration concernée ? C'est une solution acceptable, car il ne faut pas que l'Administration puisse prendre, par son inaction face au mémoire ampliatif du requérant, le procès en otage. C'est cet enseignement que l'on peut tirer de l'arrêt Mahamane Touré.

Le juge démontre aussi une certaine sagesse et surtout de la patience avant de forcer la défenderesse, en principe l'Administration a acquiescé. Le juge peut tout d'abord procéder à la notification du mémoire ampliatif à l'Administration concernée. En cas de silence face à celle-ci, le juge peut ensuite adresser une lettre de rappel à l'Administration. Il se peut que malgré tous ces actes, l'Administration ne réagisse pas. Il peut enfin lui adresser une mise en demeure, l'Administration, si elle est de mauvaise foi, peut toujours garder le silence. Le juge va alors en tirer les conséquences de droit qui ne sont autres que l'acquiescement d'office. C'est ce que l'on apprend dans l'arrêt Sanoussi Touré.

Cependant, ces deux arrêts relatifs à l'acquiescement reflètent la jurisprudence française si l'on s'en tient au résumé suivant des professeurs Charles Debbasch et Jean Claude Ricci : « au cas d'une mise en demeure restée sans effet, le défendeur ou l'Administration qui n'a pas produit de mémoire est réputé avoir acquiescé aux faits exposés dans la requête ; au Conseil d'État, lorsque le défendeur ou un Ministre appelé à présenter ses observations n'a pas respecté le délai imparti par la juridiction, même sans mise en demeure, il est

---

[1448] CS-SA, Arrêt n° 332 du 30 août 2012, Mahamane Touré c/ le jugement n° 90 du 10 juin 2009 du TAB, *inéd.*

[1449] CS-SA, Arrêt n° 026 du 6 février 2014, entre Sanoussi Touré et le ministère de l'Enseignement supérieur et de la Recherche scientifique, *inéd.*

réputé avoir acquiescé aux faits exposés par son adversaire. »[1450] C'est la jurisprudence Mademoiselle Gros[1451].

Le professeur Olivier Gohin souligne aussi, que les textes « prévoient l'acquiescement forcé du défendeur (…) aux faits exposés par le requérant faute d'avoir produit ses observations en défense après expiration du délai imparti à cet effet par le rapporteur, sans mise en demeure préalable du président de la formation du jugement »[1452]. Le défaut de mémoire en défense est donc à la base de l'acquiescement d'office. Il faut aussi ajouter l'affirmation de Rémi Rouquette selon laquelle « le silence du défendeur, après mise en demeure de conclure, est réputé valoir acquiescement aux faits exposés par le demandeur ». Il cite en appui de son affirmation l'article R612-6 du Code de justice administrative français qui est similaire à l'article 237 de la loi régissant la Cour suprême du Mali qui dispose : « le défendeur qui ne dépose pas de mémoire (…) est réputée avoir acquiescé aux faits exposés dans le recours. »[1453]

Ainsi, si on peut observer une application stricte des règles qui ont trait à l'organisation du procès, celles concernant les moyens d'instruction sont le plus souvent fluctuantes.

Paragraphe 2 : Une rigueur fluctuante dans l'application des règles relatives aux moyens d'instruction

Comme le soulignent à juste titre les professeurs Charles Debbasch et Jean Claude Ricci, « les étapes normales de la procédure d'instruction (…) sont marquées par deux phénomènes fondamentaux : les pouvoirs du juge et le principe du contradictoire »[1454]. Sur le sujet, le professeur Olivier Gohin écrit que « l'instruction oblige, quant à elle, à distinguer la procédure normale dominée par la mise en œuvre de la contradiction et de l'inquisitorialité, et les procédures d'urgence qui constituent une donnée essentielle de l'instance devant la juridiction administrative »[1455].

À lire ces différentes affirmations, l'on comprend clairement que parmi les moyens d'instruction dont dispose le juge administratif, figurent principalement en bonne place le contradictoire et l'inquisitorialité, mais à côté de ces deux éléments communément signalés (comme relevant de la procédure normale) par les professeurs cités ci-dessus, le dernier cité, à savoir Olivier Gohin, comme on peut le remarquer, souligne les procédures d'urgence et attire l'attention sur leur importance.

C'est pourquoi, nous ne reviendrons pas sur le principe du contradictoire, que nous avons jugé utile d'étudier dans le Paragraphe précédent relatif à

1450 Ch. Debbasch, J.-C. Ricci, *Contentieux administratif*, *op. cit.*, pp. 423-424.
1451 CE, 9 octobre 1968, Demoiselle Gros, rec. CE, p. 482.
1452 O. Gohin, *Contentieux administratif*, *op. cit.*, p. 257.
1453 Loi n°2016-046/AN-RM, *op. cit.*
1454 Ch. Debbasch, J.-C. Ricci, *Contentieux administratif*, 6e éd., *op. cit.*, p. 350.
1455 O. Gohin, *Contentieux administratif*, 2e éd., *op. cit.*, p. 233.

l'organisation du procès, mais nous mettrons l'accent sur les pouvoirs du juge en la matière selon les termes ci-dessus utilisés par Charles Debbasch et Jean Claude Ricci, lesquels se manifestent surtout chez nous à travers une rigueur superficielle dans la bonne administration de la preuve (A), et par certaines procédures d'urgence particulières, dans l'instruction desquelles, le juge fait montre d'une rigueur inadéquate (B).

A. Une rigueur superficielle dans la bonne administration de la preuve

C'est vrai que le juge administratif national fait souvent preuve d'une application raisonnable et satisfaisante des grandes lignes du régime de la preuve, il faut le mentionner. Cependant, il faut rappeler que la procédure devant le juge administratif est inquisitoriale et que le procès administratif tourne autour de deux parties dont les forces sont totalement inégales. Ainsi, comment un administré désarmé peut apporter la preuve d'une décision d'une Administration toute puissante qui ne lui a pas été expressément notifiée mais dont le principe de l'exécution préalable fait qu'il subit les conséquences ?

Le juge doit alors faire montre d'une grande habileté. Ainsi, en s'en tenant à un arrêt récent, on pourrait croire que le juge fait une application stricte de l'adage « actori incumbit probatio » selon lequel, la charge de la preuve incombe au demandeur. En effet, dans l'arrêt DGCE contre le jugement n° 323 de 2011 du TAB, le juge a précisé qu'« il incombe à chaque partie au procès d'apporter la preuve des faits nécessaires au succès de sa prétention »[1456].

Cet arrêt, tout en montrant le caractère quelque peu fluctuant de la jurisprudence en la matière, ne doit pas non plus faire oublier la jurisprudence la plus constante. C'est pourquoi, on remarque que le juge est modérément exigeant envers l'Administration dans l'administration de la preuve (1) et qu'il observe une exigence sensiblement moins stricte envers l'administré (2).

1. Une juge modérément exigeant envers l'Administration

L'Administration, qu'elle soit demanderesse (a), ce qui arrive couramment devant le juge administratif d'appel et le juge de « cassation » ou même qu'elle soit défenderesse (b), ce qui est en principe et généralement le cas, le juge exige d'elle la production de la preuve en appui de ses prétentions.

a. L'Administration demanderesse doit apporter la preuve

À part quelques très rares exceptions, notamment le cas d'un litige entre deux administrations publiques, l'Administration demanderesse est très rare en premier ressort, que cela soit devant le juge administratif de droit commun ou devant le juge administratif suprême. Comme nous l'avons souligné dans l'intitulé, c'est surtout contre les décisions de justice censurant ses décisions que l'administration s'érige en demanderesse.

[1456] CS-SA, Arrêt n° 175 du 4 juillet 2014, la DGCE c/ le jugement n° 323 du 30 juin 2011 du TAB, *inéd.*

La question se pose alors de savoir si toutefois le terme demandeur convient à ce niveau, car l'Administration agit en tant qu'appelante, sauf que l'appelant est stricto sensu celui qui demande à ce qu'une décision de justice soit réexaminée, donc demandeur. Certaines décisions même consolident cette analyse. Tel est par exemple le cas de l'affaire Sous-préfet de Kalabancoro représenté par la DGCE où le juge fait savoir : « la DGCE a promis de préciser les termes de son recours dans un mémoire ampliatif à venir ; la requête introductive d'instance a été notifiée au défendeur qui a produit un mémoire (...) »[1457].

En parlant de défendeur, qui est alors le demandeur ? C'est évidemment le Sous-préfet de Kalabancoro, ou encore en évoquant le mémoire ampliatif, ce dernier est également l'apanage du demandeur. C'est pareil dans l'arrêt Préfet de Kati représenté par la DGCE où le juge souligne que « la DGCE a interjeté appel contre le jugement du TAB » et que « la DGCE qui promettait de produire un mémoire ampliatif (...) ne s'est pas exécutée »[1458].

Vu sous cet angle, l'Administration peut alors être demanderesse. Cependant, à la question de savoir comment le juge administratif appréhende la preuve dans le contentieux de l'excès de pouvoir lorsque c'est l'Administration qui se trouve en position de demandeur ; le professeur Hervé de Gaudemar répond : « en excès de pouvoir, l'Administration n'occupe jamais la position de demandeur, sauf, tout naturellement lorsque le recours est introduit par une Administration contre une autre Administration. Dans ce cas, que le demandeur soit une Administration ne change en rien les principes (...) en ce qui concerne la charge de l'allégation, la dialectique de la preuve pour forger la conviction du juge et l'utilisation par le juge de ses pouvoirs généraux d'instruction. »[1459]

Cette affirmation de Gaudemar est contredite par la jurisprudence nationale. Dans un arrêt, la Mairie de la Commune urbaine de Ségou, 4e région du Mali, avait sollicité en appel l'annulation d'un jugement du tribunal administratif de Bamako ayant annulé une de ses décisions. L'affaire était relative à une parcelle faisant partie des biens d'une succession. Pour le juge : « en dépit de ses affirmations, Me Kanouté n'a pas apporté la preuve que la succession objet du permis d'habiter n° 371 du 16 décembre 1997 est revenu à son client et à ses frères de même lignée au cours du partage de la masse successorale ; le Maire de Ségou, en prêtant son concours à une telle opération, par la création du permis d'habiter n° 371 du 16 décembre 1997 (...) a exposé ses actes à la censure du juge. »[1460]

1457 CS-SA, Arrêt n° 108 du 8 mai 2014, *op. cit.*

1458 CS-SA, Arrêt n° 107 du 8 mai 2014, *op. cit.*

1459 Lexbase n° 274 du 24 janvier 2013, revue, « Recours en annulation pour excès de pouvoir : la charge de la preuve ne saurait incomber au seul demandeur – Questions à Hervé GAUDEMAR, professeur de droit public à l'Université Jean Moulin – Lyon 3 », p. 3.

1460 CS-SA, Arrêt n° 61 du 12 août 2004, le Maire de la Commune de Ségou c/ le jugement n° 92 du 5 novembre 2003 du TAB, *inéd.*

La lecture des faits et procédure nous font comprendre que la décision du juge est effectivement juste et logique. En effet, dans ses prétentions et conclusions, l'avocat de l'intervenant volontaire (bénéficiaire de la décision du Maire) et du Maire, s'est seulement adonné à de vierges allégations sans fondements. Comme le fait d'ailleurs remarquer le juge, ni l'intervenant volontaire et ses frères, ni le Maire, n'apportent la moindre preuve certifiant que ceux-ci ont bénéficié de la parcelle litigieuse au cours du partage de la masse successorale. C'est ainsi, pour n'avoir pas pu apporter la preuve que ce demandeur, non ordinaire, à savoir la Mairie de Ségou, a vu sa demande en annulation « rejetée comme mal fondée ».

Aussi, dans l'arrêt Préfet de Kati contre l'arrêt 107 de 2014 de la Section administrative de la Cour suprême, le juge administratif suprême fait savoir que « le Préfet de Kati ne verse au dossier aucune preuve, si minime soit-elle, de la non mise en valeur de la parcelle ; que par contre, (le défendeur) a produit un procès-verbal d'huissier constatant l'existence d'un puits à grand diamètre d'une valeur estimée à cinq cents mille FCFA 500 000 F »[1461].

Ces arrêts démontrent une certaine exigence du juge envers l'Administration et préviennent qu'il ne suffit pas d'être une Administration pour demander au juge d'annuler une décision et obtenir directement gain de cause. Il faut apporter la preuve éclairant ses allégations. Cette exigence paraît même être plus élevée lorsque l'Administration est dans son rôle normal de défenderesse.

b. L'Administration défenderesse doit apporter la preuve : le renversement de la charge de la preuve

On rencontre ici, l'une des manifestations de la spécificité du droit du contentieux administratif. Difficilement acceptable et compréhensible en droit de l'égalité des parties au procès, ici, il n'appartient pas toujours au requérant d'apporter la preuve de ses allégations. Lorsque le recours est accompagné d'allégations convaincantes n'ayant pas pu être sérieusement mises en échec par l'Administration défenderesse, le juge confie la tâche qui est normalement celle du requérant devant le juge civil à cette dernière. En d'autres termes, il met la charge de la preuve au compte de celle dont la décision a été attaquée pour présomption d'irrégularité : c'est le renversement de la charge de la preuve.

Charles Debbasch et Jean Claude Ricci apprécient cette pratique en ces termes : « ainsi est désormais nuancée la traditionnelle position d'infériorité des personnes privées »[1462] ; « mais c'est encore l'intervention du juge qui garantit l'équilibre dans l'administration de la preuve »[1463] ajoutent-ils. Dans cette pratique, Ndèye Madjiguène F. Diagne y voit « l'allègement de la charge de la

---

[1461] CS-SA, Arrêt n° 213 du 7 août 2014, le Préfet de Kati c/ l'arrêt n° 107 du 8 mai 2014 de la CS-SA, *inéd.*

[1462] Ch. Debbasch, J.-C. Ricci, *Contentieux administratif*, *op. cit.*, p. 395.

[1463] *Ibid.*

preuve pesant sur le demandeur »[1464] et reconnaît que « la preuve de la plupart des illégalités commises par les agents de l'Administration serait difficile, voire impossible à établir sans l'intervention du juge »[1465].

Ainsi, la Cour dans l'affaire sieur Diby Mounkoro a souligné : « (...) qu'aucune des pièces versées au dossier ne vient confirmer la mauvaise gestion financière reprochée au requérant ; qu'il résulte de ce qui précède de soumettre la décision de relève du mémorant à la censure de la Cour. »[1466]

Le juge est encore plus clair dans l'affaire Basseyo Diall : « (...) Considérant que le Commandant de cercle, en produisant son mémoire en défense, se devait d'y joindre une copie du procès-verbal de consultation auquel il fait allusion dans sa lettre (...) pour permettre d'éclairer la religion de la Cour ; Considérant que le requérant affirme qu'il n'y pas eu de consultation ; Qu'il convient de ce qui précède, de considérer comme fondée la déclaration du requérant, le défendeur n'ayant pu verser au dossier, le P.-V. de consultation du village de Louré qui demeure la pièce essentielle du dossier. »[1467] Dans ce second cas d'espèce, le juge décharge complètement le requérant de la charge de la preuve et la met sur la tête de l'Administration.

Pourtant, le juge administratif malien partage cette pratique de rigueur incomplète dans la bonne administration de la preuve. Ainsi, le juge sénégalais, tout comme lui « se (contente) de son côté des pièces du dossier et des observations des parties sans rechercher les véritables motivations de l'Administration »[1468].

Cependant, cette attitude des deux juges répond à la récente jurisprudence du CE français, selon laquelle « il revient au juge, avant de se prononcer sur une requête assortie d'allégations sérieuses non démenties par les éléments produits par l'Administration en défense, de mettre en œuvre ses pouvoirs généraux d'instruction des requêtes et de prendre toute mesure propre à lui procurer, par les voies de droit, les éléments de nature à lui permettre de former sa conviction, en particulier, en exigeant de l'Administration compétente, la production de tout document susceptible de permettre de vérifier les allégations du demandeur »[1469]. La non-production desdites pièces confirme alors les allégations du

---

[1464] NMF. Diagne, *Les méthodes et les techniques en droit administratif sénégalais*, thèse, *op. cit.*, p. 194.

[1465] *Ibid.*

[1466] CS-SA, Arrêt n° 77 du 28 septembre 1995, entre le sieur Diby Mounkoro et le Commandant de cercle de Tominian, *inéd.*

[1467] CS-SA, Arrêt n° 78 du 28 septembre 1995, entre le sieur Basseyo Diall et le Commandant de cercle de Ténenkou, *inéd.*

[1468] VCS, 28 janvier 1981, Société Colas et Entreprise Lefebvre, et C.S 25 février 1981, Établissements Virmand, cité par Ndèye M. F. Diagne, thèse, *op. cit.*, p. 196.

[1469] VCE, 26 novembre 2012, in Lexbase n° 274 du 24 janvier 2013, *op. cit.* ; v. aussi www.lexbase.fr, consulté le 8 janvier 2016 à 0 h 22 mn.

demandeur et conduit inévitablement à la censure de la décision querellée. C'est ce qui s'est passé dans les arrêts du juge administratif malien ci-dessus cités.

Il faut alors attirer l'attention sur le fait que cette exigence envers l'Administration ne doit pas être comprise comme l'octroi d'une carte blanche à l'administré demandeur devant le juge administratif. Celui-ci doit, chaque fois que c'est possible, apporter les preuves de ses allégations sous peine de voir sa demande rejetée comme mal fondée.

2. Une exigence réelle mais moins accentuée envers l'administré demandeur

En application de l'arrêt la DGCE pour le compte du Préfet de cercle de Kati ainsi libellé : « il incombe à chaque partie au procès d'apporter la preuve des faits nécessaire au succès de sa prétention »[1470], et une jurisprudence antérieure constante, l'administré doit lui aussi, dans la limite des possibilités éclairer sa position en apportant des preuves. Cela n'est-il pas d'ailleurs normal que l'on puisse apporter l'élément démontrant l'illégalité d'un acte d'une autorité administrative si telle est sa conviction ?

Sans se replonger dans ce débat pris en compte dans le précédent paragraphe, l'interrogation suivante ressurgit ici : qui du demandeur ou du défendeur doit apporter la preuve ? Si nous étions dans une situation égalitaire, la réponse logique serait de dire automatiquement le demandeur. Comme nous sommes alors dans une autre situation basée sur l'inégalité des parties, la logique change sensiblement et raisonnablement, en admettant souvent de peser la charge de la production de la preuve sur le défendeur. C'est ce qui démontre principalement l'exigence plus élevée que le juge observe envers l'Administration, à laquelle le paragraphe précédent a été consacré.

Cela ne fait pas alors disparaître sur le demandeur toute charge de production de la preuve de ses allégations et on le verra bien dans les lignes qui suivent, le juge y tient même rigueur. Cette rigueur ne peut alors être appréciée de la même manière que celle observée à l'égard du défendeur. Il est certainement plus perturbant de demander à celui qui défend d'apporter la preuve qu'à celui qui demande, sauf que cela n'est pas évident.

Déjà, en 1990, statuant sur une requête du 15 avril 1987, la Section administrative dit : « Considérant que le requérant se contente d'affirmer l'existence de ces manœuvres frauduleuses sans en apporter la preuve qui lui incombe ; Qu'il échet de rejeter son recours comme non fondé. »[1471] Cette décision est très claire et nous semble juste. En effet, le requérant pouvait normalement chercher à établir le caractère frauduleux de l'acte d'abord devant qui de droit, c'est-à-dire « le juge de la fraude ».

[1470] CS-SA, Arrêt n° 175 du 4 juillet 2014, *op. cit.*

[1471] CS-SA, Arrêt n° 04 du 22 février 1990, entre Mamadou Coulibaly et le Maire de Kati, *inéd.*

Dans l'affaire Arouna Dia[1472], le juge soutient : « que le requérant a expliqué qu'étant à l'époque malade, il ne pouvait rejoindre son poste d'affectation ; Considérant en effet qu'il résulte des documents versés par le requérant lui-même (certificat médical et carnet personnel de santé), qu'il était suivi pour une hyper-tension artérielle n'ayant pas à l'époque nécessité une hospitalisation, mais tout simplement ambulatoire ; Considérant (…) qu'il n'a pas rapporté la preuve qu'à ce poste à savoir Niafunké, il n'aurait pas pu être soigné convenablement ; qu'il ne saurait en conséquence se prévaloir de ses propres turpitudes ». Il ressort de cet arrêt, que le sieur Dia pouvait effectivement apporter la preuve démontrant au juge que le Centre de santé de Niafunké n'était pas capable de sa prise en charge.

En ce qui concerne l'arrêt Cheick Chérif Diabaté et trente-deux (32) autres, le juge fait savoir « que les requérants se contentent d'affirmations gratuites et n'apportent aucune preuve aux allégations selon lesquelles, le concours a été taillé sur mesure, la correction n'a pas été faite dans l'anonymat et certains correcteurs n'avaient pas les qualités requises ; qu'il échet de rejeter ce moyen »[1473]. C'est vrai qu'ici, les allégations sont très sérieuses pour ne pas être étayées par des preuves. Alors, faut-il encore que les requérants puissent avoir la possibilité d'avoir lesdites preuves. C'est là que doit normalement jouer la technique du renversement de la charge de la preuve, car seule l'Administration peut produire dans une telle situation les preuves certifiant que l'anonymat ainsi que la qualité des correcteurs ont été respectés.

En demandant donc au requérant d'apporter une preuve qu'il ne peut pas avoir, le juge fait une application étriquée de sa propre jurisprudence. Nous estimons que c'est l'impossibilité pour le requérant de produire une preuve à l'appui d'allégations sérieuses et probables, qui doit motiver, par le juge, le renversement de la charge de la preuve.

Dans l'arrêt n° 381 de l'année 2013, il rappelle que « le sieur Fadio Diatigui Diarra prétend avoir été le premier attributaire depuis 1987 sans en apporter la preuve ; que dans l'impossibilité de produire un titre administratif régulier en son nom, il s'est fait délivrer un permis de concession urbaine sur celui déjà existant au profit de l'intimé »[1474]. Dans ces arrêts, le juge administratif semble s'approprier de la formule du professeur Thouroude ainsi écrit : « le demandeur doit toujours invoquer des faits précis ou des arguments juridiques permettant

---

[1472] CS-SA, Arrêt n° 34 du 26 juillet 1990, entre Arouna Dia et le ministère de l'Emploi et de la Fonction publique, *inéd.*

[1473] CS-SA, Arrêt n° 13 du 2 mars 2006, entre le sieur Cheick Chérif Diabaté et trente-deux (32) Autres et le ministère de la Fonction publique, *inéd.*

[1474] CS-SA, Arrêt n° 381 du 5 décembre 2013, entre le sieur Fadio Diatigui Diarra et le jugement n° 010 du 12 janvier 2012 du TAB, *inéd.*

d'établir la réalité de l'illégalité »[1475]. C'est une exigence, mais non insurmontable dans les situations normales.

La pratique malienne en la matière présente de grandes similitudes avec celle du Bénin. C'est ce qui ressort surtout des affirmations suivantes : « lorsqu'un demandeur se contente d'avancer qu'un acte lui porte grief, une telle affirmation ne suffit pas à emporter la conviction du juge ; il revient au plaignant de produire un exemplaire de la décision pour permettre à la Chambre administrative d'avoir à statuer en parfaite connaissance de cause ; (…) au cas où la mesure qui est contestée n'est pas produite (…), le recours est rejeté comme irrecevable. »[1476]

Ainsi, la Chambre administrative de la Cour suprême béninoise, dans l'arrêt Djivo statue comme suit : « (…) le requérant (…) se contente (...) d'adresser à la Cour certaines de ses propres lettres en direction du Préfet de l'Atlantique ou un compte rendu du Maire de la Commune urbaine d'Avotrou destiné au même Préfet, (…), à l'exception de véritables actes pris par ledit préfet (…). »[1477]

C'est pareil pour le Sénégal, où le juge observe parfois la même exigence. C'est le cas dans un arrêt du 6 juin 1990 où il affirme que « le requérant n'avance aucune précision circonstanciée de nature à faire présumer l'illégalité de la décision attaquée (…) et ne lui permet pas d'exercer son contrôle sur la légalité de la décision attaquée »[1478]. Ces mots ont été pratiquement reconduits dans l'affaire Ciré Nayba Seck[1479]. Dans la même logique, dans l'arrêt Boubacar Fall, le Conseil d'État sénégalais, suite aux allégations des requérants selon lesquelles, la mesure de licenciement dont ils avaient été victimes, ne respectait pas la légalité, a souligné que « les demandeurs ne rapportent pas les preuves de la violation des dispositions de l'article 47 du code de travail »[1480]. Il ressort ainsi de ces arrêts que « cette attitude du juge de l'excès de pouvoir traduit sa volonté de veiller à l'application du principe attribuant au requérant la charge de la preuve ; quel que soit l'importance de la question posée par la requête, le juge ne fait bénéficier au plaideur aucun doute si celui-ci ne fournit pas d'informations précises et concordantes »[1481].

Cette attitude du juge, pourrait faire oublier l'exigence qu'il observe à l'égard de l'Administration dans l'établissement de la preuve. Il s'agit du renversement de la charge de la preuve que le juge malien tout comme français, béninois[1482] ou sénégalais observe souvent à l'égard de l'Administration.

[1475] J.-J. Thouroude, *Pratique du contentieux administratif*, Paris, Éd. du moniteur, 1992, p. 144, cité par C. F. S. Kpenonhoun, thèse, *op. cit.*, p. 111.

[1476] C. F. S. Kepenonhoun, thèse, *op. cit.*, pp. 111-112.

[1477] Arrêt n° 48 de la Chambre administrative de la Cour suprême du Bénin du 13 décembre 2001, cité par C. F. S. Kpenonhoun, *ibid.*, p. 112.

[1478] CS, 6 juin 1990, Mamadou Diagne, cité par N. M. F. Diagne, thèse, *op. cit.*, pp. 184-185.

[1479] CS, 6 juin 1990, Ciré Nayba Seck, cité par N. M. F. Diagne, thèse, *ibid.*

[1480] CE, 25 août 1993, Boubacar Fall, cité par N. M. F. Diagne, *ibid.*

[1481] N. M. F. Diagne, *ibid.*

[1482] V. C. F. S. Kpenonhoun, thèse, *op. cit.*, pp. 113-114-115.

Aussi, même si elle est le plus souvent inadéquate, le juge observe une certaine rigueur dans l'instruction des procédures d'urgence.

B. Une rigueur inadéquate dans l'instruction des procédures d'urgence

À la lecture de la jurisprudence de la Section administrative de la Cour suprême, l'enseignement que l'on peut en tirer en ce qui concerne les procédures d'urgence est que, le sursis à exécution domine largement ce terrain (1) même s'il faut, quoique rare, signaler aussi l'usage du référé administratif (2). Dans l'instruction de ces procédures, on le verra, le juge change de regard dans l'administration de la preuve comparativement à la procédure administrative contentieuse ordinaire.

1. Un usage restrictif du sursis à exécution

Le sursis à exécution constitue une véritable brèche dans la forteresse qui couvre les décisions des autorités administratives dès leurs adoptions. Il s'agit du privilège du préalable accordant une présomption de légalité aux actes administratifs exécutoires. Une autre règle de la procédure administrative contentieuse se trouve être atteinte par le sursis à exécution : le caractère non suspensif des recours devant les juridictions administratives. Ce caractère a même été précisé par le législateur en ces termes : « les recours devant la Section administrative ne sont pas suspensifs… »[1483] et « les recours devant le tribunal administratif n'ont pas d'effet suspensif s'il n'en est ordonné autrement- par le tribunal à titre exceptionnel. »[1484]

En effet, « si l'introduction d'un recours avait pour effet de suspendre l'effet de la décision attaquée, le juge serait conduit à faire indirectement acte d'administrateur et cette situation aurait même pour conséquence inéluctable de modifier l'intensité du contrôle qu'il serait, par la suite, conduit à effectuer »[1485], écrivent Jean-Marie Auby et Roland Drago. À cette affirmation, Lavau répond que « cette explication n'est pas entièrement convaincante puisqu'on reconnaît justement au juge le pouvoir d'ordonner le sursis à exécution »[1486]. Il faut alors ajouter qu'il ne s'agit là que d'un tempérament exceptionnel à un principe qui ne s'en trouve pas autant atteint[1487]. Pour Jean-Marc Février, « au sein d'un système juridictionnel rendu inégalitaire par l'effet non suspensif des recours, le prononcé du sursis permet au juge d'établir un équilibre contentieux »[1488]. Le

---

[1483] Loi n°2016-046/AN-RM, *op. cit.*, art. 233.

[1484] Loi n° 94-006/AN-RM, *op. cit.*, art. 25 ; Loi n° 2018-031 du 12 juin 2018, *op. cit.*, art. 2.

[1485] J.-M. Auby, R. Drago, *Traité de contentieux administratif*, t. 2, *op. cit.*, p. 316.

[1486] G. Lavau, « Du caractère non suspensif des recours devant les tribunaux administratifs », RDP, 1950, p. 777 ; v. Juristes n° 51, juillet-août-septembre 2002, p. 20, cité également par J.-M Jean-Marie Auby, R. Drago, *ibid.*

[1487] V. J.-M. Auby, R. Drago, *ibid.*

[1488] J.-M. Février, *Recherches sur le contentieux administratif du sursis à exécution*, Paris, L'Harmattan, 2000, p. 37.

sursis à exécution permet alors de retarder les effets parfois irréparables de décisions exécutoires de l'Administration.

Cependant, le juge administratif malien se montre très timide dans le prononcé du sursis à exécution (b) et stricte en ce qui concerne la définition des conditions de recevabilité de la demande y afférente (a).

a. Une appréciation évanescente des conditions de recevabilité de la demande de sursis à exécution

Comme dans la procédure ordinaire, la requête aux fins de sursis à exécution doit mentionner l'adresse complète du demandeur et celle du défendeur. Plus que dans la procédure ordinaire, cette formalité permet surtout de respecter l'urgence qui est même l'essence de cette procédure particulière. En effet, si l'adresse de l'auteur de l'acte est incomplète ou mal établie, il sera très difficile de faire droit à une procédure accélérée comme le demande le requérant. La particularité de la procédure ne fait pas qu'elle échappe aux conditions générales de recevabilité du recours pour excès de pouvoir. C'est ce qui ressort à titre d'exemple des arrêts Habibou Sissoko[1489] et Idrissa Hamadou Touré[1490] où le juge utilise son habituelle formule laconique en recours pour excès de pouvoir : « considérant que la requête obéit aux conditions de recevabilité » ou que « les conditions de délai, de qualité et d'intérêt sont remplies ».

Quoique identique aux exigences ci-dessus relevées, cela ne doit pas faire penser que la requête aux fins de sursis à exécution n'a pas des particularités concernant les conditions de recevabilité. La principale condition de recevabilité de la demande est que celle-ci ne peut pas être adressée à titre principal ou seule au juge. Elle ne constitue en fait qu'une procédure secondaire obligatoirement liée à une procédure principale. C'est ce que le professeur Jean Marc Février fait savoir quand il écrit que le juge « ne peut être saisi de conclusions tendant au principal à obtenir le sursis ; la demande de sursis est strictement accessoire »[1491]. Il est encore plus précis en utilisant les termes suivants : « la demande de sursis n'est recevable qu'à (…) la condition d'être l'accessoire d'un recours principal. »[1492]

Sans s'y référer systématiquement et explicitement dans chaque arrêt, le juge administratif national fait application de cette règle. Autrement dit, on remarque que chaque fois qu'il s'est prononcé sur une demande de sursis, il y a toujours en amont une requête principale. Dans l'arrêt n° 38 de l'année 2000, la Cour

---

[1489] CS-SA, Arrêt n° 337 du 6 novembre 2013, entre Habibou Sissoko et l'État du Mali, inéd.

[1490] CS-SA, Arrêt n° 083 du 17 avril 2014, Idrissa Hamadou Touré c/ les décisions n° 2014-025/M.J-S. G du 3 février 2014 et n° 2014-025/M.J-S.G du 11 mars 2014, *inéd.*

[1491] J.-M. Février, *Recherches sur le contentieux administratif du sursis à exécution*, *op. cit.*, p. 212.

[1492] *Ibid.*, p. 222.

suprême précise justement que « le tribunal administratif a été saisi pour statuer sur une requête principale au fond »[1493].

Aussi, dans le cas d'espèce Cheick Hamala Fofana et Autres, le juge fait savoir que « la requête (de sursis à exécution) est précédée d'un recours en annulation de la décision querellée, recours introduit devant la Section administrative »[1494]. Tel est aussi le cas dans l'affaire Habibou Sissoko[1495]. Chaque fois que le juge s'est prononcé sur une telle demande, on trouve une requête principale préalable à ladite demande.

En plus de la condition spécifique d'une requête au fond, le juge administratif lie la recevabilité de la demande de sursis à une autre condition. En effet, la demande de sursis à exécution d'un acte administratif insusceptible de recours devant le juge de l'excès de pouvoir est irrecevable. Il s'agit par-là, des manifestations unilatérales de la volonté de l'Administration ne faisant pas grief aux administrés. C'est ce que la Cour soutient lorsqu'elle démontre qu'« il est sollicité de la Cour de prononcer le sursis à exécution de la lettre n° 13-1511 (…) ; que la lettre querellée est une simple lettre d'information ; qu'il n'est point un acte décisoire en ce qu'elle informe son destinataire d'une décision à intervenir ; qu'il échet de déclarer le recours irrecevable en la forme »[1496].

Il faut alors souligner la confusion qui entoure la définition de ces conditions de recevabilité de la part du juge. Ces conditions rendent difficilement saisissable les contours des conditions de recevabilité. Tel est le cas lorsque le juge se fonde sur le référé suspension et ce en faisant une interprétation erronée de l'article 241 de la loi régissant la Cour suprême[1497]. Cet article ne concerne que le référé administratif et n'a rien de commun avec le référé suspension. La confusion est sérieuse car, le référé suspension n'existe pas dans la loi régissant la Cour suprême qui ne prévoit que le sursis à exécution comme seul moyen de droit permettant de suspendre l'exécution des actes administratifs. Ainsi, si « le référé suspension a succédé au sursis à exécution après la réforme du 30 juin 2000 »[1498] en France, c'est ce dernier qui est toujours en vigueur au Mali devant la Cour suprême. C'est ce qui s'est passé dans l'arrêt EGM-SARL[1499], où le juge

---

[1493] CS-SA, Arrêt n° 38 du 19 octobre 2000, le sieur Demba Diallo c/ le jugement n° du 18 décembre 1998, inéd.

[1494] CS-SA, Arrêt n° 046 du 25 février 2014, Cheick Hamala Fofana c/ la décision n° 00142 du Ministère de l'enseignement supérieur et de la recherche scientifique, inéd.

[1495] CS-SA, Arrêt n° 337 du 6 novembre 2013, *op. cit.* : « Considérant que la présente requête est précédée d'un recours en annulation de la décision querellée, recours introduit devant la Section administrative. »

[1496] CS-SA, Arrêt n° 337 du 6 novembre 2013 entre Investim SA et la Direction nationale des Domaines et du Cadastre, *inéd.*

[1497] Loi n° 2016-046/AN-RM, *op. cit.* : « (…) le Président de la Section administrative peut ou le magistrat qu'il a délégué (…) ordonner toute mesure utile sans porter préjudice au principal, ni faire obstacle à l'exécution d'aucune décision administrative (…) ».

[1498] V. D. Bailleul, *Le procès administratif*, LGDJ, 2014, *op. cit.*, p. 82.

[1499] CS-SA, Arrêt n° 321 du 29 août 2012, EGM-SARL c/ la décision n° 012-08/0041 du 10 août 2012 de la Direction générale du Centre nationale d'Appareillage orthopédique, *inéd.*

fait bien savoir que « la DGCE soutient le moyen tiré de l'irrecevabilité de la requête » mais soutient que « le présent référé relatif à la suspension de la mesure de retrait de la caution n'affecte en aucune manière le contenu dudit marché » et que « la requête en référé est par conséquent recevable ». Pourtant, l'article sur lequel le juge fonde sa décision, dispose que le juge peut ordonner les mesures utiles mais que ces dernières ne peuvent faire obstacle à l'exécution d'une décision administrative, alors que c'est ce qui est demandé au juge dans cet arrêt.

Cette confusion se trouve aussi dans l'arrêt n° 338 de l'année 2013[1500], lorsque le juge reconnaît que « la DGCE soulève l'exception d'irrecevabilité de la requête tirée de l'incompétence du juge des référés à ordonner le sursis à exécution d'une décision administrative » mais écarte ce moyen en « considérant que la requête obéit aux conditions de recevabilité » aux motifs que « par la requête intitulée recours en référé d'heure en heure aux fins de sursis à exécution, il est en réalité sollicité de la Cour de prononcer le sursis à exécution du message fax n° 01-007 du MAECI-SG-DRH du 16 juillet 2013 ». Ici, la confusion se situe principalement au niveau de la recevabilité de la demande contre le message fax.

En effet, dans l'arrêt INVESTIM-SA[1501] ci-dessus cité, le juge soutient que les actes non décisoires, c'est-à-dire, ne faisant pas grief échappent au sursis à exécution et le juge dans l'arrêt n° 266 de l'année 2014 classe les messages fax, dans cette catégorie d'actes en ces termes : « un message fax n'est pas un message décisoire, mais tout simplement une lettre d'information »[1502]. Même si ce dernier arrêt constitue la réponse à la requête principale, un tel aspect important ne devait pas échapper à la vigilance du juge du sursis à exécution.

La jurisprudence malienne relative aux conditions de recevabilité de la demande du sursis à exécution est similaire à celle du Cameroun en ce que cette dernière subordonne la recevabilité à l'introduction d'une requête principale. C'est ce qui ressort des décisions Lele Gustave[1503] et Ngankeu Pierre[1504]. Aussi, dans l'affaire Ahanda Dieudonné, le juge camerounais souligne que « le requérant a saisi directement le juge administratif sans avoir au préalable introduit un recours contentieux ; que ce faisant, sa demande qui n'a pas respecté les prescriptions de la loi doit être déclarée irrecevable »[1505].

[1500] CS-SA, Arrêt n° 338 du 6 novembre 2013, entre Habibou Sissoko et l'État du Mali, *inéd.*

[1501] CS-SA, Arrêt n° 337 du 6 novembre 2013, *op. cit.*

[1502] CS-SA, Arrêt n° 266 du 9 octobre 2014, *op. cit.*

[1503] CS/PCA, Ordonnance n° 7, 1977/1978, Lélé Gustave : « La procédure de sursis à exécution est fonction d'une procédure déjà pendante », citée par C. Keutcha-Thapnga, *Précis de contentieux administratif camerounais*, *op. cit.*, p. 178.

[1504] CS/PCA, Ordonnance de sursis, 1977/1978, NGANKEU Pierre : « La demande de sursis à exécution est essentiellement une demande accessoire, incidente dans un recours contentieux », cité par C. Keutcha-Thapnga, *ibid.*

[1505] CS/PCA, Ordonnance n° 39, 1996, Ahanda Dieudonné, v. C. Keutcha-Thapnga, *ibid.*, p. 179.

Cependant, en résumant l'analyse de la jurisprudence camerounaise en la matière, le professeur Célestin Keutcha-Tchapnga fait savoir qu'« on est conduit à conclure que le recours contentieux peut être déposé avant, en même temps ou après la demande de sursis à exécution dans (un) délai de 60 jours »[1506] sauf que la jurisprudence malienne n'apporte pas ces précisions, mais est favorable à l'introduction du recours principal avant celle du sursis même si c'est le même jour, c'est le numéro d'enregistrement qui compte.

Une fois la demande de sursis déclarée recevable, le juge veille strictement au respect de certaines conditions pour ordonner la suspension des effets de l'acte administratif.

b. Une timidité variable dans le prononcé du sursis à exécution

Pour le législateur, « la Section peut prescrire qu'il soit sursis à exécution d'une décision lorsqu'elle n'intéresse ni le maintien de l'ordre public, ni la tranquillité publique et si une requête aux fins de sursis lui est présentée »[1507]. Tout en tenant compte de ces exigences légales, le juge fait également recours à certaines conditions jurisprudentielles pour ordonner ou pas le sursis à exécution d'une décision administrative.

Pour confirmer ces mots, il faut se référer à la fameuse affaire Habibou Sissoko[1508] où le juge dit que « la Section administrative peut prescrire qu'il soit sursis à l'exécution d'une décision lorsqu'elle n'intéresse ni l'ordre public, ni la tranquillité publique et si une requête aux fins de sursis lui est présentée ». Il démontre ensuite que « la décision querellée n'a pas pour objet de maintenir l'ordre public ou d'assurer la tranquillité publique » et que « la décision, objet de la requête initiale occasionne au requérant, par son exécution un préjudice irréparable ». Enfin, il précise qu'« au vu des pièces versées au dossier du fond, ledit recours a des chances d'aboutir » et « déclare ainsi (la requête) bien fondée (au fond) » et « ordonne le sursis à exécution du message fax n° 01-007 ».

Bien avant cet arrêt, dans un arrêt du 19 octobre 2000, le juge fait savoir que « concernant la même parcelle, le sieur Demba Diallo en dehors de Moussa Koïta a pu être en possession lui aussi de l'attestation de vente, d'une lettre d'attribution et même d'un permis de construire ; et que dans de telles conditions, l'urgence commande de toute évidence une décision rapide entre les parties »[1509]. C'est par ces motifs que le juge rejette l'appel du requérant et « confirme le jugement n° 27 du 18 décembre 1998 du TA Kayes » ainsi libellé : « ordonne le sursis à exécution de la lettre n° 39/MK (…) et le permis de construire (…) ».

[1506] C. Keutcha-Thapnga, *Précis de contentieux administratif camerounais*, *ibid.*, p. 181.

[1507] Loi n°2016-046/AN-RM, *op. cit.*, art. 242.

[1508] CS-SA, Arrêt n° 337 du 6 novembre 2013, Habibou Sissoko, *op. cit.*

[1509] CS-SA, Arrêt n° 38 du 19 octobre 2000, le sieur Demba Diallo c/ le jugement n° 27 du 18 décembre 1998 du TAK, *inéd.*

Ces arrêts nous font comprendre sans ambages que le juge administratif national fonde le prononcé du sursis à exécution d'une décision administrative sur les points suivants : *la protection des intérêts du requérant, l'intérêt individuel, l'exécution de l'acte attaqué doit causer au requérant un préjudice irréparable, les moyens présentés par le requérant dans la requête principale doivent être sérieux, donc de nature à justifier le sursis,* mais avant tous ces points, *le requérant doit démontrer l'urgence d'une décision du juge ordonnant la suspension des effets de la décision attaquée.* Une telle présentation à première vue attire positivement, sauf qu'en procédant à une analyse approfondie de la jurisprudence nationale, elle résiste difficilement à l'incompréhension.

Dans l'arrêt Habibou Sissoko précité de 2013, c'est vrai que le message fax n'avait rien à voir avec l'ordre public ou la tranquillité publique, mais en tant que simple mesure d'information sur la décision à venir, il ne peut être considéré comme occasionnant par son exécution un préjudice irréparable au sieur Sissoko, sachant même qu'il travaille pour une mission diplomatique.

Aussi, le juge fonde sa décision sur le fait que le recours a des chances d'aboutir. Ce n'est pas cette condition qui est mauvaise en soi, comme le soulignent Jean-Marie Auby et Roland Drago, « le sursis n'a de véritable intérêt pratique qu'autant que la requête a des chances sérieuses d'aboutir au fond »[1510].

Cependant, comment le juge fait pour évaluer lesdites chances ? En effet, contrairement à ce que le juge du sursis soutient, les chances d'aboutir de la requête étaient très insignifiantes. C'est ce que le juge du fond constate d'ailleurs : « (…) ledit message est tout simplement une lettre d'information ; (…) la fin de la mission du sieur Sissoko ne peut intervenir que dans le respect du parallélisme des formes ; (…) que l'acte décisoire est intervenu le 21 janvier 2014 sous la forme régulière du décret (…) portant abrogation du décret portant nomination de M. Habibou Sissoko en qualité de Secrétaire adjoint comptable à l'Ambassade du Mali à Djeddah. »[1511] Dans cet arrêt, le juge ne fait aussi aucun constat relatif à l'urgence[1512].

La même situation s'est produite dans l'affaire Cheick Hamala Fofana et autres où le juge démontre : « que la décision objet de la requête querellée n'a pas pour objet de maintenir l'ordre public ou d'assurer la tranquillité publique ; que la décision objet de la requête initiale occasionne au requérant, par son exécution, un préjudice irréparable ; (…) que cependant, qu'au vu des pièces versées au dossier du fond, ledit recours n'a pas de chance d'aboutir ; qu'en effet, ce recours contentieux a été précédé d'un recours gracieux porté devant le

---

1510 J.-M. AUBY, R. Drago, *Traité de contentieux administratif*, t. 2, *op. cit.*, p. 321.

1511 CS-SA, Arrêt n° 266 du 9 octobre 2014, *op. cit.*

1512 Pour le juge administratif français dans l'arrêt Conférence nationale des radios libres de 2001, « la décision administrative contestée (doit) préjudicier de manière suffisamment grave et immédiate à un intérêt public à la situation du requérant ou aux intérêts qu'il entend défendre », cité par David Bailleul, *Le procès administratif*, 2014, *op. cit.*, p. 82.

ministre de l'Enseignement supérieur ; déclare (la demande de sursis à exécution) irrecevable (en la forme). »

Dans ce cas d'espèce, le juge tire la motivation de sa décision du fait que « ledit recours n'a pas de chance d'aboutir ». Il n'a pas de chance d'aboutir pour lui, parce qu'il « a été précédé d'un recours gracieux devant le ministre de l'Enseignement supérieur », car aux termes de la loi, celui-ci dispose de quatre (04) mois pour réagir. Le juge souligne donc que « la saisine de la juridiction administrative est prématurée ». Faut-il aller jusqu'à l'extrême pour en conclure que le juge ne maîtrise pas son sujet ?

Cela serait peut-être exagéré, mais au vu de la requête-mémoire, les pièces versées au dossier démontrant l'irrégularité des candidatures des sieurs Sacko et Gakou représentaient un moyen sérieux et conséquent, ou les requérants maliens sont-ils victimes du relatif retard que connaît l'évolution du contentieux administratif du sursis au Mali ?

En effet, sous l'empire du référé suspension en vigueur depuis 2000 en France, le professeur David Bailleul regrette qu'« il fallait que le requérant présentât un moyen sérieux de nature à justifier l'annulation de la décision attaquée, ce qui constituait en pratique une condition handicapante ; (...) ce qui était de nature à retarder le traitement de la demande de suspension alors qu'il était saisi d'une procédure d'urgence »[1513]. Il apprécie alors le fait que « la loi du 30 juin 2000 allège le dispositif en exigeant désormais que le requérant fasse état d'un moyen propre à créer, en l'état de l'instruction un doute sérieux quant à la légalité de la décision »[1514].

Aussi, en attendant la réponse à un recours gracieux pendant quatre (04) mois, cela viderait la demande de sursis de son sens, car l'urgence n'aurait plus de justification. En plus, le fait même que le juge trouve la saisine de la juridiction administrative prématurée n'est pas fondée. En effet, le ministre avait été saisi par les requérants d'un recours gracieux le 12 février 2014 ayant pour objet le rejet des candidatures des sieurs Sacko et Gakou. Pourtant, par décision du 19 février 2014, celui-ci publie la décision querellée portant approbation des candidatures des requérants et des sieurs Sacko et Gakou. Cette décision défavorable d'ailleurs notifiée au requérant, constitue en réalité une réponse claire au recours gracieux sur lequel le juge fonde principalement sa décision. Il faut également ajouter que le juge fait remarquer que l'Administration n'a pas réagi au délai imparti pour produire son mémoire en défense. On peut alors comprendre ces faits sous l'angle d'une application très stricte des conditions de recevabilité.

Ainsi, à s'en tenir aux écrits du professeur Célestin Keutcha-Tchapnga, les conditions du prononcé du sursis à exécution au Cameroun sont presque les mêmes qu'au Mali sauf un point important : « l'exigence des conclusions du

---

[1513] D. Bailleul, *Le procès administratif*, *op. cit.*, p. 83.
[1514] *Ibid.*

Ministère public ». Avant, le juge camerounais était tenu de suivre l'avis du Ministère public, mais « désormais, l'épithète conforme qui était contenu dans l'expression avis conforme n'existe plus et on ne peut s'en plaindre, car le juge de l'urgence peut accorder le sursis après les conclusions du Ministère public »[1515].

En ce qui concerne le Sénégal, les écritures de Demba Sy[1516] et de Ndèye Madjiguène F. Diagne[1517] démontrent que les conditions de prononcé du sursis sont très strictes. Quant au Burkina Faso, « le sursis ne peut être accordé lorsque la décision attaquée intéresse le maintien de l'ordre, la sécurité, la tranquillité, la salubrité publics ; le sursis à exécution ne peut être accordé que si les moyens évoqués paraissent sérieux et si le préjudice encouru par le requérant est irréparable »[1518]. On rencontre donc, presque les mêmes dispositions pratiquement dans tous les États d'Afrique noire francophone et ces dispositions sont conformes aux pratiques de l'ex sursis à exécution français[1519].

À côté de la procédure d'urgence du sursis à exécution, se dresse celle du référé administratif non moins sujet à de sérieux problèmes.

2. Une définition moins précise des contours du référé administratif

La pratique du contentieux administratif du référé administratif est marquée par une certaine hésitation du juge administratif malien dans la détermination claire de la frontière avec le sursis à exécution (a). Toutefois, il se montre rigoureux dans la détermination de ses pouvoirs en la matière (b).

a. Une confusion entre les conditions de recevabilité du référé et du sursis à exécution

Il faut rappeler que la procédure de référé n'est pas fréquente au Mali, elle est même rare. Cependant, contrairement au Burkina Faso où « le juge administratif s'y est référé une seule fois dans une affaire de retrait de parcelle »,[1520] on peut recenser quelques interventions de celui du Mali en la matière. Ainsi, dans les différentes décisions qui y sont afférentes, il ressort que le juge confond parfois le référé administratif et le sursis à exécution toujours en vigueur dans la législation nationale.

1515 V. C. Keutcha-Thapnga, *Précis de contentieux administratif au Cameroun*, *op. cit.*, pp. 181-182.

1516 V. D. Sy, *Droit administratif*, t. 2, *op. cit.*, p. 156.

1517 V. N. M. F. Diagne, thèse, *op. cit.*, p. 224, elle souligne « la rareté de l'octroi du sursis par le juge sénégalais ».

1518 S. Yonaba, *La pratique du contentieux administratif en droit burkinabé*, *op. cit.*, p.107.

1519 V. J.-M. Auby, R. Drago, *Traité de contentieux administratif*, *op. cit.*, pp. 319-325.

1520 CS du Burkina Faso, 25 janvier 1983, Apiou Jean Marie, cité par S. Yonaba, *op. cit.*, p. 108 ; il faut signaler que ce livre a été publié en 2008.

Dans l'arrêt n° 11 de l'année 2000[1521], statuant en appel sur un jugement du Tribunal administratif de Kayes ordonnant le sursis à exécution d'une décision du Gouverneur de ladite région, la Cour suprême rappelle que « par jugement n° 004 du 19 mars 1999, le TAK a ordonné de surseoir à l'exécution dudit permis d'habiter et du permis de construire ». Il en déduit alors qu'« il s'agit là d'un référé administratif, une procédure d'urgence provisoire ne touchant nullement le fond des débats ». Pour lui, « dans le cas d'espèce, le risque d'affrontements est toujours de règle car chaque partie tient à légitimer sa position par la force ; qu'il échet en conséquence de déclarer que le juge a agi en bon droit ». La qualification du juge dans cette affaire est très étonnante, car il précise bien que le juge administratif de droit commun de Kayes a suspendu certaines décisions.

C'est la même confusion qui s'est reproduite en 2011[1522] en ces termes : « ordonne la suspension des actes de poursuite » au motif qu'« il est de jurisprudence que le juge administratif des référés est compétent pour ordonner la suspension de la décision prise par le Trésorier payeur général d'engager des poursuites » puisqu'il s'agit, selon lui, « de la transposition au référé suspension d'une solution dégagée pour le sursis à exécution. »

Le juge administratif malien est apparemment pressé de voir le législateur reproduire la loi française du 30 juin 2000 relative au référé devant la juridiction suprême[1523]. Le problème est épineux et très sérieux, car il s'agit bien du juge administratif suprême. En effet, la confusion, comme on peut le constater à travers les mots du juge, ne se situe pas seulement entre référé administratif et sursis à exécution. Le juge semble croire que le référé suspension est foncièrement différent du sursis à exécution, alors que, « la loi (française) transforme le sursis à exécution en un référé suspension »[1524]. C'est pourquoi même Jacqueline Morand-Deviller qualifie le référé suspension « d'ex sursis à exécution »[1525].

1521 CS-SA, Arrêt n° 11 du 23 mars 2000, le Maire de la Commune Kayes c/ le jugement n° 004 du 19 mars 1999, inéd.

1522 CS-SA, Ordonnance de référé enregistrée sous l'arrêt n° 197 du 13 septembre 2011, entre l'entreprise de construction Métal Bahamane « *ECMB-SA* » et la Direction Générale des Impôts, inéd.

1523 La nouvelle loi régissant les TA (n°2018-031 du 12 juin 2018, *op. cit.*) a pris en compte cette situation en instaurant clairement le référé suspension (de l'article 27 à l'article 33) ; cependant, celle relative à la CS procède à une reconnaissance implicite de ce référé à son art. 241 al. 1er en ces termes : « Quand une décision administrative, même de rejet, fait l'objet d'une requête en annulation ou en reformation, le juge des référés, saisi d'une demande en ce sens, peut ordonner la suspension de l'exécution de cette décision, ou de certains de ces effets, lorsque l'urgence le justifie et qu'il est fait état d'un moyen propre à créer, en l'état de l'instruction, un doute sérieux quant à la légalité de la décision ». Il s'agit bien du référé suspension si l'on s'en tient à la définition donnée à ce référé par le législateur dans la loi régissant les TA évoquée ci-haut.

1524 J. Morand-Deviller, *Droit administratif*, 2011, *op. cit.*, p. 625.

1525 *Ibid.*

Aussi, dans l'ordonnance des référés du 29 août 2012[1526], le juge fait savoir que « le requérant a qualité et intérêt pour solliciter le référé suspension de la décision attaquée » et que « le présent référé relatif à la suspension de la mesure de retrait de la caution n'affecte en aucune manière le contenu dudit marché ; la requête en référé est par conséquent recevable ». Nous sommes dans le cas d'espèce face à une ordonnance de référé administratif, dans laquelle le juge suspend l'exécution d'une décision administrative. La démarche est surprenante car le législateur précise clairement que le juge des référés ne peut « faire obstacle à l'exécution d'aucune décision administrative »[1527].

Il faut cependant signaler que toutes les interventions du juge en matière de référé ne se soldent pas par cette confusion et ce problème de maîtrise de la question. Il lui arrive de préciser souvent avec exactitude les règles relatives en la matière et étonnamment, le juge administratif de droit commun semble prendre avec prudence la juste mesure de la situation.

En 2001, le Tribunal administratif de Bamako soulignait que « le juge des référés ne peut pas suspendre l'exécution d'une décision administrative »[1528]. La Section administrative, quant à elle, dans une ordonnance de référé du 22 décembre 2003[1529] et dans une autre du 23 mars 2007[1530], a exprimé cette même position selon laquelle le juge des référés ne peut pas suspendre les effets d'un acte décisoire d'une autorité administrative.

Il faut revenir encore au niveau des juridictions administratives de base où en 2010, dans une ordonnance de référé, le TAB fait constater que « la présente requête en référé vise à faire accorder un sursis à exécution d'une décision administrative, ce qui ferait obstacle à l'exécution de ladite décision » et que « par ailleurs, (...) le sursis à exécution d'une décision administrative ne peut être obtenu par voie de référé »[1531]. Dans ce jugement, le tribunal se réfère même aux ordonnances de 2003 et de 2007 de la Cour suprême ci-dessus citées.

La position tenue par le juge dans ces différentes ordonnances, tranche avec celle qu'elle tient à travers les décisions que nous avons présentées dans les premières lignes de cette partie consacrée au référé. Nous estimons que cette dernière démarche est la bonne et dénote d'une bonne compréhension conduisant à une bonne interprétation de la loi. Le juge n'a pas pour rôle de corriger ou de parfaire les erreurs inadmissibles de procédure que commettent certains avocats. Il ne doit statuer dans ces cas que sur ce qu'on lui demande.

[1526] CS-SA, Ordonnance de référé du 29 août 2012 enregistré sous l'arrêt n° 321, *op. cit.*

[1527] Loi n°2016-046/AN-RM, *op. cit.*, art. 241.

[1528] TAB, jugement n° 05 du 4 décembre 2001, *inéd.*

[1529] CS-SA, Ordonnance n° 87 du 22 décembre2003, Mairie du District de Bamako, *inéd.*

[1530] CS-PSA, Ordonnance n° 001 du 23 mars 2007, le Conseil national du Patronat du Mali, *inéd.*

[1531] TAB, Ordonnance n° 006 du 6 octobre 2010, entre Modibo Diakité et la Mairie de la Commune VI du District de Bamako, inéd.

Le référé ne doit pas alors être un raccourci pour parvenir à anéantir rapidement les effets des actes administratifs.

C'est pourquoi, on est d'accord avec Daniel Labetoulle lorsqu'il écrit que « le référé n'est pas une voie rapide pour requérant impatient »[1532] et le professeur René Chapus reprend les mêmes mots et continue en prévenant qu'« il ne faut pas l'oublier »[1533]. Ainsi, « ce n'est pas davantage une voie de droit commun : son accès doit être réservé au justiciable légitimement en quête d'une mesure conservatoire »[1534]. Les conditions de son accès doivent être donc bien respectées. Appliquées par le juge, elles sont définies par le législateur : « dans tous les cas d'urgence, et à moins que l'ordre public ne s'y oppose, le Président de la Section ou le magistrat qu'il a délégué peut, sur simple requête (...) ordonner toutes mesures utiles sans porter préjudice au principal (...). »[1535]

Comme le souligne le professeur René Chapus, la spécificité du référé illustre le « juge statuant en urgence »[1536]. La requête aux fins de référé, pour être recevable, doit justifier l'urgence, puisque c'est de cela que le référé tire son existence.

Pour la Section, pour qu'il y ait référé, le requérant doit spécifiquement saisir le Président de la Section administrative, car c'est lui seul ou le conseiller qu'il aura désigné qui peut ordonner les mesures utiles. C'est ce qui ressort de l'arrêt Habibou Sissoko : « le requérant n'a pas spécifiquement saisi le Président de la Section administrative en sa qualité de juge des référés. »[1537] Tel est le cas dans l'arrêt n° 38 de 2008 où le juge précise : « considérant qu'il s'agit en l'espèce de cas d'urgence notamment, le référé administratif réservé par (...) la loi (...) à la compétence du Président de la Section ; qu'il échet de dire que le Président de la Section en décidera »[1538]. On peut donc résumer les conditions de recevabilité de la demande de référé ainsi : la justification de l'urgence, la demande doit être adressée au Président de la Section, la demande ne doit pas viser la suspension d'un acte administratif et ne doit pas être contraire à l'ordre public. À côté de ces conditions spécifiques, la demande doit remplir les conditions générales de recevabilité à part que la demande peut être présentée en la forme d'une simple requête.

Ces conditions sont les mêmes qu'au Cameroun, selon les écritures du professeur Célestin Keutcha-Tchapnga[1539] sauf un point crucial. Si au Mali, le requérant en matière de référé n'a pas besoin de justifier l'introduction préalable d'un recours gracieux, au Cameroun le législateur exige la justification de

[1532] D. Labetoulle, « Le référé nouveau est arrivé », AJ, 2001, p. 211.
[1533] R. Chapus, *Droit du contentieux administratif*, *op. cit.*, p. 1342.
[1534] D. Labetoulle, « Référé nouveau est arrivé », *op. cit.*, p. 211.
[1535] Loi n°2016-046/AN-RM, *op. cit.*, art. 241.
[1536] R. Chapus, *Droit du contentieux administratif*, *op. cit.*, p. 1342.
[1537] CS-SA, Arrêt Habibou Sissoko, *op. cit.*
[1538] CS-SA, Arrêt n° 38 du 28 février 2008, *op. cit.*
[1539] V. C. Keutcha-Thapnga, *op. cit.*, pp. 184-185.

l'introduction d'un recours gracieux. C'est ce que l'on déduit de l'ordonnance de référé du 17 juillet 2009 de la Chambre administrative de la Cour suprême : « il en résulte que la saisine du juge des référés administratifs doit être consécutive à un recours gracieux. »[1540]

b. Un juge des référés rigoureux dans la détermination de ses pouvoirs

Si l'on s'en tient aux dispositions législatives, le juge des référés fait : « désigner un expert pour constater sans délai des faits qui seraient susceptibles de donner lieu à un litige devant les juridictions administratives (...) ; ordonner toutes mesures utiles sans porter préjudice au principal, ni faire obstacle à l'exécution d'aucune décision administrative (...). »[1541]

Ces points doivent alors être appréciés à l'aune de l'application jurisprudentielle. C'est ainsi qu'il faut retourner à l'affaire E.G.M-SARL où le juge des référés a statué en ces termes : « que le niveau de réalisation des travaux s'avère nécessaire pour apprécier la pertinence de la décision (...) du 10 août 2012 de la Direction générale du centre national d'appareillage orthopédique ordonnant la saisie de la caution ; que par arrêt avant dire droit, il convient de commettre un expert aux fins d'évaluer les travaux effectivement réalisés et le montant des travaux à entreprendre en vue d'achever l'exécution totale du marché ; au fond : ordonnons une expertise en chantier en présence des parties aux fins de préciser l'état des lieux des travaux objet du marché (...) ; Monsieur Abdrahmane F. Sidibé, architecte agréé du Cabinet Brigo Faso Kanu est désigné comme expert chargé de l'évaluation du chantier ; les frais d'expertise seront supportés équitablement par les parties qui verseront individuellement une provision de 150 000 F à l'expert. »[1542]

Le raisonnement du juge des référés dans le dispositif de cet arrêt, recèle les recettes d'une bonne ordonnance de référé. Primo, le juge respecte l'interdiction de faire obstacle à l'exécution d'une décision administrative. C'est le non-respect de cette interdiction qui alimente principalement la confusion qu'il fait entre le référé administratif tel que le définit le législateur national et le sursis à exécution. Même si les deux notions sont toutes des mesures conservatoires, elles sont autonomes, distinctes et n'accordent pas les mêmes pouvoirs au juge.

Secundo, en précisant qu'il s'agit bien dans le cas d'espèce d'un ADD et en se limitant à ordonner une expertise sur le chantier à la base de la décision querellée, le juge des référés n'a pas outrepassé ses pouvoirs et a respecté l'interdiction de porter préjudice au principal. C'est cette interdiction qui constitue même, une règle rendant efficace et acceptable le procédé du référé.

Comme le souligne Jean Claude Piedbois, « l'idée que le juge des référés ne saurait prendre position sur le fond et limiter les pouvoirs de la juridiction en

---

1540 CS-SA ordonnance de référé n° 12 du 17 juillet 2009, Entreprise des Travaux publics et Génie civil c/ État du Cameroun.

1541 Loi n°2016-046/AN-RM, *op. cit.*, art. 241.

1542 CS-SA, Arrêt n° 321 du 29 août 2012, *op. cit.*

orientant sa décision future est l'une des idées les moins contestées et les plus faciles à comprendre »[1543].

Dans l'affaire les candidats des éleveurs, des maraîchers, des exploitants forestiers et des pêcheurs, le Tribunal administratif de Bamako a à juste titre fait savoir que « la requête en référé d'heure en heure ne tend ni à faire désigner un expert aux fins de constat, ni à l'obtention d'une mesure d'instruction quelconque, mais plutôt, elle tend à faire ordonner le sursis à exécution d'un processus électoral, faisant ainsi obstacle à l'exécution d'une décision administrative, contrairement (à la loi) ; que dès lors, (déclare) le présent recours en référé d'heure en heure irrecevable »[1544]. Le TAB avait déjà observé la même conduite dans une ordonnance en 2006[1545].

Cette position du juge administratif national, concorde avec celle soutenue par la doctrine : « le juge des référés peut ordonner toutes mesures utiles sous la seule réserve de ne pas faire préjudice au principal et de ne faire obstacle à l'exécution d'aucune décision administrative »[1546].

Elle s'accorde également avec la jurisprudence camerounaise où dans l'affaire Mvog Ela, le Président de la Chambre administratives est déclaré incompétent, au motif qu'il « outrepasserait ses pouvoirs en ordonnant la suspension des effets d'une décision administrative »[1547] en matière de référé administratif. Il soutient aussi dans l'affaire Sosso Emmanuel, que « la décision du juge des référés administratifs ne doit ordonner que des mesures conservatoires, en tout cas utiles à sauvegarder une situation mise en péril par un acte administratif ; que cette mesure ne doit nullement être une solution finale »[1548].

Il faut alors souligner le fait que les jurisprudences malienne et camerounaise se détachent de l'actuelle pratique française en la matière sur le point consistant pour le juge des référés de ne pas préjudicier au principal[1549]. C'est ce que le professeur David Bailleul rappelle : « la loi du 30 juin 2000 a (...) accru les potentialités de cette procédure en supprimant la condition pour le juge de ne pas préjudicier au principal. »[1550]

Cependant, lesdites jurisprudences restent conformes à celle de la France sur l'interdiction de faire obstacle à l'exécution d'une décision administrative. Pour

---

[1543] J. C. Piedbois, « Procédure d'urgence », *Répertoire de contentieux administratif*, Encyclopédie Dalloz, n° 26, p. 123.

[1544] TAB, Ordonnance n° 467 du 23 novembre 2015, *inéd.*

[1545] TAB, Ordonnance n° 006 du 6 octobre 2010, *op. cit.*

[1546] J.-M. Auby, R. Drago, *Traité de contentieux administratif*, *op. cit.*, p. 328.

[1547] CS-SA, Ordonnance de référé n° 13 du 17 juillet 2009, Collectivité MVOG ELA contre l'État du Cameroun cité par C. Keutcha-Thapnga, *op. cit.*, p. 186.

[1548] CS-SA, Ordonnance de référé n° 6 du 8 décembre 1998, Sosso Emmanuel, cité par C. Keutcha-Thapnga, *ibid.*

[1549] V. D. Bailleul, *Le procès administratif*, 2014, *op. cit.*, p. 91.

[1550] *Ibid.* ; v. aussi R. Chapus, *Droit du contentieux administratif*, *op. cit.*, p. 1412.

le législateur français « (...) le juge des référés peut ordonner toutes mesures utiles sans faire obstacle à l'exécution d'aucune décision administra-tive »[1551]. Cette prohibition a été largement relayée par la jurisprudence du CE[1552], même s'il faut signaler l'assouplissement non généralisée de l'arrêt Codorniu[1553].

Si le contentieux de l'excès de pouvoir se manifeste aussi sur le plan national, par une mise en œuvre globalement restrictive des règles de procédure, cette rigueur est instable dans le contrôle des irrégularités pouvant entacher les actes des autorités administratives et conduisant à leur annulation.

[1551] Code de justice administrative français, mise à jour au 1er juillet 2000, *op. cit.*, art. L.5213.

[1552] V. CE 26 octobre 2005, Société des Crématorium de France, AJ 2005, p. 208 ; CE 4 juillet 1975, Guemache : « le juge des référés ne peut pas ordonner un sursis à exécution, même s'il se rapporte à une décision juridiquement inexistante », cité par R. Chapus, *Droit du contentieux administratif*, p. 1412 ; CE 23 mars 1984 Jegou, RDP, 1985, p. 864.

[1553] CE, 16 janvier 1985, Codorniu, Rév. Administrative 1985, p. 580, note B. Pacteau ; pour Chapus, l'interprétation restrictive que le juge fait de cette prohibition, « n'a pas (exclu) la possibilité pour le juge de faire obstacle à l'exécution par leurs bénéficiaires qui leur étaient accordées », mais apporte la précision selon laquelle, « en l'état actuel du droit, tant le maintien inchangé de la prohibition par la loi du 30 juin 2000 et le CJA, que « l'existence du référé suspension de droit commun n'ont pu qu'inciter à revenir sur la jurisprudence Codorniu », *Droit du contentieux administratif*, *op. cit.*, pp. 1411-1412.

CHAPITRE II

UNE RIGUEUR VARIABLE DANS L'ANALYSE DES MOYENS D'ANNULATION

Il s'agit des multiples irrégularités pouvant entacher les actes décisoires des autorités administratives, sur lesquelles les requérants peuvent se baser pour demander l'annulation desdits actes. Certaines d'entre elles peuvent être soulevées par le juge lui-même.

Ces moyens font l'objet d'une diversité terminologique. Dans son traité, Édouard Laferrière parle « des moyens d'annulation des actes administratifs attaqués pour excès de pouvoir »[1554]. Cette expression, à savoir « les moyens d'annulation » fut reprise par de nombreux auteurs tels qu'Alibert[1555] et Raymond Odent[1556]. Les professeurs Jean-Marie Auby et Roland Drago, en ce qui les concerne, écrivent : « les ouvertures du recours pour excès de pouvoir »[1557]. L'expression « cas d'ouverture » soulignent-t-ils, « apparaît semble-t-il avec Hauriou[1558] » qui les définit comme « les diverses manifestations caractérisées de l'excès de pouvoir constituant des vices de l'acte d'administration, et par conséquent donnant ouverture au recours »[1559].

C'est cette dernière, c'est-à-dire l'expression « cas d'ouverture » qui semble avoir obtenu l'adhésion de la majorité de la doctrine contemporaine en général et de l'Afrique noire francophone en particulier, même s'il faut signaler que le professeur René Chapus s'est exclu de ce lot en optant pour l'expression « moyens de légalité »[1560]. C'est le cas pour Charles Debbasch et Jean Claude Ricci qui font allusion aux « cas d'ouverture du recours pour excès de pouvoir »[1561]. En Afrique, le doyen Alain Bockel[1562] et le professeur Célestin Keutcha-Tchapnga[1563] écrivent : « les cas d'ouverture du recours pour excès de pouvoir ». Dans son livre, Ahmed Tidjani Ba utilise la même expression[1564].

1554 E. Laferrière, *Traité de la juridiction administrative et des recours contentieux*, *op. cit.*, p. 496.

1555 R. Alibert, *Le contrôle juridictionnel de l'administration au moyen du recours pour excès de pouvoir*, Paris, Payot, 1926, p. 191 et suivants.

1556 R. Odent, *Cours de contentieux administratif*, Paris, Les cours de droit, 1980, p. 1685.

1557 J.-M. Aubry, R. Drago, *Traité de contentieux administratif*, *op. cit.*, p. 528.

1558 *Ibid.*, p. 529.

1559 M. Hauriou, *Précis de droit administratif*, Paris, Sirey, 4e éd., 1901, p. 308.

1560 R. Chapus, *Droit du contentieux administratif*, *op. cit.*, p. 779.

1561 Ch. Debbasch, J.-C. Ricci, *Contentieux administratif*, *op. cit.*, p. 586.

1562 A. Bockel, *Droit administratif*, *op. cit.*, p. 486.

1563 C. Keutcha-Thapnga, *Précis de contentieux administratif au Cameroun*, *op. cit.*, p. 195.

1564 A. Tidjani Ba, *Droit du contentieux administratif burkinabé*, *op. cit.*, p. 429.

En ce qui concerne le professeur Demba Sy, il semble d'accord avec cette remarque des professeurs Jean-Marie Auby et Roland Drago, selon laquelle « on a fini par considérer qu'il s'agissait moins de moyens que de conditions de régularité de l'acte administratif, indépendamment même de tout contrôle juridictionnel »[1565]. En effet, il écrit : « les conditions de la légalité des actes administratifs unilatéraux »[1566], mais aussi semble préférer l'expression « cas d'ouverture » car pour lui, « ce que l'on appelle les cas d'ouverture du recours pour excès de pouvoir ou les cas d'annulation de l'acte administratif sont les irrégularités qui peuvent affecter l'acte administratif et entraîner par voie de conséquence, son annulation par le juge »[1567].

Ainsi, le rôle des moyens d'annulation des actes administratifs est de distinguer les « modalités d'illégalité correspondant aux différents éléments de l'acte administratif »[1568]. Il faut alors aller à l'essentiel en mettant en avant le fait que « la classification des cas d'ouverture diffère d'un auteur à un autre »[1569].

Nous allons adopter alors la classification généralement approuvée qui est précisément aussi celle faite par Jean-Marie Auby et Roland Drago. Il s'agit de celle qui regroupe les moyens de légalité en deux grandes catégories : les moyens de légalité externe et les moyens de légalité interne. C'est à cette classification que le professeur René Chapus adhère également ainsi que tous les auteurs d'Afrique noire francophone ci-dessus cités. Pour François Gazier, « ce sont des découpages opérés pour la plus grande clarté du travail juridictionnel »[1570].

Comme l'écrit Ahmed Tidjani Ba, la systématisation des moyens d'annulation « permet de rendre compte des positions actuelles de la jurisprudence, et de montrer l'effort déployé par le juge pour cerner les contours de l'acte administratif en procédant à une analyse plus technique de ses éléments »[1571]. Ainsi, en appréciant ces moyens à l'aune de la pratique juridictionnelle nationale, on remarque que le juge contrôle tout d'abord la légalité externe de l'acte avant de s'intéresser à la légalité interne. En plus, il ressort que le premier contrôle paraît plus accentué (Section 1) que le second (Section 2).

[1565] J.-M. Auby, R. Drago, *Traité de contentieux administratif*, *op. cit.*, p. 529.

[1566] D. Sy, *Droit administratif*, t. 2, *op. cit.*, p. 305.

[1567] *Ibid.*

[1568] A. De Laubadère, *Traité de droit administratif*, t. 1, 9e éd. par J.-C. Vénézia et Y. Gaudemet, Paris, LGDJ, 1983, p. 572.

[1569] A. Tidjani Ba, *op. cit.*, p. 431.

[1570] F. Gazier, « Essai de présentation nouvelle des ouvertures du recours pour excès de pouvoir », EDCE, 1951, p. 83.

[1571] A. T. Ba, *op. cit.*, p. 431.

Section 1

Un contrôle de légalité externe plus accentué

C'est le contrôle qui ne touche pas le cœur de l'acte administratif ou son fond. Il vise l'irrégularité formelle qui ne concerne que la présentation physique de l'acte et sa provenance. Dans son article paru dans la *Revue de droit public* en 1986, Gilles Lebreton rassemble tout cela en ces termes : « on considère que ce type d'irrégularité apparaît lorsque l'acte n'a pas été pris par une autorité compétence ou selon les formes prescrites ; dans ces deux cas, il se caractérise par le fait qu'il ne nécessite pas l'examen du contenu même de l'acte »[1572].

Il correspond à deux moyens d'annulation dont le premier peut être soulevé d'office par le juge du fait de son caractère d'ordre public : l'incompétence, auquel il faut ajouter le vice de forme. Le juge fait ainsi un traitement judicieux de l'incompétence des autorités administratives (Paragraphe 1) et un traitement acceptable du vice de forme pouvant entacher l'acte administratif (Paragraphe 2).

Paragraphe 1 : Un traitement judicieux de l'incompétence

Pour expliquer l'incompétence, les professeurs Jean-Marie Auby et Roland Drago passent aussi par la compétence des autorités administratives. « La compétence des autorités administratives, écrivent-ils, est l'aptitude juridique des individus ou des organismes collectifs qui constituent les autorités administratives à poser des actes au nom d'une personne publique ; elles constituent donc un titre juridique permettant, à certaines conditions et dans certaines limites, de prendre des actes imputables à la personne publique »[1573]. Avant eux, Édouard Laferrière définit directement l'incompétence comme étant « l'inaptitude légale d'une autorité à prendre une décision, à faire un acte non compris dans ses attributions »[1574]. Le professeur Jean Rivero rejoint Édouard Laferrière dans sa définition en soutenant que « c'est le vice qui entache une décision lorsque son auteur n'avait pas le pouvoir légal de la prendre »[1575].

Comme le rappelle bien Édouard Laferrière, « on peut (...) en doctrine distinguer plusieurs espèces d'incompétence »[1576], cependant, ne seront retenues dans le cadre de cette étude que celles sur lesquelles le juge administratif national s'est principalement prononcé, c'est-à-dire des cas d'incompétence habituels. Il s'agit de l'incompétence matérielle (A) et de

---

1572 G. Lebreton, « L'origine des cas d'ouverture du recours pour excès de pouvoir d'après les remontrances des parlements au XVIIIe siècle », Paris, LGDJ, n° 6, 1986, pp. 1608-1609.

1573 J.-M. Auby, R. Drago, *Traité de contentieux administratif*, *op. cit.*, p. 539.

1574 E. Laferrière, *Traité de la juridiction administrative et des recours contentieux*, *op. cit.*, p. 496.

1575 J. Rivero, *Droit administratif*, Paris, Dalloz, 10e éd., 1983, p. 255.

1576 E. Laferrière, *Traité de la juridiction administrative et des recours contentieux*, *op. cit.*, p. 497.

l'incompétence temporelle (B). Avant d'étudier ces cas qui viennent fréquemment devant le juge, il y a lieu de signaler des cas d'incompétence épisodiques. Parmi ces derniers, nous avons l'usurpation de fonctions juridictionnelles. Dans ces très rares interventions en la matière, le juge sanctionne rigoureusement ce vice consistant pour les autorités administratives à grignoter la compétence des juges. Il le démontre dans un arrêt du 22 mars 1990 : « (...) seules les juridictions judiciaires sont compétentes pour connaître des contestations relatives aux terres de culture se trouvant sous l'empire des droits fonciers coutumiers ; (...) en statuant sur une telle contestation, le Commandant de cercle de Gao a gravement perturbé l'ordre légal des compétences et sa décision mérite à ce titre la censure de la Cour. »[1577] Il agit de la même manière dans l'arrêt sieur Adama Koné[1578].

A. L'incompétence « ratione materiae » : le principal cas

Cette incompétence est le cas où une autorité administrative, bien qu'elle soit dotée d'un pouvoir de décision, est intervenue par décision dans une matière qui relève de la compétence d'une autre autorité. C'est une incompétence qui est alors identifiable par rapport à la matière précise dans laquelle est intervenu l'acte litigieux. Des auteurs ont eu à comparer cette incompétence à l'incompétence « ratione personae » en relevant qu'à la différence de cette dernière, l'auteur de la décision querellée est bien une autorité administrative dotée d'un pouvoir de décision. Ici, l'illégalité consiste, écrivent-ils, en ce que cette autorité a pris sa décision dans une matière relevant d'une autre autorité administrative[1579]. Pour Édouard Laferrière, c'est l'incompétence « qui tient à la nature de l'acte »[1580].

Comme cela a été déjà annoncé, si, en tant que moyen d'annulation externe d'une décision prise par une autorité administrative, elle peut être soulevée par le requérant à l'appui de sa requête, elle peut être aussi soulevée par le juge lui-même. Cela résulte de son caractère d'ordre public, tel est même généralement le cas dans la jurisprudence administrative nationale. Souvent, le juge précise qu'il s'agit d'un problème lié à la compétence de l'auteur de l'acte administratif attaqué, même si malheureusement, force est de noter qu'il reste délicatement silencieux sur cette précision d'où la difficulté de compréhension de certains arrêts.

Dans l'affaire la Société des détergents du Mali[1581], certes, le juge reconnaît l'incompétence du Directeur national des impôts à céder un titre foncier, mais

---

[1577] CS-SA, Arrêt n° 9 du 22 mars 1990, entre dame Beïssa Yoro, sieur Gaoukoye Gourel et le Commandant de cercle de Gao, *inéd.*

[1578] CS-SA, Arrêt n° 2 du 2 février 1995, entre le sieur Adama Koné et le Commandant de cercle de Ségou, *inéd.*

[1579] V. J.-M. Auby, R. Drago, *Traité de contentieux administratif*, *op. cit.*, p. 568.

[1580] E. Laferrière, *Traité de la juridiction administrative et des recours contentieux*, *op. cit.*, p. 497.

[1581] CS-SA, Arrêt n° 05 du 2 février 1995, SDM, *op. cit.*

est resté sans mots sur la qualification de la nature de cette incompétence. Seulement, il ressort de l'analyse des faits et des textes auxquels le juge s'est lui-même référé, qu'il s'agit bien d'une incompétence ratione materiae. Selon lui, « (...) Considérant que le Directeur national des impôts, eu égard à la valeur vénale de l'immeuble querellé n'avait pas compétence à procéder à ladite cession (...) ; Qu'il y a lieu en conséquence d'annuler pour excès de pouvoir la décision n° 93-096/MF-DNI du 13 décembre 1993 prise en violation des dispositions d'ordre public du code domanial et foncier ».

Cette même rigueur du juge continue dans l'arrêt Salif Coulibaly[1582], où le juge sanctionne aussi l'incompétence d'une autorité administrative à intervenir dans la sphère de compétence réservée à une autorité administrative. Pour le juge de l'espèce, « le vrai problème juridique posé (dans l'affaire) est l'incompétence du Maire de la Commune I du District de Bamako à délivrer une concession urbaine à usage d'habitation (CUH), même dans sa commune à un citoyen (...) ; que le jugement d'instance en confondant les différentes opérations d'urbanisme et en reconnaissant au Maire d'une commune des compétences dévolues au seul Maire du District de Bamako a commis un excès de pouvoir que l'arrêt entrepris en révision aurait dû censurer ; qu'il ne saurait y avoir concurrence de compétence entre le Maire du District de Bamako et le Maire de la commune I dans la gestion d'un lotissement ; que la décision du 21 novembre 2011 du Maire de ladite commune, en attribuant la concession urbaine à usage d'habitation (...) à Makadji viole les domaines de compétences du Maire du District et doit être annulée pour excès de pouvoir (...) ».

Dans une affaire récente, en l'occurrence l'affaire Adama Coulibaly de 2014, le juge confirme cette rigueur de la manière qui suit : « (...) Qu'en agissant comme il l'a fait, il s'est, de ce fait substitué à son Ministre de tutelle (...) ; considérant que l'avis défavorable qu'il a par la suite réservé à la demande de Dia négoce ne constitue ni plus ni moins qu'un rejet de celle-ci, toute chose relevant de la compétence du ministre ; que pour avoir pris une décision ne relevant pas de sa compétence, le PDG des Aéroports du Mali a exposé ses lettres 462 et 463 à la censure de la Cour »[1583].

Dans cet arrêt, ce qui attire à la première lecture, a trait à la démarche du juge consistant à expliquer de fil en aiguille, l'attitude du PDG des Aéroports du Mali qui est en déphasage avec la légalité. Cette illégalité n'est autre que, comme il le fait savoir à la fin de sa démarche, l'empiètement du PDG des Aéroports du Mali sur le champ des matières réservées à la compétence du ministre. Il annule alors les décisions querellées sur la base du moyen tiré de l'incompétence de leur auteur.

[1582] CS-SA, Arrêt n° 007 du 24 janvier 2014, Salif Coulibaly c/ l'arrêt n° 103 du 17 mai 2013, *inéd.*

[1583] CS-SA, Arrêt n° 277 du 9 octobre 2014, Adama Coulibaly c/ les lettres 462 et 463 du PDG des Aéroports du Mali, *inéd.*

Cependant, ce sérieux dans le contrôle de la compétence de l'auteur de l'acte ne peut pas rendre invisible une certaine prudence ou paresse intellectuelle ou même peut-être hésitation du juge à qualifier l'incompétence qui motive l'annulation des actes pris. La Cour suprême, dans tous les arrêts sus visés fonde certes sa décision sur le fait que les autorités administratives dont les décisions ont été annulées les avaient prises dans des matières réservées à d'autres autorités, mais s'est toujours limité à évoquer le problème de compétence. Pourtant, ces faits répondent justement à l'incompétence matérielle. Il ressort aussi desdits arrêts, que le juge procède dans chaque arrêt, à contrôler tout d'abord la légalité externe et commence cela par celui de la compétence de l'auteur de l'acte attaqué.

Ainsi, il faut noter la similarité de cette rigueur dans la sanction du vice d'incompétence en général et du vice d'incompétence matérielle entre le juge administratif national et certains juges d'Afrique noire francophone. C'est particulièrement le cas du juge sénégalais qui est traduit par ces mots : « la sévérité avec laquelle le juge de l'excès de pouvoir sanctionne le vice d'incompétence (...) se comprend aisément. »[1584] C'est ce que démontre à suffisance une récente décision de la Cour suprême sénégalaise du 10 janvier 2013, en l'occurrence l'affaire Zahira Saleh contre l'État du Sénégal[1585], où le juge dit que « s'il est avéré l'existence d'un péril grave et imminent, le Maire ordonne les mesures provisoires (...) ; qu'en ordonnant l'évacuation d'un immeuble pour risque d'effondrement, le Préfet a pris une décision dans un domaine où la loi ne lui donne pas compétence ». Dans le même registre, et ce avant même l'affaire Zahira Saleh, le Préfet s'était permis de se substituer au Maire pour prendre une mesure de police en matière d'édifice menaçant ruine, laquelle a été aussi annulée par le juge pour incompétence[1586].

Le second point de similitude entre les démarches de ces deux juges se situe au niveau de la précision se rapportant à la qualification de l'incompétence. C'est vrai que le juge sénégalais n'hésite pas à annuler une décision administrative dès qu'il constate l'incompétence de son auteur, mais tout comme son homologue malien, il reste très réservé sur la définition du type d'incompétence dont il s'agit.

Cependant, il est nécessaire de souligner que cette similarité n'est pas absolue. En effet, même si dans l'arrêt Amadou Lamine Ba[1587], la Cour suprême du Sénégal avait elle-même soulevé le moyen tiré du vice d'incompétence de l'auteur de l'acte attaqué pour l'annuler, dans la plupart des cas, « ce sont les requérants eux-mêmes qui se prévalent de l'incompétence d'une autorité

[1584] N. M. F. Diagne, thèse, *op. cit.*, p. 260.

[1585] Cité par O. Khouma, « Le contrôle de la légalité externe des actes administratifs unilatéraux par le juge sénégalais », p. 19, sur www.afrilex.u-bordeaux4.fr, consulté le 5 février 2016.

[1586] CE sénégalais, 17 août 2000, Baba Diouf et autres c/ État du Sénégal, cité par O. Khouma, *ibid.*

[1587] CS sénégalais, 27 mai 1981, Amadou Lamine Ba, cité par N. M. F. Diagne, *op. cit.*, p. 260

administrative lorsqu'ils ont une chance d'obtenir l'annulation de l'acte attaqué en se fondant sur ce moyen »[1588]. Par contre, au Mali, dans toutes les affaires susvisées auxquelles nous nous sommes référés, c'est le juge lui-même qui soulève d'office le moyen tiré du vice d'incompétence de l'auteur de l'acte contesté sans que le requérant ait soulevé cela dans son mémoire : c'est la manifestation de son pouvoir d'invoquer d'office les moyens d'ordre public.

Le juge administratif malien adhère ainsi à l'affirmation de Georges Maleville selon laquelle le moyen d'ordre public « présente une telle importance que, si le juge n'en tenait pas compte, il ne remplirait pas sa mission qui est de statuer en conformité des règles fondamentales de droit »[1589]. Cette attitude du juge national est à encourager surtout qu'il doit faire prévaloir l'ordre public sur la liberté des parties[1590] car l'ordre public, comme l'écrit le professeur, André Heurte « constitue ce minimum d'organisation (…) que les juridictions doivent préserver coûte que coûte »[1591].

La même rigueur est perceptible dans la jurisprudence administrative camerounaise. Une démonstration de cette affirmation nous est donnée par l'arrêt rendu par le juge camerounais dans l'affaire Église presbytérienne camerounaise contre l'État du Cameroun. Pour le juge, « le gouverneur de la province du centre est matériellement incompétent pour suspendre l'activité d'une ou en ordonner la dissolution ou encore moins l'interdiction de ladite »[1592].

En ce qui concerne la jurisprudence administrative burkinabè, le professeur Ahmed Tidiane Ba a utilement écrit que « seule l'incompétence ratione materiae se rencontre »[1593]. Le juge burkinabè aussi, tout comme ses homologues maliens et sénégalais est timide sur la qualification du vice d'incompétence dont il s'agit dans ces arrêts. En d'autres termes, il se limite lui aussi à constater l'incompétence de l'auteur de l'acte, mais ne dit pas de quelle incompétence il s'agit. Ce qui donne un travail d'analyse beaucoup plus poussé aux lecteurs de la jurisprudence et particulièrement à la doctrine. C'est ainsi que classant la jurisprudence Bassomo Bakibié dans la catégorie du vice d'incompétence « ratione materiae », Ahmed Tidiane Ba fait le résumé de la manière suivante : « le juge a déclaré illégal un permis urbain d'habitation délivré à une requérante par un maire, alors que la parcelle correspondant à ce permis devrait être attribué par le chef de circonscription administrative (Préfet) après avis d'une commission ; le juge administratif a considéré que la décision

1588 N. M. F. Diagne, thèse, *ibid.*

1589 G. Maleville, cité par N. M. F. Diagne, thèse, *ibid.*, p. 259.

1590 J. P. Jacques, « Les moyens d'ordre public dans le contentieux de pleine juridiction », Mélanges, Stassinopoulos, 1974, p. 230.

1591 A. Heurte, « La notion d'ordre public dans la procédure administrative », p. 615, cité par N. M. F. Diagne, thèse, *op. cit.*, p. 259.

1592 CS-SA, Ordonnance n° 6 du 1er novembre 1994, cité par C. Keutcha-Thapnga, *op. cit.*, p. 198.

1593 A. T. Ba, *Droit du contentieux administratif burkinabé*, *op. cit.*, p. 433.

du maire était entachée d'un vice d'incompétence dans la mesure où celui-ci s'était substitué au chef de la circonscription administrative pour prendre un acte qui ne rentrait pas dans ses attributions. »[1594]

À côté du vice d'incompétence matérielle, il existe celui de l'incompétence temporelle pour compléter la liste des cas d'incompétence les plus invoqués au Mali.

B. L'incompétence « ratione temporis » : le cas secondaire

Les professeurs Jean-Marie Auby et Roland Drago préviennent qu'« on groupe sous le nom d'incompétence rationetemporis des hypothèses assez variées dans lesquelles l'auteur d'un acte administratif méconnaît les règles qui lui sont assignées au sujet de l'exercice de sa compétence dans le temps ; ce vice (…) ne se rattache (…) à la notion d'incompétence que si celle-ci est prise au sens large »[1595]. Sous cette réserve, ils décèlent trois situations pouvant conduire à ce vice : lorsqu'une autorité administrative prend un acte administratif sans se soumettre à une règle limitant la période de temps à l'intérieur de laquelle sa compétence peut s'exercer ; c'est le cas dans lequel une autorité administrative exerce sa compétence d'une manière rétroactive ; enfin, on peut ranger dans cette catégorie, le cas de l'exercice anticipé d'une compétence[1596].

Il faut toutefois mentionner le silence d'Édouard Laferrière concernant cette catégorie de vice d'incompétence pour ne pas l'avoir cité dans sa liste des espèces d'incompétence que l'on peut distinguer en doctrine selon lui[1597]. Pour d'autres professeurs, « dans cette hypothèse, l'autorité administrative, en raison des conditions de durée non respectée, agit alors qu'elle n'est pas encore ou plus compétente »[1598].

De tout ce qui précède, il ressort que le vice d'incompétence dont il s'agit ici est une question de temps. En effet, cette incompétence s'apprécie de manière temporelle selon la situation de l'auteur de la décision en cause. Une autorité administrative ne peut en ce sens prendre des décisions faisant grief qu'entre l'entrée en vigueur et la sortie de vigueur de sa décision de nomination. Toute décision prise donc avant et après cette dernière est irrégulière. C'est une autre manifestation de la notion de la maîtrise du temps en matière administrative.

Il existe des cas illustratifs de cette catégorie d'incompétence dans la jurisprudence administrative nationale. On peut souligner que l'un des premiers, voire le premier arrêt rendu en la matière est l'arrêt sieur Sékou Niakaté de 1990. Dans cette espèce, le juge résume les faits et tranche de la manière suivante :

1594 CS-SA, 24 juin 1994, Bassomo Bakibié c/ Office national des postes, résumé par A. T. Ba, *ibid.*

1595 J.-M. Auby, R. Drago, *Traité de contentieux administratif*, *op. cit.*, pp. 580-581.

1596 Ibid.

1597 E. Laferrière, *Traité de la juridiction administrative et des recours contentieux*, *op. cit.*, p. 497.

1598 Ch. Debbasch, J.-C. Ricci, *Contentieux administratif*, *op. cit.*, p. 294.

« Considérant que c'est à tort que le commandant de cercle de Yélimané a visé dans le préambule de sa décision objet du présent recours, (...) un arrêt n° 2 du 11 février 1988 de la Cour suprême. Considérant que d'autre part, que si l'arrêt n° 2 du 11 février 1988 a bien annulé les décisions n° 36 et 37 du (Commandant de cercle de Yélimané) du 28 juillet 1986. Ces décisions relevaient encore à cette date de la compétence du commandant de cercle puisque le code domanial et foncier n'avait pas encore été promulgué. »[1599]

Dans cet arrêt, le juge fait une démonstration satisfaisante du vrai vice d'incompétence *ratione temporis*. Il en découle qu'avant l'entrée en vigueur du code domanial et foncier, la compétence du commandant de cercle de ladite localité ne souffrait d'aucune irrégularité, mais c'est après le début de la production des effets de celui-ci que la situation a changé. Le commandant n'est plus compétent et le juge le lui fait savoir en de termes accessibles. Il précise que lui-même avait annulé quelques précédentes décisions du commandant et que c'est sur ces décisions qu'il a aussi fondé celle attaquée, alors que celles-ci ont été rendues avant la promulgation du code cité.

Dans une autre affaire non moins importante, le juge fait savoir qu'« au moment où il prenait les décisions n° 12 et 13 (...), le sieur Yaya Diallo, Commandant de cercle de Tominian était déjà muté à Douentza par arrêt n° 4252/MATD-CAB du 22 juillet 1993 ; Considérant qu'à partir de cette date il était habilité seulement à expédier les affaires courantes et devait s'abstenir de prendre des décisions ; Qu'il y a lieu de conclure à son incompétence à prendre de tels actes ; Qu'il résulte de ce qui précède de soumettre la décision de relève du mémorant à la censure de la Cour »[1600]. Cette affaire cadre parfaitement avec le deuxième point de la liste des cas d'incompétence *ratione temporis* établie par Jean-Marie Auby et Roland Drago, à savoir l'exercice d'une compétence de manière rétroactive.

Le juge continue avec cette satisfaisante et légale sévérité dans l'arrêt Mahamadou Keïta de la manière suivante :

« (...) Considérant que suivant la circulaire n° 02609/MATS-SG du 21 novembre 1996, le ministère de l'Administration territoriale et de la Sécurité a instruit aux Gouverneurs de Région et du District, Commandants de cercle, Maires de commune, de surseoir jusqu'à nouvel ordre, à toute attribution de parcelle à usage d'habitation, commercial ou de concession rurale ; que cette suspension a été levée par la circulaire n° 1750/MATS-SG en date du 8 octobre 1999 dudit ministre ; que dès lors, la lettre d'attribution n° 2477/98/DOM du 9 octobre 1998 est intervenue en pleine période de suspension, période pendant laquelle, son auteur n'avait pas compétence pour l'édicter ; qu'il s'ensuit que la

---

[1599] CS-SA, Arrêt n° 31 du 26 septembre 1990, entre le sieur Sékou Niakaté et le Commandant de cercle de Yélimané, *inéd.*

[1600] CS-SA, Arrêt n° 77 du 28 septembre 1995, entre le sieur Diby Mounkoro et le Commandant de cercle de Tominian, *inéd.*

concession urbaine querellée n'a pu créer des droits eu égard (…) à son origine illégale (…). »[1601] Il s'agit effectivement ici d'un vice d'incompétence *ratione temporis* selon le premier point de la liste des cas de vice d'incompétence des professeurs Jean-Marie Auby et Roland Drago.

Dans le cas d'espèce, au lieu que l'exercice de la compétence des autorités administratives visées par la décision ministérielle soit limitée à l'intérieur d'une période donnée, l'exercice de la compétence susvisée est au contraire interdit à l'intérieur d'une période donnée. Pourtant, c'est dans cette période d'interdiction que le Maire de la Commune II du District de Bamako s'est permis de prendre sa décision. L'interdiction était donc temporelle, avant et après celle-ci, on ne peut parler de vice d'incompétence. Le fait qu'elle n'est pas absolue, mais qu'il s'agit d'une question de temps, colle à ce vice d'incompétence l'étiquette temporelle.

Si, en s'en tenant aux écritures d'Ahmed Tidiane Ba, au moment bien sûr où il écrivait son ouvrage, il n'existait pas de cas de vice d'incompétence *ratione temporis* dans la jurisprudence administrative burkinabè, nous venons de démontrer que la situation se présente autrement au Mali. Elle se présente aussi autrement dans d'autres pays d'Afrique noire francophone comme le Sénégal.

Il faut aussi préciser que s'agissant du cas du Sénégal, la jurisprudence existe certes, mais elle n'est pas abondante. Toutefois, l'affaire Issaga Keïta constitue un bon exemple. Dans ce cas d'espèce, le juge a tiré le vice d'incompétence rationetemporis de ce que l'autorité administrative ayant pris l'acte administratif querellé, n'a pas respecté le temps, la période, c'est-à-dire les règles qui régissent le temps d'agir en la matière. Il le fait savoir en ces termes : « attendu qu'en l'absence de dispositions contraires des textes régissant le Centre de formation (…), la répartition des places à pourvoir ne pouvait être modifiée légalement après le commencement des opérations du concours. »[1602]

Ainsi, les jurisprudences maliennes comme sénégalaise sont proches de leur modèle de référence, à savoir celle de la France. Le juge administratif français fait une application très rigoureuse des règles relatives au temps dont dispose une autorité pour émettre une décision exécutoire. Cette règle est réelle au point que ce juge n'hésite pas à annuler une décision qu'un texte ait explicitement[1603] ou pas[1604] accordé un caractère impératif au temps.

Dans un arrêt rendu en 1973[1605], le CE français a aussi révélé le vice d'incompétence temporelle d'un Préfet qui avait été régulièrement nommé mais qui n'avait pas encore été installé dans ses fonctions. Le juge a donc estimé que

---

[1601] CS-SA, Arrêt n° 316 du 27 novembre 2014, Mahamadou Keïta c/ le jugement n° 455 du 25 novembre 2013, *inéd.*

[1602] CS sénégalais, 28 avril 1971, Issaga Keïta, cité par Ousmane Khouma, *op. cit.*, p. 20.

[1603] CE français, 28 juillet 1951, Société de secours minière de Valenciennes, cité par J.-M. Auby, R. Drago, *Traité de contentieux administratif*, *op. cit.*, p. 581.

[1604] CE français, 5 janvier 1934, Chollet, cité par J.-M. Auby, R. Drago, *ibid.*

[1605] CE français, 27 avril 1973, Demoiselle Serre, note H. Maisl, AJ, 1973, p. 487.

le temps n'était pas encore pleinement arrivé pour prendre des actes administratifs en tant que Préfet. Il a aussi décidé que le gouvernement ne peut prendre des décisions dans le domaine normalement réservé au législateur que dans le temps précis à lui accordé par celui-ci. Au-delà dudit temps, il n'est plus habilité à le faire et tout acte qu'il prendra sera annulé pour vice d'incompétence *ratione temporis* de son auteur. C'est le cas du délai dont le Gouvernement français disposait pour prendre des décrets individuels d'amnistie[1606].

Si dans le cadre du contrôle de légalité externe, le juge administratif national fait un traitement judicieux du vice d'incompétence, il fait aussi un traitement plutôt acceptable des vices de forme et de procédure.

Paragraphe 2 : Un traitement acceptable des vices de forme et de procédure

Il y a lieu d'apporter la précision selon laquelle Édouard Laferrière traite sous le vocable « vice de forme » les deux moyens de légalité externe dont il s'agit ici : le vice de procédure et le vice de forme. Pour lui, « le vice de forme consiste dans l'omission ou dans l'accomplissement incomplet ou irrégulier des formalités auxquelles un acte administratif est assujetti par les lois et règlements »[1607]. Il confond alors à l'époque les deux vices.

Pour les professeurs Jean-Marie Auby et Roland Drago, c'est vrai que l'intitulé de la section de leur traité consacrée au sujet est « le vice de forme », mais cela s'arrête là. En effet, ils font la « distinction des vices de forme et de procédure » après un développement technique démontrant l'autonomie de chacun des deux vices, ils finissent par écrire que « le vice de procédure peut donc aujourd'hui se distinguer du vice de forme »[1608]. Cet éclaircissement ne doit pas non plus faire oublier que certains auteurs contemporains comme les professeurs Charles Debbasch et Jean Claude Ricci s'alignent toujours derrière la ligne de conduite d'Édouard Laferrière en traitant les deux sous « le vice de forme ». Ces derniers définissent ce « vice de forme » ainsi : « tout acte administratif doit, à peine d'être atteint d'un vice de forme, respecter un ensemble de règles de formes et de procédure »[1609].

Cependant, comme l'intitulé de ce Paragraphe peut déjà le refléter, tout en tenant compte de ce qui ressort de l'analyse de la pratique du juge administratif malien en la matière, nous sommes d'accord avec Jean-Marie Auby et Roland

---

[1606] CE français 22 novembre 1963, Dalmas de Polignac, cité par R. Chapus, *Droit administratif général*, Paris, Montchrestien, t. 1, 15e éd., 2001, p. 1026.

[1607] E. Laferrière, *Traité de la juridiction administrative et des recours contentieux*, t. 2, *op. cit.*, p. 520.

[1608] Jean-Marie Auby et R. Drago, *Traité de contentieux administratif*, t. 2, *op. cit.*, pp. 582-583.

[1609] Ch. Debbasch, J.-C Ricci, *Contentieux administratif*, *op. cit.*, p. 597.

Drago et surtout avec René Chapus qui écrit qu'« ils se distinguent très nettement »[1610].

Ainsi, le juge administratif national, fait une utilisation plus marquée du moyen de vice de procédure (A) et moins marquée du moyen de vice de forme (B).

A. Une utilisation plus marquée du moyen de vice de procédure

Le juge focalise prioritairement son contrôle du respect du processus d'élaboration de l'acte administratif sur deux exigences : la première est relative au respect de la procédure de consultation (1) et la seconde est relative à la procédure d'enquête (2).

1. L'exigence du respect de la procédure de consultation

Georges Vedel et Pierre Delvolvé font savoir que « les procédures consultatives ont pour objet d'éclairer l'autorité compétente sur la décision qu'elle va prendre (et) comportent les modalités permettant d'aboutir à une solution »[1611].

La procédure de consultation est alors une formalité d'une grande importance, consistant pour l'Administration, à requérir l'avis d'une structure administrative ou juridictionnelle, d'un individu ou d'un collectif, ou même d'un organisme privé avant de prendre un acte administratif unilatéral. C'est donc une formalité dont l'inobservation par une autorité administrative peut entraîner l'annulation par le juge de l'excès de pouvoir de sa décision. Que cette inobservation soit complète ou que son observation soit incomplète ou irrégulière, c'est la même conséquence de droit qui est réservée à l'acte qui en résultera.

Cette dernière affirmation doit cependant être tempérée, car tant la doctrine que la jurisprudence, s'accordent majoritairement à faire la distinction entre la valeur ou la force de certaines formalités consultatives sur l'acte à prendre. C'est ce qui a conduit à faire la distinction entre les formalités dites substantielles et celles étiquetées de non-substantielles. C'est ainsi qu'Édouard Laferrière[1612] pose la question suivante : « a-t-on du moins le droit de distinguer entre les formalités substantielles et celles qui ne le sont pas ? » Il apporte ensuite la précision qui suit : « en règle générale, nous ne croyons pas qu'on doive s'attacher à cette distinction, lorsqu'il y a eu omission complète d'une formalité légale. »[1613]

Cependant, le juge administratif malien s'accorde avec ces idées en ne négligeant pas le contrôle de la formalité de consultation et en sanctionnant

---

[1610] R. Chapus, *Droit administratif général*, t. 1, *op. cit.*, p. 1037.

[1611] G. Vedel, P. Delvolvé, *Droit administratif*, t. 1, *op. cit.*, p. 280.

[1612] E. Laferrière, *Traité de la juridiction administrative et des recours contentieux*, *op. cit.*, p. 521.

[1613] *Ibid.*

vigoureusement son inobservation par la censure. Il fait ainsi la distinction entre formalités substantielles et non substantielles principalement sur la formalité relative à l'avis.

L'affaire Idrissa Kola Diarra[1614] en constitue une illustration. Dans ce cas d'espèce, le requérant conteste la décision du Commandant de cercle de Mopti relative à la nomination du chef de village de Noradji (Arrondissement de Korientzé). Il soutient que le chef d'Arrondissement de ladite localité a sciemment ignoré l'avis issu de la consultation des conseillers du village organisée par le chef d'Arrondissement lui-même. Cette méconnaissance de cet avis a été traduite par la proposition de quelqu'un d'autre comme chef de village, laquelle a été entérinée par le Commandant de cercle de Mopti.

Le juge a alors tranché le litige de la manière suivante :

« (...) ; considérant que l'article 50 du décret n° 203/PG-RM du 8 novembre 1977, dispose que le chef de village et le chef de fraction sont nommés par décision du commandant de cercle sur proposition du chef d'Arrondissement après avis du conseil de village ou de fraction ; considérant que ces dispositions font de l'avis du chef de village un élément nécessaire à la décision du commandant de cercle ; considérant que les conditions dans lesquelles la consultation a été effectuée par le chef d'Arrondissement, ne permettaient pas de recueillir un avis ; Au fond : annule la décision (...) ».

De même, dans un autre arrêt, c'est l'inverse qui se produit. En effet, la Cour rejette comme mal fondée une requête parce que, la décision de l'autorité administrative était conforme à l'avis émis par l'organe qui devait être consulté[1615].

Dans la même optique et dans une affaire presqu'identique, le juge fait constater qu'« il ressort de l'examen du procès-verbal de consultation du conseil de village de Ogotena en date du 30 mars 1992 et de la lettre de proposition de nomination du chef d'Arrondissement central de Bankass du 28 avril 1992, que la procédure a été bien suivie et qu'aucun texte n'a été violé par l'autorité administrative ; au fond : rejette la requête comme mal fondée »[1616].

Il ressort de l'analyse de ces décisions, que le juge fait une application correcte des règles relatives à l'avis. Seulement, dans ses arrêts, il existe un fait qui ne peut qu'attirer l'attention des observateurs. En effet, comme presque d'habitude, le juge se montre avare en explications et en commentaires. Ce qui est sûr, c'est qu'il considère l'avis de consultation des conseils comme une

[1614] CS-SA, Arrêt n°072 du 17 août 1995, entre le sieur Idrissa Kola Diarra et le Commandant de cercle de Mopti, *inéd.*

[1615] CS-SA, Arrêt n° 89 du 16 novembre 1995 entre les sieurs Mahamar Mourou et Samba Arouhoussouba et le chef d'arrondissement de Haoussa Foulane, *inéd.*

[1616] CS-SA, Arrêt n° 83 du 28 septembre 1995, entre la collectivité villageoise d'Ogotena-Daboye et le Commandant de cercle de Gao, *inéd.*

formalité substantielle, d'où l'annulation des décisions prises en sa méconnaissance et le maintien de celles qui y sont conformes.

Après ces décisions relativement anciennes, le juge s'est prononcé sur la question dans des arrêts plus récents. Toujours, dans le cadre d'une importante affaire relative à la chefferie traditionnelle, précisément concernant la nomination du chef de village de Woroni, Arrondissement de Loulouni, cercle de Kadiolo, le juge fait la distinction entre un avis consultatif et un avis conforme. Le sieur Berthé et autres avaient interjeté appel contre le jugement n° 467 du TAB qui avait confirmé en première instance la décision du Préfet de Kadiolo portant nomination du chef de village de Woroni.

Le juge d'appel répond alors à travers la solution suivante : « (…) ; considérant que la décision (…) portant nomination du chef de village de Woroni, cercle de Kadiolo, commune rurale de Loulouni est l'acte querellé ; considérant que dans l'espèce, suite à la consultation du conseil du village, Lamissa Ouattara a recueilli 5 voix contre quatre (4) pour Sidi Berthé ; (…) ; considérant qu'en l'espèce, la violation des coutumes et traditions dans les villages est à l'origine des conflits ; que la proposition du Sous-préfet inspirée par l'histoire de la localité de Woroni tend à prévenir la perturbation du climat social et est conforme à l'esprit de l'article 2 de l'arrêté n° 08-0269/MATCL-SG du 4 février 2008 fixant les modalités de nomination des chefs de village, de fraction et quartier ; la Cour, au fond : le déclare bien fondé ; infirme le jugement n° 467 du 6 octobre 2011 du TAB ; statuant à nouveau : annule la décision (du Préfet du cercle de Kadiolo) portant nomination du chef de village de Woroni (…) »[1617].

Non satisfait de cet arrêt rendu en appel, la DGCE agissant pour le compte du Préfet de Kadiolo, a sollicité la révision dudit arrêt par une requête du 30 mai 2013.

C'est ainsi que dans un arrêt de 2014, en matière de révision, le juge, après une longue motivation, donne la solution finale. Il dit : « (…) ; que les modalités préalables prescrites ont été observées relativement à l'avis du conseil communal et du représentant de l'État au niveau de la commune ; qu'il s'agit d'avis consultatifs et non d'avis conformes ; qu'il s'ensuit que l'arrêt critiqué mérite d'être rétracté ; la Cour suprême du Mali, par ces motifs, au fond : rétracte l'arrêt n° 077 du 2 mai 2013, statuant à nouveau : dit que la décision n° 011-017/CKLO du 11 avril 2011 du Préfet de Kadiolo portant nomination du chef de village de Woroni, commune rurale de Loulouni, cercle de Kadiolo, sortira son plein et entier effet. »[1618]

Ces deux arrêts rendus pour résoudre le même litige recèlent de précieux enseignements sur la procédure de consultation en général, et sur la distinction que le juge national fait entre les différentes sortes d'avis en particulier. Ils

[1617] CS-SA, Arrêt n° 077 du 2 mai 2013, entre Sidi BERTHÉ et le Préfet de Kadiolo, *inéd.*
[1618] CS-SA, Arrêt n° 172 du 4 juillet 2014, la DGCE c/ l'arrêt n° 077 du 2 mai 2013, *inéd.*

peuvent ainsi être bien appréciés en les mesurant à l'échelle de l'affirmation selon laquelle « il faut distinguer l'avis non obligatoire, l'avis obligatoire, la proposition (et) l'avis conforme »[1619].

Comme son nom l'indique, le premier, c'est-à-dire l'avis non obligatoire est celui que l'autorité administrative n'est pas obligée de recueillir. C'est ce qu'Édouard Laferrière appelle, « avis facultatif » et souligne que « l'autorité qui les provoque n'est obligée ni de les demander, ni de les suivre »[1620].

À la lumière de ces précisions de ces grands auteurs, on est obligés de tempérer nos propos pour revenir sur la qualification donnée par le juge national aux différents avis en cause dans ces arrêts. Il faut tout d'abord signaler que les trois avis ne sont pas les mêmes, avant de s'intéresser particulièrement à ceux du Conseil communal et du Sous-préfet. C'est pour expliquer que les avis donnés par ces deux organes répondent effectivement à la qualification du juge : ce sont des avis consultatifs au sens que le Préfet de Kadiolo « est obligé de les demander, mais non de les suivre »[1621].

Considérant qu'il ressort de l'arrêt Idrissa Kola Diarra[1622] suscité, que la nomination du chef de village ne relève pas du pouvoir discrétionnaire de l'Administration, comme le soutenait le défendeur (Commandant de cercle de Mopti), l'avis donné par le Conseil du village est l'élément déterminant dans la nomination des chefs de village, de quartier ou de fraction. C'est ce qui ressort d'ailleurs de l'arrêt sieur Mahamar Mourou et Samba Arouhous-souba[1623].

Cet avis ne peut donc pas être rangé dans la même catégorie que les avis justement qualifiés de consultatifs du Conseil communal et du Sous-préfet. Il a tout d'un avis conforme, car « non seulement l'autorité de décision doit les recueillir, mais elle ne peut statuer que dans le sens de l'avis »[1624]. C'est ce que nous font savoir les arrêts suscités rendus par le juge lui-même en la matière. C'est ce que le Préfet de cercle de Kadiolo semble avoir compris en ignorant les avis consultatifs du conseil communal de Loulouni et du Sous-préfet de la même localité, avis qui méconnaissent curieusement l'avis donné par le Conseil du village suite à une consultation qui de surcroît a été organisée et authentifiée par le Sous-préfet.

Quant à la proposition, « elle n'interdit pas à l'autorité ayant pouvoir de décision d'écarter ce qui lui est proposé, mais ne lui permet pas en principe de

---

[1619] G. Vedel, P. Delvolvé, *Droit administratif*, *op. cit.*, p. 281.

[1620] E. Laferrière, *Traité de la juridiction administrative et des recours contentieux*, *op. cit.*, p. 529.

[1621] *Ibid.*

[1622] CS-SA, Arrêt n° 72 du 17 août 1995, *op. cit.*

[1623] CS-SA, Arrêt n° 89 du 16 novembre 1995, *op. cit.*

[1624] G. Vedel, P. Delvolvé, *Droit administratif*, *op. cit.*, p. 282. C'est ce que Laferrière qualifie d'avis « impératif, qui signifie que l'administration est tenue à la fois de les demander et de s'y conformer », *op. cit.*, p. 529.

statuer dans un sens qui ne lui est pas proposé, quitte à demander de nouvelles propositions »[1625].

L'inadéquation partielle de ces petits détails techniques, n'enlève en rien de la rigueur du juge de la Section administrative à sanctionner le vice de procédure tiré de la consultation ainsi que le prouve l'arrêt Hallaye Andégué Togo[1626]. Dans ce cas d'espèce, le juge fait savoir : « Que le Conseil de village de Tounou n'était pas composé que du chef de village et deux conseillers, l'audition de ces seules personnes ne saurait constituer l'avis du Conseil ; qu'ainsi, l'avis du Conseil de l'entité de base n'ayant pas été recueilli conformément à l'article 5 de l'arrêté n° 08-268/MATCL/S-G, le TA en décidant ainsi, a violé ledit arrêté (…) ; considérant que la procédure prescrite par la législation en vigueur n'ayant pas été respectée (…) ; la Cour suprême du Mali (Section administrative) au fond : infirme le jugement n° 24 (…), statuant à nouveau : déclare nul l'arrêté (…) (du Gouverneur de la région de Mopti) portant création du hameau de Tounou en village autonome ».

En Afrique noire francophone, cette rigueur en la matière n'est pas propre au juge administratif national, elle est bien partagée particulièrement avec le juge camerounais et le juge sénégalais. Celle du juge camerounais est soulignée à travers l'affirmation selon laquelle « tout manquement (au respect des règles de procédure) est impitoyablement censuré par le juge administratif »[1627].

Pour le juge sénégalais, il lui a été reconnu une certaine « fermeté du contrôle des règles relatives à l'élaboration de l'acte administratif »[1628]. Il distingue ainsi, dans son contrôle du respect des règles relatives à la sollicitation des avis, les différents types d'avis. C'est ainsi que dans l'arrêt Gnagna Dièye Fall, le Conseil d'État fait savoir « que la demande d'avis adressée par le ministre de la santé au Conseil de l'ordre national des pharmaciens a été effectivement versée dans la procédure en cour d'instruction ; que l'Administration s'est bien conformée à l'obligation de consultation, l'avis requis n'étant que consultatif ; que cette branche du moyen est inopérante »[1629].

De même, dans une autre affaire, la Cour suprême sénégalaise rend une décision où elle fait clairement la distinction entre avis obligatoire et avis conforme, même s'il faut signaler qu'Ousmane Khouma trouve justement que ladite « décision est curieuse ». En effet, le juge dit : « lorsque le Maire d'une commune, mise en demeure par le ministre chargé des Collectivités locales de convoquer le Conseil communal pour recueillir son avis sur le projet de découpage de ladite commune, n'a pas réuni le Conseil municipal à cet effet

[1625] *Ibid.*
[1626] CS-SA, Arrêt n° 177 du 4 juillet 2014, Allaye Andégué Togo c/ le jugement n° 24 du 29 juillet 2014, *inéd.*
[1627] C. Keutcha-Thapnga, *Précis de contentieux administratif camerounais*, *op. cit.*, p. 200.
[1628] V. O. Khouma, *op. cit.*, p. 34.
[1629] CE sénégalais, 29 mars 2006, Gnagna Dièye Fall c/ État du Sénégal, cité par O. Khouma, *ibid.*, p. 35.

arguant de la tenue de la session budgétaire, le décret pris par la suite ne saurait souffrir d'illégalité de ce chef, l'avis prévu étant obligatoire, mais non nécessairement conforme. »[1630]

Il faut cependant noter que cette décision du juge sénégalais est très étonnante et ne résiste aucunement à l'analyse critique. En effet, l'avis obligatoire étant selon les mots employés par Georges Vedel et Pierre Delvolvé, « celui qui doit être obligatoirement pris », la décision du ministre ne pouvait survivre à l'inobservation d'une telle formalité. C'est vrai que le Ministre pouvait évidemment ne pas suivre ledit avis, comme le précise bien d'ailleurs le juge dans son arrêt, parce qu'il ne s'agit pas d'un avis conforme, mais il fallait recueillir l'avis parce que cela est une obligation. Il n'appartient pas au juge de couvrir les manquements à la légalité des décisions des autorités administratives. Il faut cependant souligner que ces petites erreurs techniques pouvant avoir de graves conséquences, sans être propres aux seuls juges africains, les différencient pourtant le plus souvent de son homologue français.

La même exigence est également perceptible, en ce qui concerne la procédure d'enquête.

2. L'exigence du respect de la procédure d'enquête

Ce n'est pas seulement l'irrégularité entachant la consultation préalable qui est la seule à pouvoir vicier la procédure d'élaboration des actes administratifs unilatéraux. Elle peut aussi et également l'être par l'inobservation de certaines formalités liées à l'enquête préalable. Nous incluons ainsi dans l'enquête, toute démarche prévue par les textes en vigueur visant spécifiquement à justifier et à fonder la décision de l'autorité administrative. Parmi ces différentes mesures, nous avons plusieurs types d'investigations placés sous la dénomination globalisante de l'enquête parmi lesquels nous avons la mise en demeure, l'expertise, et le principe du contradictoire.

L'omission de chacune de ces formalités peut vicier l'acte administratif particulièrement en matière disciplinaire, qui est la plus fréquente dans la jurisprudence administrative nationale.

Déjà en 1990, dans une affaire où était attaquée une décision du Gouverneur du District de Bamako, le juge administratif suprême dit clairement : « que le non-respect dans le cas d'espèce de la procédure de l'enquête préalable et le placement non justifié du sieur Dembélé sont imputables à l'Administration et non au requérant ; que l'Administration en violant ses propres procédures et règles ne saurait ce faisant faire supporter les conséquences de ces illégalités à un tiers (...) ; que les manœuvres auxquelles se réfèrent le défendeur dans son mémoire en défense non seulement ne sont pas spécifiées mais encore qu'elles aient existé, n'ont pas pu surprendre la bonne foi de l'autorité administrative au

---

[1630] CS, 9 février 2012, Mar Diouf c/ État du Sénégal, cité par O. Khouma, *ibid.*

point d'amener celle-ci à attribuer une parcelle sans enquête préalable en faisant fi du critère fondamental dégagé en la matière par elle-même. »[1631]

Il en résulte donc, que l'enquête, lorsqu'elle est prévue dans une matière, constitue indiscutablement « un critère fondamental », donc une formalité substantielle. Ce qui signifie que sa méconnaissance entraîne directement l'annulation de la décision viciée de l'autorité administrative.

Aussi, dans l'arrêt le Préfet de Kati du 21 mars 2014, le juge a sainement précisé qu'« il n'est pas établi par l'instruction, que les bénéficiaires des concessions rurales rapportées, ont été mises en demeure ; (...) qu'en accédant à la demande des intimés, les premiers juges ont fait une saine application de la loi ; qu'il convient dès lors, de confirmer leur décision en toutes ses dispositions »[1632].

De même, dans l'affaire Seydou M. Diallo de 2014, qui à l'époque avait attiré l'attention des médias, la Cour suprême a essayé de rendre une décision détaillée pour rendre sa démarche ainsi que sa décision accessible. C'est ainsi qu'il a décidé de la manière suivante :

« Considérant que le demandeur invoque à l'appui de son recours en annulation, (...), la non-communication du dossier disciplinaire, justifiant qu'il n'a pas eu le droit de se défendre ; (...) considérant qu'il résulte du P.-V. du conseil d'enquête tenu le 25 juin 2013 à Ségou, versé au dossier de la procédure que le Lieutenant-colonel Seydou Moussa Diallo alors dans la salle d'arrêt déclare avoir signé le certificat de communication (parce que j'ai eu confiance en mon officier rapporteur) ; que cependant lui-même ne précise pas la date à laquelle il a reçu le dossier disciplinaire et aucune pièce de la procédure et plus exactement la preuve de l'accomplissement de cette formalité substantielle ne figure pas dans le dossier de la procédure ; qu'en outre il résulte des déclarations du demandeur qu'au moment où le conseil s'est tenu, il n'avait pas fini d'exécuter la punition des 25 jours d'arrêt avec demande d'augmentation ;

Considérant qu'un seul manquement aux dispositions relatives à la procédure disciplinaire peut entraîner l'annulation de l'acte administratif déféré à la censure de la haute juridiction ; considérant qu'en l'espèce, (...), aucune pièce du dossier de la procédure ne permet d'établir la preuve que toutes les formalités préalables à la tenue dudit conseil ont été scrupuleusement observées par le défendeur (...) ; qu'il convient donc de dire que le requérant est recevable en son recours (...) et au fond de l'en juger bien-fondé. »[1633]

[1631] CS-SA, Arrêt n° 33 du 26 juillet 1990, Entre les héritiers de feu Smassé Coulibaly et le Gouverneur du District de Bamako, *inéd.*

[1632] CS-SA, Arrêt n° 74 du 21 mars 2014, le Préfet du cercle de Kati c/ le jugement n° 287 du 18 juillet 2013, *inéd.*

[1633] CS-SA, Arrêt n° 218 du 7 août 2014, Seydou M. Diallo c/ l'État du Mali, *inéd.*

Dans cette décision, le juge comme on peut le constater, met l'accent sur deux points très essentiels à ses yeux : le respect du principe du contradictoire et la manière de procéder à l'exécution des formalités obligatoires.

Pour lui, ce n'est pas seulement la formalité liée au respect du contradictoire, (c'est-à-dire la possibilité que l'Administration doit donner au destinataire de la décision de se défendre valablement contre les arguments sur lesquels elle fonde sa décision) qui constitue une formalité substantielle, mais toutes les autres formalités exigées par la loi. Comme le soulignent Georges Vedel et Pierre Delvolvé, « les procédures contradictoires individuelles doivent permettre à la personne qui va faire l'objet d'une décision de faire valoir ses observations (et) sont essentiellement destinées à garantir les droits de la défense, qui font partie des principes généraux du droit s'imposant, même sans texte, à toute autorité administrative. »[1634]

Parmi toutes ces formalités légales qui doivent être remplies préalablement à toute sanction disciplinaire, aucune n'est non substantielle. C'est ce que le juge dit, quand il précise « qu'un seul manquement aux dispositions relatives à la procédure disciplinaire peut entraîner l'annulation de l'acte déféré ». Il soulève ainsi l'incertitude de ce qui entoure la satisfaction des formalités relatives à la communication du dossier avec date certaine, la convocation 15 jours avant la réunion du conseil, la notification du décret de radiation. Une certaine analyse de la décision du juge nous permet aussi de comprendre qu'il ne suffit même pas que ces formalités soient remplies pour que l'acte en question ne soit pas vicié par l'inobservation de la procédure d'enquête, il faut qu'elles soient bien remplies. En fait, l'Administration ne doit pas faire du maquillage trompeur, autrement dit elle ne doit pas faire semblant d'avoir rempli les conditions requises.

Le juge le fait savoir à demi-mot lorsqu'il souligne qu'« il n'est pas contesté que (...) le conseil de discipline s'est déplacé dans la salle d'arrêt » donc le requérant était aux arrêts au moment de toute la procédure d'enquête. Il n'a pas alors pu se défendre convenablement et ne le pouvait pas même si toutes les conditions relatives au droit de la défense avaient été respectées. Sans que le juge ait fondamentalement basé sa décision sur ce motif, celui-ci vicie l'acte et pouvait à lui seul coûter à l'acte son annulation.

Aussi, le juge camerounais nous démontre dans l'affaire Ikamou à Koung Jean Paul, qu'il sanctionne lui aussi avec une rigueur non moins appréciable, les inobservations liées au respect de la procédure d'enquête précédant l'adoption des actes administratifs unilatéraux. Il le fait savoir en ces termes : « attendu qu'il ressort des mentions ci-dessus que le ministre des Finances ne s'est pas limité à prendre des mesures conservatoires à l'encontre du recourant mais lui a infligé des sanctions définitives ; attendu cependant que suivant sa correspondance n° 772/BC du 28 mai 1980, le ministre des Finances a infligé

[1634] G. Vedel, P. Delvolvé, *Droit administratif*, *op. cit.*, p. 283.

les sanctions sus-évoquées sans donner la possibilité au recourant de s'expliquer devant le conseil de discipline budgétaire et comptable qu'il a lui-même saisi pour connaître du cas ; que ce faisant le ministre n'a pas respecté les droits de la défense ; qu'il s'en suit que l'arrêté attaqué encourt l'annulation pour excès de pouvoir. »[1635]

De même, le même juge avait déjà tenu cette position en 1995 où il statuait ainsi : « attendu qu'il n'a même pas été donné à Nyam Charles l'occasion de s'expliquer pour établir son innocence ; que cette violation du principe du contradictoire, qu'avoue par ailleurs le représentant de l'État, n'est rien d'autre que l'arbitraire ; d'où il suit que la décision attaquée encourt l'annulation pour excès de pouvoir. »[1636]

Ainsi, la procédure contradictoire apparaît comme « une manière d'agir impliquant qu'une mesure individuelle d'une certaine gravité, reposant sur l'appréciation d'une situation personnelle, ne peut être prise par l'Administration sans que soit entendue, au préalable, la personne qui est susceptible d'être lésée dans ses intérêts moraux ou matériels par cette mesure »[1637]. Cette affirmation théorique, comme on l'a vu a été bien traduite en pratique par les juges maliens et camerounais, et comme on le verra par le juge sénégalais aussi.

Ce dernier, dans l'affaire Serigne Babacar Seck contre le Conseil régional de Kaolack et le Gouverneur de la région de Kaolack a bien dit que « la décision attaquée, en procédant au retrait d'un avantage acquis sans que le bénéficiaire ait été mis à même de présenter ses moyens de défense, méconnaît le principe du contradictoire et, par conséquent, celui du respect du droit de la défense »[1638]. Bien avant cette décision, la Cour suprême sénégalaise avait déjà annoncé cette position en 1961 en soutenant le moyen tiré de la violation des droits de la défense dans l'affaire Doudou Kane.

Ainsi, il ressort de ces différentes jurisprudences que la formalité substantielle n'est autre que celle qui influe sur la teneur même de la décision et qui doit *in concreto*, être expressément prévue par un texte. Lorsque la formalité n'est donc pas substantielle, elle n'entraîne pas la censure de l'acte querellé. Le juge burkinabè le rappelle bien dans l'affaire Yameogo Maurice quand il fait savoir que « la méconnaissance des règles de forme ne fut pas établie, qu'au

---

[1635] CS, 25 août 2004, Ikamou à Koung Jean Paul c/ État du Cameroun, v. Keutcha-Thapnga, *op. cit.*, pp. 200-201.

[1636] CS, 30 mars 1995, Nyam Charles c/ État du Cameroun v. Keutcha-Thapnga, *ibid.*

[1637] B. Genevois, cité par A. Coulibaly, « Cours de droit administratif », Université de Toulouse 1, p. 152, sur www.lexpublica.com, consulté le 14 mars 2014 à 1 h 45 mn du matin.

[1638] CS sénégalais, 23 février 2012, Sérigne Babacar Seck c/ Conseil régional de Kaolack et Gouverneur de la région de Kaolack, v. O. Khouma, *op. cit.*, p. 40.

surplus l'oubli ou l'exécution irrégulière d'une décision de forme non substantielle n'annule pas forcément l'acte vicié (…) »[1639].

Cependant, dans des faits pratiquement similaires à l'affaire Seydou M. Diallo[1640] de la Cour suprême malienne, la Cour suprême burkinabè agit autrement. En effet, cette dernière a fait savoir que « si une enquête a été entreprise de façon irrégulière, cette irrégularité n'est pas retenue dès lors que l'intéressé, malgré le défaut de notification de la procédure d'enquête, a pu faire valoir ses observations en comparaissant personnellement »[1641]. Pourtant c'est ce moyen, c'est-à-dire le défaut de notification préalable de la procédure d'enquête, que le requérant avait soulevé. Mais curieusement, le juge burkinabè conclut que « la procédure eut été irrémédiablement viciée si le rapporteur, après cette omission initiale, avait conduit son enquête et réuni des preuves sans en avertir ab initio le Capitaine Sanou, ni lui permettre de présenter sa défense, mais qu'il en alla différemment et que la négligence commune, si déplorable fut-elle, n'eût pas de conséquences dommageables ».

Du coup, malgré la bonne définition du juge burkinabè de la formalité non substantielle dans l'affaire Maurice Yameogo suscitée[1642], doit-on conclure à son manque de rigueur ou à son application malsaine de la règle de procédure relative à l'enquête contrairement à ses homologues maliens, camerounais et sénégalais ? Tout en se gardant de tirer toute conclusion hâtive, vu le nombre restreint d'arrêts burkinabè dont nous disposons en la matière, son attitude dans cette affaire ne peut toutefois irrémédiablement résister à l'effarement objectif.

Les jurisprudences des juges d'Afrique noire francophone, ci-dessus analysées et déclarées acceptables dans leurs grandes lignes se situent dans les sillons de celles de l'ex-métropole. Elles sont généralement conformes à l'idée dominante des grands arrêts de cette jurisprudence française. Comme c'est le cas dans l'arrêt Dame veuve Trompier Gravier où le CE fait comprendre : « que la requérante, n'ayant pas été préalablement invitée à présenter ses moyens de défense, est fondée à soutenir que la décision attaquée a été prise dans des conditions irrégulières par le Préfet de la Seine et est, dès lors entachée d'excès de pouvoir »[1643].

Si nous avons noté et prouvé l'utilisation plus marquée du moyen tiré du vice de procédure, il n'est pas évident de dire autant en ce qui concerne celui du vice de forme.

[1639] CS burkinabé, 13 novembre 1970, Yaméogo Maurice c/ Gouvernement de Haute-Volta, cité par A. T. Ba, *op. cit.*, p. 436.

[1640] CS-SA, Arrêt n° 218 du 7 août 2014, *op. cit.*

[1641] CS, 28 mai 1971, Sanou Maurice c/ République de Haute-Volta, cité par A. T. Ba, *op. cit.*, pp. 437-438.

[1642] CS burkinabé, 13 novembre 1970, *op. cit.*

[1643] CE français, 5 mai 1944, Dame veuve Trompier Gravier, RDP, 1944, p. 256.

B. Une utilisation moins marquée du moyen du vice de forme

En empruntant à René Chapus sa formule, « le vice de forme concerne la présentation extérieure de l'acte par lequel la norme est édictée : le contenant (instrumentum) »[1644]. Il faut cependant remonter aux remontrances des parlements[1645] du XVIe siècle pour trouver, sur le plan historique les premières traces les plus compréhensibles du vice de forme. C'est ainsi que les moyens du vice de forme ont été invoqués dans les remontrances du parlement de Paris en 1561 en ces termes : « est chose insolite et non accoutumée de présenter telles lettres, et icelles envoyer aux baillifs et sénéchaux que premièrement elles n'ayent passé par la Court de parlement. Quand quelques lettres ont esté expédiées sans l'adresse a ladicte Court, dict qu'on les a révoquées en doubte ; l'on y a aucun esgard, et n'ont estéteneues pour loy ni ordonnance. »[1646]

Les formes des actes administratifs unilatéraux sont alors nombreuses : la signature de l'acte par son auteur, les contreseings, la date, les visas, la formule exécutoire, les motifs, la présentation en articles…[1647]

Cependant, la jurisprudence nationale ne nous donne pas la possibilité de situer la position claire du juge administratif sur toutes ses formes, mais elle peut nous permettre d'analyser la démarche du juge face au parallélisme des formes (1) et à la motivation de l'acte administratif (2). Néanmoins, nous pouvons affirmer que ce juge est loin d'être un adepte du formalisme paralysant, qui consiste à s'attacher aux plus petits détails, n'ayant souvent aucune incidence particulière ni sur l'acte, ni sur l'effet qu'il doit produire à l'encontre de son destinataire. Toutefois, cette affirmation ne doit pas aussi être comprise de manière large. Le juge malien est un juge parfois très « légaliste »[1648] en ce sens qu'il ne prend pas en compte souvent d'autres conditions.

1. Le parallélisme des formes

Ce principe veut tout simplement, que toute atteinte à un acte administratif unilatéral (c'est-à-dire la modification ou la sortie de vigueur) soit effectuée dans les formes initiales de son élaboration. Il ne doit pas être confondu avec le

---

[1644] R. Chapus, *Droit administratif général*, t. 1, *op. cit.*, p. 1037.

[1645] Ce « sont des observations adressées sur un objet précis, par exemple sur le contenu d'une loi qui leur a été soumise pour enregistrement, ou général, telle la situation du royaume. Elle tire leur origine d'une pratique qui a consisté à s'arroger le droit de contrôler le contenu des textes à enregistrer », v. G. Lebreton, « L'origine des cas d'ouverture du recours pour excès de pouvoir d'après les remontrances des parlements au XVIIIe siècle », RDP, 1986, n° 6, p. 1606.

[1646] Les remontrances du parlement de Paris du 23 avril 1561 in, « Histoires, actes de remontrances des parlements de France », t. 1, Recueil de Dufey de l'Yonne, Paris, 1826, réédité, Genève, 1975, p. 178, cité par Gilles Lebreton, *ibid.*, p. 1608.

[1647] V. G. Dupuis, *La présentation de l'acte administratif*, in « Sur la forme et le fond de la procédure de l'acte administratif », Paris, Economica, 1979, p. 9 ; v. aussi R. Chapus, *Droit administratif général*, t. 1, *op. cit.*, p. 1038.

[1648] V. par exemple l'arrêt Seydou M. Diallo du 7 août 2014, *op. cit.*

parallélisme des compétences qui constitue la règle selon laquelle, dans le silence des textes, l'autorité compétente, pour prendre un acte a également compétence pour prendre l'acte contraire ou inverse.

Encore appelé le principe dit de « l'acte contraire », le parallélisme des formes ne s'applique normalement que dans le silence des textes. Selon Charles Debbasch et Jean Claude Ricci[1649], « en règle générale, lorsque les textes ne prévoient pas dans quelle forme doit être octroyé, retiré ou modifié un acte administratif, on doit suivre pour l'acte dit contraire les formes exigées pour l'acte initial : c'est le principe du parallélisme des formes ».

Le juge administratif national s'est, quelques très rares fois, prononcé sur la base de ce principe relevant du vice de forme et pouvant aussi bien vicier une décision d'une autorité administrative. Ainsi, dans un arrêt du 18 mai 2006, il s'exprime sur la matière comme suit : « qu'il est constant que la note de service du Directeur du Centre national de l'Éducation déroge aux dispositions de la décision du ministre de l'Éducation nationale ; que le respect du parallélisme des formes exige qu'une nouvelle décision ministérielle intervienne pour modifier la première et non une décision d'un Directeur de centre fut-il national ; qu'en intervenant comme il l'a fait, le Directeur du Centre national de l'Éducation a outrepassé son domaine de compétence et expose ainsi sa note de service à la censure de la haute juridiction ; la Cour suprême du Mali, au fond : annule la note de service n° 0023/MEN-CNE du 26 juillet 2005 pour excès de pouvoir. »[1650]

Cette décision est à la fois correcte et impropre. Elle est correcte parce qu'elle traduit la volonté du juge de soumettre l'Administration au respect de la légalité dans ses plus petits détails. Existe-t-il d'ailleurs un petit détail dans la procédure administrative non contentieuse si lesdits détails font grief d'une manière ou d'une autre aux administrés ?

De toutes les façons, le fait pour le juge d'avoir relevé que le non-respect du parallélisme des formes a vicié la décision du Directeur du Centre national de l'Éducation résulte d'une certaine rigueur. Il classe ainsi parmi les formalités substantielles ce principe. Pour le juge, la main qui a décidé doit donc être celle qui doit modifier et il le précise bien, c'est une décision ministérielle qui devait intervenir pour modifier la liste des agents retenus pour participer à l'atelier.

Cependant, la qualification impropre de la décision du juge résulte de la confusion qu'il fait entre parallélisme des formes et parallélisme des compétences. En fait, ce n'est pas la compétence du Directeur du Centre national de l'Éducation qui est en cause ici, mais plutôt les formes qui ont été suivies dans l'adoption de la liste des agents autorisés à participer à l'atelier. Dans le silence des textes, et n'étant pas une mesure réglementaire, le principe

---

1649 Ch. Debbasch, J.-C. Ricci, *Contentieux administratif*, *op. cit.*, p. 602.

1650 CS-SA, Arrêt n° 32 du 18 mai 2006, entre le sieur Mamadou Diaby et le Directeur du Centre national de l'Éducation, *inéd.*

du parallélisme des formes exigeait effectivement une intervention du ministre. C'est un principe visant surtout à discipliner l'élaboration des actes administratifs.

Ainsi, en relevant le parallélisme des formes, et souligner après que le Directeur a outrepassé ses compétences, il confond parallélisme des formes et parallélisme des compétences, car il faut ajouter et répéter que la forme ne se rapporte qu'à l'« instrumentum » et ne concerne que l'acte seul. Par contre, la compétence, comme on l'a largement souligné, se rapporte à l'auteur de l'acte, son aptitude légale.

Ainsi, l'aptitude légale d'une autorité administrative à prendre une décision est aussi synonyme de son aptitude légale à revenir partiellement ou totalement sur ledit acte, c'est le principe du parallélisme des compétences. La confusion entre ces deux parallélismes a terni superficiellement la qualité de la décision du juge. Le juge semble même avoir conscience de cette confusion, car dans le dispositif, il ne fonde expressément sa décision ni sur le vice de parallélismes des formes ni sur celui des compétences, mais vaguement sur l'excès de pouvoir.

Bien avant cet arrêt, dans l'affaire Mamadou Bamou Touré, le juge manifestait déjà cette confusion qui a pratiquement le caractère d'un défaut de maîtrise de la matière. Il relève : « (...) qu'il est constant que c'est au vu de l'arrêt n° 74 du 9 février 2000 de la Cour d'appel de Bamako annulant le jugement n° 290 du 1er septembre 1998 que la même autorité administrative a, en vertu du parallélisme des formes, annulé (...) le récépissé. »[1651]

En analysant minutieusement ces mots du juge, on voit clairement qu'il fait allusion à deux expressions et crée le lien entre les deux, en attachant la première à la seconde. Il dit que « la même autorité a, en vertu du parallélisme des formes annulé (...) ». En parlant de « la même autorité », il met au centre de son raisonnement l'auteur de l'acte. En disant que c'est cette « même » autorité, qui a annulé, nous sommes beaucoup plus dans une question de compétence que de forme de l'acte. Il fait donc une qualification impropre en trouvant que l'autorité administrative, en se conformant à une décision jurisprudentielle, ait respecté le principe du parallélisme des formes. Encore, faut-il répéter que ce sont les formes de l'acte, à l'élaboration de l'acte initial, dont il s'agit en matière de parallélisme des formes.

Il faut alors comparer une jurisprudence malienne en cours de construction en la matière à celles des juges camerounais et burkinabè. Il faut commencer par cette prise de position du juge burkinabè, qui dans l'affaire Traoré Idrissa Malo fait savoir : « Que deux idées sont à la base de la conception du parallélisme : celle d'utilité et celle d'un ordre ou d'une discipline dans l'ordonnancement juridique ; que si la jurisprudence a posé le principe de

---

[1651] CS-SA, Arrêt n° 56 du 2 août 2001, le sieur Mamadou Banou Touré c/ l'arrêt n° 3 du 11 janvier 2001 de la Section administrative de la Cour suprême, *inéd.*

l'identité des formes, il est toutefois imprudent de conclure que dans le domaine de la forme et de la procédure, la théorie du parallélisme a reçu une consécration aussi évidente que dans le domaine de la compétence. »[1652]

C'est ainsi que dans l'arrêt Kaboré Daniel, il décide ainsi : « Attendu (...) que la décision (...) du ministre de la Fonction publique et du Travail portant déclaration définitive d'admission au concours de recrutement de dix élèves Inspecteurs (...) avait été prise puis notifiée au requérant par voie de radiodiffusion depuis plus de deux mois, sans qu'intervienne une décision matérielle d'approbation ; attendu que lorsque l'acte administratif a fait naître un droit au profit d'un particulier, son abrogation n'est possible que par la voie d'un acte contraire nouveau, soumis aux conditions requises par la loi. »[1653]

Il ressort clairement de cette décision que le juge burkinabè procède à une analyse et une qualification plus saine de la matière. Il met aussi au centre l'acte administratif, parle d'« acte contraire nouveau » soumis aux conditions requises par loi. Ce que Ba analyse comme étant une qualification claire et bonne du parallélisme des formes[1654].

En ce qui concerne le juge camerounais, sa position est perceptible à travers l'affaire Obama Ottou Joseph ainsi jugé : « Attendu qu'il est constant et avéré que nommé Commissaire principal de Yaoundé 1er par arrêté (...) du Président de la République en date du 26 septembre 1986, Obama Ottou Joseph a été relevé desdites fonctions (...) par note de service (...) du 30 septembre 1992 du Délégué Général à la Sureté nationale ; qu'ayant protesté contre l'irrégularité de cette décision, par note de service (...) du 23 novembre 1992, le Délégué a persisté en l'affectant au service des gardiens de la paix en complément d'effectif ; attendu qu'il appert que ce faisant, le Délégué Général à la Sureté de l'État a violé le principe du parallélisme des formes qui veut que l'abrogation d'un acte administratif ne doive être prise que par un acte administratif de même valeur que l'acte abrogé ou de valeur supérieure (...) et partant la note de service attaquée qui abroge un arrêté du Président de la République est entachée de vice de forme et encourt par conséquent l'annulation. »[1655]

Ainsi, dans l'affaire Eminitina Etienne, la Cour fédérale de justice camerounaise souligne : « (...) qu'un acte administratif individuel (...) ne peut être abrogé que dans les délais pendant lesquels un intéressé pourrait le faire annuler pour excès de pouvoir (...), cette abrogation ne peut avoir lieu que par la voie d'un acte contraire nouveau, soumis aux conditions requises par la loi ;

1652 CS, Ch. ad., 8 octobre 1982, Traoré Idrissa Malo c/ Gouvernement de Haute-Volta, cité par A. T. Ba, *op. cit.*, p. 439.

1653 CS, Ch. ad., 15 décembre 1981, Kaboré S. Daniel c/ Gouvernement de Haute-Volta, cité par A. T. Ba, *op. cit.*, p. 440.

1654 A. T. Ba, *ibid.*

1655 CS-CA, jugement n° 78 du 25 août 1994, Obama Ottou Joseph, sur www.minfopra.gov.cm/textes/fichiersword/commentairedesdécisionsdejustice/obamaottoujoseph.pdf, consulté le 21 février 2016 à 11 heures 40 mn.

que ce principe, dit du parallélisme des formes, exige notamment que lorsque l'édiction de l'acte abrogé avait été accompagnée de certaines formalités imposées par loi ou les règlements, l'abrogation soit précédée des mêmes formalités. »[1656]

Ces décisions du juge camerounais rejoignent sur plusieurs points la jurisprudence burkinabè et sont plus explicites et plus saines que celles du juge administratif malien. Pour le professeur René Chapus, « il est fréquent que les textes désignent l'autorité compétente pour prendre une décision et soient silencieux sur celles dont relèvent sa modification, son abrogation ou son retrait. Cette autorité est alors déterminée par la règle du parallélisme des compétences »[1657]. Ainsi, contrairement au parallélisme des compétences, le principe du parallélisme des formes n'a pas une valeur absolue.

Relevant du vice de forme, le vice de motivation peut aussi entacher sa régularité et le juge administratif national y tient compte également.

2. La motivation de l'acte administratif

Elle ne résulte que d'une obligation légale et consiste pour l'auteur de l'acte d'expliquer de la manière la plus compréhensible possible, les différentes raisons pour lesquelles il a été pris. Il s'agit surtout des raisons ou motifs de fait et de droit. Cette obligation légale au Mali ne concerne que les actes administratifs individuels ou collectifs. C'est ce que le législateur dit en ces termes : « les usagers des services publics ont le droit d'être informés des motifs des décisions administratives individuelles ou collectives défavorables qui les concernent. »[1658]

Cette loi précise et cite même les décisions qui doivent être spécifiquement motivées. Il s'agit de celles qui : « - Infligent une sanction ; refusent un avantage dont l'attribution constitue un droit pour les personnes qui remplissent les conditions légales pour l'obtenir ; subordonnent l'octroi d'une autorisation à des conditions restrictives ou imposant des sujétions ; retirent ou abrogent une décision créatrice de droit ; opposent une prescription, forclusion ou une déchéance »[1659]. Le décret d'application de ladite loi dispose que : « l'Administration est tenue de motiver par écrit ses décisions individuelles et collectives notamment lorsque celles-ci sont défavorables aux requêtes et sollicitations des usagers »[1660].

[1656] C. F. J, Add, arrêt n° 55 du 25 mars 1969, sieur Eminitina Etienne c/ État fédéral du Cameroun oriental, *ibid.*

[1657] R. Chapus, *Droit administratif général*, t. 1, *op. cit.*, p. 1094.

[1658] Loi n° 98-012/AN-RM du 19 janvier 1998, régissant les relations entre l'administration et les usagers des services publics, art. 7.

[1659] *Ibid.*, art. 8.

[1660] Décret n° 03-580/P-RM du 30 décembre 2003, fixant les modalités d'application de la loi régissant les relations entre l'administration et les usagers des services publics, art. 9.

Ces dispositions sont suffisamment claires pour faciliter au juge administratif son travail d'interprétation souvent difficile face aux textes dont les dispositions sont obscures. Il faut ainsi mesurer la teneur de la définition législative nationale à travers celles que différents auteurs donnent. C'est ainsi qu'il faut s'intéresser à celle du Conseiller d'État français Daniel Chabannol : « motiver une décision consiste, de la part de son auteur, à indiquer sur la décision même ou à faire connaître à l'administré en même temps que la décision, les raisons de droit ou de fait qui en constituent le fondement »[1661]. Pour René Chapus, concernant l'obligation de motiver, il fait savoir : « quand elle existe, l'auteur de la décision est tenu d'exposer de façon (en règle générale) complète et précise les raisons de fait et de droit pour lesquelles elle est prise »[1662].

Est-il alors nécessaire de rappeler que le principe est : « pas de motivation sans texte » ? Ce qui est évident ici, c'est que l'Administration malienne est tenue de motiver ses décisions individuelles ou collectives défavorables. Il reste alors le plus important, à savoir si le juge administratif national observe une fidélité stricte au principe ci-dessus rappelé en définissant limitativement sa jurisprudence dans le cadre de la loi.

La décision la plus claire et la plus explicite en la matière résulte de l'espèce Bani Mohamed Touré de 2014. En effet, dans cette affaire, le juge tranche le litige ainsi : « (...) ; considérant qu'en l'espèce, la décision de suspension attaquée est un acte administratif défavorable qui doit être motivée tel que prescrit par la loi n° 98-012/AN-RM précitée ; considérant qu'à l'examen de la copie de ladite décision versée au dossier, aucune motivation n'y est mentionnée, d'où la violation des dispositions précitées de la loi (...) ; qu'il échet dès lors de dire que la décision de suspension prise à l'égard de celui-ci n'est pas fondée ; considérant tout ce qui précède, il y a lieu de conclure à l'illégalité de la décision de suspension (...) concernant Bani Mohamed Touré. »[1663]

Cette décision constituant à ce jour, celle qui tient compte de manière exhaustive et ce, expressément des exigences légales, témoigne d'une fidélité stricte du juge au principe selon lequel il ne peut y avoir de motivation sans texte. La jurisprudence n'est pas bien fournie en la matière, autrement dit, il existe très peu d'arrêts en la matière.

Cependant, l'arrêt Bani Mohamed Touré ci-dessus cité, nous permet quand même de connaître les différents critères permettant à une décision de bénéficier de l'obligation de motiver : les actes à caractère général et impersonnel ne sont pas concernés ; l'acte doit être négatif ; la motivation doit être écrite et

---

[1661] D. Chabannol, *Pratique du contentieux administratif*, Paris, Lexis Nexis, 9e éd., 2011, p. 339.

[1662] R. Chapus, *Droit administratif général*, t. 1, 15e éd., *op. cit.*, p. 1129.

[1663] CS-SA, Arrêt n° 282 du 20 novembre 2014, entre Bani Mohamed Touré et l'ordre des géomètres experts du Mali, *inéd.*

comporter des motifs de fait et de droit. Une fois toutes ces exigences remplies, l'acte individuel ou collectif à caractère négatif est légal et ne peut alors être considéré comme vicié par la non-motivation.

Si l'on se base sur une certaine interprétation de l'arrêt ci-dessus du juge administratif malien pour affirmer son attachement au principe « pas de motivation sans texte », le juge burkinabè le dit clairement dans l'affaire Fadoua Hema : « Attendu que le tribunal administratif a déclaré à bon droit qu'aucune disposition légale ou réglementaire ne faisant obligation à l'exécutif de motiver ses décisions relatives à la situation des chefs coutumiers (...) »[1664].

On ne peut dire clairement la même chose du juge camerounais qui a une jurisprudence un peu insaisissable en la matière. Dans l'espèce Mbarga Raphaël, il dit : « que doivent être motivées les décisions à portée individuelle qui infligent une sanction, retirent ou abrogent une décision créatrice de droit. »[1665] Il reprend cette jurisprudence en 2008 en ces termes : « (...) qu'un acte administratif individuel dépourvu de motif est entaché d'excès de pouvoir (...) »[1666]. Aussi, en 2009, il reprend presque les mêmes mots : « (...) les actes administratifs doivent être motivés pour permettre tant à la personne intéressée de connaître les motifs qui soutiennent l'acte dont il s'agit, qu'à la juridiction en cas de contentieux d'en apprécier la légalité. »[1667]

Cependant, à la lumière de ces décisions, au moment où on pensait avoir clairement situé la jurisprudence camerounaise en la matière et établir le lien entre elle et celle du Mali et du Burkina Faso en ce qui concerne le principe « pas de motivation sans texte », un arrêt nous a obligé à reconsidérer notre conclusion. En fait, dans une décision rendue en 2011, la Chambre administrative de la Cour suprême camerounaise a adopté une position manifestant une conception extensive de la motivation obligatoire. Il fait savoir « qu'il est de principe que toute décision administrative doit être motivée ; qu'il en résulte que l'insuffisance de motif équivaut au défaut de motif ; que cette insuffisance de motif est un vice de forme constitutif d'excès de pouvoir. »[1668]

Pouvons-nous alors y voir un revirement jurisprudentiel ? Cette décision est vraiment troublante, car au lieu que « la non motivation » soit le principe, elle deviendrait l'exception et « la motivation » le principe. Il faut signaler ainsi que même le professeur Célestin Keutcha-Tchapnga s'étonne de cette nouvelle position du juge camerounais : « on peut dès lors et logiquement se demander

---

1664 CS, Ch. ad., 28 mai 1965, République de Haute-Volta c/ Fadoua Hema.

1665 CS-CA, jugement n° 73 du 29 juin 1989, Mbarga Raphaël, cité par Keutcha-Thapnga, *op. cit.*, p. 204.

1666 CS-CA, jugement n° 4 du 16 janvier 2008, Alola Dieudonné c/ État du Cameroun, Keutcha-Thapnga, *ibid.*

1667 CS-CA, jugement n° 5 du 11 mars 2009, Muma Zofunyui John c/ État du Cameroun, cité par Keutcha-Thapnga, *ibid.*

1668 CS-CA, jugement n° 116 du 13 avril 2011, Nga Joséphine Ndzana Jeannette c/ État du Cameroun, *ibid.*

s'il ne s'agit pas d'un simple débordement de langage ou alors s'il s'agit d'un revirement de jurisprudence, à notre sens assez problématique. »[1669]

Il faut alors voir si cette dernière attitude du juge camerounais est partagée par son homologue sénégalais ou si ce dernier a une jurisprudence identique à celles du Mali et du Burkina Faso. Pour écarter toute équivoque, il y a lieu de préciser directement que la jurisprudence sénégalaise se rapproche des jurisprudences de tous ces pays en ce qu'elles appliquent le principe selon lequel il n'y a pas de motivation sans texte. Elle se détache cependant purement et simplement de la décision camerounaise du 13 avril 2011 ci-dessus évoquée, qui va jusqu'à considérer le principe comme l'exception, c'est-à-dire considérer la motivation comme le principe et la non-motivation comme l'exception. Elle se détache aussi de celles du Mali et du Burkina Faso en observant une certaine souplesse dans l'application des textes, qui se traduit par l'imposition de la motivation dans certaines affaires sans se baser sur un texte particulier.

Ce comportement du juge sénégalais est résumé par Ndèye Madjiguène F. Diagne en ces termes : « le juge peut imposer la motivation soit en se fondant sur un texte particulier, soit de son propre chef. »[1670] Ainsi, il a rejeté dans l'affaire Charles Maurice Diop une demande d'annulation d'une décision pour défaut de motivation en soutenant « qu'une autorité administrative n'est pas tenue de motiver ses décisions en l'absence de dispositions législatives ou réglementaires lui imposant une telle obligation »[1671]. Il le fait savoir aussi en ces termes : « en l'absence d'une disposition de la loi ou du règlement le prévoyant expressément, les décisions administratives ne mentionnent pas obligatoirement les motifs qui les ont inspirés. »[1672]

Par contre, dans l'affaire LD/MPT, le CE sénégalais a considéré que l'arrêté préfectoral, non motivé, interdisant une manifestation est illégal au motif que toute décision d'interdiction doit être motivée pour lui permettre d'apprécier les motifs de l'interdiction, et ainsi être en mesure d'exercer un contrôle normal[1673]. Dans l'espèce Bruno Batrel, le même CE décide ainsi : « considérant que s'agissant d'une mesure de police défavorable au requérant, le ministre est tenu d'indiquer les éléments de fait et de droit sur lesquels il s'est fondé »[1674] ; dans cette espèce, le ministre avait omis de préciser les raisons sur lesquelles il s'était basé dans l'arrêté portant expulsion du requérant du territoire sénégalais. Il a

[1669] Keutcha-Thapnga, *op. cit.*, p. 204.
[1670] N. M. F. Diagne, thèse, *op. cit.*, p. 407.
[1671] CS sénégalais, 6 février 1989, Charles Maurice Diop, cité par N. M. F. Diagne, *ibid.*, p. 406.
[1672] CS, 4 janvier 1985, Gérant "Sénégal air", *ibid.* ; 6 février 1985, Société ENSEME, *ibid* ; 1er mars 1989, Les Tréfileries de Dakar, *ibid.* ; 6 juin 1990, SIPAO, *ibid.*
[1673] CE, 25 novembre 1999, LD/MPT, Bulletin d'arrêt du CE sénégalais, 1999, p. 26 ; v. aussi O. Khouma, *op. cit.*, p. 32.
[1674] CE sénégalais, 22 avril 2004, Bruno Batrel, v. O. Khouma, *ibid.*

annulé ledit arrêté pour défaut de motivation. Le juge sénégalais a multiplié les cas où il impose la motivation des actes administratifs de son propre chef[1675].

En fin de compte, il apparaît clairement que dans le fond, la solution du juge sénégalais en matière de l'élargissement du champ d'application de la motivation obligatoire, n'est pas aussi détachée que cela de celle du juge camerounais dans sa décision du 13 avril 2011. La seule différence est que ce dernier dit clairement que « le principe est que toute décision administrative doit être motivée ».

Les jurisprudences créent une certaine hésitation dans la définition de la formalité substantielle en la matière. Toutefois, la motivation des actes administratifs unilatéraux constitue une formalité substantielle, chaque fois qu'elle est prévue par un texte. Par exemple, en matière de déclaration d'utilité publique[1676] ; en matière de révocation d'un Maire[1677] ; en matière de refus d'habiliter un établissement d'enseignement à recevoir des boursiers[1678] ; en matière de sanction disciplinaire[1679], etc.

Le juge administratif français observe aussi une certaine rigueur en la matière. Ainsi, dans certaines affaires où aucun texte n'exigeait la motivation, il l'a pourtant exigée[1680]. Pour le professeur Raymond Odent, « il est à prévoir que l'Administration sera de plus en plus souvent tenue à cette règle ; la jurisprudence pourra, soit laisser l'évolution se faire empiriquement, soit lui donner son appui en imposant même sans texte l'obligation là où elle est utile »[1681].

Ainsi, il est vrai que « la règle suivant laquelle les actes administratifs n'ont pas à être motivés (…) n'a ni pour but, ni pour effet de soustraire l'Administration à l'obligation de faire connaître au juge de l'excès de pourvoir les motifs des actes attaqués devant lui »[1682], mais « la transformation de la relation administrative »[1683] et la « mue progressive de l'usager en citoyen

---

[1675] V. CE, 27 avril 1994, Ousmane Kane Kamara, Boubacar Mboup, Ibrahima Sy c/ État du Sénégal, Bulletin d'arrêt, n° 1, p. 64 ; CE, 25 mai 1994, SARCA, (Société Africaine de Représentation, de Courtage et d'Assurance), Bulletin annuel, n° 1, juillet 1998, p. 76.

[1676] CE, 16 novembre 1934, Société générale et unique des ciments de la porte de France, rec., p. 1064.

[1677] CE, 3 décembre 1937, Doriot, rec., p. 991.

[1678] CE, 14 juin 1961, Ministre de l'éducation nationale c/ Pensionnat – St Martin de Tours, rec., p. 913.

[1679] CE, 28 mai 1965, Demoiselle Riffault, cité par R. Odent, « La procédure d'élaboration des actes administratifs en droit français », in Rapport du *Colloque des conseillers d'État français et italiens*, Paris, 12-14 décembre 1966, p. 100.

[1680] V. CE, 27 janvier 1950, *l'affaire Billard*, cité par R. Odent, *op. cit.*

[1681] R. Odent, « La procédure d'élaboration des actes administratifs », in Rapport du *Colloque de conseillers d'État français et italiens*, *op. cit.*, p. 102.

[1682] V. Concl. Latourneur sur CE, 28 mai 1954, Barel, in RDP, 1954, p. 509.

[1683] V. J. Chevallier, « La transformation de la relation administrative : mythe ou réalité ? », D. 2000, p. 575.

auquel on connaît des droits opposables à l'Administration »[1684] ne peuvent qu'entretenir le développement de la jurisprudence extensive relative à l'obligation de motiver. Vu sous cet angle, le juge sénégalais a une jurisprudence qui connaît un développement acceptable par rapport à celle de ses homologues cités ci-dessus même si la décision du juge camerounais du 13 avril 2011 considérée comme curieuse peut être un début de cette révolution. Appréciée à l'aune des jurisprudences sénégalaise et française sur le plan de l'évolution et le courage du juge, la jurisprudence nationale se situe dans un état non évolutif et fermé.

Il faut alors revenir à la pratique française pour préciser qu'elle découle d'une loi du 11 juillet 1979 qui oblige l'Administration à motiver de manière générale les décisions individuelles défavorables, d'où sa similitude avec la loi malienne régissant la matière.

Cependant, ces différentes décisions dérogatoires au principe « pas de motivation sans texte » ne doivent pas non plus être considérées comme synonymes de sa disparition. René Chapus le fait savoir ainsi : « l'obligation de motiver n'a pas que des avantages. Elle soumet l'Administration à des sujétions qui peuvent ralentir ou embarrasser le fonctionnement des services ; elle peut être à l'origine, quand elle est mal observée, d'annulation de décisions dont la légalité interne est sans reproche ; elle est de nature à inciter les autorités administratives à s'abstenir de décider explicitement sur les demandes dont elles sont saisies, sensible à cet aspect négatif de l'obligation de motiver, le CE ne s'est jamais départi de la jurisprudence très ferme selon laquelle, en principe, les décisions des autorités administratives n'ont pas à être motivées. »[1685]

Il ne faut donc pas alors que le juge administratif se détache totalement du principe « pas de motivation sans texte », même si son inobservation maligne et proportionnelle est parfois nécessaire. L'obligation de motiver ne doit pas ainsi être érigée en principe. Cela ne doit pas empêcher le juge de manière intelligente, de corriger parfois certaines pratiques de nos administrateurs qui ne sont pas du tout motivées par la nécessité de satisfaire l'intérêt général. C'est là que l'évolution consistant à appliquer de manière souvent élastique ledit principe est une nécessité contribuant à lutter contre l'arbitraire et à protéger les administrés. Cette évolution constitue même une œuvre pédagogique à l'endroit des autorités administratives qui comprendront qu'il ne suffit pas aussi de se cacher derrière ledit principe pour prendre des décisions qui ne peuvent être raisonnablement motivées.

Ainsi, les paragraphes ci-dessus démontrent la rigueur avec laquelle le juge administratif national applique les règles relatives à la légalité externe des actes

---

[1684] F. Melleray, *Recours pour excès de pouvoir (moyens d'annulation)*, Cours de contentieux administratif, Université Montesquieu-Bordeaux IV, janvier 2007, mise à jour octobre 2014.

[1685] R. Chapus, *Droit administratif général*, t. 1, *op. cit.*, pp. 1131-1132.

administratifs unilatéraux. Cependant, cette application stricte et globalement raisonnable connaît un peu de relâchement lorsqu'il s'agit d'appliquer les règles de la légalité interne.

Section 2

Un contrôle de légalité interne moins accentué

Comme nous l'avons déjà écrit, la légalité d'un acte administratif n'est pas seulement appréciée sur le plan externe ou formel, elle l'est également sur le plan interne ou matériel. C'est ce que Gilles Lebreton rappelle lorsqu'il écrit qu'« elle peut aussi découler de son irrégularité matérielle »[1686]. Ce « contrôle matériel de l'acte attaqué »[1687] apparaît nettement plus important que celui du « contrôle formel de l'acte attaqué »[1688] si l'on s'en tient particulièrement à l'analyse de François Gazier.

L'annulation externe a une valeur moindre, car en général, elle n'empêche pas l'Administration de reprendre sous des formes extérieures régulières l'acte annulé ; elle ne censure que sur un plan accessoire l'illégalité commise ; elle ne donne souvent au requérant qu'une demi satisfaction [1689]. Sur ce point, Ndèye Madiguène F. Diagne écrit de manière très remarquable que « le contrôle de la légalité interne a autant, sinon plus d'importance que celui de la légalité externe si l'on se place sous l'angle des pouvoirs d'appréciation dont dispose le juge ; en ce qui concerne des éléments de la légalité externe, le législateur a facilité le travail du juge dans de nombreux cas ; (...) il n'en est pas toujours de même s'agissant du contrôle de la légalité interne »[1690].

Ces analyses correspondent parfaitement à la situation du contrôle de la légalité interne des actes administratifs au Mali où le juge administratif doit souvent mettre en action son talent de créativité normative, alors qu'en ce qui concerne la légalité externe, tous les moyens d'annulation sont pratiquement prévus par le législateur. C'est ce qui fait qu'il n'est pas étonnant que le contrôle matériel soit moins accentué que le contrôle formel. Il apparaît ainsi que la légalité interne étant fondée sur le contrôle de l'objet et du but de l'acte administratif, ainsi que ses motifs, l'on peut constater une certaine hésitation du juge en ce qui concerne le premier (Paragraphe 1) et une efficacité moyenne s'agissant du second (Paragraphe 2).

1686 G. Lebreton, « L'origine des cas d'ouverture du recours pour excès de pouvoir d'après les remontrances des parlements au XVIIIe siècle », *op. cit.*, p. 1618.

1687 Expression utilisée par Vedel et Delvolvé pour la classification des moyens d'annulation, v. *Droit administratif*, t. 2, p. 301.

1688 *Ibid.*

1689 V. F. Gazier, « Essai de présentation nouvelle des ouvertures du recours pour excès de pouvoir en 1950 », in EDCE, 1951, p. 77.

1690 N. M. F. Diagne, thèse, *op. cit.*, p. 414.

Paragraphe 1 : L'hésitation dans le contrôle de l'objet et du but de l'acte administratif

À la lecture de certains arrêts, l'attitude du juge est satisfaisante face au contrôle du but des décisions exécutoires des autorités administratives. Par contre, une lecture approfondie d'autres arrêts rendus dans la même matière, fait objectivement douter de sa maîtrise totale dudit contrôle (A). Cela semble aussi être le cas en ce qui concerne le contrôle de l'objet de l'acte où dans de nombreux arrêts, le juge fait montre d'une certaine maîtrise sauf que ladite maîtrise est réellement perfectible (B).

A. Une maîtrise instable du contrôle du but de l'acte

Le juge administratif national observe face au vice de détournement de pouvoir une prudence coupable. Aussi, son attitude peut-elle-même être réellement qualifiée de prudence. Il s'agit en réalité plutôt d'une peur, celle de ne pas passer à côté en qualifiant le vice entachant l'acte de l'Administration. C'est pourquoi, parfois, il tranche sans véritablement qualifier le vice, ou quand il le qualifie, il soulève d'autres difficultés. Tel est le cas en matière de détournement de pouvoir où son appréciation est souvent assombrie par le manque de netteté de son analyse (1), signe d'une maîtrise non parfaite du sujet. Cependant, si l'on s'en tenait à son attitude devant la modalité de détournement de pouvoir dominante au Mali, à savoir celle de l'édiction d'un acte administratif dans un but autre que celui de l'intérêt général, on est tentés sérieusement de croire à sa maîtrise totale du sujet (2).

1. Une appréciation du détournement de pouvoir souvent assombrie par le manque de netteté de l'analyse du juge

Il s'agit, comme il est nécessaire de le rappeler, de l'appréciation de la légalité d'un acte administratif en se basant sur le but poursuivi par son auteur. Comment peut-on alors vérifier, apprécier ou contrôler le but poursuivi par une autorité administrative à travers sa décision ? Cette interrogation révèle clairement toute la difficulté liée à ce vice. En effet, une telle vérification, une telle appréciation ou un tel contrôle s'avère très difficile, dans la mesure où il correspond en quelque sorte à passer à la loupe, la mentalité de l'autorité administrative au moment où elle prenait la décision.

Certains auteurs écrivent qu'il s'agit de la vérification de « l'intention de l'auteur »[1691] de l'acte, d'autres pensent qu'il s'agit de celle tenant « aux mobiles qui ont inspiré l'auteur de l'acte en cause »[1692], et le doyen Maurice Hauriou y

---

[1691] Parmi ces auteurs, nous avons Demba Sy, *Droit administratif*, 2e éd., *op. cit.*, p. 308 ; René Chapus, *Droit administratif général*, t. 1, 15e éd., *op. cit.*, p. 1048.

[1692] G. Dupuis, M.-J. Guédon, P. Chrétien, *Droit administratif*, Paris, Armand Colin, 6e éd., 1998, p. 518.

voit « le contrôle de la moralité administrative »[1693]. Cette dernière conception, à savoir celle du doyen Maurice Hauriou a quand même été suivie et développée par Welter dans sa thèse de doctorat[1694]. Pour René Chapus, « le but est une donnée subjective, d'ordre psychologique : apprécier le but en vue duquel l'autorité administrative a agi, c'est rechercher ce qu'ont été ses mobiles, son intention ou, si on peut dire, ce qu'elle avait en tête »[1695].

C'est alors cette recherche de l'intention ou même de la pensée de l'autorité administrative au moment de la prise de la décision qui semble donner du fil à retordre au juge administratif national. Il faut ainsi signaler que dans les nombreux arrêts rendus par la Section administrative de la Cour suprême, on ne trouve que quelques très rares arrêts qui sont relatifs au contrôle du but de l'acte administratif ou détournement de pouvoir. Aussi, parmi ces quelques rares arrêts, le juge a parfois brillé dans certains par l'incohérence de son analyse ou de sa démonstration aboutissant à retenir le vice de détournement de pouvoir.

C'est le cas dans une affaire récente de 2014. Dans le raisonnement ayant abouti à la solution dudit litige, le juge fait savoir que « sous prétexte du respect des nouvelles dispositions contenues dans l'article 63 nouveau du code domanial et (…) ; le Maire de la Commune II du District de Bamako a retiré le 14 novembre 2012, une décision qu'il a prise le 11 mars 2002 (…) »[1696]. Il continue en ces termes : « considérant que (…) cette motivation constitue un véritable détournement de pouvoir en ce que le Maire de la Commune II ôte à une citoyenne son terrain sous prétexte qu'elle a déjà un terrain dans la commune pour l'attribuer à un autre déjà propriétaire de plusieurs concessions dans la ville de Bamako ; que lorsque l'Administration utilise les pouvoirs que les textes lui donnent dans un but que celui pour lequel ils lui ont été donnés, il commet un excès de pouvoir ; que dans le présent dossier, le Maire de la Commune II du District de Bamako, en prenant la décision de retrait de la parcelle à Dame Adama Coulibaly (…) pour ensuite attribuer ce même terrain à Issiaka Doumbia (…), a commis un détournement de pouvoir et exposé son acte à la censure de la juridiction administrative. »

Une analyse minutieuse du raisonnement de la Cour suprême dans cette affaire, fait que celui-ci résiste mal à une analyse objective. En effet, pour le juge, le fait que le Maire se soit basé sur l'article 63 de la loi nouvelle prohibant le fait pour un citoyen d'avoir plus d'une concession dans une même collectivité, pour retirer à la Dame Coulibaly l'une de ses parcelles toutes situées sur le territoire de la Commune II, est constitutif d'un détournement de pouvoir.

1693 M. Hauriou, *Précis de droit administratif et de droit public*, Paris, Sirey, 11e éd., 1927, p. 419.

1694 H. Welter, « Le contrôle juridictionnel de la moralité administrative. Étude de doctrine et de jurisprudence », thèse soutenue à Nancy en 1929.

1695 R. Chapus, *Droit administratif général*, t. 1, 15e éd., *op. cit.*, p. 1048.

1696 CS-SA, Arrêt n° 137 du 22 mai 2014, la Mairie de la Commune II du District de Bamako c/ le jugement n° 399 du 10 octobre 2013 du TAB, *inéd.*

En faisant nôtre la conception de Demba Sy, pouvons-nous dire que le juge a cherché à trancher le litige « en fonction de l'intention » du Maire de Commune II du District de Bamako ? Ou encore, pouvons-nous dire, en s'accordant avec René Chapus, que le juge de la Cour suprême a recherché « ce que (le Maire) avait en tête », c'est-à-dire une vérification « d'ordre psychologique » ?

Les mots tirés de l'analyse du juge lui-même, nous permettent de répondre à ces questions par la négative. Le juge fait savoir que c'est la « motivation » de l'acte du Maire qui « constitue un véritable détournement de pouvoir » et non l'intention ou l'idée poursuivie. Même si le juge estime que c'est un prétexte, il n'a pas non plus démenti que la Dame Coulibaly ait plus d'une parcelle dans la même collectivité. En effet, dans son mémoire, la Mairie a prouvé que la Dame concernée figurait parmi les habitants qui ont été maintenus sur leurs terrains et également parmi ceux qui avaient été déguerpis et qui ont bénéficié de nouveaux terrains d'habitation en guise de compensation.

Ainsi, l'analyse du juge se trouve assombrie entre la liaison qu'il fait entre la motivation de l'acte et le détournement de pouvoir qui concerne plutôt le but visé par l'auteur de l'acte donc son intention. La motivation d'un acte administratif se rapporte plutôt aux raisons que son auteur invoque à son appui. Les raisons à leur tour se rapportent aux faits qui sont à l'origine de l'acte querellé. Ce qui veut dire que, le raisonnement du juge a beaucoup plus trait au problème lié aux faits qu'au but poursuivi par le Maire. Contrairement donc à ce que le juge soutient, le détournement de pouvoir est difficile à prouver dans ce cas d'espèce.

En aucun moment, le juge ne parvient à faire le lien entre une intention irrégulière du Maire et l'acte querellé. Toute son analyse est relative au fait : une Dame qui serait ou pas propriétaire de plus d'une parcelle, un nouveau bénéficiaire qui serait aussi propriétaire ou pas dans la même collectivité. C'est peut-être plus de l'exactitude de ces faits que d'un détournement de pouvoir dont il s'agit ici.

Dans une autre espèce plus récente que la première, le juge démontre aussi par son analyse et sa qualification du vice, que le vice de détournement de pouvoir tente souvent de s'échapper de son filet de compréhension. Il s'agit de l'arrêt Hamady K. Bathily. Tout d'abord, le juge rappelle que « le requérant reproche également aux décisions attaquées un défaut de concordance entre le but visé par lesdites décisions et l'objectif pour lequel le pouvoir est conféré à la Direction nationale, est constitutif d'un détournement de pouvoir ».

Il a ainsi décidé : « Considérant qu'en l'espèce, les décisions d'annulation prises par la Direction nationale des domaines et du cadastre et qui sont déférées à la censure de la Haute juridiction administrative, en se contentant d'énoncer comme leur base : l'irrégularité des actes administratifs de cession ; leur illégalité ; la violation des textes ; sans fournir les éléments suffisants et identifiés ; le détournement de la vocation ; sans en préciser les éléments de *faits* et de droit constitutifs ; le fractionnement de superficie dont le cumul pour une seule société ou agence dépasse le seuil de compétence du Gouverneur de la région de Koulikoro ; l'usurpation des prérogatives du Conseil des ministres par ledit Gouverneur de région sans préciser les éléments de faits et de droit ; la minoration des prix de cession et le non-respect des clauses résolutoires, lesquelles décisions auraient été prises pour donner effet à des recommandations du Vérificateur général à l'issu d'une mission de vérification, constitue une manifestation de la pratique de l'annulation censurée par une jurisprudence constante du C.E français pour détournement de pouvoir ; Qu'il y a lieu d'en tirer les conséquences de droit »[1697].

En étudiant bien l'analyse du juge, il se réfère clairement à la jurisprudence du C.E ainsi qu'à la doctrine française. Il en déduit alors que l'une comme l'autre met au centre du détournement de pouvoir l'intention de l'Administration au moment de la prise de la décision. Cette analyse et cette déduction sont tout à fait justes. Cependant, après cette brillante démonstration, le juge a tenté alors de ramener l'espèce dans ce cadre bien taillé. Pourtant, croyant être parvenu à le faire, il passe justement à côté. En essayant de préciser exactement où se situe le point de la décision par lequel la DNDC a usé de ses pouvoirs dans un but autre que celui défini par les textes, le juge n'évoque plus le cœur du vice de détournement de pouvoir à savoir « l'intention » de l'Administration. Il parle désormais des « bases » que l'Administration s'est contentée d'énoncer comme le fondement des décisions d'annulation « sans préciser les éléments de faits et de droit » insiste-t-il. Il en résulte alors que la non-précision des éléments de faits et de droit des griefs constituant la base d'une décision de l'Administration est constitutive d'un vice de détournement de pouvoir.

Le juge fait donc une mauvaise qualification du vice qu'il a lui-même soulevé. En effet, les éléments de faits et de droit se rattachant à une décision de l'Administration ne concernent pas le but poursuivi par celle-ci, mais relèvent des motifs de la décision qui, bien vrai que relevant aussi des moyens de légalité interne, ne coïncident pas avec le vice du détournement de pouvoir. C'est pourquoi René Chapus a prévenu que « motifs et but de l'acte ne doivent pas être confondus »[1698].

Ce défaut de maîtrise, bien vrai qu'il soit inquiétant, ne doit pas non plus être exagéré, car le juge démontre le plus souvent une attitude raisonnable face à une modalité de détournement de pouvoir.

[1697] CS-SA, Arrêt n° 235 du 9 octobre 2015, entre Hamady K. Bathily et les décisions n° 2015-25-004 ; n° 2015-005 ; n° 2015-001 ; n° 2015-0012 du 13 mars 2015 de la DNDC, *inéd.*

[1698] *Ibid.*

2. Une attitude rassurante face à l'édiction d'un acte administratif dans un but étranger à l'intérêt général

Le détournement de pouvoir consiste au fait pour une autorité administrative d'user intentionnellement, les pouvoirs à elle attribués par les textes, dans un but non conforme à celui normalement prévu. Pour le doyen Maurice Hauriou, « le détournement de pouvoir est le fait d'une autorité administrative qui, tout en accomplissant un acte de sa compétence, tout en observant les formalités prescrites, tout en ne commettant aucune violation formelle de la loi, use de son pouvoir pour des motifs autres que ceux en vue desquels ce pouvoir lui a été conféré, c'est-à-dire autre que la sauvegarde de l'intérêt général et le bien du service »[1699].

La doctrine majoritaire distingue classiquement deux types ou variantes du détournement de pouvoir : la poursuite par une autorité administrative d'un but d'intérêt privé et celle visant à poursuivre un intérêt général autre que celui prévu dans l'exercice de ses pouvoirs. C'est ce que soutiennent notamment René Chapus[1700], Jacqueline Morand-Deviller[1701], ainsi que Charles Debbasch et Jean Claude Ricci[1702].

Cependant, parmi ces deux modalités de détournement de pouvoir, c'est la première, à savoir celle consistant à poursuivre un but d'intérêt particulier, qui est la plus constatée par le juge administratif malien, même si le professeur René Chapus, s'agissant de la pratique française, écrit : « c'est la variété primaire et fruste, mais non la plus courante heureusement, du détournement de pouvoir. »[1703]

En la matière, le célèbre arrêt époux Maïga peut être considéré comme l'arrêt de principe. Sur une requête introduite en 1969, l'arrêt a été rendu en 1978. Le juge a alors statué sur l'affaire en analysant le motif du détournement de pouvoir soulevé par les requérants de la manière suivante : « considérant que ce vice pour être retenable implique que l'autorité administrative de décision accomplisse un acte de sa compétence mais pris dans un but autre que la loi lui a donné compétence ; qu'il résulte de là que les décisions résultant des mobiles personnels et politiques ou favorisant les intérêts d'un tiers sont des éléments constitutifs dudit vice ; que dans le cas d'espèce le mobile invoqué par le demandeur au pourvoi est le mobile personnel, c'est-à-dire le désir inavoué de vengeance du ministre à l'égard du sieur Maiga en raison des opinions qu'il eut à émettre dans la rubrique Tribune Libre de l'Essor ;

[1699] M. Hauriou, *Précis de droit administratif et de droit public*, *op. cit.*, p. 419.

[1700] R. Chapus, *Droit administratif général*, t. 1, *op. cit.*, p. 1049, il parle de « deux variétés de détournement de pouvoir ».

[1701] J. Morand-Deviller, *Droit administratif*, *op. cit.*, p. 646, selon elle : « on distingue (...) deux variétés de détournement de pouvoir ».

[1702] Ch. Debbasch, J.-C. Ricci, *Contentieux administratif*, *op. cit.*, p. 604, pour eux : « il existe deux hypothèses fondamentales ».

[1703] R. Chapus, *Droit administratif général*, t. 1, *op. cit.*, p. 1049.

Qu'il ressort des pièces du dossier et conclusions du Conseiller rapporteur l'existence d'une convergence troublante entre ledit article de presse et la mutation des époux Maïga à Gao en ce que d'une part, le ministre de la Santé a agi avec un certain empressement qui a contrarié les procédures habituelles tant de la mutation que des mesures disciplinaires, d'autre part, que ces violations se sont avérées par leur nature et anormalité incompatibles avec les règles normales d'Administration et de gestion du personnel réputées saines et dépourvues de toute passion ; (…) ;

Que dès lors, (le sieur Maïga) est à juste titre fondé à quereller la décision de mutation de laquelle ont découlé sous l'instigation du ministre de la Santé les sanctions disciplinaires de suspension intégrale de traitements et de révocation du sieur Maïga de ses fonctions ; que le motif de détournement de pouvoir invoqué par le requérant est prouvé à suffisance (…) ; au fond : annule l'arrêt (…) portant révocation du sieur Amadou Mamadou Maïga »[1704].

Il faut rappeler que cette affaire a eu lieu au moment où le Mali était dirigé par un régime très autoritaire. On comprend dès lors qu'à cette époque les dirigeants surtout un ministre soit allergique à toute critique aussi minime soit-elle.

Dans son mémoire en défense, le ministre n'a invoqué qu'un seul moyen : « refus du requérant de rejoindre son poste devant une nécessité de service ». C'est en tout cas le but avoué par l'Administration. En faisant une saine analyse des faits et des pièces versées au dossier, le juge met en échec ce moyen de défense en constatant que si la note de service n'avait autre but que la satisfaction du service public et n'était prise que pour combler les postes rendus vacants dans la sixième région, les mesures qui ont immédiatement suivies à savoir : « l'injonction de rejoindre sous quinzaine, la menace de traduction devant le Conseil de discipline ainsi que la détermination personnelle du ministre de s'occuper de l'affaire Maïga au niveau de toutes les instances » caractérisent néanmoins une position partisane et discriminatoire.

Il ressort donc clairement de ce dossier, que le but réel poursuivi par l'Administration n'a rien à voir avec la satisfaction d'un besoin d'intérêt général. Le but réel poursuivi est en réalité d'ordre personnel et politique. D'ordre personnel, parce que le ministre, en tant qu'autorité chargée de la bonne marche des structures sanitaires, s'est senti directement visé par l'article de presse dénonçant le fonctionnement des hôpitaux et le comportement anormal de certains agents de santé. D'ordre politique, parce que le Conseil des Ministres s'est curieusement prononcé sur le dossier car c'est la politique sanitaire même du régime qui était concernée et en écartant le requérant de plus d'un millier de kilomètres de Bamako, il ne pouvait plus avoir accès au journal *a fortiori* critiquer le régime. Il y avait donc un véritable détournement de pouvoir et le

---

[1704] CS-SA, Arrêt n° 04 du 18 septembre 1978 entre le sieur Amadou Mamadou Maïga, la Dame Maïga née Aminata Coulibaly et le ministre de la Santé, sieur Bénitiéni Fofana, *inéd.*

juge en le constatant et le sanctionnant a fait positivement évoluer la jurisprudence en la matière à l'époque.

De même, dans l'arrêt n° 079 de l'année 2015, le juge administratif a sanctionné le vice de détournement de pouvoir qui entachait une décision du préfet du cercle de Kati. En le faisant, il rappelle d'abord que le Préfet du cercle de Kati, qui n'est pas l'auteur du lotissement, a été approché par la Dame Oumou Traoré pour la régularisation de la situation de sa parcelle. Qu'au lieu de lui délivrer un permis d'occuper sur la parcelle 212 K que lui a vendue le sieur Seydou Bothié Traoré, le Préfet lui a fait un permis d'occuper sur la parcelle 212 L qui a été vendue à la Dame Fily Coulibaly (...) et cela avec la complicité active de l'autorité administrative.

Le juge dit alors que « la démarche de la DGCE qui vise à légitimer le permis n° 008/CKTI-DOM du 4 février 2009 sur la parcelle 212 L est la consécration du détournement de pouvoir du Préfet du cercle de Kati, pour satisfaire la Dame Oumou Traoré au détriment de la Dame Fily Coulibaly ; que le Préfet n'est pas l'auteur du lotissement et les références lui ont été communiquées pour régularisation et les actes sous-seing privé délivrés par le vendeur ne peuvent pas être occultés dans la démarche de régularisation, la parcelle 212 L n'est pas au nom de la Dame Oumou Traoré mais plutôt au nom de la Dame Fily Coulibaly »[1705].

Ainsi, le Préfet, en attribuant la parcelle 212 L vendue par son propriétaire initial à la Dame Fily Coulibaly, à la Dame Oumou Traoré, malgré toutes les preuves certifiées par les pièces versées au dossier, n'a aucunement visé le but pour lequel la loi lui confère ce pouvoir. Il a donc visé un but purement et clairement personnel. La mauvaise foi de l'Administration préfectorale est donc facilement perceptible.

Aussi, dans l'arrêt Diby Kouyaté, le juge confirme et sanctionne le vice de détournement de pouvoir que l'intimé reprochait à une décision du Gouverneur du District de Bamako. Il résume les faits comme suit : « que (...) le Gouvernorat du District de Bamako, dans le cadre des opérations de lotissement a pris la décision n° 616/DB (...) qui a consisté au rajout de la parcelle D/3 de Adama Diarra à celle D/4 de Diby Kouyaté pour former la parcelle CR/7 qu'il attribue à ce dernier en face de la voie goudronnée. »

Le juge constate alors qu'« au lieu de retenir le schéma de lotissement initial qui maintenait chacune de ces familles sur son site initial (D/3 et D/4), le Gouverneur du District de Bamako a voulu par la décision n° 616, maintenir les Kouyaté seuls sur les deux parcelles et recaser la famille Diarra ailleurs sur une autre parcelle (...) loin de la voie goudronnée ». Il dit alors que « cet état de fait corrobore à suffisance l'argument de l'intimé tenant au détournement de pouvoir dont procède la décision n° 616 (...) du Gouverneur du District de

---

[1705] CS-SA, Arrêt n° 079 du 5 mars 2015, le Préfet du cercle de Kati c/ le jugement n° 424 du 24 octobre 2014 du TAB, *inéd.*

Bamako ; qu'il s'ensuit dès lors que le juge d'instance a fait une saine application de la loi en annulant la décision en question »[1706].

Par cette décision, il apparaît clairement que l'intention de l'Administration était tout simplement de favoriser l'intérêt personnel et financier d'un particulier par rapport à celui d'un autre. Tel est le but réel poursuivi par la décision attaquée, d'où la justesse de la décision du juge. On comprend dès lors, à travers ces différents arrêts, que c'est la modalité la plus grave de détournement de pouvoir que l'on rencontre au Mali[1707]. Ce qui fait que la jurisprudence Pariset et Laumonnier-Carriol du C.E français[1708] n'a pas pour le moment son identique sur le plan national. En effet, cette jurisprudence correspond à l'hypothèse selon laquelle l'acte administratif est pris dans un intérêt qui ne correspond pas à l'intérêt général.

La jurisprudence Albert Ono Ngafor de la Cour suprême du Cameroun semble indiquer une grande concordance avec cette situation malienne. Dans ladite affaire, le juge camerounais a dit que « la décision attaquée a été prise par ledit Préfet non pour des motifs de maintien de l'ordre ou de sécurité publique, mais pour un motif déguisé visant à donner satisfaction à un tiers dans l'arbitrage d'un litige foncier, au détriment du requérant »[1709].

Cette situation particulière de la pratique du détournement de pouvoir au Mali et au Cameroun est plutôt conforme aux jurisprudences Fabregue[1710], Rioux[1711] et Delle Rault[1712] du CE français.

À côté du détournement de pouvoir relatif au but de l'acte administratif, on note un comportement du juge qui peut être amélioré en matière de contrôle de l'objet de l'acte administratif.

B. Une maîtrise perfectible du contrôle de l'objet de l'acte administratif

Par objet de l'acte, il s'agit de son contenu qui doit toujours être conforme aux normes d'essence supérieure. C'est en d'autres termes, la traduction en

---

[1706] CS-SA, Arrêt n° 282 du 3 décembre 2015, Diby Kouyaté c/ le jugement n° 147 du 23 avril 2015 du TAB, *inéd.*

[1707] V. GAJA, 17e éd., *op. cit.*, p. 28 : « L'acte administratif est étranger à tout intérêt public : cette hypothèse la plus grave de détournement de pouvoir est particulièrement illustrée par des mesures concernant les agents publics, le maintien de l'ordre public, l'expropriation pour cause d'utilité publique et l'urbanisme » ; v. aussi Keutcha-Thapnga, *op. cit.*, p. 212.

[1708] CE, 26 novembre 1875, Pariset ; Laumonnier-Carriol, GAJA, *ibid.*, p. 27.

[1709] CS du Cameroun, Assemblée plénière, Arrêt du 16 août 1990, Albert Ono Ngafor c/ État du Cameroun, cité par Keutcha-Thapnga, *op. cit.*, p. 213.

[1710] CE, 23 juillet 1909, Fabrègue : « Suspension d'un garde champêtre par dix arrêtés municipaux successifs, destinés à assouvir la vengeance du Maire », v. GAJA, *op. cit.*, p. 28.

[1711] CE, 26 octobre 1960, Rioux : « Licenciement d'un agent sous prétexte d'insuffisance professionnelle, mais en réalité pour motifs politiques », v. GAJA, *ibid* ; (semblable à la jurisprudence époux Maïga de la Cour suprême du Mali).

[1712] CE, 14 mars 1934, Demoiselle Rault : « Règlementation des bals et dancing par un Maire pour qu'ils ne fassent pas concurrence à sa propre auberge », v. GAJA, *ibid.*, p. 29.

pratique du principe de légalité. Ce qui signifie alors qu'il concerne le bloc de légalité, donc l'ensemble des normes internes et extranationales qui s'imposent aux autorités administratives.

En se basant sur la jurisprudence du juge administratif national, le contrôle de l'objet de l'acte tourne quasiment autour de celui de la conformité avec les actes législatifs et celui de la conformité avec les actes infra-législatifs. Ainsi, le premier est d'une efficacité apparente, alors que le second est d'une efficacité plus réelle.

En ce qui concerne le contrôle du respect des normes à valeur législative, celui-ci se fait à travers la sanction de la violation directe de l'acte législatif et celle de la chose jugée. Sans le mentionner pratiquement dans ses décisions, le juge a eu à annuler plusieurs actes administratifs pour violation directe de la loi. C'est le cas dans les arrêts Société des Détergents du Mali[1713] ; Mahamadou Koné : « le préfet du cercle de Kati (...) a méconnu la législation qui impose à l'Administration des formes et conditions (...) »[1714] ; village de Maza[1715]. Aussi, dans le cadre du respect de la chose jugée, le juge accorde à celle-ci la même valeur que la loi. Cette attitude cadre avec l'affirmation selon laquelle « (...) la violation de la chose jugée par l'Administration est mise sur le même plan que la violation de la loi »[1716]. Le professeur Demba Sy précise : « il s'agit du dispositif des décisions rendues par les différentes juridictions et qui sont devenues définitives. »[1717]

Dans cette optique, en 1984, le juge a fait savoir que la décision d'un Commandant de cercle méconnaît « l'autorité de la chose jugée »[1718] et cette jurisprudence fut réitérée en 1995 en ces termes : « le Gouverneur (...) a violé l'autorité de la chose jugée »[1719].

Il faut alors répéter que cette efficacité est en réalité apparente, car le juge se montre en général très réservé dans la qualification de ces irrégularités. C'est surtout dans le contrôle du respect des actes infra-législatifs que l'efficacité est plus réelle. La même année et le même jour où le Tribunal des conflits français a statué sur l'affaire BLANCO, le juge des conflits a également fait savoir dans une autre espèce que les textes spéciaux relatifs à l'Administration doivent être interprétés et appliqués « en les conciliant avec les principes généraux du

---

1713 CS-SA, Arrêt n° 5 du 2 février 1995, *op. cit.*

1714 CS-SA, Arrêt n° 055 du 24 février 2012, Mahamadou Koné c/ le jugement 354 du 14 juillet 2011 du TAB, *inéd.*

1715 CS-SA, Arrêt n° 46 du 4 octobre 1990, entre le village de Maza et le Commandant de cercle de Bourem, *inéd.*

1716 G. Vedel, P. Delvolvé, *Droit administratif*, t. 1, *op. cit.*, pp. 490-491.

1717 D. Sy, *Droit administratif*, 2e éd., *op. cit.*, p. 66.

1718 CS-SA, Arrêt n° 68 du 20 décembre 1984, entre le sieur Tidiani Soukouna et le Commandant de cercle de Yélimané, *inéd.*

1719 CS-SA, Arrêt n° 99 du 16 novembre 1995, entre le sieur Issiaka Mody Diall et le Gouverneur de la région de Mopti, *inéd.*

droit »[1720]. Par normes à valeur infra-législative, il s'agit tout d'abord ici de ces derniers, à savoir les principes généraux du droit. Dans le contrôle de la légalité interne des actes administratifs, le juge administratif se réfère aussi et régulièrement à ces principes (1). Cela est une manifestation de l'adhésion du juge à la célèbre formule doctrinale selon laquelle ces principes ont une « valeur infra-législative et supra-décrétale »[1721]. Il faut alors ajouter que les actes des autorités administratives occupent naturellement un rang inférieur à la loi dans la hiérarchie des normes, mais s'imposent également à leur auteur : l'Administration (2).

1. L'Administration doit respecter les principes généraux du droit

Le non-respect des PGD vicie l'acte administratif et le juge administratif national observe une certaine « intolérance » en la matière. Ainsi, la décision de l'Administration qui méconnaîtrait un seul de ces principes, est purement et simplement annulée pour assainir l'ordonnancement juridique. La liste de ces principes est assez longue et nous pouvons citer : l'égalité des citoyens ; la garantie des libertés essentielles ; la séparation des pouvoirs et l'autorité de la chose jugée ; la non-rétroactivité des actes administratifs ; l'intangibilité des droits acquis ; la faculté de contester la légalité de tout acte administratif devant le juge ; les droits de la défense…

Cependant, tous ces principes ne seront pas étudiés ici. En effet, certains ont été déjà pris en compte dans le cadre de l'étude de certains paragraphes précédents. En s'attachant aussi à la jurisprudence nationale, le juge s'est largement prononcé sur celui de l'égalité des citoyens et c'est sur celui-ci que l'étude sera basée. Il faut alors préciser que ni ce principe ni les autres dont le juge sanctionne aussi le non-respect n'ont été spécifiquement découverts par le juge administratif malien. Comme à son habitude, il ne fait qu'appliquer ces principes que le juge administratif français a recueillis[1722]. L'idée qui guide le principe d'égalité est le traitement de tous les administrés par l'Administration de manière égale sans aucune autre considération que cela soit sauf une disposition textuelle prescrivant autrement.

Ainsi, dans le cas d'espèce Sanoussi Touré, le juge soutient : « (…) qu'en lui refusant le bénéfice d'une intégration par décret alors que d'autres dans la même situation juridique ont pu bénéficier de cette intégration, le ministre de l'Enseignement supérieur a rompu le principe d'égalité devant le service public. »[1723]

Certes, le juge fait une application stricte du principe, mais il existe cependant une petite zone d'ombre. En fait, c'est l'aspect du principe d'égalité

[1720] TC, 8 février 1873, Dugave et Brasiet, cité par R. Chapus, *Droit administratif général*, t. 1, *op. cit.*, p. 95.

[1721] V. R. Chapus, *ibid.*, p. 111.

[1722] *Ibid.*, « On dit que le juge les recueille plus qu'il ne les crée », p. 95.

[1723] CS-SA, Arrêt n° 26 du 6 février 2014, *op. cit.*

retenu par le juge qui ne qualifie pas réellement l'égalité dont il s'agit. Il a retenu « l'égalité des usagers devant le service public ». Nous estimons que dans ce cas d'espèce, le requérant étant fonctionnaire dans le service en question, le problème n'étant pas lié à un refus de prestation de service ou un autre problème se rapportant à cet aspect, sauf qu'il s'agit d'un traitement inégalitaire des agents publics répondant aux mêmes critères définis par une loi, il s'agit plutôt de rupture d'égalité devant la loi. Petit détail tatillon, peuvent estimer certains, mais puisque c'est une décision d'une autorité administrative dont il s'agit, le juge doit manifester sa maîtrise du sujet avec la plus grande précision possible.

Dans une affaire similaire, le professeur Koumaré sollicitait de la Cour qu'il soit traité sur le même pied d'égalité que les professeurs Konaré, Kamian et autres, qui, se trouvant dans une situation identique à la sienne, ont bénéficié de la régularisation de leurs situations administratives. Le juge a alors considéré qu'« il n'est pas démenti que les susnommés professeurs ont effectivement bénéficié de décisions de justice visant à régulariser leur situation administrative ». Ce qui l'a conduit à décider ainsi : « considérant la similitude des cas, il sied, sauf à violer le principe d'égalité des citoyens, de faire droit à la requête du professeur Koumaré. »[1724] Les PGD s'imposent donc à l'Administra-tion qui, en les méconnaissant, expose sa décision à la censure du juge.

En Afrique noire francophone, tout comme au Mali, le juge burkinabè accorde une certaine importance à ces principes qui se traduit également par l'annulation des décisions des autorités administratives qui en contreviendraient. Aussi, tout comme son homologue national, il ne fait qu'appliquer ceux découverts par le juge administratif français. Le professeur Salif Yonaba est d'accord avec cette affirmation quand il écrit : « le juge national n'a pas encore découvert de nombreux principes généraux, si bien que sa contribution aux avancées démocratiques sur ce point reste encore modeste »[1725].

Pourtant, à lire longuement le professeur Salif Yonaba, on pourrait croire que le juge burkinabè a une certaine avancée sur celui du Mali, car selon les écrits du professeur, « on n'en recense pour l'instant que (les principes généraux du droit) qui ont été très étroitement inspirés de la jurisprudence française »[1726]. Il s'agit de l'application du principe des droits de la défense et de celui de la non-rétroactivité des actes administratifs inspirés de l'arrêt Aramu[1727] et de l'arrêt Journal *l'Aurore*[1728] du CE français. Cependant, en réalité, il ne s'agit là, plus que d'une simple inspiration, mais plutôt d'une référence à ces arrêts, voire une application par les juges nationaux. Cela n'est pas alors une particularité du

---

[1724] CS-SA, Arrêt n° 120 du 9 mai 2014 entre le professeur Mamadou Koumaré et le Ministre de l'Enseignement supérieur et de la Recherche scientifique, *inéd.*
[1725] V. S. Yonaba, *La pratique du contentieux administratif en droit burkinabé*, *op. cit.*, p. 157.
[1726] *Ibid.*
[1727] CE, 26 octobre 1945, Aramu et autres, concl. R. Odent, EDCE 1947, n° 1, p. 48.
[1728] CE, 25 juin 1948, « Société du Journal l'Aurore », *GAJA*, *op. cit.*, p. 385.

juge burkinabè, car comme lui, le juge malien a aussi soumis des actes des autorités administratives à plusieurs de ces principes, nous l'avons évoqué.

D'ailleurs, Ba dans sa thèse, ne pose même pas la question en termes d'inspiration, mais en ces termes : « l'adoption des principes généraux du droit par le juge administratif burkinabè marque-t-elle sa volonté de soumettre l'Administration au respect de la légalité ou au contraire procède-t-elle d'un mimétisme juridique ? »[1729]. En soumettant la pratique malienne aux mêmes interrogations, il faut comprendre que ces juges administratifs, burkinabè ou malien, ont démontré par leurs jurisprudences, une réelle volonté d'assujettir leurs autorités administratives à ces principes. Alors, pour le faire, ils s'approprient de ceux déjà découverts par leur homologue français, même si cela ne peut être systématiquement taxé de mimétisme car la plupart desdits principes ont été consacrés par des textes législatifs nationaux. Loin d'être une particularité burkinabè ou malienne, cette pratique est généralisée en Afrique noire francophone.

Ainsi, même s'il faut reconnaître et cela même a été démontré que la maîtrise du juge en matière de contrôle de l'objet de l'acte administratif est perfectible, il faut toutefois apprécier les choses à leurs justes valeurs. Il faut ainsi lui accorder le bénéfice d'une certaine efficacité dont il fait preuve en soumettant l'Administration à ses propres actes.

2. L'Administration doit respecter ses propres actes

L'acte administratif demeure le moyen d'expression le plus utilisé de manières diverses des autorités administratives. Il est redoutable tant par son émanation de la seule volonté de l'autorité administrative que le bénéfice du privilège du préalable qui s'attache à son édiction. Plus que d'autres normes malgré leur supériorité dans la hiérarchie des normes, il faut craindre les décisions des autorités administratives particulièrement dans les sociétés comme la nôtre. Parfois, toujours ayant en tête le passé dictatorial de notre pays, certaines autorités administratives sont parfois tentées de ne trouver de limites qu'en elles-mêmes, l'annulation de certaines décisions en atteste. Ainsi, certaines autorités administratives ne se sentent pas concernées par les règles précédentes qu'elles ont posées, d'où l'existence des cas de contrariété de décisions.

Comme le rappelle le professeur Alain Bockel, « l'Administration doit appliquer les règles qu'elle pose ; c'est une obligation générale, qui impose à l'Administration de tirer les conséquences des règles émises »[1730]. Il précise aussi que « l'Administration ne peut violer les règles qu'elle a posées ; le principe s'applique, quel que soit le caractère de la règle en cause »[1731]. Il s'agit

[1729] A. T. Ba, thèse, *op. cit.*, p. 458.

[1730] A. Bockel, *Droit administratif*, NEA, *op. cit.*, p. 98.

[1731] *Ibid.*

de l'autorité de la chose décidée, qui veut qu'aussi longtemps que l'acte sera en vigueur, l'Administration doit s'y soumettre. C'est ce que le professeur Demba Sy traduit en ces termes : « selon le principe de l'autorité de la chose décidée, l'Administration doit respecter les actes pris par elle-même jusqu'à leur abrogation, leur modification ou leur retrait »[1732].

Dans son arrêt n° 33 du 26 juillet 1990, la Cour suprême dit : « considérant que l'Administration en violant ses propres (…) règles ne saurait ce faisant faire supporter les conséquences de ces illégalités à un tiers (…) »[1733]. C'est aussi le cas dans l'espèce Fafaran Doumbia : « (…) l'acte administratif entré en vigueur n'a jamais été rapporté ni attaqué (…) »[1734] et s'impose donc à l'Administration. L'affaire Mamadou Traoré illustre la même position du juge : « considérant que le requérant, à l'appui de sa requête, fait valoir la violation des dispositions du décret (…) ; qu'aux termes (…) du décret, lorsque les enquêteurs constatent une infraction, ils sont tenus de rédiger un P.-V. de constat, un P.-V. de saisie ; considérant qu'aucun P.-V. de saisie ne figurant au dossier, il y a lieu de déclarer qu'il y a eu violation des dispositions dudit article et par conséquent, la lettre n° 002 du 11 janvier 1992 du Directeur national des affaires économiques mérite d'être censurée. »[1735]

Ainsi, tant qu'une décision existe, l'Administration a l'obligation de la respecter. L'acte administratif ne produit pas ses effets à l'encontre des seuls administrés, l'auteur de la décision, c'est-à-dire l'Administration elle-même est frappée par lesdits effets. En d'autres termes, toute décision de l'Administration faisant grief se présente comme un couteau à double tranchant. En ce sens, elle peut couper son destinataire, tout comme elle peut couper sa fabricante. C'est l'enseignement qui résulte en tout cas de cette jurisprudence susmentionnée relative à la matière.

Ce n'est pas tout, le juge administratif national utilise la technique de l'antériorité des décisions administratives pour soumettre l'Administration à ses propres actes antérieurs. L'arrêt n° 122 du 9 mai 2014 en constitue un exemple : « (…) ; que dans cette situation, il apparaît nettement qu'il y a eu double attribution étant donné par ailleurs que la première attribution n'a été ni retirée ni annulée ; qu'en l'espèce, les droits de propriété du sieur Mamadou Lamine Guindo étant issu d'un PO qui à son tour a remplacé une lettre d'attribution datant du 3 octobre 1998 sont plus anciens que ceux de l'intervenant forcé qui remonte au PO n° 100 du 9 mai 2005 au nom de Malamine Camara »[1736]. Dans

---

[1732] D. Sy, *Droit administratif*, 2e éd., *op. cit.*, p. 68.
[1733] CS-SA, Arrêt n° 33 du 26 juillet 1990, *op. cit.*
[1734] CS-SA, Arrêt n° 42 du 9 mars 1995, entre le sieur Fafaran Doumbia et le Commandant de cercle de Kati, *inéd.*
[1735] CS-SA, Arrêt n° 90 du 16 novembre 1995, entre le sieur Mamadou Traoré et le Directeur national des affaires économiques, *inéd.*
[1736] CS-SA, Arrêt n° 122 du 9 mai 2014, entre la DGCE et le jugement n° 497 du 13 décembre 2012 du TAB, *inéd.*

une autre affaire, en l'occurrence l'arrêt Mamadou Sidibé[1737], des faits similaires ont conduit le juge à agir dans le même sens : « Qu'il échet conformément à la jurisprudence de la haute juridiction d'accorder la primauté à la première attribution. »

Cela démontre une certaine vigilance du juge administratif national face à la détermination de certaines autorités administratives de se soustraire à leurs propres actes. En effet, le juge faisant aussi une application souvent rigoureuse des règles relatives au retrait des actes administratifs individuels créateurs de droit, certaines autorités administratives tentent d'élaborer une technique pour pouvoir contourner cette rigueur du juge. Ladite technique consiste à ne pas toucher à l'acte existant, donc à ne pas le retirer pour échapper à une éventuelle annulation pour non-respect du délai de retrait. Cependant, l'autorité administrative, comme le démontrent le Préfet de Kati et le Maire de la Commune I dans les arrêts cités ci-dessus, va tout simplement édicter une autre décision portant sur le même objet rendant à leurs yeux l'ancienne inexistante.

C'est ainsi que le juge a développé sa jurisprudence de la contrariété des actes administratifs, ou l'antériorité des actes administratifs pour forcer les autorités administratives réfractaires à respecter leurs propres décisions. C'est vraiment une jurisprudence encourageante qui constitue un bouclier protecteur pour les administrés et qui préserve la paix sociale.

Cela ne signifie pas que lorsque l'occasion se présente à lui, le juge ne vérifie pas le respect des autres normes supérieures. Tel fut le cas en 1996, où le juge a dit que « les engagements internationaux du Mali priment sur ses engagements nationaux »[1738].

Des jurisprudences sombres aux jurisprudences saines, même si elle est variable, on observe effectivement une certaine hésitation de la part du juge quand il doit contrôler le but et l'objet d'un acte administratif. Cela change sensiblement lorsqu'il s'agit pour lui de contrôler les motifs de l'acte administratif, là on observe plutôt chez lui une prudence fautive.

Paragraphe 2 : La prudence fautive dans le contrôle des motifs de l'acte administratif

Par motif, il s'agit des points de fait ou de droit sur lesquels les autorités administratives s'appuient pour édicter leurs décisions. Saisi d'une requête, le juge dans l'exercice de ses pouvoirs inquisitoriaux va contrôler si toutefois lesdits motifs sont en adéquation avec la légalité. Il faut alors préciser que « ces motifs doivent être réguliers (et) cette régularité est en effet une condition de la légalité de l'acte administratif »[1739]. L'illégalité en raison des motifs de l'acte a

[1737] CS-SA, Arrêt n° 174 du 4 juillet 2014, Mamadou Sidibé c/ le jugement n° 96 du 28 mars 2013 du TAB, *inéd.*

[1738] CS-SA, Arrêt n° 38 du 7 mars 1996, entre Trans Air Mali et le ministre des Transports, *inéd.*

[1739] D. Sy, *Droit administratif*, t. 2, *op. cit.*, p. 309.

même été considéré comme la plus complexe par rapport à celle relative au *contenu*, car la question à ce niveau consiste à savoir la cause de l'acte c'est-à-dire la raison qui a conduit à son édiction[1740].

Pour le juge administratif national, les illégalités tenant aux motifs de fait ou de droit conduisent à l'annulation des décisions de l'Administration. Cependant, force est de constater que la sanction des illégalités des motifs de fait est concevable et même partiellement pédagogique (A), alors que celle concernant ceux de droit s'avère aussi concevable mais manque de manière regrettable de pédagogie (B).

A. Une sanction concevable et partiellement pédagogique de l'illégalité des motifs de fait

Certes, le juge administratif malien vérifie si effectivement les faits sur lesquels l'Administration fonde sa décision justifient celle-ci, mais cette vérification n'est pas sans limite. En effet, il reconnaît et respecte une zone de manœuvre aux autorités administratives sans laquelle l'Administration risquerait de s'étouffer : c'est le pouvoir discrétionnaire. Il s'agit de la liberté de choix de l'Administration ou encore l'appréciation de l'opportunité de décider à elle réservée. Dans une série d'arrêts, la Section administrative de la Cour suprême exprime clairement sa position en utilisant la formule jurisprudentielle suivante : « le juge administratif ne peut apprécier l'opportunité de l'action administrative »[1741]. Par deux arrêts rendus en 2015[1742], le juge se limite au contrôle restreint en évoquant les nécessités du service. Cependant, la légalité ne disparaît pas avec l'existence d'un pouvoir discrétionnaire, elle change seulement de vigueur et l'Administration ne peut faire ce que la loi lui interdit.

Aussi, dans le cadre de son contrôle normal des faits, le juge tient à ce que les faits évoqués par l'Administration soient exacts (1) et que la qualification juridique qu'elle « colle » auxdits faits le soit également (2).

1. Les faits évoqués par l'Administration doivent être exacts

Il est nécessaire de rappeler l'histoire de ce moyen d'annulation. En effet, étudier l'erreur de fait avant celle de qualification juridique des faits est un choix délibéré qui nous a été principalement dicté par l'état de la jurisprudence qui recèle beaucoup d'arrêts relatifs à la première par rapport à la seconde. Cette précision faite, il faut donc rappeler que le juge s'est tout d'abord attaqué à la

---

[1740] V. R. Chapus, *Droit administratif*, t. 1, *op. cit.*, p. 1039.

[1741] V. CS-SA, Arrêt n° 54 du 06 mars 2014, le Syndicat national des commissaires de police c/le décret n° 2013-029 et 2013-028/P-RM du Président de la République du Mali, *inédit* ; V. égal. CS-SA, Arrêt n° 135 du 22 mai 2014, entre le syndicat national des commissaires de police et le Ministère de la sécurité ; *inéd.*

[1742] CS-SA, Arrêt n° 057 du 19 février 2015, Nouhoum Diallo c/ la décision n° 2014-00265/MC-SG du 2 septembre 2014 du ministère de la Culture, inéd. ; CS-SA, Arrêt n° 196 du 23 juillet 2015 Raymond Traoré c/ l'arrêt n° 2014-3244/METD-SG du 13 novembre 2014 du ministère de l'Équipement, des Transports et du Désenclavement, *inéd.*

justification juridique des faits avant de s'attaquer à la réalité desdits faits. C'est justement de cette dernière dont il s'agit ici à savoir le contrôle de l'exactitude matérielle des faits. C'est par l'arrêt Camino de 1916[1743] que le juge administratif français va percer la clôture qu'il s'était lui-même construite autour de soi pour s'ériger aussi en « juge du fait ». Le contrôle de l'exactitude matérielle des faits devient ainsi le dernier moyen d'annulation à être reconnu[1744].

Le juge national, sans se référer expressément dans ses arrêts à l'arrêt Camino en tire tout de même des leçons, car il est clairement aussi « juge du fait » comme le démontrent les arrêts qui seront étudiés ci-dessous.

Ainsi, dans son célèbre arrêt rendu en 1990, la Cour suprême fait savoir que « (...) le ministère de la Justice reprochait à la requérante (...) les conditions dans lesquelles elle a pris une ordonnance autorisant la saisie-revendication d'un aéronef (...) ». Pour elle : « (...) en ce qui concerne ces conditions, l'absence totale de précision y relative ne permet même pas au juge administratif de vérifier leur existence et *a fortiori* de dire si elles sont ou non constitutives d'une faute »[1745]. Pour le juge, le flou même qui entoure les faits évoqués par le ministère de la Justice fait que lesdits faits ne peuvent même pas être contrôlés pour savoir leur exactitude. Il ne suffit donc pas alors pour l'Administration d'évoquer des faits, mais faudrait-il qu'ils soient évoqués avec une certaine précision pour permettre au juge ensuite de les contrôler. Le manque de précision des faits sur lesquels une autorité administrative fonde sa décision est alors constitutif de son inexactitude.

Dans la même année, dans un autre arrêt, en occurrence l'arrêt sieur Modibo Diarra et Youssouf Ganaba, le juge tranche ainsi : « Considérant que les requérants ont été licenciés sur la base de l'abandon de poste ; mais (...) le fait matériel de l'abandon de poste est inexact dans la mesure où l'autorité administrative a consenti deux années durant leur maintien à leurs anciens postes ; (...) en outre qu'il résulte de la lettre du Directeur du transit administratif et de la circulaire du ministre des Finances l'accompagnant qu'en l'absence d'actualisation de leur décision d'affectation condition de la délivrance de leurs titres de transport, les requérants ne pouvaient pas rejoindre leurs postes ; considérant que cette actualisation incombait au ministère de l'Éducation, service employeur des requérants (...) ; que ledit ministère se devait donc avant d'adresser aux requérants une mise en demeure leur enjoignant de rejoindre leurs postes, actualiser leur décision d'affectation conformément aux dispositions légales ; considérant que cette contrainte qui est

---

1743 CE, 14 janvier 1916, Camino, note G. Jège, in RDP 1917, p. 463 : « si le CE ne peut apprécier l'opportunité des mesures qui lui sont déférées par la voie du recours pour excès de pouvoir, il lui appartient d'une part de vérifier la matérialité des faits qui ont motivé ces mesures (...) ».

1744 V. J. Morand-Deviller, *Droit administratif*, *op. cit.*, p. 653.

1745 CS-SA, Arrêt n° 41 du 4 octobre 1990, *op. cit.*

assimilable à la force majeure et qui constitue pour les requérants une excuse absolutoire n'était pas de nature à justifier la légalité de la décision de licenciement intervenue ; au fond : annule l'arrêté (…) »[1746].

Comme le démontre largement le juge, l'inexactitude des faits apparaît clairement et prive ainsi la décision de licenciement du ministre de motifs de faits exacts. La décision de licenciement intervenue le 14 mars 1988 n'est pas aussi surprenante compte tenu des super pouvoirs dont disposaient les autorités administratives de l'époque. De l'analyse du juge, on comprend que les faits que le ministre reprochait aux requérants étaient minutieusement fabriqués par lui-même. En ne leur délivrant pas les documents nécessaires leur permettant de rejoindre leurs nouveaux postes, donc en les empêchant d'exécuter sa propre décision, le ministre ne pouvait fonder sa décision de licenciement sur ces manquements constituant les faits de l'affaire.

À peu près deux ans après ces arrêts, le juge a confirmé son statut de « juge du fait » dans l'affaire sieur Abdoulaye Aziz Togola dont les faits sont les suivants : par une requête datée du 2 mai 1990, le requérant, élève gendarme, sollicitait de la Cour suprême du Mali l'annulation pour excès de pouvoir de l'arrêté du ministre de la Défense nationale le rayant des effectifs de la Gendarmerie nationale pour « mauvaise manière de servir ».

Dans sa solution, le juge fait remarquer : « qu'il ressort amplement des pièces versées au dossier que le requérant déjà patient du service de psychiatrie de l'Hôpital du point G (…) présentait des troubles affectifs mineurs d'allure réactionnelle, trouble en rapport avec une pathologie de la personnalité du type névrotique (…) qu'il y a lieu de relever que le motif invoqué par l'autorité administrative pour justifier la légalité de l'arrêté est inexact. C'est ainsi qu'au fond le juge « annule l'arrêté (…) du ministre de la Défense nationale pour inexactitude de motif de radiation. »

Aussi, dans l'affaire n° 77 de l'année 1995[1747], le juge fait savoir qu'il ressort du dossier que les accusations formulées contre Douti Mounkoro se sont révélées sans fondements et qu'« il n'était pas opportun de le destituer… ; que malgré son handicap, il s'acquittait de ses devoirs et l'Administration n'était pas paralysée au niveau du village ; au fond : « annule la décision (…) ».

Dans cet arrêt, les faits sur lesquels l'autorité administrative dit avoir fondé sa décision sont inexacts sans pour autant que la décision ne soit très précise. Le juge annule la décision contestée, mais ce qui est le plus essentiel, l'administré victime de l'acte vicié sera mis dans ses droits. Malgré ce point positif, l'extrême prudence dans la qualification des vices conduit le juge à utiliser des mots inappropriés qui sont de nature à ternir la qualité de l'arrêt. En effet, il souligne qu'« il n'était pas opportun de le destituer » alors que comme nous l'avons déjà

[1746] CS-SA, Arrêt n° 56 du 8 novembre 1990, entre les sieurs Modibo Diarra et Youssouf Ganaba et le Ministère de l'emploi et de la fonction publique.

[1747] CS-SA, Arrêt n° 77 du 28 septembre 1995, *op. cit.*

mentionné, il dit aussi qu'« il ne peut apprécier l'opportunité de l'action administrative »[1748].

Dans une affaire récente, précisément l'arrêt n° 236 de 2015, sur l'inexactitude des faits que le requérant reprochait aux décisions querellées, le juge tranche ainsi : « (…) que le requérant reproche aux décisions querellées de se fonder sur des motifs inexacts (…) ; que les décisions critiquées ne contiennent aucune précision suffisante sur les éléments de faits qui en sont leur fondement, comme par exemple les faits constitutifs d'irrégularité, d'illégalité (…) ; qu'il échet d'en tirer les conséquences de droit ; au fond : annule pour excès de pouvoir »[1749] lesdites décisions.

Comme dans l'arrêt Manassa Danioko de 1990 cité ci-haut, le juge estime que les faits évoqués par l'Administration pour annuler les décisions dont le requérant est le bénéficiaire ne sont pas précis et ne lui permettent même pas de contrôler s'ils sont réellement exacts. Dans ladite espèce, l'Administration ne fait qu'énumérer des faits mais n'apporte pas suffisamment de précisions. Il ne doit donc pas être permis à l'Administration de se fonder sur de simples allégations pour nuire aux administrés. C'est ce que l'on apprend principalement de toutes les décisions auxquelles nous nous sommes référés.

Si nous analysons minutieusement tous ces cinq arrêts, le juge évoque l'exactitude matérielle des faits dans seulement deux arrêts à savoir l'arrêt sieur Abdoulaye Aziz Togola et l'arrêt Manassa Danioko. Le juge ne doit pas oublier son rôle majeur dans l'assainissement de l'action administrative. Les autorités administratives apprennent dans l'annulation de leurs décisions. Lorsque le juge annule une décision d'une autorité administrative en spécifiant clairement le vice qui entachait ladite décision, il fait preuve de pédagogie. Mais en observant une certaine prudence qui n'est autre en réalité que la crainte de faire une fausse qualification du vice qui entache l'acte, le juge entrave lui-même l'évolution de sa jurisprudence. Ce qui est encourageant dans cette jurisprudence relative au contrôle de l'exactitude matérielle des faits, c'est que malgré souvent le constat d'un certain tâtonnement, le juge annule la décision chaque fois que les faits sur lesquels l'autorité administrative fonde sa décision ne sont pas suffisamment clairs.

Si l'on s'en tient à cette généralité de la jurisprudence administrative nationale en dehors de cette analyse poussée, celle-ci se trouve dans une même cour que celle de plusieurs autres pays d'Afrique noire francophone. Ainsi, dans la logique de la jurisprudence ivoirienne, le professeur René Dégni-Ségui note : « le juge de l'excès de pouvoir vérifie si les faits invoqués par l'auteur de l'acte se sont produits. Dans le cas contraire, la décision est motivée par des faits

---

[1748] V. les arrêts 054 et 135 de 2014 cités ci-dessus.

[1749] CS-SA, Arrêt n° du 9 octobre 2015, Mohamed LAH /Société Wando immobilière SARL c/ les décisions n° 2015-007, 2015-008, 2015-009, 2015-013/MDEAF/DNDC du 13 mars 2015, *inéd.*

matériellement inexacts, aussi l'annule-t-il. »[1750] Il cite alors l'affaire By Jules dans laquelle, le juge « considère que les faits reprochés au requérant, à savoir son indiscipline et manque de conscience professionnelle, sont matériel-lement exacts »[1751]. Il donne aussi l'exemple de l'affaire Mademoiselle Audan où le juge se livre selon lui, « distinctement au contrôle de l'existence matérielle des faits allégués par le requérant (absence à une épreuve orale) et leur exactitude matérielle (exactitude du calcul des notes) »[1752].

C'est pratiquement la même donne au Bénin, où le juge a annulé une décision accusant le Directeur d'une société d'État de détournement de fonds destinés à l'achat d'un véhicule pour le compte de ladite société. C'est l'arrêt Chodaton[1753] où le juge relève l'inexactitude des faits. Le juge béninois confirme cette jurisprudence en 2005 dans l'Arrêt Agbokou par lequel il annule une décision de l'Administration qui était fondée sur le simple fait que le requérant avait composé dans la même salle que certains candidats qui ont triché[1754]. Césaire Foed S. Kpenonhoun apprécie cette jurisprudence béninoise en ces termes : « la chambre administrative a donc fait l'effort d'une censure régulière de l'inexactitude des faits. Sa jurisprudence est demeurée constante en la matière »[1755].

Nous pouvons dire autant de la jurisprudence nationale si l'on se limite à faire une analyse superficielle des arrêts rendus de 1960 à 2016 auxquels nous nous sommes référés ici car dans tous ces arrêts, le juge annule les décisions de l'Administration soit pour des faits insuffisamment précis, soit pour des faits non exacts. Cependant, nous estimons que le travail du juge doit aller au-delà de la simple annulation pour un quelconque vice. Il doit faire preuve d'une certaine maturité constante à bien construire son arrêt sur des analyses claires et détaillées aboutissant à une qualification claire du vice pour lequel il annule. Toutefois, ce qui est évident, c'est le fait que la plupart sinon tous les juges d'Afrique noire francophone appliquent aussi la jurisprudence Camino du juge français.

Le contrôle des motifs de fait ne se limite pas seulement à leur exactitude, le juge administratif national contrôle aussi leur qualification juridique.

[1750] R. Dégni-Ségui, *Droit administratif, le contrôle juridictionnel de l'administration*, 3e éd., t. 3, p. 804.

[1751] CS-CI, Ch. Administrative, 20 février 1963, By Jules, cité par R. Dégni-Ségui, *ibid.*

[1752] Cité par R. Dégni-Ségui, *ibid.*

[1753] CS du Bénin, ch. administrative, Arrêt n° 28 c du 15 juin 2000, Louis Chodaton c/ État du Bénin, cité par Césaire f. S. Kpenonhoun, thèse, *op. cit.*, p. 1990.

[1754] CS, du Bénin, SA, Arrêt n° du 28 juillet 2005, Aurélien Agbokou, cité par Césaire Foed S. Kpenonhoun, *ibid*, p. 200.

[1755] *Ibid.*

2. La qualification juridique des faits évoqués par l'Administration doit être exacte

« (…) ; considérant que la place Beauveau ne saurait être regardée dans son ensemble comme formant une perspective monumentale ; qu'ainsi, en refusant par la décision attaquée au requérant l'autorisation de construire, le Préfet de la Seine a fait une fausse application (…) de la loi (…) (annulation) »[1756].

C'est par ces mots contenus dans le célèbre arrêt Gomel, que le contentieux administratif va connaître l'un des moments indélébiles de son évolution historique. Il s'agit pour le juge de vérifier, si les faits sont de nature à justifier la décision prise par l'autorité administrative. Contrairement à l'autre jurisprudence (Camino) relative aux motifs qui visent à vérifier l'existence des faits ou leur existence telle que l'Administration le dit, celle-ci concerne la qualification que l'autorité administrative donne aux faits.

Le juge national s'en est approprié et en fait une application objectivement acceptable. Dans son arrêt Gomel, où l'Administration reproche à la requérante d'avoir commis une faute disciplinaire dont la sanction a été la révocation sans suppression des droits à la pension, le juge a procédé à la vérification des faits et la qualification donnée par l'Administration ayant conduit à cette grave sanction.

Le juge a alors procédé à ladite vérification de cette manière : « (…) qu'à supposer que ce faisant, elle ait commis une erreur de droit, cette méconnaissance de la loi ou cette erreur de droit ne saurait en aucune manière être constitutive de faute disciplinaire de nature à entraîner ou à justifier une sanction d'autant que l'existence du double degré de juridiction permet de corriger précisément les insuffisances, erreurs ou lacunes des magistrats d'instance ; (…) que de même que la requérante n'a pu commettre aucune faute en édictant l'ordonnance (…), de même elle n'a pu ce faisant manquer au devoir de son état, à l'honneur, à la délicatesse ou à la dignité au sens de la loi du 12 septembre 1986 ; qu'il résulte des faits de ce qui précède que les faits reprochés à la requérante ne constituent pas une faute professionnelle ou disciplinaire de nature à justifier une sanction ; (annulation). »[1757]

C'est vrai que le statut de la magistrature donne le pouvoir à l'Administration d'infliger des sanctions aux magistrats qui se rendront coupables de certaines fautes. Lesdites sanctions peuvent effectivement, selon la gravité de la faute commise, aller jusqu'à la révocation. Dans ce cas d'espèce, l'Administration a estimé que les faits sont suffisamment graves pour justifier la révocation de la requérante et pour cela, elle a retenu la faute disciplinaire.

Le juge de l'espèce a alors fait une bonne analyse de l'affaire et s'est intelligemment inspiré de la jurisprudence Gomel du CE français. Pour le faire,

---

[1756] CE, 4 avril 1914, Gomel, v. GAJA, *op. cit.*, p. 161.

[1757] CS-SA, Arrêt n° 41 du 4 octobre 1990, *op. cit.*

il a bien vérifié si les conditions légales sont effectivement bien remplies pour que l'Administration puisse procéder comme elle l'a fait. En effet, le juge s'est tout simplement limité à contrôler si les faits relevés par l'autorité administrative sont justement de nature à constituer une faute disciplinaire, car c'est cette qualification des faits qui a conduit à la sanction. Cependant, comme le démontre le juge, une telle qualification ne peut aucunement résister à une bonne analyse de ce qui s'est passé, c'est-à-dire des faits. Il en résulte donc, que si même faute il y en avait, elle n'était pas disciplinaire. Pour en être convaincu, le *Lexique des termes juridiques* définit la faute disciplinaire pour le magistrat comme étant : « tout manquement au devoir de son état, à l'honneur, à la délicatesse ou à la dignité ainsi qu'à la violation grave et délibérée d'une règle de procédure assurant une garantie des droits des parties »[1758].

Cette fausse qualification juridique des faits, vicie la décision portant révocation de la Dame Manassa Danioko. Il faut aussi mentionner un point important qui ressort de l'étude de la décision de l'espèce. En effet, c'est seulement sur la mauvaise qualification juridique des faits que la Cour suprême s'est basée pour annuler la décision contestée. Cela était largement suffisant et il serait peut-être superfétatoire de chercher à savoir si cette faute disciplinaire dont se prévaut l'Administration était de nature à justifier une révocation. Tout compte fait, le juge administratif a fait une bonne démonstration juridique dans cette espèce qui méritait d'être perpétuée pour la consolidation progressive du droit administratif national.

Dans un arrêt de 2015, le juge a aussi statué sur une affaire dans laquelle, la qualification juridique donnée par l'autorité administrative était également en cause : « (…) ; (…) qu'il est de jurisprudence constante que toute décision de l'Administration doit être fondée sur des faits exacts ; que lorsqu'elle aura été prise sur le fondement des faits inexistants et erronés, elle doit être déclarée illégale ; et qu'en tout état de cause, la jurisprudence constante a retenu que (si une autorité administrative justifie par un fait une décision, il est nécessaire pour la légalité de la décision que ledit fait invoqué soit exact) ; qu'en conséquence, le décret de classement dans le domaine public fondé sur le caractère collectif de la parcelle litigieuse a violé la loi par l'illégalité de son motif résidant dans l'inexactitude de la qualification d'équipement collectif donné au lieu ; (annulation) »[1759].

Cette décision est fort intéressante à un double point de vue en ce qu'elle démontre, ce qui importe superficiellement dans un arrêt, sa capacité à prouver et sanctionner le vice, et en ce qu'elle démontre ce qui importe profondément dans un arrêt, son incapacité pathologique à un raisonnement juste et cohérent conduisant à la qualification du vice.

[1758] V. *Lexique des termes juridiques*, *op. cit.*, p. 420.

[1759] CS-SA, Arrêt n° 151 du 4 juin 2015, Kabiné Diakité c/ le décret n° 02-327/P-RM du 5 juin 2002, *inéd.*

En commençant par le point le moins reluisant, tout en soulignant le caractère parfois mince de la ligne de séparation entre l'exactitude des faits et celle de leur qualification, le juge, surtout le juge administratif suprême, doit être à même de situer avec précision cette ligne. Les débuts du raisonnement du juge font croire qu'il nous amène vers une annulation tirée du vice de l'inexactitude matérielle des faits. En disant que « toute décision de l'Administration doit être fondée sur des motifs exacts » et que lorsque les faits sont inexistants, la décision doit être annulée, et en finissant par dire qu'« en conséquence le décret (...) fondé sur le caractère collectif (...) a violé la loi pour l'illégalité de son motif résidant dans l'inexactitude de la qualification d'équipement collectif donné au lieu ».

Ce qui, pour un début, avait tout d'un problème lié à l'exactitude des faits finit par la sanction d'un vice d'inexactitude de la qualification juridique des faits. En complétant par le point reluisant, le juge finit par se ressaisir et constate que c'est plutôt un problème lié à la qualification qu'un problème lié à l'existence des faits. Le fait qu'une propriété privée soit au service du public ne peut donner à cette dernière la qualification d'équipement collectif qui en priverait l'individu propriétaire de la jouissance de sa propriété. Les deux vices ne doivent pas alors être confondus au point de tirer les conséquences de l'un sur la base des faits devant aboutir à l'autre[1760].

Dans la même logique, il ressort d'une série d'arrêts que le juge ivoirien accepte lui aussi, tout comme ses homologues français et malien, de contrôler si les qualifications juridiques que les autorités administratives ivoiriennes donnent à certains faits sont exactes. C'est le cas dans l'arrêt Ahizi Joseph : « le fait d'avoir attenté par empoisonnement à la vie de son Directeur général, (le requérant) s'est rendu coupable d'une faute disciplinaire. »[1761] De même dans l'arrêt Kobena Yao[1762], il trouve que la perception frauduleuse des indemnités constitue une faute disciplinaire. Il agit dans le même sens dans les arrêts Doua Thierry Claude[1763] et Nea Gahou Maurice[1764]. Ainsi, le contrôle de la qualification juridique des faits n'ait lieu que lorsqu'il y a compétence liée, c'est le contrôle normal comme cela a été déjà signalé et ne peut intervenir lorsqu'il y a pouvoir discrétionnaire, c'est le contrôle restreint.

[1760] Ces propos doivent cependant être compris à la lumière de cette affirmation : « mêlant subtilement le droit et le fait, ce contrôle est beaucoup plus fin que celui de l'exactitude matérielle des faits dont on ne saurait cependant le dissocier : avant de qualifier juridiquement des faits, encore convient-il de s'assurer que ceux-ci se sont bien produits », J. Morand-Deviller, *op. cit.*, p. 653, sauf que ce ne sont pas des moyens d'ordre public.

[1761] CS-CA, 20 novembre 1982, Ahizi Joseph c/ ministre de la Fonction publique, v. R. Dégni-Ségui, « Droit administratif général », t. 3, *op. cit.*, p. 806.

[1762] CS-CA, 27 mai 1992, Kobena Yao, cité par R. Dégni-Ségui, *ibid.*

[1763] CS-CA, 27 avril 1994, Doua Thierry Claude c/ Ministère de l'emploi, *ibid.*

[1764] CS-CA, 15 mars 1989, Nea Gahou Maurice, *ibid.*

À côté des motifs de fait, le juge procède à une sanction qui est aussi concevable et moins pédagogique en ce qui concerne le contrôle des motifs de droit.

B. Une sanction concevable et moins pédagogique de l'illégalité des motifs de droit

Les motifs de droit concernent la mauvaise maîtrise de la base légale d'une décision et l'interprétation erronée du sens ou de la portée de la règle de droit applicable. Nous avons ainsi le défaut de base légale (1) et l'erreur de droit (2). Dans tous ces deux cas, l'acte administratif est vicié et le juge l'annule.

1. Le juge sanctionne le défaut de base légale

Il y a défaut de base légale lorsque l'Administration a pris pour fondement de sa décision, un texte qui n'existe plus dans l'ordonnancement juridique ou qui n'existe pas encore pour diverses raisons (loi non encore promulguée ou loi en attente de décret d'application) ou qui n'a jamais existé. Dans l'une comme dans l'autre hypothèse, l'acte administratif concerné est vicié et doit disparaître de l'ordonnancement juridique pour défaut de base légale.

Dans la jurisprudence nationale, l'exemple de l'hypothèse de la loi qui n'existe plus dans l'ordonnancement juridique nous est fourni par la fameuse affaire Manassa Danioko. Le juge le relève ainsi : « (...) qu'à la date de la comparution de la requérante devant le Conseil de discipline (...), celui-ci était encore composé conformément à la loi de 1986 ; (...) qu'il résulte de ce qui précède que le Conseil de discipline devant lequel la requérante a été déférée était quant à sa composition frappé de caducité depuis quatre mois et que c'est donc en toute illégalité qu'il a siégé et émis son avis, lequel doit être tenu pour inexistant ; (annulation) »[1765]. La décision du juge, éclairée par sa démarche, permet de mesurer la gravité du vice de défaut de base légale. C'est une illégalité tellement grave que le juge a tenu l'avis émis par le Conseil de discipline illégalement composé comme inexistant, c'est-à-dire comme n'ayant jamais existé.

L'Administration est normalement bien outillée et bien informée pour savoir si une loi existe encore dans l'ordonnancement juridique ou pas. La situation particulière de cette affaire nous fait penser même à une volonté délibérée de l'Administration d'appliquer à la dame Danioko une loi peut être plus sévère que la loi nouvelle. Cette suspicion est très sérieuse d'autant plus que c'est par un décret présidentiel qu'elle a été révoquée, donc c'est celui-là même qui a promulgué la loi nouvelle qui a signé la décision querellée.

Ce qui importe surtout ici, c'est cette rigueur avec laquelle le juge, en choisissant les mots justes comme celui de caducité, a annulé le décret

---

[1765] CS-SA, Arrêt n° 41 du 4 octobre 1990, *op. cit.*, c/ l'État du Bénin, Rec. C.S du Bénin, pp. 117-126, cité par C. F. S. Kpenonhoun, thèse, *op. cit.*, p. 191.

présidentiel même si une petite zone d'ombre existe. Cette dernière que l'on ne peut laisser passer concerne cette prudence ou cette peur de désigner nommément le vice qui a conduit le juge à l'annulation. Et si le juge avait dit tout simplement que cette caducité de la loi qui a servi de fondement à la constitution du Conseil de discipline avait privé l'avis donné de base légale. Cela est plus pédagogique et surtout plus gênant pour une autorité administrative.

La Cour suprême béninoise a rendu une décision dans une affaire très similaire, en occurrence la décision Taofiqui Toukourou et Consorts[1766]. Les affaires sont similaires en ce qu'elles concernent toutes les deux une loi qui n'est plus en vigueur. Dans ladite affaire, alors qu'un texte datant du 4 juin 1979 était déjà entré en vigueur, les demandeurs estimaient que c'est un autre texte du 14 décembre 1963 auquel ils devaient être soumis. Ainsi, comme « le juge ne pouvait pas valider un acte qui aurait été pris sans base légale, la chambre administrative a débouté les requérants »[1767].

Si l'exemple d'acte administratif pris sur la base d'une loi qui n'existe pas est très difficile à trouver dans la jurisprudence nationale, on peut se référer à l'arrêt Boya du même juge béninois qui a été considéré comme étant « d'une clarté impressionnante »[1768]. Pour ce juge : « (…) alors que la question des statuts particuliers souhaitée par la loi n° 81-014 du 10 octobre 1981 n'a pas encore été réglée, l'Administration a par décrets (…) procédé à l'inscription au tableau d'avancement de douze officiers de Police de Paix au grade de Commissaire de Police stagiaire. Ce faisant, l'Administration (…) a violé la loi, rendant ainsi, les décrets du 12 février 1992 dépourvus de base légale. »[1769]

Aussi, tout comme nous l'avons signalé à propos de la jurisprudence du juge administratif malien, Césaire Foed S. Kpenonhoun a décelé une petite zone d'ombre dans l'effort du juge béninois qui, selon lui, est « quelque peu confus par endroits » car la Chambre administrative « identifie le défaut de base légale à une violation de la loi »[1770].

L'une des particularités du vice de base légale des décisions des autorités administratives est que contrairement à plusieurs autres vices, le défaut peut être corrigé, c'est-à-dire, le vice peut être soigné. En effet, le juge administratif a le pouvoir de régulariser l'acte vicié par sa base en lui trouvant une nouvelle base légale, rendant ainsi, ce qui était voué à une annulation certaine, sain.

C'est ce que le professeur René Chapus soutient quand il écrit : « l'illégalité d'une décision pour défaut de base légale n'est toutefois pas irrémédiable. La

---

[1766] CS-CA, Arrêt n° 83-2 du 4 août 1994, Taofiqui Toukourou et Consorts.

[1767] C. F. S. Kpenonhoun, thèse, *ibid.*

[1768] *Ibid.*

[1769] CS-CA, Arrêt n° 29 du 30 octobre 1998, Assogba eugène Boya c/ l'État du Bénin, Rec., Cour suprême du Bénin 1998, pp. 160-168, cité par C. Kpenonhoun, *ibid.*

[1770] *Ibid.*

jurisprudence reconnaît au juge le pouvoir de régulariser la décision en la rattachant à un fondement adéquat »[1771]. Le juge administratif dans cet exercice ne limite pas son pouvoir à la seule substitution de motif de droit, cette substitution peut concerner également le motif de fait. La jurisprudence Hallal du CE français en constitue une illustration parfaite : « considérant que l'Administration peut en première instance comme en appel, faire valoir devant le juge de l'excès de pouvoir que la décision dont l'annulation est demandée est légalement justifiée par un motif de droit ou de fait autre que celui initialement indiqué »[1772].

De son analyse de cet arrêt, Jacqueline Morand-Deviller retient que le juge recherche si le nouveau motif avancé par l'Administration est bien de nature à justifier la décision et si la substitution ne prive pas l'intéressé d'une garantie essentielle ; et si l'Administration aurait pris la même décision, si à la date où elle a statué, elle avait pris la même décision en se fondant sur le même motif[1773].

À côté de la jurisprudence du défaut de base légale, celle de l'erreur de droit est aussi consacrée par le juge administratif national.

2. Le juge sanctionne l'erreur de droit

Lorsque l'Administration prend un acte en dehors du champ d'application du texte, soit que l'Administration ait donné un sens, une portée erronée à un motif de droit exact, il y a ce que l'on appelle erreur de droit[1774]. Sur le sujet, le professeur René Dégni-Ségui écrit : « l'erreur de droit est d'une manière générale, la fausse interprétation de la loi faite par l'Administration. Celle-ci croit, à tort que la loi lui donne tout pouvoir ou, au contraire, lui retire tout pouvoir pour prendre l'acte. »[1775]

L'erreur de droit ne constitue ainsi que la traduction de l'hésitation anormale d'une autorité administrative dans l'application d'une norme à une situation donnée. De cette hésitation résulte l'application d'une norme régulière et existante, donc applicable, mais mal comprise et « inexactement interprétée par l'auteur de l'acte, qui s'est trompé sur ce qu'elle permet ou impose de faire »[1776]. Elle signifie que l'Administration a donné au texte qui sert de fondement à l'acte un sens ou une portée erronée[1777]. Nous sommes donc face à un vice qui affecte la légalité de l'acte administratif sans que le texte sur lequel l'Administration s'est basée ne soit mis en cause en ce qui concerne sa légalité mais plutôt

---

1771 R. Chapus, *Droit administratif général*, t. 1, 15e éd., *op. cit.*, p. 1041, il écrit par contre que « la substitution est exclue si le régime d'édiction en vertu du fondement adéquat n'est pas le même ».

1772 CE, 6 février 2004, Hallal, cité par J. Morand-Deviller, *Droit administratif*, *op. cit.*, p. 648.

1773 J. Morand-Deviller, *ibid.*

1774 V. D. Sy, *Droit administratif*, 2e éd., *op. cit.*, p. 310.

1775 R. Dégni-Ségui, *Droit administratif général*, 3e éd., t. 3, *op. cit.*, p. 802.

1776 R. Chapus, *Droit administratif général*, 15e éd., t. 1, *op. cit.*, p. 1041.

1777 V. A. T. Ba, thèse, *op. cit.*, p. 497.

l'interprétation qui a été donnée au texte. Cette mauvaise interprétation peut consister à trop faire, mal faire ou même à ne pas faire ce qui est permis de faire.

Dans l'affaire sieur Sékou Niakaté, le juge a relevé dans la décision du Commandant de cercle de Yélimané, une erreur de droit qui a valu à ladite décision son annulation. Il dit : « que c'est à tort que le commandant du cercle de Yélimané a visé dans le préambule de sa décision, objet du présent recours, et la loi portant code domanial et foncier, et un arrêt n° 2 du 11 février 1988 de la Cour ; (…) que la loi visée lui fait interdiction précisément de statuer sur les litiges de terre se trouvant sous l'empire de droit foncier coutumier, réservant cette matière au juge judiciaire, (l'annulation). »[1778] Le juge a bien situé le mal dans la décision querellée du Commandant de cercle. En effet, il a vu l'erreur, celle commise par l'Administration dans l'interprétation de la loi.

De même, dans l'arrêt Société Songhoi Ressources SARL, le juge a fait une illustration de sa rigueur face à l'erreur de droit. En effet, la société requérante sollicitait de la Cour, l'annulation de la décision du ministre des Mines en ce qu'elle attribue dans la zone de Bakolobi, cercle de Kéniéba 65 km² à la Société CAMEC en violation de l'article 35 de l'ordonnance n° 99-321/P-RM portant code minier en République du Mali et 23 de loi n° 2012-015 portant code minier. En effet, la requérante avait déjà obtenu de cette même autorité administrative par une décision n° 0000514 DNGM du 14 avril 2008 un droit d'exploitation pour l'or et les substances minérales du Groupe II dans la même zone.

La Cour s'est alors prononcée en ces termes : « (…) ; il suit que la décision s'est référée à tort aux dispositions de l'article 13 de la loi du 27 février 2012 portant code minier et par voie de conséquence elle l'a violé par fausse application ; qu'en outre, la décision a attribué une autorisation dans la zone de Bakolobi, cercle de Kéniéba, région de Kayes couverte par un titre minier obtenu le 14 avril 2008 et il n'est pas spécifié que nécessairement qu'il n'est plus en cours de validité au sens de l'article 23 déjà évoqué ; qu'en décidant comme elle l'a fait, l'autorité administrative a excédé ses pouvoirs (annulation) »[1779].

Nous sommes effectivement devant une erreur de droit comme la démarche du juge le fait ressortir clairement. Dans cette espèce, l'Administration s'est basée sur le code minier pour prendre sa décision, ce qui est normal et même obligatoire. Cependant, pour le faire, elle a fondé sa décision sur un article sur lequel ladite décision ne pouvait être fondée. La décision ayant pour objet l'attribution à la Société CAMEC d'une autorisation d'exploration ne pouvait tirer son existence que d'autres articles. Une simple analyse des faits et desdits articles permet de comprendre alors que ces derniers interdisent justement de

[1778] CS-SA, Arrêt n° 31 du 26 juillet 1990, *op. cit.*

[1779] CS-SA, Arrêt n° 149 du 4 juin 2015, entre la Société Songhoi Ressources SARL et le ministre des Mines, *inéd.*

faire ce que le ministre des Mines a fait, à savoir donner l'autorisation d'exploration sur une zone couverte par un titre minier pendant sa validité.

C'est l'exemple de l'hypothèse selon laquelle l'Administration a cru que c'était une disposition d'une norme qui devait être appliquée à une situation alors que celle-ci n'était pas la bonne, mais une autre. Elle a alors fait ce qu'elle n'était pas permise de faire d'où l'existence d'une certaine curiosité qui s'attache à ce vice. En réalité, cette attitude de l'Administration correspond-elle à une erreur, qui par définition est le fait pour l'auteur d'un acte administratif de se tromper sur la portée ou le sens sur lequel il s'est fondé pour l'adopter[1780]. Par exemple, dans l'espèce en question, le ministre des Mines s'est-il réellement trompé de dispositions à appliquer ? Néanmoins, c'est un vice qui, lorsqu'il est retenu par le juge, permet de corriger l'illégalité qu'entache la décision comme l'atteste la décision de l'affaire Songhoi Ressources SARL.

Comme la Section administrative de la Cour suprême du Mali, la Chambre administrative de la Cour suprême de la Côte d'Ivoire « s'est orientée dans ce sens dans l'affaire Diby Yao Georges »[1781].

De même, la Chambre administrative de la Cour suprême du Burkina Faso sanctionne par l'annulation, les décisions des autorités administratives fondées sur des erreurs de droit. La jurisprudence Barry Boubakar constitue un exemple : « (...) ; attendu que le texte susvisé ne permet pas de doute tant dans la forme que dans le fond sur le fait qu'il faut entendre par perte des droits civiques, la perte de tous ses droits civiques et non celle d'un ou de certains de ces droits (...) ; attendu... que Barry Boubacar n'a pas perdu ses droits civiques par la seule perte de ses droits électoraux et ne pouvait être licencié pour ce motif »[1782]. À propos de cet arrêt, Ba écrit : « il est clair que dans ces conditions, la décision de licenciement était viciée par une erreur de droit. »[1783]

Aussi, la Chambre administrative de la Cour suprême du Bénin, dans l'arrêt dame Sagbahan dit qu'« en décidant d'étendre les dispositions de l'article 3 al. 2 aux femmes agents permanents de l'État visées aux articles 5 et 9, le ministre de la Fonction publique et de la Réforme administrative a fait une mauvaise application de la loi n° 86-014 du 26 septembre 1986 portant code des pensions civiles et militaires de retraite »[1784]. De son analyse de cette décision, Césaire Foed S. Kpenonhoun fait la déduction suivante : « on a tout de même compris que la mauvaise application de la loi à laquelle fait allusion le juge de l'Administration est synonyme de ce que le ministre de la Fonction publique a

---

[1780] V. *Lexique des termes juridiques*, *op. cit.*, p. 391.

[1781] R. Dégni-Ségui, *Droit administratif général*, 3e éd., t. 3, *op. cit.*, p. 802, CS-CA, 1er avril 1964, Diby Yao Georges.

[1782] CS-CA, 23 février 1968, Barry Boubacar c/ République de Haute-Volta, cité par A. T. Ba, thèse, *op. cit.*, p. 498.

[1783] *Ibid.*

[1784] CS-CA, 5 mai 1994, Marguerite Gbenou Sagbohan épouse Elegbe c/MF-MFPTRA, Rec. Cour suprême du Bénin, pp. 74-88, cité par C. Kpenonhoun, thèse, *op. cit.*, p. 189.

commis une erreur de droit. Notamment il fait une interprétation erronée des dispositions en cause. »[1785]

Outre la sanction du vice de l'erreur de droit, l'analyse des décisions du juge administratif malien et celles des juges de l'Administration du Bénin et de la Haute-Volta permettent de constater un autre point commun : ni l'un ni les autres n'invoquent clairement, en tout cas dans les décisions qui nous ont servi de référence, l'erreur de droit.

Même si la jurisprudence du CE français n'a fait l'objet de référence de manière explicite dans aucun de ces arrêts, il faut toutefois rappeler quelques-uns en raison de leur importance. Ainsi, dans l'affaire Lacorne[1786], le CE a estimé que l'Administration a fait une erreur de droit en rejetant une demande de pension en se fondant sur un règlement excluant que la demande puisse être satisfaite, contrairement aux dispositions d'une loi. Le juge a alors estimé que l'Administration s'est trompée de texte.

Ainsi, dans la jurisprudence Université de Paris-Dauphine[1787], il soutient qu'en refusant l'inscription des étudiants pour des motifs d'ordre qualitatif ou pour cause de non satisfaction à des épreuves de sélection, des présidents d'Universités ont commis des erreurs de droit.

Ce qui est évident, le juge administratif national en empruntant ce moyen d'annulation et l'appliquer aux faits similaires pour lesquels le CE français fait application du même moyen, il contribue positivement à la protection des administrés contre la toute-puissance de la machinerie administrative nationale.

Conclusion du Titre I

L'annulation des actes administratifs viciés est devenue une pratique courante et même naturelle au sein des juridictions administratives nationales. Le juge administratif annule les actes administratifs illégaux dans la plupart des cas s'il est saisi dans ce sens. On peut alors dire que ce juge spécialiste des questions administratives au Mali, avec ses décisions (saines, bien construites et bien détaillées compte tenu de la réalité socioculturelle nationale), contribue à l'édification de l'état de droit.

Il y a lieu de rappeler cette formule qui dit tout sur le contentieux de l'excès de pouvoir : « le recours pour excès de pouvoir n'est pas un procès fait à une partie, c'est un procès fait à un acte. »[1788] Le juge administratif adhère parfaitement à cette incontestable réalité vivante. C'est ainsi que dans l'arrêt le collectif des habitants de Koulikoro-Gare, il rappelle ladite formule aux requérants en ces termes : « le recours doit être dirigé contre un acte

---

[1785] C. Kpenonhoun, *ibid.*

[1786] CE, 30 avril 1976, Lacorne, v. RDP 1976, p. 1362.

[1787] CE, 27 juillet 1990, Université de Paris-Dauphine, AJ, 1991, p. 151.

[1788] E. Laferrière, *Traité de la juridiction administrative et des recours contentieux*, 2e éd., *op. cit.*, Livre VI, chapitre IV, p. 561.

administratif (...) ; qu'en violation de ce principe, la demande initiale du collectif n'a déféré aucune décision à l'annulation du juge ; qu'à ce titre, elle est irrecevable. »[1789] Aussi, n'a-t-il pas fait savoir dans l'arrêt Sidi Berthé que « le rôle du juge de l'excès de pouvoir est de vérifier la légalité de l'acte administratif querellé. »[1790]

Faut-il alors décerner à ce juge la médaille de la maîtrise parfaite de son sujet c'est-à-dire du contentieux de l'annulation ? Certes, l'honnêteté intel-lectuelle recommande de reconnaître que ce juge assure souvent une bonne protection du faible administré contre le rouleau compresseur de la puissante Administration. Cette même honnêteté intellectuelle nous recommande également de relever que les décisions de ce juge ne sont pas le plus souvent saines, bien construites et bien détaillées.

Ces brillantes et parfaites affirmations du juge citées ci-haut ne constituent alors qu'un cache-misère. Il fait régulièrement preuve de curieux tâtonnements dans l'application de certains moyens d'annulation. L'une des manifestations de cette maîtrise superficielle du juge se situe dans l'utilisation de la formule générale suivante : « l'Administration a commis un excès de pouvoir ou l'Administration a excédé ses pouvoirs. »

C'est le cas, en guise d'exemple, dans une affaire récente où il dit : « (...) en décidant comme elle l'a fait, l'autorité administrative a excédé ses pouvoirs. »[1791]. Ainsi, parfois le juge annule sans que l'on ne puisse connaître avec précision sur la base de quel vice il l'a fait. Une telle précision est bénéfique pour toutes les parties au procès administratif, donc la simple annulation ne suffit pas. Il faut alors le dire, une telle pratique ne peut que secréter une jurisprudence confuse.

Il ne fait pas mieux en contentieux de pleine juridiction.

[1789] CS-SA, Arrêt n° 75 du 5 mars 2015, le Collectif des habitants de Koulikoro-gare c/ le jugement n° 319 du 25 août 2014 du TAB, *inéd.*

[1790] CS-SA, Arrêt n° 77 du 2 mai 2013, Sidi Berthé, *op. cit.*

[1791] CS-SA, Arrêt n° 149 du 4 juin 2015, *op. cit.*

TITRE II

LES INCERTITUDES DU CONTENTIEUX DE PLEINE JURIDICTION

Le contentieux de pleine juridiction ou plein contentieux ou encore le contentieux des droits, est celui à l'occasion duquel, le juge face à une question d'ordre subjectif en général, jouit de la plénitude de ses pouvoirs juridictionnels en allant au-delà de la simple annulation de la décision contestée, en réformant ladite décision et même en allant jusqu'à condamner la collectivité publique au paiement d'une somme d'argent. Il se présenterait alors comme un contentieux plus protecteur car accordant au juge administratif des pouvoirs très larges. C'est pourquoi, le professeur camerounais Célestin Keutcha-Tchapnga ne fait pas mystère de son admiration pour ce contentieux : « le contentieux de pleine juridiction constitue une garantie précieuse pour la protection des droits des particuliers. »[1792]

Benjamin Baldous, quant à lui, le présente en ces termes : « s'il était permis de comparer l'univers du contentieux administratif à un univers géographique et plus spécialement montagnard, c'est comme un vaste massif que pourrait se présenter le recours de pleine juridiction faisant face à un pic solitaire se dressant, au milieu de quelques autres sommets secondaires, à la vue, à l'admiration et à la convoitise de tous : le recours pour excès de pouvoir. »[1793]

Le contentieux de l'excès de pouvoir serait alors en déclin comme le témoigne d'ailleurs l'intitulé d'un article des Professeurs Sophie-Justine Lieber et Damien Botteghi dans l'AJDA : « l'étoile du recours pour excès de pouvoir pâlirait-elle encore ? »[1794] Avant cet article, Michel Bernard posait cette question : « Le recours pour excès de pouvoir est-il frappé à mort ? »[1795] Cette inquiétude générale présentant l'agonie de cette fascinante création du juge administratif, est loin d'être une réalité dans la jurisprudence administrative malienne telle qu'elle se présente aujourd'hui. Certes, le contentieux de pleine juridiction est pratiqué devant le juge administratif national, mais avec et à côté de celui de l'annulation.

1792 Keutcha-Tchapnga, *Précis de contentieux administratif au Cameroun*, *op. cit.*, p. 214.

1793 B. Baldous, *Les pouvoirs du juge de pleine juridiction*, Marseille, PUM, 2000, p. 17.

1794 S. J. Lieber, D. Botteghi, « L'étoile du recours pour excès de pouvoir pâlirait-elle encore ? » in AJDA 2009, p. 583.

1795 M. Bernard, « Le recours pour excès de pouvoir est-il frappé à mort ? », chronique, in AJDA 1995, p. 190

Il ressort donc de la pratique nationale, que le contentieux de pleine juridiction coexiste avec le contentieux de l'annulation et le juge n'a d'ailleurs pas créé un cloisonnement hermétique entre les deux, donnant ainsi du point de vue général, une définition ouverte au contentieux de pleine juridiction (chapitre I). C'est vrai qu'il se caractérise par son hétérogénéité ou grande diversité, mais malgré la connaissance par le juge de pleine juridiction malien du contentieux fiscal, du contentieux électoral, du contentieux contractuel etc., la matière est aussi caractérisée sur le plan national par la responsabilité extracontractuelle. Cette partie du contentieux de pleine juridiction se présente comme l'une des plus intéressantes et les plus fascinantes, car il s'agit de la responsabilité de la détentrice de la puissance publique : l'Administration. C'est celle-ci qui sera étudiée ici. Il faut aussi de prime d'abord attirer l'attention sur le fait que le traitement de cette responsabilité est même insuffisant (chapitre II).

CHAPITRE I

L'ACCESSIBLE DÉFINITION DES CONTOURS DU PLEIN CONTENTIEUX

Le juge de la Section administrative n'enferme pas le contentieux de pleine juridiction dans un vase au sein duquel il va faire sa gestation solitaire. Aussi, peut-il même le faire ? Par ces arrêts, il démontre que le contentieux de pleine juridiction ne doit pas être considéré comme certains ont tendance à le faire croire, comme un super-contentieux autosuffisant, avec ses règles propres totalement distinctes de celles du contentieux de l'annulation. En ce sens, le développement du premier signifierait la mort du second car ce dernier perdra toute sa raison d'être.

Loin de nous toute idée de confondre les deux contentieux, mais on peut tout simplement déduire de sa jurisprudence que les deux ne sont pas antinomiques. Ainsi, ces contentieux ne se présentent-ils pas comme les deux yeux d'une même tête où pour pouvoir bien viser une cible l'on regarde avec les deux ou l'on ferme l'un des deux par préférence ou par obligation, tout dépend en fait de la cible. Cela doit cependant être compris avec la plus grande intelligence. L'exercice du recours de pleine juridiction n'est aucunement subordonné à celui de l'annulation.

Il s'agit seulement de préciser qu'il existe des liens entre les deux et que l'appréciation que le juge fait de ceux-ci est à notre sens normal (section 1). L'une des manifestations parfois oubliée car devenue banale, est que les deux partagent les mêmes voies de recours contre les décisions du juge dans l'un comme dans l'autre (section 2) ; les décisions rendues en matière de contentieux de pleine juridiction ne bénéficient donc pas de voie de recours particuliers ou propres.

Section 1

L'appréciation normale des liens entre les deux contentieux

Le juge accorde à chaque contentieux, d'une certaine manière compréhensible, le domaine qui lui appartient. Cela passe par la reconnaissance de la particularité du contentieux de pleine juridiction qui a tout de même ses propres règles différentes de celles du contentieux de l'excès de pouvoir. Ces liens s'apprécient également à travers la communauté de certaines règles qui unissent les deux contentieux. Ainsi, il fait une démarcation peu complexe entre les deux (Paragraphe 1) et fait une démonstration non ambiguë de la symbiose entre les deux.

Cependant, cette symbiose a principalement trait à certaines règles de recevabilité qui sont sensiblement communes au contentieux des droits ainsi qu'au contentieux de l'annulation. Tel est le cas des règles tenant au requérant ainsi qu'à la requête et celles relatives à la consignation et à l'intérêt à agir. Dans l'espèce Kadidia Traoré, le juge de pleine juridiction a résumé le contrôle de toutes ces conditions en ces termes : « considérant que la requête obéit aux conditions légales : intérêt à agir, qualité et consignation, en outre la décision lui fait grief ; qu'il échet de la déclarer recevable en la forme. »[1796]

Tout comme en contentieux de l'excès de pouvoir, le défaut de consignation conduit irrémédiablement à l'irrecevabilité du recours de pleine juridiction.[1797]

Ainsi le contentieux de pleine juridiction a connu un essor exponentiel et une attirance très marquée de la doctrine et de certaines populations, jusqu'au point où la disparition du contentieux de l'excès de pouvoir a même été redoutée et même annoncée. Pourtant l'état actuel de la jurisprudence malienne ne rime pas avec cette donne (Paragraphe 2).

Paragraphe 1 : La démarcation peu complexe entre les deux contentieux

En la matière, la jurisprudence n'est pas impénétrable. Il suffit de lire attentivement les arrêts rendus pour s'en rendre compte. Sans être très nette, la ligne de démarcation est perceptible et ce, de manière assez prudente. Les deux contentieux se distinguent particulièrement à travers les pouvoirs dont le juge dispose en plein contentieux, sauf que l'inexistence de l'injonction et de l'astreinte dans la pratique du contentieux administratif national nous contraignent à tempérer cette affirmation.

Pourtant, l'ex-juge administratif de Bamako-coura[1798], qui est maintenant celui de Banankabougou[1799], a admis qu'un requérant peut à côté de sa demande principale visant à annuler un acte administratif, demander simultanément le paiement d'une somme d'argent représentant les frais de réparation des dommages subis par le fait de l'acte attaqué. Une telle jurisprudence présente à la fois un danger et un avantage. L'avantage principal est la facilitation de la procédure au profit du justiciable qui n'aura pas à rédiger plusieurs requêtes et mémoires. Le danger peut résulter du fait que les justiciables pourront croire que le plein contentieux est un moyen de contournement de la forclusion en matière de l'excès de pouvoir.

[1796] CS-SA, Arrêt n°004 du 09 janvier 2015, entre Kadidia Traoré et le ministère de la Sécurité et de la Protection civile, *inéd.*

[1797] V. par exemple l'arrêt n° 80 du 6 mai 2010, entre Mahamadou Koita et la Direction nationale des Domaines et du Cadastre : « Le requérant doit sous peine d'irrecevabilité de son recours, consigner une caution destinée à couvrir les frais de timbre et d'enregistrement ; les conséquences juridiques se résument à une fin de non-recevoir », *inéd.*

[1798] Le nom du quartier où se situait le siège de la Cour suprême.

[1799] Le nom du quartier où se trouve actuellement le siège de la Cour suprême.

En ce qui concerne ce danger, il écarte complètement et clairement cette possibilité à travers l'arrêt Sieur Famakan Keïta en ces termes : « (...) que devant le juge administratif, il est possible par un seul et même recours d'exercer une action en excès de pouvoir et une action en plein contentieux à condition, comme c'est le cas dans la présente espèce, que les décisions attaquées ne soient pas à objet pécuniaire. »[1800] Cette possibilité ouverte aux requérants a donc une restriction simple à première vue mais importante : les actes administratifs en cause ne doivent pas avoir un objet pécuniaire.

Le danger soulevé ci-haut n'était rien d'autre qu'une manifestation de la crainte de voir le juge national reproduire la jurisprudence Blanc, Argaing et Bezie du conseil d'État français[1801]. Par cette jurisprudence, le juge français avait créé une brèche dans la forteresse de l'autorité de la chose décidée, c'est-à-dire l'inattaquabilité des actes administratifs en principe au-delà du délai de recours contentieux. Il a ainsi admis qu'à l'occasion d'une demande d'indemnisation fondée sur l'illégalité d'une décision, il pouvait non seulement accorder l'indemnité, mais aussi annuler la décision même si le délai du recours pour excès de pouvoir était expiré. Cette jurisprudence a d'ailleurs été abandonnée par le conseil d'État qui « considère aujourd'hui qu'en raison de l'expiration du délai, l'acte ne peut plus être annulé »[1802]. Le juge administratif national est clairement d'accord avec ce dernier point, car dans l'affaire Famakan Keïta ci-dessus soulignée, il a déclaré la demande d'annulation irrecevable pour forclusion mais a tout de même fait droit à la demande d'indemnisation.

Dans un autre arrêt en l'occurrence l'arrêt sieur Aliou Traoré et autres, il admet la possibilité « par un seul et même recours, d'exercer (devant le juge administratif) une action en excès de pouvoir et une action en plein contentieux » et réitère la même réserve : « à condition que l'acte attaqué ne soit pas à objet pécuniaire. »[1803]

Ainsi, à la lecture de la jurisprudence, le plein contentieux se démarque principalement du contentieux de l'excès de pouvoir par le recours administratif préalable obligatoire (A) ; aussi les pouvoirs du juge de pleine juridiction vont au-delà de la simple annulation (B).

[1800] CS-SA, Arrêt n° 21 du 28 juin 1990, Entre le Sieur Famakan Keïta et le Directeur national de l'Urbanisme et de la Construction, *inéd.*

[1801] CE., 31 mars 1991, Blanc ; Argaing et Bezie, V. J.-M. Auby, R. Drago, *Traité des recours en matière administrative*, *op. cit.*, p. 620.

[1802] J.-M. Auby, R. Drago, *ibid.*, p. 621.

[1803] CS-SA, Arrêt n°80 du 27 juin 1996, Entre les Sieur Aliou Traoré et autres et le ministère des Finances et du Commerce, *inéd.*

A. Le recours administratif préalable obligatoire : une voie difficile à contourner

En général, nous l'avons déjà mentionné dans le premier titre de cette deuxième partie, dans le contentieux de l'excès de pouvoir, la publicité (publication ou notification) de l'acte est exigée pour qu'il soit opposable c'est-à-dire attaquable directement devant le juge administratif. La notification ou la publication suffit parce que l'administré est déjà devant un acte administratif dont il a clairement connaissance de son existence. Par contre, dans le plein contentieux, l'on n'est pas le plus souvent forcément face à un acte administratif, l'intéressé est alors obligé d'adresser une requête à l'Administration pour susciter sa réaction (a). Une telle obligation n'est pas sans incidence sur le délai de recevabilité du recours juridictionnel, qui pourra ensuite être intenté contre l'Administration en cas de réponse non satisfaisante (b).

1. Condition sine qua non pour le déclenchement de la procédure de pleine juridiction

La première particularité du plein contentieux est qu'il doit impérativement sa naissance, sous réserve de l'exception relevée ci-dessus, à la sollicitation d'une décision de l'autorité administrative. L'Administration ne doit pas pouvoir être citée devant le juge comme un simple particulier devant le juge judiciaire.

Faut-il rappeler ces mots d'Édouard Laferrière sur le sujet : « l'objet du débat contentieux est une décision préalablement prise par un administrateur et que la partie critique comme contraire à son droit. Cette décision est, en quelque sorte, la matière première du débat contentieux ; si elle n'existe pas, il faut que la partie la provoque afin de pouvoir la dénoncer au juge. Cela est d'ailleurs conforme à la notion même du contentieux administratif qui naît d'une opposition entre l'action administrative manifestée par un acte de gestion ou de puissance publique, et le droit d'une partie qui se prétend lésée par cette action. »[1804]

Ainsi le juge administratif national, par son attitude ne dément pas ces mots et y adhère même à travers ses arrêts à la suite de l'affirmation selon laquelle « la requête adressée à l'Administration est la condition fondamentale de naissance du litige »[1805].

Il le démontre dans l'affaire Sieur Gaoussou Diarra : « Considérant que le présent recours est un RPJ (…) ; que s'agissant d'un tel recours, le requérant doit, avant de saisir la juridiction administrative, demander à l'Administration de se prononcer sur sa prétention, provoquant ainsi un acte administratif susceptible de recours ; que c'est ce refus ou ce silence de l'Administration qu'il défère devant le juge administratif (…) ; considérant qu'aucune pièce n'est

---

[1804] E. Laferrière, *Traité de la juridiction administrative et des recours contentieux*, 2e éd., t.1, *op. cit.*, p. 323.

[1805] J.-M. Auby, R. Drago, *Traité des recours en matière administrative*, *op. cit.*, p. 593.

versée au dossier prouvant que le requérant a saisi la Direction Nationale de l'Hydraulique d'un recours administratif ; qu'il échet en conséquence, de déclarer son recours contentieux irrecevable pour absence de décision administrative préalable. »[1806] Dans cet arrêt le juge se montre à la fois clair et strict : pas de saisine préalable de l'Administration pour susciter une réaction de celle-ci, pas de saisine du juge administratif. La seconde est liée à la première et ne peut, vu sous cet angle, la contourner.

Dans un autre arrêt de la même année, la Cour fait savoir : « que s'agissant d'un tel recours (RPJ), la requérante doit, avant de saisir la juridiction administrative, demander à l'Administration de se prononcer sur sa prétention ; qu'il échet en conséquence, de la déclarer irrecevable pour absence de décision administrative préalable. »[1807]

Elle reprend presque mot par mot, cette jurisprudence dans l'affaire Sieur Amadou Yattassaye : « considérant que s'agissant d'un tel recours, le requérant doit, avant de saisir la juridiction administrative, demander à l'Administration municipale de se prononcer sur sa prétention, provoquant ainsi une décision administrative ; considérant qu'il n'existe au dossier aucune pièce prouvant que le requérant a saisi au préalable, la Mairie de Kati d'une demande en réparation de préjudice ; la Cour rejette en la forme, pour absence de décision administrative préalable. »[1808]

Aussi, dans l'affaire Sieur Mahamadou Koita, le juge se montre très explicite en ces termes : « en matière de plein contentieux où le demandeur sollicite ou réclame la régularisation de sa situation juridique ou la réparation des dommages subis du fait de l'activité administrative, la condition première imposée au demandeur est la réclamation écrite préalable adressée à l'Administration pour provoquer une réponse favorable ou défavorable ; le dossier soumis à la Cour par le Sieur Mahamadou Koita contient plutôt une lettre d'opposition au transfert de droits réels à Dame Natalie Sergio Toscawa ; ainsi, l'on constate que le dossier ne contient pas de copie de réclamation préalable de somme d'argent en contrepartie de dommages subis du fait de l'Administration et du cadastre ; les conséquences juridiques à tirer se résument à une fin de non-recevoir. »[1809]

On peut donc affirmer que le juge applique avec une certaine rigueur la loi, car cette jurisprudence constante rendant réellement obligatoire le recours administratif préalable en matière de contentieux de pleine juridiction procède

---

[1806] CS-SA, arrêt n° 09 du 02 février 1995, Entre le Sieur Gaoussou Diarra et la Direction nationale de l'Hydraulique, *inéd.*

[1807] CS-SA, Arrêt n° 47 du 20 avril 1995, le contentieux du Gouvernement et l'Association pour le Développement naturel d'une Architecture et d'un Urbanisme africain, *inéd.*

[1808] CS-SA, Arrêt n° 59 du 1er juin 1995, Entre le Sieur Amadou Yattassaye et le Maire de Kati, *inéd.*

[1809] CS-SA, Arrêt n° 80 du 6 mai 2010, Entre Mahamadou Koïta et la Direction nationale des Domaines et du Cadastre, *inéd.*

de la volonté du législateur à travers les différentes lois ayant régi la haute juridiction (celles de1990, de 1996 et de 2016).

La loi de 1990 dispose que « la chambre contentieuse de la Cour suprême ne peut être saisie que par voie de recours formé contre une décision (...) sauf en matière des travaux publics (...) »[1810]. Celle de 1996 reprend pratiquement cette disposition. Toutes ces dispositions sont identiques à celles de l'article R-421-1 du code administratif français : « sauf en matière de travaux publics, la juridiction ne peut être saisie que par voie de recours formé contre une décision (...). »[1811]

Dans sa jurisprudence, le juge, apporte même une certaine précision. En effet, il ressort de l'arrêt Mahamadou Koita, qu'il ne suffit pas pour le requérant de saisir tout simplement l'Administration pour déclencher le contentieux de pleine juridiction. L'Administration doit être bien saisie, c'est-à-dire ladite saisine ne peut être verbale et ne peut pas non plus être superflue. Pour le juge, la demande doit être écrite et adressée à l'autorité administrative. En plus de ce caractère écrit, elle doit comporter la volonté claire du demandeur à l'endroit de l'Administration, visant à obtenir soit une régularisation, soit une réparation de dommages subis. Lorsque toutes ces conditions sont remplies, le demandeur doit alors veiller à ce qu'elle ait une preuve de la connaissance de ladite demande préalable par l'autorité administrative.

C'est si seulement si toutes ces exigences ont été respectées, que le juge fait profiter au requérant le bénéfice du recours administratif préalable obligatoire, qui n'est rien d'autre que la recevabilité de sa requête sous aussi certaines conditions, en cas de possible recours juridictionnel.

Le recours administratif préalable a ainsi un impact incontestable sur l'appréciation du délai de recevabilité du recours de pleine juridiction.

2. L'effort jurisprudentiel dynamique du traitement de l'incidence du recours administratif préalable obligatoire sur le délai de recevabilité du recours de pleine juridiction

L'Administration peut opportunément observer une période d'analyse avant de répondre à la demande administrative préalable. Elle peut aussi ne pas répondre à ladite demande et reste donc silencieuse. Cela nécessite donc une attention particulière du demandeur, qui à la moindre inattention conduira le juge à ne statuer que sur la forme de sa requête contentieuse.

Aussi, l'autorité administrative dispose de quatre (4) mois pour réagir à la réclamation à lui adressée par un administré[1812] et le délai du recours contentieux qui est de deux mois commence à courir à partir de l'expiration de

---

[1810] Loi n°90-113/AN-RM portant réorganisation de la Cour suprême, art. 63.

[1811] V. Code administratif français, mise à jour au 1er juillet 2000 incluant le Code de Justice administrative, Paris, Dalloz, 2000, p. 133.

[1812] À titre de rappel, ce délai a été ramené à deux mois devant les TA (loi n° 2018-031, *op. cit.*, art. 14, al. 1er).

ces quatre (4) mois. Au-delà de ces deux mois, toute requête introductive d'instance est déclarée irrecevable pour forclusion. Aussi, lorsqu'avant l'expiration de ces quatre mois, l'autorité administrative réagit, le délai de deux mois du recours contentieux commence à nouveau à courir à partir du jour de la notification de la réponse expresse. C'est dans cet ordre d'idée que la Cour suprême a dit le 23 février 1995 que : « le délai du recours contentieux ne court qu'à compter du délai de quatre mois, suivant le jour de la réclamation faite devant l'Administration » et que « la requête a été introduite le 5 novembre 1993 et que la réclamation faite devant l'Administration date du 23 juin 1993 », qu'« il y a (alors) lieu de dire que le requérant a agi dans les délais prescrits. »[1813]

Dans une autre affaire, la Coura fait payer à un requérant l'inobservation stricte de cette règle : « Considérant que le présent recours est un recours de plein contentieux, considérant qu'il résulte des pièces du dossier que par lettre (...) du 24 décembre 2002, le ministère (...) a réservé une suite explicite de rejet à la demande du requérant ; qu'à compter de cette date à laquelle notification du rejet explicite du ministère de l'Éducation nationale lui a été faite, Monsieur Bane était enfermé dans un délai de deux mois pour saisir la Cour ; qu'en formant son recours le 18 octobre 2005, soit plus de deux ans après la lettre du ministre, il y a lieu de dire que le recours est tardif. »[1814]

Cependant, ces rapports entre la demande administrative préalable et le délai de recours contentieux ont été déjà largement étudiés dans le cadre du contentieux de l'excès de pouvoir. Une réponse expresse de l'Administration facilite la situation. C'est alors le silence de l'Administration qui recèle des pièges et constitue un véritable danger pour l'administré qui ne peut forcer l'Administration à décider, alors que le déclenchement du contentieux de pleine juridiction en est lié. La règle de quatre mois constitue ainsi un remède efficace contre le « grave danger » du silence que les autorités administratives peuvent utiliser comme arme.

Il faut donc chercher la nette particularité du contentieux de pleine juridiction à ce niveau sur le plan de la liaison du contentieux. Ici, l'effort créatif du juge national, qui s'est largement inspiré de la jurisprudence du CE français est important, car ce point n'est pas prévu par le législateur dans l'article de la loi n° 2016-046/AN-RM du 23 septembre 2016[1815] consacré à la demande administrative et son impact possible sur le délai.

L'absence de recours administratif préalable ne conduit toujours pas alors à l'irrecevabilité de la requête introductive d'instance en matière de contentieux de pleine juridiction. La Cour suprême le fait savoir du bout des lèvres dans

---

1813 CS-SA, Arrêt n° 24 du 23 février 1995, Entre les ayants droits de Mamary Konaré et le ministère de l'Environnement, *inéd.*

1814 CS-SA, Arrêt n° 81 du 12 octobre 2006, entre le sieur Mamadou Chérif Bane et le Ministre de l'Éducation nationale, *inéd.*

1815 Loi n°2016-046/AN-RM fixant l'organisation, les règles de fonctionnement de la CS et la procédure suivie devant elle.

l'arrêt sieur Moussa Diabaté : « Considérant que le contentieux ayant été lié par la lettre de refus n° 80 du Directeur de la Fonction publique (...), il échet de déclarer sa requête recevable en la forme. »[1816]

Dans cette affaire, le requérant n'avait pas au préalable saisi le ministre concerné par une demande administrative. Pourtant, celle-ci est a priori obligatoire en plein contentieux et constitue comme nous l'avons démontré ci-haut par plusieurs arrêts du juge administratif, un motif d'irrecevabilité du recours de pleine juridiction. Le juge a tout de même considéré que la requête du sieur Diabaté était recevable, parce que le ministre en produisant un mémoire en défense et une lettre simultanément dans lesquels il refuse d'accéder à la demande du requérant, il a ainsi lié le contentieux. Avant cette décision, dans l'affaire Ousmane Thienta,[1817] le juge avait estimé que le contentieux était lié en cours de procédure par le fait que l'Administration avait produit un mémoire en défense et opposé une fin de non-recevoir au requérant.

À la suite de l'arrêt Moussa Diabaté, toujours en 1990, dans l'arrêt Sieur Yacouba Dembélé le juge consolide ce qui peut être qualifié alors de jurisprudence constante en ces termes : « considérant en outre que nonobstant l'existence d'une réclamation gracieuse mais non suivie de réponse expresse de l'autorité administrative, il y a lieu de dire que le contentieux a quand même été lié encours de procédure en ce que ladite autorité administrative, dans ces écritures du 14 janvier 1989 a non seulement fait état de la réclamation gracieuse du requérant (...) mais encore a opposé une fin de non-recevoir aux prétentions du requérant liant ce faisant le contentieux ; qu'il échet de déclarer sa requête recevable en la forme. »[1818]

Dans cette espèce également, le juge a fondé sa décision de recevabilité sur la production du mémoire et la fin de non-recevoir que la Mairie de Sikasso a opposé à la demande du requérant en cours de procédure.

C'est l'arrêt Sieur Mohamed Lamine Kounta qui va confirmer cette jurisprudence : « Considérant que par le présent recours, le demandeur sollicite son indemnisation ; considérant que l'absence au dossier d'une décision administrative préalable ne fait pas obstacle à la recevabilité du recours dès lors qu'en cours d'instruction, le défendeur a conclu sur le fond, liant ce faisant, le contentieux ; (...) qu'il échet de déclarer la requête recevable en la forme »[1819].

Ces différentes décisions du juge national, tirent leurs substances de plusieurs arrêts importants du CE français dont certains nécessitent d'être

---

[1816] CS-SA, Arrêt n°23 du 28 juin 1990, Entre le Sieur Moussa Diabaté et le ministre de l'Emploi et de la Fonction publique, *inéd.*

[1817] CS-SA, Arrêt 39 du 14 octobre 1989, Entre le Sieur Ousmane Thienta et le ministère des Finances et du Commerce, *inéd.*

[1818] CS-SA, Arrêt n° 62 du 27 décembre 1990, Entre le Sieur Yacouba Dembélé et le Maire de la commune de Sikasso, *inéd.*

[1819] CS-SA, Arrêt n°84 bis du 16 novembre 1995, Entre le Sieur Mohamed Lamine Kounta et le ministère d'État chargé des Mines, de l'Énergie et de l'Hydraulique, *inéd.*

rappelés ici. C'est le cas de l'arrêt Andry de 1970[1820] où le juge a admis que l'intervention en cours d'instance d'une décision implicite refusant l'indemnité sollicitée régularise l'action contentieuse. Le juge administratif français a exactement agit de la même manière dans l'arrêt commune de Condé-sur-Escaut[1821].

Aussi, le juge français a-t-il admis que la présentation d'un mémoire en défense sur le fond de l'affaire, même si l'autorité administrative concernée n'oppose pas une fin de non-recevoir, lie le contentieux et régularise la requête. Les arrêts Boussange[1822] et Société la Grande Brasserie Moderne[1823] constituent une illustration de cette jurisprudence. La donne ne change pas même si l'autorité administrative oppose une fin de non-recevoir[1824].

Cependant, le conseil d'État français apporte une précision importante que le juge national n'a peut-être pas encore eu l'occasion de faire. En effet, un mémoire en défense qui se borne tout simplement à opposer une fin de recevoir à la demande n'a pas pour effet de lier le contentieux[1825]. Jean Marie Auby et Roland Drago résument tout cela en écrivant que « l'absence de décision préalable peut être couverte si l'Administration défend au fond aux prétentions du requérant, sa défense au fond constituant alors la décision préalable »[1826]. Mais préviennent aussi que « si au contraire l'Administration oppose l'absence de décision préalable ou ne répond pas, le recours est irrecevable » et qu'« il en sera de même au cas où l'Administration oppose l'absence de décision préalable à titre principal et ne discute le fond qu'à titre subsidiaire ».

Le juge administratif national va ainsi à travers une jurisprudence pas très constante créer une certaine curiosité superficielle en soutenant que « s'agissant d'un recours de plein contentieux, celui-ci ne saurait en l'absence de décision expresse être enfermé dans les délais (...) »[1827]. Il est revenu sur ce point à peu près 16 ans après cet arrêt dans l'espèce le collectif des ex-chefs d'Arrondissement de manière très claire : « Considérant que dans son mémoire en défense (...), le Directeur national de la Fonction publique soutient que la requête (...) est irrecevable pour forclusion parce que le délai de recours reconnu à l'usager pour attaquer une décision implicite de rejet de l'Administration est largement dépassé ; considérant qu'en matière de plein contentieux comme c'est le cas d'espèce, il est constant que s'agissant d'une décision implicite de rejet de la part de l'Administration, le requérant est toujours dans le délai tant qu'une

[1820] CE, 8 juillet 1970, Andry, cité dans le Code administratif français, *op. cit.*, pp. 133-134.
[1821] CE, 2 avril 1971, *ibid.*, p. 134.
[1822] CE, 6 octobre 1971, Boussange, *ibid.*
[1823] CE, 21 novembre 19975, Société la Grande Brasserie moderne, *ibid.*
[1824] CE, 23 avril 1965, Dame veuve Ducroux, *ibid.*
[1825] CE, 8 février 1957, Dame Lieber, *ibid.*
[1826] J.-M. Auby et R. Drago, *Traité des recours en matière administrative*, *op. cit.*
[1827] CS- SA, Arrêt n°62 du 27 décembre 1990, *op. cit.*

réponse expresse ne lui a pas été notifiée ; que dès lors, le moyen tiré de la forclusion ne peut être retenu »[1828].

Par cette jurisprudence, la Section administrative de la Cour suprême détache totalement le contentieux de pleine juridiction du contentieux de l'excès de pouvoir. Dans ce dernier, l'indifférence de l'Administration face à une demande pendant quatre mois est une décision implicite de rejet qui ouvre automatiquement au requérant deux mois pour réagir sous peine de forclusion. Rien de tel en plein contentieux et c'est ce que le juge dit dans les arrêts cités ci-dessus. Il précise même que tant qu'il n'y a pas une réponse expresse de l'Administration, le demandeur est toujours dans le délai.

Quelle ouverture d'esprit du juge ou quelle protection que le juge a construite pour les administrés ? Cette jurisprudence n'a aucune base textuelle au Mali. Pouvons-nous se réjouir enfin d'une création intellectuelle du juge national qui a jouit de la plénitude de ses pouvoirs de juge administratif ? Attention pourtant ! Il n'y a pas lieu à « s'emballer » trop vite. Au fond, même si l'action reste salutaire, il s'est inspiré de la jurisprudence du CE français qui tire son existence de la loi française du 7 juin 1956 qui a été reprise par le décret du 11 janvier 1965 dont l'article 1er alinéa 4 dispose qu'en matière de plein contentieux, « l'intéressé n'est forclos qu'après un délai de deux mois à compter de la notification d'une décision expresse de rejet »[1829]. Malgré tout, on ne peut occulter le caractère flou de cette décision, car elle tranche complètement avec la jurisprudence Mamary Konaré ci-dessus citée et ainsi libellée : « le délai du recours contentieux ne court qu'à compter du délai de quatre mois, suivant le jour de la réclamation faite devant l'Administration ».

La spécificité du plein contentieux est reconnue également à travers la recevabilité des requêtes à double détente.

B. Les pouvoirs du juge de pleine juridiction vont au-delà de la simple annulation

Dans le contentieux des droits, le juge agit aussi, mais différemment sur l'acte administratif (2) mais son principal pouvoir distinctif reste la condamnation de l'Administration au paiement de sommes d'argent (1).

1. Le juge accepte de condamner l'Administration au paiement d'argent

Si la condamnation de la puissance publique à verser des indemnités aux victimes de ses agissements se présente de nos jours comme quelque chose de banal, il n'a pas toujours été possible de le faire. C'est fondamentalement vers la fin des années 1980 et le début des années 1990, que le juge administratif

[1828] CS- SA, Arrêt n° 77 du 14 septembre 2006, Entre le Collectif des Ex-chefs d'Arrondissement et le ministère de la Fonction publique, *inéd.*

[1829] V. J.-M. Auby, R. Drago, *Traité des recours en matière administrative*, *op. cit.*, p. 599.

national a de façon claire, commencé à oser imiter son homologue des juridictions civiles dans les litiges de droit privé.

Certes, le juge administratif ne peut que condamner pécuniairement, mais il dispose d'une marge de manœuvre dans la détermination du choix du mode ou de procédé de l'indemnisation. L'indemnité pourra alors être allouée « soit en capital, soit en la forme d'une rente »[1830]. Dans l'arrêt Leblond, le juge administratif français dit qu'« aucune disposition légale n'impose l'obligation de réparer les conséquences d'un accident par l'allocation d'un capital et d'une rente, il appartient au CE de décider quel est le mode d'allocation qui constitue dans chaque espèce la plus équitable réparation du préjudice »[1831].

Quant au juge administratif national, il semble ne pas se donner trop de peine dans la détermination du mode de réparation convenable à chaque espèce. Il privilégie le plus généralement la condamnation de l'autorité au paiement d'une certaine somme d'argent qu'il évalue lui-même en fonction du degré du préjudice subi selon la proposition du requérant. Cependant, une remarque s'impose à ce niveau, chaque fois que le juge condamne l'Administration à payer une somme au titre de réparation, c'est sur demande du requérant.

C'est ainsi que dans l'arrêt Famakan Keïta de 1990, la Cour fait savoir que le préjudice subi par le requérant « mérite une réparation » qu'elle chiffre « à une somme d'un million de francs CFA (1 000 000 FCFA) »[1832]. C'est également le cas dans l'affaire Sieur Mohamed Lamine Kounta où l'Administration a été condamnée à payer une somme de plus de trente et un millions (31 000 000) de FCFA.

Même si les condamnations aux paiements de sommes d'argent ne sont pas systématiques, le juge condamne toutefois dans quelques arrêts l'Administration dans ce sens. Le juge de plein contentieux national se définit lui-même comme le juge de la condamnation de l'Administration au paiement de sommes d'argent. Dans de nombreux arrêts, il définit en fait le recours de pleine juridiction en ces termes : « le recours est un recours de pleine juridiction parce qu'il tend à obtenir de l'Administration le paiement d'une somme d'argent. »

Tel est le cas dans l'arrêt Gaoussou Diarra de 1995[1833], dans l'arrêt les ayants droit de Mamary Konaré[1834], dans l'arrêt sieur Amadou Yattassaye[1835], dans l'arrêt Aichatou Walet Mohamed Ousmane de 2006[1836] et dans l'arrêt Sadio

---

[1830] V. B. Baldous, *Les pouvoirs du juge de pleine juridiction*, *op. cit.*, p. 36.

[1831] CE, 6 juillet 1924, Leblond, cité par B. Baldous, *ibid.*, p. 37.

[1832] CS-SA, Arrêt n° 21 du 28 juin 1990.

[1833] CS-SA, Arrêt n° 9 du 2 février 1995, Entre le Sieur Gaoussou Diarra et la Direction nationale de l'Hydraulique, *inéd.*

[1834] CS-SA, Arrêt n° 24 du 23 février 1995, *op. cit.*

[1835] CS-SA, Arrêt n° 59 du 1er juin 1995, Entre le Sieur Amadou Yattassaye et le Maire de Kati, *inéd.*

[1836] CS-SA, Arrêt n° 79 du 12 octobre 2006, entre Aichatou Walet Mohamed Ousmane et la Caisse des Retraités du Mali, *inéd.*

Camara de 2010[1837] pour ne citer que ceux-ci. On peut donc dire, que selon une jurisprudence constante, le juge de pleine juridiction confirme son pouvoir de condamnation de l'Administration et précise que ledit pouvoir va au-delà de la simple condamnation. Ainsi, ce n'est pas le seul fait d'avoir causé des préjudices aux particuliers qui est condamné, mais l'autorité administrative responsable du préjudice est condamnée à réparer. Comme il ressort même de sa jurisprudence, cette réparation se fait par le paiement de sommes d'argent que le juge précise lui-même.

On remarque alors, que sans être une pratique propre au seul juge de pleine juridiction national, la condamnation de l'Administration à des dommages et intérêts en général, constitue même une exigence de principe du droit administratif, qui à première vue semble résulter de la séparation des pouvoirs. À ce niveau, il faut souligner cette précision de la doctrine : « il est (…) inexact de dire que cette limitation des pouvoirs à des condamnations pécuniaires découle du principe de la séparation de l'Administration et de la juridiction ; ce principe certes vient renforcer l'interdiction, mais celle-ci dérive de la règle suivant laquelle, en cas d'inexécution de la part du débiteur, toute obligation de faire ou de ne pas faire se résout en dommages-intérêts. »[1838]

La condamnation de l'Administration au paiement de sommes d'argent est ainsi loin d'être un pouvoir exceptionnel mais relève même des pouvoirs normaux du juge de plein contentieux qui peut aussi agir sur l'acte administratif.

2. Le juge agit sur l'acte administratif, mais ses pouvoirs ont des limites

Il existe une idée courante qu'utilisent beaucoup d'auteurs qui s'intéressent au contentieux administratif à savoir : en contentieux de pleine juridiction, le juge peut aller au-delà de la simple annulation en modifiant la décision querellée ou même substituer sa propre décision à celle de l'Administration. Le Professeur René Chapus écrit : « (…) saisi d'un recours de plein contentieux le juge pourra non seulement annuler, mais aussi remplacer ces décisions par celles qu'il estimera justifiées, à la date de son jugement »[1839]. Pour le conseiller d'État Jean Claude Bonichot, « (…) la décision juridictionnelle se substitue à celle de l'autorité administrative (…)[1840].

Le juge de plein contentieux est alors et aussi un juge de l'annulation avec des pouvoirs spéciaux lui permettant non seulement de modifier un acte

---

[1837] CS-SA, Arrêt n° 77 du 29 avril 2010 Entre le Sieur Sadio Camara et le ministère de l'Éducation nationale, *inéd.*

[1838] J.-M. Auby, R. Drago, *Traité des recours en matière administrative*, *op. cit.*, p. 638 ; V. égal. J. Chevallier, « L'interdiction pour le juge administratif de faire acte d'administrateur », in AJ 1972, p. 67.

[1839] R. Chapus, *Droit du contentieux administratif*, 12e éd., *op. cit.*, p. 237.

[1840] J.-C. Bonichot, observation sous CE, 8 janvier 1982, Aldana Barrena in « Les grands arrêts du contentieux administratif », Paris, Dalloz, 4e éd., 2014, p. 145.

administratif, mais aussi de substituer sa propre décision à celle de l'autorité administrative. Cela ne peut se passer, que lorsque le requérant par exemple demande l'annulation d'une décision lui infligeant une sanction. En effet, ce genre de recours relève du contentieux de pleine juridiction malgré qu'il ait une grande similitude avec le contentieux de l'annulation. Le Professeur René Chapus classe ces recours dans la catégorie de ce qu'il appelle « les recours objectifs de plein contentieux »[1841]. Pour lui, « de façon certaine, parce qu'ils soumettent au juge une question de légalité, ils ont la nature de recours objectifs ; mais en dépit de cette nature, qui est celle-là même du recours pour excès de pouvoir, ils sont traités comme des recours subjectifs, du fait de leurs appartenance au plein contentieux »[1842].

Ainsi la Cour suprême du Mali a rendu des arrêts dans lesquels elle statue sur la légalité des actes administratifs alors même qu'il s'agissait bien du contentieux de pleine juridiction. En général, dans ces situations, il définit le recours de pleine juridiction ainsi : « considérant que le présent recours est un recours de plein contentieux en ce qu'il tend à obtenir la régularisation d'une situation administrative »[1843]. Tout en reprenant mot par mot cette formule dans l'espèce Sieur Alhassane Konaré et Mamadou Traoré, la haute juridiction décide : « qu'il échet de dire que l'Administration est malvenue à leur opposer leur qualité de retraités pour refuser leur transposition ; au fond : les déclare bien fondés en renvoyant les requérants devant l'Administration en vue de la régularisation de leurs situation administrative »[1844].

Cependant, avant ces arrêts, en 1978, le juge administratif suprême a pris une décision en partie bien curieuse et étonnante, dans laquelle il semble mélanger les pédales. Comme il le dit lui-même dans les deux arrêts cités ci-dessus, les demandes de régularisation administrative relèvent du plein contentieux. Pourtant, dans l'espèce Époux Maïga il précise tout d'abord : « en matière de contentieux de la fonction publique, le contrôle de la légalité et de la régularité des actes administratifs ; demande une annulation au motif de détournement de pouvoir ».

Ensuite, il fait savoir : « que du litige ainsi défini, l'action du sieur Maïga tend à faire annuler toutes les mesures disciplinaires encourues, en particulier celles consacrées par les décisions (…) relatives à sa mutation, suspension et révocation de ses fonctions ; (qu') ainsi, l'action juridictionnelle du sieur Maïga s'analyse comme un pourvoi dirigé contre une faute tenue d'une série de décision administrative (…) ».

1841 R. Chapus, *Droit du contentieux administratif*, 12e éd., *op. cit.*, p. 231.

1842 *Ibid.*, pp. 231-232.

1843 CS-SA, Arrêt n° 81 du 12 octobre 2006, entre Mamadou Chérif Bane et le ministère de l'Éducation nationale, *inéd.*

1844 CS-SA, Arrêt n° 82 du 12 octobre 2006, entre les Sieurs Alhassane Konaré et Mamadou Traoré et le Ministère de l'Éducation nationale, *inéd.*

Enfin, il décide : « que le motif de détournement (de pouvoir) invoqué par le requérant est prouvé à suffisance par les pièces versées au dossier (...) ; que l'acte retiré ou annulé s'accompagne de la reconstitution rétroactive de la situation administrative (...) ; annule l'arrêté (...) portant révocation du sieur Amadou Mamadou Maïga »[1845].

Cet arrêt ne peut aucunement résister à la critique. En effet, en ne s'en tenant qu'aux seuls mots utilisés par le juge, nous sommes parfaitement dans le plein contentieux et non dans le contentieux de l'annulation même si c'est l'annulation de la décision contestée qui est demandée. Aussi, le juge ne dit-il pas lui-même dans les arrêts Mamadou Chérif Bane et Sieurs Alhassane Konaré et Mamadou Traoré que les recours qui tendent à obtenir la régularisation d'une situation administrative sont des recours de plein contentieux. En se fondant dans cette espèce sur le détournement de pouvoir, même invoqué par le requérant, la haute Cour a fait une grave erreur en faisant la confusion entre les deux contentieux. Le détournement de pouvoir relève des moyens de légalité interne qui constituent la seconde grande branche des cas d'ouverture du recours pour excès de pouvoir, donc du contentieux de l'annulation.

Pourtant, tout en le faisant, il s'accorde les pouvoirs du juge de plein contentieux en ne se limitant pas à la simple annulation mais en allant au-delà en disant que « l'acte retiré ou annulé s'accompagne de la reconstitution rétroactive de la situation administrative qui ne saurait s'accompagner d'un rappel de traitement ».

Cette parenthèse sur ce flottement du juge close, en agissant sur l'acte administratif, modifie-t-il la décision de l'Administration ou encore substitue-t-il la sienne à celle-ci ? Par exemple dans l'arrêt sieurs Alhassane Konaré et Mamadou Traoré comme l'écrivent René Chapus et Jean Claude Bonichot, nous pouvons répondre qu'il modifie effectivement la décision de l'Administration en disant que celle-ci est malvenue à refuser leur transposition. Cette action fait qu'elle va clairement au-delà d'une simple annulation pour illégalité.

Cependant, en ce qui concerne la substitution de sa propre décision à celle de l'Administration, nous estimons que le mot est plutôt très lourd par rapport à ce qui se passe réellement. En effet, tout en se fondant sur l'exemple ci-dessus, on remarque que tout en ayant déclaré bien fondées les demandes des requérants et tout en disant ce que l'Administration doit faire, le juge les renvoie quand même devant l'Administration. Il ressort alors de cette analyse que c'est l'Administration qui a toujours le dernier mot même si le sens dans lequel elle doit agir a été défini par le juge. Cela ne saurait véritablement s'interpréter comme une substitution de décision qui briserait le mur de verre très fin qui sépare souvent l'office du juge administratif et la fonction d'administrateur.

[1845]CS-SA, Arrêt n° 4 du 18 septembre 1978, entre le Sieur Amadou Mamadou Maïga et la Dame Maïga née Aminata Coulibaly et le Ministère de la santé publique, *inéd.*

Cette analyse n'est pourtant pas très isolée, elle concorde pratiquement avec certaines affirmations des Professeurs Jean-Marie Auby et Roland Drago. Ils pensent qu'« il est inexact de dire que le juge peut, dans le contentieux des droits, substituer sa propre décision à celle de l'Administration car il ne peut en principe qu'accorder des indemnités (…)[1846] ou demander à l'Administration de prendre une décision dans un sens pour corriger l'illégalité dont la requérante est victime faut-il ajouter ». Ils soutiennent aussi que « dans le contentieux de la responsabilité le juge ne peut que condamner l'Administration au versement d'une indemnité ; sans doute il modifie ce faisant la décision administrative et va au-delà de la simple annulation ; mais en principe ces pouvoirs s'arrêtent là »[1847]. L'action du juge de plein contentieux sur l'acte administratif a alors des limites et le juge administratif malien semble bien la respecter si l'on minimise la portée de l'arrêt époux Maïga surtout son caractère relativement ancien.

Cependant, le CE français, par l'arrêt Atom[1848] « a fait basculer dans le plein contentieux l'ensemble des recours formés contre les sanctions infligées par l'Administration aux administrés »[1849] et Jean Claude Bonichot écrit que ladite décision concerne tant les sanctions pécuniaires que celles qui n'ont pas ce caractère[1850].

À côté de cette reconnaissance de certaines symbioses entre les deux contentieux, on ne peut nier en se référant aux lignes ci-dessus, que le juge reconnaît aussi certaines spécificités propres aux contentieux de pleine juridiction. Une autre grande spécificité de ce contentieux au Mali est, qu'il n'a pas encore commencé, un quelconque engloutissement du contentieux de l'excès de pouvoir.

Paragraphe 2 : Le plein contentieux n'absorbe pas encore le contentieux de l'excès de pouvoir

Dans sa note sous l'arrêt Boussuge du CE français en 1912, Maurice Hauriou prédisait déjà la mort certaine du recours pour excès de pouvoir : « il y a quelque chose de changé dans le contentieux administratif français (…) ; le changement, c'est que le recours pour excès de pouvoir pâlit, et s'efface de plus en plus devant le recours contentieux ordinaire (…). »[1851] Pourtant, environ 19 ans après cette réaction, un autre auteur et non des moindres qui s'intéresse au contentieux administratif tirait son chapeau devant le recours pour excès de pouvoir : « (il

[1846] J.-M. Auby, R. Drago, *Traités des recours en matière administrative*, *op. cit.*, p. 638.
[1847] *Ibid.*, p. 639.
[1848] CE, 16 février 2009, Société ATOM, S.-J. Lieber et B. Bottegghi, Chr. in RFDA 2009, p. 639.
[1849] J.-C. Bonichot, Observations sous CE, 8 janvier 1982, Aldana Barrena, in « Les grands arrêts du contentieux administratif », *op. cit.*, p. 144.
[1850] *Ibid.*, p.145.
[1851] M. Hauriou, note sous CE 29 novembre 1912, Boussuge, v. GAJA, *op. cit.*, p. 150.

est) la plus merveilleuse création des juristes, l'arme la plus efficace, la plus pratique, la plus économique qui existe pour défendre les libertés. »[1852]

Ce débat est toujours d'actualité et les évolutions jurisprudentielles n'ont pas résolu le problème et ont même accentué le débat sur le caractère plus satisfaisant du recours de pleine juridiction en raison de ce qu'on appelle « les pouvoirs du juge de pleine juridiction ». Toutefois, même si cela peut paraître très curieux aux yeux de certains, la tendance nationale n'est pas à un essor galopant du contentieux de pleine juridiction (A) ou le contraire c'est-à-dire un déclin du contentieux de l'excès de pouvoir (B).

A. La tendance n'est pas à un essor galopant du contentieux de pleine juridiction

C'est vrai, il faut le reconnaître, comme cela ressort de certaines études, que le contentieux de pleine juridiction tend à absorber le contentieux de l'excès de pouvoir dans certains pays (1) ; alors, l'inévitable question de l'imperceptibilité de cette tendance sur le plan national mérite d'être traitée (2).

1. Un contentieux tendant à absorber le contentieux de l'excès de pouvoir dans certains pays

Il y a lieu de démystifier l'intitulé pour préciser que la scène se joue à la fois très loin de nos frontières et aux portes de celles-ci. En effet, cet engloutissement a lieu principalement sur le territoire de l'ex-métropole, on comprend dès lors que la jurisprudence nationale ne saurait être aussi indifférente comme on pourrait le penser à cette situation.

Cette précision étant faite, il faut savoir que le contentieux administratif se subjectivise de plus en plus par l'effet d'adaptation de la juridiction administrative pour répondre aux attentes des justiciables. Cela nous fait penser à la nature de la question posée au juge, qui divise le contentieux objectif et le contentieux subjectif. Le premier conduit au recours pour excès de pouvoir et le second au recours de pleine juridiction. La subjectivisation de la matière conduit alors à accorder plus d'attention aux considérations individuelles du citoyen dans la société en lui donnant plus de satisfaction concrète dans la réponse juridictionnelle.

Le fait que le mot subjectivisation ne figure pas encore dans le *Lexique des termes juridiques* (20e édition) confirme cette affirmation du Professeur Pierre Delvolvé selon laquelle, il s'agit d'un « néologisme qui ne trouve pas encore sa place dans aucun dictionnaire »[1853]. Cela met-elle en cause la notion autour de

---

1852 G. Jèze, 1929, cité par Daniel Giltard, Conseiller d'État, Président de la Cour administrative d'appel de Nancy, « Les catégories de recours contentieux et l'office du juge », Colloque de Strasbourg, vendredi 17 juin 2011, p.4

1853 P. Delvolvé, « Droits publics subjectifs des administrés et subjectivisation du droit administratif. Propos introductifs », in *Les droits publics subjectifs des administrés*, Colloque de l'AFDA, Bordeaux, 2010, Litec, Colloque et débats, 2011, p. 3.

laquelle s'est construit le droit administratif français ? Il s'agit de la fameuse et historique notion d'intérêt général à laquelle la primauté a été largement donnée par rapport à celui de l'intérêt des particuliers. La consolidation de cette notion n'est pas étrangère au succès du recours pour excès de pouvoir, qui est la résultante de l'élaboration du contentieux administratif objectif. La protection des intérêts particuliers, donc subjectifs n'occupait qu'une place négligeable.

En essayant alors de renverser la pratique, en accordant aux intérêts des particuliers la plus grande attention et la plus grande importance, et pour cela en privilégiant le renforcement de l'office du juge en lui accordant plus de pouvoirs, le juge de plein contentieux a sans nul doute remplacé celui de l'excès de pouvoir dans son palais. Une tâche qui se limitait auparavant à une confrontation de norme à norme, soumission de l'inferieure à la supérieure, est devenue principalement celle allant à un contrôle large et accru se traduisant par la réformation et à la substitution. Ainsi, le droit administratif n'est plus exactement celui de l'intérêt général signifiant l'intérêt qui peut profiter au plus grand nombre de citoyens, mais plutôt celui de l'intérêt général comme la somme des intérêts particuliers. C'est ce que le Professeur Fabrice Melleray écrit : « la croyance à la transcendance de l'État sur les personnes privées, de l'intérêt général sur les intérêts particuliers semble décliner. »[1854]

La demande sociale a connu une mutation, « les administrés ne se contentent plus d'avoir l'insigne honneur de déclencher l'examen juridictionnel de la légalité de l'acte et d'en délimiter les éléments essentiels »[1855] écrit le Professeur Bertrand Seiller. Les parties au procès (requérants et tiers) privilégient la prise en considération particulière de leurs droits subjectifs. Pour Jean Marie Woerhrling, « le recours pour excès de pouvoir, conçu pour assujettir l'Administration au respect de la légalité, aurait achevé cette mission historique et il conviendrait, pour parachever l'État de droit, que le juge administratif oriente davantage son office dans le sens d'une protection accrue des intérêts personnels des administrés »[1856].

Du procès fait à l'acte, dans lequel il n'y a pas de partie où c'est la seule légalité d'une norme qui est en cause, la mutation et le rétrécissement du contentieux de légalité nous a conduit au procès entre parties. Il apparaît clairement dans le contentieux de l'annulation, que l'Administration n'est nullement en cause, c'est son acte décisoire qui l'est seulement et l'auteur de la requête soulève une question de droit objectif, juste pour faire respecter la légalité qui profite à tout le monde, il n'est pas aussi partie non plus. La subjectivisation, le renforcement du recours de pleine juridiction conduit à un

---

1854 F. Melleray, *Essai sur la structure du contentieux administratif*, Paris, LGDJ, 2001, p. 466.

1855 B. Seiller, « Droits publics subjectifs des administrés et transformations contemporains du contentieux », *in Les droits publics subjectifs des administrés*, Colloque de l'AFDA Bordeaux 2010, Litec, Colloques et débats, 2011, p. 191.

1856 J.-M. Woerhrling, « Trancher le nœud gardien de la distinction des contentieux », in AJDA 2007, p. 191.

procès entre deux parties, l'administré et l'Administration. C'est pourquoi, le principe de légalité fait progressivement place au « droit à la légalité » qui constitue un élément substantiel dont la protection est désormais inhérente à l'État de droit.

L'une des plus brillantes illustrations de cette tendance nous est fournie par la jurisprudence **Tropic Travaux Signalisation**[1857].

Avant cet arrêt, il n'existait que deux solutions jurisprudentielles permettant aux tiers d'attaquer des actes accessoires du contrat et non le contrat lui-même. Ils pouvaient par la voie du recours pour excès de pouvoir demander l'annulation des actes détachables ou l'annulation d'un acte préalable au contrat. Ainsi, « en permettant aux concurrents évincés d'attaquer le contrat qu'ils voulaient obtenir, l'arrêt Tropic comble la lacune principale du dispositif antérieur, car c'est bien d'eux qu'émanent les contestations les plus fréquentes *et* c'est à eux qu'il faut permettre d'obtenir satisfaction de la manière la plus efficace »[1858].

Une année après, le juge administratif par l'arrêt SMIRGEOMES[1859], précise que l'objectif normal est de faire reconnaître les intérêts réels du candidat lésé, car il ne faut pas que cette ouverture conduise les intéressés à se prévaloir de n'importe quel moyen pour bloquer ou ralentir la conclusion des contrats. C'est ainsi que Bertrand Dacosta fait savoir dans ses conclusions sur ledit arrêt que « la lecture de certaines requêtes introduites devant les tribunaux administratifs conduit d'ailleurs à regarder l'usage de cette procédure comme parfois complètement dévoyé, avec des arguments dont la bonne foi n'est certes pas le trait dominant »[1860].

L'une des étapes les plus cruciales de cette absorption du contentieux de l'excès de pouvoir par le plein contentieux a été celui du basculement par le C.E, dans le plein contentieux, l'ensemble des recours formés contre les sanctions infligées par l'Administration aux administrés. Nous avons déjà effleuré le sujet. Il s'agit de la jurisprudence Atom qui concerne tant les sanctions pécuniaires que celles qui n'ont pas ce caractère. Pour Jean Claude Bonichot, « cette jurisprudence a désormais un caractère général (et) s'applique à toutes les sanctions infligées par l'Administration à un administré »[1861]. Il le démontre en citant les exemples suivants : le retrait d'une carte de résidence pour avoir employé des travailleurs clandestins[1862] ; le contentieux du retrait de point du permis de conduire[1863] ; des sanctions prises à l'encontre des

---

[1857] CE Ass. 16 juillet 2007, Société Tropic Travaux Signalisation, GAJA, *op. cit.*, p. 908.
[1858] Observation su arrêt Société Tropic Signalisation, *GAJA*, *op. cit.*, p. 913.
[1859] CE, 3 octobre 2008, *Syndicat Mixte Intercommunal de réalisation et de gestion pour l'élimination des ordures ménagères du secteur Est de la Sarthe*, RFDA 2008, p. 1128.
[1860] B. Dacosta, concl. sur l'arrêt Smirgeomes, in RFDA 2008, p. 1128.
[1861] J.-C. Bonichot, *op. cit.*, p. 145.
[1862] CE, 10 juin 2009, Mme Zheng, AJDA 2009, p. 1173.
[1863] CE, 9 juillet 2010, Berthaud, AJDA 2010, pp. 1402-2162.

bénéficiaires du revenu de remplacement qui ne recherchent pas activement un emploi[1864] ; et aussi des sanctions prononcées par l'autorité de la concurrence. On peut se demander alors ce qui reste du contentieux de l'excès de pouvoir.

À cela il faut répondre que la jurisprudence Atom connaît une série de limites. En effet, si l'on analyse bien les exemples ci-dessus évoqués, on peut remarquer que lesdites sanctions ont été infligées par des Administrations publiques à des administrés. Cela exclu celles prononcées par les fédérations sportives à leurs licenciés[1865] ainsi que celles prononcées contre les agents publics et fonctionnaires qui ne se sont pas considérés comme étant dans une relation Administration-administré avec l'État et ses démembrements[1866]. Aussi ladite jurisprudence « ne remet pas en cause la jurisprudence selon laquelle lorsque le législateur a lui-même proportionné la sanction à la gravité de la faute, il appartient seulement au juge de contrôler les faits et leur qualification, sans moduler le taux de la sanction appliquée »[1867].

L'absorption du contentieux de l'excès de pouvoir par le contentieux de pleine juridiction s'est aussi et surtout manifestée sur le terrain de la matière sociale. C'est ainsi que relève du contentieux de pleine juridiction, les recours devant les juridictions de l'aide sociale[1868] et ceux devant la commission départementale des travailleurs handicapés[1869].

C'est aussi le cas de la saisine du tribunal administratif contre les décisions de la commission des droits et de l'autonomie des personnes handicapées[1870]. Le juge de plein contentieux statue aussi sur le contentieux relatif à la qualification comme accident de service des accidents subis par les fonctionnaires[1871].

La grande partie de ce qui précède démontre principalement le développement d'un aspect très important du contentieux de pleine juridiction : il s'agit du plein contentieux objectif que nous avons défini à travers les mots du professeur René Chapus dans le paragraphe précédent. Le plein contentieux objectif serait-il alors ce Bourreau qui tue à petit feu le contentieux de l'annulation ? Cela ne fait aucun doute. En effet « un tel déferlement de solutions jurisprudentielles et textuelles, et qui confortent des solutions anciennes qu'on pouvait croire privées d'exemplarité, ne peut que donner le sentiment de la fin d'un monde : celui ou le recours pour excès de pouvoir était

---

[1864] CE, 23 février 2011, in les GACA, p. 145.
[1865] CE, 2 mars 2010, Fédération française d'Athlétisme, GACA, *Ibid.*
[1866] CE, Sect. 1er février 2006, Touzard, *Ibid.*
[1867] CE, 8 juillet 1998, Fattel, *Ibid.*
[1868] CE, 25 novembre 1998 département du nord, GACA p. 146.
[1869] CE, 4 novembre 1994, Abderrahmane, *Ibid.*
[1870] CE, 6 avril 2007, Donmens Prats, *Ibid.*
[1871] CE, 29 janvier 2010, Mme Oculi, *Ibid.*

(et était conçu comme devant être) l'instrument privilégié du contrôle de légalité »[1872].

René Chapus écrit : « le voilà concurrencé par un recours de même nature, puisqu'il est aussi un recours objectif, mais plus performant, en ce qu'il est susceptible de procurer des résultats plus concrets et certains, en même temps qu'immédiats. »[1873] Le plein contentieux objectif, tout en ayant tous les avantages du contentieux de l'excès de pouvoir, corrige en effet ses défauts et ses insuffisances. Si cela est exact, n'est-il pas normal qu'il englobe celui de l'excès de pouvoir ? Tel que nous venons de le décrire, il est plus largement satisfaisant que le contentieux de l'annulation en ce qu'il n'offre au juge que le pouvoir d'annulation que la doctrine dans sa grande majorité a traité de « simple annulation ». C'est alors l'étendu du pouvoir du juge en plein contentieux objectif qui fait sa principale originalité. Si le juge du contentieux de l'excès de pouvoir annule l'acte administratif, celui du plein contentieux objectif aussi. Si le juge du plein contentieux objectif réforme l'acte administratif, celui de l'excès de pouvoir n'a pas un tel pouvoir. Le juge du plein contentieux objectif peut par exemple revoir à la baisse une sanction infligée à un administré, ce que le juge de l'excès de pouvoir ne peut faire. Il ne vérifie qu'un point : l'acte contesté est-il légal ou non ? C'est pourquoi, le contentieux de pleine juridiction objectif est plus favorable le plus souvent au requérant, ce qui peut aussi expliquer son essor, et le juge y est également plus favorable.

En absorbant le contentieux de l'excès de pouvoir, la catégorisation traditionnelle du contentieux administratif disparaît en faisant place à un seul contentieux : le contentieux de pleine juridiction. Lors du colloque de Strasbourg du 17 juin 2011, le président de la Cour administrative d'appel de Nancy faisait remarquer dans les conclusions de sa communication que « le récent guide du rapporteur au tribunal administratif ne reprend pas la distinction, qu'existait dans l'ancienne version, entre le recours pour excès de pouvoir et le recours de pleine juridiction ; la distinction est certes toujours présente au quotidien dans le vocabulaire, mais elle n'entraîne dans la gestion ou l'étude de la plupart des dossiers aucune difficulté particulière, les pouvoirs du juge étant bien établis »[1874].

Ce développement du plein contentieux a effectivement atteint dans sa vigueur le recours pour excès de pouvoir. Ce dernier a été bousculé sur son propre terrain avec des moyens nouveaux qui étaient censés être réservés à d'autres champs de bataille. Le fait que dans le nouveau guide des TA, ne figure plus la distinction entre les deux contentieux comme c'était le cas, n'est pas son acte de décès. Malgré aussi, comme l'attestent certains exemples, la préférence affichée du juge administratif français pour le plein contentieux pour des raisons

---

[1872] CE, R. Chapus, *Droit du contentieux administratif*, 12e éd., *op. cit.*, pp. 239-240.

[1873] *Ibid.*, p. 240.

[1874] D. Giltard, « Les catégories de recours contentieux et l'office du juge », Colloque de Strasbourg, vendredi le 17 juin 2011.

largement étayées ci-haut, celui-ci ne l'a pas abandonné non plus, il l'a même d'ailleurs consolidé pour bloquer la guillotine. Cependant, il est menacé et de mort de surcroît, et on se demande même si l'objet servant à bloquer la guillotine va tenir longtemps.

Cependant, cette évolution pourrait déborder les frontières françaises comme beaucoup d'autres et franchir celles de ses anciennes colonies si cela n'est pas d'ailleurs fait pour des raisons déjà étudiées. Quant au cas particulier du Mali, on peut clairement signaler l'imperceptibilité de cette tendance à travers l'analyse de l'évolution jurisprudentielle.

2. Pourquoi l'imperceptibilité de cette tendance au Mali ?

Il faut commencer par souligner le grand silence du législateur national sur la question de la distinction entre le contentieux de l'excès de pouvoir et le contentieux de pleine juridiction. Seulement, dans la loi régissant la Cour suprême, au niveau du paragraphe consacré à la compétence de la Section administrative, elle dit que cette dernière « est compétente pour connaître (...) des recours pour excès de pouvoir dirigés contre les décrets, arrêtés ministériels ou interministériels et les actes des autorités administratives nationales ou indépendantes ; des recours dirigés contre les décisions rendues par les organismes administratifs à caractère juridictionnel »[1875].

Pouvons-nous trouver dans ces dispositions une quelconque différenciation technique entre les contentieux principaux ? La réponse est très claire : elle est négative. Ces dispositions ne peuvent nullement servir à édifier quelqu'un sur la prédominance d'un contentieux sur un autre. On peut même aller plus loin dans cette analyse en faisant constater que le législateur ne fait presque pas de distinction notable entre les deux contentieux.

Cependant, il ne faut pas non plus croire que c'est comme dans l'actuel guide du rapporteur des TA français, dans lequel la distinction bipolaire disparaît complètement[1876]. En effet, au niveau de l'article 232 de la loi ci-dessus évoquée, il touche tout de même au plein contentieux et au contentieux de l'excès de pouvoir, mais pas dans un esprit de comparaison ni de spécification des pouvoirs du juge dans lesdits contentieux. Il le fait juste dans le cadre de la détermination de certaines spécificités de la procédure administrative contentieuse en ce qui concerne le délai de recours et le silence de l'Administration.

Aussi, en faisant allusion au recours pour excès de pouvoir et aux avantages pécuniaires des fonctionnaires de l'État, il ne fait non plus, ni de distinction, ni de détermination d'un pouvoir du juge face à une question particulière. Il en découle alors de manière suffisamment claire, que le législateur est silencieux sur la question de l'office du juge dans la dualité des recours, excès de pouvoir-

---

[1875]Loi n°2016-046/AN-RM, *op. cit.*, art. 111.

[1876] *Ibid.*, art. 232.

plein contentieux. Il ne met aucun au-dessus de l'autre. Cette position ne peut alors nous permettre d'apprécier la tendance malienne de manière convenable. Cela signifie donc, qu'il faut se tourner vers la jurisprudence, qui peut aussi nous permettre de consulter la position des justiciables pour mieux apprécier ce qui se passe au plan national.

Il serait trop exagéré d'affirmer que les justiciables maliens n'apprécient pas ou ne connaissent pas bien cette merveilleuse voie de recours juridictionnel qu'est le recours de pleine juridiction. Nos propos tomberaient aussi dans une profonde inexactitude si nous affirmons que les mêmes justiciables ont un penchant pour ce contentieux. Pourtant, sans qu'ils ne s'en rendent forcément compte souvent, ce contentieux est déclenché par les requérants et ce parfois, avec ou sans la déterminante aide du juge. Tel est par exemple le cas du fonctionnaire qui demande l'annulation d'une décision administrative. Dans la plupart des cas, il introduit la requête aux fins d'annulation, alors qu'il s'agit le plus souvent d'une demande de régularisation administrative. Cette dernière, à savoir la demande de régularisation administrative est pourtant un recours sur lequel, le juge administratif national se fonde pour définir le contentieux de pleine juridiction[1877].

Ce qui sous-entend que le requérant va voir non pas sa demande, mais sa qualification du contentieux requalifiée par le juge. C'est le juge qui manifeste alors une certaine attirance envers ce contentieux. Cette affirmation doit cependant être comprise de manière très mesurée, car est-ce en réalité une attirance délibérée ou choisie. En d'autres termes, le juge a-t-il à ce niveau une réelle marge de manœuvre ? À vrai dire, sa zone de liberté en la matière n'est pas aussi large qu'on pourrait le penser. En effet, le contentieux de la fonction publique dans lequel on rencontre le plus souvent ces demandes, relève du contentieux de pleine juridiction ou tout du moins les demandes de régularisation administrative. Le juge est alors contraint de jouir de la plénitude de ses pouvoirs juridictionnels pour résoudre ces conflits comme il l'a fait dans l'espèce « époux Maïga »[1878].

Pouvons-nous également comprendre cette position du juge comme étant un alignement sur la jurisprudence Atom du juge français ? En effet, comme il a été déjà souligné, cette jurisprudence a pour effet, le classement dans le plein contentieux, de toutes les sanctions que les autorités administratives infligent aux administrés. Un seul point permet d'écarter cette présomption. Il s'agit du fait que les relations entre les fonctionnaires et l'Administration ne sont pas considérées comme étant celles existant entre l'Administration et les administrés. La plupart des cas ci-dessus signalés étant des relations entre l'Administration et ses agents publics fonctionnaires, échappent du coup à la

---

[1877] V. par exemple : CS-SA, Arrêt n° 81 du 12 octobre 2006, *op. cit.* ; Arrêt n° 82 du 12 octobre 2006, *op. cit.*

[1878] CS-SA, Arrêt n° 4 du 18 septembre 1978, *op. cit.*

jurisprudence Atom telle que présentée par le CE français même si cela ne change rien au fait qu'au Mali, ces sanctions relèvent du plein contentieux.

Dans ces demandes de régularisation de situation administrative, il n'est pas demandé au juge d'imposer des dommages-intérêts à l'Administration attaquée. Il lui est tout simplement demandé d'annuler une ou des décisions qui font grief à l'auteur de la requête. Le juge ne va pourtant pas se limiter à cette action, il va aller au-delà. C'est le cas dans l'arrêt sieur Alhassane Konaré et Mamadou Traoré[1879] où en disant « que l'Administration est malvenue à leur opposer leur qualité de retraités pour refuser leur transposition », il les renvoie « devant l'Administration en vue de la régularisation de leur situation administrative ». Nous sommes donc dans le plein contentieux objectif. La différence entre celui-ci et celui de l'annulation étant l'office du juge. En d'autres mots, elle se traduit par cette phrase qui est devenue une formule générique : « le juge va au-delà de la simple annulation. »

L'une des grandes particularités du plein contentieux objectif national est qu'en la matière, la décision du juge ne répond pas le plus souvent à la formule ci-dessus évoquée. Autrement dit, il ne va pas ou ne vas pas clairement au-delà de la simple annulation comme en atteste une récente décision en l'occurrence l'espèce Kadidiatou Traoré[1880]. Dans cet arrêt, le dispositif est ainsi libellé : « en la forme : reçoit le recours ; au fond : déclare bien-fondée la demande de régularisation de la situation administrative ». Le laconisme dont le juge fait preuve dans cette décision n'est-il pas à la limite consternant ?

Si en France, le plein contentieux en général et le plein contentieux objectif en particulier suscite beaucoup l'intérêt tant des justiciables que des juges administratifs, c'est principalement grâce aux pouvoirs dont le juge dispose en la matière. Il s'agit du pouvoir de réformation et celui dit de « substitution ». En d'autres termes, le fait que celui-ci ne fait pas comme le juge du contentieux de l'excès de pouvoir en se limitant à dire si l'acte est légal ou non. En agissant ainsi comme il l'a fait dans l'arrêt Kadidiatou Traoré, le juge administratif national semble ne pas aimer exercer ses pouvoirs que lui accorde le plein contentieux objectif. On remarque alors que ce soit en plein contentieux objectif ou en contentieux de l'excès de pouvoir, c'est avec le même bâton qu'il frappe, il change tout juste le tissu avec lequel le bâton est couvert. Il n'y a donc presque pas de changement qu'il s'agisse de plein contentieux ou de contentieux de l'annulation. Tant que cette attitude de celui qui doit donner l'éclat attendu à la matière va perdurer, l'avènement de la tendance française au Mali attendra.

Pourtant, dans le même cas d'espèce, le juge définit de manière acceptable le plein contentieux objectif : « le recours qui nous occupe constitue un recours

---

[1879] CS-SA, Arrêt n° 82 du 12 octobre 2006, *op. cit.*

[1880] CS-SA, Arrêt n°004 du 09 janvier 2015, entre Kadidiatou Traoré et le ministère de la Sécurité et de la Protection civile, *inéd.*

Le contentieux fiscal constitue une exception à cette règle (V. J.-C. Bonichot, in GACA, *op. cit.*, p. 150).

de plein contentieux ; que toutefois certains recours de pleine juridiction sont marqués par la recherche des obligations objectives de l'Administration et qui fait qu'on a qualifié ce contentieux de plein contentieux de légalité. »[1881] Il semble même maîtriser l'actualité juridique en la matière lorsqu'il affirme qu'en la matière, le juge de plein contentieux, va se placer à la date à laquelle il se prononce.

En ne faisant aucun mystère de la source de toutes ses affirmations[1882], il est étonnant que le juge national n'ait pas suivi ces dernières comme le démontre clairement le dispositif ci-dessus évoqué. La remarque qui s'impose alors est que le juge lui-même ne manifeste pas une grande assurance quant à son courage, sa volonté ou même sa capacité à subjectiviser le contentieux administratif. Il ne faut pas non plus occulter l'apport que peut faire le droit communautaire en ce sens, car n'oublions pas que la construction du droit public européen est principalement à la base de cet essor du contentieux de pleine juridiction en France[1883]. On peut aussi s'attendre aux mêmes conséquences dans les années à venir vu l'évolution du droit communautaire en Afrique de l'Ouest. Cela est d'autant plus réel que « le déclin de l'exorbitance du droit administratif sénégalais »[1884] a même été déjà annoncée « sous l'effet du droit communautaire », même si cela doit être compris avec certaines réserves. Le cumul de tous ces facteurs, rendant la matière peu visible aux yeux des justiciables ne peut favoriser cette évolution. Ce qui signifie clairement que, la tendance n'est pas non plus à un déclin du contentieux de l'annulation.

B. La tendance n'est pas à un déclin du contentieux de l'excès de pouvoir

Une partie de la doctrine française se montre t- elle ingrate envers le recours pour excès de pouvoir ou est-elle exagérément enthousiaste à l'égard du recours de pleine juridiction ? Malgré toutes les prédictions, le contentieux de l'annulation existe toujours plus de 100 ans après l'arrêt Boussuge et s'est même renforcé. À titre de rappel, c'est dans sa note sous cet arrêt que le doyen Maurice Hauriou considérait le REP comme une œuvre relevant du passé. Il écrit : « nous l'admirons encore de confiance, mais il est comme cette étoile temporaire des Gémeaux, que nous voyons dans le ciel, et dont l'exaltation lumineuse a peut-être disparu depuis déjà des centaines d'années, tellement elle est loin de nous.

1881 *Ibid.*

1882 Il cite dans l'arrêt, « La pratique du contentieux administratif » 9e éd., 2011, p. 206 de Daniel Chabbanol et le *Droit administratif général*, t.1, 15e éd., 2001, pp. 790-792 de René Chapus.

1883 V. B. Strin, communication au colloque de Toulouse pour le 60e anniversaire des TA, « L'évolution de l'office du juge, regards sur la dernière décennie », p. 4.

1884 V. A. A. D. Kébé, « Le déclin de l'exorbitance du droit administratif sénégalais sous l'effet du droit communautaire », sur www.afrilex.u-bordeaux4.fr, consulté le 10 février 2016, à 17 h 00 mn.

Nous l'admirons encore, et il n'est déjà plus, ou du moins, il n'est plus qu'une pièce de musée, un objet délicat, une merveille de l'archéologie juridique. »[1885]

De tels propos sont aujourd'hui complètement contraires à la réalité nationale. Il ne correspond pas non plus avec exactitude à celle de la France, l'existence toujours de la matière et de surcroît son évolution et son amélioration en attestent pleinement. Pour le comprendre, il faut chercher des explications possibles (2) au fait que le contentieux de l'excès de pouvoir demeure la voie la plus empruntée devant la juridiction administrative malienne (1).

1. Le contentieux de l'excès de pouvoir : la voie la plus empruntée

Le recours pour excès de pouvoir est un vieux baobab qui au fil des dizaines et des dizaines d'années s'est enraciné profondément dans le sol du procès administratif de l'ex-métropole qu'il ne peut être déterré par de simples mots, ni par un effet de mode, ni par une dose plus élevée de pouvoir que disposerait le juge administratif dans un recours voisin. Tout comme le baobab, le contentieux de l'excès de pouvoir perd souvent ses feuilles donnant l'impression pitoyable d'une mort certaine ; certes à ce moment-là, il ne peut couvrir directement des êtres par son ombre protectrice sans pour autant que la protection ne disparaisse. En effet le vieux baobab dispose d'un creux dont l'ombre est encore plus protectrice et plus reposant surtout pour le paysan africain qui travaille sous un soleil particulièrement ardent.

Il faut aussi savoir que lorsque le vieux baobab perd son feuillage, il dévoile ses fruits qui peuvent nourrir et soigner, d'ailleurs peu de temps après, il retrouve son éclat avec un feuillage encore plus touffu multipliant et renforçant alors sa capacité protectrice. Telle est l'image à laquelle nous renvoie pratiquement le recours pour excès de pouvoir.

Par ces mots, nous ne prétendons pas que ce contentieux n'ait pas été affecté par l'évolution et l'engouement que suscite le plein contentieux et particulièrement le plein contentieux objectif. Il faut cependant atténuer objectivement la position extrémiste d'une partie de la doctrine française qui est parfois allée très loin dans le choix des mots. Par exemple, si le respectable doyen Maurice Hauriou avait raison, serions-nous là aujourd'hui à parler du contentieux de l'annulation ? Bien sûr que non, en lui empruntant ces propres mots, on ne le connaîtrait qu'au musée du contentieux administratif à travers « l'archéologie juridique ».

Ceci dit, le vieux baobab n'a pas encore franchi la barre des cents ans dans les États d'Afrique noire francophone. Il vient même à peine de franchir celle du demi-siècle de vie. Vu sous cet angle, il est même jeune. Pourtant, il ne l'est

[1885]M. Hauriou, note sur l'arrêt Boussuge du CE français du 29 novembre 1912, cité par Nicolas Rousseau, sur http//:www.CHEVALLIERsdesgransarrêts.com./2012/01/25/distinction- recours-excès-pouvoir-plein-contentieux-/; consulté le 04 mai 2016 à 23 h 35 mn.

pas au point qu'on puisse aussi le croire, car il a été savamment amené de sa terre d'origine et replanté dans ces pays. Il peut tout juste y avoir un problème de gestation lié à plusieurs facteurs. C'est ce problème qui fait que le mal qui a pu atteindre ce géant en France, ne l'atteigne pas directement ou ne l'atteigne que des décennies après sur le sol d'Afrique noire francophone en général et sur le sol malien en particulier.

Il faut donc clairement affirmer, que si, « le récent guide du rapporteur au tribunal administratif ne reprend pas la distinction (...) entre le recours pour excès de pouvoir et le recours de plein contentieux »[1886] en France, cette distinction existe avec vigueur au Mali dans le vocabulaire du contentieux administratif. Cette distinction est tant alimentée par les requérants dans les requêtes introductives d'instance (donc par les défenseurs aussi), que par les magistrats qui tout comme dans l'arrêt Lafage du CE français reçoivent des requêtes contenant à la fois des demandes en annulation et en indemnisation. La distinction disparaîtrait au profit du contentieux de pleine juridiction qui accorderait plus de pouvoirs au juge et plus de satisfaction au requérant. Sans pour autant démentir ce point totalement, nous précisons toutefois que le contentieux de l'annulation n'a pas encore pris de rides au Mali et l'engouement des justiciables en la matière est perceptible.

Pour nous édifier très sérieusement, il faut étudier la fréquence des principaux types de recours sur certaines périodes sensibles de l'évolution sociopolitique de notre État. C'est ainsi que nous avons choisi de prendre pour échantillon, les arrêts rendus par la Cour suprême en 1990, en 2006 et en 2010.

En 1990, le régime dictatorial du Général Moussa Traoré était chancelant et s'acheminait vers sa fin. C'est ainsi que sentant cet affaiblissement d'une Administration toute puissante, la Cour a rendu une série d'arrêts à l'époque parfois courageux. On a pu rassembler au titre de cette période, trente-un (31) arrêts dont vingt-deux (22) en contentieux de l'annulation, quatre (4) en contentieux de pleine juridiction et le reste dans les autres matières et voies de recours. Cela donne 70,97 % d'arrêts rendus en contentieux de l'excès de pouvoir et 12,90 % en contentieux de pleine juridiction[1887].

En ce qui concerne l'année 2006, on a pu recueillir 94 arrêts sur lesquels cinquante-trois (53) arrêts en matière de l'excès de pouvoir et seize (16) en matière de pleine juridiction et les autres arrêts rendus dans les autres matières et voies de recours. Ces chiffres nous donnent un pourcentage de 56,38 % pour le contentieux de l'excès de pouvoir et 18,08 % pour le plein contentieux[1888].

Quant à 2010, on a pu avoir soixante-treize (73) arrêts parmi lesquels trente-sept (37) en contentieux de l'annulation, quatre (4) en pleine juridiction - trente

[1886] D. Giltard, *op. cit.*, p. 4.
[1887] V. infra, annexe I, p. 562.
[1888] V. infra, annexe III, p. 564.

et deux (32) pour les autres. Ce qui nous donne les pourcentages suivants : recours pour excès de pouvoir, 50,68 % ; recours de pleine juridiction, 5,47 %.

En se fiant à ces chiffres, le doute n'est pas permis, la voie de l'annulation est celle la plus empruntée au Mali et il devient du coup impossible de penser pour le moment à sa mort. Même si le contentieux de l'excès de pouvoir malien est malade, son mal se situe à un autre niveau et non celui résultant d'une quelconque domination ou absorption par le contentieux de pleine juridiction. Cette situation est sans équivoque et nous permet d'emprunter quelques mots du Huron qu'il a prononcés à son arrivée au palais royal en disant : « le grand arbre du recours pour excès de pouvoir (est) la plus merveilleuse création des juristes, l'arme la plus efficace, la plus pratique (...) qui existe au monde pour défendre les libertés. »[1889]

Les mots suivants de Gaston Jèze qui ont été déjà cités semblent être spécifiquement destinés à moindre mesure à la situation actuelle de notre contentieux de l'excès de pouvoir : « rempart de l'opprimé, terreur de l'oppresseur qui, au moment où son bras va s'abattre, s'arrête en entendant la voie redoutable du juge clamer : tu n'iras pas plus loin. »[1890] Le recours pour excès de pouvoir est né au Mali avec le recours de pleine juridiction, ce sont des jumeaux. Cette particularité de la plupart des États d'Afrique noire francophone est due au fait que ces recours ont été hérités du droit positif du colonisateur. Ils ont atterri sur nos sols avec les indépendances, car nous considérons que la pratique du contentieux administratif sous la colonisation est d'un autre ordre et d'une autre nature.

Peut-on aller jusqu'au point de voir en cette situation une particularité par rapport à l'actualité française du contentieux ? Cette particularité cache t- elle peut être un retard dans l'évolution de la matière ? On peut avoir des réponses satisfaisantes à ces interrogations, si l'on a des explications sur cette domination incontestable du contentieux de l'excès de pouvoir sur le plein contentieux.

2. Les explications possibles

Les pourcentages donnés dans le paragraphe ci-dessus sont très instructifs : le contentieux de l'annulation existe bel et bien à côté du plein contentieux et le domine largement. Cependant, il ne l'absorbe pas et ne peut d'ailleurs le faire. Chacun de ces contentieux a son domaine précis. Par contre en France, le plein contentieux ne domine pas seulement celui de l'excès de pouvoir, mais il a tendance à l'absorber. Voilà la différence caractéristique entre les deux : le contentieux de l'excès de pouvoir peut largement dominer le contentieux de pleine juridiction, mais ne peut en aucune manière l'avaler. Pourtant il suffit que

[1889] J. Rivero, « Le huron au palais royal », in *Pages de doctrine*, *op. cit.*, p. 329.

[1890] G. Jèze, « Rapport de l'institut international de droit public », Annuaire de l'institut, 1929, p. 162, cité par J. Rivéro, *ibid.*

le contentieux de pleine juridiction atteigne un certain niveau de domination pour que l'on s'inquiète du sort du contentieux de l'excès de pouvoir.

L'explication à ce niveau est assez simple, le juge de l'annulation ne peut aller au-delà de cette action. En d'autres termes, il ne peut condamner l'Administration à payer ou ne peut « substituer » sa décision à celle de celle-ci. Par contre, avec le développement d'une variante du plein contentieux, ce dernier se rapproche beaucoup du contentieux de l'excès de pouvoir. Il s'agit du plein contentieux objectif, à travers lequel le juge peut annuler (donc peut faire ce que celui de l'annulation fait et plus). Il est donc question des pouvoirs du juge. L'un aurait alors des pouvoirs qui lui permettent de faire tout ce que l'autre peut faire, rendant par ricochet l'existence de l'autre inutile. Pour Nicolas Rousseau, « il faut revenir sur la distinction classique des deux contentieux (...). La distinction tient aux pouvoirs conférés au juge en raison du recours. Le recours pour excès de pouvoir est un recours qui ne permet au juge que d'annuler un acte administratif, en cas d'illégalité de celui-ci. En revanche, le recours de plein contentieux peut aboutir à l'annulation d'un acte mais aussi à sa réformation ou à d'autres mesures notamment l'injonction »[1891].

La raison pour laquelle le contentieux de l'excès de pouvoir a été traité avec des mots souvent injustifiés est alors comprise. Parce que le juge dispose de plus de pouvoirs en plein contentieux, que ce dernier est apprécié des justiciables et des juges. C'est en réalité normal, celui qui résout entièrement ton problème n'est pas comparable à celui qui ne le résout que partiellement. À force donc de saisir le juge de la résolution entière, celui de la résolution partielle risque de disparaître.

Cependant, la situation du contentieux administratif malien ne peut être appréciée de cette manière, d'où la contrariété des tendances. En effet, de tout ce que nous venons de dire, tout tourne autour d'une expression, à savoir les pouvoirs du juge. Le juge du plein contentieux disposerait alors de pouvoirs que celui de l'excès de pouvoir n'a pas. Cette affirmation n'est pas tout à fait exacte, selon le juge concerné et selon la nature de l'affaire dont le juge est saisi. Si nous voulons que l'Administration répare un préjudice qu'elle a causé, c'est celui qui a le pouvoir de satisfaire à cette demande qui sera saisi. S'il s'agit de chercher à annuler une décision irrégulière, c'est celui qui a ce pouvoir qui sera saisi.

Ce qui est paradoxal dans cette situation, c'est le fait que l'on considère comme si le fait pour le juge de l'excès de pouvoir d'annuler ne constitue pas l'usage d'un certain pouvoir. Autrement dit, les écrits d'une partie de la doctrine française nous font pratiquement croire à cela. Une telle attitude se comprend cependant. En effet, le juge de l'annulation a rendu tellement de services aux citoyens français, tant par la facilité de son accès que la protection qu'il procure

[1891] N. Rousseau, « Existe-t-il toujours une distinction entre le recours pour excès de pouvoir et le recours de plein contentieux ? », *op. cit.*, p. 1.

à ceux-ci par l'effet de l'annulation de ses arrêts, que son office pourrait relever du quotidien, du normal donc banal. Annuler, le mot qui est devenu ainsi banal en contentieux administratif de ce pays ne l'est point du tout sous d'autres cieux comme le nôtre.

Pour rappel, il s'agit d'annuler une ou des décisions prises par les toutes puissantes autorités administratives. Chose difficile à croire même aujourd'hui en 2019 dans certaines localités du Mali. Le fait d'oser annuler une décision prise par un Maire, par un Directeur de service, par un Préfet ou un Sous-préfet, par un Ministre, par un Premier Ministre, par un Président de la République ne constitue-t-il pas pour son auteur l'usage d'un précieux et énorme pouvoir dont il détient ? Si l'annulation des décisions prises par les autorités citées ci-dessus est frappée du sceau de la banalité en France, elle relève du miracle pour quelques avertis et de l'imagination ou du rêve pour certaines couches de notre population.

Chez nous, dans un passé très récent, les actes pris par les autorités administratives étaient des actes divins et échappaient à ce titre à toute attaquabilité. Ainsi, le fait pour un paysan exproprié irrégulièrement de sa terre, d'entrer en possession de ladite terre à la suite d'une annulation du juge administratif ne peut chercher autre satisfaction. Le contentieux de l'excès de pouvoir devient ainsi une des manifestations les plus convaincantes de la preuve que les autorités administratives loin d'être des divinités, ne sont là que pour respecter et appliquer les normes élaborées par la société, donc par les citoyens et que tout manquement est sanctionné.

Peut-on dire que ce juge n'a pas de pouvoir dans un tel contexte ? Certainement non et c'est même incroyable aux yeux de la population. Cette dernière y trouve donc son compte et voilà l'une des raisons principales du choix de cette voie de résolution des litiges administratifs.

Si l'on observe bien la jurisprudence administrative malienne, elle est dominée par le contentieux foncier surtout depuis l'implication des élus locaux dans la gestion du foncier. Dans la plupart des cas, nous sommes dans le schéma suivant : l'autorité administrative retire des titres de propriété de parcelles et les réattribue à d'autres citoyens ou sans retirer un titre précédent en vigueur, elle attribue un nouveau à un autre citoyen ou à d'autres citoyens. Face à telles situations, la voie la plus privilégiée par les justiciables est le recours pour excès de pouvoir visant à annuler la décision irrégulière de retrait. Pourtant, l'autre option est possible. En effet, il suffit de renoncer à retrouver la propriété et de demander à ce que le préjudice subi par le fait de l'acte irrégulier de l'Administration soit réparé par la condamnation par le juge de plein contentieux de celle-ci au paiement d'une certaine somme.

Dans le premier cas, c'est-à-dire le contentieux de l'excès de pouvoir, le requérant lorsqu'il aura gain de cause, va retrouver la propriété de sa parcelle. C'est-à-dire que la conséquence logique de l'annulation de la décision de retrait est synonyme de la résurrection de la décision précédemment annulée par l'effet du retrait rétroactif. Par syllogisme, l'annulation de la décision de retrait est alors équivalente de la confirmation du titre de propriété du requérant qui ne peut dans un contexte local, où la terre est sacrée, être que très satisfait pour avoir retrouvé ce qu'il avait perdu.

Dans le second cas, après l'expiration du délai de recours pour excès de pouvoir, sous certaines conditions, le requérant peut demander la réparation du préjudice subi. Le juge du plein contentieux va alors vérifier le lien entre le préjudice et l'acte irrégulier de l'Administration et condamner cette dernière à payer au requérant une certaine somme. Qu'est-ce qu'il a alors gagné ? De l'argent mais pas sa parcelle. Attention ! Il faut même bien peser les mots à ce niveau. Le juge a condamné l'Administration à lui verser une somme, mais ce versement reste tributaire du bon vouloir de celle-ci, alors en général, en contentieux de l'excès de pouvoir, le juge annule la décision de retrait, prend soin d'employer cette formule courante : dit que telle décision produira ses pleins et entiers effets. Dans ce cas le requérant n'a pas besoin du bon vouloir de l'Administration pour que la décision du juge puisse produire ses effets.

Ici ressurgit un problème crucial qui constitue l'une des bases fondamentales de cette différence notable entre le contentieux administratif français et celui du Mali. Il s'agit de la question relative à l'injonction. Cette question a été déjà évoquée. On sait qu'« aucune juridiction administrative ne peut adresser des injonctions à l'Administration[1892] » au Mali. L'inexistence de l'injonction dans le vocabulaire et dans la pratique du contentieux administratif national fait que le plein contentieux n'est pas exactement au Mali ce qu'il est en France et pareil pour le contentieux de l'excès de pouvoir. Elle met presque sur le même pied d'égalité ces deux recours en ce qui concerne les effets des décisions. Il s'agit surtout d'une égalité formelle, car dans la pratique, comme le démontre les exemples ci-dessus, elle favorise souvent le contentieux de l'annulation. Dans ce dernier, l'on n'a pas parfois besoin d'une injonction du juge et d'une intervention de l'autorité administrative. La seule décision du juge suffit. Dans ce genre de situation, l'exécution de la décision du juge n'est pas liée à une action de l'autorité administrative, la rigueur de celle qui a été annulée est automatiquement récupérée par l'autre partie.

Dans ce cas le contentieux de l'annulation n'est-il pas plus rassurant et plus satisfaisant ? La décision du juge de pleine juridiction exige une action de l'autorité administrative concernée, et c'est là qu'il faut déplacer une montagne. Cela permet de comprendre aussi cet engouement pour le contentieux de l'annulation. L'annulation ou « la simple annulation » comme le soutient la

[1892] CS-SA, Arrêt n° 160 du 27 Août 2009, entre Aliou Badara Diamouténé et le Directeur national des Domaines et du Cadastre, *inéd.*

grande partie de la doctrine est alors sûre que la condamnation ou devons-nous dire la « simple condamnation »[1893].

Un autre point se situe au niveau du déclenchement des deux contentieux. L'accès au juge de l'excès de pouvoir est direct et facile comparativement à celui du juge de pleine juridiction. La demande d'annulation peut être portée directement devant le juge de l'excès de pouvoir ; celle de la condamnation doit être portée d'abord devant l'autorité administrative qui peut agir ou ne pas agir. Cela nous donne déjà une idée sur la procédure la plus rapide et celle pouvant générer plus de complications. Une raison de plus pour bien aimer le contentieux de l'excès de pouvoir.

Aussi on parle de nos jours de la subjectivisation du contentieux administratif qui serait aussi à la base du grand essor du plein contentieux.

Certes, cette tendance est vraie, mais les contentieux purement objectifs ne sont pas aussi nombreux qu'on pourrait le penser. La plupart des contentieux que l'on qualifie ainsi pour la simple raison de la demande de l'annulation, sont au fond des contentieux discrètement subjectifs. Cependant, même en France, cette mort ou cette décrépitude tant chantée du contentieux de l'excès de pouvoir mérite d'être raisonnablement comprise. Le contentieux de l'excès de pouvoir n'est pas mort et a même beaucoup évolué. C'est ce que Jacqueline Morand-Deviller fait savoir en ces termes : « on fait valoir qu'il n'est pas seulement un procès objectif fait à un acte mais qu'il crée lui-même un litige entre parties (…) ; le recours pour excès de pouvoir connaît dès lors une nouvelle jeunesse car, pressé par les critiques doctrinales et attentif à des méthodes consacrées par les hautes juridictions administratives des pays voisins, le CE n'a cessé, ces dernières années de le réformer »[1894] et elle parle du « nouveau visage du recours pour excès de pouvoir. »[1895] L'injonction que le juge administratif français peut adresser à l'Administration ne peut que confirmer cette évolution du contentieux de l'excès de pouvoir.

Dans un autre contexte, à savoir les voies de recours contre les décisions rendues par les juridictions administratives, les deux contentieux se retrouvent et il n'existe pas de voies de recours propres à l'un ou à l'autre.

1893 Il faut cependant noter une nette amélioration apportée par la loi n° 2016-046 à ses articles 258 et 259.

1894 J. Morand-Deviller, *Droit administratif*, *op. cit.*, p. 638.

1895 *Ibid.*

Section 2

Les voies de recours communes contre les décisions rendues dans les deux contentieux

La combinaison de la bonne Administration de la justice, de la sécurité juridique et du renforcement de la crédibilité de l'ordre juridictionnel administratif, gage de son enracinement effectif, exige l'existence de possibilités juridiques mises à la disposition des justiciables pour pouvoir contester les décisions rendues par les juridictions administratives dans toutes les matières : ce sont les voies de recours[1896]. Célestin Keutcha-Tchapnga écrit : « on désigne par voies de recours l'ensemble des procédures destinées à permettre un nouvel examen devant une juridiction hiérarchiquement supérieure à celle qui a rendu la décision critiquée. »[1897] Nous verrons ci-dessous que cette définition est insuffisante.

Nous ne sommes plus à l'époque où « la Section administrative (était) le tribunal administratif de droit commun de la République » du Mali. Il existe désormais un ordre juridictionnel administratif dont la construction est presque achevée. Il existe alors des voies de recours contre les décisions rendues par chaque degré de juridiction. Il faut cependant distinguer les voies de recours ouvertes devant une juridiction hiérarchiquement supérieure et celles ouvertes devant la juridiction qui a rendu la décision. Les premières relèvent de ce que l'on appelle les voies de réformation et les secondes constituent les voies de rétractation.

S'agissant des voies de réformation, le Professeur Demba Sy parle tout comme Jacqueline Morand-Deviller[1898]de voies de recours usuelles et précise qu'elles « tendent à obtenir la modification de la décision en s'adressant à un juge supérieur »[1899] et il les cite : « il s'agit de l'appel et de la cassation ». Quant aux voies de rétractation, « elles tendent à obtenir du juge qui a rendu la décision qu'il revienne sur sa décision »[1900]. Elles se composent de la révision, des recours en interprétation et en rectification d'erreur matérielle, de l'opposition, de la tierce opposition et de la requête en rabat d'arrêt.

Il faut donc signaler, que pour des raisons que nous attribuons à l'inachèvement de la constitution de notre ordre juridictionnel administratif, certaines de ces voies de recours n'existent que dans la loi[1901] et pas encore[1902]

[1896] Le Pr D. Bailleul parle de prolongement du procès administratif ; selon lui, ce dernier « est susceptible de se prolonger par l'exercice de voies de recours contre le jugement prononcé, qui engendrent de nouvelles instances », V. *Le procès administratif*, *op. cit.*, p. 183.

[1897] C. Keutcha-Thapnga, *Précis de contentieux administratif au Cameroun*, *op. cit.*, p. 215.

[1898] J. Morand-Deviller, *Droit administratif*, *op. cit.*, p. 634.

[1899] D. Sy., *Droit administratif*, t.2, *op. cit.*, p. 130.

[1900] *Ibid.*

[1901] V. loi n° 2016-046 du 23 septembre 2016, *op. cit.*, chapitre III, art. 238.

[1902] À titre de rappel, les CAA ne sont pas encore pleinement fonctionnelles.

dans la pratique du contentieux administratif malien. Parmi lesquelles, il y'a une voie de réformation, il s'agit de la cassation et une voie de rétractation, il s'agit du rabat d'arrêt. Le terme de cassation n'a été utilisé dans le paragraphe consacré à la répartition des compétences à l'intérieur de la juridiction administrative que par commodité servant à faciliter la compréhension du schéma malien.

Ainsi, en ce qui concerne la voie de la cassation, le juge administratif supérieur donne la précision suivante : « considérant que le pourvoi ne constitue pas une voie de recours contre les arrêts de la Section administrative ; qu'il échet pour la Cour de se déclarer incompétente à examiner un pourvoi contre ses arrêts »[1903]. Quant au rabat d'arrêt, le juge est aussi très explicite dans l'espèce Tièmoko Dembélé en ces termes : « considérant que le présent recours est un rabat d'arrêt ; que (...) le recours en rabat d'arrêt ne figure pas parmi les voies de recours prévues devant la Section administrative ; qu'il échet en conséquence de déclarer ledit recours irrecevable pour incompétence de la Section administrative. »[1904]

Les voies de recours qui existent devant les juridictions administratives nationales seront alors étudiées à travers celles qui sont fréquentes (Paragraphe 1) et celles qui sont moins fréquentes (Paragraphe 2).

Paragraphe 1 : Les voies de recours les plus fréquentes : l'appel et la révision

Ici, on a l'une des facettes les plus étonnantes de la dualité juridictionnelle à la malienne. Comme on se permet de parler d'ordre juridictionnel administratif au Mali, cela conduit automatiquement, s'agissant des voies de recours à penser aux deux voies de réformation les plus usuelles qui sont l'appel et la cassation. Certes, la première existe dans les textes et la pratique et son juge exerce même ses fonctions avec une bonne rigueur (A), mais la seconde n'existe pas encore dans la pratique comme le dit de manière très claire la Section administrative dans l'arrêt n° 150 de 2007 ci-dessus évoqué. Du coup, à côté de l'appel, l'on rencontre la révision, qui est plutôt une voie de rétractation mais presque tout aussi fréquente comme l'appel, même si elle constitue une procédure qui n'est pas très fructueuse (B).

A. Un juge d'appel[1905] rigoureux dans ses fonctions

Comme il ressort donc de l'introduction de cette section, le juge d'appel national est un « super juge d'appel » pour la raison selon laquelle ses arrêts ne

[1903] CS-SA, Arrêt n° 150 du 13 septembre 2007, le groupe Yelema de Koulikoro c/ l'arrêt n° 21 du 8 février 2007 de la Section administrative de la cour suprême du Mali, *inéd.*

[1904] CS-SA, Arrêt n° 20 du 23 mars 2006, le Sieur Tièmoko Dembélé c/l'arrêt n° 113 du 18 aout 2005, *inéd.*

[1905] Les appels sont toujours traités selon la loi n° 96-071 car les CAA ne sont pas encore fonctionnelles.

peuvent pour le moment faire l'objet d'un recours en cassation. La loi régissant les TA n'ayant pas prévu des matières dans lesquelles ceux-ci peuvent statuer en premier et dernier ressort[1906], on peut affirmer que « toutes les décisions du TA peuvent être attaquées par voie d'appel devant la Section administrative de la Cour suprême »[1907].

Contrairement à la procédure qui existe devant les juridictions de l'ordre judiciaire, l'appel relevé contre un jugement d'un TA n'a pas d'effet suspensif[1908]. Cette situation pourrait conduire à des catastrophes, si le législateur n'avait pas prévu du bout de sa plume « le sursis à exécution des décisions juridictionnelles »[1909]. C'est alors le juge administratif suprême qui s'est montré par sa jurisprudence attentif à l'égard de cette voie de recours quelque peu subtile.

C'est une voie de recours qui ne peut être ignorée dans une étude consacrée à l'appel, car elle n'est pas autonome, mais constitue une voie secondaire cherchant à paralyser temporairement les effets du jugement d'un TA[1910]. Elle doit être rattachée à une demande principale en appel. Elle répond donc aux mêmes exigences quant à sa recevabilité que le sursis à exécution d'une décision administrative. La principale différence entre les deux est que la demande de sursis à exécution d'une décision administrative est l'accessoire d'une requête en annulation et celle concernant un jugement est celui d'une requête en appel.

Ce qui fait sous-entendre que les mêmes conditions d'ordonner les deux sursis sont les mêmes. Aussi ; « la SA peut prescrire qu'il soit sursis à exécution d'une décision lorsqu'elle n'intéresse ni le maintien de l'ordre public ni la tranquillité publique et si une requête aux fins de sursis lui est présentée »[1911]. Pour le juge, « outre ses conditions légales, il est nécessaire (…) que deux autres conditions soient réunies : 1- que l'exécution de la décision objet de la demande de sursis occasionne au requérant un préjudice irréparable ; 2- si au moins un des moyens invoqués par l'appelant paraît en l'état de l'instruction, sérieux et de nature à justifier l'annulation ou la réformation du jugement. »[1912]

[1906] V. supra, p. 146 et s.

[1907] Loi n° 94-006/AN-RM du 18 mars 1994, *op. cit.*, art. 49 ; la loi n° 2018-031, *op. cit.*, dispose qu'elles « … peuvent être attaquées par voie d'appel devant la Cour adminis-trative territorialement compétente ».

[1908] Loi n° 2016-046/AN-RM, *op. cit.*, art. 242 : « Le recours devant la S.A n'est pas suspensif ».

[1909] *Ibid.*, « L'arrêt prescrivant le sursis à exécution d'une décision administrative ou d'une décision des juridictions administratives (…) »

[1910] C'est ce que nous enseignent ces mots du juge administratif suprême dans l'espèce Adama Traoré c/ le jugement n° 59 du 1 avril 2005 :« jusqu'à ce que la juridiction d'appel vide sa saisine »

[1911] Loi n°2016-046/AN-RM, *op. cit.*, art. 242.

[1912] CS-SA, Arrêt n° 26 du 18 mai 2006, entre le Sieur Adama Traoré et le jugement n° 59 du 15 avril 2005 du TAB, *op. cit.*

Le juge avait au courant de la même année 2006, mais avant l'arrêt Sieur Adama Traoré, déjà prononcé les mêmes mots dans l'espèce sieur Modibo Traoré pour ordonner le sursis à exécution du jugement n° 008 du 25 janvier 2006 du TAB. Dans ladite espèce, le juge a fait savoir que « l'exécution du jugement frappé d'appel entraînerait des conséquences sociales irréparables par l'expulsion des occupants de la concession objet du litige »[1913]. Le sursis à exécution de décision de justice est donc un compagnon incontournable de l'appel dans certaines affaires particulières.

Cette importante précision soulignée, en analysant minutieusement le travail du juge d'appel, on peut comprendre qu'il fait une saine appréciation de son accès (1) et se positionne comme un véritable vérificateur général du jugement (2).

1. Une saine appréciation des conditions d'accès au juge d'appel

Si tout le monde pouvait faire appel contre les jugements rendus par les juridictions administratives de base, et si aussi il était automatiquement reçu par la seule présentation de la demande, il serait vidé de son idée et la juridiction d'appel se ploierait certainement sous le poids des appels. C'est pourquoi, il existe certaines conditions pour avoir accès à la SA en tant que juge d'appel. Les unes sont liées à la personne qui relève appel du jugement (a) et les autres ne le sont pas (b).

a. Certaines conditions sont liées à l'appelant

Il n'y a qu'un groupe très restreint de personnes qui peut interjeter appel contre une décision rendue par un tribunal administratif. Ce groupe n'est composé que des personnes qui étaient parties en première instance. Les personnes concernées par la solution du litige et qui n'ont pas été associées à la procédure ayant abouti au jugement, n'étaient pas parties à l'instance et ne peuvent pas alors attaquer ledit jugement par voie d'appel. D'autres voies de recours leur sont ouvertes et seront étudiées dans le paragraphe suivant. Ainsi, à la question de savoir qui peut faire appel, la réponse est très claire : « il est ouvert à tous ceux qui étaient partis en première instance. »[1914] C'est-à-dire « peuvent faire appel toutes les parties en première instance ».[1915]

Cependant, ces réponses doivent être comprises avec une certaine réserve, car il peut arriver que le juge déclare irrecevable l'appel soulevé par une partie malgré sa pleine et entière participation au procès devant le juge d'instance. Cela soulève une autre question, celle relative à l'intérêt à faire appel. L'intérêt à faire appel n'est pas la continuité ou la suite directe de l'intérêt qu'un

---

[1913] CS-SA, Arrêt n° 14 du 23 mars 2006, Modibo Traoré c/ le jugement n° 008 du 25 janvier 2006 du TAB, *inéd.*

[1914] J.-C Bonichot, « Observation sur l'arrêt office public d'habitation à loyer modéré de la ville de Caen », in GACA, *op. cit.*, p. 541.

[1915] M. Guyaumar B. Seiller, *Contentieux administratif*, Paris, Dalloz, 2010, p. 47.

administré doit justifier pour pouvoir demander l'annulation d'un acte administratif. Il faut comprendre dès lors que l'intérêt à faire appel est un autre intérêt indépendant de celui exigé en première instance. La recevabilité de l'appel est aussi liée à cet intérêt particulier tout comme celle du recours pour excès de pouvoir l'est à l'intérêt du requérant quant à l'annulation de l'acte attaqué. Cet intérêt est dit particulier par rapport alors à celui exigé en première instance et s'apprécie ainsi selon une formule fréquemment employée non pas par rapport au motif du jugement querellé, mais par rapport à son dispositif.

Cela a de grandes conséquences sur la recevabilité de la saisine du juge d'appel. Ces conséquences seront surtout appréciées à travers la jurisprudence administrative française, car le juge d'appel national reçoit pratiquement tous les appels en se réfugiant chaque fois derrière la formule générique suivante : « considérant que les appelants ont intérêt et qualité pour agir, il échet de recevoir l'appel en la forme. »[1916] Aussi, sur les vingt et un (21) appels recensés en 2006, aucun n'a été déclaré irrecevable pour défaut d'intérêt, c'est pareil pour les quarante- neuf (49) arrêts recensés en matière d'appel en 2010.

En revenant aux conséquences dont nous faisons allusion, nul ne peut interjeter appel contre un jugement dont le dispositif est favorable à ces conclusions ou contre la partie du dispositif qui est favorable à celles-ci[1917].Cette solution est logique car on ne peut par exemple pas avoir intérêt à l'annulation d'une décision et à son maintien ou à la condamnation de l'État à la réparation et à son contraire. Cette jurisprudence s'applique même si la juridiction saisie était incompétente[1918]. Cette règle concerne toutes les parties au procès, c'est-à-dire que ce soit le défendeur ou le demandeur, une fois que les conclusions d'une partie ont été suivies par le juge d'instance dans le dispositif de son jugement, ladite partie n'a aucun intérêt à relever appel dudit jugement.

D'autres règles d'accès au juge d'appel sont extérieures à l'appelant.

b. Certaines conditions ne sont pas liées à l'appelant

Avant de vérifier quoique ce soit, le juge d'appel procède à la constatation du paiement d'une somme d'argent par l'appelant, c'est la consignation.

Cela signifie que même si l'appelant était le demandeur devant le tribunal administratif, la consignation par lui versée devant cette juridiction n'a pas de valeur devant le juge d'appel, il doit encore payer. Pour le moment, cette somme est de vingt mille franc (20 000) F en attendant la mise en place des Cours

---

1916 V. par exemple CS-SA, Arrêt n° 03 du 7 janvier 2010, DGCE c/ le jugement n° 18 du 5 février 2008 du TAB ; arrêt n° 13 du 07 janvier 2010, le Préfet de Youwarou et la DGCE c/ le jugement n° 31 du 21 novembre 2008 du TAM, *inédit* : « Considérant que l'appelant a qualité et l'intérêt à agir »

1917 CE, 28 janvier 1987, *Comité de défense des espaces verts* ; AJDA 1987, p. 279, concl. C. Vigoureux.

1918 CE, 29 avril 1955, Secrétaire d'État aux Affaires économiques c/ Déporte, V. GACA, *op. cit.*, p. 545.

administratives appel devant lesquelles la loi a prévu que « le demandeur est tenu de verser une consignation de quinze mille franc (15 000 F)[1919]. »

Le juge applique strictement cette exigence légale comme le confirme l'espèce Sieur Boundé Camara : « considérant que l'appelant ne s'est pas acquitté de l'amende de consignation ; qu'il échet de rejeter sa requête en appel pour défaut de consignation »[1920]. Il agit de la même manière dans l'affaire Sieur Fagnéry Koné où il rappelle les dispositions de la loi régissant l'organisation, le fonctionnement et la procédure suivie devant la Cour suprême relative à la consignation[1921], avant de souligner que « l'appelant n'a (pas) consigné malgré la notification de la réception de son dossier d'appel ; qu'il échet alors de déclarer l'appel irrecevable en la forme »[1922].

Il réitère cette fermeté dans une affaire en 2010 en soutenant que l'appelant « n'a pas (...) consigné » tout en précisant que cela « est un motif d'irrecevabilité de son action » et en fin « déclare l'appel (...) irrecevable en forme pour défaut de consignation »[1923]. Même après avoir payé la consignation, la requête d'appel ne remplit pas encore toutes les conditions de recevabilité. Il faut ainsi qu'elle soit introduite dans le bon délai et le juge n'est pas également moins regardant en la matière. Le législateur a fixé ce délai en ces termes : « le délai d'appel est de deux mois ; il court à compter du prononcé du jugement qui est rendu contrairement »[1924].

Dans l'espèce n° 227 de 2010, le juge d'appel, après avoir rappelé cette disposition ci-dessus, statue sur la requête d'appel comme suit : « considérant qu'en application des dispositions précitées de la loi régissant la Cour suprême, la Cour constate l'écart de temps entre le 12 septembre 2008 date de prononcé du jugement n° 150 et le 19 mai 2009 date de formulation de la déclaration d'appel au nom de Silimakan Marena ; que les conséquences de droit à tirer du constat qui précède se résument à une fin de non-recevoir ; par ces motifs, déclare l'appel de Silimakan Marena irrecevable en la forme, pour forclusion »[1925]. Une telle rigueur est compréhensible, car toutes les parties sont censées être présentes au tribunal le jour du prononcé du jugement. La disposition législative ci-dessus citée, fait aussi sous-entendre que le délai ne

---

[1919] Loi n° 2011-047/AN-RM du 28 juillet 2011 fixant la compétence, l'organisation et fonctionnement des cours administratives d'appel, art. 29.

[1920] CS-SA, Arrêt n° 42 du 2 juin 2006, le Sieur Boundé Camara c/ le jugement n° 36 du 4 mars 2005 du TAB, *inéd.*

[1921] Loi n° 97-016 art. 46, *op. cit.*

[1922] CS-SA, Arrêt n° 43 du 2 juin 2006, le Sieur Fagnéry Koné c/ le jugement n° 002 du 21 janvier 2004 du TAK, *inéd.*

[1923] CS-SA, Arrêt n° 220 du 26 novembre 2010, la Mairie du district de Bamako c/ le jugement N° 32 du 10 mars 2009 du TAB, *inéd.*

[1924] Loi n° 96-076, *op. cit.*, art. 65

[1925] CS-SA, Arrêt n° 227 du 09 décembre 2010, la DGCE pour le compte du Préfet de Kati et Silimakan Maréna c/ le jugement n° 150 du 12 septembre 2008 du TAB, *inéd.*

commence à courir en ce qui concerne un jugement rendu par défaut, que le jour de la notification à la partie perdante dudit jugement.

Sur cette question du délai, la pratique malienne est sensiblement différente de celle de la France. Cette différence ne se situe pas au niveau de la durée, car elle est aussi de deux mois en France. La différence se situe au niveau du point de départ du délai. S'il commence à courir en principe à partir du prononcé du jugement rendu contradictoirement au Mali[1926], en France ce dernier doit être notifié pour qu'il commence à courir[1927].

Aussi, la seule « déclaration d'appel » ne suffit pas, la requête d'appel doit être motivée et le juge y veille scrupuleusement. C'est ce qu'il démontre dans l'affaire Fagnéry Koné où il constate « qu'il résulte de l'examen des pièces versées au dossier, que l'appelant n'a produit aucun moyen à l'appui de son recours, (…) malgré la notification de la réception de son dossier d'appel (…) ; qu'il échet de déclarer l'appel irrecevable en la forme »[1928]. Le juge va même loin, en assimilant le défaut de mémoire à un désistement de la part de l'appelant. Il exprime cette position dans une affaire du 26 novembre 2010 : « considérant que suivant la lettre n° 938 (…) le Conseil de la Mairie du district a été informé de la réception du dossier à la Cour de céans le 18 juin 2010, et invité par la même occasion à déposer son mémoire dans un délai de 15 jours ; considérant que du 5 juillet 2010 à la date de rédaction du rapport (…), la Mairie du district n'a pas déposé de mémoire ampliatif au greffe, qu'il sied de faire application (…) de la loi (…) ; si c'est le demandeur qui n'a pas observé le délai, il est réputé s'être désisté. »[1929]

Il agit dans le même sens dans l'arrêt n° 250 de 2010[1930]. Sur ce point, il existe un certain rapprochement entre les jurisprudences malienne et française. Dans un arrêt de 1988, le CE français faisait aussi savoir que la seule « déclaration d'appel » ne suffit pas[1931]. Il est à souligner cependant qu'elles se détachent un peu sur le point du délai de motivation qui doit se faire dans le

---

1926 Loi n°2018-031 du 12 juin 2018, *op. cit.*, art. 64.

1927 « Sauf disposition contraire, les décisions sont notifiées le même jour à toutes les parties en cause et adressées à leur domicile réel, par lettre recommandée avec demande d'avis de réception (…) », art. R.751-3 du code de justice administrative française, in code administratif, *op. cit.*, p. 204 ; et l'art.R.811-2 dispose : « sauf disposition contraire, le délai d'appel est de deux mois. Il court contre toute partie à l'instance à compter du jour où la notification a été faite à cette partie (…) » ; Code administratif, *op. cit.*, p. 212

1928 CS-SA, Arrêt n° 43 du 02 juin 2006, *op. cit.*

1929 CS-SA, Arrêt n° 220 du 26 novembre 2010, *op. cit.*

1930 CS-SA, Arrêt n° 250 du 23 décembre 2010, la Mairie du district de Bamako c/ le jugement n° 002 du 19 février 2007 du TAB, inéd. : « En droit : dit que la Mairie du district de Bamako est réputée s'être désistée » ; aussi dans l'arrêt n° 253 du 23 décembre 2010, il dit que « la demande de mémoire ampliatif (…) adressée au Maire est restée à ce jour sans suite, qu'il convient d'en tirer les conséquences de droit » ; CS-SA, le Maire de la commune rurale de Séro-Diamanou c/ le jugement n° 31 du 07 juillet 2010 du TAK.

1931 CE, 4 mars 1988, Ministère des universités c/ Bureau d'études techniques sud-France Engineering, GACA, *op. cit.*, p. 546.

délai d'appel en France[1932] et dans le délai indiqué dans la lettre adressée par le juge d'appel à l'appelant aux fins de produire le mémoire, au Mali comme l'atteste l'arrêt N° 250 de 2010 ci-dessus évoqué. En plus de tous ces éléments obligatoires, la requête doit être accompagnée de la copie du jugement querellé.

Une fois que le juge reçoit l'appel en la forme, le jugement d'instance ne disparaît pas ou n'est pas confirmé automatiquement, il s'intéresse en fin au fond et effectue à ce niveau un travail de vérification générale du travail du juge du TA.

2. Le juge d'appel : un véritable vérificateur général de la décision du juge d'instance

Réformation totale ou partielle du jugement, le réexamen général de l'affaire s'arrête devant le juge d'appel, autrement dit, l'affaire n'est pas renvoyée devant la juridiction du premier degré qui avait précédemment statué sur l'affaire, en cas d'annulation, le juge administratif d'appel national statue à nouveau selon la formule toujours employée[1933]. Cela ne dénature pas d'ailleurs la qualité du travail du juge d'appel. Ainsi, il est parfois saisi de l'effet dévolutif de l'appel et il statue aussi par voie d'évocation (a). Il y a lieu aussi d'ajouter que le juge d'appel encadre avec vigilance les prétentions des parties (b).

a. Une démarcation existante mais parfois imperceptible entre l'évocation et l'effet dévolutif

Ces deux notions sont incontournables dans la pratique devant le juge d'appel et méritent de ce fait d'être expliquées. Avant il y a lieu de rappeler cette affirmation de Raymond Odent : « le juge d'appel agit au même titre et avec les mêmes pouvoirs que le juge de première instance ; comme ce dernier, il est saisi du fond même du litige et il le juge une seconde fois. »[1934]

Lorsque le juge d'appel procède tout d'abord à l'examen du jugement attaqué pour contrôler sa régularité, et qu'il constate que celui-ci ne respecte pas des règles de procédure et de forme et l'annule pour ce motif avant tout examen de l'affaire au fond, il statue par voie d'évocation. C'est ce que confirme Maxime Latourneur quand il écrit que « l'évocation implique préalablement l'annulation de la décision attaquée, avant tout examen de l'affaire au fond »[1935]. Par contre, lorsque ce dernier examen du jugement querellé ne relève pas d'irrégularité, le juge statue alors sur le litige dans sa profondeur, c'est-à-dire il statue sur tout le litige, autrement dit sur le fond, c'est l'effet dévolutif de l'appel. Sur le sujet, toujours dans son article publié dans l'EDCE en 1958,

---

1932 CE, 15 mars 1967, Élections municipales de Gambaiseul, GACA, *ibid.*

1933 Le juge d'appel français dispose d'un choix lorsqu'un jugement est annulé pour irrégularité, en renvoyant l'affaire devant la juridiction de 1er degré ou en tranchant lui-même le litige au fond ; V. David Bailleul, *Contentieux administratif, op. cit.*, p. 194.

1934 R. Odent, cité par M. Guyaumar, B. Seiller, *Contentieux administratif, op. cit.*, p. 60.

1935 M. Latourneur, « L'effet dévolutif de l'appel et l'évocation dans le contentieux administratif », in EDCE 1958, p. 59.

Maxime Latourneur écrit : « quand le juge d'appel n'a pas, à la suite de la première tâche qui lui incombe, (...) été contraint d'annuler ce jugement, il doit alors aborder sa seconde mission, sa mission normale, qui consiste à rechercher si le tribunal inférieur a bien jugé l'affaire au fond, et par suite, à examiner lui-même cette affaire. L'appel étant fondé sur l'idée que le juge du deuxième degré dispose des mêmes pouvoirs que le juge du premier degré (...), et en effet, le juge d'appel est, par suite de l'effet dévolutif, saisi de l'ensemble du litige. »[1936]

Le juge administratif d'appel national, dans l'affaire société SOYATT et DNDC[1937], a statué par voie d'évocation lorsqu'il a tout d'abord statué sur la compétence du juge administratif inférieur à connaître des actes des autorités administratives centrales avant de statuer sur l'affaire proprement dite. Il a ainsi souligné tout d'abord « que le tribunal a par jugement n° 48 du 4 mai 2004 ordonné le sursis à exécution de l'acte administratif et par jugement n° 121 du 6 août 2004 annulé ledit acte ; qu'en statuant sur un acte d'une autorité centrale, le tribunal a fait valoir sa compétence, (...) par conséquent ces deux jugements méritent la censure de la Cour ». Il a ainsi annulé en la forme le jugement n° 121. Après, il a statué à nouveau sur le fond de l'affaire et annulé l'acte administratif querellé.

Dans l'affaire n° 143 du 22 juillet 2010[1938], il agit aussi par voie d'évocation en constatant que le juge de 1re instance « renvoie Modibo Yara devant le Maire du district de Bamako pour compensation ce qui, en l'état de la législation, est une directive que dicte le juge de l'excès de pouvoir à l'Administration contrairement au principe de la séparation des pouvoirs et à l'interdiction d'ingérence de l'autorité judiciaire dans le domaine de compétence de l'Administration ».

Dans la même affaire, il relève aussi que « la dispense d'instruction ordonnée par le président du TAB qui trouve que la solution de l'affaire est certaine, a fait une mauvaise interprétation de la loi (...), car l'analyse des moyens des parties est fondamentalement une question de fond imposant au juge un procès juste et équitable par observation du principe du contradictoire ». C'est alors par ces motifs qu'il a infirmé le jugement contesté et statué à nouveau et annule l'acte administratif contesté devant le juge d'instance.

Le juge rempli aussi, avec une certaine satisfaction sa mission normale en utilisant la formule de Maxime Latourneur, de réexamen complet de l'affaire. Plusieurs affaires attestent cela. C'est le cas de l'espèce Préfet de Kati[1939], où le

---

[1936] *Ibid.*

[1937] CS-SA, Arrêt n° 009 du 02 mars 2006, la Société SOYATT et la Direction nationale des Domaines et du Cadastres c/ les jugements n° 13 du 11 février 2004, n° 48 du 4 mai 2004 et N° 121 du 6 août 2004 du TAB, *inéd.*

[1938] CS-SA, Arrêt n° 143 du 22 juillet 2010, le Sieur Modibo Yara et la Mairie du district de Bamako c/ le jugement n° 105 du 18 juin 2009 du TAB., *inéd.*

[1939] CS-SA, Arrêt n° 154 du 12 août 2010, Le Sieur A. G, et le Préfet de Kati c/ le jugement n° 38 du 03 février 2010 du TAB., *inéd.*

juge après avoir étudié à fond les considérations de fait et de droit, dit qu'« au regard de tout ce qui précède, il y a lieu d'infirmer le jugement (...) du TAB ». Il a statué de la même manière dans les arrêts n° 160 de 2010 : « que de tout ce qui précède, il échet de rejeter l'appel (...) comme mal fondé »[1940] » ; Sega Diakité : « qu'en conséquence le jugement entrepris procède d'une saine application des dispositions (...) du décret relatif aux formes et conditions d'attribution des domaines privés immobiliers des collectivités territoriales »[1941] ; Mahamadou Koïta : « qu'il convient par conséquent d'accéder à la demande tendant à son infirmation »[1942]. Il faut ajouter à ceux-ci les arrêts Mamadou Karembé[1943] et Badlaye Sow[1944].

Dans ses analyses conduisant à ces arrêts, le juge n'évoque en aucun moment les mots « évocation » ou « effet dévolutif ». Pourtant, comme nous venons de le démontrer, il statue souvent par évocation et est aussi saisi parfois par l'effet dévolutif de l'appel. Ce qui rend un peu difficile cette démarcation, est le fait que le renvoie devant un juge inférieur n'existe pas au Mali, comme nous l'avons déjà signalé dans ce paragraphe.

Même en matière d'évocation, le juge est saisi de conclusions au fond, donc en appel, il fait une exploitation judicieuse et vigilante des prétentions des parties.

b. Une exploitation normale des prétentions des parties

Tout comme le TA, le juge d'appel se fonde sur les moyens et conclusions présentés par l'appelant mais aussi ceux présentés par l'intimé, donc par toutes les parties.

Il peut aussi arriver qu'il relève d'office les moyens d'ordre public occultés par le premier juge. Ce sont alors les différents éléments fournis par l'appelant et l'intimé qui vont permettre au juge d'appel non seulement de délimiter le cadre de l'instance, mais aussi de lui permettre de rejuger le litige.

Si les prétentions de toutes les parties sont prises en compte, ce sont celles de l'appelant qui sont tout d'abord prises en compte et examinées. Le juge d'appel va ainsi travailler avec ses conclusions et ses moyens. En ce qui concerne les conclusions, elles constituent la lanterne qui attire le juge dans l'ombre des contradictions des parties vers la solution juridique telle qu'envisage l'appelant. Elles ne doivent plus alors trahir l'idée ou les idées

---

[1940] CS-SA, Arrêt n° 160 du 12 août 2010, Dame B. D. c/ le jugement n° 04 du 19 janvier 2010, *inéd.*

[1941] CS-SA, Arrêt n° 295 du 27 novembre 2014, Sega Diakité c/ le jugement n° 408 du 25 août 2011 du TAB, *inéd.*

[1942] CS-SA, Arrêt n° 316 du 27 novembre 2014, Mahamadou Keïta c/ le jugement n° 455 du 21 novembre 2013 du TAB., *inéd.*

[1943] CS-SA, Arrêt n° 166 du 20 juin 2014, Mamadou Karembé c/ le jugement n° 56 du 14 février 2013 du TAB, *inéd.*

[1944] CS-SA, Arrêt n° 005 du 25 janvier 2014, Badlaye Sow c/ le jugement n° 447 du 16 décembre 2012 du TAB., *inéd.*

soutenues dans les premières. En d'autres termes, comme le précise bien le Professeur David Bailleul, « les conclusions ne doivent pas être nouvelles, ce qui interdit à l'appelant de formuler une autre demande que celle présentée devant la juridiction de premier ressort dès lors qu'il s'agit d'augmenter les prétentions initiales »[1945].

Cette même exigence concerne les moyens dont le bien-fondé doit être vérifié. Cela signifie que de nouveaux moyens ne peuvent pas être soulevés devant le juge d'appel comme l'exige le principe de l'immutabilité du litige. Cette règle est compréhensible, car pour bien apprécier la décision du juge en droit et en faits, les mêmes moyens ou causes juridiques qui avaient été présentés devant lui, doivent en principe être reconduits devant le deuxième juge.

La Section administrative veille au respect de cette règle. L'arrêt n° 320 de 2012 en constitue une bonne illustration. Dans cette espèce, elle fait remarquer que « si dans la requête introductive d'instance, les héritiers de feu Kalilou Touré sollicitaient l'annulation des décisions 733 et 727, ils n'invoquent aucun moyen de droit pour soutenir leur recours mère ; si dans leur mémoire ampliatif produit le 03 avril 2011 à l'appui de leur recours, ils invoquent la violation du principe d'égalité des citoyens ; que ce moyen s'analyse comme un moyen nouveau car n'étant pas invoqué dans la requête introductive d'instance (...)[1946].

Il ressort clairement de cet arrêt, que n'ayant pas invoqué de moyen à l'appui de leur requête devant le juge de première instance, ils ne peuvent corriger ce défaut devant le juge d'appel, d'où la juste considération par ce dernier du moyen invoqué devant lui comme étant nouveau. L'appel ne se définit pas alors comme étant une fameuse occasion offerte aux parties pour corriger les insuffisances, ou même les défauts de calibrage de leurs mémoires présentés devant le juge du premier degré. Il se définit plutôt en prenant en considération ces mots, comme étant l'occasion d'une sécurisation juridique consistant à corriger les erreurs d'appréciation des faits et du droit du juge du tribunal.

Cet arrêt a été délibérément choisi pour un autre point essentiel pouvant échapper à la vigilance des lecteurs rapides. En fait notre explication s'est surtout portée sur l'appelant qui ne peut que reconduire les mêmes demandes soutenues devant le TA. Pourtant dans l'arrêt Mamadou Simpara, c'est le moyen invoqué par l'intimé, gagnant du procès devant le juge de première

---

[1945] D. Bailleul, *Contentieux administratif, op. cit.*, p. 196 ; il continu, en apportant une précision très importante : « dans le contentieux de la responsabilité toutefois, le montant de l'indemnisation initialement réclamé peut être réévalué en appel lorsque le préjudice dont est demandé réparation s'est aggravé depuis le jugement, ou lorsque l'étendue réelle des conséquences dommageables d'un même fait n'est révélée que postérieurement au jugement » ; v. aussi l'arrêt du CE français du 12 mai 2006, caisse des dépôts. In *AJDA* 2006, concl. D. Casas, p. 1607.

[1946] CS-SA, Arrêt n° 320 du 02 août 2012 ; Mamadou Simpara c/ le jugement n° 589 du 29 décembre 2011 du TAB., *inéd.*

instance, qui a été considéré comme étant nouveau, par conséquent irrecevable devant le juge d'appel. N'ayant pas présenté ledit moyen devant le TA, l'intimé avait voulu corriger ce défaut devant la SA, ce qui a même fait dire au juge que « c'est à tort que le juge d'instance a donné suite à un recours dénué de moyen, qu'il sied de ce chef infirmer le jugement entrepris ».

Cela signifie que l'intimé joue également un rôle très important dans la recherche de la solution du litige et que ses prétentions tendant logiquement à anéantir celles de l'appelant doivent être prises en compte. Même si de tels cas restent extrêmement rares dans la jurisprudence nationale, l'intimé peut former un appel-incident qui équivaut selon les mots du Professeur David Bailleul « aux conclusions reconventionnelles pouvant être développées en premier ressort »[1947]. Selon lui, le cas se présente lorsque le jugement n'a donné satisfaction à aucune des parties. Il prend ainsi l'exemple sur le cas d'acte administratif contesté non entièrement annulé ou la réparation de préjudice invoqué non intégralement accordée. L'intimé peut alors « riposter par de nouvelles demandes »[1948].

Aussi avant l'arrêt Mamadou Simpara, le juge d'appel avait par l'arrêt S.F.S imposé à l'appelant le principe de la non-admission des demandes nouvelles en appel. Dans ledit arrêt, il a statué comme suit : « considérant que devant le juge d'instance le requérant avait sollicité la condamnation de la Mairie de la commune VI du district de Bamako à lui payer la somme de 20 000 000 (vingt millions) FCFA toutes causes confondues ; que dans son mémoire ampliatif il sollicite la condamnation du Gouverneur du district de Bamako solidairement de la Mairie de la CVI, que cette nouvelle demande est à rejeter »[1949].

Ainsi, l'appel est un exercice auquel la SA traite avec une sérénité positivement appréciable. Il en résulte que l'annulation du jugement attaqué ne donne pas toujours raison à l'appelant et les moyens et prétentions de l'intimé comme ceux de l'appelant sont tour à tour examinés point par point. On peut

---

[1947] D. Bailleul, *Contentieux administratif, op. cit.*, p. 197.

[1948] *Ibid.* : les professeurs Guyaumar et Seiller préviennent à ce niveau : « l'appel incident n'est recevable que si l'appel principal l'est lui-même, ne doit pas soulever de litige distinct » ; ils soutiennent également que « l'appel incident constitue la riposte de l'intimé à l'appelant », V. *Contentieux administratif, op. cit.*, p. 48. L'appel peut aussi être provoqué, cela est cependant très rare dans la jurisprudence malienne. Il se produit lorsque l'intimé saisit la juridiction d'appel de conclusions dirigées contre une autre partie de première instance que l'appelant, que celle-ci participe ou non à l'instance d'appel, ou bien lorsqu'une partie de première instance non intimée présente des conclusions contre une partie à l'instance d'appel, ce qui lui permet d'y intervenir, explique Bailleul (*Ibid.*). La voie d'appel provoquée a été ouverte par le cas de co-auteurs du dommage V. CE français 21 janvier 1927, compagnie générale des eaux, cité par M. Guyaumar, B. Seiller, (*Ibid.*). Sa recevabilité est principalement soumise à celle de l'appel principal et doit constituer une protection contre une aggravation de la situation dues aux conséquences de l'appel principal.

[1949] CS-SA, Arrêt n° 87 du 06 mai 2010, le Sieur S.F.S. c/ le jugement n° 54 du 1er avril 2008 du TAB, *inéd.*

donc aisément affirmer l'inexistence de doute sur l'existence du double degré de juridiction administrative au Mali.

Les justiciables maliens, en attendant la mise en place effective des CAA, n'ont pas de juge devant lequel ils peuvent se pourvoir en cassation contre les arrêts rendus par le juge d'appel[1950]. Cela ne signifie pas qu'il n'existe pas de voie de droit à eux ouverte par le législateur après l'appel. Ils peuvent demander la révision de la décision du juge d'appel.

B. La révision : une voie peu fructueuse

La voie de la révision était prévue par l'ancienne loi régissant la Cour suprême[1951], elle l'est aussi par celle en vigueur[1952]. C'est une voie très fréquente après celle de l'appel, mais moins productive contrairement à celle-ci. En effet, si le juge de révision brille par une pratique, c'est celle consistant à ne pas faire droit aux demandes de révision (2). Ainsi, à certains égards, la révision peut être considérée comme une voie de remplacement mise à la disposition des justiciables, alors qu'en réalité, la révision n'est pas égale à la cassation (1).

1. La révision n'est pas égale à la cassation

Le mot cassation est apparu dans le vocabulaire du contentieux administratif malien pour la première fois avec la réforme opérée par les lois de 2011[1953]. C'est avec la Loi n° 2016-046 du 23 septembre qu'elle fait son apparition au niveau de la Cour suprême, mais les CAA n'étant pas encore fonctionnelles, la voie de cassation reste fermée devant la Section administrative.

Cependant, le fait que la SA soit l'organe de la Cour suprême qui connaît en dernière étape les litiges administratifs, peut pour certains par analogie au système français (mieux étudié et mieux diffusé) ou pour d'autres par simple commodité de langage, signifier qu'elle est la juridiction administrative de cassation au Mali. Aussi, la révision étant l'une des dernières voies de recours ouvertes aux justiciables devant cet organe, peut également faire croire à certains que, cette voie est la cassation. C'est pourquoi, il y a lieu de commencer la démonstration de la distinction entre ces deux voies pour affirmer que la SA de la Cour suprême révise ses propres arrêts ; mais ne les casse pas. Le mot cassation, signifie l'annulation pour méconnaissance de la légalité d'une décision de justice rendue en dernier ressort.

[1950] À ce niveau il faut mentionner que la situation est presque similaire au Sénégal. Certes, la voie de la cassation existe en matière administrative, mais pas devant leur équivalent de notre section administrative, c'est-à-dire la chambre administrative de la cour suprême du Sénégal. Elle est seulement ouverte devant les chambres réunies de la cour suprême « *contre les décisions de la cour des comptes et des organismes administratifs à caractère jurisprudentiel* », v. D. Sy., *Droit administratif*, 2e éd., *op. cit.*, p. 1559.

[1951] Loi n° 96-071, *op. cit.*, art. 71.

[1952] Loi n°2016-046/AN-RM, *op. cit.*, art. 254 et 255.

[1953] Loi n° 2011-038 portant création de juridictions, *op. cit.*, loi n° 2011-047 fixant la compétence, l'organisation et le fonctionnement des CAA, *op. cit.*

Ainsi, le « pouvoir de casser ou briser un arrêt (…) (constitue) une technique visant à mettre en œuvre un contrôle de légalité »[1954]. En cassation, nous sommes alors en matière de contrôle de légalité comme l'atteste Édouard Laferrière lorsqu'il écrit : « le juge de cassation (…) n'est point appelé à juger les procès, mais seulement à se prononcer sur la légalité des décisions qui les jugent. »[1955] Ces affirmations soulèvent une autre difficulté qui est relative à la possible confusion entre le recours en cassation et le recours pour excès de pouvoir, car ce dernier est aussi l'une des voies ou même la principale voie déclencheuse du contrôle de légalité.

On peut à ce niveau signaler tout simplement, que le recours en cassation, contrairement à celui de l'excès de pouvoir n'est pas dirigé contre une décision d'une autorité administrative, mais contre celle rendue en dernier ressort par une juridiction ou une autorité juridictionnelle.

S'il relève plusieurs différences entre les deux[1956], Édouard Laferrière met aussi l'accent sur les effets des deux annulations pour illégalité effectuée toutes par le même juge administratif. Il affirme : « à l'égard des actes administratifs, nous avons vu que l'annulation produit des effets erga-omnes et que l'acte annulé disparaît comme s'il avait été rapporté par son auteur ou par le supérieur hiérarchique ; au contraire, l'annulation des décisions juridictionnelles ne produit ses effets qu'inter parties, et les tiers étrangers au recours ne peuvent pas s'en prévaloir ; elle est à leur égard *res inter alios judicata*. »[1957]

Cela ne met pas fin aux difficultés que soulève le pourvoi en cassation, il soulève une autre tout aussi importante qu'essentielle. En effet, il n'existe pas un pourvoi en cassation, mais des pourvois en cassation. En d'autres termes, la cassation en vigueur devant les juridictions judiciaires ne se confond pas avec la cassation administrative.

Dans sa thèse de doctorat, Maël Mandin soutient clairement que « la cassation administrative (…) s'éloigne, à bien des égards, de la cassation en droit privé »[1958]. Le premier point de cet éloignement est lié à l'organe de cassation. En effet, dans un pays comme la France, où les deux types de cassation coexistent, celle concernant les décisions rendues par les juridictions de l'ordre judiciaire relève de la compétence de la Cour de cassation. Cette dernière juridiction suprême de l'ordre judiciaire a pour seule tâche majeure, la cassation des décisions juridictionnelles rendues en droit privé. Par contre, la juridiction chargée de casser celles rendues en matière administrative, à savoir le CE a d'autres tâches majeures à côté de celle relative à la cassation, même si

---

[1954] M. Mandin, « Le recours en cassation devant le Conseil d'État », thèse, université de Metz, faculté de droit, économie et administration soutenue le 25 octobre 2004 à 14 h 30 mn, p.1.

[1955] E. Laferrière, *Traité de la juridiction administrative*, t. 2, *op. cit.*, p. 589.

[1956] *Ibid.*, V. pp. 577-578.

[1957] *Ibid.*

[1958] M. Mandin, « La cassation devant le conseil d'État », thèse, *op. cit.*, p. 1.

« la cassation administrative a une place à part dans l'activité du Conseil d'État »[1959].

Si le code de procédure civile français dans son sous-titre III du titre XVI consacré aux voies de recours évoque des « voies de recours extraordinaires »[1960], aucune disposition du code de justice administrative ne reprend cette qualification. Le pourvoi en cassation est classé dans les voies de recours tout comme l'appel[1961]. Pour Denis Garreau, « les recherches de jurisprudences ne font pas apparaître que le CE emploie l'expression de voie de recours extraordinaire à propos du pourvoi » même s'il continue par ces mots : « pour autant, le pourvoi en cassation en matière administrative est certainement une voie de recours extraordinaire par rapport à la voie d'appel à raison de la procédure suivie et de ce que le pourvoi en cassation est fondamentalement, comme en matière civile, un procès fait à l'acte »[1962]. Il faut aussi ajouter que le code de justice administrative français parle indistinctement de « recours en cassation »[1963] et de « pourvoi en cassation »[1964]. Ainsi, en tant que juge de cassation, on s'aperçoit que « le CE s'est familiarisé avec cette technique de contrôle qui se rapproche désormais de celle de la Cour de cassation, sans toutefois être totalement analogue »[1965]. Les conditions de recevabilité du pourvoi en cassation administrative par analogie avec le recours pour excès de pouvoir tiennent aussi à l'auteur du recours. Ainsi, « le requérant en cassation doit faire état d'une qualité puis d'un intérêt avant de saisir le juge de cassation »[1966].

Les lignes ci-dessus sur le pourvoi en cassation peuvent permettre de comprendre, qu'il ne se confond pas avec la révision, une voie de recours aussi ouverte devant la juridiction administrative suprême. Cependant, pour plus de précisions, d'autres détails peuvent être utiles. Ainsi, si le pourvoi en cassation est classé parmi les voies de réformation[1967], le recours en révision relève des voies de rétractation[1968]. Ce qui signifie que si en cassation, c'est la juridiction

---

[1959] *Ibid.*

[1960] V. D. Garreau avocat au CE et à la Cour de cassation français, « Les pouvoirs en cassation, divergences et convergences », in actes du Colloque de la faculté de droit de Nice du 20 juin 2013, p. 2.

[1961] V. *le Code de justice administrative français*, *op. cit.*, art. L.811-1 et L.821-1.

[1962] D. Garreau, « Les pourvois en cassation, divergences et convergences », *op. cit.* p. 2.

[1963] CJA, *op. cit.*, art. L.111-1; L.331-1 et L.821-1.

[1964] *Ibid.*, art. 821-2.

[1965] M. Guyaumar, B. Seiller, *Contentieux administratif*, *op. cit.*, p. 50.

[1966] P. Cassia, observations sur l'arrêt syndicat Normand de la filature du coton et a, CE français, sect., 6 février 1931, in GACA., *op. cit.*, p. 578.

[1967] S'agissant du contentieux administratif camerounais, le Pr Keutcha-Thapnga, écrit : « deux voies de recours sont ouvertes contre les décisions du TA : les voies de réformation et celles de rétractation », il met alors dans les premières « l'appel et la cassation et affirme que ceux-ci « sont désormais les deux ultimes voies de réformation des décisions du TA au Cameroun » ; *op. cit.*, p. 215.

[1968] V. P. Cassia, Observations sur l'arrêt Treiber, in GACA, *op. cit.*, pp. 463-464.

suprême qui statue sur une décision rendue par une juridiction inférieure statuant en dernier ressort, en révision, c'est la décision de la juridiction suprême qui est en cause et est attaquée devant elle-même. Il y a aussi lieu d'ajouter un point très important qui sera développé dans le sous-paragraphe suivant. En effet, la révision apparaît comme une voie de recours fondée sur des pièces et la procédure. Elle peut ainsi conduire à une re-instruction du litige, donc le fond peut être fortement touché. Quant à la cassation, elle constitue une voie fondée sur le droit ; les juges inférieurs ont-ils respecté la légalité ? Et c'est tout, le fond n'a aucun risque d'être touché.

Il faut également rappeler que seul le CE (français) peut casser en matière de cassation, mais ne dispose pas du monopole de recours en révision. Certaines juridictions administratives spécialisées peuvent être saisies de recours en révision. C'est le cas par exemple de la Cour des comptes français « pour cause d'erreur, omission, faux ou double emplois, d'office ou sur réquisition du procureur général prise de sa propre initiative ou à la demande du ministre chargé des Finances »[1969]. Dès lors, on ne peut donc considérer que la voie du recours en révision constitue une voie de remplacement à celle de la cassation. L'une et l'autre peuvent coexister parfaitement devant la même juridiction suprême comme l'atteste l'exemple français.

Pourquoi alors l'inexistence d'une voie aussi utile comme la cassation au Mali ? La tentative de réponse à cette question risque de nous replonger dans un point déjà étudié dans cette recherche. En fait, le poids de ces deux voies ne serait-il pas lourd pour un organe d'une juridiction suprême aussi spécialisé qu'il soit ? La crainte est sérieusement réelle même si d'autres juridictions suprêmes semblables à celles du Mali[1970] connaissent les deux voies, cela nous paraît évidemment dangereux. Nous estimons que la réunion de Chambres ou de Sections pour statuer sur un pourvoi en cassation dénature l'objet de la chose pour la toute simple raison de l'existence de possibles compréhensions divergentes face au même sujet. Ce qui importe ici et qui apparaît sans ambiguïté, est que la révision n'est pas une voie de substitution à celle de la cassation.

Cette évidence démontrée, il faut savoir que la Cour suprême du Mali, est très avare en révision. De manière plus claire, il fait rarement droit à la demande de révision.

2. Le juge fait rarement droit à la demande de révision

Pour que le juge puisse revenir sur sa décision, car c'est de cela dont il s'agit, il faut au préalable que le requérant puisse avoir accès à son prétoire. Pourtant, le juge de révision national, si son prétoire n'est pas entièrement verrouillé, sa porte d'accès n'est pas non plus largement ouverte. Concrètement, si l'on

[1969] *Ibid.*, p. 465

[1970] V. les exemples camerounais et sénégalais.

procède à une analyse générale des arrêts rendus par la SA de la Cour suprême en matière de révision, on s'en rend directement compte qu'elle déclare très timidement recevables des recours en révision. Il faut aussi signaler que même si le recours est déclaré recevable, la rétractation s'avère difficile à obtenir. Rigueur ou extrême rigueur, la jurisprudence attestant ces affirmations est tout de même constante.

Avant d'approfondir ces points ci-dessus évoqués, il faut rappeler que la révision constitue une brèche dans le mur de certains principes bien ancrés dans la pensée juridique générale. On peut faire référence par exemple aux principes issus de la maxime « Res judicata pro veritate accipitur » qui signifie que la chose jugée est tenue pour vérité et « lata sententia, judex desinit esse judex » qui signifie que la sentence rendue, *le juge cesse d'être juge*. En s'attachant de manière immuable à ces maximes, la révision pourrait être considérée comme une voie perturbatrice des acquis relatifs à la force de solidité absolue et de vérité absolue qui font la beauté et la puissance des juridictions suprêmes. Cependant, en laissant certaines décisions produire leurs effets dans la société, malgré la découverte de certains documents ou l'avènement de certains faits conduisant à des changements de circonstances, la vérité légale prononcée par ce grand et dernier juge prendrait trop de distance avec la vérité réelle et se transformerait en vérité injuste.

Elle doit ainsi être perçue comme un remède aux possibles dénis de justice et constitue même un véritable moyen rétablissant ou renforçant la sécurité juridique. S'agissant de la recevabilité du recours en révision, il faut distinguer les conditions générales que ce recours partage avec d'autres recours devant la haute « juridiction » administrative et celles qui lui sont propres.

En ce qui concerne les conditions partagées, le juge se montre particulièrement très vigilant dans le contrôle du versement de la consignation. L'espèce Dame Oumou Touré Sall en constitue un exemple. Dans cet arrêt, la Cour suprême déclare « la requête irrecevable pour défaut de consignation »[1971]. Cette position sera réitérée dans l'arrêt n° 002 de 2006 : « déclare irrecevables les recours déposés par Maître Ousmane Dicko et la Société civile professionnelle Jurifis Consult pour défaut de consignation »[1972] ainsi que dans l'arrêt n° 54 de la même année où le juge fait savoir que « Dougoufana Sanogo ne s'est pas acquitté de l'amende de consignation » et décide pour ce motif de « rejeter (en la forme) le recours pour défaut de consignation »[1973]. Il ressort clairement de ces arrêts, que le juge est très rigoureux dans l'application de la règle relative à la consignation, ce n'est pas d'ailleurs spécifique au contentieux de la révision.

1971 CS-SA, Arrêt n° 30 du 23 février 1995, la Dame Touré Oumou Sall c/ l'arrêt n° 63 du 23 juillet 1992 de la Section administrative de la Cour suprême, *inéd.*

1972 CS-SA, Arrêt n° 002 du 12 janvier 2006, les héritiers du feu Modibo Keita c/ l'arrêt n° 117 du 15 septembre 2005 de la Section administrative de la Cour suprême, *inéd.*

1973 CS-SA, Arrêt n° 54 du 06 juillet 2006, le Sieur Dougoufana Sanogo c/ l'arrêt n° 131 du 23 décembre 2005 de la Section administrative de la Cour suprême, *inéd.*

Quant aux autres conditions de recevabilité, le juge exige certaines spécificités quant à la qualité de l'auteur du recours en révision. Dans l'espèce Dame Nany Camara, il précise que « (…) le recours en révision (…) ne peut être formé que par une des parties au procès ayant abouti à l'arrêt dont la révision est sollicitée » avant de signaler que « dans l'instance ayant abouti à l'arrêt n° 74 du 17 novembre 1988, la Dame Nany Camara avait non la qualité de partie mais celle de tiers » et enfin « déclare irrecevable pour défaut de qualité le recours de Dame Nany Camara »[1974].

Cette décision est très claire sur la définition de la qualité en matière de recours en révision. On peut comprendre dès lors que, seules ont qualité à saisir le juge de révision, les parties au procès dont l'arrêt est attaqué. Les autres personnes ne répondant pas à ce critère peuvent si possible emprunter d'autres voies, mais pas celle de la révision.

Aussi, le juge de révision a refusé la qualité au requérant dans l'affaire Sieur Fily Sissoko au motif que celui-ci « n'ayant pas qualité pour faire appel ne peut avoir qualité pour solliciter la révision »[1975]. Cet arrêt peut être considéré comme une continuité de la jurisprudence Dame Nany Camara. Ladite jurisprudence nous enseigne clairement que le critère de la qualité est strictement lié au titre de partie.

Toutes les conditions ci-dessus soulignées sont incontournables pour pouvoir avoir accès à ce juge, mais il existe encore une qui est également spécifique. Il s'agit de celle relative au délai. En effet, les parties disposent d'une période bien déterminée après le prononcé de la décision pour demander une révision, au-delà de celle-ci, elles subissent les effets de la forclusion. C'est ce que le juge précise dans l'affaire Sieur Issaga Sissoko : « Considérant que la requête datée du 26 septembre 1994, est dirigée contre un arrêt du 20 mai 1993 ; (…) (le) délai étant d'un mois, il y a lieu de déclarer que le requérant a agi tardivement »[1976]. Si dans cet arrêt le juge de révision n'est pas très explicite, il l'est dans l'espèce Yacouba Bagoyoko et il va même curieusement très loin. Il décide de la manière qui suit : « que des parties ou des conseils sont enclins, dans le but de contester le degré de connaissance en droit, des conseillers rapporteurs à la Section administrative à affirmer : nous n'avons pas reçu notification de votre arrêt ; comment voulez-vous que notre requête vous parvienne dans le temps que vous demandez ? » ;

« Considérant que la loi est dure mais elle est la loi ; que si des lois exigent en matière civile, commerciale, sociale ou administrative qu'une décision de justice prenne effet à l'égard des parties ou même pour la juridiction qui a statué,

---

[1974] CS-SA, Arrêt n° 39 du 31 août 1990, la Dame Nancy Camara c/ l'arrêt n° 74 du 17 novembre 1988 de la Section administrative de la Cour suprême, *inéd.*

[1975] CS-SA, Arrêt n° 37 du 02 juin 2006, le Sieur Fily Sissoko c/ l'arrêt n° 009 du 14 janvier 2015 de la Section administrative de la Cour suprême, *inédit.*

[1976] CS-SA, Arrêt n° 43 du 20 mai 1993, le Sieur Issaga Koné c/ l'arrêt n° 043 du 20 mai 1993 de la Section administrative de la Cour suprême, *inéd.*

à partir de la notification d'une expédition du jugement ou de l'arrêt contradictoire ou par défaut ; considérant que l'on constate (...) que l'arrêt n° 190 rendu contradictoirement a été prononcé le 17 septembre 2009 ; que la requête introductive en révision contre l'arrêt n° 190 daté du 10 novembre 2009 ; que cette requête est reçue au greffe de la Cour suprême et enregistré le 08 décembre 2009 (...) ; aussi convient-il de signifier au Sieur Yacouba Bakayoko qu'il n'a pas respecté une des conditions de formes prescrites par la loi régissant la Cour suprême (...) ; par ces motifs : déclare le recours irrecevable pour forclusion. »[1977]

Ces arrêts auxquels il faut ajouter l'arrêt n° 05 de 2010[1978] ne constituent qu'une application exacte de la loi régissant la Cour suprême qui dispose que « le recours en révision (...) doit être introduit dans le délai d'un mois à compter du jour du prononcé de la décision dont la révision est demandée »[1979].

Recevabilité du recours ne signifiant pas révision, c'est-à-dire le bien-fondé de la demande, une fois les conditions ci-dessus satisfaites, le juge s'intéresse alors au fond de l'affaire et sur ce point, il n'est pas moins rigoureux dans l'application de la loi.

Dans l'affaire le chef de village de Sadia Dogon, il décide en ces termes : « considérant qu'aux termes de l'art. 71 de la loi n° 96 relative à la Cour suprême, le recours en révision est dirigé contre les arrêts contradictoires de la SA dans les cas suivants : – si la décision a été rendue sur pièces fausses ; – si la partie a été condamnée faute de présenter une pièce décisive retenue par l'adversaire ; – s'il y a eu non application de la loi, fausse application ou fausse interprétation de la loi ; – si la décision rendue est entachée d'une erreur de procédure non imputable à la partie et qui a affecté la solution donnée à l'affaire ; qu'il y a lieu de dire qu'aucun texte n'a été violé par l'arrêt querellé ; au fond : rejette (le recours en révision) comme étant mal fondé »[1980].

En reprenant les dispositions qu'il a citées dans l'arrêt le chef de village de Sadia Dogon, il fait savoir dans l'espèce le Sieur Boua Cissé que « les deux moyens de violation du principe du contradictoire et de violation de la loi, tels que allégués par le requérant, ne répondent pas aux conditions du recours en révision fixées par la loi 96-071 du 16 décembre 1996 » et « rejette (le recours)

[1977] CS-SA, Arrêt n° 01 du 07 janvier 2010, le Sieur Yacouba Bagayoko c/ l'arrêt n° 190 du 17 septembre 2009 de la Section administrative de la Cour suprême, *inéd.*

[1978] CS-SA Arrêt n° 005 du 7 janvier 2010, les héritiers de feu Mouroukérou Niaré c/ l'arrêt n° 163 du 27 août 2009 de la Section administrative de la Cour suprême du Mali : « il est évident qu'en la forme, les requérants, bien que justifient de la qualité et de l'intérêt pour agir, bien qu'ils aient payé la consignation suivant certificat de dépôt (...), se butent à deux questions tenant d'abord au délai d'introduction du recours en révision lequel est d'un mois à compter du jour du prononcé de la décision dont la révision est demandée ; par ces motifs : déclare irrecevable pour forclusion. »

[1979] Loi n° 96-071, *op. cit.*, art. 71, al. 5. ; Loi n°2016-046/AN-RM, *op. cit.*, art. 254.

[1980] CS-SA, Arrêt n° 12 du 2 mars 2006, le chef de village de Sadia Dogon c/ l'arrêt n° 106 du 5 septembre 2004 de CS du Mali, *inéd.*

comme mal fondé »[1981]. En procédant de la même manière, il « rejette comme mal fondés » les recours ayant abouti aux arrêts n° 17[1982] et n° 18 de 2010[1983].

De manière plus récente, la Cour a réitéré cette position dans l'arrêt le Sieur Oumar Koringago en soutenant que « la Cour n'a commis aucune erreur de procédure pouvant entraîner la révision de l'arrêt querellé » et « rejette (le recours) comme mal fondé »[1984] et dans l'arrêt n° 213 de 2015 où il fait savoir que l'arrêt attaqué « ne s'est point prononcé sur la validité du TF ce qui n'a d'ailleurs point été demandé à la Cour ; par ces motifs : rejette (le recours) comme mal fondé »[1985] .

En se limitant à ces arrêts de rejet, le tableau serait certainement très sombre et ne refléterait pas avec exactitude l'état de la jurisprudence en la matière. Ces arrêts ci-dessus témoignent largement que le juge de révision national fait très rarement droit aux recours en révision, mais il faut signaler que lorsque, les conditions légales qu'il rappelle chaque fois dans ses arrêts sont remplies, il rétracte généralement l'arrêt querellé. Tel a été le cas en 2006 où il a accepté de réviser deux arrêts.

Ainsi, dans l'arrêt les sieurs Mady Camara et Béchir Kane, après avoir rappelé les dispositions de l'article 71 de la loi 96-071 du 16 décembre 1996 régissant de la Cour suprême, il fait savoir : « Que de ce fait, l'arrêt n° 72 du 13 mai 2005 n'ayant pas tenu compte de la disqualification du bureau décidée par le jugement n° 106 du 1er mars 2004, doit être censuré. »[1986] Aussi, dans l'espèce la société Zénith Énergie développement, la Cour reconnaît que « l'arrêt querellé ayant donc renvoyé les parties à poursuivre les procédures prévues par le code des marchés publics, a fait une lecture partielle des dispositions dudit code et s'est exposé à la rétractation ». Il « déclare alors (le recours) bien fondé en rétractant l'arrêt n° 21 du 24 mars 2006 de la Section administrative »[1987]. Dans ce cas d'espèce, en se fondant sur les mots du juge lui-même, il « y a eu (…) fausse application ou fausse interprétation de la loi. »[1988]

1981 CS-SA, Arrêt n° 10 du 07 janvier 2010, le Sieur Boua Cissé c/ l'arrêt n° 169 du 2 octobre 2008 de CS du Mali, *inéd.*

1982 CS-SA, Arrêt n° 17 du 22 janvier 2010, le Parti ADEMA-PASJ c/ l'arrêt n° 169 du 2 octobre 2008 de CS du Mali, *inéd.*

1983 CS-SA, Arrêt n° 18 du 22 janvier 2010, Le Sieur Y. D. c/ l'arrêt n° 211 du 8 octobre 2009 de la Cour suprême du Mali, *inéd.*

1984 CS-SA, Arrêt n° 164 du 20 juin 2014, Oumar Koringago c/ l'arrêt n° 169 du 21 juillet 2011 de la C.S du Mali, *inéd.*

1985 CS-SA, Arrêt n° 213 du 06 août 2015, Seydou Coulibaly, c/ l'arrêt n° 114 du 16 avril 2015 de la SA de la CS, *inéd.*

1986 CS-SA, Arrêt n° 45 du 15 juin 2006, les Sieurs Mady Camara et Béchir Kane, c/ l'arrêt n° 72 du 13 mai 2005, de la SA de la CS, *inéd.*

1987 CS-SA, Arrêt n° 64 du 10 août 2006, la Société ZÉD. SA c/ l'arrêt n° 21 du 24 mars 2006, de la SA de la CS, *inéd.*

1988 Loi n° 96-071, *op. cit.*, al. 3.

Cependant, si cette rigueur du juge est sur un plan strict légal, il faut constater avec regret que cette rigueur est surtout unilatérale. Le juge n'a-t-il pas avec fierté rappelé dans l'arrêt Yacouba Bagoyoko du 07 janvier 2010 ci-dessus cité le principe selon lequel « la loi est dure mais elle est la loi » ? En effet, les dispositions de la loi 96-071 relatives à la révision, après avoir rappelé que « le recours en révision est suspensif », disent que « la Section administrative doit statuer dans le délai de deux mois »[1989].

Si l'on s'intéresse beaucoup plus à quelques arrêts auxquels nous avons fait référence ici, on obtient les résultats suivants : s'agissant du respect dudit délai par la Cour : Arrêt ZED SA de 2006 (requête enregistrée le 27 mars 2006, arrêt rendu le 10 août 2006 ? soit à peu près 6 mois) ; Arrêts sieurs Mady Camara et Béchir Kane (requête enregistrée le 3 juin 2005, arrêt rendu le 15 juin 2006, soit plus d'un an), Arrêt Seydou Coulibaly (requête enregistrée le 14 mai 2015, arrêt rendu le 06 août 2015, soit à peu 4 mois). Ce qui signifie clairement que le juge de révision lui aussi ne respecte pas la loi ou se soustrait à la rigueur de la loi.

Cette parenthèse close, il faut souligner qu'en faisant une comparaison avec la pratique française en la matière, on comprend directement dès le premier contact avec l'article R. 834-1 du code de justice administrative français, que celui-ci a été pratiquement repris par l'article 71 de la loi malienne régissant la Cour suprême. Ainsi, cela ne doit pas alors être compris dans le sens d'une similitude absolue entre les pratiques des deux pays en la matière. En effet, les deux se rejoignent sur une principale condition de recevabilité, il s'agit de celle relative à l'auteur du recours. Le CE français lie parfois la recevabilité du recours en révision à celle de l'auteur de faire l'appel[1990] mais admet logiquement celle des parties à l'instance initiale[1991].

Par contre, sur les autres conditions de recevabilité, les deux se détachent. Tout d'abord en ce qui concerne le délai de recours, il est de deux mois pour former le recours en révision en France[1992] même devant les juridictions administratives spécialisées[1993]. La différence se situe aussi au niveau du Ministère d'avocat qui est obligatoire en France mais non au Mali. En effet, en

---

[1989] *Ibid.*, al. 5.

[1990] CE, Sect. 16 mai 1980, comité de coordination professionnelle des éclusiers, AJDA 1980, p. 411 ; « Dès lors en effet que l'on admet le droit de certains intervenants à faire appel de jugement auxquels ils n'étaient pas partie, il est logique de leur reconnaître le droit de former un recours en rectification d'erreur matérielle contre ces jugements », concl. E. Glaser sur CE 5 janvier 2005, Soubiran, le CE a jugé que la recevabilité de l'intervenant à former un recours en révision doit être apprécié de la même manière que celle faite dans le cadre du recours en rectification d'erreur matérielle : est irrecevable le recours en révision dirigé contre une décision rendue en cause d'appel dans un litige d'excès de pouvoir et formé par un intervenant à la première instance, dès lors que ce dernier n'aurait justifié ni d'un intérêt lui donnant qualité pour défier aux juges la décision administrative litigieuse, ni d'un intérêt pour faire appel du jugement rendu contrairement aux conclusions de son intervention, *ibid.*

[1991] CE, 7 avril 2011, Amnesty International Section française, cité par P. Cassia, *ibid.*, p. 474.

[1992] V. l'art. R.834-2 du code de Justice administrative français.

[1993] V. CE, Sect., 16 mai 2012, serval, cité par P. Cassia in GACA, p. 474.

France, « le recours en révision est présenté par le Ministère d'un avocat au Conseil d'État (…) »[1994].

En dehors de ces points, la principale différence entre les pratiques malienne et française réside au point de la confusion entre les conditions de recevabilité et celles de révision ou de rétractation de l'arrêt querellé. Au Mali, comme on peut le constater à travers les lignes ci-dessus, le juge contrôle les conditions de recevabilité ordinaires en tenant compte des spécificités liées au recours en révision, mais ne déclare jamais par exemple irrecevable un recours en révision en se fondant sur l'un des moyens d'annulation en révision énumérés à l'article 254 de la loi n° 2016-046 du 23 2016. Par contre en France, « la décision Treiber montre donc que les questions de recevabilité et du bien-fondé du recours en révision sont parfois étroitement liées »[1995].

À côté de l'appel et de la révision, d'autres voies de recours, même si elles sont moins fréquentes existent et sont non moins importantes dans la consolidation de la sécurité juridique et du renforcement de l'effectivité du droit administratif national.

Paragraphe 2 : Les voies de recours moins fréquentes

Elles ne sont composées que des voies de rétractation, et sont à ce titre, tout comme le recours en révision, introduites devant la juridiction auteur de la décision. Si prises globalement, elles sont moins fréquentes que l'appel et la révision, certaines d'entre elles sont aussi plus utilisées que d'autres. Pour les premières, il s'agit de l'opposition et de la tierce opposition, et pour les secondes, il s'agit du recours en rectification d'erreur matérielle et du recours en interprétation. Pour les premières, l'étude de la jurisprudence nous permet de constater un traitement admissible (A) alors que celui des secondes est particulièrement évolutif et variable (B).

A. Un traitement admissible de l'opposition et de la tierce opposition

Parmi ces deux voies, l'une est ouverte à une des parties, lorsque l'arrêt n'a pas été rendu contradictoirement : c'est l'opposition (1). L'autre est ouverte à toutes les personnes dont les droits sont concernés par la solution du litige à laquelle elles n'ont été ni appelées ni représentées : la tierce opposition (2).

1. L'opposition

Le professeur Demba Sy classe cette voie de recours parmi celle qu'il qualifie de « voie de recours spéciale » et la définit comme « une voie de recours contre les décisions rendues par défaut le requérant n'ayant pu présenter son argumentation »[1996]. C'est une voie de sécurité et de garantie pour la partie absente qui n'était pas au courant du déroulement du procès et qui par

---

[1994] V. l'art. R.834-3 du code de Justice administrative.

[1995] P. Cassia, observations sur l'arrêt Treiber, CE 5 avril 1996, in GACA, *op. cit.*, p. 467.

[1996] D. Sy, *Droit administratif*, t. 2, *op. cit.*, p. 159.

conséquent n'a pas alors pu présenter son mémoire, donc sa défense. Le législateur précise : « l'opposition tend à faire rétracter un arrêt rendu par défaut ; elle n'est ouverte qu'au défaillant »[1997]. La loi régissant les TA dispose aussi que « les jugements rendus par défaut du Tribunal administratif peuvent être attaqués par voie d'opposition »[1998]. Le recours en opposition est alors ouvert devant toutes les juridictions administratives maliennes.

Comme les dispositions législatives ci-dessus citées peuvent nous le faire comprendre, elle constitue clairement une opportunité juridique offerte aux parties absentes pour venir se défendre devant le juge qui a déjà statué en se fondant sur les prétentions et moyens de la partie ou des parties présentes. L'objet d'un recours en opposition est donc très clair : il s'agit purement et simplement de faire rejuger l'affaire. Cette affirmation peut cependant être sujette à une certaine confusion. En effet, elle pourra créer au regard de certains, un rapprochement entre ce recours et celui en cassation et aussi avec l'appel.

S'agissant de cette possible confusion avec le recours en cassation il ressort clairement de notre étude[1999] que l'objet de ce dernier n'est point de faire rejuger le litige mais plutôt de faire vérifier « la rectitude juridique de l'arrêt (ou du jugement) attaqué »[2000]. Quant à son possible rapprochement avec l'appel, il faut tout simplement rappeler que celui- ci constitue une voie de reformation que peut emprunter une des parties dont la demande n'a pas été ou entièrement prise en compte par un jugement rendu contradictoirement. Ainsi, même si les effets du recours en opposition peuvent se rapprocher de ceux de l'appel au cas où le juge le déclare bien-fondé, les deux ne se confondent pas alors.

Ainsi, le recours en opposition n'est pas ouvert à tout le monde, et il ne suffit pas de l'introduire pour que le juge de l'opposition puisse auto-matiquement le déclarer bien-fondé. Même si le juge de l'opposition (ici Section administrative de la Cour suprême) s'est très rarement prononcé, ces propos seront analysés à l'aune de ses quelques très rares interventions.

De prime abord, il est mieux de savoir que le juge de l'opposition déclare peu de recours en la matière recevable. Dans sa motivation dans l'affaire sieur Modibo Traoré[2001], il dit : « que le sieur Modibo Traoré entend exercer une opposition dirigée contre l'arrêt n° 128 du 17 juillet 2010 » ; et « qu'aux termes (…) de la loi (…), l'opposition tend à faire retracer un arrêt rendu par défaut ». Il termine ladite motivation en faisant savoir « que le présent recours qui n'est en réalité qu'un recours en révision déguisé dirigé contre l'arrêt, qu'elle ne saurait prospérer en ce que l'irrecevabilité de l'appel a été motivée par le défaut

---

[1997] Loi n° 96- 071, *op. cit.*, art. 67 ; Loi n° 2016-046/AN-RM, *op. cit.*, art. 250.

[1998] La loi n° 94-006, *op. cit.*, art. 44 ; loi n° 2018-031, *op. cit.*, art. 58.

[1999] V. supra, p. 457 et s.

[2000] J. Arrigli De Casanova, concl. sous l'arrêt Joseph du CE français, sect. 20 novembre 1992, in AJDA 1993, p. 130.

[2001] CS-SA, Arrêt n° 223 du 09 décembre 2010, le sieur Modibo Traoré c/ l'arrêt n° 128 du 17 juillet 2010 de la CS du Mali, *inéd.*

de paiement de la consignation et non le défaut de production de mémoire », et enfin, « déclare (en la forme) le recours irrecevable. »

Le principal enseignement à tirer de cet arrêt est que la principale condition de la recevabilité du recours en opposition est le caractère non contradictoire de la décision contre laquelle est formée l'opposition. Le juge de l'opposition le souligne lorsqu'il dit que la décision querellée n'a pas été motivée par le défaut de production de mémoire.

Aussi, avant l'arrêt Modibo Traoré, le juge de l'opposition avait déjà à travers l'espèce sieur Moussa Sangaré tout d'abord démontré que la requête en opposition est avant tout soumise aux conditions générales de recevabilité des requêtes devant les juridictions administratives particulièrement celle relative à la consignation : « considérant qu'il ne ressort pas du dossier que le requérant a consigné la caution. » Ensuite, il a apporté la précision sur la condition de recevabilité propre à l'opposition en signalant que « l'opposition n'étant ouverte qu'au défaillant, c'est-à-dire à la suite d'un arrêt rendu par défaut, le sieur Moussa Sangaré, initiateur de la procédure en révision par sa demande déposée au greffe (…), n'est donc pas recevable à l'exercer ». Enfin, en la forme, il a « déclaré la requête en opposition irrecevable »[2002].

Pour savoir que le sieur Moussa Sangaré n'était pas défaillant, donc insusceptible de former une opposition contre l'arrêt attaqué, le juge a tout simplement analysé tous les recours concernant la même affaire. Cette analyse lui a alors permis de constater que le requérant avait aussi saisi le juge de révision. Ce qui signifie techniquement, que le requérant a effectivement participé à la procédure ayant abouti à la solution du litige, car pour rappel, « le recours en révision est dirigé contre les arrêts contradictoires de la Section administrative (…) ».

À peu près 6 ans après l'arrêt sieur Seydou Sangaré, le juge de l'opposition a reproduit intégralement toutes les exigences évoquées dans celui-ci à travers l'espèce Boureima H. Cissé, mais de manière un peu plus détaillée. Il tranche le litige en ces termes : « considérant qu'il ressort (…) de la loi organique sur la Cour suprême que l'opposition tend à faire rétracter un arrêt rendu par défaut ; elle n'est ouverte qu'au défaillant ; elle doit être formée dans le délai d'un mois à compter du jour ou la décision par défaut a été notifiée (…) ; considérant que l'arrêt attaqué en opposition a été rendu sur appel du requérant en opposition ; considérant que le requérant en opposition n'a pas versé la consignation (…) ; en la forme, déclare l'opposition irrecevable pour défaut de consignation. »[2003]

Dans cet arrêt, hormis la condition générale de recevabilité relative à la consignation soulevée par le juge de l'opposition, il attire subsidiairement

[2002] CS-SA, Arrêt n° 156 du 18 août 2008, le sieur Moussa Sangaré c/ l'arrêt n° 116 du juillet 2007 de la Section administrative de la Cour suprême, *inéd.*

[2003] CS-SA; Arrêt n° 241 du 04 septembre 2014, le sieur Boureima Hamadoune Cissé c/ l'arrêt n° 413 du 13 septembre 2013 de la CS du Mali, *inéd.*

l'attention sur le fait que l'arrêt contre lequel, le recours en opposition est introduit, a été rendu suite à un appel relevé par le requérant en opposition. Ce n'est pas de manière fortuite que le juge a signalé cette situation. En effet, c'est comme si l'auteur d'une requête dit ne pas être au courant de l'existence de l'affaire devant le juge, alors que tout commence par une notification de l'arrivée du dossier devant la juridiction, invitant aussi le requérant à faire parvenir son mémoire ampliatif. S'il ne le fait pas, cela est plutôt considéré comme un désistement et non comme une décision rendue par défaut.

Cependant, il y'a lieu de signaler qu'avant tous les arrêts ci-dessus cités, précisément en 2005, le juge déclarait recevable un recours en opposition. Dans l'espèce Mohamed Saliha Abacar, le juge dit : « lorsque le défendeur n'a pas présenté d'observations ou produit de mémoire, l'arrêt est rendu par défaut ; considérant que le sieur Mohamed Saliha Abacar, bien qu'invité par lettre n° 309/CS. PSA (…) à produire un mémoire (…), n'a ni présenté d'observations, ni produit de mémoire dans l'instance ayant abouti à l'arrêt querellé ; qu'au regard de la loi ledit arrêt doit être rendu par défaut ; (…) ; Qu'il échet de recevoir le présent recours en opposition comme étant régulier (en la forme)[2004]. »

Quant au fond, le juge fait savoir : « que la requête en opposition ne contient ni d'exposé sommaire des faits, ni de moyens et de conclusions tendant à faire rétracter l'arrêt querellé ; qu'en l'absence de la formulation de moyens ou de conclusions dirigées contre ledit arrêt, le recours doit être rejeté pour défaut de moyens. » Sans moyens et conclusions, même rendu par défaut, un arrêt ne peut pas être rétracté, c'est ce qui ressort de cet arrêt. Il faut ajouter que même si le requérant avait présenté ceux-ci dans le cas d'espèce, s'ils n'étaient pas sérieux, l'arrêt n'allait pas non plus être rétracté. Cet arrêt est tout de même curieux car le juge révèle lui-même que la Cour a invité le défendeur à produire le mémoire sans suite.

En la matière, la législation malienne est proche de celle du Cameroun. En effet, la loi de ce pays régissant les TA dispose que « la déclaration d'opposition contre tout jugement de défaut du tribunal administratif est faite soit par le demandeur en personne ou par un avocat (…) »[2005] et que « les jugements sont rendus par défaut lorsque les parties n'ont pas déposé les mémoires dans le délai imparti ; les décisions par défaut sont susceptibles d'oppositions »[2006].

Il faut ajouter qu'au Mali, « l'opposition suspend l'exécution de la décision rendue à moins qu'il n'en ait été autrement ordonné par la décision »[2007].

[2004] CS-SA, Arrêt n° 102 du 12 juillet 2005, le sieur Mohamed Saliha Abacar, c/ l'arrêt n° 68 du 28 novembre 2003 de la CS du Mali, *inéd.*

[2005] La loi camerounaise n° 2006/022 du 22 décembre 2006, fixant l'organisation et le fonctionnement des TA ; art. 107, cité par C. Keutcha-Tchapnga, *Précis du contentieux administratif au Cameroun*, *op. cit.*, p. 226.

[2006] *Ibid.*, art. 109, *ibid.*

[2007] Loi n° 96-071, *op. cit.*, art. 68; Loi n°2016-046/AN-RM, *op. cit.*, art. 251.

Quant au Cameroun, « pendant le délai (…) dont vous disposez pour former votre requête en opposition (…) le jugement ou l'arrêt auquel vous vous opposez ne peut être exécuté ; à moins que, en cas d'urgence ou de péril en la demeure, l'exécution provisoire avec ou sans caution n'ait été ordonnée »[2008].

Malgré ces similitudes, il faut tout de même noter qu'il existe quelques petites différences entre la pratique de ces deux pays. La principale se situe au niveau du délai. En effet, si au Mali l'opposition « doit être formée dans le délai d'un mois à compter du jour où la décision de défaut a été notifiée »[2009] ; au Cameroun, « la requête en opposition est formée dans les quinze jours de la notification de la décision de défaut »[2010]. Cependant, en la matière, le système de notification Camerounais est plus précis et plus sécurisant que celui du Mali. Cela est dû au fait qu'au Cameroun, « la notification de la décision doit, à peine de nullité mentionner ; le délai dont dispose la partie défaillante pour former opposition ; – qu'à l'expiration de ce délai, la décision devient définitive »[2011]. Le justiciable malien ne bénéficie pas exactement de tels avantages devant la SA de la Cour suprême.

Il faut alors souligner que les pratiques maliennes et camerounaises se détachent de celle de l'ex-métropole à travers quelques règles essentielles. Il est intéressant de savoir qu'en France, « l'opposition n'est pas suspensive, à moins qu'il soit autrement ordonné »[2012] et « elle doit être formulée dans le délai de deux mois à compter du jour ou la décision par défaut a été notifiée », tandis que celui- ci est de quinze jours au Cameroun et d'un mois au Mali comme nous l'avons susmentionné.

Aussi, contrairement au Cameroun et au Mali[2013], la voie de l'opposition est fermée devant les tribunaux administratifs français en ces termes : « les jugements et ordonnances des TA ne sont pas susceptibles d'opposition »[2014]. C'est ce que le professeur David Bailleul signale lorsqu'il écrit que le recours en opposition « est circonscrit aux arrêts des CA et du CE »[2015].

À côté l'opposition, il existe une autre voie de recours ouverte aux parties absentes au procès initial avec aussi ses propres exigences.

2008 C. K. Tchapnga, *Précis du contentieux administratif au Cameroun*, *op. cit.*, p. 227.

2009 Loi n° 96-071, *op. cit.*, art .67 ; Loi n°2016-046/AN-RM, *op. cit.*, art. 250.

2010 Loi Camerounaise n° 2006/022, *op. cit.*, art. 109 al. 3.

2011 *Ibid.*, art. 111 ; il faut que souligner que cette disposition est presque similaire à l'art. 44 de la loi malienne régissant les TA.

2012 Code de la Justice administrative, art. R.831- 2, in code administratif, *op. cit.*, p. 219.

2013 Code de la Justice administrative, art. 44 : « les jugements des tribunaux administratifs peuvent être attaqués par voie d'opposition dans le délai d'un mois à compter de la notification qui en est fait aux parties ».

2014 Code de Justice administrative, art. R.831-6.

2015 D. Bailleul, *Contentieux administratif, op. cit.*, p. 229.

2. La tierce opposition

On ne peut étudier la tierce opposition sans rappeler la position exprimée par l'un des grands Commissaires du gouvernement français, qui se demandait s'il était possible de former une tierce opposition contre un arrêt ayant prononcé l'annulation d'un acte administratif. Selon lui, le REP étant un procès dirigé contre un acte et non des personnes, la tierce opposition n'y est pas envisageable[2016].

Bien vrai que la tierce opposition constitue l'autre voie de recours mise à la disposition des personnes qui n'étaient pas présentes au procès, elle ne se confond pas avec l'opposition. Elle ne constitue pas une voie spécialement ouverte au défaillant, mais une opportunité juridique offerte à toutes personnes dont les droits ont été entachés par la décision du juge. Cette opportunité consistant à déverrouiller une voie d'accès au juge, est conditionnée à ce que ladite personne n'ait été ni appelée ni représentée au procès et que ces droits aient été préjudiciés par la décision du juge.

Le législateur la définit en ces termes : « toute personne peut former tierce opposition à un arrêt qui préjudicie à ses droits et lors duquel, ni elle, ni ses représentants n'ont été régulièrement appelés dans l'instance ayant abouti à cet arrêt. »[2017] La définition doctrinale rejoint celle du législateur. Ainsi, Guichard la définit comme « une voie de recours extraordinaire ouverte à tous les tiers lésés ou menacés d'un préjudice en raison d'un jugement auquel ils n'ont pas été partie »[2018].

Il ressort donc de ces différentes explications ; que tout comme les autres voies de recours, l'accès au juge de tierce opposition est strictement soumis à des conditions. Aussi, la déclaration de recevabilité ne peut nullement signifier la rétraction de l'arrêt ou du jugement contre lequel est formée une tierce opposition. Ces affirmations ne peuvent alors être sérieusement appréciées qu'à travers une analyse de la jurisprudence en la matière.

En 1990, la haute juridiction administrative nationale par l'arrêt dame Nany Camara où la requérante avait introduit un recours en révision, tout en déclarant irrecevable ledit recours a tenté d'expliquer ce que c'est que la tierce opposition et la différence qui existe entre elle et les autres voies de rétractation. Pour elle, « (…) dans l'instance ayant abouti à l'arrêt (contesté), la dame Nany Camara avait non la qualité de partie mais celle de tierce » ; et que « si la Cour a tenu à associer la requérante à la procédure qu'elle n'a pas initiée, c'est parce qu'elle était intéressée à la solution du litige, le recours objet dudit litige tendant à l'annulation de la décision administrative dont elle était bénéficiaire » ; enfin

---

[2016] Conclusions de Henri Jagerschmidt sur CE 8 décembre 1899, Ville d'Avignon ; pourtant, lesdites conclusions ont été suivies à l'époque avant d'être abandonnées par l'arrêt Boussuge du 29 novembre 1912.

[2017] Loi n° 96-071/ A.N-R.M, *op. cit.*, art. 70 ; Loi n°2016-046/AN-RM, *op. cit.*, art. 253.

[2018] S. Guichard, cite par Keutcha-Tchapnga, *op. cit.*, p. 228.

qu'« il résulte de ce qui précède, que seule la voie de tierce opposition demeure ouverte à la dame Nany Camara et non à celles du recours en révision ou en opposition réservées par la loi à des parties présentes ou défaillantes »[2019].

Cette décision est pourtant bien curieuse. Le juge estime que la bonne voie que la requérante aurait dû emprunter est la tierce opposition. Cette dernière est cependant subordonnée à trois points précédemment cités : la décision du juge doit préjudicier aux droits du requérant, ni ce dernier, ni ses représentants de ne pas avoir été régulièrement appelés dans l'instance ayant abouti à la décision. Pourtant, dans le résumé des faits, le juge fait savoir que la dame Nany Camara « a été invitée par la Cour à se présenter mais en vain ». Cela signifie que la condition tenant à ce que l'intéressée n'ait pas été régulièrement appelé n'est pas satisfaite, donc la voie de recours que la haute juridiction indique à la requérante dans cette espèce n'est pas aussi la bonne. En de termes clairs, la dame Nany Camara ne pouvait pas non plus former une tierce opposition contre l'arrêt querellé, car elle a été régulièrement appelée par la juridiction à venir participer à la procédure, mais sans suite.

Cette regrettable approximation ne doit pas non plus ternir la jurisprudence de la Cour suprême en la matière. Elle est même isolée car n'ayant pas été reprise. Dans plusieurs arrêts, on constate une sérieuse et rigoureuse appréciation du juge, et cela fait foi de jurisprudence. Ainsi, dans l'espèce les sieurs Oumar Tounkara et Ismaël Soumaré, le juge avant de constater le respect de toutes les conditions générales de recevabilité de la requête introductive d'instance dit : « (…) les requérants n'étaient pas représentés aux instances ayant abouti aux arrêts n° 94 et n° 80 ; qu'il échet de recevoir la requête en la forme ». Quant au fond, il considère que « (…) les moyens soulevés par les tiers opposants ne sont pas juridiquement fondés ; et rejette (la requête) comme mal fondée. »[2020]

L'affaire dame Mariam Keïta constitue une jurisprudence de référence sur ce sujet, car dans ladite affaire, le juge s'exprime très clairement et de façon explicite et large sur les conditions de recevabilité. Il le fait comme suit : « considérant qu'in liminelitis, la direction générale du contentieux soulève l'exception tenant au défaut de qualité du tiers opposant ; qu'en matière de tierce opposition, seuls peuvent former tierce opposition, ceux qui n'ont pas la qualité reconnue de parties et qui n'ont pas été cependant régulièrement mis en cause de même que ceux qui n'ont été ni appelés ni mis régulièrement en cause ; qu'en l'espèce, seule la Mairie de la commune IV du district de Bamako et la DNDC avaient la qualité de parties dans la procédure ayant abouti à l'arrêt querellé ;

[2019] CS-SA ; arrêt n° 39 du 31 aout 1990, la dame Nany Camara, *op. cit.*

[2020] CS-SA ; arrêt n° 69 du 14 septembre 2006, les sieurs Oumar Tounkara et Ismaël Soumaré c/ les arrêts n° 94 du 22 novembre 2001 et n° 80 du 18 décembre 2003 de la CS du Mali, *inéd.*

Considérant que devant le juge administratif la notion de qualité s'apprécie de manière large ; considérant que les tiers opposants ont vu leurs droits résultant des titres délivrés par le maire mis en cause ; que l'annulation de ces titres fonde leur qualité et leur intérêt à agir ; que n'ayant pas défendu leur droit devant le juge d'appel, ils sont fondés à faire tierce opposition (…) ; en la forme, reçoit le recours »[2021].

Il ressort de cet arrêt, que lorsque les droits de quelqu'un sont touchés par une décision du juge, cela lui confère qualité et intérêt à agir. Cette qualité est celle du tiers opposant, lorsque l'intéressé n'a aucune manière été associé à la prise de ladite décision, lui permettant ainsi de défendre ses droits. Cela concorde avec cette analyse de Célestin Keutcha-Tchapnga : « si des personnes n'ont pas été parties à la procédure ou qu'elles n'y ont pas été représentées, alors qu'elles avaient intérêt à y défendre leurs droits, elles peuvent alors faire à nouveau juger les dispositions du jugement qui leur font grief en introduisant une procédure dite de tierce opposition. »[2022]

On comprend dès lors, que si les droits des requérants n'avaient pas été préjudiciés, leur recours n'allait pas être déclaré recevable. D'ailleurs, le juge confirme cela dans l'espèce sieur Mamadou Fofana : « considérant que le tiers opposant tire ses droits de propriété sur la parcelle querellée d'un acte notarié établi (…) le 28 mai 2009 ; qu'à la date de l'arrêt n° 109 c'est- à -dire le 19 juillet 2007, le sieur Fofana n'exerçait aucun droit sur la parcelle KW/3 de l'hippodrome-extension ; qu'il n'avait à cette date aucune qualité à participer à la procédure ; qu'il échet de déclarer son recours irrecevable (en la forme). »[2023]

Il faut ajouter à ces cas, un arrêt du 23 janvier 2015 par lequel, la Cour suprême dit que « la tierce opposition est la voie de recours ouverte à ceux qui n'ont pas été partie à l'instance, ni personnellement, ni par représentation ; ayant été partie au procès et régulièrement invité à produire un mémoire qu'il a produit tardivement, Hamadoun Bagoyoko est donc irrecevable à user de la voie de la tierce opposition contre l'arrêt de la Cour »[2024].

2021 CS-SA, Arrêt n° 39 du 25 février 2010, Dame Mariam Keïta et autres c/ l'arrêt n° 127 du 19 juillet 2009 de la CS du Mali, *inéd.*

2022 C. K. Tchapnga, *Précis de contentieux administratif au Cameroun, op. cit* ; p. 228.

2023 CS-SA, Arrêt n° 236 du 09 décembre 2010, le sieur Mamadou cl l'arrêt n° 109 du juillet 2007 de la CS du Mali, *inéd.*

2024 CS-SA, Arrêt n° 22 du 23 janvier 2015, le sieur Hamadoun Bagayoko c/ l'arrêt n° 481 du 06 décembre 2012 de la CS du Mali, *inéd.*

Le juge va alors reconduire cette jurisprudence à travers plusieurs arrêts tels que l'arrêt la DGCG[2025] et l'arrêt de Mahamadou Camara[2026].

La tierce opposition peut ainsi, par l'effet de la rétractation à laquelle elle peut conduire, corriger des irrégularités concernant le fond de l'affaire, même s'il faut signaler que le juge de la tierce opposition nationale rétracte très rarement. On peut ainsi citer les rétractations issues des arrêts sieur Soumaila Diallo[2027] et sieur Cheick Hamaoullah Sylla[2028].

Il faut alors souligner que les conditions ci-dessus précisées par la jurisprudence nationale sont identiques à celles exigées au Cameroun[2029] et en France. Dans ce dernier pays, « La tierce opposition ne peut être exercée qu'à deux conditions cumulatives »[2030]. Lesdites conditions sont énumérées par la réglementation française en ces termes : « toute personne peut former tierce opposition à une décision juridictionnelle qui préjudicie à ses droits, dès lors que ni ceux qu'elle représente n'ont été présents ou régulièrement appelés dans l'instance ayant abouti à cette décision. »[2031]

Cependant, les pratiques de ces États se distinguent sur la réponse à la question suivante : quel est le délai de recours en matière de tierce opposition ? La réglementation et la jurisprudence française donnent une réponse claire. Selon le code de la justice administrative : « celui à qui la décision a été notifiée ou signifiée (...) ne peut former tierce opposition que dans le délai de deux mois à compter de cette notification ou signalisation. »[2032] Cette disposition est respectée par le juge administratif dans les arrêts consorts de Batz de Tranquelleon[2033] et Masse[2034]. Dans ces arrêts, le juge français souligne qu'en

---

[2025] CS-SA, Arrêt n° 133 du 08 mai 2015, la direction générale du contentieux du gouvernement pour le compte du préfet du cercle de Gao c/ l'arrêt n° 228 du 15 août 2014 de la CS-SA du Mali, *inéd* : « Considérant que l'arrêt attaqué laisse voir que le préfet de Gao n'a pas été appelé ni représenté à la procédure ayant abouti audit arrêt ; en la forme : déclare le recours recevable ».

[2026] CS-SA, Arrêt n° 207 du 23 juillet 2015, le sieur Mahamadou Camara c/ l'arrêt n° 171 du 21 juin 2013 de la SA de la CS du Mali *inéd.* : « Considérant que Mahamadou Camara a qualité pour agir, qu'en effet il est établi qu'il n'a pas été invité à participer à la procédure ; qu'il y a lieu de déclarer son recours recevable en la forme ».

[2027] CS-SA, Arrêt n° 113 du 17 octobre 1996, le sieur Soumaila Diallo c/ l'arrêt n° 05 du 11 janvier 1996 de la S.A de la CS du Mali, *inéd.* : « Au fond rétracte l'arrêt n° 05 du 11 janvier 1996... ».

[2028] CS-SA, Arrêt n° 51 du 06 juillet 2006, Cheick Hamaoullah Sylla c/ le jugement n° 128 du 31 aout 2005 du TAB, *inéd.*

[2029] V. C. K.-Tchapnga, *op. cit.*, p. 229 ; CS du Cameroun, CA, jugement n° 367 du septembre 1955, Miney Martial c/ territoire du Cameroun.

[2030] D. Bailleul, « *Le procès administratif* », *op. cit.*, p. 231.

[2031] Code de la Justice administrative, *op. cit.*, art. R. 832-1.

[2032] *Ibid.*, art. R.832-2

[2033] CE, 08 janvier 1958, consorts de Batz de Tranquelléon, v. Code administratif, *op. cit.*, p. 220

[2034] CE, 18 décembre 1987, Masse, *ibid.*

absence de notification régulière, le délai sus-indiqué ne court pas même si le tiers opposant a eu connaissance de la décision du juge.

Par contre, les textes nationaux sont silencieux sur la question et le juge ne s'est pas non plus expressément prononcé là-dessus. En effet, aucun des arrêts rendus en la matière à nos jours, ne déclare irrecevable pour forclusion un tel recours. Pouvons-nous alors en déduire que ce recours peut être introduit à tout moment comme au Cameroun ? En effet, le juge camerounais dans l'espèce Ntowa Monkam Charles[2035] fait savoir que le recours en tierce opposition peut être introduit à tout moment sans condition de délai.

La doctrine camerounaise explique : « en principe, le délai de l'action est de trente ans à compter du jugement ; ce délai s'explique par le fait qu'en matière contentieuse, le jugement n'étant pas notifier aux tiers, ceux-ci peuvent n'en avoir connaissance que longtemps après »[2036]. Si l'on s'en tenait à la jurisprudence Ntowa Monkam ci-dessus citée, on pouvait dire que la pratique camerounaise est identique à celle du Mali, mais les trente ans évoqués par la doctrine empêchent une telle affirmation. En effet, en se basant sur le fait que « les arrêts de la Section ou les décisions de son Président sont notifiées à toutes les parties en cause par le greffier en chef (responsable du greffe de la Cour suprême) »[2037] ou sur le fait que « les jugements des TA ou les décisions de leurs Présidents sont notifiées par les soins du greffier à toutes les parties en cause par la voie administrative ou postale ou par le ministère d'huissier »[2038], nous pouvons affirmer que l'introduction d'un recours en tierce opposition est possible à tout moment au Mali en l'absence du respect desdites exigences.

Si, comme on peut le remarquer à travers les lignes ci-dessus, le traitement que le juge national fait de l'opposition et de la tierce opposition est admissible, celui qu'il en fait des recours en rectification d'erreur matérielle et en interprétation ne l'est pas plus, mais seulement un peu plus restrictif.

B. Un traitement évolutif et variable des recours en rectification d'erreur matérielle et en interprétation

Ces deux voies de recours sont aussi peu utilisées par les justiciables maliens, mais cela ne signifie pas bien entendu qu'elles ne le sont jamais. Cela s'explique-t-il par l'attitude du juge face à ces voies de recours ? Nous n'en sommes pas sûrs. Ce qui est sûr, c'est que le premier évolue et a l'apparence trompeuse d'une voie sans avantage réel sur le fond de l'affaire (1) tandis que le second n'a pratiquement pas d'incidence sur le fond (2).

[2035] CS-SA, jugement n° 51 du 4 mars 1976, Ntowa Monkam Charles-Wenga André c/ État du Cameroun, cité par C. K.-Tchapnga, *op. cit.*, p. 229.

[2036] C. K.-Tchapnga, *ibid.*

[2037] Loi n° 96-071/AN-RM du 16 décembre 1996, *op .cit.*, art. 63 ; Loi n° 2016-046/AN-RM, *op. cit.*, art. 249.

[2038] Loi n° 94-006/AN-RM du 18 mars 1994, *op. cit.*, art. 40.

1. Le recours en rectification d'erreur matérielle[2039] : une jurisprudence évolutive mais pas encore bien maîtrisée

C'est une voie de recours ouverte aux parties présentes aux procès dont l'objectif est d'obtenir du juge la correction d'une erreur matérielle ayant pu exercer une influence sur la décision attaquée. D'origine postérieure[2040], elle peut donc être appelée « recours de correction » car c'est effectivement de cela qu'il s'agit dans ce recours : la correction d'une erreur matérielle non commise par la partie requérante, mais par le juge lui-même.

Le législateur malien emploie à la fois les expressions « recours en rectification d'erreur matérielle » et « recours en rectification » tout court pour désigner cette voie de recours. En effet, elle est ouverte devant toutes les juridictions administratives. S'agissant de ce recours devant la Section administrative de la Cour suprême, la loi dit : « lorsqu'un arrêt de la SA est entaché d'une erreur matérielle susceptible d'avoir exercé une influence sur le jugement de l'affaire, la partie intéressée peut introduire devant la Section, un recours en rectification. »[2041] Les dispositions de la loi régissant les TA, relatives à ladite voie de recours sont identiques à celles de la Section administrative ci-dessus reproduites. Il n'a fait que remplacer les mots Section administrative par tribunal, mais se limite à ce niveau à intituler le sous-paragraphe consacré au sujet ainsi : « le recours en rectification »[2042].

Cette attitude du législateur national, peut être involontaire, répond tout de même à une remarque critique du professeur Cassia selon laquelle « le recours en rectification d'erreur matérielle est bien mal dénommé »[2043] ; « il serait en effet plus exact de l'appeler recours en rectification » écrit- il.

En s'en tenant aux mots du législateur, la recevabilité d'un tel recours est tout d'abord soumise globalement à l'existence d'une « erreur matérielle susceptible d'avoir exercé une influence sur le jugement de l'affaire » avant d'être soumise aux conditions générales de recevabilité de la requête introductive d'instance. Il en résulte que la principale condition de recevabilité de ce recours est l'existence d'une erreur matérielle. Cette dernière expression, apparemment banale, ne l'est point pourtant, car la ligne de frontière entre « erreur matérielle » et « erreur juridique » est très fine. D'ailleurs, le Professeur David Bailleul trouve « la distinction (...) artificielle »[2044]. Ladite erreur doit

---

2039 La principale modification effectuée par Loi n°2016-046 à ce niveau est qu'elle ajoute à celle de 1996 que « l'erreur matérielle peut porter sur les visas, les motifs et le dispositif de la décision ». Cependant, la jurisprudence utilisée dans ce paragraphe a été élaborée sur la base de la loi de 1996.

2040 V. M. Guyomar, B. Seiller, *Contentieux administratif*, *op. cit.*, p. 56.

2041 Loi n° 96- 071/AN-RM, *op. cit.*, art. 72 ; Loi n° 2016-046/AN-RM, *op. cit.*, art. 256.

2042 Loi n°94-006 /AN-RM, *op. cit.*, chapitre V, (e).

2043 P. Cassia, observations sur l'arrêt Dame Veuve BENOIT du 21 novembre 1930 du CE français, in GACA, *op. cit.*, p. 478.

2044 D. Bailleul, *Procès administratif*, *op. cit.*, p. 226.

être susceptible d'avoir exercé une influence sur la solution donnée par le juge au litige.

Cependant, lesdites dispositions restent des mots et ne peuvent permettre de comprendre la pratique nationale en la matière, même si elles peuvent permettre d'avoir un aperçu informatif sur le sujet. Pour ainsi assouvir la curiosité intellectuelle, il faut répondre à la question suivante : quelle application le juge fait de ces dispositions ? La bonne réponse nous renvoie obligatoirement à l'analyse de la jurisprudence existante en la matière.

Il faut de prime abord souligner, que la jurisprudence est relativement fournie sur le sujet, mais le juge a tout de même eu quelques difficultés à définir une jurisprudence suffisamment claire. Ainsi, dans l'espèce sieur Mamourou Coulibaly et autres, le juge statue sur le recours en ces termes : « considérant que le recours est un recours en rectification ; considérant qu'aux termes (...) de la loi (...), les arrêts de la Cour sont susceptibles de recours en rectification lorsqu'ils sont entachés d'erreur matérielle ; considérant que le Conseil des requérants fonde sa demande sur le fait que la Cour ait tenu compte de la mention d'ampliation portée sur la décision attaquée pour débouter ses clients ; considérant que ce fait ne constitue pas une erreur matérielle ; par ces motifs la Cour suprême du Mali déclare la requête irrecevable en la forme. »[2045]

Par cette espèce, la Cour tente de définir l'erreur matérielle en refusant d'être explicite. Selon elle, le fait pour elle d'avoir tenu compte de la mention « ampliation » dans sa prise de décision n'est pas constitutif d'une erreur matérielle. En essayant d'approfondir l'analyse sur ce point, il est clair qu'une autorité peut effectivement mettre sur une décision ladite mention sans que celle-ci n'ait réellement fait l'objet d'une notification à son destinataire. Le juge, en se référant à cette mention, semble lui accorder la valeur d'une notification, ce qui constitue une erreur. La mention « ampliation » au nom de quelqu'un n'est pas synonyme de notification. Cette erreur peut toutefois être admise dans la catégorie des erreurs matérielles, car elle n'est pas juridique, c'est-à-dire relative à un droit applicable.

On peut dès lors définir l'erreur matérielle comme celle se rapportant à une appréciation inexacte de la part du juge d'un élément de fait et de l'instruction ayant joué dans sa prise de décision. En ce sens, l'erreur matérielle aurait pu être admise dans le cas d'espèce.

Aussi, dans l'affaire sieur Baourou Demba[2046] la Cour fait savoir que « le requérant réclame la rectification de l'arrêt n° 85 du 27 mai 2005, au motif que la Cour a estimé à tort dans ses considérants que les indépendants, dont Baourou Demba ont été représentés dans la procédure en tierce opposition ». Elle

---

[2045] CS-SA, Arrêt n° 24 du 25 janvier 1996, le sieur Mamourou Coulibaly et autres c/ l'arrêt n° 01 du 3 février 1994 de la CS du Mali, *inéd.*

[2046] CS-SA, Arrêt n° 89 du 12 octobre 2006, le sieur Baourou Demba c/ l'arrêt n° 85 du 27 mai 2005 de la S.A de la CS du Mali, *inéd.*

continue en soulignant « que le grief soulevé par le demandeur, loin d'être une erreur matérielle, remet en cause le jugement entrepris et comme tel, c'est plutôt la voie de recours de la révision qui est ouverte et celle de la rectification doit être déclarée irrecevable ». Enfin, elle décide par ces motifs, en déclarant le recours en rectification irrecevable en la forme.

Cette décision est également bien surprenante, car le juge estime que l'erreur constituant à considérer que l'une des parties aux procès était partie à une autre procédure est non constitutive de recours en rectification, mais de recours en révision. Curieusement, elle ne figure nulle part dans les cas pouvant ouvrir la voie du recours en révision cités par le législateur et étudiés ci-dessus. À s'en tenir aux mots du juge, l'erreur matérielle ne remettrait pas en cause le jugement. Ce qui constitue une vision étriquée de ce recours, car parfois la rectification du jugement entrepris peut conduire à la rétractation de ce dernier. Ainsi, la porte à la voie d'accès au recours en rectification d'erreur matérielle ne devait pas être fermée au requérant. En de termes plus clairs, le fait d'avoir considéré que le requérant était partie à une autre procédure alors qu'il ne l'était pas est une erreur matérielle imputable à la Cour.

Dans l'arrêt n° 110 de l'année 2008, le juge précise : « (…) l'existence d'une erreur matérielle est la condition essentielle de recevabilité d'un recours en rectification d'erreur matérielle ; qu'en l'absence de toute erreur matérielle dans l'arrêt querellé, il échet de déclarer le recours irrecevable. »[2047]

Cette précision a été aiguisée dans l'arrêt DGCE pour le compte du ministère de l'Équipement et des Transports en ces termes : « (…) la Cour de céans, évitant l'amalgame entre le recours en révision qui a abouti à l'arrêt n° 225 du 12 juillet 2012 et le présent recours tendant à la rectification de cet arrêt, estime qu'il sied de déclarer la requête (…) irrecevable ; (…) l'erreur matérielle porte sur des situations, des états comme l'identité, la date, le montant, la quantité, la qualité, la masse, etc. ; il ne s'agit pas de faits et moyens déjà examinés par le juge de révision. »[2048]

On peut dire que cette précision résulte d'une grave confusion que la Cour avait faite entre le recours en rectification d'erreur matérielle et le recours en révision en 2007. Les faits de l'espèce méritent d'être rappelés. En fait, la mairie du district de Bamako, sollicitait la rectification de l'arrêt n° 61 du 27 juillet 2006 par lequel, la Cour suprême rejetait comme étant mal fondé, un recours en révision qu'elle avait introduit.

De manière fort étonnante le juge dit : « il est constant que la requête en révision de la Mairie du District de Bamako a bien été déposée dans le délai du recours en révision et malgré tout, l'arrêt querellé n'a pas cru devoir prendre en

[2047] CS-SA, Arrêt n° 110 du 12 juin 2008, le sieur Issouf Sadou et autres c/ l'arrêt n° 200 du 28 décembre 2007 de la SA de la CS du Mali, *inéd.*

[2048] CS-SA, Arrêt n° 097 du 17 mai 2013, la DGCE pour le compte du ministère de l'Équipement et des Transports c/ l'arrêt n° 225 du 12 juillet 2012 de la CS du Mali, *inéd.*

compte les moyens de défense soulevés par la Mairie dans ses motivations ; (…) En la matière, sauf erreur, on ne saurait rejeter les moyens d'une requête pour dépôt tardif et statuer au fond sur la même requête en la déclarant mal fondée, la seule alternative étant un rejet du recours pour défaut de moyens ; (…) conformément à la loi (…) relative à la Cour suprême, il y'a en l'espèce une erreur matérielle qui a pu affecter la solution du litige en ce que l'arrêt n'a pas véritablement apprécié les arguments de fond développés par la Mairie du District de Bamako ;(…) il s'ensuit que l'arrêt querellé mérite la censure de la Cour en ce qu'il a sur la base de fausses pièces, rendu une décision qui procède d'une mauvaise application de la loi. »[2049]

En lisant cet arrêt, on se croit dans un recours en révision d'arrêt, tant sur le plan de l'argumentation que sur le plan des moyens retenus par le juge. Un tel arrêt est dangereux sur plusieurs plans et le juge a eu conscience de cela. C'est pourquoi, en 2008, il est revenu sur ledit arrêt en ces termes : « Considérant que la requête en rectification de la Mairie du district vise cet arrêt qui a rejeté le recours en révision ; considérant que pour que cette requête en rectification prospère, il faut conformément à l'article 72 de la loi n° 96- 071 prouver que l'arrêt n° 61 du 27 juillet 2006 soit entaché d'une erreur matérielle susceptible d'avoir une influence sur cet arrêt ; considérant que l'erreur matérielle est différente de l'erreur sur la règle de droit ; considérant que l'arrêt n° 146 du 13 septembre 2007 a rétracté l'arrêt n° 61 du 27 juillet 2006 en donnant une solution nouvelle à l'affaire ; que ce faisant il tend à retirer de l'ordonnancement juridique un arrêt qui a déjà fait l'objet de révision ; au fond : rétracte l'arrêt n° 146 du 13 septembre 2007 comme irrégulier. »[2050]

Dans la même logique, en 2015, le juge a fait comprendre : « que selon la jurisprudence constante (…) et la doctrine majoritaire, le recours en rectification peut viser une erreur relative à la matérialité des faits constatés par le juge ; qu'en outre, à l'erreur matérielle tantôt se substitue et tantôt s'ajoute l'idée d'une erreur du fait du juge susceptible d'aboutir à la correction postérieure du jugement entrepris ; que de la sorte il y a souvent une forte ressemblance entre le recours en rectification d'erreur matérielle et le recours en révision ;

Que le recours en rectification d'erreur matérielle tend à corriger de simples erreurs de plume (date, chiffre…) ou l'omission d'un désistement effectué par le requérant ; qu'il faut en outre observer que l'erreur ne résulte d'aucune considération d'ordre juridique ; qu'il peut s'agir d'une erreur de calcul commise dans la détermination du montant d'une indemnité ; dans le compte des voix lors d'une élection ; d'une erreur de date relative à la notification d'une décision ou à l'enregistrement au greffe d'une requête ; considérant qu'en se déterminant ainsi, l'arrêt attaqué n'a commis aucune erreur de calcul, aucune

---

[2049] CS-SA, Arrêt n° 146 du 13 septembre 2007, la Mairie du district de Bamako c/ l'arrêt n° 61 du 27 juillet 2006 de la CS du Mali, *inéd.*

[2050] CS-SA, Arrêt n° 218 du 19 décembre 2008, le sieur Gossi Dramera c/ l'arrêt n° 146 du 13 septembre 2007 de la SA de la CS du Mali, *inéd.*

omission, aucune erreur de chiffre ou de date au sens de l'article 72 de la loi n° 96-071 (...) »[2051].

Cependant, le juge ne fait pas que déclarer irrecevable ou rejeter les recours en rectification. Il reconnaît bien parfois son erreur et la corrige. Cette correction peut ou pas aboutir à la rétractation de l'arrêt concerné. C'est dans les cas de l'affaire les Héritiers de feu Inamassa dit Bakary Koné : « Consi-dérant qu'il ressort de l'examen du dossier ayant abouti à l'arrêt querellé et du plumitif du greffier audiencier, qu'effectivement le membre de phrase en question ne figure nulle part ; qu'il y a lieu de déclarer qu'il constitue une erreur matérielle et de l'annuler en conséquence ; au fond : annule de l'arrêt n° 137 du 10 novembre 1994, le membre de phrase (dit que ce permis sera établi au nom des héritiers Sanogo) »[2052].

Aussi, dans l'espèce Mamadou Doumbia et autres, la Cour reconnaît qu'« effectivement dans le mémoire en réplique, le cas du requérant Alpha Diallo avait été soulevé par les Conseils et le numéro de la décision le concernant notifié ; que c'est donc une omission de la part de la Cour de n'avoir signalé l'annulation de la décision n° 121 du 25/07/1994, omission constitutive d'une erreur matérielle ; que dans ce cas une rectification s'impose »[2053].

Par l'arrêt Baba Timbo, le juge accepte aussi de corriger une omission dans le visa de l'arrêt attaqué : « au fond : rectifié l'arrêt (...) en insérant les références de la décision de nomination (...) dans les motivations de l'arrêt dans sa partie discussion juridique. »[2054]

Cependant, c'est en 2013 à travers l'espèce Dionké Yaranangoré[2055] que la jurisprudence nationale va connaître une certaine évolution. Elle a permis à la Cour non seulement d'achever clairement la délimitation de la matière, mais aussi de démontrer qu'elle a désormais une conception large de la notion d'erreur matérielle.

En recevant en la forme le recours en rectification d'erreur matérielle de Dionké Yaranangoré et de la Mairie du district, et en disant au fond que les arrêts querellés « sont entachés d'erreurs matérielles en les déclarant nuls » et ce sur la base des moyens tirés de la violation de la loi, de la fausse application de la règle du droit et de l'inobservation de certaines formalités ayant conduit à déclarer l'appel du sieur Yaranangoré irrecevable, nous sommes pratiquement

---

[2051] CS-SA, Arrêt n° 262 du 05 novembre 2015, l'entreprise Gole Baba, *inéd.*

[2052] CS-SA, Arrêt n° 80 du 28 septembre 1995, les héritiers de feu Inamassa dit Bakary Koné c/ l'arrêt n°137 du 10 novembre 1994 de la SA de la CS, *inéd.*

[2053] CS-SA, Arrêt n° 55 du 09 mai 1996, Mamadou Doumbia et autres c/ l'arrêt n° 100 du 14 décembre 1995 de la CS du Mali, *inéd.*

[2054] CS-SA, Arrêt n° 131 du 06 juin 2013, Baba Timbo c/ l'arrêt n° 042 du 23 février 2012 de la SA de la Cour suprême du Mali, *inéd.*

[2055] CS-SA, Arrêt n° 415 du 20 décembre 2013, Dionké Yaranangoré c/ les arrêts n° 72 du 08 mars 2012, n° 333 du 10 août 2012 de la Cour suprême du Mali, *inéd.*

dans l'erreur juridique. Ce qui signifie que la frontière entre l'erreur matérielle et l'erreur juridique s'est quelque peu effacée.

À la lecture des arrêts ci-dessus, on comprend qu'il existe une confusion ou tout du moins une liaison entre les conditions de recevabilité du recours en rectification d'erreur matérielle et ses conditions de fond. Dans la plupart des cas, chaque fois que le juge déclare le recours recevable, il rectifie l'arrêt attaqué quel qu'en soit la conséquence à laquelle cela peut conduire (rétractation ou rectification sans conséquence majeure sur l'arrêt).

S'agissant des autres conditions de recevabilité, le recours « doit être introduit dans le délai d'un mois qui court à compter de la date de signification de la décision dont la rectification est demandée »[2056]. Le juge de rectification fait une bonne et stricte application de cette règle comme l'attestent les arrêts sieur Sanké Coulibaly : « Considérant qu'il ressort des différentes dates suscitées que le recours en rectification est intervenu largement en dehors du délai légal, déclare le recours (…) irrecevable pour forclusion »[2057] ; Mamadou Atch : « (…) qu'il ressort des écritures du dossier que le recours en rectification (…) (dépasse) largement les délais légaux fixés »[2058] ; sieur Moussa Kanté et Bacary Serra[2059] ; le gouvernorat du district de Bamako[2060].

À côté de la règle relative au délai et des autres conditions générales de recevabilité des recours devant le juge administratif, il tient particulièrement rigueur de la non-satisfaction de la condition relative à la consignation. Il le démontre dans les arrêts sieur Mahamadou Diallo[2061], sieur Sega Diabaté[2062] et sieur Amadou Bassoum[2063].

La pratique nationale en la matière ressemble beaucoup à celle de la France dans ses grandes lignes. La preuve en est que dans l'espèce Yaranangoré, le juge national se réfère clairement à la jurisprudence dame veuve Benoit du CE français[2064] même si les erreurs parfois trop curieuses relevées ci-dessus sont de nature à atténuer cette ressemblance. Il faut également noter l'existence de

---

[2056] Loi n° 96-071/AN-RM, *op. cit.*, art. 7 al. 2; Loi n°2016-046/AN-RM, *op. cit.*, art. 256.

[2057] CS-SA, Arrêt n° 109 du 19 décembre 2002, le sieur Sanké Coulibaly c/ l'arrêt n° 23 du 29 avril 1999 de la Cour suprême du Mali, *inéd.*

[2058] CS-SA, Arrêt n° 129 du 22 décembre 2005, le sieur Mamadou Atch c/ l'arrêt n° 33 du 04 avril 2002 de la SA de la Cour suprême du Mali, *inéd.*

[2059] CS-SA, Arrêt n° 32 du 08 avril 2004, les sieurs Moussa Kanté et Bacary Serra c/ l'arrêt n° 95 du 17 octobre 2002 de la SA de la CS du Mali, *inéd.*

[2060] CS-SA, Arrêt n° 03 du 04 janvier 2007, le Gouvernorat du district de Bamako c/ l'arrêt n° 103 du 30 décembre 1999 de la SA de la CS du Mali, *inéd.*

[2061] CS-SA, Arrêt n° 104 du 04 novembre 2004, le sieur Mahamadou Diallo c/ l'arrêt n° 46 du 12 juillet 2001 de la Cour suprême du Mali, *inéd.*

[2062] CS-SA, Arrêt n° 113 du 05 novembre 2004, le sieur Sega Diabaté c/ l'arrêt n° 46 du 12 juillet 2001 de la Cour suprême du Mali, *inéd.*

[2063] CS-SA, Arrêt n° 053 du 19 mars 2009, le sieur Amadou Bassoum c/ l'arrêt n° 109 du 19 juillet 2007 de la SA de la Cour suprême du Mali, *inéd.* : « (…) le dossier soumis à la cour (…) ne contient pas de reçu de paiement de la consignation ».

[2064] CE, sect., 21 novembre 1930, Dame Veuve Benoit, *op. cit.*

certaines différences qui ont trait aux juridictions devant lesquelles cette voie de recours est ouverte et au délai dans lequel il est possible de l'emprunter.

En France, ce recours est possible devant les CAA et le CE et non devant les TA[2065]. Quant au délai, contrairement au Mali et au Cameroun[2066], il est de deux mois en France à partir des mêmes procédures, c'est-à-dire qui court à partir du jour de la notification ou de la signification de la décision dont la rectification est demandée[2067].

En se fondant sur la jurisprudence Lembe Penda Samuel de la Cour suprême Camerounaise, Célestin Keutcha-Tchapnga écrit : « un tel recours est sans incidence sur la décision quant au fond ; il vise simplement à faire porter des corrections sur le texte de la décision. »[2068] Cette affirmation est irréprochable si l'on s'en tient à la seule décision à laquelle il s'est référé et qui est ainsi libellé : « art. 1er : la requête est recevable en la forme ; art. 2 : il y est fait droit ; en conséquence il sera porté au jugement attaqué que le sieur Lembe Penda Samuel, a représenté l'État du Cameroun à la session du 29 mai 1980 de la présente chambre. »[2069]

Cependant, cette affirmation peut souffrir d'inexactitude lorsqu'on la confronte à la jurisprudence française, particulièrement l'arrêt Dame veuve Benoit où le dispositif de l'arrêt querellé a été complètement modifié, touchant donc entièrement le fond. C'est pareil lorsqu'elle est appréciée à la lumière de la jurisprudence malienne particulièrement la jurisprudence Dionké Yaranangoré ci-dessus citée.

Ainsi, cette voie de recours est indispensable dans le bon fonctionnement de la juridiction administrative, car elle constitue une précieuse garantie pour les justiciables contre les éventuelles erreurs des juges.

Très différente du recours en rectification d'erreur matérielle, il existe, une autre voie de recours moins problématique et mieux maîtrisée par le juge administratif national : le recours en interprétation.

2. Le recours en interprétation : un recours mieux maîtrisé

D'un point de vue général, le recours en interprétation n'est pas formé d'un ensemble monolithique. Autrement dit, il n'existe pas un seul type de recours en interprétation, mais des recours en interprétation. Plus exactement « indépendamment (des autres) voies de recours (étudiées ci-haut), il existe devant la juridiction administrative, trois types de recours en interprétation »[2070]. Ces

---

2065 V. *Code de justice administrative*, *op. cit.*, art. R.833-1.

2066 V. C. K.-Tchapnga, *Précis de contentieux administratifs au Cameroun*, *op. cit.*, p. 231 : « ce recours est introduit par une simple requête et dans le délai de trente (30) jours à compter de la notification de la décision en cause ».

2067 V. *Code de justice administrative*, *op. cit.*, art.R.833-1, *op. cit.*

2068 C. K.-Tchapnga, *Précis de contentieux administratif au Cameroun*, *op. cit.*, p. 231.

2069 Cité par C. K.-Tchapnga, *ibid*, pp. 231-232.

2070 M. Guyaumar, B. Seiller, *Contentieux administratif*, *op .cit.*, p. 57.

mots sont pratiquement identiques à ceux employés par le professeur Cassia dans ses observations sur l'arrêt Dame Clément et sieur Kapferer du CE français de 1971 : « il existe devant la juridiction administrative, trois types de recours en interprétation »[2071].

Il s'agit du « recours en interprétation sur renvoi préjudiciel du juge judiciaire », du « recours direct en interprétation d'un acte administratif » qui doit être formé devant le juge administratif qui aurait été compétent pour statuer sur un recours en annulation dirigé contre ledit acte et enfin, le « recours en interprétation d'une décision juridictionnelle » devant la juridiction auteure de ladite décision.

Le premier constitue une demande d'interprétation adressée par la juridiction judiciaire à la juridiction administrative. Le juge judiciaire y procède lorsqu'il trouve que la solution du litige pendant devant sa juridiction est subordonnée à l'interprétation d'un acte administratif. Sur ce sujet, Édouard Laferrière écrit : « rappelons que, d'après les règles générales de la compétence, l'interprétation d'un acte ne doit pas être confondue avec son application. L'autorité judiciaire est compétente pour appliquer tous les actes administratifs que les parties invoquent dans les litiges de son ressort, lorsque le sens ou la validité de ces actes ne donnent lieu à aucune difficulté sérieuse ; mais il n'appartient pas d'interpréter elles- mêmes ces actes, c'est-à-dire de fixer le sens de dispositions obscures ou de se prononcer sur le point de savoir si ces dispositions sont légales et obligatoires. »[2072]

L'interprétation se distingue donc de l'application même s'il faut admettre que la frontière les séparant peut-être très fine. Aussi, peut- on appliquer un texte sans avoir compris son sens. Cela est impossible, donc l'application résulte d'une interprétation. Il faut alors préciser que l'interprétation dont il s'agit ici concerne celle des textes dont le sens n'est pas très clair, c'est-à-dire insaisissable directement à travers une simple lecture. Vu sous cet angle, elles ne se confondent vraiment pas.

Ce premier type d'interprétation ne pourra pas être apprécié à travers la jurisprudence nationale, pour des raisons liées à la rareté voire l'inexistence des exemples. Le juge judiciaire se limitant à des sursis à statuer en général, comme nous l'avons étudié dans la première partie de cette étude.

Cependant, même si cela n'a pas été cité en tant qu'un type de recours en interprétation, les administrés peuvent souvent être tentés de demander au juge administratif de préciser le sens de la loi. Une telle idée doit être simplement écartée, car « la juridiction administrative n'est pas compétente pour connaître d'un recours direct tendant à l'interprétation d'un texte de forme

[2071] P. Cassia, observation sur l'arrêt du CE, 08 janvier 1971, Dame Clément et sieur Kapferer, in GACA, *op. cit.*, p. 493.

[2072] E. Laferrière, *Traité de la juridiction administrative*, t .2, *op. cit.*, p. 604.

législative »[2073]. Dans l'affaire sieur Boukadary Coulibaly, le juge national s'est clairement prononcé sur la question en disant : « considérant que le contentieux des lois et actes à caractère législatif, ne relevant pas de la Section administrative en vertu du principe de la séparation des pouvoirs, elle doit se déclarer incompétente pour interpréter l'article 136 de l'ordonnance (…) portant statut général des fonctionnaires. »[2074]

La position du juge administratif est donc sans ambiguïté sur le sujet : il ne peut ni interpréter la loi ni les actes à caractère législatif.

Il peut par contre interpréter les actes administratifs et cela nous amène au deuxième type d'interprétation. Ce type d'interprétation est sous certaines conditions, directement ouvert aux administrés soit pour demander au juge de clarifier le sens d'un acte administratif soit pour exceptionnellement demander à ce qu'une situation de fait soit qualifiée. Ce second type existe dans la jurisprudence nationale, même s'il est utile de noter que la jurisprudence est très rare en la matière.

Néanmoins, la haute juridiction s'est exprimée là-dessus à travers son arrêt du 08 novembre 1990[2075]. Dans ladite affaire, le requérant saisissait la Cour d'un recours tendant à l'interprétation d'un article d'un décret. Outre l'interprétation demandée, il demandait dans la requête à la Cour de dire et juger qu'au regard des documents produits, que l'intéressé était par équivalence en catégorie B avant 1960.

Sur la recevabilité du recours, le juge décide ainsi : « considérant qu'en matière de recours en interprétation, l'exigence d'existence et d'actualité d'un litige est satisfaite dès lors que se trouvent réunies les conditions d'une situation conflictuelle effective ; considérant que dans le cas présent, cette situation conflictuelle résulte du refus de l'autorité administrative de faire droit à la demande d'intégration en (A) du requérant ; considérant que le requérant ayant versé la consignation (…) et ayant intérêt à agir, il échet de déclarer recevable en la forme son recours en interprétation. »

Par ces mots, le juge donne sa définition des conditions de recevabilité du recours en interprétation. Il en résulte que ce recours n'est recevable que lorsqu'il y'a une contestation ou un litige né et actuel. Autrement dit, il doit y avoir une divergence de vue entre l'Administration et l'administré sur la portée exacte d'une décision appliquée au dernier ou sur le point d'être appliquée à lui. La principale condition de recevabilité, telle que définie par le juge national et propre au recours en interprétation est donc « l'existence d'un litige né et actuel ». Cette expression, à savoir le « litige né et actuel » nécessite d'être

---

[2073] P. Cassia, observation sur l'arrêt Dame Clément et Kapferer, *op. cit.*, p. 493.

[2074] CS-SA, Arrêt n° 55 du 18 mai 1955, entre le sieur Boukadary Coulibaly et le ministre de l'Emploi, *inéd.*

[2075] CS-SA, Arrêt n° 49 du 08 novembre 1990, entre le sieur Mamadou Macalou et le décret n° 112 bis/PC-RM du 17 septembre 1971, *inéd.*

expliquée. Pour le juge national, c'est « une situation conflictuelle effective ». Cela veut dire que le requérant doit rattacher sa demande à l'interprétation à une situation de désaccord entre lui et l'Administration pendante devant cette dernière sur le sens à donner à un acte administratif.

Pour Édouard Laferrière, cette expression doit être prise dans un sens large ; « elle ne doit pas seulement s'entendre d'un procès pendant devant un tribunal, mais aussi de difficultés pendantes devant l'Administration »[2076].

L'exigence de l'existence d'un litige né et actuel est une condition également soutenue par la jurisprudence française, mais cette dernière n'est pas entièrement identique à celle du Mali sur le sujet. La principale différence réside au niveau de la subordination de la recevabilité de la demande au ministère d'avocat, comme l'atteste la jurisprudence Mme Deniau[2077].

Sur la recevabilité de l'autre demande contenue dans la requête et visant à demander au juge de dire et juger que le requérant était par équivalence en catégorie B avant 1960, la Cour fait savoir : « Qu'en matière de recours en interprétation, un requérant ne peut présenter que des conclusions à fin d'interprétation à l'exclusion d'autres questions ; qu'il échet en conséquence de déclarer irrecevable les conclusions tendant à dire et juger que le requérant était en catégorie B avant 1960 et celles tendant à renvoyer devant l'autorité de décision compétente pour examiner sa situation. » Sur ce point, la jurisprudence nationale se détache de celle de la France. Ainsi, le professeur Cassia écrit : « (le recours en interprétation) est directement ouvert aux administrés (...), de manière plus exceptionnelle, indépendamment de tout acte, aux fins de voir précisée la qualification à donner à une situation de fait. »[2078] Le juge administratif français le fait dans l'espèce Sable du 07 février 2007[2079].

Le fait pour la Cour suprême de refuser de statuer sur la demande consistant à renvoyer le requérant devant l'Administration est donc une décision satisfaisante. Par contre, dans la logique que le juge français soutient dans la jurisprudence Sablé, il pouvait néanmoins dire si toutefois le sieur Mamadou Macalou était par équivalence en catégorie (B) avant 1960.

Sur le fond, le juge s'exprime ainsi : « Considérant que le point spécifique sur lequel l'interprétation est demandée est précisément cet alinéa neuf ; considérant que la Cour ne saurait sous couvert d'interprétation d'un acte administratif dont le sens est clair, dénaturer ledit acte par adjonction ou retranchement surtout s'agissant d'une énumération ; dit n'y avoir lieu à interpréter l'alinéa 9 de l'article 1er nouveau du décret n° 112/PG-P RM du 17 septembre 1971 tant son sens est clair. »

2076 E. Laferrière, *Traité de la juridiction administrative*, t. 2, *op. cit.*, p. 607.

2077 CE, 08 octobre 1990, Mme Deniau, cité par P. Cassia, observation sur l'arrêt Dame Clément et sieur Kapferer, *op. cit.*

2078 P. Cassia, *ibid*, p 493.

2079 V. Y. Aguila, concl. sur C.E, 07 février 2007, Sablé, in R.F.D.A 2007, p. 494.

Cette décision du juge peut être résumée par la phrase suivante : on ne peut clarifier quelque chose qui est déjà claire. Le sens du décret dont l'interprétation est demandée n'étant ni obscur ni ambigu, il ne peut alors être interprété. Le juge a justement raison, car le risque de dénaturer le sens d'une décision claire est réel si l'on se hasarde à l'interpréter. C'est ce que soutient également Édouard Laferrière quand il écrit que « L'interprétation n'étant autre chose que l'éclaircissement d'un texte obscur, la demande d'interprétation n'a pas de raison d'être et n'est pas recevable si elle porte sur un acte clair, dans lequel on ne signale aucune ambiguïté de nature à entraver son application »[2080].

Cependant, il faut noter que ce type de recours en interprétation ; c'est-à-dire celui visant à interpréter un acte administratif, n'est pas prévu par le législateur malien, ou tout du moins dans les lois régissant les juridictions administratives. Ce qui signifie alors qu'en statuant sur l'espèce Mamadou Macalou, le juge a lui-même défini sa compétence à connaître ce type de recours en interprétation.

C'est le troisième type de recours en interprétation qui est prévu par le législateur en ces termes : « le recours en interprétation peut être dirigé contre les arrêts de la Section administrative de la Cour suprême »[2081] et « (...) contre les jugements définitifs des tribunaux administratifs. »[2082] Il s'agit donc du recours en interprétation de décision juridictionnelle. À travers quelques arrêts le juge national, a pu définir une jurisprudence claire sur ce sujet. Dans l'espèce ministère des Finances et du Commerce de 1996, la Cour décide comme suit : « considérant qu'il apparaît (...) qu'il existe effectivement diverses interprétations ayant abouti à l'inexécution de la décision contenue dans l'arrêt n° 60 ; que par conséquent, la Cour doit pouvoir éclaircir la situation en donnant sa position par rapport aux différentes interprétations au fond : dit que pour l'arrêt n° 60 du 05 mai 1994, c'est l'adjudication faite au Groupement Simaga qui a été annulée ; que les procédures d'appel d'offre de dépouillement ayant abouti au choix de Ben And Co par la commission n'ayant pas fait l'objet de recours, reste valables et doivent produire leur plein effet. »[2083]

Elle va décider autrement dans l'affaire secrétariat général du gouvernement en précisant : « (...) qu'il est demandé à la Cour d'interpréter l'arrêt n° 100 du 14 décembre 1995 ; (...) que le recours en interprétation doit viser à obtenir l'interprétation d'une disposition obscure ou ambiguë d'un arrêt ou d'une décision administrative ; que le sens de l'arrêt n° 100 n'est ni obscur ni ambigu ». C'est ainsi qu'au fond elle « dit qu'il n'y a pas lieu à interpréter l'arrêt n° 100 du 14 décembre 1995, tant que le sens est clair »[2084].

[2080] E. Laferrière, *Traité de la juridiction administrative*, t. 2, *op. cit.*, p. 603.

[2081] Loi n° 96-071/AN-RM, *op. cit.*, art. 73; Loi n° 2016-046/AN-RM, *op. cit.*, art. 257.

[2082] Loi n° 94-006/AN-RM, *op. cit.*, art. 51.

[2083] CS-SA, Arrêt n° 28 du 15 févier 1996, entre le ministère des Finances et du Commerce et l'arrêt n° 60 du 05 mai 1994, de la CS, *inéd.*

[2084] CS-SA, Arrêt n° 79 du 27 juin 1996, entre le SGG et l'arrêt n° 100 du 14 décembre 1995, de la CS, *inéd.*

La Cour va agir dans le même sens dans l'espèce le commandant de cercle de Tominian en reprenant pratiquement les mêmes mots avant de décider au fond : « (...) qu'il n'y a pas lieu à interpréter l'arrêt n° 77 du 28 septembre 1995. »[2085] Pour avoir une idée sur l'exactitude de cette décision du juge, nous avons cherché et trouvé l'arrêt dont l'interprétation était demandée. En effet, le dispositif dudit arrêt est ainsi formulée : « au fond : annule la décision n° 12/C.T du 24 septembre 1993 du commandant de cercle de Tominian et par voie de conséquence annule la décision n° 13/C.T du 15 octobre 1993 de la même autorité ». Il apparaît clairement que la décision du juge est très saine, car l'arrêt ci-dessus ne souffre d'aucune ambiguïté et n'est nullement obscur d'ailleurs.

Le juge dit très clairement dans l'arrêt n° 50 du 30 mai 2002 « que la jurisprudence constante n'admet l'interprétation d'un texte que lorsqu'il est obscur et ambigu »[2086].

À travers ces arrêts, le juge démontre que le recours en interprétation d'arrêt ou de décision juridictionnelle n'est pas soumise à une condition particulière de recevabilité et est même plus ouverte car son « exercice n'est soumis à aucun délai tant que la décision n'a pas été exécutée »[2087]. C'est un recours qui est quand même soumis aux conditions générales de recevabilité de la requête introductive d'instance, telle que l'obligation de payer la consignation[2088]. Quant aux règles de fond, l'interprétation d'un arrêt est liée au caractère obscur ou ambigu de son sens. En la matière, la jurisprudence nationale est proche de celle de l'ex-métropole dans ses grandes lignes[2089].

Il apparaît ainsi, de manière compréhensible, que le contentieux de l'excès de pouvoir et celui de pleine juridiction se rejoignent sur plusieurs points principaux, tels que les voies de recours ci-dessus étudiées même si le second n'a pas tendance à absorber le premier pour le moment.

Aussi, il y a lieu de rappeler que le plein contentieux se caractérise par son hétérogénéité, mais s'il existe une matière qui attire beaucoup plus l'attention dans ce contentieux, c'est bien la responsabilité administrative. Le juge de pleine juridiction ne se montre pas très souvent à l'aise devant la résolution des litiges dans le cadre de cette matière. Ce qui aboutit à une construction malhabile du traitement de la responsabilité administrative.

2085 CS-SA, Arrêt n° 106 du 22 août 1996, entre le commandant de cercle de Tominian et l'arrêt n° 77 du 28 septembre 1995 de la Section administrative de la Cour suprême, *inéd.*

2086 CS-SA, Arrêt n° 50 du 30 mai 2002, entre le sieur Moussa Boureima Barry et l'arrêt n° 54 du 30 novembre 2000 de la CS du Mali, *inéd.*

2087 Loi n° 96-071/AN-RM, art. 73, *op. cit.*, al. 2.

2088 CS-SA, Arrêt n° 73 du 13 septembre 2001, entre le sieur Mahamane Idrissa et l'arrêt n° 61 du 05 août 1999 de la Section administrative de la Cour suprême : « en la forme ; déclare le recours (en interprétation) irrecevable pour défaut de consignation », *inéd.*

2089 V. l'arrêt Dame Clément et Kapferer du CE, du 8 janvier 1971, GACA, *op. cit.*, p. 492.

CHAPITRE II

LES INSUFFISANCES DU TRAITEMENT DE LA RESPONSABILITÉ ADMINISTRATIVE

Ce qui peut paraître banal aujourd'hui, ne l'est pourtant pas. En effet, on peut parler de nos jours de la responsabilité de l'Administration sans frémir. Cela n'a pas toujours été le cas, car en France, sous l'ancien régime et pendant la révolution ; et au Mali pendant les premières années de l'indépendance, donc la période du socialisme ; le principe qui prévalait était l'irresponsabilité de l'État et ses démembrements[2090]. Cette pratique concordait le principe selon lequel « le roi ne peut mal faire » et avec l'affirmation selon laquelle « le propre de la souveraineté est de s'imposer à tous sans qu'on puisse réclamer d'elle aucune compensation »[2091].

La consécration de la responsabilité publique est donc le résultat d'une certaine évolution sociale, économique, politique et juridique de l'État. Pour le professeur Demba Sy, « la théorie de responsabilité reflète une certaine forme de civilisation, rapports économiques et politiques déterminés »[2092]. Sur le plan jurisprudentiel, le principe a été consacré par un arrêt du tribunal des conflits français, en l'occurrence l'arrêt Blanco.[2093]

Il faut alors préciser que la responsabilité dont il s'agit est la responsabilité civile et extracontractuelle de l'Administration. Elle peut aussi concerner certaines personnes privées ayant en charge la gestion d'un service public administratif et jouissant des prérogatives de puissance publique. Elle consiste donc à contraindre juridiquement, en application des règles de droit public,

---

2090 En ce qui concerne la France, ces propos doivent être tempérés, car comme le note bien J. Morand-Deviller, « cette irresponsabilité connaissait des limites ; les dommages causés aux propriétés par les travaux publics ouvraient droit à réparation ; (aussi) l'action des collectivités locales, à qui la souveraineté n'est pas dévolue pouvait engendrer leur responsabilité » (Droit administratif), *op. cit.*, p. 682.

S'agissant du Mali, ils peuvent être modérés par le fait que, sur un plan théorique, la responsabilité publique pouvait être engagée, car l'essentiel des textes et de la jurisprudence administratifs français ont été reconduits (la reconnaissance de la spécificité de la matière administrative se traduisant par la création des juridictions administratives plus ou moins autonomes en atteste) ; même s'il faut toutefois souligner que nos recherches ne nous ont pas permis de trouver les traces d'une jurisprudence certifiant l'engagement de la responsabilité de l'administration pendant le régime socialiste.

2091 E. Laferrière, *Traité de la juridiction administrative*, *op. cit.*, p. 13.

2092 D. Sy, *Droit administratif*, 2e éd., *op. cit.*, p. 355.

2093 T.C, 8 février 1873, Blanco, concl. David, in GAJA, 17e éd., *op. cit.*, p. 1.

particulièrement celles du droit administratif, l'Administration à réparer pécuniairement un préjudice causé par son action ou son inaction.

Contrairement à la très innovante révolution sénégalaise, consistant à adopter dès 1965 un code des obligations de l'Administration[2094], et proche de l'approche de l'ex- métropole, la responsabilité administrative est traitée au Mali sur la base de textes épars et une jurisprudence flottante fondée généralement sur celle de la France, sans pour autant être proche du degré de précision, de rigueur et de technicité de cette dernière.

Pourtant, pour rappel, le contentieux de pleine juridiction est dominé sur le plan national par le contentieux de la responsabilité des personnes publiques. À travers les différents arrêts rendus, on peut alors comprendre que le juge administratif donne une définition insuffisante des conditions d'engagement de cette responsabilité (Section 1) et procède aussi, à une mise en œuvre insuffisante de celle-ci (Section 2).

Section 1

Une définition insuffisante des conditions d'engagement de la responsabilité administrative

Il existe une certaine différence d'approche doctrinale concernant les conditions d'engagement et les fondements de la responsabilité administrative. Ceux qui constituent ses fondements pour certains, constituent ses conditions d'engagement pour d'autres. S'agissant des tenants de la première approche, nous pouvons faire référence aux professeurs Georges Vedel et Pierre Delvolvé pour lesquels « la responsabilité de l'Administration peut être fondée d'abord sur la faute » et aussi « (...) peut être engagée en l'absence de toute faute »[2095].

En ce qui concerne les tenants de l'autre approche, nous avons par exemple le professeur René Chapus[2096] et l'extrême majorité de la doctrine d'Afrique noire francophone[2097]. Sur ce sujet, Demba Sy fait remarquer que « pendant longtemps, on a considéré que la responsabilité avait un double fondement : la

---

[2094] V. A. Bockel, « La responsabilité publique », in *Encyclopédie juridique de l'Afrique*, t. 9, (droit des contrats et de responsabilité), sous la direction de Abd El Kader Boye, Abidjan, Dakar, Lomé, NEA, 1982, p. 401, même s'il faut noter qu' « en réalité, il s'agit d'une codification, d'ailleurs bien formulée, de la jurisprudence du CE français, dont le but est surtout pédagogique et d'information à destination des usagers pour qui la lecture du recueil Lebon n'est pas toujours chose aisée : en matière de responsabilité, ces quelques articles ne prennent tout leur sens et leur portée que si l'on se reporte à la source ; bref, ce texte n'innove pas, bien au contraire » A. Bockel, *ibid.* Cependant, malgré cette réalité, cette codification rend un double service : il facilite la tâche du juge et celle du justiciable que dans un système de non codification ; la qualité des décisions rendues en matière au Sénégal et au Mali en constitue une démonstration.

[2095] G. Vedel, P. Delvolvé, *Droit administratif,* Paris, Thèmis, PUF, t.1, 1992, pp. 578-579.

[2096] V. R. Chapus, *Droit administratif général,* t.1, *op. cit.*, p. 1230.

[2097] V. par exemple R. Dégni-Ségui, *Droit administratif général,* 3e éd., t. 3, *op. cit.*, p. 635.

faute et le risque ; à l'heure actuelle, on distingue entre le fondement qui est l'idée explicative de la responsabilité des conditions d'engagement que sont la faute et le risque »[2098]. Ce même auteur constate alors, qu'« au Sénégal, la doctrine et la jurisprudence semblent admettre que le fondement de la responsabilité se trouve être le principe de l'égalité devant les charges publiques »[2099].

La première affirmation ci-dessus citée du professeur Demba Sy s'aligne parfaitement sur-celle du doyen Alain Bockel exprimée dans son article sur la responsabilité publique paru dans l'encyclopédie juridique de l'Afrique en 1982[2100], laquelle à son tour faisant référence à l'article du professeur Charles Eisenmann sur « (...) le degré d'originalité de la responsabilité extracontractuelle des personnes publiques »[2101] paru dans le *JCP* en 1949.

Pour notre part, la doctrine nationale étant pratiquement inexistante en la matière, nous nous fondons alors principalement sur la jurisprudence pour ranger l'existence et l'absence de faute sous les conditions d'engagement de la responsabilité administrative[2102]. Ainsi, il ressort que la faute constitue la principale condition d'engagement de cette responsabilité (Paragraphe1) et l'absence de faute comme condition secondaire (Paragraphe 2).

Paragraphe 1 : La faute comme principale condition d'engagement de la responsabilité administrative

Il y'a lieu de souligner, de prime abord, que la jurisprudence nationale en matière de la faute en tant que condition dont la satisfaction permet d'engager la responsabilité de l'Administration, brille par son insuffisance. On ne peut ainsi dire facilement, ce qui peut constituer une faute ou pas (A) ou lorsque celle-ci est déterminée, qui de l'agent ou de son employeur sera tenu pour responsable (B).

A. La détermination du fait fautif : une jurisprudence difficilement discernable

En matière administrative, la faute peut être comprise, comme la non ou la mauvaise soumission de la machinerie administrative aux obligations préétablies ou la gêne qu'elle peut occasionner par son fonctionnement même normal. On peut alors constater que le juge fait des tentations de définitions du fait fautif en matière de police administrative (1) et s'adonne à une appréciation

---

2098 D. Sy, *Droit administratif*, 2e éd., *op. cit.*, p. 356.

2099 *Ibid.*

2100 A. Bockel, « La responsabilité publique », in Encyclopédie juridique de l'Afrique, NEA 1982, *op. cit.*, p. 404.

2101 Ch. Eisenmann, « Sur le degré d'originalité de la responsabilité extracontractuelle des personnes publiques », JCP, I, 1949, n° 742 et 751.

2102 Il faut alors expliquer que la jurisprudence nationale n'est pas souvent claire sur le sujet quand on l'analyse minutieusement ; en effet, il existe parfois des confusions entre « condition » et « fondement ».

parfois curieuse du fait fautif dans d'autres activités spécifiques de l'Administration (2).

1. La faute en matière de police administrative

Le professeur Francis Paul Benoit, soulignait le « caractère particulièrement typique » de la responsabilité du fait des services de police et notait : « il n'est pas d'illustration plus nette des principes fameux de l'arrêt Blanco ; nulle part ailleurs on ne voit une telle diversité des règles, n'excluant d'ailleurs en rien la précision, variant suivant les besoins de service : chaque activité du service de police a ses règles propres en ce qui concerne la mise en œuvre de la responsabilité qu'elle peut entraîner »[2103]. René Chapus définit le terme comme « l'activité de service public qui tend à assurer le maintien de l'ordre public dans les différents secteurs de la vie sociale et cela autant que possible »[2104]. C'est donc une mission très sensible devant laquelle le juge doit faire une saine lecture des faits et les circonstances. Pourtant, force est de noter qu'il fait une appréciation peu accessible de la faute lourde (a) pouvant faire croire à un déclin de celle-ci (b).

a. Une appréciation peu accessible de la faute lourde

La notion de faute lourde résulte d'une hiérarchisation jurisprudentielle des fautes et fait sous-entendre donc l'existence d'une faute de poids faible, c'est-à-dire simple. Cette dernière suffit alors à engager la responsabilité publique. En d'autres termes l'attitude du juge, son appréciation concernant la gravité de la faute permet de savoir si ledit juge accepte de reconnaître la responsabilité de la personne publique attaquée sur la base de la seule existence d'une faute quel qu'en soit son degré ou s'il observe tout d'abord une certaine gravité.

Ainsi, la faute lourde tient son existence de la prise en compte par le juge, de la sensibilité et de la délicatesse liée à l'exercice de certaines missions telle qu'en matière de police administrative. Le juge va alors apprécier un certain degré de faute nécessaire pour que la responsabilité administrative soit engagée. Ici, le problème est que le juge national a, certes rendu quelques arrêts, dont certains sont intéressants en matière de police administrative, mais il n'utilise pas expressément la notion de faute lourde comme étant la base sur laquelle il a fondé ou pas la responsabilité de l'Administration. Pourtant, dans un arrêt, constituant l'arrêt de principe national en la matière, le juge semble engager la responsabilité de l'Administration sur la base de la faute lourde. Il s'agit du célèbre arrêt Dédé Fané.

Le résumé de cette espèce est le suivant : le requérant était étudiant au lycée Technique de Bamako, lorsqu'une grève éclata. Le jour de ladite grève trouva qu'il était malade et alité dans le dortoir dudit établissement. Au Cours de

---

[2103] F. P. Benoit, *La responsabilité de puissance publique du fait de la police administrative*, Paris, Sirey, 1946, p. 6.

[2104] R. Chapus, *Droit administratif*, t. 1, 15e éd., *op. cit.*, p. 697.

l'opération de maintien d'ordre visant à contenir cette grève, un agent en uniforme fit irruption dans le dortoir et administre un coup de ceinturon à sa tête tout en lui retirant sa couverture. La boucle du ceinturon atteignit ainsi son œil gauche et causa sa perte définitive. C'est en guise de réparation de ce préjudice, qu'il a réclamé à l'État malien à travers le ministère de la Défense, de l'Intérieur et de la Sécurité un dommage-intérêt de quinze millions de francs maliens.

Alors le juge dit « (…) considérant que les préjudices moraux, matériels et physiques subis par le requérant du fait du préjudice à lui causé doivent retenir un dommage-intérêt réparable dans l'ordre d'au moins de la moitié des prétentions du requérant ». Il décide ainsi au fond : « condamne le ministère de la Défense de l'intérieure et de la Sécurité à payer au requérant (des dommages-intérêts) »[2105]. Il faut répéter que cet arrêt est très célèbre sur le plan national. Cela est-il dû au moment où il a été rendu ou contient-il plusieurs éclaircissements jurisprudentiels ? La première est la plus sûre, car cet arrêt étant considéré comme la référence en matière de police administrative, est étonnamment muet sur la faute lourde. Cependant, en étudiant attentivement les faits et le dispositif, on parvient à comprendre que le juge semble retenir la faute lourde.

Ainsi, c'est le même silence dans l'espèce DGCE pour le compte du ministère de la Sécurité intérieure et de la Protection civile de 2015[2106]. Dans cette affaire, la DGCE relevait appel contre un jugement du TAB. Condamnant « l'État au paiement de la somme de deux millions de francs CFA » au sieur Yiribéré Ouologuem « en réparation des préjudices subis » par la faute du commissariat de police du 7e Arrondissement de Bamako. En réponse, la Section administrative de la Cour suprême fait savoir qu'« en tant que commerçant, le mémorant a vu toutes ses marchandises jetées à même le sol (cf. P.-V. d'huissier) ; que sa personne ainsi que ses enfants ont subi des dommages corporels, (cf. ordonnances) ; que Yiribéré Ouologuem a donc été victime de préjudices qui sont de nature à ouvrir droit à une indemnité ; que c'est à bon droit que le TAB a alloué au mémorant le montant de deux millions (2 000 000) de francs CFA ». C'est ainsi que la Cour suprême, au fond, a rejeté l'appel comme étant mal fondé.

Dans cette affaire, tous les éléments concordent également à voir dans l'analyse du juge, la prise en compte d'un certain degré de la faute commise par les policiers pour engager la responsabilité de l'État. C'est vrai que, ni dans l'affaire Dédé Fané, ni dans celle-ci, le juge n'exige pas expressément un certain degré de gravité, dans chacune de ces affaires, le degré de gravité des fautes commises est très élevé. Dans la première, il est évident que le maintien de

---

2105 CS-SA, Arrêt n° 15 du 15 juin 1981, Dédé Fané c/ le ministère de la Défense, de l'Intérieur et de la Sécurité, *inéd.*

2106 CS-SA, Arrêt n° 247 du 09 octobre 2015, la DGCE pour le compte du ministère de la Sécurité et de la Protection civile c/ le jugement n° 271 du 26 juillet 2012, Yiribéré Ouologuem, *inéd.*

l'ordre, malgré sa délicatesse ne se réalise pas dans un dortoir et de surcroît, un étudiant même en bonne santé, couché dans une chambre ne peut perturber l'ordre public dans les circonstances évoquées. Le seul fait de pénétrer dans le dortoir constitue en soi une faute et les faits consistant à frapper, à positionner délibérément le côté métallique du ceinturon pour bien blesser, à viser la tête du requérant, constituent indéniablement des éléments dont la conjonction entraîne une très grande augmentation du degré de la faute. La responsabilité de l'État a ainsi été engagée sur la base de ce degré très élevé de la faute commise, donc sur la base de la faute lourde.

C'est pareil pour la seconde affaire. L'ordre public pouvait être maintenu sans que les marchandises de monsieur Yiribéré Ouologuem ne soient jetées par terre et sans que sa personne et ses enfants ne puissent subir des coups graves ayant causé des blessures.

Si l'on remarque bien, il ressort clairement que toutes les activités de police administrative ci-dessus évoquées relèvent des activités matérielles c'est-à-dire des « opérations sur le terrain consistant à mettre en œuvre concrètement les décisions »[2107]. Pour le doyen Alain Bockel, « l'action administrative s'exerce parfois dans les conditions plus délicates et rencontre des difficultés importantes ; cela se produit pour certaines activités particulières qui s'accomplissent dans un contexte difficile par ce qu'il faut décider rapidement ou parce que le responsable ne peut disposer de tous les éléments lui permettant de faire face à la situation (…). Dans ces conditions, le seuil de déclenchement de la responsabilité est élevé ; le fait de commettre une faute grave, lourde, est nécessaire, et une simple défaillance ; même[2108] caractérisée, ne suffit pas ». Ainsi, comme activités considérées comme difficiles, il cite « les opérations matérielles de maintien de l'ordre »[2109] comme celles qui ont été à la base des arrêts Dédé Fané et DGCE cités ci-haut.

En ce qui concerne la jurisprudence française ; certes la responsabilité de l'Administration en matière de police administrative fut reconnue au début du XXe siècle à travers l'arrêt Tomaso Grecco[2110], mais le juge tout en exigeant un certain degré de gravité de la faute commise n'a pas clairement mentionné cette exigence. C'est alors à travers l'arrêt Clef[2111] qu'il subordonna l'engage-ment de la responsabilité de l'Administration à l'existence d'une faute lourde.

[2107] G. Eveillard, « Existe-t-il encore une responsabilité administrative pour faute lourde en matière de police administrative », in *RFDA* juillet aout 2006, p. 734 ; selon lui : « les activités de police peuvent en effet consister, soit en activités juridiques c'est-à-dire l'édiction de mesures réglementaires ou individuelles tendant au maintien de l'ordre, soit en activités matérielles. »

[2108] A. Bockel, « La responsabilité publique », in *Encyclopédie juridique de l'Afrique*, *op. cit.*, p. 412.

[2109] *Ibid.*

[2110] CE 10 février 1905, Tomaso Grecco, GAJA, *op. cit.*, p. 82.

[2111] CE, 13 mars 1925, concl. Rivet in RDP 1925, p. 274.

Cependant, cette exigence ne doit pas être comprise comme systématique, la jurisprudence abaisse de plus en plus le degré de faute exigée pour que soit engagée la responsabilité de l'Administration.

b. Du déclin de la faute lourde

Le juge administratif national exige-t-il toujours la faute lourde pour que soit engagée la responsabilité de l'Administration en matière de police administrative ? La réponse à cette question n'est pas simple car le juge administratif se montre très silencieux face à certaines notions traduisant pratiquement une certaine méfiance.

Dans les arrêts étudiés dans le paragraphe précédent comme illustrant sa position face à la faute lourde, il apparaît sans ambiguïté qu'il n'a point utilisé la notion pour qualifier les fautes commises par l'Administration. C'est surtout en analysant le degré de gravité desdites fautes, sur lequel le juge s'est focalisé, que nous sommes parvenus à la conclusion selon laquelle le juge a fondé l'engagement de la responsabilité de l'Administration sur la faute lourde.

Cependant, en faisant une analyse méticuleuse de la récente décision de la haute juridiction dans l'affaire DGCE pour le compte du ministère de la Sécurité et de la Protection civile[2112], on peut avoir une idée sur l'état de la jurisprudence sur la question. En effet, le juge dans son analyse de l'affaire, en parlant « du comportement des policiers » ; en parlant « des marchandises jetées à même le sol » du mémorant en se référant à un P.-V. d'huissier ; et en constatant que « la personne (du mémorant) ainsi que ses enfants ont subi des dommages *corporels* » et ce, en se référant à une ordonnance, font entrevoir un certain penchant du juge pour l'exigence de la faute lourde dans l'engagement de la responsabilité de l'Administration en matière de police administrative.

Cela nous permet aussi de comprendre que même si cette subtile distinction est aujourd'hui abandonnée par la jurisprudence française[2113], entre la faute grave et la faute d'une particulière gravité, le juge national semble accorder plus d'importance à la seconde.

Pourtant, l'exigence de la faute lourde en matière de police administrative tend à s'atténuer. En d'autres termes, une faute simple suffirait à engager la responsabilité de l'Administration. Cette évolution ne peut être qu'appréciée principalement à travers la jurisprudence française pour des raisons ci-dessus évoquées. Elle constitue une remise en cause de la faute lourde, donc un acheminement vers son déclin. Si la faute lourde a pu apparaître, initialement, comme un progrès par rapport à l'irresponsabilité de l'Administration ou à l'exigence d'une faute manifeste et d'une particulière gravité, et a permis d'établir un équilibre entre le souci d'indemnisation des victimes et la prise en compte des difficultés de l'action administrative, en établissant au profit de

2112 CS-SA, Arrêt n° 247 du 9 octobre 2015, *op. cit.*

2113 V. A. Bockel, *Droit administratif*, *op. cit.*, p. 366.

l'Administration une franchise de responsabilité, comme l'écrit le professeur Gweltaz Eveillard, « cette exigence est désormais ressentie comme une limitation injustifiée de la responsabilité de l'Administration »[2114].

Le recul de la faute lourde en matière de police administrative est alors incontestable. Cela s'est tout simplement manifesté par une substitution de la faute simple à la faute lourde. Cette substitution n'a pas alors été généralisée, elle concerne particulièrement certaines matières, dans lesquelles, il suffit désormais une faute simple, pour que la responsabilité de l'Administration soit engagée. S'il faut éclairer ces affirmations, il y'a lieu de noter que les difficultés n'ont pas changé, c'est-à-dire que les difficultés qui auparavant justifiaient l'exigence d'une faute lourde conduisent aujourd'hui le juge à reconnaître la responsabilité de l'Administration sur la base de la faute simple.

C'est le cas de la protection des spectateurs des feux d'artifice. En la matière, la responsabilité de l'Administration était engagée en cas de faute lourde de celle-ci dans l'organisation ou l'exécution des mesures de police prises pour assurer la sécurité des spectateurs ou des passants.[2115] Cette jurisprudence a été remplacée par la jurisprudence Moisan, qui admet la responsabilité de l'Administration communale en cas d'accident survenu à un spectateur d'un feu d'artifice tiré sur la commande de celle-ci si la victime établit l'existence d'une faute de la commune soit dans le choix de l'artificier, soit dans l'organisation ou le fonctionnement du service public, soit dans l'accomplissement des mesures de police prises pour assurer la sécurité des spectateurs [2116]. C'est également le cas de la responsabilité de l'Administration en matière des secours aux baigneurs. Selon le CE, l'absence à proximité des lieux de baignade, de tout moyen permettant d'alerter rapidement un centre de secours, constitue de la part du Maire une faute de nature à engager la responsabilité de la commune[2117].

Ainsi, l'« exigence de faute lourde a été totalement abandonnée à la fin des années 1990 »[2118]. Cela concerne spécialement l'organisation du service tout comme ses activités matérielles. On peut citer le cas des services médicaux d'urgences[2119], des secours en mer[2120] et des services de lutte contre l'incendie[2121].

Cependant, il est certes indéniable que la faute lourde en tant que condition de l'engagement de la responsabilité de l'Administration dans certaines

[2114] G. Eveillard, « Existe-t-il encore une responsabilité administrative pour faute lourde en matière de police administrative » *op. cit.*, p. 735.

[2115] CE, 21 février 1958, commune de Domme, Journ. des maires 1959, p. 241, V. www.galaxy-mix.com/ règlement feux d'artifice. Pdf.

[2116] CE, 30 mars 1979, Moisan, cité par G. Eveillard, RFDA, juillet-août 2006, p. 732.

[2117] CE, sect., 13 mai 1983, Mme Lefèvre, concl. M. Boyon, AJDA 1983, p. 476.

[2118] CE, 20 juin 1997, Theux, concl. J. H. Stahl, RFDA 1998, p. 82.

[2119] CE, sect., 13 mars 1998, Améon et autre, Lebon, p. 82, cité par G. Eveillard, *op. cit.*

[2120] CE, 29 mars 1998, commune de Hannapes, J.C, 1998, p. 198.

[2121] R. Chapus, *Droit administratif général*, t. 1, *op. cit.*, p. 1313.

matières, telle que celle concernant la police administrative, a certes connu un sérieux recul, mais n'a pas été réellement abandonnée. Le mot abandon semble en réalité être trop fort pour qualifier la situation et la doctrine est d'ailleurs divisée sur le sujet.

René Chapus écrit : « mais en vérité et de façon générale, il faut aller plus loin : comment peut-on raisonnablement continuer à justifier l'exigence d'une faute lourde par la difficulté des activités en cause, puisque s'agissant d'autres activités, cette difficulté (...) est désormais jugée comme ne la justifiant plus ? La cohérence de l'État du droit est en jeu »[2122].

S'agissant des activités juridiques, Fabrice Melleray prône la disparition totale de la faute lourde,[2123] alors qu'avant cette position, Pierre-Laurent Frier estimait qu'une disparition totale de la faute lourde en matière de police administrative était prématurée[2124].

Il faut alors souligner que malgré le flou entourant la jurisprudence nationale sur le sujet, nous l'avons déjà signalé, le juge semble accorder une certaine importance à la faute lourde, d'où notre analyse faisant état de son maintien et sa bonne santé sur le plan national. Par contre, nous venons aussi de comprendre que l'exigence de la faute lourde n'est pas non plus abandonnée en France comme on pouvait être tenté de le croire à la lecture de certains arrêts et de certaines positions doctrinales. En effet, le professeur Gweltaz Eveillard qui dans son article consacré au sujet parlait dans un premier temps de son abandon, finit dans le même article par parler de sa « persistance »[2125] ou encore de son « affirmation occasionnelle »[2126]. À côté de ce manque de visibilité claire de la jurisprudence nationale sur la police administrative, il existe aussi un curieux diagnostic du fait fautif de la part du juge.

2. Le curieux diagnostic du fait fautif

La jurisprudence en matière de responsabilité administrative se caractérise aussi par une certaine hésitation du juge dans la définition de la faute concernant certaines matières spécifiques. Ainsi, on remarque une juris-prudence floue en matière d'abstention ou de mauvaises actions fautives de l'Administration (b) et une jurisprudence changeante en matière de fait fautif des actes administratifs irréguliers (a).

[2122] *Ibid.*

[2123] F. Melleray, « L'obligation de prendre des mesures de police administrative initiales », *AJDA* 2005, p. 71.

[2124] P.-L. Frier, *Précis de droit administratif*, Paris, Montchrestien, Coll. Domat droit public, 3e éd., 2004, p. 477.

[2125] G. Eveillard, *op. cit.*, p. 743.

[2126] *Ibid.*

a. Une jurisprudence changeante en matière de fait fautif des actes administratifs irréguliers

Il faut reconnaître, qu'il est parfois scabreux de détecter la faute de l'Administration, tant par la diversité des organes du complexe administratif que par la diversité des actions et inactions provoquées ou involontaires de ces organes. Cette affirmation va dans la même direction de pensée que celle de René Chapus. Pour ce dernier, la définition de la faute est simple, mais seulement, « il peut être délicat de diagnostiquer des fautes »[2127]. La difficulté liée au diagnostic de la faute serait alors normale et résulte de la nature du monde de l'Administration.

Ce qui peut alors paraître anormal, est cette inconstance irrationnelle de la jurisprudence face à une catégorie spécifique de litige. C'est le cas de la jurisprudence nationale en matière de préjudice que peuvent causer les actes administratifs irréguliers.

Il faut en effet le souligner, une décision non irrégulière ne peut donner droit à une quelconque réparation, et ce, si l'on s'en tient aux mots du juge dans l'affaire SFS de mai 2010[2128] selon lesquels l'« illégalité n'étant pas fondée, le requérant est malvenu à solliciter la condamnation de la mairie de la commune IV à lui payer des sommes d'argent au titre de réparation (…) », sur la base d'une faute de l'Administration.

Si l'on raccourcit cette affirmation, elle donne ceci : pas d'illégalité pas de faute. Il faut alors attirer l'attention sur le fait que « l'équation, illégalité égale faute ne signifie pas que la faute que constitue l'illégalité est invariablement de nature à engager la responsabilité »[2129] de l'Administration. Hormis cette possibilité, et de manière générale, la responsabilité de l'Administration est engagée chaque fois qu'une de ses décisions est à la base d'une faute. Ainsi, dans l'affaire Famakan Keïta, la Cour suprême fait savoir que « la ruelle supprimée séparait les parcelles (…) de Famakan Keïta et (…) de Makan Keïta » ; que « de cette ruelle, le spiros procédait à la vidange des sanitaires du sieur Famakan », que « ceci n'est plus possible du fait de l'intervention des décisions » de l'Administration. Pour elle, cette impossibilité pour le sieur Famakan Keïta de faire vider ses fosses et qui a été créée par l'intervention des décisions « (…) est bien constitutive d'un préjudice ayant pris sa source précisément dans ces décisions ». Enfin, la Cour dit : « considérant que ce préjudice résulte des décisions administratives, (…) (il) mérite réparation. »[2130]

Dans la continuité de cette décision, le juge dans l'espèce sieur Abdoulaye Traoré rappelle qu'« à l'appui de sa requête, le requérant fait valoir que la

---

[2127] R. Chapus, *Droit administratif général*, t. 1, 15e éd., *op. cit.*, p. 1294.

[2128] CS-SA, Arrêt n° 87 du 06 mai 2010, le sieur SFS c/ le jugement n° 54 du 1er avril 2008 du TAB, *inéd.*

[2129] R. Chapus, « Droit administratif général », t. 1, 15e éd., *op. cit.*, p. 1295.

[2130] CS-SA, Arrêt n° 21 du 28 juin 1990, *op. cit.*

décision attaquée, du fait de son illégalité lui cause préjudice (…) ». Ensuite, il souligne que « la relève du requérant est manifestement intervenue en violation de la loi (…) et qu'il peut être retenu qu'un préjudice matériel a été effectivement occasionné par cette relève ». Enfin, il « condamne l'État au paiement »[2131] d'une somme. Aussi, dans l'arrêt n° 24 de mai 2006, le juge explique que « les décisions illégales de refus ont entraîné la fermeture de l'établissement pendant une année scolaire causant par voie de conséquence des préjudices certains (…) »[2132]. Il condamne ainsi au fond, le ministère de l'Éducation.

C'est particulièrement dans l'arrêt n° 209 du 27 novembre 2008 que le juge est très explicite lorsqu'il dit que « l'illégalité d'un acte administratif constitue une faute susceptible de justifier la mise en cause de la responsabilité administrative »[2133].

Jusque-là, on peut dire que le juge procède à une appréciation acceptable de la corrélation entre l'irrégularité d'une décision d'une autorité, la faute et la responsabilité de l'Administration. Cependant, cette jurisprudence qui était devenue même constante va connaître un certain chamboulement en 2010. En effet, le bénéficiaire d'une décision administrative illégale doit-il supporter les conséquences de la faute de l'Administration ? Si l'on s'en tenait aux décisions ci-dessus citées, la Section administrative de la Cour suprême est claire là-dessus : la réponse est négative. Par contre, si l'on s'en tient à la jurisprudence SFS, la réponse est curieusement positive.

Dans cette affaire, le requérant avait bénéficié de la Mairie de la commune IV du district de Bamako, par décision, une autorisation d'exploiter une aire de lavage, qu'il a aménagée. C'est le Gouverneur du district de Bamako, qui par une autre décision va annuler celle du Maire. Cela a trouvé que le requérant avait déjà investi sur l'espace en question et la décision du gouverneur a provoqué la démolition de ses installations. C'est pour réparation de ce préjudice, que le requérant a saisi la juridiction administrative.

Le juge a alors dit que « la demande de réparation se fondant sur l'illégalité reprochée à la décision (du Gouverneur), que cette illégalité n'étant pas fondée, le requérant est malvenu à solliciter la condamnation de la mairie de la commune IV à lui payer des sommes d'argent au titre de réparation de dommages qui ne sont pas de son chef »[2134].

En se fondant sur l'idée du juge, on se demande alors qui est le responsable du préjudice certain subi par le requérant. Est-ce le Gouverneur ? La réponse est

---

[2131] CS-SA, Arrêt n° 85 du 11 juillet 1996, entre la Société Sankarani SA et le ministère des Mines, de l'Hydraulique et de l'Énergie, *inéd.*

[2132] CS-SA, Arrêt n° 24 du 18 mai 2006, le sieur Abdouramane Gakou c/ le jugement n° 114 du 24 décembre 2003 du TAB, *inéd.*

[2133] CS-SA, Arrêt n° 209 du 27 novembre 2008, entre le sieur Bakary Touré et la Mairie de la commune VI du district de Bamako, *inéd.*

[2134] CS-SA, Arrêt n° 87 du 06 mai 2010, *op. cit.*

non. La décision de celui-ci vise surtout à rétablir la légalité qui avait été écorchée par la décision du Maire. En admettant que la décision du Gouverneur ne souffre d'aucune irrégularité, le juge a par là même reconnu l'irrégularité de celle du Maire. Pourtant, dans la jurisprudence antérieure, spécifiquement l'espèce Bakary Touré, il dit que « l'illégalité d'un acte constitue une faute » ; et une faute ayant conduit à la démolition d'une construction est une faute engageant la responsabilité de l'Administration.

C'est pourquoi, le juge en ne reconnaissant pas la responsabilité de la commune pour décision irrégulière, s'est contredit et a fait également une fausse appréciation du fait fautif de cette décision.

La jurisprudence n'est pas aussi sans problème dans d'autres matières, telles que l'abstention ou la mauvaise action de l'Administration.

b. Une jurisprudence floue en matière d'abstention ou d'actions fautives de l'Administration

Dans certaines matières, la lecture des décisions rendues ne permet pas de dégager une jurisprudence claire pouvant servir à saisir une position exacte du juge. Parfois on est même tentés de soupçonner le juge d'être un protecteur masqué de l'Administration. Il y'a également des situations où le juge condamne l'Administration sans pour autant déterminer ou qualifier la faute sur la base de laquelle celle-ci a vu sa responsabilité engagée.

On rencontre ainsi une de ces curieuses négations de la responsabilité de l'Administration dans l'affaire les ayants droit de Mamary Konaré[2135].Les faits remontent à 1992 où le sieur Konaré fut appréhendé par les agents des Eaux et forêts alors qu'il était en possession d'une arme dans la réserve de Fina. Il fut ensuite embarqué dans le véhicule desdits agents, et depuis ce jour, il n'a plus été revu nulle part. Ce qui autorise à dire qu'il a disparu. Par contre, les objets du sieur Konaré ont été retrouvés avec les agents concernés. C'est ainsi que ses ayants droit ont saisi la Cour pour que la responsabilité de l'Administration soit reconnue par le fait de ses agents en leur versant la somme de 90 000 F chaque mois jusqu'à ce que leur père réapparaisse.

Dans son mémoire en défense, l'Administration soutient « que le sieur Mamary Konaré a été pris en violation du code de la chasse ; que comme tout délinquant en état d'arrestation, il était sous la garde du service des Eaux et forêts ; qu'en décidant de se soustraire à cette garde en fuyant, il dégage l'Administration de toute responsabilité juridique vis-à-vis de sa personne et endosse seul, toutes les conséquences de son acte ».

La Cour tranche alors le litige de la manière suivante : « considérant qu'il ressort des pièces versées que le sieur Konaré a été appréhendé dans la réserve de Fina fusil en main par les agents des Eaux et forêt et embarqué par ceux-ci

---

[2135] CS-SA, Arrêt n° 24 du 23 février 1995, les ayants droits de Mamary Konaré c/ le ministère de l'Environnement, *inéd.*

en vue d'être déposé près de son hameau après la mission afin de protéger la réserve ; considérant que le sieur Konaré, profitant de l'arrêt du véhicule, s'est volontairement soustrait à la garde des agents des Eaux et forêts en prenant la fuite ; qu'il résulte de ce qui précède, que la responsabilité de l'Administration ne peut être retenue dans ce cas d'espèce ; par ces motifs, la rejette comme mal fondée. »

Cette décision du juge est vraiment étonnante et résulte d'une appréciation à la fois évanescente et erronée des faits. En effet l'Administration dans son mémoire en défense, le juge lui-même ont tous souligné et reconnu que Mamary Konaré a été non seulement arrêté par les agents de l'État mais était aussi sous leur garde. Qu'il ait pu se soustraire de la dite garde ne témoigne-t-il pas d'une défaillance dans l'organisation et le fonctionnement du service des Eaux et forêts ? Il y a clairement eu un défaut de surveillance et rien ne prouve, même que ces agents ont tenté de rechercher monsieur Konaré.

Ce qui est évident, c'est qu'il y a une faute de l'Administration susceptible d'engager sa responsabilité. En décidant ainsi, le juge a tout simplement démontré le caractère parfois très rudimentaire du droit de la responsabilité administrative au Mali. Comparativement à la jurisprudence française, le CE a reconnu la responsabilité de l'Administration pour défaut d'organisation et défaut surveillance dans une affaire où un malade placé dans un hôpital psychiatrique avait pu s'emparer d'un couteau d'une part, et d'autre part, s'évader et tuer ensuite l'occupant d'une maison voisine[2136]. Il a aussi décidé, qu'engage la responsabilité de l'Administration, le fait qu'un enfant s'est noyé dans une piscine municipale. Pour lui, ce fait révèle une faute dans l'organisation du service.[2137]

Par contre, dans l'affaire Moussa Léo Keïta, le juge reconnaît quand même la responsabilité de l'Administration sans pourtant définir la faute ayant conduit à cela. À titre de rappel des faits, le requérant, Ambassadeur du Mali au moment des faits, avait mis sa collection personnelle d'objets d'art au service de l'Ambassade. À la fin de sa mission à Washington, il n'a pas pu les récupérer suite à une confiscation administrative. Après des démarches, lorsque l'ordre de restitution fut donné, la collection était entièrement détruite dans le fond de la cave de l'Ambassade. C'est ainsi qu'il a saisi la Cour aux fins de réparation du préjudice subi.

La Cour a alors répondu à cette sollicitation comme suit : « Considérant que la collection a d'abord subi une confiscation administrative et lorsque l'ordre de restitution fut donné, elle était entièrement détruite dans le fond de la cave de l'Ambassade du Mali à Washington ; qu'il échet de retenir la responsabilité de l'autorité administrative concernée et de la condamner à la réparation du

---

2136 CE, 12 octobre 1983, Rolland, cité par R. Chapus, *Droit administratif général*, t. 1, 15e éd., *op. ci.*, t. 1, p. 1301.

2137 CE, 07 décembre 1984, Addichane, RDP 1985, p. 1396.

préjudice subi ; au fond : donne droit en condamnant le ministère des Affaires étrangères et des Maliens de l'extérieur (…). »[2138]

Certes, le requérant a eu satisfaction, car le préjudice à lui causé par le fait de l'Administration a été réparé. Cependant, cet arrêt n'a aucunement permis au droit administratif national de bouger dans le sens d'une évolution. Il ne suffit pas que la responsabilité de l'Administration soit reconnue, mais la condition ayant conduit à cela doit être précisée. C'est-à-dire la faute et sa nature. On voit clairement qu'il y a eu dans cette espèce un défaut d'entretien et une mauvaise conservation des objets de valeur dont l'Administration avait la garde. En le précisant et en le disant, cela allait être bénéfique au droit administratif, car par exemple ici, on allait dire directement que le juge a reconnu la responsabilité de l'Administration pour défaut d'entretien et de mauvaise conservation. En ne procédant pas ainsi, on se retrouve devant une décision vague et très peu instructive.

Cependant, dans l'affaire monsieur Yahaya Sangaré de 2014, le juge se libère un peu, non seulement en faisant une acceptable appréciation des faits, mais surtout en utilisant les termes justes propres au droit de la responsabilité administrative. Il le fait en ces termes : « Considérant que pour parvenir à la création du TF n° 181/C.V de Bamako, l'Administration domaniale est supposée être suffisamment avisée dans la mesure où les conséquences dommageables de cette création engagent sa responsabilité ; (…) ; que si malheureusement une contestation a surgi après, c'est que l'État à travers la DNDC est responsable des déconvenues dont sont victimes Soyatt et monsieur Yahaya Sangaré victimes d'une marchandise avariée et viciée et comme tel, l'État doit assumer ses responsabilités en réparant les conséquences dommageables du dysfonctionnement du service public de l'Administration domaniale ; au fond : condamne l'État à travers la DNDC à payer (…) »[2139].

Il ressort de cet arrêt, que l'Administration est responsable des conséquences dommageables du dysfonctionnement de ses services. Ce qui signifie que les requérants auraient dû normalement être dédommagés par l'État dans l'affaire les ayants droits de Mamary Konaré ci-dessus citée dans ce paragraphe.

C'est alors par un arrêt de décembre 2015, en l'occurrence l'arrêt N'gongang N'jonzé Célestin[2140] que le juge va clairement démontrer que l'Administration malienne est, à défaut d'un code des obligations de l'Administration comme c'est le cas au Sénégal, soumis aussi au régime général des obligations. C'est dans cette espèce qu'il parle du comportement fautif ayant causé un préjudice et qui selon lui est réparable. Il dit, qu'« il s'agit d'une voie de fait, d'un comportement fautif de la mairie, qui a causé à N'gongang N'jonzé Célestin un

[2138] CS-SA, Arrêt n° 09 du 08 mars 2001, le sieur Moussa Léo Keita c/ le ministère des Affaires étrangères et des Maliens de l'extérieur, *inéd.*

[2139] CS-SA, Arrêt n° 022 du 27 novembre 2014, Monsieur Yahaya Sangaré cl la DNDC, *inéd.*

[2140] CS-SA, Arrêt n° 316 du 17 décembre 2015, N'gongang N'jonze Célestin c/ le jugement n° 402 du 10 octobre 2013 du TAB, la Mairie de la commune II du district de Bamako, *inéd.*

préjudice certain qu'il importe de réparer en application de l'article 144[2141] du RGO ».

Il faut pourtant ramener cet arrêt à de justes proportions, quoiqu'en partie instructif, il recèle une sérieuse insuffisance. En effet, en qualifiant le « comportement fautif de la mairie » de « voie de fait », le juge ne déclare-t-il pas indirectement son incompétence à statuer sur l'affaire et la compétence de son homologue de l'ordre judiciaire ?[2142]

Aussi, le partage de la faute entre l'Administration et ses agents est à la base d'une jurisprudence erratique.

B. Le partage de la faute entre l'Administration et ses agents : une jurisprudence erratique

L'Administration est une imagination juridique, qui ne peut fonctionner qu'autour des personnes physiques agissant en son nom : ses agents. Ce qui veut dire, qu'en réalité, ce sont toujours ces derniers qui sont à la base des fautes, c'est-à-dire les auteurs de toutes les fautes susceptibles d'engager la responsabilité de l'Administration. Il s'agit alors, et c'est là où se situe le problème, de déterminer la part de ces fautes qui doit être considérée comme celle de l'Administration, donc de service, et celle qui doit être mise *sur la tête de l'agent*.

Ainsi, « le particulier victime d'un dommage de la part d'un service, écrit Bonnard, peut se trouver en présence, au point de vue d'une responsabilité possible, soit de l'Administration elle-même, soit de l'agent de service »[2143] ; d'où cette interrogation : « dans quelle mesure la réparation des dommages causés par les agents de l'Administration doit-elle incomber à l'Administration »[2144] ? L'auteur de cette interrogation commence sa réponse par écrire que « plusieurs solutions sont envisageables ».

La solution peut alors consister de la part du juge à procéder à un cumul des fautes consistant à reconnaître la responsabilité de l'Administration chaque fois qu'un de ses agents est l'auteur d'une faute sans lien avec le service (2) ou celle de l'agent seul si la faute n'a aucun lien avec le service (1).

[2141] Loi n° 87-31/AN-RM du 29 août 1987 fixant le régime général des obligations, art 144 : « les commettants répondent des dommages causés par une personne soumise à leur autorité, lorsque celle-ci en court dans l'exercice de ses fonctions une responsabilité à l'égard d'autrui ».

[2142] Il faut noter que ce n'est pas la qualification faite par le juge qui est en cause. C'est seulement les conséquences auxquelles elle conduit, conséquences qu'il aurait dû en tirer. En effet, dans l'hypothèse d'une voie de fait, « il est considéré que l'Administration est si largement sortie de son rôle qu'elle ne peut bénéficier de son privilège de juridiction », D. Chabannol, *Pratique du contentieux administratif*, 9e éd., *op. cit.*, p. 53.

[2143] R. Bonnad, *Traite de droit administratif*, 4e éd., 1943, p. 120.

[2144] A. Bockel, *Droit administratif*, *op. cit.*, p. 361.

1. Du non-cumul des fautes

Il s'agit ici de la distinction entre la faute engageant la responsabilité personnelle de l'agent et celle engageant la responsabilité de l'Administration. Dans les relations triangulaires entre la victime, l'agent et l'Administration, lorsque la faute qui est à la base du préjudice est caractérisée par son absence de lien avec le service [2145], c'est une faute personnelle et la seule responsabilité de l'agent est engagée devant le juge normal du droit privé sans que l'Administration ne soit concernée. C'est le système du non-cumul des fautes, donc du non-cumul des responsabilités. Georges Vedel et Pierre Delvolvé, expliquent : « longtemps, on considéra que la responsabilité personnelle de l'agent et la responsabilité de l'Administration étaient exclusives l'une de l'autre : ou le dommage était dû à une faute personnelle, ou il était dû à une faute de service ; mais on n'imaginait pas une combinaison des deux situations. »[2146]

Il faut noter que la jurisprudence nationale est très élémentaire, voire extrêmement pauvre sur le sujet. Dans l'affaire Époux Maïga c/le sieur Bénitièni Fofana ministre de la Santé publique[2147], la Cour suprême a effleuré le sujet. Sans procéder à un nouveau rappel des faits de cette espèce qui a déjà été fait, il faut surtout savoir que les requérants avaient été révoqués de leurs fonctions par l'autorité concernée suite à un article de presse que le sieur Maïga avait publié dans l'organe de presse officiel de l'État. Les requérants, outre la demande d'annulation avaient aussi sollicité l'engagement de la responsabilité personnelle du ministre.

En réponse, le juge dit sans détour : « la Cour écarte a priori l'application au litige des dispositions des articles (...) du code pénal sur l'engagement de la responsabilité personnelle du sieur Bénitièni Fofana bien qu'il soit pris nommément ; ainsi, l'action juridictionnelle du sieur Maïga s'analyse comme un pourvoi dirigé contre une faute administrative tenue d'une série de décisions administratives prises à l'initiative du ministre de la Santé dépositaire du pouvoir hiérarchique à l'égard d'un fonctionnaire relevant de son autorité et auquel lesdites décisions font grief. » Et si on appréciait ces mots de la haute juridiction et les faits à la lumière de l'affirmation du professeur Demba Sy selon laquelle « le caractère personnel de la faute peut être le résultat soit de sa gravité soit de l'intention de son auteur »[2148]. Ils pourront aussi être analysés sur la base des mots du doyen Alain Bockel sur « la faute personnelle commise dans le cadre de l'exercice des fonctions » ainsi rédigés : « c'est dans le cadre de (...) l'exécution des fonctions, que la faute est commise, elle n'est donc pas détachable matériellement du service ; néanmoins, une telle faute peut présenter

---

[2145] G. Vedel, P. Delvolvé, *Droit administratif*, t. 1, *op. cit.*, p. 555.
[2146] *Ibid.*, pp. 555-556.
[2147] CS-SA, Arrêt n° 04 du 18 septembre 1978, *op. cit.*
[2148] D. Sy, *Droit administratif*, 2e éd., *op. cit.*, p. 361.

un caractère personnel si elle se détache intellectuellement du service, en prenant en considération les motifs qui ont dicté la conduite de son auteur »[2149].

Alain Bockel continue en soulignant que la faute personnelle peut être intentionnelle et dans ce cas « résulte de l'intention de l'auteur, qui est étrangère à l'intérêt du service ; bien qu'agissant dans le cadre de ses fonctions, l'auteur de la faute a poursuivi des intentions qui lui sont personnelles ; tel est le cas des fautes commises par rancune, passion ou malveillance, dans l'intention de nuire à autrui »[2150].

Cette dernière affirmation sera reprise dans son idée principale par le professeur Moreau, lorsqu'il écrit qu'« il faut peser l'acte dommageable à l'aune de son contenu et des intentions qui animent son auteur »[2151].

En tenant ainsi compte de la gravité de la faute et de l'intention du ministre auteur de la faute, le juge ne pouvait-il pas retenir la faute personnelle donc la responsabilité personnelle du ministre. S'il s'agit de la gravité, les fautes sont suffisamment graves, car l'on ne peut révoquer un fonctionnaire sans aucunement respecter la procédure légale prévue pour cela et ce, en méconnaissance totale de la répartition des compétences entre autorités administratives. S'agissant de l'intention personnelle du ministre, le juge lui-même reconnaît qu'« il ressort des pièces du dossier et conclusions du conseiller rapporteur l'existence d'une convergence troublante entre ledit article de presse et la mutation des époux Maïga à Gao, que le ministre a agi avec un certain empressement qui a contrarié les procédures habituelles tant de la mutation que des mesures disciplinaires (...) »[2152].

Il ressort alors, que le juge pouvait reconnaître dans cette affaire la responsabilité personnelle du ministre pour faute personnelle. Le juge a cependant préféré agir autrement en disant sur la « nature de la faute », que celle-ci « constitue une faute administrative ». Cette dernière n'a pourtant pas permis au requérant de voir les préjudices à lui causés réparés. En effet, son traitement avait été suspendu et il a aussi subi des préjudices moraux.

Faut-il alors en déduire que la responsabilité personnelle de l'agent n'est pas reconnue par le juge administratif national ? Cette présomption très sérieuse est permise, car pour le moment, aucun des arrêts que nous avons pu collecter ne nous permet pas d'en douter. Cette solution n'est pas isolée, et est même proche de celle soutenue par le juge sénégalais de l'Administration, qui accorde beaucoup plus d'attention à la faute de service. Aussi, la lecture de l'ouvrage du professeur Salif Yonaba sur « Les grandes décisions de la jurisprudence

---

2149 A. Bockel, « La responsabilité publique », in *Encyclopédie juridique de l'Afrique*, *op. cit.*, p. 413.

2150 *Ibid.*, p. 414.

2151 J. Moreau, « La responsabilité administrative », in *Traité de droit administratif*, sous la direction de P. Gonod, F. Mellery, P. Yolka, t. 2, *op. cit.*, p. 646.

2152 C.S. S. A, Arrêt N°4 du 18 septembre 1978, époux Maïga, *op. cit.*

administrative burkinabè », nous permet également d'affirmer la même chose pour le juge administratif burkinabè.

Cela signifie-t-il que la jurisprudence Pelletier[2153] n'a pas reçu d'application dans les anciennes colonies françaises ? Une réponse aboutissant à une généralisation sera imprudente, mais une décision équivalente n'existe pas dans la jurisprudence malienne.

Par cet arrêt, le juge des conflits français considérait que les fautes de l'Administration et de l'agent étaient exclusives l'une de l'autre. La faute personnelle engageait la seule responsabilité de l'agent et relevait de la compétence du juge judiciaire et l'Administration n'était pas concernée. Il ressort clairement, qu'une telle pratique présente un double inconvénient sérieux. Primo, il faut noter que la victime d'une faute personnelle risque de ne jamais voir le préjudice subi réparé. Il s'agit ici du problème de la solvabilité de l'agent responsable de la faute. Secundo, l'activité administrative étant multiforme et diversifiée, risque d'être paralysée ou ralentie par le comportement très réservé des agents. Ceux-ci ne pourront par crainte de voir leur responsabilité systématiquement engagée devant le juge judiciaire agir librement, rapidement et efficacement.

Cela signifie que le système de non-cumul de fautes conduisant à la distinction fondamentale entre la responsabilité personnelle de l'agent et la responsabilité de l'Administration, est un système risqué et peu productif. Allant dans le même sens, la jurisprudence française va évoluer avec quelques précieux arrêts. Cette évolution va se faire en quelques étapes.

Ainsi, en 1911, dans l'arrêt Anguet[2154], le juge a admis qu'en cas de l'existence de deux fautes, résultant de faits différents dans un même service, l'une personnelle et l'autre administrative, la victime peut choisir entre les deux responsabilités. Elle peut alors, soit demander la réparation de la totalité du préjudice subi à l'agent devant le juge judiciaire, soit à l'Administration devant le juge administratif. Il va de soi que la victime préférera toujours demander la réparation à l'Administration pour des raisons de solvabilité.

Pourtant, à l'époque, le doyen Maurice Hauriou soutenait que « la responsabilité de l'Administration et celle de l'agent ne se cumulaient pas ; non seulement ils ne sont pas responsables solidairement, mais ils ne le sont pas en même temps et à raison du même fait »[2155]. Il apparaît clairement que la jurisprudence Anguet a gravement entamé cette position.

[2153] TC, 30 juillet 1873, Pelletier, concl. David.

[2154] CE, 3 février 1911, Anguet : « (…) dans ces conditions, l'accident dont le requérant a été victime, par suite de sa brutalité expulsion de cette partie du bureau, doit être attribué, quelle que soit la responsabilité personnelle encourue par les agents, auteurs de l'expulsion, au mauvais fonctionnement du service public ; que dès lors, le Sieur Anguet est fondé à demander à l'État réparation du préjudice qui a été causé (…) », *GAJA*, *ibid.*, p.129.

[2155] M. Hauriou, *La jurisprudence administrative de 1892 à 1928*, t. 1, p. 630.

Après l'arrêt Anguet, la jurisprudence va progressivement évoluer vers le cumul des fautes, donc le cumul de responsabilités qui constitue l'« aboutissement de cette évolution »[2156].

2. Du cumul des fautes

Le domaine de la faute personnelle a été considérablement rétréci dans la responsabilité administrative. De la juxtaposition des fautes, on est arrivé au stade de l'unicité des fautes où une faute sentant le service, même personnelle, est susceptible d'être considérée comme une faute de service. C'est le cumul des fautes, qui est la conséquence logique de l'élargissement du seuil de reconnaissance de la faute de service. Cette dernière conduit alors à l'engagement de la responsabilité de l'Administration. Le non-cumul des responsabilités s'est alors presque mué en cumul de responsabilités.

La notion de faute de service, apparemment familière, a pourtant soulevé quelques difficultés de définitions. Si le doyen Raymond Odent soutenait qu'elle « est à peu près difficile à définir »[2157], il affirme aussi qu'elle peut selon le cas de l'espèce être anonyme ou signée.[2158] Cela nous fait justement penser aux critiques directes du Professeur Charles Eisenmann contre cette notion, lesquelles ne tiennent que lorsque l'on considère que toute faute ne peut avoir comme auteur qu'un être humain[2159].

Le doyen Maurice Hauriou la définit de manière assez complète quand il note qu'« un service public organisé représente un corps de traditions, d'habitudes, de disciplines ; il y a dans ce service public une certaine diligence habituelle qui n'est certainement pas la différencia maxima, mais qui est cette diligence moyenne dont se contente la bonne Administration appréciée in concreto. Les fautes de services seront les négligences, les omissions, les erreurs, les maladresses que l'agent aurait évitées s'il s'était conformé à la diligence du service, et qui, en même temps ne dénotent pas de sa part un fait personnel »[2160].

Sur le plan du droit national, il faut noter que la définition de la faute de service n'est ni doctrinale, ni jurisprudentielle, mais plutôt législative. Selon les dispositions du régime général des obligations, « les personnes agissant pour le compte d'une personne morale engagent (...) la responsabilité de celle-ci »[2161] ; « le commettant n'est responsable que si le fait dommageable est en relation avec l'exercice des fonctions du préposé ; il cesse de l'être lorsque le préposé a accompli un acte indépendant du lien de préposition : cependant, le commettant

---

[2156] V. GAJA, observations sur l'arrêt Anguet, p. 130.

[2157] R. Odent, *Contentieux administratif, cours à l'Institut d'Études Politiques de Paris*, Les cours de droit, t. IV, 1981, p. 1083.

[2158] *Ibid.*, p. 1374 et s.

[2159] V. J. Moreau, *La responsabilité administrative*, *op. cit.*, p. 646.

[2160] M. Hauriou, *Précis de droit administratif et de droit public*, 8e éd., 1914, p. 499.

[2161] Loi n° 87-31/AN-RM du 29 août 1987, *op. cit.*, art. 144, al. 2.

demeure responsable si l'acte du préposé se rattache d'une manière quelconque à l'exercice de ses fonctions »[2162].

À partir de ces dispositions, on comprend dès lors en partie, les raisons pour lesquelles le juge administratif national se montre favorable au cumul des responsabilités. On sent dans ces dispositions, une certaine prise en compte de la jurisprudence française. Ce qui amène à penser que l'attitude du juge national résulte d'une combinaison non mûre de la législation nationale et de la jurisprudence française.

Cette affirmation est tellement réelle que la Cour suprême du Mali a rendu l'arrêt Dédé Fané[2163] bien avant l'adoption de la législation citée. Cet arrêt se présente ainsi comme étant aussi l'un des arrêts par lesquels le juge administratif malien privilégie le cumul de fautes conduisant au cumul des responsabilités. En effet, les faits de cette espèce ont été déjà rappelés, mais il en ressort que le juge pouvait aussi reconnaître la responsabilité de l'agent qui ait pénétré dans le dortoir des étudiants et blessé quelqu'un qui était alité et cela vu la gravité et le caractère personnel de la faute. C'est la thèse de la faute commise dans le service ou à l'occasion du service. Pour le juge, cette faute est une faute de service même si elle fait apparaître l'agent avec sa mauvaise intention et son indiscipline[2164] face aux instructions et à la hiérarchie.

Cependant, dans l'affaire Sieur Drissa Sangaré[2165], le juge, sans trahir la jurisprudence constante, à savoir le cumul de responsabilités, fait un surprenant partage de responsabilités entre l'Administration et un particulier non agent public et n'ayant aucun lien dans ce sens avec le service, mais se trouvant même dans la situation d'usager de service public. Les faits se résument ainsi : le requérant saisissait la Cour d'un recours visant à condamner le ministère des TP (travaux publics) au paiement d'une somme d'argent à titre d'indemnisation à la suite d'un accident causé par une tranchée faite la veille par la subdivision des TP de Kolokani dans le cadre d'un aménagement routier. L'accident a coûté la vie à quatre personnes et réduit le véhicule en épave. Ledit accident a eu lieu la nuit et la zone concernée n'était pas convenablement signalée.

Le juge répond alors à cette sollicitation de la manière suivante : « qu'il y a lieu de dire que les panneaux de signalisation n'étaient pas conformes aux normes exigées par le code de la route ; considérant qu'au surplus, le panneaux indicatif de la déviation était tombé par terre et qu'il n'est pas rapporté que c'était là, le fait du conducteur ; considérant que c'est le panneaux indicatif de la déviation qui permet de situer la zone dangereuse ; qu'il y a lieu de dire que

[2162] *Ibid.*, art. 145.

[2163] CS-SA, Arrêt n° 15 du 15 juin 1981, Dédé Fané, *op. cit.*

[2164] Pour le doyen Bockel, la « faute personnelle constitue également une faute disciplinaire, à cause de sa gravité ou de son caractère intentionnel ; (…) ne présente pas le caractère d'une faute personnelle », (La responsabilité publique), *op. cit.*, pp. 414-415.

[2165] CS-SA, Arrêt n° 112 du 17 octobre 1996, entre le Sieur Drissa Sangaré et le ministère des Travaux publics.

les causes de l'accident sont dues d'une part, à l'inexistence d'une signalisation adéquate du chantier (non-conformité des panneaux), d'autre part à l'imprudence du conducteur et procéder à un partage de responsabilité dans la proportion des 2/3 à la charge des TP et 1/3 à la charge du conducteur ».

On voit clairement que le juge n'évoque aucune part les agents chargés desdits travaux, qui sont en réalité à la base de cette grave négligence, sachant bien que la voie concernée est une route nationale. Même s'il ne se donne pas la peine de le dire expressément, le juge considère cette faute comme étant une faute de fonction, car elle a tout simplement un lien avec le service, et ce lien, peu importe qu'elle soit infime ou pas, engage la responsabilité de l'Administration.

Ce qui est par contre très surprenant dans cette espèce, c'est le fait pour le juge d'avoir reconnu la responsabilité d'un particulier usager du service public sans l'avoir d'ailleurs démontrée, et le condamner solidairement avec l'Administration à réparer un préjudice causé par l'Administration. La responsabilité de l'Administration ayant même été clairement et largement démontrée par le juge lui-même.

On se demande s'il ne s'agit pas ici d'une certaine application maladroite et erronée du non-cumul de responsabilité. En effet, si le juge judiciaire n'est pas le juge de la responsabilité administrative, le juge administratif n'est pas également le juge de la responsabilité civile des particuliers dépourvus de tout lien avec l'exercice d'une mission de service public.

Dans cette affaire, le juge a eu l'opportunité de définir expressément la notion de faute de service et faire éviter ainsi des interprétations parfois difficiles comme l'a fait le juge sénégalais en 1970 dans l'affaire Mor Diaw contre la commune de Dakar[2166]. Il y a eu indéniablement dans l'affaire Drissa Sangaré « un fonctionnement défectueux du service public » des TP, et la faute cause de l'accident « présente un certain degré de gravité ».

En condamnant solidairement le conducteur, le juge est allé au-delà de ses compétences en matière de responsabilité. Il pouvait seulement s'occuper de la part de responsabilité de l'Administration.

Le juge administratif suprême va continuer dans l'espèce la Subdivision des TP de Kayes[2167] à démontrer sa position devant le cumul de responsabilités. Les faits de l'espèce se sont déroulés le 03 janvier 1995 où monsieur Marka Balla Camara approcha le Gestionnaire du Bac de Kayes afin de transporter son

---

[2166] CA de Dakar, 9 janvier 1970, Ann. Af., 1973, dos Bockel, p. 235 : la faute de service se définit « comme étant un fonctionnement défectueux du service public par rapport à son fonctionnement normal ; (qui) présente un certain degré de gravité variable en fonction des activités de l'administration ; (en tenant) compte des difficultés présentées pour l'exercice de cette activité et des moyens dont disposait l'administration pour éviter le dommage ».

[2167] CS-SA, Arrêt n° 17 du 12 avril 2001, la Subdivision des TP de Kayes c/ le jugement n° 05 du 14 novembre 1997 du TAK, *inéd.*

camion d'une rive à l'autre du fleuve. Ils se sont ainsi mis d'accord sur le prix de la traversée et de la prestation à accomplir. Malheureusement, au cours de la traversée du fleuve le poids du camion fit tanguer le bac pour ensuite tomber dans le fleuve. Saisi de l'affaire, le TAK déclara la subdivision des TP de Kayes responsable des dommages causés au camion de monsieur Camara et condamna l'État malien à payer une certaine somme à celui-ci en guise de réparation. C'est ce que le contentieux du gouvernement a contesté par voie d'appel devant la Cour suprême.

Le juge d'appel confirma alors cette décision en ces termes : « considérant que dans le cas d'espèce, les traversées effectuées par le bac de Kayes constituent des missions de service public assurées par la Subdivision des TP sous le contrôle de l'Administration régionale ; que cette gestion n'est pas contestée par la Subdivision des TP de Kayes ; (...) ; considérant que le renversement du bac est dû à un mauvais fonctionnement du service public ou à une négligence des agents chargés du passage des personnes et des biens par le bac ; qu'il échet de faire droit aux prétentions du Sieur Marka Balla Camara. »

Cette décision est importante et riche à trois titres. Primo, elle définit la faute de service comme celle qui doit résulter d'une mission de service public ; Secundo, elle la définit comme une faute occasionnée par une défectuosité du fonctionnement du service public ou une négligence ou (faute) d'un agent chargé de l'exécution d'une mission de service public ; Tertio, et c'est ici le plus important, elle fait savoir que dès que la faute à un quelconque lien avec le service, même si c'est une négligence de l'agent, peu importe c'est une faute de service public et engage donc la responsabilité de l'Administration.

Cet arrêt s'inspire strictement de la jurisprudence française en ce que la responsabilité de l'Administration peut être engagée en dehors de toute faute de service chaque fois que la faute ne se détache pas du service et n'a pu être commise que par les moyens de celui-ci. Dans cet arrêt on peut constater que le juge ne se donne même pas la peine de bien vérifier si l'accident est dû à un mauvais fonctionnement du service ou à une négligence de l'agent. Il fait remarquer seulement que c'est l'un ou autre, car dans tous les deux cas, c'est la responsabilité de l'Administration qui sera engagée. La jurisprudence est alors sans ambiguïté : c'est le cumul de responsabilités.

Il apparaît dans ce cas, que le juge prend une certaine liberté face à la loi. Sur le sujet, la loi dispose : « la responsabilité du commettant n'exclut pas celle du préposé contre lequel la victime peut agir directement avec ou sans mise en cause du commettant. »[2168] Il s'agit bien ici d'une solution intermédiaire entre le système du non-cumul et celui du cumul de responsabilités. En fait, nous ne sommes pas totalement dans une transposition de la jurisprudence Pelletier ni de la jurisprudence Anguet, mais plutôt une savante combinaison des deux qui n'est pas suivie par le juge.

[2168] Loi n° 87-31/AN-RM du 29 août 1987, *op. cit.*, art. 146, al. 1er.

Cela signifie qu'au Mali, d'un point de vue légal, la victime pourra toujours mettre en cause l'auteur de la faute personnelle devant le juge judiciaire. En rappelant que la victime dispose de cette option en France[2169], le doyen Alain Bockel pose la question de savoir si cette option existe toujours en Afrique noire[2170]. Les dispositions de cette loi malienne lui donnent une réponse positive même s'il souligne l'ambiguïté de la situation au Sénégal. Selon lui, la loi sénégalaise « peut signifier que cette mise en cause de (l'Administration) est nécessaire pour bénéficier de la garantie administrative, la victime disposant toujours d'une action contre l'agent ; elle peut également indiquer que cette procédure est exclusive, l'agent ne pouvant être actionné directement par la victime »[2171].

D'autres pays comme le Tchad et le Cameroun ont opté pour un système de substitution « qui semble indiquer que le juge est tenu de se prononcer d'abord sur la responsabilité de l'agent et au cas où elle est établie, d'examiner si les conditions sont réunies pour déclencher le système de substitution »[2172].

Cependant, la référence à la jurisprudence française a été à plusieurs reprises soulignées, d'où la nécessité de revenir sur son évolution historique. Ainsi, après l'arrêt Anguet, le juge va se montrer plus favorable à la victime à travers l'arrêt Lemonnier en 1918[2173] en admettant qu'un même fait puisse simultanément constituer une faute personnelle et une faute de service d'où un cumul de responsabilités. Dans ses conclusions sur cet arrêt, le Commissaire du Gouvernement Léon Blum soutenait que lorsque la faute personnelle n'a pu être commise par l'agent que par les moyens et les instruments mis à sa disposition par le service, la faute se détache du service, mais le service ne se détache pas de la faute. Cette logique ne sera pas suivie par le CE dans cet arrêt.

La logique peut être prématurée du Commissaire Blum en 1918, sera alors entièrement suivie plus tard en 1949 dans une série d'arrêts où le champ d'application de la théorie du cumul de responsabilités a été élargi aux fautes personnelles dans le service et hors du service. Il s'agit des arrêts Mimeur, Defaux et Besthelemer[2174]. Par ces arrêts le juge admet qu'il y a cumul de responsabilités en dehors de toute faute de service. Le juge soutient qu'il suffit que la faute personnelle ne soit « pas dépourvue de tout lien avec le service ».

Cependant, « la jurisprudence Anguet est donc toujours vivace, et ses principes continuent à être utilisés, parallèlement aux théories plus audacieuses et qui gardent une valeur subsidiaire, exprimés par les arrêts Lemonnier et

---

2169 « Tout fait quelconque de l'homme qui cause à autrui un dommage oblige celui par la faute duquel il est arrivé, à le réparer », art. 1382 du code civil français, 108e éd. 2009.

2170 A. Bockel, « La responsabilité publique », Encyclopédie juridique de l'Afrique, *op. cit.*, p. 419.

2171 *Ibid.*

2172 *Ibid.*

2173 CE, 26 juillet 1918, Époux Lemonnier, concl. Blum, note Jèze, RDP 1919, p. 41.

2174 CE, Ass., 18 novembre 1949, concl. Gazier, JCP 1950, II, p. 5286.

Mimeur »[2175], écrit l'auteur des observations sur l'arrêt ANGUET dans le *GAJA*.

Ainsi, si la faute se présente comme la principale condition d'engagement de la responsabilité administrative dans le contentieux administratif national, l'absence de faute constitue la condition d'engagement secondaire.

Paragraphe 2 : L'absence de faute comme condition d'engagement secondaire de la responsabilité administrative

Si le principe est celui de la responsabilité pour faute, il est admis que la responsabilité de la puissance publique puisse être engagée sans qu'elle ait nécessairement commis une faute. En d'autres termes, la responsabilité de l'Administration peut être engagée en dehors de toute faute de sa part. Elle se présente comme « un élargissement important de la responsabilité publique : le seuil, assez rigide malgré tout de la faute de service disparaît »[2176]. Il faut alors convenir que « la tâche de la victime est facilitée dans ce régime de responsabilité, étant dispensée d'établir l'existence d'un comportement fautif de l'Administration »[2177]. Cette responsabilité n'est cependant pas une spécificité du droit administratif[2178], mais peut susciter un certain étonnement à première vue. Ainsi, « sur le plan strict de la logique pourtant, écrit Alioune Badara Fall, il est difficile d'expliquer comment une personne publique peut être tenue de réparer des dommages qu'elle a prétendument causés sans commettre une faute de sa part »[2179].

Aussi, « la notion de responsabilité sans faute est, en elle-même, purement négative ; l'idée ne peut être reçue en règle générale, car elle conduirait chacun à être l'assureur d'autrui : (…) ; l'autorité de police qui, pour faciliter la circulation, institue un sens unique dans une rue devrait réparer le préjudice causé au conducteur du quartier obligé de faire un détour, etc. »[2180]. Dans ce cas, « la preuve du caractère fautif du fait dommageable n'a pas à être faite par la victime, mais encore la preuve par le défendeur qu'aucune faute n'a été commise est sans conséquence ; (…) ; la responsabilité sans faute est d'ordre publique »[2181]. Il faut ainsi souligner que « deux types de responsabilités sans

---

2175 V. GAJA, *op. cit.*, Observations sur l'arrêt Anguet, p. 131.

2176 A. Bockel, « La responsabilité publique », Encyclopédie juridique de l'Afrique, *op. cit.*, p. 419.

2177 R. Dégni-Ségui, *Droit administratif général,* 3e éd., Le contrôle juridictionnel de l'administration, t. 3, *op. cit.*, p. 661.

2178 À partir des articles S 1384 et suivant du code civil, la Cour de cassation française a élaboré une théorie fondée sur une présomption de responsabilité du fait des choses que l'on a sous sa garde ou des personnes dont doit répondre.

2179 A. B. Fall, « La responsabilité extracontractuelle de la puissance publique au Sénégal : Essai de transposition des règles de droit administratif français dans un pays d'Afrique noire francophone », thèse, *op. cit.*, p. 577.

2180 G. Vedel, P. Delvolvé, *Droit administratif,* t. 1, *op. cit.*, p. 596.

2181 R. Chapus, *Droit administratif général*, t. 1, 15e éd., *op. cit.*, p. 1335.

faute se distinguent de façon suffisamment marquée »[2182] : il s'agit de celle fondée sur le risque et celle fondée sur la rupture de l'égalité devant les charges publiques. Il faut tout de même prévenir que la jurisprudence nationale est pratiquement inexistante en cette dernière.

La responsabilité pour risque est une notion classique tant en droit privé qu'en droit public et constitue « le symbole (même) de la responsabilité sans faute, au point qu'elle est parfois considérée comme se confondant avec elle »[2183]. C'est l'illustration de l'hypothèse dans laquelle le dommage résulte de la réalisation d'un risque spécial qui a été créé par l'Administration ou qui a profité à elle. Dans l'exercice de ses missions, dès lors que l'Administration, indépendamment de toute faute de sa part, expose une personne à un tel risque, elle doit en supporter les conséquences dommageables. Les hypothèses de la responsabilité de l'Administration fondée sur le risque sont multiples et diverses.

Cependant, faute d'une énumération législative et/ou jurisprudentielle au Mali, la très maigre jurisprudence existante en la matière a surtout trait à la responsabilité sans faute au profit des victimes de Travaux Publics, d'où la mise en exergue de cette hypothèse ici. Même là aussi, le juge est moins expressif sur la notion de dommage de Travaux Publics (A) et la jurisprudence Kounta pouvant être considérée comme étant l'Arrêt de référence en la matière, ne procède en réalité qu'à une reconnaissance étriquée de la responsabilité pour risque de l'Administration (B).

A. Une jurisprudence peu explicative sur la notion de dommage de Travaux Publics

« Si la théorie du risque se justifiait particulièrement en droit administratif, elle l'était de façon plus nette encore en matière de Travaux Publics, note Alioune Badara Fall ; (car) c'est dans ce domaine que l'Administration dispose de plus de prérogatives et moyens exceptionnels et où l'inégalité entre elle et les particuliers se fait le plus sentir »[2184]. Cela se justifie encore plus spécialement en Afrique noire francophone, en raison parfois de la grande négligence dont font preuve certains services chargés de l'exécution des Travaux Publics, exposant ainsi les tiers à des risques souvent mortels. Ainsi, l'une des difficultés que soulève le sujet, est relative à la définition du travail public et celle de la notion de dommages des Travaux Publics. S'agissant des Travaux Publics, ils peuvent s'entendre « des travaux immobiliers effectués soit par une personne publique à des fins d'intérêt général, soit par une personne publique dans l'accomplissement d'une mission de service public sur des biens appartenant à

[2182] *Ibid.*, p. 1336.

[2183] *Ibid.*

[2184] A. B. Fall, « La responsabilité extracontractuelle de puissance publique au Sénégal : essai de transposition des règles de droit administratif français dans un pays d'Afrique noire francophone », thèse, *op. cit.*, p. 580.

des particuliers »[2185]. Cette définition ne constitue en réalité qu'une « doctrinalisation » de la définition jurisprudentielle, donnée par le juge français dans les Arrêts, Commune de Monségur[2186] et Effimief[2187].

Cette définition sera consolidée par le Tribunal des conflits français à travers l'Arrêt Société Entreprise Perot. Par ce dernier, le juge a fait savoir que la construction des routes nationales appartient « par nature à l'État », que les personnes morales de droit privé auxquelles cette tâche peut être confiée agissent pour le compte de l'État, et qu'elle a ainsi « le caractère de travaux publics » quel qu'en soit « la qualité de personne morale de droit privé d'une telle société »[2188].

Il faut alors préciser que l'ouvrage public pouvant être souvent confondu avec le travail public se définit « comme un travail public achevé »[2189]. C'est donc le travail public la fleur et l'ouvrage public le fruit, le premier, donnant naissance au second. Cela nous amène à la problématique de la définition de la notion de dommage de travaux publics. En effet, René Capitant définit le travail public comme signifiant l'ouvrage public au sens passif qu'il oppose au sens actif du travail public qui constitue l'exécution des tâches conduisant à la réalisation de l'ouvrage public[2190].

On voit que travail public et ouvrage public sont liés, mais nous maintenons notre analyse précédente en réaffirmant que les deux ne se confondent pas même si certaines positions sont susceptibles de le faire croire. C'est pourquoi avant de revenir à la définition des dommages de travaux publics, il importe de souligner la définition que le doyen Alain Bockel donne à l'ouvrage public et qui nous paraît être l'une des plus complètes. « On appelle ouvrage public, écrit-il, tout bien immobilier affecté à la satisfaction d'un besoin d'intérêt général ; c'est le plus souvent une dépendance du domaine public faisant l'objet d'un aménagement spécial : route, voie ferrée, canalisations et câbles électriques, bâtiments affectés aux services publics (…) ; mais pas toujours, ainsi les biens

---

2185 A. Bockel, « La responsabilité publique », Encyclopédie juridique de l'Afrique, *op. cit.*, p. 422.

2186 CE, 10 juin 1921, Commune de Monségur, GAJA, *op. cit.*, p. 226 : « (…) le service du culte ne constitue plus un service public ; (…) que les travaux exécutés dans une église pour le compte d'une personne publique, dans un but d'utilité générale, conservent le caractère de travaux publics (…) ».

2187 TC, 28 mars 1955, Effimief, JCP 1955, II, p. 8786 : « Considérant que (…) la loi a attribuée aux associations syndicales de reconstruction le caractère d' établissements publics ; (…) nonobstant le fait que les immeubles reconstruits ne sont pas la propriété de ces associations ; (…), les opérations de reconstruction qui ont lieu par leur intermédiaire, qu'elles intéressent des immeubles appartenant à des particuliers ou des biens de collectivités publiques, constituent des opérations de travail public » ; voir également RA 1955, note Liet-Veaux, p. 285.

2188 TC, 08 juillet 1963, Société Entreprise Peyrot, note J.-M Jean-Marie Auby, RDP 1964, p. 767.

2189 D. Sy, *Droit administratif*, 2e éd., *op. cit.*, p. 368.

2190 R. Capitant, « La double notion de travail public », *RDP* 1929, p. 507.

immobiliers des entreprises publiques, ou même des concessionnaires privés affectés au fonctionnement du service public : barrage, centre thermique, etc., voire même les branchements particuliers des réseaux de distributions d'électricité et d'eau allant jusqu'aux compteurs individuels, qui ne sont pas des éléments du domaine public, mais sont néanmoins des ouvrages publics »[2191].

Si nous revenons maintenant aux dommages de travaux publics, il écrit que ce sont les « dommages qui peuvent résulter de l'exécution d'une opération de travaux publics : détériorations de biens immobiliers, accidents survenus lors de l'opération, ou à cause du chantier (...) »[2192]. Le dommage de travaux publics se définit alors comme celui occasionné soit par les activités liées à la réalisation d'un ouvrage public, soit liées d'une quelconque manière à l'existence même de l'ouvrage public ou à son fonctionnement.

En l'absence d'une définition législative accessible, on peut affirmer, que la définition qu'on peut par l'effet d'analyse mettre à l'actif du juge administratif malien, s'accorde avec celles ci-dessus soulignées. En effet, dans l'Arrêt le sieur Mohamed Lamine Kounta[2193], la Cour suprême dit : « que la ligne haute tension de Sélingué ayant traversé la concession du requérant a exposé sa famille à des risques graves ; qu'il s'agit là d'un dommage de travaux publics causé au mémorant et dont il sollicite la réparation par son indemnisation. »

Il ressort de cet Arrêt, qu'une ligne de haute tension est un ouvrage public, en réalité « la dépendance du domaine public faisant l'objet d'un aménagement spécial », aussi, le juge a constaté que le fait que la concession du requérant soit traversée par celle-ci expose sa famille à des risques. Ce sont ces derniers (les risques) qui constituent selon lui, un dommage de travaux publics. À partir de là, on peut dire que le juge national définit aussi, comme dommages de travaux publics, les dommages résultant des risques auxquels peuvent exposer les ouvrages publics. Même s'il ne précise pas tous ces détails à cause de son inexpressivité, on lui accorde le bénéfice du caractère instructif de cette décision.

Quant à la jurisprudence le Bac de Kayes, il fait savoir que les traversées effectuées par celui-ci, constituent des missions de service public assurées par la Subdivision des TP de Kayes et il continue en ces termes : « considérant qu'il n'est pas contesté par la jurisprudence qu'un Bac constitue l'accessoire nécessaire à un ouvrage public et que son exploitation présente le caractère d'un ouvrage public administratif ; considérant que le renversement du Bac est dû au mauvais fonctionnement du service public ou à une négligence des agents chargés du passage (...) ; qu'il échet de faire droit aux prétentions du sieur Marka Ballo Camara ».

2191 A. Bockel, « La responsabilité publique », NEA 1982, *op. cit.*, p. 422.

2192 *Ibid.*

2193 CS-SA, Arrêt n° 84 bis du 16 novembre 1995, entre le sieur Mohamed Lamine Kounta et Ministre d'État chargé des mines, de l'Énergie et de l'hydraulique, *op. cit.*

L'analyse de ces mots nous permet de comprendre que le juge précise tout d'abord que la traversée qu'effectue un Bac est une mission de service public qui est de surcroît exercé par une personne morale de droit public. Il en découle que les travaux relatifs à cette traversée, ne sont pas seulement exécutés pour le compte d'une personne publique, mais aussi par une personne publique et dans un but d'intérêt général. Au sens de la jurisprudence commune de Monségur du CE français précédemment citée dans ce paragraphe, les dommages causés alors au sieur Marka Balla Camara lors de la traversée, peuvent être définis comme des dommages de travaux publics.

Ce qui consolide cette affirmation, est le fait que le juge définit sereinement le Bac comme étant l'accessoire d'un ouvrage public, donc un ouvrage public. En soulignant que les dommages subis par le requérant, sont peut-être dus à un mauvais fonctionnement de cet ouvrage, ceux-ci constituent alors des dommages de Travaux Publics.

Dans une affaire[2194] où un bac était aussi concerné, et tout juste après les indépendances, le juge sénégalais avait déjà admis la responsabilité de l'Administration pour dommages de travaux publics résultant d'un ouvrage public. La différence avec l'affaire du bac de Kayes est que l'existence du bac n'avait pas été signalée et non un problème survenu lors de la traversée. Par cette décision, le Tribunal de première instance de Dakar a défini les dommages de Travaux publics en s'inspirant des jurisprudences communes de Monségur et Effemief du juge français.

Il faudra alors accorder à la jurisprudence Sékou Badio du tribunal régional de Dakar, l'une des appréciations les plus conformes à la jurisprudence commune de Monségur. En effet, dans cette affaire, bien vrai que les travaux étaient exécutés par une personne morale de droit privé, la responsabilité de l'État a été reconnue pour dommage de TP : « qu'il a donc droit à l'entière réparation du dommage résultant de l'exécution du travail public consistant dans la construction du pont et de la route sur la base principale du principe de la responsabilité sans faute »[2195]. Dans cette décision, on remarque de façon limpide, que le juge sénégalais fait ce que le juge malien ne fait presque jamais : qualifier la responsabilité de l'Administration. Le tribunal dit de façon limpide qu'il s'agit bien d'une responsabilité sans faute de l'Administration.

Dans une affaire similaire à l'affaire Sékou Badio, où un problème de signalisation sur une route nationale en chantier, avait été à la base d'un accident grave, la Cour suprême du Mali s'était limitée à constater : « (...) que les panneaux de signalisation n'étaient pas conformes aux normes (...) ; qu'au surplus le panneau "DÉVIATION" était tombé par terre ; (...) que c'est (ce) panneau qui permet de situer la zone dangereuse ; qu'il y a lieu de dire que les

2194 TPI, Dakar, 14 décembre 1963, Consorts Feuillâtre, cité par A. B. Fall, thèse, *op. cit.*, p. 586.
2195 TPI Dakar, 1er mars 1969, Sékou Badio, RSD sept. 1969, p. 85 ; A. Bockel, Encyclopédie juridique de l'Afrique, *op. cit.*, p. 423.

causes de l'accident sont dues (...) à l'inexistence d'une signalisation adéquate »[2196]. Même si le juge a partiellement reconnu la responsabilité de l'Administration dans cette espèce, il n'a aucunement tenté de définir le dommage causé au requérant ni de dire de quelle responsabilité de l'Administration il s'agissait. Il apparaît clairement que nous sommes face à un dommage de TP et face à une responsabilité pour faute de l'Administration. Ce qui signifie que nous ne sommes pas aussi d'accord avec la qualification que le juge sénégalais a donné à la responsabilité de l'Administration dans la jurisprudence Sékou Badio.

Cela touche à un autre problème où le juge national ne fait point attirer par la qualité de ses arrêts, ce qui rend évasive sa jurisprudence sur la responsabilité sans faute fondée sur le risque résultant des dommages de TP.

B. Une jurisprudence évasive sur la responsabilité du fait des dommages de TP

La quintessence des décisions du juge relatives à la responsabilité de l'Administration ne peut tourner autour de trois ou quatre petites phrases. L'importance desdites décisions demande au juge plus de détails, plus d'explications, plus de précisions, donc plus de dévouements et d'attentions de sa part. Le juge n'a pas à avoir peur des notions, les faits doivent être appréciés à la lumière de la jurisprudence acceptée et des textes en vigueur. Tout cela encadré par sa connaissance supposée « intime » de la matière administrative, doit lui permettre de faire un travail instructif, constructif et alors acceptable.

Il est inadmissible, que la responsabilité de l'Administration soit engagée sans que l'on sache réellement et concrètement sur quelle base juridique. Ce que l'on qualifie modérément de peur ne cache-t-il pas en réalité une certaine carence et un problème de formation ? Voici sans ambages, le tableau sombre que reflète la jurisprudence relative à la responsabilité du fait des dommages de TP sur le plan national.

Si la jurisprudence Mohamed Lamine Kounta a été considérée comme étant instructive, c'est parce que le juge a effleuré des notions directrices de la responsabilité administrative. En effet, lorsqu'il a affirmé que le fait que la ligne de haute tension en traversant la famille du requérant, « a exposé (celle-ci) à des risques graves » et en définissant ce risque comme un dommage de Travaux Publics, il a donné quelques enseignements, que nous avons développés dans le paragraphe précédent.

Cependant, il ne dit pas si le requérant se trouve dans une situation d'usager ou de tiers par rapport à cette ligne de haute tension. Il ne dit pas non plus de façon directement accessible si la responsabilité de l'Administration a été engagée en l'absence de toute faute de sa part ou si elle a été fondée sur la faute. Cette dernière remarque doit cependant être écartée puisqu'il parle de risque,

---

[2196] CS-SA, Arrêt n° 112 du 17 octobre 1996, *op. cit.*

donc la responsabilité sans faute de l'Administration, mais s'il l'avait dit cette remarque n'allait pas être faite.

C'est le premier point souligné, à savoir la distinction entre le tiers et l'usager qui constitue l'élément le plus important. Le juge ne le fait pas, pourtant, cette distinction « est a priori aisée, et repose sur la situation dans laquelle se trouve la victime, par rapport au travail ou à l'ouvrage, lorsqu'elle subit le dommage »[2197]. Le tiers se définit alors par opposition à l'usager ou au bénéficiaire du service public. Il en résulte qu'« est tiers la victime d'un dommage qui ne trouve pas son origine dans l'utilisation de l'ouvrage en cause ou d'un ouvrage sur lequel le travail est effectué »[2198].

Il n'y a pas ici l'exigence d'une défectuosité du fonctionnement du service, la faute n'est pas alors exigée. Il suffit que la victime établisse le lien de causalité entre le dommage subi et l'ouvrage ou le travail concerné. On peut ainsi dire que dans l'espèce Mohamed Lamine Kounta, la victime était dans une situation de tiers par rapport à l'ouvrage public concerné d'où le régime de la responsabilité sans faute de l'Administration fondée sur le risque.

Cela nous amène aussi à comprendre que par l'affaire Sékou Badio, le juge sénégalais, même s'il a osé qualifier la responsabilité de l'Administration, cette qualification était erronée, car il apparaît sans doute que l'intéressé se trouvait en situation d'usager et non de tiers. Dans ce cas, seule la responsabilité de l'Administration pouvait être engagée sur la base de la faute. Hormis cette erreur, le juge sénégalais a rendu des décisions dans lesquelles, il fait des appréciations saines quant à la distinction entre le tiers et l'usager, aboutissant ainsi à une jurisprudence plus instructive et donc plus attrayante que celle du juge malien. Ainsi, dans l'espèce Mor Diaw, il fait savoir « que pour découvrir la solution, il importe de distinguer, ce que ne font pas les parties litigeantes, entre les tiers par rapport à l'ouvrage et au travail public, et les usagers de l'ouvrage public ». Il continue en ces termes : « mais attendu que l'enfant Moustapha Diaw n'était nullement un tiers par rapport à l'ouvrage ou au travail public ; que tout au contraire il était un usager et même un usager abusif de la voie publique et de son service d'entretien (…) »[2199].

Pour le doyen Alain Bockel, « bien que la formulation ne soit pas toujours très limpide », cette affaire a été résolue « de façon satisfaisante sur le plan du droit »[2200] en ce qui concerne les deux problèmes principaux que soulève ladite affaire. C'est le premier point qui nous intéresse ici : la qualité de la victime. Le juge fait une saine appréciation en disant que la victime a la qualité d'usager.

[2197] A. Bockel, « La responsabilité publique », Encyclopédie juridique de l'Afrique, *op. cit.*, p. 423.

[2198] *Ibid.*

[2199] CA de Dakar, 9 janvier 1970, Mor Diaw c/ commune de Dakar, Rec. ASERJ, 1970, n° 1, II, p.13.

[2200] A. Bockel, observations sur l'arrêt Mor Diaw c/ commune de Dakar, Ann. cf., 1973, *op. cit.*, p. 239.

En effet, l'enfant jouait sur la chaussée et utilisait le tas d'ordure, dès lors la responsabilité de l'Administration ne sera engagée que pour faute. Pour Alain Bockel « l'erreur commise par le tribunal dans l'affaire Sékou Badio » (ci-dessus citée) a été rectifiée par la Cour.

Ainsi dans une affaire similaire à l'affaire Sieur Drissa Sangaré, le juge burkinabè, tout comme son homologue malien et contrairement à celui du Sénégal, dit : « que de jurisprudence établie, l'excavation dont la Profondeur, l'étendue dangereuse pour la circulation est de nature à engager la responsabilité de l'Administration à qui incombait le devoir de la signaler, (...) ; que rien n'avait été fait et que les mesures de sauvegarde ne furent prises qu'après ; (...) par ces motifs, déclare la commune de Bobo-Dioulasso entièrement responsable de l'accident (...). »[2201]

Dans cette affaire, le juge burkinabè lui aussi n'apporte pas les précisions qui s'imposent dans ce type d'affaire. En effet, il est resté silencieux sur la qualité du requérant, la nature de la responsabilité ainsi que la faute commise. C'est dans ses observations sur ledit arrêt que le professeur Salif Yonaba qualifie le requérant d'« usager de la voie publique »[2202]. Il souligne également que « toutes les conditions se trouvaient réunies pour que la responsabilité de la commune puisse être mise en cause » et les énumère : « localisation du théâtre des opérations dans le périmètre urbain de la commune, de surcroît maître d'ouvrage à qui incombait le devoir de veiller au maintien en bon état de l'ouvrage public. » Le juge burkinabè, en ce qui le concerne, n'a point parlé de dommage de travaux publics, ni de distinction entre tiers et usager de l'ouvrage public ou même de responsabilité pour faute de la commune dont il s'agit.

Il faut toutefois noter, qu'à peu près plus de 38 ans après cet arrêt peu instructif, le juge burkinabè va décider avec plus de maîtrise et de manière plus explicative dans l'espèce commune de Ouagadougou contre Sawadogo Jean. Dans celle-ci, il fait savoir qu'« il est constant que, selon un principe général de droit, l'Administration est responsable de l'existence, de l'entretien et du fonctionnement des ouvrages publics dont elle répond des dommages que ces ouvrages peuvent causer aux tiers (...) ; que de ce fait, il ressort des circonstances de l'espèce, que la commune de Ouagadougou a été très négligente dans l'entretien de l'ouvrage public qui lui incombait et que l'obstruction du canal constitue un défaut d'entretien susceptible d'engager sa responsabilité »[2203].

Le CE burkinabè rejette ainsi l'appel de la commune, en confirmant le jugement qui avait reconnu la responsabilité de celle-ci. Cet arrêt confirme et consolide la jurisprudence Sawadogo Vincent en démontrant et en disant cette

---

2201 CS, Arrêt du 10 avril 1970, Sawadogo Vincent c/ commune de Bobo-Dioulasso, in *Les grandes décisions de la jurisprudence burkinabé*, 2e éd., 2013, S. Yonaba, p. 44.

2202 S. Yonaba, *ibid.*, p. 45.

2203 CE, 25 janvier 2008, Commune de Ouagadougou c/ Sawadogo Jean, in « Les grandes décisions de la jurisprudence burkinabé », *op. cit.*, p. 399.

fois-ci, que la victime se trouve dans la situation de tiers par rapport à l'ouvrage public. Cependant, l'arrêt n'est toujours pas complet, car le juge ne dit pas de façon expresse s'il s'agit de responsabilité sans faute ou pour faute, même si l'on sait qu'il s'agit bien de la responsabilité publique sans faute fondée sur le risque car la victime a la qualité de tiers. C'est ce que le Professeur Salif Yonaba écrit d'ailleurs dans ses observations : « l'intérêt principal de l'arrêt (…) réside dans la consécration d'un régime de responsabilité pour risque ; une variante de la responsabilité sans faute (…). »[2204]

Cependant, même si nous avons délibérément choisi de mettre l'accent sur une variante particulière de la responsabilité sans-faute de l'Administration pour risque, à savoir les dommages de TP qui soulève un problème spécifique relatif à la qualité de la victime ; pouvons-nous en conclure que la plupart des juges d'Afrique noire francophone ne sont pas à l'aise face à la responsabilité sans-faute fondée sur le risque ? Même s'il faut se garder de tirer une telle conclusion, il est tout de même évident que le juge malien n'est pas isolé.

L'attitude du juge béninois dans l'affaire les héritiers de Pauline Azihoungba[2205] contribue à justifier toutefois cette interrogation. Dans cette affaire, un prisonnier s'était enfui, lors de son arrestation, des coups de feu éclatèrent et atteignirent mortellement une tierce personne. Les héritiers de celle-ci ont ainsi attaqué l'Administration pour que sa responsabilité soit engagée. En réponse, le juge adopta la démarche suivante : « aucune circonstance exceptionnelle ne se posait pour que le quartier Sainte-Rita devienne un champ de tir même si c'est dans l'intention d'arrêter un évadé de la prison : il ressort de l'instruction du dossier que Dame Pauline Azihoungba a retrouvé la mort au cours de cette fusillade, (…) ; l'Administration est tenue de réparer les conséquences des fautes commises par les militaires dans leur tentative d'arrêter à nouveau le fugitif dans la mesure où ces fautes ne sont pas détachables du service ; la puissance publique doit être déclarée pécuniairement responsable des fautes de service commises par ses agents ».

Pour Césaire Foed S. Kpenonhoun, « une question peut être par ailleurs posée à partir (de cet arrêt) : lorsque la victime est une tierce personne, c'est qu'elle n'est pas celle ou celui qui est pourchassé (e) par les forces de l'ordre, le juge béninois décide qu'il y a une responsabilité pour faute simple. Mais au cas où le préjudice serait causé au destinataire de l'Administration des forces de sécurité, à quoi s'en tiendra-t-il ? Ce dernier n'est pas saisi de requête permettant de répondre à cette question »[2206].

Il se fonde alors sur l'affirmation suivante du Professeur René Dégni-Ségui pour tenter d'y répondre : « en cas d'utilisation d'armes dangereuses, la

---

[2204] S. Yonaba, Observations sur l'arrêt commune de Ouagadougou c/ Sawadogo Jean, *ibid.*, p. 403.

[2205] CS-CA, Arrêt du 20 mai 1999, Héritiers Pauline Azihoungba épouse Achille Honfogba c/ L'État béninois, cité par C. F. Kpenonhoun, thèse, *op. cit.*, p. 414.

[2206] C. F. Kpenonhoun, thèse, *op. cit.*, p. 415.

responsabilité pour risque ne joue en faveur de la victime que si elle est tierce par rapport à l'opération de police, si elle n'est pas visée par ladite opération ; dans le cas contraire, elle devra apporter la preuve d'une faute de l'Administration. »[2207] Césaire Foed S. Kpenonhoun termine alors sa démonstration par affirmer qu'« il en résulte que la chambre administrative a occulté la responsa-bilité sans-faute fondée sur le risque ».

Cette parenthèse close, si nous revenons au cas spécifique de la responsabilité sans-faute fondée sur le risque pour les dommages de TP, pouvons-nous dire que la bonne qualité de la jurisprudence sénégalaise est due à la précision et à la simplicité rédactionnelle du code sénégalais des obligations de l'Administration ? En effet, celui-ci dispose à son article 143 : « dommages de TP : les tiers ont droit à la réparation du dommage résultant soit de l'exécution d'un TP, de l'existence ou du fonctionnement d'un ouvrage public. Les usagers ont droit à la réparation du dommage causé par une faute relative à ces travaux ou par le fonctionnement défectueux d'un tel ouvrage »[2208].

Cependant, il y a lieu de signaler que plusieurs hypothèses de responsabilité sans faute fondée sur le risque n'ont pas encore d'équivalentes dans la jurisprudence malienne. Il s'agit de : la responsabilité sans faute à raison d'une chose dangereuse utilisée par l'Administration ; exemple : dommages causés par l'explosion de munitions entreposées dans un fort[2209] ; utilisation d'armes à feu blessant des tiers[2210] ; la responsabilité sans faute à raison d'une chose dangereuse utilisée par l'Administration ; exemple : dommages causés par des prisonniers ou des malades ayant fait l'objet de méthodes libérales de rééducation, d'éducation surveillée[2211], de réinsertion des prisonniers[2212] ; la responsabilité sans faute au profit des collaborateurs occasionnels du service public[2213].

La responsabilité sans-faute de l'Administration peut aussi être fondée sur la rupture de l'égalité devant les charges publiques. Elle est propre au contentieux administratif et n'a pas d'équivalent en droit privé. Elle concerne des hypothèses où les dommages ne présentent pas un caractère accidentel, mais constituent la conséquence naturelle et même nécessaire et prévisible de certaines situations ou de certaines mesures. Ces mesures « ne peuvent être considérées, à raison de leur légalité même, comme fautives, ni à raison de leur nature comme créant un risque. Lorsqu'elles sont à l'origine d'un dommage dont un ou quelques

---

[2207] R. Dégni-Ségui, *Droit administratif général*, t. 1, p. 663, cité par C. F. Kpenonhoun, thèse, *ibid.*

[2208] Code des obligations de l'administration, cité par A. B. Fall, thèse, *op. cit.*, Annexe I, p. 745.

[2209] CE, 28 mars 1919, Regnault- Desrosiers, GAJA, *op. cit.,* p. 205.

[2210] CE, 24 juin 1949, Consort Lecomte.

[2211] CE, 3 février 1956, Thouzeiller.

[2212] CE, 13 juillet 1967, Département de la Moselle.

[2213] CE, 22 novembre 1946, Commune de Saint-Priest la Plaine, GAJA, *op. cit.*, p. 365.

administrés seulement supportent la charge, le principe de l'égalité devant les charges publiques justifient l'octroi d'une indemnité »[2214].

La situation est en réalité beaucoup plus délicate, car la jurisprudence exactement relative à la matière est pratiquement inexistante chez nous et il existe plusieurs hypothèses :

– La responsabilité du fait des activités administratives régulières

Cette solution a été adoptée tant pour les actes réglementaires : c'est la jurisprudence commune de Garvanie[2215] ; que pour les actes non réglementaires : c'est la jurisprudence société des ateliers du cap de Janet[2216]. Dans cette hypothèse, on peut citer les cas où l'Administration refuse d'exécuter une décision de justice en tenant compte des répercussions que celle-ci pourrait avoir sur l'ordre public (jurisprudence Couiteas de 1923)[2217].

– La responsabilité du fait des lois et des conventions internationales

Au Sénégal, l'arrêt de la Cour d'appel[2218] de Dakar du 27 juillet 1979 confirmé par l'arrêt de la Cour suprême[2219] sénégalaise, a engagé la responsabilité sans faute du service de la justice du fait de la loi.

Le principe qui prévalait aussi en France était l'irresponsabilité de l'État du fait de l'activité du législateur, conséquence du légicentrisme. Le juge administratif français va procéder à un bouleversement spectaculaire de cette pratique en admettant la responsabilité sans-faute de l'État du fait des lois[2220]. Il faut donc mentionner que lorsque la loi a prévu une réparation ou exclu toute indemnisation, le problème ne se pose pas, car le juge sera lié par les dispositions législatives. Le préjudice subi doit aussi être anormal et spécial et d'une certaine gravité. Il faut ainsi noter que cette solution en matière de responsabilité du fait des lois a été transposée en matière de responsabilité sans faute du fait des conventions[2221].

[2214] B. Vedel, P. Delvolvé, *Droit administratif*, t. 1, *op. cit.*, p. 605.

[2215] CE, 22 février 1963, Commune de Garvanie, AJDA 1963, p. 208 ; RDP 1963, p. 1019.

[2216] CE, 28 octobre 1949, Société ateliers du Cap de Janet, AJDA 2006, p. 146 ; JCP 1950, II, p. 5861.

[2217] CE, 30 novembre 1923, Couiteas, GAJA, *op. cit.*, p. 239 : « Considérant que le justiciable nanti d'une sentence judiciaire dûment revêtu de la formule exécutoire est en droit compter sur la force publique pour l'exécution titre qui lui a été ainsi délivré ; (…) ; le préjudice qui résulte de ce refus ne saurait, s'il excède une certaine durée, être une charge incombant normalement à l'intéressé, et qu'il appartient au juge de déterminer la limité à partir de laquelle il doit être supporté par la collectivité » ; v. aussi RDP 1924, pp. 75 et 208.

[2218] CA de Dakar 27 juillet 1979 Seybatou N'dour c/ État du Sénégal. V. A. B. Fall, thèse, *op. cit.* ? p. 642.

[2219] CS, Arrêt n° 125 du 02 décembre 1987, Rec. Penant 1990, p. 344.

[2220] CE, Ass., 14 janvier 1938, Société anonyme des produits laitiers « La fleurette », concl. Roujau, note Jèze, RDP 1938, p. 87.

[2221] CE, Ass. 30 mars 1966, compagnie générale d'énergie radio- électrique, RDP 1966, p. 774.

– La responsabilité pour dommages permanents de travaux publics

René Chapus dit que « l'expression traditionnelle de dommages permanents n'est pas des mieux venues. Les situations dommageables en cause peuvent en effet n'avoir aucun caractère de permanence et la façon dont on les désigne est une exagération du fait qu'elles peuvent être permanentes et que, lorsqu'elles ne le sont pas, elles ont une certaine durée »[2222] et écrit qu'« on peut, empruntant l'expression au droit civil, les présenter comme des inconvénients du voisinage »[2223]. Il rappelle aussi que c'est une jurisprudence qui représente le second volet de la responsabilité pour dommage de TP. Les exemples pratiques en la matière sont nombreux : c'est le cas lorsque l'accès à l'hôtel ou aux magasins se trouvant dans une rue est gêné ou empêché par des travaux de réfection en cours dans celle-ci[2224] ou si la construction d'un ouvrage public occasionne des troubles de voisinage[2225].

Si la définition des conditions d'engagement de la responsabilité paraît insuffisante, cela a des répercussions directes sur sa mise en œuvre.

Section 2

Une maîtrise insuffisante de la mise en œuvre de la responsabilité de l'Administration

En principe, le droit applicable à la responsabilité administrative est le droit administratif. La mise en mouvement de la responsabilité administrative est subordonnée à la satisfaction de ces conditions d'engagement. Cette mise en mouvement « suppose (alors) l'existence d'un dommage (préjudice), l'imputabilité du dommage c'est-à-dire la question de la Collectivité responsable et enfin la réparation du dommage »[2226].

Ainsi, il faut noter que tout dommage n'a pas vocation à être réparé, seuls certains préjudices sont de nature à ouvrir droit à une indemnisation. Aussi, même si le préjudice ouvre droit à réparation, cela ne se fera que lorsqu'il est possible de l'imputer à une personne publique bien précise en raison de ses activités. Enfin, le principe de réparation renvoie à différentes modalités soulevant un autre problème relatif à la date d'évaluation du préjudice.

Si l'on procède à une analyse fine des lignes ci-dessus, on peut à la suite du professeur Demba Sy, regrouper la plupart des éléments cités dans les éléments constitutifs de la responsabilité administrative sur lesquels le juge national se montre souvent expressif (Paragraphe 1). Il y a un autre élément, quoique

---

2222 R. Chapus, *Droit administratif général*, t. 1, *op. cit.*, p. 1365.

2223 *Ibid.*

2224 CE, sect. 08 novembre 1957, Société algérienne des automobiles Renault, cité par R. Chapus, *Droit administratif général*, t. 1, *op. cit* ; p. 1365.

2225 CE, sect. 16 novembre 1962, EDF, C. Faivre, AJ 1963, p. 182.

2226 D. Sy, *Droit administratif*, 2e éd., *op. cit.*, p. 371.

faisant partie des éléments constitutifs, qui présente une importance particulière. Il s'agit de la réparation du préjudice, qui est perçue comme étant vraisemblablement favorable à l'Administration (Paragraphe 2).

Paragraphe 1 : Une attitude nuancée face aux éléments constitutifs de la responsabilité administrative

Si la mise en œuvre de la responsabilité publique suppose évidemment la réunion de quelques éléments, il faut savoir qu'il existe un élément qui sert à ouvrir la porte. Il s'agit du « préjudice ». En d'autres termes, le préjudice constitue le bouton déclencheur de la responsabilité publique. Cette affirmation doit pourtant être comprise avec précaution, car il ne suffit pas qu'il y ait préjudice pour que la responsabilité de l'Administration soit automatiquement mise en œuvre, d'où le rôle capital du juge dans sa détermination. Ainsi, le juge national fait des efforts dans cette détermination, même si ceux-ci sont souvent moyens (A). Il faut alors ajouter que l'existence seule du préjudice ne suffit pas pour que l'Administration soit ipso facto déclarée responsable. Il faut que ledit préjudice soit imputable à l'Administration, donc le lien de causalité avec le fait générateur doit être établi (B).

A. L'effort moyen dans la détermination du préjudice

La détermination du préjudice soulève un double problème relatif à l'appréciation de la nature du préjudice réparable (1) et à l'appréciation des caractères du préjudice réparable (2).

1. L'appréciation de la nature du préjudice réparable

À la différence des responsabilités pénale et disciplinaire, la responsabilité publique, c'est-à-dire la responsabilité civile de l'Administration a « une fonction de réparation et non de sanction »[2227]. Le préjudice est alors « la mesure de la réparation à assurer alors que les sanctions prononcées au titre des responsabilités pénale et disciplinaire sont appréciées en fonction de la gravité des infractions et fautes commises et non de l'importance des dommages causés »[2228]. Il faut d'ailleurs rappeler que le droit à indemnité est toujours subordonné à l'établissement de l'existence d'un préjudice.

Il y a ainsi lieu de souligner que l'action en responsabilité devant le juge administratif ayant un but strictement indemnitaire, les préjudices pouvant être invoqués devant celui-ci sont alors ceux qui sont indemnisables, c'est-à-dire réparables. En d'autres termes, il s'agit des préjudices qui peuvent être effacés ou compensés par l'attribution d'une somme d'argent. Par préjudice réparable ou indemnisable, il s'agit donc de celui qui doit être évaluable en argent et il existe quelques catégories qui obéissent à cela.

[2227] M. Lombard, G. Dumont, *Droit administratif*, 9e éd., *op. cit.*, p. 535.
[2228] R. Chapus, *Droit administratif général*, t. 1, *op. cit.*, p. 1235.

Ainsi, dans l'affaire Dédé Fane, la Section administrative explique que « les préjudices moraux, matériels et physiques subis par le requérant du fait du préjudice à lui causé doivent retenir un dommage et intérêt (…) »[2229].

Par cette formulation approximative, le juge fait tout de même savoir que le préjudice réparable peut être moral, matériel et physique. On peut pourtant remarquer que cette énumération, même si elle est d'une importance déterminante et explicative, se montre très limitative. En effet, par cette décision, la Cour cite les préjudices, mais ne les définit pas. Les imperfections de cette décision ne s'arrêtent pas au seul problème de définition des préjudices retenus, mais concerne également leur catégorisation ou leur classification. En effet, comme le souligne bien d'ailleurs le juge, si tous les préjudices ci-dessus retenus sont réparables, ils ne relèvent pas de la même catégorie.

Avant d'entrer dans ces détails, il est utile de signaler l'espèce sieur Ben Hamoud Hamoudi et autres[2230]. Dans celle-ci, les requérants disaient : qu'« ils ont été victimes d'une mesure illégale et que depuis cette date, ils sont laissés pour compte, sans revenus et sans d'autres moyens de subvenir à leurs besoins vitaux. » C'est pourquoi, « ils réclament de l'État, la réparation du préjudice matériel et moral subi du fait de leur radiation des rangs des forces de la sécurité nationale ».

Le juge trancha alors le litige dans les termes ci-après : « (…) Considérant qu'il en résulte dès lors que l'arrêté (…) du ministre de la Défense (…) a été pris en violation de la procédure prescrite par les textes en vigueur ; considérant que les requérants ont subi, du fait de cette décision de révocation, un préjudice matériel et moral certain ; (…) considérant qu'il s'agit uniquement d'un recours en indemnité aux fins de réparer des préjudices subis ; (…) qu'il échet de dire en conséquence que les requérants sont mal fondés à demander la réparation du préjudice matériel résultant de l'application de l'arrêté (…) ;

Considérant cependant qu'au-delà de la perte de l'emploi et des salaires correspondants, les requérants ont été victimes d'un préjudice moral certain (humiliation, souffrance morale, dislocation de certains foyers) ; que ce préjudice moral est de nature à ouvrir droit à indemnité ; (condamnation à payer au titre du préjudice moral subi). »

Dans cet arrêt, le juge se montre plus précis que dans le précédent. Dans ce dernier, la décision du juge peut être superficiellement comprise comme incluant tous les préjudices cités (moraux, matériels et physiques) dans une même catégorie. Dans l'espèce sieur Ben Hamoud Hamoudi et autres, il admet tout comme dans l'arrêt Dédé Fane, que le préjudice peut aussi être moral, mais se détache de celui-ci en donnant une définition courte et non détaillée de ce préjudice. Ce dernier résulte alors de l'humiliation, de la souffrance morale et

---

[2229] CS-SA, Arrêt n° 15 du 15 juin 1981, *op. cit.*

[2230] CS-SA, Arrêt n° 48 du 30 mai 2002, le Sieur Ben Hamoud Hamoudi et autres c/ le ministre de l'Administration territoriale et de la Sécurité, *inéd.*

même dans le cas l'espèce, des incidents créés dans les couples suite à la situation rendue possible grâce à la décision de l'Administration.

Aussi, dans les deux arrêts, le juge donne dans le premier une définition masquée du préjudice matériel et dans le second une définition plus accessible de ce préjudice.

Dans le premier arrêt, peut ainsi être considéré comme préjudice matériel, les coûts financiers que le traitement des blessures causés par les coups de ceinturon occasionnés. Dans le second, la perte du salaire a été considérée comme étant un préjudice matériel. Il ressort donc de ces arrêts, que le préjudice matériel réside dans la perte d'un revenu ou dans l'utilisation forcée d'un revenu : il s'agit donc d'un préjudice patrimonial.

Dans l'espèce Dédé Fané, le juge a aussi fait référence au préjudice physique, s'agissant des blessures résultant des coups de ceinturon des forces de l'ordre. Il s'agit ici d'un préjudice corporel qui pouvait aussi être qualifié de préjudice esthétique. Ce dernier pouvant être défini comme un préjudice « résultant du sentiment de gêne et de regret éprouvé par une personne à la vue ou à la pensée des atteintes portées à son intégrité et harmonie corporelles »[2231]. La perte d'un œil répond exactement à cette définition.

La jurisprudence Dédé Fané est en ce qui concerne ce point, similaire à la jurisprudence Caisse régionale de Sécurité sociale[2232] de Normandie du CE français.

Dans l'espèce Paul Loko Lokossou, le juge béninois aborde pratiquement dans le même sens que le juge national quand il dit que « la suspension du requérant de ses fonctions lui a causé un préjudice non seulement matériel, mais aussi moral » et que « le préjudice est le résultat des troubles portés dans la vie quotidienne du requérant par manque de ressources pour faire face à ses obligations »[2233].

Dans ces analyses sur cet arrêt, Césaire Foed S. Kpenonhoun écrit : « le préjudice matériel réside dans la perte du revenu »[2234]. Cette affirmation s'accorde avec nos analyses sur l'affaire Dédé Fané et particulièrement l'arrêt sieur Ben Hamoud Hamoudi et autres.

En analysant alors les deux arrêts de la Section administrative ci-dessus cités, il apparaît nettement que tous les préjudices reconnus par le juge, ont fait l'objet de réparation : c'est « le principe de l'égale réparabilité de tout préjudice »[2235]. C'est ce que les mots ci-après du doyen Alain Bockel traduisent : « tout

[2231] R. Chapus, *Droit administratif général*, t. 1, *op. cit.*, p. 1237.

[2232] CE, sect., 23 mars 1962, Caisse régionale de sécurité sociale de Normandie (cicatrices au visage), concl. sur C. Heumann, cité par R. Chapus, *ibid.*

[2233] CS-CA, Arrêt n° 5 du 2 mai 1997, Paul Loko Lokossou, c/ l'État béninois, Rec. Cour suprême du Bénin, pp. 103 et 109.

[2234] C. F. Kpenonhoun, thèse, *op. cit.*, p. 425.

[2235] R. Chapus, *Droit administratif général*, t. 1, *op. cit.*, p. 1237.

préjudice est donc réparable, qu'il soit matériel (dommage causé aux personnes ou aux biens) ou moral »[2236]. Ce principe connaît cependant des atténuations que le professeur René Dégni-Ségui présente en ces termes : « les atténuations correspondent notamment aux condamnations symboliques et aux régimes spéciaux »[2237]. Il précise ensuite que « les condamnations symboliques consistent en un franc de dommages-intérêts, en cas de réparation d'un dommage non patrimonial ». Enfin, il cite l'espèce René Dégni-Ségui contre Université de Côte d'Ivoire[2238] par laquelle le Tribunal de première instance d'Abidjan a condamné l'université à un franc symbolique pour préjudice moral subi en raison de l'interdiction illégale faite au requérant.

Sur le plan national, la Cour suprême a procédé à la condamnation de l'État malien au franc symbolique dans l'affaire Abdouramane Gakou[2239]. Cependant, cette décision du juge national tranche sensiblement avec la définition de René Dégni-Ségui quand celui-ci subordonne les condamnations symboliques aux « cas de réparation d'un dommage non patrimonial ». À la lumière de cette définition, le dommage subi par le requérant est-il alors non patrimonial ?

Pour le savoir, il y a lieu de reproduire ce motif du juge : « considérant que les décisions de refus ont entraîné la fermeture de l'établissement pendant une année scolaire causant par voie de conséquence des préjudices certains non seulement au promoteur, mais surtout à l'image de l'établissement. » Pourtant, le préjudice subi par le promoteur est clairement matériel, donc patrimonial et indemnisable intégralement. Faut-il donc voir dans cette décision une violation du « principe de l'égale réparabilité de tout préjudice » ? Une réponse positive est convenable car il y a eu « privation de gain »[2240].

Des phrases ci-dessus, ressortent deux mots principaux concernant les préjudices : patrimonial et non patrimonial. Ils ont été qualifiés de principaux, car ils sont susceptibles de regrouper les préjudices en deux grandes catégories : les préjudices patrimoniaux et les préjudices non patrimoniaux, même si René Chapus les divise entre les préjudices matériels et les préjudices moraux[2241].

2236 A. Bockel, « *La responsabilité publique* », Encyclopédie juridique de l'Afrique, *op. cit.*, p. 443.

2237 R. Dégni-Ségui, *Droit administratif général*, 3e éd., t. 3, *op. cit.*, pp. 690-691.

2238 TPI-Abidjan, 25 juillet 1985, R. Dégni-Ségui c/ Université de C. I., cité par R. Dégni-Ségui, *ibid.*

2239 CS-SA, Arrêt n° 24 du 18 mai 2006, le sieur Abdouramane Gakou c/ le jugement n° 114 du 24 décembre 2003 du TAB, *inéd.*

2240 Pour Vedel et Delvolvé, « il s'agit toujours dans ces cas, de la perte de valeur infligée à un patrimoine », *Droit administratif*, *op. cit.*, p. 623.

2241 « Le terme de préjudice moral est équivoque ; en certains cas, il s'emploie à tort d'ailleurs, pour désigner le préjudice immatériel, non saisissable par les sens (par exemple atteinte portée à la réputation d'une marque commerciale entraînant une perte de la clientèle), non saisissable physiquement mais entraînant des conséquences patrimoniales. Dans d'autres cas, le terme est équivoque parce que la même situation, inextricablement mêlés, un préjudice patrimonial et un préjudice extrapatrimonial : ainsi une mutilation consécutive à un accident entraîne une diminution d'aptitude professionnelle, de nature ouvertement professionnelle,

– Les préjudices patrimoniaux : il s'agit de « tous les préjudices qui consistent à une atteinte au patrimoine de l'intéressé et qui sont évaluables en argent et se définissent comme une diminution ou une dégradation des éléments actifs et des droits qui constituent ce patrimoine »[2242]. Il s'agit de : ceux occasionnant des pertes d'argent[2243] ; les dommages aux biens[2244] ; les troubles professionnels ou commerciaux[2245] ; les dépenses d'origine contentieuse[2246] ; l'incidence patrimoniale des dommages corporels[2247].

– Les préjudices non patrimoniaux ou extrapatrimoniaux : le maître des requêtes Claude Lasry et l'avocat Gilbert George les définissent en ces termes : « les préjudices qui consistent en une atteinte à la personne humaine, considérée en elle-même et non comme titulaire d'un patrimoine, en un mot, les préjudices moraux ne sont pas directement évaluables en argent : l'honneur, la liberté individuelle, les convictions, les sentiments, les sensations sont sans prix ; lorsque les atteintes leur ont été portées, elles ne peuvent être véritablement effacées par l'attribution d'une somme d'argent. Mais cela dit, il reste qu'à notre époque il est devenu moralement et socialement inconcevable que celui qui a subi de telles atteintes ne possède aucun droit à réparation à l'encontre de celui qui les a causées. »[2248]

Il ne peut plus aisément y avoir de contestation ou d'hésitation quant à leur réalité ou leur importance[2249]. Il s'agit : l'atteinte au droit moral des auteurs[2250]

---

de nature ouvertement patrimoniale, une gêne dans les conditions de vie qui peut avoir un caractère patrimonial plus ou moins patent (par exemple nécessité de recourir à une aide pour certaines activités domestiques) (...), c'est au préjudice n'ayant pas d'équivalent patrimonial saisissable que l'on doit, semble-t-il réserver le nom du préjudice moral », écrivent G. Vedel et P. Delvolvé, *ibid.*, pp. 632-624.

2242 C. Lasry et G.-H. George, « Responsabilité de la puissance publique », RDPA, 1959, t. II, p. 824.

2243 Soustraction d'argent : (CE, 16 mai 1941, Giraud), RDPA, *ibid.*

2244 La détermination, destruction ou la perte d'un bien mobilier ou immobilier et le cas échéant la privation de jouissance sont indemnisables : (CE, 23 mars 1938, Kerjean ; 10 mai 1944, Champsavoir ; 31 octobre 1947, Vilain ; 9 novembre 1949, Maura), *ibid.*

2245 La privation du bénéfice net qu'une entreprise aurait pu retirer d'une activité qui avait été illégalement interdite : (CE, 13 mai 1947, Compagnie navale des pétroles), *ibid.*

2246 Les frais inhérents à l'action à responsabilité : les frais de papier timbre, de quittance, de constant, de photographie, d'expertise, etc. (CE, 16 octobre 1936, Époux Erny; 30 juin 1943, Moninier ; 22 septembre 1944, Chevallier), *ibid.*, pp. 824-825.

2247 Réduction de la capacité de travail salarié : (CE ; 19 mai 1950, Ch. de commerce de Bayonne) ; perte de salaire : 13 avril 1945, Arrat) ; nécessité d'un changement de carrière : (24 février 1950, Delle Blachere) ; perte d'emploi : (26 juin 1937, Quenaff) ; quant aux dépenses consécutives à un dommage corporel, sont remboursés en cas de décès de la victime, les frais de deuil et d'obsèques : (16 juin 1950, Mouret), les frais d'achat de pose d'une pierre tombale : (6 avril 1949, Bouillot), les frais de séjour à l'hôpital (30 juin 1950, Geog) RDPA, *ibid.* ; p. 825.

2248 C. Lasry, G.-H. George, *Responsabilité de la puissance publique*, RDPA, *op. cit.*, p. 825.

2249 V. René Chapus, *Droit administratif général*, t. 1, *op. cit.*, p. 1237.

2250 CE, 3 avril 1936, Sudru, cité par Chapus, *ibid.*, p. 1238.

et à la réputation ou à l'honneur des personnes[2251] ; des troubles dans les conditions d'existence ; exemple : l'obligation de changer ses habitudes ou son mode de vie[2252]. Il y a aussi la douleur morale[2253].

Enfin, il faut ajouter que ce ne sont pas les seules victimes directes ou « immédiates » du fait dommageable qui sont indemnisables. La réparation peut s'étendre aussi à d'autres personnes qui ont des liens divers avec les victimes directes. Elles constituent ce que René Chapus appelle les victimes par ricochet. Selon lui, « le préjudice par ricochet (dit également préjudice réfléchi) sont par exemple ceux qui atteignent une personne qui du fait du décès ou des infirmités de la victime immédiate, ne peut plus bénéficier de l'aide matérielle qu'elle lui apportait ; ou bien la douleur matérielle éprouvée par une personne à la suite du décès d'un être cher ou en raison des handicaps dont il reste atteint »[2254].

L'appréciation des caractères du préjudice est tout aussi importante dans la détermination du préjudice réparable.

2. L'appréciation des caractères du préjudice réparable

En matière de responsabilité administrative, il faut signaler de façon limpide qu'un « dommage n'ouvre droit à réparation que s'il présente certains caractères intrinsèques »[2255].

Le doyen Alain Bockel affirme la même idée en présentant ces caractères comme suit : pour être indemnisable, le préjudice doit être direct, certain, spécial et évaluable en argent[2256]. Si Alain Bockel souligne quatre (04) caractères, Demba Sy, tout en rappelant que « le préjudice indemnisable a fait l'objet d'une définition de plus en plus large à travers l'évolution de la jurisprudence », écrit qu'« on pouvait relever essentiellement trois conditions que le préjudice doit remplir pour être indemnisable »[2257]. Selon lui, le préjudice doit être direct, certain et évaluable en argent.

Il apparaît donc que contrairement à Alain Bockel, Demba Sy ne cite pas expressément le caractère spécial. Il faut ainsi se référer à René Dégni-Ségui qui a fait un travail plus détaillé lorsqu'il fait savoir que « ces caractères sont, pour certains, communs à la faute et au risque et pour d'autres spécifiques au risque,

---

2251 CE, 29 décembre 2000, Treyssac, RFDA 2001, p. 276 : atteinte d'une particulière gravité portée à la réputation d'un fonctionnaire par la révélation d'un rapport dont le bien-fondé n'est pas établi.

2252 CE, 25 juin 1965, Peyre, cité par Chapus, *op. cit.*, p. 1238 : gêne psychologique liée à l'infirmité dont la victime est atteinte et obligation de modifier les modalités d'exercice de sa profession de médecin.

2253 CAA Paris, 24 mars 1998, Assistance publique hôpitaux de Paris, DA 1998, n° 292 : révélation erronée, prolongée pendant six mois, d'une séropositivité, à l'occasion d'un examen prénuptial.

2254 R. Chapus, *Droit administratif général*, t. 1, *op. cit.*, p. 1239.

2255 J. Rivero, J. Waline, *Droit administratif*, Paris, Dalloz, 1998, 17e éd., p. 264.

2256 V. A. Bockel, *Droit administratif*, NEA, *op. cit.*, p. 385.

2257 V. D. Sy, *Droit administratif*, 2e éd., *op. cit.*, p. 372.

entendons par là la responsabilité sans faute »[2258]. S'agissant alors des caractères communs, il note : « pour ouvrir droit à réparation, le préjudice doit être certain, matériel ou moral, porter atteinte à une situation juridiquement protégée et directe. »[2259]

S'agissant des caractères spécifiques au risque, il écrit que ceux-ci sont « spécifiques à l'hypothèse de la responsabilité sans faute » et sont constitués de « l'anormalité et la spécialité du préjudice »[2260].

Il ressort de ces différentes définitions des caractères du préjudice réparable, que certes, elles ne sont pas identiques, mais se rejoignent sur plusieurs points essentiels. La jurisprudence de la Section administrative de la Cour suprême sera ainsi appréciée à travers ces différentes définitions.

Dans l'arrêt sieur Famakan Keïta, la Cour fait savoir que l'« impossibilité pour le sieur Famakan Keïta de faire vider ses fosses et qui a été créée par l'intervention des décisions susvisées est bien constitutive d'un préjudice ayant pris sa source précisément dans ces décisions ». Il précise alors que « ce préjudice résultant de décisions administratives, ayant un caractère certain, direct, personnel et actuel, mérite réparation »[2261].

Dans l'espèce Dédé Fané, le juge souligne que « les préjudices moraux, matériels et physiques subis par le requérant du fait du préjudice à lui causé doivent retenir un dommage et intérêt réparables »[2262].

Aussi, dans l'arrêt Ben Hamoud Hamoudi et Autres, le juge considère que la décision querellée « a été prise en violation de la procédure prescrite par les textes en vigueur » avant de dire que « les requérants ont subi du fait de cette décision de révocation, un préjudice matériel et moral certain ». Ensuite, il dit : « au-delà de la perte de l'emploi et des salaires correspondants, les requérants ont été victimes d'un préjudice moral certain » et conclue enfin que « ce préjudice est de nature à ouvrir droit à indemnité. »[2263]

Aussi, en 2003[2264] à la suite d'une faute médicale, le juge dit que « le dommage causé à la petite Aïchatou est certain et mérite une juste réparation ». Quant à l'arrêt Abdramane Gakou, le juge dit que « les décisions illégales de refus ont entraîné la fermeture de l'établissement pendant une année scolaire causant par voie de conséquence des préjudices certains non seulement au promoteur mais surtout à l'image de l'établissement »[2265].

[2258] R. Dégni-Ségui, *Droit administratif*, t. 3, *op. cit.*, p. 636.
[2259] *Ibid.*
[2260] *Ibid.*, p. 641.
[2261] CS-SA, Arrêt n° 21 du 28 juin 1990, *op. cit.*
[2262] CS-SA, Arrêt n° 15 du 15 juin 1981, *op. cit.*
[2263] CS-SA, Arrêt n° 48 du 30 mai 2002, *op. cit.*
[2264] CS-SA, Arrêt n° 52 du 25 septembre 2003, la DGCE c/ le jugement n° du 19 janvier 2001 du TAB, *inéd.*
[2265] CS-SA, Arrêt n° 24 du 18 mai 2006, *op. cit.*

Il faut ajouter à ceux-ci, l'espèce Yiribéré Ouologuem, dans laquelle le juge relève les caractères du préjudice en ces termes : « qu'en tant que commerçant, le mémorant a vu toute sa marchandise jetée à même le sol ; que sa personne ainsi que ses enfants ont subi des dommages corporels (confère ordonnance) ; que les dégâts causés et le manque à gagner ne souffrent d'aucun doute ; que Yiribéré Ouologuem a donc été victime de préjudices qui sont de nature à ouvrir droit à une indemnité. »[2266]

De cette énumération de décisions, on peut retenir que pour le juge administratif malien, les caractères du préjudice réparable peuvent se résumer ainsi : le préjudice doit être certain, direct, personnel, actuel, matériel ou moral, et peut être corporel. Avant d'analyser ces différents caractères, il faut souligner déjà que le juge n'a pas continué avec sa méthode de l'arrêt Famakan Keïta consistant à détailler et préciser les caractères du préjudice. C'est donc une jurisprudence qui allie détail et concision rendant ainsi la lecture des arrêts inconfortable en ce qui concerne la détermination des caractères du préjudice.

– **Le préjudice doit être certain :** il s'agit ici de l'existence même du préjudice, c'est-à-dire de sa réalité. Il ne doit pas y avoir de doute. Par exemple, dans l'arrêt sieur Famakan Keïta, le juge a sainement caractérisé le préjudice en disant qu'il était certain. En effet, la suppression de la ruelle a causé un préjudice certain qui n'est d'autre que l'impossibilité pour celui-ci de faire vider sa fosse septique située de ce côté. Ce qui l'oblige alors à faire déplacer lesdites fosses et sanitaires pour qu'elles soient accessibles aux camions de vidange.

Il y a donc ici, la certitude que sans l'intervention de la décision de l'Administration, la situation du requérant n'allait pas être modifiée. Cette certitude de l'existence du préjudice subi, même en cas d'incertitude quant à son étendue, ne fait pas obstacle à ce que la responsabilité publique soit reconnue.

Cependant, si l'on analyse l'arrêt Famakan Keïta, il ressort que le préjudice est actuel. On se pose alors la question de savoir ce qui se passerait si elle ne l'était pas. Faut-il encore comprendre par-là que le juge national, faute de jurisprudence contraire, n'admet pas le préjudice futur ? Toutefois, si l'on s'en tient à l'état actuel de la jurisprudence, on peut affirmer que le préjudice doit être actuel, même si l'on ne peut pas non plus dire que le préjudice ne peut pas être futur. En effet, à travers la jurisprudence Demoiselle Grelier du CE français[2267], le préjudice futur peut être retenu pour la mise en œuvre de la responsabilité de l'Administration. Ainsi, « la perte d'une chance est constitutive d'un préjudice certain, s'il s'agissait d'une chance sérieuse »[2268].

[2266] CS-SA, Arrêt n° 247 du 9 octobre 2015, la DGCE c/ le jugement n° 271 du 26 juillet 2012, *inéd.*

[2267] CE, 22 janvier 1986, Demoiselle Grelier, RDP, 1987, p. 482.

[2268] R. Chapus, *Droit administratif général*, t. 1, *op. cit.*, p. 1236.

Par contre, il faut écarter les préjudices hypothétiques ou éventuels qui ne sont pas réparables. Il n'existe pas de jurisprudence nationale en la matière, mais la Cour suprême de la Côte d'Ivoire a par deux décisions écarté la réparation de tel préjudice. D'abord, par l'arrêt Oulaye Telesphore Henri, elle rejette la requête en ces termes : « considérant en définitive, que le préjudice invoqué par le requérant s'analyse en la perte d'une chance hypothétique et précaire qui ne saurait justifier la mesure exceptionnelle sollicitée... »[2269]. Ensuite dans l'affaire Coprovi, la haute juridiction ivoirienne à travers sa chambre administrative considère que « le préjudice évoqué par la requérante s'analyse en la perte d'une chance hypothétique qui ne saurait justifier la mesure exceptionnelle sollicitée »[2270].

– **Le préjudice doit être direct :** le préjudice invoqué par la victime doit avoir été directement causé par l'action de l'Administration qui est à la source du dommage. C'est donc « une matière qui nécessairement laisse au juge une grande latitude d'appréciation, il semble que le juge administratif considère comme direct tout préjudice, même non immédiat, même lointain, qu'une analyse des circonstances de l'affaire lui fait apparaître comme une conséquence inéluctable du fait ou de l'acte dommageable. Cette analyse ne porte parfois que sur des problèmes de causalité physique. La conviction du juge dépend alors d'une large mesure des éléments de preuve dont il dispose »[2271].

Le professeur René Dégni-Ségui cite à titre d'exemple de préjudice direct, les dommages corporels et les accidents mortels. Pour les premiers, nous pouvons signaler l'arrêt Yiribéré Ouologuem comme un exemple de l'application acceptable de la part du juge national, car il démontre que le requérant et ses enfants ont effectivement subi des préjudices corporels, donc directs.

– **Le préjudice doit être personnel :** que le préjudice soit patrimonial ou non patrimonial, le droit à réparation n'appartient qu'à celui qui a subi le préjudice, c'est le sens du caractère personnel du préjudice. Ce droit ne peut donc pas être exercé par un tiers sans justification de la qualité d'agir au nom de la personne qui a personnellement subi le dommage. Il faut noter ici que le droit à réparation est transmissible entre vifs et par décès[2272]. Cela ne pose pas de problème spécifique en ce qui concerne les préjudices patrimoniaux. Par contre, en ce qui concerne les préjudices extrapatrimoniaux, « notamment les souffrances physiques endurées par la victime avant de décéder », le CE français, limitant implicitement l'action des héritiers à l'exercice de leurs droits

---

[2269] CS-CA, 30 octobre 1983, Oulaye Telesphore Henri cité par R. Dégni-Ségui *op. cit.*, p. 637, *Droit administratif général*, 3e éd., t. 3.

[2270] CS-CA, 29 juillet 1998, Coprovi c/ le ministère de l'Agriculture et des Ressources animales, cité par R. Dégni-Ségui, *ibid.*

[2271] C. Lasry, G.-H. George, « La responsabilité de la puissance publique », RDPA, *op. cit.*, p. 821.

[2272] *Ibid.*, p. 819.

propres, leur refuse l'indemnisation des préjudices de cette nature subis par la victime[2273].

– Le préjudice doit être matériel ou moral : dans notre classification des différents types de préjudices, ces deux préjudices ont été étudiés[2274]. Sans revenir sur ladite étude, René dégni-ségui estime que « le juge indemnise sans difficulté aussi bien le préjudice matériel que préjudice moral »[2275].

– Le préjudice doit porter atteinte à une situation juridiquement protégée : ni le juge administratif national, ni le juge béninois[2276]ne font expressément référence à ce caractère. Le rôle du juge étant de protéger les situations de droit, si le requérant fait état d'un droit violé, il ne peut que sanctionner cette violation par la voie de la réparation. Le juge va tout de même examiner la situation du requérant si elle était bien en conformité avec la légalité, à défaut de cette dernière, il ne pourra obtenir réparation. Avant la jurisprudence Béranger[2277] du juge français, il fallait un droit lésé. Par exemple, seuls avaient droit à l'indemnité les membres de la famille qui se trouvaient au jour du décès dans les conditions requises. Dans l'espèce citée, le sieur Béranger a eu droit à une indemnité du fait que la victime, qui n'était autre que son fils âgé de 25 ans, participait surtout à son exploitation agricole.

Si les juges malien et béninois sont jusque-là restés silencieux sur ce caractère du préjudice, le juge ivoirien, à travers la jurisprudence Régie Abidjan-Niger[2278] s'est aligné sur la jurisprudence française.

Cela expliquait aussi, par sa rigueur, la jurisprudence relative à la situation de concubine qui se trouvait dans une situation non juridiquement protégée et ne pouvait donc prétendre à une indemnité pour le décès de son compagnon[2279]. Il faut cependant signaler que cette jurisprudence a été abandonnée en 1978 par le CE en admettant l'indemnisation de la concubine[2280].

– Le préjudice doit être évaluable en argent : comment peuvent être réparés les dommages causés par l'Administration, si ce n'est de manière pécuniaire ? Ce caractère répond à cela. En effet, la réparation de la part de l'État est surtout pécuniaire.

Toutefois, pendant longtemps, la jurisprudence française refusait la réparation du préjudice moral (les larmes ne se monnayent pas). Ce refus a pris fin avec la jurisprudence ministère des Travaux publics contre consorts

---

[2273] CE, 10 août 1945, Laboirie, Rec. CE, p. 179, 11 décembre 1946, Pochon, *ibid.*, p. 305.
[2274] V. Supra.
[2275] R. Dégni-Ségui, *Droit administratif général*, t. 3, *op. cit.*, p. 637.
[2276] V. C. F Kpenonhoun, thèse, *op. cit.*, pp. 426-428.
[2277] CE, 28 juillet 1951, Béranger, rec. CE, p. 473.
[2278] CS-CA, Arrêt du 9 juillet 1986, Régie Abidjan-Niger c/ AD Pinkié Atse et autres, cité par R. Dégni-Ségui, *Droit administratif*, t. 3, *op. cit.*, p. 639.
[2279] CE, 21 octobre 1955, Dame Braud, D. 1956, p. 139.
[2280] CE, 3 mars 1978, Dame Mûsser-Lecompte, AJDA 1978, p. 210.

Letisserand[2281]. Le juge administratif malien a aussi suivi cette évolution à travers la jurisprudence sieur Ben Hamoud Hamoudi et autres par laquelle il dit clairement que le « préjudice moral est de nature à ouvrir droit à l'indemnité »[2282].

– **Enfin le préjudice doit être anormal et spécial :** le professeur René Dégni-Ségui a bien fait de préciser que ces caractères ne sont pas partagés, mais propres à la responsabilité sans faute de l'Administration fondée sur le risque.

Par préjudice anormal, il s'agit de celui qui va au-delà de la gêne normale inhérente à la vie en communauté. Quant au préjudice spécial, il s'agit de celui qui n'atteint que la victime seule ou un nombre restreint de personnes. La jurisprudence La Fleurette illustre cela : « rien, ni dans le texte même de la loi ou dans ses travaux préparatoires, ni dans l'ensemble des circonstances de l'affaire ne permet de penser que le législateur a entendu faire supporter à l'intéressé une charge qui ne lui incombe pas normalement ; que cette charge, créée dans un intérêt général, doit être supportée par la collectivité ; qu'il suit de là que la Société La Fleurette est fondée à demander que l'État soit condamné à lui payer une indemnité en réparation du préjudice subi. »[2283]

Le juge national manifeste par sa jurisprudence, un certain effort dans le contrôle du lien de causalité avec le fait générateur et l'imputabilité du dommage à l'Administration.

B. L'effort admissible dans la détermination du lien de causalité avec le fait générateur et de l'imputabilité du dommage à l'Administration

Il faut bien savoir que même lorsque le préjudice est réel et certain, il n'ouvrira droit à réparation que s'il est possible de l'imputer à une personne publique en raison de ses activités. En fait, tout régime de responsabilité suppose l'existence d'un certain lien objectif entre l'activité de la personne déclarée responsable et le dommage. Il en résulte deux problèmes : le premier est relatif à la détermination de la personne publique concernée (1), c'est l'imputabilité ; le second a trait à l'identification d'un lien de causalité direct entre le dommage et l'activité de l'Administration (2).

1. Une attitude acceptable face à la question de l'imputabilité du dommage à l'Administration

Il s'agit tout simplement de la détermination de la Collectivité responsable. C'est-à-dire, « pour que l'Administration puisse être déclarée responsable, il

[2281] CE, 24 novembre 1961, RDP 1962, p. 330 : « (...) la douleur morale qui est résultée pour ce dernier la disparition prématurée de son fils est par elle-même génératrice d'un préjudice indemnisable ».

[2282] CS-SA, Arrêt n° 48 du 30 mai 2002, *op. cit.*

[2283] CE, 14 janvier 1938, Société Anonyme des Produits Laitiers « La Fleurette », RDP 1938, p. 87.

faut que le préjudice se rattache à son fait »[2284]. Pourtant, et « en général, il est relativement aisé de déterminer la personne publique responsable, écrit Alain Bockel, c'est celle pour le compte de laquelle a agi l'agent auteur de la faute ou de l'agissement dommageable ou à laquelle est rattaché le service qui est à l'origine du dommage »[2285].

En la matière, il existe ce que l'on appelle la causalité adéquate, qui peut être expliquée ainsi : « le fait incriminé est considéré comme la cause du dommage si ce dernier est la conséquence normale, ce qui suppose, d'ailleurs, une relative proximité, dans le temps et dans l'espace, entre la cause retenue et la conséquence qu'il s'agit de réparer. »[2286]

En 1981, précisément à travers l'arrêt Dédé Fané, la Cour suprême a imputé la responsabilité des faits ayant causé divers préjudices au requérant en ces termes : « que les agents observaient des instructions données dans le cadre du maintien de l'ordre relevant de la responsabilité de la puissance publique faisant dès lors répondre de l'État des fautes commises par eux. »[2287] Dans cette espèce, la recherche de la personne publique responsable ne pose aucun problème. Les forces de l'ordre constituent non seulement l'incarnation de la puissance publique, mais exécutent clairement des missions à elles confiées par leur hiérarchie, à savoir, le ministère de la Défense, de l'Intérieur et de la Sécurité. Cela répond à l'idée de Édouard Laferrière selon laquelle, « dans tous les cas où la responsabilité de l'État relève de la juridiction administrative, la partie lésée doit adresser sa réclamation au Ministre compétent, c'est-à-dire à celui qui a dans ses attributions le service intéressé »[2288].

Ce qui nous intéresse dans cette affirmation, c'est le fait qu'elle fait comprendre, que le ministère est responsable des dommages causés par le fait des services qui fonctionnent sous son contrôle, c'est-à-dire sous ses ordres. L'espèce Mohamed Lamine Kounta[2289] en constitue une illustration.

Dans ladite affaire, le défendeur dans son mémoire en défense soulignait que « les modalités d'indemnisation des populations victimes de l'emprise étaient prévues et la charge d'indemnisation incombait à un organisme bien spécifié ». Le juge lui répond alors en ces termes : « considérant que le défendeur dans son mémoire (…) reconnaît que les modalités d'indemnisation des populations ayant subi un dommage consécutif aux travaux d'installation de la ligne haute tension, étaient prévues et la charge indemnitaire incombait à un organisme

---

[2284] P.-L. Frier Petit, *Précis de droit administratif*, Paris, Montchrestien, 4e éd., 2006, p. 526 (537 p).

[2285] A. Bockel, « La responsabilité publique », *Encyclopédie juridique de l'Afrique*, *op. cit.*, p. 441.

[2286] G. Dupuis, M.-J. Guedon, P. Chrétien, *Droit administratif*, 6e éd., p. 540.

[2287] CS-SA, Arrêt n° 15 du 15 juin 1981, Dédé Fané, *op. cit.*

[2288] E. Laferrière, *Traité de la juridiction administrative et des recours contentieux*, 2e éd., *op. cit.*, p. 192.

[2289] CS-SA, Arrêt n° 84 bis du 16 novembre 1995, *op. cit.*

spécifié ; considérant que l'Office pour l'Exploitation des Ressources hydrauliques du Haut Niger (OERHN), propriétaire des ouvrages, relevait du ministère chargé des Mines, de l'Énergie et de l'Hydraulique ; que par conséquent, c'est à bon droit que la demande d'indemnisation a été adressée audit département. »

Pour le juge, et ce, de manière suffisamment compréhensible, le département ne peut mettre la responsabilité de ce dommage à la charge d'un de ses services. Ce qui signifie que les dommages causés par un service relevant d'un département ministériel sont imputables à ce dernier. En 2003, le juge devient encore plus précis dans ses motifs de l'arrêt DGCE contre le jugement n° 01 de 2001 du TAB[2290], de la manière suivante : « considérant que le contentieux de l'État reconnaît lui-même dans son mémoire en défense versé dans le dossier d'instance, que le Ministère de la santé après analyse de la situation a fait montre de bravoure en reconnaissant les lacunes décelées dans le fonction-nement de ses structures et en a pris acte ; que par conséquent demande à l'Hôpital Gabriel Touré de prendre soin de la petite Aïchatou ; Considérant que cet aveu de reconnaissance de la part de la DGCE tranche avec toute question relative à l'imputabilité du dommage causé ; considérant que l'Hôpital Gabriel Touré est un EPA, l'État du Mali doit être solidaire de la responsabilité à lui imputée ».

Dans cette espèce, le Ministère de la santé, tout en reconnaissant la responsabilité de l'hôpital, avait subtilement écarté toute imputabilité du dommage causé au département. C'était par la faute de l'hôpital que celui-ci avait été causé, et il n'était donc imputable qu'à celui-ci. Par contre, le juge, toujours dans la même logique de la jurisprudence Kounta de 1995, a fait savoir que l'Hôpital Gabriel Touré étant une structure du ministère de la Santé, les dommages causés par celle-ci relèvent dudit ministère. Enfin, il précise que c'est en réalité l'État malien qui est responsable, à travers ce ministère.

Avant cet arrêt, le juge disait dans l'espèce sieur Chiaka Sidibé que le « préjudice découle du fait du Gouverneur du District de Bamako »[2291], donc le préjudice lui est imputable.

Il ressort de ces différents arrêts, que le juge administratif national s'en sort positivement. Il faut toutefois noter, que cette jurisprudence, comparativement au degré d'évolution que d'autres pays d'Afrique noire francophone et la France ont atteint, se trouve dans un état élémentaire. Cela est d'autant plus vrai que cette jurisprudence ne traite pas les hypothèses d'imputabilité « plus complexes »[2292] selon la classification opérée par le professeur René Dégni-Ségui. Ces hypothèses peuvent être les suivantes :

[2290] CS-SA, Arrêt n° 52 du 25 septembre 2003, la DGCE c/ le jugement n° 01 du 19 janvier 2001 du TAB, *inéd.*

[2291] CS-SA, Arrêt n° 39 du 19 octobre 2000 entre le Gouvernorat du District de Bamako et le sieur Chiaka Sidibé, *inéd.*

[2292] R. Dégni-Ségui, *Droit administratif général*, t. 3, *op. cit.*, p. 649.

– **Le cas du dédoublement fonctionnel :** c'est le cas où l'agent est dans une situation lui permettant d'agir pour le compte de plusieurs personnes publiques à la fois. La solution n'est pas non plus très compliquée dans ce cas de figure. En cas de dommage causé par les faits de l'agent, il faut chercher la personne publique pour le compte de laquelle il agissait. Cela se fait en procédant à une vérification pour déterminer la compétence par laquelle il a posé l'acte dommageable afin de connaître la personne publique à laquelle il tient. Il existe un exemple important en la matière puisque donné aussi bien par le doyen Alain Bockel[2293] que par le professeur René Dégni-Ségui[2294]. C'est celui relatif au Maire. En effet, le Maire agit au nom de l'État dans ses fonctions d'officier d'état civil, mais également au nom de la commune dans ses activités courantes de gestion[2295].

La Cour d'appel de Lubumbashi (République démocratique du Congo) nous donne un exemple intéressant dans un arrêt de 1967. Ladite affaire s'est déroulée à un moment où il y avait au Congo une autonomie assez poussée des provinces. Le Gouverneur du Katanga s'était alors rendu auteur d'une réquisition illégale qui a conduit à sa condamnation à la réparation du préjudice causé par celle-ci. Le Gouverneur estimait que l'État devait être solidairement condamné pour la réparation dudit préjudice. Le juge refusa de le suivre dans cette idée, soulignant que l'autonomie de la province était suffisante pour que le préjudice soit imputé à la province et non à l'État[2296].

– **Le cas de la substitution d'office :** c'est le cas où l'autorité de tutelle va se substituer à l'autorité sous tutelle et agir en son nom et à sa place. En ce moment et en général, sauf substitution illégale, le préjudice pouvant en découler est imputable à la collectivité sous tutelle[2297]. Voici ce que le doyen Alain Bockel pense de cette pratique : « cette solution juridiquement incontestable est néanmoins paradoxale dans la mesure où la collectivité décentralisée, mise en demeure, a refusé de prendre la mesure dommageable, prise par substitution par l'autorité de tutelle. »[2298]

Il existe un exemple dans la jurisprudence nationale, mais maladroitement apprécié par le juge. En effet, le Gouverneur du district de Bamako s'était substitué au Maire de la Commune IV du district de Bamako pour mettre fin à une décision irrégulière prise par celui-ci. De façon surprenante, tout en reconnaissant la légalité de l'intervention de l'autorité de tutelle et donc l'illégalité de celle du Maire, le juge refuse d'imputer les conséquences

---

2293 A. Bockel, « La responsabilité publique », *Encyclopédie juridique de l'Afrique*, *op. cit.*, p. 441.

2294 R. Dégni-Ségui, « Droit administratif général », t. 3, *op. cit.*, p. 650.

2295 CE français, 29 juillet 1933, Banque Crombeck, D. 1933, n° 3, p. 51.

2296 V. CA de Lubumbashi, 24 janvier 1967, Président du Katanga c/ la RDC, Rév. Juridique du Congo, n° 1, 1967, p. 64.

2297 CE, 24 juin 1949, Commune de Saint-Servan, RA 1949, p. 465.

2298 A. Bockel, « La responsabilité de la puissance publique », *op. cit.*, p. 442.

dommageables de cette dernière à son auteur[2299]. Si l'on s'en tenait à cette attitude du juge, il existerait alors des dommages malgré l'identification de leur auteur, qui ne sont pas imputables. Il faut alors utilement signaler que lorsqu'une faute lourde est commise par l'auteur de la décision prise par substitution, le préjudice qui découle est imputé à l'État[2300].

– Le cas de la collaboration de plusieurs personnes publiques : dans le fonctionnement de l'État et ses démembrements, cela peut arriver et la recherche de la Collectivité à laquelle le préjudice peut être imputé devient complexe. Complexité ne signifiant pas impossibilité, la personne responsable pourra toujours être retrouvée si l'on s'en tient à ce que chaque personne soit responsable de ses propres fautes. Aussi, au cas où une personne publique prête ses services à une autre, c'est la collectivité bénéficiaire qui est sous réserve d'éventuelle faute détachable de la personne publique prestataire, responsable. Les préjudices résultant de ladite prestation lui sont ainsi imputables[2301].

– Le cas des dommages causés par les choses : la situation ne change pas, c'est-à-dire lorsqu'une personne publique a sous sa responsabilité une chose ou un animal, les dommages résultant de l'utilisation de ladite chose pour le compte de cette personne lui sont imputables. Quant à l'animal, c'est la personne qui a la garde qui est responsable des dommages que celui-là va causer.

On peut dire qu'au Mali[2302], tout comme en Côte d'ivoire[2303], que c'est la notion civiliste de « garde » tirée de l'article 1384 al. 1er du Code civil français, qui sert de référence comme le fait remarquer René Dégni-Ségui en ce qui concerne la Côte d'Ivoire[2304].

L'imputation du dommage à une personne clairement identifiée ne suffit pas, encore faut-il démontrer l'existence d'un lien de causalité directe entre ce dommage et l'activité de l'Administration.

2299 CS-SA, Arrêt n° 87 du 06 mai 2010, *op. cit.*

2300 V. A. Bockel, « La responsabilité des collectivités locales du fait des actes des autorités de tutelle », RA, 1966, p. 135 ; v. aussi, CE, 5 décembre 1958, Commune de Dourge, concl. Guldner, RDP 1959, p. 950.

2301 CE, 13 juillet 1965, Arbez-Gindre, cité par A. Bockel, « La responsabilité de la puissance publique », *op. cit.*, p. 441.

2302 « Toute personne est responsable du dommage causé par le fait des choses ou des animaux dont elle a la garde » ; « la garde est le pouvoir d'usage, de direction et de contrôle détenu par le propriétaire qui utilise l'animal ou la chose personnellement ou par l'intermédiaire d'autrui ; la garde est transférée lorsque le propriétaire a confié à autrui l'animal ou la chose ou qu'un tiers l'utilise sans sa volonté », loi n° 87-31/AN-RM du 29 août 1987 fixant le régime général des obligations, art. 149-150.

2303 TPI-Abidjan, Djan Ziago, confirmé par la C.A d'Abidjan, 10 février 1984 : « il ne rapporte pas la preuve que l'État était gardien de l'arbre fautif », V. R. Dégni-Ségui, *Droit administratif général*, t. 3, *op. cit.*, p. 651.

2304 *Ibid.*

2. Une appréciation acceptable du lien de causalité entre le dommage et l'activité de l'Administration

L'imputation du dommage à l'Administration ne suffit pas à elle seule à engager la responsabilité de celle-ci. Il faut que le fait qu'on lui impute ait été la cause directe dudit préjudice. Il doit y avoir une relation de cause à effet entre le fait et le dommage dont la réparation est demandée. Le dommage doit avoir été effectivement généré par le fait imputé à la personne publique. Il faut donc comprendre qu'« en principe, au moins le juge ne confond pas cause d'un dommage et condition nécessaire de sa survenance. En d'autres termes, un fait n'est pas considéré comme la cause d'un dommage pour la simple raison qu'en son absence ce dommage ne serait pas produit »[2305].

Il faut également comprendre que « la causalité peut être directe sans être exclusive : si le dommage provient à la fois du fait d'un particulier et du fait de l'Administration, celle-ci en est responsable pour sa part »[2306]. C'est de cette manière que la Cour suprême a tranché l'affaire Drissa Sangaré contre le ministère des Travaux publics[2307]. Le juge a situé la part de responsabilité de l'Administration et celle d'un particulier, et condamné enfin l'Administration à réparer la part du dommage qui lui revenait, c'est-à-dire qui était causé par son fait. Le juge a précisé cette part en ces termes : « (…) les panneaux de signalisation n'étaient pas conformes aux normes exigées par le Code de la route ; (…) le panneau déviation était tombé par terre et qu'il n'est pas rapporté que c'était là, le fait du conducteur ; qu'il y a lieu de dire que les causes de l'accident sont dues d'une part, à l'inexistence d'une signalisation adéquate du chantier ; d'autre part, à l'imprudence du conducteur et procéder à un partage de responsabilité dans la proportion de 2/3 à la charge des TP et 1/3 à la charge du conducteur. »

Cette décision du juge, si l'on s'en tient à son texte, sans entrer dans le débat sur sa justesse, répond à l'affirmation du professeur Hafida Belrhali selon laquelle, « (…) chaque co-auteur d'un dommage a un rôle causal »[2308]. Hormis cet arrêt, le juge administratif national apprécie de manière assez simple et accessible la causalité, sans tomber dans une pratique de la « théorie de l'équivalence des conditions ». En vertu de cette théorie, « toutes les conditions nécessaires de la réalisation d'un dommage sont considérées en étant les causes »[2309].

Dans un arrêt du mois d'octobre de l'année 2000, il démontre de la manière suivante le lien de causalité entre le préjudice et le fait générateur : « considérant que l'autorisation de la borne-fontaine est intervenue après les enquêtes des

---

[2305] R. Chapus, *Droit administratif général*, t. 1, *op. cit.*, p. 1244.
[2306] J. Rivero, J. Waline, *Droit administratif*, 17e éd., *op. cit.*, p. 266.
[2307] CS-SA, Arrêt n° 112 du 17 octobre 1996, le sieur Drissa Sangaré, *op. cit.*
[2308] H. Belrhali, *Les coauteurs en droit administratif*, Paris, LGDJ, 2003, p. 183.
[2309] R. Chapus, *Droit administratif général*, t. 1, *op. cit.*, pp. 1244-1245.

services techniques publics qui ont donné un avis favorable à cet effet ; considérant que l'installation a nécessité des dépenses certaines effectuées par le sieur Chiaka Sidibé ; considérant que la fermeture lui a causé un préjudice certain ; considérant que ce préjudice découle du fait du Gouverneur du District de Bamako ; considérant qu'il y a un lien direct de causalité entre le préjudice et la mesure de fermeture de ladite borne-fontaine. »[2310] Il ressort clairement de cette décision que le juge fait une bonne appréciation entre le fait générateur, ici la décision du Gouverneur portant fermeture de la borne-fontaine, et le préjudice subi par le requérant.

Aussi, dans l'arrêt n° 52 de 2003, le juge tranche le litige sur la base des motifs suivants : « (...) qu'en conséquence, il ressort que l'œdème à la base de l'amputation de l'avant-bras gauche est apparue suite à l'incompétence, au manque de qualification professionnelle et à la négligence des agents de santé choisis pour l'administration du sérum et le traitement de la petite Aïchatou ; (...) que de tels manquements sont constitutifs de faute médicale de nature à engager la responsabilité de l'Hôpital Gabriel Touré »[2311].

Par cet arrêt très important, et à la suite d'une démonstration logique et bien coordonnée, le juge situe de façon très nette le fait générateur tout en établissant le lien entre celui-ci et le grave préjudice subi par la petite Aïchatou. Dans cette espèce, le juge ne s'est pas limité à la condamnation de l'État pour dommage corporel et esthétique, mais il est allé jusqu'à la condamnation de l'État pour préjudice moral subi par les parents de l'enfant. Même s'il n'a malheureusement pas développé ce dernier cas dans ses motifs, on peut comprendre qu'il s'agit des mêmes faits ayant abouti à tous ces préjudices. Alors, le lien de causalité entre le préjudice moral sanctionné par le juge et le fait générateur change alors et ne se confond pas avec celui existant entre le fait générateur et le préjudice causé à l'enfant. Si l'accident vasculaire est le lien de causalité entre la faute médicale et l'amputation de l'avant-bras gauche de l'enfant, c'est cette amputation qui devient le lien de causalité entre la faute médicale et le préjudice moral subi par les parents. Il en résulte que le même fait générateur pouvant conduire à plusieurs préjudices, peut être lié à ces préjudices par différentes causes.

Il existe cependant, une certaine négation de la causalité directe[2312], même si la jurisprudence y relative doit être cherchée dans les arrêts rendus par le CE français.

Cette jurisprudence est illustrée par le célèbre arrêt Époux Quarez. Dans ladite affaire, les époux Quarez demandaient au CE, « d'une part, l'annulation du jugement (...) par lequel le tribunal administratif de Nice a rejeté leur demande, présentée en leur nom propre qu'en qualité d'administrateurs des

2310 CS-SA, Arrêt n° 39 du 19 octobre 2000.

2311 CS-SA, Arrêt n° 052 du 25 septembre 2003, *op. cit.*

2312 V. R. Chapus, *Droit administratif général*, t. 1, *op. cit.*, p. 1246.

biens de leur fils Mathieu, et tendant à ce que le Centre hospitalier régional de Nice soit condamné à réparer les conséquences dommageables de l'absence de diagnostic de la trisomie 21 dont est affecté leur fils Mathieu et d'autre part, de condamner ledit centre à leur verser en réparation de leur préjudice moral une somme (...), et en réparation de leur préjudice matériel, une rente mensuelle (...) jusqu'au décès de l'enfant (...) ».

La haute juridiction administrative française répond alors en ces termes : « considérant qu'il résulte de l'instruction que le Service de pathologie cellulaire et de génétique du Centre hospitalier régional de Nice s'est borné à annoncer à Mme Quarez que l'examen auquel il avait procédé n'avait révélé aucune anomalie détectable par les moyens actuels et que Mme Quarez n'a pas été informée du fait que les résultats de cet examen, compte tenu des conditions dans lesquelles il avait été conduit, pouvaient être affectés d'une marge d'erreur inhabituelle ; que dès lors, M. et Mme Quarez sont fondés à soutenir que le Service spécialisé du CHR de Nice a commis une faute ; (...), qu'il résulte de ce qui précède que les requérants sont fondés à demander l'annulation du jugement attaqué » ;

Sur la réparation due à M. et Mme Quarez :

« Considérant qu'il sera fait une juste appréciation du préjudice moral, des troubles dans les conditions d'existence de M. et Mme Quarez, ainsi que de certains éléments des préjudices matériels dont ils font état en condamnant le CHR de Nice à payer à chacun d'eux une indemnité (...) ; considérant que doivent être également prises en compte, au titre du préjudice matériel, les charges particulières, notamment de soins et d'éducation spécialisée, qui découleront pour M. et Mme Quarez de l'infirmité de leur enfant ;

Qu'il y a lieu en conséquence, de condamner le CHR de Nice à leur payer une indemnité en capital représentant le versement d'une rente mensuelle (...) pendant toute la durée de vie de Mathieu »[2313].

Il ressort de cet arrêt, que le CE réitère en partie l'arrêt de la CAA, en acceptant non seulement de réparer le préjudice moral subi par le couple, mais aussi le préjudice matériel subi. Sur ces éléments, il y a convergence entre cet arrêt du CE et l'arrêt du 26 mars 1996 de la Cour de cassation française[2314]. Par contre, le CE va surtout soutenir qu'il n'existe pas au contraire, de « lien de causalité direct » entre la faute commise par le CHR de Nice et l'infirmité dont souffre l'enfant, celle-ci étant inhérente à son patrimoine génétique et existait donc avant même les examens médicaux.

Cette position du juge administratif est complètement opposée à celle du juge civil exprimé dans l'arrêt de la Cour de cassation ci-dessus souligné « selon

[2313] CE, Sect. 14 février 1997, CHR de Nice c/ Époux Quarez, R.D.P 1997, p. 1139, note J.-M. Auby et J. Waline ; RFDA 1997, p. 374, concl. V. Pécresse, p. 382, note B. Mathieu.

[2314] CC, 1re ch. civile, 26 mars 1996, JCP 1996, I, n° 3985, Obs. G. Viney.

lequel, il n'y a pas d'obstacle tenant à la causalité, à réparer le préjudice subi par l'enfant »[2315].

Sur cette distance prise par la juridiction administrative avec la juridiction civile, le professeur Rigaux s'est exprimé ainsi dans la *Revue trimestrielle des droits* : « le CE s'est nettement séparé de la Cour de cassation sur la question du préjudice propre à l'enfant en annulant l'arrêt déféré au motif pris (sur la base) de l'erreur commise dans l'application du caractère direct du lien de causalité. »[2316] Il continue en ces termes : « abondamment commentées, les décisions rendues le 26 mars 1996 par la première chambre civile ont suscité un vif débat doctrinal, la très grande majorité des auteurs, qu'ils soient civilistes ou publicistes, se déclarant hostiles au principe même de l'indemnisation de l'enfant dans les circonstances sus-relatées »[2317].

Ainsi, par un avis rendu public, le Comité consultatif national d'éthique français s'est déclaré opposé à la reconnaissance d'un droit à ne pas naître handicapé, rejoignant ainsi le C.E dans la jurisprudence Époux Quarez[2318].

La relation entre la cause directe, le préjudice et le fait générateur est aussi tempérée par l'éventualité de causes étrangères et de cas fortuit. René Chapus explique les causes étrangères ainsi : « d'autres faits que celui de la personne que la victime estime être responsable peuvent jouer un rôle dans la réalisation du dommage. Ce sont les causes étrangères au défendeur. Elles sont évidemment susceptibles d'ouvrir des conséquences sur la responsabilité de ce dernier. »[2319]

En ce qui concerne le cas fortuit, il dit qu'« il est important de distinguer force majeure et cas fortuit. Imprévisible et irrésistible, ce dernier se distingue de la force majeure par le fait qu'il n'est pas étranger au défendeur. Contrairement à elle, il n'est donc pas une cause étrangère. Il n'affecte donc pas la causalité du dommage »[2320].

Aussi, il faut souligner que la situation de la victime a une incidence certaine sur la causalité du dommage. C'est ce que le juge administratif national fait savoir dans un arrêt de 2000 : « (…) il est de jurisprudence constante que le fait de la victime est une cause d'exonération des conditions d'engagement de la responsabilité de l'Administration ; que l'imputabilité disparaît complètement si la faute de la victime est la cause déterminante du dommage ; (…). Que l'évasion de Aly Diop n'a causé le préjudice puisqu'il n'existe aucune relation

---

2315 R. Chapus, *Droit administratif général*, t. 1, *op. cit.*, p. 1247.
2316 F. Rigaux, Obs. sur l'arrêt CHR de Nice c/ Époux Quarez, RTDH 2001, p. 1246.
2317 *Ibid.*
2318 V. R. Chapus, *Droit administratif général*, t. 1, *op. cit.*, p. 1248.
2319 *Ibid.*
2320 *Ibid.*

de cause à effet entre le fait dommageable et le préjudice subi par la Société Mobil Oil (…). »[2321]

Ainsi, lorsqu'il existe le lien de causalité entre un fait générateur et un préjudice imputable à une personne publique, l'Administration peut être condamnée à réparer ledit préjudice. C'est là que va surgir un autre problème, comme s'il n'existait rien de facile ou simple dans la responsabilité des personnes publiques.

Paragraphe 2 : Une réparation du préjudice vraisemblablement favorable à l'Administration

Lorsque le préjudice subi par une victime présente non seulement certains caractères[2322], mais aussi une certaine nature[2323], nous avons écrit qu'il devient réparable. Cette réparation se situe à la fin du « plus souvent » long processus de traitement de la responsabilité de l'État et ses démembrements. Elle consiste à rétablir la situation de la victime antérieure au dommage causé par la puissance publique. Il s'agit là du « principe de la réparation intégrale du préjudice ». C'est ce que le professeur René Chapus fait savoir : « (…) il impose, de toute façon que les dommages-intérêts soient exactement ajustés à l'étendue et à la valeur du préjudice à réparer. La victime ne doit être, à la suite du dommage qu'elle subit, ni appauvrie, ni enrichie. »[2324]

C'est ainsi que les choses doivent se passer, mais il faut néanmoins reconnaître que la tâche n'est pas facile. Il s'agit pour le juge de pousser l'Administration à nettoyer tout le dommage sans que l'on puisse voir la moindre tache chez la victime en faisant en sorte que l'Administration ne soit elle aussi aucunement tachée du fait de ce nettoyage. Pour ce faire, le juge doit adopter une méthode adéquate d'évaluation du préjudice, mais malheureusement, cette dernière est difficilement saisissable. Celle-ci se manifeste par une triple attitude : tantôt le juge estime avoir « d'éléments d'appréciation suffisants » pour évaluer le préjudice, tantôt il demande d'office l'expertise ou se fonde sur les résultats de celle demandée par les parties, et tantôt il déclare irrecevable les demandes d'indemnisation dont le montant du préjudice n'est pas chiffré.

La première attitude est attestée par les arrêts Ben Hamoud Hamoudi[2325] et DGCE[2326]. En ce qui concerne l'expertise, on peut se référer aux arrêts sieur

[2321] CS-SA, Arrêt n° 36 du 19 octobre 2000, Mobil Oil c/ le jugement n° 31 du 10 septembre 1997 du TAB, *inéd.*

[2322] V. supra, p.

[2323] V. supra, p.

[2324] R. Chapus, *Droit administratif général*, t. 1, *op. cit.*, p. 1260.

[2325] CS-SA, Arrêt n° 48 du 30 mai 2002, *op. cit.*

[2326] CS-SA, Arrêt n° 52 du 25 septembre 2003, *op. cit.*

Mohamed Lamine Kounta[2327] et MDAC [2328]. Quant à la troisième attitude, le juge la démontre à travers l'affaire sieur Mamadou Doumbia[2329]. Cette jurisprudence « pas d'évaluation du préjudice de la part du requérant, pas de réparation », sera réitérée en 1996, dans l'espèce les sieurs Aliou Traoré et autres[2330]. À ce niveau, mieux vaut pour la victime de procéder à une expertise car son évaluation n'est pratiquement jamais suivie par le juge. Il ressort ainsi de la jurisprudence nationale, que l'évaluation de l'indemnisation relève souvent discrétionnairement de la Cour suprême (même la demande d'expertise sauf les cas où les parties le font) et n'obéit à aucun barème ou référentiel. Cela conduit à la forfaitairisation de l'indemnisation. Pourtant, « la réparation forfaitaire n'est pas en harmonie avec l'affirmation d'une réparation intégrale du préjudice, principe essentiel du droit de la responsabilité »[2331].

Ainsi, la jurisprudence nous fait comprendre que le juge administratif national n'applique pas strictement les principes de la réparation et pratique une méthode insaisissable d'évaluation du préjudice. La réparation en argent, la réparation intégrale et nette sans que le préjudice subi ne soit excédé, constitue les « principes clés qui gouvernent la réparation »[2332]. Si l'attitude de la Cour suprême est très souvent nuancée face au principe de la réparation intégrale (B), elle manifeste un grand respect à l'égard de la réparation en argent (A).

A. Le respect du principe de la réparation en argent

« On peut, en principe, concevoir, écrivent Georges Vedel et Pierre Delvolvé, que la réparation d'un préjudice puisse avoir lieu en nature ou en argent. C'est le second mode de réparation qui est toujours pratiqué en droit administratif, non seulement par ce qu'il est le plus général, mais parce que le

---

2327 CS-SA, arrêt n°84 du 16 novembre 1995, *op. cit.*

2328 CS-SA, arrêt n° 61 du 17 mai 2007, le ministère de Défense et des Anciens Combattants C/ le jugement n° 86 du 27 août 2003 du TAB, *inéd.*

2329 CS-SA, arrêt n° 100 du 14 décembre 1995, les sieurs Mamadou Doumbia et autres C/ le ministère des Finances et du Commerce, *ined.*

2330 CS-SA, arrêt n° 80 du 27 juin 1996, les sieurs Aliou Traoré et autres C/ Le ministère des Finances et du Commerce, *ined.* Pourtant, sur le point de l'obligation pour la victime d'évaluer lui-même le préjudice subi, le juge national rejoint pratiquement son homologue français, mais se détache de celui-ci par le caractère lacunaire de ses décisions. En effet, le juge administratif français, face aux situations de non évaluation du préjudice par la victime, préfère renvoyer celle-ci devant l'Administration ou devant le juge de première instance pour l'évaluation du préjudice subi, (VCE, 4 janvier 1960, Guillot cité par J. M. Jean-Marie Auby, R. Drago, « Traité des recours en matière administrative », *op. cit.*, p. 638, pour ces auteurs, « cela constitue une pratique constante ». Il peut même ordonner à la victime de chiffrer le préjudice qu'elle a subi, (CE, 6 janvier 1969, Mlle Gueroult, AJ 1989, p. 327).

2331 S. Justine, D. Botteghi, « Quand le juge administratif doit se juger », cité par C. F. Kpenonhoun, *ibid.*, p. 440.

2332 R. Dégni-Ségui, *Droit administratif général*, t. 3, *op. cit.*, p. 687.

juge administratif, s'il peut condamner l'Administration à des dommages-intérêts, ne peut lui adresser d'injonctions »[2333].

Si l'on se limitait à cette affirmation, on pourrait faire croire que l'Administration a toujours été condamnée à réparer les préjudices causés par elle en argent ou qu'elle ne peut être ou n'a jamais été condamnée à réparer en nature. D'ailleurs, ces mêmes professeurs continuent en tempérant leur affirmation en ces termes : « cependant, le juge peut en certains cas incliner l'Administration à pratiquer une réparation en nature, soit en la condamnant à verser périodiquement telle indemnité (...), soit en lui donnant une option entre la réparation en nature et le paiement d'une indemnité en argent (...). »[2334]

Ainsi, il devient nécessaire de nous intéresser aussi et d'abord à cette autre forme qu'est la réparation en nature. Il a même été soutenu, qu'en théorie, si un préjudice peut être réparé en nature, il n'a pas à être compensé financièrement[2335]. Nous pouvons alors définir la réparation en nature comme toute autre forme de la condamnation de la puissance publique que la condamnation au paiement d'argent. Par cette réparation, l'Administration est condamnée à rétablir la situation antérieure de la victime. Pourtant, certains civilistes ne considèrent pas cela comme étant une réparation en nature[2336].

Il ne s'agit pas alors de tous les civilistes, car notre affirmation se trouve être conforme à celle du juge civil français lorsque celui-ci fait savoir que « le propre de la responsabilité est de rétablir l'équilibre (...) comme si l'acte dommageable ne s'était pas produit »[2337].

Curieusement, le juge administratif national a utilisé pratiquement les mêmes mots dans l'affaire N'gongang N'jonze Célestin : « il y a lieu de rappeler que le propre de la réparation est de rétablir l'équilibre détruit par le dommage et de replacer la victime dans la situation où elle se serait trouvée si le fait dommageable n'avait pas eu lieu. »[2338] Faut-il alors voir dans ces mots du juge une pratique de la réparation en nature ? Ils le font certainement croire. Pourtant dans la suite de la même décision, le juge dit qu'« il importe donc de faire droit à sa demande de réparation (...) » et « condamne la Mairie de la Commune II du District de Bamako à payer (...) ». Il en résulte que ce qui ressemblait à son

---

2333 G. Vedel, P. Delvolvé, *Droit administratif*, t. 1, *op. cit.*, pp. 629-630, (s'agissant de l'injonction, on peut tout de suite comprendre que celle-ci n'était pas encore admise en France au moment de la rédaction de ce livre).

2334 *Ibid.*, p. 630.

2335 V. E. P. Luce, « Nouvelles réflexions sur la réparation de la douleur morale par le juge administratif », JCP. 1962, n° 1685.

2336 V. M. E. Roujou de Boubée, « Essai sur la notion de la réparation », th., Paris LGDJ, 1974, cité par S. Gouhier, « Essai d'une théorie générale de la responsabilité en droit administratif », thèse soutenue le 29 septembre 2000, Université du Maine-Le Mans, FDSE, p. 246.

2337 C. Cass. Civ. 2e, 19 novembre 1975, D. 1976, p. 137.

2338 CS-SA, Arrêt n° 316 du 17 décembre 2015, N'gongang N'jonzé Célestin c/ le jugement n° 402 du 10 octobre 2013 du TAB, *op. cit.*

début à une véritable réparation en nature, finit par déboucher sur une réparation en argent. Il faut alors préciser à ce niveau que le juge administratif national démontre par sa jurisprudence, qu'il n'est pas favorable à la réparation en nature.

Cela signifie-t-il que la réparation en nature n'apporte pas de satisfaction au regard de la victime ? Une telle généralisation serait imprudente et même erronée. Par exemple, dans l'affaire Famakan Keïta citée dans le paragraphe précédent, la réparation en argent a-t-elle réellement et complètement fait disparaître le préjudice subi ? La réponse apparaît clairement et elle est négative. Toutefois, et si le juge avait condamné l'Administration à rétablir tout simplement la situation antérieure ? C'est ce qui allait être une réparation juste et la plus satisfaisante possible. Il importe sur ce, de rappeler que « (...) la meilleure réparation est bien la réparation en nature »[2339], même si cette affirmation est très stricte et doit être sérieusement relativisée, c'est ce que son auteur fait d'ailleurs dans les lignes qui l'ont suivies.

Pendant longtemps, l'impossibilité pour le juge administratif français d'enjoindre à l'Administration a été considérée comme empêchant celui-ci de condamner les personnes publiques à réparer en nature[2340]. Même là, « conscient du caractère éminemment satisfactoire de la réparation en nature, le Conseil d'État prononçait à l'occasion une obligation facultative laissant le choix à l'Administration de ne pas verser les dommages-intérêts et de réparer en nature au besoin en lui laissant un délai pour réaliser son choix »[2341].

Le CE apportait donc fréquemment des correctifs en offrant à l'Administration une double option entre le paiement d'une indemnité et l'exécution en nature. Il le faisait de la manière suivante : « la commune paiera aux Consorts D. une indemnité de (...), si mieux n'aime la commune effectuer au canal des Consorts D. les travaux nécessaires pour (...) »[2342] ; ou que « la commune paiera au sieur M. la somme de (...), si mieux n'aime la Commune faire procéder à ses frais, à l'exhumation du corps indûment déposé dans le caveau du requérant »[2343].

[2339] S. Gouhier, « Essai d'une théorie générale de la responsabilité en droit administratif », thèse, *op. cit.*, p. 248.

[2340] « Le principe de la séparation des autorités administratives et juridictionnelles les interdit aux tribunaux d'assigner à la puissance publique des obligations de faire qui équivaudraient à des injonctions : lorsqu'ils estiment qu'un dommage doit être réparé par une collectivité publique, ils ne peuvent la condamner qu'à une réparation pécuniaire, non à l'exécution de tels ou tels travaux », C. Lasry et G.-H. George, « La réparation de la puissance publique », RDPA, *op. cit.*, p. 826 ; « pendant longtemps, le principe de la séparation des autorités administratives et judiciaires et la précarité de son statut ont légitimé le juge administratif dans son refus d'adresser des injonctions à l'administration », S. Gouhier, thèse, *op. cit., p. 248.*

[2341] S. Gouhier, thèse, *ibid.*

[2342] CE, 10 février 1937, Commune de Bagnères-de-Bigorre, Rec., p. 183.

[2343] CE, 9 février 1940, Mounier, Rec., p. 54.

Si nous analysons ces arrêts, il ressort sans ambiguïté que la réparation en nature, désignée en la forme d'une obligation de faire, a un caractère pratiquement subsidiaire et ne constitue qu'une simple alternative dont l'utilisation est laissée au choix de la personne publique. En réalité, la branche principale est l'obligation de payer.

Aussi, pourrait-on penser que le nouveau pouvoir accordé au juge administratif par le législateur, lui permettant d'adresser des injonctions à l'Administration, pourrait faire croire, que la réparation en nature serait devenue celle qui est privilégiée. Cependant, dans la pratique, rien de tel. La réparation en argent est et demeure celle que les juges administratifs maliens et français privilégient. Une telle pratique peut s'expliquer par plusieurs raisons, mais avant, mieux vaut savoir que la réparation en argent « peut revêtir une certaine forme »[2344].

Ces formes sont au nombre de deux : la forme la plus utilisée au Mali, c'est-à-dire l'indemnisation en capital et la forme pratiquement inutilisée par le juge administratif national, c'est-à-dire la rente[2345].

Le professeur Jean Waline les explique en ces termes : « l'indemnité est accordée sous la forme soit d'un capital versé une fois, soit d'une rente (notamment en cas d'invalidité). Si le dommage s'aggrave avec le temps, il peut y avoir réévaluation, soit du capital, soit de la rente ; la réévaluation tient compte de la situation économique à la date de la nouvelle demande. Mais la réparation peut être purement symbolique. »[2346]

Nous avons déjà souligné l'état de la jurisprudence nationale sur les deux premières formes, mais s'agissant de la dernière que le professeur Jean Waline a signalée, la jurisprudence est presque vierge sur ce point. C'est surtout l'arrêt sieur Abdouramane Gakou[2347] qui sert de référence en la matière. Dans cette espèce, on se souvient que la Cour a maladroitement condamné l'État à payer au requérant le « franc symbolique ».

Concernant l'application de ces formes de réparation, relevant toutes de la réparation en argent, il faut mentionner que la situation de la pratique nationale n'est pas aussi unique. En effet, l'exemple béninois confirme cette affirmation. Ce qui fait sous-entendre que « le juge (béninois) n'accorde pas de rente » et « la pratique du franc symbolique est rare », donc, « fondamentalement, c'est un capital qui est alloué aux plaideurs ». C'est ce qui ressort principalement de l'analyse faite sur le sujet par Césaire Foed S. Kpenonhoun[2348].

[2344] R. Dégni-Ségui, *Droit administratif général,* t. 3, *op. cit.*, p. 188.

[2345] Pour ces deux formes, V. R. Dégni-Ségui, *ibid.*

[2346] J. Waline, « Droit administratif », Paris, Dalloz, coll. Droit public, Science politique, 23e éd., 2010, p. 471.

[2347] CS-SA, Arrêt n° 24 du 18 mai 2006, *op. cit.*

[2348] C. Kpenonhoun, « Contribution à l'étude du contentieux administratif au Bénin : 1990-2010 », thèse, *op. cit.*, p. 437.

Une remarque générale s'impose : la réparation en capital est la plus utilisée. Cette dernière incarne alors la réparation en argent qui présente beaucoup d'avantages et beaucoup de commodités. D'ailleurs, ce principe de la réparation par équivalent monétaire est presque jamais inévitable dans nos sociétés. Même celui qui se blesse tout seul a besoin d'une réparation en argent, parce que notre économie a fait que l'individu est obligé, pour sa survie, de disposer de valeurs monétaires[2349]. « À cette évolution économique, écrit Sébastien Gouhier, s'ajoutent pour la réparation en argent de nombreux avantages pour le respect de la cohérence du droit »[2350].

S'il a été soutenu un moment que le préjudice moral n'était pas évaluable en argent, peut-il réellement être réparé en nature ? Cette interrogation est valable pour certains autres préjudices comme le préjudice corporel ou physique et le préjudice esthétique. Par exemple, dans l'espèce Dédé Fané, il apparaît clairement que le préjudice ne pouvait aucunement être réparé qu'en argent, car l'État ne peut fabriquer l'œil de la victime. La force de l'argent est qu'il peut soulager ou atténuer significativement la portée de nombreuses douleurs. Ces exemples démontrent que la réparation en nature se présente comme totalement impossible face à certains préjudices, alors que la réparation en argent peut être efficace pour ces préjudices.

De même, dans le cas de certains préjudices naturels, la réparation en nature devient possible, mais celle en argent peut être plus efficace dans la réparation de ceux-ci. Cependant, aussi satisfaisante et approuvée qu'elle puisse paraître, la réparation systématique en argent ne peut convenablement contribuer à consolider le caractère instructif de la jurisprudence relative à la réparation des préjudices causés par l'Administration. C'est pourquoi, Sébastien Gouhier écrit : « bien que la réparation en argent soit plus adaptée à certains égards pour mettre en œuvre la responsabilité, il nous semble que cette solution devait toujours être perçue comme un substitut et non comme une fin en soi, sans quoi la distinction entre les régimes de responsabilité stricto sensu et ceux d'indemnisation s'en trouvera obscurcie, tandis que ces derniers prendront la place de la responsabilité, puisqu'il est incontestable que sur le plan financier, ils présentent de nombreux avantages. »[2351]

Il y a un autre aspect très important qui mérite d'être évoqué. En effet, il ne suffit pas que le juge condamne l'Administration à payer une somme en guise de réparation à la victime. Il faut que ladite somme puisse couvrir tout le préjudice, en d'autres mots, la réparation du préjudice doit être intégrale.

[2349] V. S. Gouhier, thès, *op. cit.*, p. 249.
[2350] *Ibid.*
[2351] *Ibid.*, p. 251.

B. L'application insuffisante du principe de la réparation intégrale

C'est le principe selon lequel, après que la responsabilité de l'Administration soit reconnue, tout le préjudice subi par la victime doit être intégralement réparé. La victime a donc droit à la réparation de l'intégralité du préjudice qu'elle a subi, comme le souligne un auteur d'Afrique noire francophone[2352]. Il faut alors signaler que c'est un principe qui a pris sa source dans une décision du juge judiciaire français datant de 1955[2353]. C'est le droit à l'équilibre entre le dommage et la compensation. Vingt ans après la décision du juge français, elle a été consacrée par une résolution de l'Europe : « compte tenu des règles concernant la responsabilité, la personne qui a subi un préjudice a droit à la réparation de celui-ci, en ce sens qu'elle doit être placée dans une situation aussi proche que possible de celle qui aurait été la sienne si le fait dommageable ne s'était pas produit. »[2354]

Ce principe est aussi et pleinement pris en compte par le juge administratif. Au moment de la réparation, le préjudice subi par la victime ne doit donc pas être minoré. Il apparaît clairement comme « le droit au service de l'humain, qui consiste à rendre ce qui est dû autant que faire se peut à celui qui a été spolié par l'atteinte causée par un dommage corporel ayant des incidences physiques et psychiques, avec une obligation de prise en compte ab initio, c'est-à-dire dès le moment où le dommage s'est produit, et jusqu'au moment le plus près du jugement et même ultérieurement en cas d'aggravation »[2355].

Au Mali, on peut affirmer que le principe de la réparation intégrale est admis par le juge administratif depuis l'arrêt Somepac de 1985[2356] et le récent arrêt N'gongang N'jonze Célestin : « le propre de la réparation est de rétablir l'équilibre détruit. »[2357] Cependant, cela signifie-t-il in concreto, que la Cour suprême applique rigoureusement ledit principe en faisant en sorte qu'à travers ses décisions l'intégralité des préjudices subis par les victimes de l'Administration soient réparés ?

Il faut à ce niveau répondre que les fruits des arrêts du juge administratif national, ne tiennent pas dans la plupart des cas, la promesse des mots, particulièrement ceux employés dans la jurisprudence N'gongang N'jonze Célestin. Si nous retournons à l'espèce Dédé Fané du 15 juin 1981, la condamnation du ministère de la Défense, de l'Intérieur et de la Sécurité faite par le juge suffisait-elle réellement à réparer intégralement le préjudice subi par la victime ? Tout d'abord, voici à titre de rappel les préjudices que le juge a retenus contre l'Administration : « (...) préjudices moraux, matériels et

---

2352 V. R. Dégni-Ségui, « Droit administratif général », t. 3, *op. cit.*, p. 689.
2353 C. Cass., 2e, 28 octobre 1955, JCP, 1957, II, *op. cit.*
2354 Cons. de l'Europe, Résolution n° 75-7.
2355 V. Y. Lambert-Faivre, « L'éthique de la responsabilité », RTD, civ., 1998, pp. 5 et s.
2356 CS-SA, Arrêt du 24 février 1985, Somepac c/ le Ministère de l'intérieur, *inéd.*
2357 CS-SA, Arrêt n° 316 du 17 décembre 2015, *op. cit.*

physiques ». Il faut aussi rappeler que par la faute de l'Administration, la victime souffrira durant tout le reste de sa vie, d'une incapacité physique permanente qui pourra d'ailleurs s'aggraver avec le temps. Ensuite, il faut souligner que le juge a décidé au fond en ces termes : « condamner le ministère de la Défense, de l'Intérieur et de la Sécurité à payer au requérant la somme de sept millions (7 000 000) de Francs maliens au titre de dommages-intérêts. »

Enfin, au regard des faits, des motifs avancés par le juge lui-même à l'appui de ce dispositif, ainsi que les préjudices qu'il a lui-même reconnus, cette décision conduit inévitablement à une grande stupéfaction, voire à la pitié envers la victime. Cette réparation est donc loin d'être intégrale. Nous sommes en toute évidence devant un exemple parfait de réparation partielle qui est illégale et se présente même comme le contraire de la réparation intégrale. Malheureusement, comme si le juge était conscient du caractère lacunaire de sa décision, il a choisi un dispositif obscur. Il s'agit du défaut de précision dont la décision souffre. S'il a lui-même établi toute une liste de préjudices subis par le requérant, pourquoi ne pas continuer dans cette optique en disant le montant alloué pour la réparation de chacun de ces préjudices ?

En se comportant ainsi, le juge se place dans une position qui ne peut cadrer avec l'affirmation de Sylvie Hubac et d'Yves Robineau, selon laquelle le juge administratif « n'est ni le porte-parole fidèle des citoyens contre l'État, ni le défendeur aveugle des pouvoirs de l'Administration »[2358]. L'attitude du juge dans cette espèce ne permet pas de ne pas douter de son impartialité entre l'Administration et la victime. Pour le comprendre, il suffit tout simplement de se référer aux mots du juge lui-même, qui démontrent que l'Administration avait elle-même un moment accepté de réparer le préjudice par lui causé, en accordant à la victime un montant supérieur à ce que le juge a accordé :

« Considérant que la possibilité de transiger demandée par le défendeur a été acceptée, que le montant de onze millions de francs maliens avait été arrêté entre les parties ; considérant que le service du contentieux de l'armée avait demandé l'homologation de cette convention à la Cour avant d'y renoncer. »[2359] Ce que l'on peut retenir de cet arrêt, qui malgré tout est très célèbre sur le plan national, est qu'il n'a pas permis à la victime de voir l'intégralité des préjudices subis réparée. Après l'affaire Dédé Fané, qui pourra être comprise par certains comme ayant lieu sous le régime militaire, donc à un moment où la liberté des magistrats faisait ostensiblement défaut, on peut se référer à l'espèce Abdouramane Gakou.

[2358] S. Hubac, Y. Robineau, « Droit administratif : vues de l'intérieur », in Pouvoirs n° 46, 1988, p. 125.

[2359] Nos mots ici doivent être compris avec réserve. En effet, en se référant à la jurisprudence française, ne devant réparer que le préjudice établi, le juge est en droit de n'accorder qu'une somme inférieure à celle que l'administration s'était déclarée prête à verser à l'amiable au demandeur, v. CE 29 novembre 2004, Tibere ; 19 mars 1971, Mergui ; cité par D. Chabannol, *op. cit.*, p. 512.

Cette espèce est l'exemple typique de l'attitude nuancée du juge national face au principe de la réparation intégrale du préjudice. Dans ladite espèce, l'ISPRIC, un établissement d'enseignement privé créé légalement, avait vu sa demande d'autorisation de participation de ses étudiants aux différents examens nationaux rejetée. Cette situation ayant logiquement conduit les étudiants à déserter ledit établissement, celui-ci a alors réclamé la réparation dudit préjudice. En réponse, le juge, après avoir justement souligné que « les décisions illégales de refus (ont causé) par voie de conséquence des préjudices certains non seulement au promoteur, mais surtout à l'image de l'établissement », condamne « le ministère de l'Éducation au paiement du franc symbolique pour les dommages causés à l'établissement ISPRIC »[2360].

Cette décision est à la fois paradoxale et stupéfiante. Le juge soulève lui-même l'existence de deux préjudices. Même s'il ne qualifie pas le premier, c'est-à-dire celui causé au promoteur, nous pouvons dire qu'il s'agit bien là d'un préjudice matériel. Ce préjudice, ainsi que le second méritaient tout de même une réparation intégrale. C'est pourtant ce qui constitue le comble dans cet arrêt. Pour parler de réparation intégrale, il faut qu'il ait même eu réparation. Le juge, en condamnant l'État à payer le franc symbolique à la victime d'un préjudice matériel certain, personnel, actuel et direct et d'une certaine gravité, constitue tout simplement, un « pied de nez » non seulement à la victime, mais aussi au droit de la responsabilité administrative en particulier, et au droit administratif en général. S'agit-il ici d'un dommage non patrimonial ? La réponse est sans détour non. Cette question se justifie bien, car pour le professeur René Dégni-Ségui[2361], les « condamnations symboliques consistent en un franc de dommages-intérêts, en cas de réparation d'un dommage non patrimonial ».

Si nous essayons de voir le comportement d'autres juges francophones face au principe, on peut d'emblée affirmer que la pratique jurisprudentielle nationale se retrouve dans un état plus élémentaire. En plus, il n'existe pas non plus une grande similarité entre les différentes pratiques, surtout entre les pays dans lesquels les exemples porteront : le Sénégal et la Côte d'Ivoire.

En ce qui concerne le Sénégal, il y a une certaine application du principe, mais celle-ci est basée sur une discrimination entre les victimes selon leur qualité[2362]. C'est ainsi que le constat suivant a été fait : « une abondante jurisprudence nationale retient, de façon quasi systématique, le principe de la réparation intégrale du préjudice subi par l'agent fonctionnaire civil ou militaire,

---

[2360] CS-SA, Arrêt n° 24 du 18 mai 2006, *op. cit.*

[2361] R. Dégni-Ségui, « Droit administratif général », t. 3, *op. cit.*, p. 690.

[2362] V. A. B. Fall, « La responsabilité extracontractuelle de puissance publique au Sénégal : essai de transposition des règles de droit administratif français dans un pays d'Afrique noire francophone », thèse, *op. cit.*, pp. 515 et suivants.

en accordant une réparation complémentaire à la pension à laquelle peut prétendre l'agent public. »[2363]

Il ressort des écritures d'Alioune Badra Fall que cette solution est d'une exécution pratique difficile dès lors qu'elle organise une discrimination entre d'une part, les agents fonctionnaires et les agents contractuels non-fonctionnaires et, d'autre part, les victimes d'accidents de service selon que l'accident est causé par un véhicule administratif ou par autre chose[2364]. Pour lui, « toute cette disparité de traitements qui ne repose sur aucune logique devrait disparaître »[2365].

Quant à la pratique ivoirienne, décidant dans une affaire similaire que celui du juge sénégalais, le juge ivoirien décide autrement. Il a ainsi décidé que les agents de l'État soumis au régime des pensions civiles et militaires, ne peuvent pas prétendre à la réparation intégrale du préjudice subi[2366]. Pour cela, il se fonde sur un décret ivoirien portant réparation pécuniaire accordée aux agents des États en vue de maladie contractée en service ou d'accident survenu dans l'exercice de leur fonction[2367].

Pour René Dégni-Ségui, cela relève du régime de réparation institué par des textes spéciaux qui viennent déroger au droit commun administratif. Il explique que les agents soumis à un tel régime ne peuvent prétendre à la réparation intégrale du préjudice subi, car ces régimes spéciaux excluent l'application du droit commun de la responsabilité et constituent une « *lex specialis qui derogat generalibus* »[2368]. Cela nous permet de comprendre que cette pratique n'est pas non plus moins discriminatoire que celle du Sénégal. En réalité, il faut savoir qu'il y a une certaine discrimination chaque fois qu'un texte spécial institue un régime de réparation dérogatoire au « droit commun administratif ».

Il y a également lieu de convenir avec le professeur René Dégni-Ségui, pour préciser qu'en plus des condamnations symboliques, ces textes spéciaux ne constituent que des atténuations au principe de réparation intégrale. Ainsi, qu'il s'agisse de dommages causés aux biens, ou de ceux causés aux personnes, la réparation n'a réellement de sens, que si elle est intégrale. Pour cela, il faut aussi une bonne évaluation du préjudice, alors qu'en cette matière, le juge administratif malien adopte une méthode difficilement saisissable.

[2363] *Ibid.*, v. par exemple CA de Dakar, 5 février 1952, Ministère public et Diop Amadou c/ l'État du Sénégal ; 7 janvier 1970, Ministère public et Veuve Sarr c/ État du Sénégal, pp. 515-516.

[2364] *Ibid.*, pp. 516-517.

[2365] *Ibid.*

[2366] V. CA d'Abidjan, 8 juillet 1983, l'État de Côte d'ivoire c/ Veuve Toucoulac Joséphine et Consorts, cité par R. Dégni-Ségui, « Droit administratif général », t. 3, *op. cit.*, p. 691.

[2367] Décret n° 68-82 du 9 février 1968, cité par R. Dégni-Ségui, *ibid.*

[2368] V. R. Dégni-Ségui, *ibid.*

Conclusion du titre II

C'est vrai comme l'étude de ce titre vient de le confirmer, qu'il existe à côté du contentieux de l'excès de pouvoir, le contentieux des droits que le juge national doit régulièrement traiter. Ces mots sont ici délibérément choisis. En effet, le contentieux de l'excès de pouvoir n'est point « en voie de disparition » sur le plan national. Autrement dit, le plein contentieux existe bel et bien et se développe d'ailleurs timidement, mais il n'a pas englouti ou tout du moins n'est pas en train d'engloutir le contentieux de l'annulation.

Cependant, si le recours de pleine juridiction a connu un grand développement en France, c'est en grande partie dû à l'immense satisfaction qu'il procure aux justiciables tant sur le plan de la possibilité pour le juge français d'enjoindre à l'Administration que sur le plan de la réparation. C'est pourquoi, il faut poser la question suivante : et si le juge français ne disposait pas de tel pouvoir, les résultats des recours de pleine juridiction allaient-ils être aussi satisfaisants ? La réponse est logiquement négative. On comprend dès lors le problème sur le plan national, car le juge *ne peut non seulement enjoindre à l'Administra-tion*[2369] mais aussi les montants des réparations sont dérisoires.

Le droit de la responsabilité administrative se trouve alors dans un état élémentaire et est inadaptée aux réalités nationales. Le plus souvent, la lecture des arrêts rendus en la matière ne permet pas de définir une jurisprudence claire. Par exemple, dans les arrêts rendus en matière de police administrative, il faut les lire avec une loupe pour pouvoir essayer d'avoir une idée sur sa position face à la faute simple et la faute lourde et parfois cela ne suffit pas pour avoir une réponse. C'est pareil pour les méthodes d'évaluation des préjudices ainsi que pour le partage de responsabilité entre l'Administration et ses agents.

Ainsi, les critiques dont la justice administrative français faisaient l'objet dans le traitement de la responsabilité administrative, sont pratiquement d'actualité concernant la justice administrative nationale. C'est pourquoi, la doctrine écrit au passé quand elle rappelle lesdites critiques : « les indemnités versées aux victimes de dommages causés par l'Administration sont restés longtemps assez faibles. La préoccupation de préserver les deniers publics appartenait autant au juge administratif qu'à l'Administration »[2370].

La réunion de tous ces facteurs défavorables fait que ce contentieux ne constitue qu'une voie de recours par « désespoir », car ne procure que très rarement de satisfactions aux justiciables.

[2369] Cette affirmation doit être tempérée à l'aune de la nouvelle loi régissant la Cour suprême (loi n°2016-046, *op. cit.*). Aux termes de l'article 258 de celle-ci, « Lorsque l'administration est condamnée au paiement d'une somme déterminée, elle est tenue de procéder à son mandatement dans les deux (2) mois qui suivent la date à laquelle l'arrêt est devenu définitif. Dans le cas contraire, le comptable concerné, au vu de la grosse de l'arrêt, en assure l'exécution ».

[2370] G. Dupuis, M-J- Guedon, P. Chrétien, « Droit Administratif », 6e ed., *op. cit.*, p. 544.

Conclusion de la deuxième partie

Il apparaît nettement que le procès administratif national tourne fondamentalement autour de deux recours : l'un plus populaire (le recours pour excès de pouvoir) que l'autre (le recours de pleine juridiction). Si l'on n'avait pas étudié massivement les arrêts rendus par le juge national, on pourrait logiquement être tenté de dénommer le procès administratif malien comme étant « le procès de la légalité » ou « le procès de l'annulation ». Il s'agit là tout simplement de traduire par les mots, la très grande supériorité du recours de l'excès de pouvoir sur le recours de pleine juridiction.

S'il est incontestable que le recours pour excès de pouvoir demeure la voie la plus empruntée, cela ne doit pas non plus être compris comme la manifestation d'une certaine satisfaction totale à laquelle elle aboutit. Certes, le juge se montre plus à l'aise face aux recours pour excès de pouvoir, mais il est loin d'avoir atteint la maturité normale liée à son âge.

Cela est aussi visible à travers les arrêts en matière de plein contentieux où on cherche désespéramment certaines notions en vain, quand bien même elles devraient y figurer. Par contre, dans le contentieux de l'annulation, le juge utilise le plus souvent les notions essentielles de la matière. Cependant, il est clair que l'utilisation d'une notion n'est pas synonyme de sa bonne application ou son application raisonnable ou juste. Il se montre sévère dans l'application desdites notions, mais cette sévérité est parfois en réalité injuste, car celles-ci sont souvent appliquées de manière erronée. La vérité est que sur le plan général, le juge ne fait pas montre d'une maîtrise parfaite de son sujet.

Aussi, n'est-il pas vrai que la lenteur de la justice, surtout la justice administrative est également une forme particulière d'injustice ? Tant sur le plan du contentieux de la légalité que celui de la réparation, le temps d'attente ronge à la fois psychologiquement, matériellement et même socialement le justiciable. Il est ici question du délai raisonnable. Le procès administratif est alors lent, ce qui érafle l'une des exigences du procès équitable. Ainsi, la roue de la justice administrative nationale tourne lentement donc « le juste étant un idéal à atteindre, encore faut qu'il soit offert au justiciable le plus rapidement possible, en temps réel »[2371].

Il faut en plus rappeler que le procès a été envisagé comme « un instrument d'apaisement des rapports sociaux, grâce au concours d'un tiers légitime, qui rapporte une solution à un litige opposant deux ou plusieurs parties, au moyen d'une procédure respectueuse des droits fondamentaux processuels »[2372]. Il suffit d'ajouter le qualificatif administratif au procès pour donner une autre

---

[2371] F. Abikhzer, « Délai raisonnable dans le contentieux administratif : un fruit parvenu à la maturité ? » AJDA 2005, p. 985.

[2372] E. Lestrade, « Les principes directeurs du procès dans la jurisprudence du conseil constitutionnel », thèse de doctorat en droit, Université Montesquieu-Bordeaux IV, soutenue le 21 novembre 2013, p. 20.

teneur à cette définition. En effet, ce qui conduit à l'équité dans un procès ordinaire, peut conduire à l'iniquité dans le procès administratif. La raison est simple, les parties en présence sont inégales : l'une est faible et dispose de peu de moyens (le particulier) et l'autre est toute puissante, d'où l'exigence d'une certaine agilité intellectuelle de la part du juge administratif national pour rétablir l'équité entre « un éléphant et un lièvre ».

La soumission de l'Administration au droit, plus qu'une simple nécessité organisationnelle de l'État, se présente comme une condition incontournable et sûre d'un développement durable, sécurisée et profondément bénéfique à la population. Elle constitue la manifestation directe de l'État de droit.

Cette idée de la soumission de l'État au droit a même été magnifiée par la plupart des chefs d'État d'Afrique noire francophone[2373], surtout depuis le discours de la Baule[2374]. Elle passe ainsi et aussi par la mise en place effective d'instances juridictionnelles crédibles et indépendantes.

Existe-t-il alors un modèle particulier d'organisation de ces instances juridictionnelles pour assurer l'effectivité de cette soumission de l'État au droit ? Répondre à cette interrogation de manière positive serait évidemment trop hasardeux et imprudent.

Cette étude nous a permis de découvrir l'existence de deux grands systèmes d'organisation juridictionnelle : le dualisme juridictionnel fondé sur l'existence de deux ordres de juridiction distincts et séparés et le monisme ou l'unité juridictionnelle axé sur l'existence d'un seul ordre de juridiction. Le système français constitue l'illustration parfaite du premier et le système britannique constitue l'exemple à titre illustratif du second.

D'un point de vue général, ces deux systèmes se distinguent sur le point des privilèges accordés aux sujets de droit. Dans le premier, l'Administration bénéficie en principe d'un double privilège : de droit et de juridiction. Dans le second, tous les sujets de droit (Administration et particuliers) sont en principe soumis au même juge et au même droit.

Les États d'Afrique noire francophone ayant naturellement opté pour le premier ne l'ont pas exactement transposé, d'où l'existence de variantes avec une reconnaissance plus ou moins élevée des deux privilèges ci-dessus évoqués reconnus à l'Administration dans le système français. Cela a été largement étudié dans cette étude. Nous avons vu que le Mali s'est inspiré du modèle français en reconnaissant à l'Administration son privilège de droit et partiellement son privilège de juridiction. À la base, l'Administration malienne bénéficie ainsi du double privilège dont bénéficie l'Administration française : l'existence de TA dans lesquels ne siègent que de vrais juges administratifs

[2373] V. J.-Y. Morin, « L'État de droit : émergence d'un principe du droit international » Rcadi, 1995, n° 254, p. 299 et s.

[2374] La Baule le 20 juin 1990, Allocation prononcée par M. François Mitterrand, Président de la République française à l'occasion de la séance solennelle d'ouverture de la 16e conférence de chefs d'État de France et d'Afrique.

appliquant en principe le droit administratif aux litiges auxquels l'Administration est partie. Au sommet, ces privilèges dont bénéficie l'Administration à la base sont perturbés par le fonctionnement de la juridiction suprême unique englobant l'ordre administratif et l'ordre judiciaire. On a donc une double sensation : forte sensation d'un dualisme parfait à la base et sensation d'un monisme altéré au sommet.

Il faut alors rappeler, que parler de « privilège de l'Administration » peut même être considéré comme étant inexactement formulé. Cela pourrait faire croire, que le dualisme juridictionnel vise à accorder plus de privilèges à l'Administration dans ses relations conflictuelles avec les particuliers. C'est pourquoi, il y a lieu de préciser à nouveau, que le but est tout autre et vise à rechercher un équilibre parfait entre les exigences de satisfaction des besoins d'intérêt général pesant sur l'Administration et les droits des particuliers. Cela constitue d'ailleurs l'une des manifestations concrètes de la soumission de l'Administration au droit. Ainsi, le dualisme juridictionnel garantirait une meilleure et réelle soumission de l'Administration au droit, en accordant alors plus de protection et plus de sécurité aux particuliers.

À travers une telle présentation, on peut dire que le dualisme, s'il n'avait pas été exporté dans ses colonies par la France, aurait pu être créé par les États d'Afrique noire francophone. Particulièrement, dans un État comme le Mali où les pratiques irrespectueuses des droits fondamentaux par l'Administration coloniale, ajoutée au grand respect de l'Administration coutumière, font penser à des mesures particulières et des instances juridictionnelles particulières. Ainsi, la reconnaissance de la spécificité des règles juridiques applicables à l'Administration, est considérée comme le meilleur moyen de protéger les citoyens contre l'arbitraire de l'Administration dans les États ayant opté pour des systèmes d'organisation administrative calqués sur le modèle français.

Le cadre structurel au sein duquel sont traités les litiges administratifs, a alors une incidence certaine sur le développement du droit spécial. De façon plus claire, cette incidence, si l'on se réfère au modèle français, est principalement positive[2375]. Peut-on alors dire autant de la pratique malienne consistant en une transposition inachevée de celle de l'ex-métropole ? En d'autres termes, « l'efficacité se mesurant au regard des objectifs assignés ; (...) » ; au regard d'éléments objectifs traduisant des effets réalisés, des résultats atteints et d'un impact crée, peut-on affirmer à la suite de nos recherches, que le « modèle malien » est efficace ?

2375 . « Introduction du système français aurait pu améliorer la qualité du processus judiciaire mis à la disposition des Maliens du point de vue de cohérence, du droit de l'égalité et du caractère prévisible des décisions », Erwin Vau Veen, Diana Golf, Thibault Van Damme, « Au-delà de la dichotomie : accepter le pluralisme juridique au Mali et en réconcilier les composantes », Rapport du conflit Research Unit (CRU), Bamako, novembre 2015, p.29.

La réponse à cette interrogation peut nécessairement être donnée à travers deux points : ce qui peut être considéré comme positif et ce qui peut être considéré comme insuffisant.

Primo, force est de constater que la justice administrative malienne, n'est plus ce qu'elle était de l'indépendance à 1990. Elle a évolué tant sur le plan de la mutation organisationnelle que sur le plan de l'enrichissement en nombre de juridictions et en nombre de magistrats de l'ordre administratif.

Si le modèle d'organisation juridictionnelle adopté par le Mali au lendemain de son indépendance relevait de ce qui a été appelé le « modèle malgache »[2376], il a connu quelques modifications depuis les années 1990 et ne correspond même plus à celui-ci. Désormais, il n'est ailleurs pas exclu de parler de « modèle malien ». En effet, le « modèle malien » a commencé son évolution à partir de la base. Cela a tout d'abord commencé par la création formelle des juridictions administratives de droit commun autrement dit des tribunaux administratifs en 1988. Pourtant, une autre date peut être retenue comme étant la date réelle de l'amorce de cette évolution si l'on s'attache à la date à laquelle la loi régissant le fonctionnement, l'organisation et la procédure suivie devant ces nouvelles juridictions, à savoir 1994[2377]. Lorsque ces nouvelles juridictions ont commencé à fonctionner, la Cour suprême a été dépouillée de sa compétence de juge unique en matière de contentieux administratif.

On se retrouve alors dans un système hybride avec une dualité parfaite à la base et une variante du monisme au sommet. L'évolution va continuer par la création des Cours Administratives d'Appel. Celle-ci confirme la tendance malienne se manifestant par une construction apparemment normale, commençant par le soubassement et se terminant par le toit. Ces Cours Administratives d'Appel se situent alors entre la base et le sommet et vont également soustraire à la Cour suprême une autre partie importante de ses compétences. Il s'agit plus précisément de ses compétences en matière de traitement des recours en appel relevés contre les jugements des tribunaux administratifs

C'est là que cette évolution s'est pour le moment arrêtée. Il faut même rappeler que cette dernière création n'a pas encore produit un impact sur le droit administratif national, car ces juridictions d'appel n'ont pas encore commencé à fonctionner. Pourtant, cette création est certes, incontestablement une évolution dans le sens de son possible impact tant sur le plan du traitement des affaires dans un délai raisonnable, que sur le plan du raffermissement d'un « vrai droit administratif national ». Cependant, constituait-elle réellement ce qu'il fallait à « l'ordre juridictionnel administratif » ? Une réponse totalement

---

2376 V. P. M. Sy. « Entre l'unité et la dualité de juridiction : l'Afrique noire francophone à la quête d'un modèle d'organisation de la justice administrative », *op. cit.*, p. 269 : « Le modèle malgache est la juridiction unique, au sommet une cour suprême qui est juge de droit du contentieux administratif à travers une chambre spécialisée ».

2377 Loi n° 94-006/AN-RM du 18 mars 1994, *op. cit.*

négative serait hasardeuse. Par contre, nous estimons qu'il aurait été plus utile au droit administratif national de procéder tout d'abord à la création d'un CE avant ces CAA.

La création d'un CE allait nous permettre ainsi, de parler ouvertement d'ordre juridictionnel administratif au Mali et non pas à demi-mot ou avec une extrême prudence. En effet, quand on tient une institution par sa tête, on la contrôle, on la dirige, elle devient alors ce qu'on veut qu'elle soit. C'est cette image que reflète exactement l'actuelle architecture de l'organisation de la justice administrative malienne. Le pouvoir judiciaire, fermement contrôlé par le juge judiciaire, tient le juge administratif national par sa tête. Il faut noter que l'une des caractéristiques fondamentales d'un ordre juridictionnel, se situe dans son autonomie, particulièrement par rapport à un autre ordre juridictionnel. La structure juridictionnelle administrative qui est alors censée incarnée cette autonomie est greffée à une autre structure juridictionnelle dominée par l'idéologie privatiste. C'est pourquoi, nul besoin de faire mystère de notre attachement à une libération totale de la tête de la juridiction administrative.

Dans ce cas, le Mali abandonnera ce système fortement déformé de dualisme juridictionnel[2378], aux conséquences incertaines sur le droit administratif, pour basculer dans le dualisme parfait offrant plus de possibilités d'épanouissement à ce droit. Il faut ainsi convenir avec Diakhaté, quand il note à juste titre que « la spécialisation participe au renforcement de la confiance et du respect dus à la justice et de manière générale de la crédibilité de l'institution judiciaire »[2379]. La plupart des États d'Afrique noire francophone, qui avaient adopté des « modèles intermédiaires » ont presque tous basculé où sont en train de basculer vers le dualisme juridictionnel pur, même s'il faut rappeler l'éphémère expérience sénégalaise[2380]. En effet, les solutions intermédiaires réussissent difficilement à secréter de vrais droits administratifs[2381].

[2378] En réalité, nous sommes même dans un monisme très assoupli, car on définit un ordre juridictionnel à partir du sommet.

[2379] Mamadou Diakhaté, « Efficacité de la justice : les enjeux de la spécialisation », sur www.iojt.org/librar/conférences/Bordeaux-2011-5th/2011-11-01/roundable,08/r08-Diakhaté report- FR. PDF, p. 4.

[2380] Le « modèle Sénégalais » d'organisation juridictionnelle a vécu pendant à peu près 32, avant de disparaître et de réapparaître. À titre de rappel, créée par l'ord. n° 60-17 du 03 septembre 1960, la Cour suprême a été *éclatée* en trois juridictions suprêmes à la suite de la réforme du système judiciaire occasionnée par les lois organiques n° 92-23, n° 92-24 et n° 92-25 relatives respectivement, au conseil constitutionnel, au Conseil d'État et à la Cour de cassation. Cette réforme n'aura vécu que pendant près de 16 ans. Ainsi, la Cour suprême sera ressuscitée par la loi organique n° 2008-35 du 7 août 2008 portant création de la Cour suprême. Il faut alors noter que ce rétropédalage est pour le moment unique dans l'histoire de l'évolution des systèmes judiciaires des États d'Afrique noire francophone.

[2381] Par vrai droit administratif, il ne s'agit pas d'une reproduction des arrêts du palais royal, nous avons vivement critiqué cette pratique. On ne peut se détacher, pour des raisons déjà évoquées dans cette thèse, du contentieux administratif institutionnel mis en place par l'ex-métropole, constituant le reflet d'une organisation administrative gravitant autour des

Ce n'est pas alors le Mali qui a été le seul État d'Afrique noire francophone à modifier son système de traitement des litiges administratifs adopté tout juste après les indépendances. Il y a même lieu de noter que le « modèle malgache » n'est plus et appartient de nos jours à l'histoire. Il s'agit bien du modèle auquel le système malien appartiendrait, comme le soutient Papa Mamour Sy.[2382] En effet, le « modèle malgache » a évolué et s'est beaucoup rapproché du modèle français sans pour autant être exactement conforme à ce dernier.

Depuis la loi n° 2001-025,[2383] il existe des juridictions administratives de droit commun à Madagascar. Ladite loi dispose que « le tribunal administratif est le juge de droit commun des actes ou des contrats administratifs conclus par une autorité administrative située dans son ressort territorial ».[2384] Cette réorganisation du « modèle malgache » avait déjà commencé à travers la constitution de la République de Madagascar du 18 septembre 1992[2385]. Ce texte fondamental a ainsi érigé les trois chambres composant la Cour suprême en Cours autonomes à savoir : la Cour de cassation, le Conseil d'État et la Cour des comptes dotées chacune de chefs de Cour.

Il ressort, que le « modèle malgache », tant souligné par la doctrine le plus souvent à cause de son originalité a lui aussi été profondément modifié dans le sens d'une spécialisation aussi bien des organes juridictionnels que du personnel magistrat.

Il faut aussi rappeler l'exemple du Burkina Faso où il existe depuis la réorganisation de 1995[2386] des tribunaux administratifs, et un conseil d'État depuis celle du 23 mai 2000.[2387]

En se référant alors à la tendance générale, on constate qu'il y a une ruée vers la dualité de juridiction. Cela démontre, que les autorités de ces différents pays trouvent que ce système d'organisation présente plus d'avantages par rapport au système basé sur l'existence d'un seul ordre de juridiction. Dans son exposé sur la loi du 1er octobre 2004 relative à la Cour suprême et les trois Cours la composant, le législateur malgache a fait savoir que celle-ci « s'inscrit dans le cadre du programme d'action prioritaire entrepris par le gouvernement au titre de la justice, en vue d'un renforcement de la bonne gouvernance, l'instauration d'un État de droit et de la protection des droits de l'Homme, l'objectif à atteindre

---

personnes morales de droit public. Il s'agit pour nous de créer un droit administratif sociétal, fondé sur les valeurs fondamentales de la société malienne. Ce droit doit répondre à une demande, celle de la société. Tout comme les sociétés sont différentes, les règles de droit spécifiques régissant les conflits rendus possibles par le fonctionnement desdites sociétés le sont autant.

2382 V. P. M. Sy, « Entre l'unité et la dualité de juridiction », *op. cit.*, p. 269.

2383 Loi n° 2001-025 du 19 août 2004, JORM. n° 2926 du 06 septembre 2004, p. 3131.

2384 *Ibid* ; art. 9.

2385 Constitution de la République de Madagascar du 18 septembre 1992, modifiée par la loi constitutionnelle n° 95-001 du 8 avril 1998, v. www.justice.gov.mg.

2386 Loi n° 21-95 du 16 mai 1995 portant création des TA, *op. cit.*

2387 Loi organique du 23 mai 2000, *op. cit.*

étant d'avoir un système judiciaire indépendant, efficace et méritant la confiance des justiciables »[2388].

Une certaine interprétation de ces mots peut nous conduire à y avoir, outre le danger qui serait lié à la dispersion des textes régissant les juridictions suprêmes, mais aussi l'inefficacité de l'ancien système d'organisation de la justice. Le dualisme juridictionnel serait alors un gage de « l'instauration de l'État de droit et de la protection des droits de l'Homme ». On ne peut alors continuer sans rappeler que le modèle de référence vers lequel les ex-colonies françaises vont progressivement, est régi par une législation distincte et séparée. Les textes régissant les diverses juridictions suprêmes ne sont pas compilés sous une même loi.

La réorganisation du système judiciaire, dans le sens d'une spécialisation des instances juridictionnelles et des magistrats qui y siègent, constituent donc de réelles évolutions nécessaires à la consolidation de vrais droits administratifs nationaux. Ainsi, il faut des vrais juges administratifs qui tranchent les litiges administratifs au sein de vraies juridictions administratives aucunement arrimées à des juridictions judiciaires. La connaissance profonde du droit administratif n'est pas donnée à un juge formé à un autre droit basé sur d'autres réalités. Elle est censée être acquise par le vrai juge administratif, qui peut ainsi faire face avec ingéniosité et finesse aux différends opposant la puissance publique et les particuliers.

Entre le juge judiciaire et le juge administratif, mieux vaut confier l'application du droit administratif à celui qui connaît tout ou l'essentiel sur ce corps de règles, qu'à celui qui connaît un peu là-dessus c'est-à-dire la façade. Elle doit donc être confiée au second. Cette idée est conforme à celle du professeur Jean-Marie Breton quand il écrit que « parmi les éléments négatifs, d'ordre (...) technique qui comptent au nombre des causes d'inadaptation du système et de la pratique du contentieux au domaine des relations de l'individu et de la puissance publique, figure notamment (...) l'absence de spécialisation véritable, au-delà d'affectations précaires et ou polyvalentes, d'un juge peu enclin à appliquer dans son esprit, au-delà de sa seule lettre, un droit auquel il n'a pas été (ou imparfaitement) formé, qu'il ne connaît que de façon fragmentaire, et qu'il n'est conduit qu'à appliquer de façon irrégulière et épisodique ».[2389]

Au regard de tous ces points se penchant vers un vrai dualisme basé sur la spécialisation totale, comment peut-on alors comprendre et interpréter une tendance presque inverse adoptée par une ex-colonie française, précisément le Sénégal. Pour essayer de le savoir, il faut se référer à l'exposé des motifs de la

[2388] Exposé des motifs sur la loi n° 2004- 036 du 1er octobre 2004 relative à l'organisation, aux attributions, au fonctionnement et à la procédure applicable devant la Cour suprême et les trois Cours la composant, JOR Mal., n° 2939 du 08 novembre 2004.

[2389] J.-M. Breton, « Le statut et la perception du juge de l'Administration dans les États d'Afrique noire francophone », *op. cit.*, p. 23.

loi organique sénégalaise de 2008 portant création de la Cour suprême[2390] ou même peut-on d'ailleurs parler de résurrection de la Cour suprême. Pour le législateur, la réforme du système judiciaire sénégalais intervenue le 30 mai 1992 à travers trois lois organiques créant trois juridictions supérieures[2391] dont un CE en lieu et place de l'unique Cour suprême qui existait, « a révélé, après évaluation, des lacunes qui vont, très rapidement se manifester à plusieurs niveaux ». Selon lui, « (...) la création de plusieurs juridictions supérieures a eu un impact pernicieux sur les moyens budgétaires et de ressources humaines mis à la disposition de la justice ». Il dégage ainsi le constat suivant :

– « (...) ; l'institution d'une pluralité de juridictions supérieures a mis le pouvoir judiciaire dans une situation de ne plus être en mesure d'accomplir comme auparavant, sa mission fondamentale, qui est d'assurer l'égalité des citoyens par le droit ; qui rend ainsi improbable l'unicité de la jurisprudence dans l'intérêt des justiciables et de la justice ;

– le fait est que, la réforme judiciaire de 1992 ne se reposait pas sur une bonne connaissance des coûts de la justice. » Il continue en notant que la plupart des objectifs visés par la réforme de 1992 n'ont pas été atteints surtout en ce qui concerne :

– « la spécialisation des magistrats, (...) ; le traitement des affaires dans un délai raisonnable ; l'utilisation rationnelle des ressources budgétaires allouées à la justice. » Il termine son exposé en ces termes : « il ressort de la comparaison avec le modèle d'organisation mis en place en 1960, que le rayonnement durable de ces carences menace les caractéristiques propres à l'État démocratique, comme l'indépendance de la justice et de l'État de droit. Cet argument de fond justifie, à lui seul, la réforme du système judiciaire actuel, singulièrement le regroupement, dans une première étape, de la Cour de cassation et du conseil d'État (...). »

Au regard de tous ces éléments évoqués par le législateur sénégalais, peut-on admettre que ce sont des motifs valables ? Une réponse directe pouvant être superficielle voire précipitée, il apparaît tout de même nettement dès la première lecture, que les motifs ci-dessus avancés, ne sont pas totalement convaincants, et apparaissent comme légers face aux enjeux qui s'attachent à une bonne administration et une bonne distribution de la justice. N'y a-t-il d'ailleurs pas dans lesdits motifs une petite dose de contradiction ? Le législateur reconnaît lui- même que l'un des objectifs de la réforme était « la spécialisation des magistrats ». Le fait que cet objectif n'ait pas été atteint signifie-t-il que la spécialisation des magistrats ne donne pas plus de satisfaction que le système basé sur des magistrats polyvalents ? Il apparaît clairement que non et le fait de brandir à plusieurs reprises le coût lié à une justice bien organisée, plus efficace

[2390] Loi organique n° 2008-35 du 7 août 2008 portant création de la Cour suprême, *op. cit.*
[2391] Loi n° 92-23 relative au Conseil constitutionnel, n° 92-24 relative au Conseil d'État et n° 92-25 relative à la Cour de cassation.

et plus crédible ne constitue pas non plus un motif valable, car la justice n'a pas de coût nuisible. Ce qu'un État perd dans une bonne organisation judiciaire, il le récupère dans des décisions de justice rendues dans le bon temps et dans des décisions de justice propres et acceptées.

Ainsi, même si ces motifs ne sont pas pleinement convaincants, cela ne doit pas être confondu avec le débat de l'inefficacité du système d'unité de juridiction. Quoique l'on soutienne, le modèle d'organisation de la machinerie judiciaire a indubitablement un impact certain sur la qualité du droit administratif d'un État ayant hérité du système étatique français comme les nôtres. Cela ne doit plus être compris comme signifiant toute impossibilité de raffermissement d'un droit administratif propre dans les systèmes d'unité de juridiction, même si la terre des systèmes de dualité de juridiction est plus fertile à l'émergence d'un droit administratif. Pour preuve, les droits administratifs malien et burkinabè ne sont ni plus visibles, ni plus enracinés ou efficaces que celui du Sénégal.

Cela nous amène au second point relatif à l'efficacité du « modèle malien » d'organisation judiciaire. Il faut d'ores et déjà noter, que le juge administratif national face à la pratique du droit qu'il est principalement amené à appliquer, est loin d'avoir atteint la maturité escomptée. Cette situation ne relève pas seulement de la procrastination des autorités nationales à créer un Conseil d'État, mais se trouve être la conséquence de plusieurs facteurs, dont ceux liés à la compétence intellectuelle des magistrats qui y occupent une bonne place. En effet, le droit administratif est l'espace d'interprétation du juge administratif, et est-ce que celui-ci dit qu'il est.

Ainsi, notre étude a démontré que le juge administratif national se montre beaucoup plus à l'aise face au contentieux de l'annulation que face au contentieux des droits. Pourtant, cela ne veut pas dire, qu'il manifeste une maîtrise parfaite de ce contentieux. Il ressort de la même étude, qu'il a élaboré une jurisprudence parfois flottante sur plusieurs aspects de ce contentieux. Il ne s'agit pas ici de revenir sur ceux-ci, mais de souligner un autre aspect relevant du contentieux de l'annulation devant lequel le juge fait preuve d'une rigueur extrême. Il s'agit de manière précise, de son attitude dans la définition des bénéficiaires d'une décision d'annulation. En d'autres termes, la délimitation de l'étendu du champ des effets de l'annulation d'une décision d'une autorité administrative.

Lorsque la Cour suprême fait droit à la demande d'annulation du requérant, son arrêt est un arrêt d'annulation qui a une force juridique supérieure à la chose décidée et s'impose non seulement à l'Administration mais aussi aux particuliers. En s'attachant à l'heureuse formule de Laferrière et au caractère objectif du contentieux de l'annulation, il apparaît que le recours pour excès de pouvoir est un procès fait non à une personne, mais plutôt un acte. L'annulation d'un acte pour illégalité ne vaut donc pas seulement pour les seules parties au procès, mais doit normalement profiter à tout le monde. C'est pourquoi, l'annulation de l'acte illégal a un effet ergaomnes, c'est-à-dire qu'elle vaut à l'égard de tous et pas seulement à l'égard des parties en conflit.

Ainsi, lorsque le juge annule un acte pour illégalité, « cette illégalité est réputée objectivement établie, et par conséquent, l'annulation produira des effets à l'égard de toute personne » écrivent Georges Vedel et Pierre Delvolvé[2392]. Pourtant, la Cour suprême dans un arrêt du mois de mai 1996 a fait savoir : « qu'une décision judiciaire n'est applicable qu'aux requérants signataires de la requête ayant abouti à ladite décision ; que s'agissant de l'affaire Mamadou Doumbia et autres, la Cour par son arrêt n° 100 du 14 décembre 1995, a annulé la décision n° 0083 du 02 juin 1994 en ce qui concerne uniquement les requérants ; qu'il résulte de ce qui précède de déclarer la requête du sieur Sidiki Diarra, irrecevable. »[2393]

Il faut rappeler, que dans cette affaire, les requérants demandaient l'annulation de la décision qui avait été déjà annulée par la Cour par un précédent arrêt en ces termes : « au fond : annule la décision n° 0083/MFC-CAB du 2 juin 1994 du ministère des Finances et du Commerce en ce qui concerne les mémorants »[2394].

En disant qu'une décision de la justice administrative n'est applicable qu'aux requérants signataires, le juge se rend coupable d'une confusion assez sérieuse. En matière de contentieux administratif, le contentieux de l'annulation se distingue clairement du contentieux de pleine juridiction. Les décisions rendues dans ces deux contentieux se diffèrent aussi et surtout en ce qui concerne leurs effets. C'est pourquoi, le raisonnement du juge ne résiste pas à l'analyse. Cette décision ayant été rendue en contentieux de l'excès de pouvoir, l'acte annulé comme le démontre le juge lui-même est illégal. L'annulation signifiant la disparition dudit acte de l'ordonnancement juridique national, il est difficilement compréhensible, que le juge ait jugé qu'un acte mort continue à produire des effets sur le requérant. Ce dernier figurait en plus sur la même décision que le bénéficiaire de la décision de l'annulation. L'acte n'existe plus, mais ses effets subsistent d'où l'incohérence de la motivation du juge. Ces propos doivent cependant être appréciés à la lumière de la distinction entre les actes réglementaires et les actes individuels.

En se référant à la jurisprudence Rodière du CE français[2395], « les actes annulés pour excès de pouvoir sont réputés n'être jamais intervenus ». Il en ressort qu'à la suite d'une annulation, l'Administration doit en principe non seulement se comporter comme si l'acte n'avait jamais existé dans le passé et dans l'avenir. On ne peut dès lors comprendre, qu'une décision prise par la même autorité, dans les mêmes conditions, à la suite des mêmes motifs,

[2392] G. Vedel, P. Delvolvé, « *Droit administratif* », *op. cit.*, p. 821.

[2393] CS-SA, Arrêt n° 54 du 9 novembre 1996, entre le sieur Sidiki DIARRA et du Ministère des finances et du commerce, *inéd.*

[2394] CS-SA, Arrêt n° 100 du 14 décembre 1995, *op. cit.*

[2395] CE ; 26 décembre 1925, Rodière, rec. CE, p.1065, GAJA n° 42.

concernant les mêmes personnes se trouvant dans la même situation, puisse disparaître pour certains et continuer, malgré la reconnaissance de son illégalité par le juge, à produire des effets sur d'autres. C'est vrai que la décision de l'annulation est une décision de justice, mais pas comme les autres.

Pour les Auditeurs au CE français Jacques Fournier et Guy Braibant, « (...) les annulations contentieuses ont une autorité absolue : elles ont un effet à l'égard de tous. Leur autorité s'impose aux autorités publiques comme aux particuliers, même s'ils n'ont pas pris part à l'instance »[2396]. Comment alors comprendre l'attitude consistant à faire bénéficier aux seuls requérants les effets de l'annulation d'un acte irrégulier ? Par cet arrêt, le juge administratif national n'était pas aussi à sa première décision du genre. En 1990, la Cour avait aussi par l'arrêt Dame Manassa Danioko agi de la même manière en ces termes : « au fond : annule le Décret (...) du Président de la République en ce qui concerne la dame Manassa Danioko. »[2397] Le juge a décidé ainsi, car il savait bien que la requérante n'était pas la seule affectée par la décision irrégulière. Peut-on y voir alors une jurisprudence constante ?

Il faut alors souligner, que cette pratique du juge administratif national a de semblables. Elle est même identique à celle du juge camerounais qui est d'ailleurs plus explicite sur le sujet. Ainsi, dans l'affaire Bid Zanga Joseph, le juge camerounais rappelle, qu'« à l'appui de son recours le sieur Bid Zanga a allégué que la décision n° 119 du 1er mars 1956 avait été annulée le 23 février 1957 par la présente juridiction sur recours de ses camarades Mvondo et Zanga licenciés en même temps que lui, ce qui établissait qu'elle était illégale ».

La juridiction camerounaise tranche alors de la manière qui suit : « (...) ; considérant que ledit recours peut donc être considéré comme tendant à la fois à obtenir l'annulation de la décision n° 119 et, à interpréter l'arrêt du 23 février 1957 du présent Conseil concernant les sieurs Mvondo et Zanga ; considérant que contrairement à ce que soutient le requérant, l'annulation de la décision n° 119 du 1er mars 1956, prononcée sur le recours de ses camarades ne saurait lui profiter ;

Qu'en effet, si l'annulation d'un acte administratif pour excès de pouvoir produit des effets ergaomnes, il n'en est ainsi que s'il s'agit d'un acte réglementaire ou collectif; qu'il en est différemment en ce qui concerne les actes individuels dont l'annulation ne peut avoir d'effet qu'à l'égard des personnes que ces actes intéressent directement ;

Qu'une décision de licenciement bien que visant plusieurs fonctionnaires constitue non pas un acte administratif collectif proprement dit mais une énumération de plusieurs actes indépendants et distincts les uns les autres ; que, par suite l'annulation de cette décision sur le pourvoi d'un seul des intéressés ne

---

[2396] J. Fournier et G. Braibant, « Le recours pour excès de pouvoir », in *Répertoire de droit public et administratif*, t. II, *op. cit* ; p. 738.

[2397] CS-SA, Arrêt n° 41 du 4 octobre 1990, *op. cit.*

profite pas aux autres (…) ; que par suite, la décision n° 119 du 1er mars 1956 est devenue définitive et inattaquable et doit continuer à produire ses effets en ce qui le concerne. »[2398]

Cette décision sera à plusieurs fois suivie par le juge camerounais. Par exemple, dans l'affaire Evini Ada Christophe, il dit que « l'arrêt de la Cour fédérale qui a annulé l'arrêté incriminé en ce qui concerne BIBA Théophile a un effet non pas absolu mais relatif ; qu'il est à l'égard du requérant qui n'était pas parti à l'instance, (res inter alios judicata) et ne peut par suite ni lui bénéficier ni lui nuire »[2399]. Aussi, dans l'espèce Njoume Victor, il fait clairement savoir que celui-ci « ne peut se voir appliquer les dispositions de l'arrêt n° 12/A/CS du 26 mai 1977 »[2400].

Cette jurisprudence est à la fois inadaptée à nos réalités locales et inconfortables sur le plan d'une réelle gestation d'un vrai droit administratif. On ne peut contredire l'argument consistant à exclure toute autre personne de bénéficier des effets de l'annulation d'un acte administratif individuel. Par contre, un acte concernant un groupe de personnes, même nommément désignées, ne peut effectivement pas être classé dans la catégorie des actes à caractère impersonnel et général, et ne peut pas non plus être classé dans la catégorie stricte des actes individuels. En réalité, la dénomination d'acte collectif ne peut être déniée audit acte. Ainsi, si une telle décision disparaît, cette disparition doit valoir pour tout le monde, c'est-à-dire ceux nommément désignés.

Le juge camerounais se réfère même à la maxime latine « res inter alios judicata », signifiant littéralement que « la chose jugée reste entre les parties au procès ». Ce qui ne tient pas, d'ailleurs faut-il rappeler la célèbre formule de Laferrière selon laquelle, « le recours pour excès de pouvoir n'est pas un procès fait à une partie (mais) un procès fait à un acte »[2401].

Cette jurisprudence du juge national constitue en effet l'un des points noirs pouvant ternir l'éclat du droit administratif national. Une partie d'un avion ne peut pas disparaître avec certains des passagers qu'il transporte et qu'une autre partie continue normalement son vol et atterrit avec d'autres passagers. Quand il disparaît, c'est avec tout son contenu et quand il atterrit c'est pareil.

Ainsi, le juge administratif national doit adapter le droit administratif de l'ex métropole qu'il applique aux réalités locales. En se montrant très rigoureux dans l'application de certaines règles, il ne contribue pas à l'enracinement d'un droit administratif propre au Mali. En réalité, trop de rigueur tue le droit administratif

---

2398 CCA, Arrêt n° 661 du 25 octobre 1957, Bid Zanga Joseph c/ Commune de Yaoundé, v.minifopa.gov.com/textes/fichiersword/commentairedesdécisionsdejustice/bigzangajoseph.pdf ; consulté le 1er août 2016 à 1 h 45 mn.

2399 CFJ/CAY, Arrêt n° 65 du 30 septembre 1969, Evini Ada Christophe, *ibid.*

2400 CS-SA, Jugement n° 26 du 27 décembre 1979, Njoume Victor, *ibid.*

2401 E. Laferrière, « Traité de la juridiction administrative et des recours contentieux », *op. cit.*, p. 561.

dans son œuf. En effet, surtout particulièrement face aux règles de recevabilité des requêtes introductives d'instance, ce juge ne doit pas hermétiquement s'attacher à l'adage selon lequel « nul n'est censé ignorer la loi », mais plutôt doit se dire que « très peu de Maliens sont censés connaître la loi ». Cela peut se traduire par une certaine tolérance mesurée en ce qui concerne par exemple les cas de « défaut de consignation », de « défaut de mémoire ou de moyens », et d'« acquiescements ».

Il ne s'agit pas de fermer les yeux sur les irrégularités, mais plutôt d'adopter une attitude plus pédagogique pouvant consister à une plus grande incitation à venir régulariser la requête. En plus des notifications et des mises en demeure écrites, les requérants ou les défendeurs peuvent être directement contactés par téléphone par les juridictions administratives. Il est cruel de continuer à supporter les effets d'une décision illégale pour des raisons liées à l'inobservation d'une règle relative au paiement d'une somme d'argent, empêchant le juge de statuer sur le fond, alors même que la victime de cette attitude du juge n'était même pas bien informée des conséquences de cette inobservation.

Il faut aussi rappeler, que le juge administratif est aussi un vrai administrateur qui prend part au fonctionnement multidimensionnel de l'Administration. Il doit donc y avoir une collaboration synchronisée entre lui et l'Administration. Cette collaboration est silencieuse et se fait à distance. Elle se traduit non seulement par la passerelle de consultation entre les deux, mais aussi et surtout par la prise en compte des décisions définitives rendues par les juridictions administratives.

C'est à ce niveau que surgit un autre problème handicapant l'émergence d'un droit administratif adapté. En effet, comme l'atteste une jurisprudence constante, le juge administratif national ne peut enjoindre à l'administration[2402]. Cela se traduit dans la pratique parfois par une indifférence totale des autorités administratives concernées par une décision exécutoire du juge administratif surtout en contentieux de l'annulation. L'affaire Bakary Tandia et autres[2403], illustre parfaitement cette pratique. Dans celle-ci, le juge administratif suprême annula trois fois la même décision de la même autorité administrative. En effet, chaque fois que le juge annulait sa décision, l'autorité administrative reprenait la même décision. C'est pourquoi, le juge administratif national doit être doté des moyens lui permettant d'exécuter efficacement la mission qui est la sienne au sein de l'État de droit.

[2402] V. par exemple l'arrêt sieur Sanoussi Touré du 6 mars 2009 : « qu'il est de jurisprudence constante qu'aucune juridiction administrative n'a qualité pour adresser à l'administration des ordres ou des injonctions… », *op. cit.* ; même s'il faut rappeler l'amélioration opérée par la loi n°2016-046, op. cit., art. 258 et s.

[2403] CS-SA, Arrêt n° 01 du 16 janv. 1990, entre Bakary Tandia et autres et le Commandant de cercle de Yelimané, *op. cit.*

Cela se manifeste aussi sur le plan du contentieux des droits. Comme dans le contentieux de l'excès de pouvoir, l'autorité administrative agissant au nom de l'Administration, se sent personnellement visée par la décision du juge et non l'Administration en tant que personne morale. C'est ce qui rend très difficile l'exécution des décisions de condamnation à payer. Cette situation résulte particulièrement d'un manque de maturité du droit de la responsabilité administrative nationale, conséquence de l'inachèvement de la construction d'un droit administratif national.

La preuve est que, de l'indépendance à 2017, l'Administration n'a presque jamais exercé une action récursoire contre un de ses agents par la faute duquel elle a été condamnée. Pourtant, ce n'est pas par faute des cas ou sa responsabilité a été engagée par la faute « très personnelle » de ses agents.

Par exemple, dans la célèbre affaire sieur Famakan Keïta[2404], c'est le Directeur national de l'Urbanisme et de la Construction civile qui avait pris une décision portant suppression de la ruelle qui séparait la maison du défendeur (sieur Makan Keïta) et celle du requérant. En réalité, à l'époque des faits, le Directeur n'était personne d'autre que le défendeur, c'est-à-dire le sieur Makan Keïta. Il ressort que cette décision ne poursuivait que l'intérêt particulier de son auteur, qui s'est servi de la machine administrative. Malgré que le juge administratif ait, par sa jurisprudence, suivi le juge français en adhérant à la théorie du cumul de responsabilité, faisant pratiquement disparaître la faute personnelle de l'agent, il appartenait à l'administration de se retourner contre cet agent. Peut-être que cette situation est due au manque de clarté de la législation nationale sur le sujet. En effet, la législation sénégalaise est d'une clarté enviable en la matière. Le code des obligations dispose : « *lorsqu'une action en indemnité* est intentée dans les conditions prévues à l'alinéa précédent[2405], l'administration doit être mise en cause. Elle répond de la faute de son agent, sauf à exercer contre celui-ci une action récursoire »[2406] ; elle « peut demander à ses agents la réparation des dommages qui lui sont directement causés par leur fait. »[2407]

Cette législation sénégalaise correspond à la pratique française où « en principe, l'Administration peut exiger du fonctionnaire le remboursement de l'intégralité de l'indemnisation : la responsabilité de l'Administration n'apparaît qu'à l'égard de la victime »[2408]. À travers la jurisprudence Laruelle[2409], le juge administratif français a en effet, à la suite d'un cumul de

---

2404 CS-SA, Arrêt n° 21 du 28 juin 1990, *op. cit.*

2405 *Code sénégalais des obligations de l'administration*, *op. cit.*, art. 145, al. 1er : « la faute personnelle commise par un agent public, à l'occasion de l'exercice de ses fonctions engage la responsabilité personnelle de son auteur si elle est détachable du service public. »

2406 *Ibid.*, al. 2.

2407 *Ibid.*, al. 3.

2408 G. Dupuis, M.-J. Guedon, P. Chrétiens, Droit administratif, 6e éd., *op. cit.*, p. 533.

2409 CE, 28 juillet 1951, Laruelle, et Deville, RDP, p. 1087, note Marcel Waline.

responsabilités pour un même fait, reconnu à la puissance publique la possibilité de se retourner par la voie de l'action récursoire contre l'agent auteur de la faute personnelle. Dans l'autre sens, à travers la jurisprudence Delville, il a permis à l'agent public d'agir contre l'Administration en cas de condamnation à payer l'intégralité d'une indemnité, alors qu'il y avait un cumul de fautes à la base du dommage.

Le juge administratif national ne s'est pratiquement jamais prononcé sur l'action récursoire et l'Administration ne met presque pas en pratique cette technique. Ce qui fait qu'elle constitue également l'une des branches mortes de notre droit administratif.

Un juge strict dans l'application des textes n'est pas forcément un juge efficace, et si le droit administratif est ce qu'il est aujourd'hui en France, c'est en grande partie dû à une certaine souplesse dans l'interprétation des textes en fonction des affaires qui ont été portées devant le juge. Certes, le juge administratif national ne peut pas être privé de toute reconnaissance, mais celle-ci doit être mesurée. En effet, depuis sa création, particulièrement à partir des années 1990, beaucoup d'actes administratifs irréguliers ont été annulés, souvent dans des affaires célèbres mettant face à face les citoyens et l'Administration. Cette dernière a aussi été à de nombreuses reprises condamnée à réparer les préjudices par elle causés aux citoyens. On ne peut non plus négliger les précieux conseils qu'il adresse très régulièrement à l'exécutif.

Nous avons donc une justice administrative, qui souvent essuie les larmes des victimes des décisions administratives viciées. Il ne s'agit pas alors de pourfendre l'œuvre du juge administratif national, mais de la jauger à l'aune de l'efficacité réelle. Ainsi, il n'est pas rare de rencontrer des décisions du juge, portant satisfaction au citoyen, mais n'apportant rien au droit administratif national. Un juge taiseux dans ses motivations ne peut valablement contribuer à la construction d'un droit qui est censé être ce qu'il dit. En d'autres termes, dans la plupart des cas, il est peu démonstratif, donc produit des décisions peu instructives.

Sans peut-être le savoir, plusieurs années après notre indépendance politique, le juge administratif national refuse l'indépendance juridique et judiciaire en s'attachant clairement de plus en plus à la jurisprudence et à la doctrine française. Il donne l'impression de mieux connaître cette jurisprudence que la sienne. Parfois, dans des matières où il existe une loi nationale ou même des décisions antérieures de la Cour, il préfère se référer au CE français.

Par exemple en 2015, le juge national motive ses arrêts suivants en se fondant aussi sur ceux du CE français : l'arrêt le Conseil national du Patronat du Mali[2410] ; l'arrêt Moctar Coulibaly[2411] ; la DGCE pour le compte du Directeur du CAP de Ségou[2412] ; l'arrêt Hamady Bathily[2413], etc. On ne peut demander à ce juge d'abandonner la jurisprudence du CE français, car avant tout le droit administratif tel qu'il existe est une « création française ». Le juge ne doit alors s'en servir qu'à titre d'inspiration et non de référence. De la même manière que chaque société a ses réalités, chaque société a aussi son droit administratif, de telle sorte que l'application de celui d'un pays dans un autre peut conduire à l'effet contraire à celui recherché.

L'objectif de la création ou de l'enracinement d'un droit administratif national, ne doit pas être compris comme visant obligatoirement à l'élaboration d'un droit administratif totalement différent. Il s'agit plutôt, pour le juge administratif, qui est l'architecte incontournable de ce droit, de se laisser guider par les réalités locales du fonctionnement de l'Administration et celles des populations dans la vie de tous les jours. La démarche ne doit donc pas être fondée sur une volonté de démarcation obligatoire, ladite démarcation doit être naturelle, dictée par la société. Plus que dans d'autres sociétés, le rôle du juge administratif est donc précieux et très sensible dans la nôtre. En effet, face à une législation inadaptée, importée et peu réfléchie, il doit parfois prendre certaines libertés méthodiques dans l'interprétation des textes.

C'est ce qui fait qu'il est difficilement admissible de parler d'un droit administratif malien. Les points qui sont parfois considérés comme des spécificités locales de la justice administrative, ne constituent dans la plupart des cas que des insuffisances. Aussi, peut-on emprunter à Gérando[2414], les critiques qu'il formulait contre le droit administratif français, en notant que les dispositions qui régissent le droit administratif malien sont éparses, de là résulte pour l'étude de notre droit administratif des difficultés. Faute de codification, les différents textes relatifs à l'organisation, au fonctionnement, à l'organisation

---

2410 CS-SA, Arrêt n° 039 du 5 février 2015 entre le CNPM et le Décret n° 2014-0407/P-RM du 6 juin 2014, *inéd.* : « Que le CE a censuré une décision de la Commission copie privée (…) arrêt du 17 juin 2011… ».

2411 CS-SA, Arrêt n° 049 du 19 février 2015, entre Moctar Coulibaly et la Décision n° 2014-000249/MFP-DNFPP-D1 du 13 février 2014, *inéd.*, : « Considérant que selon la doctrine et la jurisprudence du CE, motiver une décision consiste de la part de son auteur à indiquer sur la décision elle-même ou à faire connaître à l'administré, en même temps que la décision les raisons de droit ou de fait qui en constituent le fondement (cf. Daniel Chabannol, « Pratique du contentieux administratif », 9e éd., Coll. Droit et professionnel, Lexis Nexis, p. 339 », si l'on procède à une vérification, c'est ce que Chabannol écrit effectivement à la page indiquée en introduction à son titre 3 consacré à la motivation des décisions administratives.

2412 CS-SA, Arrêt n° 148 du 4 juin 2015, la DGCE c/ le jugement n° 73 du 6 mars 2014 du TAB, *inéd.* : « *cf.* René Chapus, (…) ».

2413 CS-SA, Arrêt n° 235 du 9 octobre 2015, entre Hamady K. Bathily et les décisions n° 2015-001 et 0012 du 13 mars 2015, *inéd.* : « Considérant que selon la doctrine dominante et la jurisprudence constante du CE (…) ; Charles Debbasch, Droit administratif, 6e éd., (…) ».

2414 M. Le Baron de Gérando, *Institutes du droit administratif français ou éléments du code administratif*, Paris, NÊVE, t. 1, 1839, p. 1.

administrative ainsi que ceux régissant les rapports entre l'Administration et les particuliers, et les différents textes relatifs aux juridictions administratives doivent être rassemblés dans un ou deux recueils de textes. Cela pourrait être une solution efficace à la dispersion chaotique des textes constitutifs de notre droit administratif. L'exemple sénégalais peut constituer une source d'inspiration à ce niveau, sans qu'il ne soit une référence parfaite, car à voir de près, le code sénégalais des obligations ressemble à une codification de la jurisprudence française.

Pourtant, il faut faire attention à ce niveau car, « toutes les dispositions des lois ou des règlements relatifs à l'administration n'appartiennent pas pour cela à un véritable code administratif. Le code ne doit s'emparer que de celles qui fondent un droit ou qui règlent l'exercice d'un droit, dans le sens que le terme de droit prend en ces matières, c'est-à-dire de celles qui concernent les obligations mutuelles de l'administration et des administrés. Il ne doit point comprendre de celles qui n'ont pour objet que la partie purement technique des différents services publics »[2415]. En réalité, ce droit pas comme d'autres, se prête moins facilement à la codification même si des réflexions doivent être menées dans ce sens.

Il nous faut alors une justice administrative plus efficace, car « seule une justice administrative efficace peut pleinement servir l'État de droit »[2416].

« **Moins que personne, nous ne pouvons espérer de durer toujours. Tout passe, toute œuvre de l'homme, comme l'homme lui-même, ne vit que son temps et ce temps est court. Mon livre qui embrasse l'histoire juridictionnelle d'un quart de siècle et qui m'a coûté tant de méditations, de labeurs et de veilles, que sais-je ce qu'il vaut et ce qu'il peut vivre ? Je n'ai guère été que le tailleur de pierres et le maçon d'un édifice plus régulier qu'après moi dresseront les architectes. Mais dût mon nom ne se lire un jour qu'à demi-effacé sous les fondements du droit administratif, je n'en demande pas davantage** ».

J.-M. de Cormenin, *Droit administratif*, Paris, Pagnere-Thorel, 1840, t. I, p. XLIV.

Puisse cette modeste contribution, tant perfectible et tant attendue, servir les peuples et les pouvoirs publics. Conscient de Dieu, donc de notre être temporel sur sa mystérieuse boule, seuls les résultats de nos œuvres scientifiques obtenus dans cette agréable douleur sont voués à l'éternité, quoiqu'ils soient exposés à l'évolution des êtres, des choses et de la société. In concreto, ils se nourrissent de l'évolution.

2415 *Ibid.*, p. 9.

2416 J.-M. Sauvé, « Justice administrative et État de droit », Intervention à l'Institut d'Études judiciaires, Université Panthéon Assas, lundi 10 février 2014, p. 13.

ANNEXES

N.B : En raison de l'éparpillement des arrêts rendus par la Cour suprême, les chiffres contenus dans les tableaux ci-dessous doivent être compris sous réserve de l'éventualité de l'existence de quelques arrêts supplémentaires, n'ayant pas pu être collectés lors de nos recherches.

Annexe I : 560

a- Différents types et nombres de recours introduits en 1990

b- Différents types de décisions rendues en 1990

Annexe II : 561

a- Différents types et nombres de recours introduits en 1995

b- Différents types de décisions rendues en 1995

Annexe III : 562

a- Différents types et nombres de recours introduits en 2006

b- Différents types de décisions rendues en 2006

Annexe I

a- Différents types et nombres de recours introduits en 1990

Recours	Excès de pouvoir	Pleine juridiction	Interprétation	Révision	Sursis à exécution	Tierce opposition	TOTAL
Nombre	22	4	1	1	1	2	31
Pourcentage	70,97	12,90	3,23	3,23	3,23	6,45	100

b- Les différents types de décisions rendues en 1990

Recours / Décisions	Excès de pouvoir	Pleine juridiction	Interprétation	Révision	Sursis à exécution	Tierce opposition
Annulation	11	-	-	-	-	-
Rejet	9	1	1	-	1	2
Irrecevabilité	2	-	-	1	-	-
Condamnation	-	2	-	-	-	-
ADD	-	1	-	-	-	-

Explications sur les tableaux

En 1990, l'année où la Section administrative a commencé à rendre régulièrement des décisions, 70,97 % des décisions ont été rendues en contentieux de l'annulation et 12,90 % en plein contentieux, soit 83,87 % pour les deux contentieux principaux. Parmi les vingt-deux (22) arrêts rendus en contentieux de l'excès de pouvoir, il y a eu onze (11) annulations, neuf (09) cas de rejet et deux (02) cas d'irrecevabilité. En ce qui concerne le plein contentieux, sur les quatre (04) arrêts rendus, il y a eu deux (02) condamnations, un (01) rejet et un arrêt avant dire droit. La seule demande de sursis a été rejetée tout comme les deux (02) recours en tierce opposition et l'unique recours en interprétation. Le seul recours en révision a été déclaré irrecevable.

Annexe II

a- Différents types et nombres de recours introduits en 1995

Recours	Excès de pouvoir	Pleine juridiction	Interprétation	Révision	Sursis à exécution	Tierce opposition	TOTAL
Nombre	72	25	2	7	2	4	112
Pourcentage	64,86	22,52	1,80	6,31	1,80	3,57	100

b- Les différents types de décisions rendues en 1995

Recours / Décisions	Excès de pouvoir	Pleine juridiction	Interprétation	Révision	Sursis à exécution	Tierce opposition
Annulation	15	-	-	-	-	-
Rejet	11	10	-	2	-	1
Irrecevabilité	37	10	2	3	1	2
Condamnation	-	3	-	-	-	-
Rétractation	-	-	-	2	-	1
Désistement	9	2	-	-	1	-

Explications sur les tableaux

Si nous avons pu collecter trente-un (31) arrêts au titre de 1990, cinq ans après, donc après l'avènement de la démocratie en 1992 où le Mali a connu son premier Président démocratiquement élu, nous avons pu collecter cent douze (112) arrêts. Pendant cette année aussi, la voie la plus empruntée par les justiciables a été celle de l'annulation. Parmi les soixante-douze (72) arrêts rendus en la matière, trente-sept (37) ont déclaré des requêtes irrecevables, onze (11) cas de rejet, neuf (09) cas de désistement et le juge a procédé à quinze (15) annulations. Quant au plein contentieux, sur les vingt-cinq (25) arrêts qui y sont relatifs, le constat est le suivant : vingt (20) cas de rejet et d'irrecevabilité, deux (02) cas de désistement et seulement trois (03) cas de condamnation. Les deux (02) demandes d'interprétation ont été déclarées irrecevables. Le juge a aussi procédé à deux (02) rétractations à la suite des sept (07) recours en révision. Il a également procédé à une rétractation à la suite des trois (03) recours en tierce opposition. Sur les deux (02) demandes de sursis, il y a eu un désistement et l'autre a été déclarée irrecevable.

Annexe III

a- Différents types et nombres de recours introduits en 2006

Recours	Excès de pouvoir	Pleine juridiction	Sursis à exécution	Révision	Rectification	Tierce opposition	TOTAL
Nombre	53	17	5	13	1	5	94
Pourcentage	56,38	18,08	5,31	13,82	1,06	5,31	100

b- Les différents types de décisions rendues en 2006

Recours / Décisions	Excès de pouvoir	Pleine juridiction	Rectification	Révision	Sursis à exécution	Tierce opposition
Annulation	16	6	-	-	-	-
Rejet	27	7	-	8	3	4
Irrecevabilité	10	1	1	3	2	-
Condamnation	-	3	-	-	-	-
Rétractation	-	-	-	2	-	1

Explications sur les tableaux

En 2006 aussi, le contentieux de l'annulation domine le plein contentieux soit 56,38 % des requêtes contre 18,0 8 %. En ce qui concerne le premier, il y a eu vingt-sept (27) cas de rejet, dix (10) cas d'irrecevabilité et seize (16) annulations (53 arrêts). Sur les dix-sept (17) arrêts rendus en contentieux de pleine juridiction, le juge a procédé à trois (03) condamnations, six (06) annulations, sept (07) rejets et a déclaré une (01) requête irrecevable. Le seul recours en rectification d'erreur matérielle a été déclaré irrecevable et aucune des cinq (05) demandes de sursis à exécution n'a abouti. Par contre, sur les treize (13) recours en révision, il y a eu deux (02) rétractations et une (01) rétractation sur les cinq (05) recours en tierce opposition.

RÉFÉRENCES BIBLIOGRAPHIQUES

I. Ouvrages généraux :

- AUTIN J. L., RIBOT C. (2009). *Droit administratif*, Paris, 5e éd., Litec, 415 p.
- BIGOT G. (2002). *Introduction historique au droit administratif depuis 1979*, Paris, PUF, 392 p.
- BOCKEL A. (1978). *Droit administratif*, Dakar, CREDILA, 544 p.
- BONNARD R. (1943). *Précis de droit administratif*, Paris, LGDJ, 4e éd., 786 p.
- BRACONNIER S. (1997). *Jurisprudence de la Cour européenne des droits de l'Homme et droit administratif français*, Bruyant, 442 p.
- BRISSON J. F., ROUGÈRE A. (2004). *Droit administratif*, Paris, Montchrestien, Coll., *Pages d'amphi*, 664 p.
- BURDEAU F. (1995). *Histoire du droit administratif*, Paris, PUF, 512 p.
- CATSIAPIS J. (2009). *Guide du droit administratif*, Paris, Ellipses, 2e éd., 261 p.
- CHAPUS R. (2001). *Droit administratif général*, Paris, Montchrestien, 15e éd., t. 1, 2001, 1427 pages ; t. 2, 797 p.
- CHIFLOT N. (2009). *Le Droit administratif de Charles Eisenmann*, Paris, Dalloz, 450 p.
- CISSE A. (2006). *Mali : une démocratie à refonder*, Paris, L'Harmattan, 206 p.
- CONAC G. (1988). *Les Cours suprêmes en Afrique. Organisation, finalités, procédure*, Paris, Economica, t. 1, 437 pages ; *Les Cours suprêmes en Afrique. La jurisprudence administrative*, Paris, Economica, t. 3, 389 p.
- CONAC G. (1979). *Les Institutions administratives en Afrique noire*, Coll. (*La vie du droit en Afrique)*, Paris, Economica, 314 p.
- CORMENIN L. M. de L. (1840). *Droit administratif*, Paris, Pagnerre-Thorel, 568 p.
- CORNU G. (2005). *Vocabulaire juridique*, PUF, 970 p.
- DAMETTE E., DARGIROLLE F. (2012). *Méthode de français juridique*, Paris, Dalloz, 1ère éd., 373 p.
- DÉGNI-SÉGUI R. (2003). *Droit administratif général*, Abidjan, CEDA, t. 3, 233 p.
- DELAMARRE M. (2009). *Leçons d'institutions administratives*, Paris, Ellipses, 236 p.
- DIAWARA D. (1994). *Les Grands textes de la pratique institutionnelle de la troisième République malienne*, Bamako, SME, Coll. *Repères*, 284 p.
- DICEY A. (1902). *Introduction à l'étude du droit constitutionnel*, Paris, V. Giard & E. Brière, traduction Gaston Jèze, 474 p.
- DORD O. (2007). *Droit de la fonction publique*, Paris, P.U.F, Coll. Thémis, 400 p.

- DUPUIS G. (1979). *La Présentation de l'acte administratif*, in « *Sur la forme et le fond de la procédure de l'acte administratif* », Paris, Economica, 228 p.
- DUPUIS G., GUÉDON M. J., CHRÉTIEN P. (1998). *Droit administratif*, Paris, Armand colin, 6e éd., 663 p.
- EISENMANN C. (1982). *Cours de droit administratif*, Paris, LGDJ, t. 1, 790 p.
- FALL I. M. (2008). *Le Pouvoir exécutif dans le constitutionnalisme des États d'Afrique,* Paris, L'Harmattan, 310 p.
- FARCY J. C. (1998). *Magistrat en majesté*, Paris, éditions CNRS, 793 p.
- FAVOREU L., PHILIP L. (1999). *Les Grandes décisions du Conseil constitutionnel*, Paris, 10e éd., Dalloz, 1024 p.
- FOUGEROUSE J. (2011). *Le droit administratif en schéma,* Paris, Ellipses, 2e éd., 317 p.
- FRIER P.-L. (2004). *Précis de droit administratif*, Paris, Montchrestien, Coll. Domat droit public, 3e éd., 634 p.
- FRIER P.-L., Jacques PETIT (2015-2016). *Droit administratif*, Paris, LGDJ, 10e éd., 646 p.
- FROMONT M. (2006). *Droit administratif des États européens*, PUF, 384 p.
- GAUDEMET Y. (2010). *Droit administratif*, Paris, 19e éd., LGDJ., 550 p.
- GONOD P., MELLERAY F., YOLKA P. (2011). *Traité de droit administratif*, Paris, Dalloz, t. 1, 842 p.
- GUETTIER C. (2009). *Droit administratif*, Paris, Montchrestien, 3e éd., Coll. *Focus droit*, 342 p.
- GUINCHARD S., DEBARD T. (2013). *Lexique des termes juridiques*, Paris, Dalloz, 20e éd., 984 p.
- GUYOMAR M., SEILLER B. (2014). *Contentieux administratif*, Paris, Dalloz, 3e éd., Coll. Hyper Cours, 582 p.
- HAURIOU M. (1927). *Précis de droit administratif et de droit public*, Paris, Sirey, 1927, t. 2, 11e éd., 1068 pages ; *Principes de droit public*, Paris, Sirey, 1910, rééd. 2010, 710 p.
- LAUBADÈRE A. de (s. d.). *Traité de droit administratif*, Paris, LGDJ, t. 1, 8e éd., 783 p.
- LOMBARD M., DUMONT G. (2011). *Droit administratif*, Paris, Dalloz, 9e éd., 645 p.
- MASSERON J. P. (1966). *Le pouvoir et la justice en Afrique noire et à Madagascar*, Paris, Pedone, 163 p.
- MESCHERIAKOFF A. S. (1982). *Le Droit administratif ivoirien*, Paris, Economica, 247 p.
- MORAND-DEVILLIER J. (2011). *Droit administratif*, Paris, Montchrestien, 12e éd., 2011, 774 p ; *Cours de droit administratif*, Paris, Montchrestien, 11e éd., 2009, 944 p ; *Droit administratif*, Paris, LGDJ, 15e éd., 2017, 966 p.
- MOUDOUDOU P. (2014). *Droit administratif congolais*, Paris, L'Harmattan, 200 p.

- MOULAYE Z., DIABATE A., DOUMBIA Y. (2007). *Gouvernance de la justice au Mali*, Bamako, Imprimerie Color, 192 p.
- PERROT R. (2012). *Institution judiciaire*, Paris, Montchrestien, 15e édition, 542 p.
- POUYAUD D., Prosper WEIL (2010). *Le Droit administratif*, Paris, 23e éd., PUF, Coll. *Que sais-je ?* 128 p.
- RIVERO J., *Droit administratif*, Paris, Dalloz, 10e éd., 1983, 530 p.
- ROBSON W. (1952). *Le droit administratif en Angleterre de 1919 à 1950*, Paris, Sirey, le CE, Livre Jubilaire, 693 p.
- SOCKENG R. (1998). *Les Institutions judiciaires du Cameroun*, Paris, Éd. Saint-François, 242 p.
- SY D. (2009). *Droit administratif*, Dakar, CREDILA, 432 p ; *Droit administratif*, Dakar, CREDILA, L'Harmattan, 2e éd., 2014, 420 p.
- TRUCHET D. (2010). *Droit administratif*, Paris, 3e éd., PUF, 463 p.
- VEDEL G., DELVOVE P. (1988). *Droit administratif*, Paris, Collection Thémis, 10e éd., 776 p.
- WALINE J. (2010). *Droit administratif*, Paris, Dalloz, 23e éd., 728 p.
- WEIDENFELD K. (2010). *Histoire du droit administratif*, Paris, Economica, 352 p.

II. Ouvrages spécialisés

- AUBY J.-M., DRAGO R. (1992). *Traité des recours en matière administrative,* Paris, Litec, 686 p

  (1984). *Traité de contentieux administratif*, Paris, LGDJ, t. 1, 1014 p, t. 2, 618 p.
- BA A. T. (2007). *Droit du contentieux administratif burkinabè*, Ouagadougou, Université de Ouagadougou, 548 p.
- BAILLEUL D. (2002). *L'Efficacité comparée des recours pour excès de pouvoir et le plein contentieux objectif en droit public français,* Paris, LGDJ, 429 p.

  (2014). *Le Procès administratif*, Paris, LGDJ, 245 p.
- BALDOUS B. (2000). *Les Pouvoirs du juge de pleine juridiction,* Aix-Marseille, PUAM, 383 p.
- BENOIT F.-P. (1968). *Le Droit administratif français,* Paris, Dalloz, 897 p.

  (1946). *La Responsabilité de puissance publique du fait de la police administrative*, Paris, Sirey, 159 p.
- BONICHOT J. C., CASSIA P., POUJADE B. (2009). *Les Grands arrêts du contentieux administratif*, Paris, Dalloz, 2e éd., 1277 p ; 4e éd., 2014, 1400 p.
- BOYELLE C. (2002). *La Responsabilité de l'État du fait des lois,* Paris, LGDJ, 523 p.
- BRETTON P. (1964). *L'Autorité judiciaire, gardienne des libertés essentielles et de la propriété privée*, LGDJ, 295 p.
- BRISSON J. F. (1996). *Les recours administratifs en droit public français,* Paris, LGDJ, 494 p.

– CHABANOL D. (2001). *La pratique du contentieux administratif devant les tribunaux administratifs et les Cours administratives d'appel*, Paris, Litec, 3e éd., 372 p.

(1993). *La Pratique du contentieux administratif*, Paris, Lexis Nexis, 9e éd., 543 p, *Le juge administratif*, Paris, LGDJ, 120 p.

– CHAPUS R. (2008). *Droit du contentieux administratif*, Paris, Montchrestien, 13e éd., 2008, 1428 p.

– CIAUDO A. (2009). *L'irrecevabilité en contentieux administratif français*, Paris, L'Harmattan, 570 p.

– CORMIER C. (2002). *Le préjudice en droit administratif français. Étude sur la responsabilité extracontractuelle des personnes publiques*, Paris, LGDJ, 503 p.

– CROUZATIER-DURAND F. (2003). *La Fin de l'acte administratif unilatéral*, Paris, L'Harmattan, 435 p.

– CRUCIS H.-M. (1991). *Les Combinaisons de normes dans la jurisprudence administrative française. Contribution à l'étude du pouvoir normatif du juge de l'excès de pouvoir*, Paris, LGDJ, 320 p.

– DEBBASCH C., RICCI J.-C. (1990). *Contentieux administratif*, Paris, Dalloz, 5e éd., 1990, 1031 p. ; 6e éd., 1994, 772 p.

– DEGOFFE M. (1996). *La Juridiction administrative spécialisée*, Paris, LGDJ, 561p.

– DELAUNAY B. (2007). *La Faute de l'administration*, Paris, LGDJ, 474 p.

– EINAUDI T. (2002). *L'Obligation d'informer dans le procès administratif*, Paris, LGDJ, 465 p.

– EISENMANN C. (1982). *Cours de droit administratif*, Paris, LGDJ, t. 1, 786 p.

– FÉVRIER J. M. (2000). *Recherches sur le contentieux administratif du sursis à exécution*, Paris, L'Harmattan, 599 p.

– GAUDEMARH. De, MONGOIN D. (2015). *Les Grandes conclusions de la jurisprudence administrative*, Paris, LGDJ, vol. 1 : 1831-1940, 951 p.

– GAUDEMET Y. (1972). *Les Méthodes du juge administratif*, Paris, LGDJ, 321 p.

(2000). *Le Juge administratif, une solution d'avenir ?* Paris, Dalloz, Clés pour le siècle, 1840 p.

(1977). *Réflexion sur l'injonction dans le contentieux administratif*, in Mélanges BURDEAU G., Paris, LGDJ, 1190 p.

– GAUDEMET Y., STIRN B., FARA DAL T., ROLIN F. (2002). *Les Grands avis du Conseil d'État*, Paris, Dalloz, 2e éd., 489 p.

– GOHIN O. (1999). *Contentieux administratif*, Paris, Litec, 2e éd., 403 p.

– GUYAUMAR M., SEILLER B. (2010). *Contentieux administratif*, Paris, Dalloz, 463 p.

– HAURIOU M. (1929). *La jurisprudence administrative de 1892 à 1928*, Paris, Sirey, t. 1, 846 p.

– KARAM-BOUSTANY L. (2007). *L'Action en responsabilité extracontractuelle devant le juge administratif*, Paris, LGDJ, 500 p.

– KEUTCHA-TCHAPNGA C. (2013). *Précis de contentieux administratif au Cameroun : aspects de l'évolution récente*, Paris, L'Harmattan, 324 p.

- LACHAUME J.-F., PAULIAT H., BRACONNIER S. et DEFFIGIER C. (2010). *Droit administratif. Les grandes décisions de la jurisprudence,* Paris, PUF, 15e éd., 911 p.
- LAFERRIERE É. (1887). *Traité de la juridiction administrative et des recours contentieux*, Paris, LGDJ, 1re éd., réédition 1989, t. 1, 675 p.
- LATOURNERIE D. (2005). *Le Conseil d'État, au nom du peuple français,* Paris, Dalloz, 168 p.
- LE BERRE H. (1999). *Les Revirements de jurisprudence en droit administratif de l'an VIII à 1998, Conseil d'État et Tribunal des Conflits,* Paris, LGDJ, 734 p.
- LOCHAK D. (1972). *Le Rôle politique du juge administratif*, Paris, LGDJ, 349 p.
- LOMBARD F. (2008). *La Cause dans la contrat administratif,* Paris, Dalloz, 490 p.
- LONG M., WEIL P., BRAIBANT G., DELVOLVÉ P., GENEVOIS B. (2009). *Les Grands arrêts de la jurisprudence administrative*, 17e éd., Dalloz, 980 p.
- MASSOT J. et GIRARDOT T. (1999). *Le Conseil d'État,* Paris, La Documentation française, 230 p.
- MELLERAY F. (2001). *Essai sur la structure du contentieux administratif français. Pour un renouvellement de la classification des principales voies de doit ouvertes devant les juridictions à compétence générale,* Paris, LGDJ, 466 p.
- MICHEL J. (1994). *Guide méthodologique du traitement des recours contentieux,* Paris, La Documentation française, 166 p.
- MOUZOURAKI P. (1999). *L'Efficacité des décisions du juge de la légalité administrative dans le droit français et allemand,* Paris, LGDJ, 510 p.
- ODENT B., TRUCHET D. (2004). *La Justice administrative,* Paris, PUF, Coll. *Que sais-je ?* 127 p.
- ODENT R. (1980). *Cours de contentieux administratif*, Paris, Les Cours de droit, p. 1685.
- PACTEAU B. (2005). *Contentieux administratif,* Paris, PUF, Coll. *Droit fondamental*, 7e éd., 530 p.
- PEISER G. (2009). *Contentieux administratif,* Paris, Dalloz, 15e éd., 324 p.
- POUYAUD D. (1991). *La Nullité des contrats administratifs,* Paris, LGDJ, 599 p.
- PREVEDOUROU E. (1996). *Les Recours administratifs obligatoires. Étude comparée des droits allemand et français,* Paris, LGDJ, 405 p.
- ROUQUETTE R. (2012). *Petit traité du procès administratif*, Paris, Dalloz, 5e éd., 1324 p.
- STIRN B. (1991). *Le Conseil d'État. Son rôle, sa jurisprudence,* Paris, Hachette, Coll. *Les Fondamentaux*, 143 p.
- TEBOUL F. (1989). *Usages et coutumes dans la jurisprudence administrative*, Paris, LGDJ, 332 p.
- THERY J.-F. (2008). *Scènes de la jurisprudence administrative,* Paris, Litec, 117p.
- THOUROUDE J.-J. (2002). *Pratique du contentieux administratif,* Paris, Moniteur, 2e éd., 384 p.

- VAUTROT-SCHWRTZ C. (2009). *La Qualification juridique en droit administratif*, Paris, LGDJ, 685 p.
- YONABA S. (2008). *La Pratique du contentieux administratif en droit burkinabè : de l'indépendance à nos jours,* Ouagadougou, IPA, 2e éd., 348 p.

(2004). *Les Grandes décisions de la jurisprudence administrative burkinabè*, Ouagadougou, Presses africaines, Coll. *Précis de droit burkinabè*, 319 p.

III- Mélanges

- Mélanges EISENMANN, Cujas, 1975, 467 p.
- Mélanges Gérard TIMSIT, Bruylant, 2004, 650 p.
- Mélanges HAURIOU, Paris, Sirey, 1929, 832 p.
- Mélanges Jean DABIN, Paris, Sirey, t. 2, 1963 p.
- Mélanges Marcel WALINE (1974). *Le juge et le droit public*, Paris, LGDJ, vol. I et II, 858 p.
- Mélanges MARTY, Toulouse, 1978, 1184 p.
- Mélanges MESTRE, Sirey, 1956, p.
- Mélanges Michel STASSINOPOULOS, Paris, LGDJ, 1974, 597 p.

IV. Thèses

- Ahmed Tidiane BA (1986). *Évolution de la juridiction administrative en haute volta : contribution à l'étude du contentieux administratif.* Clermont-Ferrand I.
- Amadou KAH (1996). *La Codification administrative au Sénégal,* Université de Paris-Nord : Faculté de Droit, Sciences Politiques et Sociales. 324 p.
- BELBCHIR HAMMOUD R. (1984). *Le Recours pour excès de pouvoir et le contrôle de la légalité administrative au Maroc,* Université Bordeaux I : Faculté de Droit et de Sciences Économiques. 364 p.
- BOUABDELLAH M. (2005). *L'Expérience algérienne du contentieux administratif*, Université des frères Mentouri, Constantine : Algérie. 532 p.
- DEBBASCH C. (1960). *Procédure administrative contentieuse et procédure civile*, Aix-Marseille. 467.
- DIALLO H. (2012). *La Protection des droits de l'Homme par les juridictions administratives au Mali*, Rouen : Université de Rouen, 345 p.
- DOSSOU S. (1983). *Fonctions du contrôle juridictionnel de l'administration dans les pays en voie de développement (cas des pays francophones d'Afrique noire),* Orléans : Faculté de droit et des sciences économiques, 235 p.
- FALL A. B. (1994). *La Responsabilité extracontractuelle de la puissance publique au Sénégal : Essai de transposition des règles de droit adminis-tratif français dans un pays d'Afrique noire francophone*, Bordeaux I.- 2 t., 873 p.
- FERRARI P. (1972). *Recherches sur l'application du droit public interne par le juge judiciaire*, Paris II. 638 p.

- FETTU A. (1919). *La Justice retenue, sa disparition dans le contentieux administratif*, Rennes : Imprim. Ouest Éclair. 151 p.
- GUIMDO DONGMO B. R. (2004). *Le Juge administratif camerounais et l'urgence. Recherche sur la place de l'urgence dans le contentieux administratif camerounais*, Université de Yaoundé II : Faculté des Sciences Juridiques et Politiques. 607 p.
- JÉOL M. (1962). *La Réforme de la justice en Afrique noire*, Dakar : Université de Dakar. 169 p.
- KANTÉ B. (1983). *Unité de juridiction du droit administratif, l'exemple du Sénégal*, Université d'Orléans. 426 p.
- KANTÉ B. (1983). *Unité de juridiction et droit administratif*, Orléans, 426 p.
- KPENONHOUN C. F. S. (2012). *Contribution à l'étude du contentieux administratif au Bénin : 1990-2010*, Dakar, Université Cheikh Anta Diop. 564 p.
- LAMARQUE J. (1960). *Recherches sur l'application du droit privé aux services publics administratifs*, Paris : LGDJ. 577 p.
- MANDIN M. (2004). *Le Recours en cassation devant le Conseil d'État*, Université de Metz : Faculté de droit, économie et administration. 611 p.
- MESTRE A. (1972). *Le Conseil d'État, protecteur des prérogatives de l'administration : études sur le recours pour excès de pouvoir*, Toulouse II. 305 p.
- MOURGEON J. (1966). *La Répression administrative*, Toulouse. 646 p.
- Ndèye Madiguène F. DIAGNE (1995). *Les Méthodes et les techniques en droit administratif sénégalais*, Dakar : Université Cheikh Anta Diop. 518 p.
- ONDOA M. (1997). *Le Droit de la responsabilité publique dans les États en développement : Contribution à l'originalité des droits africains*, Université de Yaoundé II : Département de droit public. 3 volumes.
- PARGUEL P.-O. (s. d.). *Le Président du Tribunal administratif*, Lyon : Faculté de Droit et sciences politiques de l'Université Lumière. 330 p.
- RAMBELOARISON J. (1984). *Le Contrôle juridictionnel de l'administration à Madagascar*, Paris : Université Paris I. 280 p.
- TAGRO GBOHAZAUD A. (1979). *Le Contrôle de l'administration ivoirienne*, Université de Poitiers : Faculté de droit et des sciences sociales. 311 p.
- TRAORÉ K. (1987). *Recherche sur le contrôle de l'administration au Mali*, Université de Bordeaux I : Faculté de droit et des sciences sociales et politiques. 342 p.
- VALOIS M. (2009). *L'Évolution du droit et de la fonction de juger dans la tradition juridique occidentale*, Université de Montréal. 514 p.
- VEDEL G. (1934). *Essai sur la notion de cause en droit administratif français*, Toulouse. 511 p.
- WEIL P. (1952). *Les Conséquences de l'annulation d'un acte administratif pour excès de pouvoir*, Paris : Jouve. 275 p.

V. Articles

A. Afrique

- BENOIT F. P. (1962). « Des Conditions de développement d'un droit administratif autonome dans les États nouvellement indépendants », in *Annales africaines*, n° 1.
- BOCKEL A. (1966). « La Responsabilité des collectivités locales du fait des actes des autorités de tutelle », RA., n° 11.

  (1982). « La Responsabilité publique », in *Encyclopédie juridique de l'Afrique*, Abidjan – Dakar – Lomé, t. 9, NEA.

  (1971-1972). « Le Juge et l'administration en Afrique noire francophone : introduction à l'étude du problème », *Annales africaines*, pp. 10-31.

  (1974). « Sur la difficile gestation d'un droit administratif sénégalais. Brèves réflexions à partir de quelques décisions rendues en plein contentieux », *Annales africaines*, Pedone.

  (1974). « Observations sous quelques décisions jurisprudentielles rendues en matière de responsabilité de la puissance publique », *Annales africaines*, Pedone.

  (1978). « Recherche d'un droit administratif en Afrique francophone », Rév. Éthiopiques, n° 16.
- COULIBALY B. D. (2003). « Sur le service public en Afrique : déclin et utilité d'une institution », *Annales*, FSJP, Université de Dschang (Cameroun), t. 7 : 165-191.
- DARBON D. (s. d.). « Le Juge africain et son miroir : la glace déformante du transfert de jurisprudence administrative en Afrique », *Afrique Contemporaine*, numéro spécial ; pp. 240 et s.
- DIA O. (s. d.). « Le Juge administratif sénégalais et la construction de l'État de droit », in *Librairie d'études juridiques africaines*, vol. 12 : 39.
- DIALLO I. (2010). « L'exception d'illégalité dans le système judiciaire sénégalais », *NAA*, n° 1 : 145-178.
- DOSSOU S. (1985). « Réflexion sur le contrôle juridictionnel de l'administration dans les pays en voie de développement d'Afrique noire francophone », *RBSJA*, n° 5.

  (1997). « Simple propos sur le contentieux administratif », Cour suprême du Bénin, *Bulletin de droit et d'information*, n° 002 : 4-11.

  (1999). « Juge administratif et normes de référence », Cour suprême du Bénin, *Bulletin de droit et d'information*, 1999, n° 10 : 12 et s.
- FALL I. M. (2004). « Le Contrôle de légalité des actes des Collectivités locales au Sénégal », Dakar, *Afrilex*, n° 5 : 47.
- GAHUNGU P. et BAPFUMYA A. (1984). « La Preuve en droit administratif burundais », RJPIC, XVIIe congrès de l'IDEF., Bruxelles – Luxembourg, 95-133.
- GAUTRON J.-C. (1970). « Réflexions sur l'autonomie du droit public sénégalais », *Annales africaines*, Pedone, pp. 29-41.
- GONIDEC P. F. (1986). « La Conception de la démocratie dans les États à orientation socialiste », Le mois en Afrique, n° 243-244, 21e année, pp. 34-45.
- HOLO T. (1985). « Le Contrôle de la légalité et la protection des administrés au Bénin », *RBSJA*, n° 5.

- KABAYA KATAMBWA J. J. « Le Pouvoir et la démocratie en Afrique noire après les indépendances », Le Mois en Afrique, n° 245-246, 21e année, Juin Juillet 1986, pp. 23-38.
- KÉBÉ A. A. D. (2015). « Le Déclin de l'exorbitance du droit administratif sénégalais sous l'effet du droit communautaire », sur http://afrilex.u-bordeaux4.fr/sites/afrilex/IMG/pdf/Le_declin_de_l_exorbitance_du_droit_administratif_senegalais.pdf.
- KEUTCHA-TCHAPNGA C. et TEUBOU B. (2000). « Réflexions sur l'apport du législateur camerounais à l'évolution de la procédure administrative contentieuse de 1990 à 1997 », *EDJA*, n° 45.
- LAPEYRE C. (1978). « Jurisprudence administrative au Sénégal. Contentieux des droits », NEA, pp. 27-94.
- M'BAYE K. (1965). « L'organisation judiciaire au Sénégal », Dakar, Penant : *Revue de droit des pays d'Afrique*, pp. 27-34
- M'BODJ E. H. (1995). « Les incidences de la réforme judiciaire du 30 mai 1992 sur le contentieux administratif sénégalais », *RASDP*, pp. 13 et s.
- MOUDOUDOU P. (2006). « Le droit administratif : source partielle du droit des organisations internationales africaines », *EDJA*, n° 68, pp. 51-79.
- N'GAIDE M. (1997-1998). « La notion de matière administrative : évolution de la jurisprudence sénégalaise », *RASDP*, n° 5-6-7-8.
- NGWA NFOBIN E. H. (2009). « La résurgence de l'administrative law comme droit de l'administration au Cameroun : réflexion sur un phénomène peu connu », *EDJA*, n° 82 : 35-59.
- NJOKE H. C. (2006). « Le juge administratif camerounais est-il dans le maquis ? », *EDJA*, n° 70 : 31-53.
- SY D. (2005). « L'évolution du droit administratif sénégalais », *EDJA*, n° 67.

  (2003). « Les magistrats au Sénégal » ; NAA, n° 2, 2003

  (1994). « Réflexion sur la création du droit administratif par le juge sénégalais », *RASDP*, n° 3-4.
- SY P. M. (2011). « Entre l'unité et la dualité de juridiction : l'Afrique noire francophone à la quête d'un modèle d'organisation de la justice administrative », NEA, n° 2, 265-319.

  (1997-1998). « Le Conseil d'État sénégalais et le contrôle de l'erreur manifeste d'appréciation », *RASDP*, n° 5-6-7-8, pp. 171-206.
- WODIE F. (1968). « Les attributions de la Chambre administrative de la Côte d'ivoire », *RJPIC*, 1968.
- ZOGBELEMOU T. (2013). « La responsabilité du service public de la justice en Guinée », RDP, Université Général Lassana Conté de Sonfonia, FSJP (Guinée Conakry), n° 3 : 91-108.

B. France et autres

- ABIKHZER F. (2005). « Délai raisonnable dans le contentieux administratif : un fruit parvenu à la maturité ? », *AJDA*, p. 983 à 992.
- AMSELEK P. (1982). « L'Évolution générale de la technique juridique dans les sociétés occidentales », *RDP*, n° 2.

  (1965). « Les Vicissitudes de la compétence juridictionnelle en matière d'atteinte administrative à la liberté individuelle », *RDP*, p. 801
- ARTHUR É. (1900). « Séparation des pouvoirs et séparation des fonctions », *RDP*, 214-246 p.
- AUBY J. M. (1961). « Le Décret du 25 juillet 1960 portant réforme de la procédure du conflit d'attribution », Paris, *AJDA*, p. 1.
- AUTEXIER C. (1990). « Unité ou dualité de juridiction à l'étranger. La dualité du droit applicable à l'administration et la pluralité de juridictions en matière administrative en Allemagne », *RFDA*, n° 5 : 863-868.
- BEISSEIL MERTEN S. (1990). « Unité ou dualité de juridiction en matière administrative au Grand-Duché de Luxembourg », *RFDA*, n° 5 : 886-888.
- BELL J. (1990). « Unité ou dualité de juridiction en matière administrative au Royaume-Uni », *RFDA*, n° 5 : 892-898.
- BELLOUBET N. (2007). « Conseiller l'État », in *Pouvoirs*, n° 123 : 33-50.
- BERR C. J. (1990). « Dualité de juridictions et unité du droit douanier », *RFDA*, n° 5 : 842-849.
- BERTHOUD J. (2001). « Retrait des actes administratifs individuels créateurs de droits. Impossibilité de retirer un acte après l'expiration du délai de repentir de l'administration, alors même qu'il a fait l'objet d'un recours gracieux du préfet, dès lors que ce recours a été irrégulièrement introduit », *AJDA*, n° 11 : 951-953.
- BOITEAU C. (1996). « Le Juge unique en droit administratif », *RFDA*.
- BONICHOT J.-C. (s. d.). « Observation sur l'arrêt office public d'habitation à loyer modéré de la ville de Caen », in *GACA*, *opages. cit.* page 541.
- BURDEAU F. (1990). « Les Crises du principe de dualité de juridictions », *RFDA*, n° 5 : 724-733.
- CAPITANT R. (1929). « La Double notion de travail public », *RDP*.
- CARPENTIER É. (2006). « L'Acte de gouvernement n'est pas insaisissable », *RFDA*, pp. 661-677.
- CARROTIER D. de (2001). « L'Influence de la culture privatiste sur la doctrine administrative », in *Droit écrit*, n° 1 : pp. 3-26.
- CHAPUS R. (1990). « Dualité de juridictions et unité de l'ordre juridique », *RFDA*, n° 5 : 739-744.

  (1980). « Le Contrôle des faits par le Conseil d'État français en tant que juge de cassation », *RIDC*, Journées de la société de législation comparée, pp. 183-204.
- CHEVALLIER J. (1990). « Du Principe de séparation au principe de dualité », RFDA, n° 5 : 712-723.

(2000). « La Transformation de la relation administrative : mythe ou réalité ? », Paris, Recueil Dalloz, n° 38 : 575-584.

- COËNT-BOCHARD E. (2001). « Retrait d'un acte créateur de droits - Indemnisation des travailleurs privés d'emploi - Fraude à la loi », *AJDA*, n° 11 : 950-951.
- DAMIEN A., BORE J. (1990). « Le Contrôle du juge de cassation en matière administrative et en matière civile », *RFDA*, n° 5 : 777-791.
- DELPEREE F. (1990). « Unité, dualité ou trinité de juridiction en Belgique ? », *RFDA*, n° 5 : 869-871.
- DELVOLVE G. (1990). « Dualité de juridictions et autorité de la chose jugée », *RFDA*, n° 5 : 792-797.
- DOUMBE-BILLE S. (1993). « Recours pour excès de pouvoir et recours de plein contentieux, à propos de la nouvelle frontière », *AJDA*.
- DRAGO R. (1990). « Actualité du principe de séparation en France et dans les États de la CEE », *AJDA*, n° 9 : 581-584 ;

  (1990). « Le Juge judiciaire, juge administratif », *RFDA*, n° 5 : 1990.

  (1990). « Actualité du principe de séparation en France et dans les États de la CEE », *AJDA*, n° 9 : 581-584 ;

  (1990). « Le Juge judiciaire, juge administratif », *RFDA*, pp. 757-763.

  (1984). « Sur quelques difficultés de compétence concernant le contentieux électoral », *RDP*, n° 5 : 1139-1144.
- DRAI P. (1990). « Être juge… et juger… », *RFDA*, n° 5 : pp. 694-697.
- DUPEYROUX O. (1983). « L'Indépendance du Conseil d'État statuant au contentieux », *RDP*, n° 3 : 565-629.
- EISENMANN C. (1952). « Droit public et droit privé », *RDP*, vol. LXVIII, pp. 903-979.

  (1949). « Sur le degré d'originalité de la responsabilité extracontractuelle des personnes publiques », JCPI, n° 742 et 751.
- EVEILLARD G. (2006). « Existe-t-il encore une responsabilité administrative pour faute lourde en matière de police administrative ? », *RFDA*, pp. 733-747.

  (2006). « Existe-t-il encore une responsabilité administrative pour faute lourde en matière de police administrative », in *RFDA*, p. 734.
- FOUGERE L. (1990). « 1790-1990 : deux siècles de dualisme juridictionnel », *AJDA*, n° 9 : 579-580.
- FRAISSEIX P. (1999). « Vers la fin de la théorie de la connaissance acquise ? », *RDP*, n° 3 : 759-779.
- GARANT P. (1990). « L'Unité de juridiction : bien ancrée au Canada », *RFDA*, n° 5 : 872-874.
- GAUDEMET Y. (1990). « Les Questions préjudicielles devant les deux ordres de juridiction », *RFDA*, n° 5 : 764-776.

(1982). « Présomption de régularité de l'action administrative et sauvegarde des droits des administrés. Le juge administratif et le prononcé du sursis », *AJDA*, n° : 629-633.

- GAZIER F. (1951). « Essai de présentation nouvelle des ouvertures du recours pour excès de pouvoir », EDCE.

  (1990). « Réflexions sur les symétries et dissymétries du Tribunal des conflits », *RFDA*, n° 5 : 745-751.

- GENEVOIS B. (1980). « Les Principes généraux du droit (aspects de droit administratif) », *RIDC*, Journées de la société de législation comparée, pp. 279-299.
- GERARDOT T.-X. (2006). « La Théorie du recours administratif préalable obligatoire à l'épreuve de la commission de recours des militaires, à propos de l'arrêt Houlbreque du 18 Novembre 2005 », *RFDA*, pp. 543-549.
- GEST G. (1990). « Dualité de juridictions et unité du droit fiscal », *RFDA*, n° 5 : pp. 822-841.
- GLASER E. (2006). « Principe d'impartialité et recours en rectification d'erreur matérielle », *RFDA*, pp. 58-72.
- GONOD P. (2007). « Être et paraître », *AJDA*, p. 607,
- GROSHENS J.-C. (1963). « Réflexions sur la dualité de juridiction », *AJDA*, p. 537 et s.
- HARDY J. (1990). « Le Statut doctrinal de la jurisprudence en droit administratif français », *RDP*, n° 2, pp. 453-467.
- KNAPP B. (1990). « Dualité de juridictions en matière administrative en Suisse » *RFDA*, n° 5.
- KOUBI G. (1990). « Acte exécutoire et actes des autorités locales », *RDP*, n° 5 : 1493-1522.
- LABETOULLE D. (2001). « Le Référé nouveau est arrivé », *AJDA*, p. 211.
- LAMBERT F. (2007). « Faut-il maintenir le commissaire du gouvernement », *AJDA*.
- LASRY C. et GEORGES G-H. (1959). « Responsabilité de la puissance publique », *RDPA*, t. II, p. 824.
- LAVAU G. (1950). « Du Caractère non suspensif des recours devant les tribunaux administratifs », *RDP*, p. 777.
- LAVIALLE C. (2004). « Le Juge administratif et l'excès de propriété », *RFDA*, n° 3 : 497-505.
- LEBRETON G. (1986). « L'Origine des cas d'ouverture du recours pour excès de pouvoir d'après les remontrances des parlements au XVIIIe siècle », *RDP*, n° 6 : 1599-1632.
- LEFAS A. (1978). « Essai de comparaison entre le concept de *natural justice* en droit anglo-saxon et les principes généraux du droit ainsi que les règles générales de procédure correspondant en droit administratif français », *RIDC*, n° 3 : 746-774.
- LEMAIRE F. (2004). « Les Requérants d'habitude », *RFDA*, n° 3 : 554-572.

- LIEBER S. J., BOTTEGHI D. (2009). « L'Étoile du recours pour excès de pouvoir pâlirait-elle encore ? » in *AJDA*, p. 583.
- LOCHAK D. (2007). « Le Conseil d'État en politique », in Pouvoirs, n° 123 : 19-32.
- LONG M. (1990). « L'État actuel de la dualité de juridictions », *RFDA*, n° 5 : 689-693.
- LOPEZ-RODO L. (1980). « La Procédure administrative non contentieuse », *RDP*, n° 3 : 607-628.
- LOPEZ-RODO L. (1980). « La Procédure administrative non contentieuse », *RDP*, n° 3 : 618.
- MARCOU G. (2007). « Une Cour administrative suprême : particularité française ou modèle en expansion ? », Pouvoirs n° 123 : 133-154.
- MELLERAY F. (2005). « L'Obligation de prendre des mesures de police administrative initiales », *AJDA*.
- MIDENA E. (1990). « Les Juges et l'administration publique en Italie : dualisme ou unité de juridiction », *RFDA*, n° 5 : 882-885.
- MODEEN T. (1990). « Dualité de juridictions en Finlande et en Suède », *RFDA*, n° 5 : 875-876.
- MODERNE F. (1990). « Étrangère au pouvoir du juge, l'injonction, pourquoi le serait-elle ? », *RFDA*, n° 5 : 798-821

  (1990). « Étrangère au pouvoir du juge, l'injonction, pourquoi le serait-elle ? », in *RFDA* n° 5.
- OUM OUM J. K. (2011). « La Motivation de la requalification des demandes par l'administration », *RFDA*, pp. 89-97.
- PACTEAU B. (1990). « Dualité de juridictions et dualité de procédures », *RFDA*, n° 5 : 752-756.

  (1995). « La Justice administrative de proximité », *Revue justice*, n° 2. (2006). « Le commissaire du gouvernement : tout va très bien », *AJDA*.
- PECRESSE V. (1998). « Principe de l'égalité et principe de sécurité juridique : à propos du retrait des actes administratifs », *RFDA*, pp. 527-534.
- PISSALOUX J. L. (1999). « Réflexion sur les moyens d'ordre public dans la procédure administrative contentieuse », *RDP*, n° 3 : 782.

  (1999). « Réflexion sur les moyens d'ordre public dans la procédure administrative contentieuse », *RDP*, n° 3 : 782-828.
- PONTIER J. M. (1986). « La Subsidiarité en droit administratif », *RDP*, n° 6 : 1515-1536.
- POUYAUD D. (1993). « Le Recours en rectification d'erreur matérielle devant les juridictions administratives », *RFDA*, n° 4 : 723-741.
- RASENACK C. (1980). « La Constatation des faits par le fait par le tribunal de cassation en matière de contentieux administratif », *RIDC*, Journées de la société de législation comparée, pp. 147-182.

– RAVARANI G. (2013). (Président de la Cour administrative du Luxembourg), « Efficacité et qualité de la justice », seconde table ronde du séminaire « Une justice administrative efficace et de qualité. Perspectives européennes », Paris, p. 16.

– RIVERO J. (1990). « Le Huron au palais royal », in « P de doctrine », pp. 329-334.

(1979-1980). « Nouveaux propos naïfs d'un Huron sur le contentieux administratif », *EDCE*, pp. 27-30.

(1990). « Dualité de juridictions et protection des libertés », *RFDA*, n° 5 : 734-738.

– ROGER-LACAN C. (2011). « Nouvelle reconnaissance de la responsabilité pour rupture de l'égalité devant les charges publiques : les difficultés d'accès des handicapés aux bâtiments publics », *RFDA*, pp. 141-153.

– ROMI R. (1982). « La Recevabilité des recours pour excès de pouvoir intentés contre les actes administratifs dits comminatoires », *AJDA*, n° 11 : 619-628.

– RYZIGER P. F. (1990). « Le Conseil d'État et le droit communautaire : de la continuité au changement », *RFDA*, n° 5 : 850-861.

– SARGOS P. (1990). « Points communs et divergences des deux ordres de juridiction », *AJDA*, n° 9 : 585-590.

– SAUVÉ J.-M. (2011). « L'Absence de réforme pourrait mettre en péril l'institution du rapporteur public », *AJDA*, pp. 412-413.

– SEILLER B. (1998). « Les Limites de la théorie de la connaissance acquise », *RFDA*, pp. 1184-1191.

(1998). « Les Limites de la théorie de la connaissance acquise », *RFDA* n° 6.

– SMITH E. (1990). « Unité de juridiction en matière administrative en Norvège », *RFDA*, n° 5 : 889-891.

– SOULIÉ J. (2003). « Essais de définition du non-lieu à statuer dans le contentieux administratif », *AJDA*, p. 418 à 426.

– SPILIOTOPOULOS E. (1990). « La Dualité de juridiction en Grèce », *RFDA*, pp. 877-881.

– STIRN B. (1990). « Ordres de juridiction et nouveaux modes de régulation », *AJDA*, n° 9.

– TERCINET J. (1993). « Le Retour de l'exception de recours parallèle », RFDA, n° 4 : 705-720.

– THERON S. (2004). « La substitution de la loi à la jurisprudence administrative : la jurisprudence codifiée ou remise en cause par la loi », *RFDA*, pp. 230-241, pp. 137-153.

– TRUCHET D. (1982). « Nouvelles récentes d'un illustre vieillard. -Label de service public et statut du service public », *AJDA*, n° 7/8, pp. 427-439.

(1981). « Vers la fin de l'inexécution des décisions juridictionnelles par l'administration ? », *AJDA*.

– VAN LANG A. (2004). « Réflexions sur l'application du droit de la consommation par le juge administratif », *RDP*, p. 1015 à 1049.

(2005). « Le dualisme juridictionnel en France : une question toujours d'actualité », *AJDA*, p. 1760.

- VEDEL G. (1990). « La Loi des 16-24 Août 1790 : Texte ? Prétexte ? Contexte ? », *RFDA*, n° 5 : 698- 711.
- VERCLYTTE S. (2006). « Les Conséquences d'une décision individuelle illégale non définitive (à propos du référé-provision). Conclusions sur Conseil d'État, Section, 16 Décembre 2005, Lacroix », *RFDA*, pp. 513-523.
- WACHSMANN P. (2006). « La Recevabilité du recours pour excès de pouvoir à l'encontre des contrats », *RFDA*, pp. 24-31.
- WALINE J. (1984). « L'Évolution du contrôle de l'administration depuis un siècle », RDP, n° 5 : 1327-1349.

  (2011). « Une révolution silencieuse », *AJDA*.
- WECKEL P. (1990). « L'évolution de la notion de faute personnelle », *RDP*, n° 5, pp. 1493-1558, pp. 1525-1558.
- WOERHRLING J. M. (2007). « Trancher le nœud gardien de la distinction des contentieux », *AJDA*, p. 191.

VI. Rapports, communications et actes de colloques :

- BCEAO, *Rapport sur la situation de la pauvreté dans les pays membres de l'UEMOA*, Dakar, Imprimerie de la BCEAO, 2012, 41 p.
- « Cinquante ans de droit administratif en Afrique », Colloque organisé les 18, 19 et 20 mai 2015 à la FSJP, l'UCAD, Dakar ; sous la direction des Professeurs Demba Sy et Alioune Badara Fall, PUT 1 capitole, 2016.
- Conseil d'État, *Rapport public 2010. Activité juridictionnelle et consultative des juridictions administratives*, Paris, Conseil d'État, La documentation française, 2010, 447 p.
- BONTEMS C., « Le juge : une figure d'autorité », Acte du premier colloque organisé par l'*Association française d'Anthropologie du Droit*, Paris 24-25-26 Novembre 1994, Harmattan, 686 p.
- DELVOLVÉ P. (2010). « Droits publics subjectifs des administrés et subjectivisation du droit administratif. Propos introductifs », in *Les droits publics subjectifs des administrés*, Colloque de l'AFDA, Bordeaux, Litec.
- DIABATÉ B. C. (2007). *Les mécanismes traditionnels de prévention et de règlement des conflits communautaires, communication au premier forum national de la société civile sur la gouvernance démocratique de la sécurité au Mali*, Bamako.
- DOUMBIA Y. (2004). *Contrariétés de décisions entre hautes juridictions administratives, constitutionnelles et judiciaires dans l'espace francophone, communication au colloque international des hautes juridictions africaines*, Bamako.
- GARREAU D. (2013). « Les Pouvoirs en cassation, divergences et convergences », Colloque de la Faculté de droit de Nice du 20 juin 2013.
- GJIDARA M. (2011). « Le Conseil d'État français comme juge de premier ressort », Dubrovnik, 26 mai 2011, conférence sur le *Nouveau système juridictionnel croate dans la perspective de l'adhésion à l'Union européenne*.

- JEGOUZO Y. (2004). « Le bilan jurisprudentiel 1994-2004 », in Colloque sur le *Bilan jurisprudentiel du juge administratif des dix dernières années*, p. 21.
- KANTÉ H., DIARRAM. G. (2006). « Rôle et mission des professions judiciaires dans la réforme juridique et judiciaire », Communication au colloque international sur *l'analyse comparée de processus de réforme juridique et judiciaire,* Bamako, 18-20 Septembre 2006.
- KEITA A., DJIRE M. (2004). *La Pratique institutionnelle de la troisième République du Mali 1992-1997 : l'apprentissage de la démocratie, Bamako*, Faculté des sciences juridiques et économiques.
- *Le Médiateur de la République du Mali*, rapport annuel 2005, Bamako, Août 2006.
- Mme DIALLO KAYENTAO K. (2002). Présidente de la Section judiciaire de la Cour suprême du Mali, « Opportunité de l'éclatement des Cours suprêmes ouest-africaines en plusieurs Cours distinctes », les Actes du colloque de Cotonou, 14-16 mai 2002, in les *Cahiers de l'AOA-HJF*, pp. 145-146.
- *Rapport mondial sur le développement humain*, PNUD, 2008.
- SALL S. (2002). Président de section au CE du Sénégal, « Opportunité de l'éclatement ou non des Cours suprêmes africaines – Considération tirées du système juridictionnel sénégalais », in Les actes du Colloque du Cotonou, 14-16 mai 2002, les Cahiers de l'Association des hautes juridictions francophones.
- SAUVÉ J. M. (2013). Intervention aux troisièmes états généraux du droit administratif : « Le juge administratif et les questions de société », « Le nouveau procès administratif », Paris, Maison de la Chimie, le vendredi 17 septembre 2013 ; « Justice administrative et État de droit », Intervention à l'Institut d'Études Judiciaires, Université Panthéon Assas, lundi 10 février 2014 ; « La répartition des compétences dans la juridiction administrative », Colloque organisé par l'Association des Juristes de Contentieux de Droit Public (AJCP) du Master II contentieux public de l'Université Paris 1er, Assemblée Nationale française le vendredi ; « Colloque organisé par l'Association des Juristes de Contentieux de Droit Public (AJCP) du Master II contentieux public de l'Université Paris 1er, à l'Assemblée nationale française », le vendredi 15 mai 2009 ; « L'injonction, l'exécution du jugement, la loi du 8 février 1995 après vingt ans de pratique. Réflexions sur l'effectivité des décisions du juge administratif », in Colloque organisé dans le cadre de la conférence nationale des Présidents des juridictions administratives, Faculté de droit Montpellier, vendredi 5 septembre 2014, pp. 1-2.
- SAWADOGO F. (2003). « Le juge national et le droit communautaire », in les Actes du colloque de Ouagadougou des 24-26 juin 2003, communication, les *Cahiers de l'AOA-HJF*, p. 77.
- SEILLER B. (2010). « Droits publics subjectifs des administrés et transformations contemporains du contentieux, in « Les droits publics subjectifs des administrés », Colloque de l'AFDA Bordeaux 2010, Litec, Colloques et débats, p. 191.
- *Programme décennal de développement de la justice au Mali*, bilan : 2000-2005, Bamako 2006.
- STRIN B. (s. d.). Communication in colloque de Toulouse pour le 60e anniversaire des TA, *L'évolution de l'office du juge, regards sur la dernière décennie*, p. 4.

- TOURÉ A., MAÏGA S. (1996). *État des lieux de la justice au Mali, service de la coopération canadienne.*

VII. Jurisprudences

A- **Afrique**

a- Mali

1. CS-SA, Arrêt n° 28 du 15 févier 1996, entre le ministère des Finances et du Commerce et l'arrêt n° 60 du 05 mai 1994, de la CS ; *inédit.*
2. CS-SA, la Mairie du District de Bamako c/le jugement n° 282 du 1er juillet 2010 du TAB, *inédit.*
3. CS-SA, la Société Niaré froid et la décision n° 14-063/ARMDS-CRD du 16 décembre 2014, *inédit.*
4. CS-SA, Mohamat Seid Abazene Seid, *inédit.*
5. CS-SA, Sidy Coulibaly et Niamato Traoré c/le jugement n° 05 du 12 janvier 2012 du TAB, *inédit.*
6. CS-SA, Arrêt n° 160 du 27 août 2009, entre Badara Aliou Diamouténé et la Direction national des Domaines et du Cadastre, *inédit.*
7. CS-SA, Arrêt n° 55 du 18 mai 1955, entre le sieur Boukadary Coulibaly et le ministre de l'Emploi, *inédit.*
8. CS-SA, Arrêt n° 4 du 18 septembre 1978, entre le Sieur Amadou Mamadou Maïga et la Dame Maïga née Aminata Coulibaly et le ministère de la Santé publique, *inédit.*
9. CS-SA, Arrêt n° 15 du 15 juin 1981, Dédé Fané c/le ministère de la Défense, de l'Intérieur et de la Sécurité, *inédit.*
10. CS-SA, Arrêt n° 68 du 20 décembre 1984, entre le sieur Tidiani Soukouna et le Commandant de cercle de Yélimané, *inédit.*
11. CS-SA, Arrêt du 24 février 1985, SOMEPAC c/le ministère de l'Intérieur, *inédit.*
12. CS-SA, Arrêt 39 du 14 octobre 1989, entre le Sieur Ousmane Thienta et le ministère des Finances et du Commerce, *inédit.*
13. CS-SA, Arrêt n° 01 du 16 janvier 1990 entre Bakary Tandia et autres et le Commandant de cercle de Yélimané, *inédit.*
14. CS-SA, Arrêt n° 03 du 16 janvier 1990, entre communauté villageoise de Cody et commandant de cercle de Bafoulabé, *inédit.*
15. CS-SA, Arrêt n° 04 du 22 février 1990, entre Mamadou Coulibaly et le Maire de Kati, *inédit.*
16. CS-SA, Arrêt n° 08 du 22 mars 1990, entre le sieur Kariba Bagayoko et le ministre de l'Éducation nationale, *inédit.*
17. CS-SA, Arrêt n° 9 du 22 mars 1990, entre dame Beïssa Yoro, sieur Gaoukoye Gourel et le Commandant de cercle de Gao, *inédit.*
18. CS-SA, Arrêt n° 21 du 28 juin 1990, entre le Sieur Famakan Keïta et le Directeur national de l'Urbanisme et de la Construction, *inédit.*
19. CS-SA, Arrêt n° 23 du 28 juin 1990, entre le Sieur Moussa Diabaté et le ministre de l'Emploi et de la Fonction publique, *inédit.*

20. CS-SA, Arrêt n° 34 du 26 juillet 1990 entre Arouna DIA et le Ministre de l'emploi et de la fonction publique, *inédit*.
21. CS-SA, Arrêt n° 35 du 31 août 1990, entre le sieur Drissa Diawara et le Gouverneur du District de Bamako, *inédit*.
22. CS-SA, Arrêt n° 39 du 31 août 1990, la Dame Nancy Camara c/l'arrêt n° 74 du 17 novembre 1988 de la section administrative de la Cour suprême, *inédit*.
23. CS-SA, Arrêt n° 31 du 26 septembre 1990, entre le sieur Sékou Niakaté et le Commandant de cercle de Yélimané, *inédit*.
24. CS-SA, Arrêt n° 41 du 04 octobre 1990, entre Mme Diakité Manassa Danioko et le ministre de la Justice, *inédit*.
25. CS-SA, Arrêt n° 46 du 4 octobre 1990, entre le village de Maza et le Commandant de cercle de Bourem, *inédit*.
26. CS-SA, Arrêt n° 49 du 08 novembre 1990, entre le sieur Mamadou Macalou et le décret n° 112 bis/PC-RM du 17 septembre 1971, *inédit*.
27. CS-SA, Arrêt n° 56 du 8 novembre 1990, entre les sieurs Modibo Diarra et Youssouf Ganaba et le ministère de l'Emploi et de la Fonction publique, *inédit*.
28. CS-SA, Arrêt n° 61 du 27 décembre 1990, entre les sieurs Mamadou Touré et autres et le Directeur national de la Fonction publique et du personnel, *inédit*.
29. CS-SA, Arrêt n° 62 du 27 décembre 1990, entre le Sieur Yacouba Dembélé et le Maire de la commune de Sikasso, *inédit*.
30. CS-SA, Arrêt n° 12 du 28 janvier 1993, entre la Dame Nansa Camara et le Gouvernorat du District de Bamako, *inédit*.
31. CS-SA, Arrêt n° 20 du 11 mars 1993, entre le sieur Abdoulaye Soumaré et le ministre de l'Information et des Télécommunications, *inédit*.
32. CS-SA, Arrêt n° 27 du 11 mars 1993, Sieur Bouréima Dramé, *inédit*.
33. CS-SA, Arrêt n° 43 du 20 mai 1993, le Sieur Issaga Koné c/l'arrêt n° 043 du 20 mai 1993 de la Section administrative de la Cour suprême, *inédit*.
34. CS-SA, Arrêt n° 60 du 13 juillet 1993, entre les héritiers de feu Boukalé Traoré et le Gouverneur du District de Bamako, *inédit*.
35. CS-SA, Arrêt n° 74 du 22 juillet 1993, M. Baba Mariko, *inédit*.
36. CS-SA, Arrêt n° 85 du 12 août 1993, Messieurs Bourama Keïta et Ousmane Traoré, *inédit*.
37. CS-SA, Arrêt n° 03 du 2 février 1995, entre la CMDT et le ministère de la Fonction publique, *inédit*.
38. CS-SA, Arrêt n° 08 du 2 février 1995, entre le sieur Seïni Boré et la Mairie de Mopti, *inédit*.
39. CS-SA, Arrêt n° 1 du 2 février 1995, le collectif des partis alliés, *inédit*.
40. CS-SA, Arrêt n° 10 du 2 février 1995 entre sieur Cheickna Coulibaly et le ministre de la défense, *inédit*.
41. CS-SA, Arrêt n° 11 du 2 février 1995 entre le sieur Belco Tamboura, chef du village de Saré-Mala et le commandant de cercle de Mopti, *inédit*.

42. CS-SA, Arrêt n° 12 du 02 février 1995, entre Adama Daou et le ministère du Développement et de l'Environnement, *inédit.*
43. CS-SA, Arrêt n° 13 du 2 février 1995, entre le sieur Mahamadou Traoré et autres et le Gouverneur du District de Bamako, *inédit.*
44. CS-SA, Arrêt n° 14 du 2 février 1995, entre le sieur Chérif Issa Traoré et le Chef d'Arrondissement de Kona, *inédit.*
45. CS-SA, Arrêt n° 15 du 2 février 1995, entre le sieur Moussa Coulibaly et le ministère de l'Éducation national, *inédit.*
46. CS-SA, Arrêt n° 16 du 2 février 1995, entre le village de village de Kopa et le Gouverneur de la région de Ségou, *inédit.*
47. CS-SA, Arrêt n° 17 du 2 février 1995, entre la Société Trans Air Mali et le ministère de l'Équipement et de l'Habitat, *inédit.*
48. CS-SA, Arrêt n° 18 du 2 février 1995, entre le sieur Youssouf Fomba et le Gouverneur du District de Bamako, *inédit.*
49. CS-SA, Arrêt n° 19 du 2 février 1995, entre le sieur Narin Konaté et le ministre d'État chargé de la Défense, *inédit.*
50. CS-SA, Arrêt n° 2 du 2 février 1995, entre le sieur Adama Koné et le Commandant de cercle de Ségou, *inédit.*
51. CS-SA, Arrêt n° 20 du 2 février 1995, entre le sieur Ousmane Mady Konta et le Commandant du cercle de Téninkou, *inédit.*
52. CS-SA, Arrêt n° 21 du 2 février 1995, entre le sieur Mamadou Diallo et le Maire de Kati, *inédit.*
53. CS-SA, Arrêt n° 22 du 2 février 1995, entre le sieur Kassim Diallo et le Commandant de cercle de Yanfolila, *inédit.*
54. CS-SA, Arrêt n° 4 du 2 février 1995 entre la Société des détergents du Mali et la Direction nationale des Impôts, *inédit.*
55. CS-SA, Arrêt n° 9 du 2 février 1995, entre le Sieur Gaoussou Diarra et la Direction nationale de l'Hydraulique, *inédit.*
56. CS-SA, Arrêt n° 24 du 23 février 1995, entre les ayants droits de Mamary Konaré et le ministère de l'Environnement, *inédit.*
57. CS-SA, Arrêt n° 25 du 23 février 1995, entre le sieur M'pè Coulibaly et le Gouverneur du District de Bamako, *inédit.*
58. CS-SA, Arrêt n° 26 du 23 février 1995, entre la dame Yassa Niambélé et le Gouverneur du District de Bamako, *inédit.*
59. CS-SA, Arrêt n° 27 du 23 février 1995, entre le sieur Tié Coura Doumbia et le ministre de la Fonction publique, *inédit.*
60. CS-SA, Arrêt n° 28 du 23 février 1995, entre le sieur Ibrahima Maïga et le ministre de l'Éducation nationale, inédit.
61. CS-SA, Arrêt n° 29 du 23 février 1995, entre le sieur Sambala Diallo et la Mairie de Kayes, *inédit.*
62. CS-SA, Arrêt n° 30 du 23 février 1995, entre la dame Touré Oumou Sall et l'arrêt n° 63 du 23 juillet 1992, *inédit.*

63. CS-SA, Arrêt n° 31 du 23 février 1995, entre le sieur Moussa Togola et le ministre chargé de la Défense, *inédit*.
64. CS-SA, Arrêt n° 42 du 9 mars 1995, entre le sieur Fafaran Doumbia et le Commandant de cercle de Kati, *inédit*.
65. CS-SA, Arrêt n° 47 du 20 avril 1995, le contentieux du Gouvernement et l'Association pour le Développement naturel d'une Architecture et d'un Urbanisme africain, *inédit*.
66. CS-SA, Arrêt n° 48 du 20 avril 1995, entre les sieurs Ousmane Nanourou Traoré et Aliou Touré contre le ministre de la Justice, *inédit*.
67. CS-SA, Arrêt n° 54 du 18 mai 1995, entre Oumou Wattara et autres et la Direction générale de la Police nationale, *inédit*.
68. CS-SA, arrêt n° 55 du 18 mai 1995, entre Boukadary Coulibaly et le ministère de l'Emploi, *inédit*.
69. CS-SA, Arrêt n° 58 du 1er juin 1995, entre le sieur Sékou Maré et le ministre de la Fonction publique, du Travail et de la Modernisation de l'Administration, *inédit*.
70. CS-SA, Arrêt n° 59 du 1er juin 1995, entre le Sieur Amadou Yattassaye et le Maire de Kati, *inédit*.
71. CS-SA, Arrêt n° 61 du 13 juillet 1995 entre la Société EDIM et le ministère de la Culture et de la Communication, inédit.
72. CS-SA, Arrêt n° 65 du 27 juillet 1995, entre le sieur Alou Doumbia et le Commandant de cercle de Kati, *inédit*.
73. CS-SA, Arrêt n° 67 du 27 juillet 1995, contre les Éditions imprimeries du Mali SA et le ministre de l'Administration territoriale et de la Sécurité, *inédit*.
74. CS-SA, Arrêt n° 68 du 27 juillet 1995, entre El Hadj Sékou Diakité et le Gouverneur du District de Bamako, *inédit*.
75. CS-SA, Arrêt n° 69 du 27 juillet 1995, entre le sieur Mandi Doumbia et le Gouverneur du District de Bamako, *inédit*.
76. CS-SA, Arrêt n° 072 du 17 août 1995, entre le sieur Idrissa Kola Diarra et le Commandant de cercle de Mopti, *inédit*.
77. CS-SA, Arrêt n° 71 du 17 août 1995, entre Yaya Diakité et le Gouverneur du District de Bamako, *inédit*.
78. CS-SA, Arrêt n° 77 du 28 septembre 1995, entre le sieur Diby Mounkoro et le Commandant de cercle de Tominian, *inédit*.
79. CS-SA, Arrêt n° 78 du 28 septembre 1995, entre le sieur Basseyo Diall et le Commandant de cercle de Ténenkou, *inédit*.
80. CS-SA, Arrêt n° 80 du 28 septembre 1995, les héritiers de feu Inamassa dit Bakary Koné c/l'arrêt n° 137 du 10 novembre 1994 de la SA de la CS, *inédit*.
81. CS-SA, Arrêt n° 83 du 28 septembre 1995, entre la collectivité villageoise d'Ogotena-Daboye et le Commandant de cercle de Gao, *inédit*.
82. CS-SA, Arrêt n° 84 bis du 16 novembre 1995, entre le Sieur Mohamed Lamine Kounta et le ministère d'État chargé des Mines, de l'Énergie et de l'Hydraulique, *inédit*.

83. CS-SA, Arrêt n° 85 du 16 novembre 1995, entre le sieur Ousmane Mory Keïta et le ministre chargé de l'Administration territoriale et de la Sécurité, *inédit*.

84. CS-SA, Arrêt n° 88 du 16 novembre 1995, entre le sieur Tiény Sissoko et le ministre d'État chargé de la Défense, *inédit*.

85. CS-SA, Arrêt n° 89 du 16 novembre 1995 entre les sieurs Mahamar Mourou et Samba Arouhoussouba et le chef d'arrondissement de Haoussa Foulane, *inédit*.

86. CS-SA, Arrêt n° 90 du 16 novembre 1995, entre le sieur Mamadou Traoré et le Directeur national des Affaires économiques, *inédit*.

87. CS-SA, Arrêt n° 97 du 16 novembre 1995, entre le sieur Youssoufa Ibrahim et le Gouverneur de la région de Gao. CS-SA, Arrêt n° 99 du 16 novembre 1995, entre le sieur Issiaka Mody Diall et le Gouverneur de la région de Mopti, *inédit*.

88. CS-SA ; arrêt n° 100 du 14 décembre 1995, les sieurs Mamadou Doumbia et autres C/le ministère des Finances et du Commerce, *inédit*.

89. CS-SA, Arrêt n° 104 du 14 décembre 1995, entre le sieur Djibrilla Armé Halassi et le Chef d'arrondissement de Haoussa Foulane (Gao), *inédit*.

90. CS-SA, Arrêt n° 24 du 25 janvier 1996, le sieur Mamourou Coulibaly et autres c/l'arrêt n° 01 du 3 février 1994 de la CS du Mali, *inédit*.

91. CS-SA, Arrêt n° 29 du 15 février 1996, entre le sieur Tidiani Traoré et l'entreprise Hydro-sahel, *inédit*.

92. CS-SA, Arrêt n° 38 du 7 mars 1996, entre Trans Air Mali et le ministre des Transports, *inédit*.

93. CS-SA, Arrêt n° 44 du 7 mars 1996, entre le sieur Diatigui Pléah et le Président de la République (lettre n° 0094/P-RM) et le ministre de la Justice (Décret n° 355/P-RM du 2 décembre 1988), *inédit*.

94. CS-SA, Arrêt n° 48 du 11 avril 1996, entre le sieur Koniba Koné le ministère de la Fonction publique, du Travail et de la Modernisation de l'Administration, *inédit*.

95. CS-SA, Arrêt n° 50 du 11 avril 1996, entre la dame Ramata Sanogo et la Mairie de Sikasso, *inédit*.

96. CS-SA, Arrêt n° 52 du 9 mai 1996, entre Ahmadou Traoré et autres et le Secrétariat général du Gouvernement, *inédit*.

97. CS-SA, Arrêt n° 55 du 09 mai 1996, Mamadou Doumbia et autres c/l'arrêt n° 100 du 14 décembre 1995 de la CS du Mali, *inédit*.

98. CS-SA, arrêt n° 73 du 13 juin 1996, sieur Founèkè Sissoko et la Caisse des retraites du Mali, *inédit*.

99. CS-SA ; arrêt n° 80 du 27 juin 1996, les sieurs Aliou Traoré et autres C/Le ministère des Finances et du Commerce, *inédit*.

100. CS-SA, Arrêt n° 79 du 27 juin 1996, entre le SGG et l'arrêt n° 100 du 14 décembre 1995, de la CS, *inédit*.

101. CS-SA, Arrêt n° 80 du 27 juin 1996, entre les Sieur Aliou Traoré et autres et le ministère des Finances et du Commerce, *inédit*.

102. CS-SA, Arrêt n° 83 du 27 juin 1996, entre la Banque commerciale du Sahel et les sieurs Lassana Wagué et Souleymane Koné, *inédit*.

103. CS-SA, Arrêt n° 85 du 11 juillet 1996, entre la Société Sankarani SA et le ministère des Mines, de l'Hydraulique et de l'Énergie, *inédit*.

104. CS-SA, Arrêt n° 86 du 11 juillet 1996, entre le sieur Marie Bertrand Traoré et le ministre de la Fonction publique, *inédit*.

105. CS-SA, Arrêt n° 96 du 23 juillet 1996, entre le sieur Ibrahima Keïta et le Gouvernorat du District de Bamako, *inédit*.

106. CS-SA, Arrêt n° 105 du 22 août 1996, entre le sieur Mama Koné et le Directeur national des Affaires sociales, *inédit*.

107. CS-SA, Arrêt n° 106 du 22 août 1996, entre le commandant de cercle de Tominian et l'arrêt n° 77 du 28 septembre 1995 de la Section administrative de la Cour suprême, *inédit*.

108. CS-SA, Arrêt n° 112 du 17 octobre 1996, entre le Sieur Drissa Sangaré et le ministère des Travaux publics, *inédit*.

109. CS-SA, Arrêt n° 113 du 17 octobre 1996, le sieur Soumaila Diallo c/l'arrêt n° 05 du 11 janvier 1996 de la SA de la CS du Mali, *inédit*.

110. CS-SA, Arrêt n° 42 du 27 mai 1999, US-RDA contre jugement rendu par les tribunaux civils, *inédit*.

111. CS-SA, Arrêt n° 11 du 23 mars 2000, le Maire de la Commune Kayes c/le jugement n° 004 du 19 mars 1999, *inédit*.

112. CS-SA, Arrêt n° 36 du 19 octobre 2000, Mobil Oil c/le jugement n° 31 du 10 septembre 1997 du TAB, *inédit*.

113. CS-SA, Arrêt n° 38 du 19 octobre 2000, le sieur Demba Diallo c/le jugement n°27 du 18 décembre 1998, *inédit*.

114. CS-SA, Arrêt n° 39 du 19 octobre 2000 entre le Gouvernorat du District de Bamako et le sieur Chiaka Sidibé, *inédit*.

115. CS-SA, Arrêt n° 09 du 08 mars 2001, le sieur Moussa Léo Keita c/le ministère des Affaires étrangères et des Maliens de l'Extérieur, *inédit*.

116. CS-SA, Arrêt n° 17 du 12 avril 2001, la Subdivision des TP de Kayes c/le jugement n° 05 du 14 novembre 1997 du TAK, *inédit*.

117. CS-SA, Arrêt n° 56 du 2 août 2001, le sieur Mamadou Banou Touré c/l'arrêt n° 3 du 11 janvier 2001 de la Section administrative de la Cour suprême, *inédit*.

118. CS-SA, Arrêt n° 73 du 13 septembre 2001, entre le sieur Mahamane Idrissa et l'arrêt n° 61 du 05 août 1999 de la Section administrative de la Cour suprême, *inédit*.

119. CS-SA, Arrêt n° 16 du 21 février 2002, entre le sieur Sadou Cissé et le jugement n° 37 du 19 septembre 2000 du T.A.M, *inédit*.

120. CS-SA, Arrêt n° 48 du 30 mai 2002, le Sieur Ben Hamoud Hamoudi et autres c/le ministre de l'Administration territoriale et de la Sécurité, *inédit*.

121. CS-SA, Arrêt n° 50 du 30 mai 2002, entre le sieur Moussa Boureima Barry et l'arrêt n° 54 du 30 novembre 2000 de la CS du Mali, *inédit*.

122. CS-SA, Arrêt n° 244 du 13 juillet 2002, entre Mahamadou Ceba Alou Coulibaly et autres et le jugement n° 530 du 08 décembre 2011 du T.A.B, *inédit*.

123. CS-SA, Arrêt n° 109 du 19 décembre 2002, le sieur Sanké Coulibaly c/l'arrêt n° 23 du 29 avril 1999 de la Cour suprême du Mali, *inédit*.

124. C/le jugement n° 86 du 27 Août 2003 du TAB, *inédit*.

125. T.A.B, jugement n° 80 du 27 août 2003, Ibrahim Kouma, *inédit*.

126. CS-SA, Arrêt n° 52 du 25 septembre 2003, la DGCE c/le jugement n° du 19 janvier 2001 du TAB, *inédit*.

127. TAB, jugement n° 114 du 24 décembre 2003, Abdouramane Gackou, *inédit*.

128. CS-SA, Arrêt n° 32 du 08 avril 2004, les sieurs Moussa Kanté et Bacary Serra, *inédit*.

129. TAB, jugement n° 48 du 04 mai 2004, Nadio dit Moussa Djiguiba, *inédit*.

130. TAB, jugement n° 121 du 6 août 2004, sieur Nadio dit Moussa Djiguiba, *inédit*.

131. CS-SA, Arrêt n° 61 du 12 août 2004, le Maire de la Commune de Ségou c/le jugement n° 92 du 5 novembre 2003 du TAB, *inédit*.

132. CS-SA, Arrêt n° 104 du 04 novembre 2004, le sieur Mahamadou Diallo c/l'arrêt n° 46 du 12 juillet 2001 de la Cour suprême du Mali, *inédit*.

133. CS-SA, Arrêt n° 111 du 5 novembre 2004, entre le sieur Samou Sangaré et le jugement n° 26 du 16 mars 2001 du TAB, *inédit*.

134. CS-SA, Arrêt n° 113 du 05 novembre 2004, le sieur Sega Diabaté c/l'arrêt n° 46 du 12 juillet 2001 de la Cour suprême du Mali, *inédit*.

135. CS-SA, Arrêt n° 005 du 14 janvier 2005, entre le sieur Mohamed Diarra et le jugement, *inédit*.

136. TAB, jugement n° 39 du 04 mars 2005, *inédit*.

137. TAB, jugement n° 68 du 24 mai 2005, Sékouba Samaké, *inédit*.

138. CS-SA, Arrêt n° 102 du 12 juillet 2005, le sieur Mohamed Saliha Abacar, c/l'arrêt n° 68 du 28 novembre 2003 de la CS du Mali, *inédit*.

139. CS-SA, Arrêt n° 129 du 22 décembre 2005, le sieur Mamadou Atch c/l'arrêt n° 33 du 04 avril 2002 de la SA de la Cour suprême du Mali, *inédit*.

140. CS-SA, Arrêt n° 002 du 12 janvier 2006, entre les héritiers de feu Modibo Keïta et l'arrêt n° 117 du 15 septembre 2005, *inédit*.

141. CS-SA, Arrêt n° 004 du 2 février 2006 entre le sieur Samba N'Diaye et le ministère de l'administration territoriale, *inédit*.

142. CS-SA, Arrêt n° 005 du 3 février 2006, professeur Aly Guindo c/l'arrêt n° 97 du 1er juillet 2005 de la SA de la CS, *inédit*.

143. CS-SA, Arrêt n° 007 du 3 février 2006, entre Ibrahima Fadiala Keïta et le décret n° 05-299/P-RM du 28 juin 2005, *inédit*.

144. CS-SA, Arrêt n° 009 du 02 mars 2006, la Société Soyatt et la Direction Nationale des Domaines et du Cadastres c/les jugements n° 13 du 11 février 2004, n° 48 du 4 mai 2004 et n° 121 du 6 août 2004 du TAB, *inédit*.

145. CS-SA, arrêt n° 009 du 02 mars 2006, entre la Société SOYATT c/ la Direction nationale des domaines et du cadastre DNDC, *inédit*.

146. CS-SA, Arrêt n° 009 du 2 mars 2006, entre la société Soyatt et la DNDC, et le sieur Nadio dit Moussa Djiguiba, *inédit*.

147. CS-SA, Arrêt n° 10 du 2 mars 2006, entre l'Association malienne des malades de la lèpre et le ministère de l'Administration territoriale et des Collectivités locales, *inédit*.

148. CS-SA, Arrêt n° 13 du 2 mars 2006, entre le sieur Cheick Chérif Diabaté et trente-deux (32) Autres et le ministère de la Fonction publique, *inédit*.

149. CS-SA, Arrêt n° 16 du 23 mars 2006, la Mairie du District de Bamako contre le jugement n° 56 du 24 mai 2004 du TAB, *inédit*.

150. CS-SA, Arrêt n° 20 du 23 mars 2006, le Sieur Tiémoko Dembélé c/l'arrêt n° 113 du 18 août 2005, *inédit*.

151. CS-SA, Arrêt n° 24 du 18 mai 2006, le sieur Abdouramane Gakou c/le jugement n° 114 du 24 décembre 2003 du TAB, *inédit*.

152. CS-SA, Arrêt n° 27 du 18 mai 2006, le Sieur Sékou Danioko c/le ministère des Transports, *inédit*.

153. CS-SA, Arrêt n° 29 du 18 mai 2006, entre le sieur Abdoulaye Almaouloud Cissé et le jugement n° 45 du 18 mars 2005 du TAB, *inédit*.

154. CS-SA, arrêt n° 30 du 18 mai 2006, entre les sieurs Drissa Diarra – Alioune Diamouténé et le jugement n° 39 du 04 mars 2005 du Tribunal administratif de Bamako, *inédit*.

155. CS-SA, Arrêt n° 32 du 18 mai 2006, entre le sieur Mamadou Diaby et le Directeur du Centre national de l'Éducation, *inédit*.

156. CS-SA, Arrêt n° 33 du 18 mai 2006, la Mairie de la Commune II c/le jugement 006 du 26 janvier 2005 du TAB, *inédit*.

157. CS-SA, Arrêt n° 37 du 02 juin 2006, le Sieur Fily Sissoko c/l'arrêt n° 009 du 14 janvier 2015 de la section administrative de la Cour suprême, *inédit*.

158. CS-SA, Arrêt n° 43 du 2 juin 2006, le Sieur Fagnéry Koné c/le jugement n° 002 du 21 janvier 2004 du TAK, *inédit*.

159. CS-SA, Arrêt n° 42 du 2 juin 2006, le Sieur Boundé Camara c/le jugement n° 36 du 4 mars 2005 du TAB, *inédit*.

160. CS-SA, Arrêt n° 45 du 15 juin 2006, les Sieurs Mady Camara et Béchir Kane, c/l'arrêt n° 72 du 13 mai 2005, de la SA de la C.S, *inédit*.

161. CS-SA, Arrêt n° 48 du 29 juin 2006, entre Dame Ramata Colette Konaté et le ministère de la Fonction publique, *inédit*.

162. CS-SA, Arrêt n° 51 du 06 juillet 2006, Cheick Hamaoullah Sylla c/le jugement n° 128 du 31 août 2005 du TAB, *inédit*.

163. CS-SA, Arrêt n° 53 du 6 juillet 2006, entre le sieur Ousmane Fané et la Direction nationale de la Caisse des retraites, *inédit*.

164. CS-SA, Arrêt n° 54 du 06 juillet 2006, le Sieur Dougoufana Sanogo c/l'arrêt n° 131 du 23 décembre 2005 de la section administrative de la Cour suprême, *inédit*.

165. CS-SA, Arrêt n° 55 du 6 juillet 2006, entre les héritiers de feu Samba Samaké et le maire de Koulikoro, *inédit*.

166. CS-SA, Arrêt n° 60 du 27 juillet 2006, entre le sieur Aldjouneidi Mahamane dit Baba Hamane et le jugement n° 32 du 16 décembre 2005 du TAM, *inédit*.

167. CS-SA, Arrêt n° 62 du 27 juillet 2006, entre le Syndicat autonome des Greffiers et Secrétaires de Greffe et Parquet (SYNAG) et les arrêtés n° 1274 et 1275 du ministre de la Justice, *inédit.*

168. CS-SA, Arrêt n° 64 du 10 août 2006, la Société ZÉD. S.A c/l'arrêt n° 21 du 24 mars 2006, de la S.A de la CS, *inédit.*

169. CS-SA, Arrêt n° 66 du 10 août 2006 entre la Mairie du District et le jugement n° 117 du 24 septembre 2003, *inédit.*

170. CS-SA, arrêt n° 69 du 14 septembre 2006, les sieurs Oumar Tounkara et Ismaël Soumaré c/les arrêts n° 94 du 22 novembre 2001 et n° 80 du 18 décembre 2003 de la CS du Mali, *inédit.*

171. CS-SA, Arrêt n° 71 du 14 septembre 2006, entre les héritiers de feu Birem Dolo et la Décision n° 03-80 du Directeur national de la Fonction publique et du personnel, *inédit.*

172. CS-SA, Arrêt n° 77 du 14 septembre 2006, entre le collectif des ex-chefs d'arrondissement et le ministère de la Fonction publique, *inédit.*

173. CS-SA, Arrêt n° 77 du 14 septembre 2006, entre le Collectif des ex-chefs d'arrondissement et le ministère de la Fonction publique, *inédit.*

174. CS-SA, Arrêt n° 79 du 12 octobre 2006, entre Aichatou Walet Mohamed Ousmane et la caisse des retraités du Mali, *inédit.*

175. CS-SA, Arrêt n° 80 du 12 octobre 2006, les héritiers de feu Sory Ibrahima Seck contre le jugement n° 103 du 22 juillet 2005 du TAB, *inédit.*

176. CS-SA, Arrêt n° 81 du 12 octobre 2006, entre Mamadou Chérif Bane et le Ministère de l'Éducation nationale, *inédit.*

177. CS-SA, Arrêt n° 82 du 12 octobre 2006, entre les Sieurs Alhassane Konaré et Mamadou Traoré et le ministère de l'Éducation nationale, *inédit.*

178. CS-SA, Arrêt n° 89 du 12 octobre 2006, le sieur Baourou Demba c/l'arrêt n° 85 du 27 mai 2005 de la SA de la CS du Mali, *inédit.*

179. CS-SA, Arrêt n° 03 du 04 janvier 2007, le Gouvernorat du district de Bamako c/l'arrêt n° 103 du 30 décembre 1999 de la SA de la CS du Mali, *inédit.*

180. CS-SA, Arrêt n° 24 du 15 février 2007 entre le sieur Abdoulaye Mady Diallo et la Dame Diaka Traoré, *inédit.*

181. CS-SA, Ordonnance n° 001 du 23 mars 2007, le Conseil National du Patronat du Mali, *inédit.*

182. CS-SA, arrêt n° 61 du 17 mai 2007, le ministère de Défense et des Anciens Combattants, *inédit.*

183. TAB, jugement n° 012 du 03 juillet 2007, Cheick Hamalla Fofana et Bréhima Kamena contre décision n° 07-372/MEN/UB/R/SG du 14 mai 2007.

184. CS-SA, Arrêt n° 160 du 27 août 2007, *inédit.*

185. CS-SA, Arrêt n° 146 du 13 septembre 2007, la Mairie du district de Bamako c/l'arrêt n° 61 du 27 juillet 2006 de la C.S du Mali, *inédit.*

186. CS-SA, arrêt n° 201 du 25 septembre 2007, Régis Pollot, *inédit.*

187. CS-SA, Arrêt n° 166 bis du 18 octobre 2007, le Sieur Cheikna Kamissoko et autres c/le ministère de l'Économie et des Finances et le ministère du Travail et de la Fonction publique, *inédit*.

188. CS-SA, Arrêt n° 173 du 1er novembre 2007, le sieur Mahamadou Koïta contre le jugement n° 22 du 8 mars 2006 du TAB, *inédit*.

189. CS-SA, Arrêt n° 110 du 12 juin 2008, le sieur Issouf Sadou et autres c/l'arrêt n° 200 du 28 décembre 2007 de la SA de la C.S du Mali, *inédit*.

190. CS-SA, Arrêt n° 135 du 24 juillet 2008, Mohamat Seid Abazene Seid c/l'arrêt n° 008 du 17 janvier 2008, *inédit*.

191. CS-SA, Arrêt n° 156 du 18 août 2008, le sieur Moussa Sangaré c/l'arrêt n° 116 du juillet 2007 de la Section administrative de la Cour suprême, *inédit*.

192. CS-SA, Arrêt n° 209 du 27 novembre 2008, entre le sieur Bakary Touré et la Mairie de la commune VI du district de Bamako, *inédit*.

193. CS-SA, Arrêt n° 218 du 19 décembre 2008, le sieur Gossi Dramera c/l'arrêt n° 146 du 13 septembre 2007 de la SA de la CS du Mali, *inédit*.

194. CS-SA, arrêt n° 510 du 25 décembre 2008, dame Togola Maïmouna Diallo, *inédit*.

195. CS-SA, Arrêt n° 509 du 29 décembre 2008, Hassane Arouzana, *inédit*.

196. CS-SA, Arrêt n° 052 du 06 mars 2009, Sanoussi Touré contre l'arrêt n° 080 du 18 décembre 2003, *inédit*.

197. CS-SA, Arrêt n° 053 du 19 mars 2009, le sieur Amadou Bassoum c/l'arrêt n° 109 du 19 juillet 2007 de la S.A de la Cour suprême du Mali, *inédit*.

198. CS-SA, arrêt n° 055 du 19 mars 2009 entre Daniel Amagoin Tessougué et autres et le Vérificateur général, *inédit*.

199. CS-SA, Arrêt n° 160 du 27 Août 2009, entre Aliou Badara Diamoutené et le Directeur national des Domaines et du Cadastre, *inédit*.

200. CS-SA, Arrêt n° 01 du 07 janvier 2010, le Sieur Yacouba Bagayoko c/l'arrêt n° 190 du 17 septembre 2009 de la section administrative de la Cour suprême.

201. CS-SA, Arrêt n° 02 du 7 janvier 2010, *inédit*.

202. CS-SA, arrêt n° 03 du 07 janvier 2010, DGCE c/le jugement n° 18 du 5 février 2008 du TAB, recueil de jurisprudence de la section administrative, année 2010, p. 12.

203. CS-SA, Arrêt n° 005 du 7 janvier 2010, les héritiers de feu Mouroukérou Niaré c/l'arrêt n° 163 du 27 août 2009 de la section administrative de la Cour suprême du Mali, *inédit*.

204. CS-SA, Arrêt n° 39 du 25 février 2010, Dame Mariam Keïta et autres c/l'arrêt n° 127 du 19 juillet 2009 de la CS du Mali, *inédit*.

205. CS-SA, Arrêt n° 77 du 29 avril 2010 entre le Sieur Sadio Camara et le ministère de l'Éducation nationale, *inédit*.

206. CS-SA, Arrêt n° 80 du 6 mai 2010, entre Mahamadou Koita et la Direction nationale des Domaines et du Cadastre, *inédit*.

207. CS-SA, Arrêt n° 87 du 06 mai 2010, le sieur S.F.S c/le jugement n° 54 du 1er avril 2008 du TAB, *inédit*.

208. CS-SA, Arrêt n° 87 du 06 mai 2010, le Sieur S. F. S. c/le jugement n° 54 du 1er avril 2008 du TAB, *inédit.*

209. CS-SA, Arrêt n° 88 du 6 mai 2010, entre le sieur Lassana Sylla et le jugement n° 113 du 7 juillet 2009 du TAB, *inédit.*

210. TAB, jugement n° 220 du 20 mai 2010, *inédit.*

211. CS-SA, Arrêt n° 143 du 22 juillet 2010, le Sieur Modibo Yara et la Mairie du district de Bamako c/le jugement n° 105 du 18 juin 2009 du TAB, *inédit.*

212. CS-SA, Arrêt n° 154 du 12 août 2010, Le Sieur A. G., et le Préfet de Kati c/le jugement n° 38 du 03 février 2010 du TAB, *inédit.*

213. CS-SA, Arrêt n° 160 du 12 août 2010, Dame B. D. c/le jugement n° 04 du 19 janvier 2010, *inédit.*

214. TAB, Ordonnance n° 006 du 6 octobre 2010, entre Modibo Diakité et la Mairie de la Commune VI du District de Bamako, *inédit.*

215. TAB, jugement n° 476 du 28 octobre 2010, Tiékoura Daniel Coulibaly, *inédit.*

216. CS-SA, Arrêt n° 220 du 26 novembre 2010, la Mairie du district de Bamako c/le jugement N° 32 du 10 mars 2009 du TAB, *inédit.*

217. CS-SA, Arrêt n° 227 du 09 décembre 2010, la DGCE pour le compte du Préfet de Kati et Silimakan Maréna c/le jugement n° 150 du 12 septembre 2008 du TAB, *inédit.*

218. CS-SA, Arrêt n° 223 du 09 décembre 2010, le sieur Modibo Traoré c/l'arrêt n° 128 du 17 juillet 2010 de la CS du Mali, *inédit.*

219. CS-SA, Arrêt n° 236 du 09 décembre 2010, le sieur Mamadou cl l'arrêt n° 109 du juillet 2007 de la C.S. du Mali, *inédit.*

220. CS-SA, Arrêt n° 250 du 23 décembre 2010, la Mairie du district de Bamako c/le jugement n° 002 du 19 février 2007 du TAB, *inédit.*

221. CS-SA, Arrêt n° 190 du 19 août 2011 entre la Société malienne de Distribution et Industrie (SOMADIS-SARL), *inédit.*

222. CS-SA, Arrêt n° 218 du 14 octobre 2011, Karim Traoré et Autres c/le jugement n° 476 du 28 octobre 2010, *inédit.*

223. CS-SA, arrêt n° 221 du 20 octobre 2011, entre Bakary Sakho, Lassana Sakho et la Direction régionale du Domaine et de Cadastre de Koulikoro, *inédit.*

224. CS-SA, arrêt n° 235 du 26 octobre 2011, l'Assemblée nationale contre le jugement n° 388 du 08 septembre 2010, *inédit.*

225. CS-SA, arrêt n° 276 du 30 novembre 2011, le ministère de l'Équipement et des Transports et la décision n° 11-027 du Comité de Règlement des Différends de l'Autorité de Régulation, *inédit.*

226. CS-SA, Arrêt n° 035 du 13 février 2012, la DGCE c/le jugement n° 201 du 21 avril 2011 du TAB, *inédit.*

227. CS-SA, Arrêt n° 055 du 24 février 2012, Mahamadou Koné c/le jugement 354 du 14 juillet 2011 du TAB, *inédit.*

228. CS-SA, Arrêt n° 244 du 19 juillet 2012, *inédit.*

229. CS-SA, Arrêt n° 250 du 19 juillet 2012, la Mairie du District de Bamako c/le jugement n° 572 du 24 décembre 2010 du TAB, *inédit.*

230. CS-SA, Arrêt n° 282 du 2 août 2012 entre Oumar Dramé et le jugement n° 271 du TAB, *inédit.*
231. CS-SA, Arrêt n° 311 du 2 août 2012, Modibo Diakité c/le jugement n° 14 du 13 janvier 2011 du TAB, *inédit.*
232. CS-SA, Arrêt n° 320 du 02 août 2012 ; Mamadou Simpara c/le jugement n° 589 du 29 décembre 2011 du TAB, *inédit.*
233. CS-SA, Arrêt n° 321 du 29 août 2012, EGM-SARL c/la décision n° 012-08/0041 du 10 août 2012 de la Direction générale du Centre nationale d'Appareil orthopédique, *inédit.*
234. CS-SA, Arrêt n° 332 du 30 août 2012, Mahamane Touré c/le jugement n° 90 du 10 juin 2009 du TAB, *inédit.*
235. CS-SA, arrêt n° 336 du 30 août 2012, les sieurs Ladji Keïta et Djibril Diallo contre le jugement n° 529, *inédit.*
236. TAB, jugement n° 359 du 06 septembre 2012, les héritiers de feu Lahou Touré, *inédit.*
237. CS-SA, arrêt n° 247, du 01 octobre 2012, Sambourou Bocoum, *inédit.*
238. CS-SA, arrêt n° 023 du 07 février 2013, les héritiers de feu Bougary Sangaré contre jugement n° 493 du 03 novembre 2011 du TAB, *inédit.*
239. CS-SA, Arrêt n° 077 du 2 mai 2013, entre Sidi Berthé et le Préfet de Kadiolo, *inédit.*
240. CS-SA, arrêt n° 081 du 03 mai 2013, Djibril Diallo contre l'arrêt n° 336 du 30 août 2012, *inédit.*
241. CS-SA, arrêt n° 093 du 03 mai 2013, Marie Bernard Sangaré contre l'arrêt n° 265 du 19 juillet 2012, *inédit.*
242. CS-SA, Arrêt n° 097 du 17 mai 2013, la DGCE pour le compte du ministère de l'équipement et des transports c/l'arrêt n° 225 du 12 juillet 2012 de la C.S. du Mali, *inédit.*
243. CS-SA, Arrêt n° 115 du 23 mai 2013, entre les fonctionnaires radiés et le ministre de la Fonction publique et de la Réforme administrative, *inédit.*
244. CS-SA, Arrêt n° 131 du 06 juin 2013, Baba Timbo c/l'arrêt n° 042 du 23 février 2012 de la SA de la Cour suprême du Mali, *inédit.*
245. TAB, jugement n° 250 du 21 juin 2013, Diahara Wagué, *inédit.*
246. CS-SA, Arrêt n° 208 du 05 juillet 2013, entre Sy Sada Diané et l'ordonnance n° 005 du 14 septembre 2009 du juge des référés du TAB, *inédit.*
247. CS-SA, Arrêt n° 337 du 6 novembre 2013 entre Investim SA et la Direction nationale des Domaines et du Cadastre, *inédit.*
248. CS-SA, Arrêt n° 337 du 6 novembre 2013, entre Habibou Sissoko et l'État du Mali, *inédit., inédit.*
249. CS-SA, Arrêt n° 338 du 6 novembre 2013, entre Habibou Sissoko et l'État du Mali, *inédit.*
250. CS-SA, Arrêt n° 381 du 5 décembre 2013, entre le sieur Fadio Diatigui Diarra et le jugement n° 010 du 12 janvier 2012 du TAB, *inédit.*

251. CS-SA, Arrêt n° 415 du 20 décembre 2013 entre Dionké Yaranangoré et les Arrêts n° 72 du 8 mars 2012 et n° 333 du 10 août 2012 en matière de recours en rectification d'erreur matérielle, *inédit.*
252. CS-SA, Arrêt n° 007 du 24 janvier 2014, Salif Coulibaly c/l'arrêt n° 103 du 17 mai 2013, *inédit.*
253. CS-SA, Arrêt n° 005 du 25 janvier 2014, Badlaye Sow c/le jugement n° 447 du 16 décembre 2012 du TAB, *inédit.*
254. CS-SA, Arrêt n° 026 du 6 février 2014, entre Sanoussi Touré et le ministère de l'Enseignement supérieur et de la Recherche scientifique, *inédit.*
255. CS-SA, Arrêt n° 046 du 25 février 2014, Cheick Hamala Fofana c/la décision n° 00142 du ministère de l'Enseignement supérieur et de la Recherche scientifique, *inédit.*
256. CS-SA, Arrêt n° 054 du 6 mars 2014, le Syndicat national des Commissaires de Police c/les décrets n° 2013-029/P-RM et n° 2013-028/P-RM du 9 janvier 2013, *inédit.*
257. CS-SA, Arrêt n° 063 du 6 mars 2014, entre Souleymane Koné et le jugement n° 555 du 15 décembre 2011 du TAB, *inédit.*
258. CS-SA, Arrêt n° 74 du 21 mars 2014, le Préfet du cercle de Kati c/le jugement n° 287 du 18 juillet 2013, *inédit.*
259. CS-SA, Arrêt n° 78 du 21 mars 2014, Balla Sissoko contre jugement n° 185 du 11 août 2011 du TAB, *inédit.*
260. CS-SA, Arrêt n° 107 du 8 mai 2014, le Préfet de Kati représenté par la DGCE c/le jugement n° 336 du 29 août 2013, *inédit.*
261. CS-SA, Arrêt n° 110 du 8 mai 2014, le Préfet de Kati et Bréhima Cissoko contre le jugement n° 321 du 15 août 2013 du TAB, *inédit.*
262. CS-SA, Arrêt n° 112 du 8 mai 2014, entre la Mairie du District de Bamako – Mamadou Nimaga et le jugement n° 422 du 30 septembre 2010 du TAB, *inédit.*
263. CS-SA, Arrêt n° 113 du 8 mai 2014, la Société Mali Technic System, *inédit.*
264. CS-SA, Arrêt n° 114 du 8 mai 2014, entre Sy and Co holding SA et l'Autorité de Régulation des Marchés publics, *inédit.*
265. CS-SA, Arrêt n° 122 du 9 mai 2014, entre la DGCE et le jugement n° 497 du 13 décembre 2012 du TAB, *inédit.*
266. CS-SA, Arrêt n° 135 du 22 mai 2014, entre le Syndicat national des Commissaires de Police et le ministère de la Sécurité, *inédit.*
267. CS-SA, Arrêt n° 137 du 22 mai 2014, la Mairie de la Commune II du District de Bamako c/le jugement n° 399 du 10 octobre 2013 du TAB, *inédit.*
268. CS-SA, Arrêt n° 166 du 20 juin 2014, Mamadou Karembé c/le jugement n° 56 du 14 février 2013 du TAB, *inédit.*
269. CS-SA, Arrêt n° 170 du 3 juillet 2014 entre le sieur Cessé Koné et les décrets n° 137/P-RM et 138/P-RM du 6 février 2013, *inédit.*
270. CS-SA, Arrêt n° 172 du 4 juillet 2014, la DGCE c/l'arrêt n° 077 du 2 mai 2013, *inédit.*

271. CS-SA, Arrêt n° 174 du 4 juillet 2014, Mamadou Sidibé c/le jugement n° 96 du 28 mars 2013 du TAB, *inédit.*

272. CS-SA, Arrêt n° 175 du 4 juillet 2014, la DGCE c/le jugement n° 323 du 30 juin 2011 du TAB, *inédit.*

273. CS-SA, Arrêt n° 177 du 4 juillet 2014, Allaye Andégué Togo c/le jugement n° 24 du 29 juillet 2014, *inédit.*

274. CS-SA, Arrêt n° 212 du 7 août 2014, entre la Fédération malienne d'Hippisme et le ministère des Sports, *inédit.*

275. CS-SA, Arrêt n° 213 du 7 août 2014, le Préfet de Kati c/l'arrêt n° 107 du 8 mai 2014 de la SA-CS, *inédit.*

276. CS-SA, Arrêt n° 218 du 7 août 2014, Seydou M. Diallo c/l'État du Mali, *inédit.*

277. CS-SA, Arrêt n° 241 du 04 septembre 2014, le sieur Boureima Hamadoune Cissé c/l'arrêt n° 413 du 13 septembre 2013 de la CS du Mali, inédit.

278. CS-SA, Arrêt n° 268 du 9 septembre 2014, La Mission d'Évangélisation des Églises contre le jugement n° 364 du 19 septembre 2012 du TAB, *inédit.*

279. CS-SA, Arrêt n° 266 du 9 octobre 2014 entre Habibou Sissoko et le ministère des Affaires étrangères et de la Coopération internationale, inédit.

280. CS-SA, Arrêt n° 271 du 9 octobre 2014, Diahara Wagué c/le jugement n° 250 du 20 juin 2013 du TAB, *inédit.*

281. CS-SA, Arrêt n° 277 du 9 octobre 2014, entre le sieur Adama Coulibaly et la lettre n° 462/ADM-PDG du 10 juillet 2014 du Président Directeur général des Aéroports du Mali, *inédit.*

282. CS-SA, Arrêt n° 282 du 20 novembre 2014, entre Bani Mohamed Touré et l'Ordre des Géomètres Experts du Mali, *inédit.*

283. CS-SA, Arrêt n° 310 du 21 novembre 2014, entre Harouna et autres c/le jugement n° 207 du 21 avril 2011 du TAB, *inédit.*

284. CS-SA, Arrêt n° 022 du 27 novembre 2014, Monsieur Yahaya Sangaré cl la DNDC, *inédit.*

285. CS-SA, Arrêt n° 295 du 27 novembre 2014, Sega Diakité c/le jugement n° 408 du 25 août 2011 du TAB, *inédit.*

286. CS-SA, Arrêt n° 316 du 27 novembre 2014, Mahamadou Keïta c/le jugement n° 455 du 25 novembre 2013, *inédit.*

287. CS-SA, Arrêt n° 330 du 4 décembre 2014, Mohamed Sangaré c/l'arrêt 077 du 21 mars 2014, *inédit.*

288. CS-SA, Arrêt n° 004 du 09 janvier 2015, entre Kadidiatou Traoré et le ministère de la Sécurité et de la Protection civile, *inédit.*

289. CS-SA, Arrêt n° 22 du 23 janvier 2015, le sieur Hamadoun Bagayoko c/l'arrêt n ° 481 du 06 décembre 2012 de la CS du Mali, *inédit.*

290. CS-SA, Arrêt n° 057 du 19 février 2015, Nouhoum Diallo c/la décision n° 2014-00265/MC-SG du 2 septembre 2014 du ministère de la Culture, *inédit.*

291. CS-SA, Arrêt n° 079 du 5 mars 2015, le Préfet du cercle de Kati c/le jugement n° 424 du 24 octobre 2014 du TAB, *inédit.*

292. CS-SA, Arrêt n° 086 du 19 mars 2015, le Collectif des Inspecteurs de Police c/le ministre de l'Intérieur et de la Sécurité, *inédit.*

293. CS-SA, Arrêt n° 133 du 08 mai 2015, la Direction générale du Contentieux du Gouvernement pour le compte du Préfet du cercle de Gao c/l'arrêt n° 228 du 15 août 2014 de la C.S. S.A du Mali, *inédit.*

294. CS-SA, Arrêt n° 149 du 4 juin 2015, entre la Société Songhoi Ressources SARL et le ministre des Mines, *inédit.*

295. CS-SA, Arrêt n° 151 du 4 juin 2015, Kabiné Diakité c/le décret n° 02-327/P-RM du 5 juin 2002, *inédit.*

296. CS-SA, Arrêt n° 207 du 23 juillet 2015, le sieur Mahamadou Camara c/l'arrêt n° 171 du 21 juin 2013 de la S.A de la CS du Mali, *inédit.*

297. CS-SA, Arrêt n° 196 du 23 juillet 2015 Raymond Traoré c/l'arrêt n° 2014-3244/METD-SG du 13 novembre 2014 du ministère de l'Équipement, des Transports et du Désenclavement, *inédit.*

298. CS-SA, arrêt n° 213 du 06 août 2015, Seydou Coulibaly, c/l'arrêt n° 114 du 16 avril 2015 de la SA de la CS, *inédit.*

299. CS-SA, Arrêt n° 235 du 9 octobre 2015, entre Hamady K. Bathily et les décisions n° 2015-25-004 ; n° 2015-005 ; n° 2015-001 ; n° 2015-0012 du 13 mars 2015 de la DNDC, *inédit.*

300. CS-SA, Arrêt n° 247 du 9 octobre 2015, la DGCE c/le jugement n° 271 du 26 juillet 2012, *inédit.*

301. CS-SA, Arrêt n° du 9 octobre 2015, Mohamed Lah /Société Wando immobilière SARL c/les décisions n° 2015-007, 2015-008, 2015-009, 2015-013/MDEAF/DNDC du 13 mars 2015, *inédit.*

302. CS-SA, Arrêt n° 262 du 05 novembre 2015, l'Entreprise Gole Baba, *inédit.*

303. TAB, Ordonnance n° 467 du 23 novembre 2015, *inédit.*

304. CS-SA, Arrêt n° 282 du 3 décembre 2015, Diby Kouyaté c/le jugement n° 147 du 23 avril 2015 du TAB, *inédit.*

305. CS-SA, Arrêt n° 316 du 17 décembre 2015, N'gongang N'jonze Célestin c/le jugement n° 402 du 10 octobre 2013 du TAB, la Mairie de la commune II du district de Bamako, *inédit.*

306. CS-SA, Arrêt n° 75 du 02 mars 2016, Entre le Directeur des Finances et du Matériel du ministère de l'Éducation nationale et la décision n° 16 de l'ARMDS-CRD du 03 février 2016.

307. CS-SA, Arrêt n° 076 du 26 février 2016, entre Mohamed Aoussi et la décision n° 15-047/ARMDS-CRD du 21 décembre 2015.

308. CS-SA, Arrêt n° 88 du 03 mars 2016 ; entre Maître Aliou et le Bureau de l'Ordre des Huissiers de Justice du Mali, *inédit.*

309. CS-SA, Arrêt n° 89 du 03 mars 2016, le Préfet du Cercle de Kati c/le jugement n° 69 du 28 octobre 2015 du TAB, *inédit.*

310. CS-SA, Arrêt n° 92 du 03 mars 2016, la DGCE C/l'Arrêt n° 235 du 09 octobre 2015 de la CS-SA, *inédit.*

b- Sénégal

1. CE sénégalais, arrêt du 26 avril 1995, Abdoulaye Lo c/État du Sénégal.
2. CE sénégalais, 17 août 2000, Baba Diouf et autres c/État du Sénégal.
3. CE sénégalais, 25 août 1993, Professeur Iba Der Thiam.
4. CE sénégalais, 25 août 1993, Professeur Iba Der Thiam, v. O. Badji.
5. CE sénégalais, 22 avril 2004, Bruno Batrel.
6. Sénégal, Bulletin d'arrêt, n° 1, p. 64 ; CE, 25 mai 1994, SARCA, (Société africaine de Représentation, de Courtage et d'Assurance).
7. CE sénégalais, 29 mars 2006, Gnagna Dièye Fall c/État du Sénégal.
8. CS du Sénégal, 18 juillet 1962, Amadou Alpha Kané.
9. CS du Sénégal, 2 avril 1986, Mamadou Lo.
10. CS sénégalais, 28 avril 1971, Issaga Keïta.
11. CS du Sénégal, 6 juin 1973, Amsata Sarr.
12. CS du Sénégal, 21 février 1978, PDS.
13. CS du Sénégal, 5 juillet 1979, Aminata Sall.
14. CA de Dakar 27 juillet 1979 Seybatou N'Dour c/État du Sénégal.
15. CS sénégalais, 27 mai 1981.
16. CS du Sénégal, 27 mai 1981, Amadou Lamine Ba.
17. CS, 4 janvier 1985, Gérant « Sénégal air ».
18. CS sénégalais, 6 février 1989, Charles Maurice Diop.
19. CS du Sénégal, 26 avril 1995, Amadou Fouta Diakhoumpa.
20. CS du Sénégal, 26 juin 1995, Farba Mbacké N'Diaye.
21. CS, 16 mars 2009, Abdou N'Diaye contre l'État du Sénégal.
22. CS, 9 février 2012, Mar Diouf c/État du Sénégal.
23. TPI, Dakar, 14 décembre 1963, Consorts Feuillâtre.
24. TPI Dakar, 1er mars 1969, Sékou Badio, RSD sept. 1969.
25. CA de Dakar, 9 janvier 1970, Mor Diaw c/Commune de Dakar.
26. CA de Dakar, arrêt du 15 janvier 1971, Dame Doye Nekh Diop c/la Commune de Dakar.
27. CE sénégalais, arrêt du 26 avril 1995, Abdoulaye Lo c/État du Sénégal.
28. CE sénégalais, 17 août 2000, Baba Diouf et autres c/État du Sénégal.
29. CE sénégalais, 25 août 1993, professeur Iba Der Thiam.
30. CE sénégalais, 25 août 1993, Professeur Iba Der Thiam, v. O. Badji.
31. CE sénégalais, 22 avril 2004, Bruno Batrel.
32. Sénégal, Bulletin d'arrêt, n° 1, p. 64 ; CE, 25 mai 1994, SARCA, (Société africaine de Représentation, de Courtage et d'Assurance).
33. CE sénégalais, 29 mars 2006, Gnagna Dièye Fall c/État du Sénégal.
34. CS du Sénégal, 18 juillet 1962, Amadou Alpha Kane.
35. CS du Sénégal, 2 avril 1986, Mamadou Lo.

36. CS sénégalais, 28 avril 1971, Issaga Keïta.
37. CS du Sénégal, 6 juin 1973, Amsata Sarr.
38. CS du Sénégal, 21 février 1978, PDS.
39. CS du Sénégal, 5 juillet 1979, Aminata Sall.
40. CA de Dakar 27 juillet 1979 Seybatou N'Dour c/État du Sénégal.
41. CS sénégalais, 27 mai 1981.
42. CS du Sénégal, 27 mai 1981, Amadou Lamine Ba.
43. CS, 4 janvier 1985, Gérant « Sénégal air ».
44. CS sénégalais, 6 février 1989, Chales Maurice Diop.
45. CS du Sénégal, 26 avril 1995, Amadou Fouta Diakhoumpa.
46. CS du Sénégal, 26 juin 1995, Farba Mbacké N'Diaye.
47. CS, 16 mars 2009, Abdou N'Diaye contre l'État du Sénégal.
48. CS, 9 février 2012, Mar Diouf c/État du Sénégal.
49. TPI, Dakar, 14 décembre 1963, Consorts Feuillâtre.
50. TPI, Dakar, 1er mars 1969, Sékou Badio, RSD sept. 1969.
51. CA de Dakar, 9 janvier 1970, Mor Diaw c/commune de Dakar.
52. CA de Dakar, arrêt du 15 janvier 1971, Dame Doye Nekh Diop c/la commune de Dakar.

c- Burkina Faso

1. CE, 25 janvier 2008, Commune de Ouagadougou c/Sawadogo Jean,
2. CS-CA burkinabè, 26 mai 1978, Sanfo Boureima c/Commune de Ouagadougou.
3. CS, Ch. ad., 28 mai 1965, République de Haute-Volta c/Fadoua Hema.
4. CS-CA, 23 février 1968, Barry Boubacar c/République de Haute-Volta.
5. CS, 28 mai 1971, Sanou Maurice c/République de Haute-Volta.
6. CS burkinabè, 13 novembre 1970, Yameogo Maurice c/Gouvernement de Haute-Volta.
7. CS du Burkina Faso, Ch. ad., 26 mars 1971, Coulibaly Bobo Abel.
8. CS du Burkina Faso, C.A 12 novembre 1971, dames Traoré, Diarra et Samaké Dioulasso.
9. CS-CA burkinabè, 22 février 1974, Quotidien Kibaré.
10. CS du Burkina Faso, 25 janvier 1983, Apiou Jean Marie.
11. CS du Burkina Faso, 28 janvier 1983, Dame Ilboudo née Naré Justine.

d- Bénin

1. CS-CA, 20 novembre 1982, Ahizi Joseph c/ministre de la Fonction publique.
2. CS-CA, 30 octobre 1983, Oulaye Telesphore Henri.
3. CS-CA, Arrêt du 9 juillet 1986, Régie Abidjan-Niger c/AD Pinkié Atse et autres.
4. CS-CA, 15 mars 1989, NEA Gahou Maurice.
5. CS-CA, jugement n° 73 du 29 juin 1989, MBarga Raphaël.

6. CS-CA, 27 mai 1992, Kobena Yao.
7. CS-CA, 27 avril 1994, Doua Thierry Claude c/ministère de l'Emploi.
8. CS-CA, 5 mai 1994, Marguerite Gbenou Sagbohan épouse Elegbe c/MF-MFPTRA.
9. CS-CA, 24 juin 1994, Bassomo Bakibié c/Office national des Postes, résumé par A. Tidiane Ba.
10. CS-CA, Arrêt n° 83-2 du 4 août 1994, Taofiqui Toukourou et Consorts.
11. CS-CA, jugement n° 78 du 25 août 1994, Obama Ottou Joseph.
12. CS-CA, Ordonnance n° 6 du 1er novembre 1994.
13. CS-CA, Arrêt n° 5 du 2 mai 1997, Paul Loko Lokossou, c/l'État béninois.
14. CS-CA, 29 juillet 1998, COPROVI c/le ministère de l'Agriculture et des Ressources.
15. CS-CA, Arrêt n° 29 du 30 octobre 1998, Assogbaeugène Boya c/l'État du Bénin, Rec., Cour suprême du Bénin 1998.
16. CS-CA, Ordonnance de référé n° 6 du 8 décembre 1998, Sosso Emmanuel.
17. CS-CA, Arrêt du 20 mai 1999, Héritiers Pauline Azihoungba épouse Achille Honfogba c/L'État béninois.
18. CS du Bénin, ch. administrative, Arrêt n° 28 c du 15 juin 2000, Louis Chodaton c/État du Bénin.
19. C S, du Bénin, S. A, Arrêt n° du 28 juillet 2005, Aurélien Agbokou.

e- Cameroun

1. CS du Cameroun, C.A, jugement n° 367 du septembre 1955, Miney Martial c/territoire du Cameroun.
2. CS-CA, jugement n° 51 du 4 mars 1976, NTOWA Monkam Charles- Wenga André c/État du Cameroun.
3. CS-CA, Jugement n° 36 du 26 mai 1977, Teuguia Gabriel contre État du Cameroun.
4. CS du Cameroun, Assemblée plénière, Arrêt du 16 août 1990, Albert Ono Ngafor c/État du Cameroun.
5. CS, 30 mars 1995, Nyam Charles c/État du Cameroun.
6. CS, 25 août 2004, Ikamou à Koung Jean Paul c/État du Cameroun.
7. CS-CA, jugement n° 4 du 16 janvier 2008, Alola Dieudonné c/État du Cameroun.
8. CS-CA, jugement n° 5 du 11 mars 2009, Muma Zofunyui John c/État du Cameroun.
9. CS-CA, Ordonnance de référé n° 13 du 17 juillet 2009, Collectivité Mvog Ela contre l'État du Cameroun.
10. CS-CA, jugement n° 116 du 13 avril 2011, Nga Joséphine Ndzana Jeannette c/État du Cameroun.
11. CS du Cameroun, Chambre administrative, jugement n° 90 du 30 septembre 1969.

f- Côte d'ivoire

1. CA d'Abidjan, 8 juillet 1983, l'État de Côte d'ivoire c/Veuve Toucoulac Joséphine et Consorts, cité par R. Dégni-Ségui, « Droit administratif général », t. 3, p. 691.

2. CA d'Abidjan, arrêt du 25 avril 1974, État cl Bourre Ly RID, 1976, n° 1 et 2, chron. Y. Daudet, p. 56
3. TPI-Abidjan, 25 juillet 1985, R. Dégni-Ségui c/Université de CI, cité par R. Dégni-Ségui, *ibid*, cité par R. Dégni-Ségui, « Droit administratif général », t. 3, p. 691.
4. TPI-Abidjan, Djan Ziago, confirmé par la CA d'Abidjan, 10 février 1984 : « il ne rapporte pas la preuve qu'était gardien de l'arbre fautif », V. R. Dégni-Ségui, « Droit administratif général », t. 3, p. 651.

g- République du Congo

1. CS du Congo Brazzaville, Ch. Ad., 17 mai 1974, Sometima, v. P. Moudoudou, « Droit administratif congolais », L'Harmattan 2003, p. 103.
2. CS du Congo Brazzaville, Ch. Ad ; 17 décembre 1976, sieur Bazé, v. P. Moudoudou, *ibid.*
3. CS du Congo Brazzaville, Ch. réun. 22 septembre 1984, Bouboutou M'bemba, v. P. Moudoudou, « Droit administratif congolais », L'Harmattan 2003, p. 87
4. CS du Congo Brazzaville, Ch. Ad., 15 septembre 2000, Niamankessi, Makoumbou, Mahoukou et autres, v. P. Moudoudou, *ibid.*, p. 96.
5. TGI Brazzaville, 4 janvier 1983, sieur Sitou, RCD 1988, n° 03, p. 130.
6. TGI Brazzaville, 220 juin 2000, v. P. Moudoudou, *op. cit.*, p. 41.

B- France

1. CE, 15 juillet 1832, Garde nationale de Paris, E. Laferrière, « Traité de la juridiction administrative et des recours contentieux », 2e éd.
2. CE, 28 décembre 1832, Préfet de la Seine, E. Laferrière, « Traité de la juridiction administrative et des recours contentieux », 2e éd.
3. CE, 26 novembre 1875, Pariset, GAJA, 17e édition, 2009, n° 4, p. 27.
4. CE, 29 mars 1901, Casanova, GAJA, 17e édition, 2009, n° 8, p 50.
5. CE, 10 février 1905, Tomaso Grecco, GAJA, 17e édition, 2009, n° 14, p. 82.
6. CE, 4 août 1905, Martin, RDP, 1906, p. 249.
7. CE, 3 février 1911, Anguet, GAJA, 17e édition, 2009, n° 22, p. 129.
8. CE, 8 mars 1912, Lafage, RDP 1912, p. 266.
9. CE, 4 avril 1914, Gomel, v. GAJA, 17e édition, 2009, n° 28, p. 161.
10. CE, 26 juillet 1918, Époux Lemonnier, RDP 1919, p. 41.
11. CE, 28 mars 1919, Regnault- Desrosiers, GAJA, 17e édition, 2009, n° 34, 205.
12. CE, 10 juin 1921, Commune de Monségur, GAJA, 17e édition, 20 019, n° 37, 226.
13. CE, 26 décembre 1925, Rodière, GAJA, 17e édition, 2009, n° 41, p. 247.
14. CE, 21 novembre 1930, Dame Veuve Benoit, GACA, 4e édition, 2014, n° 21, p. 477.
15. CE, 29 juillet 1933, Banque Crombeck, Recueil Dalloz 1933, n° 3, p. 51.
16. CE, 30 juin 1943, Époux Erny, RDPA, 1959, t. II, p. 824.
17. CE, 14 janvier 1938, Société Anonyme des Produits Laitiers « La Fleurette », RDP 1938, p. 87.

18. CE français, 5 mai 1944, Dame veuve Trompier Gravier, RDP, 1944, p. 256.
19. CE, 26 octobre 1945, Aramu et Autres, EDCE 1947, n° 1, p. 48.
20. C.E.19 mars 1948, Dame veuve Hericher cité par G. Vedel, P. Delvolvé, « Droit administratif », t. 1, p. 631.
21. CE, 25 juin 1948, Société du Journal l'Aurore, GAJA, 17e édition, n° 61, p. 384.
22. CE, 24 juin 1949, Commune de Saint-Servan, RA 1949, p. 465.
23. CE, 28 octobre 1949, Société ateliers du Cap de Janet, AJDA 2006, p. 146 ; JCP 1950, II, p. 5861.
24. CE, 20 janvier 1950, Trantan, rec. CE, Tables vicennales, p. 876.
25. 24 février 1950, Delle Blachère, RDPA 1959, t. II, p. 824.
26. CE, 28 juillet 1951, Béranger, rec. CE, p. 473.
27. CE, 29 janvier 1954, Institution Notre Dame du Kreisker, observations sur l'arrêt Duvignères, GAJA 17e édition, p. 848.
28. CE, 6 mai 1955, Grand travaux de Marseille.
29. CE, 27 mai 1955, Dame veuve Marlin, cité par René Dégni-Ségui, « Droit administratif général », t. 3.
30. CE français, 10 juillet 1957, « Sieur Gervaise », AJDA 1957, p. 394.
31. CE, 22 février 1963, Commune de Garvanie, AJDA 1963, p. 208 ; RDP 1963, p. 1019.
32. CE, 10 juillet 1964, Centre Médico-pédagogique de Beaulieu, GACA, 4e édition, 2014, n° 37, p. 750.
33. CE, 4 octobre 1967, Trani, cité par René Chapus, « Droit du Contentieux administratif », pp. 256, 257.
34. CE, 9 octobre 1968, Dlle Gros, rec. CE, p. 482.
35. CE, 27 juillet 1990, Université de Paris-Dauphine, AJ, 1991, p. 151.
36. CE, 31 mars 1991, Blanc ; Argaing et Bézié, V. J.-M. Auby, R. Roland Drago, « Traité du recours en matière administrative », p. 620.
37. CE 16 octobre 1963, Dame veuve Lastapis et CE 15 mars 1996, Sudrie, in « Pratique du contentieux administratif », Dalloz professionnels, mai 2011, p. 8.
38. CE, Sect. 14 février 1997, CHR de Nice c/Époux Quarez, RDP 1997, p. 1139, note J.-M. Auby et J. Waline ; RFDA, 1997, p. 374, concl. V. Pecresse, p. 382, note B. Mathieu.
39. CE, 20 juin 1997, Theux, concl. J. H. Stahl, RFDA 1998, p. 82.
40. CE, 13 mars 1998, Assistance publique, Hôpitaux de Paris, AJ, 1998, p. 613.
41. CE, 29 juillet 1998, Madame Esclatine, sur http//:arrêts-administratif.blogspot .com/2012/06/ce-29-juillet1998-mme-esclatine.html/, consulté le 19 déc. 2015.
42. CE, 18 décembre 2002, Duvignères, Gaja, 17e édition, n° 112, p. 848.
43. CE. Ass. 16 juillet 2007, Société Tropic Travaux Signalisation, GAJA, 17e édition, n° 117, p. 908.

44. CE., 16 février 2009, Société ATOM, S.-J. Lieber et B. Bottegghi, Chr. in RFDA 2009, p. 639.
45. TC, 27 novembre 1952, Préfet de la Guyane, rec. CE 1952, p. 642.
46. TC, 24 juillet 1947, Société des journaux et imprimeries de la Charente ; TC, 04 novembre 1985, Société casino Biarritz, RDP, 1986, p. 1180.
47. TC français, 05 décembre 1977, Motsch, réc. CE 1977, p. 671.
48. TC, 8 février 1873, Blanco, concl. David, GAJA, 17e édition, n° 1, p. 1.
49. TC, 30 juillet 1873, Pelletier, concl. David, GAJA, 17e édition, n° 2, p. 8.
50. TC, 08 juillet 1963, Société Entreprise Peyrot, note J.-M Jean-Marie Auby, RDP 1964, p. 767.

VIII. Webographie : (tous ces sites étaient à jour le 23 juillet 2016)

- www.cc.insti.ml ;
- www.sgg.gov ;
- www.SGG-MALI.ml
- www.la-constitution-en-afrique.com,
- www.cs-insti.ml ;
- www.adala.justice.gov.ma
- www.justice.gov.mg
- www.arrêts-administratif.blogspot.com/2012/06/ce-29-juillet1998-mme-esclatine.html/
- www.lexbase.fr
- www.galaxy-mix.com/
- www.cjca-conf.org/fr/Cour-constituionnelle-mali-madame-manassa-DANIOKO-nouveau-président/www.afrilex.u-bordeaux4.fr
- www.CHEVALLIERsdesgransarrêts.com./2012/01/25/distinction-recours-excès-pouvoir-plein-contentieux-/
- http://global.oupages.com/academic/product/guidelines-for-thehttp://www.legiscopare.fr, (web).../pdf/partieii-l-evaluation-du-prejudice-bis.pdf
- www.populationdata.net
- www.aca-europe.eu/seminars/Paris2013/www.afrilex.u-bordeaux4.fr
- www.lexpublica.com.

INDEX ALPHÉTIQUE

TABLE DES MATIÈRES

Structures éditoriales du groupe L'Harmattan

L'Harmattan Italie
Via degli Artisti, 15
10124 Torino
harmattan.italia@gmail.com

L'Harmattan Hongrie
Kossuth l. u. 14-16.
1053 Budapest
harmattan@harmattan.hu

L'Harmattan Sénégal
10 VDN en face Mermoz
BP 45034 Dakar-Fann
senharmattan@gmail.com

L'Harmattan Cameroun
TSINGA/FECAFOOT
BP 11486 Yaoundé
inkoukam@gmail.com

L'Harmattan Burkina Faso
Achille Somé – tengnule@hotmail.fr

L'Harmattan Guinée
Almamya, rue KA 028 OKB Agency
BP 3470 Conakry
harmattanguinee@yahoo.fr

L'Harmattan RDC
185, avenue Nyangwe
Commune de Lingwala – Kinshasa
matangilamusadila@yahoo.fr

L'Harmattan Congo
67, boulevard Denis-Sassou-N'Guesso
BP 2874 Brazzaville
harmattan.congo@yahoo.fr

L'Harmattan Mali
Sirakoro-Meguetana V31
Bamako
syllaka@yahoo.fr

L'Harmattan Togo
Djidjole – Lomé
Maison Amela
face EPP BATOME
ddamela@aol.com

L'Harmattan Côte d'Ivoire
Résidence Karl – Cité des Arts
Abidjan-Cocody
03 BP 1588 Abidjan
espace_harmattan.ci@hotmail.fr

L'Harmattan Algérie
22, rue Moulay-Mohamed
31000 Oran
info2@harmattan-algerie.com

L'Harmattan Maroc
5, rue Ferrane-Kouicha, Talaâ-Elkbira
Chrableyine, Fès-Médine
30000 Fès
harmattan.maroc@gmail.com

Nos librairies en France

Librairie internationale
16, rue des Écoles – 75005 Paris
librairie.internationale@harmattan.fr
01 40 46 79 11
www.librairieharmattan.com

Librairie l'Espace Harmattan
21 bis, rue des Écoles – 75005 Paris
librairie.espace@harmattan.fr
01 43 29 49 42

Lib. sciences humaines & histoire
21, rue des Écoles – 75005 Paris
librairie.sh@harmattan.fr
01 46 34 13 71
www.librairieharmattansh.com

Lib. Méditerranée & Moyen-Orient
7, rue des Carmes – 75005 Paris
librairie.mediterranee@harmattan.fr
01 43 29 71 15

Librairie Le Lucernaire
53, rue Notre-Dame-des-Champs – 75006 Paris
librairie@lucernaire.fr
01 42 22 67 13

www.ingramcontent.com/pod-product-compliance
Lightning Source LLC
LaVergne TN
LVHW010017081026
849535LV00016B/35
* 9 7 8 2 3 4 3 2 0 4 2 8 4 *